사통

史通

유지기 지음
오항녕 옮김

역사비평사

지은이

유지기 劉知幾

세계 최초로 '역사란 무엇인가'를 다룬 '역사학개론'인 『사통(史通)』의 저자 유지기(劉知幾, 661~721)는 자가 자현(子玄)이고 팽성(彭城, 강소성 서주) 사람이다. 당나라 때 사관(史官)을 지낸 역사학자이다. 유지기는 『사통』을 통해 인간의 활동을 기록을 남기고(Recording), 기록을 보존하고(Archiving), 그것을 통해 역사를 서술하고 이야기하는(Historiography) 역사에 대한 이야기를 들려주고 있다. 우리가 아는 실록은 당나라 태종 때 처음 편찬되었는데, 유지기는 그때 사관으로 『측천무후실록』 편찬에 참여했다. 그러나 그는 실력 없고 무책임한 관원들의 실록 편찬에 실망하고, 그 실록 편찬에 대한 문제의식에서 역사비평서를 집필했는데, 그것이 바로 『사통』이었다. 『서경』, 『춘추』 같은 경서(經書)는 물론, 『사기』, 『한서』 같은 뛰어난 역사서도 그의 비판 대상에서 예외일 수 없었다. 그러므로 역설적이게도 『사통』은 역사 탐구의 절망에서 길어 올린 역사학의 정화라고 할 수 있다.

옮긴이

오항녕 吳恒寧

전주대학교 역사문화학과 교수. 고려대학교 사학과에서 조선시대 사관제도를 연구하여 박사학위를 받았으며, 지곡서당(태동고전연구소)에서 사서삼경 등 한학을 공부했다. 한국사상사연구소 연구원, 국가기록원 팀장, 국가기록관리위원회 전문위원을 지냈다. 강만길, 조광 선생님에게서 역사학의 매력을 배웠으며, 박사학위논문을 쓰면서 조선 문명과 기록에 눈을 떴고, 지곡서당에서 학문이 위기지학(爲己之學)이라는 깨달음을 얻었다. 한국사상사연구소에서 역사학에 대한 인식론적 반성을 배웠으며, 국가기록원의 경험에서 학문과 경세(經世)의 간극을 줄였다. 지금도 그때 얻은 화두를 들고, 기억과 기록, 역사와 정치, 제도와 인간, 국가와 공동체라는 주체를 조선 문명 속에서 연구하고 있다. 『조선의 힘』, 『기록한다는 것』, 『한국사관제도성립사』, 『조선초기 성리학과 역사학』 등의 저서가 있다.

사통

보급판 인쇄 2014년 5월 7일
보급판 발행 2014년 5월 20일

지은이 유지기
옮긴이 오항녕
펴낸이 정순구
책임편집 조수정
기획편집 정윤경 조원식
마케팅 황주영

출력 한국커뮤니케이션
용지 한서지업사
인쇄 한영문화사
제본 한영문화사

펴낸곳 (주) 역사비평사
등록 제300-2007-139호(2007. 9. 20)
주소 110-260 서울시 종로구 북촌로 46-2, 3층 (구주소: 가회동 173번지)
전화 02-741-6123~5
팩스 02-741-6126
홈페이지 www.yukbi.com
전자우편 yukbi@chol.com

ⓒ 오항녕, 2012
ISBN 978-89-7696-422-9 03910

강만길, 조광 선생님께 올립니다

지난밤 강가에 봄비 흠뻑 내리더니
집채처럼 큰 배 깃털처럼 가벼워라
예전에 밀어보려 헛된 힘 썼건마는
오늘은 강 가운데 저절로 두리둥실

주자(朱子),
「책을 보다가 생각이 나서(觀書有感)」
두 번째 시

차례

사통 史通

서문

내편內篇_____

부록

▌ 일러두기 ▌

1 이 역서의 원문은 유지기劉知幾의 『사통史通』(사고전서四庫全書), 포기룡浦起龍의 『사통통석史通通釋』(사고전서, 1778, 대만 세계서국世界書局에서 1973년 재간행)을 저본으로 하고, 교감 및 역주는 포기룡의 위 책과 조여보趙呂甫의 『사통신교주史通新校注』(중경출판사中慶出版社, 1990)를 참고했다. 교감이나 역주 중 일치하지 않는 부분은 각주에 설명하면서 역자의 견해를 밝히는 형식을 취하였다. 일본어 번역으로는 마쓰이 츠네오增井經夫의 『사통－당나라 시대의 역사관(史通－唐代の歷史觀)』(平凡社, 1966)과 니시와키 츠네키西脇常記의 『사통 내편史通內篇』(동해대학출판회東海大學出版會, 1989), 『사통 외편史通外篇』(동해대학출판회, 2002)을 참고했다. 이들 저서에 대해서는 역주에서 서지 사항을 중복하여 밝히지 않고, 인명으로 대신했다. 기타 참고문헌은 9쪽에 밝혀두었다.

2 유지기의 『사통』은 내편內篇과 외편外篇으로 구성되어 있다. 내편 또는 외편을 따로 표기할 때는 『사통 내편史通內篇』, 『사통 외편史通外篇』으로 표기했다.

3 본서에는 『신당서新唐書』 「유자현전劉子玄傳(유지기열전)」을 번역하여 부록으로 덧붙였다. 『구당서舊唐書』가 아닌 『신당서』의 열전을 참고한 이유는 내용 면에서 『신당서』가 풍부하기 때문이다.

4 『사통』은 내편이 원래 39장이었으나, 3편이 없어지고 현재 36편만 전한다. 외편은 모두 13장으로 구성되어 있다. 내편 36장, 외편 13장의 첫머리에 간략한 해제를 붙여 이해에 도움을 주고자 했다.

5 이 역서는 원문에 표점을 달았는데, 이는 한국고전번역원의 표점 지침을 따른 것이다.(번역원의 표점 지침은 중국 25사의 표점 방식을 기초로 조정한 것이다.) 다만 표점 중 밑줄(_)은 인명에만 표시하고, 지명이나 서명에는 표시하지 않았다. 서명과 편명은 겹꺾쇠(『 』)와 홑꺾쇠(「 」)로 구분되므로 굳이 밑줄이 없어도 표시되기 때문이고, 지명까지 밑줄을 그으면 산만해지기 때문이다. 또한 책명과 편명 사이의 중간점(·)도 같은 이유에서 표시하지 않았다.

6 원문과 번역문은 내용의 흐름에 따라 단락을 나누었다. 각 단락마다 원문 – 번역문 순으로 제시하여 상호 대조하고 참고할 수 있게 했고, 역주는 번역문을 기준으로 달아두었다. 외편에는 원문의 구조가 약간 혼란스러울 수 있는 장章이 있기 때문에 장 안에서 세부적으로 단락을 나누고, 임의로 제목을 달았다. 해당 부분은 각주를 참고하면 된다.

7 현대 / 고대의 중국 인명, 지명, 서명 등 고유명사는 현대 한국어 표기에 따랐다. 아울러 한자를 병기했다. 다만 서명과 인명이 빈번하게 나올 때는 처음 또는 중간에 가끔 표기하여 중복을 줄였다. 한글 음과 한자가 일치하지 않을 때는 괄호를 넣어 표시했고, 각주에 원문을 병기한 경우 대괄호([ ])를 넣어 표시했다.

▎참고문헌 ▎

포기룡浦起龍, 『史通通釋』, 四庫全書, 1778.(世界書局에서 1973년 재간행)
정천범程千帆, 『史通箋記』, 중화서국, 1980.
장진패張振珮, 『史通箋注』, 귀주인민출판사, 1985.
조여보趙呂甫, 『史通新校注』, 中慶出版社, 1990.
여사면呂思勉, 『史學四種』, 상해인민출판사, 1981.
장순휘張舜徽, 『史學三書評議』, 중화서국, 1983.
허관삼許冠三, 『劉知幾的實錄史學』, 중문대학출판사, 1983.
마쓰이 츠네오增井經夫, 『史通 — 唐代の歷史觀』, 平凡社, 1966.
니시와키 츠네키西脇常記, 『史通內篇』, 東海大學出版會, 1989.
니시와키 츠네키西脇常記, 『史通外篇』, 東海大學出版會, 2002.
유점소劉占召, 『史通評注』, 全國百佳出版社, 2010.
유지기 지음, 포기룡 통석, 이윤화 옮김, 『사통통석』 1~4, 소명출판, 2012.

1,500년 전에 쓴 '역사란 무엇인가'

역사란 무엇인가? 역사는 어떻게 공부하는가? 누구에게는 직업이고, 또 다른 누구에게는 관심이며, 인간 자체로는 존재 조건인 역사! 아무도 시간과 기억을 벗어날 수 없다. 시간과 기억에 대한 질문, 역사! 나는 생각하기 때문에 존재하기도 하지만, 나는 나를 기억하기 때문에 존재한다고 생각했던 사람들. 뭔지 모르지만 앞을 향해 나아가느라 우리 현대인들은 과거의 경험을 진지하게 묻지 않는다. 무엇보다 과거의 그 사람들보다 잘났다고 생각하므로.

자신들이 사는 시대보다 앞의 사람들의 삶이, 문화적 성취가 더 나았다고 생각하는 겸손한 사람들도 있었다. 그래서 부족한 데를 메웠고, 그 덕에 오히려 더 나아질 수 있었다. 적어도 지금보다 더 타락해서는 안 된다는 생각에 후학들에게 남긴 책, 그러면서 앞선 시대의 누구보다 포괄적이고 깊이 있는 역사를, 역사 공부를, 역사학자를 고민한 책, 유지기劉知幾의 『사통史通』이 있었다.

20여 년 전, 조광趙珖 선생님의 한국사학사 강의 때로 기억한다. 중국 당나라 때 유지기가 썼다는 『사통』에 대해 처음 알게 되었다. 그리고 작고하신 고병익高柄翊 선생님의 논문 「劉知幾의 史通과 史評理論」(민두기 편, 『中國의 歷史

認識』下, 창작과비평사, 1985)을 접했다. 이렇게 역사학의 대선배 유지기의 『사통』과 나의 긴 인연이 시작되었다.

왠지 숙명적으로 엮여 있는 것 같은 강렬한 느낌에 휩싸였다. 그러던 차에 1992년 한국사상사연구소의 연구원으로 들어갔는데, 그때 서가에 꽂혀 있던 조여보趙呂甫의 『사통신교주史通新校注』(中慶出版社, 1990)가 한눈에 들어왔다. 출간된 지 얼마 되지 않은 따끈따끈한 책을 이동철 형이 구해다놓았던 것이다. 며칠간 일견한 뒤 공부 삼아 번역을 해보자는 생각을 했고, 그렇게 20년째 『사통』은 내 역사 공부의 곁에 있게 되었다.

실록 때문이었다. 유지기가 『사통』을 쓴 것도, 내가 『사통』에 운명 같은 사랑을 느낀 것도. 『사통』이라는 '역사학개론'의 직접적인 탄생 계기는 실록이었다. 그 사정은 『사통 외편』 「오시忤時」 편에 잘 나와 있다. 젊은 학자의 혈기에 유지기의 '오시忤時'라는 편명은 정말 마음에 들었다. 시대를 거역한다, 시대를 거스른다는 말로 풀어 쓸 수 있는(이 책에서는 '이대로는 안 됩니다'로 편명을 번역하여 실었다) '동시대 역사학에 대한 비판'이 「오시」였고, 『사통』이었다. 그때 그리고 그 후로도 오랫동안 역사학은 곧 역사 편찬이었다. 그 역사 편찬에 대한 비판 의식, 구체적으로는 막 생겨난 실록 편찬에 대한 비판 의식의 산물이 『사통』이었다.

관료제가 발달하면서 당 태종 때 시작된 실록 편찬은 동시대사, 당대사의 편찬으로 전례 없는 역사 편찬의 경험을 구가하고 있었다. 한 가문에서 대대로 사관史官을 세습하면서 자료도 모으고 역사서도 만들었던 이전과 달리, 그 시기에는 '관청이나 사관에 모여서 관련자들이 살아 있을 가능성이 매우 높은' 역사를 편찬했다. 아직은 실록 편찬의 수준이 높지 못했던 그때 유지기는 『측천무후실록則天武后實錄』을 편찬하러 궁궐에 들어갔다가 경악하고 바로 나와 이 『사통』을 쓰기 시작했다.

그가 본 것은 다음과 같은 현실이었다. 실력도 없는 사관들이 떼로 모여서 무엇을 남기고 버려야 하는지도 모른 채 붓만 빨고 있는 한심한 상황. 비밀로 해야 할 기록 내용도 저녁이 되면 알 만한 사람들은 다 알아버리는 무책임한 상황. 원칙도 방향도 없이 사람에 따라 이리저리 바뀌는 편찬 지침. 무엇보다도 체계적이지 못한 중앙과 지방의 기록 관리와 수집 정책. 이런 답답한 상황이 유지기로 하여금 『사통』을 쓰게 만들었다고 나는 생각한다. 『사통』 같은 책을 써서 남겨야만 그것을 보고 사관들이 공부할 것이고, 그렇게라도 해야 이 웃지 못할 역사 편찬의 현실을 개선할 수 있다고 생각했을 것이다.

『조선왕조실록』. 흥미롭게도 『조선왕조실록』 편찬의 경험은 유지기가 걱정했던 실록 편찬 일반에서 나타나는 문제점을 하나하나 해결해가는 과정이었다. 실록 편찬은, 기록자와 편찬자가 다르고, 사초史草나 기타 공문서에 적힌 이해관계자들이 살아 있을 때 이루어지기 때문에 사화史禍의 가능성이 상존하는 구조가 내재한다. 조선시대 사화士禍가 사화史禍와 밀접하게 관련되어 있는 이유이다. 조선 사람들은 사관의 기록인 사초의 보호에서 시작하여 편찬 과정의 누설 금지, 사후 엄중한 사고史庫 관리를 통해 유지기가 실록 편찬을 지켜보며 걱정했던 문제들을 극복해갔다. 그리고 그 시스템이 작동하고 수리되는 동안은 조선이 유지되었고, 그 시스템이 고장 나면서 조선은 무너져갔다.

『사통』은 뭐니 뭐니 해도 인류 최초의 '역사학개론', '역사란 무엇인가'이다. 역사서의 범주, 사관 제도의 역사, 역사서에 담기는 기록의 종류, 역사서의 장단점, 분류사의 서술과 특징, 역사 사실의 왜곡과 오류 등을 날카롭게 살핀 사료 비판에 대한 종합적인 관찰과 서술이다. 특히 역사서와 사학사를 다룬 일부를 빼면, 『사통 내편』 후반과 『사통 외편』 중·후반 등에서 다룬 논의는 거의 모두 사료 비판에 치중해 있다. 공자孔子도 사마천司馬遷도 그의 비평을 피하지 못하였다. 학부 때부터 역사학을 전공한 나는 유감스럽게도 이런 사료 비판 교육을 받아본 기억이 없다. 사료 비판이 무엇인지 보여주는 것만으로도 유지기의 『사통』이 갖는 가치는 충분하다.

『사통』은 또 다른 지평을 열어준다. 동아시아 인문학을 받쳐온 두 축은 경經과 사史였다. 그 한 축인 역사(史)라는 말은 기록을 남기고(Recording), 보존하고(Archiving), 그것을 통해 역사를 서술하고 이야기하는(Historiography) 세 영역을 함께 가리켰다. 현대 역사학은 이 가운데 주로 마지막 영역인 역사 서술에 국한하고 있다. 학문이 분과分科로 발달한 결과이다. 그러나 학교에서 배우는 역사만이 아니라, 일상생활을 쓰는 일기도, 할머니에 대한 그리움을 달래려고 소중히 보관하고 있는 할머니 사진도 역사이다. 보관하고 있는 행위 자체가 역사이다. 유지기는 『사통』을 통해 인간 존재로서의 역사를 보여주고 있다.

물론 『사통』에도 한계는 있다. 정확히 말하자면 한계가 아니라 시대적(=역사적) 특징이라고 할 것이다. 지식의 생산과 유통이 다른 양식으로 작동하던 사회에서 역사가 역시 현재와는 존재 양태가 달랐다. 그 시기 역사가는 주로 정부 관원의 지위를 가지고 있었고, 사관의 사유는 국가를 중심으로 움직였다. 그러나 "나라는 망해도 역사는 없어질 수 없다(國可滅, 史不可亡)"는 말이나, "역사는 만세萬世의 공론公論"이라는 격언에서 알 수 있듯이, 역사는 언제나 국가보다 인간 문명의 전달자로서 상위 개념이었다. 이는 유지기에게도 마찬가지였으며, 지금까지 그의 『사통』이 우리에게 울림을 주는 이유이다.

국내 역사학계에서는 『사통』에 대한 연구논문은 몇 편 되지 않고, 관심도 그다지 높지 않다. 다행히 청나라 포기룡浦起龍이 지은 『사통』의 주석서 『사통통석史通通釋』(소명출판, 2012)을 이윤화 교수가 완역해냄으로써 『사통』이 일반 독자나 연구자들에게 가깝게 다가갈 수 있는 계기가 마련되었다.

이윤화 교수의 『사통통석』이 간행되었다는 사실을 알고 한창 출간을 준비하던 나는 한국에 『사통』을 소개하는 '처음'을 놓쳤다는 아쉬움에 잠시 젖었다. 그러나 이윤화 교수는 나보다 훨씬 『사통』을 깊이 연구한 독학지사篤學之士이다. 무엇보다 내가 미처 번역에 포함하지 못했던 『사통통석』을 번역함으로써 마음 한쪽에 남아 있는 무거운 부담에서 벗어나게 해주었다. 이 교수의 성과를 충분히 반영하지 못한 것이 아쉽다. 나의 역량 부족이 첫째 이유이고, 둘째 이유는 『사통』에 대한 나의 문제의식과 접근 방식 때문이다. 기회가 닿는 대로 『사통』에 대한 별도의 연구서를 내려고 한다.

누累가 되는 발언인지 모르겠으나, 나는 역사학자의 길을 강만길姜萬吉, 조광趙珖 두 분 선생님께 배웠다. 내가 딛고 있는 현실에서 끊임없이 질문과 과제를 발견하는 역사학자, 그래서 골동품 애호가에 머물지 않고 과거 인간의 경험을 살아나게 하는 역사학자의 길을 꿈꾸게 해주신 은사이시다.

특히 학계의 일반적인 관점이나 통념과 다른 논문을 쓰고, 논문 첫머리부터 당신들의 견해를 비판하는 논지와 각주를 달았던 제자에게, 논문은 증거자료가 있고 논리가 있으면 된다고 격려해주시던 분들이다. 다른 건 모르겠지만, 내가 두 분의 그런 격조나마 흉내 낼 수 있는 학자가 될 수 있을지 영 자신이 없다. 고마움만으로 끝날 일이 아닌데…… 이 책에 담긴 뜻이 있기에 두 분께 외람되이 공부의 흔적으로 올린다.

2012년 추석날

오 항 녕

『사통』의 구조와 역사 비평

'역사란 무엇인가' + '역사학개론'

전목錢穆은 "『사통』은 중국 학술 관련 저작 가운데 매우 특수한 지위를 지닌다. 중국인들은 학문을 하면서 '통론通論' 종류의 책을 쓰는 경우가 매우 적은 것 같다. 예컨대 문학통론, 사학통론 같은 책 말이다. 중국인들은 실제적인 작업을 중시하므로 '통론'이나 '개론'을 쓰는 사람이 아주 적다. 『사통』은 중국의 사학통론에 해당하는 책으로서, 아마도 중국 유일의 사학통론서라고 할 수 있다."라고 했다.[1]

전목의 말은 새삼스럽지 않다. 송나라 황정견黃庭堅은 "문학을 논할 때는 『문심조룡文心雕龍』, 역사를 논할 때는 『사통史通』이다. 두 저서는 반드시 보아야 하니, 실로 후학에게 보탬이 있을 것이다."[2]라고 하여 『문심조룡』과 함

---

1 전목 지음, 이윤화 옮김, 『전목 선생의 사학명저강의』, 신서원, 2006, 271쪽. 이 책은 전목이 타이완 문화대학에서 1969~1971년에 강의한 내용을 엮은 것이다.
2 양신楊愼, 『숭암집升庵集』 권47 사고전서본 「노천평사통老泉評史通」. 황정견의 문집인 『산곡집山谷集』에서는 이 말을 확인하지 못했다.

께 『사통』을 문文 - 사史를 공부하는 필독서로 꼽았다. 『문심조룡』은 가장 오래된 으뜸의 문학이론서로 꼽히는데, 황정견은 바로 『사통』을 그와 같은 위상으로 놓았던 것이다.

유지기劉知幾는 종종 '국사國史'라는 표현을 쓰면서 그 '국사'와 기타 역사에 차이를 두고 있다. 그러나 『사통』에서 말하는 '국사'는 현대 국민국가의 역사인 '국사'와 다르다. 근대국가의 국사 편찬은 '국사 교과서' 또는 '국민국가의 기억'을 의미하지만, 전통시대의 '국사'는 해당 사회에서 일어나는 중요한 사건과 활동을 기록하고, 그 과정에서 나오는 각종 문서를 관리·편찬·보존하는 일을 포괄적으로 지칭하는 말이었다. 현대 학문으로 치면 역사(History)와 기록(Archives) 모두 당시에는 국사로 이해되었다.[3]

동아시아 인문학을 받쳐온 두 축은 경經과 사史였다. 그 한 축인 역사(史)라는 말은 기록을 남기고(Recording), 기록을 보존하고(Archiving), 그것을 통해 역사를 서술하고 이야기하는(Historiography) 세 영역을 가리켰다. 현대 역사학은 이 가운데 주로 마지막 영역인 역사 서술에 국한하고 있다. 학문이 분과分科로 발달한 결과이다. 유지기는 『사통』을 통해 인간 존재로서의 역사를 보여주고 있다.

한편 『사통』과 같은 '역사학통론', '역사학개론'은 전목의 말처럼 중국에서만 유일한 것이 아니라, 어쩌면 다른 시대나 지역의 역사에서도 전무하거나 드문 경우인 듯하다. 역사학개론은 역사학을 하나의 분과 학문으로 정의定義하고 체계를 잡았던 19세기 말 이후에 등장하기 때문이다.[4]

---

3 우리가 잘 아는 실록도 '국사'의 하나였다. 오항녕, 「당대사 실록을 둘러싼 긴장, 규율, 그리고 지평」, 『역사학보』 205, 2010 참고.
4 E. 베른하임 지음, 박광순 옮김, 『역사학입문』, 범우사, 1985. 베른하임이 이 책 *Einleitung in die Geschichtswissenschaft*를 쓴 것은 독일 그라이프스발트대학에 재직하던 1883년부터

이런『사통』의 특성 때문에 일찍부터『사통』에 대한 주석서註釋書와 함께 연구가 끊임없이 나온 것이다. 그러나 막상 국내 학계에서는 일찍이 고병익의 연구가 소개된 이후[5] 이따금 언급되었을 뿐 비교적 논의가 적은 편이다. 다만 최근에『사통』에 대한 가장 권위 있는 주석서로 알려진 포기룡浦起龍의『사통통석史通通釋』번역서가 출간됨으로써 향후 활발한 연구가 이루어질 것으로 기대하고 있다.[6]

기존의 연구를 토대로 세 측면에서『사통』을 소개하고자 한다. 첫째,『사통』저술의 직접적인 동기가 유지기의 실록 편찬 경험에서 비롯되었던 데서 알 수 있듯이,『사통』의 탄생과 실록 편찬이라는 사학사적 변화는 매우 밀접한 관계를 가지고 있었다. 따라서『사통』을 저술하게 된 유지기의 문제의식을 살펴보되, 좀 더 긴 실록 편찬 전통의 관점에서 해석하고자 한다. 유지기가 실록 편찬 경험에서 제기한 문제는 흥미롭게도『조선왕조실록』편찬의 전통에서 그 해결의 단서를 찾을 수 있기 때문이다.

둘째,『사통』의 구조에 대한 논의이다.『사통』에 대한 판본과 주석을 종합한 조여보趙呂甫를 비롯하여[7]『사통』의 구조,『사통 내편』과『사통 외편』의 관계 등에 대한 논의가 여러 번 제출되었다.『사통』은 완결된 판본으로 간행되지 않았으며, 미완의 원고였거나 누락된 원고가 많으리라는 주장도 있다. 하지만『사통 내편』은『사통 내편』대로, 또『사통 내편』과『사통 외편』은 그 자체로 내적 연관성을 가지고 집필되었다고 생각된다. 이런 점을 염두에 두고『사통』의 내적 구조를 정리해보고자 한다.

1921년 사이의 시기였다.

5 고병익,「劉知幾의 史通과 史評理論」, 閔斗基 편,『中國의 歷史認識』下, 창작과비평사, 1985. 고병익의 논문이 발표된 것은 1957년이다.

6 포기룡 지음, 이윤화 옮김,『사통통석』1~4, 소명출판, 2012.

7 조여보趙呂甫,『史通新校注』, 中慶出版社, 1990.

셋째, 『사통』의 강점은 역사를 어떻게 서술하고 편찬할 것인가 하는 문제에 깊은 관심을 기울인 중국 최초의 저작이다. 『사통』을 보면 거의 대부분이 역사 편찬 체재, 서술 방법, 서술의 오류 등 직접 역사를 편찬할 때 필연적으로 발생하는 난점을 고려하면서 집필되었음을 알 수 있다. 이런 문제의식은 『사통』 집필의 직접적인 계기였던 실록 편찬의 경험과 맞물려 있다. 따라서 그는 역사를 편찬하고 저술할 때 구체적으로 적용하고 대응할 수 있는 실질적 문제를 다루었다. 이러한 역사 비평은 『사통』의 가장 큰 장점인데, 실제로 유지기가 가장 공력을 들여 서술한 부분이다. 언제나 그렇듯이 이상理想의 실현은 실질적인 문제에 대한 깊은 이해에 달려 있었다.

실록의 탄생과 『사통』

실록은 우리에게 익숙한 역사서이다. 『조선왕조실록』은 역사에 조금만 관심을 둔 사람이라면 누구나 들어본 적이 있을 것이다. 『사통』이라는 '역사학 개론'의 직접적인 저술 동기는 바로 실록 편찬이었다. 그 사정은 『사통 외편』 「오시忤時」에 잘 나와 있다. '오시'라는 편명이 말해주듯, '시대를 거역하다', '시대를 거스르다'는 말로 풀어쓸 수 있는 '동시대 역사학에 대한 비판'이 「오시」였다면, 『사통』은 그 '오시'의 분노와 답답함을 창조적으로 승화시킨 결정체라고 할 수 있다. 그런데 실록은 사학사史學史에서 보면 당시 막 생겨난 새로운 조류의 편찬 방식이었다.

중국 관료제가 발달하면서 당 태종 때 시작된 실록 편찬은 동시대사·당대사를 편찬한 것으로, 이는 전례 없는 역사 편찬의 경험이었다. 한 가문에서 대대로 사관史官을 세습하면서 자료도 모으고 역사서도 만들었던 예전과는 달리, 그 시기에는 '관청이나 사관에 모여서 관련자들이 살아 있을 가능성이 매우 높은' 역사를 편찬한 것이다.

역사 편찬에 관한 기록이나 경험에서 앞서 있는 중국의 경우를 살펴보면 사관 제도의 변화가 발생하는 시점과 그 의미가 비교적 명료하게 드러난다. 이전 역사서는『사기史記』의 편찬자인 사마담司馬談과 사마천司馬遷 부자,『한서漢書』의 편찬자인 반표班彪와 반고班固 부자,『양서梁書』·『진서陳書』의 편찬자인 요찰姚察과 요사렴姚思廉 부자 등 가학家學으로 내려오면서 편찬되었거나, 『삼국지三國志』의 진수陳壽나『후한서後漢書』의 범엽范曄 등 모두 개별 작업으로 역사서를 편찬했다.

여기서 주의할 점은 이들의 개인 혹은 가업으로서의 작업이 관찬官撰과 대비되는 의미에서 말하는 사찬私撰은 아니라는 점이다. 작업은 개인적으로 이루어졌지만, 이는 어디까지나 국가의 정치제도 안에서 이루어진 '정사正史' 편찬이었다. 아무튼 사관史官의 개별적 또는 가업家業 방식의 관찬은 당나라 시대를 전후하여 전환점을 맞는다. 그런데 눈여겨볼 지점이 있다. 이런 분찬 방식으로의 전환이 담당 관청, 곧 사관史館의 성립과 때를 같이한다는 점이다.

국가의 역사 편찬, 곧 관찬이 일가一家의 작업에서 관청에 소속된 관원의 손으로 넘어오는 시기는 위魏·진晉에서 당唐에 이르는 때다. 사관 제도의 변화는 시험을 통해 선발된 관인官人이 임무를 담당하는 관료제적 경향이 나타나는 것으로 해석할 수 있다.[8] 위진 시대에는 중서성中書省과 비서성秘書省에 각각 저작랑著作郎을 두어 사관직을 맡겼는데, 본관本官인 대저작大著作과 그를 돕는 저작좌랑著作佐郎이 있었다. 이를 통해 위진 시대에는 일단 사관史館이 하나의 관서官署로 기능하고 있었음을 확인할 수 있다.

---

8 육조六朝에서 당唐에 이르는 시기의 정치 세력의 성격에 대한 연구는 사관 제도의 이러한 변화를 이해하는 데 도움을 준다. 유원적柳元迪,「唐 前期의 支配層」,『講座中國史』Ⅱ, 서울대학교동양사학연구실 편, 지식산업사, 1989.

모여서 편찬한 실록

그런데 당 태종 3년에 역사 편찬을 담당하는 관청은 저작국著作局이라는 이름 아래 새로운 모습을 띠게 된다.[9] 태종이 감수국사監修國史 방현령房玄齡에 게 명을 내리는 대목에 대한 호삼성胡三省의 음주音注에서 "역대 사관史館은 비서성秘書省 저작국著作局에 속해 있었다. (…) 정관貞觀 3년, 처음 궁궐 안으 로 사관史館을 옮겨 문하성門下省 북쪽에 두었다. 재상이 감수국사를 맡았다. 이때부터 저작랑은 처음 사관 직임을 파했다."라고 했다. 이후 저작랑은 한 림원 소속 관원으로만 활동했던 것 같은데, 이는 조칙詔勅 등의 문장을 맡는 관직과 역사 기록을 맡는 관직이 분화했을 것이라고 이해하면 된다.

한편, 빼놓을 수 없는 또 하나의 변화는 상시적으로 관원을 두어 사관을 운영하게 되면서 가능해진 '실록'의 편찬이다.[10] 당 태종 때 방현령이 급사중 給事中 허경종許敬宗 등과 함께 고조高祖 및 태종(今上) 실록을 편찬했고, 정관 7년(633)에 실록을 완성해서 올렸다고 하는데, 이 일이 실록 편찬 관례의 출 발이었다.[11] 이 일은 사관이 기록한 '기거起居'를 태종이 보려고 하자 방현령 이 "군주가 국사國史를 보면 직필直筆이 불가능해진다."라며 군주가 국사를 보아서는 안 되는 이유를 말할 때 흔히 인용된다. 하지만 태종은 기어코 방 현령이 사관의 기록을 토대로 편찬한 실록을 봄으로써 후대에 씻지 못할 허 물을 남겼다.[12]

---

9 사마광司馬光, 『자치통감資治通鑑』 13책, 197권 당기唐紀 태종太宗 정관貞觀 17년 7월, 中華書 局, 6203쪽.

10 『송사宋史』 15책 「예문지藝文志 2 사류史類 편년류編年類」, 中華書局, 1977, 5088쪽을 보면 이런 경향을 한눈에 알 수 있다. 실록은 『당고조실록唐高祖實錄』을 시작으로 등장하고 있다.

11 사마광, 앞의 책, 같은 쪽.

원래 관직의 이름이었던 기거주起居注는 실록을 만들기 전에 작성되는 사초史草를 뜻하기도 한다. 사관 제도가 정착되면서 사관 직무의 위상은 태종이 사관의 기거주, 즉 사초에 관심을 가질 만큼 높아지고 활성화되었던 것으로 보인다. 이런 추세를 배경으로 진전된 것이 당대사 편찬, 즉 실록 편찬이었다. 나아가 사초인 기거주와 실록의 중간 단계의 사료 편찬으로 시정기나[13] 일력이[14] 편찬되는 것도 같은 맥락에서 설명될 수 있다.

실력도 없는 것들이⋯⋯

아직 실록 편찬에 대한 이해는 물론 편찬에 참여하는 관원들의 역사에 대한 식견 또한 높지 못했던 그때, 유지기는 『측천무후실록則天武后實錄』을 편찬하러 궁궐에 들어갔다가 경악하고 바로 나와서 이 『사통』을 쓰기 시작했다.

---

12 정확히 말하면, 당 태종이 실록을 본 사실은 '차츰 허물이 되어갔다'고 해석해야 한다. 처음부터 군주가 실록을 보지 못한다는 관례가 있었던 것은 아니기 때문이다. 조선시대에는 당 태종이 실록을 가져다 본 것을 명백한 과실이라고 판단했다. 『성종실록』 권77 8년 윤2월 5일 계묘.

13 사마광, 앞의 책, 14책, 권205 당기唐紀 측천후則天后 장수長壽 2년. 6489쪽. 요수姚璹의 주奏가 실려 있다. 그의 말은, 우선 사관史官이 기록할 수 없는 범위의 국가사를 재상이 기록하여 사관史館에 보냄으로써 국사國史에 누락되는 기록이 없게 하자는 것이 취지인데, 시정기는 이런 취지에서 출발했다. 한편, 시정기는 본문에서 서술한 대로 실록 편찬을 위한 예비 단계의 편찬물이었음도 사실이다. 그런데 이때의 시정기는 재상이 찬록撰錄하면서 역사 편찬에 권력이 개입할 우려가 있었다. 곧 살펴보겠지만, 유지기가 분찬分撰과 재상의 감수監修를 비판한 것도 같은 맥락이다. 주자朱子, 『자치통감강목資治通鑑綱目』 3책 사정전훈의思政殿訓義, 41중中 임인壬寅 중종황제사성中宗皇帝嗣聖 9년 주제재상찬시정기월송사관周制宰相撰時政記月送史館 조條의 호씨왈胡氏曰, 보경문화사 영인본, 1987, 610쪽.

14 주자, 앞의 책, 4책, 48상上 을유乙酉 정원貞元 21년, 시령사관찬일력始令史官撰日曆 조, 181쪽.

앞서 말했듯이 유지기는 『사통 외편』의 맨 마지막에 실려 있는 「오시」에서 이때 느낀 문제점을 하나하나 지적했다. 그 글은 유지기 자신이 『사통』을 저술한 이유를 보여주고 있기도 하다. 유지기는 『측천무후실록』의 편찬 과정에서 빚어진 무삼사武三思·위원충魏元忠 등 '감수를 맡은 귀한 신하(監修 貴臣)'들과의 편찬에 대한 의견 충돌로 이미 『사통』의 저술을 계획하고 있었는데, 705~706년 무렵 다시 감수국사 소지충蕭至忠·종초객宗楚客 등과 대립하면서 사직서를 제출하게 된다. 바로 이 사직서가 「오시」이기도 했다(708). 그 대립으로 유지기는 자신이 더 이상 사관직에 몸담지 못할 이유를 조목조목 열거했다. 다소 길지만 『사통』을 이해하는 데 핵심적인 대목이므로 인용하겠다.

① 옛날 국사는 모두 한 사람의 손에서 완성되었습니다. 노나라 좌구명左丘明이나 한나라의 사마천司馬遷, 진晉나라의 동호董狐나 제나라의 남사南史 등은 모두 불후의 역사서를 완성하여 명산에 보관했습니다. 이들이 많은 사람의 힘을 빌려 절세의 기록을 남긴 것은 아니었습니다. 오직 후한 때 동관東觀이라는 관청만이 많은 학자를 모아서 『동관한기東觀漢記』를 편찬했지만, 그 책은 저술에 중심이 없었고 체계도 서지 않았습니다. …… 그런데 오늘날 역사를 담당하는 관청에서는 후한 시대의 곱절이나 되는 인원을 뽑고 있습니다. 그들은 스스로가 순열荀悅이나 원굉袁宏이라고 생각하고, 자기 집안을 유향劉向이나 유흠劉歆 부자 같다고 자칭합니다. 그렇지만 막상 하나의 사건을 기록하고 한 마디 말을 실어야 할 때는 모두 붓을 놓고 서로 빤히 쳐다보면서 붓을 입에 물고 판단을 내리지 못합니다. 그러므로 머리가 하얗게 세도록 역사서의 완성은 기약할 수가 없습니다.

② 전한前漢 시대에는 지방과 각국의 보고서를 태사太史에게 먼저 올리고 부본은 승상丞相에게 올렸습니다. 후한 시대에도 공경公卿의 문서는 처음에 공부公府에 모았다가 나중에 난대蘭台로 올렸습니다. 이에 따라 사관이 편찬할 때 광범위한 자료를 갖추어 편수할 수 있었습니다. 그런데 근래 들어서는 ……

사관은 스스로 찾아다니며 물어보고 편찬해야 하고, 좌사나 우사도 천자의 기거주를 남기지 않으며, 공경과 백관들도 행장行狀을 거의 만들지 않습니다. 주州나 군郡에 가서 풍속을 찾아보아도 충분히 보고 들을 수 없고, 중앙관청에서 제도 변천을 조사해도 관련 기록을 발견하기 어렵습니다. 이래 가지고는 공자가 다시 태어난다 해도 대롱으로 하늘을 보듯 역사서를 완성해야 할 것입니다.

③ 옛날 동호가 법도를 기록할 때 당당하게 그것을 조정에 보여주었고,[15] 남사가 시해를 기록할 때는 조정에 그 간책을 가지고 나갔습니다.[16] 그러나 근대의 사국史局은 모두 금문禁門에서 신분증을 보여야 통과할 수 있고, 구중궁궐 깊은 곳에 위치해 있으니, 이는 남들이 보지 못하게 하려는 것입니다. 그 의미는 대체로 다른 사람들과 만나는 일을 막아 부당한 청탁을 막고자 했기 때문일 것입니다. 그렇지만 지금 관청에서 편찬하는 사람은 숲처럼 많고, 모두 입이 근질거려 이 일 저 일 참견하려고 입을 다물고 있는 자가 없습니다. …… 말이 입에서 떨어지기가 무섭게 조정이나 민간에서 다 알고, 붓을 채 놓기도 전에 조정 관리들이 모두 읊조리고 다닐 정도입니다.

④ 옛날에 한 역사서를 간행하면 편찬에서 일가를 이루어, 체계가 각각 달랐고 지향점도 모두 차이가 있었습니다. …… 최근 사관의 주기注記는 대부분 감수하는 총재總裁의 의견을 받아들여야 하는데, 양영공楊令公은 "내용을 바르게 기록해야 한다."라고 하며, 종상서宗尙書는 "나쁜 일은 대부분 숨겨야 한다."라고 합니다. 10마리 양에 9명의 목동이 있다면 양 몰기가 제대로 되겠으며, 한 나라에 세 명의 재상이 있다면 누구를 따라야 하겠습니까?

---

15 『춘추좌씨전』 선공 2년 경문에 "진晉나라 조순趙盾이 그 임금 이고夷皋를 시해했다."라고 기록한 일을 조정에서 알았던 일을 가리킨다.

16 『춘추좌씨전』 양공 2년에 "태사太史가 '최저崔杼가 임금을 시해했다'고 썼다."라고 했듯이, 조정에서 기록한 내용을 알았다는 말이다.

⑤ 감監이란 대개 전체를 통솔한다는 의미입니다. 편년編年을 처음 기록한다면 연도에 한계를 결정해야 하고, 전기傳記를 서술하려면 사실을 어느 정도까지 포함시킬지 정해야 합니다. 생략해야 할 부분을 생략하지 않거나, 당연히 기록해야 할 부분을 기록하지 않는 경우가 있는데, 이것이 편찬 과정의 간삭刊削에서 주의를 기울여야 할 대목입니다. …… 그런데 오늘날에는 감수자가 아무런 지침도 내리지 않고, 편수하는 사람들도 따를 기준이 없습니다.

「오시」에서 제기한 문제점은 다음과 같이 정리할 수 있다. 먼저 공동 편찬 일반의 문제점이다(③). 역사를 편찬하는 장소가 궁중에 자리한 까닭은 인정에 이끌리는 청탁을 막고, 기록될 내용에 대한 비밀 보장을 위한 것인데, 사관이 많다 보니 기록한 내용이 먹이 마르기도 전에 조야朝野 진신搢紳들에게 바로 누설되어 비밀 보장은 물론 직서直書를 해야 하는 사관의 신변까지도 위협을 받게 된다는 것이다. 이는 역사를 공동 편찬할 경우 쉽게 예상되는 문제점이기도 했다. 특히 사관史館이 생기면서 기록과 편찬이 서로 다른 주체에 의해 수행되었기 때문에 편찬 과정에서 나타나는 기록의 누설은 매우 심각한 문제였다.[17]

또한 유지기는 공동 편찬을 할 경우 일관성 있는 편찬 원칙을 견지하기가 어려움을 지적하고 있다(④). 사관이 기사記事를 쓸 때는 감수국사의 재가를 얻어야 하는데, 양재사(양영공)는 직서를 하라고 하는 반면, 종초객(종상서)은 악덕惡德을 감추라고 하는 혼란스러운 편찬 방침 때문에 제대로 편찬을 하기 어렵다는 것이다. 결국 유지기는 당시 편찬 감수자들의 자격을 문제 삼은 셈이다.

---

17 조선 예종睿宗 연간 『세조실록』을 편찬할 때 발생한 민수閔粹의 사옥史獄도 이런 문제에서 기인했으며, 연산군燕山君 때 일어난 무오사화戊午士禍는 이극돈李克墩의 사초 누설이 직접적인 계기였다는 점에서 유지기가 지적한 문제점의 좋은 사례이다.

그는, 책임지고 실을 것은 싣고 뺄 것은 빼는 간삭에서부터 사건의 양이나 열전과 지志 등 편찬 세목을 각기 누구에게 맡길 것인지의 문제에 이르기까지 책임자들이 편찬에 대한 기획 능력이나 원칙이 없음을 안타까워했다(⑤).

공동 편찬으로의 전환 과정에서 빼놓을 수 없는 또 다른 문제점은 사관의 자질에 있었다(①). 예전에는 국사가 좌구명左丘明·사마천司馬遷·동호董狐·남사 南史 등 사관으로서 일가를 이뤘다고 할 만한 사람들의 손에서 나왔지만, 요즘은 다르다는 것이다. 다만 후한의 『동관한기』만 공동 편찬인데, 이때에도 편찬 주체가 불명확하고 편찬 체계를 갖추지 못했다는 비판을 면치 못했다. 근자에 편찬을 위해 후한 시대의 곱절이나 되는 사관을 뽑는 것도 문제이지만, 유지기가 보기에 더욱 가관인 것은 뽑힌 사람들이 스스로 순열·원굉이나 유향·유흠이 된 듯이 뻐기고 있지만 막상 편찬 작업에 들어가서는 무엇을 기록해야 할지 모르고 서로 눈치만 보면서 붓만 빨고 있다는 것이다. 이런 모습이 유지기에게는 역사가로서 삼장三長[18]을 갖추기는커녕 기초적인 훈련도 되어 있지 않은 사람으로 보였을 것이다. 『사통』은 '실력 없는 사관들'을 위한 학습서로 저술되었을 것이다.

사료 수집의 비효율성과 무원칙성도 큰 문제였다(②). 전한前漢 시대에 지방과 중앙(郡國)의 문서들을 수집하여 태사에게 먼저 올리고 부본을 승상에게 올렸던 예와, 후한後漢 시대에 공경의 서류를 각각의 관청에 모았다가 난대蘭臺로 올렸던 것에 비해, 지금의 사료 수집은 체계성이 없다는 것이다. 사관 자신이 일일이 묻고 수집해야 하므로 천자의 행동거지를 빠뜨리거나, 업적을 남긴 공경에 대해서도 정보가 어둡다고 했다. 이런 상황에서는 공자라도 부분적 사실만 기록하는(管窺) 허물을 피할 수 없다는 것이다.

---

18 『신당서新唐書』 권132 「유자현열전劉子玄列傳」, 중화서국, 1986, 4522쪽. "역사에는 세 가지 뛰어난 점이 있어야 하는데, 재능(才)·배움(學)·식견(識)입니다."라고 했다.

이렇듯 유지기는 사관의 임무와 자질, 사료의 수집, 사관 운영과 편찬의 체계성, 편찬 책임자의 역할 등을 비판적으로 언급했는데, 이는 한마디로 일가一家 편찬에서 관청官廳 편찬으로 넘어가는 역사 편찬 방식의 변화에 대한 문제 제기라고 할 수 있다. 요컨대 그가 본 것은 다음과 같은 현실이었다. 실력도 없는 사관들이 떼로 모여서 무엇을 남기고 버려야 하는지도 모르면서 붓만 빨고 있는 한심한 상황. 비밀로 해야 할 기록 내용도 저녁이 되면 알 만한 사람들은 다 알아버리는 무책임한 상황. 원칙도 방향도 없이 사람에 따라 이리저리 바뀌는 편찬 지침. 무엇보다 체계적이지 못한 중앙과 지방의 기록 관리와 수집 정책. 이런 답답한 상황이 유지기로 하여금 『사통』을 쓰게 만들었다고 생각된다. 『사통』 같은 개설서라도 써서 남겨야 그것을 보고 사관들이 공부할 것이고, 그렇게라도 해야 이 웃지 못할 역사 편찬의 현실을 개선할 수 있다고 유지기는 생각했을 것이다.

『사통』의 내편과 외편

『사통』은 측천무후의 실록이 편찬되던 705년 또는 706년에서 「서문序文」을 쓴 710년 2월 사이에 편찬된 것으로 볼 수 있다.[19] 그런데 『사통』 20권 중 내편이 10권, 외편이 10권으로 구성되어 있고, 내편 10권 39편 중에서 「체통體統」 「비무紕繆」 「이장弛張」의 세 편이 없어진 상태로 제목만 남아 있다. 이렇게 내외편으로 나누어져 있고, 없어진 편도 있기 때문에 『사통』의 내적 구조에 대해 다소 의견이 엇갈리기도 한다.

---

19 고병익, 앞의 논문, 551쪽.

먼저 『사통』에 대한 권위 있는 주석서 『사통통석』의 저자 포기룡은 『사통 외편』「잡설 중雜說中」에서 『후위서後魏書』를 설명하면서 "이 조條와 위의 조條에서 말한 뜻은 「인습因習」「언어言語」「서사敍事」「곡필曲筆」 등 여러 편에서 이미 누누이 말하였다. 이 때문에 「잡설」 편의 여러 조條가 대부분 앞의 정문正文의 저본底本이지, 후일 계속 창작한 것은 아니란 것을 알았다. 『사통 내편』이 시작되는 첫 번째 편을 보면, 이르기를 '예로부터 역대 제왕들이 문헌文獻과 전적典籍을 편찬, 서술한 상황에 대해서는 『외편』에 상세히 설명하였다.'고 하여 『사통 외편』이 『사통 내편』 다음에 확정된 것이 아니라는 것을 검증할 수 있다."[20]라고 했는데, 이는 곧 『사통 외편』「잡설」이 『사통 내편』보다 먼저 저술되었다고 본 것이다. 이런 견해는 『사고전서총목제요四庫全書總目提要』에도 그대로 전재되었다.[21]

그러나 이에 대해 고병익은, 첫째 명칭상 『외편』보다 『내편』이 먼저라고 보는 편이 자연스럽고, 둘째 『외편』에서 『내편』을 언급한 곳이 두 군데 이상이다. 셋째, 『내편』에는 탈루가 없는데 『외편』에는 유지기 자신이 메우지 않은 채 버려둔 곳이 많으므로, 『외편』은 아직 미완성된 저술의 특징을 보여준다. 넷째, 『내편』과 『외편』은 상이한 주제를 다루고 있으므로 『내편』이 『외편』의 축약일 수는 없다. 다섯째, 내용상 『내편』이 『외편』보다 집약적이고 체계적이다. 여섯째, 문체상 『내편』은 병려체騈儷體인 데 비해 『외편』은 자유롭다. 일곱째, 「자서自敍」가 『내편』 끝에 있는데, 자서는 저술의 말미에 붙이는 것이 일반적이므로 유지기가 먼저 『내편』을 마치고 『외편』을 첨가한 것으로 보아도 좋다. 여덟째, 서문의 연대인 710년 2월 이후에 발생한 사건이 『사통 외편』「오시」에 나온다.[22] 고병익은 이러한 점들을 근거로 『내편』→

---

20 포기룡 지음, 이윤화 옮김, 앞의 책 4, 110쪽.
21 『사고전서총목제요』 문연각본 권88.

『외편』의 순서로 저술되었고, 『외편』은 유지기가 죽을 때까지 계속 수정했을 가능성을 언급했다.[23] 현재 『사통』의 저술 순서에 대한 학자들의 논의는 대체로 『내편』 → 『외편』 순서로 보는 데 동의하고 있다.

기존 연구에서 본 『사통』의 구조

한편, 고병익은 『사통』의 체계도 개관했다. 그는 『사통』의 구조를 크게 (1) 역사가의 분류, (2) 개별적인 기술記述 문제, (3) 역사서 비평 등 세 부분으로 나누어 고찰했다. 그의 분류를 정리하면 〈표 1〉과 같다.

〈표 1〉 고병익의 분류: 『사통』의 구조

(1)	내편 1. 육가六家 2. 이체二體 외편 1. 사관건치史官建置 2. 고금정사古今正史	역사가의 분류
(2)-1	내편 4. 본기本紀 5. 세가世家 6. 열전列傳 7. 표력表歷 8. 서지書志	역사서의 구성 요소
(2)-2	내편 3. 재언載言 9. 논찬論贊 10. 서례序例 11. 제목題目 12. 단한斷限 13. 편차編次 14. 칭위稱謂 15. 채찬採撰 16. 재문載文 17. 보주補注 18. 인습因習 19. 읍리邑里 20. 언어言語 21. 부사浮詞 22. 서사敍事 23. 품조品藻 24. 곡필曲筆 25. 감식鑒識 26. 탐색探賾 27. 모의模擬 29. 서사書事 30. 인물人物 31. 핵재覈才 32. 서전序傳 33. 번생煩省 34. 잡술雜述 35. 변직辨職 36. 자서自敍 ※ 24. 직서直書가 빠졌는데, 여기에 포함될 듯하다.	역사 서술의 개별적인 문제
(3)	외편 3. 의고疑古 4. 혹경惑經 5. 신좌申左 6. 점번點煩 7·8·9 잡설雜説 10. 오행지착오五行志錯誤 11. 오행지잡박五行志雜駁 12. 암혹暗惑 13. 오시忤時	이전 역사서에 대한 이의와 비평

---

22 「오시」에 소지충과 종초객 등이 처형된 일이 언급되었는데, 이 일은 서문을 쓰고 넉 달 뒤인 6월의 일이다. 그러므로 「오시」는 유지기가 서문을 쓴 다음에 『외편』 저술 작업을 계속했음을 보여준다.

23 고병익, 앞의 논문, 552~555쪽.

고병익의 견해는 대략적인 데다 『사통』의 구조에 대해 길게 논의하지도 않았기 때문에 크게 문제를 삼을 것은 없다. 다만 (2)의 역사 서술의 개별적인 문제에 포함되어 있는 「곡필」 「감식」 편이 (3)의 역사서 비평에 포함되어야 하는 것은 아닌지, 즉 「의고」 「혹경」과 같은 범주에 넣어야 하는 것은 아닌지 하는 의문이 든다.

최근의 연구를 집성한 조여보의 분류는 좀 더 세분화되어 있다. 그는 여덟 가지로 나누어 『사통』의 구조를 범주화했는데, 정리하면 〈표 2〉와 같다.

〈표 2〉 조여보의 분류: 『사통』의 구조

(1)	내편 1. 육가六家 2. 이체二體 34. 잡술雜述	역사서 체재·연원
(2)	내편 4. 본기本紀 5. 세가世家 6. 열전列傳 7. 표력表歷 8. 서지書志 9. 논찬論贊 32. 서전序傳 10. 서례序例	기전체의 구조, 『사기』 『한서』의 평론
(3)	내편 12. 단한斷限 13. 편차編次 11. 제목題目 17. 보주補注	기전체 편찬의 구체적 방법
(4)	내편 3. 재언載言 16. 재문載文 15. 채찬採撰 29. 서사書事 30. 인물人物 22. 서사敍事 20. 언어言語 21. 부사浮詞 28. 모의模擬 18. 인습因習	사료 선택 방법, 서술의 기준과 원칙
(5)	내편 24. 직서直書 23. 품조品藻 25. 곡필曲筆 26. 감식鑒識 27. 탐색探賾	훌륭한 역사가의 자격, 직서와 곡필의 경계
(6)	내편 31. 핵재覈才 35. 변직辨職 외편 13. 오시忤時	역사가 재능의 중요성, 사관직 수행의 문제점
(7)	외편 1. 사관건치史官建置 2. 고금정사古今正史	사관의 연혁, 사학사 개관
(8)	외편 3. 의고疑古 4. 혹경惑經 5. 신좌申左 10. 오행지착오五行志錯誤 11. 오행지잡박五行志雜駁 7·8·9. 잡설雜說 12. 암혹暗惑	역사서의 오류·왜곡· 허위 비판
기타	외편 6. 점번點煩	불필요한 서술의 실제
	내편 36. 자서自敍	학문 연원, 저술 취지

내가 본 『사통』의 이중 구조

조여보의 여덟 가지 범주에 포함된 편명의 순서는 보다시피 『사통』 본래의 순서와 뒤바뀐 경우가 많다. 범주 (2)의 「32. 서전序傳」/「10. 서례序例」, 범주 (3)의 「13. 편차編次」/「11. 제목題目」, 범주 (4)의 「30. 인물人物」/「22. 서사敍事」, 「28. 모의模擬」/「18. 인습因習」 등이 그것이다. 이는 조여보가 해당 범주에 각 편을 배정하면서 『사통』의 편목 순서대로 하지 않고 임의로 기재했기 때문에 생긴 편차라고 생각할 수도 있다.

그러나 다른 각도에서 접근해볼 수도 있지 않을까? 첫째, 정사正史와 기타 역사의 구분이다. 편년체든 기전체든, 국사의 권위를 갖는 역사와 그렇지 않은 역사를 나눠 생각했다고 보는 편이 타당하지 않을까. 이는 조여보가 범주 (1)에 포함한 「1. 육가六家」, 「2. 이체二體」가 국사의 범주에 속하지만, 「34. 잡술雜述」은 이들 외의 역사라는 점에서 유추할 수 있다.

정사에 속하는 범주는 육가에 속하는 상서가尙書家·춘추가春秋家·좌전가左傳家·국어가國語家·사기가史記家·한서가漢書家이다. 이 가운데 후대의 역사서에 영향을 미쳤던 이체二體는 『좌전』과 『한서』였다.

잡술은 이들과 다르다. 잡술은 "첫째 편기偏記, 둘째 소록小錄, 셋째 일사逸事, 넷째 쇄언瑣言, 다섯째 군서郡書, 여섯째 가사家史, 일곱째 별전別傳, 여덟째 잡기雜記, 아홉째 지리서地理書, 열째 도읍부都邑簿"[24] 등의 역사를 가리킨다. 이들은 "옛날 삼분三墳이나 오전五典, 『춘추春秋』나 『도올檮杌』은 곧 역사 초기 제왕들의 역사서이고 춘추전국시대 제후들의 기록이었는데, 역대로 세상에 알려져 거울로 삼은 격언이 되었던" 역사, 즉 정사와 대비되었다.

---

24 『사통』 「잡술雜述」 편에 나온다. "其流有十焉. 一曰偏記, 二曰小錄, 三曰逸事, 四曰瑣言, 五曰郡書, 六曰家史, 七曰別傳, 八曰雜記, 九曰地理書, 十曰都邑簿."

편기偏記	저자가 살던 당대를 기록했지만, 한 왕조를 마치지 못한 역사. 육가陸賈의 『초한춘추楚漢春秋』, 악자樂資의 『산양공재기山陽公載記』
소록小錄	자신이 알고 있는 대상만 거론한 짧은 기록. 대규戴逵의 『죽림명사竹林名士』, 왕찬王粲의 『한말영웅기漢末英雄記』
일사逸事	버려져서 사라진 기록을 보완하는 역사. 화교和嶠의 『급총기년汲塚紀年』, 갈홍葛洪의 『서경잡기西京雜記』
쇄언瑣言	길거리나 동네에서 하는 쑥덕공론이나 잔단 이야기. 유의경劉義慶의 『세설신어世說新語』, 배영襄榮의 『어림語林』
군서郡書	그 고장의 빼어난 인물을 기록한 역사. 권칭圈稱의 『진류기구陳留耆舊』, 주배周裴의 『여남선현汝南先賢』
가사家史	귀족이나 화족華族에서 배출한 인물 또는 집안의 부모를 현창한 기록. 양웅揚雄의 『가첩家牒』, 은경殷敬의 『세전世傳』
별전別傳	훌륭한 남자나 바른 여자의 품격이나 부류에 대한 선행 기록. 유향劉向의 『열녀전列女傳』, 양홍梁鴻의 『일민전逸民傳』
잡기雜記	이 세상 자연이 빚어내는 갖가지 형상에 대한 기록. 조대祖台의 『지괴志怪』, 간보干寶의 『수신기搜神記』
지리서地理書	구주九州에서 나는 물산과 풍속에 대한 기록. 성홍지盛弘之의 『형주기荊州記』, 상거常璩의 『화양국지華陽國志』
도읍부都邑簿	제왕의 발상지나 역대 황제의 옛 수도 등 그 경영을 시작하는 제도에 대한 기록. 반악潘岳의 『관중기關中記』, 육기陸機의 『낙양기洛陽記』

유지기는 이들을 외전外傳이라고도 표현했는데, 신농씨神農氏가 약을 만들면서 『신농본초』를 남기고 하나라 우임금이 지방의 풍물을 설명하여 실제로 『산해경山海經』을 남긴 사실을 예로 들었다. 『세본世本』에서 주나라 왕실 이래의 성씨를 계통에 따라 정리한 것이나, 『공자가어孔子家語』에서 공씨의 가계를 전해주었던 사례도 여기에 포함했다. 이렇게 정사 이외의 편기偏記나 소설小說도 그 나름대로 일가一家를 이루어 정사의 참고 자료로 활용될 수 있었다고 보았다. 〈표 3〉은 열 가지의 잡술에 대한 유지기의 설명이다.

여기서 필자는 『사통』의 구조를 정사와 '기타 역사'(잡술)라는 구분과 동시

〈표 4〉『사통』의 이중 구조

범주	『내편』 편명	『외편』 편명
(1) 역사서 연원과 종류	1. 육가六家 2. 이체二體 3. 재언載言	1. 사관건치史官建置 2. 고금정사古今正史
	34. 잡술雜述	
(2) 기전체의 구조	4. 본기本紀 5. 세가世家 6. 열전列傳 7. 표력表歷 8 .서지書志	3. 의고疑古 4. 혹경惑經 5. 신좌申左 6. 점번點煩 7·8·9. 잡설雜說 10. 오행지착오五行志錯誤 11. 오행지잡박五行志雜駁 12. 암혹暗惑
(3) 역사서의 양식	9. 논찬論贊 10. 서례序例 11. 제목題目 12. 단한斷限 13. 편차編次 32. 서전序傳
(4) 서술의 기준과 원칙	14. 칭위稱謂 15. 채찬採撰 16. 재문載文 17. 보주補注 18. 인습因習 19. 읍리邑里 20. 언어言語 21. 부사浮詞 22. 서사敍事
	23. 품조品藻 24. 직서直書 25. 곡필曲筆 26. 감식鑒識 27. 탐색探賾 28. 모의模擬 29. 서사書事 30. 인물人物 33. 번생煩省
(5) 역사가의 자격	31. 핵재覈才 35. 변직辨職	
(6) 집필 배경	서문 36. 자서自敍	13. 오시忤時

에『사통 내편』과『사통 외편』의 이중 구조로 볼 것을 제안하고 싶다. '내편'과 '외편'은 통상 1편과 2편, 본편과 속편이라는 의미도 있지만, 그 내적 논리는 외편이 내편을 부연하는 방식으로 구성될 수도 있기 때문이다. 〈표 2〉에서 살펴본 조여보의『사통』의 범주를 참고하고, 내편과 외편의 이중 구조라는 관점을 도입하여 〈표 4〉로 정리해보았다.

필자는 먼저『사통 내편』의 구조를 여섯 범주로 나누었다. 범주 (1) 역사서의 연원과 종류에서는 「3. 재언載言」을 정사에 대한 서술로 보았다. 「재언」역시 정사 체재에 대한 보론補論이자 문제 제기의 성격을 띠기 때문이다. 유지기는, 말에 대한 기록은『상서』, 사건에 대한 기록은『춘추』를 꼽으면서,『좌씨전』은 이 두 경향을 통합한 것이라고 보았다. 그러나『사기』와『한서』

에 이르러 포괄할 내용을 확대하다 보니 사료가 번거로울 정도로 많아졌다고 지적한다. 열전은 당사자들의 말을 기록하는 데 그쳤으며, 사건은 엉성하고 모호해졌으므로 이런 경향을 해결할 필요가 있다고 문제를 제기한다. 유지기는 기전체 역사서에 표表나 지志 외에 말을 기록하는 편목을 두자고 제안한다. 즉 「4. 본기本紀」부터 시작될 기전체의 구조로 가는 징검다리 역할을 하는 편목이다.

기전체의 구조인 범주 (2)는 본기부터 서書, 지志의 발생과 특징, 성격을 다루었다. 사관이었던 유지기가 정사의 중요성을 우선시하는 것은 당연했고, 실제로 사관의 가장 중요한 일 중 하나가 정사의 편찬이었기 때문에 『사통 내편』에서 역사서의 연원과 종류를 설명한 뒤 기전체의 구성 요소를 설명하는 것은 자연스럽다. 이렇게 볼 때 『사통 외편』 「1. 사관건치史官建置」와 「2. 고금정사古今正史」는 사관의 설치 및 고대부터 당대까지의 정사의 성격과 특징을 서술했으므로, 『사통 내편』과 짝을 이룬다고 할 수 있다.

범주 (2)가 기전체의 구조였다면, 범주 (3)은 그 구조를 에워싸고 역사가가 선택하고 구성하는 역사서의 양식(Style)에 대한 논의이다. 대표적인 것이 역사가의 사론이 담긴 「9. 논찬論贊」, 역사서의 체례에 대한 설명인 「10. 서례序例」, 「11. 제목題目」, 시기 구분인 「12. 단한斷限」, 「13. 편차編次」, 역사가 자서自敍의 유래와 변천에 대한 논의인 「32. 서전序傳」이 이에 해당한다.

범주 (4)는 역사 서술의 방법과 기준과 원칙에 대한 논의이다. 「14. 칭위稱謂」 편에서 「30. 인물人物」 편까지, 또 「33. 번생煩省」을 포함하여 유지기가 가장 많은 분량을 할애하여 설명하고 논의한 영역이다. 따라서 『사통 외편』의 「3. 의고疑古」 편부터 「12. 암혹暗惑」 편까지, 바로 이 『사통 내편』 범주 (4)의 보론으로 설정되었다고 볼 수 있다.

범주 (4)는 두 부분으로 나눌 수 있다. 「14. 칭위」에서 「22.서사敍事」까지는 학습을 통해 배울 수 있는 것으로, 유지기가 말한 삼장지재三長之才 중 학

學에 속한다. 「23. 품조品藻」에서 「30. 인물」까지는 학습도 학습이지만, 역사가로서의 자세와 마음가짐이 덕성으로 체화되어야 달성할 수 있는 식견, 즉 삼장지재 중 식識에 속한다.[25]

이렇게 보면 『사통 내편』 「31. 핵재覈才」~「36. 자서自敍」까지의 여섯 편이 순서나 범주에 약간 혼선이 있을 뿐, 「1. 육가六家」~「30. 인물」에 이르는 편들은 일관된 저술 의도를 가진 구조라고 보아야 할 것이다. 31~36의 여섯 편도 『사통 내편』의 다른 편들과 크게 어긋나지 않고 범주화할 수 있는 내용이다.

『사통』의 역사 비평

『사통』은 출간된 뒤 사학사적 가치를 인정받지 못했다. 유지기가 "나의 『사통』을 『태현경太玄經』에 비유하면, 오늘날의 환담桓譚(군산君山)은 바로 서견徐堅과 주경칙朱敬則 등 몇 명이다. 그리고 과연 후세에 장형張衡이나 육적陸績 같은 사람이 나타날지는 알 수 없다. 아, 만일 장형이 나오지 않고 육적이 태어나지 않는다면 장차 이 책은 거름과 함께 없어지고 연기와 함께 사라져 결국 뒷날의 학자들이 얻어 볼 수 없을 것이다. 이 때문에 내가 책을 어루만지면서 눈물을 흘리다 보니, 눈물이 마르고 이어 피를 토하는 심정이로구나."라고 말했던 것은 『사통』의 앞날에 대한 예견이었는지도 모른다.[26]

그 때문이었을까? 『사통』은 『구당서舊唐書』 「경적지經籍志」에 수록되지도

---

25 이런 점에서 필자는 전목이 유지기의 『사통』에 식견이 결여되어 있다고 보는 데 동의하지 않는다. 전목, 앞의 책, 276쪽 등.

26 유지기, 『사통』 「자서」.

않았고, 송나라 초기 왕효신王曉臣의 『숭문총목崇文總目』에는 잡사류雜史類에 포함되었다. 남송南宋 시대 정초鄭樵의 『통지通志』「예문략藝文略」에 이르러서야 정사正史 부문의 통사류通史類에 분류되었다.[27]

유지기의 『사통』이 사부史部 내에서 자리를 찾지 못한 것은 『사통』에 대한 비판적 인식 때문만은 아니었다. 이미 『좌전』부터 사평史評이 수록되어 모든 정사에 사론이 달렸지만, 사평만으로 한 권의 저서를 남기는 일은 드물었다.

하지만 송나라 때 이르러서야 다시 춘추학春秋學이라는 이름으로 역사학이 발달하고 사마광의 『자치통감』에서 주자의 『자치통감강목』에 걸친 시기에 활발한 사론이 작성되었고, 『자치통감』 편찬에 참여했던 범조우范祖禹 같은 학자가 『당감唐鑑』이라는 단독 사론 저술을 제출하기에 이르렀다.[28] 이 과정에서 남송南宋 조공무晁公武의 『군재독서지郡齋讀書志』, 원나라 마단림馬端臨이 편찬한 『문헌통고文獻通考』와 같은 사평류史評類가 생겼다. 정사의 사부 분류에서는 조금 늦어서 사고전서四庫全書에 이르러 사평류가 생겼고, 『사통』과 『당감』은 사평류에 속하게 되었다.

그렇지만 『사통』과 『당감』은 같은 사평사론이면서도 성격이 완전히 다른 책이다. 즉 『사통』이 요즘 표현으로 '역사학개론'의 성격을 띠었다면, 비록 『송사宋史』에는 정사류正史類에 포함되어 있었지만[29] 『당감』은 당사唐史의 연구에서 얻은 사료와 안목을 가지고 고조高祖에서 애제哀帝에 이르는 중요한

---

27 이윤화, 「역자 서문」, 『사통통석』, 소명출판, 2012, 9쪽.

28 오항녕, 『朝鮮初期 性理學과 歷史學』, 고려대 민족문화연구원, 2007, 97~102쪽.

29 『송사』의 편찬자들에게는 사평史評이 사부史部의 한 분야로 인식되지 않았다. 그래서 『송사』에서는 『당감』이 사평류史評類에 포함되지 못하고, 정사류正史類에 들어 있다. 『송사』는 원 세조元世祖가 남송을 멸망시킨 뒤 그 편찬을 발의했으나, 실제 편찬된 것은 원 순제元順帝 지정至正 5년(1345)에 이르러서이다.

사실을 '대강大綱'으로 삼고, 그 사실에 대해 '논단論斷'하는 방식의 사론서 또는 논찬서였다.[30]

『사통』의 역사 비평은 범조우의 『당감』처럼 어떤 사건이나 인물에 대한 비평이 아니다. 『사통』의 비평은 역사 저술 자체에 대한 비평이었다. 그러므로 앞에서 살펴본 『사통』의 구조 하나하나의 주제에 유지기의 비평이 없는 데가 없다. 역사서 연원과 종류, 기전체의 구조, 역사서의 양식, 서술의 기준과 원칙, 역사가의 자격은 물론이고 집필 배경에 대한 서술에서도 실록의 공동 편찬에 나타난 문제점을 비판했고, 그것이 『사통』을 집필하게 된 직접적 계기였음을 언급한 바 있다.

유지기가 생각한 「육가」를 요약하면, 상서가는 풍부한 기언記言, 춘추가는 간결한 기사記事, 좌전가는 상세한 편년, 국어가는 나라별 역사, 사기가는 통사通史 기전체紀傳體, 한서가는 왕조별 기전체를 특징으로 들 수 있다. 이를 바탕으로 유지기는 「이체二體」에서 편년체 『좌씨전』과 기전체 『사기』의 장단점을 논의한 다음, 역사에서 사람들이 했던 말과 일어난 사건의 기록에 대해 이야기했다.

「재언載言」은 문제 제기의 성격을 띤다. 『상서』처럼 말을 주로 기록하는 역사서가 사라진 상황에서 그 대안을 찾아보자는 취지이기 때문이다. 말에 대한 기록은 『상서』, 사건에 대한 기록은 『춘추』를 꼽지만, 『좌씨전』은 이 두 경향을 통합했다. 그러나 『사기』와 『한서』에 이르러 포괄할 내용을 확대하다 보니 사료가 번거로울 정도로 많아졌다. 열전은 당사자들의 말을 기록

---

30 『사고전서총목四庫全書總目』 권88, "唐鑑二十四卷 … 宋范祖禹撰 呂祖謙註. 祖禹字淳父, 華陽人. 嘉祐八年 進士 歷官龍圖閣學士 出知陝州事 蹟附載宋史范鎭傳. 祖謙有古周易已著錄. 初治平中 司馬光奉詔修通鑑, 祖禹爲編修官, 分掌唐史, 以其所自得者, 著成此書. 上自高祖下 迄昭宣, 撮取大綱, 繫以論斷, 爲卷十二 …."

하는 데 그쳤으며, 사건은 엉성하고 모호해졌다. 이런 경향을 해결할 필요가 있었다. 그래서 유지기는 역사서에 표表나 지志 외에 말을 기록하는 편을 두자고 제안한다. 군주의 조칙이나 훈령, 신하들의 상서나 격문과 함께 시인詩人들의 작품도 본기와 열전에 싣지 말고, 따로 서書나 지志의 형식으로 자리를 마련해두자는 것이다.

항우가 왜 거기에……

유지기가 생각하건대 천자의 행적을 본기라고 한 것은 사마천의 『사기』였고, 이는 후세에도 이어졌다. 『사기』에 천자를 본기로, 제후를 세가로 한 것은 합당하지만, 실제 내용이 분명치 않아 의미를 알기 어렵게 된 경우도 있었다. 진秦나라 백예伯翳부터 장양왕莊襄王까지를 본기에 둔 것이나, 군웅群雄의 하나인 항우項羽에게 본기를 배정한 것이 대표적이다.[31]

유지기는 제후를 낮추고 천자와 구별하려는 이유에서 세가라고 이름 붙였다고 보았다. 세가 역시 본기와 마찬가지로 사마천의 창안인데, 진승陳勝처럼 도둑 떼에서 일어나 왕을 칭한 지 여섯 달 만에 죽어 대를 잇지 못한 경우조차 세가에 편재한 것은 기준이 없다는 것이다. 또 제후와 대부는 본디 국國과 가家로 구별되는데도, 「조세가趙世家」나 「전경중완세가田敬仲完世家」처럼 대부를 세가에 넣기도 했다. 반고는 『한서』에서 이러한 사실을 알고 사마천의 잘못을 바로잡으려 했다. 이후 오류를 답습한 몇몇 역사서도 있지만, 대체로 사마천의 세가 분류는 사라지고 반고의 체재가 전해졌다.

---

31 유지기, 『사통』 「본기本紀」. 이하 논의되는 주제의 전거는 『사통』 해당 각 편이므로 따로 표시하지 않는다.

열전의 특징인 사건의 나열이란 사람들의 행적을 기록하는 것이다. 그런데 유지기는 재미있는 설명을 덧붙인다. 열전은 마치 『춘추』의 전傳과 같아서, 『춘추』가 전을 가지고 경문을 설명한 체례이듯이, 『사기』와 『한서』는 열전을 가지고 본기를 설명한다는 것이다.

유지기가 못마땅해 했던 부분은 표表이다. 표는 족보와 세계世系의 연표年表, 월표月表이다. 여기서도 유지기는 사마천의 『사기』를 비판한다. 『사기』를 보면 본기, 세가, 열전, 직관職官 등이 각 편에 갖추어져 있으므로 표와 중복되는 경우가 많다. 이 때문에 표가 있어도 그만, 없어도 그만이라는 것이다. 다만 『사기』의 열국 연표 정도는 남겨둘 만하다고 평가한다. 반고의 『한서』나 『동관한기』도 이런 문제점을 갖고 있다. 유지기가 더욱 심각하다고 본 것은 반고의 「고금인표古今人表」이다. 사람 등급을 9품으로 나누어 구별했는데, 열전이나 세가에서 이런 구별이 충분히 가능한데 군이 표로 만들어 제시하는 것은 의미가 없다는 것이다. 게다가 『한서』가 포괄하는 한나라를 넘어 복희伏羲·신농神農까지 포함하는 무리를 범했다.

유지기는 「서지書志」의 논의에서 천문지天文志, 예문지藝文志, 오행지五行志로 나누어 설명했다. 그런 만큼 내용도 긴 편이다. 흥미로운 것은 의학醫學·양생養生의 관점에서 「인형지人形志」가 만들어지지 않은 것에 대해 유지기가 유감을 표시했다는 점이다. 또 천하가 넓어 언어가 다른데도 「방언지方言志」를 만들지 않은 것에 대해서도 의문을 품었다. 전반적으로 역사서의 서書나 지志가 최선이라고 하기는 어렵지만, 그래도 지志가 될 수 있는 것으로 유지기는 「도읍지都邑志」, 「씨족지氏族志」, 「방물지方物志」 등을 꼽았다. 이들은 각각 「여복지輿服志」, 「백관지百官志」, 「식화지食貨志」에 배속해야 한다는 것이다. 그동안 족보나 지리서들이 대대로 적지 않게 편찬되었으므로 이들을 모아서 지를 만든다면 어려운 일이 아니라는 것이다.

역사서의 양식(Style)이 갖는 중요성

유지기는 「논찬論贊」에서 사론의 의미에 대해, 먼저 의혹을 변별해주고 이해가 안 되는 곳을 설명해주는 것이라고 보았다. 사마천의 경우 문맥으로 볼 때 필요하지 않은 내용까지 굳이 사론에 담아냄으로써 번잡하게 만들었다고 유지기는 비판했다. 사론은 압축적이어야 한다는 것이다. 하지만 어쨌든 사마천의 사론은 담백하며 의미가 깊다. 이후의 사론은 실제보다는 꾸밈이 많고, 문장의 수사에 비해 이치가 적어졌다고 평가했다. 유지기는 특히 취사선택에서 타당성을 잃거나 그 시비의 중용을 잃는 경우를 경계했다.

「서례序例」란 저자의 저술 의도를 설명한 것이다. 이 때문에 『서경』이나 『시경』은 매 편마다 서를 붙여 의의를 설명했다. 『춘추』와 『좌씨전』의 전통은 단절되었다가, 간보干寶의 『진기晉紀』 이후에야 다시 역사서의 체례가 중흥하고 발전했다. 범례가 설정되면 본기, 열전과도 부합해야 한다. 그러므로 「서례」 편은 열전의 체재와 본기의 체재에 대한 논의와 함께 읽어야 한다.

유지기가 「제목題目」에서 말하고자 하는 바는 정해진 체재에 따라 이름(제목)을 붙이는 것이 중요하다는 것이다. 예컨대 여불위呂不韋의 『여씨춘추』처럼 제자백가서나 잡기의 부류에 해당하는 것에 '춘추'라는 이름을 붙이는 것은 잘못이다. 또한 어환魚豢처럼 역사서가 지나치게 번잡해졌는데도 략略이라는 명칭을 붙이는 것도 잘못이다. 사마천은 황후의 전기에 「외척전外戚傳」이라고 제목을 달았는데, 이는 천자를 기록하면서 「종실기宗室紀」라고 하는 것과 마찬가지다. 반고는 「고금인표」를 작성하면서 고금古今을 제목으로 삼았지만, 수록된 내용은 모두 진나라 이전의 일일 뿐 한나라의 일은 없다. 열전의 제목 자체가 일정하지 않기도 하다. 이름, 관직, 포폄이 들쭉날쭉하는 경우도 많다. 결국 제목을 정하는 방식이 법령 조문 늘어나듯 했는데, 유지기는 은근하면서도 문장이 되고 한 글자로 기리고 비판한다는 정신을 갖고 있어야 한다고 강조한다.

「단한斷限」에서 유지기는 역사서에 포괄된 시기의 타당성에 대해 문제를 제기한다. 『사기』는 수천 년간의 사실을 망라했고, 『한서』는 한나라 12황제 시기의 역사로 범위를 한정하여 수록했다. 그런데 반고는 본기와 열전의 경우 한나라 역사를 서술했지만, 표表와 지志에는 복희 시대의 일까지 포함했다. 후대의 저자들까지 모두 반고의 잘못을 그대로 따랐다. 이런 폐단은 진수가 『삼국지』에서 한나라 동탁董卓의 사적을 끌어와 위나라 열전의 가장 앞자리에 두었던 데서도 발견된다. 한 시대의 중요한 사건이 시대 전환기에 일어난 경우, 그 사건이 이미 다른 곳에 기록되어 있다면 중복하여 서술하지 않는 편이 좋다. 국사를 편찬하면서 다양한 견문을 수집하는 것은 좋은 일이지만, 『한서』 「지리지」에 「우공禹貢」 편을 그대로 수록한 것은 잘못이다. 역사서를 만드는 원칙은 관련 없는 내용을 불필요하게 인용하여 책의 권수나 늘리면서 이것을 박식하다고 하는 것과는 상관이 없다.

「편차編次」는 각 제목과 하위 범주의 적절성에 대한 논의이다. 『상서』는 당시의 말을 기록했고 『춘추』는 사실을 기록했는데, 시대순으로 서술함으로써 독자들이 헷갈리지 않고 일목요연하게 내용을 파악할 수 있었다. 그러다가 사마천에 이르러 처음으로 기전체의 방식으로 내용을 분류하여 시기가 뒤섞인 역사서가 나왔다. 한편, 원래 열전에 편재될 대상은 인물뿐이지만, 『사기』 열전에는 「구책전龜策傳」도 포함되었다. 이는 지志에 들어갈 내용이다. 정통 왕조와 위조僞朝를 구분할 때도 오류가 나타났다. 진수의 『촉지蜀志』가 그 예다. 또 제나라 동혼후東昏侯가 아직 재위에 있었던 시기의 일을 느닷없이 다음 대인 화제和帝의 연호로 기록하는 등, 당대의 권력자를 기쁘게 해주려는 마음에서 결국 앞의 왕조를 업신여긴 편찬 태도도 있었다. 유지기는 이밖에 사마천이 황제黃帝와 노자老子를 앞에 기록하고, 유가儒家를 뒤에 기록하여 경시한 일, 반고가 외척外戚을 뒤에 기록하고 변방 민족을 앞에 기록한 것도 비판함으로써 유가 중심, 중국 중심의 사관을 드러냈다.

「서전序傳」은 역사가 자서自敍의 유래와 변천에 대한 논의이다. 굴원屈原이 「이소離騷」에 자신의 집안을 밝힌 것이 자서의 유래이다. 이후 자서를 전傳이라고도 불렀다. 잘 알려진 것으로는 사마천의 「태사공자서」가 있다. 자서의 성격상 역사가는 자신의 결점은 감추고 장점은 서술하고 싶어 하는데, 거기에 쓴 말이 오류가 아니라면 믿을 만한 기록이 된다. 또한 자서에서 가계家系를 서술할 때는 당연히 자신의 이름과 동시에 부모를 현창하는 일을 위주로 하겠지만, 현창할 만한 사람이 없다면 아무것도 쓰지 않아야 한다. 양웅揚雄 이후의 자서를 통관해보면 처음부터 대부분이 자기 자랑인데, 위나라의 문제文帝와 부현傅玄·매도梅陶·갈홍葛洪 같은 무리들은 그 정도가 심했다. 심지어 벌열閥閱을 좋아하다 보니, 그 가계를 소급하여 함부로 훌륭한 성현聖賢에 이어 붙이는 자서도 나타났다. 서전序傳을 작성할 때는 이러한 이치를 살펴야 하고, 모르면 비워두면 된다.

역사 서술 측면의 비평

앞서 유지기가 『사통』을 저술한 이유를 실력 없는 사관들을 위한 '역사학 개론'이라고 이해했는데, 유지기 자신은 『사통 내편』 「자서」와 『사통 외편』 「오시」에서 직간접적으로 『사통』 저술의 실용적인 이유를 피력했다. 그 부분에 대한 서술이 『사통 내편』에 가장 많고, 『사통 외편』은 아예 『사통 내편』에서 제시한 역사 서술의 기준과 원칙을 개별 역사서에 적용한 '비판 실습'이라고 해도 과언이 아니다.[32] 『사통 내편』의 「번생煩省」은 『사통 외편』 「점번點煩」을 통해 한 글자 한 글자, 어떤 글자를 빼고 넣어야 하는지까지 세세하게 사례를 들어 설명하고 있다. 이를 보면 『사통』의 내편 – 외편이 갖는 주-보 관계가 더욱 선명해진다.

그런데 『사통』의 역사 비평을 다루는 대목에서 유지기는 역사가가 서술 방법에 대한 훈련을 통해 다듬어야 할 실력, 그리고 역사가로서의 마음가짐과 자세처럼 인격을 도야함으로써 도달해야 할 자격을 은연중에 나눠 생각하고 있는 듯하다. 이런 이해를 바탕으로 유지기의 역사 비평의 내용을 탐색해 보고자 한다.

역사를 편찬할 때는 사료를 모아야 하고, 다른 역사서를 참고해야 하며, 독자들을 위해 적절한 주석을 첨부해야 한다. 「채찬採撰」은 사료 수집의 적절성을 다루었다. 원래 역사서란 조금이라도 다른 이야기가 있으면 찾아 모으고, 다양한 사람의 말을 빠짐없이 채집하고 나서야 일가를 이루어 오래도록 전해질 명작을 만들 수 있다. 좌구명이 『좌씨전左氏傳』을 쓸 때 그러했고, 사마천과 반고도 마찬가지였다.

그러나 역사가가 많아지면서 제멋대로 이단의 내용을 기록하고 새로운 사실을 거짓으로 보태는 사람들이 생겨났다. 또 지방의 기록이나 각 가문의 보첩譜牒 같은 서적에서는 그 주州나 고을을 자랑하고 자기 씨족을 과시하기도 했다. 그러므로 역사가는 길거리에서 듣고 말하는 사실이 사리에 어긋날 수 있다는 점, 항간에 떠도는 이야기가 사실과 다를 수 있다는 점을 비판적으로 판단해야 한다.

「재문載文」은 다른 역사서나 자료를 인용할 때의 문제점에 관한 논의이다. 유지기는 재문 과정에서 다섯 가지를 비판적으로 보아야 한다고 했다. 첫째, 허설虛設을 주의해야 한다. 허설이란 글에만 있을 뿐 실제로는 없던 일로서, 그런 내용을 인용하면 안 된다. 둘째, 과장과 큰소리인 후안厚顔을 경계해야

---

32 역사 서술의 측면에서 『사통』에 주목한 연구로는, 팽아령彭雅玲, 『史通的歷史敍述理論』, 文史哲出版社, 1992가 대표적이다.

한다. 셋째, 남의 손을 빌려 작성한 칙서 등을 그대로 가져오는 일, 즉 가수假手를 주의해야 한다. 넷째, 변덕스럽고 자기모순적인 자려自戾를 주의해야 한다. 다섯째, 편향된 기준에 따른 평가로 근거 없는 칭송을 늘어놓는 일개一概 역시 경계해야 한다.

오래된 사실이나 사건에 대해서는 설명이 필요하므로 역사서에 주석이 달리게 마련이다. 유지기는 「보주補注」에서 이 문제를 다루었다. 『삼국지』에 대한 배송지裵松之의 주注 같은 경우는 호사가好事家의 사례로 들었다. 또 유지기는 사관이 역사서의 내용을 삭제하거나 보충할 때 체계적으로 정리할 능력이 부족하여 잡다한 주석을 늘어놓은 경우도 비판했다.

과거 역사서의 잘못된 서술 관행을 그대로 답습하는 것에 대한 문제 제기가 「인습因習」 편의 핵심 내용이다. 나라가 바뀌어 충신이라고 바로잡아야 할 인물을 이전의 기록대로 역적이라고 부르는 것이 인습의 대표적 예이다. 유지기는 한나라 때에 어떤 관리가 상주문을 짓다가 그것이 어려운 나머지 갈홍葛洪이 지은 것을 그대로 베끼면서 갈홍의 이름까지 그대로 옮겨 올렸다가 조롱을 당했다는 일화를 소개하며 인습의 폐단을 경계했다.

유지기는 인습과 연관된 문제를 「칭위稱謂」와 「읍리邑里」에서 다룬다. 명칭을 원칙에 맞게 사용하는 것이 중요하다. 『사기』에서 항우는 참적 세력의 하나였는데, 본기에 기록하고 왕이라 함으로써 후대에 의혹을 샀다. 오나라나 촉나라의 경우는 황제의 시호를 무시하고 손권이니 유비니 하며 이름을 불러 위나라를 대하던 것과는 차이가 난다. 또한 중화中華를 어지럽혔다는 이유로 5호胡를 증오하여 왕이 아닌 도적의 무리로 취급하기도 했다. 원래 옛날부터 명칭을 정하는 방법은 한결같지 않았지만, 역사가가 자신의 애증에 따라 명칭을 부여하거나 합당한 원칙 없이 자신의 붓끝에서 마음대로 그 명칭을 빼앗는 것은 옳지 않다고 유지기는 지적한다.

지명에 대한 고증도 마찬가지다. 종종 역사가들이 어떤 인물의 출신지를 언급하면서 그 지역의 옛 명칭을 그대로 역사서에 기록함으로써 해당 시대의 사실과 어긋나게 만들기도 하고, 이미 지역을 떠난 지 오래되었는데도 선조들이 살았던 곳만을 해당 인물의 출신지로 기록하는 경우가 있었다. 게다가 세상 사람들이 문벌 가문을 중히 여기면서 명망 있는 가문을 배출한 지방이라는 이유로 그 지역을 가탁하여 자신의 출신지로 삼기도 했다. 유지기는 이런 점을 고려하여 사료를 읽지 않으면 오류에 빠지기 쉽다고 말한다.

역사 서술 비평에서 언어와 문자의 문제가 빠질 수 없다. 「언어言語」에서는 역사 서술을 할 때 과장이나 꾸밈이 없는 정확한 언어 사용의 중요성을 강조했다. 내용은 간단하지만 담긴 의미는 깊고, 글 자체는 어렵지만 의리를 판단할 수 있는 대표적인 저술이 『서경』이다. 고대에는 언어가 은미하고 순하되 사안에 적절했고, 수식이 많았지만 지나치지 않았는데, 『춘추』가 대표적이다. 전국시대에 이르러 유세가들이 많이 나타났는데, 이들은 교묘한 말주변과 논변하는 기술을 갖추고 있었다. 이 때문에 차츰 문장은 화려해졌지만 내실은 없어졌다고 유지기는 평한다.

「언어」와 함께 「부사浮詞」는 실제 문장에서 불필요한 글자나 문구, 문맥에 어울리지 않는 과장 등을 경계하는 내용이다. 역사서를 편찬할 때는 널리 채록하는 것이 무엇보다 중요하다. 하지만 간혹 해당 사실에 대한 기록 외에 포폄을 해야 할 경우, 한 마디 한 구절 때문에 득실과 시비가 결정될 수도 있으므로 아무리 쉬운 얘기라도 매우 신중해야 한다. 서술이 번잡하면 그 언어나 표현이 정확하지 않을 수 있다. 한신韓信을 훌륭한 장수였다고 하거나 그의 재략을 칭찬할 수는 있겠지만, 그를 현자賢者라고 하는 것은 잘못이다.

이렇게 해서 「서사敍事」의 핵심은, 문장은 간략하면서도 사실이 풍부한 것으로 요약된다. 사실을 서술하는 방법에는 네 가지가 있다. 첫째는 재능과 행적을 있는 그대로 기록하는 것이다. 둘째는 사건의 시말만을 기록하는 것이다. 셋째는 사람들의 말을 통해 전모를 알 수 있게 하는 것이다. 넷째는 저자의 평론을 빌려 저절로 드러나게 하는 것이다.

역사가의 식견이 중요하다

서술보다 어려운 것이 사건이나 인물에 대한 평가이다. 유지기가 말한 식識의 단계에 해당하는 식견과 덕성을 필요로 하는 역사학의 영역이다. 「품조品藻」는 인물에 대한 평가, 분류의 적절성과 부당성에 대한 논의이다. 사마천과 반고가 열전을 만든 이래 역사가들이 처음으로 같은 유형의 인물을 일괄하는 풍조가 생겨났다. 반고는 『한서』 「고금인표」에서 수백 명의 인물을 3과科로 나누고 9등급으로 확정했다. 언어가 고상하고 의미도 흡족하지만, 편목에 들어간 인물은 일치하지 않는 경우가 많았다.

가장 어려우면서도 중요한 문제는 어떤 인물을 어떻게 평가할 것인가이다. 인간은 똑똑하고 못난 차이가 있게 마련이지만, 악업은 알려서 세상의 교훈으로 삼고 선행은 후세에 보여줘야 하는데, 유지기는 그 책임이 사관에게 있음을 「인물人物」에서 강조한다. 하지만 군소 무리의 은밀한 사실까지 일일이 모아서 기록하는 것이 능사는 아니며, 사관이 그들의 가계를 조사하고 고향이나 작위를 모아 허위 사실까지도 마치 사실인 양 조작하여 열전을 만드는 것은 더욱이 용납할 수 없다고 말한다.

「직서直書」는 「서사」의 연장이기도 하고, 『사통 외편』 「오시」와 같은 취지가 느껴지기도 한다. 역사의 임무는 권장하고 경계하는 원칙을 보여서 아름다운 풍습과 교화를 수립하는 것이다. 동호董狐와 조순趙盾처럼 피아간에 유감이 없고 행동에도 의심이 없어야 역사의 진실과 직필을 기록하고 고금에 이름을 남길 수 있다. 그러나 직필을 지키려다 형벌을 당하고 죽임을 당하는 것이 세상사이기에, 사신史臣이 강직한 풍모로 권력에 빌붙지 않는 절개를 유지하기도 어려울 것이다. 그래서 때로는 손성孫盛처럼 몰래 다른 판본을 만들어 편치 않은 마음을 달랜 역사가도 있었다. 이 같은 방법이 재앙을 피하고, 저술과 당사자가 온전할 수 있는 길이었다.

「곡필曲筆」 역시 「서사」의 연장이며, 「직서」와 짝이 되는 편이다. 이 편은 왜곡된 서술과 평가에 대한 문제 제기다. 역사가들도 기록을 할 때 그 사안이 군주나 부모와 관련되면 감추고 숨기는 경우가 많았는데, 이는 정직이라는 측면은 부족하지만 명분의 가르침이 그 속에 유지될 수 있었다. 근세에 이르러 공평한 정신이 망각되어 나라는 스스로 자기가 잘났다 하고, 가문은 서로 상대가 못났다고 헐뜯었다. 이렇게 볼 때 역사서의 곡필과 무함은 한두 가지에 불과하더라도 그 죄가 크다.

역사 문헌은 광대무변한데 학자가 깊이 있는 연구로 바탕에 숨은 뜻을 찾아내지 못한다면, 그 연구가 헛수고에 그칠 수 있다. 「감식鑒識」은 사람들이 과거 역사서를 어떻게 평가하고 비판하는가의 문제를 담고 있다. 유지기는 『좌씨전』이 『춘추』에 대한 세 전傳 중 으뜸이지만 한나라와 삼국시대 위나라를 거치는 동안 끝내 태학太學에 강좌가 개설되지 못했던 사례를 들어 감식의 어려움을 보여주었다.

한편, 반대로 역사서를 오해할 수도 있다. 「탐색探賾」은 역사서의 편찬 의도와 배경에 대한 오해를 경계한 논의이다. 학자들이 경전을 저술할 때 아무 생각 없이 저술하지는 않지만, 더러 함부로 천착하는 경우도 있다 보니 본원을 가볍게 파고들어 저자의 뜻과 어긋난 해석을 내놓기도 한다. 거꾸로 후학들이 역사서의 잘못을 비판하지 못하고 그릇된 점을 덮어버리거나 확대해석하여 억지로 자신의 학설로 만드는 일도 생각보다 많다.

학문은 본뜨는 데서 시작하듯, 서술 또한 마찬가지다. 「모의模擬」에서는 바로 역사서 모방의 허실을 다룬다. 사신史臣이 사실을 기록할 때는 그 내용이 광범위하기 때문에 훌륭한 선배들을 모범으로 삼지 않으면 후대에 좋은 작품을 남길 수 없다. 본뜨는 체재에는 두 가지가 있다. 첫째 겉보기는 같더라도 실제가 다른 경우가 있고, 둘째 겉보기는 달라도 실제는 같은 경우가 있다. 유지기는 겉보기는 달라도 실제가 같아야지, 거꾸로 되면 곤란하다고 강조한다.

「서사書事」는 「서사敍事」, 「감식鑑識」, 「모의模擬」의 연장선에서 서술의 핵심 요건과 폐습을 논의하고 있다. 유지기는 순열荀悅이 말한 역사 서술의 다섯 가지 핵심 내용, 즉 오지五志를 소개했다. 첫째 도의에 통달하고, 둘째 법식을 분명히 드러내며, 셋째 고금을 훤히 이해하고 있어야 하고, 넷째 공훈을 기술하고, 다섯째 어질고 능력 있는 사람을 밝히는 것이다. 유지기는 여기에 세 조목을 다시 더하여, 첫째 연혁을 서술하는 것, 둘째 죄악을 분명히 하는 것, 셋째 세상의 괴이한 일을 기술하는 것을 강조했다. 예로부터 결점이 없는 역사가는 드물다. 사마천과 반고는 독보적인 일가를 이루었지만, 후대에 비판을 받았고, 돌아가면서 상처를 입었다.

역사 비평 실습!

유지기의 비판은 사건의 전후 맥락과 다른 전거 등을 통해 증거를 제시하고, 그에 기초하여 합리적 추론을 전개하는 사료 비판의 전형을 보여준다. 경전의 문장조차 이치상 이해하기 어려운 데가 있을뿐더러 여러 학자의 다른 견해가 신빙성이 있는 경우도 있기 때문에 연구·조사가 필요하다는 것이다. 이는 『사통 외편』에서도 공통으로 발견되는 장점이다.

「의고疑古」는 『서경』을 중심으로 하여 납득하기 어려운 기술을 지적했다. 『사통 내편』 「육가六家」에서 유지기는 말을 기록한 역사서의 대표로 『서경』을 꼽았지만, 이 역시 그의 비판에서 비켜서 있지 않다. 『서경』뿐이 아니다.

『춘추』를 보면, 밖으로는 현자賢者를 중심으로, 안으로는 본국本國을 중심으로 기록했는가 하면, 『시경』에는 여러 나라의 국풍國風에 모두 원망하거나 풍자하는 노래가 있는데 노나라만은 그런 장르가 없다는 것도 지적했다. 유지기는 성인도 지혜를 과신하고 어리석음을 인정하지 않으면서 자기를 기준으로 애증을 판단하는 일이 많다는 점을 상기시키고 의심나는 점 10조목을 지적했다.

「의고」에서 비판 대상으로 삼은 것이 『서경』이었다면, 「혹경惑經」에서 의혹이 있다고 말한 대상은 『춘추』이다. 공자가 편수한 역사서가 『춘추』인데, 『춘추』의 뜻을 검토해보면 납득이 가지 않는 대표적인 기사가 열두 군데 이상 보인다. 게다가 『춘추』의 실제를 탐구하는 사람은 적고 명성만 따르는 사람이 많아 서로 부화뇌동하는 일도 있다. 예를 들어 공자가 『춘추』를 편수할 때 각국의 완성된 기록을 조금 다듬었을 뿐인데, 사마천은 이를 두고 공자가 『춘추』를 편찬할 때 기록해야 할 사실은 모두 쓰고 지워야 할 사실은 모두 지웠으므로 글에 뛰어났던 자유子游나 자하子夏 같은 제자들도 그에 대해 한 마디도 가감할 수 없었다고 칭찬했다.

「신좌申左」는 『춘추』에 대한 세 주석서인 『좌씨전』·『공양전』·『곡량전』을 비교하여 그 수준을 따져본 내용이다. 『사통 내편』 「감식」을 염두에 둔 서술로 보이는데, 『춘추』에 대한 비판인 「혹경」과 함께 읽으면 좋다.

『사통 외편』 7, 8, 9편인 「잡설雜說」이 『춘추』 2조항을 비롯한 수십 종의 역사서에 대한 평가와 비판이라면, 10편 「오행지착오五行志錯誤」와 11편 「오행지잡박五行志雜駁」은 반고의 『한서』 「오행지」를 집중 분석한 글이다. 그 오류는 크게, 책의 인용이 부적절한 점, 기사 서술이 이치에 맞지 않는 점, 재해에 대한 해석이 터무니없는 점, 고대의 학문에 정통하지 못하다는 점 등이다. 유지기는 이 오류의 네 범주에 세세한 항목을 나누고 같은 부류끼리 구분하여 설명했다. 예를 들어 사관의 기록과 『좌씨전』이 섞인 경우, 『춘추』

와 사관의 기록이 섞인 경우, 서술에 일정한 스타일이 없는 경우, 역사서 인용에 범례가 없는 경우, 단서만 꺼내놓고 징험을 제시하지 못한 경우, 서사에 수미가 없는 경우, 논란만 제기하고 결과를 보여주지 못한 경우, 서사가 조리 없이 섞여 있는 경우, 연호 표시에 기준이 없는 경우 등이다.

「오행지착오」가 오류에 관한 글이라면, 「오행지잡박」은 오류이기도 하지만 납득할 수 없는 해석에 대한 반박의 성격을 띤 글이다. 그렇지만 「오행지착오」처럼 오류를 지적한 것은 마찬가지이므로 같은 성격의 논설로 볼 수 있다. 예컨대 정치 상황과 동떨어진 해석, 재해와 해당 사건의 시기 불일치, 사건의 순서를 착각해서 생긴 오류, 사실 서술과 점占 자체의 오류, 사건이 발생한 시기의 오류, 사실 자체의 오류, 지리적 조건을 고려하지 않아 발생한 오류, 전후 사건이 모두 어긋난 경우, 신권臣權의 실제를 오해한 데서 생긴 오류, 후대의 사건을 선대의 탓으로 돌리는 오류, 연관성이 희박한 사실의 견강부회, 사건 발생의 원인에 대한 오해, 정세나 지리를 고려하지 않은 곡해, 재해에 대한 해석의 수록에 나타난 오류, 나라의 부흥을 모르고 내린 무리한 해석 등을 지적할 수 있다.

유지기는 『사통 외편』 「고금정사」에서부터 「오행지잡박五行志雜駁」에 이르기까지 역사서의 수준 차이, 역사서에서 사료 선택과 해석에 나타나는 오류와 착오와 의문 등을 논의해왔는데, 「암혹暗惑」에서는 바닥까지 간파하는 식견이 없고 명석한 정신을 가지고 있지 않을 때 참과 거짓을 구분하지 못하고 옳고 그름을 분별하지 못하여 생기는 문제를 제기하고 있다. 말하자면 자칫 역사가들이 속아 넘어갈 수 있는 자료를 예시하여 주의를 환기하는 것이다. 『사기』 「오제본기五帝本紀」에 나오는 순임금이 우물을 빠져나왔다는 기록이 그중 하나인데, 이런 기록은 착오 정도가 아니라 독자를 헷갈리게 만든다. 이런 실수가 생기는 이유는 저자의 식견이 어리석고 막혀 있기 때문이라고 유지기는 말한다.

아직도 살아 있는 『사통』

전목은 유지기의 『사통』이 훌륭한 책이지만 역사에 대한 깊은 통찰(史意)과 식견(史識)에는 이르지 못했다고 말했다. 역사가의 존재 이유로 전목이 인용했던 "하늘과 사람의 관계를 탐구하고, 고금의 변화에 통달하며, 일가의 견해를 이룬다.(究天人之際, 通古今之變, 成一家之言)"라는 사마천의 「태사공자서太史公自序」의 격조와 넓은 도량에 유지기가 미치지 못한다는 말이다. 필자는 역사철학적 지향을 배경에 깐 것으로 보이는 전목의 유지기 비판에 공감하지 않는다.

유지기는 「자서」에서 "나의 『사통』이란 책도 당대 붓을 잡은 사람들의 뜻이 순수하지 못한 점을 걱정해서 역사학의 목표나 지향을 변증하여 그 체계와 원칙을 확립하고자 만든 것이다. 이 책이 비록 역사를 위주로 했지만, 여파가 미치는 데는 위로 왕도王道에 이르고 아래로는 인륜人倫을 펴서 만물을 총괄하고 모든 존재를 포함할 것이다. 『법언法言』 이후 『문심조룡』에 이르기까지 역저들을 가슴속에 담아두었으니, 일찍이 작은 문제에 구애된 적은 없었다."라고 했는데, 이는 과장이 아니다.

관료제의 발달로 문서 생산이 많아지면서 새롭게 등장한 실록 편찬은 사관의 임용과 관청 자체에 변화를 가져왔다. 자격 미달의 사관이 임용되고, 집단 편찬은 비밀 보장을 어렵게 했으며, 무원칙한 편찬 지침이 난무했다. 유지기는 이런 현실을 보고 『사통』 저술을 시작했다. 어떤 면에서 보면 실록 편찬이라는 사건은 유지기가 퇴행이라고 여길 수밖에 없는 비극적 상황이었다. 그러나 변화에 적응해야 했다. 그 적응이 '역사란 무엇인가', '역사학개론'인 『사통』을 탄생시켰고, 유지기가 실록 편찬에서 우려했던 문제점은 후일 조선시대 실록을 편찬하는 과정에서 극복되었다.[33]

『사통』에도 한계는 있다. 정확히 말하자면 한계가 아니라 시대적(=역사적)

특징이다. 지식의 생산과 유통이 현재와 다른 양식으로 작동하던 사회에서 역사가 역시 현재와는 존재 양태가 달랐다. 주로 정부 관원의 지위를 가지고 있었고, 사관의 사유는 국가를 중심으로 움직였다. 그래서 유지기는 국사國史의 권위를 중요하게 여겼다. 그러나 그럴 때조차 국가보다 언제나 인간 문명의 전달자로서의 역사가 그에게는 상위 개념이었다. 이 점이 지금까지 유지기의 『사통』이 우리에게 울림을 주는 이유이다.

---

33 오항녕, 『한국사관제도성립사』, 일지사, 2009.

高堂明鏡悲白髮

朝如青絲暮成雪

君不見黃河之水天上來

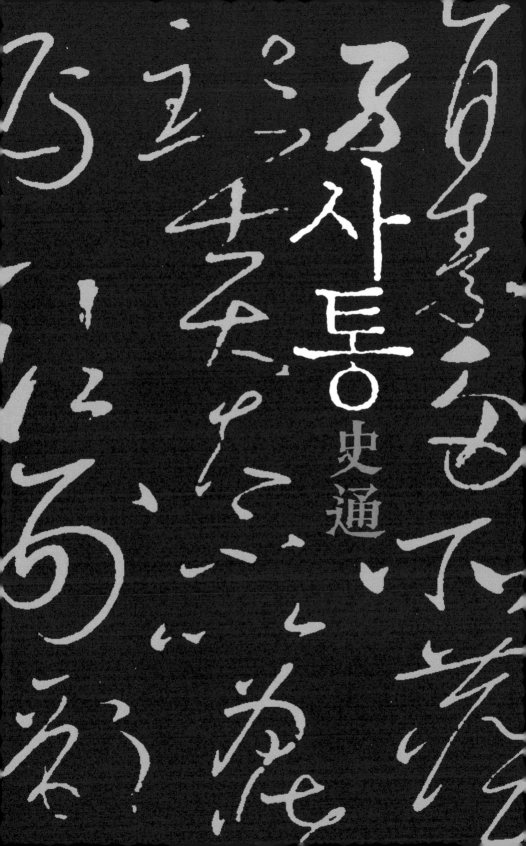

사통

史通

序

長安二年, 余以著作佐郎兼修國史, 尋遷左史, 于門下撰起居注. 會轉中書
舍人, 暫停史任, 俄兼領其職. 今上卽位, 除著作郎·太子中允·率更令, 其
兼修史皆如故. 又屬大駕還京, 以留後在東都. 無幾, 驛征入京, 專知史事,
仍遷秘書少監. 自惟歷事二主, 從還兩京, 遍居司籍之曹, 久處載言之職.
昔馬融三入東觀, 漢代稱榮; 張華再典史官, 晉朝稱美. 嗟! 予小子, 兼而有
之, 是用職思其憂, 不遑啓處. 嘗以載削餘暇, 商榷史篇, 下筆不休, 遂盈筐
篋. 于是區分類聚, 編而次之. 昔漢世諸儒, 集論經傳, 定之于白虎閣, 因名
曰『白虎通』. 予旣在史館而成此書, 故便以『史通』爲目. 且漢求司馬遷後,
封爲史通子, 是知史之稱通, 其來日久. 博采僉議, 爰定茲名. 凡爲二十卷,
列之于左, 合若干言. 于時歲次庚戌, 景龍四年仲春之月也.

장안長安 2년(702)[1] 나는 저작좌랑著作佐郎으로서 국사 편찬을 겸했는데,[2] 얼

---

1 장안 2년 : 측천무후則天武后 즉위 19년이며, 유지기의 나이 42세 되던 때이다.

2 나는~겸했는데 : 저작국에는 저작랑(종5품상)과 저작좌랑(종6품상)이 있었다. 이들은 비문·
지문·축문·제문을 짓는 일을 했으며, 국가의 기록을 담당하는 사관직을 겸직하는 경우가
많았다. 여기서 말하는 '국사 편찬'은 근대국가의 그것과는 다르다. 근대국가의 국사 편찬은
'국사 교과서' 또는 '국민국가의 기억'을 의미하지만, 전통시대의 '국사'는 해당 사회에서
일어나는 중요한 사건이나 활동을 기록하고, 그 과정에서 나오는 각종 문서를 관리·편찬·보존
하는 일을 포괄적으로 지칭하는 말이었다. 현대 학문으로 치면 역사(History)와 기록(Archives)
모두 당시에는 국사로 이해되었다. 우리가 잘 아는 실록도 '국사'의 하나였다. 오항녕,
「당대사 실록을 둘러싼 긴장, 규율, 그리고 지평」, 『역사학보』 205, 2010 참고.

마 뒤 좌사左史로 옮겨 문하성門下省에서 기거주起居注를 기록했다. 중서성 사인中書省人舍으로 전직되었을 즈음 잠시 사관직을 그만두었다가, 얼마 안 있어 다시 사관직을 겸했다. 지금의 황제께서 즉위한 뒤, 저작랑著作郎과 태자중윤太子中允, 솔경령率更令에 임명되어 예전처럼 역사 편찬의 직임을 겸하게 되었다.[3] 황제가 낙양洛陽에서 장안長安으로 옮길 때,[4] 유후留後로 낙양에 남았다. 그 뒤 얼마 지나지 않아 장안으로 옮겨 와서 역사 일만 맡다가 그대로 비서소감秘書少監으로 자리를 옮겼다.

생각해보면, 두 황제를 차례로 섬겼고, 장안과 낙양 두 수도에서 벼슬을 하며 서적을 관장하는 관청을 두루 거쳤으며, 오래도록 역사를 기록하는 관직에 있었던 셈이다. 후한 때 마융馬融은 세 번 동관東觀에 들어갔던 일을 영광이라고 했고,[5] 장화張華가 두 번 사관을 맡았던 일을 두고 진晉나라 때 칭찬이 대단했다.[6] 그런데 나같이 부족한 사람이 두 사람의 경험을 모두 겪게 되었으니, 이 때문에 직무에 대한 걱정으로 편안할 틈이 없었다. 일찍이 편찬하는 틈틈이 많은 역사서를 연구하고 비평하느라 붓을 놓지 못했는데, 결국 그 원고가 궤짝에 가득 찼기에 이제 분류·정리하여 편차를 매겨보았다.

---

3 지금의~되었다 : 측천무후가 물러난 뒤 중종中宗이 다시 즉위했다(705). 역사 편찬이란 유지기가 서견徐堅·오긍吳兢과 함께 『측천실록則天實錄』을 편찬한 일을 가리킨다. 오긍은 『정관정요貞觀政要』의 편찬자로서도 잘 알려져 있다.

4 황제가~때 : 신룡神龍 2년(706)에 중종이 낙양에서 장안으로 옮겼다.

5 후한~했고 : 후한 안제安帝 때(111) 마융은 동관의 장서를 교정했다. 등태후鄧太后 때 금고禁錮를 당했다가, 안제가 친정을 하면서 다시 동관에서 근무했다. 환제桓帝 때 대장군 양기梁冀의 뜻을 거스름으로써 귀양을 갔지만, 다시 복귀하여 의랑議郎이 되었다. 이 때문에 마융이 '동관에 세 번 들어갔다'고 하는 것이다. 『후한서後漢書』 권60상 열전에 나온다.

6 장화가~대단했다 : 장화는 학식이 뛰어나 위魏나라 말에 국사를 편찬하는 데 참여했다. 진晉나라 혜제惠帝가 즉위하자 사공司空을 맡아 국사 편찬을 감독했다. 『진서晉書』 권36 열전에 나온다.

옛날 한나라 때 여러 학자들이 백호각白虎閣에 모여 경전을 토론하고 의견을 수렴한 뒤, 그 연구 성과를 『백호통白虎通』이라고 불렀던 적이 있다.[7] 나는 사관에서 이 책을 지었으므로 『사통史通』이라고 부르겠다. 또 후한 때 사마천司馬遷의 자손을 찾아 사통자史通子로 봉한 일도 있었으니,[8] 이를 통하여 사통이라는 이름이 오래전부터 쓰였다는 것을 알 수 있다. 많은 동료의 의견을 널리 모아 이 이름으로 정했다. 모두 20권으로, 내용은 다음 본문과 같다. 서문으로 몇 마디 말을 덧붙였다. 경술년 경룡景龍 4년(710) 2월에 썼다. 史通

---

7 한나라~있다 : 후한 장제章帝 때(79) 양종楊終의 건의에 따라 대부大夫와 박사博士, 의랑議郎 등을 백호관白虎觀에 불러 모아 오경五經을 토론하게 하고 그 결과물을 편찬했는데, 『백호통白虎通』 또는 『백호통의白虎通義』라고 한다.

8 후한~있었으니 : 『한서漢書』 권62 「사마천전司馬遷傳」에 "선제宣帝 때 사마천의 외손인 양운楊惲이 『사기史記』를 조술하여 선포했고, 왕망王莽 때 사마천의 후손을 찾아 사통자로 삼았다."라고 했다.

夫自二儀既判垂玄象之文萬
肇化生彰紀事之實蒼頡沮誦
以前造物代爲敷揚山川曲爲
攄寫何必入抽金匱之藏世櫝

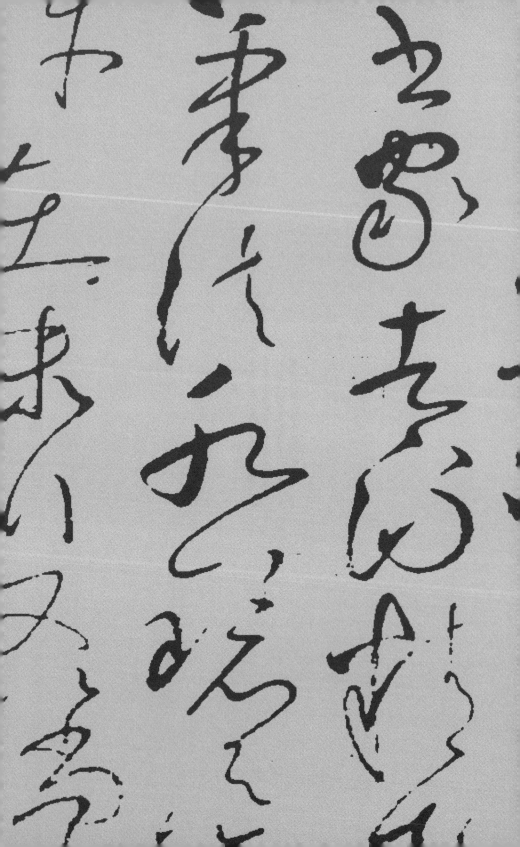

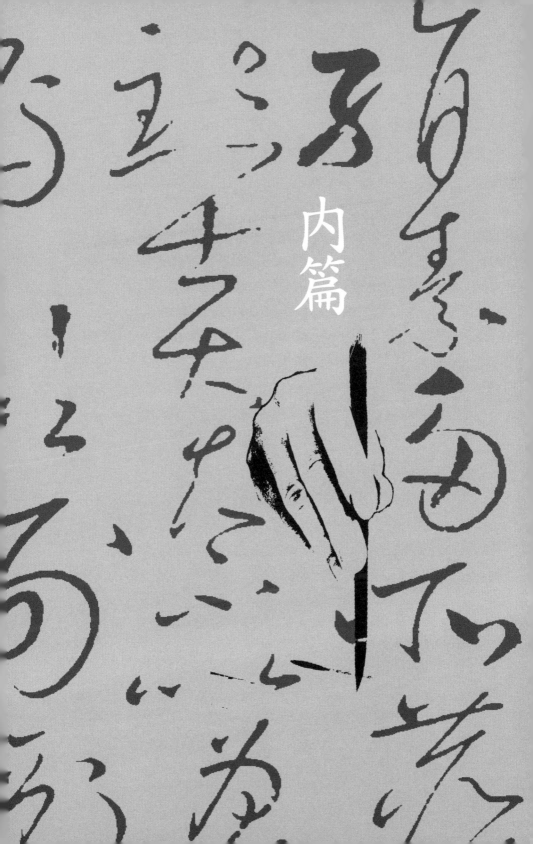

内篇

유지기는 역사가 또는 역사학파를 상서가·춘추가·좌전가·국어가·사기가·한서가 등 여섯 부류로 정리했다.

가장 오래된 상서가는 공자가 편찬했다고 하는 『상서』이다. 『상서』는 그 안에서 문체가 꼭 일치하지는 않지만, 대체로 정령을 중심으로 편찬되었다. 『주서』도 상서가에 포함되지만, 유지기는 이를 높이 평가하지 않는다. 상서가는 한·위 시대에 이르러 그 전통이 끊어지다시피 했다.

춘추가는 상서가와 비슷한 시기에 출발했다. 공자는 간략하지만 깊은 의미를 가진 문장을 통해 사실을 서술하는 것이 『춘추』의 가르침이라고 했다. 『춘추』는 날짜―달―해순으로 기록되었으며, 맹자가 말했던 승이나 도올 등도 『춘추』의 또 다른 이름으로서 춘추가에 속한다. 사마천은 『사기』를 저술할 때 『춘추』를 본보기로 삼았다.

『춘추』에 전傳을 다는 방식으로 새로운 역사서의 지평을 연 좌전가의 기원은 좌구명에 있다. 유지기는 『좌씨전』에 대해 언어는 간결하고 절제되어 있으며 사실은 상세하면서 넓다고 평했다. 한나라 때 순열은 이러한 『좌씨전』을 본떠 『한기』 30편을 지었다. 이후 후한부터 남북조 시대까지 다양한 이름으로 불린 많은 역사서가 대개 『좌씨전』을 표준으로 삼았다.

국어가도 좌구명에 기원을 두고 있다. 좌구명은 『춘추외전국어』 21편을 별도로 만들었는데, 『춘추』 삼전에 버금가는 저술이다. 진나라가 천하를 통일한 뒤 편찬한 『전국책』은 대표적인 국어가의 역사책이다. 서진 때 사마표가 기록한 『구주춘추』는 근대 국어가라고 할 수 있다. 하지만 이후 국어가 계통은 침체했다.

사기가의 기원은 사마천이다. 그는 위로는 황제에서 아래로는 한 무제에 이르기까지 12본기와 70열전으로 군신 관계를 통괄했고, 8서와 10표를 통해 시대와 관직을 정리했다.

한서가는 반고에 기원을 두고 있다. 『한서』가 등장할 수 있었던 것은 『사기』 덕분이다. 『한서』는 후한의 건국부터 패망까지 연구하여 유씨 왕조의 흥폐를 모두 밝힘으로써 왕조 국가를 포괄한 역사서가 되었다.

그러나 시대와 세상이 변하여 상서가 등 4가家의 역사 서술은 오랫동안 사용되지 않았으며, 유지기 시대에 이어받을 수 있는 것은 좌전가와 한서가뿐이었다.

6가의 특징을 정리하면, 상서가는 풍부한 기언記言, 춘추가는 간결한 기사, 좌전가는 상세한 편년, 국어가는 나라별 역사, 사기가는 통사 기전체, 한서가는 왕조별 기전체라고 할 수 있다.

内篇
01

역사가의 여섯 유파
六家

六家

自古帝王編述文籍,「外篇」言之備矣. 古往今來, 質文遞變, 諸史之作, 不
恒厥體. 權而爲論, 其流有六, 一曰尚書家, 二曰春秋家, 三曰左傳家, 四曰
國語家, 五曰史記家, 六曰漢書家. 今略陳其義, 列之于後.

예로부터 내려오는 제왕들의 편찬 서적은 『사통 외편史通外篇』에서 상세히
언급했다.[1] 시대가 변함에 따라 사람들의 자질이나 문예도 변했고, 역사가들
의 저술도 그 체재가 늘 같지는 않았다. 개괄해서 말하면 여섯 유파가 있는
데, 상서가尙書家·춘추가春秋家·좌전가左傳家·국어가國語家·사기가史記家·한서가漢
書家이다. 이제 그 특징을 대략 서술해보고자 한다.

● 상서가

尚書家者, 其先出于太古.『易』曰: "河出圖, 洛出書, 聖人則之." 故知書之
所起遠矣. 至孔子觀書于周室, 得虞·夏·商·周四代之典, 乃刪其善者, 定爲
『尚書』百篇. 孔安國曰: "以其上古之書, 謂之『尚書』."『尚書璇璣鈐』曰:
"尚者, 上也. 上天垂文象, 布節度, 如天行也." 王肅曰: "上所言, 下爲史所
書, 故曰『尚書』也."

---

1 예로부터~언급했다 :『사통 외편史通外篇』 중,「사관건치史官建置」와「고금정사古今正史」가
여기에 해당한다.

상서가尙書家는 아주 오래 전에 그 원형이 시작되었다. 『주역』에는 "하수河水에서 그림이 나오고, 낙수洛水에서 문자가 나왔는데, 성인께서 그것을 본떴다"라고 했으니,[2] 『상서』의 기원이 오래되었음을 알 수 있다.[3]

공자가 주나라 왕실의 소장 도서를 조사하여[4] 우虞·하夏상商·주周 4대의 옛 기록을 발견하고는 그 중요한 부분을 추려 『상서』100편[5]을 만들었다. 공안국孔安國은 "상고시대에 기록했기 때문에 『상서』라고 한다."라고 했고,[6] 『상서선기검尙書璇璣鈐』에는 "상尙이란 위(上)라는 말이다. 하늘에 해·달·별과 눈·비 등의 자연현상이 일어나듯이, 이 세상의 여러 문화와 제도도 하늘의 운행처럼 시행되었다."라고 했으며,[7] 왕숙王肅은 "위에서 말한 것을 아래에 있는 사관이 기록했기 때문에 『상서』라고 한다."라고 했다.[8]

---

2 『주역』에는~했으니 : 『한서』「예문지藝文志」에 나온다. 여기서 『주역周易』은 「계사繫辭」를 말한다.

3 상서가는~있다 : 조여보趙呂甫는 향종노向宗魯의 말을 빌려, 『상서尙書』의 근원이 낙서洛書에 있다고 한 것은 유지기의 견강부회라고 했다.(조여보趙呂甫, 『사통신교주史通新校注』, 중경출판사中慶出版社, 1990, 10쪽)

4 공자가~조사하여 : 노나라 소공昭公 24년, 공자 34세 때의 일이다. 『사기史記』 권47 「공자세가孔子世家」에 나온다.

5 『상서』100편 : 『한서』「예문지」에, 『상서』는 공자가 편찬했고 모두 100편이라고 했다.

6 공안국~했고 : 공안국은 공자의 후손이라고 하는데, 한 무제武帝 때 박사博士를 지낸 경학가이다. 공자 집의 벽에서 『고문상서古文尙書』를 찾아냈는데, 그에게서 고문학파가 유래했다. 『한서』「공안국전孔安國傳」이 있다. 이 말은 『상서』「서序」에 나온다.

7 『상서선기검』에는~했으며 : 전한前漢 말, 방사方士들이 유학자가 되어 유가 경전에 자신들의 이야기를 덧붙여서 위서緯書를 편찬한 일이 있었는데, 『상서선기검』은 『서경』에 대한 위서의 하나이다.

8 왕숙은~했다 : 공영달孔穎達의 『상서정의尙書正義』에 나온다. 왕숙의 자는 자옹子雍이며, 삼국시대 위나라의 경학가이다.

推此三說, 其義不同. 蓋『書』之所主, 本于號令, 所以宣王道之正義, 發話言于臣下, 故其所載, 皆典·謨·訓·誥·誓·命之文. 至如「堯」·「舜」二典, 直序人事, 「禹貢」一篇, 唯言地理, 「洪範」摠述災祥, 「顧命」都陳喪禮, 茲亦爲例不純者也.

이 세 가지 학설을 보면 그 의미가 다르다. 대체로 『상서』는 호령號令에 기초하고 있으며, 왕도 정치의 올바른 의미를 드러내어 신하들에게 전달하는 데 목적이 있으므로, 실린 글은 모두 전典·모謨·훈訓·고誥·서誓·명命의 문체로 되어 있다. 「요전堯典」과 「순전舜典」의 두 전은 바로 사람들의 행적에 관한 것이고, 「우공禹貢」은 지리에 대해서만 다루었으며, 「홍범洪範」은 자연재해 전반을 기록했고, 「고명顧命」은 모두 상례를 다루고 있으니, 『상서』 안에서도 체례가 한결같지는 않다.

又有『周書』者, 與『尚書』相類, 則孔氏刊約百篇之外, 凡爲七十一章. 上自文·武, 下終靈·景. 甚有明允篤誠, 典雅高義. 時亦有淺末恒說, 滓穢相參, 殆似後之好事者所增益也. 至若「職方」之言, 與「周官」無異. 「時訓」之說, 比「月令」多同. 斯百王之正書, 五經之別錄者也.

『주서周書』라는 책이 있는데,[9] 이는 『상서』와 같은 종류로서 공자가 『상서』 100편 외에 모두 71장을 편찬했다. 위로는 문왕과 무왕에서 시작하여 아래로는 영공靈公과 경공景公에서 끝난다. 내용이 매우 분명하고 미더울 뿐

---

9 『주서』라는~있는데 : 여기서 말하는 『주서』는 『일주서逸周書』이다.

아니라, 품격이 있고 고상한 의미가 있다. 그렇지만 간혹 천박하고 지엽적인 일이나 군더더기가 끼어 있기도 한데, 아마도 뒷날 일 만들기를 좋아하는 사람들이 덧붙인 듯하다. 「직방職方」[10] 같은 경우는 「주관周官」[11]과 차이가 없고, 「시훈時訓」[12]은 「월령月令」과 대부분 비슷하다. 이는 역대 제왕들의 중요서적으로, 오경 외에 따로 만든 책이다.

自宗周旣殞, 書體遂廢, 迄于漢·魏, 無能繼者. 至晉廣陵相魯國孔衍以爲: "國史所以表言行, 昭法式, 至于人理常事, 不足備列." 乃刪漢·魏諸史, 取其美詞典言, 足爲龜鏡者, 定以篇第, 纂成一家. 由是有『漢尚書』·『後漢尚書』·『漢魏尚書』, 凡爲二十六卷.

종주국인 주周나라가 기운 뒤부터는 『상서』의 체례도 끝내 피폐해졌으며, 한漢·위魏에 이르러서는 그 전통을 이을 수 있는 자가 사라졌다. 진晉나라 광릉군廣陵郡의 재상이었던 노나라 출신 공연孔衍은 "국사란 언행을 드러내고 법과 제도를 밝히는 것이며, 사람들의 일상적인 일까지 갖춰 늘어놓을 필요는 없다."라고 했다. 그래서 한·위의 여러 역사책을 추려서 그 아름다운 글과 본받을 말만을 선별하여 지침과 거울이 될 만한 것으로 편목을 정하고 하나의 역사책을 편찬했다. 이렇게 하여 『한상서漢尙書』·『후한상서後漢尙書』·『한위상서漢魏尙書』 모두 26권이 된 것이다.

---

10 「직방」: 『일주서』의 편명으로, 지리서 계통이다. 주관周官에는 직방씨職方氏가 있어서 천하의 지도와 서적을 관장했다.
11 「주관」: 『주례周禮』의 본명이며, 고대의 관직 제도를 다루었다. 천天·지地·춘春·하夏·추秋·동冬의 6편으로 되어 있다.
12 「시훈」: 『일주서』의 편명이다. 천상天象과 24절기의 변화를 기록했다.

至隋秘書監太原王劭, 又錄開皇·仁壽時事, 編而次之, 以類相從, 各爲其
目, 勒成『隋書』八十卷. 尋其義例, 皆准『尚書』. 原夫『尚書』之所記也, 若
君臣相對, 詞旨可稱, 則一時之言, 累篇咸載. 如言無足記, 語無可述, 若此
故事, 雖有脫略, 而觀者不以爲非. 爰逮中葉, 文籍大備, 必剪截今文, 模擬
古法, 事非改轍, 理涉守株. 故舒元所撰『漢』·『魏』等書, 不行于代也. 若乃
帝王無紀, 公卿缺傳, 則年月失序, 爵里難詳, 斯幷昔之所忽, 而今之所要.
如君懋『隋書』, 雖欲祖述商·周, 憲章虞·夏, 觀其所述, 乃似『孔子家語』·
臨川『世說』, 可謂畫虎不成, 反類犬也. 故其書受嗤當代, 良有以焉.

　　수나라의 비서감秘書監이었던 태원太原 사람 왕소王劭[13]는 문제文帝 개황開皇
(581~600), 인수仁壽(601~604) 연간의 시대사를 기록하여 순서대로 편찬했는
데, 같은 부류를 모으고 항목을 만들어 『수서隋書』 80권을 지었다. 그 범례를
보면 모두 『상서』에 준했다. 『상서』에 기록된 것을 음미해보건대, 군신君臣의
대화처럼 말의 내용에 볼 게 있으면 당시에 나눈 이야기를 여러 편에 걸쳐
모두 실었다. 만일 주고받은 말에 기술할 만한 것이 없으면 이러한 역사적
사실은 빼고 줄인다 해도, 보는 사람들이 그것을 잘못이라고 하지 않았다.
　　그런데 중엽에 이르러서는 문서가 많아지고, 당시의 기록을 잘라내고 정리
해야 할 때면 반드시 옛 방식을 답습했으니, 일로 보자면 변통하지 않은 것
이고 이치로 보자면 수주대토守株待兎[14]라고 할 수 있다. 그러므로 서원舒元이

---

13 왕소 : 자는 군무君懋이며, 태원太原(현재 산서山西 지방) 사람이다. 수나라의 저작랑著作郞·비서
　　소감秘書少監을 역임했다. 『북사北史』와 『수서隋書』에 열전이 있다.
14 수주대토 : 『한비자韓非子』 「오두五蠹」에 나오는 송나라 사람의 고사이다. 어느 날 토끼가
　　뛰어오다가 논 가운데 있는 말뚝에 부딪쳐 죽었다. 그것을 본 송나라 사람이 또 그럴
　　일이 있을까 싶어 아무 일도 하지 않은 채 토끼가 와서 말뚝에 부딪치기를 기다리기만
　　해서 주위 사람들의 웃음거리가 되었다.

편찬한 『한상서漢尚書』·『위상서魏尚書』 등의 책은 그 시대에 널리 읽힐 수 없었다. 또한 제왕의 본기가 없거나 공경의 열전이 빠지면, 연월의 순서를 판단하기 어렵고 작위와 출신지도 불분명할 수밖에 없다. 이런 일은 과거에는 소홀히 하던 일이었으나, 오늘날에는 긴요한 사안이다. 왕소의 『수서』는 상商·주周를 계승하고 우虞·하夏를 본받는다고 했지만, 실제 그 기술한 내용을 보면 『공자가어孔子家語』나 임천왕臨川王[15]의 『세설신어世說新語』와 유사하니, 비유하자면 호랑이를 그리려다 완성하지 못하고 도리어 개를 그린 셈이다.[16] 그러므로 그 역사서가 당대에 조롱을 받는 것도 그럴 만한 이유가 있다.[17]

● 춘추가

春秋家者, 其先出于三代. 案『汲冢瑣語』太丁時事, 目爲『夏殷春秋』. 孔子曰: "疏通知遠, 『書』敎也; 屬辭比事, 『春秋』之敎也." 知『春秋』始作, 與『尚書』同時.

    춘추가春秋家의 기원은 삼대三代[18]에 있다. 『급총쇄어汲冢瑣語』에 실린 태정太丁[19] 때의 사실을 보면 『하은춘추夏殷春秋』라는 제목이 보인다. 공자는 "과

---

15 임천왕 : 임천왕은 남조南朝 송宋나라의 귀족인 유의경劉義慶으로, 강서江西 지역의 임천왕을 계승했다. 『세설신서世說新書』 8권 외에, 『소설小說』 10권, 『집림集林』 200권을 저술했다. 『세설신서』는 송 이후 『세설신어』라고 불렀다.

16 호랑이를~셈이다 : 『후한서』 권24 「마원전馬援傳」에는 마원馬援이 조카인 엄돈嚴敦을 훈계하면서 "고니를 그리다 보면 오리와 비슷하게라도 되겠지만, 호랑이를 잘못 그리면 거꾸로 개처럼 되기 십상이다.[刻鵠不成尚類鶩, 畫虎不成反類狗]"라고 했다는 말이 있다.

17 그러므로~있다 : 『수서隋書』 권69 「왕소전王劭傳」 사신史臣의 말에 나온다.

18 삼대 : 하夏·상商(은殷)·주周의 세 왕조를 말한다.

19 태정 : 『죽서기년竹書紀年』에는 문정文丁이라 했다. 태정은 상商나라 28대 왕이다.

거의 일을 통달하여 아는 것이 『상서』의 교화이다. 간략하지만 깊은 의미를 가진 문장을 통해 사실을 서술하는 것이 『춘추』의 교화이다."라고 했으니,[20] 『춘추』가 처음 편찬된 것은 『상서』와 같은 때임을 알 수 있다.

『瑣語』又有「晉春秋」, 記獻公十七年事. 『國語』云: "晉羊舌肹習于『春秋』, 悼公使傳其太子." 『左傳』昭二年, 晉韓宣子來聘, 見『魯春秋』曰: "周禮盡在魯矣." 斯則『春秋』之目, 事匪一家. 至于隱沒無聞者, 不可勝載. 又案『竹書紀年』, 其所紀事皆與『魯春秋』同. 孟子曰: "晉謂之乘, 楚謂之檮杌, 而魯謂之春秋, 其實一也." 然則乘與紀年·檮杌, 其皆『春秋』之別名乎. 故墨子曰: "吾見百國春秋." 蓋皆指此也.

『쇄어瑣語』에는 「진춘추晉春秋」가 있는데, 헌공獻公 17년의 일을 기록했다.[21] 『국어國語』에는 "진나라의 양설힐羊舌肹이라는 이가 『춘추』에 정통했으므로, 도공悼公이 그를 태자의 스승으로 삼았다."라고 적혀 있다. 『좌전左傳』 소공昭公 2년에 진나라의 한선자宣子가 방문하여 『노춘추魯春秋』를 보고는 "주나라의 제도와 문화가 모두 노나라에 있다."라고 했다.[22] 그러므로 역사를

---

20 공자는~했으니 : 『예기禮記』 「경해經解」에 나온다. 공자가 "어떤 나라에 들어가면 그곳의 교화를 알 수 있다."라고 했는데, 주注에 "풍속을 보면 교화의 방법과 사람됨을 알 수 있다. 온유하고 도타운 것이 『시경』의 교화이고, 과거의 일을 통달하여 아는 것이 『서경』(『상서』)의 교화이다."라고 했다.

21 『쇄어』에는~기록했다 : 진晉나라는 주나라의 봉국封國이다. 헌공(재위 B.C.676~B.C.651)의 이름은 궤제詭諸이다.

22 『좌전』~했다 : 한선자는 진晉나라의 대부였는데, 그가 노나라를 방문한 일은 『춘추좌씨전』 소공昭公 2년의 일이다.

의미하는 '춘추'라는 명칭은 각국마다 한 가지만 있는 것이 아니었으며, 사라져서 전해지지 않는 것도 셀 수 없이 많다.

또한 『죽서기년竹書紀年』을 보면, 그 기사가 『노춘추』와 같다. 맹자는 "진나라에서는 승乘이라 하고, 초나라에서는 도올檮杌이라 하고, 노나라에서는 춘추春秋라고 하지만, 실제는 한 가지이다."라고 했다.[23] 그렇다면 승·기년·도올은 모두 『춘추』의 별칭일 것이다. 그러므로 묵자墨子가 "내가 온 나라의 춘추를 보았다."라고 한 말은[24] 아마도 모두 이런 상황을 가리키는 것이리라.

<u>逮</u>仲尼之修『春秋』也, 乃觀周禮之舊法, 遵魯史之遺文. 據行事, 仍人道, 就敗以明罰, 因興以立功, 假日月而定歷數, 藉朝聘而正禮樂, 微婉其說, 志晦其文, 爲不刊之言, 著將來之法, 故能彌歷千載, 而其書獨行.

공자가 『춘추』를 편찬할 때에 예전 주나라 문화의 옛 법식을 고찰했고, 노나라 역사의 남겨진 기록을 따랐다.[25] 행사에 근거하고 인륜에 따라 잘못한 것이 있으면 그에 상응하는 벌을 밝히고 잘한 일은 공을 기렸으며, 일월을 세어 역수歷數를 정하고 조빙朝聘을 기록하여 예악을 바르게 했다.[26] 그러므로

---

23 맹자는~했다 : 맹자의 이름은 가軻로, 전국시대 사상가이다. 위의 말은 『맹자孟子』「이루하離婁下」에 나오는 말인데, 원래 '위謂' 자는 없었다. 조기趙岐의 주에 따르면, '승乘'은 지관地官이 전부田賦나 승마乘馬를 기록한 장부의 이름이다. 또 '도올檮杌'은 본디 좋지 않은 사물을 이르는데, 기록을 통해 나쁜 일을 하는 것을 경계하는 말이라고 했다.

24 묵자가~말은 : 묵자의 이름은 적翟이고, 전국시대 송나라 사람이다. 위의 말은 『묵자墨子』에 나오지 않고, 『수서』 권42 「이덕림전李德林傳」에 나온다.

25 공자가~따랐다 : 진晉나라 두예杜預의 『춘추좌씨전春秋左氏傳』「집해 서集解序」에 나오는 말이다.

26 행사에~했다 : 『한서』「예문지藝文志 육예략六藝略」에 "사관史官의 법이 있기 때문에 좌구명

그 견해가 은미하면서도 드러나고 문장의 뜻이 있으면서도 함축적이어서[27] 함부로 고칠 수 없는 권위를 지니게 되었고, 장래의 본보기를 확립했으므로 천 년이 지나도록 이 한 책이 인정받을 수 있었던 것이다.

又案儒者之說『春秋』也, 以事系日, 以日系月, 言春以包夏, 擧秋以兼冬, 年有四時, 故錯擧以爲所記之名也. 苟如是, 則晏子·虞卿·呂氏·陸賈, 其書篇第, 本無年月, 而亦謂之春秋, 蓋有異于此者也.

학자들이 『춘추』에 대해 설명한 것을 보면, 날마다 일어나는 사건을 모으고 다시 그날그날을 모아 달(月)을 만들었다. 봄에 여름을 포함시키고 가을에 겨울을 포함시켰는데, 1년은 사계절이 되는 까닭에 여름과 겨울을 빼고 이 책의 명칭을 붙였다고 한다. 그렇다면 안영晏嬰[28]·우경虞卿[29]·여불위呂不韋[30]·육가陸賈[31] 등이 편제한 역사서는 본래 연월이 없는데도 춘추라고 불렀으니, 이

左丘明이 사관의 기록을 보아서 행사에 근거하고 인륜에 따라 잘못한 것은 그에 상응하는 벌을 밝혔다."라고 했다.

27 그러므로~함축적이어서 : 『춘추좌씨전』 성공成公 14년 전문傳文에 "『춘추』의 기록은 은미하면서도 드러내고, 의미를 담고 있으면서도 흐릿하게 감추며, 완곡하면서도 조리가 있고, 곡진하면서도 번잡하지 않다.[『春秋』之稱, 微而顯, 志而晦, 婉而成章, 盡而不汙]"라고 했다.

28 안영 : 안자晏子는 안영晏嬰이다. 자는 평중平仲이고, 춘추시대 제齊나라 경공景公 때 재상을 지냈다. 『안자춘추晏子春秋』를 편찬했다.

29 우경 : 법가法家로, 전국시대 조趙나라 효성왕孝成王의 경卿이었다. 『한서』 「예문지」에 『우씨춘추虞氏春秋』라는 편찬서가 보인다.

30 여불위 : 위衛나라 사람으로, 한韓나라에서 상인으로 성공했다. 진秦나라 장양왕莊襄王이 즉위하는 데 기여하여 진나라의 재상이 되었다. 진시황秦始皇의 생부라는 설도 있다. 6국 시대를 기록한 『여씨춘추呂氏春秋』를 남겼다. 『사기』 권6 「진시황본기秦始皇本紀」에 나온다.

와는 차이가 있는 듯하다.

至太史公著『史記』, 始以天子爲本紀, 考其宗旨, 如法『春秋』. 自是爲國史者, 皆用斯法. 然時移世異, 體式不同, 其所書之事也, 皆言罕褒諱, 事無黜陟, 故馬遷所謂整齊故事耳, 安得比于『春秋』哉!

　사마천司馬遷이 『사기史記』를 저술할 때에 이르러, 처음으로 천자를 본기本紀로 삼고 그 핵심 의미를 고찰하면서 『춘추』를 본보기로 삼았다.[32] 이때부터 국사를 편찬할 때는 『사기』의 방식을 따랐다. 그러나 시대가 변함에 따라 편찬의 체재와 방식이 달라져 역사서에 기록된 사실에 대해 추어올리거나 싫어하는 말은 드물고 비판하는 일도 없어졌기 때문에, 사마천이 "고사를 정리했다 뿐이지, 어찌 『춘추』에 비하겠는가?"라고 말했던 것이다.[33]

---

31 육가 : 초楚나라 사람으로, 한 고조 유방劉邦을 도왔다. 유방에게 12편의 글을 올렸는데, 『신어新語』라고 했다. 『초한춘추楚漢春秋』 9편을 편찬했다고 하지만, 지금은 전하지 않는다. 『사기』 권97 「육가열전陸賈列傳」에 나온다.

32 그 핵심~삼았다 : 마쓰이 즈네오增井經夫는 사마천이 『사기』를 『춘추』처럼 연월에 따라 기록했다고 해석했다. 그러나 다음에 이어지는 문장을 보면, 유지기가 『사기』에 대해 『춘추』를 본보기로 삼았다고 하는 것은 포폄이나 출척과 같은 내용이라 보는 것이 타당할 듯하다.

33 사마천이~것이다 : 『사기』 권130 「태사공자서太史公自序」에 "내가 고사를 서술했다는 것은 대대로 내려오는 기록을 정리했다는 말이지 지어냈다는 뜻이 아니다. 그대가 『춘추』에 비교하는 것은 잘못이다.[余所謂述故事, 整齊其世傳, 非所謂作也, 而君比之於『春秋』, 謬矣.]"라고 했다.

● 좌전가

左傳家者, 其先出于左丘明. 孔子旣著『春秋』, 而丘明受經作傳. 蓋傳者,
轉也, 轉受經旨, 以授後人. 或曰"傳者, 傳也, 所以傳示來世." 按孔安國注
『尙書』, 亦謂之傳, 斯則傳者, 亦訓釋之義乎. 觀『左傳』之釋經也, 言見經
文而事詳傳內, 或傳無而經有, 或經闕而傳存. 其言簡而要, 其事詳而博,
信聖人之羽翮, 而述者之冠冕也.

좌전가左傳家의 기원은 좌구명左丘明에 있다. 공자가 『춘추』를 저술한 뒤에,
좌구명이 『춘추』의 경經을 이어 전傳을 만들었다. 대개 전이라는 말은 옮긴
다는 뜻으로, 경문의 뜻을 옮겨 받아 뒷사람들에게 전해주는 것이다.[34] 어떤
이는 "전이란 전한다는 말로, 후세에 전하여 보여주는 것"이라고 했다. 공안
국孔安國의 『상서』 주석에서도 마찬가지로 전이라고 불렸는데, 이 경우 전이
란 훈석訓釋이라는 뜻이기도 하다. 『좌전』에서 『춘추』의 경문을 해석한 것을
보면, 말은 경문에 나오지만 사건은 전에 상세하며, 전에는 없어도 경에 있는
것도 있고, 경에는 누락된 것이라도 전에 남은 것이 있다. 그 언어는 간결하
고 절제되어 있으면서도 사실은 상세하고 넓으니, 실제로 성인의 보좌라 할
만하며, 으뜸가는 역사서라고 하겠다.[35]

逮孔子云沒, 經傳不作. 于時文籍, 唯有『戰國策』及太史公書而已. 至晉著

---

34 전이라는~것이다 : 『문심조룡文心雕龍』「사전史傳」에 "전傳이란 옮긴다는 뜻이다. 경經의
　　뜻을 옮겨 받아 후세에 전하는 것이니 실로 성인의 글을 보좌하는 것이며, 기록 중의
　　첫째이다.[傳者, 轉也. 轉受經旨, 以授其後, 實聖文之羽翮, 記籍之冠冕也.]"라고 했다.

35 성인의~하겠다 : 성인聖人은 공자이다. 우핵羽翮은 시방翅膀과 같은 말로, 보좌한다는
　　뜻이다.

作郞魯國樂資, 乃追采二史, 撰爲『春秋後傳』. 其書始以周貞王, 續前傳魯哀公後, 至王赧入秦又以秦文王之繼周, 終于二世之滅, 合成三十卷.

공자가 세상을 뜨자 경전이 저술되지 않았다. 당시의 서적으로는 『전국책戰國策』과 『사기』만 있었을 뿐이다. 진나라의 저작랑著作郞인 노나라 출신 악자樂資에 이르리, 『전국책』과 『사기』를 수습하여 『춘추후전春秋後傳』을 편찬했다.[36] 이 책은 주나라 정왕貞王에서 시작하여 『좌전』의 노나라 애공哀公 기사의 뒤를 이었고, 난왕赧王이 진나라에 들어오면서 주나라가 멸망한 다음 진나라 효문왕孝文王이 주나라를 계승했다가 진의 2세 황제에 이르러 진나라가 멸망할 때까지[37]를 기록한 것으로, 모두 30권이며 편년체로 되어 있다.

當漢代史書, 以遷·固爲主, 而紀·傳互出, 表·志相重, 于文爲煩, 頗難周覽. 至孝獻帝, 始命荀悅撮其書爲編年體, 依『左傳』著『漢紀』三十篇. 自是每代國史, 皆有斯作, 起自後漢, 至于高齊, 如張璠·孫盛·干寶·徐廣·裵子野·吳均·何之元·王劭等, 其所著書, 或謂之春秋, 或謂之紀, 或謂之略, 或謂之典, 或謂之志, 雖名各異, 大抵皆依『左傳』以爲的准焉.

한대漢代의 역사서로는 사마천의 『사기』와 반고의 『한서』가 중심일 터인

---

36 진나라의~편찬했다 : 『수서隋書』 「경적지經籍志」에 따르면 악자樂資가 『춘추후전』 31권을 편찬했다고 한다.

37 주나라~때까지 : 정정왕貞定王 희개姬介는 28년간(B.C.468~B.C.441) 재위했고, 주나라 난왕赧王 희연姬延은 59년간(B.C.313~B.C.256) 재위했으며, 진나라 2세 황제 호해胡亥는 3년간(B.C.209~B.C.207) 재위했다.

데, 본기와 열전이 번갈아 나오고 표表와 지志가 중복되어 다소 문장이 번거롭기 때문에 전체적으로 보기에 어려움이 있다. 효헌제孝獻帝에 이르러 처음 순열荀悅에게 명하여 그 책들의 내용을 뽑아 편년체로 만들게 했는데, 그는 『좌전』을 본떠 『한기漢紀』 30편을 편찬했다.[38] 이때부터 각 왕조의 역사는 이 체재에 따랐고, 후한부터 남북조 시대의 고제高齊[39]까지 장번張璠[40]·손성孫盛[41]·간보干寶[42]·서광徐廣[43]·배자야裴子野[44]·오균吳均[45]·하지원何之元[46]·왕소王劭 등

---

38 효헌제에~편찬했다 : 효헌제는 동한東漢의 헌제(재위 189~220) 유협劉協이다. 순열은 후한 말의 정치가이며 사학자로, 자는 중예仲豫이고, 영음潁陰(하남河南) 사람이다. 『후한서』 권62 「순열전荀悅傳」에 나온다.

39 고제 : 고제(재위 550~577)는 곧 북제北齊를 가리킨다. 고씨高氏 왕조의 7대 군주이다.

40 장번 : 안정安定(감숙甘肅) 사람이다. 『후한기後漢紀』 30권을 지었는데, 미완성이다. 원굉袁宏의 『후한기後漢紀』 「자서自序」에 나온다.

41 손성 : 손성(302~373)의 자는 안국安國이며, 동진東晉 태원太原 중도中道(산서山西) 사람이다. 공자와 사마천을 흠모하여 『진양추晉陽秋』 32권을 지었지만, 일실되었다. 『진서晉書』 열전에 나온다. 『수서』 「경적지」에 보면 손성이 『위씨춘추魏氏春秋』 20권을 편찬했다고 하는데, 일실되었다.

42 간보 : 자는 영승令升이며, 동진東晉 신채新蔡(하남河南) 사람이다. 『진서』 열전에 보면 『진기晉紀』 20권을 편찬했다고 하지만, 일실되었다.

43 서광 : 서광徐廣의 광廣 자는 가野라고도 한다. 자는 야민野民으로, 동진 동완東莞 고막姑幕(산동山東) 사람이다. 『진기晉紀』 46권을 편찬했다지만, 일실되었다. 『진서晉書』·『송서宋書』·『남사南史』에 열전이 있다.

44 배자야 : 자는 기원幾原으로, 하동河東 문희聞喜(산서山西) 사람이다. 유명한 사학자인 배송지裴松之의 증손曾孫이다. 양나라의 저작랑, 중서통사사인中書通事舍人을 거쳤다. 『송략宋略』 20권을 편찬했다지만, 일실되었다. 또한 미완성의 『제량춘추齊梁春秋』도 지었다고 한다. 『자치통감資治通鑑』에는 출전이 『송략』으로 추론되는 그의 평론이 여럿 인용되어 있다. 『남사南史』·『양서梁書』에 열전이 있다.

45 오균 : 자는 숙상叔庠으로, 오흥吳興 고장故障(절강浙江) 사람이다. 사찬私撰인 『제춘추齊春秋』 30권을 지었다고 한다. 『남사南史』 권72 「문학전文學傳」에 나온다.

46 하지원 : 여강廬江 첨灊(안휘安徽) 사람이다. 『양전梁典』 30권을 지었다는데, 일실되었다. 『진서陳書』에 열전이 있다.

의 역사가가 있었다. 그 저술을 춘추春秋, 기紀, 략略, 전典, 지志 등으로 불렀지만, 이름은 각각 달라도 대개 모두『좌전』을 표준으로 삼은 점은 같았다.

● 국어가

國語家者, 其先亦出于<u>左丘明</u>. 旣爲『春秋內傳』, 又稽其逸文, 纂其別說, 分周·魯·齊·晉·鄭·楚·吳·越八國事, 起自周穆王, 終于魯悼公, 別爲『春秋外傳國語』, 合爲二十一篇. 其文以方『內傳』, 或重出而小異. 然自古名儒<u>賈逵</u>·<u>王肅</u>·<u>虞翻</u>·<u>韋曜</u>之徒, 幷申以注釋, 治其章句, 此亦六經之流, 三傳之亞也.

국어가國語家도 좌구명에 기원을 두고 있다. 그는『춘추내전春秋內傳』[47]을 지은 뒤, 없어진 기록이나 이설을 수집하여 주周·노魯·제齊·진晉·정鄭·초楚·오吳·월越 8국의 역사로 나눠 편찬하고, 주나라 목왕穆王에서 시작하여 노나라 도공悼公에서 마치는『춘추외전국어春秋外傳國語』[48] 21편을 별도로 만들었다. 그 내용은『내전』을 모방해 중복되어 나오는 것도 있으며, 두 책이 대동소이하다. 예전부터 저명한 학자인 가규賈逵[49]·왕숙王肅[50]·우번虞翻[51]·위요韋曜[52] 등이 주석

---

47 『춘추내전』:『춘추좌씨전』을 가리키는 것으로 보인다.

48 『춘추외전국어』:『춘추외전』이란 말은『한서漢書』「율력지律曆志」에 처음 보인다.『논형論衡』「안서案書」에는『국어』가 좌씨의 외전이라고 했다. 그러나 하경관夏敬觀은 그의『독사통서후讀史通書後』에서『춘추외전』이『국어』라고 단정할 수 없다고 했다.『좌전』과『국어』가 각기 내전과 외전이라면 기사가 서로 표리를 이루어야 하는데,『국어』가『춘추』·『좌전』과 무관하며 심지어 어긋나기까지 하다는 것이다. 특히『한서』「예문지」에는『국어』와『신국어新國語』만 실려 있을 뿐『외전』이란 책은 없으니, 한나라 이후에『외전』이란 이름이 생겼을 것이고,『사통』은 뒤에 나온 이론을 따라 역사학의 육가六家 중 하나로 분류했으므로 그대로 따를 수 없다고 했다.

을 달고 장구를 정리했으니, 이 책 또한 육경六經과 같은 부류이며 『춘추』 삼전에 버금가는 저술이다.

曁縱橫互起, 力戰爭雄, 秦兼天下, 而著『戰國策』. 其篇有東西二周·秦·齊·燕·楚·三晉·宋·衛·中山, 合十二國, 分爲三十三卷. 夫謂之策者, 蓋錄而不序, 故卽簡以爲名. 或云: "漢代劉向以戰國游士爲之策謀, 因謂之『戰國策』." 至孔衍, 又以『戰國策』所書, 未爲盡善, 乃引太史公所記, 參其異同, 刪彼二家, 聚爲一錄, 號爲『春秋後語』. 除二周及宋·衛·中山, 其所留者, 七國而已. 始自秦孝公, 終于楚·漢之際, 比于『春秋』, 亦盡二百三十餘年行事. 始衍撰『春秋時國語』, 復撰『春秋後語』, 勒成二書, 各爲十卷. 今行于世者, 唯『後語』存焉. 按其書序云: "雖左氏莫能加." 世人皆憂其不量力, 不度德, 尋衍之此義, 自比于丘明者, 當謂國語, 非『春秋』傳也. 必方以類聚, 豈多嗤乎? 當漢氏失馭, 英雄角力. 司馬彪又錄其行事, 因爲『九州春秋』, 州爲一篇, 合爲九卷. 尋其體統, 亦近代之國語也.

49 가규 : 자는 경백景伯으로, 부풍扶風 평릉平陵(섬서陝西) 사람이다. 한나라 초 유명한 정치가였던 가의賈誼의 후손이다. 일실된 『좌씨전해고左氏傳解詁』 30편과 『국어해고國語解詁』 21편을 편찬했다고 한다.

50 왕숙 : 『경전석문經典釋文』 「서록敍錄」에 『춘추좌씨전주春秋左氏傳注』 30권이 보이지만, 일실되었다.

51 우번 : 자는 중상仲翔으로, 회계會稽 여도餘姚(절강浙江) 사람이다. 손권孫權에게 등용되었지만, 직언과 간쟁 때문에 유배를 당했다. 『춘추외전국어주春秋外傳國語注』 21권을 지었다는데, 일실되었다. 『삼국지三國志 오지吳志』 열전에 나온다.

52 위요 : 위소韋昭라고도 하는데, 원래 이름은 위요韋曜이다. 그러나 포기룡은 요曜의 본명이 소昭라고 했다. 오군吳郡 운양云陽(강소江蘇) 사람이다. 『오서吳書』 30권을 지었다고 하며, 『춘추외전국어주春秋外傳國語注』 22권이 현존한다. 『삼국지 오지』에 나온다.

합종과 연횡이 잇따르고 전쟁을 거듭하며 자웅을 다투던 중, 진나라가 천하를 통일한 뒤『전국책戰國策』이 편찬되었다. 그 내용은 동주東周·서주西周·진秦·제齊·연燕·초楚·삼진三晉·송宋·위衛·중산中山의 12국 역사이며, 33권으로 나뉘어 있다. 책策이라는 명칭은, 기록하되 시대순을 고려하지 않았기 때문에 죽간竹簡과 같은 표현을 채택한 것이다.[53] 혹자는 "한대의 유향劉向이, 이 책이 전국시대 유세가들의 책략이 주요 내용이라서『전국책』이라고 했다."라고 했다.

공연孔衍에 이르러『전국책』의 내용이 완벽하지 못하다고 해서 사마천의『사기』기록을 인용하여 같고 다른 점을 참고하고, 두 역사서를 간추려 한 책으로 만들었는데, 이름을『춘추후어春秋後語』라고 했다.[54] 이 책에 실린 내용은 동주·서주 및 송·위·중산을 제외하고 남은 것이 7국뿐이었다. 이 책은 진나라 효공孝公에서 시작하여 초·한이 패권을 다투던 시기로 끝나는데,『춘추』에 이어 230여 년간의 사실이 모두 수록되었다.

처음 공연의『춘추시국어春秋時國語』가 있었고, 다시『춘추후어』를 편찬하여 두 역사서가 되었는데, 각 10권이다. 지금 세상에는『춘추후어』만 남아 있다. 그 책의 서문에는 "좌씨라도 더할 것이 없을 것이다."라고 했다. 세상 사람들은 모두 공연의 역량이나 학덕이 부족하다고 생각했는데, 공연이 자신을 좌구명에게 비유한 의도를 살펴보면,『춘추후어』는 국어라고 불러야지『춘추』에 대한 전傳은 아니었다. 굳이 비교하려 든다면 비웃음만 살 뿐이다.

한나라 왕실이 국정을 제어할 힘을 잃자, 영웅들이 각축을 벌였다. 사마표司馬彪가 그 일을 기록하여『구주춘추九州春秋』를 지었는데, 각 주州를 한 편으

---

53 합종과~것이다 :『문심조룡文心雕龍』「사전史傳」에, 간簡은 간책簡策으로, 죽간竹簡을 말한다고 했다.

54 공연에~했다 :『신당서新唐書』「예문지藝文志」에 보이는데, 일실되었다.

로 만들었으며 모두 9편이다.[55] 그 체재를 보면 근대 국어라고 보아야 할 것
이다.

自魏都許·洛, 三方鼎峙, 晉宅江·淮, 四海幅裂. 其君雖號同王者, 而地實
諸侯. 所在史官, 記其國事, 爲紀傳者則規模班·馬, 創編年者則議擬荀·袁.
于是『史』·『漢』之體大行, 而『國語』之風替矣.

위나라가 허주許州와 낙양洛陽에 수도를 정하여[56] 삼국이 정립했으며, 진나
라가 양자강과 회수 지역으로 천도한 뒤에 중국이 분열했다. 군주의 칭호는
모두 왕王이라고 했지만, 차지하고 있는 영토는 제후에 불과했다. 사관이 있
는 나라에서는 그 국사를 기록했는데, 기전체의 경우는 사마천과 반고를 따
랐고, 편년체의 경우는 순열荀悅과 원굉袁宏을 모방했다. 이 시기에 『사기』와
『한서』의 체재가 널리 유행했으며, 『국어』 계통은 침체했다.

• 사기가

史記家者, 其先出于司馬遷. 自五經間行, 百家競列, 事迹錯糅, 前後乖舛.
至遷乃鳩集國史, 采訪家人, 上起黃帝, 下究漢武, 紀·傳以統君臣, 書·表
以譜年爵, 合百三十卷. 因魯史舊名, 目之曰『史記』. 自是漢世史官所續,
皆以史記爲名. 迄乎東京著書, 猶稱漢記.

---

55 사마표가~9편이다 : 사마표의 자는 소통紹統이다. 서진西晉의 종실宗室이며, 비서랑秘書郎을
　　 지냈다. 『속한서續漢書』 80권도 편찬했는데, 일실되었다.
56 위나라가~정하여 : 위나라는 허창許昌에 수도를 정했다가, 후에 다시 낙양으로 옮겼다.

사기가史記家의 기원은 사마천司馬遷에서 출발한다. 오경五經의 주류가 약해진 뒤부터 모든 학파가 우열을 다투면서 사실과 행적이 착종되었고 전후 관계도 어긋났다. 사마천에 이르러 각국의 역사를 널리 모으고 집집마다 방문하여 기록을 채집해 위로는 황제에서 아래로는 한 무제에 이르기까지 12본기와 70열전으로 군신 관계를 통괄했고, 8서와 10표를 통해 시대와 관직을 정리했는데,[57] 모두 130권이다. 노나라 역사의 옛 명칭을 살려『사기』라고 이름 지었고, 이후로 한나라 때 사관들이 이어서 편찬한 역사를 모두 사기史記라고 불렀다.[58] 후한 때 편찬된 역사서들도 여전히 한기漢記라고 불렀다.

至梁世武帝, 又勅其群臣, 上至太初, 下終齊室, 撰成『通史』六百二十卷. 其書自秦以上, 皆以史記爲本, 而別采他說, 以廣異聞, 至兩漢已還, 則全

---

57 8서와~정리했는데 :『문심조룡』「사전史傳」에 "8서로 정치체제를 정리하고, 10표로 연대와 관작을 열거했다.[八書以鋪政體, 十表以譜年爵]"라고 했다.

58 노나라~불렀다 :『한서』「오행지五行志」에서처럼, '사기史記'라는 말은 사마천의 역사서가 아니라, 사관의 기록 일반으로 보아야 한다는 주장에 주목해야 한다. 대개『한서』「오행지」에 나오는 사기에 대해서 안사고顔師古나 포기룡浦起龍은 사마천의『사기』로 본다. 그러나 전대흔錢大昕은『잠연당문집潛研堂文集』권12「답문구九答問九 제사諸史」에, 사마천이 역사 편찬을 마친 뒤 사기라는 이름을 붙이지 않고『한서』「예문지」에도 '태사공백삼십편太史公百三十篇'이라 불렀음을 상기시키며, 「오행지」에는『국어國語』등의 기록도 사기라고 불렀다고 지적했다. 진한장陳漢章의『사통보석史通補釋』이나 니시와키 츠네키西脇常記의『사통 외편史通外篇』도 포기룡의 설을 비판하고 있다. 장진패張振珮는『사통전주史通箋注』에서, 한나라 이전에 말하는 사기는 역사 기록의 통칭이었고, 사마천의 역사서를 사기라고 부른 것은『위지魏志』에서 처음이라고 했다. 사기가 역사 기록 일반을 가리킨다는 데 대해 반론이 없는 듯하여, 이곳에서는 사기를 사관의 기록으로 본다. 위의 본문에서는 다소 애매하게 표현하고 있지만,『사통 외편』「오행지착오五行志錯誤」'오류의 첫 번째 종류(第一科)'의 ①과 ②에서 보듯 유지기는 「오행지」의 사기史記를 사마천의『사기』가 아니라 일반적인 사관의 기록으로 이해하고 있었다.

錄當時紀傳, 而上下通達, 臭味相依. 又吳·蜀二主皆入世家, 五胡及拓拔氏列入夷狄傳, 大抵其體皆如『史記』, 其所爲異者, 唯無表而已. 其後元魏濟陰王暉, 又著『科錄』二百七十卷. 其斷限亦起自上古, 而終于宋年. 其編次多依于『通史』, 而取其行事尤相似者, 共爲一科, 故以科錄爲號. 皇家顯慶中, 符璽郎隴西李延壽抄撮近代諸史, 南起自宋, 終于陳, 北始自魏, 卒于隋, 合一百八十篇, 號曰『南北史』. 其君臣流別, 紀傳群分, 皆以類相從, 各附于本國. 凡此諸作, 皆『史記』之流也.

이후 양나라 무제武帝는 신하들에게 명하여 태초부터 남북조 시대의 제나라에 이르는 『통사通史』 620권을 편찬케 했다. 그 책은, 진나라 이전의 사실에 대해서는 모두 『사기』의 내용을 기본으로 하되 다른 설도 따로 수집함으로써 전해지는 사료의 폭을 넓혔고, 양한兩漢 시대 이후로는 당시의 기전체를 그대로 수록함으로써 고금의 역사가 서로 연결되고 체재와 내용도 연관성을 갖게 되었다. 말하자면, 삼국 중 오吳·촉蜀의 두 군주는 세가世家에 편입시켰으며, 5호五胡나 탁발씨拓拔氏[59]는 이적전夷狄傳에 넣었다. 대체로 그 체재는 『사기』와 같고, 다른 것은 표表가 없다는 점뿐이다.

그 후 북위의 제음왕濟陰王 휘업暉業이 『과록科錄』 270권을 저술했다.[60] 상

---

59 오호나 탁발씨 : 흉노匈奴·선비鮮卑·갈羯·저氐·강羌 등 5호五胡가 건국한 왕조가 16국이며, 선비족鮮卑族의 탁발부拓跋部가 건립한 왕조가 북위北魏이다. 13황제, 149년(386~534)간 존속했다.

60 북위의~저술했다 : 제음왕휘濟陰王暉에서 휘暉 글자 다음 업業자가 빠졌다. 이 부분은 유지기의 오류로, 『북사北史』에는 북위北魏의 종실인 휘아暉雅가 좌복야左僕射로 있을 때 사학자들을 모아서 복희씨에서부터 진晉·송宋에 이르는 14왕조 역사인 『과록科錄』을 편찬했는데, 270권이라 한다는 서술이 있다. 『위서魏書』·『북사北史』의 「상산왕준전常山王遵傳」에 나온다.

고시대에서 시작하여 송나라로 끝난다. 그 항목은 대체로 『통사』를 따랐으며, 내용과 사실이 비슷한 것을 하나의 과科로 모았기 때문에 과록이라고 이름 붙였다. 당나라 현경顯慶 연간[61] 부새랑符璽郎인 농서隴西 사람 이연수李延壽[62]가 근래의 여러 역사를 추려 모아 남조 송宋·제齊·양梁·진陳과 북조 위魏·제齊·주周·수隋의 역사 180편을 편찬하여 『남북사南北史』라고 이름 했다. 그 가운데 군신의 계통이나 기전의 분류는 나라끼리 모아서 그 나라에 부속시켰다. 이들 역사서는 모두 『사기』와 같은 부류에 속한다.

尋『史記』疆宇遼闊, 年月遐長, 而分以紀傳, 散以書表, 每論國家一致, 而胡越相懸, 敍君臣一時, 而參·商是隔. 此爲其體之失者也. 兼其所載, 多聚舊記, 時採雜言, 故使覽之者事罕異聞, 而語饒重出, 此撰錄之繁者也. 況『通史』已降, 蕪累尤深, 遂使學者寧習本書, 而怠窺新錄. 且撰次無幾, 而殘缺遽多, 可謂勞而無功. 述者所宜深誡也.

『사기』의 내용을 보면, 지역도 광대하고 시기도 유장하며, 기·전·서·표로 분산되어 있으므로 늘 한 왕조에 대해 서술할 때면 북의 흉노든 남의 월越나라 사람이든 함께 등장하고, 동시대의 군신에 대한 기록도 참參과 상商만큼이나[63] 여기저기 흩어져 있다. 이 점이 이 사기류의 결점이라 하겠다. 아울러

---

61 당나라~연간 : 황가皇家는 곧 당唐나라이다. 현경顯慶은 고종(재위 656~660)의 연호이다.

62 이연수 : 자는 하령遐齡으로, 상주相州(하남河南) 사람이다. 태종 정관貞觀 연간에 숭현관崇賢館 학사學士에 임명되어 『진서晉書』 및 송·제·양·진·수의 5대사 편찬에 참여했으며, 부친인 이대사李大師의 유업을 이어받아 『오대사五代史』·『남사南史』·『북사北史』 등을 편찬했다. 신·구 『당서唐書』 열전에 나온다.

63 참과 상만큼이나 : 참參은 서쪽 하늘, 상商은 남쪽 하늘의 별자리로, 서로 다른 시간대에

그 기록된 내용을 보자면, 옛 기록을 많이 모으고 당시의 세간에 떠도는 이야기도 채록했으므로 독자들이 볼 때는 사건에 대해서 별다른 이견이 없는데도 그 사건을 설명하는 말은 중언부언한 셈이니, 이것이 편찬 내용의 측면에서 볼 때 갖는 번잡함이다.

더구나 『통사』 이후에는 더 심하게 번잡해져서 결국 공부하는 사람들이 차라리 『사기』를 배우려 할 뿐, 새로운 저술, 즉 『통사』 이후의 역사서를 게을리 보았다. 또 새로 편찬된 시기는 얼마 되지 않으면서 빠진 데는 매우 많으니, 고생만 하고 공적은 없는 격이다. 편찬자들이 깊이 경계해야 할 점이다.

● 한서가

漢書家者, 其先出于班固. 馬遷撰 『史記』, 終于今上. 自太初已下, 闕而不錄. 班彪因之, 演成後記, 以續前編. 至子固, 乃斷自高祖, 盡于王莽, 爲十二紀·十志·八表·七十列傳, 勒成一史, 目爲 『漢書』.

한서가漢書家의 기원은 반고班固[64]에 있다. 사마천의 『사기』는 한 무제에서 끝난다.[65] 그래서 한나라 역사 중 무제 태초太初 연간(B.C.104~B.C.101) 이후

뜬다. 이 말은 같은 시대의 인물들이 서로 다른 기紀와 전傳에 기록되었음을 비유한 것이다.

64 반고 : 자는 맹견孟堅이며, 우부풍안릉右扶風安陵(섬서陝西) 사람이다. 『한서』를 편찬했는데, 8표表와 천문지天文志는 완성하지 못했다. 반고 사후, 동생 반초班超가 마속馬續과 함께 완성했다. 『한서』는 12제기, 8표, 10지, 70열전으로 이루어져 있으며, 『사기』 이후 최고의 단대기전체斷代紀傳體 역사로 꼽힌다. 영평永平 5년(62), 함부로 국사를 개작한다는 고발을 받고 옥에 갇혔다가 풀려났지만, 후에 다시 반역 사건에 연루되어 옥사했다. 『한서』의 「서전敍傳」과 『후한서』 열전에 나온다.

65 사마천의~끝난다 : 원문의 금상今上은 사마천이 쓴 「자서自序」의 말을 그대로 인용한 것이다. 당연히 유지기에게는 한 무제가 '금상'이 아니다. 사마천이 자신의 당대까지

의 역사는 기록이 없다. 이 때문에 반표班彪가 그 뒤를 이어 후대 기록을 지어 사마천의 『사기』를 잇고자 했다. 그의 아들 반고에 이르러 한 고조에서 왕망王莽[66]까지, 12기·10지·8표·70열전으로 된 역사서를 완성하여 『한서』라고 이름 했다.

昔「虞」·「夏」之典,「商」·「周」之誥, 孔氏所撰, 皆謂之書. 夫以書爲名, 亦稽古之偉稱, 尋其創造, 皆准子長. 但不爲世家, 改書曰志而已. 自東漢以後, 作者相仍, 皆襲其名號, 無所變革, 唯『東觀』曰記, 『三國』曰志. 然稱謂雖別, 而體制皆同.

예전에 「우전」·「순전」 및 「상고」·「주고」는 공자가 찬술했는데, 모두 서書라고 불렀다. 『한서』에서 서라고 이름 붙인 것도 옛 위대한 이름의 권위를 염두에 둔 것이지만, 『한서』가 새롭게 등장하게 된 배경을 살펴보면 모두 사마천의 『사기』에 준거했다. 다만 세가世家를 두지 않고, 서를 지志라고 했을 뿐이다. 후한 이후에 역사 편찬자들이 그 표제를 그대로 따르고 바꾸지 않았는데, 오직 『동관한기東觀漢記』[67]만 기記라 했고 『삼국지三國志』[68]는 지志라 했

기록했음을 강조한 말로 생각된다.

66 왕망 : 자는 거군巨君이고, 동한東漢(후한)의 귀척貴戚이다. 서기 8년 국호를 신新이라 하고 황제에 올라 15년간(9~23) 재위했다. 『한서』에 열전이 있다.

67 『동관한기』 : 한나라 유진劉珍 등이 편찬했다. 『수서隋書』 「경적지經籍志」에는 143권, 『신당서』 「예문지」에는 127권으로 되어 있는데, 일실되었다.

68 『삼국지』 : 진수陳壽의 『삼국지三國志』이다. 진수의 자는 승조承祚로, 파서巴西 안한安漢(사천四川) 사람이다. 어려서부터 『사기』와 『한서』를 연구했으며, 서진西晉 초 『제갈량집諸葛亮集』을 편찬했고 『삼국지』 65권을 지었다. 『삼국지』는 『위지魏志』 30권, 『촉지蜀志』 15권, 『오지吳志』 20권으로 구성되어 있으며, 송나라(유송劉宋) 배송지裵松之가 주석을 달았다.

지만, 그 이름은 달라도 체재는 모두 같았다.

歷觀自古史之所載也, 『尙書』記周事, 終秦繆, 『春秋』述魯文, 止哀公, 『紀年』不逮于魏亡, 『史記』唯論于漢始. 如『漢書』者, 究西都之首末, 窮劉氏之廢興, 包擧一代, 撰成一書. 言皆精煉, 事甚該密, 故學者尋討, 易爲其功. 自爾迄今, 無改斯道.

　예로부터 역사서에 실린 사실들을 하나하나 살펴보면, 『상서』는 주나라의 역사를 기록하여 진나라 목공繆公에서 끝나고,[69] 『춘추』는 노나라의 문화를 서술하여 애공哀公에서 끝나며, 『죽서기년竹書紀年』은 위나라가 망할 때의 시점에도 미치지 못했고, 『사기』는 한나라 초엽까지 거론했다. 『한서』의 경우는 후한의 건국부터 패망까지 연구하여 유씨劉氏 왕조의 흥폐를 모두 밝혔으니, 전체 왕조국가를 포괄하여 하나의 역사서를 편찬했다고 하겠다. 서술이 정제되고 사실도 상세한 까닭에 배우는 사람들이 연구하고 검토하면 쉽게 성과를 얻을 것이다. 그렇기에 오늘날까지 이 한서류의 계통이 변하지 않고 지속되는 것이다.

于是考玆六家, 商榷千載, 蓋史之流品, 亦究之于此矣. 而樸散淳鎖, 時移世異, 尙書等四家, 其體久廢, 所可祖述者, 唯左傳及漢書二家而已.

---

69 『상서』는~끝나고 : 「서경」은 주나라뿐 아니라, 삼대의 기록도 포함하고 있기 때문에 유지기가 왜 이런 설명을 했는지 모르겠다. 목공繆公은 39년간(B.C.659~B.C.620) 재위했다.

지금껏 역사가의 부류 6가家를 살펴보았는데, 천 년의 역사를 돌아보아도 역사 서술의 계통은 이 범주에서 벗어나지 않는다. 그러나 순박한 사회 풍조가 사라지고, 시대와 세상이 변하여 상서가 등 4가의 역사 서술은 오랫동안 사용되지 않았으며, 오늘날 이어받을 수 있는 것은 좌전가左傳家와 한서가漢書家뿐이다. 🔲

「육가六家」에 대한 설명에 이어, 유지기는 그중 『좌씨전』과 『사기』의 체재를 예로 들어 「이체二體」 편에서 장단점을 논했다.

요·순부터 주나라까지 기록한 역사서로는 『고문상서』가 있지만 완비된 체재는 아니었고, 나중에 좌구명이 『춘추』에 주석을 붙인 『좌씨전』을 내고 사마천이 『사기』를 저술한 이후 역사를 기록하는 역사 체재가 갖추어졌다. 이 두 사서는 편년체와 기전체라는 갈래를 형성했고, 그에 따라 장단점도 나타났다.

『좌씨전』은 날짜별로 차례를 삼고 연도별로 계속되므로 같은 시대의 사실을 중복되지 않게 두루 볼 수 있다. 그러나 안회 같은 사람을 빠뜨렸다는 단점이 있다. 『사기』는 본기·열전·표·지에서 천문·지리 및 국가의 문물과 제도에 이르기까지, 드러나든 그렇지 않든 간에 상세하게 기록했고, 중대한 일이든 작은 일이든 놓치지 않은 것이 장점이다. 하지만 같은 사실이 각 편에 나뉘어 실린 경우에는 맥락이 끊어져 분리되거나 전후가 중복되는 단점이 있다.

内篇

02

두 갈래의 역사 체재
二體

二體

三五之代, 書有典·墳, 悠哉邈矣, 不可得詳. 自唐虞以下迄于周, 是爲『古
文尚書』, 然世猶淳質, 文從簡略, 求諸備體, 固已缺如. 旣而<u>丘明</u>傳『春秋』,
<u>子長</u>著『史記』, 載筆之體, 于斯備矣. 後來繼作, 相與因循, 假有改張, 變其
名目, 區域有限, 孰能踰此! 蓋<u>荀悅·張璠</u>, <u>丘明</u>之黨也; <u>班固·華嶠</u>, <u>子長</u>之
流也. 惟此二家, 各相矜尚, 必辨其利害, 可得而言之.

삼황오제三皇五帝 시대의 기록으로는 오전五典과 삼분三墳이 있었다고 하지
만, 아득한 일이어서 자세히 알 수 없다.[1] 요·순으로부터 주나라에 이르기까지
기록한 『고문상서古文尚書』가 있지만, 세상이 아직 순박하고 문장도 간략했으
므로 완비된 체재를 구하기란 본디 어려운 일이었다. 나중에 좌구명이 『춘
추』에 주석을 붙이고 사마천이 『사기』를 저술하면서부터 역사를 기록하는 역
사 체재가 갖추어졌다.

이후 계속 편찬이 이어지면서 서로 옛 방식을 그대로 따랐으니, 이 체재를
고치거나 이름을 바꾸려 한들 역사 체재에는 편년체와 기전체라는 한계가 있
었으니 누가 이를 넘어설 수 있었겠는가. 대체로 순열荀悅의 『한기漢紀』와 장
번張璠의 『후한기後漢紀』는 좌구명 계열이고, 반고班固의 『한서漢書』와 화교華

---

1 삼황오제~없다 : 대체로 삼황은 복희伏羲·신농神農·황제黃帝, 오제는 소호少昊·전욱顓頊·고신
씨高辛氏·요堯·순舜으로 본다. 삼황과 오제에 관해 각각 삼분과 오전이라는 역사 기록이
있었다고 하는데, 전해지지는 않는다.

嶠의 『한후서漢後書』는 사마천 계열에 속한다. 이 편년체와 기전체의 두 학파만이 서로 우월함을 자처하고 있으므로 반드시 그 장단점을 논한 뒤에야 판단할 수 있을 것이다.

夫『春秋』者, 系日月而爲次, 列時歲以相續, 中國·外夷, 同年共世, 莫不備載其事, 形于目前. 理盡一言, 語無重出, 此其所以爲長也. 至于賢士貞女才高俊德, 事當冲要者, 必盱衡而備言; 迹在沈冥者, 不枉道而詳說. 如絳縣之老·杞梁之妻, 或以酬晉卿而獲記, 或以對齊君而見錄. 其有賢如柳惠, 仁若顏回, 終不得彰其名氏, 顯其言行. 故論其細也, 則纖芥無遺; 語其粗也, 則丘山是棄, 此其所以爲短也.

『춘추』[2]는 날짜별로 차례를 삼고 연도별로 계속되므로, 중국이든 오랑캐든 같은 시대라면 그 사실을 두루 기재하여 바로 볼 수 있다. 사리를 한마디로 표현하고 서술이 중복되지 않는 것이 이 책의 장점이다. 현명한 사람이나 곧은 여자, 재능이나 인격이 훌륭한 사람들의 경우에는 중요한 사실이 있다면 반드시 주의 깊게 기록했지만, 사적이 드러나지 않고 감추어져 있으면 사실을 꾸며가면서까지 상세히 서술하지는 않았다.

예를 들어 강현絳縣의 노인의 경우에는 진나라 조맹趙孟에게 사례한 일 때문에 기록했고,[3] 기량杞梁의 아내는 제나라 군주에게 답변한 사실 때문에 기

---

2 『춘추』: 여기서 말하는 『춘추』는 『춘추좌씨전』을 가리킨다. 포기룡도 『좌씨전左氏傳』으로 보았는데, 유지기가 지금 좌구명 학파를 논하고 있는 맥락으로 봐서도 타당하다고 생각한다.

3 강현의~기록했고 : 춘추시대 진나라 강현의 어느 빈곤한 노인이 생계를 위해 기성杞城을 쌓는 데 자원했다. 누군가 이 노인에게 나이를 물어보니 73세를 넘었다. 실권자인 조맹趙孟은

록에 남았다.[4] 반면, 현명한 유하혜柳下惠나 어진 안회顔回 같은 사람들은 끝내 이름이나 언행이 드러나지 않았다.[5] 그러므로 상세하게 기록한 것으로 말하자면 터럭도 빠뜨리지 않은 셈이고, 대략적으로 기록한 것으로 말하자면 산더미같이 두드러진 인물에 대한 기록도 버린 셈이니, 이것이 『춘추』의 단점이다.

『史記』者, 紀以包擧大端, 傳以委曲細事, 表以譜列年爵, 志以總括遺漏, 逮于天文·地理·國典·朝章, 顯隱必該, 洪纖靡失, 此其所以爲長也. 若乃同爲一事, 分在數篇, 斷續相離, 前後屢出. 于「高紀」則云'語在「項傳」', 于「項傳」則云'事具「高紀」'. 又編次同類, 不求年月, 後生而擢居首帙, 先輩而抑歸末章, 遂使漢之賈誼, 將楚屈原同列, 魯之曹沫, 與燕荊軻幷編. 此其所以爲短也.

『사기』는 본기本紀에서 대체를 포괄했고, 열전列傳에서 구체적인 사건을 상세히 적었으며, 표表를 통해 시대와 관작을 계보에 따라 체계화했고, 지志에

그 노인에게 욕되게 했음을 사과하며 진후晉侯의 의복을 관장케 하고 경지를 주었다. 이 사실은 도부인悼夫人에게 나이를 물음으로써 기록으로 남게 되었다. 『춘추좌씨전』 양공襄公 30년에 보인다.

4 기량의~기록했다 : 제나라 군주란 장공莊公을 말한다. 제나라 대부 기량의 이름은 식殖인데, 장공을 따라 거莒나라를 쳤다가 포로로 잡혔다. 장공이 후퇴하여 돌아오다가 시종을 보내 기량의 처를 위문하고자 했는데, 기량의 처는 "죄인의 아내라 위문을 받을 수 없고, 죄를 면했다 해도 남편이 갇혀 있는 상황에서 집 밖으로 나갈 수 없다." 하고는 인사를 받지 않았다. 결국 장공이 직접 그 집에 찾아가 위문했다. 『춘추좌씨전』 양공襄公 23년에 보인다.

5 유하혜나~않았다 : 유하혜의 일은 『춘추좌씨전』 희공僖公 26년에 나온다. 유하혜의 이름과 언행이 기록되지 않았다고 한 것은 유지기의 오류인 듯하다.

서는 본기·열전·표에서 빠뜨린 것을 모두 총괄하여 천문·지리 및 국가의 문물과 제도에 이르기까지, 드러나든 드러나지 않든 상세하게 기록했고 중대한 일이든 작은 일이든 놓치지 않았으니, 이것이 『사기』의 장점이다.

그런데 같은 하나의 사실이 각 편에 나뉘어 실리면, 맥락이 끊어져서 분리되거나 전후가 중복된다. 「고조본기」에서는 '「항우본기」에 기록이 있다'고 하는가 하면, 「항우본기」에서는 '「고조본기」에 사실이 갖추어져 있다'고 하는 식이다. 또 동류끼리 모으면서 시대를 고려하지 않다 보니, 나중에 태어난 사람이 앞부분에 있거나, 선배이면서도 도리어 뒷부분에 있는 경우가 생겼는데, 한나라의 가의賈誼가 초나라의 굴원屈原과 같은 편編에 있고,[6] 노나라의 조말曹沫이 연나라의 형가荊軻와 같은 편編에 있게 되니,[7] 이것이 『사기』의 단점이다.

---

6 한나라의~있고 : 가의는 낙양洛陽 사람이며, 「조굴원가弔屈原賦」와 「붕조가鵬鳥賦」의 작자이다. 그가 지은 『신서新書』는 정치이론서로 유명하다. 33세의 나이로 세상을 떴다. 굴원의 이름은 평平 또는 정칙正則이며, 자는 영균靈均이다. 전국시대 초나라의 종실이었으며, 탁월한 정치가이자 시인이다. 굴원은 삼려대부三閭大夫에 임명되어 정치에 몰두했으나, 참언에 미혹된 회왕懷王이 그를 강남江南에 유배시켰다. 나라 걱정과 울분을 못 이겨 결국 멱라강汨羅江에 투신했다. 『이소離騷』와 『구장九章』 등의 작품이 있다. 가의와 굴원의 사실은 모두 『사기』 권84 「굴원가생열전屈原賈生列傳」에 나온다.

7 노나라의~되니 : 조말은 노나라의 무사武士였다. B.C.684년 제나라가 노나라를 공격할 때 조말은 장공莊公과 함께 제나라를 격퇴했다. 또 B.C.681년 제·노 회맹會盟 때는 장검을 짚고 서서 제나라 군주를 협박하여 맹약을 이루었다. 한편 전국시대에 연나라 태자太子 단丹이 진나라에 복수할 계획을 세우고 형가를 파견하여 진왕秦王 정政(후일의 시황제始皇帝)을 살해하려 했다. 이에 형가는 진나라의 항복한 장수 번오기樊於期의 목과 연나라 요충 지역인 독항督亢의 지도를 미끼로 진왕에게 접근했으나 실패하고 피살되었다. 조말과 형가의 사실은 모두 『사기』 권86 「자객열전刺客列傳」에 나온다.

考茲勝負, 互有得失. 而晉世干寶著書, 乃盛譽丘明而深抑子長, 其義云, 能以三十卷之約, 括囊二百四十年之事, 靡有遺也. 尋其此說, 可謂勁挺之詞乎? 案春秋時事, 入于左氏所書者, 蓋三分得其一耳. 丘明自知其略也, 故爲『國語』以廣之.

이렇게 어느 쪽이 나은지 살펴보면, 서로 득실이 있다. 그런데도 진나라의 간보干寶는 그의 저서[8]에서 좌구명을 치켜세우고 사마천을 낮추었는데, 그렇게 생각한 것은 『좌전』이 30권이라는 적은 분량으로 240년간의 역사를 포괄하면서도 빠뜨린 것이 없다는 데 있었다. 이 견해는 좀 과도하다고[9] 생각한다. 내가 보기에 춘추시대의 사실로 좌구명이 기록한 것은 대체로 1/3 정도일 뿐이다. 좌구명 자신도 소략하다는 것을 알고 있었으므로 『국어』를 가지고 내용을 증보한 것이다.

然『國語』之外, 尚多亡逸, 安得言其括囊靡遺者哉? 向使丘明世爲史官, 皆倣『左傳』也. 至于前漢之嚴君平·鄭子眞, 後漢之郭林宗·黃叔度, 晁錯·董生之對策, 劉向·谷永之上書, 斯並德冠人倫, 名馳海內, 識洞幽顯, 言窮軍國. 或以身隱位卑, 不預朝政, 或以文繁事博, 難爲次序, 皆略而不書. 斯則可也. 必情有所吝, 不可刊削, 則漢氏之志傳百卷, 倂列于十二紀中, 將恐碎瑣多蕪, 閡單失力者矣.

---

8 그의 저서 : 간보가 『진시晉記』 23권을 저술했다고 하는데, 일실되었다.

9 과도하다고 : 원문의 경정勁挺은 과도하다는 뜻이다. 『장자莊子』 「소요유逍遙游」에 대유경정大有逕庭이라 했는데, 여기서 경정逕庭은 차이가 있다는 의미이다. 글자는 달라도 같은 의미이다.

그렇지만 『국어』에 실린 역사 이외에도 여전히 많은 사실이 누락되었으니, 어떻게 모두 포괄하고 빠뜨린 것이 없다고 하겠는가? 만일 좌구명이 한나라 때 대대로 사관을 지냈다면 모두 편년체인 『좌전』을 모방했을 것이다. 전한의 엄군평嚴君平[10]·정자진鄭子眞[11]이나 후한의 곽임종郭林宗[12]·황숙도黃叔度[13] 같은 은자隱者, 조조晁錯[14]·동중서董仲舒[15] 등이 올린 대책對策이나 유향劉向·곡영谷永[16] 등이 올린 상서의 경우를 보면, 이들은 하나같이 인덕이 매우 뛰어

---

10 엄군평 : 군평君平은 자이고, 이름은 존尊으로, 서한西漢(전한)의 은사隱士이다. 먹고살 정도의 수입만 있으면 문을 닫아걸고 제자들에게 『노자』를 가르쳤다. 저술로 『노자지귀老子指歸』가 있다.

11 정자진 : 자진子眞은 자이고, 이름은 박朴이다. 성제成帝 때 대장군大將軍 왕풍흠王風欽이 그를 은사라 하여 예우하고 관직을 주려 했으나 그는 이를 거절했다. 두 사람 모두 『한서』 「왕길전서王吉傳序」에 나온다.

12 곽임종 : 임종林宗은 자이고, 이름은 태泰로, 태원太原 공휴公休(산서山西) 사람이다. 동한 환제桓帝 때 환관宦官의 독단에 반대하는 운동을 하던 때에 태학생太學生의 영수로 활동했다. 사대부들은 그를 일러 덕을 가지고 사람들을 지도한다고 평했다. 고향으로 떠날 때는 수천 량의 수레가 전송했다고 한다. 당고黨錮를 당하자 두문불출하고 제자들 수천 명을 가르쳤다. 『후한서』에 열전이 있다.

13 황숙도 : 숙도叔度는 자이고, 이름은 헌憲이다. 덕행으로 이름이 높아, 곽태도 그를 칭찬했다. 『후한서』에 열전이 있다.

14 조조 : 영천潁川(하남河南) 사람으로 한 문제漢文帝 때 태자가령太子家令에 임명되었는데, 지혜 주머니(智囊)라는 칭송을 들었다. 경제景帝 때, 지방 토호의 발호와 중앙정권의 문제점을 목도하고는 개혁 법령을 주장했다. 그 법령에 따라 토호들의 봉지를 삭탈하고 사람을 모아 흉노를 막아냈다. 오왕吳王 유비劉濞 등 6국이 조조를 토벌한다는 이유로 반란을 일으키자(오초 7국의 난), 경제는 조조를 죽여 화해를 모색했지만 반란은 그치지 않았다. 『한서』에 열전이 있다.

15 동중서 : 광천廣川(하북河北) 사람으로, 『춘추번로春秋繁露』의 저자이다. 무제 때에 제자백가를 물리치고 유가만 존중하자고 주장했다. 춘추대일통春秋大一統의 원칙을 세웠다. 『한서』에 열전이 있다.

16 곡영 : 장안長安 사람으로, 이름은 병竝이다. 성제成帝 때 태상승太常丞을 지냈다. 『한서』에 열전이 있다.

나고 명성을 천하에 떨쳤으며, 식견이 구석구석에 미치는 한편 군국軍國에 대해서도 잘 알고 있었다. 그러나 숨어 살면서 지위가 낮았기 때문에 조정에 참여하지 못했던 인물이나 또는 대책對策과 상서의 문장이 번잡하고 내용이 광범위해서 어디 넣을지 순서를 매기기 어려웠던 경우는 전부 생략되고 기록으로 남지 않았을 것이다.

여기까지는 좋다. 사실 중에 버리기 아까운 마음이 들어 삭제하지 못하면, 『한서』 120권 중에서 100권 정도 되는 지志와 열전 부분은 모두 12본기에 나란히 수록될 것이니, 이렇게 되면 내용이 여기저기 흩어지고 번잡해져서 초점이 없는 무기력한[17] 역사서가[18] 되고 말 것이다.

故班固知其若此, 設紀·傳以區分, 使其歷然可觀, 綱紀有別. 苟悅厭其迂闊, 又依左氏成書, 剪裁班『史』, 篇才三十, 歷代保之, 有逾本傳. 然則班·苟二體, 角力爭先, 欲廢其一, 固亦難矣. 後來作者, 不出二途. 故『晉史』有王·虞, 而副以干『紀』; 『宋書』有徐·沈, 而分爲裵『略』. 各有其美, 並行于世. 異夫令升之言, 唯守一家而已.

그러므로 반고가 이런 상황을 알고 본기와 열전을 설정하여 구분함으로써 일목요연하게 흐름을 파악하고 기준과 항목을 구별하게 했다. 순열은 반고의

---

17 초점이 없는 무기력한 : 송宋나라 도곡陶穀의 『청이록淸異錄』에 "난단闌單은 파열하는 모양[破裂狀]이다."라고 했다. 곧 난단이란 부서지는 모양을 말한다.

18 『한서』~역사서가 : 원래 『한서』는 100편이었지만(12본기, 8표, 10지, 70열전), 후대에 120권으로 나뉘었다(13본기, 10표, 18지, 79열전). 본문에서는 대략 셈한 것이다. 그렇더라도 원문처럼 12본기가 아니라, 13본기가 되어야 한다. 「고제기高帝紀」가 상·하로 나뉘어서 이런 차이가 생긴다.

방법이 실정과 맞지 않는 것이 싫어서 다시 좌구명의 편찬 방식에 따라 『한서』를 30편으로 요약하여 『한기漢紀』를 편찬했는데, 역대로 평판이 높아 원래의 『한서』보다 나은 점이 있다고 했다. 그런 까닭에 반고와 순열의 두 편찬 체재에서 우열을 논하며 어느 하나를 무시하기는 아무래도 어려운 일이다. 후대의 역사가들은 이 두 방식을 벗어나지 않았다. 그래서 진나라 역사에는 왕은王隱[19]·우예虞預[20]의 기전체 『진서晉書』가 있었는가 하면 그에 대한 보완으로 간보의 편년체 『진기晉紀』가 있었고, 송대의 역사로 서원徐爰[21]·심약沈約[22]의 기전체 『송서宋書』가 있었는가 하면 배자야裵子野의 『송략宋略』이 있었다. 각기 나름의 장점을 지녔기 때문에 세상에서 나란히 인정받을 수 있었으니, 하나의 편찬 체재만을 고수하려고 했던 간보의 말과는 달랐던 셈이다. 🖂通

---

19 왕은 : 자는 처숙處叔이며, 진류陳留(하남河南) 사람이다. 그의 부친 왕전王銓이 완성하지 못한 진사를 왕은이 계속하여 『진서晉書』 80권으로 편찬했다. 『진서』에 열전이 있다.

20 우예 : 자는 숙녕叔寧이며, 여도余姚(절강浙江) 사람이다. 저작랑著作郞을 역임했고, 개인적으로 『진서晉書』를 편찬했다. 왕은을 수차 방문하여 그의 역사 원고를 본 뒤 나름대로 『진서』 40여 권을 편찬했지만, 일실되었다. 『수서隋書』「경적지經籍志」에는 우예의 『진서』가 26권이라 했고, 신·구 『당서』에는 58권이라 했다. 『진서』에 열전이 있다.

21 서원 : 이름은 원瑗이고, 자는 장옥長玉이다. 남조 송나라 때의 남낭야南琅琊(강소江蘇) 사람이다. 하승천何承天·산겸지山謙之 등이 역사를 편찬하다가 미완으로 그쳤는데, 효무제孝武帝의 명으로 서원이 『송서宋書』 65권을 편찬했다. 일실되었다. 『송서』와 『남사南史』에 열전이 있다.

22 심약 : 자는 휴문休文이며, 송宋·제齊·양梁 삼국에서 벼슬했다. 『송서宋書』 100권이 전한다. 『양서梁書』와 『남사南史』에 열전이 있다.

유지기는 「육가六家」에서 여섯 부류의 대표적인 역사서의 특징과 성격을 개괄하고, 「이체二體」에서 편년체 역사서인 『좌씨전』과 기전체 역사서인 『사기』의 장단점을 논의한 다음, 역사에서 사람들이 했던 말과 일어난 사건의 기록에 대해 이야기했다. '정사正史'를 우선으로 두고, 뒤의 34편『잡술雜述』에서 정사 이외의 다양한 역사서를 언급하였다.

이 「재언載言」편은 문제 제기의 성격을 띠고 있다. 『상서』처럼 말을 주로 기록하는 역사서가 사라진 상황에서 그 대안을 찾아보자는 취지이다. 옛날에 말에 대한 기록은 『상서』, 사건에 대한 기록은 『춘추』를 꼽았는데, 유지기는 『좌씨전』이 이 두 경향을 통합했다고 평했다. 그러나 『사기』와 『한서』에 이르러 포괄할 내용을 확대하다 보니 사료가 번거로울 정도로 많아졌다. 이 때문에 이후 열전에는 당사자들의 말을 기록하는 데 그쳤으며, 사건은 엉성하고 모호해졌다. 유지기는 이 같은 경향을 해결해야 한다고 생각했다.

그 문제에 대한 해결책으로, 역사서에 표表나 지志 외에 말을 기록하는 편장을 두자고 제안한다. 군주의 조칙이나 훈령, 신하들의 상서나 격문과 함께 시인들의 작품도 본기와 열전에 같이 싣지 말고 따로 서書나 지志의 형식으로 자리를 마련하자는 것이다.

内篇
03

말을기록하는역사
載言

載言

古者言爲『尙書』, 事爲『春秋』, 左右二史, 分尸其職. 蓋桓·文作霸, 糾合同盟, 春秋之時, 事之大者也, 而『尙書』缺記. 秦師敗績, 繆公誠誓, 『尙書』之中, 言之大者也, 而『春秋』靡錄. 此則言事有別, 斷可知矣. 逮左氏爲書, 不遵古法, 言之與事, 同在傳中. 然而言事相兼, 煩省合理, 故使讀者尋繹不倦, 覽諷忘疲.

예전에 말에 대한 기록은 『상서』, 사건에 대한 기록은 『춘추』라고들 했는데, 좌우에 두 사관을 두어 각기 직분을 나누어 맡게 했다. 제 환공齊桓公[1]과 진 문공晉文公[2]이 패권을 잡고 동맹을 맺은 일은 춘추시대에 대단한 사건이었지만, 『상서』에는 그 기록이 빠져 있다. 또, 진秦나라 군대가 진晉나라 양공襄公의 군대에게 대패하자, 노신老臣의 말을 듣지 않은 것을 후회하며 진 목공秦繆公이 뉘우치며 한 맹세는[3] 『상서』 중에서 매우 중요한 말이었지만, 『춘

---

1 제 환공 : 환공(재위 B.C.685~B.C.643)의 이름은 소백小白이다. 노나라로 망명한 자신의 형인 공자규公子糾를 죽이고 관중管仲을 사로잡았다. 관포지교管鮑之交의 두 주인공, 즉 관중과 오랜 친구였던 포숙의 건의를 받아들여 환공은 관중을 재상으로 삼고 그의 도움을 받아 제후들의 패자가 되었다.

2 진 문공 : 문공(재위 B.C.636~B.C.628)의 이름은 중이重耳이다. 공자公子였을 때에 여희驪姬의 모함을 받아 제齊·초楚 등을 유랑하다가, 진秦나라의 도움을 받아 귀국하여 즉위했다. 그 뒤 송宋·제齊와 연합하여 초를 격퇴하고 맹주가 되었다.

3 진나라~맹세는 : 목공(재위 BC.659~B.C.621)은 춘추시대 진秦나라의 중흥 군주로, 춘추오패春秋五覇 중 한 사람이다. 진 문공晉文公이 죽자, 목공은 대부 맹명孟明 등을 보내 진晉나라를

추』에는 기록되어 있지 않았다. 이로써 말과 사건은 구별된다는 것을 확연히 알 수 있다. 좌구명은 역사서를 편찬하면서 『춘추』의 옛 법을 따르지 않고, 말을 사건과 같이 『좌씨전』에 수록했다. 그리하여 말과 사건이 갖추어지고 번잡함이 줄어들어 이치에 부합되었기 때문에, 독자들이 읽고 이해하는 데 권태롭지 않았고 보고 읽는 데 피로하지 않았다.

至于『史』·『漢』則不然. 凡所包擧, 務在恢博, 文辭之記, 繁富爲多. 是以賈誼·晁錯·董仲舒·東方朔等傳, 唯止錄言, 罕逢載事. 夫方述一事, 得其紀綱, 而隔以大篇, 分其次序, 遂令披閱之者, 有所懵然. 後史相承, 不改其轍, 交錯紛擾, 古今是同. 案遷·固君臣于紀·傳, 統遺逸于表·志, 雖篇名甚廣, 而言無獨錄. 愚謂凡爲史者, 宜于表·志之外, 更立一書. 若人主之制冊誥令, 群臣之章表移檄, 收之紀·傳, 悉入書部, 題爲'制冊章表書', 以類區別. 他皆放此, 亦猶志之有禮樂志·刑法志者也.

『사기』와 『한서』에 이르면 그렇지 않았다. 포괄할 내용을 넓히는 데 힘쓰다 보니, 기록으로 남은 사료가 번거로울 정도로 많아졌다. 그래서 가의賈誼·조조晁錯·동중서董仲舒·동방삭東方朔[4] 등의 열전은 단지 말을 기록하는 데 그치고, 사건은 거의 싣지 않았다. 한 사건을 서술할 때에 기준과 대강을 갖추기

공격했는데, 효殽에서 패했다. 전투에서 패한 목공이 돌아와 자신의 행동을 후회하면서 지은 글이 「진서秦誓」이다.

4 동방삭 : 자는 만천曼倩이며, 말재주가 있어 변론과 응답이 빨랐다. 그는 한 무제漢武帝가 아끼는 신하였지만, 정의감이 강하여 사대부들 사이에서 골계滑稽의 영웅이었다. 『답객난答客難』·『비유선생론非有先生論』 등을 지어 무제의 개혁 정치를 풍자했다. 『사기』와 『한서』에 열전이 있다.

는 했지만, 큰 줄기에 틈이 생기고 순서가 나뉘어 있었으므로 읽는 사람에게 모호한 느낌을 갖게 했다.

뒤의 역사서들도 그 전철을 밟을 뿐 고치지 않아서 뒤섞이고 번잡한 것은 여전히 마찬가지였다. 사마천과 반고는 군신君臣을 기紀와 전傳에, 유일遺逸을 표表와 지志에 통합했는데, 편명은 많았지만 말을 따로 기록하지는 않았다. 내가 생각하기에, 역사서라면 표나 지 외에 말을 기록하는 또 다른 편을 두어야 한다. 그래서 군주의 조칙이나 훈령, 신하들의 상서나 격문을 본기나 열전에서 추려내 모두 서부書部에 포함시키고 '제책장표서制冊章表書'라고 이름 붙여 범주별로 구별했으면 한다. 다른 문서들도 이런 방식을 따라 분류한다면, 결과적으로 지志에 예악지禮樂志·형법지刑法志 등이 있는 것과 마찬가지일 것이다.

又詩人之什, 自成一家. 故風·雅·比·興, 非三傳所取. 自六義不作, 文章生焉. 若韋孟諷諫之詩, 揚雄出師之頌, 馬卿之書封禪, 賈誼之論過秦, 諸如此文, 皆施紀傳. 竊謂宜從古詩例, 斷于書中, 亦猶「舜典」列元首之子歌, 「夏書」包五子之詠者也. 夫能使史體如是, 庶幾『春秋』·『尙書』之道備矣.

또한 시인詩人들의 작품도 그 자체로 일가를 이루었다.[5] 그러므로 『시경』의 풍風·아雅·비比·흥興[6]을 삼전三傳[7]에서 채택하지 않았다. 육의六義[8]의 풍

---

5 시인들의 작품 : 십什은 편篇과 장章(chapter)으로, 여기서는 작품을 가리킨다.
6 풍·아·비·흥 : 풍風은 15개국 민간의 노래, 아雅는 소아·대아로 주나라 왕실의 흥폐를 읊은 시이다. 비比는 비유, 흥興은 상징으로, 비와 흥은 시를 짓는 표현 방법이다.
7 삼전 : 『좌씨전左氏傳』·『곡량전穀梁傳』·『공양전公羊傳』 등 『춘추』의 세 주석서이다.
8 육의 : 『시경』의 풍風·아雅·송頌 3체와 부賦·비比·흥興 세 가지의 작시법을 말한다.

조가 쇠퇴해지자 이와는 다른 각종 문장이 생겨났다. 위맹韋孟의 풍간하는 시,[9] 양웅揚雄의 「출사송出師頌」,[10] 사마상여司馬相如의 「봉선서封禪書」,[11] 가의의 「과진론過秦論」[12] 등의 문장은 모두 본기와 열전에 실려 있다. 고시古詩의 사례에 따라 '무슨 무슨 서'라고 따로 일가를 이룰 수 있는 것으로, 『상서』 「익직益稷」[13]의 원수元首의 노래나 「하서」에 실려 있는 오자五子의 노래 같은 경우가 이런 사례이다. 편찬 체재를 이와 같이 할 수 있다면 『춘추』나 『상서』의 편찬 원칙을 갖출 수 있을 것이다.

昔干寶議撰『晉史』, 以爲宜准左丘明, 其臣下委曲, 仍爲譜注. 於時議者莫不宗之. 故前史之所未安, 後史之所宜革. 是用敢同有識, 爰立玆篇, 庶世之作者, 睹其利害. 如謂不然, 請俟來哲.

예전에 간보干寶가 『진사晉史』를 편찬할 때에, 편찬 체재는 좌구명의 편년체를 기준으로 해야 하며 신하들에 대한 상세한 사실은 보주譜注에 기록해야

---

9 위맹의 풍간하는 시 : 위맹은 전한前漢 초 원왕楚元王 유교劉交의 스승이었다. 원왕의 손자 왕무王戊가 방탕하고 법을 지키지 않기에 위맹이 시를 지어 그를 일깨우려 했지만 듣지 않았다. 『한서』 「위현전韋賢傳」에 나온다.

10 양웅의 「출사송」 : 「출사송」의 저자는 전한前漢의 잠효산岑孝山이며, 양웅이 아니다. 유지기의 오류인 듯하다. 양웅이 지은 「충국송充國頌」은 『문선文選』에 실려 있다.

11 사마상여의 「봉선서」 : 사마상여의 자는 장경長卿이며, 무제武帝 때의 문장가였다. 그가 지은 「자허부子虛賦」는 무제의 칭찬을 들었다. 무제는 새로운 작품을 원했지만, 그가 병이 들었던 까닭에 아내를 시켜 「봉선서」를 무제에게 바쳤다. 『한서』에 열전이 있다.

12 가의의 「과진론」 : 「과진론」은 원래 3편이었으나, 지금은 남아 있지 않다.

13 『상서』 「익직」 : 원수의 노래는 「순전舜典」이 아니라 「우서虞書 익직益稷」에 실려 있다. 「순전」과 「우서 익직」은 모두 『상서』의 편명인데, 『고문상서』에 속한다. 유지기가 『고문상서』를 신뢰했기 때문에 여기에서 논거로 삼았다.

한다고 했다.[14] 당시에는 모두 이 견해에 찬동했다. 그러므로 전대의 역사서에 부족한 데가 있으면 후대의 역사서에서 이를 바로잡는 것이 당연하다. 그래서 감히 식자들에게 동의를 구하고자 이「재언載言」편을 쓴 것이니, 역사를 편찬하는 사람들이 득실을 살피기 바란다. 만일 동의하지 않는다면 미래의 현자를 기다릴 수밖에 없다.[15] 史通

---

14 간보가~했다. : 간보의 논의는 전하지 않는다. 보주譜注는 보표譜表이다.
15 동의하지~없다 : 심약沈約의『송서宋書』「사령운전 논謝靈運傳論」에 "동의하지 않는다면 미래의 현자를 기다릴 수밖에 없다.[如曰不然, 請待來哲]"라고 했다.

夫自二儀旣判垂玄象之文蔑
肇化生彰紀事之寶蒼頡沮誦
以前造物代爲敷揚山川曲爲
德寫何必人抽金匱之藏世檀

4편 「본기」부터 8편 「서지書志」까지는 기전체 역사서를 이루는 각각의 구성 요소에 대한 설명이다. 본기·세가·열전·표·지·서 등의 기원과 변화, 성격을 서술했다. 경우에 따라서는 9편 「논찬論贊」~13편 「편차編次」와 32편 「서전序傳」인 '역사서의 양식'의 범주도 이 기전체의 구조에 포함시킬 수 있다.

유지기는 급총의 죽서를 『기년』이라 불렀던 데서 본기의 기원을 찾으면서, 기紀는 여러 대상의 기준을 정하고 만물을 망라하여 분류하는 것이므로 편목 중 가장 범위가 크다고 보았다. 또한 천자의 행적을 본기라고 한 것은 사마천의 『사기』이며, 이는 후세에도 이어졌다고 설명했다.

그러나 그는 『사기』와 몇몇 역사서를 사례로 들어 본기의 편재 방식에 대해 비판했다. 먼저 『사기』에 천자를 본기로, 제후를 세가로 한 것은 합당하지만, 실제 내용이 분명치 않아 그 의미를 알기 어렵게 된 경우도 있다고 지적했다. 예컨대 진나라 백예부터 장양왕까지를 본기에 둔 것이나, 군웅의 하나인 항우에게 본기를 배정한 것이 대표적이다. 그 밖에도 유지기는 후대에 기의 용례를 잘못 사용한 사례도 지적했다. 물론 이런 유지기의 견해를 비판하는 후대 역사학자들도 있다.

内篇
04

본기의 유래와 변화
本紀

本紀

昔汲冢竹書是曰『紀年』,『呂氏春秋』肇立紀號. 蓋紀者, 綱紀庶品, 網羅萬物, 考篇目之大者, 其莫過于此乎. 及司馬遷之著『史記』也, 又列天子行事, 以本紀名篇, 後世因之, 守而勿失. 譬夫行夏時之正朔, 服孔門之敎義者, 雖地遷陵谷, 時變質文, 而此道常行, 終莫之能易也.

　예전에 급총汲冢의 죽서를 『기년紀年』이라 부르고, 『여씨춘추呂氏春秋』에 12기를 둠으로써 기紀라는 편목이 처음 시작되었다. 기紀는 여러 대상의 기준을 정하고 만물을 망라하여 분류하는 것이므로 편목의 범위로 볼 때 가장 클 듯싶다. 사마천이 『사기』를 저술할 때, 천자의 행사를 열거하고 이를 본기라고 했는데, 후세 사람들이 그대로 따르고 고치지 않았다. 이는 하나라 왕조의 역법을 따르거나 공자의 가르침을 심복했던 일에 비유할 만한데, 언덕이 골짜기로 변하고 질박한 것이 화려한 것으로 변하는 등 시대의 유행이 변함에도 불구하고 이러한 방식이 계속되는 흐름은 끝내 바꿀 수 없었다.

然遷之以天子爲本紀, 諸侯爲世家, 斯誠當矣. 但區域旣定, 而疆理不分, 遂令後之學者罕詳其義. 按姬自后稷至于西伯, 嬴自伯翳至于莊襄, 爵乃諸侯, 而名隷本紀. 若以西伯·莊襄以上, 別作周·秦世家, 持殷紂以對武王, 拔秦始以承周赧, 使帝王傳授, 昭然有別, 豈不善乎? 必以西伯以前, 其事簡約, 別加一目, 不足成篇, 則伯翳之至莊襄, 其書先成一卷, 而不共世家

等列, 輒與本紀同編, 此尤可怪也. 項羽僭盜而死, 未得成君, 求之于古, 則
齊無知, 衛州吁之類也. 安得諱其名字, 呼之曰王者乎? 春秋吳楚僭擬, 書
如列國. 假使羽竊帝名, 正可抑同群盜. 況其名曰'西楚', 號止'霸王'者乎!
霸王者則當時諸侯. 諸侯而稱本紀, 求名責實, 再三乖謬.

사마천이 『사기』에 천자를 본기로, 제후를 세가로 한 것은 참 합당한 일
이다. 다만 본기·세가·표·지·열전과 같이 분류의 범주는 정해졌음에도[1] 그
구분의 실제 내용이 분명치 않기 때문에 후대의 학자들이 그 의미를 상세히
알기 어렵게 되고 말았다. 생각건대 희씨姬氏 왕조는 후직后稷부터 서백西伯(문
왕)까지,[2] 영씨嬴氏 왕조는 백예伯翳부터 장양왕莊襄王까지,[3] 신분으로 보면 제
후인데도 본기에 이름을 올렸다. 문왕 이전을 주나라 세가로, 장양왕 이전을
진나라 세가로 삼아서 은나라 주왕紂王이 주나라 무왕武王과 이어지게 하고[4]

---

1 분류의 범주는 정해졌음에도 : 구역區域은 기전체의 본기·세가·표·지·열전을 말한다.
2 희씨~서백까지 : 주나라 왕실의 성이 희姬이다. 후직后稷은 주나라 왕족의 시조로서 사람들에
   게 농경을 가르쳤다고 한다. 서백西伯은 문왕文王을 가리키는데, 이는 문왕 때 이미 서쪽
   지방의 패자가 되었기 때문에 붙여진 이름이다. 문왕의 이름은 창昌이다. 『사기』 권4
   「주본기周本紀」에 나온다.
3 영씨~장양왕까지 : 진秦나라 왕조의 성이 영嬴이다. 시조인 대업大業이 대비大費를 낳았는데,
   그 이름이 백예伯翳이다. 백예는 우임금을 따라다니며 치수治水에 공을 세웠고, 순임금의
   딸과 결혼했다. 장양왕의 이름은 자초子楚이며, 재위 3년만에 죽었다. 『사기』 권5 「진본기秦本
   紀」에는 백예에 대한 서술이 있으며, 장양왕 시대의 사실은 「진시황본기秦始皇本紀」 앞부분에
   실려 있다.
4 은나라~하고 : 주紂는 은殷나라 말기의 폭군이다. 처음에는 미자微子·비간比干의 보좌를
   받아 선정을 펼쳤지만, 차츰 주색에 빠져 말 잘하는 신하만을 가까이 하고 이궁이나
   별관을 신축하는가 하면, 백성의 재산을 침탈하여 폭정을 일삼았다. 결국 백성의 반항과
   주나라 무왕의 기병으로 망했다. 무왕의 이름은 발發이며, 즉위 후 9년 만에 제후를 모아
   은나라를 멸망시켰다. 『사기』 권4 「주본기周本紀」에 나온다.

진시황은 주나라 난왕赧王의 뒤를 잇게 함으로써 제왕들의 왕위 계승을 분명하게 구분 지었다면 매우 좋았을 것이다.

문왕 이전이야 그때의 사실이 간략하기 때문에 따로 편목을 설정해서 한 편을 이루기 부족하니 그렇다 치고, 백예에서 장양왕까지는 먼저 한 권을 완성했으면서도 세가와 같은 반열에 두지 않고 뜬금없이 본기로 편재한 것은 더욱 괴이한 일이다. 또 항우項羽는 군웅의 한 사람으로 과분한 자리를 차지했다가 세상을 떠났으며 더욱이 군주였던 적도 없으므로, 옛날의 사례로 비춰본다면 제나라 무지無知나 위나라 주우州吁와 같은 부류에 속한다.[5] 어떻게 그 이름자를 피하고 왕이라 부른단 말인가?

춘추시대에 오나라와 초나라는 패자로서 왕자를 자칭했어도 사마천은 이들을 여러 나라의 하나로 취급했다.[6] 설사 항우가 황제의 이름을 훔쳤더라도 여러 도적과 함께 다뤄져야 했다. 하물며 나라 이름은 서초西楚라고 하면서 칭호는 패왕霸王이라고 하는 데 그쳤음에랴! 패왕이란 당시로 말하면 제후이다. 제후에 대해 기록하면서 본기라고 불렀으니 이름에 따라 실제를 고찰한다면[7] 두 번 세 번 잘못을 저지른 것이다.

---

5 제나라~속한다 : 무지無知는 춘추시대 제나라 귀족으로 희공僖公의 총애를 받았지만 희공의 아들 제아諸兒, 즉 양공襄公이 즉위하자 축위당했다. 양공이 살해된 뒤 무지는 임금으로 옹립되었지만 오래지 않아 그 역시 살해되었다. 『춘추좌씨전』 장공莊公 9년에 나온다. 주우州吁는 위나라의 공자였는데, 환공을 죽이고 군주가 되었다. 훗날 위나라 사람들이 주우를 업성濮城에서 죽였다. 『춘추좌씨전』 은공隱公 4년에 나온다. 『좌씨전』에서는 무지, 주우라는 이름을 그대로 쓰고, 임금(君)이라고 쓰지 않았다. 유지기는, 항우도 무지·주우와 마찬가지이므로 『사기』의 「본기」에 편재하는 것이 합당하지 않다는 말을 하고 있는 것이다.

6 춘추시대에~취급했다 : 사마천이 오·초 양국을 『사기』의 「오세가吳世家」·「초세가楚世家」로 편재한 것을 두고 한 말이다.

7 이름에~고찰한다면 : 『한비자韓非子』 「정법定法」에 "이름에 따라 실제를 찾는다.[循名責

蓋紀之爲體, 猶『春秋』之經, 繼日月以成歲時, 書君上以顯國統. 曹武雖曰
人臣, 實同王者, 以未登帝位, 國不建元. 陳『志』權假漢年, 編作『魏紀』, 猶
兩『漢書』首列秦莽之正朔也. 後來作者, 宜准于斯, 而陸機『晉書』, 列紀三
祖, 直序其事, 竟不編年. 年旣不編, 何紀之有? 夫位終北面, 一槪人臣, 倘
追加大號, 止入傳限. 是以弘嗣『吳史』, 不紀孫和, 緬求故實, 非無往例. 逮
伯起之次『魏書』, 乃編景穆于本紀, 以庪園虛諡, 間厠武·昭, 欲使百世之
中, 若爲魚貫.

   대체로 기紀라는 편찬 체재는『춘추』의 경經과 같은 것으로, 날짜와 달을
계속 이어서 계절과 해를 이루었으며, 군주를 기록하여 국가의 계통을 드러
냈다. 위 무제魏武帝[8]가 비록 다른 사람의 신하라고는 하지만 실권이 왕과 같
았다. 그러나 그는 황제의 지위에 오르지 못했으므로 나라의 기원紀元을 세우
지 못했다. 그래서 진수陳壽의『삼국지』에서 한나라의 연호[9]를 임시로 빌려
『위기魏紀』를 편찬한 것은, 두『한서』의 처음에 진秦나라 왕조나 왕망王莽의
연호를 따랐던 것과 마찬가지였다.[10]

   實]"라고 했다. 여기서 책責은 고찰한다는 뜻이다.

 8 위 무제 : 위 무제는 조조曹操로, 자는 맹덕孟德이며, 패국초沛國譙(안휘安徽) 사람이다. 그의
   부친 조숭曹嵩은 환관 조등曹騰의 양자였다. 조조는 동탁董卓을 치고 황건적을 토벌하여
   북방을 통일했다. 허도許都에 있을 때 내내 승상丞相의 지위에 있었으나 헌제獻帝를 끼고
   제후를 호령했다. 아들 조비曹丕가 황제를 칭한 뒤에 조조를 무제武帝로 추증했다.『삼국지三
   國志 위지魏志』「무제본기武帝本紀」에 나온다.

 9 한나라의 연호 : 한년漢年이란 한나라 왕조의 기년紀年이다.「무제본기」의 기년은 한 헌제漢獻
   帝 초평初平 원년(190)에서 시작하여 건안建安 25년(220)에 끝난다.

10 두『한서』의~마찬가지였다 :『한서』「고조기高祖紀」에는 유방劉邦이 칭제하기 이전의
   사실이 모두 진나라 2세 자영子嬰의 기년紀年으로 되어 있다. 또『후한서』「광무기光武紀」를
   보면 유수劉秀가 칭제하기 이전의 사실이 모두 왕망의 천풍天風·지황地皇 같은 연호를

후대의 작자들이 이를 기준으로 삼았지만, 육기陸機는 『진서晉書』에서 3조
三祖를 본기로 하면서[11] 그 사실을 그대로 기술하기만 하고 연도로 편재하지
는 않았다. 연도로 편재하지 않은 마당에 이게 무슨 본기라고 하겠는가? 대
개 북쪽을 바라보는[12] 신하의 지위로 일생을 마쳤을 경우에는 후일 황제의
시호를 받더라도 오직 열전에 포함되는 것이다. 이런 까닭에 홍사弘嗣의 『오
사吳史』는 손화孫和를 본기로 삼지 않았던 것인데,[13] 지나간 정황을 살펴보면
전례가 없었던 것도 아니다. 백기伯起의 『위서魏書』에서는 경목景穆이 즉위하
지 못하고 죽었지만 본기에 편재했고,[14] 여원廬園은 죽은 뒤에 받은 시호임에

기년으로 삼았음을 알 수 있다.

11 육기는~하면서 : 육기의 자는 사형士衡이며, 오군吳郡(강소江蘇) 사람이다. 강동江東 사대부
관료 집안 출신으로 서진西晉의 저명한 문학가이자 사학자이다. 오나라가 망한 뒤, 육기와
그 동생 육운陸雲은 낙양洛陽으로 갔다. 성도왕成都王 사마영司馬穎을 비판하여 사대부들로부
터 인정을 받았다. 그가 남긴 것으로는 『문부文賦』 1편이 있다. 3조란 선제宣帝 사마의司馬懿,
경제景帝 사마사司馬師, 문제文帝 사마소司馬昭이다. 『통지通志』에 육기의 저서로 편년체
『진기晉紀』 4권이 있었다고 전해지지만, 이것이 본기를 말하는 것인지는 분명치 않다.

12 북쪽을 바라보는 : 군주는 북쪽에서 남쪽을 향해 앉았으며, 신하는 북쪽, 곧 군주를 향해
조회했다.

13 홍사의~것인데 : 홍사는 위소韋昭(위요韋曜)의 자이다. 위소는 앞의 국어가國語家에 대한
설명에서도 보인다. 손화孫和는 손권孫權의 맏아들로서 장사왕長沙王으로 폐해졌다. 손화의
아들 손호孫皓가 즉위하여 말제末帝가 되었는데, 부친인 손화를 문황제文皇帝로 추존했다.
그 후 위소가 명을 받아 『오서吳書』를 편찬했는데, 손화를 본기에 넣으려고 하지 않았다.
이에 말제는 노여워했고, 위소는 "근심스럽고 늙었으니 사관직에서 물러나겠다."라면서
여러 번 사직을 청했지만 받아들여지지 않았다. 나중에 말제는 위소를 옥에 가두었는데,
위소는 거기서 살해당했다.

14 백기의~편재했고 : 백기는 위수魏收의 자이다. 학식이 깊어 사대부들의 존경을 받았다.
제나라 말기에 중서령中書令으로 저작랑著作郞을 겸하여 『위서』를 수찬했다. 주석에 대한
책임을 전담하여 35예例, 5서序, 94논論, 전후양표前後兩表, 1계啓를 편찬했다. 전체로 보면
제기帝紀 12, 지志 10, 열전列傳 92 모두 합하여 130권이다. 처음에 위나라의 최호崔浩가
명을 받아 국사를 편찬했는데, 실제 사실대로 기록하려고 애쓰다가 귀척貴戚 관료의 시기를

도 무제武帝와 소제昭帝 사이에 끼워 한나라 황제 세대에 편재했다.[15]

又紀者, 旣以編年爲主, 唯敍天子一人. 有大事可書者, 則見之于年月, 其
書事委曲, 付之列傳, 此其義也. 如近代述者, 魏著作·李安平之徒, 其撰魏·
齊二史, 【魏彦淵撰『後魏書』, 李百藥撰『北齊書』】于諸帝篇, 或雜載臣下,
或兼言他事, 巨細畢書, 洪纖備錄.【如彦淵「帝紀」載沙苑之捷; 百藥「帝紀」
述淮南之敗, 是也.】全爲傳體, 有異紀文. 迷而不悟, 無乃太甚. 世之讀者,
幸爲詳焉.

또한 기紀라는 것은 이미 편년체를 위주로 천자 한 사람의 사건을 서술하
는 것이다. 기록할 만한 큰일이 있으면 본기의 연월에 드러내고, 자세히 기록
할 사안이 있으면 관계된 인물의 열전에 부기하는 것이 그 본의이다. 근대의
편찬자로는 위저작魏著作[16]과 이안평李安平[17] 같은 사람들이 위나라와 제나라의

받아 삼족三族이 멸하는 화를 입었다. 그 뒤 위수가 여러 번 그 일을 이루려 했으나 번번이
그만둘 수밖에 없었다. 북제北齊 문선제文宣帝 천보天保 2년(551) 다시 명을 받아『위서』를
편찬했는데, 직필을 고수하여 사서가 완성될 무렵에는 이에 관계된 관료의 무고를 입어
더러운 역사책(穢史)이라는 오명을 뒤집어쓰고 말았다.『사고제요四庫提要』에서『위서』가
비방을 받은 부분이 하나하나 고증·변증됨으로써,『위서』는 천 년 동안 입었던 오명에서
벗어나 정사正史가 되었다. 경목景穆은 북위 척발황拓跋晃의 시호인데, 즉위하지 못한 채
죽었다. 하지만 고종이 즉위한 뒤 공종恭宗이라고 추숭을 받았다. 차次는 편찬한다는 뜻이다.

15 여원은~편재했다 :『한서』에는 여원의 본기가 없다.『한서』권8「선제기宣帝紀」와「오제오
자전五帝五子傳」에 보일 뿐이다.

16 위저작 : 위계경魏季景의 아들 위섬魏澹으로, 자는 언심彦深이다. 원주에는 언연彦淵으로
되어 있으나, 포기룡은 당나라 때 고조의 이름이 이연李淵이라 연淵자를 피휘했으므로
원주가 아니라고 보았다. 북제 때 중서사인中書舍人을 지냈으며, 수나라에 들어가서 저작랑이
되었다. 문제文帝의 명을 받아『위서魏書』93권을 편찬했다.『수서』에 열전이 있다.

국사를 편찬하면서 【위언연魏彦淵이 『후위서後魏書』를 편찬했고, 이백약李百藥이 『북제서北齊書』를 편찬했다.】 여러 황제의 편목, 즉 상관없는 신하들에 관한 사실을 본기에 싣거나 기타 사실도 아울러 기록함으로써 사실의 중요성이나 비중을 고려하지 않았다. 【위언연의 「제기帝紀」에는 사원沙苑의 승리를 기록했고, 이백약의 「제기」에는 회남淮南의 패배를 기록한 것이 바로 이것이다.】 전체적으로 열전의 체재이고 본기의 문장과는 차이가 있는데, 둘을 혼동하여 본기의 의미를 깨닫지 못하고 있다. 세상의 독자들이 이런 점을 자세히 알아두기 바란다. 🔳

---

17 이안평 : 이름은 이백약李百藥, 자는 중규重規이며 안평安平 사람이다. 당나라 초엽 중서사인을 지냈다. 『북제서北齊書』를 편찬했다.

夫自二儀既判垂玄象之文萬
肇化生彰紀事之實蒼頡沮誦
以前造物代爲敷揚山川曲爲
擴寫何必人抽金匱之藏世櫃

세가는 제후에 대한 기록이다. 유지기는 세가라고 이름 붙여진 까닭이 제후를 낮추고 천자와 구별하기 위해서라고 보았다. 본기와 함께 세가도 사마천이 창안한 것인데, 유지기에 따르면 진승처럼 도둑 떼에서 일어나 왕을 칭한 지 여섯 달 만에 죽어 대를 잇지 못한 경우조차 세가에 편재한 것은 기준이 없다고 비판했다. 또한 제후와 대부는 본디 국國과 가家로 구별되는데도 『사기』에서 「조세가」나 「전경중완세가」처럼 대부를 세가에 넣은 것도 잘못이라고 보았다.

유지기는 반고가 『한서』에서 이러한 사마천의 잘못을 바로잡으려고 했다며, 그 예를 들어 보여주었다. 반고 이후에는 사마천의 오류를 답습한 역사서도 몇몇 있었지만, 대체로 사마천의 세가 분류는 사라지고 반고의 체재가 이어졌다.

内篇
05

세가의 유래와 성격
世家

世家

自有王者, 便置諸侯, 列以五等, 疏爲萬國. 當周之東遷, 王室大壞, 于是禮
樂征伐自諸侯出. 迄于秦世, 分爲七雄. <u>司馬遷之記諸國也</u>, 其編次之體,
與本紀不殊. 蓋欲抑彼諸侯, 異乎天子, 故假以他稱, 名爲世家.

왕이 있고 나서부터는 제후諸侯를 두었는데, 5등급으로 나누어 전국에 봉
했다.[1] 주나라가 동쪽으로 수도를 옮길 무렵[2] 왕실이 권위를 크게 상실함으로
써 예악禮樂과 정벌征伐이 제후의 손에 좌우되었다.[3] 진나라가 통일할 때까지
천하는 7웅雄으로 나뉘어 있었다.[4] 사마천이 각국의 역사를 기록할 때 그 편
찬의 체재는 본기本紀와 다르지 않았다. 생각건대 제후를 낮추고 천자와 구별

---

1 5등급으로~봉했다 : 5등급은 공公·후侯·백伯·자子·남男으로 나뉜다. 소疏란 분봉分封을
뜻한다. 제후를 분봉하면 그것을 국國이라고 했다. 가家는 제후의 배신陪臣인 대부大夫들이
통치하는 영역이다. 그러므로 시대에 따라 국가國家, 가문家門 등의 의미가 다를 수 있다는
데 유의해야 한다.

2 주나라가~무렵 : 서주西周 유왕幽王 12년(B.C.771), 신후申侯가 증繒·서이西夷·견융犬戎과
연합하여 주나라를 쳐서 유왕을 살해하고 호경鎬京을 점령했다. 태자太子 의구宜臼가 즉위하
여 평왕平王이 되었는데, 낙읍洛邑으로 천도했다. 이때부터 동주東周 시대가 시작되었으며,
제후의 권력이 강해졌다고 한다. 『사기』 권4 「주본기周本紀」에 나온다.

3 예악과~좌우되었다 : 『논어』 「계씨季氏」에 "예악과 정벌이 제후에게서 나왔다.[禮樂征伐,
自諸侯出]"라고 했다. 예악은 국내의 문화와 제도이며, 정벌은 대외 관계이므로 국내외의
주요한 정책 결정이 제후의 손에 떨어졌다는 뜻이다.

4 진나라~있었다 : 전국시대를 말한다. 진秦나라 여공공厲共公 2년(B.C.475)부터 진왕秦王
영정嬴政 26년(B.C.221)까지이며, 7웅은 진秦·초楚·연燕·제齊·한韓·위魏·조趙이다.

하려는 이유에서 다른 명칭을 택해 세가世家라고 이름 붙였을 것이다.

按世家之爲義也, 豈不以開國承家, 世代相續? 至如陳勝起自群盜, 稱王六月而死, 子孫不嗣, 社稷靡聞, 無世可傳, 無家可宅, 而以世家爲稱, 豈當然乎? 夫史之篇目, 皆遷所創, 豈以自我作故, 而名實無準. 且諸侯大夫, 家國本別, 三晉之與田氏, 自未爲君而前, 齒列陪臣, 屈身藩后, 而前後一統, 俱歸世家. 使君臣相雜, 升降失序, 何以責季孫之八佾舞庭, 管氏之三歸反坫? 又列號東帝, 抗衡西秦, 地方千里, 高視六國, 而沒其本號, 唯以田完制名,【謂「田完世家」也】求之人情, 孰謂其可?

세가의 뜻은 나라를 열고 가문을 이어 대대로 계속된다는 말이 아니겠는가? 진승陳勝처럼 도둑 떼에서 일어나 왕을 칭한 지 여섯 달 만에 죽고,[5] 그 자손이 뒤를 잇지 못했으며 사직도 세우지 못했고, 전해진 세대도 없을 뿐 아니라 세거할 집도 없었는데, 세가라고 칭하는 것이 타당한 일이겠는가? 역사서의 편목은 모두 사마천이 창안한 것인데, 자신이 전례를 만들다 보니 명칭과 실제에 기준이 없는 경우도 있었다.

또 제후와 대부는 본디 국國과 가家로 대별되는데, 삼진三晉[6]이나 전씨田氏[7]

---

5 진승처럼~죽고 : 진승의 자는 섭涉이다. 진승은 진나라 말 농민 봉기를 주도했는데, 이 봉기는 진의 멸망에 촉발제가 되었다. 스스로 왕이라 칭하고 국호를 장초張楚라고 했으나, 진나라 군대에 밀려 하성보下城父에 이르러 내부 반군에 의해 피살되었다. B.C.209년 7월에 봉기해서 12월에 피살되었다. 『사기』 권48 「진섭세가陳涉世家」에 나온다.

6 삼진 : 삼진은 춘추시대 진晉나라의 한韓·위魏·조趙 3성姓의 대부를 말한다. B.C.453년, 3성의 대부가 공동으로 지씨知氏 대부를 멸망시키고 독립 정권을 세웠다. B.C.403년 주나라는 이 세 가家를 제후로 승인했다. 유지기는 사마천이 「조세가趙世家」, 「위세가魏世家」,

가 아직 제후가 되기 전 배신陪臣의 반열에 있으면서 대부로서 제후를 섬겼는데도, 전후 일률적으로 세가에 귀속시켰다. 그래서 군신이 섞여 위아래가 차례를 잃었으니, 계씨季氏가 뜰에서 팔일무를 췄던 일이나[8] 관중管仲이 삼귀三歸와 반점反坫을 갖춰 놓았던 일을[9] 어찌 나무랄 수 있겠는가?

또 전씨田氏의 경우 줄지어 동제東帝라고 불렸으며 서진西秦에 대항했고, 사방 천 리의 땅을 차지하여 6국을 호령했음에도[10] 본래의 칭호를 없애고 전완田完이라고만 편명을 지었으니, 【「전완세가田完世家」를 말한다.】 이를 사람들에게 물어보면 누가 옳다고 하겠는가?

「한세가韓世家」를 둔 점을 비판하는 것이다.

7 전씨 : 제齊나라 대부인 전완田完의 가족을 말한다. 이들은 B.C.532~B.C.481년에 걸친 전쟁에서 옛 귀족 세력을 몰아내고 제나라를 통치했다. 유지기는 사마천이 「전경중완세가田敬仲完世家」를 둔 점을 비판하는 것이다.

8 계씨가~일이나 : 『논어』 「팔일八佾」에 나온다. 주나라 제도에 따르면 천자는 팔일무, 제후는 육일무, 대부는 사일무, 사는 이일무 등 지위에 따라 무희들이 춤을 추는 의식도 규모가 달랐다. 그런데 계손씨季孫氏가 한낱 대부의 신분으로 천자의 제도(팔일무)를 멋대로 채택하자 공자가 화가 나서 책망했다.

9 관중이~일을 : 『논어』 「팔일」에 나온다. 삼귀三歸는 재물을 저장하는 창고이다. 삼귀 뒤에 '가신家臣의 일을 겸직시키지 않았다[官事不攝]'라는 구절이 있는데, 공자는 여기서 가신이라면 한 사람이 여러 일을 하도록 부려야 하는데, 관중의 경우 그렇게 하지 않고 삼귀도 갖춰 놓고 있으니 검소하지 않다고 비판한 것이다. 반점反坫은 술을 마신 후 내려놓는 받침대로, 제후가 사용하는 도구이다. 관중이 대부의 신분으로 제후의 예를 행했음을 비판한 것이다.

10 6국을 호령했음에도 : B.C.288년 10월, 진秦나라 소왕昭王이 의양宜陽에서 자신을 서제西帝라고 높이면서 제齊나라 민왕湣王을 동제東帝라고 치켜세웠다. 그리고 다른 나라에 조趙나라를 함께 공격하자고 압박함으로써 6국이 합종合從하여 진나라에 대항하는 국제관계를 와해시키고자 했다.

當漢氏之有天下也, 其諸侯與古不同. 夫古者諸侯, 皆卽位建元, 專制一國, 綿綿瓜瓞, 卜世長久. 至于漢代則不然. 其宗子稱王者, 皆受制京邑, 自同州郡; 異姓封侯者, 必從宦天朝, 不臨方域. 或傳國唯止一身, 或襲爵才經數世, 雖名班胙土,【蜀本班下有爵字, 宋本無】以禮異人君. 必編世家, 實同列傳, 而馬遷强加別錄, 以類相從, 雖得劃一之宜, 詎識隨時之義?

한나라가 통일한 뒤부터 제후들은 예전과 처지가 달라졌다. 예전의 제후는, 즉위하면 연호를 세우고 일국을 마음대로 통치하여 세계世系가 면면히 오래 계속되었다.[11] 하지만 한대에 이르면 그렇지 않다. 종자宗子[12]로서 왕이라 불리는 자는 중앙조정의 통제를 받았으니 자연히 주州나 군郡과 마찬가지였다. 성이 다르면서 작위를 받은 자는 황제의 조정에서 관직 생활을 해야 했고, 지방정부로 부임하지 못했다. 봉토를 후손에게 전하는 것도 자기 당대에 그쳤으며, 작위를 세습하는 것도 겨우 몇 대에 지나지 않았다. 이름은 봉토를 받는 제후라고 해도,【촉본蜀本에는 반班 자 아래에 작爵 자가 있는데, 송본宋本에는 없다.】예법으로 보면 군주와는 달랐다. 이들을 반드시 세가에 편재해야 했지만 실제로는 열전과 마찬가지였는데, 사마천이 억지로 따로 기록하여 그 부류들을 세가에 모아놓았으니, 일관성의 측면에서는 타당할 수 있겠지만[13] 어찌 시대에 따라 기준이 달라져야 한다는 이치를 알았다고 하겠는가?

---

11 면면히~계속되었다 :『시경詩經』「대아大雅 면縣」에 나온다. 질瓞은 작은 오이를 가리키는데, 제후들의 세계가 오래 지속되는 모습을 비유한 것이다.

12 종자 : 같은 조상의 자손 및 후예를 말한다.

13 일관성의~있겠지만 :『사기』를 보면, 유지기의 말과는 달리 일관성이 없는 곳도 있다. 한나라의 제후들을 세가에 넣지 않고 열전에 넣었기 때문이다. 한신韓信은 초나라 왕에 봉해졌는데「회음후열전淮陰侯列傳」을 두었고, 경포黥布는 회남왕淮南王에 봉해졌는데도「경포열전黥布列傳」을 둔 것이 그 예다.

蓋班『漢』知其若是, 鼇革前非. 至如蕭·曹茅土之封, 荊楚·葭莩之屬, 幷一
概稱傳, 無復世家, 事勢當然, 非矯枉也. 自茲已降, 年將四百, 及魏有中夏,
而揚益不賓, 終亦受屈中朝, 見稱僞主. 爲史者必題之以紀, 則上通帝王;
榜之以傳, 則下同臣妾.

반고의 『한서』에서는 이러한 사실을 알고 사마천의 잘못을 바로잡으려 했
다. 소하蕭何[14]와 조참曹參[15]을 제후로 봉한 일이나[16] 초왕楚王[17]과 그 친척의 사
적을 모두 열전이라 칭하고 세가를 두지 않은 것은 당시 형편으로 볼 때 당

---

14 소하 : 패현沛縣 풍읍豊邑(강소江蘇) 사람으로, 서한西漢의 걸출한 재정가이다. 진秦나라
도필리刀筆吏로 관직 생활을 시작했다. 유방이 함양에 입성할 때, 다른 여러 장수가 재물을
약탈하는 중에도 소하는 진나라 법령과 지도, 호적 등을 수습하여 전국의 호구 및 요새의
허실과 민간의 어려움을 파악했다. 유방이 한왕漢王을 칭하고 소하를 승상丞相으로 삼았다.
한나라 건국에 세운 공이 커서 안평후安平侯에 봉해졌다. 『사기』「소상국세가蕭相國世家」,
『한서』「소하열전蕭何列傳」에 나온다.

15 조참 : 자는 경백敬伯으로, 패현 사람이다. 진秦나라 말기에 옥졸을 지냈다. 유방이 군사를
일으키자, 그에 참여하여 진의 장수 사마흔司馬欣·장한章邯을 무찌르고 건성군建成君에 봉해
졌다. 효혜제孝惠帝가 즉위한 뒤 제齊나라 승상이 되었다. 소하가 죽을 때 조참을 추천했고,
이에 따라 조참이 소하에 이어 상국相國이 되었다. 3년 뒤에 죽었는데, 당시 세간에서는
그를 칭송하여 "소하가 법을 만들어 한결같이 시행했고, 조참이 뒤를 이어서 지켜 잃지
않았으니, 그 깨끗하고 안정됨에 백성들은 편안하네.[蕭何爲法, 講若劃一. 曹參代之, 守而勿
失, 載其淸靜, 民以寧一]"라는 민요가 불려졌다. 『사기』「소상국세가」 및 『한서』의 열전에
나온다.

16 봉한 일이나 : 모토茅土는, 고대에 천자가 제후에게 분봉하기 전에 사방에서 진흙을 가져와(동
쪽은 청靑, 남쪽은 적赤, 서쪽은 백白, 북쪽은 흑黑, 가운데는 황黃) 흰 띠로 싸서 제사할
때 사社(사직社稷을 말할 때의 '사' 자로, 영토를 상징함)로 삼는 흙을 말한다. 곧 제후의
봉국封國을 가리킨다.

17 초왕 : 형초荊楚는 한나라 초기에 분봉한 동성의 제후인 초왕을 말하는데, 3군과 30현을
다스리게 했다. 가부葭莩는 처음 나온 갈대의 껍데기로, 옛날에 별 볼일 없고 거리가
먼 친족을 비유한 말이다.

연한 일이지, 잘못된 점을 교정한 것이 아니다. 이 이후로 400년이 흘러 위나라가 중원을 차지했는데,[18] 오나라와 촉나라[19]가 와서 조회를 하지 않았지만 결국 위나라에 굴복하여 거짓 군주라는 말을 들었다. 만일 역사가들이 기어이 오나라와 촉나라의 사적에 대해 본기本紀라고 이름을 붙인다면 황제와 동격으로 높이는 셈이고, 열전列傳이라고 편명을 붙인다면 일개 신하나 처첩과 마찬가지로 낮추는 셈이 될 것이다.

梁主敕撰『通史』, 定爲吳·蜀世家. 持彼僭君, 比諸列國, 去太去甚, 其得折冲之規乎! 次有子顯『齊書』, 北編「魏虜」; 牛弘『周史』, 南記「蕭察」. 考其傳體, 宜曰世家. 但近古著書, 通無此稱. 用使馬遷之目, 湮沒不行; 班固之名, 相傳靡易者矣.

양 무제梁武帝 때 편찬한 『통사通史』[20]에는 오나라와 촉나라의 세가를 설정했다. 그 참칭한 군주를 열국에 비견했으니, 지나치거나 심한 것을 피해[21] 절충의 기준을 세웠다고 할 것이다. 다음에 소자현蕭子顯의 『제서齊書』에서는 북조北朝 탁발위拓跋魏의 열전인 「위로전魏虜傳」을 만들었고,[22] 우홍牛弘의 『주

---

18 위나라가 중원을 차지했는데 : 위魏는 조위曹魏를 가리킨다. 문제文帝 조비曹丕 황초黃初 원년(221)에서 원제元帝 조환曹奐 함의咸熙 2년(265)까지이다. 중하中夏는 중원中原이다.

19 오나라와 촉나라 : 양揚은 고대 9주의 하나이며 오나라를 가리킨다. 익益도 9주의 하나인데, 촉나라를 가리킨다.

20 양 무제~『통사』 : 양 무제는 남조의 소연蕭衍이다. 『통사』에 대해서는 본서 「육가六家」 중 사기가史記家에 대한 설명에 보인다.

21 지나치거나~피해 : 『노자』에 "성인은 심한 것, 사치, 안일을 없앤다.[聖人去甚, 去奢, 去泰]"라고 했다.

22 소자현의~만들었고 : 자현子顯은 소자현으로, 자는 경양景陽이며, 남제南齊의 고조高祖

사周史』[23]에서는 남조의 열전인 「소찰전蕭察傳」을 기재했다.[24] 그러나 그 전기의 체례를 따지자면 당연히 세가로 해야 할 것이다. 다만 근래의 역사서를 보면 이 세가라는 명칭이 없다. 사마천의 세가라는 분류는 사라져서 활용되지 않고, 반고의 체재는 바뀌지 않고 전해졌다. 🈂

소도성蕭道成의 손자이다. 학문을 좋아하여, 유명한 문학가 심약沈約의 칭찬을 받았다. 국자박사國子博士와 이부 상서吏部尙書 등을 역임했다. 『제서齊書』60권을 지었는데, 북송 때 남南자를 붙여 『남제서』가 되었다. 열전 제36편을 「위로魏虜」라고 했다. 『후한서後漢書』 『보통북벌기普通北伐記』 『위검전貴儉傳』 등도 지었다. 『양서梁書』에 열전이 있다.

23 우홍의 『주사』 : 우홍의 자는 이인理仁으로, 안정安定(감숙甘肅) 사람이다. 수나라 문제文帝 때 비서감秘書監과 예부 상서禮部尙書를 역임했다. 『주사周史』16권을 찬술하다가 끝내 이루지 못했다. 『수서』에 열전이 있다.

24 「소찰전」을 기재했다 : 소찰의 자는 이손理孫이며, 양 무제의 손자이고 소명태자昭明太子의 아들이다. 소명태자가 죽고 난 뒤, 무제는 손자들인 소찰 형제를 버리고 소강蕭綱으로 하여금 제위를 잇게 했는데, 뒷날의 간문제簡文帝이다. 양 무제는 대동大同 원년(535)에 소찰에게 옹雍·양梁의 군사를 맡겼다. 그러나 소찰은 양 원제梁元帝와 불화가 있어 후경侯景의 난을 틈타 서위西魏에 투항하고 속국이 되었다. 얼마 후 칭제하고 강릉江陵 지역을 근거지로 삼았다. 8년간(555~562) 재위했다. 『주서周書』에 열전이 있다.

夫自二儀既判垂玄象之文萬
肇化生彰紀事之寶蒼頡沮誦
以前造物代爲敷揚山川曲爲
攄寫何必人抽金匱之藏世擅

본기와 열전은 모두 『사기』와 『한서』에서 기원한다. 본기는 편년이며, 열전은 사건의 나열이다. 열전의 특징인 사건의 나열은 곧 사람들의 행적을 기록하는 것이다. 그런데 유지기는 여기에 재미있는 설명을 덧붙인다. 열전은 마치 『춘추』의 전(傳)과 같아서, 『춘추』가 전을 가지고 경문을 설명한 체례이듯이 『사기』와 『한서』는 열전을 가지고 본기를 설명한다는 것이다. 그리고 앞서 「본기」 편에서 지적했던 내용, 즉 항우를 본기에 편재한 것에 대해 「열전」 편에서 다시 한번 사마천을 비판했다. 더불어 사마천의 이 같은 본기와 열전의 혼동이 범엽의 『후한서』나 진수의 『삼국지』에도 나타난다고 유지기는 비판했다.

열전의 경우 두 사람의 행적이 서로 연관되어 있다면 한 권에 함께 기록하기도 하며, 사실이나 행적이 얼마 남아 있지 않더라도 존경받을 만한 사람이면 다른 사람의 열전에 붙이되 맨 앞에 기록하기도 했다. 더러 다른 이의 열전에 붙여 기재할 경우 사람들은 그 이름을 전하는 것을 부끄러워하기도 했지만, 유지기가 볼 때 중요한 것은 그의 사적이 궁극적으로 어떠했는가였다.

内篇
06

열전의 유래와 성격
列傳

 列傳

夫紀·傳之興, 肇于『史』·『漢』. 蓋紀者, 編年也; 傳者, 列事也. 編年者, 歷帝王之歲月, 猶『春秋』之經; 列事者, 錄人臣之行狀, 猶『春秋』之傳. 『春秋』則傳以解經, 『史』·『漢』則傳以釋紀. 尋茲例初創, 始自子長, 而朴略猶存, 區分未盡. 如項王立傳, 而以本紀爲名, 非惟羽之僭盜, 不可同于天子; 且推其序事, 皆作傳言, 求謂之紀, 不可得也.

　본기와 열전은 『사기』와 『한서』에서 기원한다. 본기란 편년이며, 열전이란 사건의 나열이다. 편년은 제왕의 사적을 세월의 흐름에 따라 기록하는 것으로, 『춘추』[1]의 경문經文과 같다. 사건의 나열은 사람들의 행적을 기록하는 것으로, 『춘추』의 전傳과 같다. 『춘추』가 전을 가지고 경문을 설명한 체례이듯이, 『사기』와 『한서』는 열전을 가지고 본기를 설명한 것이다. 이 체례의 창시자는 사마천인데, 거칠고 소략한 데가 여전히 남아 있어 구분이 완전치 못하다. 예를 들어 항우의 전기를 본기라고 했는데, 항우는 왕을 참칭한 도둑일 뿐만 아니라, 천자와 동일시할 수도 없다. 또한 그 사실의 서술로 보아도 모두 열전에서 사용하는 말이었으니, 이것을 본기라고 부르면 안 될 일이다.

---

1 『춘추』: 원문에는 『춘추』로 되어 있지만, 여기서 『춘추』란 당연히 『춘추좌씨전春秋左氏傳』을 가리킨다. 그래야 경經과 함께 전傳을 말할 수 있기 때문이다.

或曰: "遷紀五帝·夏·殷, 亦皆列事而已. 子曾不之怪, 何獨憂于「項紀」哉?" 對曰不然. 夫五帝之與夏·殷也, 正朔相承, 子孫遞及, 雖無年可著, 紀亦何傷! 如項羽者, 事起秦餘, 身終漢始, 殊夏氏之后羿, 似黃帝之蚩尤. 譬諸閏位, 容可列紀; 方之駢拇, 難以成編. 且夏·殷之紀, 不引他事. 夷·齊諫周, 實當紂日, 而析爲列傳, 不入殷篇. 「項紀」則上下同載, 君臣交雜, 紀名傳體, 所以成嗤.

어떤 사람이 "사마천은 오제五帝와 하夏·은殷나라도 본기에 두었는데, 모두 사실의 나열일 뿐이다. 그대는 왜 일찍이 이상스럽게 생각지 않다가 「항우본기項羽本紀」에 대해서만 문제를 삼는가?" 하고 물을지도 모른다. 결론부터 말하자면, 그렇지 않다. 오제五帝와 하나라·은나라는 각각 왕조의 정통성을 이었고 자손이 계승했으니, 연대를 확인할 수 없다 해도 본기라고 부르는 데 무슨 문제가 있겠는가. 항우 같은 경우는 진나라 말기에 일어나 한나라 초에 죽었으니 하나라 왕조의 후예后羿와 다르고, 황제 때의 치우蚩尤와 비슷하다. 윤위閏位[2]로 따지면 본기를 허락할 수도 있겠지만, 비유하자면 육손과 같은 곁가지로서[3] 본기라는 편명을 이루기는 어렵다.

또한 「하본기夏本紀」·「은본기殷本紀」에는 황제 이외의 다른 사적은 인용되어 있지 않다. 백이伯夷와 숙제叔齊가 주 무왕周武王에게 은나라 토벌을 반대한 일은[4] 은나라 주왕紂王의 시대에 있었지만, 은나라 본기 편에 싣지 않고 열전

---

2 윤위 : 정식 제위를 갖지 못한 것을 말한다.

3 비유하자면~곁가지로서 : 방方은 비유한다는 뜻이다. 변무駢拇는 엄지발가락과 둘째 발가락 사이에 생긴 곁다리 발가락이다. 항우가 진·한과 병립할 만한 황제의 정통이 아님을 비유한 말이다.

4 백이~일 : 백이와 숙제는 은殷나라 고죽군孤竹君의 두 아들로, 주 무왕周武王이 은나라 주왕紂王의 학정에 대항하여 군대를 일으키자 이를 끝까지 반대했으나 뜻을 이루지 못했다.

에 넣었다. 「항우본기」의 경우는 위아래 시대의 사실이 함께 실려 있고 군신의 기록이 섞여 있어, 이름만 본기일 뿐 그 체재는 열전이기 때문에 웃음거리가 되는 것이다.

夫紀傳之不同, 猶詩賦之有別, 而後來繼作, 亦多所未詳. 案范曄『漢書』紀后妃六宮, 其實傳也, 而謂之爲紀; 陳壽『國志』載孫·劉二帝, 其實紀也, 而呼之曰傳. 考數家之所作, 其未達紀傳之情乎! 苟上智猶且若斯, 則中庸故可知矣.

본기와 열전이 다른 것은 시詩와 부賦가 다른 것이나 마찬가지인데, 시대가 내려오면서 잇달아 역사서를 편찬했음에도 불구하고 역시 이런 점이 분명치 않았던 경우가 많았다. 범엽范曄의 『한서』[5]에 황후 6대를 기술했는데,[6] 이것은 실제로 열전인데도 본기라고 했고, 진수陳壽의 『삼국지』에 실린 손권孫權과 유비劉備 두 황제의 기록은 실제로 본기인데도 열전이라고 불렀다.[7] 생각건대 몇몇 역사가의 저술은 기전체의 본래 의미를 제대로 이해하지 못한

주나라가 천하를 통일하자 두 사람은 주나라 곡식을 먹을 수 없다며 수양산首陽山에 숨어 살면서 고사리를 캐먹고 살다가 죽었다. 『사기』 권61 「백이숙제열전伯夷叔齊列傳」에 나온다.

5 범엽의 『한서』: 범엽의 자는 울종蔚宗이며, 학문을 즐겨 경사를 두루 섭렵했다. 『동관한기東觀漢記』를 저본으로 다량의 사료를 수집하여 『후한서』 90권을 지었다. 후에 역모에 가담했다는 밀고를 당해 48세에 옥에서 죽었다. 『송서宋書』와 『남사南史』에 열전이 있다.

6 황후 6대를 기술했는데: 「황후기皇后紀」 상·하권은 「제기帝紀」 뒤에 달려 있다. 고대에는 부녀의 침소를 궁宮이라 했는데, 정침正寢 1, 연침燕寢 5를 합하여 6궁이었다. 궁은 뒷날 후비后妃의 세대를 가리키는 말로 쓰였다.

7 진수의~불렀다: 『삼국지三國志』의 『오지吳志』와 『촉지蜀志』에 각각 「손권전」과 「유비전」으로 실려 있다.

것이 아니겠는가. 그나마 공부를 한 사람들도 정말 이와 같다면 보통 사람들은 안 봐도 알 수 있을 것이다.

又傳之爲體, 大抵相同, 而著作多方, 有時而異. 如二人行事, 首尾相隨, 則有一傳兼書, 包括令盡. 若陳餘·張耳合體成篇, 陳勝·吳廣相參幷錄是也. 亦有事迹雖寡, 名行可崇, 寄在他篇, 爲其標冠. 若商山四皓, 事列王陽之首; 盧江毛義, 名在劉平之上是也.

열전의 문체는 대체로 동일하지만, 역사가의 저작이 많다 보니 다른 경우도 있다. 두 사람의 행적이 서로 연관되어 있다면 하나의 열전에 함께 기록해 모두 포괄할 수 있다. 『사기』와 『한서』에서 진여陳餘와 장이張耳[8]를 합하여 한 편으로 실었고, 진승陳勝과 오광吳廣[9]을 아울러 기록한 것이 이런 예다.

---

8 진여와 장이 : 진여는 대량大梁 사람이다. 오광吳廣이 반군을 일으켜 진나라를 칠 때 진여와 장이에게 명하여 옛 조趙나라 지역을 치게 했다. 그러나 진나라 장수 장한章邯의 공격을 받아 거록鉅鹿으로 후퇴한 뒤, 무신武臣을 조왕趙王으로 삼았다. 진여와 장이는 문경지교刎頸之交의 사이라 할 만큼 가까웠으나, 오래지 않아 그 둘 사이에는 틈이 벌어졌다. 결국 진여가 장이를 패퇴시키고 따로 조왕을 세웠다. 한나라 초기에 유방이 조나라를 격파하고 진여를 저수泜水가에서 죽였다. 장이도 대량 사람이다. 진秦나라가 위魏나라를 멸망시키고 진여·장이의 체포에 현상금을 걸자, 장이는 이름을 바꾸고 숨어 살았다. 진승陳勝이 반진反秦의 선봉에 서자 장이는 무신武臣의 좌교위左校尉로 참여했으나, 무신을 왕으로 세우면서 진승과 갈라섰다. 무신이 죽고 나서 항우가 장이를 상산왕常山王에 세웠다. 진여가 장이를 공격하자 장이는 유방에게 붙었다. 진여가 죽은 뒤 한나라에서는 장이를 조왕으로 삼았다. 장이는 한 고조 5년(B.C.202)에 죽었다. 『사기』와 『한서』에 「진여장이열전陳餘張耳列傳」이 있다.

9 진승과 오광 : 오광의 자는 숙叔으로, 양하陽夏(하남河南) 사람이며, 진秦나라 말기 농민 봉기를 이끈 우두머리이다. 진승과 함께 변경으로 수戍자리에 가는 도중 비를 만나 기일에 닿지 못하게 되자, 처벌을 받느니 차라리 반란을 택하겠다고 하여 봉기했다. 진승이 왕이

또한 사실이나 행적이 얼마 남아 있지 않더라도 이름과 행실이 존경받을 만하면, 다른 사람의 열전에 갖다 붙이기는 해도 그 인물의 사적이 맨 앞에 온다. 상산商山의 네 노인 사적이 왕양王陽의 앞에 오고,[10] 여강廬江 사람인 모의毛義의 이름을 유평劉平의 위에 둔[11] 것이 그 예다.

自茲已後, 史氏相承, 述作雖多, 斯道都廢. 其同于古者, 唯有附出而已. 尋附出之爲義, 攀列傳以垂名. 若紀季之入齊, 顓臾之事魯, 皆附庸自託, 得厠于朋流. 然世之求名者, 咸以附出爲小. 蓋以其因人成事, 不足稱多故也.

되고 오광이 가왕假王이 되었다. 오광이 형양滎陽을 공격했다가 실패하고, 또 장수 전장田臧과는 의견이 부딪쳤다. 결국 전장은 진승의 명령을 날조하여 오광을 살해했다. 『사기』「진섭세가陳涉世家」, 『한서』「진승오광전陳勝吳廣傳」에 나온다.

10 상산의~오고 : 진秦나라 말엽 권공圈公, 기리계綺里季, 하황공夏黃公, 각리선생甪里先生 등 네 사람이 상산에 은거했다. 한나라 고조가 그 명성을 듣고 그들을 장안長安으로 불렀으나 오지 않았다. 후일 여후呂后가 장량張良의 계책을 써서 황태자를 그들에게 보내 영접했는데, 이때 고조가 네 사람이 황태자와 함께 있는 것을 보고 척부인戚夫人 소생의 조왕趙王을 태자로 삼으려던 생각을 바꾸었다. 왕길王吉의 자는 자양子陽으로, 흔히 왕양王陽으로 불렸다. 낭야琅琊(산동山東) 사람이며, 오경五經에 능통했다. 공우貢禹와 우정이 깊었는데, 민간에서는 "왕양이 관직에 있으면 공공이 갓을 턴다.[王陽在位, 貢公彈冠]"라는 말이 유행했다. 그는 간쟁이 우활하다는 비판을 듣고 관직에서 물러났다. 왕길은 원제元帝의 부름을 받고 가던 중 연로하여 병사했다. 『한서』「왕공전王貢傳」에 나온다.

11 여강~둔 : 모의毛義는 여강廬江(안휘安徽) 사람이다. 집안이 가난했지만, 효행이 극진하여 사람들의 존경을 받았다. 장봉張奉이 그를 방문하여 여강령廬江令에 임명하자, 기쁜 빛을 감추지 않았다. 장봉은 그런 그를 보면서 내심 비루하게 여겼다. 훗날 모의의 어머니가 죽자 관직을 그만두고 빈소를 지켰다. 관청에서 다시 벼슬하기를 청해도 듣지 않았다. 장봉이 한숨을 쉬며 "현자는 가늠할 수가 없다. 전날 기뻐한 것은 어머니 때문에 굽힌 것이었구나."라고 했다. 유평의 자는 공자公子이며, 본명은 광曠으로서, 동한東漢 때 순리循吏였다. 전초현全椒縣 장리長吏로 있을 때 개혁 조치를 시행하여 감옥에 억울한 죄인이 없게 되었다. 시중侍中과 종정宗正을 역임했다. 『후한서』「유평전서劉平傳序」에 나온다.

竊以書名竹素, 豈限詳略. 但問其事竟如何耳. 借如召平·紀信·沮授·陳容,
或運一異謀, 樹一奇節, 幷能傳之不朽, 人到于今稱之. 豈假編名作傳, 然
後播其遺烈也! 嗟乎! 自班·馬以來, 獲書于國史者多矣. 其間則有生無令
聞, 死無異迹, 用使游談者靡征其事, 講習者罕記其名, 而虛班史傳, 妄占
篇目. 若斯人者, 可勝紀哉! 古人以沒而不朽爲難, 蓋爲此也.

　이후, 역사가들이 계속 나와서 저술이 많아지기는 했지만 이러한 서술 방
식은 전혀 채택되지 않았다. 예전과 같은 형식으로는 부출^{附出}¹²이 있을 뿐이
다. 부출이란 열전에 붙여 이름을 전하는 것을 뜻한다. 기계^{紀季}¹³가 제나라에
부속된 일이나 전유^{顓臾}¹⁴가 노나라를 섬긴 일은 모두 스스로 복속함으로써
같은 일원이 될 수 있었다. 그런데 세상의 이름을 좇는 사람들은 하나같이
부출을 하찮게 여긴다. 다른 사람의 이름에 기대 사적을 전하는 것이라서 그
리 칭찬할 것이 없기 때문이다. 대나무나 흰 비단¹⁵에 이름을 남긴 사람을 평
가하는데, 어찌 상세하고 소략한 것만을 가지고 결정하겠는가? 다만 그의 사
적이 궁극적으로 어떠했는가를 물을 뿐이다.
　소평^{召平}¹⁶·기신^{紀信}¹⁷·저수^{沮授}¹⁸·진용^{陳容}¹⁹ 등은 남다른 계책을 운용하거나

---

12 부출 : 다른 사람의 열전에 덧붙여 기재하는 것을 말한다. 다른 사람의 열전에 합하기도
　하고, 열전의 앞이나 서문에 해당 사건을 따로 서술해놓기도 한다. 앞서 예로 든 상산의
　네 노인이나 모의의 경우가 이에 속한다.
13 기계 : 기계^{紀季}의 기^紀는 춘추시대 나라 이름이다. 산동 지역에 있었다. 기후^{紀侯}의 동생
　기계가 휴^酅 지역을 제^齊나라에 바치고 복속했다. 『춘추좌씨전』 장공^{莊公} 3년과 소공^{昭公}
　3년에 나온다.
14 전유 : 춘추시대 노나라의 속국으로, 산동 비현^{費縣} 서쪽 지역에 있었다. 노나라 계씨^{季氏}가
　전유를 공격할 무렵의 이야기가 『논어』 「계씨」에 나온다.
15 대나무나 흰 비단 : 죽소^{竹素}는 대나무 간책^{簡策}과 비단으로, 곧 역사서를 뜻한다.
16 소평 : 소평은 진^秦나라 동릉후^{東陵侯}로서, 진나라가 망하자 한나라의 관작을 거부하고

탁월한 절개를 세움으로써 불후의 명성을 전했다. 이에 지금까지도 사람들이 그들을 칭찬한다. 어찌 열전을 지어 편명을 붙인 뒤에야 그 드높은 공적이 후세에 남을 수 있다고 하겠는가!

사마천과 반고 이래로 국사에 기록된 사람은 많다. 그런데 그들 중에는 생전에 높은 명성을 얻지 못하고 죽어서도 특별한 행적이 없기 때문에, 이야기하기를 좋아하는 사람들조차 그 사람에 대해 말할 수 없고 또한 역사를 공부하는 사람들도 그 이름을 거의 기억하지 못하는데도 헛되이 열전에 기재되어 편목만 차지하고 있는 경우도 있다. 이와 같은 사람들이 역사에는 얼마나 많은가? 옛사람들이 이르기를 죽어서도 이름이 썩지 않는 것이 어렵다고 했는

장안성長安城 동쪽에 거주하면서 오이를 심어 생계를 유지했다. 그 오이가 다섯 가지 색깔을 띠고 맛이 좋아 당시 동릉과東陵瓜·청문과靑門瓜라고 불렸다. 『한서』 「소하전蕭何傳」에 나온다.

17 기신 : 유방의 부장部將이다. 초나라와 한나라가 서로 성고成皋를 빼앗으려고 다툴 때, 초나라가 형양榮陽에서부터 유방을 조여왔다. 형세가 급해지자 기신은 유방의 차림새를 하고 항우에게 거짓 항복을 하러 갔으며, 이 기회를 틈타 유방이 빠져나갈 활로를 마련해주었다. 항우는 자신이 속았음을 깨닫고 기신을 태워 죽였다. 『사기』 「고조본기高祖本紀」에 나온다.

18 저수 : 저수는 원소袁紹의 막하 별가別駕로 있었는데, 원소에게 헌제獻帝로 하여금 장안에서 낙양으로 옮기게 한 뒤 제후를 호령하라고 권했다. 그리고 또다시 업도鄴都로 천도하여 군사력을 키우고 명령을 듣지 않는 세력을 토벌하라고 권했으나, 원소는 이 진언을 듣지 않고 허창許昌을 공격했다가 패했다. 이때 저수도 포로로 잡혔다. 조조曹操가 저수에게 나라를 하나로 안정시키는 데 힘을 모으자고 회유했으나, 끝내 듣지 않고 죽임을 당했다. 『후한서』 「원소열전袁紹列傳」에 나온다.

19 진용 : 위魏나라 장군 장홍臧洪의 부장部將이다. 진용이 원소袁紹의 포로로 잡혔을 때 원소에게 일갈하기를, 천하의 혼란을 구한다고 하면서 충의로운 사람만을 죽인다고 했다. "너도 장홍의 무리가 아니냐."는 원소의 말에 "인의仁義는 늘 한곳에 있지 않다. 그 길을 따르면 군자요, 벗어나면 소인이다. 장홍과 함께 죽을지언정, 장군과 같은 세상에 살고 싶지 않다."라고 답하여 피살되었다. 『삼국지三國志 위지魏志』 「장홍전臧洪傳」에 나온다.

데,[20] 이를 두고 하는 말이다. 史通

---

20 옛사람들이~했는데 : 『춘추좌씨전』 양공襄公 24년 전문에, 죽어도 썩지 않는 것이 무엇을 이르느냐고 묻는 범선자范宣子의 말에, 목숙穆叔(숙손표叔孫豹)은 입덕立德(덕을 베푸는 것), 입공立功(공을 세우는 것), 입언立言(훌륭한 말을 남기는 것)을 들었다.

「표력表歷」에서는 표의 기원, 형식, 용도를 설명하고 있다. 보譜는 곧 족보인데, 이 보의 모양을 본뜬 것이 표이다. 표는 족보와 세계世系의 연표·월표이다. 유지기는 이 편에서도 사마천의 『사기』를 비판한다. 그에 따르면 『사기』는 본기·세가·열전·직관 등이 각 편에 갖춰져 있으므로 표와 중복되는 내용이 많다는 것이다. 따라서 『사기』의 표는 '있어도 그만, 없어도 그만'이라고 말한다. 다만 춘추전국시대의 여러 제후국 연표 정도는 남겨둘 만하다고 했다. 유지기는 반고의 『한서』나 『동관한기』도 사마천이 범한 동일한 문제점이 있다고 말한다.

그런데 사실 더 심한 문제가 있다고 지적한 것은 반고의 「고금인표」이다. 반고가 사람 등급을 9품으로 나눠 구별했지만, 이는 열전이나 세가에서 충분히 구별이 가능함에도 불구하고 군이 표로 만들었다는 것이다. 즉 표로 또다시 제시하는 것은 의미가 없다고 말한다. 게다가 「고금인표」는 『한서』에서 대상으로 삼은 한나라를 넘어 복희·신농까지 포함하는 무리수를 두었다고 비판했다.

内篇

07

표력의 유래와 특징
表歷

表歷

蓋譜之建名, 起于周代, 表之所作, 因譜象形. 故桓君山有云: "太史公「三代世表」旁行邪上, 幷效周譜." 此其證歟! 夫以表爲文, 用述時事, 施彼譜牒, 容或可取, 載諸史傳, 未見其宜. 何者?『易』以六爻究變化,『經』以一字成褒貶,『傳』包五始,『詩』含六義. 故知文尚簡要, 語惡煩蕪, 何必款曲重沓, 方稱周備.

대체로 보譜라는 명칭이 생긴 것은 주나라 무렵이며, 표表는 그 보의 모양을 본떠 만든 것이다. 그래서 환담은 말하기를 "사마천의 「삼대세표三代世表」가 갖춘 횡과 종의 구조[1] 주보周譜를 본뜬 것이다."라고 했으니,[2] 이것이 그 증거이다. 표 자체를 문장으로 여겨 당대의 사실을 서술하고 보첩譜牒에 활용하는 일은 경우에 따라 있었지만, 역사서에 싣는 것은 적합하지 않다. 왜 그럴까?

『주역』은 육효六爻를 통하여 변화를 연구하고,『춘추』경문은 한 자 한 자를 가지고 포폄했으며,『춘추좌씨전』전문은 오시五始를 포함하고 있고,[3]『시

---

1 사마천의~구조는 : 사邪는 사斜이며, 방행旁行은 표의 횡렬, 사상邪上은 표의 종렬이다.
2 환담은~했으니 : 환담桓譚은 자가 군산君山으로서 후한後漢의 철학자이다. 급사중給事中 등을 거치며 여러 번 참위설讖緯說과 방술方術의 허구성을 지적했다가 광무제光武帝의 노여움을 사서 육안군六安郡에 귀양 가다가 죽었다.『신론新論』29편을 지었고,『후한서』에 열전이 있다. 이 말은 유지기가『양서梁書』「유묘전劉杳傳」에서 인용했다.
3『춘추』~있고 : 『경經』은『춘추』,『전傳』은『좌씨전』을 말한다.『춘추공양전春秋公羊傳』

경』은 육의六義를 담고 있다. 그러므로 문장이란 간결해야 하고 말이란 번다
하지 않아야 함을 알 수 있으니, 어찌 반드시 곡진하고 중복되어야만 두루
갖추었다고 하겠는가.

觀馬遷『史記』, 則不然矣. 夫天子有本紀, 諸侯有世家, 公卿以下有列傳,
至于祖孫·昭穆·年月·職官, 各在其篇, 具有其說, 用相考覈, 居然可知. 而
重列之以表, 成其繁費, 豈非謬乎? 且表次在篇第, 編諸卷軸, 得之不爲益,
失之不爲損. 用使讀者莫不先看本紀, 越至世家, 表在其間, 緘而不視, 語
其無用, 可勝道哉!

사마천의 『사기』를 보면 그렇지 않다. 천자에게는 본기가, 제후에게는 세
가가, 공경 이하의 사람들에게는 열전이 있으며, 선조나 후손, 소목昭穆, 연대,
직관職官 등은 각 편에 그 사실들이 갖춰져 있어서 이리저리 맞춰보면 바로
알 수 있다. 거기에 거듭 표를 열거하여 번거롭게 했으니, 어찌 잘못이 아니
겠는가? 더욱이 목차에 표의 순서를 제시하고 역사서 본문에 그 표를 넣었
다 해도 별 보탬이 되지 않고, 또 없어도 그만이다. 독자들이 먼저 본기를 보
고 나서 다음으로 넘어가 세가를 보는데, 표가 그 사이에 있어도 덮어놓고
보지 않게 했으니 그 무용성이야 이루 다 말할 수 없다.

은공隱公 원년에 보면 "원년, 봄, 왕 정월 즉위[春, 王, 正月, 卽位]"라고 했는데, "원元은
기운의 시작, 봄은 사시의 시작, 왕은 수명受命의 시작, 정월은 정교政敎의 시작, 공즉위公卽位는
한 나라의 시작이다.[元者氣之始, 春者四時之始, 王者受命之始, 正月者政敎之始, 公卽位者一
國之始]"라고 했다.

旣而『班』・『東』二史,【『東』謂『東觀漢記』】各相祖述, 迷而不悟, 無異逐狂. 必曲爲銓擇, 强加引進, 則列國年表, 或可存焉. 何者? 當春秋戰國之時, 天下無主, 群雄錯峙, 各自年表. 若申之于表, 以統其時, 則諸國分年, 一時盡見. 如兩漢御歷, 四海成家, 公卿旣爲臣子, 王侯才比郡縣, 何用表其年數, 以別于天子者哉? 又有甚于斯者. 異哉! 班氏之人表也. 區別九品, 網羅千載, 論世則異時, 語姓則他族. 自可方以類聚, 物以群分, 使善惡相從, 先後爲次, 何藉而爲表乎? 且其書上自庖・羲, 下窮嬴氏, 不言漢事, 而編入『漢書』, 鳩居鵲巢, 蔦施松上, 附生疣贅, 不知翦截何斷而爲限乎!

나중에 반고의『한서』나『동관한기』는【『동東』은『동관한기東觀漢記』를 말한다.】각각『사기』의 표를 본받았으나, 그것의 문제점을 알아채지 못하고 이의 없이 무조건 따랐다.[4]

표 중에서 억지로 선별하고 힘써 찾아보면『사기』의 열국列國 연표[5]는 남겨둘 만하다. 어째서인가? 춘추전국시대에는 천하에 주인이 없어 군웅이 서로 대치하면서 각자 연표를 갖고 있었기 때문이다. 만일 표에 비춰보아 그 시기를 통괄하면 각국의 연도를 한눈에 알 수 있다.

한나라 왕조가 전국을 통치하면서 사해四海가 한 나라가 되었으니, 공경도 이미 신하가 되었으며 왕후王侯도 군현과 다름없이 되었다. 그러니 어찌 그 연도를 따로 표로 만들어 천자의 연도와 구별할 필요가 있겠는가?

---

4 이의~따랐다 :『한비자』「설림說林」에, 미친 사람이 동쪽으로 뛰면 따라가는 사람도 함께 뛰는데, 동쪽으로 뛰는 것은 같지만 뛰는 이유는 다르다고 했다. 이는『사기』에서 표를 만들 때의 착오까지도 반고 등이 답습했음을 비유한 것이다.

5 열국 연표 :『사기』의「십이제후연표十二諸侯年表」,「육국표六國表」,「진초지제월표秦楚之際月表」를 말한다.

그런데 이보다 좀 심한 것이 있다. 반고가 「고금인표古今人表」를 만든 것은 참으로 이상한 일이다. 9품으로 구별하여 천 년 동안의 인물을 망라했는데, 살던 세상도 달랐고 성씨로 보아도 다른 성을 지닌 사람들이었다.[6] 열전이든 세가든, 저절로 비슷한 사람들끼리 모이고 같은 인물끼리 무리를 이루어 선한 사람은 선한 사람들끼리 악한 사람은 악한 사람들끼리 어울리고, 그들이 살았던 시대에 따라 순서대로 기록될 것이니 무슨 이유로 표를 작성했는가? 또 위로는 복희·신농부터 시작하여 아래로는 진나라에서 끝나기까지[7] 한나라 사적은 언급도 안 하면서 『한서』에 편입했다. 이는 비둘기가 까치 둥지에 얹혀살고[8] 담쟁이덩굴이 소나무를 감은 격이니,[9] 빌붙어 기생하는 군더더기인데도 잘라내지 못하고, 왜 그 시대로 끊어서 한계로 삼았는가!

至法盛書載『中興』, 改表爲注, 名目雖巧, 蕪累亦多. 當晉氏播遷, 南據揚·越, 魏宗勃起, 北雄燕·代, 其間諸僞, 十有六家, 不附正朔, 自相君長. 崔鴻著表, 頗有甄明, 比于『史』·『漢』群篇, 其要爲切者矣. 若諸子小說編年雜記, 如韋昭『洞紀』·陶弘景『帝王年歷』, 皆因表而作, 用成其書. 旣非國史之流, 故存而不述.

---

6 9품으로~사람들이었다 : 『한서』의 「고금인표古今人表」를 두고 말한 것이다. 상상上上에서 하하下下까지 9등급으로 나누었다.

7 위로는~끝나기까지 : 포희庖羲·희의羲義는 고대 전설적인 인물로, 복희와 신농을 말한다. 영씨嬴氏는 진秦나라 왕실의 족성族姓이다.

8 비둘기가~얹혀살고 : 『시경』「소남召南 작소鵲巢」에 "까치가 둥지를 둠에 비둘기가 살도다. [維鵲有巢, 維鳩居之]"라고 했다.

9 담쟁이덩굴이~격이니 : 『시경』「소아小雅 규변頍弁」에 나온다.

그런데 하법성何法盛의 『진중흥서晉中興書』에서는 표表를 주注로 고쳤는데,
명목은 교묘하지만 잘못이 여전히 많았다. 당시에 동진東晉이 수도를 옮겨 남
쪽 양주揚州와 월주越州를 거점으로 삼았고,[10] 북위가 일어나 연燕과 대代 지역
을[11] 장악했으니, 그 사이에 여러 거짓 군주 16명이 정식 연호를 쓰지 않고
제후에 올랐다. 최홍崔鴻[12]이 표를 지을 때 구분을 꽤 명료하게[13] 했기 때문에
『사기』나 『한서』의 여러 편과 비교해보면 그 요점이 긴절한 편임을 알 수
있다. 여러 역사가들의 소설이나 편년서, 예를 들어 위소韋昭의 『동기洞紀』[14]
나 도홍경陶弘景의 『제왕연력帝王年歷』[15]같은 경우는 표의 형식으로 역사서를

---

10 동진이~삼았고 : 원제元帝 사마예司馬睿 건무建武 원년(317)부터 공제恭帝 사마덕문司馬德文
  원희元熙 2년(420)까지, 11제帝 103년 동안의 기간이다. 양揚·월越은 각각 양주와 월주를
  가리킨다. 동진이 지금의 남경시南京市인 건강建康으로 천도했다.

11 북위가~지역을 : 위魏는 북위北魏이며 탁발씨拓跋氏의 왕조이다. 도무제道武帝 탁발규拓跋珪
  등국登國 원년(386)부터 효무제孝武帝 탁발수拓跋修 영희永熙 3년(534)까지, 11제 148년
  동안 존속했다. 처음에 평성平城(산서山西 대동大同)에 도읍했다가 낙양洛陽으로 천도했다.
  연燕과 대代는 각각 북경北京과 대동大同을 말한다.

12 최홍 : 자는 언만彥鸞으로, 청하군淸河郡 사람이다. 부친인 최광崔光이 위사魏史를 편찬했는데,
  고증이 소루하고 빠진 곳이 아주 많았다. 최광은 임종하기 전 최홍에게 위사의 수찬을
  계속하라고 부탁했다. 최홍이 젊었을 때 전후 월越나라에 각기 국사가 있지만 전사소史는
  없다는 것을 안 뒤 각국의 기록을 모아 『십육국춘추十六國春秋』 95권, 『서례序例』 1권,
  『연표年表』 1권을 지었다. 『위서魏書』와 『북사北史』에 열전이 있다.

13 명료하게 : 견甄은 구별, 구분한다는 뜻이다. 『후한서』 「노비전魯丕傳」에 "분명히 밝힌
  바가 없다.[無所甄明]"라는 표현이 있다.

14 위소의 『동기』: 위소에 대해서는 『사통 내편』 「육가六家」의 국어가國語家에 대한 설명에
  나온다. 오나라의 마지막 황제 손호孫皓 봉황鳳凰 2년(273), 하옥된 위소는 지금 유행하고
  있는 역사의 대부분이 허망하다며 옥졸을 통해 상서하여, 전기傳記를 참고하고 차이를
  따져서 『동기洞紀』 3권을 지었다. 오나라 대제大帝 손권孫權 이후에 따로 1권을 편찬하다가
  전서全書를 이루지 못하자, 자신의 사면과 역사서 편찬을 계속 하게 해줄 것을 청했으나
  받아들여지지 않고 옥중에서 죽었다. 저서는 일실되었다.

15 도홍경의 『제왕연력』: 도홍경의 자는 통명通明으로, 말릉秣陵 사람이다. 오행五行·성산星算·의

완성했다. 그러나 국사의 범주에 들어가지 않으므로 이름과 제목만 소개해두고 따로 설명하지는 않는다.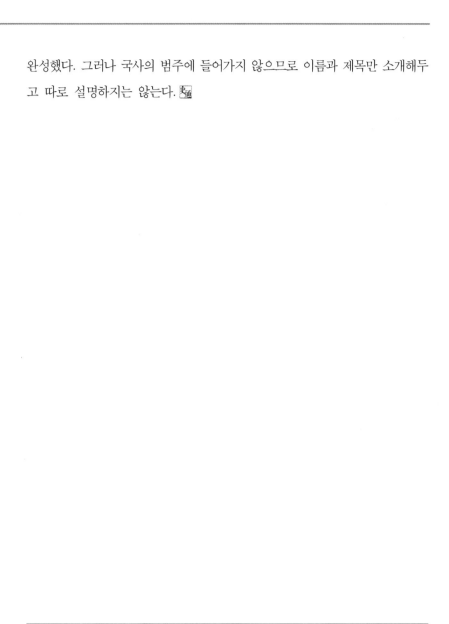

학醫學 등에 정통했다. 남조 제齊나라 고제高帝 때에 여러 왕의 시독侍讀을 역임했다. 후에 구곡산句曲山에 은거했는데, 양梁나라 때 제齊·무제武帝는 군국대사가 있으면 그에게 가서 자문을 구했으므로 사람들이 그를 가리켜 산중재상山中宰相이라고 불렀다. 『진고眞誥』 4권, 『제왕연력帝王年歷』 5권이 있고, 『양서梁書』와 『남사南史』에 열전이 남아 있다.

서書나 지志는 형법·예악·풍토·산천 등에 관한 기록인데, 일종의 분야사라고 할 수 있으며, 삼례三禮에서 시작되었다. 『사기』와 『한서』는 공통적으로 서와 지라는 항목을 두었다. 문화사인 「예문지」가 「예악지」나 「경적지」와 중복되기도 하듯이, 명칭이나 범주는 역사가에 따라 차이가 있다.

유지기는 「서지」 편에서 천문지, 예문지, 오행지로 좀 더 세부적으로 나눠 설명했다. 그런 만큼 내용도 길다. 이 편에서 흥미로운 점은 의학·양생의 관점에서 「인형지」를 만들지 않은 것에 유지기가 유감을 표시했다는 것이다. 또한 천하가 넓어 언어가 다르기 때문에 「방언지」를 만들어야 함에도, 그러지 않은 것에 의문을 품었다.

유지기는 전반적으로 역사서의 서나 지가 그것에 들인 노력에 비해 최선이라 보기 어렵다고 했다. 지가 될 수 있는 것으로는 「도읍지」, 「씨족지」, 「방물지」 등이며, 이것들은 각각 「여복지」, 「백관지」, 「식화지」에 배속해야 한다고 주장한다. 그동안 족보나 지리서 들이 대대로 적지 않게 편찬되었으므로, 이들을 모아 지를 만드는 것이 어렵지 않다는 점 때문이다.

内篇
08

서지의 유래와 변화
書志

書志

夫刑法·禮樂·風土·山川, 求諸文籍, 出于三禮. 及班·馬著史, 別裁書·志,
考其所記, 多效禮經. 且紀·傳之外, 有所不盡, 尺字片文, 于斯備錄. 語其
通博, 信作者之淵海也.

　형법·예악·풍토·산천 등에 관한 기록을 서적에서 찾아보면 대개 삼례三禮[1]
에서 나왔다. 『사기』와 『한서』에서는 따로 서書와 지志라는 항목을 두었는
데, 그 기록된 내용을 보면 대부분 예경禮經을 본뜬 것이 많다. 또 본기와 열
전 외에 더 기록해야 할 것이 있으면 한 글자 한 구절이라도 이곳에 모두 수
록했다. 그 넓고 정통한 점으로 말하자면, 참으로 역사가들이 가지고 있어야
할 저술이라고 하겠다.

原夫司馬遷曰書, 班固曰志, 蔡邕曰意, 華嶠曰典, 張勃曰錄, 何法盛曰說.
名目雖異, 體統不殊, 亦猶楚謂之檮杌, 晉謂之乘, 魯謂之春秋, 其義一也.
于其編目, 則有前曰「平准」, 後云「食貨」; 古號「河渠」, 今稱「溝洫」; 析「郊
祀」爲「宗廟」, 分「禮樂」爲「威儀」;「懸象」出于「天文」,「郡國」生于「地理」.
如斯變革不可勝計, 或名非而物是, 或小異而大同. 但作者愛奇, 耻于仍舊,

---

1 삼례 : 『주례周禮』 6편, 『의례儀禮』 17편, 『예기禮記』 49편을 말한다.

必尋源討本, 其歸一揆也.

　　명칭의 계보를 살펴보면 사마천은 서書라 했고, 반고는 지志라 했으며, 채옹蔡邕[2]은 의意라 했고, 화교華嶠[3]는 전典이라 했으며 장발張勃[4]은 록錄이라 했고, 하법성何法盛은 『중흥서』에 설說이라고 했다. 이름은 다르지만 체재는 크게 차이가 없으니, 마치 초나라에서는 도올檮杌, 진나라에서는 승乘, 노나라에서는 춘추春秋라고 했지만 그 의미는 하나인 것과 같다. 제목을 보면 『사기』에서는 「평준서」[5]라고 했던 것을 『한서』에서는 「식화지食貨志」라 했다. 예전에 「하거서河渠書」라고 불렀던 것은 이제 「구혁지溝洫志」라 칭했다.[6] 『한서』의 「교사지郊祀志」를 쪼개 『후한서』에 「종묘지宗廟志」를 만들었고,[7] 『한

---

2 채옹 : 자는 백개伯喈이며, 진류어陳留圉(하남河南) 사람이다. 젊었을 때 호광胡廣을 따라 『좌씨전』을 읽었다. 그는 유가 경전에 오류가 많다고 생각하여 마일제馬日磾 등과 함께 오경을 교정한 뒤, 비석에 초록하여 이를 태학문太學門 밖에 세웠다. 후대에 이를 「희평석경熹平石經」이라 했다. 광화光和 원년(178), 무함을 받아 귀양을 떠나기 전, 동관東觀에 있을 때 보완한 『후한기後漢記』의 「율력의律曆意」, 「예의禮意」 등 십의十意를 올렸다. 헌제獻帝가 즉위한 후 고양후高陽侯에 봉해졌으나 왕윤王允의 무함으로 살해되었다. 『독단獨斷』 2권과 『금조琴操』 2권의 저서가 있다. 『후한서』에 열전이 있다.

3 화교 : 『한후서漢後書』 97권을 편찬했다. 지志를 전전典으로 고친 것은 『서경』 「요전堯典」 때문이라고 했다. 『진서晉書』 「화표전華表傳」에 보인다.

4 장발 : 서진西晉 사람이다. 『오록吳錄』 30권을 지었으나 일실되었다. 『수경주水經注』를 비롯해 장발이 지은 책 이름은 록錄이고, 그 책의 지志에 해당하는 편명은 모두 지志이다. 유지기는 『오록』이라는 제목만 염두에 둔 듯하다.

5 「평준서」 : 전한前漢 시대에 평준령平准令이 있었는데, 각지의 생산물을 사들여 물가를 조절하는 기능을 했기에 평준平准이라 불렀다. 『사기』에 「평준서」가 있다.

6 예전에~칭했다 : 바로 앞에 든 예와 마찬가지로, 『사기』의 「하거서河渠書」가 『한서』에서는 「구혁지溝洫志」로 되었다.

7 『한서』의~만들었고 : 「종묘지」는 편명이기는 하지만, 총류명이 아니다. 「교사지」를 「종묘지」 등 더 세부적으로 나누었다는 의미로 보인다.

서』의 「예악지禮樂志」를 나눠 『수서』에 「위의지威儀志」[8]를 만들었다. 『위서』의 「현상지懸象志」[9]는 『한서』의 「천문지天文志」에서 나왔고, 『속한서』의 「군국지郡國志」는 『한서』의 「지리지地理志」에서 파생했다.[10] 명칭의 이런 변화는 셀 수 없이 많지만, 이름은 다르면서 실제는 같기도 하고, 혹 작은 차이가 있더라도 큰 틀에서는 같다. 편찬자가 신기한 것을 좋아하여 예전대로 하는 것을 부끄럽게 여긴 것뿐이니, 그 근원을 따져보면 체재는 같은 것이다.

若乃「五行」·「藝文」, 班補子長之闕; 「百官」·「輿服」, 謝拾孟堅之遺. 王隱後來, 加以「瑞異」; 魏收晚進, 弘以「釋老」. 斯則自我作故, 出乎胸臆, 求諸歷代, 不過一二者焉.

「오행지五行志」나 「예문지藝文志」의 경우는 사마천이 빠뜨린 것을 반고가 보완한 예이고, 「백관지百官志」와 「여복지輿服志」 중에서 「여복지」는 사승謝承이 반고가 수록하지 못한 것을 수습한 것이다.[11] 왕은王隱은 뒤에 「서이지瑞異志」를 추가했으며,[12] 위수魏收는 그 이후에 「석노지釋老志」를 통해 지志가 포

---

8 「위의지」: 원문에는 「위의지威儀志」라고 되어 있으나, 『수서』에는 「위의지」는 없고 「예의지禮儀志」만 있다. 따라서 「위의지」가 아니라 「예의지」가 맞을 것이다.

9 「현상지」: 「현상지」는 『위서』의 「천상지天象志」인 듯하다.

10 『속한서』의~파생했다: 『한서』의 「지리지」는 사마표司馬彪의 『속한서續漢書』에서 「군국지郡國志」로 이름이 바뀌었다.

11 「백관지」와~것이다: 사승의 자는 위평偉平이다. 회계會稽 산음山陰(절강浙江) 사람이다. 오나라 손권의 사부인謝夫人 동생이다. 기억력이 좋아 한 번 본 것은 평생 잊지 않았다고 한다. 『후한서後漢書』 130권을 지었는데, 일찍이 없어졌다. 반고의 『한서』에는 「백관지」가 아니라 「백관표百官表」로 되어 있다.

12 왕은~추가했으며: 이와 관련해서는 이설이 있다. 장종원章宗源은 『사통』에서 말하는

괄하는 범위를 넓혔다.[13] 이는 각자 최초로 만들어낸 것들로, 역대의 역사서
들을 살펴보면 이런 예는 얼마 되지 않는다.

大抵志之爲篇, 其流十五六家而已. 其間則有妄入編次, 虛張部帙, 而積習
已久, 不悟其非. 亦有事應可書, 宜別標一題, 而古來作者, 曾未覺察. 今略
陳其義, 列于下云. ─ 以上「書志」序.

대개 지志라는 편목에 포함될 수 있는 하위 범주는 15~16 종류뿐이었다.
그동안 함부로 편목에 끼워 넣고 권질을 부풀리는 습관이 쌓인 지 오래되었
으나, 그 잘못을 깨닫지 못하고 있다. 또한 기록해야 할 일은 따로 한 제목을
달아야 한다는 것조차 예로부터 작자들이 여전히 깨닫지 못하고 있다. 이제
그 의미를 아래에 대략 열거하려고 한다. ─ 이상은 「서지」 편의 서문이다.[14]

● 천문지

夫兩曜百星, 麗于玄象, 非如九州萬國, 廢置無恒. 故海田可變, 而景緯無

서이瑞異는 석서石瑞를 고친 것이라 했지만(『수지고증隋志考證』), 조여보趙呂甫는 왕은과
장영서臧榮緖의 『진서晉書』에는 본래 서지瑞志와 이지異志가 따로 있었으며 「서이지瑞異志」가
하나의 지志가 아니라고 했다.

13 위수는~넓혔다 : 『위서魏書』의 「석노지釋老志」 1권을 말한다. 석釋은 석가釋迦 또는 부처를
가리키며, 불교도들은 자칭 석씨라고 한다. 노老는 노자로, 도교인을 말한다. 이는 정사正史에
처음 설정된 지志이며, 북조 불교와 도교 사상의 연구에 기본 자료가 되고 있다.

14 이상은~서문이다 : 이 부분이 원주였는지는 확인되지 않는다. 이 말은 『사고전서四庫全書』본
에는 분주分註로 나와 있다.

易. 古之天猶今之天也, 今之天卽古之天也, 必欲刊之國史, 施于何代不可
也? 但『史記』包括所及, 區域綿長, 故書有「天官」. 讀者竟忘其誤, 權而爲
論, 未見其宜. 班固因循, 復以天文作志, 志無漢事而隷入『漢書』, 尋篇考
限, 觀其乖越者矣. 降及有晉, 迄于隋氏, 或地止一隅, 或年才二世, 而彼蒼
列志, 其篇倍多, 流宕忘歸, 不知紀極. 方于『漢史』, 又孟堅之罪人也.

　천하 각국의 흥망성쇠가 늘 변하는 것과는 달리, 해와 달, 모든 별은 하늘
의 변하지 않는 위치에 걸려 있다. 그래서 뽕나무밭이 바다로 바뀔 수는 있
어도 경성이 운행하는 방향[15]은 바뀌지 않는다. 예전이나 지금이나 하늘은 하
늘이니, 국사에 하늘의 일을 기록하고자 한다면 어느 시대인들 안 되겠는가?
다만 『사기』는 포괄하여 미치는 시대가 유구했던 까닭에 서書라는 편제 아래
「천관서天官書」[16]를 두었던 것이다. 독자들이 그 잘못된 점을 깨닫지 못하고
대충 논의하여 어떤 것이 올바른 것인지 보지 못했다.

　또 반고가 잘못을 그대로 이어받아 다시 「천문지天文志」를 두었는데, 지志
는 한나라의 사적과 관련된 내용이 없는데도 『한서』에 들어갔으니 편목이나
시대구분을 살펴보면 그 괴리를 알 수 있다. 진晉나라에서부터 내려와 수隋나
라에 이르기까지, 영토가 천하의 일부분에 그치거나 왕위를 이은 것이 2대에
불과했는데도 저 하늘의 일을 지志에 늘어놓아[17] 그 편 수를 배로 늘렸으니,

---

15 경성이 운행하는 방향 : 경景은 별 이름이다. 오위성은 다섯 개의 별이 오른쪽으로 돌기에
　　위緯라고 한다. 경위景緯는 경성이 운행하는 방향이다.
16 「천관서」 : 천관天官의 관官은 성관星官이다. 고대인들은 별자리에도 존귀와 비천의 차별이
　　존재한다고 보아 인간세계와 같은 관직 등급이 있다고 생각했다.
17 저 하늘의~늘어놓아 : 『시경』「진풍晉風 황조黃鳥」에 "저 푸르른 하늘이여![彼蒼者天]"라고
　　했다. '하늘의 일'이란 진나라와 수나라 사이에 독립하여 할거하던 국가들의 「천문지」를
　　지칭한다.

제멋대로 일을 벌이고 수습하지 못하는 것이 그칠 줄 몰랐다. 그러면서 『한서』에 비교했으니, 또한 반고에게 죄를 지었다고 할 것이다.

竊以國史所書, 宜述當時之事. 必爲志而論天象也, 但載其時彗孛氣祲, 薄食晦明, 禆竈·梓愼之所占, 京房·李郃之所候. 至如熒惑退舍, 宋公延齡, 中臺告坼, 晉相速禍, 星集潁川而賢人聚, 月犯少微而處士亡, 如斯之類, 志之可也.

내가 생각하기에 국사에 기록되는 내용은 당시의 사실이어야 한다. 꼭 지志를 설정하여 천문을 논하는 경우는, 혜성이 나타나 재앙의 기운이 있었다거나 일식·월식으로 해와 달의 색이 변했다거나,[18] 비조禆竈나 재신梓愼이 점을 쳤던 일이라든지[19] 경방京房과 이합李郃이 기후나 별을 가지고 점을 봤던

---

18 혜성이~변했다거나 : 혜패彗孛은 혜성彗星이다. 분침氣祲은 고대인들이 상서롭지 못한 기운, 즉 요기妖氣로 생각했다. 박薄은 핍박逼迫이다. 식食은 일식과 월식, 회晦는 어둠이나 밤, 명明은 광명과 일출이다. 고대의 음양陰陽, 풍우風雨, 회명晦明의 6기氣이다. 『춘추좌씨전』 소공昭公 원년에 나온다.

19 비조나~일이라든지 : 『춘추좌씨전』 소공 17년 겨울에 "유성이 대진에 있다가 서쪽으로 은하수에 이르렀다.[有星孛于大辰, 西及漢]"라고 했다. 정대부鄭大夫 신수申須와 점성가 비조는 송宋·위衛·진陳·정鄭나라에 장차 동시에 화재가 발생할 것이라고 예언했다. 그리고 자산子產에게 귀한 옥을 써서 제사를 지내라고 권했으나 거절당했다. 이듬해 과연 4국에 큰불이 났다. 비조가 또 권하기를, 내 말을 듣지 않으면 정나라에 또 불이 날 것이라고 했다. 사람들이 자산에게 비조의 경고를 받아들이라고 설득하자, 자산은 이렇게 말했다. "천도天道는 멀고 인도人道는 가까워 서로 조금도 상관할 수 없는데, 어떻게 아는가? 비조가 어찌 천도를 알겠는가만, 이 또한 아름다운 말이니 한번 믿어보지 않을 수 있겠는가." 과연 정나라에 큰불이 나지 않았다. 같은 해 신수가 말하기를 "제후국에 큰불이 있을 것이다."라고 했고, 점성가 재신도 "불이 하나라에는 3월에, 은나라에는 4월에, 주나라에는

이야기[20] 등이다. 또 형혹성熒惑星이 3사舍를 물러가고 송 경공宋景公의 수명이 연장된 일이나,[21] 중대성中臺星이 갈라지자 진나라 재상 장화張華가 화를 입은 일,[22] 별이 영천潁川에 모이자 현인이 모여들었고,[23] 달이 소미성少微星을 범하

5월에 나온다. 하나라 수數가 때를 얻었으니, 불이 난다면 4국, 곧 송·위·진·정나라일 것이다."라고 했다.

20 경방과~이야기 : 경방의 자는 군명君明이며, 음양참위설陰陽讖緯說에 밝았다. 원제元帝 때 『춘추』의 재난 사례를 인용하여 정치의 개선을 주장했다가 무함을 받아 살해되었다. 『한서』 열전에 나온다. 이합의 자는 맹절孟節로, 후한의 술사術士이다. 화제和帝가 지방 순찰을 위해 평복 차림의 사신 두 명을 파견했는데, 이들이 이합의 숙소에 묵었다. 날이 더워 이합과 두 사신이 길에 앉아 바람을 쐬는데, 이합이 "여러분이 수도를 떠날 때, 조정에서 두 사신을 파견했다는 말을 듣지 못했는가?" 하니, 두 사신이 놀라며 어떻게 알았느냐고 물었더니 "두 별이 익주를 향해서 나누어졌던 까닭에 알았다."라고 했다. 『후한서』 「방술전方術傳」에 나온다. 후候는 관찰, 감시한다는 뜻이다.

21 형혹성이~일이나 : 춘추시대 송나라 경공景公 37년(B.C.480), 형혹성(화성火星)이 송나라 지역에 머물렀다. 경공이 두려워 사성司星 자위子韋를 불러 길흉을 물었다. 자위가 말하기를 "화가 임금에게 미칠 것이나, 다만 재상에게 옮길 수는 있다."라고 하니, 경공이 말하기를 "재상은 나라를 다스리는 중요한 신하이다."라고 했다. "그러면 해를 백성에게 옮길 수 있다."라고 하니, 경공은 "백성이 없으면 내가 누구의 임금이 된단 말인가?"라고 했다. 자위가 다시 "그러면 나이 많은 사람에게 옮길 수 있다."라고 하니, "흉년이 들고 백성이 곤궁하면 누가 나를 임금이라 하겠는가."라고 했다. 또 자위가 말하기를 "그렇게 덕 있는 말을 하니, 하늘이 세 가지 상을 줄 것이고 형혹성도 3사舍를 옮길 것이다. 사舍는 7리里인데, 당신은 21세를 더 살 것이다."라고 했는데, 정말 형혹성이 3사를 이동했다.『여씨춘추』 「계하기季夏紀」, 『사기』 「송미자세가宋微子世家」에 나온다.

22 중대성이~일 : 중대中臺는 삼대성三臺星의 하나로, 옛날에는 이를 삼공三公에 비유했다. 서진西晉 혜제惠帝 때, 조왕趙王 윤倫이 가후賈后를 아첨하면서 섬겨 상서尙書로 임명되고자 했는데, 태자소부太子少傅 장화張華가 반대하여 원망을 품었다. 이때 중대성이 갈라졌다. 장화의 어린 아들 장휘張韙가 관직에서 물러나라고 권하자, 장화는 "천도는 현묘하고 멀다. 그저 덕을 닦으며 응할 뿐이다."라고 하며 듣지 않았다. 오래지 않아 조왕 윤이 반란을 일으켜 장화는 무함을 입고 하옥되어 살해당했다.『진서晉書』 열전에 나온다.

23 별이~모여들었고 : 영천은 하남河南 허창시許昌市 동쪽 지역이다.『세설신어世說新語』 「덕행德行」에 나온다.

자 처사가 죽었다는[24] 것 같은 경우에 지志라고 한다면 적절할 것이다.

若乃體分濛澒, 色著青蒼, 丹曦·素魄之躔次, 黃道·紫宮之分野, 旣不預于
人事, 輒編之于策書. 故曰刊之國史, 施于何代不可也. 其間唯有袁山松·
沈約·蕭子顯·魏收等數家, 頗覺其非, 不遵舊例. 凡所紀錄, 多合事宜, 寸
有所長, 賢于班·馬遠矣. ─ 以上天文志.

　천지가 혼돈에서 나뉘고 하늘이 푸른빛으로 빛나게 되었다는 이야기나,[25]
해와 달이 운행하는 궤도[26] 및 황도黃道[27]나 자미원紫薇垣의 별자리 같은 경우
는 사람의 일과는 관계가 없는데도 번번이 이런 일을 역사서에 실었다. 그런
까닭에 내가 국사에 기록하자면 어느 시대에 넣은들 안 되겠느냐고 말했던
것이다. 그 사이에 원산송袁山松[28]·심약沈約·소자현蕭子顯·위수魏收 등의[29] 몇몇
학자들은 그 잘못을 깨닫고 옛 관례를 반복하지 않았다. 기록한 내용이 대부
분 적절했으니, 경우에 따라 한 치도 길게 보일 때가 있듯이[30] 이러한 서술

---

24 달이~죽었다는 : 소미성은 처사성處士星이다. 따라서 달이 소미성을 범했다는 것은 은자隱者
　가 죽을 조짐으로 본다. 『세설신어』 「서일棲逸」에 나온다.
25 천지가~이야기나 : 몽홍濛澒은 곧 고대에 우주가 채 이루어지기 전 혼돈의 상태이다.
　색色은 천체天體의 빛깔을 말한다.
26 해와~궤도 : 단희丹曦는 해, 소백素魄은 달이며, 전차躔次는 해·달·별이 움직이는 궤도이다.
27 황도 : 지구가 태양을 도는 궤도인데, 옛날에는 해가 움직이는 궤도로 보았다.
28 원산송 : 진군陳郡 양하陽夏(하남河南) 사람으로, 동진東晉 오군 태수吳郡太守이다. 안제安帝
　융안隆安 5년(401) 농민봉기 때 피살되었다. 『진서』 「원괴열전袁瓌列傳」에 그의 열전이
　부록되어 있다. 『후한서後漢書』 100권, 『수지隋志』 95권, 신신·구舊 『당서지唐書志』 102권을
　저술했는데, 모두 일실되었다.
29 심약~등의 : 심약의 『송서宋書』, 소자현의 『남제서南齊書』, 위수의 『위서魏書』를 말한다.
30 한 치도~있듯이 : 『초사楚辭』에 "한 척이 짧을 때도 있고, 한 마디가 길 때도 있다.[尺有所短,

방식의 장점은 반고나 사마천보다 훨씬 뛰어나다고 할 수 있다. —이상은 천문지이다.

● 예문지

伏羲已降, 文籍始備. 逮于戰國, 其書五車, 傳之無窮, 是曰不朽. 夫古之所制, 我有何力, 而班『漢』定其流別, 編爲「藝文志」. 論其妄載, 事等上篇. 『續漢』已還, 祖述不暇. 夫前志已錄. 而後志仍書, 篇目如舊, 頻煩互出, 何異以水濟水, 誰能飮之者手? 且『漢書』之志「天文」·「藝文」也, 蓋欲廣列篇名, 示存書體而已. 文字旣少, 披閱易周, 故雖乖節文, 而未甚穢累.

　　복희伏羲 이후 서적이 갖추어지기 시작했다.[31] 전국시대에 이르면 다섯 수레나 되는 책이 있었고,[32] 영원히 전한다는 의미에서 '썩지 않는다'고 했다. 예전의 제도에 대해 내가 알 수는 없지만, 반고의 『한서』는 서적을 분류·정리하고 「예문지」를 따로 편성했다.[33] 함부로 사실을 기재한 것으로 따지자면 앞의 「천문지」와 마찬가지였다.[34]

　　寸有所長]"라고 했다.

31 복희~시작했다 : 복희의 팔괘八卦를 문적文籍의 시점으로 보고 이렇게 말한 듯하다.

32 전국시대에~있었고 : 『장자』「천하天下」에 "혜시는 재능이 많았는데, 그 책이 다섯 수레였다.[惠施多方, 其書五車]"라고 했다.

33 반고의~편성했다 : 전한前漢 성제成帝 때, 관청의 서적이 자주 흩어져 없어지자 유향劉向 등이 나누어 교수하여 편목을 가르고 내용을 요약해 『칠략별록七略別錄』 27권을 편찬했다. 이것이 서목제요書目題要의 시작이다. 그의 아들 유흠劉歆도 『칠략七略』을 편찬했는데, 반고의 「예문지」는 이러한 맥락에서 출현했다. 『한서』「예문지藝文志 서序」에 상세히 나온다.

34 함부로~마찬가지였다 : 유지기가 반고의 「예문지」를 두고 '함부로 사실을 기재했'고 평가하는 것은 지나친 혹평이라는 지적도 많다. 한나라는 진나라의 분서焚書 이후 경적經籍을

『속한서續漢書』[35]에서는 이를 본뜨느라 겨를이 없었다. 앞의 지志에 기록된 것을 뒤의 지志에 그대로 기록하여 편목도 예전과 같고 사실도 빈번하게 반복되었으니, "물에 물 탄 듯하니 누가 마시려고 하겠는가?"[36]라는 옛말과 무엇이 다르겠는가? 또한『한서』의 지志에서「천문지」니「예문지」니 했던 것은 아마 편명을 많이 늘어놓아『사기』의 서체書體를 보존했다는 것을 보여주려고 했을 뿐인 듯하다. 그렇지만 당시에는 글의 분량이 적고 전편을 두루 읽기도 쉬웠기 때문에 정확한 기록 방식과는 괴리가 있었더라도 그렇게 지나치게 번잡스럽지는 않았다.

旣而後來繼述, 其流日廣. 天文則星占·月會·渾圖·周髀之流, 藝文則四部·七錄·中經·秘閣之輩, 莫不各踰三篋, 自成一家. 史臣所書, 宜其輅簡, 而近世有著『隋書』者, 乃廣包僉作, 勒成二志, 騁其繁富, 百倍前修. 非唯循覆車而重軌, 亦復加闊眉以半額者矣.

이후 계속 역사서가 저술되면서 이러한 폐단이 날로 퍼져갔다. 천문으로는 성점星占·월회月會·혼도渾圖·주비周髀[37] 등이 있었고, 예문에도 사부四部·칠록七

수습해야 했기 때문이다.

35 『속한서』: 진한장陳漢章은『속한서』에 예문지가 없기 때문에 본문이 오류라고 보았다. 하지만『속한서』에「천문지」가 있고 본문은 지志에 대한 일반적인 언명이라고 보아, 『한서』를 따랐던 역사서의 첫 번째에『속한서』를 놓았다는 견해도 있다.(팽중탁彭仲鐸)

36 물에~하겠는가 :『춘추좌씨전』소공昭公 20년 제나라 안영晏嬰이 경공景公의 물음에 답한 말이다.

37 성점·월회·혼도·주비 : 성점은 별자리를 관찰하여 길흉화복을 예측하는 것이다. 회會는 회繪로서, 곧 오채五采를 말한다. 혼도는 혼천설渾天說을 뜻하는데, 천체의 모양이 둥글며 땅이 그 가운데 있고 하늘이 그 바깥을 둘러싸고 있다고 한다. 주비는 한대漢代 우주관宇宙觀인

錄·중경中經·비각秘閣[38] 등의 종류가 있었는데, 이들이 각각 세 상자[39]를 넘지 않는 경우가 없었으므로 나름대로 전문 영역을 이루고 있다. 사관의 기록은 간단명료해야 할 터인데, 근래 『수서隋書』의 저자는 모든 기록을 끌어모아 2 지志를 완성했으니,[40] 풍부함이 지나쳐 그 내용이 선배들의 백 배는 되었다. 이는 뒤집힌 수레를 따라 다시 뒤집어진 격일 뿐 아니라,[41] 눈썹을 넓히다 못해 이마의 반을 차지할 정도로 눈썹을 칠하는 격이다.[42]

개천설蓋天說을 의미한다. 하늘은 위에, 땅은 아래에 있어 하늘이 땅을 덮고 있는 모양이라 한다.

38 사부·칠록·중경·비각 : 조위曹魏 때 서적이 다수 없어지자 수집령을 내려 비서秘書·중中·외外 3각에 보관했는데, 정묵鄭黙이 서목書目을 편찬하여 중경中經이라 하고, 서진西晋의 순욱荀勗이 이에 근거하여 서목을 갑甲·을乙·병丙·정丁의 4부四部로 나누었다. 칠록은 양 무제梁武帝 때 완효서阮孝緒가 송宋·제齊·양梁의 장서藏書 서목을 채집하여 경전經典·기전記傳·자병子兵·문집文集·기술技術·불佛·도道 등 7부로 나눈 것을 가리킨다. 비각秘閣은 책을 보관하는 도서관이다.

39 세 상자 : 한 무제가 하동河東 지방을 순시하다가 서적이 담긴 세 상자를 잃어버렸던 데서 따온 고사이다. 『한서』 「장안세전張安世傳」에 나온다. 천자가 중국을 통치할 수 있는 자료가 세 상자였다는 데서, 정보량이 매우 많다는 의미이다.

40 『수서』의∼완성했으니 : 「천문지」 3권이 있다. 당나라의 이순풍李淳風이 편찬했는데, 『진서晋書』의 「천문지」와 중복된다. 또 「경적지經籍志」 5권이 있는데, 후한의 서적까지 실었다.

41 뒤집힌∼아니라 : 『설원說苑』 「선설善說」에 "앞의 수레가 자빠지는 것은 뒤의 수레의 경계가 된다.[前車覆, 後車戒]"라는 말이 있다. 흔히 역사 편찬의 의미로 비유되곤 한다. 『고려사高麗史』 「진고려사전進高麗史箋」에 "새 도끼 자루를 만들 때는 낡은 도끼 자루를 본보기로 삼고, 뒷 수레는 앞 수레가 간 데를 보고 갈 곳을 바로잡는다고 합니다.[新柯視舊柯 以爲則, 後車鑑前車而是懲]"라고 했다.

42 눈썹을∼격이다 : 후한의 호분중랑장虎賁中郎將 마료馬廖가 명덕황후明德皇后에게 장안長安의 속언을 인용하여 "장안에서 상투를 높이는 것이 유행하면 지방에서는 한 척을 높이고, 장안에서 눈썹을 넓히면 지방에서는 이마의 반을 그리고, 장안에서 소매를 길게 하면 지방에서는 비단 한 필을 모두 쓴다.[城中好高髻, 四方高一尺, 城中好廣眉, 四方且半額, 城中好大袖, 四方全匹帛]"라고 상소했다. 『한서』 「마원전馬援傳」에 나온다. 눈썹이 넓은 것이 유행하자 이마의 반을 차지할 정도로 넓게 그린다는 고사로, 서적이 늘어남에 따라

但自史之立志, 非復一門, 其理有不安, 多從沿革, 唯藝文一體. 近者宋孝王『關東風俗傳』亦有「墳籍志」, 其所錄皆鄴下文儒之士, 譬校之司. 所列書名, 唯取當時撰者. 曶茲楷則, 庶免譏嫌. 語曰: "雖有絲麻, 無棄菅蒯," 于宋生得之矣 — 以上藝文志.

역사서의 체례에 지志의 형식이 포함된 이래 한 가지 형식만 있었던 것은 아니며, 그 원칙도 일정하지 않아 여러 갈래의 연혁이 있었지만, 단지 「예문지」만 일정한 체례를 유지했다. 근래에 송 효왕宋孝王의 『관동풍속전關東風俗傳』에도 「분적지墳籍志」가 있는데,[43] 거기에 수록된 것은 모두 업鄴 지역[44]의 문사와 학자들이 고서를 교정한 내용이다. 열거한 책 이름은 오직 당시에 편찬된 것뿐이었다. 이러한 기준을 따른다면 기롱이나 비판은 면할 수 있을 것이다. "비록 명주나 삼베가 있더라도 골풀이나 띠를 버리지 않는다."[45]라는 말이 있는데, 이는 송 효왕에게 어울리는 말이다. — 이상은 예문지이다.

역사서에 기재되는 서목이 대폭 늘어남을 비유한 말이다.

43 송 효왕의~있는데 : 송 효왕은 북제北齊 북평왕北平王의 문학文學을 지냈으며, 문림관文林館 관직을 구하려 했으나 이루지 못했다. 『별론別論』 20권을 지어 권력을 잡은 대신들을 비판했다. 제나라가 망하자 효왕은 널리 견문을 모아 『별론』을 30권으로 늘이는 한편, 이름도 『관동풍속전關東風俗傳』이라고 고쳤다. 『북제서北齊書』와 『북사北史』 「송은전宋隱傳」에 나온다. 유지기와는 달리, 『북제서』의 편찬자는 이 책에 대해 "글이 대부분 황당하고 오류가 많으며, 편제가 용잡하고 체재가 없다."라며 혹평했다.

44 업 지역 : 현재 하남河南 안양시安陽市 북쪽 지방이다.

45 명주나~않는다 : 관菅이나 괴蒯는 다년생 식물로, 골풀과의 띠다. '개인이 편찬한 서목이라도 원칙을 갖고 있다면 가치를 지닌다'는 뜻이다. 이 구절은 『춘추좌씨전』 소공昭公 20년에 나온다.

● 오행지

夫災祥之作, 以表吉凶. 此理昭昭, 不易誣也. 然則麒麟鬪而日月蝕, 鯨鯢
死而彗星出, 河變應于千年, 山崩由于朽壤. 又語曰: "太歲在酉, 乞漿得酒;
太歲在巳, 販妻鬻子." 則知吉凶遞代, 如盈縮循環, 此乃關諸天道, 不復繫
乎人事.

　재해가 생기는 것은 길흉의 징조를 나타낸다. 그 이치는 매우 명백해서 속
일 수가 없다. 그래서 기린이 싸우면 일식과 월식이 있고, 고래가 죽으면 혜
성이 나타난다고 했으며,[46] 황하도 천 년에 한 번은 맑아지며,[47] 양산梁山이
붕괴되는 것은 흙이 썩었기 때문이다.[48] 또 말하기를 "목성木星이 서방에 있
으면 간장을 얻으려다 술을 얻어먹고, 동남쪽에 나타나면 처자식을 판다."[49]
라고 했다. 길흉이 번갈아 찾아오는 것은 차고 기우는 것이 순환하는 것과
같으니, 이는 바로 천도天道에 관계된 것이지 사람이 어떻게 한다고 되는 것
이 아니다.

---

46 기린이~했으며 : 『회남자淮南子』「천문훈天文訓」에 나온다.

47 황하도~맑아지며 : 하변河變이란 황하가 맑아지는 것을 말한다. 왕자년王子年의 『습유기拾遺
記』에 "단구丹丘는 천 년에 한 번 불타고, 황하는 천 년에 한 번은 맑다."라고 했다.

48 양산이~때문이다 : 『춘추좌씨전』 성공成公 5년에 보인다. 후양朽壤이란 지층이 무너지는
것이다. 위의 네 구절은 자연현상이며 사람의 일과는 상관없다는 예시이다.

49 목성이~판다 : 태세太歲는 목성木星이다. 목성을 세성歲星이라고도 했는데, 세성은 일
년에 별자리 하나를 움직이며, 12년에 걸쳐 일주한다. 『태평어람太平御覽』 권35에 원아袁雅의
『정서正書』를 인용하여 "신유년에 간장을 얻으려다 술을 얻었다."라고 했고, 권17에도
"진사년에 처자식을 판다. 흥성과 쇠퇴가 번갈아 찾아오고, 흉년과 풍년이 반반인 것이
하늘의 항상된 길이다."라고 했다.

且周王決疑, 龜焦蓍折. 宋皇誓衆, 竿壞幡亡. 梟止梁師之營, 鵩集賈生之舍. 斯皆妖災著象, 而福祿來鐘, 愚智不能知, 晦明莫之測也. 然而古之國史, 聞異則書, 未必皆審其休咎, 詳其美惡也. 故諸侯相赴, 有異不爲災, 見于『春秋』, 其事非一.

또 주 무왕周武王이 의심 나는 일을 결정하려고 거북이 뼈를 태웠으나 불이 꺼졌고, 점치는 댓가지도 부러졌다.[50] 송나라의 효무제孝武帝는 군사들로부터 맹세를 받을 때 깃대가 부러지고 깃발이 사라졌다.[51] 올빼미가 전량前梁 군대의 야영지에 머무른 일이나,[52] 대붕이 가생賈生의 집에 모여든 일도 있었다.[53] 이 모두 요사스런 재해의 징조가 모습을 드러낸 것인데도 좋은 일이 생긴 경

---

50 주 무왕이~부러졌다 : 주 무왕이 은나라를 토벌하려 할 때 산의생散宜生을 시켜 점을 치게 했는데 귀갑龜甲에서 아무런 조짐이 나타나지 않았다. 또다시 시점蓍占을 치게 했으나 그 점대가 곧 부러졌다. 이를 두고 태공太公은 "귀갑은 썩은 뼈이고, 비수리는 부러지기 쉬운 풀이니, 그것으로 무슨 길흉을 변별하겠는가."라고 했다.『태평어람』권328에『태공병법太公兵法』을 인용한 대목에 나온다. 옛날에 점을 칠 때는 거북이 배의 갑甲을 사용했다.

51 송나라의~사라졌다 : 유유劉裕가 손은孫恩과 노순盧循의 반란을 진압할 당시 군대가 좌리左里에 이르렀을 때, 가지고 있는 지휘 깃대가 부러지고 깃발은 강 속에 빠졌다. 모두 놀라자, 유유는 "지난해에 배가 뒤집히는 전쟁을 치를 때 깃대가 부러졌다. 지금 또 그러니 적군은 반드시 패할 것이다."라고 했다. 마침내 유유는 방어선을 공격하여 노순을 패퇴시켰다.『송서宋書』「무제본기武帝本紀」에 나온다.

52 올빼미가~일이나 : 6국 전량前梁의 사예謝艾가 마추麻秋를 토벌할 때에 두 마리의 올빼미가 군영에 날아들었다. 사애는 이를 승리의 전조라고 여겼는데, 과연 마추를 격퇴했다.『진서』「전량장궤전前梁張軌傳」에 나온다.

53 대붕이~있었다 : 가의賈誼(의誼는 가생의 이름임)가 장사왕長沙王의 스승이 된 지 3년이 지난 어느 날 대붕이 집으로 날아들었다. 대붕의 모습이 올빼미를 닮았기 때문에 사람들은 상서롭지 않은 새라고 했고, 가의도 언짢아하면서「붕조부鵩鳥賦」를 지어 스스로를 위로했다. 그런데 오래지 않아 문제文帝는 지방에 내려보냈던 가의를 조정으로 다시 불러들였다.『한서』「가의전賈誼傳」에 나온다.

史通 內篇_ 08. 書志 157

우이니, 어리석든지 지혜롭든지 알 수 없고, 명석하든지 우둔하든지 예측할 수 없는 일이다. 그래서 예전의 국사에서는 특이한 일을 듣게 되면 기록했지만, 반드시 그 길흉을 따지거나 좋고 나쁨을 살피지는 않았다. 그러므로 제후들이 서로 통고한 것 중에 특이하지만 재해는 아니었던 일이 『춘추』를 살펴보더라도 한둘이 아니었다.

泊漢興, 儒者乃考「洪範」以釋陰陽. 其事也如江璧傳于鄭谷, 遠應始皇; 臥柳植于上林, 近符宣帝; 門樞白發, 元后之祥; 桂樹黃雀, 新都之識. 擧夫一二, 良有可稱. 至于蜚蜮蛚蠡, 震食崩坼, 隕霜雨雹, 大水無冰, 其所證明, 實皆迂闊.

한나라가 흥기한 이래 학자들은 『상서』의 「홍범洪範」을 연구하여 음양을 해석했다.[54] 예를 들면, 양자강의 옥을 정곡鄭谷이 전해 받은 일이 뒤에 진시황秦始皇의 죽음을 예언했던 일,[55] 상림원上林苑에서 죽어 쓰러져 있던 버드나무가 다시 살아난 것이 얼마 뒤에 선제宣帝의 즉위를 예언했던 일,[56] 대문 지

---

54 한나라가~해석했다 : 동중서董仲舒는 음양론陰陽論이 『춘추』에 근거하고 있지 「홍범洪範」에 근거한 것은 아니라고 했지만, 하후夏侯는 처음으로 「홍범오행전洪範五行傳」을 지었고, 유향劉向은 「홍범오행전론洪範五行傳論」을 지었다. 모두 일실되었다.

55 양자강의~일 : 진시황 36년(B.C.211), 정곡鄭谷이 관동關東에서 화음華陰에 이르렀을 때 백마가 흰 수레를 끌고 화산 아래로 내려와 정곡에게 옥을 주면서 "올해 오래된 용이 죽습니다."라고 했다. 정곡이 그 옥을 진시황에게 바치니, 진시황 28년에 강을 건너다 빠뜨린 바로 그 옥이었다. 진시황의 죽음을 알리는 전조였다. 『한서』「오행지五行志」에 나온다.

56 상림원에서~일 : 전한前漢 소제昭帝 원풍元風 3년(B.C.78), 상림원 안에 썩은 버드나무가 잘라진 채 쓰러져 있었는데 절로 일어나 다시 살아났다. 벌레가 그 잎을 갉아먹어서

도리 아래 흰 터럭이 생긴 일이 원후元后가 정치에 개입할 전조였던 일,[57] 계수나무에 누런 공작이 앉은 일이 새로운 나라가 성립될 것이라는 예언이었던 일[58] 등이다. 이와 같은 한두 가지 사례는 물론 납득할 만하다. 그렇지만 유충, 식충, 메뚜기가 농사를 망친 일이라든지, 지진이나 일월식, 산이 무너지거나 땅이 갈라진 일, 운석·서리·비·우박이 내린 일, 혹은 홍수가 나거나 얼음이 얼지 않는 일 등을 인간사와 연결지어 인과적으로 설명하려 한다면 참으로 모두 물정을 모르는 어리석은 행동이다.

故當春秋之世, 其在于魯也, 如有旱雩牟候, 螟螣傷苗之屬, 是時或秦人歸襚, 或毛伯錫命, 或滕·郱入朝, 或晉·楚來聘. 皆持此恒事, 應彼咎征, 昊窮垂謫, 厥罰安在? 探賾索隱, 其可略諸.

그러므로 춘추시대 노나라가 가뭄으로 인해 기우제[59]를 지낼 정도로 기후

생긴 글이 "공손병이公孫病己가 즉위해야 한다."라는 것이었다. 부절령符節令 휴홍眭弘이 필부가 황제가 될 것이라고 말했다가, 유언비어를 퍼뜨린 죄로 죽임을 당했다. 그런데 얼마 안 있어 선제宣帝(처음 이름이 병이病己이고, 뒤에 순詢으로 고침)가 즉위했다. 『한서』「오행지五行志」에 나온다.

57 대문~일 : 원후는 왕망王莽의 고모이다. 전한 애제哀帝 건평建平 4년(B.C.3), 장안과 지방의 백성들이 거리에 모여 가무를 하면서 서왕모西王母에게 제사를 지냈는데, 서왕모가 글을 주면서 "이것을 차고 있으면 죽지 않을 것이며, 믿지 못하겠으면 문지도리에 있는 백발을 보라."고 했다. 사람들은 이를 두고 왕태후王太后와 왕망이 정치에 간섭할 징조로 보았다. 『한서』「오행지」에 나온다.

58 계수나무에~일 : 한나라 성제成帝 때의 민요에 "비탈길이 좋은 밭을 뭉개고, 참언이 훌륭한 사람을 몰아내고, 계수나무 열매가 맺지 않으며 누런 공작의 둥지가 뒤집힌다."라고 했다. 『한서』「오행지」에 나온다. 붉은색의 계수나무는 한나라를 뜻하고, 황작黃雀의 황黃은 왕망의 왕 자와 음이 유사하다. 곧 왕망이 새로운 나라를 세운다는 사실과 부합한다.

가 안 좋고 메뚜기나 마디충이 어린 새싹을 손상하는 등의 일이 있을 때, 진나라 사람들은 수의穟衣를 보내왔고[60] 모백毛伯은 주나라 왕의 명을 받았으며,[61] 등滕·주邾가 입조했고 진晉·초楚가 외교사절을 보내왔던 것이다. 이 같이 늘 있는 일을 놓고 그처럼 나쁜 전조 때문이라고 한다면 하늘이 징벌을 내렸다는[62] 것인데, 그 벌은 과연 어디에 있는가? 숨어 있는 깊은 의미나 연관성을 억지로 찾는 일은 생략해도 될 듯하다.

且史之記載, 難以周悉. 近者宋氏, 年唯五紀, 地止江·淮, 書滿百篇, 號爲繁富. 作者猶廣之以拾遺, 加之以語錄. 況彼『春秋』之所記也, 二百四十年行事, 夷夏之國盡書, 而經·傳·集解卷纔三十, 則知其言所略, 蓋亦多矣. 而漢代儒者, 羅災眚于二百年外, 討符會于三十卷中, 安知事有不應而人失其事? 何得苟有變而必知其兆者哉!

또한 두루두루 상세히 역사에 기재하는 것은 어려운 일이다. 근래에 송나라는 통치 기간이 60년에 지나지 않고[63] 세력 범위가 양자강과 회수에 그쳤

을 뿐인데도 역사서 100권을 채웠으니,[64] 내용이 번거롭게 많다고 할 수 있다. 심지어 저작자들이 남은 자료를 더 확보하고 어록을 보탰다.[65] 하물며 저 『춘추』에 기록된 것은 240년에 걸친 사실인데다 오랑캐와 중국을 모두 기록했는데도, 『춘추』의 경經, 전傳, 그리고 집해集解를 모두 합해도 겨우 30권이니[66] 그 기록에 생략이 많다는 것을 알 수 있다.

그런데 한나라 때 학자들은 200여 년간의 재해를 나열하여 그 30권 중에서 찾아 맞추려고 했으니, 사건 중에는 그런 조짐에 부응하지 않는 경우도 있고 사람들이 기록하지 않은 사건도 있다는 것을 고려하지 않은 것이다. 어찌 재변이 있다 하여 반드시 그 조짐까지 있다고 할 수 있겠는가!

若乃採前文而改易其說, 謂王札子之作亂, 在彼成年【『春秋』成公元年二月無冰. 董仲舒以爲, 其時王札子殺召伯·毛伯. [案] 今『春秋』經, 札子殺毛伯事, 在宣十五年, 非成公時.】; 夏徵舒之構逆, 當夫昭代.【『春秋』昭公九年, 陳災. 董仲舒以爲, 楚嚴王爲陳討夏徵舒, 因滅陳, 陳之臣子毒恨, 故致火災. [案] 楚嚴王之滅陳, 在宣十一年, 如昭九年所滅者, 乃楚靈王時. 且莊王卒, 恭王立, 恭王卒, 康王立, 康王卒, 夾敖立, 夾敖卒, 靈王立, 相去凡五世.】

---

64 100권을 채웠으니 : 심약沈約의 『송서宋書』는 모두 100권이다.

65 저작자들이~보탰다 : 『수서』「경적지經籍志 사부史部」 잡사류雜史類에 나오는 양梁나라 소부경少府卿 사작謝綽의 『송습유宋拾遺』 10권, 『초학기初學記』 등에 인용된 『송습유기宋拾遺記』, 『당육전唐六典』에 인용된 『송습유록宋拾遺錄』 및 공사상孔思尙의 『송제어록宋齊語錄』 10권 등의 저술을 말한다.

66 30권이니 : 두예杜預의 『춘추좌씨경전집해春秋左氏經傳集解』를 말하는 듯하다. 두예의 자는 원개元凱이며, 경조京兆 두릉杜陵(섬서陝西) 사람이다. 서진西晉 초에 부양현후富陽縣侯에 봉해졌다. 만년에 『춘추좌씨경전집해』 30권을 지었다. 『진서晉書』「두예전杜預傳」에 나온다.

앞의 글을 끌어다가 그 이야기의 줄거리를 바꾸었던 사례로, 동중서董仲舒는 왕찰자王札子가 난을 일으킬 전조라고 해석했지만 얼음이 얼지 않은 일은 성공成公 연간에 있었고,[67] 【『춘추』 성공 원년 2월에 얼음이 얼지 않았다. 동중서는 그때 왕찰자가 소백召伯과 모백毛伯을 죽였기 때문이라고 해석했다. [안] 지금『춘추』 경문을 보면, 왕찰자가 모백을 죽인 일은 선공宣公 15년의 일이지 성공 때의 일이 아니다.[68]】 하징서夏徵舒가 역모를 꾀했다고 했지만, 그것은 소공昭公 때의 일이었다.[69] 【『춘추』 소공 9년에 진陳나라에 재난이 있었다. 동중서는 초나라 엄왕嚴王이 진나라를 위해 하징서를 토벌한다는 명분으로 진나라를 멸망시키자, 진나라의 신하들이 극심한 한을 품었기 때문에 화재가 났다고 했다. [안] 초나라 엄왕이 진나라를 멸망시킨 것은 선공 11년이고, 소공 9년에 멸망했다고 한 것은 초나라 영왕靈王 때에 해당한다. 또한 장왕莊王이 졸하고 공왕恭王이 즉위했으며, 공왕이 졸하고 강왕康王이 즉위했고, 강왕이 졸하고 협오夾敖가 즉위했으며, 협오가 졸하고 영왕이 즉위했으니, 이것들 간의 시대 차이가 모두 5대이다.】

---

67 동중서는~있었고 : 『춘추』 성공 원년 2월에 얼음이 얼지 않았다. 동중서는 그때 왕찰자가 소백召伯·모백毛伯을 살해했다고 해석했다. 『한서』「오행지」에 나온다. 그러나 이 사건은 선공宣公 15년 때의 일이다. 한편 전대흔錢大昕이 말하기를, 한나라 유학자들은 상응하는 벌이 시행되지 않았기 때문에 얼음이 얼지 않는 것이라고 생각했다고 한다. 앞서 잘못한 것이 뒤에 나타나는데, 성공 원년은 선공 15년으로부터 불과 3년 뒤이므로 그리 큰 오류는 아니라고 했다.(『이십이사고이二十二史考異』 권7)

68 『춘추』~아니다 : 유지기의 원주原注이다. 원주 안에 다시 안案이라고 해놓았기 때문에 다소 미심쩍은 부분이 있지만, 일단 조여보의 견해에 따라 유지기의 원주로 보았다.

69 하징서가~일이었다 : 『춘추』 소공 9년, 진陳나라에 재난이 있었다. 동중서는 초나라 엄왕嚴王(장왕莊王)이 하징서를 토벌한다는 명분으로 진나라를 치자, 진나라 신하들이 한을 품어 재난이 생겼다고 했다. 그런데 초 엄왕이 진나라를 친 것은 선공 11년이다. 소공 9년의 화재는 초 영왕楚靈王 때에 해당한다. 『한서』「오행지」및『사통 외편』『오행지잡박五行志雜駁』에 상세하다.

楚嚴作霸, 荆國始僭稱王【『春秋』桓公三年, 日有食之. 旣京房『易傳』以爲, 後楚嚴稱王兼地千里. [案] 自武王始僭號, 歷文·成·穆三王, 始至於嚴. 然則楚之稱王, 已四世矣, 何得言嚴始稱哉! 又魯桓薨後, 世歷嚴·閔·釐·文·宣, 凡五君, 而楚嚴作霸, 安有桓三年日食而應之邪!】; 高宗諒陰, 亳都實生桑穀. 【『尚書』「序」曰: "伊陟相太戊, 亳有桑穀共生." 劉向以爲, 殷道衰, 高宗承弊而起, 盡諒陰之哀, 天下應之. 旣獲顯榮, 怠於政事, 而國將危亡, 故桑穀之異見. [案] 太戊崩, 其後嗣有仲丁·河亶甲·祖乙·盤庚, 凡歷五世, 始至武丁, 卽高宗是也. 桑穀自太戊時生, 非高宗事. 高宗又本不都於亳.】

또한 초나라 엄嚴이 패자가 될 조짐이라 했지만 이미 형국荊國은 처음부터 왕을 참칭했으며, 【『춘추』 환공桓公 3년에 일식이 있었다. 이미 경방京房은 『역전易傳』에서 뒷날 초나라 엄왕이 칭왕하고 천 리의 땅을 겸병했다고 했다. [안] 무왕武王부터 참람한 칭호를 쓰기 시작하여 문왕文王·성왕成王·목왕穆王의 세 왕을 거쳐 비로소 엄왕에 이르렀다. 그러니 초나라에서 칭왕한 지는 이미 4대가 지났다. 어찌 엄왕 때 처음 칭왕했다고 말할 수 있겠는가. 또 노나라 환공이 훙한 뒤, 엄왕·민왕閔王·이왕釐王·문왕文王·선왕宣王 등 모두 5명의 군주를 대대로 거치면서 초나라 엄이 패자가 되었으니, 어찌 환공 3년의 일식이 그에 대한 감응이겠는가.】 고종高宗이 삼년상을 치를 때라고 했지만 수도인 박亳에서는 이미 뽕나무와 곡식이 자라고 있었다. 【『상서尚書』 「서序」에 "이척伊陟이 태무太戊의 재상으로 있을 때 박亳 땅에 뽕나무와 곡식이 함께 자랐다."라고 했다. 유향劉向은, 은나라의 도가 쇠퇴하고 고종이 피폐한 나라를 승계하여 즉위했으며, 삼년상의 슬픔을 다했더니 온 세상이 감동했다고 했다. 그러나 번영을 이룬 뒤에는 정사에 게을러져서 나라가 장차 망할 지경이 되었으므로 뽕나무와 곡식이 이상 징후를 보인 것이라고 했다. [안] 내가 살펴보니, 태무가 붕하고 그 후사로 중정仲丁·하단갑河亶甲·조을祖乙·반경盤庚 등 모두 5대를 거쳐 비로소 무정武丁에 이르렀는데, 무정이 곧 고종이다. 뽕나무와 곡식은 태무 때부터 생겼지, 고종 때 생긴 것이 아니다.

고종은 또한 본디 박 땅에 도읍하지 않았다.】

晉悼臨國, 六卿專政, 以君事臣【董仲舒以爲, 成公十七年六月甲戌朔, 日有
食之, 時宿在畢, 晉國象也. 晉厲公誅四大夫, 四大夫欲殺厲公. 後莫敢責大夫,
六卿遂相與比周專晉, 國君還事之. [案] 『春秋』成公十二月丁巳朔, 日食, 非
是六月.】; 魯僖末年, 三桓世官, 殺嫡立庶, 【『春秋』釐公三十三年十二月,
隕霜不殺草. 劉向以爲, 是時公子遂專權, 三桓始世官. 向又曰: "嗣君微失秉
事之象也." 又釐公二十九年秋, 大雨雹. 劉向以爲, 釐公末年, 信用公子遂, 專
權自恣, 至於殺君, 故陰脅陽之象, 見釐公不悟, 遂終專權. 後二年, 殺子赤, 立
宣公. [案] 此事乃文公末世, 不是釐公時也. 遂即東門襄仲. 赤, 文公太子, 即
惡也.】斯皆不憑章句, 直取胸懷, 或以前爲後, 以虛爲實. 移的就箭, 曲取
相諧; 掩耳盜鍾, 自云無覺. 詎知後生可畏, 來者難誣者邪!

　　동중서는 진 도공晉悼公이 즉위했을 때 6경六卿이 정치를 독단했기 때문에
임금이면서도 신하를 섬겨야 했다고 했고,【동중서는, 성공成公 17년 6월 갑술 초
하루에 일식이 있었는데, 그때 별자리는 필성畢星이었고 필성은 진나라의 상징이라고 했
다. 진나라 여공厲公이 네 명의 대부를 죽이려 하자, 그들이 여공을 죽이려고 한 것이라
고 했다. 훗날 군주들은 대부를 비난하지 못하고, 6경이 마침내 서로 어울려 진나라를
전횡했으며 군주는 도리어 이들을 섬겼다고 했다. [안]『춘추』성공 12월 초하루(丁巳朔)
에 일식이 있었으며 6월이 아니다.】유흠劉歆은 노나라 희공僖公 말년에 삼환三桓이
관직을 대대로 이어갔으며 적자를 죽이고 서자를 세웠다고 했는데,『춘추』
이공釐公 33년 12월에 서리가 내렸는데도 풀이 죽지 않았다. 유향劉向은 이때 공자 수遂
가 권력을 전횡하고 삼환이 처음 대대로 관직을 맡았다고 했다. 유향은 또, "승계하는
임금이 미약하여 권한을 잃을 형상이다."라고 했다. 또, 이공 29년 가을에 큰 우박이

내렸다. 유향은, 이공 말년에 이공의 신뢰를 받은 공자 수가 권력을 전횡하며 자기 하고 싶은 대로 하면서 임금을 죽이는 데까지 이르렀기 때문에 음이 양을 위협하는 형상이고, 이공이 깨닫지 못해 공자 수가 마침내 권력을 전횡했다고 보았다. 2년 뒤 공자 수는 태자 적赤을 죽이고, 선공宣公을 세웠다. [안] 이 일은 바로 문공文公 말년에 있었지, 이공 때가 아니다. 수遂는 곧 동문양중東門襄仲이고, 적赤은 문공의 태자太子이니 바로 오惡이다.】 이 모두 기록된 사실에 근거하지 않고 단지 마음속의 추정만 가지고 앞의 사실을 뒤에 놓고 거짓을 사실로 만든 사례이다. 마치 표적을 움직여 화살이 명중하게 하고,[70] 귀를 막고 종을 훔치면서 스스로는 들리지 않는다고 하는[71] 격이다. 어찌 후생이 두려워할 만한 실력을 가지고 있다는 것과 앞으로 올 사람들은 속이기 어려운 존재라는 것을[72] 알았다고 하겠는가!

又品藻群流, 題目庶類, 謂莒爲大國, 菽爲强草, 鶂著靑色, 負蠜非中國之蟲, 【『春秋』嚴公二十九年, 有蜚. 劉歆以爲, 蜚, 負蠜也. 劉向以爲, 非中國所有, 南越盛暑, 男女同川浴, 淫風所生, 是時嚴公取齊淫女爲夫人, 旣入淫於兩

---

70 표적을~하고 : 맥락은 다르지만, 『한비자韓非子』 「설림說林」에 "예가 활을 잡아 쏘려고 하면, 월나라 사람들도 그를 위하여 표적을 들어주었다.[羿執決持扞, 操弓關機, 則越人爲持的]"라고 했다. 예가 활을 잘 쏘기 때문에, 적국인 월나라 사람조차 자기를 쏘리라고 의심하지 않았으므로 표적을 들어주었다는 말이다. 유지기는 유향이 재변에 대해 왜곡된 해설을 하고 있는 모습을 빗대어 비평한 것이다.

71 귀를~하는 : 『회남자淮南子』 「설산훈說山訓」에 "진나라 대부인 범씨의 잘못은, 비유하자면 종을 훔쳐 달아나려다 쩽 소리가 나자 다른 사람이 들을까 두려워 얼른 자기 귀를 막는 것과 같으니, 다른 사람이 소리를 들을 것을 걱정한 것은 그렇다 쳐도 자기 귀를 막은 것은 실수이다.[范氏之敗, 有竊其鐘負而走者, 鏗然有聲, 惧人聞之, 遽掩其耳, 憎人聞之可也, 自掩其耳悖矣]"라는 말이 있다.

72 앞으로~것을 : 『문선文選』, 조비曹조의 「여오질서與吳質書」에 이런 말이 보인다.

叔, 故蟹至. [案] 負蠜中國所生, 不獨出南越】鸜鵒夷狄之鳥, 如斯詭妄, 不
可殫論. 而班固就加纂次, 曾靡銓擇, 因以五行編而爲志, 不亦惑乎? 且每
有敍一災, 推一怪. 董·京之說, 前後相反; 向·歆之解, 父子不同.【桓公三
年, 日有食之. 董仲舒·劉向以爲, 魯·宋殺君, 易許田. 劉歆以爲, 晉曲沃莊伯殺
晉侯. 京房以爲, 後楚嚴稱王兼地千里也. 又嚴公七年, 夜中星隕如雨. 劉向以
爲, 夜, 中者, 即中國也. 劉歆以爲, 晝象中國, 夜象夷狄. 劉向又以爲, 蜮生南
越. 劉歆以爲, 盛暑蜮所生, 非自越來也】遂乃雙載其文, 兩存厥理. 言無準
的, 事益煩費, 豈所謂撮其機要, 收彼菁華者哉!

또 여러 현상을 분석하고 제목을 붙이는 경우, 거鄑를 대국이라 해석하고[73]
콩을 억센 풀이라고 하거나,[74] 무수리의 색이 푸른색이라서 상서롭다고 하거
나,[75] 메뚜기(負蠜)는 중국에 사는 곤충이 아니라고 하고,[76]【『춘추』 엄공嚴公 29
년, 바퀴벌레(蜮)가 나타났다고 했다. 유흠은 바퀴벌레를 메뚜기라고 생각했다. 유향은
이 메뚜기가 중국에 있는 곤충이 아닐 뿐더러 월남에는 한창 더울 때 남녀가 함께 개천
에서 목욕을 하는데 이때 음란한 풍조 때문에 이런 벌레가 생겼으며, 당시 엄공이 제나

---

73 거를 대국이라 해석하고 : 거鄑는 춘추시대 산동山東 지역에 있던 나라이다. 거나라 대부
모이牟夷가 두 읍邑을 가지고 노나라에 항복하자, 이에 분노한 거나라가 노나라를 공격했다.
그러나 노나라에 패하고 포로가 된 적이 있다. 『한서』 「오행지」에 나온다.

74 콩을~하거나 : 정공定公 원년(B.C.509) 10월, 서리가 내려 콩이 죽었다. 동중서는, 콩은
강한 풀이고 이것이 죽었다는 것은 권력이 강한 신하를 벌하려는 하늘의 계시임과 동시에
계씨季氏가 벌 받을 것임을 은근히 보인 것이라고 했다. 『한서』 「오행지」에 나온다.

75 무수리의~하거나 : 한나라 소제昭帝 때 무수리 떼가 창읍왕昌邑王의 궁궐 아래 모여들자,
왕은 사람을 시켜 죽이게 했다. 유향은 무수리의 색이 푸르기 때문에 궁궐에 날아든
것은 상서로운 징조라고 해석했다. 『한서』 「오행지」에 나온다.

76 메뚜기는~하고 : 『춘추』 엄공 29년에 "바퀴벌레가 나타났다[有蜮]"라고 했다. 물론
유향이 말하는 메뚜기(곧 바퀴벌레)는 월남산이 아니라 중국산이다. 『한서』 「오행지」에
나온다.

라의 음란한 여자를 부인으로 삼았고 그 부인이 두 숙부와 음란한 짓을 했으므로 월남에서 메뚜기가 왔다고 했다. [안] 메뚜기는 중국에서도 살며 월남에서만 사는 것은 아니다.】 구욕새를 외국의 새라고 주장했는데,[77] 이런 황당하고 터무니없는 잘못은 이루 셀 수 없다. 그런데도 반고가 편차를 정할 때 사료를 조정하거나 선별하지 않고 그저 오행五行이라는 것만으로 지志를 만들었으니, 또한 올바른 접근은 아니었다.

또 재해를 서술하거나 괴이한 일을 해석할 때는 매번 동중서와 경방京房의 설이 서로 상반되고, 유향과 유흠[78]의 해석은 부자간이면서도 달랐다. 【환공桓公 3년 일식이 있었다. 동중서와 유향은, 노나라와 송나라에서 임금을 죽이고 허전許田 땅을 바꾸었다고 했다.[79] 유흠은 진晉나라 곡옥曲沃의 장백莊伯이 진나라 임금을 죽였다고 했다. 경방은 뒤에 초나라 엄왕이 칭왕하고 천 리나 되는 지역을 겸병했다고 했다. 또 엄공 7년, 밤에 별이 비처럼 쏟아졌다. 유향은, 밤은 중中이니, 곧 중국이라고 했다. 유흠은, 낮은 중국을 상징하고 밤은 오랑캐를 상징한다고 했다. 유향은 또, 물여우(蜮)는 월남에서 난다고 했다. 유흠은, 한여름에는 물여우가 생기는 법이며, 월남에서 오는 것은 아니라고 했다.】 그래서 결국 그 두 해석을 기록함으로써 양측의 논리가 남게 되어 내용에 기준이 없고 사건이 더욱 번다해졌으니, 어찌 가장 중요한 것만을 포착하여 정예로운 기록만을 남기었다고 하겠는가.

---

77 구욕새를~주장했는데 : 『춘추』 소공昭公 25년, 구욕새가 둥지에 날아들었다. 유향은 그것이 오랑캐의 날짐승이라고 했다. 『한서』 「오행지」에 나온다.

78 유흠 : 유향의 아들로, 자는 자준子駿이다. 어려서부터 시서詩書를 즐기고 기억력이 좋았다. 애제哀帝 때는 외관外官으로 물러나 있었으나, 애제가 죽자 왕망王莽이 유흠을 중용하여 홍휴후紅休侯로 삼고 유림의 대표를 맡겼다. 고문경학古文經學의 대학파를 이루었다. 그러나 왕망이 한 왕조를 찬탈한 뒤 정치가 문란해지고, 또 왕망에 의해 자신의 셋째 아들이 죽자, 이에 복수하려고 일을 도모했지만 곧 누설되어 자살했다. 『한서』에 열전이 있다.

79 허전~했다 : 이 일은 노나라 은공隱公 8년의 일이다.

自漢中興已還, 迄于宋·齊, 其間司馬彪·臧榮緒·沈約·蕭子顯相承載筆, 竟志五行. 雖未能盡善, 而大較多實. 何者? 如彪之徒, 皆自以名慚漢儒, 才劣班·史, 凡所辯論, 務守常途. 旣動遵繩墨, 故理絶河漢. 兼以古書從略, 求徵應者難解; 近史尙繁, 考祥符者易洽. 此昔人所以言有乖越, 後進所以事反精審也.

한나라가 중흥한 이후부터 송·제나라까지 사마표司馬彪·장영서臧榮緒·심약沈約·소자현蕭子顯[80] 등이 역사서를 편찬할 때도 「오행지」를 만들었다. 전부 잘되었다고는 할 수 없지만, 대체로 비교적 실질적인 데가 많다. 왜 그런가?

이들 사마표 등은 모두 한나라 시대의 학자들에 비하면 자신들의 이름이 부끄럽고 재능도 반고나 사마천에 못 미친다고 생각하여 그 의논이 통상의 방법을 지키는 데만 힘썼다. 이들은 붓을 움직일 때도 규칙을 따랐으므로 동중서 등과는 해석하는 원리에서 확실히 구별되었다.[81] 아울러 예전 역사서는 간략하게 저술되어 상응하는 증거를 찾기가 어려운 한편, 근대 역사서는 상세하게 서술되는 경향이 있어 조짐에 부합하는 것을 찾기가 쉽다. 이것이 예전 사람들의 말은 사실에 어긋나고 비약이 많지만, 후진 학자들은 사실에 대해 오히려 정밀하고 바로 살폈다고 생각하는 이유이다.

---

80 사마표·장영서·심약·소자현 : 사마표는 『속한서續漢書』의 저자이다. 장영서는 관강關康과 함께 경구京口에 은거하면서 후학들을 가르쳤다. 스스로 피갈선생被褐先生이라 했는데, 당시 사람들이 장영서와 관강, 이 두 사람을 가리켜 두 은자(二隱)라고 했다. 『진서晉書』 110권을 지었으나 일실되었다. 『남제서南齊書』와 『남사南史』에 열전이 있다. 심약은 『송서宋書』 「오행지五行志」 5권이 있고, 소자현은 『남제서』 「오행지」 1권이 있다.

81 원리에서~구별되었다 : 출전은 『장자』 「소요유逍遙遊」 견오肩吾와 연숙連叔의 대화 중에, "내가 접여에게서 말을 들었는데, 너무 터무니없고 갈수록 수습이 안 되더군. 나는 그 말이 은하수처럼 끝이 없을 것 같아서 겁에 질려 오싹해졌네.[吾聞言于接輿, 大而無當, 往而不返, 吾驚怖其言猶河漢而無極也]"라고 했다. 절絶은 멀다는 뜻이다.

然則天道遼遠, 禆竈焉知? 日蝕不常, 文伯所對. 至如梓愼之占星象, 趙達之明風角, 單颺識魏祚於黄龍, 董養徵晋亂於蒼鳥, 斯皆肇彰先覺, 取驗將來, 言必有中, 語無虛發. 苟誌諸竹帛, 其誰曰不然? 若乃前事已往, 後來追證, 課彼虛說, 成此游詞, 多見其老生常談, 徒煩翰墨者矣.

그러므로 천도天道는 요원하니, 비조禆竈가 어찌 알겠는가?[82] 일식이 항상 무슨 징조가 되지 않는다는 것은 문백文伯이 대답한 대로이다.[83] 한편 재신梓愼이 별점을 친 일이나[84] 조달趙達이 풍향을 점친 일,[85] 단양單颺이 황룡을 보고 위魏나라가 들어설 것을 예언한 일이나[86] 동양董養이 푸른 새를 보고 진晋

---

82 천도는~알겠는가 : 『춘추좌씨전』 소공昭公 18년, 황혼에 화성이 보이자 비조禆竈는 정나라에 화재가 발생할 것을 예견했다. 그러자 자산子産은 "천도는 요원하고 인도는 가까우니, 어찌 알겠는가?"라며 반박했다.

83 일식이~대로이다 : 『춘추좌씨전』 소공 7년, 일식이 있을 때 진후晋侯가 문백에게 누가 일식으로 인한 재해를 당할 것인지 물었다. 문백은 "노·위나라가 꺼릴 것인데, 위나라의 재해가 크고 노나라는 작을 것입니다."라고 했다. 그 이유가 무엇인지 묻자, 문백은 "위나라의 화가 노나라보다 큽니다. 노나라는 그 재해의 여파를 받을 것입니다. 그 큰 재해는 위나라 군주의 머리로 떨어지고, 노나라 상경上卿들이 그 재해의 여파를 받을 것입니다."라고 했다.

84 재신이~일이나 : 『춘추좌씨전』 소공 17년, 혜성이 대진大辰(대화성大火星)을 지나 서쪽으로 날아가자, 대부 신수申須와 재신梓愼이 각 제후국에 커다란 화재가 날 것이라고 했다. 이때 정나라 대부 비조禆竈가 신령에게 제사를 지내자고 했으나 자산子産이 따르지 않았다. 그런데 소공 18년에 실제로 화재가 있었다.

85 조달이~일 : 조달은 하남河南 사람으로, 구궁일산九宮一算에 정통했다. 그는 점성가들을 조소하면서 "방 안으로 돌아와 문밖에 나가지 않고도 천도를 아는데, 도리어 밤낮 눈비를 맞으며 기운의 조짐을 관찰하니 힘들지 않겠는가![當回帷幕, 不出戶牖, 以知天道, 而反晝夜暴露, 以望氣祥, 不亦難乎!]"라고 했다. 『삼국지三國志 오지吳志』에 나온다.

86 단양이~일이나 : 단양의 자는 무선武宣이며, 천문·산술에 정통했다. 한나라 영제靈帝 희평熹平 말년, 황룡이 초군譙郡에 나타났다. 교현橋玄이 물었더니, 단양은 "군주가 나타날 것이다. 40년 후 용이 다시 나타날 것이다."라고 했다. 이때 위군魏郡 사람인 은등殷登이 몰래

나라에 반란이 일어날 것을 예언한 일[87] 등은 모두 실제 사건에 앞서 조짐이 명백했고 장래에 증명되었으니, 그 말은 결국 사실에 적중했으며 쓸데없는 발언이 아니었다. 그걸 역사서에 기록한들, 누가 안 된다고 할 것인가?

그렇지만 이미 지나간 일에 대해 뒤늦게 증명하려고 헛된 설로 고찰하고 근거 없는 말을 지어낸다 해도 결국 대부분 노인들이 한가롭게 늘 하는 말[88]이나 늘어놓게 되어 쓸데없이 기록만 번잡하게 만들 것이다.

子曰: "蓋有不知而作之者, 我無是也." 又曰: "君子於其所不知, 蓋闕如也." 又曰: "知之爲知之, 不知爲不知, 是知也." 嗚呼! 世之作者, 其鑒之哉! 談何容易? 駟不及舌, 無爲强著一書, 受嗤千載也. — 以上 五行志.

공자는 "대체로 잘 모르면서 지어내는 사람이 있지만, 나는 그런 사람이 아니다."[89]라고 했고, 또 "군자라면 자신이 잘 모르는 것은 비워놓는 법이

그 말을 써놓았다. 헌제獻帝 건안建安 25년(202) 봄, 황룡이 또 나타났다. 그해 봄에 위나라가 선양했다. 『후한서』 「방술전方術傳」에 나온다.

87 동양이~일 : 동양의 자는 중도仲道이다. 낙양洛陽 태학太學에 갔다가 당에 올라, "이 건물을 지어서 무엇하나, 사회질서가 무너져 대혼란이 생길 것을……."이라고 했다. 서진西晉 회재懷帝 영가永嘉 연간에 낙양 성내의 땅이 꺼지며 거위 두 마리가 나왔는데, 푸른 새는 날아가고 흰 새는 날지 못했다. 동양이 또, "예전 주나라 때 회맹을 했던 샘이 이곳이다. 푸른 것은 오랑캐의 형상이고, 흰 것은 나라의 형상이다. 다 말할 필요가 있겠는가.[昔周時所盟會狄泉即此地也. 今有二鵝, 蒼者胡象, 白者國家之象, 其可盡言乎.]"라고 탄식하고는 처자를 이끌고 촉나라 땅으로 들어가버렸다. 『진서晉書』 「은일전隱逸傳」에 나온다.

88 노인들이~말 : 『삼국지三國志 위지魏志』 「관로전管輅傳」에, 등양鄧颺이 "이는 노인이 늘 하는 말이다."라고 했고, 『사통 내편』 「서례序例」에도 '노인이 항상 하는 말[老生之恒說]'이라는 표현이 나온다.

89 대체로~아니다 : 『논어』 「술이述而」에 나온다.

다."[90]라고 했으며, "아는 것을 안다 하고 모르는 것을 모른다 하는 것이 참
으로 아는 것이다."[91]라고 했다. 이 세상의 역사가들은 이 말을 거울로 삼아
야 할 것이다. 말을 어찌 쉽게 하겠는가? 네 필의 말이 끄는 마차도 혀를 따
라잡지 못하니,[92] 억지로 책 한 권을 지어 천 년의 비웃음을 사지 말 일이다.
— 이상은 오행지이다.

或以爲:「天文」·「藝文」, 雖非『漢書』所宜取, 而可廣聞見, 難爲刪削也. 對
曰: 苟事非其限, 而越理成書, 自可觸類而長, 于何不錄? 又有要于此者, 今
可得而言焉.

어떤 이는 「천문지」와 「예문지」가 『한서』에 적절한 체례는 아니지만 견
문을 넓힐 수 있으므로 없애기는 어렵다고 한다. 하지만 내 생각에는, 만일
사안이 그 국사에 수록될 만한 범위에 들지 않는데도 원칙을 어겨가면서까지
역사서에 기록하려 한다면 유사한 성격이나 상황에 따라 범위가 넓어질 것이
니,[93] 그렇게 따진다면 기록하지 않을 것이 무엇이 있겠는가? 또한 이런 논
의보다 더 중요한 것이 있으니, 이제 그에 대해 이야기하겠다.

夫圓首方足, 含靈受氣 吉凶形於相貌, 貴賤彰於骨法, 生人之所欲知也. 四

---

90 군자라면~법이다 : 『논어』 「자로子路」에 나온다.

91 아는~것이다 : 『논어』 「위정爲政」에 나온다.

92 네 필이~못하니 : 『논어』 「안연顏淵」에 나온다.

93 유사한~것이니 : 『주역』 「계사 상繫辭上」에 "끌어다 펼치고 같은 종류를 확장하면 천하에
할 수 있는 일은 다할 것이다.[引而申之, 觸類而長之, 天下之能事畢矣]"라고 했다.

支六府, 痾療所纏, 苟詳其孔穴, 則砭灼無誤, 此養生之尤急也. 且身名並列, 親疎自明, 豈可近昧形骸, 而遠求辰象, 旣天文有志, 何不爲「人形志」乎?

인간[94]은 신령스러운 기운을 머금고 있어서 길흉이 인상에 나타나고 귀천이 골격에 표현되는데,[95] 이는 살아 있는 사람이라면 누구나 궁금해 하는 바이다. 사지와 육부[96]는 병들기 때문에 그 혈을 잘 살피면 뜸이나 침을 놓을 때 실수가 없을 것이니, 이는 양생하는 데 가장 우선적인 일이다. 인간과 하늘[97]이 공존하기는 하지만 인간의 입장에서 볼 때 무엇이 가깝고 먼지 자명한데, 어찌 가까운 내 몸도 모르면서 멀리 별자리나 탐구하고, 천문에 대해서는 지志를 만들었으면서도 어찌하여 「인형지人形志」는 만들지 않았는지 모르겠다.

茫茫九州, 言語各異. 大漢輶軒之使, 譯導而通, 足以驗風俗之不同, 示皇威之廣被. 且事當炎運, 尤相關涉, 『爾雅』釋物, 非無往例, 旣藝文有志, 何不爲「方言志」乎? 但班固綴孫卿之詞, 以序「刑法」, 探孟軻之語, 用載「食貨」, 「五行」出劉向「洪範」, 「藝文」取劉歆『七略』, 因人成事, 其目遂多. 至如許負『相經』, 揚雄『方言』, 並當時所重, 見傳流俗. 若加以二志, 幸有其

---

94 인간 : 『태평어람太平御覽』36권에 인용된 『효경원신孝經援神』에 "머리가 둥근 것은 하늘을 형상한 것이고, 발이 둥근 것은 땅을 본받은 것이다.[頭圓象天, 足方法地]"라고 했는데, 원수방족圓首方足은 곧 인간을 가리킨다.

95 길흉이~표현되는데 : 『사기』「회음후열전淮陰侯列傳」에 "귀천貴賤은 골법骨法에 달려 있고, 기쁨과 걱정은 얼굴에 달려 있다."라고 했다.

96 육부 : 육부는 심장(心), 허파(肺), 위胃, 창자(腸), 간肝, 신장(腎) 등이다.

97 인간과 하늘 : 포기룡은 신身은 인간의 모습, 명名은 하늘의 형상이라고 했다.

書，何獨捨諸? 深所未曉.

구주九州 천하는 지역이 넓어 언어가 서로 달랐다. 한漢나라의 칙사[98]도 통역을 거쳐야 말이 통했으니 풍속이 현저히 다른 것을 알 수 있고, 황제의 위엄이 널리 미쳤음을 보여주기에 충분하다. 또한 한나라가 화火의 운세에 해당되어 남쪽 나라와 교류가 깊었으므로[99] 『이아爾雅』[100]에서 사물에 대한 해설에도 방언을 쓴 전례가 없었던 것이 아닌데, 「예문지」도 있건만 왜 「방언지方言志」는 만들지 않았는지 모르겠다.

다만 반고는 순황荀況의 저술을 본받아 「형법지刑法志」를 서술했고,[101] 맹자의 말을 탐구하여 「식화지食貨志」를 썼으며,[102] 「오행지」나 「예문지」는 각각

---

98 한나라의 칙사 : 대한大漢은 『한서漢書』에서 부르던 명칭으로, 전한前漢을 말한다. 유헌軒軒은 고대 황제가 파견한 사신이 탔던 가벼운 수레이다.

99 한나라가~깊었으므로 : 염炎은 화火이다. 염운炎運이란 오행가五行家들이 말하는 화덕火德으로, 천하를 통치한 한漢나라 왕조를 가리킨다. 화는 남쪽이므로, 곧 한나라가 남쪽 나라와 관계가 깊다는 말이다.

100 『이아』 : 총 11권이며 한대漢代에 편찬된 것인데, 주공周公이 편찬했다고도 한다. 현존하는 가장 오래된 백과전서식 사전이다. 세계의 천문, 초목, 조수, 물고기 등의 이름이 실려 있어서 고대 한어의 보고이다. 13경의 하나이다.

101 반고는~서술했고 : 손경孫卿은 전국시대 말기 순황荀況으로, 조趙나라 사람이다. 제齊·초楚·진秦에서 유학하고, 제나라 수도인 임치臨淄 근방에서 학파를 형성했다. 『순자荀子』 20권이 전한다. 한때 중국에서는 유물주의 사상가로 존중되기도 했다. 『한서』 「형법지刑法志」 1권은 병법兵法과 형법刑法, 2부로 되어 있다. 병법은 『태공병법太公兵法』, 『예기』 「왕제王制」, 『순자』 「의병議兵」 및 「왕패王覇」를, 형법은 『주례』, 『순자』 「정론正論」에서부터 문제文帝·경제景帝의 조령詔令 및 후한 초의 대신들이 올린 주의奏議 등에 이르기까지의 자료를 기록하고 있다.

102 맹자의~썼으며 : 맹자는 송宋·제齊·위魏·등滕나라 등을 유세하면서 유가 정치를 설파했다. 『한서』 「식화지」는 2권으로 구성되었는데, 상권은 주나라에서부터 왕망 시대의 농정農政을 맹자의 정전제론丁田制論을 근거로 설명했고, 하권은 화폐제도에 대해 주로 『사기』 「평준서平准書」의 자료를 많이 채택했다.

유향의 『홍범洪範』과 유흠의 『칠략七略』[103]의 영향을 받은 것이다. 이렇게 다른 사람들이 이루어놓은 업적을 빌려왔기 때문에 결국 편목이 많아졌다. 허부許負의 『상경相經』[104]이나 양웅揚雄의 『방언方言』[105] 같은 경우는 모두 당시에 중요한 저술로 여겨져 세상에 유행하게 되었다. 만약 「인형지」와 「방언지」를 추가하려고 했다면 기록할 수 있는 자료가 있었을 텐데, 왜 유독 「인형지」와 「방언지」만 버려두었을까? 정말 이해하지 못할 일이다.

歷觀衆史, 諸志列名, 或前略而後詳, 或古無而今有, 雖遞補所闕, 各自以爲工, 權而論之, 皆未得其最. 盖可以爲志者, 其道有三焉: 一曰都邑志, 二曰氏族志, 三曰方物志. 何者? 京邑翼翼, 四方是則. 千門萬戶, 兆庶仰其威神; 虎踞龍蹯, 帝王表其尊極. 兼復土階卑室, 好約者所以安人; 阿房·未央, 窮奢者由其敗國. 此則其惡可以誡世, 其善可以勸後者也.

---

103 유흠의 『칠략』: 유향이 죽자 애제哀帝는 유향의 아들 유흠에게 여러 서적의 교정을 계속하게 했는데, 유향의 『별록別錄』을 개정한 『칠략七略』이 그것이다. 목록학目錄學의 주요 저술인데, 일실되었다.

104 허부의 『상경』: 허부는 전한前漢의 하내河內 온현溫縣 사람이다. 이름은 알 수 없는데, 강동江東 사람들이 모母를 부負라고 불렀으므로 이 여성도 허부라고 불렀다. 『사기』 「강후주발세가絳侯周勃世家」와 『한서』 「주발전周勃傳」에 나온다. 관상가觀相家로, 『통지通志』 「예문략藝文略」에는 『상서相書』 3권과 『금가金歌』 1권이 있다 하고, 『송사宋史』 「예문지藝文志」에는 『상결相訣』 3권과 『형신심감도形神心鑑圖』 1권이 있다고 한다.

105 양웅의 『방언』: 『방언』은 13권이며, 본래 이름은 『유헌사자절대어역별국방언輶軒使者絶代語譯別國方言』으로, 한대漢代의 중국어와 방언에 대한 명저이다. 황하, 양자강 지역의 중국어뿐만 아니라 조선과 요동반도에 이르는 소수민족의 언어까지 수집했으며, 고대 중국어 변천사의 중요 자료이다. 대진戴震의 『방언소증方言疏證』 등 주석서가 있다.

많은 역사서에서 각종 지志의 이름을 두루 살펴보면, 앞의 책은 소략한데 뒤의 책은 상세하다든지, 예전에는 없었는데 최근에는 있다든지 하여, 서로 빠진 것을 보완하고 각자 노력을 기울였다고는 하지만, 전체적으로 보면 모두 최선이라고 하기는 어렵다. 내가 생각하기에 지志가 될 수 있는 것은 「도읍지都邑志」, 「씨족지氏族志」, 「방물지方物志」 등 세 가지 경우일 듯하다. 왜 그런가?

도읍은 문화의 중심이므로 사방의 지역은 이를 표준으로 삼는다.[106] 수많은 가가호호의 모습에서 백성들은[107] 그 위엄과 장려함을 우러르고, 호랑이가 웅크리고 용이 서린 듯한 웅장함에서[108] 제왕은 그 존귀한 거처를 과시한다. 아울러 흙 계단과 낮은 지세의 거처에 살면서 절검하는 사람은[109] 인민을 편안케 하고, 아방궁阿房宮[110]이나 미앙궁未央宮[111]에 살면서 호사로움을 다하는

---

106 도읍은~삼는다 : 『시경』 「상송商頌 은무殷武」에 "상商나라 도읍이 잘 정돈되어 있으니 사방의 표준이로다.[商邑翼翼, 四方之極]"라고 했고, 『후한서』 「번준전樊准傳」에 인용되기를 "도읍이 잘 정돈되어 있으니 사방이 본보기로 삼는다.[京邑翼翼, 四方是則]"라고 했다. 익익翼翼은 웅대하고 큰 모습, 즉 수도가 갖추고 있는 문화적 지위를 보여준다.

107 수많은~백성들은 : 『문선文選』에 나오는 반고의 『서도부西都賦』에 "천 개의 문, 만 채의 집이 펼쳐져 있다.[張千門而萬戶]"라고 했다. 조서兆庶란 조민兆民, 곧 수많은 백성이다.

108 호랑이가~웅장함에서 : 장발張勃의 『오록吳錄』에서 인용한 우부虞溥의 『강표전江表傳』에 "종산은 용이 서린 모습이고, 석두성은 호랑이가 걸터앉은 모습이다.[鍾山龍盤, 石頭虎踞]"라고 한 데서 온 말로, 건업建鄴(남경南京)의 지세가 험한 요충지로서 그 모습이 웅장하다고 형용한 것이다.

109 흙 계단과~사람은 : 요와 순은 흙 계단 3단의 띠풀로 지은 집에서 살면서 절약하여 백성을 안정시켰다고 한다. 『사기』 「태사공자서太史公自序」에 나온다.

110 아방궁 : 진시황의 궁전이다. 『사기』 「진시황본기秦始皇本紀」에 "궁전 아래가 바로 남산에 닿았는데, 남산의 정상을 궁궐로 삼고 복도가 아방阿房에서 위수渭水를 건너 함양咸陽까지 열려 있었다. 이는 하늘을 본뜬 것이다. 각도閣道가 은하수를 자를 정도로 길었고, 영실營室에 이르렀다."라고 했다. 진나라 말 불에 타버렸으며, 현재 서안시西安市 아방촌阿房村에 터가 남아 있다.

자는 나라를 망친다. 이는, 나쁜 짓은 세상의 경계가 되고 좋은 일은 후세의
권계가 된다는 뜻이다.

且宮闕制度, 朝廷軌儀, 前王所爲, 後王取則. 故齊府肇建, 頌魏都以立宮;
代國初遷, 寫吳京而樹闕. 故知經始之義, 卜揆之功, 經百王而不易, 無一
日而可廢也. 至如兩漢之都咸·洛, 晋·宋之宅金陵, 魏徙伊·瀍, 齊居漳·滏,
隋氏二世, 分置兩都, 此幷規模宏遠, 名號非一. 凡爲國史者, 宜各撰「都邑
志」, 列于「輿服」之上.

　또 궁궐의 제도와 조정의 의례는 앞의 임금이 한 것을 뒤의 왕이 본받는
다. 그러므로 북제北齊의 궁궐을 처음 영건할 때 위魏나라 도읍에 대한 노래
를 가지고 궁궐을 지었고,[112] 북위北魏는 수도인 낙양으로 처음 옮길 때 오吳
나라 도읍을 그려 와서 공사에 착수했다.[113] 이로써 토지를 측량하여 공사를
시작하는 절차[114]와 길흉을 점쳐 공사를 일으키는 공정[115]이 어떤 임금을 거

---

111 미앙궁 : 소하蕭何가 건축한 한나라의 궁전이다. 주위 28리로, 무제武帝 때 다시 대대적으로
　　보수공사를 벌여 황금으로 벽을 만들고, 화씨和氏의 옥으로 칸막이를 하여 바람이 불면
　　옥이 우는 소리가 들렸다고 한다. 『삼보황도三輔黃圖』 2권에 나온다.
112 북제의~지었고 : 북제 문선제文宣帝 천보天保 9년(558), 업鄴에 삼대三臺와 궁실을 지으면서
　　위魏나라의 동작銅爵을 금풍金風으로, 금수金獸를 성응聖應으로, 수정水井을 숭광崇光으로 고쳤
　　다. 문선제는 삼대에서 신하들에게 늘 큰 잔치를 베풀었다. 『북제서北齊書』 「문선기文宣紀」에
　　나온다.
113 북위의~착수했다 : 대국代國은 북위의 초기 이름이다. 효문제孝文帝 태화太和 17년(493),
　　낙양으로 천도하기로 확정하고 동작董爵 등에게 명하여 일을 맡겼으며, 동시에 장소유蔣少游를
　　남제南齊의 업鄴으로 파견하여 그곳의 궁실과 정원 및 건축물을 그려 오게 하여 참고했다.
　　『위서魏書』 「효문제기孝文帝紀」에 나온다.

치더라도 변하지 않고 한 번도 폐지되지 않았다는 것을 알 수 있다.

전한·후한이 함양咸陽과 낙양洛陽에 수도를 잡은 일이나, 진·송나라가 남경南京에 도읍한 일,[116] 그리고 위나라가 이수伊水와 전수瀍水 사이의 낙양에, 북제가 장수漳水와 부수滏水 사이인 업鄴에, 수나라 문제文帝와 양제煬帝 2대가 두 곳에 나눠 수도를 두었던 예는 공히 규모도 굉장했고, 지명도 한결같지 않았다. 그러므로 국사를 편찬하는 사람은 「여복지輿服志」 위에 「도읍지」를 두어야 할 것이다.

金石·草木·縞紵·絲枲之流, 鳥獸·蟲魚·齒革·羽毛之類, 或百蠻攸稅, 或萬國是供, 「夏書」則編于「禹貢」, 「周書」則託于「王會」. 亦有圖形九牧之鼎, 列狀四荒之經, 觀之者擅其博聞, 學之者騁其多識. 自漢氏拓境, 無國不賓, 則有筇竹傳節, 蒟醬流味, 大宛獻其善馬, 條支致其巨雀. 爰及魏·晉, 迄于周·隋, 咸亦遐邇來往, 任土作貢. 異物歸于計吏, 其名顯于職方. 凡爲國史者, 宜各撰「方物志」, 列于「食貨」之首.

쇠·돌·풀·나무·비단·마·솜·모시 등과 들짐승·날짐승·곤충·물고기·뼈·가죽·터럭 등은 각국으로부터 세금으로 거두거나 공물을 받은 것으로, 그 내용이 「하서夏書」에서는 「우공禹貢」에 수록되어 있고[117] 「주서周書」에서는 「왕회王

---

114 토지를~절차 : 『시경』 「대아大雅 영대靈臺」에 나온다. 경시經始는 측량하고 영건을 시작한다는 뜻이다.

115 길흉을~공정 : 옛날에는 건물을 짓기 전에 길흉을 점쳤다. 규揆는 계산하고 고찰한다는 뜻이고, 공功은 공정工程이다.

116 진·송나라가~일 : 진晉은 동진東晉, 송宋은 유송劉宋, 금릉金陵은 남경시南京市이다.

117 「하서」에서는~있고 : 「하서」는 곧 『서경』의 「하서」이다.

會」에 기록되어 있다.[118] 또한 각 지역의 산물을 그려놓은 솥이나[119] 세계의 풍물을 나열하여 기록한 『산해경山海經』도 있어서,[120] 이것들을 보고 배운 사람은 견문을 넓히고 지식을 쌓을 수 있었다. 한나라가 국경을 넓힌 이래 조공을 바치지 않는 나라가 없었으니,[121] 공죽筇竹 같은 지팡이가 전파되고[122] 구장蒟醬이라는 절인 채소의 맛이 알려질 수 있었다.[123] 또 대완大宛에서는 특산물인 품질 좋은 말을 바치고, 조지條支에서는 큰 공작을 바쳤다.[124] 위·진나라에서 주·수나라에 이르기까지 멀거나 가까운 나라들이 늘 왕래하면서 지역

---

118 「주서」에는~있다 : 「주서」는 『일주서逸周書』의 편명이다. 주나라 성왕成王의 통치 이후 세계 곳곳에서 보내온 사신과 공물이 기록되어 있다. 그러나 그러한 내용 대부분이 경사經史에는 보이지 않으므로 학자들은 한대漢代 학자들의 위작僞作으로 의심하고 있다. 왕응린王應麟의 『보주補注』 등을 거쳐 그 사료적 가치가 비로소 인정되었다.

119 또한~솥이나 : 『춘추좌씨전』 선공宣公 3년, 초 장왕楚莊王이 주나라에 있는 구정九鼎의 크기와 무게를 왕손인 만滿에게 묻자, 만은 "옛날 하나라 왕조가 덕행이 있을 때 먼 곳의 나라들이 물상을 그려서 바치고, 구주九州에서는 금을 바쳤습니다. 구정을 만들어 여러 사물을 새겼는데, 모든 사물이 거기에 담겨 있어서 백성들이 신묘한 것과 간교한 것을 구분할 수 있었기 때문에 늪지나 숲 속에 들어가서도 요괴 등을 만나지 않았습니다."라고 했다.

120 세계의~있어서 : 『산해경』은 18권으로, 「오장산五藏山」·「해외海外」·「해내海內」·「대황大荒」·「중산中山」 등 5경이다. 처음에는 황당하고 기괴한 이야기로 알려졌으나, 학자들의 연구를 거쳐 고대의 신화·전설·지리·의술·동물·식물을 망라한 것으로 평가되고 있다. 원가袁珂의 『산해경교주山海經校注』가 있다.

121 한나라가~없었으니 : 척경拓境은 변경을 개척·개발한다는 뜻이고, 빈賓은 복종 및 귀순의 뜻이 있다.

122 공죽~전파되고 : 공죽은 마디가 길고 안이 차 있어서 지팡이로 활용했다. 전傳은 역驛으로, 전한다는 말이다. 절節은 곧 부절符節이므로, 역을 통하여 수송하는 것으로 보았다.

123 구장이라는~있었다 : 구장蒟醬은 청색 채소로, 절여 먹는다. 염지塩漬와 같다.

124 대완에서는~바쳤다 : 대완은 한나라 때 서역에 있던 나라이다. 쌀, 보리, 포도주, 말 등이 생산되었다. 무제武帝가 서역에 장건張騫을 파견한 후, 대완에서는 천마자天馬子를 바쳤다고 한다. 조지도 서역에 있던 나라로 사자, 코뿔소, 공작, 타조 등이 생산되었다. 『한서』 「서역전西域傳」에 나온다.

에 따라 생산된 특산물을 바쳤으므로[125] 진기한 물건들이 세금 담당 관리에게 모아짐에 따라 그 이름이 널리 알려졌다.[126] 국사를 편찬할 사람은 이러한 「방물지」를 「식화지」의 첫머리에 두어야 할 것이다.

帝王苗裔, 公侯子孫, 餘慶所鍾, 百世無絶. 能言吾祖, 郯子見師于孔公; 不識其先, 籍談取誚于嬉後. 故周撰『世本』, 式辨諸宗; 楚置三閭, 實掌王族. 逮于晚葉, 譜學尤繁, 用之于官, 可以品藻士庶; 施之于國, 可以甄別華夷. 自劉·曹受命, 雍·豫爲宅, 世冑相承, 子孫蕃衍. 及永嘉東渡, 流寓揚·越, 代氏南遷, 革夷從夏. 於是中朝·江左, 南北混淆; 華壤·邊民, 虜漢相雜. 隋有天下, 文軌大同, 江外·山東, 人物殷湊. 其間高門素族, 非復一家; 郡正州都, 世掌其任. 凡爲國史者, 宜各撰「氏族志」, 列于「百官」之下.

　제왕의 후예와 귀족의 자손은 큰 복이 모이는 사람들이어서[127] 오래도록 끊임이 없었다. 자신의 조상에 대해 잘 알았던 담자郯子를 공자가 스승으로 삼았고,[128] 자신의 선조를 알지 못했던 적담籍談은 주 경왕周景王의 힐책을 받았

---

125 지역에~바쳤으므로 : 임토작공任土作貢은 『상서』「우공禹貢 소서小序」에 "우임금은 구주를 구별하여 산을 따라 냇물을 깊이 파고 토질에 맞추어 공물을 내게 했다.[禹別九州, 隨山浚川, 任土作貢]"라고 했고, 이를 두고 공안국孔安國은 전문傳文에서 "가지고 있는 토지에 맞춰 공부의 차등을 정했다.[任其土地所有, 定其貢賦之差]"라고 했다.

126 진기한~알려졌다 : 계리計吏는 산림과 지택池澤의 세금을 담당했던 관리이다. 한나라 때는 이와 비슷한 관리로 계상計相이 있었다. 직방職方은 지도와 사방의 공물을 담당하는 관직명이다. 『주례』「하관夏官」에 나온다.

127 큰~사람들이어서 : 여경餘慶은 큰 복, 종鍾은 모인다는 뜻이다.

128 자신의~삼았고 : 공공孔公은 공자이다. 『춘추좌씨전』소공 17년, 담郯의 군주가 노나라에 조회를 왔다. 노나라 대부 숙손소자叔孫昭子가 소호少皞는 왜 새 이름으로 관직명을 삼았느냐고

던 일도[129] 있다. 그러므로 주나라에서는 『세본世本』을 편찬하여 가문을 구별했고,[130] 초나라에서는 삼려대부三閭大夫를 두어 왕족을 관장케 했다.[131] 후세에는 보학譜學이 더욱 번성하여[132] 관청에서는 이를 사서士庶의 신분을 구별하는 데 활용했고, 국가 차원에서는 중국과 오랑캐를 구별하는 수단으로 이용했다.

삼국시대 촉나라와 위나라가 건국되면서 그 자손은 옹주雍州와 예주豫州 등에 대대로 살면서 퍼져 나갔다.[133] 진나라가 남쪽으로 옮기자 강남江南 지역이 열렸고,[134] 탁발씨가 옮겨 오니 화북의 이적도 중화 풍습을 따르게 되었다.[135]

물었다. 담의 군주가 대답하기를 "우리 고조 소호씨가 집권할 때 새가 날아왔던 까닭에 관직명에 새 이름을 쓴다."라고 했다. 공자가 이 말을 듣고 그에게 가서 배웠다.

129 자신의~일도 : 『춘추좌씨전』 소공 15년에, 진晉나라 대부 순력荀躒이 주나라에 조회를 갔을 때 순력과 함께 온 적담이 잔치에 나아갔다. 주나라 경왕景王이 진나라가 공물을 바치지 않았음을 책망하자, 적담은 진나라가 산골에 있고 멀며 융적戎狄에 대비하느라 겨를이 없어서 그렇다고 했다. 경왕이, 적담의 고조高祖가 진나라의 관서官書를 관장했으므로 그대는 진나라의 역사를 잘 알고 있어야 하는데 그렇지 못하다고 하며, "아는 것은 많은데, 조상을 잊었다."라고 기롱했다. 희姬는 주나라 왕족의 성이고, 희후姬後는 희씨姬氏 성姓의 후예를 말한다.

130 주나라에서는~구별했고 : 『세본』은 선진先秦의 역사서로, 황제黃帝부터 전국시대 말까지 성씨의 원류源流·읍거邑居·생활용구·발명품 등에 관한 내용을 기록했다. 당나라 때 이미 잔결되었지만, 청대淸代에 이르러 다시 모아놓아 7종이 있다.

131 초나라에서는~했다 : 삼려三閭는 굴屈·경景·소昭의 3대 귀족 가문으로, 그 세 가문의 일을 담당하는 관직이 삼려대부이다. 굴원屈原이 이 관직을 역임했는데, 요종이饒宗頤의 『초사지명고楚辭地名考』에 상세하다.

132 후세에는~번성하여 : 만엽晚葉은 근대 또는 요즘이라는 뜻이다. 한漢나라 때는 보학이 단지 왕족에 국한되었으나, 진대晉代에 오면서 각 가문이나 성씨까지 발전했다. 조익趙翼의 『해여총서陔餘叢書』 중 『보학譜學』에 나온다. 북조는 남조보다 가보家譜를 중시했다.

133 삼국시대~나갔다 : 옹주는 섬서성陜西省 지역으로 위魏나라의 근거지였고, 예주豫州는 하남성河南省 지역으로 유비劉備의 근거지였다.

134 진나라가~열렸고 : 영가永嘉(307~312)는 서진西晉 회제懷帝의 연호이다. 동도東渡란 진나라 정부가 낙양洛陽에서 건업建鄴으로 옮긴 일이다. 양揚은 양주揚州로 강소성江蘇省 지역이며, 월越은 절강성浙江省 지역이다.

135 탁발씨가~되었다 : 대씨代氏는 선비족인 탁발부拓跋部로, 평성平城(산서山西)에서 낙양으로

이로써 중조中朝나 강좌江左가 남북으로 이동하여 섞이게 되었으며,[136] 중원이나 변방의 외족과 한족이 섞였다. 수나라가 천하를 통일한 뒤 문자와 수레의 규격이 통일되었으며, 강남과 산동에는 인물들이 대거 모여들었다. 그동안 대대로 명망 있는 가문이 한둘이 아니었으며, 군이나 주에 군정郡正이나 주도州都를 두어 대대로 그 직임을 맡게 했다.[137] 그러므로 국사를 편찬하는 사람은 「씨족지氏族志」를 「백관지百官志」의 아래에 두어야 할 것이다.

蓋自都邑以降, 氏族而往, 實爲志者所宜先, 而諸史竟無其錄. 如休文『宋籍』, 廣以「符瑞」; 伯起『魏篇』, 加以「釋老」, 徒以不急爲務, 曾何足云. 惟此類條, 粗加商略, 得失利害, 從可知矣, 庶乎後來作者, 擇其善而行之.

대체로 도읍과 씨족들이 있은 뒤에는 사실 지志를 만드는 일이 우선이겠지만, 그동안 여러 역사서에는 그런 기록이 없었다. 심약沈約의 『송서宋書』에는 새로 「부서지符瑞志」를 두어 수록 범위를 넓혔고, 위수魏收의 『위서魏書』에는 「석노지釋老志」를 보태었는데, 그저 급하지 않은 것에만 힘을 기울였으니 만족스럽다고 하기 어렵다. 이러한 지志의 종류에 대해서는 거칠게나마 대략 살펴보았으므로 장단점이나 이해를 알 수 있을 것이니, 뒷날의 역사가들이 좋은 점을 택해 시행하기 바란다.

옮겼다. 하하夏는 화하華夏 또는 한족漢族을 가리키는데, 이는 북위의 효문제孝文帝가 선비족의 성씨를 바꾸어 한족화하고 중국어와 중국 복식을 사용한 것을 말한다.

136 중조나~되었으며 : 중조는 서진西晉이 남천한 중원 지역의 세족世族이며, 강좌江左는 강남의 유력한 족성族姓이다.

137 군이나~했다 : 『송서』 「은행전 서恩倖傳序」에 "주도와 군정은 재주를 가지고 사람을 평가한다. [州都·郡正, 以才品人]"라고 했다.

或問曰; "子以都邑·氏族·方物宜各纂次, 以志名編. 夫史之有志, 多憑舊說, 苟世無其錄, 則闕而不編, 此都邑之流所以不果列志也." 對曰; 案帝王建國, 本無恒所, 作者記事, 亦在相時. 遠則漢有『三輔典』, 近則隋有『東都記』. 于南則有宋『南徐州記』·『晋宮闕名』, 于北則有『洛陽伽藍記』·『鄴都故事』. 蓋都邑之事, 盡在是矣.

어떤 이는 "그대는 도읍·씨족·방물 등을 지志라는 이름 아래 편찬해야 한다고 한다. 그런데 대개 역사서에 지志를 둘 때는 대부분 이전의 학설에 근거하고, 만일 현재 기록이 남아 있지 않다면 놔두고 편성하지 않으므로, 이것이 결과적으로 도읍 등에 대한 기록이 지志로 편재되지 못했던 이유이다."라고 말한다. 그러나 내가 생각하기에, 제왕이 도읍을 정하는 일은 원래 일정한 곳이 없지만, 저자가 사안을 기록하는 것은 역시 시대에 대한 고찰에 달려 있다. 멀리는 한나라 때 『삼보전三輔典』이 있고,[138] 가까이로는 수나라의 『동도기東都記』가 있다.[139] 남조 송나라의 『남서주기南徐州記』와 『진궁궐명晋宮闕名』이 있고,[140] 북조 위나라의 『낙양가람기洛陽伽藍記』와 『업도고사鄴都故事』가

---

138 멀리는~있고 : 『수서隋書』 「경적지經籍志 잡전雜傳」에 따르면 한나라 때 조기趙岐의 『삼보결록三輔決錄』 7권이 있었다고 하지만, 일실되었다. 조기의 자는 빈경邠卿이며, 후한 장릉長陵(서안西安) 사람이다. 청렴하고 강직하여 여러 차례 중상시中常侍 당현唐玹을 비판했다가 박해를 받았다. 강회江淮 사이로 피신한 뒤 벼슬길에 오르지 않다가 헌제獻帝 때 태상太常에 임명되었다. 그런데 이 책이 보첩류인지는 확실하지 않다. 『경적지經籍志 지리地理』에는 한나라 때 저자를 알 수 없는 『삼보황도三輔黃圖』 6권이 있었는데, 진한시대의 수도와 풍익馮翊·부풍扶風 지역의 성읍·궁궐·정원·창고·능묘 등을 상세히 기록했다고 한다. 이 역시 일실되었다.

139 가까이로는~있다 : 『통지』 「육예략六藝略」에 등세륭鄧世隆의 『동도기』 30권이 있었다고 한다. 일실되었다.

140 남조~있고 : 『남서주기』는 1권으로, 남조의 산겸山謙이 편찬했는데, 일실되었다. 『진궁궐명』은 『진궁각기晋宮閣記』라고도 하는데, 권수와 작자는 알 수 없다. 『수서』 「경적지」에 나온다.

있다.[141] 대체로 도읍에 관한 일은 모두 여기에 실려 있다.

譜牒之作, 盛于中古. 漢有趙岐『三輔決錄』, 晋有摯虞『族姓記』. 江在有兩
王『百家譜』, 中原有『方思格』. 蓋氏族之事, 盡在是矣. 自沈瑩著『臨海水
土』, 周處撰『陽羨風土』, 厥類衆多, 諒非一族. 是以地理爲書, 陸澄集而難
盡, 『水經』加注, 酈元編而不窮. 蓋方物之事, 盡在是矣. 凡此諸書, 代不乏
作, 必聚而爲志, 奚患無文? 譬夫涉海求魚, 登山采木, 至于鱗介修短, 柯條
巨細, 蓋在擇之而已. 苟爲魚人匠者, 何慮山海之貧罄哉.

  족보의 작성은 중고中古 시대에 번성했다. 한나라에는 조기趙岐의 『삼보결
록三輔決錄』이 있고 진나라에는 지우摯虞의 『족성기族姓記』가 있었다.[142] 강남
에는 두 왕씨의 『백가보百家譜』가 있고[143] 강북에는 『방사격方思格』이 있었는

  얼마간의 남은 글은 『문선文選』·『초학기初學記』 등에 나온다. 동진東晋의 사실을 기록했다.
141 북조~있다 : 『신당서』 「예문지」에 양현지陽衒之의 『낙양가람기』 5권이 보인다. 양현지는
   북위北魏의 비서감秘書監을 지냈다. 낙양의 사찰 흥폐 사실을 서술했는데, 북위 시대의 정치·인
   물·풍속·지리에 관한 중요한 역사 지리 자료이다. 범옹상范雍祥의 『교주校注』와 주조모周祖謨의
   『교석校釋』을 참고할 수 있다. 황숙림黃叔琳은 『훈고보訓故補』에서, 『신당서』 「예문지」에
   수록된 바 마온馬溫이 편찬한 2권이 『업도고사』라고 보았다. 포기룡은 마온이 당나라 숙종肅宗·
   대종代宗 때의 사람, 즉 유지기 뒤에 살았던 사람이므로 유지기가 그를 알 리 없기 때문에
   황숙림의 설은 부정확하다고 했다.
142 진나라에는~있었다 : 지우의 자는 중흡仲洽이며, 장안長安 사람이다. 재주가 많았으며, 저술을
   게을리하지 않았다. 『족성소목族姓昭穆』 10권을 편찬했다. 이 책에 당시 귀족들에 대한
   품평을 실었는데, 그것이 법에 저촉되어 탄핵을 받았다. 혜제惠帝 말, 경락京洛 일대가 혼란스러
   울 때 집에서 굶어 죽었다.
143 강남에는~있고 : 왕검王儉의 『백가집보百家集譜』 10권과 왕승유王僧孺의 『백가보百家譜』
   30권 및 『백가보집초百家譜集鈔』 15권이다. 모두 일실되었다. 『남제서南齊書』 「가연전賈淵傳」

데,[144] 대체로 씨족과 관련된 사실은 모두 여기에 남아 있다.

심영沈瑩이 『임해수토臨海水土』를 저술하고[145] 주처周處가 『양선풍토陽羨風
土』를 편찬한[146] 이래, 이러한 부류의 저작이 많아져서 한둘이 아니었다. 그러
므로 지리에 관한 책을 만들 때, 육징陸澄은 자료를 모았지만[147] 모두 망라하
지는 못했으며, 『수경水經』에 주석을 붙일 때도 역도원酈道元이 편찬한다고 했
지만 다 넣지는 못했다.[148] 대개 방물에 대한 사실도 여기에 들어 있다.

이러한 족보나 지리서들이 대대로 적지 않게 편찬되었으므로 이들을 모아

과 『남사南史』 「왕승유전王僧孺傳」에 나온다.

144 강북에는~있었는데 : 『신당서』 「예문지」에 후위後魏의 『방사격方思格』 1권이라 했다. 일실되
었다.

145 심영이 『임해수토』를 저술하고 : 심영은 삼국시대 오나라 장수로, 청건병靑巾兵이라는 정예병
5천을 거느렸다. 진나라 초, 진의 장수 장한張翰이 양자강을 건너 오나라를 쳤을 때 패하여
포로가 되었다. 『임해수토이물지臨海水土異物志』 1권을 지었으나, 일실되었다.

146 주처가 『양선풍토』를 편찬한 : 주처의 자는 자은子隱이며, 의흥義興(강소江蘇) 사람이다.
자신의 담력을 믿고 감정대로 하는 경향이 있어 주변 사람들의 미움을 샀으며, 세 가지
해(이마가 하얀 짐승, 교룡, 주처)를 제거하지 못했다는 이유로 고소당했다. 이에 그는 흰
이마 짐승과 교룡을 죽이고 자신도 마음을 돌이켜 오나라로 가 육기陸機·육운陸雲에게 가르침을
청하고 독서에 열중했다. 후일 진나라 군사를 따라 출정했다가 전사했다. 『진서晉書』에
열전이 있다. 『양선풍토기』 3권은 일실되었다.

147 육징은 자료를 모았지만 : 육징의 자는 언심彦深이고, 오군吳郡(강소江蘇) 사람이다. 학식이
높고 기억력이 좋아서 왕검이 육공서주陸公書廚라고 칭했다. 지리학 연구에 조예가 깊어
『산해경山海經』 이하 160명 학자의 책으로 『지리서초地理書鈔』 24권, 『지리서地理書』 149권을
편찬했는데, 일실되었다. 『남제서』에 열전이 있다.

148 『수경』에~못했다 : 역원酈元은 역도원酈道元으로, 자는 선장善長이며, 범양范陽(하북河北)
사람이다. 부친의 부임지인 산동에서 소년기를 보냈는데, 도랑이나 작은 물길을 답사하고
찾는 데 흥미를 가졌다고 한다. 커서는 여지서輿地書를 더욱 열심히 공부했다. 그는 『산해경』과
「우공」이 소략하고 『수경』도 설명이 빠졌다고 생각하여 『수경주水經注』 40권을 지었다.
직접 산천과 발원지를 답사하여 전설과 소문을 검증했다. 맥락이 분명하며, 모두 1,200여
조에 이른다. 『위서』와 『북사』에 열전이 있다.

서 지志를 만든다면 어찌 기록이 없다고 걱정할 것인가? 굳이 비유하자면, 바닷가에서 물고기를 잡고 산에 올라 나무를 하는 격이니,[149] 큰 물고기를 잡든 작은 물고기를 잡든, 큰 나무를 베든 작은 나무를 베든 그것은 선택의 문제일 뿐이다. 참으로 어부가 되거나 목수가 되려고 한다면 산과 바다에 나무나 물고기가 없을까 걱정할 필요는 없을 것이다. 史通

---

149 바닷가에서~격이니 : 『포박자抱朴子』「균세鈞世」에 "고서가 많지만 모두 훌륭하다고 할 수는 없다. 학자에게는 산이나 연못과 같으니 기록하는 사람이 그중에서 물고기와 짐승을 잡아야 할 것이다."라고 했다.

「논찬論贊」은 사평이나 사론으로 알려진 역사가의 사실 해석과 평가에 대한 논의를 담고 있다. 9편 『논찬』부터 13편 『편차編次』까지, 그리고 32편 『서전序傳』은 역사서의 양식(Style)으로 보아야 할 것 같다.

『춘추좌씨전』에서 좌구명은 '군자'라는 이름으로 사평을 남겼다. 『사기』에서 사마천은 '태사공'이라 했으며, 반고는 『한서』에서 '찬'이라고 했다. 유지기는 사평의 명칭이 다양하지만 그 의미는 하나라고 보았다.

사론이란 먼저 의혹을 변별해주고 이해가 안 되는 곳을 설명해주는 것이다. 그런데 유지기는 동아시아 역사학의 아버지로 불리는 사마천에 대해서 문맥으로 보아 필요하지 않은 내용까지 사론에 담아냄으로써 번잡하게 만들었다고 비판했다. 사론은 압축적이어야 한다는 것이다.

한편 유지기는 사마천을 비판하면서도 그의 사론이 담백하며 의미가 깊다고 했다. 이후의 사론은 실제보다는 꾸밈이 많고, 문장의 수사에 비해 이치가 적어졌다는 것이다. 특히 취사선택에서 타당성을 잃거나 그 시비의 중용을 잃는 경우를 경계했다.

内篇
09

다양한 사론의 전개
論贊

論贊

『春秋左氏傳』每有發論, 假君子以稱之. 二『傳』云公羊子·穀梁子, 『史記』云太史公. 旣而班固曰贊, 荀悅曰論, 『東觀』曰序, 謝承曰詮, 陳壽曰評, 王隱曰議, 何法盛曰述, 揚雄曰譔, 劉昞曰奏, 袁宏·裴子野自顯姓名, 皇甫謐·葛洪列其所號. 史官所撰, 通稱史臣. 其名萬殊, 其義一揆. 必取便於時者, 則總歸論贊焉.

『춘추좌씨전』에서는 매번 사론史論을 시작할 때 평론한 자신을 가리켜 군자君子라고 불렀다.[1] 『공양전公羊傳』과 『곡량전穀梁傳』 두 주석서에서는 각각 공양자公羊子 및 곡량자穀梁子라고 했으며, 『사기』에서는 태사공太史公이라고 불렀다. 나중에 반고는 『한서漢書』에서 찬贊이라 했고, 순열은 『한기漢紀』에서 논論이라고 했으며, 『동관한기東觀漢記』에서는 서序라 했고, 사승은 『후한서』에서 전詮, 진수는 『삼국지三國志』에서 평評, 왕은은 『진서晉書』에서 의議, 하법성은 『진중흥서晉中興書』에서 술述, 양웅은 선譔,[2] 유병[3]은 『삼국략기三國略

---

1 『춘추좌씨전』에서는~불렀다 : 여기서 말하는 사평자는 좌씨, 곧 좌구명을 말한다. 사평의 형식은, 전문에 '군자가 생각하기에[君子以爲]', '군자는 말하기를[君子曰]' 등으로 표현된다.

2 양웅은~선 : 원문의 양웅揚雄은 상거常璩일 듯하다. 양웅의 『법언法言』은 논찬체가 아니며, 상거가 『화양국지華陽國志』에서 처음으로 찬왈撰曰이라 했다.

3 유병 : 자는 연명延明이고, 돈황敦煌(감숙甘肅) 사람이다. 처음에는 주천酒川에 은거하면서 500여 학생을 가르쳤다. 서량西凉 무소왕武昭王 이고李暠가 그를 불러 유림좨주儒林祭酒로

記』에서 주奏, 원굉과 배자야는 『후한기後漢紀』와 『송략宋略』에서 자신의 성명을 그대로 사용했으며, 황보밀과 갈홍은 『제왕세기帝王世紀』와 『포박자抱朴子』에서 현안선생玄晏先生 및 포박자抱朴子라는 자신의 호를 사용했다. 사관이 사평을 찬술할 때는 보통 사신史臣이라고 통칭했다. 아무튼 그 명칭은 다양하지만 그 의미는 하나로, 굳이 요즘 듣기 편한 말로 쓴다면 모두 논찬論贊이라고 불러도 될 것이다.

夫論者, 所以辯疑惑, 釋凝滯. 若愚知共了, 固無俟商確. 丘明'君子曰'者, 其義實在于斯. 司馬遷始限以篇終, 各書一論, 必理有非要, 則強生其文, 史論之繁, 實萌于此. 夫擬『春秋』成史, 持論尤宜闊略. 其有本無疑事, 輒設論以裁之, 此皆私徇筆端, 苟衒文彩, 嘉辭美句, 寄諸簡冊, 豈知史書之大體, 載削之指歸者哉? 必尋其得失, 考其異同. 子長淡泊有味, 承祚儒緩不切, 賢才間出, 隔世同科. 孟堅辭惟溫雅, 理多愜當, 其尤美者, 有典誥之風, 翩翩奕奕, 良可詠也. 仲豫義理雖長, 失在繁富.

　사론이란 의혹을 변별해주고 막히는 곳을 풀어주기 위한 것이다. 누구나 알 수 있는 것이라면 굳이 설명할 필요가 없다. 좌구명이 '군자 왈君子曰'이라 한 것은 그 의미가 바로 여기에 있다. 사마천은 처음으로 각 편마다 마지막에 사론을 써 넣었는데, 문맥으로 보아 꼭 필요하지 않은데도 억지로 글을 만들었다. 사론의 번잡함은 실로 여기에서 싹텄다고 할 수 있다.

삼았다. 둘 다 학문을 좋아했으며, 유병에 대해 소왕은 마치 유비가 제갈량을 얻은 듯하다고 했다. 유병이 『사기』에 감동하여 전후 『한서』를 줄여 『삼사三史』 130편, 84권을 지었다. 일실되었다. 『위서魏書』 권52에 열전이 있다.

『춘추』를 모방하여 역사서를 쓰려고 한다면 그 견해가 한층 압축적이어야한다. 의혹이 생길 만한 데가 없는데도 번번이 사론을 만들어 평론한다면, 이는 모두 사사롭게 붓끝을 좇고 구차하게 문체만을 자랑하며 미사여구만 기록에 덧붙이는 것이니, 어찌 역사서의 원칙과 기록을 싣고 삭제하는 것의 근본적 의미를 안다고 하겠는가. 반드시 사평의 잘잘못과 함께 같고 다름을 고찰해야 한다.

사마천司馬遷은 담백하며 의미가 깊고, 진수陳壽는 여유로우며 각박하지 않았는데,[4] 이렇듯 뛰어난 학자들은 세상에 드물 뿐 아니라 세대 차이에도 불구하고 비슷한 수준이라고 할 수 있다. 반고의 글은 온아하고 의미도 타당하며, 더욱 훌륭한 점은 『상서』의 「요전」·「순전」이나 「대고大誥」·「강고康誥」의 유풍이 남아 있어 품격이 아름답고[5] 참으로 낭송할 만하다는 것이다. 순열의 글은 의미가 깊지만 번거로운 데가 많은 것이 결점이다.

自兹以降, 流宕忘返, 大抵皆華多于實, 理少于文, 鼓其雄辭, 誇其儷事. 必擇其善者, 則干寶·范曄·裴子野是其最也, 沈約·臧榮緖·蕭子顯抑其次也. 孫安國都無足採, 習鑿齒時有可觀. 若袁彦伯之務飾玄言, 謝靈運之虛張高論, 玉厄無當, 曾何足云! 王劭『志』在簡直, 言兼鄙野, 苟得其理, 遂忘其文, 觀過知仁, 斯之謂矣. 大唐修『晉書』, 作者皆當代詞人, 遠棄史·班, 近

---

4 진수는~않았는데 : 승조承祚는 진수陳壽의 자이다. 유儒는 유연하고 편안한 모습이며, 부절不切은 가볍지 않고 각박하지 않은 것이다.

5 품격이 아름답고 : 번번翩翩은 문장의 품격이 우수하다는 뜻이고, 혁혁奕奕은 빛난다는 뜻이다. 원래 『문심조룡文心雕龍』 「사전史傳」에 "반고가 한나라를 서술한 것을 보면 … 그 10지志는 해박하고 사평이 폭넓으며 학식과 우아함이 잘 어울려 실로 남는 맛이 있다."라고 했다.

宗徐・庾. 夫以飾彼輕薄之句, 而編爲史籍之文, 無異加粉黛于壯夫, 服綺
紈于高士者矣.

이 이후로는 돌아보지도 않고 마음대로 하여 대개 실질보다는 꾸밈이 많
고 문장의 수사에 비해 이치가 적어졌으며, 그럴 듯한 말이나 당시 변려체駢
儷體의 상투적인 문장을 과시했다. 그러나 굳이 그중에서 우수한 인물을 가린
다면, 간보干寶・범엽范曄・배자야裴子野 등이 가장 낮고, 심약沈約・장영서臧榮緖・
소자현蕭子顯이 그 다음이다. 손성孫盛의 경우는 전혀 채택할 것이 없고,[6] 습착
치習鑿齒의 경우에는 가끔 볼 만한 것이 있다.[7] 원굉袁宏[8]이 애써 심오한 어투
를 사용한 것과 사령운謝靈運이 고담준론으로 허세를 부린 것은[9] 마치 밑 빠
진 옥 술잔 같으니[10] 말할 것도 없다. 왕소의 『제지齊志』는 간명하고 곧았지

---

6 손성의~없고 : 안국安國은 손성의 자이다. 도都는 '전혀', '완전히'라는 뜻을 지닌 부사이다.
7 습착치의~있다 : 습착치의 자는 언위彦威, 양양襄陽(호북湖北) 사람으로, 세족世族이다. 박학하
여 환온桓溫의 신뢰를 받았다. 나중에 환온의 야심이 드러나자 『한진춘추漢晉春秋』를 지어
경고했는데, 그 내용은 후한 광무제에서 시작하여 진 민제晉愍帝에서 끝난다. 삼국 중에서
촉나라를 정통으로 삼았다. 부견苻堅이 양양을 함락한 뒤에는 벼슬길에 오르지 않았다.
부견의 군대가 철수한 뒤 동진 조정에서 습착치를 불러 국사를 맡기려 했으나, 그때는
이미 병으로 사망한 뒤였다. 『진서晉書』에 열전이 있다.
8 원굉 : 언백彦伯은 원굉袁宏의 자이다. 『진서晉書』 권92 「문원전文苑傳」에 보면 『후한기後漢紀』
30권을 편찬했다고 했다.
9 사령운이~것은 : 사령운은 진군陳郡 양하陽夏(하남河南) 사람이다. 동진東晉 세족 출신으로,
책을 많이 읽었고 글을 잘 지었다. 남조 송나라 때 비서감에 임명되어 전적을 정리했다.
『진서晉書』 35권을 편찬했다. 내부 권력투쟁이 첨예화되자 반란을 도모했지만, 결국 잡혀서
광주廣州로 귀양을 간 뒤 피살되었다. 『송서宋書』에 열전이 있다. 장張은 저술・찬술이며,
고론高論은 여기서 공론空論의 인상이 짙다.
10 마치~같으니 : 『한비자韓非子』 「외저우外儲右」에 "천금의 옥 술잔이라도 밑이 뚫려 담을
수 없다면 물조차 채울 수 없고, 구운 그릇이라도 새지 않으면 술을 채울 수 있다."라고
했다.

만 언어는 조잡했고, 이치는 올바르다 하더라도 결국 정당한 문장을 잊었으니, 무엇을 잘못하는지를 보면 그 사람의 인격을 알 수 있다는 말이 이것이다.[11] 우리 당나라에 들어와 『진서晉書』를 찬수했는데, 편찬자들은 모두 당시의 문장 위주로 익힌 사람들이었으므로 멀리 사마천이나 반고에게 배우지 않고 가까이 서릉徐陵이나 유신庾信[12]만을 본받았다. 그처럼 경박한 문장으로 수식하여 역사서의 문장을 삼는 것은 대장부에게 눈썹을 그려주는 짓이거나 도가 높은 학자에게 화려한 꽃무늬 옷을 입게 하는 짓과 다를 바 없다.

史之有論也, 皆欲事無重出, 文省可知. 如太史公曰; "觀張良貌, 如美婦人"; "項羽重瞳, 豈舜苗裔?", 此則別加他語, 以補書中, 所謂事無重出也. 又如班固贊曰; "石建之浣衣, 君子非之"; "楊王孫裸葬, 賢于秦始皇遠矣," 此則片言如約, 而諸義甚備, 所謂文省可知者也. 及後來讚語之作, 多錄紀傳之言, 其有所異, 唯加文飾而已. 至于甚者, 則天子操行, 具諸紀末, 繼以論曰, 接武前修, 紀論不殊, 徒爲再列.

역사서에 사론이 있는 것은 모두 사안이 중복되어 나오지 않게 하고 문장

---

11 무엇을~이것이다 : 『논어』「이인里仁」에 "잘못을 보면 그 사람의 어진 정도를 안다.[觀過, 斯知仁矣]"라고 했다.

12 서릉이나 유신 : 서릉의 자는 효목孝穆이고, 동해담東海郯(산동山東) 사람이다. 8세에 이미 문장을 잘했고, 13세에는 노자와 장자에 정통했다고 한다. 양梁나라 때 비서감을 지냈으며, 조정의 주요 문서는 모두 그의 손에서 나왔다고 한다. 『진서陳書』와 『남사南史』에 열전이 있다. 유신의 자는 자산子山이고, 남양南陽 신야新野(하남河南) 사람이다. 『좌씨전』에 정통했으며, 서릉과 함께 시로 이름을 날렸다. 이들의 궁체시宮體詩는 서유체徐庾體라고 불린다. 『주서周書』와 『북사北史』에 열전이 있다.

은 간결하면서도 내용을 알 수 있게 하고자 함이다. 사마천이 "장량張良은 아름다운 아녀자 같았다."[13]라든지, "항우項羽의 눈동자가 둘이라 하지만, 어찌 순임금의 후손이겠는가?"[14]라고 한 것은 본문에 없는 말을 별도로 추가하여 보충했던 것이니, 이것이 바로 사안을 중복하지 않는다고 하는 것이다.

또 반고가 논찬하기를 "석건石建이 옷을 빤 일을 군자가 비판했다."[15]라고 하거나, "양왕손楊王孫이 간소하게 자신의 장례를 치르게 한 것은 그의 인격이 진시황보다 훨씬 뛰어남을 말해준다."[16]라고 한 것은, 한마디로 줄여 말했음에도 여러 의미가 깊이 갖춰져 있으니, 문장은 간결하면서도 내용을 알 수 있다고 한 것이다. 이후에 논찬을 지을 때는 본기나 열전에 있는 말을 대부분

---

13 장량은~같았다 : 장량의 자는 자방子房이며, 본디 한韓나라 사람이다. 젊어서 진시황을 암살하려 했으나, 실패하고 유방의 군대에 귀의했다. 전국을 통일한 뒤, 공신으로 봉해지고 유후留侯가 되었다. 사마천의 말은 『사기』 「유후세가留侯世家」에 나온다.

14 항우의~이겠는가 : 『사기』 「항우본기項羽本紀」에 나온다. 중동重瞳은 눈동자가 둘이라는 말이다.

15 석건이~비판했다 : '石建之浣衣' 대신 '萬石君之爲父浣衣'라고 한 판본(『사고전서』본)도 있는데, 이는 잘못이다. 만석건萬石建은 만석군萬石君의 큰아들로, 한 문제漢文帝 때 낭중령郎中令에 임명되었다. 만석건은 나이가 들어서도 몰래 하인을 시켜 닷새마다 아버지의 빨래옷을 갖고 오게 하여 직접 빤 뒤 다시 아버지가 모르게 하인에게 들려 보냈다. 위의 말은 『한서』 「만석건전萬石建傳」의 찬에 보이는데, 왕선겸王先謙의 『보주補注』에 "석건이 옷을 빨았는데, 이것이 효도이다. 군자가 비판한 것은 대개 대신의 체통이 아니었기 때문이다.[石建澣衣, 自是孝道. 君子譏之, 蓋以非大臣之體]"라고 했다.

16 양왕손이~말해준다 : 양왕손은 자신의 병이 위독해지자 자식에게 "나를 맨몸으로 묻어달라. 내 진심에 반해 절대 내 뜻을 저버리지 말라.[吾欲贏葬. 以反吾眞, 必無易吾意]"라고 했다. 『한서』 「양왕손전楊王孫傳」의 논찬에 "옛날에 공자가 중도中道의 학자를 얻지 못하면 진취적이거나 지킬 것을 지키는 사람을 생각한다고 했다. 양왕손의 심지를 보면 진시황보다 훨씬 어질다.[昔仲尼稱, 不得中行, 則思狂狷. 觀楊王孫之志, 賢于秦始皇遠矣]"라고 했다. 『논어』 「자로子路」에 공자가 "중도의 학자를 얻어 함께할 수 없다면 반드시 광자狂者나 견자狷者와 어울릴 것이다. 광자는 진취적이고 견자는 하지 않는 것이 있다.[子曰: "不得中行而與之, 必也狂乎! 狂者, 進取; 狷者, 有所不爲也]"라고 말했다.

기록했고 다른 점이라고는 그저 문장을 꾸민 것뿐이다. 심지어 천자의 행동거지가 본기 끝 부분에 두루 갖춰져 있는데도, 이어서 사론에다 앞의 내용을 그대로 적음으로써 본기와 사론의 차이가 없이 그저 다시 늘어놓기도 했다.

馬遷「自序傳」後, 歷寫諸篇, 各敍其意. 旣而班固變爲詩體, 號之曰述. 范曄改彼述名, 呼之以贊. 尋述贊爲例, 篇有一章, 事多者則約之使少, 理寡者則張之令大, 名實多爽, 詳略不同. 且欲觀人之善惡, 史之褒貶, 蓋無假于此也. 然固之總述, 合在一篇, 使其條貫有序, 歷然可閱. 蔚宗『後書』, 實同班氏, 乃各附本事, 書于卷末, 篇目相離, 斷絶失次. 而後生作者, 不悟其非, 如蕭·李南·北『齊史』, 大唐新修『晉史』, 皆依范『書』誤本, 篇終有贊. 夫每卷立論, 其煩已多, 而嗣論以贊, 爲黷彌甚. 亦猶文士製碑, 序終而續以銘曰, 釋氏演法, 義盡而宣以偈言. 苟撰史若斯, 難以議夫簡要者矣.

사마천은 「자서전」 뒤에 『사기』의 각 편에 대해 열거하면서 그 의의를 서술했으며,[17] 나중에 반고는 시의 문체로 바꿔 술述이라고 불렀고, 범엽은 술이란 명칭을 고쳐 찬贊이라고 했다. 찬이나 술의 체례를 보면, 편마다 그것을 적되 사안이 많은 것은 줄이고 의미가 적게 표현된 것은 늘렸지만, 명실名實이 어긋나는 데가 많고 상략詳略이 같지 않았다. 또 사람의 선악이나 사건에 대한 포폄褒貶을 보고자 해도 대개 이와 차이가 없었다.

하지만 반고의 총술은 한 편으로 이루어지고, 그 조목이 차례로 설정되어 있어 한눈에 볼 수 있다. 범엽의 『후한서』의 경우에 내용은 반고와 같지만,

---

17 사마천은~서술했으며 : 『사기』 열전 권70의 「태사공자서太史公自序」가 본문에서 말하는 사마천의 「자서전自序傳」이다.

범엽은 각각 본래의 사실에 첨부하되 권 마지막에 찬을 기록했으며, 편목이 분리되고 맥락이 제대로 이어지지 않았다.[18] 그런데도 후대의 편찬자들은 그 잘못을 깨닫지 못했다. 소자현의 『남제서南齊書』나 이백약의 『북제서北齊書』[19] 및 당나라에 들어서 새로 편찬한 『진서晉書』는 모두 범엽의 『후한서』의 잘 못된 체재를 본떠 각 편의 끝에 찬을 써 넣었다. 매 권마다 논論이 있는 것만 도 이미 번거로운데, 논에 이어서 찬贊이 있기 때문에 번거로움이 더 심해졌 다. 어떤 문사가 비문을 지을 때 서序의 내용이 끝났음에도 이어서 명왈銘曰 이라고 덧붙이는 것이나, 부처의 설법으로 의미를 모두 전달했음에도 게송偈 頌을 펴는 것과 같다.[20] 이와 같이 역사를 편찬한다면 그 간결성이나 핵심을 얻었다고 말하기 어렵다.

至若與奪乖宜, 是非失中. 如班固之深排賈誼, 范曄之虛美隗囂, 陳壽謂諸 葛不逮管·蕭, 魏收稱爾朱可方伊·霍. 或言傷其實, 或擬非其倫. 必備加擊 難, 則五車難盡. 故略陳梗槪, 一言以蔽之.

---

18 범엽의~않았다 : 유지기가 이렇게 평가하는 이유는, 범엽이 각 편 끝에 논論을 쓴 뒤 또다시 찬贊을 썼기 때문이다. 이럴 경우 사론이 이중으로 작성되는 셈이다.

19 이백약의 『북제서』: 이백약李百藥의 부친 이덕림李德林은 수나라의 내사령內史令이었다. 문제文帝 때, 이백약은 부친의 작위를 이어받아 안평공安平公에 봉해졌다. 또 양소楊素와 우홍牛弘이 그의 재주를 인정하여 예부 원외랑禮部員外郞에 임명되었다. 당나라 태종 때 중서사인中書舍人과 예부시랑禮部侍郞을 역임했다. 당시 분봉제分封制를 통해 공신들을 장려하 자는 주장이 나왔으나, 이백약이 「봉건론封建論」을 지어 분봉의 폐단을 지적하자 태종이 그의 의견을 받아들였다. 『북제서』 55권을 지었다. 신·구 『당서唐書』에 열전이 있다.

20 부처의~같다 : 석씨釋氏는 석가모니의 줄임말이고, 연법演法은 불법 강의이다. 게偈는 노래한다는 뜻을 지닌 산스크리트어의 음역이며, 결게結偈·초게初偈·후게後偈·주리게周利偈 등 4종류가 있다.

취사선택에서 타당성을 잃거나 그 시비의 중용을 잃는 경우도 있다. 반고가 가의賈誼를 심하게 배척한 것,[21] 범엽이 외효隗囂를 헛되이 추앙한 것,[22] 진수가 제갈량은 관중管仲이나 소하蕭何에 미치지 못한다고 평한 것,[23] 위수가 이주영爾朱榮을 이윤伊尹과 곽광霍光에 견줄 만하다고 말한 것[24]과 같이 실상을 해치는 말을 하기도 하고 서로 적절하지 않은 인물과 비교하기도 했다. 이러한 사례를 일일이 들어 문제를 삼자면[25] 다섯 수레로도 모자란다. 그러므로 그 대강만 진술하고 한마디로 줄이고자 한다. 史通

---

21 반고가~것 : 『한서』「가의전 찬賈誼傳贊」에서 반고는 가의의 오이五餌와 삼표三表 정책을 비판했다. 오이는 흉노의 풍속이나 습관을 붕괴시킬 다섯 가지 수단이고, 삼표는 세 가지 정책 원칙을 말한다.

22 범엽이~것 : 『후한서』「외효전 논隗囂傳論」에 "외효가 천명을 받고 그 상대가 광무제光武帝가 아니었다면, 비록 문왕文王과 앉아 의논을 하더라도 그다지 웃음거리가 되지 않았을 것이다."라고 했고, 찬贊에는 "공손술公孫述은 관료에 익숙했고, 외왕隗王은 인재를 얻었다."라고 했다. 광무제가 중원을 평정했을 때 진秦 지역에 근거한 외효隗囂와 촉蜀 땅의 성도成都에 거점을 둔 공손술公孫述만 항복하지 않았다.

23 진수가~것 : 『삼국지三國志 촉지蜀志』「제갈량전 찬諸葛亮傳贊」에 보인다.

24 위수가~것 : 『위서魏書』「이주영전爾朱榮傳」 사신史臣의 평에 보인다.

25 이러한~삼자면 : 격난擊難은 누구를 가리켜 비판하다는 뜻이다. 건책譴責과 같은 의미다. 『안씨가훈顏氏家訓』「문장文章」참고. 격비擊排라고도 한다.

夫自二儀既判垂玄象之文萬
肇化生彰紀事之實蒼頡沮誦
以前造物代爲敷揚山川曲爲
擴寫何必入抽金匱之藏世櫃

「서례序例」란 저자의 저술 의도를 설명한 것인데, 『서경』이나 『시경』에서는 매 편마다 서序를 붙여 의의를 설명해놓았다. 유지기는 「서례」에서도 역사 서술에 필요한 자질이 중요하고, 문장의 아름다움을 과시하는 경향을 경계해야 한다고 강조한다.

유지기에 따르면, 역사서에 체례가 있는 것은 국가에 법이 있는 것과 같다. 국가에 법이 없으면 위아래가 안정되지 못하는 것처럼 역사서에 체례가 없으면 옳고 그름을 가릴 기준이 없게 된다.

오랜 세월이 지나면서 역사서의 체재가 변하고 이에 따라 『춘추』와 『좌씨전』의 전통이 단절되었다가, 간보의 『진기』이후에야 다시 역사서의 체례가 중흥하고 발전했다. 유지기는 범례가 설정되면 본기나 열전과도 부합해야 한다고 말한다. 따라서 「서례」 편은 열전의 체재와 본기의 체재에 대한 논의와 함께 읽어야 한다. 근거 없는 제목이나 잘못된 포폄에 대한 논의는 『사통』의 각 편에서 다뤘으므로 여기서는 생략했다.

内篇
10

서문과 범례의 발달
序例

序例

孔安國有云: "序者, 所以敍作者之意也." 竊以『書』列典·謨, 『詩』含比·興,
若不先敍其意, 難以曲得其情, 故每篇有序, 敷暢厥義. 降逮『史』·『漢』, 以
記事爲宗, 至于表·志·雜傳, 亦時復立序. 文兼史體, 狀若子書. 然可與誥·
誓相參, 風·雅齊列矣.

　공안국孔安國이 말하기를 "서序란 작자의 저술 의도를 설명한 것이다."라고
했다.[1] 『서경』의 전典과 모謨, 『시경』의 비比와 흥興 같은 것들은 저술 의도를
먼저 설명하지 않으면 그 본의를 알기 어렵기 때문에 매 편마다 서를 붙여
의의를 분명히 진술했다.[2] 『사기』와 『한서』에 이르러서는 사건에 대한 기록
을 위주로 했지만, 표表·지志·전傳 등은 경우에 따라 서를 다시 두었다. 문장
은 역사 서술체이고, 구성은 제자백가 저서의 체재와 같았다. 그렇지만 『서
경』의 고誥·서誓 및 『시경』의 풍風·아雅와 비교할 때 뒤떨어지지 않았다.

逮華嶠『後漢』, 多同班氏·如劉平·江革等傳, 其序先言孝道, 次述毛義養
親. 此則『前漢』王·貢傳體, 其篇以四晧爲始也. 嶠言辭簡質, 敍致溫雅, 味
其宗旨, 亦孟堅之亞歟. 爰泊范曄, 始革其流, 遺棄史才, 矜衒文彩. 後來所

---

1 공안국은~했다 : 『서경』「서序」에 보인다.
2 의의를 분명히 진술했다 : 부敷는 진술하다, 창暢은 분명히 밝힌다는 뜻이다.

作, 他皆若斯. 於是遷·固之道忽諸, 微婉之風替矣. 若乃后妃·烈女·文苑·儒林, 凡此之流, 范氏莫不列序. 夫前史所有, 而我書獨無, 世之作者, 以爲恥愧, 故上自『晋』·『宋』, 下及『陳』·『隋』, 每書必序, 課成其數.

화교華嶠의 『후한서』는 반고班固의 『한서』와 대체로 같다. 예를 들어 유평劉平·강혁江革[3]의 열전에서는 서序에서 먼저 효도에 관한 일을 말하고 다음으로 모의毛義가 부모를 잘 모신 일을 서술했다. 이것은 『전한서』의 왕길王吉이나 공우貢禹[4]의 열전과 체재가 같은데, 여기서는 도가 높은 네 학자 상산사호商山四晧에 대한 이야기로 시작하고 있다. 화교의 문장은 간결하고 격조 있게 이치가 서술되어 있으며, 그 생각의 근원을 음미해보면 반고에 버금간다.

그런데 범엽范曄에 이르러[5] 처음으로 그런 흐름이 변하여 역사 서술에 필요한 자질은 도외시하고 문장의 아름다움을 과시하는 데만 집중했다. 이후에 다른 사람들이 저술한 것들도 모두 이와 같았다. 이에 사마천과 반고의 유풍이 갑자기 사라지고,[6] 은미하고 완곡하게 서술하는 방식도 쇠퇴했다. 범엽은

---

3 강혁 : 자는 차옹次翁이고, 임치臨淄(산동山東) 사람이다. 세상이 혼란스러워지자, 강혁은 모친을 업고 피난했다. 집안이 곤궁하여 품팔로 모친을 봉양했으므로, 사람들이 '큰효자 강씨(江巨孝)'라고 불렀다. 뒷날 사공장사司空長史와 간의대부諫議大夫를 지냈다. 『후한서』에 열전이 있다.

4 왕길이나 공우 : 왕王은 왕길王吉이며, 공貢은 공우貢禹이다. 공우의 자는 소옹少翁이며, 낭야琅琊(산동山東) 사람이다. 흉년이 들어 사람들이 살기 어려워지자, 공우는 원제元帝에게 비용을 절감하고 가난을 구제하라고 상소했다. 여러 차례에 걸친 상소 끝에, 3년마다 내야 하는 호구세戶口稅를 7년 납부로 고치는 성과를 얻어냈다. 『한서』에 열전이 있다.

5 이르러 : 계洎는 지至 또는 도到와 같은 뜻이다.

6 갑자기 사라지고 : 『춘추좌씨전』 문공文公 5년에, 노나라 장문중臧文仲이 육六나라와 요蓼나라가 망했다는 말을 듣고 "고요皋陶와 정견庭堅이 갑자기[忽諸] 제사를 받지 못하게 되었다."라고 했다. 홀저忽諸는 갑자기 사라지는 모습이다.

후비后妃·열녀烈女·문원文苑·유림儒林과 같은 열전에도 모두 서를 두었다. 역사서를 편찬하는 사람들이 이전의 역사서에는 있는 것이 자신의 저술에만 없음을 부끄럽게 여긴 까닭에 위로는 『진서晉書』와 『송서宋書』에서부터 아래로는 『진서陳書』와 『수서隋書』에 이르기까지 모든 역사서에 서를 두었으니, 일일이 거론할 것도 없다.[7]

蓋爲史之道, 以古傳今, 古旣有之, 今何爲者? 濫觴肇跡, 容或可觀; 累屋重架, 無乃太甚. 譬夫方朔始爲「客難」, 續以「賓戲」·「解嘲」; 枚乘首唱「七發」, 加以「七章」·「七辨」. 音辭雖異, 旨趣皆同, 此乃讀者所厭聞, 老生之恒說也.

무릇 역사를 기록하는 목적은 옛것을 지금에 전하려고 하는 것인데 옛 사실이 이미 있다면 지금 또 무엇하러 새롭게 만들겠는가? 새롭게 처음 시작할 때라면 혹시 볼 만한 것이 있겠지만, 집 위에다 또 집을 짓는 식이라면 너무 지나치지 않겠는가.[8] 비유하자면 동방삭東方朔이 처음 「객난客難」을 짓자[9] 그 것을 본떠 「빈희賓戲」[10]나 「해조解嘲」[11]가 지어졌고, 매승枚乘이 앞서 「칠발七

---

7 일일이~없다 : 과성기수課成其數란 지난 예를 살펴보면 수가 충분하다는 뜻이다.

8 집 위에다~않겠는가 : 『세설신어世說新語』「문학文學」에 "유중庚仲이 「양도부揚都賦」를 완성했다. … 사태부謝太傅가 말하기를 '부득이했지만, 이는 옥상옥屋上屋이다.'고 했다."라고 했다.

9 동방삭이~짓자 : 동방삭은 당시 직언을 잘하기로 유명했지만, 한 무제漢武帝의 존중을 받지 못하고 그저 광대처럼 보여졌다. 그래서 『답객난答客難』을 지어, 군주가 인재를 존중하지 않으며 능력이 있는 학자가 재능을 펴지 못하는 고민을 표현했다. 그 한 구절이 "들어올리면 청운 위에 있고 누르면 깊은 연못 아래 있으며, 등용하면 호랑이요 등용하지 않으면 쥐로다."라는 말이다.

10 「빈희」 : 반고는 비서랑秘書郞에 임명되었지만, 부친 반표班彪의 한사漢史 편찬을 이어받고자

發」을 짓자[12] 「칠장七章」[13]과 「칠변七辨」[14]이 지어진 것과 같다. 글자와 문장은 다를지 몰라도 취지는 모두 같은 것이니, 이는 독자들이 지겹도록 들었던 말이고 노인들도 항상 하는 말이리라.

夫史之有例, 猶國之有法. 國無法, 則上下靡定; 史無例, 則是非莫準. 昔夫子修經, 始發凡例; 左氏立傳, 顯其區域. 科條一辨, 彪炳可觀. 降及戰國, 迄于有晉, 年逾五百, 史不乏才, 雖其體屢變, 而斯文終絶. 唯令昇先

하여 정치 활동에 뜻이 없었다. 어떤 사람이 그에게 고생만 하고 공을 인정받지 못한다고 기록하자, 그는 「답빈희答賓戲」를 지어 자신의 소회를 표현했다. 『한서漢書』「서敍」와 『후한서後漢書』 열전에 나온다.

11 「해조」 : 전한前漢 애제哀帝 때, 외척인 정명丁明·부안傅晏과 소인배 동현董賢 등이 정권을 잡고 권력을 농단하여 정치가 부패했다. 이런 와중에도 양웅揚雄은 『태현太玄』을 짓고 담백하게 자신의 본분을 지켰다. 어떤 사람이 양웅의 무능함을 말하자, 그는 『해조』를 지어 자신이 아무 말 없이 홀로 본분을 지키는 의미에 대해 술회했다. 『한서』 열전에 나온다. 「객난」·「빈희」·「해조」는 저술 의도뿐 아니라 글의 형식도 비슷하다.

12 매승이~짓자 : 매승의 자는 숙叔, 회음淮陰(강소江蘇) 사람이다. 전한前漢의 문학가로, 경제景帝 때 오왕吳王의 낭중郎中이 되었다. 오왕이 반란을 일으키려 할 때 매승이 극구 말렸으나, 듣지 않자 오왕 곁을 떠나 양 효왕梁孝王을 섬겼다. 무제武帝 때 조정에서 그를 불렀으나, 부름을 받고 가는 도중에 사망했다. 『한서』에 열전이 있다. 매승이 지은 『칠발』은 귀족 자제들에게 주색과 방탕에 빠지지 말라는 내용이다.

13 「칠장」 : 「칠장」의 작자와 내용은 알 수 없다.

14 「칠변」 : 장형張衡이 19세 때 쓴 작품으로, 무위無爲 선생에게 가탁하여 "세상을 등지고, 속세와 인연을 끊고, 신선들을 배웠다."라고 하며, 7인의 학자와 격렬한 논쟁을 하는 내용이다. 마지막에 신선이 되는 것은 세상에서 활용되기 어려운 방법임을 알고, 한漢나라에서 자신의 역량을 다하기로 결심한다. 「칠변」은 일실되고, 일부만 전한다. 장형의 자는 평자平子, 남양南陽 사람이다. 과학자이자 문학가로, 안제安帝 때 태사령太史令이 되었고, 순제順帝 때 환관들의 비방을 받아 하간상河間相으로 쫓겨났다. 62세에 죽었는데, 『후한서』에 열전이 있다.

覺, 遠述丘明, 重立凡例, 勒成『晉紀』, 鄧·孫已下, 遂躡其蹤, 史例中興, 于斯爲盛.

역사서에 체례가 있는 것은 나라에 법이 있는 것과 같다. 나라에 법이 없으면 위아래가 안정되지 못하며, 역사서에 체례가 없으면 옳고 그름을 가릴 기준이 없게 된다. 예전에 공자가 경서인 『춘추』를 편찬하면서 처음으로 범례를 두었고,[15] 좌구명이 『좌씨전』을 편찬할 때도 구역을 분명히 했다.[16] 분류와 조례가 일단 분명해지자 저술이 매우 훌륭하여 볼 만했다.[17]

전국시대를 거쳐 진晉나라에 이르기까지 500년이 넘는 기간 동안 역사학에서도 재주 있는 역사가가 적지 않았고 역사의 체재도 여러 번 변했다. 그리고 『춘추』와 『좌씨전』의 전통도 결국 단절되고 말았다. 오직 간보干寶만 먼저 깨닫고 멀리 좌구명을 본받아 다시 범례를 설정하고 『진기晉紀』를 완성하자,[18] 등찬鄧粲[19]과 손성孫盛을 비롯한 후대의 역사가들이 마침내 그 자취를

---

15 처음으로 범례를 두었고 : 범凡은 대강大綱, 예例는 조례條例나 의례義例를 말한다. 범례란 공자가 『춘추』를 편찬할 때 세웠던 '문구를 계속 잇고, 사실을 나열한다[屬辭比事]'는 필법을 가리키는데, 한 문장이나 사실 뿐이라면 색다를 게 없지만, 같은 사건을 모으고 기사를 종합하면 포폄의 숨긴 뜻이 드러난다. 이를 통해 정명正名 및 현실 비판을 추구했다고 한다.

16 좌구명이~했다 : 구역區域이란 『춘추좌씨전』 전문을 설명하기 위해 만든 범주를 가리킨다. 두예杜預의 『춘추경전석례春秋經傳釋例』에 "좌구명의 『좌씨전』에 … '범凡'이라고 부른 것이 50개, 범凡이라고 칭하지 않은 것이 49개 있다."라고 했다.

17 저술이~볼 만했다 : 표병彪炳은, 양웅揚雄의 『태현太玄』에 나오는 "위에 있는 듯 밝으니, 천문이 빛난다.[彪如在上, 天文炳]"라는 데서 온 말로, 문체가 빛난다는 뜻이다.

18 간보만~완성하자 : 영승令昇은 간보의 자이다. 『진기晉紀』 30권은 일실되어 그 「범례凡例」를 살펴볼 수 없다.

19 등찬 : 장사長沙(호남湖南) 사람이다(?~384). 동진東晉 때 형주 자사荊州刺史 환충桓冲의 별가別駕를 역임했다. 『원명기元明紀』 10권을 지었는데, 일실되었다. 『진서晉書』에 열전이 있다.

계승하여 이로부터 역사서의 체례가 중흥하고 발전하게 되었다.

若沈『宋』之「志序」, 蕭『齊』之「序錄」, 雖皆以序爲名, 其實例也. 必定其臧
否, 徵其善惡, 干寶·范曄理切而多功, 鄧粲·道鸞, 詞煩而寡要. 子顯雖文
傷蹇躓, 而義甚優長. 斯一二家, 皆序例之美者. 夫事不師古, 匪說攸聞, 苟
模楷囊賢, 理非可諱. 而魏收作例, 全取蔚宗, 貪天之功, 以爲己力, 異夫范
依叔駿, 班冒子長. 攘袂公行, 不陷穿窬之罪也?

심약沈約의 『송서宋書』에 있는 「지서志序」[20]나 소자현蕭子顯의 『제서齊書』에
보이는 「서록序錄」[21]에는 모두 서序라는 명칭이 붙었지만, 그 실제는 예例에
해당한다. 이러한 서나 예의 장단점과 우열을 논하자면, 간보와 범엽范曄은
의미와 내용이 적절하여 훌륭한 점이 많고, 등찬과 단도란檀道鸞[22]은 글이 번
잡하여 요점이 적으며, 소자현은 문장이 매끄럽지 못하나 의미는 매우 우수
하다. 이 몇 사람의 서례는 모두 수준 높은 경우에 해당한다.

'예전의 일을 본보기로 삼지 않는 경우를 들어본 적이 없다'는 말처럼,[23]
과거의 훌륭한 학자를 모방하는 것은 이치로 보아 꺼릴 일이 아니다. 그렇지

---

20 「지서」: 심약의 『송서』에 「지서」와 「율律」을 합하여 1권이 있다. 범문란范文瀾의 『정사고략
正史考略』에 나온다.

21 「서록」: 소자현의 『남제서南齊書』에 있는 「양정良政」·「고일高逸」·「효의孝義」·「행신倖臣」에
는 모두 서序가 있는데, 「문학전文學傳」에만 서가 없다. 『사고전서총목제요四庫全書總目提要』
에서는 송나라 때 빠진 것으로 보고 있다.

22 단도란 : 자는 만안萬安이며, 고평高平(산동山東) 사람이다. 국자박사國子博士를 역임했고,
『속진양추續晉陽秋』 20권을 지었으나 일실되었다. 『남사南史』에 열전이 있다.

23 예전의~말처럼 : 『서경』「열명說命」에 보인다.

만 위수魏收는 예를 쓰면서 전적으로 범엽의 예를 그대로 본떴고[24] 남이 이루어놓은 공을 자신의 능력으로 이룬 것이라 했으니,[25] 범엽이 화교를 따르고 반고가 사마천을 본받은 것과는 차이가 있다. 공공연히 표절을 행한 것이니,[26] 담장을 뚫어 도둑질한 죄에 빠졌다고[27] 할 수 있지 않겠는가?

蓋凡例旣立, 當與紀·傳相符. 案皇朝『晉書』, 例云: "凡天子廟號, 惟書于卷末." 依檢孝武崩後, 竟不言廟曰烈宗. 又案百藥『齊書』例云; "人有本行者, 今並書其名." 依檢如高愼·斛律光之徒, 多所仍舊, 謂之仲密·明月. 此並非言之難, 行之難也. 又『晉』·『齊史』例皆云: "坤道卑柔, 中宮不可爲紀. 今編同列傳, 以戒牝鷄之晨." 竊惟錄皇后者, 旣爲傳體, 自不可加以紀名. 二史之以后爲傳, 雖云允愜, 而解釋非理, 成其偶中. 所謂畵蛇而加足, 反失杯中之酒也. 至于題目失據, 褒貶多違, 斯並散在諸篇, 此可得而略矣.

---

24 위수는~본떴고 : 조여보는 주일량周一良의 『위수의 역사학(魏收之史學)』을 인용하여, 『위서魏書』의 전傳, 지志의 표목標目 및 기紀, 전傳의 순서가 대부분 범엽을 따랐다고 했다.

25 남이~했으니 : 『춘추좌씨전』 희공僖公 24년에, 진나라 문공이 망명 생활에서 돌아와 수종했던 사람들을 포상할 때 개지추介之推(개자추介子推)만 포상을 청하지 않았다. 개지추가 말하기를 "하늘이 실로 임금을 만든 것인데, 몇 사람이 자신들의 공이라고 하니 남을 속이는 게 아닌가! 남의 재물을 훔쳐도 도둑이라고 하는데, 하늘의 공을 자기의 힘이라고 해서야 되겠는가!"라고 했다.

26 공공연히~것이니 : 양메攘袂는 옷소매를 끌어당겨 일어난다는 뜻이다. 즉 표절 행위를 말한다.

27 담장을~빠졌다고 : 『맹자』 「진심 상盡心上」에, 사람이 도둑질하는 마음[穿窬之心]이 없으면 의리가 세상에 넘칠 것이라고 했다. 이에 대해 주자는 "천穿은 구멍을 파는 것이고[穿穴], 유窬는 담장을 넘는 것으로[踰墻], 모두 도둑질을 말한다."라고 풀이했다.

일단 범례가 설정되었다면 이는 본기와 열전에도 부합해야 했다. 현재 당나라의 『진서晉書』를 보면[28] 예例에 말하기를 "모든 천자의 묘호는 권말에 쓴다."라고 했지만, 효무제孝武帝[29]가 붕어한 이후의 기록을 살펴보면 끝내 묘호인 열종烈宗을 쓰지 않았다. 또 이백약李百藥의 『제서』의 예에 "자字로 알려진 사람도 여기서 이름을 함께 적는다."라고 했는데, 고신高愼·곡율광斛律光 같은 이를 보면 대부분 예전대로 중밀仲密이나 명월明月이라고 불렀다.[30] 이러한 사례들은 모두 말하는 일이 어려운 것이 아니라 그대로 적용하는 일이 어렵다는 것을 보여준다.[31]

『진서』와 『제서』의 예에서는 모두 "곤도坤道는 낮고 부드러우니[32] 중궁中宮은 본기에 편재할 수 없다.[33] 이제 열전에 편재하여 암탉이 새벽에 우는 것을 경계한다."[34]라고 했다. 황후에 대한 기록을 보면 이미 열전의 체體로 쓰여져 있으므로 애초에 본기라는 이름을 붙일 만한 것이 못 된다. 두 역사서에서 황후를 열전에 편재한 것 자체는 합당하다고 하겠지만, 열전에 편재한 이유에 대한 해설은 이치에 맞지 않으며 우연히 잘 들어맞았을 뿐이니, 이는

---

28 당나라의 『진서』를 보면 : 『진서』는 기紀·지志·열전列傳 등 130권 외에도 따로 「서례敍例」 1권과 「목록目錄」 1권이 있다. 지금 「목록」은 남아 있지만, 「서례」는 남아 있지 않다.

29 효무제 : 동진東晉의 효무제(재위 373~396)이다.

30 고신~불렀다 : 고신의 자는 중밀仲密이다. 「고건전高乾傳」에 생애가 첨부되어 있다. 곡율광의 자는 명월明月이며, 「곡율금전斛律金傳」이 있다.

31 이러한~보여준다 : 『서경』 「열명說命」에 나온다.

32 곤도는~부드러우니 : 『주역』 「단사彖辭」에 "곤坤은 어미이고 아내이니, 그 도가 유순하다. [坤爲母爲妻, 其道柔順]"라고 했다.

33 『진서』와~없다 : 『주례』 「천관天官 내재內宰」의 소疏에 『한구의漢舊儀』를 인용하여, 황후를 중궁中宮이라 한다고 했다. 이는 역사서에서 황후기皇后紀를 두지 않은 이유를 설명하고 있다.

34 암탉이~경계한다 : 『서경』 「목서牧誓」에 "암탉이 새벽에 울어서는 안 되니, 새벽에 울면 집안이 망한다."라고 했다. 황후의 국정 간섭을 경계하는 것이다.

뱀을 그리면서 다리를 그려 넣음으로써 먹을 수 있었던 술까지 도리어 잃은 격이다.[35] 제목이 근거를 잃고 포폄이 그르게 된 사례에 대한 논의는 이 책 『사통』의 각 편에 산재되어 있으므로 여기서는 생략한다. 🖼

---

35 뱀을~격이다 : 『전국책戰國策』「제책齊策」에 "초나라에서 누가 하인에게 술 한 잔을 주었다. 하인들은 땅에 뱀을 먼저 그리는 사람이 술을 마시기로 내기를 했다. 한 사람이 먼저 뱀을 그리고는, 왼손에 술잔을 들고 '다리를 못 그렸군!' 하더니 오른손으로 마저 뱀을 그렸다. 그러자 다른 사람이 술잔을 빼앗으며 '뱀은 원래 다리가 없다.'고 말하곤 그 술을 마셔버렸다."라고 했던 고사에서 온 말이다.

夫自二儀既判垂玄象之文萬
肇化生彰紀事之賞蒼頡沮誦
以前造物代爲敷揚山川曲爲
攄寫何必入抽金匱之藏世檀

『춘추』·『상서』 등의 역사서가 편찬된 이래, 한나라 이후로 사서의 명칭에 서書·기記·기紀·략略 등을 주로 썼다. 이 밖에도 지志나 전典이 있었다. 대개 연월 순서대로 편집한 책을 기紀라 했고, 기와 전을 모아 엮은 것을 서라고 했다. 유지기는 정해진 체재에 따라 이름을 붙이는 것이 중요하다면서, 여불위의 『여씨춘추』처럼 제자백가서나 잡기의 부류임에도 춘추라는 이름을 붙이는 것은 잘못이라고 했다. 또한 어환처럼 역사서를 지나치게 번잡하게 썼음에도 략略이라는 명칭을 붙이는 것 역시 잘못이라고 했다.

　유지기는 사마천이 황후의 전기에 「외척전」이라고 제목을 달았는데, 이는 천자를 기록하면서 「종실기」라고 하는 것과 마찬가지라고 했다. 한편 반고의 「고금인표」는 고금을 제목으로 삼았지만, 수록된 내용은 모두 진나라 이전의 일일 뿐 한나라의 일은 없다며 비판했다.

　열전의 제목 자체가 일정하지 않은 것도 비판했다. 또한 이름, 관직, 포폄이 들쭉날쭉하는 경우가 많으며, 제목을 정하는 방식이 법령 조문이 늘어나듯 했다고 탄식했다. 유지기는 은근하면서도 문장이 되어야 하며 한 글자로 기리고 비판한다는 정신을 갖고 있어야 한다고 강조했다.

内篇
11

역사서의 서명과 편제
題目

題目

上古之書, 有三墳·五典·八索·九丘, 其次有『春秋』·『尚書』·『檮杌』·『志』·
『乘』. 自漢已下, 其流漸繁, 大抵史名多以書·記·紀·略爲主. 後生祖述, 各
從所好, 沿革相因, 循環遞習, 蓋區域有限, 莫踰于此焉. 至孫盛有『魏氏春
秋』, 孔衍有『漢魏尚書』, 陳壽·王劭曰志, 何之元·劉璠曰典. 此又好奇厭
俗, 習舊捐新, 雖得稽古之宜, 未達從時之義.

    상고시대의 역사 기록으로는 삼분三墳·오전五典·팔색八索·구구九丘[1]가 있었
고, 그 다음으로 『춘추春秋』·『상서尚書』·『도올檮杌』·『지志』·『승乘』이 있었다.
한나라 이후로 역사서의 수가 점점 많아졌는데, 대부분 서書·기記·기紀·략略
등을 제목에 주로 사용했다. 후대의 학자들이 저술을 하면서 각자 자신이 좋
아하는 이름에 따라 여러 가지 명칭을 번갈아 사용했지만 대개 그 범위는 제
한되어 앞서 말한 것을 넘지 않았다.

    이 범위에서 벗어나는 것으로는 손성孫盛의 『위씨춘추魏氏春秋』나 공연孔衍
의 『한위상서漢魏尚書』가 있었으며, 진수陳壽와 왕소王劭[2]는 지志라 했고, 하지

---

1 팔색·구구 : 『춘추좌씨전』 소공昭公 12년, 공영달孔穎達의 소疏에 『위공안국서서僞孔安國書序』
  를 인용하여 "팔괘八卦에 대한 설명을 색索이라고 하는데, 그 의미를 찾는 것이다."라고
  했고, 또 "구주九州의 지志를 구구九丘라고 한다. 구丘는 취聚이다. 구주에 있는 것, 토지에서
  나고 자라는 것, 풍속에 적합한 것을 모두 이 책에 모았다."라고 했다. 색索과 구丘는
  전설상의 고서이다.

2 왕소 : 수隋나라 진양晉陽(산서山西) 사람으로, 자는 군무君懋이다. 북제北齊 때 위수魏收의

원하지원何之元과 유번劉璠은 전전典이라고 했다.[3] 이들은 특이한 것을 좋아하고 유행을 따르는 것을 싫어하여 옛것을 그대로 쓰고 새로운 것을 버렸으니, 옛것을 살펴 배우려고 한 점은 좋지만 시대의 흐름을 따라야 한다는 뜻에는 미치지 못한 것이다.

權而論之, 其編年月者謂之紀, 列紀傳者謂之書, 取順于時, 斯爲最也. 夫名以定體, 爲實之賓, 苟失其途, 有乖至理. 案呂·陸二氏, 各著一書, 唯次篇章, 不繫時月. 此乃子書·雜記, 而皆號曰'春秋'. 魚豢·姚最著魏·梁二史, 巨細畢載, 蕪累甚多, 而俱榜之以略. 考名責實, 奚其爽歟!

구체적으로 논의하자면, 연월 순서대로 편집한 책을 기紀[4]라 하고, 기와 전傳을 모아 엮은 것을 서書[5]라고 했으니, 시대의 흐름을 따른다고 하면 이것이 가장 좋을 것이다. 모두 정해진 체재에 따라 이름을 붙인 것으로, 이름이 내용에 부합하니[6] 이런 원칙을 지키지 않으면 합당한 이치에서 벗어나게 된다. 여불위呂不韋와 육가陸賈 두 사람은 각각 하나의 역사서를 지었는데, 편과 장

막료를 거쳐 태자사인太子舍人이 되었다. 주周나라에 들어서는 저작좌랑著作佐郞이 되었다. 수나라에서 원외산기시랑員外散騎侍郞이 되어 기거주起居注를 수찬하고 『제서齊書』와 『수서隋書』를 편찬했는데, 일실되었다.

3 하지원과~했다 : 유번의 자는 보의寶義이다. 패浦(강소江蘇) 사람으로, 북주北周 때 내사중대부內史中大夫를 지냈다. 『양전梁典』30권을 지었다. 책의 원고가 아직 끝나지 않았을 때 병이 깊어지자, 아들 유휴정劉休征에게 계속하게 했다. 하지만 책은 일실되었다. 『주서周書』에 열전이 있다. 하지원도 『양전梁典』을 편찬했다. 『사통 외편』 「잡설 하雜說下」에 나온다.

4 기 : 순열荀悅의 『한기漢紀』, 원굉袁宏의 『후한기後漢紀』 등을 가리킨다.

5 서 : 『한서漢書』, 『후한서後漢書』 등을 말한다.

6 이름이 내용에 부합하니 : 『장자』 「소요유逍遙游」에 "명名은 실實의 빈賓이다."라고 했다.

을 구분했을 뿐 시기순으로 편차하지는 않았다.[7] 이것은 제자백가서나 잡기의 부류인데도 모두 '춘추'라는 이름을 붙였다. 어환魚豢[8]과 요최姚最[9]는 위나라와 양나라의 역사서를 지으면서 크고 작은 사실을 모두 기록하여 지나치게 번잡해졌는데도 둘 다 략略이라는 명칭을 붙였으니, 명칭과 내용이 부합하지 않는다.

若乃史傳·雜篇, 區分類聚, 隨事立號, 諒無恒規. 如馬遷撰皇后傳, 而以外戚命章. 案外戚憑皇后以得名, 猶宗室因天子而顯稱, 若編皇后而曰外戚傳, 則書天子而曰宗室紀, 可乎? 班固撰『人表』, 以古今爲目. 尋其所載也, 皆自秦而往, 非漢之事, 古誠有之, 今則安在? 子長『史記』別創八書, 孟堅旣以漢爲書, 不可更標書號. 改書爲志, 義在互文. 而何氏『中興』, 易志爲說, 此則貴于革舊, 未見其能取新.

열전이나 잡편의 경우는 성격이 유사한 것끼리 종류별로 모아놓고 그에 따라 이름을 붙인 것이지, 일정한 원칙이 있었던 것은 아니다. 예를 들어 사마천은 황후의 전기를 편찬하면서 「외척전外戚傳」이라고 제목을 달았다. 생각해보면, 외척이 황후에게 기대 이름을 얻은 것은 종실이 천자를 통해 이름

---

7 여불위와~않았다 : 여불위의 『여씨춘추呂氏春秋』와 육가의 『초한춘추楚漢春秋』를 이른다.

8 어환 : 경조京兆 사람이다. 삼국시대에 위魏나라 낭중郎中을 지냈는데, 『위지魏志』에는 그의 열전이 없다. 『전략典略』 50권과 『위략魏略』 38권, 『록錄』 1권을 지었다고 『구당서』 「경적지經籍志」에 나와 있다.

9 요최 : 자는 사회士會이며, 오흥吳興 무강武康(절강浙江) 사람이다. 요찰姚察의 동생이다. 양수양楊秀陽 모반 사건에 연루되어 처형되었다. 『양후략梁後略』 10권을 지었다. 『주서周書』 「예술전藝術傳」에 나온다.

을 드러낸 것과 같은데, 황후 전기를 편찬하면서 외척전이라고 한다면 천자를 기록하면서 종실기宗室紀라고 하자는 것이니, 이것이 타당한가?

반고는 「고금인표古今人表」를 작성하면서 고금古今을 제목으로 삼았다. 그러나 수록된 내용을 보면 모두 진秦나라 이전의 것들일 뿐 한漢나라의 일은 아니니, 옛것(古)은 분명 있지만 지금(今)의 것은 어디에 있단 말인가? 사마천은 『사기』 중에 따로 팔서八書의 편목을 설정했는데, 반고는 이미 한나라 역사를 서書라고 했기 때문에 서라는 명칭을 다시 사용할 수 없었다. 그래서 서를 지志로 고쳤으니, 이는 의미가 비슷한 다른 글자를 사용한 것이다. 하법성何法盛의 『진중흥서晉中興書』에서는 지를 고쳐 설說이라고 했는데, 이는 예전의 것을 바꿨을 뿐 새로운 의의가 있는 것은 아니다.

夫戰爭方殷, 雄雌未決, 則有不奉正朔, 自相君長. 必國史爲傳, 宜別立科條. 至于陳·項諸雄, 寄編漢籍; 董·袁群賊, 附列『魏志』. 旣同臣子之例, 孰辨彼此之殊? 惟『東觀』以平林·下江諸人, 列爲載記, 顧後來作者, 莫之遵效. 逮『新晉』, 始以十六國主, 持載記表名, 可謂擇善而行, 巧于師古者矣.

전쟁이 치열하여 자웅을 가리기 어려우면 천자의 정삭正朔을 받들지 않고 자신들의 정삭을 따로 만들어[10] 서로 자신을 군왕이라고 생각하는 경우가 있다. 이 경우 굳이 국사에 전傳의 형태로 기록하고자 한다면 따로 항목을 설정해야 할 것이다. 그런데 진승陳勝이나 항우項羽 등의 유력한 세력을 『한서』의

---

10 천자의~만들어 : '정삭正朔을 받든다'는 말은 왕자王者가 나라를 새로 세우면 달력을 고쳐 천하에 반포하고 그 통치권이 미치는 지역에 새로운 역법의 달력을 사용하게 한 데서 연유한 말로, 곧 '신하가 된다'는 의미로 통했다.

열전에 수록했고, 동탁董卓이나 원소袁紹 등의 여러 도적을 『위지』에 함께 수록했다. 이처럼 신하의 반열에 함께 놓아버린다면, 후에 누가 이들과 다른 신하들과의 차이를 변별할 수 있겠는가?

『동관한기』에서는 평림平林이나 하강下江의 인물들을 별도로 재기載記에 편재했는데,[11] 후대의 작자들을 보면 도리어 이 사례를 따르지 않았다. 『신진新晉』[12]에 이르러 5호 16국 군주들의 기록에 재기라는 이름을 붙였는데, 이는 적절한 방법을 선택하고 실행하여 옛것을 잘 본받았다고 할 수 있다.

觀夫舊史列傳, 題卷靡恒. 文少者則具姓名, 若司馬相如·東方朔是也. 字煩者惟書姓氏, 若毋·將·蓋·陳·衛·諸葛是也. 必人多而姓同者, 則結定其數, 若二袁·四張·二公孫傳是也. 如此標格, 足爲詳審. 至范曄擧例, 始全錄姓名, 歷短行于卷中, 叢細字于標外, 其子孫附出者, 注于祖先之下, 乃類俗之文案·孔目·藥草·經方, 煩碎之至, 孰過于此?

이전 역사서들의 열전을 보면 제목이 일정하지 않다. 글자 수가 적으면 성

---

11 『동관한기』에서는~편재했는데 : 왕망王莽 천봉天鳳 4년(17), 신시新市 사람 왕광王匡과 왕봉王鳳이 기민饑民을 이끌고 봉기했다. 이때 마무馬武·왕상王常·성단成丹 등이 합세하여 녹림산綠林山에 근거지를 두고 녹림군綠林軍이라 칭했다. 지황地皇 3년(22)에 큰 전염병으로 다수가 죽고, 일부는 남군南郡으로 들어가 하강병下江兵이라 하고, 또 다른 일부는 남양南陽으로 가서 신시병新市兵이라 칭했다. 또 평림 지방의 진목陳牧과 요담廖湛은 평림병平林兵이라 하여 신시병과 합동작전을 벌였다. 송宋나라 조언위趙彦衛는 반고가 『동관한기』에서 공신功臣·평림平林·신시新市·공손술公孫述의 열전인 재기載記 28편을 저술한 데서 재기라는 명칭이 시작되었다고 했다. 『운록만초雲麓漫抄』 권10에 나온다.

12 『신진』: 『진서晉書』는 당나라 초에 새로 편찬되었던 까닭에 『신진新晉』이라 불렀다. 『진서』 「재기」는 모두 30권이다.

과 이름을 모두 기록했는데, 「사마상여전司馬相如傳」이나 「동방삭전東方朔傳」이 그 예다. 글자 수가 많을 경우에는 성씨만 기록했는데, 무毌·장將·개蓋·진陳·위衛·제갈諸葛 열전 등이 그러한 예다.[13] 한 편에 수록해야 하는 인물이 많을 때 그 성이 같다면 숫자를 헤아려 제목으로 삼았으니, 이원二袁·사장四張·이공손二公孫 열전 등이 그것이다. 이러한 표제로도 뜻한 바를 충분히 잘 알 수 있다.

범엽의 『후한서』에 이르러 처음으로 성명을 모두 기록했는데, 본문 중에 합전合傳된 인물의 성명을 일일이 늘어놓고,[14] 표제 외에 본문에도 세주細注를 모은다든지,[15] 자손이 내용 중에 함께 다뤄지면 그 조상의 이름 아래에 각주로 기록하니,[16] 세간의 공문이나 관청의 도서나 장부 목록 및 약 이름, 의학 서적 등과 같아서[17] 번쇄하기가 이보다 심할 수 없다.

---

13 글자 수가 많은~예이다 : 현재 『한서』 권77 열전의 목차는 개蓋·제갈諸葛·유劉·정鄭·손孫·무毌·장將·하전何傳으로 되어 있다. 이는 『사통』과 차이가 있는데, 혹자는 유지기가 출처로 삼은 것이 고본古本 『한서』라고도 한다.

14 범엽의~늘어놓고 : 『한서』에는 여러 사람의 합전인 경우에도 각각의 인물 명을 본문 내용 중에 따로 표시하지 않았는데, 『후한서』에는 권 앞의 표제 외에 인물별로 표제를 따로 두고 있다. 아마 이것을 말하는 것 같다. 또 각 인물의 표제를 적을 때 앞의 내용과 구분하여 행갈이를 했기 때문에 단행短行이라 한 듯하다.

15 표제~모은다든지 : 표제 아래에 작은 글씨로 합전된 인명을 기재하는 것을 말하는 것으로 보인다.

16 자손이~기록하니 : 정식으로 입전된 것은 아니지만 입전된 인물과 관련하여 기록된 인물의 경우, 입전된 인물의 이름 아래에 그 관계와 이름이 각주로 달려 있다. 예외가 있기는 하지만 대부분 자손이나 친족이다.

17 공문이나~같아서 : 문안文案은 공문公文이다. 공목孔目은 관직명으로, 도서나 장부를 관장하는 일을 담당했다. 약초藥草는 약학 서적으로 『신농본초神農本草』 같은 것이며, 경방經方은 의학 서적이다.

竊以『周易』六爻, 義存「象」內; 『春秋』萬國, 事具『傳』中. 讀者研尋, 篇中自曉, 何必開帙解帶, 便令昭然滿目也. 自玆以降, 多師蔚宗, 魏收因之, 則又甚矣. 其有魏世隣國編于『魏史』者, 于其人姓名之上, 又列之以邦域, 申之以職官. 至如江東帝王, 則云僭晉司馬叡·島夷劉裕; 河西酋長, 則云私署涼州牧張寔·私署涼王李暠. 此皆篇中所具, 又于卷首具列. 必如收意, 使其撰『兩漢書』·『三國志』, 題諸盜賊傳, 亦當云僭西楚霸王項羽·僞寧朔王隗囂. 自餘陳涉·張步·劉璋·袁術, 其位號皆一二具言, 無所不盡者也.

　『주역』의 여섯 개 효爻는 그 의미가 「상전象傳」에 설명되어 있고, 『춘추』에 나오는 각 나라의 역사는 삼전三傳에 갖춰져 있다. 독자들이 깊이 살피며 끝까지 읽어본다면 스스로 깨달을 수 있으니 굳이 일목요연하게 정리해서 이해하게 만들 필요는 없다. 이후의 역사서는 범엽의 『후한서』를 본받은 것이 많았는데, 위수가 『후위서』를 편찬할 때 특히 그러했다.

　『후위서』는 이웃 나라의 인물을 기록할 때 그 사람의 성명 위에 나라 이름을 쓰고 관직을 기록했다. 강동의 제왕의 경우 '진나라를 참칭한 사마예司馬叡',[18] '섬 도적 유유劉裕'[19]라고 했고, 하서의 부족장의 경우 '제멋대로 양주목에 부임한 장식張寔'[20]이라든지 '제멋대로 양왕이 된 이고李暠'[21]라고 표현했

---

18 사마예 : 자는 경문景文이다. 영가永嘉의 난이 일어났을 때 황제가 피살되고 사마예가 즉위하여 원제元帝(재위 377~382)라고 칭했다. 『위서魏書』 열전 권84에 '참사마예僭司馬叡'로 되어 있다.

19 유유 : 자는 덕여德輿이다. 환현桓玄이 칭제했을 때 군대를 일으켜 평현平玄을 점령하고 동진東晉 정권을 장악했다. 후진後晉을 멸하고 송왕宋王으로 작위를 올렸다. 420년 공제恭帝를 압박하여 선위를 받고 국호를 송宋이라 했다. 『위서』 열전 권85에 제목이 '도이유유島夷劉裕'로 되어 있다.

20 장식 : 자는 안손安遜이다. 동진東晉 말, 양주 자사涼州刺史를 지냈다. 유요劉曜가 장안長安을 공격했을 때 북방이 혼란에 빠지고 인민들이 흩어졌지만, 양주涼州만 비교적 안정을 유지했

다. 이러한 경우는 모두 본문에 관련된 내용이 기록되어 있는데도 또다시 권
머리의 제목[22]에 늘어놓은 것이다. 이렇게 위수의 방식대로 두『한서』나『삼
국지』를 편찬하게 한다면 도적에 관한 열전의 제목도 '서초패왕을 참칭한 항
우'라든가 '가짜 영삭왕 외효隈囂'[23]라고 붙여야 할 것이다. 나머지 진섭陳涉·
장보張步[24]·유장劉璋[25]·원술袁術[26] 등의 인물도 직위와 칭호를 빠뜨리지 말고

다. 이에 장식이 교만하고 잔혹해졌는데, 이 때문에 부하에게 피살되었다.『위서』열전
권85에 '사서양주목장식私署涼州牧張寔'이라고 제목이 달려 있다.

21 이고 : 자는 현성玄盛이다. 후량 무제後涼武帝 때, 단업段業이 양주목涼州牧이라 자칭하고
이고를 효곡 현령效谷縣令에 임명했다. 훗날 단업이 양왕涼王을 자칭하자, 이고도 대도독대장
군회강교위진양이주목양공大都督大將軍獲羌校尉秦涼二州牧涼公이라 자임하고 돈황을 근거지
로 삼았다.『위서』열전 권87에 '사서양왕이고私署涼王李暠'라는 제목이 달려 있다.

22 권 머리의 제목 :『위서』열전 각 권의 제목을 말하는 것 같다.

23 외효 : 자는 계맹季孟이다. 왕망의 군대가 패한 뒤, 촉蜀 땅에 있던 외효는 형과 함께
봉기하여 근거지를 차지하고 상장군上將軍이 되었다. 비밀리에 광무제光武帝 유수劉秀와
동맹을 맺으려 했으나 일이 새나가는 바람에 요수天水로 도망쳤다가 서주 상장군西州上將軍이
라 자칭하고 유수에 항복했다. 뒤에 거병하여 공손술公孫述에게 항복하고 영삭왕寧朔王에
봉해졌다.『후한서』에 열전이 있다.

24 장보 : 자는 문공文公이다. 적미赤眉·녹림綠林 농민 봉기를 일으켜 한漢나라 정권에 저항했다.
동한東漢 때 동래 태수東萊太守가 되어 12군을 다스렸다. 뒷날 가족과 함께 임회臨淮로
도망갔다가 틈을 보아 군사를 일으켰으나, 낭양 태수琅邪太守 진준陳俊에게 진압되었다.
『후한서』에 열전이 있다.

25 유장 : 자는 계옥季玉이다. 처음에는 조조曹操에게 붙어 촉蜀 지역에서의 지위를 공고히
하려 했는데, 장송張松의 건의를 받아들여 유비劉備가 촉 지역에 들어오도록 했다. 유비가
성도成都를 포위하자 유장이 항복했고, 이에 공안公安으로 옮겨졌다. 손권孫權이 관우關羽를
죽이고 형주荊州를 차지한 뒤에 유장을 익주목益州牧에 임명했지만, 얼마 뒤 병으로 죽었다.
『삼국지三國志 촉지蜀志』에 열전이 있다.

26 원술 : 자는 공로公路이다. 동탁董卓이 한 헌제漢獻帝를 폐하려 할 때 원술을 후장後將으로
삼았다. 동탁이 패하자, 원술은 연좌될 것이 두려워 남양南陽으로 달아났다. 그의 사치와
잔학함 때문에 민심이 흩어졌다고 한다. 나중에 유표劉表와 조조曹操의 핍박을 받고 수춘壽春
으로 도망가서 우두머리 노릇을 했다.

일일이 기록해야 할 것이다.

蓋法令滋章, 古人所愼. 若范·魏之裁篇目, 可謂滋章之甚者乎! 苟忘彼大
體, 好兹小數, 難與議夫婉而成章, 一字以爲褒貶者矣.

　대체로 옛사람들은 법령의 조문이 늘어나는 것을 경계했다.[27] 범엽이나 위
수가 제목을 정하는 방식은 바로 법령 조문이 엄청나게 늘어나는 것과 같다
고 할 수 있다. 저 중요한 원칙을 잊고 사소한 방식에만 마음을 쏟는다면 '은
근하면서도 문장을 이루고, 한 글자로 기리고 비판한다'는 정신을 더불어 의
논하기 어려울 것이다.

---

27 대체로~경계했다 : 『노자』57장에 "법령이 늘어날수록 도적이 많아진다."라고 했다.

夫自二儀既判垂玄象之文萬
肇化生彰紀事之實蒼頡沮誦
以前造物代爲敷揚山川曲爲
攄寫何必人抽金匱之藏世櫃

「단한斷限」은 역사서에 포괄된 시기의 타당성에 관한 문제를 서술하고 있다. 먼저, 『사기』는 수천 년간의 사실을 망라했고, 『한서』는 한나라 12황제 시기의 역사로 범위를 한정해 수록했다고 밝혔다.

유지기는 반고가 『한서』에서 본기와 열전에는 한나라 역사를 서술했지만 표表와 지志에서는 복희 시대의 일까지 포함했다고 비판하면서, 후대의 저자들까지 모두 반고의 잘못을 그대로 따랐다고 개탄한다. 또한 이 같은 폐단이 진수의 『삼국지』에서 한나라 동탁의 사적을 끌어와 위나라 열전의 가장 앞자리에 두었던 데서도 발견된다고 했다.

한 시대의 중요한 사건이 시대 전환기에 일어난 경우, 그 사건이 이미 다른 곳에 기록되어 있다면 중복하여 서술하지 않는 편이 좋다고 유지기는 주장한다. 아울러 국사를 편찬하면서 다양한 견문을 수집하는 것은 좋은 일이지만, 『한서』 「지리지」에 「우공」 편을 그대로 수록한 것은 잘못이라고 말한다.

그는 역사서를 만드는 원칙에 대해, 별 관련도 없는 내용을 불필요하게 인용하여 책의 권수나 늘리는 것이 아니라고 강조한다.

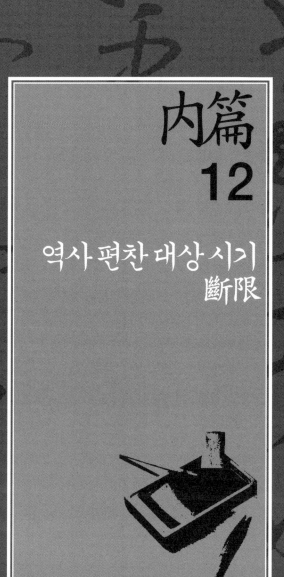

內篇

12

역사 편찬 대상 시기
斷限

斷限

夫書之立約, 其來尚矣, 如尼父之定「虞書」也, 以舜爲始, 而云"奧若稽古
帝堯"; 丘明之傳『魯史』也, 以隱爲先, 而云"惠公元妃孟子." 此皆正其疆
里, 開其首端, 因有沿革, 遂相交互, 事勢當然, 非爲濫軼也. 過此已往, 可
謂狂簡不知所裁者焉.

　역사서에서 다루는 시기의 범위가 생긴 것은 유래가 오래되었는데, 공자가
「우서虞書」를 산정할 때 순임금에서 시작하면서도 "옛 황제이신 요임금을 살
펴보면"이라 했고, 좌구명이 『춘추』에 주석을 달 때 은공隱公[1]에서 시작하면
서도 "혜공惠公[2]의 본래 비妃는 맹자孟子"라고 말했다. 이는 모두 그 범위를
바르게 하고 발단을 보여줌으로써 지난 연혁에 따라 맥락을 이루게 하는 것
이기 때문에, 당연한 일이지 지켜야 할 범위를 벗어난 것은 아니었다. 하지만
이런 정도를 넘어서면, 뜻은 크지만 일은 서툴러 마름질할 줄 모르는 경우라
고 할 수 있다.[3]

---

1 은공 : 노魯나라 은공(재위 B.C.722~B.C.712) 궤軌이다.
2 혜공 : 혜공(재위 B.C.768~B.C.723)의 이름은 불황佛湟으로, 그의 처인 맹자孟子는 일찍
　죽어 자식이 없었다. 계비인 성자聲子가 식고息姑를 낳았고, 다시 송중자宋仲子와 혼인하여
　궤軌를 낳았다. 『좌전』의 기사는 은공 원년에서 시작하면서 혜공의 혼인과 자녀 생산에
　관한 내용을 그해 머리기사로 실었다.
3 뜻은~있다 :『논어』「공야장公冶長」에 "우리 고장의 젊은 사람은 뜻이 크지만 일은 소략하여
　찬란하게 문장을 이루었을 뿐이요, 그것을 마름질할 줄 모르는구나!"라고 했다.

夫子曰: "不在其位, 不謀其政," 若『漢書』之立表·志, 其殆侵官離局者乎?
考其濫觴所出, 起于司馬氏. 案馬『記』以史制名, 班『書』持漢標目. 『史記』
者, 載數千年之事, 無所不容;『漢書』者, 紀十二帝之時, 有限斯極. 固旣分
遷之『記』, 判其去取, 紀·傳所存, 唯留漢日; 表·志所錄, 乃盡犧年. 擧一反
三, 豈宜若是? 膠柱調瑟, 不亦謬歟! 但固之踳駁, 旣往不諫, 而後之作者,
咸習其迷. 『宋史』則上括魏朝, 『隋書』則仰包梁代, 求其所書之事, 得十一
于千百. 一成其例, 莫之敢移; 永言其理, 可爲嘆息!

공자는 "그럴 위치에 있지 않으면, 정치의 향방을 논하지 않는다."[4]라고
했는데,『한서』에서 표表와 지志가 다루는 범위를 너무 넓게 정한 것은 직권
을 넘어서고 범위를 벗어난 것이[5] 아니겠는가? 그 단초는 사마천에서 시작
되었다.

사마천의『사기』는 사史 자를 이용해 저서의 명칭을 정했고, 반고의『한
서』는 한漢 자를 가지고 책의 제목을 만들었다.『사기』는 수천 년간의 사실
을 망라했고,『한서』는 한나라 12황제 시기의 역사로 범위를 한정하여 수록
했다. 반고가 사마천의『사기』내용을 파악하고 난 뒤에 그중에서 무엇을 버
리고 무엇을 취할지 판단했는데, 본기와 열전의 경우는 한나라 때의 것들만
남겨둔 반면 표와 지의 경우는 복희伏羲 시대의 일까지 모두 포함하여 수록
했다.

하나를 들어 나머지 세 귀퉁이를 안다는 것이 어찌 이와 같을 수 있겠는

---

4 그럴~않는다 :『논어』「태백泰伯」에 나온다.

5 직권을~것이 :『춘추좌씨전』성공成公 16년에, 난침欒鍼이 말하기를 "이렇게 침관侵官하는
것은 외람된 것이고[冒], 이국離國은 옳지 않은 것이다[姦]."라고 했다. 침관侵官은 직권의
범위를 넘어서는 것이고, 이국離國은 부곡部曲에서 마음대로 벗어난다는 뜻이다.

가? 기러기발을 고정해놓고 거문고를 타는 것과 같으니 정말 잘못된 일이 아닌가? 반고의 잘못은 이미 지나간 일이니 더 이상 타박할 수 없지만,[6] 후대의 작자들까지 모두 반고의 잘못을 그대로 따랐다. 남북조를 다룬『송사宋史』는 위로 삼국시대 위魏나라의 역사까지 포괄했고『수서隋書』는 남조의 양梁나라 역사까지 기록했는데, 기록된 사실을 보면 백분의 일도 되지 않는다. 한 번 전례가 생기자 감히 바꾸지는 못하고 오래도록 좋은 방법이라고만 말하고 있으니, 안타까운 일이다.

當魏武乘時撥亂, 電掃群雄, 鋒鏑之所交, 網羅之所及者, 蓋惟二袁·劉·呂而已. 若進鴆行弑, 燃臍就戮, 總關王室, 不涉霸圖, 而陳壽『國志』引居傳首. 夫漢之有董卓, 猶秦之有趙高. 昔車令之誅, 旣不列于『漢史』, 何太師之斃, 遂(獨)刊于魏書乎?

위 무제魏武帝 조조曹操가 기회를 틈타 전란을 평정하고 군웅들을 단숨에 제압할 때, 칼과 화살을 맞대고 생포용 그물을 던지며 실제로 맞붙어 전투를 벌였던 것은 원소袁紹·원술袁術·유표劉表, 그리고 여포呂布뿐이었다.[7] 동탁董卓

---

6 이미~없지만 :『논어』「미자微子」에 "지나간 일은 타박할 수 없다."라고 했다.
7 원소~여포뿐이었다 : 이원二袁은 원소와 원술이다. 유劉는 유표로, 자는 경승景升이고 산양山陽 고평高平 사람이다. 형주 자사荊州刺史에 초임되었으며, 후에 수십만의 군사를 거느렸다. 조조와 원소가 다투면서 형주 지역은 중원 사람들의 피난처가 되었다. 뒤에 조조가 사신을 보내 유표를 맞이하려고 허도許都로 가려 했으나, 사신이 도착하기 전에 유표가 죽었다.『후한서』에 열전이 있다. 여포의 자는 봉선奉先이며, 오원五原 구원九原 사람이다. 전투를 잘하여 비장飛將이라 불렸다. 동탁이 낙양洛陽에 들어왔을 때 여포를 기도위騎都尉로 삼았다. 여포와 동탁은 시비侍婢를 놓고 다투다가 틈이 생겼는데, 이때 사도司徒 왕윤王允이 동탁을 없애려고 여포와 내응했다. 결국 동탁은 여포의 손에 죽임을

이 독약을 헌상하여 황제를 시해한 사건이나[8] 동탁이 죽은 뒤 그의 배꼽에
불을 붙이자 며칠간 타올랐다는[9] 등의 이야기는 모두 한나라 왕실에 관계된
일이지 조조의 패업에 관한 기록이 아닌데, 진수는 『삼국지』에서 동탁의 사
적을 끌어와 열전의 가장 앞자리에 두었다. 한漢나라 역사에 동탁이 있는 것
은 진秦나라 역사에 조고趙高가 있는 것과 마찬가지다. 이전에 조고[10]가 죽은
일은 『한서』에 기재하지 않았는데, 왜 유독 동탁[11]이 죽은 일만 『위서』에 기
록하는가?

兼復臧洪·陶謙·劉虞·孫讚生于季末, 自相呑噬, 其于曹氏也, 非唯理異犬
牙, 固亦事同風馬, 漢典所具, 而魏冊仍編, 豈非流宕忘歸, 迷而不悟者也?
亦有一代之史, 上下相交, 若已見他記, 則無宜重述. 故子嬰降沛, 其詳取
驗于「秦紀」; 伯符死漢, 其事斷入于「吳書」.

당했다. 『삼국지三國志 위지魏志』「여포전呂布傳」에 나온다. 유비와 손권은 촉나라와 오나라
에서 다루기 때문에 거론하지 않은 것 같다. 위 네 사람의 경우는 위나라 건국 과정에서
실제로 맞붙었던 인물이기 때문에 『위지』 열전에 넣어도 문제가 되지 않지만, 동탁은
일찍 죽어 위나라 건국 과정과 직접적인 관련이 없으니 열전에 넣을 수 없다는 뜻으로
보인다.

8 동탁이~사건이나 : 소제少帝 위변劉辯은 영제靈帝의 아들로, 광희光熹 원년(189) 즉위했다가
동탁에 의해 폐위되어 왕으로 격하되었으며 동탁이 올린 짐새의 독을 탄 술을 마시고
죽었다.

9 동탁이~타올랐다는 : 여포가 동탁을 죽인 뒤 그 시체를 거리에 두었는데, 마침 날이
더워 동탁의 시체에서 기름이 흘러나왔다. 시신을 지키던 자가 동탁의 배꼽에 불을 붙이니
며칠 동안 계속 탔다고 한다. 『후한서』「동탁전董卓傳」참고.

10 조고 : 거령車令은 중거부령中車府令으로, 진秦나라의 관명이며 황제의 차량을 관리했다.
여기서는 조고를 가리킨다.

11 동탁 : 태사太師는 동탁이다. 동탁이 전에 스스로 태사를 자임했다.

아울러 장홍臧洪[12]·도겸陶謙[13]·유우劉虞[14]·공손찬公孫瓚[15] 등도 역시 후한 말에 태어나 자기들끼리 서로 삼키고 물어뜯은 것일 뿐, 조조와는 시대도 맞지 않고 관련된 사건 또한 없었음에도[16] 『후한서』에 이미 있는 사실을 다시 『삼국지』에 그대로 실었으니, 정신 놓고 놀다가 돌아가는 것을 잊고 미혹에 빠져 깨닫지 못한 것이 아니겠는가?

한 시대의 중요한 사건이 시대가 전환되는 시점에 일어난 경우, 그 사건이

---

12 장홍 : 자는 자원子源으로, 광릉廣陵 사양射陽 사람이다. 동탁이 한나라 영제靈帝를 시해했을 때 장홍이 장초張超에게 동탁을 토벌하라고 재촉했는데, 그 언사가 매우 강개했다. 뒤에 조조가 군사를 이끌고 장초를 포위했을 때, 장홍은 원소에게 장초를 구해달라고 했으나 원소가 받아들이지 않자 원한을 품었다. 원소의 군대가 장홍을 포위해 들어오자, 군량이 바닥나고 마침내 성까지 함락되면서 장홍도 죽었다. 『삼국지 위지』에 열전이 있다.

13 도겸 : 자는 공조恭祖이다. 서주 자사徐州刺史를 역임하고 있을 때 황건적의 난을 진압했다. 그러나 정치를 혼란스럽게 하여 인민들의 원망을 샀다. 팽성에서 조조의 공격으로 크게 대파되었으며, 얼마 뒤 죽었다. 『삼국지 위지』에 열전이 있다.

14 유우 : 자는 백안伯安으로, 동해섬東海剡 사람이다. 후한 말 유주목幽州牧에 임명되었다. 동탁이 소제少帝를 끼고 전권을 행사하자 한복韓馥과 원소가 유우를 옹립하여 동탁에 맞서려고 했으나, 유우가 받아들이지 않았다. 그리고 유우는 군사를 일으켜 공손찬을 습격했으나 실패했다. 그 뒤 도주하여 용庸 땅에 가서 살았지만 결국 공손찬에게 잡혀 죽었다. 유우의 전기는 『후한서』에 있으며, 『삼국지 위지』에는 없다. 유지기의 착오인 듯하다.

15 공손찬 : 자는 백규伯珪이며, 요서遼西 영지令支 사람이다. 요동 탁령遼東涿令에 초임되었을 때 요서 지역 오환족烏桓族 추장 구력거丘力居가 군사를 이끌고 청주青州 등 4주를 공격했는데, 공손찬의 힘으로는 저지할 수 없었다. 동한 정부에서 유우劉虞를 유주목幽州牧으로 삼아 오환족을 달래자 구력거가 마침내 부족을 이끌고 물러갔다. 유우의 공을 시기한 공손찬은 결국 그를 무함하여 죽였다. 유우의 부하들이 원소와 연결하여 공손찬을 공격하니, 공손찬의 군대가 패하고 자신도 자살했다. 『삼국지 위지』에 열전이 있다.

16 관련된~없음에도 : 『한서』 「문제기文帝紀」에 "땅이 개 이빨처럼 복잡하게 서로 얽혀 있다.[地犬牙相制]"라고 한 데서 나온 말로, 사리가 어긋나 맞지 않는다는 의미로 쓰였다. 풍마風馬는 『춘추좌씨전』 희공僖公 4년에 "바람난 말과 소가 서로 어울리려고 하지만 종이 다르므로 접촉할 수 없다.[唯是風馬牛不相及]"라고 한 데서 보인다. 암수가 발정하여 유혹하는 것을 풍風이라 하며, 급及은 접촉한다는 의미를 갖고 있다.

이미 다른 곳에 기록되어 있다면 중복하여 서술하지 않는 편이 좋다. 그래서 진나라의 3대 황제 자영子嬰이 한 고조에게 항복한 사실은 「진시황본기秦始皇本紀」에만 상세히 실려 있고,[17] 손책孫策이 후한 시대에 암살당한 사실은 『삼국지三國志 오지吳志』에만 기록되어 있는 것이다.[18]

沈錄金行, 上羈劉主; 魏刊水運, 下列高王. 惟蜀與齊各有國史, 越次而載,
孰曰攸宜? 自五胡稱制, 四海殊宅. 江左旣承正朔, 斥彼魏·胡, 故氏羗有錄,
索虜成傳. 魏本出于雜種, 竊亦自號眞君. 其史黨附本朝, 思欲凌駕前作,
遂乃南籠典午, 北呑諸僞, 比于群盜, 盡入傳中. 但當有晉元·明之時, 中原
秦·趙之代, 元氏膜拜稽首, 自同臣妾, 而反列之于傳, 何厚顔之甚邪! 又張·
李諸姓, 據有涼蜀, 其于魏也, 校年則前後不接, 論地則參商有殊, 何預魏
氏而橫加編載?

한편 심약沈約이 『진서晉書』를 쓸 때는 위로 촉한蜀漢을 포함했고,[19] 위수魏收가 『위서魏書』를 쓸 때는 아래로 북제北齊까지 기록했다.[20] 촉나라와 제나라

---

17 진나라의~있고 : 반란군이 승리하자 조고趙高는 두려워하며 사위 염락閻樂과 동생 조성趙成을
보내 이세二世를 죽이고 자영을 세워 진왕秦王이라 했다. 유방이 군사를 이끌고 서진하여
패상霸上에 이르자, 자영이 압박을 느끼고 투항했다. 『사기』 권6 「진시황본기秦始皇本紀」에
나온다.

18 손책이~것이다 : 백부伯符는 손책의 자이다. 처음에 조조에 의해 회의 교위懷義校尉에
임용되었지만, 얼마 뒤 원술袁術에게 붙었다. 원술이 칭제하자 손책은 다시 조조에게
갔다. 관도官渡 전투에서 손책이 몰래 허도許都를 습격하려다가 군대를 출발시키지도 못하고
암살당했다. 『삼국지三國志 오지吳志』에 열전이 있다.

19 심약이~포함했고 : 심沈은 심약으로, 『진서』의 편찬자이다. 음양오행설에 따르면 진晉나라
가 곧 금金에 해당하기 때문에 금행金行이라고 한 것이다.

에 각각 국사가 있는데도 굳이 범위를 넘어서 촉과 제의 역사를 자신들의 역사서에 실었으니, 누가 온당하다고 하겠는가? 5호 16국이 각각 황제를 칭하는 시대에 이르러 천하가 분열되었다. 동진東晉은 정삭正朔을 계승하면서 북위北魏나 5호 16국을 오랑캐라고 배척했으므로 『진서』에 그들을 「저강전氏羌傳」이나 「색로전索虜傳」으로 수록했다. 북위는 본래 변방 이민족의 후예이지만 그들 스스로는 정통 군주라고 불렀다.[21] 그 역사도 중국 역사를 모방하여 이전의 역사서를 넘어서려고 했다. 결국 남쪽으로는 사마예司馬叡의 진晉나라를 포함하고,[22] 북쪽으로는 흉노匈奴·갈羯·도하徒河·저氐·강羌 등을 집어넣어[23] 도적의 무리와 나란히 모두 열전 안에 수록했다.

그런데 진晉나라 원제元帝와 명제明帝[24] 때, 중원의 진秦나라와 조趙나라[25] 시대에 선비鮮卑의 원씨元氏는 진秦나라 조정에서 손을 모으고 엎드려 절하면서 신하의 예를 갖추었는데도[26] 도리어 열전에 나란히 넣었으니, 참으로 얼굴도 두껍다고 하겠다. 또한 장씨張氏가 세운 양涼나라나 이씨李氏가 세운 성成나라는[27] 위나라와 비교해 볼 때 연도로도 앞뒤가 연결되지 않고 관계가 없

---

20 위수가~기록했다 : 위魏는 위수로, 『위서』의 편찬자이다. 수운水運은 위魏나라를 가리키는데, 음양오행설에 따르면 위나라가 곧 수水에 해당하기 때문이다. 고왕高王은 제나라 문선제文宣帝(재위 550~559)이다.

21 북위는~불렀다 : 북위 태무제太武帝인 탁발도拓跋燾(재위 440~450)는 440년에 연호를 태평진군太平眞君으로 불렀다.

22 남쪽으로는~포함하고 : 전오典午는 『위서』「참진사마예전僭晉司馬叡傳」을 가리킨다.

23 북쪽으로는~집어넣어 : 제위諸僞는 흉노匈奴·갈羯·도하徒河·저氐·강羌 등이다.

24 원제와 명제 : 동진東晉 원제元帝는 사마예司馬叡, 명제明帝는 사마소司馬紹(재위 323~325)이다.

25 진나라와 조나라 : 진나라는 저족氐族 부견苻健의 전진前秦과 강족羌族 요장姚萇의 후진後秦이다. 조나라는 흉노족 유연劉淵의 전조前趙, 갈족羯族 석륵石勒의 후조後趙를 가리킨다.

26 선비의~갖추었는데도 : 막배膜拜는 무릎을 꿇고 절을 할 때 두 손을 가슴 앞에 나란히 포개는 것이고, 계수稽首는 머리를 땅에 대는 것으로, 모두 외방 종족의 예절이라고 한다. 선비의 탁발씨拓跋氏가 498년에 원씨로 고쳤다.

으며 지리로 보아도 멀리 떨어져 있었는데,[28] 어찌하여 제멋대로 위나라의 역사에 같이 편재했단 말인가?[29]

夫『尚書』者, 七經之冠冕, 百氏之襟袖. 凡學者必先精此書, 次覽群籍. 譬夫行不由徑, 非所聞焉. 修國史者, 若旁採異聞, 用成博物, 斯則可矣. 如班『書』「地理志」首遂全寫「禹貢」一篇, 降爲後書, 持續前史, 蓋以水濟水, 牀上施牀, 徒有其煩, 竟無其用, 豈非惑乎? 昔春秋諸國, 賦詩見意, 左氏所載, 惟錄其章名. 如地理爲書, 論自古風俗, 至于夏世, 宜云「禹貢」已詳, 何必重述古文, 益其辭費也?

역사서의 연원이라 할 『서경』은 칠경七經[30] 중에서도 첫째이며, 제자백가서를 통틀어서도 가장 중요한 저술이다. 모든 학자는 반드시 먼저 이 책을 정독하고 나서 다른 여러 서적을 보아야 한다. 비유하자면 '길을 다닐 때 지름길로 가지 않는다'[31]는 것을 들어본 적이 없다는 말과 같다. 국사를 편찬하면서

---

27 장씨가~성나라는 : 장張은 장실張實이다. 장실의 아들 장준張駿이 나라를 세웠는데, 전량前涼이라고 했다. 376년에 전진前秦에 항복했다. 이李는 익주益州의 세도가였던 이웅李雄이다. 성도成都에 근거를 두고 칭제하여 나라 이름을 성成이라 했다. 347년에 환온桓溫에게 멸망당했다.

28 위나라와~있었는데 : 서남西南 지역의 양涼이나 촉蜀에 나라를 세웠던 장씨나 이씨와는 시대도 지역도 관계가 없다는 의미이다.

29 어찌하여~말인가 : 두 사실 모두 『위서魏書』에 실려 있다. 권87에 「사서량주장실열전私署涼州張實列傳」이, 권84에 「종이웅열전竇李雄列傳」이 있다.

30 칠경 : 칠경은 『주역』, 『서경』, 『시경』, 『주례』, 『의례』, 『예기』, 『춘추』 등이다.

31 길을~않는다 : 『논어』「옹야雍也」에서 "자유子游가 무성재武城宰가 되었다. 공자가 말하기를 '너는 거기서 인재를 얻었는가?' 하니, 대답하기를 '담대멸명澹臺滅明이라는 사람이 다닐 때 지름길로 가지 않고 공사公事가 아니면 저희 집에 온 적이 없습니다.'고 했다."라고

다양한 견문을 수집하여 풍부한 역사서를 만드는 것은 좋은 일이다. 그렇지만 반고가 『한서』「지리지」 처음에 「우공禹貢」 편을 그대로 수록하고 또 이후의 역사서들이 모두 이것을 따라한 것은, 물 위에 다시 물을 붓고 상 위에 또 상을 펴는 격이어서 그저 번거롭기만 할 뿐 끝내 아무런 쓰임새가 없으니, 어찌 잘못된 것이 아니겠는가?

예전 춘추시대에 각 나라는 시를 지어 자신들의 의도를 드러내곤 했는데, 『춘추좌씨전』에는 그 시의 제목만 실려 있고 내용은 기록되지 않았다. 지리 지를 만들 때도 예로부터 내려오는 풍속을 논하다가 하夏나라를 논할 차례가 오면 "「우공」 편에 상세하게 기록되어 있다."라고 하면 될 것을 왜 군이 옛 역사서의 내용을 중복하여 서술해서 번거롭게 글을 낭비하는가?

若夷狄本係種落所興, 北貊起自淳維, 南蠻出于槃瓠, 高句麗以鼈橋獲濟, 吐谷渾因馬鬪徙居. 諸如此說者, 求之歷代, 何書不有? 而作之者, 曾不知 前撰已著, 而後修宜報, 遂乃百世相傳, 一字無改. 蓋騈指在手, 不加力于 千鈞; 附贅居身, 非廣形于七尺. 爲史之體, 有若于斯, 苟濫引他事, 豊其部 帙, 以此稱博, 異乎吾黨之所聞.

이민족의 계통과 발흥을 보면, 북쪽의 맥貊은 하후씨夏后氏의 후손이고,[32] 남쪽의 만蠻이라는 종족은 고신씨高辛氏가 기르던 개인 반호槃瓠의 자손이며,[33]

했다. 『논어』에서 경徑이 샛길이나 지름길이라는 부정적 의미로 쓰인 것과는 달리, 유지기는 경徑을 '가야 할 바른 길'이라는 의미로 썼다.

32 북쪽의~후손이고 : 맥貊은 중국 동북부 민족을 가리킨다. 『사기』「흉노전匈奴傳」에 "흉노는 선조가 하후씨의 후손으로, 순유淳維라고 한다."라고 했다.

33 반호의 자손이며 : 전설에는 고신씨 때 견융이 침입했는데, 고신씨가 견융의 추장 목을

고구려는 시조 주몽朱蒙이 쫓길 때 물고기와 자라가 다리를 만들어주었기에 살아날 수 있었다 하고, 토곡혼吐谷渾은 자신의 말이 그 동생 동네의 말과 싸웠기 때문에 거처를 옮겼다고 한다.[34] 이와 같은 이야기를 역대 서적에서 찾자면 어느 역사책엔들 없을 것인가? 그런데 역사 편찬자들이 이전에 기록된 내용은 이후에 다시 기록하지 않는 것이 마땅하다는 것을 생각하지 못해 결국 같은 내용을 한 글자도 고치지 않고 오랜 세월 계속 기록해왔다.

대개 손가락이 하나 더 있다고 해서 무거운 것을 들 때 더 힘을 낼 수 있는 것도 아니며, 몸에 혹이 달려 있다고 해서 키가 더 커지는 것도 아니다. 역사서를 만드는 원칙도 이와 같다. 별 관련도 없는 내용을 불필요하게 인용하여 책의 권수나 늘리면서 이것을 박식한 것이라 일컫는다면, 이는 우리가 생각하는 역사서의 체재와는 큰 차이가 있다.

陸士衡有云: "雖有愛而必捐," 善哉斯言, 可謂達作者之致矣. 夫能明彼斷限, 定其折中, 歷選自古, 惟蕭子顯近諸, 然必謂都無其累, 則吾未之許也.

육사형陸士衡이 말하기를 "비록 아깝더라도 반드시 덜어낼 것은 덜어내야 한다."[35]라고 했는데, 참 훌륭한 말이며 또한 가장 뛰어난 저술가의 경지를

베어 오면 딸을 아내로 주겠다고 상을 내걸었다. 반호라는 개가 견융 추장의 목을 바치고, 상으로 얻은 여자를 데리고 남산 석실에 들어가 6남 6녀를 낳았다. 『후한서』와 『남사南史』의 「남만전南蠻傳」에 있다.

34 토곡혼은~한다 : 요동 선비족 사람인 섭귀涉歸에게는 토곡혼吐谷渾과 약낙외若洛廆라는 두 아들이 있었는데, 이들은 각자 마을을 세웠다. 약낙외는 두 마을의 말이 서로 싸우자 토곡혼을 멀리 쫓아버렸다. 『위서魏書』와 『송서宋書』의 「토곡혼전吐谷渾傳」에 있다.

35 비록~한다 : 육기陸機의 『문부文賦』에 나온다. 사형士衡은 육기의 자이다.

이해했다고 하겠다. 역사 서술의 범위를 잘 파악하고 역사서의 내용에 무엇을 쓰며 무엇을 버릴지를 정했던 사례를 역대로부터 꼽아보면 오직 소자현蕭子顯[36]이 거기에 가깝겠지만, 그에 대해 전혀 흠이 없다고까지 말한다면 인정할 수 없다. 🈳

---

36 소자현 : 소자현의 『남제서南齊書』를 말한다.

夫自二儀既判垂玄象之文萬
肇化生彰紀事之賓蒼頡沮誦
以前造物代爲敷揚山川曲爲
攄寫何必人抽金匱之藏世櫝

「편차編次」는 제목과 하위 범주의 적절성에 관한 논의이다. 『상서』는 당시의 말을 기록했고 『춘추』는 사실을 기록했는데, 유지기는 이 두 책이 시대순으로 서술함으로써 독자들이 헷갈리지 않고 일목요연하게 내용을 파악할 수 있다고 했다.

사마천에 이르러 처음으로 기전체 방식으로 내용을 분류하여 시기가 뒤섞인 역사서가 나왔다. 원래 열전에 편재될 대상은 인물뿐이지만, 『사기』 열전에는 「구책전」에 있는 내용도 포함되었다. 유지기는 그것이 지志에 들어갈 내용이었다고 비판한다.

정통 왕조와 위조僞朝를 구분할 때도 오류가 나타났는데, 진수의 『촉지』를 그 예로 들었다. 또한 양나라에서 제나라 역사를 편찬하면서 제나라 동혼후가 아직 재위에 있었던 시기의 일을 느닷없이 다음 대인 화제和帝의 연호로 기록하는 등, 당대의 권력자를 기쁘게 해주려는 마음에서 앞의 왕조를 업신여긴 편찬 태도도 비판했다.

이 밖에도 사마천이 황제와 노자를 앞에 기록하고 유가를 뒤에 기록하여 경시한 일, 반고가 외척을 뒤에 기록하고 변방 민족을 앞에 기록한 것을 비판했는데, 이는 유지기가 유가 및 중국 중심의 사관을 갖고 있었음을 알 수 있는 대목이다.

内篇
13

편차의 방식과 오류
編次

編次

昔『尚書』記言,『春秋』記事, 以日月爲遠近, 年世爲前後, 用使閱之者, 雁
行魚貫, 皎然可尋. 至馬遷始錯綜成篇, 區分類聚, 班固踵武, 仍加祖述. 于
其間則有統體不一, 名目相違, 朱紫以之混淆, 冠履于焉顚倒, 盖可得而言
者矣.

　역사서의 연원이 된 고대의『상서』는 당시의 말을 기록했고『춘추』는 사
실을 기록했는데, 시대순으로 차례대로 서술했기 때문에 독자들이 헷갈리지
않고 일목요연하게 내용을 파악할 수 있었다. 그런데 사마천에 이르러 처음
으로 기전체紀傳體의 방식으로 내용을 분류하여 시기가 뒤섞인 역사서를 만들
었고,[1] 반고는 사마천의 방식을 그대로 본받았다. 그러다 보니 그 사이에 체
재도 한결같지 않고 제목과 내용도 어긋나서 마치 붉은색과 자주색이 한데
섞이고 갓과 짚신의 위치가 뒤바뀐 것처럼 되었는데, 이에 대해 논해보고자
한다.

---

1 사마천에~만들었고 : 본기, 열전, 세가 등에 관련 기사가 어느 정도 중복될 수 있는
　기전체의 특징을 유지기가 이렇게 해석했다는 점에 주목할 필요가 있다. 의외로 유지기는
　시대를 담는 역사서의 방식에 대해 다소 경직된 생각을 가진 듯싶다. 이는 당나라 태종
　때 시작된 실록 편찬에 대해 유지기가 비판적인 생각을 가졌던 것과 유사하다.

尋子長之列傳也, 其所編者, 惟人而已矣. 至于龜策異物, 不類肯形, 而輒與黔首同科, 俱謂之傳, 不其怪乎? 且「龜策」所記, 全爲志體, 向若與八書齊列, 而定以書名, 庶幾物得其朋, 同聲相應者矣. 孟堅每一姓有傳, 多附出餘親. 其事迹尤異者, 則分入他部. 故博陸·去病, 昆弟非復一篇, 外戚·元后, 婦姑分爲二錄. 至如元王受封于楚, 至孫戊而亡, 案其行事, 所載甚寡, 而能獨載一卷者, 實由向·歆之助耳. 但交封漢始, 地起列藩; 向居劉末, 職纔卿士. 昭穆旣疏, 家國又別. 適使分楚王子孫于高·惠之世, 與荊·趙並編; 析劉向父子于元·成之間, 與王·京共列. 方于諸傳, 不亦類乎?

사마천의 열전을 살펴보면 원래 열전에 편재될 대상은 인물뿐이었다. 거북의 껍질이나 점치는 풀 같은 괴상한 물건들은 사람이 아닌데도 뜬금없이 사람처럼 취급하여 기록하고는 열전이라고 했으니, 이상한 일이 아니겠는가?[2] 또한 「구책전龜策傳」에 들어 있는 내용은 모두 지志에 기록할 만한 내용이므로 앞에 나온 팔서八書[3]와 같은 반열에 놓고 서書라는 이름을 붙였더라면, 내용과 명칭이 부합하고 비슷한 부류끼리 짝을 이룰 수 있었을 것이다.

반고는 한 사람에 대한 전傳을 만들고 그와 친족 관계에 있는 많은 사람을 함께 기록했는데, 그중에서 사적이 특출한 인물의 경우에는 따로 분리하여 다른 편에 수록했다. 그래서 곽광霍光과 곽거병霍去病[4]은 동생과 형이면서 한

<hr />

2 거북의~아니겠는가 : 『사기』에는 「구책전龜策傳」이 있다. 「구책전」은 점치는 사람들에 대한 이야기이며, 그 사람들이 사용하는 물건은 단지 점치는 과정에서 필요한 도구로 언급된 것이므로 사마천에 대한 위와 같은 유지기의 비판은 타당하지 않은 듯하다.

3 팔서 : 팔서는 『사기』의 지志를 여덟으로 분류한 것이다. 예서禮書, 악서樂書, 율서律書, 역서曆書, 천관서天官書, 봉선서封禪書, 하거서河渠書, 평준서平準書가 그것이다.

4 곽광과 곽거병 : 박육博陸은 곽광霍光, 거병去病은 곽거병霍去病이다. 둘은 형제간으로, 곽광이 동생이다. 곽거병은 전한前漢 시대의 명장으로 흉노를 평정한 공이 컸다. 곽거병이 죽은

편에 넣지 않았고, 선제宣帝의 황후와 원제元帝의 황후는 고부간임에도 각각 「외척전外戚傳」과 「원후전元后傳」에 나누어 수록했다. 유방劉邦의 동생인 유교劉交가 초왕楚王에 봉해지고[5] 초나라는 그 손자인 유무劉戊 때 멸망했는데,[6] 그 행적이 수록된 내용을 살펴보면 양이 매우 적은데도 오히려 한 권을 이룰 수 있었던 것은 사실 유향과 유흠[7] 덕분이라고 할 수 있다.

단, 유교劉交는 초왕으로서 한나라 초기에 분봉을 받아 왕공의 지위에 있었지만, 유향은 전한 말에 태어났고 지위도 대부에 불과했다. 유향이 유교의 자손이라고는 하지만 두 사람은 4~5대나 떨어져 있고, 제후와 일반 관료로서 지위에도 차이가 있었다. 초왕 유교의 아들과 손자는 고조高祖와 혜제惠帝[8] 시기의 형왕荊王·조왕趙王[9]과 한 편에 넣고, 원제元帝와 성제成帝 시대의 유향과 유흠 부자는 각각 왕길王吉이나 경방京房[10]과 함께 나란히 여러 열전 가운

뒤 소제昭帝 때 동생 곽광이 일찍이 망하라莽何羅 등의 반란을 진압한 공이 있다고 하여 박육후博陸侯에 봉해졌다. 『한서』에 열전이 있다.

5 유교가 초왕에 봉해지고 : 원왕元王은 한 고조漢高祖 유방의 사촌 동생 유교劉交이다. 진秦나라 군대를 패퇴시킨 공으로 문신군文信君에 봉해졌으며, 유방의 신임을 받아 후일 초왕楚王에 봉해졌다. 『한서』에 열전이 있다.

6 손자인 유무 때 멸망했는데 : 손자는 유교의 손자 유무劉戊를 말한다. 경제景帝 때 7국의 난에 참여했다가 패배하고 피살되었다.

7 유향과 유흠 : 유교가 홍후紅侯 부富를 낳았고, 홍후 부가 벽강辟彊을 낳았다. 벽강이 양성후陽成侯 덕德을 낳았는데, 이 사람이 곧 유향劉向의 생부이다. 유향은 유흠劉歆을 낳았다.

8 고조와 혜제 : 고高는 고조 유방, 혜惠는 혜제惠帝 유영劉盈(B.C.194~B.C.188)이다.

9 형왕·조왕 : 형荊은 유가劉賈로, 유방의 6촌 형이다. 초·한의 전쟁에 참여하여 형왕에 봉해졌고, 영포의 반란 때 피살되었다. 『한서』에 열전이 있다. 조趙는 원래 대代로 되어 있지만, 포기룡浦起龍의 설에 따라 조로 보았다. 조는 유방의 아들 조왕趙王 유우劉友이다. 여태후가 정권을 잡자 유우는 가택에 연금되었다. 유우의 아들인 유수劉遂가 세습하여 왕이 되었는데, 7국의 난에 참여했다. 혁포酈布가 조성趙城에 물을 대서 성을 무너뜨리자 유우가 자살했다. 한나라 조정은 그 아들을 왕에서 강등하여 후侯로 삼았다. 『한서』에 열전이 있다.

데에 배치했더라면 더욱 적절한 분류가 되지 않았겠는가?

又自古王室雖微, 天命未改, 故臺名逃債, 尚曰周王; 君未繫頸, 且云秦國. 況神璽在握, 火德猶存, 而居攝建年, 不編平紀之末; 孺子主祭, 咸書「莽傳」之中. 遂令漢餘數歲, 湮沒無覩, 求之正朔, 不亦厚誣? 當漢氏之中興也, 更始升壇改元, 寒暑三易, 世祖稱臣北面, 誠節不虧. 旣而兵敗長安, 祚歸高邑, 兄亡弟及, 歷數相承. 作者乃抑聖公于傳內, 登文叔于紀首, 事等躋僖, 位先不窋. 夫東觀秉筆, 容或諂于當時, 後來所修, 理當刊革者也.

또한 예로부터 왕실이 쇠락하더라도 천명이 아직 바뀌지 않은[11] 까닭에 주난왕周赧王이 피신한 누각의 이름을 사람들이 도채대逃債臺라고 부르며 조롱했어도[12] 역사서에서 지우지 않고 여전히 주나라 왕이라고 불렀으며, 진의 황제가 목에 밧줄을 걸고 한나라에 투항하기 전까지는[13] 또한 그대로 진나라라고 불렀다. 하물며 황제의 옥새가 손 안에 있고 오행五行의 운세가 남아 있는데도[14] 유영劉嬰이 황태자로 있을 때인 거섭居攝 연간의 기록을 「평제본기平帝本

---

10 왕길이나 경방 : 왕王은 왕길王吉, 경京은 경방京房이다.

11 왕실이~않은 : 『춘추좌씨전』 선공宣公 3년에 "주나라 덕이 쇠락했어도 하늘의 명이 아직 바뀌지 않았다.[周德雖衰, 天命未改]"라고 했다. 왕실이 아직 완전히 몰락하지 않았음을 의미한다.

12 사람들이~조롱했어도 : 주나라 난왕赧王이 제후의 핍박을 받고 빌린 돈을 갚지 못하여 누각에 숨었으므로, 사람들은 그 누각을 가리켜 '빚 때문에 도망친 누각(도채대逃債臺)'이라고 비웃었다 한다.

13 진의~전까지는 : 유방劉邦이 군사를 이끌고 패상霸上에 이르렀을 때 진秦의 3세 황제인 자영子嬰이 목에 밧줄을 걸고 흰 수레와 말을 타고 와서 항복을 청했다.

14 황제의~있는데도 : 유향과 유흠은 음양오행설에 따라 한漢 왕조를 화덕火德으로 보고,

紀」의 끝에조차 싣지 않았으며, 유영이 종묘의 제사를 주재한 일도 모두 「왕망전王莽傳」에 썼다.[15] 결국 유영이 황태자로 있던 시대의 한나라 역사는[16] 연기처럼 사라져 볼 수가 없게 되었으니, 왕조의 교체에 따른 시기 구분에 관해 너무 소홀했던 것이 아닐까?

이후 한나라가 다시 일어나 유현劉玄이 경시更始라는 연호를 세우고 황제를 칭한 지 3년 후에 세조世祖가 신하를 자처했으니[17] 실제로 절의에 흠이 되는 것은 아니었다. 뒤에 적미赤眉의 군대가 공격하여 장안이 함락되자 세조가 고읍高邑에서 즉위했으니, 이는 형이 죽자 동생이 이어 즉위한 것이므로 황제의 적통을 그대로 이어간 것이라 할 수 있다. 그런데 편찬자가 유현을 열전에 집어넣고[18] 유수劉秀를 본기 첫머리에 기록했으니,[19] 이는 희공僖公의 신위를 민공閔公보다 위에 올리거나, 문왕文王이나 무왕武王이 불굴不窋보다 먼저 제사를 받는[20] 것과 마찬가지다. 동관東觀에서 사실을 기록할 때는 혹시 당시 권

적색을 숭상한다고 보았다. 진秦은 금덕金德으로 흰색을 숭상했는데, '화가 금을 이긴다[火勝金]'는 논리에 따라 한이 진을 멸망시키고 새 왕조를 세운 것으로 해석했다.

15 유영이~썼다 : 평제平帝가 죽자 왕망王莽이 정권을 잡고 선제宣帝의 현손玄孫인 유영劉嬰을 황태자로 삼았으며 거섭居攝이라는 연호를 썼다. 왕망은 곧 유영을 폐하고 스스로 황제가 되었다. 『한서』에는 유영의 기록을 따로 두지 않고, 「왕망전王莽傳」에 그 사실을 기록했다.

16 유영이~역사는 : 유영이 황태자로 있던 거섭 원년(6)에서 초시初始 원년(8) 동안의 기간을 말한다.

17 세조가 신하를 자처했으니 : 왕망 지황地皇 3년(22)에 유현劉玄이 육양淯陽에서 황제를 칭하고 경시更始라는 연호를 썼으며 3년간(22~25) 재위했다. 세조는 후한後漢 광무제光武帝 (재위 25~57)의 묘호이다. 유현은 왕망을 몰아내고 낙양으로 천도했으나, 부패하고 지나치게 놀이에 빠져 사방에서 반란이 일어났다. 적미의 군대가 장안을 함락시키자 유현이 항복했다. 오래지 않아 유현은 목 졸려 죽었다. 『후한서』에 열전이 있다.

18 유현을 열전에 집어넣고 : 성공聖公은 유현劉玄의 자이다.

19 유수를~기록했으니 : 문숙文叔은 광무제 유수劉秀의 자이다.

20 희공의~받는 : 『춘추좌씨전』 문공文 2년 8월 13일에, 제사를 지내면서 노 희공魯僖公의 신위를 민공閔公보다 위에 올렸는데, 이는 '순서를 거스른 제사(逆祀)'라고 했다. 또 주

력자에게 아첨하려고 그랬을 수도 있겠지만, 당대가 아닌 뒷 시대에 살았던 범엽范曄은 『후한서』를 편찬할 때 이 점을 바로잡는 것이 마땅한 도리였다.

蓋逐兎爭捷, 瞻烏靡定, 群雄僭盜, 爲我驅除. 是以史傳所分, 眞僞有別. 陳勝·項籍見編于高祖之後, 隗囂·孫述不列于光武之前. 而陳壽『蜀書』首標二牧, 次列先主, 以繼焉·璋. 豈以蜀是僞朝, 遂乃不遵恒例. 但鵬·鷃一也, 何大小之異哉?

대개 왕조 말기에 한 마리 토끼를 많은 사람이 쫓고[21] 하늘을 나는 새가 아직 둥지를 틀지 않았을 즈음에는[22] 각지에서 세력가와 도적들이 무리지어 일어나 자기가 패권을 잡겠다면서 서로 밀어내는 형국이 펼쳐진다. 이 때문에 역사서에 기록할 때는 정통 왕조와 위조僞朝를 엄격히 구분한다. 먼저 등장했던 진승陳勝과 항우項羽는 고조高祖의 뒤에 기록되었고,[23] 외효隗囂와 공손술公孫述[24]도 후한 광무제光武帝의 앞에다 기록하지 않았다. 그러나 진수陳壽의

문왕周文王과 무왕武王은 선조인 불굴不窋보다 제사를 먼저 받지 않았다고 했다. 광무제가 즉위하기 전에 유현이 칭제했으므로, 유현을 본기에 두어야지 열전으로 만들어서는 안 되었다는 의미이다.

21 왕조~쫓고 : 『여씨춘추』「신세愼勢」에, 신자愼子가 말하기를 "지금 한 마리 토끼가 달려가는 데 백 명이 쫓고 있다. 토끼 한 마리가 백 명을 만족시킬 수는 없다."라고 했다.

22 하늘을~즈음 : 『시경』「소아小雅 정월正月」에 "앉는 새를 보네, 누구의 집인가.[瞻烏爰止, 于誰之屋]"라고 했다. 군주의 자리가 아직 정해지지 않은 상황을 말한다.

23 먼저~기록되었고 : 『사기』에서 「항우본기」는 「한고조본기」의 앞에 있지만 진승陳勝은 고조의 뒤인 「진섭세가陳涉世家」에 기록되어 있다. 그러나 『한서』에서는 진승과 항우 모두 고조의 뒤의 열전에 기록되어 있다. 여기서는 『한서』를 말하는 것으로 보인다.

24 공손술 : 자는 자양子陽이다. 왕망이 군사를 일으켰을 때 스스로 호아장군虎牙將軍이라고 칭했고, 마침내 촉왕蜀王에 올라 성도成都에 도읍했다. 25년 황제에 오르고 나라 이름을

『촉서蜀書』에서는 유언劉焉과 유장劉璋[25]을 처음에 기록했고, 선주先主인 유비劉備를 그 다음으로 기록하여 유언과 유장의 뒤를 잇게 했다. 촉나라를 정통왕조가 아니라고 판단하여 결국 상례를 따르지 않은 게 아니겠는가. 그렇지만 매든 메추라기든 같은 새인데 크고 작은 게 무슨 차이가 있겠는가?

『春秋』嗣子諒闇, 未逾年而廢者, 旣不成君, 故不別加篇目. 是以魯公十二, 惡·視不預其流, 及秦之子嬰, 漢之昌邑, 咸亦因胡亥而得記, 附孝昭而獲聞. 而吳均『齊春秋』乃以郁林爲紀, 事不師古, 何滋章之甚與! 觀梁·唐二朝撰『齊』·『隋』兩史, 東昏猶在, 而遽列和年; 煬帝未終, 而已編「恭紀」. 原其意旨, 豈不以和爲梁主所立, 恭乃唐氏所承, 所以黜永元而尊中興, 顯義寧而隱大業! 苟欲取悅當代, 遂乃輕侮前朝. 行之一時, 庶叶權道, 播之千載, 寧爲格言!

『춘추』를 보면, 아버지의 뒤를 이어 왕위를 이었더라도 왕위를 계승한 자식이 상례喪禮인 양암諒闇[26] 기간 1년을 넘기지 못한 채 폐위된 경우에는 아직 군주가 된 것이 아니라고 판단했기 때문에 따로 편목을 넣지 않았다. 그래서 노나라 12공[27]의 편목을 두어 기록하면서 오惡와 시視를 그 반열에 넣지 않았

성成이라고 했다. 12년간 재위했다. 『후한서』에 열전이 있다.

25 유언과 유장 : 둘 다 익주목益州牧을 지냈으므로 이목二牧이라고 했다. 유언은 한나라 왕실 출신의 관료로, 황건적이 익주를 공격하자 성도成都로 옮겼다. 뒤에 아들 유범劉范이 마승馬勝에게 죽임을 당하고 그가 만든 차량 등이 훼손되자 울화병으로 죽었다. 유범의 아들인 유장이 이어서 익주 자사를 맡았다. 『삼국지 촉지』 「유이목전劉二牧傳」이 있다.

26 양암 : 수상守喪 또는 거상居喪이라고도 하는데, 삼년상 같은 상례로 이해하면 될 것이다.

27 12공 : 은隱·환桓·장莊·민閔·희僖·문文·선宣·성成·양襄·소昭·정定·애哀 등 노나라의 군주 12명

던 것이고,[28] 진秦나라 3세인 자영子嬰과 한漢나라 창읍왕昌邑王[29]의 경우도 모두 2세인 호해胡亥에 이어서 쓰거나 소제昭帝에 붙여서 기록한 것이다. 그런데 오균吳均의 『제춘추齊春秋』에서는 욱림왕郁林王[30]도 본기本紀로 편성하여 옛 규례를 따르지 않았으니, 지나치게 편목을 늘렸다고 하겠다.

양梁나라와 당唐나라 두 왕조에서 제齊나라와 수隋나라의 역사를 각각 편찬했는데, 제나라 동혼후東昏侯[31]가 아직 재위에 있었던 시기의 일을 느닷없이 다음 대代인 화제和帝[32]의 연호로 기록했고, 수나라 양제煬帝[33]가 아직 죽기 전

을 말한다.

28 오와~것이고 : 『춘추좌씨전』 문공文公 18년 경문經文에 "6월 계유일에 우리 군주 문공을 장사지냈다. … 겨울 10월에 아들이 졸했다.[六月, 癸酉, 葬我君文公. … 冬. 十月. 子卒]"라고 했고, 『좌전』에는 "문공의 둘째 부인인 경영敬嬴은 왜倭(뒤의 선공宣公)를 낳았다. 경영은 문공의 사랑을 받으며 몰래 대부大夫 양중襄仲을 섬겼다. … 겨울 10월, 양중이 태자인 오(문공의 첫째 부인인 애강哀姜의 큰아들)와 그 동생 시를 죽이고 선공을 새로운 군주로 세웠다. 이에 『춘추』에는 '아들이 졸했다[子卒]'고 기록했는데, 이는 (상중에 군주가 세상을 떠났으므로 훙薨이라는 표현을) 피한 것이다.[文公二妃敬嬴生宣公, 敬嬴嬖, 而私事襄仲. … 冬, 十月, 仲殺惡及視, 而立宣公. 書曰, "子卒" 諱之也]"했다.

29 창읍왕 : 창읍왕을 소제에, 즉 「효소제본기孝昭帝本紀」에 붙여 기록했다는 말은 오류인 듯하다. 무제의 아들은 창읍애왕박昌邑哀王髆으로 11년(B.C.97~B.C.88)간 재위했고, 그의 아들 창읍왕이 13년간 왕으로 재위했다. 『한서』 「무오자전武五子傳」에 나온다.

30 욱림왕 : 울림왕蔚林王으로 부르기도 하는데, 이름은 소업昭業이다. 남조南朝 제齊나라 무제武帝 소이昭頤의 손자이다. 493년에 즉위했는데, 정치를 제멋대로 하고 음란하여 초란肖鸞 등에게 살해되었다. 7개월 동안 재위했다. 『남제서南齊書』 「욱림왕기郁林王紀」가 있다.

31 동혼후 : 소보권蕭寶卷으로, 명제明帝 소란蕭鸞의 아들이다. 3년간(498~501) 재위했다.

32 화제 : 명제의 아들 소보융蕭寶融이다. 처음에 남강왕南康王에 봉해져 강릉江陵에 주둔했다가, 501년에 스스로 황제가 되어 중흥中興으로 연호를 바꾸었다. 이듬해 3월에 소연蕭衍에게 선위했다. 『남제서南齊書』 「화제기和帝紀」가 있다.

33 양제 : 양제는 서원西苑을 짓고 고구려로 원정하는 등 인민들의 생활을 파탄 내, 봉기를 자초했다. 강도江都에서 부하에게 목 졸려 죽었다. 13년간(605~617) 재위했다. 『수서隋書』 「양제기煬帝紀」가 있다.

의 일을 이미 공제恭帝[34] 본기에 편재했다. 그 의도를 따져보면, 화제는 양나라 군주가 세웠고 공제는 당나라가 계승한 것이라 생각하여 동혼후의 연호인 영원永元을 축출하고 화제의 연호인 중흥中興을 높이는 한편, 공제의 연호인 의녕義寧을 드러내고 양제의 연호인 대업大業을 덮으려고 한 것이다. 이는 구차하게 당대의 권력자를 기쁘게 해주려는 마음에서 결국 앞의 왕조를 업신여긴 것이니, 이런 편찬 방식과 태도는 당시의 관점으로 보자면 꽤 융통성이 있다고도 하겠지만, 오랜 역사의 관점으로 본다면 어찌 교훈이 될 만한 것이겠는가.

尋夫本紀所書, 資傳乃顯; 表志異體, 不必相涉. 舊史以表志之帙, 介于紀傳之間, 降及蔚宗, 肇加釐革, 沈·魏繼作, 相與因循. 旣而子顯『齊書』·穎達『隋史』, 不依范例, 重遵班法. 盖擇善而行, 何有遠近; 聞義不徙, 是吾憂也.

본기에 기록된 내용은 열전까지 읽어야 비로소 분명해지지만, 표表나 지志는 체재도 다르고 내용상 반드시 서로 관련 있는 것도 아니다. 옛날 역사서에서는 표와 지에 해당하는 부분을 본기와 열전 사이에 끼워 넣기도 했는데,[35] 뒤에 범엽[36]의 『후한서後漢書』에 이르러 처음 이러한 방식이 바뀌었고

---

34 공제 : 양제의 손자 양유楊侑이다. 양제가 강도江都에 순행할 때 장안에 머물렀는데, 이연李淵이 군사를 일으켜 장안에 들어온 뒤 양유를 황제로 세웠다. 공제는 즉위 후 연호를 의녕義寧이라 했으며, 1년간 재위했다. 압력을 받고 이연에게 선위했다. 『수서』「공제기恭帝紀」가 있다.

35 옛날~했는데 : 예를 들어 반고의 『한서漢書』는 본기 다음에 표와 지가 들어가고 이어서 열전이 수록되어 있다.

36 범엽 : 울종蔚宗은 범엽의 자이다.

심약沈約과 위수魏收는 범엽의 방식을 그대로 본받아 역사를 편찬했다. 그러나 소자현蕭子顯의 『제서齊書』, 공영달孔穎達[37]의 『수사隋史』는 범엽의 사례를 따르지 않고 다시 반고의 편찬 방법을 따랐다. 대개 좋은 방법을 선택하여 시행할 때에 멀고 가까운 것을 따질 필요가 없지만, 올바른 방법에 대해 듣고서도 잘못을 고치지 않으니, 나는 이런 게 걱정스럽다.[38]

若乃先黃·老而後六經, 後外戚而先夷狄; <u>老子與韓非並列, 賈誼將荀彧同編</u>; 「孫弘傳」讚, 宜居「武」·「宣紀」末; 宗廟迭毀, 枉入「玄成傳」終. 如斯舛謬, 不可勝記. 今略其尤甚者耳, 故不復一一而詳之.

이 밖에 사마천의 『사기』에서처럼 황제黃帝와 노자老子를 앞에 기록하여 중시하고 유가의 경전인 육경六經을 뒤에 기록하여 경시하며,[39] 반고의 『한서』에서처럼 외척을 뒤에 기록하고 오랑캐를 앞에 기록하는[40] 경우도 있었다. 노자와 한비자韓非子를 나란히 같은 열전에 기록하기도 하고,[41] 가후賈詡와 순

---

37 공영달 : 당나라 초기의 경학가이자 사학가이다. 일찍이 국자좨주國子祭酒를 맡았고, 안사고顔師古 등과 함께 『오경정의五經正義』 180권을 편찬했다. 신·구『당서唐書』에 열전이 있다.

38 올바른~걱정스럽다 : 『논어』 「술이述而」에, 공자가 "의義를 듣고도 바꾸지 않고, 불선不善을 고치지 않는 것이 내 걱정이다."라고 했다.

39 사마천의~경시하며 : 『한서』 권62 「사마천전 찬司馬遷傳贊」에 "사마천은 성인의 대도를 논할 때 제법 오류가 있었으니, 황제와 노자를 앞에 두고 『육경』을 뒤로 놓았다."라면서 비판했다. 주석가들 사이에서도 이 비판의 타당성에 대해 논란이 있었는데, 유지기는 반씨班氏 부자(반표·반고)의 설을 그대로 답습한 것으로 보인다.

40 반고의~기록하는 : 『사고전서四庫全書』본 『한서』 열전에는 「외척전外戚傳」이 흉노匈奴·서남이西南夷·조선朝鮮·서역西域 등의 열전보다 뒤에 기록되어 있다.

41 노자와~하고 : 『사기』 권63 「노장신한열전老莊申韓列傳」을 가리킨다.

욱荀彧을 한 편에 넣기도 했다.[42] 『한서』에 있는 공손홍孔孫弘의 열전에 대한 찬讚의 내용은 무제武帝나 선제宣帝의 본기 끝에 있어야 마땅하고, 친진親盡한 종묘 신주를 부쳤던 사실은 예지禮志에 들어가야 하지만 위현성韋玄成[43]의 열전 끝에 잘못 들어가 있다. 이와 같은 오류나 착오는 이루 말할 수 없다. 여기서는 그중 매우 심한 것들만 앞에서 대략 다루었으며, 나머지는 일일이 다시 상론하지 않겠다. 📕

---

42 가후와~했다 : 『삼국지三國志 위지魏志』 「순유가후열전荀攸賈詡列傳」을 가리킨다.

43 위현성 : 자는 소옹少翁이고, 위현韋賢의 아들이다. 전례典禮와 의식儀式에 밝았다. 원제元帝 때 승상丞相에 이르렀다. 『한서』 권73 「위현전韋賢傳」에 나온다.

夫自二儀既判垂玄象之文萬
肇化生彰紀事之實蒼頡沮誦
以前造物代爲敷揚山川曲爲
擴寫何必人抽金匱之藏世櫃

여기부터는 역사 서술의 기준에 대한 논의이다. 22편 「서사敍事」까지 이어진다. 그렇지만 역사 인물이나 사건에 대한 칭호를 다루는 「칭위稱謂」는 사론과 포폄을 다룬 9편의 「논찬論贊」, 역사 서술을 다룬 22편 「서사敍事」와 관련이 깊다. 「칭위」에서 「서사」까지는 학습을 통해 배울 수 있는 것으로, 유지기가 말한 삼장지재三長之才 중 학學에 속한다.

유지기는 이름을 원칙에 맞게 사용하는 것이 중요하다고 강조한다. 역사서는 기록으로 남아 오래 전해지기 때문이다. 항우는 참적 세력의 하나였는데 『사기』에서 그를 본기에 기록하고 왕이라 함으로써 후대에 의혹을 샀다. 이후로 왜곡과 잘못이 계속 이어져, 역사서에 이름을 쓸 때 대상의 경중을 제대로 구분하지 못했다. 예컨대 오나라나 촉나라에서는 황제의 시호를 무시하고 손권이니 유비니 하며 이름을 불렀다. 이는 위나라를 대하던 것과는 차이가 난다. 또한 중화를 어지럽힌 5호를 증오하여 왕이 아닌 도적의 무리로 취급해 역사를 기록한 것에 대해서도 사사로운 감정 때문에 공정성을 잃은 서술이라고 말했다.

물론 옛날부터 명칭을 정하는 방법은 한결같지 않았다고 유지기는 말한다. 그러나 역사가가 자신의 애증에 따라 명칭을 부여하거나, 합당한 원칙 없이 자신의 붓끝으로 마음대로 그 명칭을 빼앗는 것은 옳지 않다고 강조한다. 제왕이 천명을 받아 차례로 대를 이어 즉위했다면 세상을 뜬 후에도 공경의 칭호를 붙여야 한다는 것이 유지기의 생각이다. 그는 사론 한 마디, 한 구절에도 주의를 기울여 올바르게 작성해야 한다고 했다.

内篇
14

호칭 사용의 정확성
稱謂

稱謂

孔子曰: "唯名不可以假人." 又曰: "名不正則言不順," "必也正名乎!" 是
知名之折中, 君子所急. 況復列之篇籍, 傳之不朽者耶! 昔夫子修『春秋』,
吳楚稱王, 而仍舊曰子. 此則襃貶之大體, 爲前修之楷式也.

공자가 말하기를 "이름만은 다른 이에게 빌려주어서는 안 된다."[1]라고 했
다. 또 "이름이 바르지 않으면 말이 순조롭게 통하지 않는다."라고 했으며,
"반드시 이름을 바르게 할 것이다!"[2]라고도 했다. 이를 통해 이름을 원칙에

---

1 이름만은~안 된다 : 『춘추좌씨전』 성공成公 2년 전문傳文에 "공자가 그 얘기를 전해
  듣고, '안타깝구나! 그에게 많은 고을을 주느니만 못했다. 예기禮器와 이름은 다른 사람에게
  빌려주어서는 안 되니, 그것은 군주가 관장할 일이다.'[仲尼聞之曰, 惜也, 不如多與之邑.
  唯器與名, 不可以假人, 君之所司也.]"라고 한 데서 유래한 말이다. 위魏나라 목공穆公이
  제齊나라를 공격했는데, 신축新築의 대부 중숙우해仲叔于奚가 위나라 대부 손환자孫桓子를
  구해주었다. 뒤에 목공이 중숙우해에게 상으로 고을을 내렸으나, 중숙우해는 이를 거절하고
  제후가 사용하는 악기인 곡현曲懸과 말 장식인 번영繁纓을 요청했다. 목공이 이를 허락한
  것에 대해 공자가 평한 말이 위의 것이다.

2 이름이~것이다 : 이 두 구절은 『논어』 「자로子路」에 나오는데, 원래 순서와 바뀌었다.
  원문은 "자로가 묻기를 '위나라 군주가 선생님을 초빙하여 정치를 하게 되신다면 선생님께서
  는 어떤 일을 먼저 하시겠습니까?' 하니, 공자가 말하기를 '반드시 이름을 바르게 할
  것이다!'라고 했다. … 공자가 말하기를 '…이름이 바르지 않으면 말이 순조롭지 않고,
  말이 순조롭지 않으면 일이 되지 않는다.'[子路曰: "衛君待子而爲政, 子將奚先?" 子曰:
  "必也正名乎!" … 子曰: " … 名不正, 則言不順; 言不順, 則事不成."]"라고 했다. 일부
  생략했지만, 이 구절은 자로와 공자 사이의 거리낌 없는 비평과 반론으로 유명하다.

맞게 사용하는 것이 군자의 급선무임을 알 수 있다. 하물며 다시 서적에도 기록되어 오래도록 전해질 것들에 대해서는 더 말할 것도 없으리라. 과거에 공자가 『춘추』를 편수할 때, 오吳나라나 초楚나라에서는 주周나라의 왕을 무시하고 스스로 왕이라고 칭했지만 공자는 예전처럼 그들을 그대로 자子라고 했다.[3] 이는 포폄의 기본 원칙을 보여주는 것으로, 그 뒤로 역사를 편수할 때 표준이 되었다.

馬遷撰『史記』, 項羽僭盜而紀之曰王, 此則眞僞莫分, 爲後來所惑者也. 自玆以降, 訛謬相因, 名諱所施, 輕重莫等. 至如更始中興漢室, 光武所臣, 雖事業不成, 而歷數終在. 班·范二史皆以劉玄爲目, 不其慢乎? 古者二國爭盟, 晉楚並稱侯伯; 七雄力戰, 齊秦俱曰帝王. 其間雖勝負有殊, 大小不類, 未聞勢窮者則爲匹庶, 力屈者乃成寇賤也.

사마천이 『사기』를 편찬할 때 항우項羽는 참람한 도적이라고 할 수 있는 여러 세력가의 한 사람이었는데도 본기에 기록하고 왕이라 했으니, 이는 정통 왕조와 위조僞朝를 제대로 구분하지 않은 것으로서 뒷사람들의 의혹을 샀다. 이 이후로 왜곡과 잘못이 계속 이어져, 역사서에 이름을 쓸 때 제대로 대상의 경중을 구분하지 못했다.

후한 때 유현劉玄[4]이 한나라 왕실을 중흥하고자 경시更始라고 연호를 정했

---

3 과거에~했다 : 『사기』 「공자세가孔子世家」에 "공자가 역사 기록을 통해 『춘추』를 편찬했는데 … 그 문장은 간략하지만 의미는 넓었으므로, 오나라와 초나라 군주가 스스로 왕이라고 칭했지만 『춘추』에서는 그들을 폄하하여 '자子'라고 불렀다.[乃因史記作『春秋』, … 約其文辭而指博, 故吳楚之君自稱王, 而『春秋』貶之, 曰子]"라고 했다.

을 때 나중에 광무제光武帝가 되는 유수劉秀는 당시에 유현의 신하였으며, 유현이 비록 사업은 이루지 못했지만 전한으로부터 이어지는 왕위도 계승했다. 그런데도 반고의 『한서』와 범엽의 『후한서』에서는 단지 유현이라 부르고 본기에 편재하지 않았으니 그를 업신여긴 것이 아니겠는가?

옛날에 두 나라가 패권을 다툴 때는 진晉나라와 초楚나라가 모두 제후의 맹주라고 자칭했고, 전국시대 일곱 영웅이 전쟁을 할 때도 제齊나라와 진秦나라라는 동제東帝니 서제西帝니 하면서 하나같이 제왕이라고 자칭했다. 그 사이에 전쟁에서 승패가 갈리기도 하고 나라의 크고 작음이 같지 않았지만, 세력이 미약하다는 이유로 필부匹夫나 서인庶人으로 취급했다거나 힘에 밀렸다는 이유로 천한 도적으로 불렀다는 얘기는 들어본 적이 없다.

至于近古則不然. 當漢氏云亡, 天下鼎峙, 論王道則曹逆而劉順, 語國祚則魏促而吳長. 但以地處函夏, 人傳正朔, 度長挈短, 魏實居多. 二方之于上國, 亦猶秦繆·楚莊與文·襄而並霸.【蜀昭烈主, 可比秦繆公; 吳大帝, 可比楚莊王】逮作者之書事也, 乃沒吳蜀號諡, 呼權·備姓名,【謂魚豢·孫盛等】方于魏邦, 懸隔頓爾, 懲惡勸善, 其義安歸? 續以金行版蕩, 戎·羯稱制, 各有國家, 實同王者. 晉世臣子黨附君親, 嫉彼亂華, 比諸群盜. 此皆苟徇私念, 忘夫至公, 自非坦懷愛憎, 無以定其得失. 至蕭方等始存諸國名諡, 僭帝者皆稱之以王. 此則趙猶人君, 加以主號, 杞用夷禮, 貶同子爵. 變通其理, 事在合宜, 小道可觀, 見于蕭氏者矣.

---

4 유현 : 회양왕淮陽王으로, 왕망王莽의 신新나라를 멸망시키고 후한을 열었다.

그러나 가까운 옛날에는 그렇지 않았다. 한나라 왕조가 멸망하고 천하가 셋으로 나뉘었던 당시에 왕도王道로 따지자면 조조曹操는 역적이고 유비劉備가 정통이며, 그 나라의 국운으로 말하자면 위魏나라는 단명했고 오吳나라는 오래 존속했다. 다만 위나라의 위치가 중원中原 지역이고[5] 한나라로부터 정당한 절차를 거쳐 왕위를 이어받았기 때문에 그 비중을 헤아려 위나라의 사적史蹟을 더욱 많이 수록한 것이다.[6]

촉나라나 오나라[7]를 중앙의 위나라와 비교해보면 촉나라의 유비는 진 목공秦繆公에, 오나라의 손권孫權은 초 장공楚莊公에 해당하며, 위나라는 진 문공晉文公이나 송 양공宋襄公에 해당하고 어느 쪽이나 다 패업霸業을 이루었던 사람들이다. 【촉나라의 소열주昭烈主는 진 목공에 비할 수 있고, 오나라 대제大帝는 초 장왕에 비할 수 있다.】 그런데도 역사가가 역사서를 편찬할 때 오나라나 촉나라의 경우는 황제의 시호를 무시하고 손권이니 유비니 하며 이름을 불러 【어환魚豢이나 손성孫盛 등을 말한다.】 위나라를 대했던 것과는 현격하게 차이가 났으니, 이럴 경우 권선징악의 의미는 어디로 갔는지 의심스럽다.

이어서 진晉나라[8]가 혼란에 빠져 수도를 남쪽으로 옮기자, 5호[9]가 화북 지역을 차지하고 황제를 자칭하며 각각 나라를 세우니 실질적으로 왕과 같았다. 진나라 쪽에서는 자신들의 군주와 선조를 편드는 한편, 중화中華를 어지럽힌 5호를 증오하여 왕이 아닌 도적의 무리로 취급했다. 이는 모두 사사로

---

5 위나라의~지역이고 : 함하函夏의 함函은 함곡관函谷關으로 지금의 하남河南에 있었고, 하夏는 고대 중원 지역을 부르던 명칭이다.

6 위나라의~것이다 : 『삼국지』에는 위나라가 30권, 촉나라가 15권, 오나라가 20권 분량으로 수록되어 있는데, 이것을 말하는 것으로 보인다.

7 촉나라나 오나라 : 이방二方은 촉蜀나라와 오吳나라를 가리킨다.

8 진나라 : 금행金行은 서진西晉을 가리킨다.

9 5호 : 융戎과 갈羯은 5호를 통틀어 가리킨다.

운 분노 때문에 공정성을 잃은 것이며, 애증의 감정에서 스스로 자유롭지 못하여 사안의 득실을 제대로 판정할 수 없었던 것이다.

소방등蕭方等[10]은 『삼십국춘추三十國春秋』에서 처음으로 각 나라 제왕의 시호를 존중하여 그대로 사용했고, 황제를 참칭했던 무리를 왕이라고 불렀다. 이는 전국시대에 유력한 제후들이 하나같이 스스로를 왕이라고 부를 때, 조나라의 군주만이 여전히 군君이라 자칭하고 주부主父라고 한 것이나,[11] 기杞나라가 이적夷狄의 의례를 쓰자 그것을 폄하하여 자子라는 작호를 쓴 사례와[12] 같은 경우이다. 그 원칙은 변통했으면서도 사안에는 적절했으니, 작은 도리에서도 볼 만한 것이 있다는 말은 소방등을 두고 한 말인 듯하다.

古者天子廟號, 祖有功而宗有德. 始自三代, 迄于兩漢, 名實相允, 今古共傳. 降及曹氏, 祖名多濫, 必無愧德, 其唯武王. 故陳壽『國志』, 獨呼武曰祖, 至于文·明, 但稱帝而已. 自晋以還, 竊號者非一. 如成·穆兩帝, 劉·蕭二明, 梁簡文兄弟, 齊武成昆季, 斯或承家之僻王, 或亡國之庸主, 不諡靈繆, 爲幸已多, 猶曰祖宗, 孰云其可? 而史臣載削, 曾無辨明, 每月所書, 必存廟

---

10 소방등 : 자는 실상實相이고, 양梁나라 원제元帝의 맏아들이다. 유명한 학자들을 불러 모아 『후한서』의 주해를 내고자 했으나, 이룩하지 못했다. 『삼십국춘추三十國春秋』 30권을 편찬했지만 일실되었다.

11 조나라의~것이나 : 『사통통석史通通釋』에서는 『갑자회기甲子會紀』를 인용하여, "주周나라 현왕顯王 말기에 한韓나라와 연燕나라는 모두 왕이라고 칭했는데, 조趙나라의 옹雍(무령왕武靈王)만은 군주의 호칭을 사용하지 않았다. 뒤에 태자를 폐위하고 작은아들에게 전위하면서 스스로 주부主父라고 했다."라고 했다.

12 기나라가~사례와 : 『춘추좌씨전』 희공僖公 27년 경문經文에 "봄. 기자杞子가 와서 조회했다. [春. 杞子來朝]"라고 했는데, 전문傳文에 "기나라 환공桓公이 와서 조회했는데, 이적의 의례를 썼다. 그래서 『춘추』 경문에 자子라고 한 것이다."라고 했다.

號, 何以申勸沮之義, 杜渝濫之源者手?

옛날에 천자의 묘호를 정할 때 조祖는 공적이 있다는 뜻이고 종宗은 덕이 있다는 뜻이었는데, 삼대三代부터 시작하여 양한兩漢 시대에 이르기까지 그 이름과 실제가 적실했으므로 예나 지금이나 그 묘호가 그대로 전해져온 것이다. 그러나 삼국시대 조씨曹氏에 이르러 조祖라는 명칭이 남발되었는데, 이름에 부끄럽지 않은 경우는 오직 무왕武王, 즉 조조曹操에 불과했다. 그러므로 진수陳壽의 『삼국지』에도 무제만 조祖라고 쓰고 문제文帝와 명제明帝는 단지 제帝라고만 칭했다.[13]

진晉나라 이후로 이름을 훔친 자가 한둘이 아니었다. 진나라의 성제成帝와 목제穆帝,[14] 유욱劉彧과 소란蕭鸞 등 두 명제明帝,[15] 양梁나라 간문제簡文帝 형제,[16] 제齊나라 무성제武成帝 형제[17]들은 단지 황실의 승계에 따라 황제에 오른 못된 군주였거나 나라를 망친 용렬한 군주들로 영靈이나 무繆라는 시호를 받지 않은 것만으로도 큰 다행일 터인데, 오히려 조祖니 종宗이니 했으니 누가 그것을 옳다고 하겠는가? 그럼에도 불구하고 사관史官이 그것을 기록할 때

---

13 진수의~칭했다 : 『삼국지三國志 위지魏志』 「무제기武帝紀」 첫머리에 "태조무황제太祖武皇帝는 패국沛國 초譙 사람이다."라고 했고, 조비曹丕나 조예曹叡의 경우에는 문황제文皇帝, 명황제明皇帝라고만 썼다.

14 성제와 목제 : 성제 사마연司馬衍(재위 326~342)은 묘호를 현종顯宗이라 했고, 목제 사마담司馬聃(재위 345~361)은 묘호를 효종孝宗이라고 했다. 이하에서 유지기가 사례로 든 황제는 모두 정치와 나라를 망쳤다고 전해지는 군주이다.

15 유욱과~명제 : 유욱은 남조南朝 송宋나라 태조太祖 명제(재위 465~472)이고, 소란은 남제南齊 고종高宗 명제(재위 494~498)이다.

16 양나라 간문제 형제 : 남조 양나라 태종太宗 간문제(재위 550~551)와 세조世祖 효원제孝元帝(재위 552~554)이다.

17 제나라 무성제 형제 : 북제北齊 세조世祖 무성제(재위 562~564)와 그 형인 현조顯祖 문선제文宣帝(재위 550~559), 효소제孝昭帝(재위 551~552)이다.

애초부터 분명하게 가려내지 못하고 매월 쓸 때마다 그 묘호를 기재했으니, 어떻게 권선징악의 정의를 펼 것이며 시호가 남발되는 근원을 막을 수 있을 것인가?

又位乃人臣, 跡參王者, 如周之亶父·季歷, 秦之仲達·師·昭, 追尊建名, 比諸天子, 可也. 必若當塗所出, 宦官携養, 帝號徒加, 人望不愜. 故『國志』所錄, 無異匹夫, 應書其人, 直云皇之祖考而已. 至如元氏起于邊朔, 其君乃一部之酋長耳. 道武追崇所及, 凡二十六君, 自開闢以來, 未之有也. 而『魏書』「序紀」, 襲其虛號, 生則謂之帝, 死則謂之崩, 何異沐猴而冠, 腐鼠稱璞者矣!

또한 지위는 신하이지만 행적은 제왕에 필적했던 경우, 예를 들어 주나라 고공단보古公亶父와 계력季歷이라든가,[18] 진秦의 사마중달司馬仲達, 사마사司馬師, 사마소司馬昭는[19] 뒤에 시호를 추증하여 천자의 반열에 올린다 해도 괜찮다. 그러나 분명 위나라 조씨曹氏들의 경우는 출신을 따진다면 그 선조가 환관의 양자였기 때문에[20] 황제의 칭호를 제멋대로 추증한 것을 세간에서 탐탁해 하

---

18 주나라~계력이라든가 : 고공단보는 태왕太王으로, 종족을 이끌고 기산崎山에 자리 잡았다. 성읍을 쌓고 농업과 교통을 발전시켰다. 『사기』「주본기周本紀」 참고. 계력은 고공단보의 어린 아들로, 아버지를 이어 종족의 추장이 되었다.

19 진의~사마소는 : 중달仲達은 사마의司馬懿의 자이다. 전략에 뛰어났고, 요동을 정벌하여 태부太傅가 되었으며, 위魏나라 정권을 잡았다. 사마사의 자는 자장子長으로, 사마의의 맏아들이다. 하안何晏과 이름을 나란히 했으며 군무를 맡아 오吳나라 군대를 무찔렀다. 사마사의 아들인 사마소의 자는 자상子上이다. 조상曹爽이 촉蜀나라를 칠 때 정촉장군征蜀將軍을 맡고 있었고, 아버지 사마사의 병이 위독해지자 정치·경제적 권력을 장악했다.

20 조씨들의~때문에 : 당도當塗는 위나라 조씨를 가리킨다. 조조의 가문은 원래 하후씨夏侯氏였

지 않았다. 그러므로 『삼국지』의 기록을 보면 보통 필부와 다를 바 없었으며, 그 해당 인물을 기록해야 할 때는 '황제의 조고祖考'라고만 적었다.

원씨元氏[21]가 북쪽 변방에서 일어날 때 그 군주는 일개 부족의 추장이었을 뿐이다. 그런데 도무제道武帝가 위로 소급하여 시호를 추증한 것이 26군君이었으니,[22] 이는 개벽 이래 없던 일이다. 그러나 『위서魏書』의 첫째 권인 「서기序紀」에 그 헛된 시호를 답습하여, 살았을 때의 기록에는 제帝라고 일컫고 죽으면 붕崩이라고 했으니, 원숭이가 관을 쓰고 있거나[23] 썩은 쥐를 다듬지 않은 옥이라고 하는[24] 것과 무엇이 다르겠는가!

夫歷觀自古, 稱謂不同, 緣情而作, 本無定準. 至若諸侯無諡者, 戰國已上, 謂之今王. 天子見黜者, 漢·魏以後, 謂之小帝. 周衰有共和之相, 楚弑有郟

는데, 조조의 아버지 조숭曹嵩이 중상시中常侍였던 조등曹騰의 양자로 들어갔다고 한다.

21 원씨 : 원씨는 선비족의 탁발부拓跋部이다.

22 도무제가~26군이었으니 : 도무제 탁발규拓跋珪가 추숭하여 제왕으로 삼은 조상을 말한다. 탁발규 이전에 탁발부는 초원을 떠돌던 유목 부족으로, 성곽이나 형법도 갖고 있지 않았다. 『위서魏書』「서기序紀」에 실린 시법諡法은 모두 탁발규가 거짓으로 덧붙인 것이지, 위수魏收가 위조한 것이 아니다.

23 원숭이가~있거나 : 『사기』「항우본기項羽本紀」에 "이야기하는 자가 말하기를 '사람들이 초나라 사람은 원숭이가 관을 쓴 격이라고 하더니, 과연 그렇구나!' 하자, 항왕이 듣고 그 사람을 삶아 죽였다.[說者曰, 人言 楚人沐猴而冠耳, 果然. 項王聞之, 烹說者]"라고 했는데, 「집해集解」에서 장안張晏은 목후沐猴가 미후彌猴, 곧 원숭이라 했다."

24 썩은~하는 : 『전국책戰國策』「진책秦策」에 "응후가 말하기를 '정나라 사람들은 가공하지 않은 옥을 박이라고 합니다. 주나라 사람은 포를 뜨지 않은 쥐를 박이라고 합니다. 주나라 사람이 박을 품고 정나라 상인 앞을 지나가면서 박을 사겠느냐고 했더니, 정나라 상인이 사겠다고 했습니다.' 그 박을 꺼내 보니 바로 쥐였다. 그래서 사양하고 사지 않았다.[應侯曰: "鄭人謂玉未理者, 璞. 周人謂鼠未腊者, 璞. 周人懷璞過鄭賈, 曰: '欲買璞乎?' 鄭賈曰: '欲之.'" 出其璞, 視之, 乃鼠也. 因謝不取.]"라고 했다.

敎之主, 趙他而曰尉他, 英布而曰鯨布. 豪傑則平林·新市, 寇賊則黃巾·赤
眉. 園·綺友朋, 共云四皓, 奮·建父子, 都稱萬石. 凡此諸名, 皆出當代, 史臣
編錄, 無復張馳. 蓋取叶隨時, 不藉稽古.

옛날부터 쭉 살펴보면 명칭을 정하는 방법은 한결같지 않았으며, 인정과
도리에 따라 만들었기에 본래 정해진 기준이 없었다. 전국시대 이전의 제후
로서 시호가 없는 경우는 금왕今王[25]이라고 불렸다. 한나라와 위나라 이후에
쫓겨난 천자天子는 소제小帝라고 불렀다. 주나라가 쇠약해지면서 공화共和의
도움이 있었고,[26] 초나라 왕이 시해당하면서 겹오郟敖라는 호칭의 군주로 불
렸으며,[27] 조타趙他인데 위타尉他라고 하거나 영포英布인데 경포鯨布라고 부르
기도 했다.

전한 말의 호걸에는 평림平林이나 신시新市, 도적에는 황건黃巾이나 적미赤眉
가 있었다. 동원공東園公과 기리계綺里季 등 네 명의 벗을 합하여 사호四皓라고
통칭했으며,[28] 전한의 석분石奮과 석건石建 부자는 모두 만석군萬石君이라고 불

---

25 금왕 : 예를 들어 『사기』「연소공세가燕召公世家」에 "(효왕孝王) 3년에 졸했다. 아들인
　　금왕 희喜가 즉위했다."라고 했다.
26 주나라가~있었고 : 공화共和는 공백共伯 화和로, 위衛나라 무공武公 화이다. 주나라 유왕幽王
　　말년에 견융犬戎이 침입하자 무공이 군대를 이끌고 와서 주나라를 도와 견융을 물리쳤다.
　　주공周公과 소공召公이 주나라 정치를 함께 보우한 것을 두고 공화라고 했다는 설도 있는데,
　　불확실하다고 한다(조여보趙呂甫, 277쪽, 각주 51).
27 초나라~불렸으며 : 『춘추좌씨전』 소공昭公 원년 전문傳文에 "겨울. 초나라 공자 위圍가
　　정나라를 방문하려고 하자, 오거伍擧가 공자 위의 부관이 되었다. 아직 국경을 넘지 않았을
　　때 초나라 왕이 병들었다는 소식을 듣고 공자 위는 돌아가고 오거만 정나라를 방문했다.
　　11월 기유. 공자 위가 도착해서 병문안을 하러 들어가 왕의 목을 졸라 시해했다. 왕을
　　겹에 장사 지내면서 겹오라고 불렀다."라고 했다.
28 동원공과~통칭했으며 : 사호四皓는 진秦나라 말기에 상산商山으로 난리를 피한 사람들로,
　　동원공과 기리계 외에 하황공夏黃公과 각리선생用里先生이 있다.

렀다. 이들 여러 호칭은 당시에 실제로 쓰였으며, 역사가들은 그대로 호칭을 기록하고 다시 고치지 않았다.[29] 이는 대개 시대의 풍조에 따른 것이며, 예전의 사례를 빌려오지 않았다.

及後來作者, 頗慕斯流, 亦時採新名, 列成篇題. 若王『晉』之「十士」·「寒儁」, 沈『宋』之「二凶」·「索虜」卽其事也. 唯魏收遠不師古, 近非因俗, 自我作故, 無所憲章. 其撰『魏書』也, 乃以平陽王爲出帝, 司馬氏爲僭晉, 桓·劉已下, 通曰島夷. 夫其詔齊則輕抑關右, 黨魏則深誣江外. 愛憎出于方寸, 與奪由其筆端, 語必不經, 名惟駭物.

후대의 역사가들은 이런 방식을 꽤 선호해서 때때로 새로운 이름들을 채택하여 각 편의 제목으로 삼았다. 예컨대 왕은王隱의 『진서晉書』에 나오는 「십사十士」나 「한준寒儁」 같은 편명, 심약沈約의 『송서宋書』에 나오는 「이흉二凶」이나 「색로索虜」 같은 편명 등이다.[30] 하지만 오직 위수魏收만 옛 역사서의 편명을 따라 쓰지도 않고 그렇다고 당시 쓰이던 명칭을 사용하지도 않았으니, 기존의 법도를 따르지 않고 자신만의 원칙을 만든 것이다.

위수가 편찬한 『위서魏書』에서는 평양왕平陽王을 출제出帝,[31] 즉 쫓겨난 황

---

29 다시 고치지 않았다 : 치馳를 이馳로 보는 판본도 있는데, 장치張馳로 보아 고친다는 의미로 해석해야 할 듯하다.

30 왕은의~등이다 : 조여보 등은 왕은의 『진서』에 나오는 편명이 「십사」가 아닌 「처사處士」로 보았는데, 포기룡의 『사통통석』에 따르면 왕은의 『진서』는 없어져서 고증할 수 없다고 한다. 심약의 『송서』에 「색로」 및 「이흉」 열전이 있는데, 「이흉」에 원흉元凶 유소劉劭와 시흥왕始興王 유준劉濬에 관한 기록이 있다.

31 평양왕을 출제 : 북위北魏 효무제孝武帝 원수元修는 처음에 평양왕에 봉해졌다. 보진普泰

제로, 사마씨司馬氏를 참진僭晉,[32] 즉 '진나라 왕족을 참칭한 자'라 했고, 환현桓玄과 유유劉裕 이하를 통틀어 도이島夷,[33] 즉 '섬 오랑캐'라고 했다. 제齊나라에 아첨하고자 관우關右, 즉 서위西魏를 업신여겨 억누르고, 위魏나라의 편을 들어 강외江外, 즉 남조南朝를 매우 좋지 않게 기록했던 것이다.[34] 자신의 마음속에서 애증이 생긴 나머지 제멋대로 명칭을 부여하고 다시 그것을 삭제하는 것도 합당한 원칙 없이 자신의 붓끝에서 나왔으니, 이 같은 역사서는 내용도 결코 기준이 될 수 없고 각각의 편명도 해괴할 뿐이다.

昔漢世原涉大修墳墓, 乃開道立表, 署曰南陽阡. 欲以繼跡京兆, 齊聲曹尹, 而人莫之肯從, 但云原氏阡而已. 故知事非允當, 難以遵行. 如收之苟立詭名, 不依故實, 雖復刊諸竹帛, 終罕傳于諷誦也. 抑又聞之. 帝王受命, 歷數

2년(532), 고환高歡이 군대를 이끌고 낙양에 들어와 효무제를 옹립했다. 영희永熙 3년(534), 효무제가 고환의 핍박을 못 이기고 장안으로 도망쳐 우문태宇文泰에게 의지했는데, 이 때문에 『위서』에서는 편목을 「출제평양왕기出帝平陽王紀」라고 했다.

32 사마씨를 참진 : 사마예司馬叡의 아버지는 진晉나라 장군 우금牛金인데, 우금은 공왕근恭王覲의 비妃와 간통하여 예叡를 낳고 이름을 사마예라고 했다. 이 때문에 『위서』에서는 열전 제목을 「참진사마예僭晉司馬叡」라고 했다.

33 환현과~도이 : 위수는 『위서』 열전에 동진東晉의 환현과 송宋나라의 유유를 기록하면서, 그 편명으로 「도이환현 해이풍발 도이유유島夷桓玄 海夷馮跋 島夷劉裕」라고 했다.

34 제나라에~것이다 : 고환으로부터 도망쳐서 우문태에게 의지했던 북위 효무제 원수는 얼마 후 우문태에게 죽임을 당한다. 535년 우문태는 원보거元寶炬를 문제로 옹립했는데, 역사에서는 이를 서위西魏라고 부른다. 한편 고환도 원선견元善見을 옹립했는데, 이 사람이 효정제孝靜帝이며, 역사에서는 이를 동위東魏라고 부른다. 위수는 북제北齊에서 『위서』를 편수했고, 제나라가 동위의 제통帝統을 계승했다고 보았으므로 「효정제기孝靜帝紀」를 「효무제기孝武帝紀」의 뒤에 배치하고, 서위의 여러 황제에 대해서는 본기를 두지 않았다. 관우關右는 서위를 가리킨다. 강외江外는 남조의 동진東晉과 송宋을 가리킨다.

相承, 雖舊君已沒, 而致敬無改, 豈可等之凡庶, 便書之以名者乎! 近代文章, 實同兒戲. 有天子而稱諱者, 若姬滿·劉莊之類是也. 有匹夫而不名者, 若步兵·彭澤之類是也.

　　옛날 한나라 때 원섭原渉이라는 사람이 무덤을 크게 만들었는데, 그 무덤으로 가는 길을 내고 남양천南陽阡이라고 적힌 표지를 세웠다. 이는 그가 경조京兆의 족적을 계승하여 조윤曹尹과 명성을 나란히 하고자 했던 것이지만, 사람들은 그렇게 부르려 하지 않았고 다만 원씨천原氏阡이라고만 했다.[35] 이를 통해 일이 이치에 합당하지 않으면 따르기가 어렵다는 것을 알 수 있다. 근거 있는 사실에 기반하지 않았으므로 위수가 잘못된 명칭을 함부로 만든 사례는 역사서를 통해서 반복 간행되었음에도 결국 사람들이 거의 외우지 못하거나 기억하지 않게 되었다.

　　또 이런 예도 있다. 제왕이 천명을 받아 차례로 대를 이어 즉위했다면, 비록 옛 군주가 이미 세상을 떠도 변함없이 공경을 다해야 하니, 어찌 보통 사람들과 대등하게 이름을 쓸 수 있겠는가. 근대의 문장은 실로 아이들 장난 같다. 천자의 이름을 그대로 기록하는 경우도 있는데, 희만姬滿이나 유장劉莊과 같은 사례가 여기에 해당한다.[36] 거꾸로, 필부임에도 그 이름을 꺼리고 적

---

35 한나라~했다 : 원섭의 자는 거광巨光이다. 경조윤京兆尹을 지낸 조曹 아무개란 사람이 죽자, 사람들은 그를 무릉茂陵에 안장했다. 사람들은 그를 기리며 무덤으로 가는 길을 경조천京兆阡이라고 불렀다. 원섭의 아버지가 애제哀帝 때 남양 태수南陽太守를 지낸 적이 있는데, 원섭은 아버지가 죽자 그 무덤을 만들면서 경조천을 흉내 내어 무덤으로 가는 길을 남양천이라 불렀다고 한다. 천阡은 두렁을 말한다. 『한서』 「유협열전遊俠列傳」에 나온다.

36 천자의~해당한다 : 희만은 주周나라 목왕穆王이고, 유장은 동한東漢의 명제明帝(재위 57~75)이다.

지 않는 경우도 있는데, 보병步兵이니 팽택彭澤이니 하는 사례가 여기에 해당
한다.[37]

史論立言, 理當雅正. 如班述之敍聖卿也, 而曰"董公惟亮"; 范贊之言季孟
也, 至曰"隗王得士." 【談漢主, 則謂昭烈爲玄德;【氏『漢晉春秋』以蜀爲
正統, 其編目敍事, 皆謂蜀先主爲昭烈皇帝. 至於論中語, 則呼爲玄德.】裴引
魏室, 則目文帝爲曹丕.【班固「述哀紀」曰: "宛孌董公, 惟亮天功."「隗囂公
孫述傳贊」曰: "公孫吏, 隗王得士."】夫以淫亂之臣, 忽隱其諱, 正朔之後,
反呼其名. 意好奇而輒爲, 文逐韻而便作. 用捨之道, 其例無恒. 但近代爲
史, 通多此失. 上才猶且若是, 而況中庸者乎? 今略擧一隅, 以存標格云爾.

　　사론 한 마디, 한 구절은 주의를 기울여 올바르게 작성해야 한다. 반고는
성경聖卿에 대해 평론하면서 "동공董公은 진실했다."라고 했고,[38] 범엽은 계맹
季孟에 대한 논찬에서 "외왕隗王은 인재를 얻었다."라고까지 했다.[39] 또한 습

---

37 거꾸로~해당한다 : 죽림칠현竹林七賢의 한 사람인 완적阮籍이 보병교위步兵校尉였다고 하여
보병이라고만 적은 것을 가리키는 듯한데, 『진서晉書』「완적열전阮籍列傳」에는 그의 이름이
적혀 있다. 무엇을 두고 말하는지 모르겠다. 세상 사람들이 그를 가리켜 완보병이라 부른
것을 두고 그렇게 말했을 수도 있다. 완적은 거리낌 없는 성품이었는데, 이를 잘 보여주는
일화가 보병 주방에 좋은 술이 있다는 말을 듣고 보병교위 자리를 구했다는 것이다.
팽택은, 동진의 시인 도잠陶潛이 팽택령彭澤令을 지냈다고 하여 그의 이름 대신 부른 것을
가리킨다. 『진서』「도잠열전陶潛列傳」이 있다.

38 반고는~했고 : 성경聖卿은 동현董賢의 자이다. 용모가 잘 생겨서 애제哀帝의 총애를 받고
고안후高安侯에 봉해졌다. 애제가 죽은 뒤 왕망의 탄핵을 받고 자살했다. 반고는 사실이나
인물에 대한 평가인 논찬(贊)을 술述이라고 했다. 위의 평론은 『한서』 권100하의 「술애제述哀
紀」 11에 나온다. 동현에 대해서는 『한서』「영행열전佞幸列傳」에 나온다.

착치犭鑿齒는 한나라 군주를 이야기하면서 소열제昭烈帝 유비劉備를 현덕玄德이라고 했고,【습착치는『한진춘추漢晉春秋』에서 촉蜀나라를 정통으로 삼아 그 편목과 서술에서 모두 촉나라 선주先主(유비劉備)를 소열 황제라고 불렀다. 그러나 사론에서는 현덕이라고 불렀다.】배송지裵宋之는 위나라 역사를 주해하면서 문제文帝를 가리켜 조비曹조라고 했다.[40]【반고는『한서』의「술애기述哀紀」에서 '宛變董公 惟亮天功'이라 했고, 범엽은『후한서』「외효공손술전隗囂公孫述傳」찬贊에서 '公孫習吏 隗王得士'라고 했다.】저 동현董賢 같은 음탕한 신하나 외효隗囂 같은 난신에 대해서는 이름을 감춰 쓰지 않고, 정통성 있는 황제에 대해서는 도리어 이름을 쓴 것이다. 기이한 것을 좋아해서 그리했는지, 문장의 운韻을 맞추려고 그리했는지,[41] 참 모를 일이다.

어떤 이름을 버리고 채택하는 방식에 변함없는 규례가 있는 것은 아니다. 다만 근대의 역사서에 대체로 이러한 잘못이 많이 보인다. 제대로 배웠다는 일류 역사가도 이럴진대, 그보다 못한 보통의 재능을 가진 사람은 어떻겠는가? 여기서는 이러한 잘못들 중 일부를 대략적으로 열거하여 타산지석으로 삼는다. 史通

---

39 범엽은~했다 : 계맹은 외효隗囂의 자이다. 『후한서』에 「외효열전隗囂列傳」이 있는데, 위의 말은 그에 대한 찬贊에 나온다.

40 배송지는~했다 : 배송지의 자는 세기世期이며, 하동河東 사람이다. 남조 송宋나라 때 문제文帝의 명으로『삼국지』를 주석했다. 인引이란 주해한다는 뜻이다. 위실魏室은『삼국지 위지』「문제기文帝紀」를 가리킨다. 조비의 자는 자환子桓으로, 조조曹操의 큰아들이다.

41 문장의~그리했는지 : 반고의 '宛變董公 惟亮天功'와 범엽의 '公孫習吏 隗王得士'에서 아마 공功과 공公, 리吏와 사士가 압운임을 상기시킨 것으로 보인다.

「채찬採撰」은 사료 수집의 적절성을 다루고 있다. 원래 역사서란 조금이라도 다른 이야기가 있으면 찾아 모으고, 다양한 사람의 말을 빠짐없이 채집하고 나서야 일가를 이뤄 오래도록 전해질 명작을 만들 수 있다. 좌구명이 『좌씨전』을 쓸 때 노나라 이외에 여러 나라의 역사를 수집했으며, 사마천과 반고도 마찬가지였다. 그렇게 했기 때문에 당대의 훌륭한 기록으로 천 년이 지나도록 명성을 유지할 수 있었다는 것이다.

그러나 유지기는 역사가가 많아지면서 제멋대로 이단의 내용을 기록하고 새로운 사실을 거짓으로 보태는 사람들이 생겨났다고 탄식한다. 예컨대 위수는 북조의 편에 붙어서 남조인 동진을 더럽히고 멸시했는데, 심약의 저서에 나타난 무함을 그대로 이어받으면서 거기에 또 자신의 무함을 추가했다는 것이다. 또 지방의 기록이나 각 가문의 보첩 같은 서적에서는 그 주나 고을을 자랑하고 자기 씨족을 과시한 내용이 보이므로 독자가 진위를 분명하게 파악해야 한다고 강조했다.

역사가란 길거리에서 듣고 말하는 사실이 사리에 어긋날 수 있다는 점, 항간에 떠도는 이야기가 사실과 다를 수 있다는 점을 비판적으로 판단해야 한다. 내용이 많고 다양하기만 한 것을 훌륭하다고 여기면서 저서를 만든다면 소인을 즐겁게 해줄 수는 있겠지만, 식견이 있는 군자에게는 비웃음을 살 것이라고 유지기는 경계의 말을 남겼다.

内篇

15

사료 수집의 적절성
採撰

採撰

子曰: "吾猶及史之闕文也," 是知史文有闕, 其來尚矣. 自非博雅君子, 何以補其遺逸者哉? 蓋珍裘以衆腋成溫, 廣廈以群材合構. 自古探穴藏山之士, 懷鉛握槧之客, 何嘗不徵求異說, 採摭群言, 然後能成一家, 傳諸不朽.

　공자도 "나는 예전에 사관이 불확실하거나 자료가 없어서 어떤 부분을 빼놓고 기록한 문장을 본 적이 있다."[1]라고 말했는데, 이를 통해 역사 기록에 무언가 빠진 부분이 있게 마련이고 그 유래도 오래되었다는 것을 알 수 있다. 자신이 그야말로 박식한 사람이 아니라면 어떻게 그 누락된 데를 보완할 수 있겠는가? 대개 진귀한 털가죽 옷은 수많은 여우의 겨드랑이 털로 만들었기에 따뜻한 것이고,[2] 넓고 큰 집은 자재를 많이 모아야 구조를 이룰 수 있는 법이다.[3] 예부터 멀다 하지 않고 동굴이나 산을 답사하는 사람이나[4] 연

---

1 나는~있다 : 『논어』「위령공衛靈公」에 나오는 말이다.
2 진귀한~것이고 : 『여씨춘추呂氏春秋』「용중편用衆篇」에 "천하에 완전히 흰 여우는 없지만, 순백색의 털가죽 옷은 있다. 흰 털을 많이 모았기 때문이다.[天下無粹白之狐, 而有粹白之裘. 取之衆白也.]"라고 했다. 순백색의 털가죽 옷은 여우의 겨드랑이 털로 만들었다고 한다.
3 넓은~법이다 : 『진서陳書』「세조본기世祖本紀」에 "반드시 많은 자재를 모아야만 큰 건물을 지을 수 있다.[庶衆才必革, 大廈可成]"라고 했다.
4 동굴이나~사람이나 : 이는 사마천이 『사기』를 저술하기 전에 유적을 답사하던 일을 가리킨다. 『사기』「태사공자서太史公自序」에 "우禹임금이 들어갔다는 동굴을 탐사했다."라고 했고, 「집해集解」에 "장안張晏이 말하기를 '우임금이 순수巡狩하다가 회계會稽에 이르러 세상을 떴다. 거기서 장례를 지냈다. 위에 동굴이 있는데, 민간에서는 우임금이 이 동굴로

분鉛粉으로 교정하며 서판書板을 끼고 산 사람조차[5] 조금이라도 다른 이야기가 있으면 찾아 모으고, 다양한 사람의 말을 빠짐없이 채집하고 난 뒤에야 일가를 이루어 오래도록 전해질 저서를 만들 수 있었다.

觀夫丘明受經立傳, 廣包諸國. 蓋當時有『周志』·『晉乘』·『鄭書』·『楚杌』等篇, 遂乃聚而編之, 混成一錄. 向使專憑魯策, 獨詢孔氏, 何以能殫見洽聞, 若斯之博也? 馬遷『史記』, 採『世本』·『國語』·『戰國策』·『楚漢春秋』. 至班固『漢書』, 則全同太史, 自太初已後, 又雜引劉氏『新序』·『說苑』·『七略』之辭. 此皆當代雅言, 事無邪僻, 故能取信一時, 擅名千載.

좌구명이 『춘추』의 경문經文에 이어 『좌씨전左氏傳』을 쓸 때 노나라 이외의 여러 나라 역사를 포괄했다. 대개 당시에 있던 『주지周志』, 『진승晉乘』, 『정서鄭書』, 『초도올楚檮杌』 등의 역사서를 모아서 편집해 하나의 역사서로 만든 것이다. 만일 좌구명이 오로지 노나라의 기록에만 의지하고 공자의 말만 따랐다면 어떻게 모든 것을 빠짐없이 보고 들어[6] 이처럼 박식해질 수 있었겠는가?

들어갔다고 한다.' 했다."라고 했다. 또 "구의산九疑山을 찾아보았다."라고 했고, 색은索隱에 "… 장안이 말하기를 '구의는 순임금을 장례 지낸 곳이므로 찾아본 것이다.' 했다. 우임금의 동굴을 탐색한 것은 대개 선대 성인이 묻힌 곳에 옛날 문헌이 있으므로 찾아본 것인데, 참 멀리도 다니면서 유적을 찾아보고 자료를 모았다."라고 했다.

5 연분으로~사람조차 : 양웅揚雄은 그의 『방언方言』 「양웅이 유흠에게 보내는 답장[揚雄答劉歆書]」에서 "저는 늘 3촌짜리 작은 붓과 기름을 먹인 종이 4척을 갖고 다니며 특별한 이야기를 물었고, 돌아온 뒤에는 바로 호분胡粉으로 교정을 보았는데, 이렇게 기록한 것이 지금까지 27년입니다."라고 했다.

6 모든~들어 : 『문선文選』 「서도부西都賦」에 "원시 상태를 탐구하여 그 근본을 얻었으며, 모든 것을 빠짐없이 보고 들었다.[元元本本, 殫見洽聞.]"라고 한 데서 나온 말이다.

사마천의 『사기』도 『세본世本』·『국어國語』·『전국책戰國策』·『초한춘추楚漢春秋』 등을 자료로 삼았다. 반고의 『한서』도 무제武帝 이전은 『사기』와 완전히 같으며, 태초太初[7] 이후의 시기는 또한 유향劉向의 『신서新序』·『설원說苑』·『칠략七略』 등의 여러 문장을 자료로 삼았다. 이 모두 당대의 훌륭한 기록으로서 사안을 다루는 데 치우침이나 거짓이 없었기 때문에 그 시대에 신뢰를 얻었고, 천 년이 지나도록 변치 않고 명성을 유지할 수 있었다.

但中世作者, 其流日煩, 雖國有策書, 殺靑不暇, 而百家諸子, 私存撰錄, 寸有所長, 實廣聞見. 其失之者, 則有苟出異端, 虛益新事, 至于禹生啓石, 伊産空桑, 海客乘槎以登漢, 姮娥竊藥以奔月. 如斯踳駁, 不可殫論, 固難以汚南·董之片簡, 霑班·華之寸札. 而稽康『高士傳』, 好聚七國寓言, 玄晏『帝王紀』, 多探六經圖讖, 引書之誤, 其萌于此矣.

그런데 중세中世[8]가 되자 저술가들이 날로 많아졌다. 비록 나라의 정책 문서들은 편찬할 틈이 없었지만,[9] 많은 저술가가 각자 저술을 남긴 덕에 그중 조금이나마 쓸 만한 내용들이 있어서 실로 견문을 넓히는 데 도움이 되었다. 그러나 그들의 단점은 제멋대로 이단의 내용을 기록하고 새로운 사실을 거짓으로 보태는 것이었는데, 예를 들어 우임금이 계모석啓母石이라는 돌에서 태

---

7 태초 : 한 무제漢武帝의 연호로, 태초 1년은 B.C.104년이다.
8 중세 : 대체로 진晉나라에서 수隋나라까지를 가리키는 것으로 보인다.
9 편찬할 틈이 없었지만 : 예도倪濤의 『육예지일록六藝之一錄』 권291 「역조서론歷朝書論」에는 살청殺靑에 대해, 한나라 때 유향이 말하기를 "살청이란 죽간竹簡에 기록하다 보면 새 죽에는 진이 나오는 탓에 나중에 모두 벌레 먹기 때문에 기록자가 불에 구워 말린 뒤에 기록한다는 뜻이다."라고 했다.

어났다든지,[10] 이윤伊尹이 뽕나무 마을에서 태어났다든지,[11] 바닷가에 사는 사람이 뗏목을 타고 은하수로 올라가 견우와 직녀를 만났다든지,[12] 항아姮娥가 약을 훔쳐 달나라로 도망쳤다든지[13] 하는 것들이다.

이같이 황당한 저술은 일일이 반박할 거리도 못되거니와, 참으로 남사南史[14]

---

10 우임금이~태어났다든지 : 『회남자淮南子』 「수무훈修務訓」에 "우임금이 돌에서 태어났다. [禹生於石]"라고 했다. 그러나 조여보는 같은 「수무훈」을 인용하여 "계啓는 하후夏侯의 아들이다. … 그 어미는 도산씨塗山氏의 딸이다. … 우임금이 도산씨에게 말하기를 '음식을 대접하고 싶으니, 북소리가 나면 오라.'고 했다. 우임금이 발로 돌을 구르자 북을 치는 줄 잘못 알고 도산씨(딸)가 만나러 왔는데, 우임금이 막 곰이 되었을 때라 부끄러워서 달아났다. 도산씨 딸이 숭고산 아래 이르러 돌이 되었는데 바로 계를 낳았다. 우임금이 '내 아들을 돌려달라.'고 하자, 돌이 깨지면서 북쪽에서 계가 태어났다."라고 주해했는데 (291쪽. 각주20), 어떤 판본을 본 것인지 모르겠다. 정초鄭樵의 『통지通志』 권3상, 「삼왕기 하三王紀 夏」에도 『회남자淮南子』의 기록으로 나온다. 그러나 포기룡은 『사통통석史通通釋』에 서 『회남자』에는 이런 내용이 없다고 했다.

11 이윤이~태어났다든지 : 『여씨춘추呂氏春秋』 「본미本味」에 나온다. 유신씨有侁氏의 딸이 뽕을 따다가 뽕나무 밭에서 아이를 얻었다. 그 까닭을 조사했더니, 그 어미가 이수伊水에 살다가 임신을 했는데, 꿈에 신이 나타나 이르기를 "절구에서 물이 나오면 너는 동쪽으로 달아나거라."라고 했다. 다음 날 절구에서 물이 나오는 것을 보고 이웃에게 알려주고는 동쪽으로 10리를 달아났다고 한다. 그 고을을 돌아보니 모두 물이 되었고, 자기 몸은 변하여 공상空桑이 되었으며, 이 때문에 어린아이의 이름을 이윤伊尹이라고 불렀다는 것이다.

12 바닷가에~만났다든지 : 장화張華의 『박물지博物志』 권10에 비슷한 내용이 보인다. 한漢은 은하수이다.

13 항아가~도망쳤다든지 : 『후한서』 「천문지天文志」에 "예羿가 서왕모西王母에게 불사약을 요청했는데, 항아가 그것을 훔쳐서 달나라로 도망쳤다."라고 했다.

14 남사 : 『춘추좌씨전』 양공襄公 25년 전문傳文에 "신사辛巳. … 태사太史가 '최저崔子가 자신의 군주를 시해했다.'고 기록했다. 그랬더니 최저가 그를 죽였다. 태사의 두 동생이 이어서 계속 기록했는데, 이 일로 연달아 두 명이 죽었다. 태사의 또 다른 동생이 다시 기록하니, 최저는 더 이상 죽이지 못했다. 남사씨南史氏가 태사들이 모두 죽었다는 소문을 듣고 자신이 그 사실을 기록하고자 죽간을 가지고 현장에 갔으나, 이미 사실대로 기록되었다는 말을 듣고는 돌아갔다.[辛巳. … 太史書曰, '崔杼弑其君.' 崔子殺之. 其弟嗣書, 而死者二人. 其弟又書, 乃舍之. 南史氏聞太史盡死, 執簡以往, 聞旣書矣, 乃還.]"라고 했다.

와 동호董狐[15]가 남긴 한 쪽짜리 기사나 반고나 화교華嶠의 한 줄 기록과도 비교하기 어려울 것이다. 그러나 혜강嵇康의 『고사전高士傳』에서는 7국의 우화를 즐겨 모았고,[16] 현안玄晏의 『제왕기帝王紀』에서는 6경의 도참圖讖을 많이 채택했으니,[17] 다른 서적을 부적절하게 인용하는 문제는 여기에서부터 싹텄다.

至范曄增損東漢一代, 自謂無愧良直, 而王喬鳧履, 出於『風俗通』, 左慈羊鳴, 傳於『抱朴子』. 朱紫不別, 穢莫大焉. 沈氏著書, 好誣先代, 於晉則故造奇說, 在宋則多出謗言, 前史所載, 已譏其謬矣. 而魏收黨附北朝, 尤苦南

---

15 동호 : 『춘추좌씨전』 선공宣公 2년 전문에 "을축乙丑. 조천趙穿이 도원에서 영공을 공격했다. 조순趙盾이 영공靈公을 피해 달아나다가 조천의 영공 시해 사실을 듣고는 산을 넘지 않고 돌아왔다. 태사 동호가 '조순이 군주를 시해했다.'고 기록하여 조정에 보였다. 조순은 사실이 아니라고 변명했으나, 동호는 '그대는 나라의 정경正卿이 되어 망명했다고 하지만 아직 국경을 넘지 않았고, 돌아와서는 군주를 시해한 죄인을 토벌하지 않았다. 그러니 그대가 시해한 것이 아니면 누가 했다는 말인가.'라고 했다. 공자가 말하기를 '동호는 옛날에 훌륭한 사관이었다. 기록의 원칙에 따라 사실을 숨기는 것이 없었다. …'고 했다.[乙丑. 趙穿攻靈公於桃園. 宣子未出山而復. 太史書曰, '趙盾弑其君', 以示於朝. 宣子曰, '不然', 對曰, '子爲正卿, 亡不越竟, 反不討賊. 非子而誰.' … 孔子曰, '董狐, 古之良史也. 書法不隱.']" 라고 했다.

16 혜강의~모았고 : 혜강의 자는 숙야叔夜로, 서진西晉의 대부를 지냈다. 죽림칠현竹林七賢의 한 사람으로, 그의 삶은 비판 정신이라는 말로 요약될 것이다. 권신 사마소司馬昭를 거스르다가 무함을 당해 죽었다. 『고사전高士傳』에 따르면 『구당서舊唐書』 권49 지志에 3권이라고 되어 있으나, 일찍이 없어진 듯하다. 『진서晉書』에 열전이 있고, 문집이 전해진다. 한흥섭 옮김, 『혜강집』, 소명출판, 2006.

17 현안의~채택했으니 : 현안은 황보밀皇甫謐의 자이다. 『제왕세기帝王世紀』 10권을 편찬했다. 『수서隋書』「경적지經籍志」권33. 『제왕세기』는 삼황三皇부터 한漢나라와 위魏나라까지의 사실을 기록했다. 『사기』에서 빠진 역사 기록이 보완되었기 때문에 진晉나라와 당唐나라 때 『사기』를 연구하던 학자들에게 중시되었다.

國, 承其詭妄, 重之加諸. 遂云司馬叡出于牛金,【王劭曰: "沈約『晉書』, 造
奇說云: '瑯琊國姓牛者, 與夏侯妃私通, 生中宗.' 因遠紋宣帝, 以毒酒殺牛金,
符證其狀. 収因此乃云: '司馬叡晉將牛金子也.'" 宋孝王曰: "收以叡爲金子,
計其年, 全不相干."】劉駿上淫路氏,【沈約『宋書』曰: "孝武於路太后處寢
息時, 人多有議." 『魏書』因云: "駿烝其母路氏, 醜聲播於甌越也."】可謂助
桀爲虐, 幸人之災. 尋其生絕胤嗣, 死遭剖斮, 蓋亦陰過之所致也.

범엽范曄이 후한後漢 시대에 대한 이전의 역사를 덜고 더하여 『후한서』를
편찬하면서 스스로 곧고 양심적인 역사가에게도 부끄럽지 않다고 자신했지
만, 그 내용 가운데 왕교王喬가 나무신을 타고 온 이야기는[18] 응소應劭의 『풍
속통風俗通』[19]에 나오고, 좌자左慈가 양 울음소리를 냈다는 이야기는[20] 갈홍葛
洪의 『포박자抱朴子』에 전해진다. 이렇듯 빨간색과 자주색을 제대로 구별하지

---

18 왕교가~이야기는 : 『후한서』 권112상 「방술열전方術列傳 왕교전 王喬傳」에 "왕교는 현종顯宗
때 섭령葉令을 맡고 있었다. 그는 신기한 기술을 갖고 있었는데, 매월 초하루와 보름이면
늘 자기가 다스리는 현을 벗어나 낙양으로 와서 조회를 했다. 황제는 그가 여러 차례
올 때마다 타고 온 가마나 말이 없는 것을 괴이하게 생각해 태사에게 엿보게 했다. 태사가
보고하기를, 기러기 두 마리가 그를 태우고 동남쪽에서 날아온다고 했다. 그래서 기러기가
오는 틈을 보아 그물을 쳤는데, 단지 한 켤레의 나무신만 걸렸을 뿐이었다."라고 했다.
19 응소의 『풍속통』 : 응소의 자는 중원仲瑗이며, 관료 집안 출신으로 후한 때 태산군太山郡
태수에 임명되어 황건적을 토벌했다. 조숭曹嵩 등이 원소袁紹에게 패하자 응소는 관직을
버리고 원소에게 의지했다. 저술에 힘써서 『한의漢儀』, 『한관의漢官儀』, 『풍속통의風俗通義』
등을 지었다. 『후한서』에 열전이 있다. 『풍속통의』는 30권이었다고 하는데, 현재 10권이
전해진다. 내용에는 각종 악기의 모양, 신기하고 괴이한 이야기, 산림이나 하천, 풍속,
습관 등에 관한 자료가 많아서 가치가 높다.
20 좌자가~이야기는 : 좌자의 자는 원방元放인데, 몸을 변환하여 숨는 재주가 있었다. 조조가
좌자를 죽이려고 하자 벽 속으로 몸을 숨겼다. 뒤에 조조가 우연히 좌자를 만나 체포하려고
했지만, 좌자가 양으로 변하여 양 떼 속으로 들어가버리는 바람에 찾을 수 없었다고
한다. 『후한서』 권112하 「방술열전方術列傳 좌자전左慈傳」에 나온다.

않아 너무 지나치게 잡다해졌다.

심약沈約은 자신의 저서 『진서晉書』와 『송서宋書』에서 앞의 시대를 무함하기 좋아하여 진나라에 대해서는 일부러 기이한 이야기를 지어내고 송나라에 대해서는 비방하는 말을 많이 했으므로 이전 역사서에서도 이미 그 잘못을 나무란 적이 있었다.[21]

그리고 위수魏收는 북조北朝의 편에 서서 남조南朝인 동진東晉을 더욱 더럽히고 멸시했으며, 심약이 함부로 무함한 내용을 그대로 이어받으면서 거기에 또 자신의 무함을 추가했다. 마침내 그는 동진의 사마예司馬叡가 우금牛金의 자식이라거나[22] 【왕소가 말하기를 "심약이 『진서』에 기이한 이야기를 지어냈는데, '낭야국瑯瑘國의 우씨 성을 가진 사람이 하후비夏侯妃와 사사로이 정을 통하여 중종中宗을 낳았다.'고 했고, 멀리 선제인 선황제宣皇帝 사마의司馬懿가 독이 든 술로 우금牛金을 죽인 일을 서술하여 그것이 실상이라는 증거로 삼았다. 위수가 여기에 근거하여 이르기를 '사마예는 진나라 장군 우금의 자식이다.'고 했다."라고 했다. 송 효왕宋孝王이 말하기를 "위수는 사마예가 우금의 아들이라고 했지만, 연대를 계산해보면 살았던 시기가

---

21 심약은~있었다 : 『남사南史』「문학전文學傳 왕지심전王智深傳」에 "제나라 무제武帝가 태자가령太子家令 심약을 시켜 『송서宋書』를 편찬하게 했다. 심약은 원찬袁粲의 열전을 만들기 전에 무제에게 보였다. 황제가 말하기를 '원찬은 송나라 왕조의 충신이다.'라고 했다. 또 심약이 효무제孝武帝나 명제明帝를 욕보이고 업신여기는 일을 많이 싣자, 황제가 측근을 보내 심약에게 말하기를 '효무제의 사적을 뒤집어서는 안 된다. 내가 전에 송나라 명제를 섬긴 적이 있다. 경은 잘못을 덮어주는 의미를 생각하라.'고 하자, 이에 많이 줄이고 뺐다."라고 했다.

22 사마예가 우금의 자식이라거나 : 사마예는 동진東晉의 초대 황제인 원제元帝 중종中宗(재위 317~322)이다. 아버지는 낭양공왕瑯邪恭王 사마근司馬覲이고 어머니는 하후씨(위나라 맹장 하후연의 증손녀)이다. 그런데 심약은 『진서』를 만든 적이 없다. 『진서』는 당나라 태종의 명으로 편찬되었다. 유지기가 『송서』를 『진서』로 착각한 듯하다. 아무튼 심약이 편찬한 『송서』 권27 「지志 부서 상符瑞上」에 위의 원주에 인용된 것과 같은 내용의 기록이 보인다. 나중에 편찬된 『진서』에도 이 내용이 반영되어 있다.

전혀 겹치지 않는다."라고 했다.】 송나라 효무제 유준劉駿이 자기 어머니인 태후 노씨路氏와 정을 통했다고까지 말하면서 심약을 따랐으니,【심약의 『송서』에 "송나라 효무제가 노태후의 처소에서 잘 때 사람들의 말이 많았다."라고 했고, 위수는 『위서』에 이어서 말하기를 "효무제 유준은 자기 어머니 노씨와 정을 통했는데 그 추문이 구월 지역에 파다했다."라고 했다.】 걸桀임금의 학정을 돕고[23] 남의 재앙을 기뻐하는[24] 짓이라고 할 만하다. 위수가 살아서는 그 후손이 끊겼고 죽어서는 시신이 토막 났으니, 이것은 아마도 이처럼 잘 보이지 않은 잘못이 초래한 인과응보인 듯싶다.

晉世雜書, 諒非一族, 若『語林』·『世說』·『幽明錄』·『搜神記』之徒, 其所載 或恢諧小辨, 或神鬼怪物. 其事非聖, 揚雄所不觀; 其言亂神, 宣尼所不語. 皇朝新撰『晉史』, 多採以爲書. 夫以干·鄧之所糞除, 王·虞之所糠秕, 持爲 逸史, 用補前傳, 此何異魏朝之撰『皇覽』, 梁世之修『遍略』? 務多爲美, 聚 博爲功, 雖取說設于小人, 終見嗤于君子矣.

진나라 연간은 잡서가 많았던 시대로, 배영裵榮의 『어림語林』,[25] 유의경劉義

---

23 걸임금의 학정을 돕고 : 『사기』「유후세가留侯世家」에 나온다. 유방劉邦이 함양咸陽을 점령한 뒤 진秦나라 궁실에 마음이 팔려 그곳에 눌러앉으려 하자, 장량張良이 유방에게 "진나라에 들어와 편안히 살려는 것은 걸임금의 학정을 돕는 것과 같다."고 간언했다.

24 남의 재앙을 기뻐하는 : 『문선文選』 권42, 완원유阮元瑜, 「위조공작서여손권爲曹公作書與孫權」에 "남의 재앙을 기뻐하는 일 따위를 군자는 하지 않는다.[幸人之災君子不爲]"라고 했다.

25 배영의 『어림』 : 배영의 자는 영기榮期이며, 인물 평론을 좋아했다. 그가 한漢·진晉 시대 사람들의 언어나 행동을 기록한 책이 『어림』이다. 『세설신어』「문학文學」에 따르면, 당시 사람들이 『어림』을 서로 베껴가며 보았다고 한다. 일찍이 없어졌다.

慶의 『세설신어世說新語』와 『유명록幽明錄』,[26] 간보干寶의 『수신기搜神記』[27] 등에는 익살이나 잔단 이야기, 귀신이나 요괴 이야기가 실려 있었다. 성인聖人의 일이 아니니 양웅揚雄이라면 보지 않았을 터이고,[28] 전쟁이나 귀신에 대해 말하고 있으니 공자라면 분명 말하지 않았을 내용이다.[29]

당나라 시대에 새로 편찬된 『진서晉書』는 많은 자료를 채집하여 만들어진 것이다. 간보나 등찬鄧粲이 밀쳐낸 자료, 왕은王隱이나 우예虞預가 가치 없다고 한 자료를 가지고 일사逸史를 만들어 이전의 전기傳記를 보완했으니, 이 어찌 위나라 때 편찬한 『황람皇覽』[30]이나 양나라 때 편수한 『편략遍略』[31]과 다르겠는가. 내용이 많고 다양하기만 한 것을 훌륭하다 여기면서 저서를 만든다면 소인을 즐겁게 해줄 수는 있겠지만, 결국 식견이 있는 군자에게는 비웃음을 살 것이다.

---

26 『유명록』 : 유의경이 20권을 편찬했다고 하는데, 일찍이 없어졌다.

27 간보의 『수신기』 : 간보는 고금의 신기하고 영험한 인물들에 대한 이야기를 『수신기』로 엮었다. 『진서晉書』 「간보열전干寶列傳」에 보인다.

28 성인의~터이고 : 『한서』 「양웅전揚雄傳」에, 양웅은 도량이 커서 성인들의 책이 아니면 좋아하지 않았다고 했다.

29 전쟁이나~내용이다 : 『논어』 「술이述而」에 "공자는 괴이한 일, 폭력, 변란, 귀신에 대해서는 언급하지 않았다.[子不語怪力亂神]"라고 했다.

30 위나라~『황람』 : 왕상王象과 유소劉劭 등이 위나라 문제文帝의 명을 받고 경전을 모아 1,000여 편으로 분류했는데, 800여 만 자에 모두 120권이었다. 황제가 볼 역사서라 하여 『황람』이라고 했다. 『사기』 「오제본기五帝本紀」 색은索隱에 나온다. 일종의 유서類書였는데, 당나라 말기에 없어졌다고 한다.

31 양나라~『편략』 : 이에 앞서 유준劉峻이 편찬한 『유원類苑』 120권이 있었는데, 무제武帝가 더 방대한 편찬물을 남기고 싶어서 하사심何思澄과 고협高恊 등에게 명하여 『편략』이 편찬된 것이다. 하사심 등이 책임자가 되고 화림원華林園 학사學士 700여 명이 각각 1권씩 편찬하여 모두 700백 권으로 완성했다. 『남사南史』 「유준전劉峻傳」 및 「하사심전何思澄傳」에 나온다.

夫郡國之記, 譜諜之書, 務欲矜其州里, 誇其氏族. 讀之者安可不練其得失,
明其眞偽者乎? 至如江東五儁, 始自『會稽典錄』, 潁川八龍, 出于『荀氏家
傳』, 而修晉漢史者, 皆徵彼虛譽, 定爲實錄. 苟不加以硏核, 何以詳其是
非? 又訛言難信, 傳聞多失. 至如曾參殺人, 不疑盜嫂, 翟義不死, 諸葛猶
存, 此皆得之于行路, 傳之于衆口. 儻無明白, 其誰曰不然? 故蜀相薨于渭
濱, 『晉書』稱嘔血而死; 魏君崩于馬圈, 『齊史』云中矢而亡. 沈炯罵書, 河
北以爲王偉; 魏收草檄, 關西謂之邢邵.

　　한편 지방의 기록이나 각 가문의 보첩譜諜 같은 서적은 그 주州나 고을을
자랑하고 자기 씨족을 과시하게 마련이다. 그러므로 읽는 사람이 그 득실을
분명하게 파악하여 진위를 밝히지 않으면 안 된다. 강동의 5준五儁이란 말은
『회계전록會稽典錄』에서 쓰이기 시작했고,[32] 영천潁川의 8룡八龍에 대한 이야기
는 『순씨가전荀氏家傳』에서 나왔는데,[33] 『진서晉書』와 『후한서後漢書』를 편찬
한 사람들이 이러한 저서에서 과도하게 칭송한 내용을 뽑아 공식적인 역사서
에 그대로 기록해버렸다. 그러니 따로 치밀하게 연구하지 않는다면 어떻게
그 시비를 상세히 알 수 있겠는가?
　　또한 와전된 이야기는 믿기 어렵고 전하는 소문은 잘못된 데가 많다. 증삼

---

32 강동의~시작했고 : 서진西晉 때, 재능과 인덕으로 이름난 설겸薛兼·기첨紀瞻·민홍閔鴻·원영顧
　　榮·하순賀循 등 다섯 명을 5준이라고 했다. 『진서晉書』「설겸전薛兼傳」에 나온다. 『회계전록』
　　은 우예虞預의 저술로, 24권이었다고 하는데, 없어졌다. 『삼국지三國志 오지吳志』「우예전虞翻
　　傳」에 나온다.

33 영천의~나왔는데 : 영천의 8룡은 순숙荀淑의 여덟 아들, 검儉·곤緄·정靖·도燾·왕汪·상爽·숙肅·
　　부專 등을 말한다. 순숙은 동한東漢 사람으로 자는 계화季和였다. 박학하고 글을 잘하여
　　고을에서 존경을 받았다. 권신과 폐행을 비판하다가 양기梁冀로부터 원망을 듣자, 관직을
　　버리고 귀향했다. 『후한서』에 열전이 있다. 『순씨가전』 10권은 순백자荀伯子가 편찬했는데,
　　없어졌다. 『구당서』「지志」에 나온다.

曾參^{증삼}이 사람을 죽였다는 이야기나³⁴ 직불의^{直不疑}가 형수를 훔쳤다는 이야기,³⁵ 적의^{翟義}가 죽지 않았다는 이야기나³⁶ 제갈량^{諸葛亮}이 여전히 살아 있다는 이야기³⁷ 등, 이 모두가 길거리에서 주워듣고는 사람들의 입에서 입으로 전해진 것이다. 분명한 증거가 없는 이상, 그 누가 그럴 리 없다고 강력하게 부인할 수 있겠는가? 이런 까닭에 촉나라 재상이었던 제갈량이 위수^{渭水}에서 죽었는데 『진서』에서는 피를 토하며 죽었다고 썼고,³⁸ 위나라 군주 소성제^{昭成帝}는 마권^{馬圈}에서 죽었는데도 『제사^{齊史}』에서는 화살을 맞아 죽었다고³⁹ 했다. 또

34 증삼이~이야기나 : 증삼과 이름이 같은 사람이 살인을 저질렀는데, 사람들이 증삼의 어머니에게 잘못 전달했다. 그 사실을 믿지 않던 어머니도 세 번째 사람이 똑같은 말을 전하자 결국 절구공이를 던지고 달아났다는 고사이다. 『전국책^{戰國策}』 「진책^{秦策}」에 보인다.

35 직불의가~이야기 : 『전한서』 권46 「만석위^{萬石衛} 직주^{直周} 장전열전^{張傳列傳}」에, 조정에서 높은 관직에 있는 사람이 직불의를 비난하려고 "직불의는 참 잘 생겼다. 그러나 자기 형수를 도둑질하면 되겠는가."라고 했다. 직불의가 듣고는 "나에게는 형이 없다."라고 했지만, 끝내 스스로 나가서 해명하지 않았다고 한다.

36 적의가~이야기나 : 적의의 자는 문중^{文仲}이며, 한^漢나라 사람이다. 동군 태수^{東郡太守}로 있을 때 왕망이 찬탈하는 것을 보고 격문을 써서 비판했으나, 결국 적의의 군사는 왕망에게 패하고 살해되었다. 『한서』 「적방진열전^{翟方進列傳}」이 있다. 『후한서』 권42 「왕창열전^{王昌列傳}」에는 적의가 죽지 않았다고 했다.

37 제갈량이~이야기 : '죽은 공명이 산 중달을 물리쳤다'는 유명한 고사이다. 『삼국지^{三國志} 촉지^{蜀志}』 권5 「제갈량열전^{諸葛亮列傳}」 배송지^{裴松之}의 주에 나온다.

38 촉나라~썼고 : 현재 『진서』에는 확인되지 않는다. 『삼국지 촉지』 권5 「제갈량열전」 배송지가 단 주에는 "제갈량이 위수가에 있을 때 위나라 군대가 들이닥쳤다. 승부의 형세는 아직 알 수 없었다. 그런데 (『위서』에서) 피를 토했다고 한 것은, 아마 제갈량이 저절로 죽은 것을 자신들 때문이라고 과장한 것이다. … 진^晋나라 원제^{元帝}의 전^箋에도 군대가 패배하여 피를 흘렸다고 했는데, 이 역시 잘못된 기록을 인용하여 말한 것이다.[<u>亮</u>在 渭濱, 魏人躡跡. 勝負之形, 未可測量. 而云嘔血, 蓋因<u>亮</u>自亡, 而自誇大也. … <u>晋元帝</u>箋亦云, <u>亮</u>軍敗嘔血, 此則引虛記以爲言…]"라고 했다.

39 위나라~죽었다고 : 남제^{南齊}의 폐위된 황제 소보권^{蕭寶卷}이 군대를 내어 마권을 빼앗았다. 그리하여 북위^{北魏} 효문제^{孝文帝}(소성제 고조^{高祖})가 군사를 이끌고 저항하여 제나라 군대를 대파했다. 효문제는 병이 나서 귀환하다가 행궁에서 죽었다. 『위서^{魏書}』 「고조본기^{高祖本紀}」

한 심형沈炯이 고징高澄을 꾸짖는 글을 지었는데 하북河北에서는 그것을 왕위王偉가 지었다고 했으며,[40] 위수魏收가 기초한 격문檄文을 두고 관서關西에서는 형소邢邵가 만들었다고[41] 했다.

夫同說一事, 而分爲兩家, 蓋言之者彼此有殊, 故書之者是非無定. 況古今路阻, 視聽壞隔, 談者或以前爲後, 或以有爲無, 涇渭一亂, 莫之能辨. 而後來穿鑿, 喜出異同, 不憑國史, 別訊流俗. 及其記事也, 則有師曠將軒轅並世, 公明與方朔同時; 堯有八眉, 夔唯一足; 烏白馬角, 救燕丹而免禍, 犬吠鷄鳴, 逐劉安以高蹈. 此之乖濫, 往往有㤉.

대체로 동일한 사실을 기록해도 다른 견해가 생기는 이유는 아마 말하는 사람마다 이거다 저거다 차이가 있게 마련이고, 그러다 보니 쓰는 사람들 역시 어떤 것이 옳고 그른지 정하지 못했기 때문일 것이다. 더군다나 옛날과 지금은 시간적으로도 멀리 떨어져 있고 보고 듣는 것도 천양지차이므로, 이

에 보인다. 또한 현존하는 『남제서南齊書』에도 소성제가 화살을 맞고 죽었다는 말이 없다.

40 심형이~했으며 : 『진서陳書』「심형열전沈炯列傳」에는 심형이 후경侯景을 성토하는 격문을 지었다고 했고, 『남사南史』「적신전賊臣傳」에는 고징이 왕위에게 회신回信을 쓰게 했다고 했다. 『양서梁書』「후경열전侯景列傳」에는 후경이 양梁나라 무제武帝에게 하북과 우호를 끊고 격문을 써서 고징을 꾸짖으라고 말했다 한다. 결국 심형이 후경을 성토한 것은 고징과 무관하며, 양 무제가 고징을 비판한 편지는 왕위의 손에서 나왔으니 심형과 무관하다. 이런 이유로 포기룡은 유지기가 잘못된 사례를 들었다고 했다.

41 위수가~만들었다고 : 『북사北史』「위수열전魏收列傳」이나 「형소열전邢邵列傳」, 『주서周書』「독고신열전獨孤信列傳」에는 위수가 격문을 기초했다는 기록이 없으며, 관서 지역 지식인들이 모두 형소가 한 일로 의심하고 있다고 기록했다. 포기룡은 유지기가 혹시 다른 근거를 가지고 있지 않을까 하고 짐작했다.

야기하는 사람이 앞에 있던 일을 뒤에 생긴 일이라고 하거나 있었던 일을 없었다고 기억한다면, 경수涇水와 위수渭水를 구별하지 못하는 것처럼 혼란을 일으켜[42] 결국 판단할 수 없게 된다. 그럼에도 후세 사람들은 이에 천착하여 남들과 다른 의견을 내는 것을 좋아했기 때문에 국사를 근거로 하지 않고 따로 민간에 전해지는 이야기들을 찾아다녔다.

그 기록한 내용을 보면 사광師曠이 헌원軒轅과 같은 시대에 살았다거나[43] 공명公明과 동방삭東方朔이 같은 시대 사람이라고 하기도 했다.[44] 또한 요임금은 눈썹이 여덟 가지 색깔이었으며,[45] 기夔는 다리가 하나였다고도[46] 했다. 까마귀가 하얗게 변하고 말에 뿔이 나서 연燕나라 태자 단丹을 구해줘 화를 모면하게 했다거나,[47] 개와 닭이 울면서 유안劉安을 뒤쫓아 하늘에 올랐다고도[48]

---

42 경수와~일으켜 : 경수는 감숙甘肅에서 발원하여 섬서陝西로 흘러 들어와 위수와 합류한다. 과거에 경수는 흐리고 위수는 맑다고 오해하여 시비곡직是非曲直에 비유했다고 한다.

43 사광이~하거나 : 『열전列子』「탕문湯問」에 진晉나라의 저명한 악사인 사광과 황제黃帝(헌원)가 같은 시대에 살았던 것처럼 기록되어 있다.

44 공명과~했다 : 공명은 위魏나라 관로管輅의 자이다. 포기룡은 이 부분의 출처가 어딘지 확인되지 않는다고 했다.

45 요임금은~색깔이었으며 : 『상서대전尙書大傳』 권3에는 "요임금은 눈썹이 여덟 개였다.[堯八眉]"라고 했다. 또 『회남자』「수무훈修務訓」 고유高誘의 주注에 "요임금이 태어났을 때 눈썹에 여덟 가지 색깔이 있었다.[堯生, 眉有八彩之色]"라고 했다.

46 기는 다리가 하나였다고도 : 『설문해자說文解字』 권5하에 "기夔 - 용처럼 생겼는데, 다리가 하나였다.[夔 - 如龍, 一足]"라고 했다.

47 까마귀가~했다거나 : 연나라 태자 단이 진나라에 인질로 잡혀 왔을 때, 진시황이 "까마귀가 하얗게 변하고, 말에 뿔이 나면 태자 단을 돌려보내겠다."라고 했다. 단이 하늘에 기도했더니, 정말 진시황이 말한 상황이 전개되었다는 고사이다. 『사기』「자객열전刺客列傳」의 찬贊과 색은索隱에 보인다.

48 개와~올랐다고도 : 갈홍葛洪의 『신선전神仙傳』에 나오는 이야기이다. 한나라 회남왕淮南王 유안劉安은 신선술神仙術을 좋아했다. 그가 오피伍被에게 모함을 당했을 때, 마침 여덟 신선의 도움으로 약을 먹고 승천했다. 그런데 그 약 그릇을 핥은 개와 닭까지 승천했다는

했다. 이처럼 사리에 어긋난 사례가 왕왕 있다.

故作者惡道聽塗說之違理, 街談巷議之損實. 觀夫子長之撰『史記』也, 殷·周已往, 採彼家人; 安國之述『陽秋』也, 梁·益舊事, 訪諸故老. 夫以篘蕘鄙說, 刊爲竹帛正言, 而輒欲與五經方駕, 三志競爽, 斯亦難矣. 嗚呼! 逝者不作, 冥漠九泉; 毁譽所加, 遠誣千載. 異辭疑事, 學者宜善思之.

그러므로 역사를 저술하는 사람은, 길거리에서 듣고 말하는 사실이 사리에 어긋날 수 있으며 항간에 떠도는 이야기가[49] 사실과 다를 수 있다는 점을 비판적으로 판단해야 한다. 사마천이 『사기』를 편찬할 때 은殷나라와 주周나라 이전의 일은 평민들의 구전에서 자료를 채집했고, 손성孫盛[50]이 『진양추晉陽秋』를 편찬할 때는 양주梁州와 익주益州의 과거 일을 그 지방에서 오래 산 노인들에게 물었다.[51] 그런데 역사가들이 이들을 본떠 저 꼴 베는 아이들이나 나무하는 노인네들의 하찮은 이야기를 간행하여 정확한 역사적 사실인 것처럼 만들어 버리고도, 그때마다 도리어 오경五經과 어깨를 나란히 하고 삼지三志[52]와 경쟁

재미있는 이야기다. 『신선전』에는 위 본문의 대목이 "닭이 하늘 위에서 울고, 개가 구름 속에서 짖는다.[鷄鳴天上, 犬吠雲中]"라고 나온다.

49 길거리에서~이야기가 : 『한서』권30 「예문지」에, 소설가小說家 부류는 대개 패관稗官에서 나왔는데, 길거리에서 듣고 말하는 것이나 항간에 떠도는 이야기를 지어낸다고 했다.

50 손성 : 안국安國은 손성의 자이다.

51 양주와~물었다 : 조여보에 따르면 이 대목은 진수陳壽의 『익부기구전益部耆舊傳』을 가리킨다고 한다. 이 책은 이미 없어졌는데, 무슨 근거로 그렇게 판단했는지 모르겠다. 『수서隋書』권33 「경적지經籍志」에 따르면 『익부기구전』은 14권이었다고 한다.

52 삼지 : 『사기』·『한서』·『후한서』를 삼지로 보는 견해가 있는가 하면(마쓰이 츠네오增井經夫), 『사기』·『한서』·『동관한기』로 보는 사람도 있다(정천범程千帆의 『전기箋記』).

하려 든다면 이것은 참으로 곤란한 일이다.

  아아! 떠나간 사람들은 아득한 구천에 있어 두 번 다시 살아날 수 없는데, 한 번 역사가가 잘못함으로써 그들에게 가해진 비방이나 칭송은 멀리 천년이 지나도록 사람들을 속이고 있다. 그러므로 학자라면 이상한 내용이나 의심스런 사실에 대해서 신중하게 생각하고 다루어야 할 것이다.

夫自二儀既判垂玄象之文萬

肇化生彰紀事之寶蒼頡沮誦

以前造物代為敷揚山川曲為

攄寫何必入抽金匱之藏世擅

「재문載文」은 다른 역사서나 자료를 인용할 때의 문제점에 관한 논의를 담고 있다. 유지기는 재문 과정에서 다섯 가지를 비판적으로 보아야 한다고 했다. 첫째 허설虛設, 둘째 후안厚顏, 셋째 가수假手, 넷째 자려自戾, 다섯째 일개一槪이다.

허설이란 글에만 있을 뿐 실제로는 없던 일이다. 후안이란 과장하거나 큰소리치는 말이다. 가수란 남의 손을 빌려 작성한 칙서 등을 말한다. 자려란 변덕스럽고 자기모순적인 말이다. 그리고 일개란 편향된 기준에 따른 평가로, 근거 없는 칭송 따위를 말한다.

유지기는 이 다섯 가지에 대해 모두 그대로 역사서에 실어서는 안 된다고 강조한다. 이런 기록이 동시대에 퍼지면 위아래가 서로를 속일 것이고, 후세에 전해지면 사람들에게 역사서는 신뢰할 수 없다는 불신감만 남겨주게 되기 때문이다. 그런데 세상의 저자들이 이런 영향을 살피지 않은 채 잘못된 설을 모아 편집하고, 기거주가 창작한 내용을 국사로 만들면서 각종 기록을 잇달아 싣고는 한 글자도 빼지 않았으니, 이는 더 이상 역사서라고 할 수 없으며 문집밖에 안 된다고 경고했다.

内篇

16

문장인용의 주의점
載文

載文

夫觀乎人文, 以化成天下; 觀乎國風, 以察興亡. 是知文之爲用, 遠矣大矣.
若乃宣·僖善政, 其美載于周詩; 懷·襄不道, 其惡存乎楚賦. 讀者不以吉甫·
奚斯爲諂, <u>屈平·宋玉</u>爲謗者, 何也? 蓋不虛美, 不隱惡故也. 是則文之將史,
其流一焉, 固可以方駕<u>南·董</u>, 俱稱良直者矣.

　풍속과 문화를 잘 살펴보면 천하를 교화시켜 다스릴 수 있고,[1] 지방의 노
래를 살펴보면 나라의 흥망을 알 수 있다.[2] 이를 통해 문장의 쓰임새가 원대
하다는 것을 알 수 있다. 주나라 선왕宣王이나 노나라 희공僖公의 선정에 대해
서는 주나라 시에 그 훌륭한 모습이 실려 있고,[3] 초나라 회왕懷王과 양왕襄王

---

1 풍속과~있고 : 『주역』「비괘賁卦 단사彖辭」에 나온 말이다. 인문人文을 풍속과 문화가
　아닌 시대와 문장으로 보기도 한다(마쓰이 츠네오增井經夫).
2 지방의~있다 : 『한서』 권30 「예문지藝文志」에, 시를 채집하는 관리를 통해 풍속을 살피고
　정치의 잘잘못을 알았다고 한다. 또 제후들에게 그 지방의 풍속에 대한 시를 보고하게
　하여 이를 검토하여 정치를 잘하는지 살폈다고도 한다. 『예기주소禮記注疏』 권11 「왕제王制」
　공영달孔穎達 정의正義에 나온다.
3 주나라~있고 : 선왕의 사례는 『시경』「대아大雅 증민蒸民」을 말한다. 선왕이 번후樊侯인
　중산보仲山甫에게 명령하여 제齊나라에 성을 쌓게 했는데, 이렇게 능력 있는 사람에게
　정치를 맡겨 주나라의 중흥을 가져온 선왕을 윤길보가 찬양한 시가 「증민」 8장이라고
　한다(모서毛序). 희공의 사례는 『시경』「노송魯頌 경駉」을 말한다. 「경」 4장은 백금伯禽의
　법에 따라 희공이 검소하고 재정을 넉넉하게 했던 일을 사관인 극克이 시로 지은 것이라고
　한다(모서毛序).

의 무도함에 대해서는 『초사楚辭』에 그 악독했던 실상이 실려 있다.[4]

그러나 독자들은 윤길보尹吉甫나 해사奚斯가 아첨했다거나 굴평屈平이나 송옥宋玉이 비방했다고 생각하지 않는데, 왜 그럴까? 아마 거짓으로 칭찬하지 않았고, 나쁜 것을 숨기지 않았기[5] 때문일 것이다. 이 같은 사례는 문장이 역사가 되어 그 의의가 하나인 경우이니, 참으로 남사南史나 동호董狐와 마찬가지로 모두 진실하고 바르다고 칭찬할 만하다.

爰泊中葉, 文體大變, 樹理者多以詭妄爲本, 飾辭者務以淫麗爲宗, 譬如女工之有綺·穀, 音樂之有鄭·衛. 蓋語曰: "不作無益害有益." 至如史氏所書, 固當以正爲主. 是以虞帝思理, 夏后失御, 『尙書』載其元首禽荒之歌; 鄭莊至孝, 晉獻不明, 『春秋』錄其大隧狐裘之什. 其理讜而切, 其文簡而要, 足以懲惡勸善, 觀風察俗者矣. 若馬卿之「子虛」·「上林」, 揚雄之「甘泉」·「羽獵」, 班固「兩都」, 馬融「廣成」, 喩過其體, 詞沒其義. 繁華而失實, 流宕而忘返, 無裨勸獎, 有長奸詐. 而前後『史』·『漢』皆書諸列傳, 不其謬乎!

그런데 중세에 이르러 문체가 크게 변화하여 이론을 세우는 사람들은 대부분 거짓된 망상을 근본으로 삼고, 문구를 수식하는 사람들은 애써 아름답게 하는 것만 추구했다. 비유하자면 마치 부녀자들이 짠 얇은 비단이나 정鄭나라나 위衛나라 음악과 같은 것이다.[6] 대체로 세상에서 말하기를 "무익한 것

---

4 초나라~있다 : 현재 『초사楚辭』 중의 「이소離騷」 등은 굴원屈原의 저술이다. 송옥宋玉은 굴원의 제자로서 음률에 밝았다. 『한서』 「예문지藝文志」에 그의 작품 「고당부高唐賦」 등이 전한다.

5 거짓으로~않았기 : 『한서』 권62 「사마천열전司馬遷列傳 찬贊」에 나온 말이다.

6 정나라나~것이다 : 『시경』의 「정풍鄭風」과 「위풍衛風」을 말한다. 「대서大序」에 "정나라와

이 유익한 것을 해칠 수는 없다."[7]라고 했는데, 역사가의 기술은 당연히 정확한 것이 중요하다. 그래서 『서경』에서는 순임금이 정치를 맑게 하려고 도모한 일과 관련하여 「원수가元首歌」를 수록했고,[8] 하夏나라 임금이 정치를 잘못한 일과 관련하여 「금황가禽荒歌」를 수록했다.[9]

『춘추』에는 정鄭나라 장공莊公의 지극한 효성을 기리는 대수大隧라는 부賦와[10] 진晉나라 헌공獻公의 어리석음을 알리는 호구狐裘라는 시詩가[11] 수록되어

위나라의 음악은 감정이 지나치고 원망이 많다. 그 나라 정치가 혼란하기 때문이다.[鄭衛之音亂以怨. 其政乖]"라고 했다.

7 무익한~없다 : 『서경』「주서周書 여오旅獒」에 "무익한 것이 유익한 것을 해칠 수는 없으니, 공적이 이루어질 것이다.[不作無益害有益, 功乃成]"라고 했다.

8 순임금이~수록했고 : 『서경』「우서虞書 익직益稷」에 "제순帝舜이 노래를 지어 말하기를 '하늘의 명을 삼가진댄 때마다 삼가고 기미마다 삼가야 한다.'고 했고, 또 노래하기를 '고굉股肱이 기뻐하여 일하면 원수元首의 다스림이 흥기興起되어 백공百工이 기뻐할 것이다.'고 했다."라고 했다. 고굉은 신하이고, 원수는 군주이다. 백공은 백관이다.

9 하나라~수록했다 : 『서경』「하서夏書 오자지가五子之歌」는 우禹임금의 훈계인데, 두 번째 훈계에 "교훈敎訓에 있으니, 안으로 색황色荒을 하거나 밖으로 금황禽荒을 하고 술을 달게 여기며 음악을 좋아하고 집을 높이 짓거나 담장을 조각하는 등, 이 중에 한 가지가 있으면 혹 망하지 않는 이가 없다."라고 했다. 하나라 태강太康이 절제 없이 놀기를 좋아하여 몇 달씩 낙수洛水에 가서 놀았다. 그의 동생들이 원망하면서 우임금의 경계를 다섯 곡의 노래로 지었다. 색황은 여색에 빠지는 것이고, 금황은 사냥에 빠지는 것이다.

10 정나라~부와 : 수隧는 원래 무덤으로 들어가는 긴 굴이다. 장공의 어머니 무강武姜은 자신의 정치적 야심 때문에 성영城潁에 유폐되었지만, 장공의 정성으로 다시 화해할 수 있었다. 대수大隧라는 부는 이때 지은 노래이다. 『춘추좌씨전』은공隱公 원년 봄 전문傳文에 "정나라 장공이 굴 속으로 들어가 어머니를 만난 뒤 노래를 불렀다. '이 큰 굴 안에서 어머니를 만나니, 그 즐거움으로 화락하구나' 하니, 무강도 장공을 보고 노래를 불렀다. '큰 굴 밖으로 나와 보니 그 즐거움으로 유쾌하구나' 했다.[公入而賦, '大隧之中, 其樂也, 融融,' 姜出而賦, '大隧之外, 其樂也, 洩洩.']"라고 했다.

11 진나라~시가 : 호구狐裘는 불필요한 성을 쌓을 것이 아니라 정치를 바르게 하는 것이 성보다 낫다며, 진나라 대부大夫 사위士蔿가 지은 시다. 『춘추좌씨전』희공 5년 봄 전문에 "(사위가) 물러나와 부賦를 지었다. '대부들이 많으니, 한 나라 안에 삼공이 있네. 나는

있다. 그 의미는 참으로 정확하며 적절했고 문장도 간결하면서 요체를 얻었
으니, 권선징악의 효과도 충분했고 풍속을 관찰하는 데도 그만이었다.

그러나 사마상여司馬相如의 「자허子虛」와 「상림上林」,[12] 양웅揚雄의 「감천甘
泉」과 「우렵羽獵」,[13] 반고班固의 「양도부兩都賦」,[14] 마융馬融의 「광성廣成」[15]의
경우에는 비유가 실정에 지나치고 글의 형식이 그 주제를 덮어버렸다. 화려
하기만 하고 내실은 없었으며 한번 잘못된 흐름에 빠져서는 돌아올 줄 몰랐
으니, 좋은 일을 권장하는 효과는 없고 간사한 짓을 조장할 뿐이었다. 그럼에
도 불구하고 『사기』와 『한서』가 앞뒤로 그 작품들을 그들의 열전에 수록했
으니 잘못이라고 하지 않을 수 있겠는가!

누구를 따를 것인가.' 했다.[退而賦曰, '狐裘尨茸, 一國三公. 吾誰適從.']"라고 했다. 삼공은
진나라 헌공 및 중이重耳와 이오夷吾 두 공자를 말한다.

12 「자허」와 「상림」 : 부賦이다. 원래 사마상여의 「천자유렵부天子游猎賦」의 두 부분으로,
『한서』 권57상 「사마상여전司馬相如傳」에 수록되어 있는데, 『문선文選』에서 처음 둘로
나누었다. 「자허」는 초楚나라 사람 자허가 제齊나라 사람인 오유선생烏有先生에게 초나라를
자랑하자 오유선생이 제나라의 부강함을 다시 자랑하는 내용이다. 「상림」은 망시공亡是公이
둘의 이야기를 듣고 상림원上林苑의 아름다움을 찬미하는 내용이다.

13 「감천」과 「우렵」 : 부賦이다. 감천궁甘泉宮은 원래 진秦나라 때 지은 이궁離宮인데, 한나라
무제武帝 때 확장했다. 성제成帝가 후사를 얻기 위해 감천궁에 가서 기도를 한 적이 있는데,
양웅이 따라가서 「감천」을 지었다. 뒤에 「우렵」을 지어 성제가 사냥할 때의 사치와
낭비를 풍자했다. 『한서』 권87하 「양웅전揚雄傳」에 나온다.

14 「양도부」 : 낙양洛陽을 노래한 「동도부東都賦」와 장안長安을 노래한 「서도부西都賦」의 두
편으로 이루어져 있다. 장제章帝가 낙양에 궁궐을 짓고 도읍으로 삼으려 했지만, 기존
관중關中의 토호나 지주들은 장안을 선호했다. 반고가 낙양의 형세가 중요함을 강조하는
이 부를 지어 반대 주장을 제압하려고 했다.

15 마융의 「광성」 : 마융의 자는 계장季長으로, 전한前漢의 경학가經學家이다. 「광성」은 등즐鄧騭
형제가 정치를 독단하는 것을 비판하고 문치文治뿐 아니라 무공武功도 중요하다는 내용의
부賦인데, 이로 인해 마융은 등즐의 미움을 사 10년 동안 승진을 못했다. 『후한서』 「마융전馬
融傳」에 나온다.

且漢代詞賦, 雖云虛矯, 自餘他文, 大抵猶實, 至于魏晉已下, 則訛謬雷同.
權而論之, 其失有五; 一曰虛設, 二曰厚顏, 三曰假手, 四曰自戾, 五曰一概.
何者?

또한 한나라 때의 사詞나 부賦는 비록 허망하고 가식적이었지만 그 밖의 문
장은 대체로 아직 내실이 있었다. 그러나 위진魏晉 이후에는 모든 문장이 잘
못된 쪽으로 부화뇌동하게 되었다. 그 문제점을 잘 헤아려 논해보면 다섯 가
지 종류가 있다. 첫째 거짓 설정(허설虛設)이고, 둘째 얼굴이 두껍다(후안厚顏)는
것이고, 셋째 남의 손을 빌리는 것(가수假手)이고, 넷째 자기모순(자려自戾)이고,
다섯째 분별없이 한 가지 기준으로 개괄하는 것(일개一槪)이다. 무슨 말인가?

昔大道爲公, 以能而授, 故堯咨爾舜, 舜以命禹. 自曹·馬以降, 其取之也則
不然. 若乃上出禪書, 下陳讓表, 其間勸進殷勤, 敦諭重沓, 跡實同于莽·卓,
言乃類于虞·夏. 且始自納陛, 迄于登壇. 彤弓盧矢, 新君膺九命之錫; 白馬
侯服, 舊主蒙三恪之禮. 徒有其文, 竟無其事. 此所謂虛設也.

옛날 큰 도리가 세상에 널리 행해질 때는 능력에 따라 임금의 직임을 전수
했기 때문에 요임금은 순임금에게 정치를 맡겼고[16] 순임금은 우임금에게 승
계를 명했다. 그런데 위진 시대 이후에는 군주의 자리를 차지하는 것이 그렇

---

16 요임금은~맡겼고 : 『논어』 「요왈堯曰」에 "요임금이 말하기를 '아아, 너 순이여. 하늘의
운수가 너의 몸에 있으니 중용을 견지하라. 세상 사람들이 곤궁하면 하늘이 내려준 자리가
영원히 끝나리라.[堯曰, 咨爾舜. 天之歷數, 在爾躬, 允執其中, 四海困窮, 天祿永終.]"라고
했다.

지 못했다. 위에서 선양하는 문서가 나오고 아래에서는 사양하는 표문을 올리면서, 그 사이에 은근하게 권하고 반복하여 설득하곤 했는데, 실제 행동은 왕망王莽이나 동탁董卓과 같으면서 하는 말만 보면 순임금이나 우임금과 비슷했다.

또 계단을 오르기 시작하여 단에 오르기까지의 과정에 새로운 군주는 동궁彤弓과 노시盧矢 등 구석九錫을 받고,[17] 옛 군주는 백마白馬와 후복侯服 등 삼각三恪의 예를 받는다는 것도[18] 다만 글 속에만 존재할 뿐, 실제로 그런 사실은 없다. 이것이 이른바 거짓 설정이다.

古者兩軍爲敵, 二國爭雄, 自相稱述, 言無所隱. 何者? 國之得喪, 如日月之食焉, 非由飾辭矯說所能掩蔽也. 逮于近古則不然. 曹公嘆蜀主之英略, 曰 "劉備吾儔"; 周帝美齊宣之强盛, 云 "高歡不死." 或移都以避其鋒, 或斷氷以防其渡. 及其申誥誓, 降移檄, 便稱其智昏菽麥, 識昧玄黃. 列宅建都, 若 鷦鷯之巢葦; 臨戎賈勇, 猶螳螂之拒轍. 此所謂之厚顔也.

---

17 계단을~받고 : 고대에 천자는 반드시 당堂에 올라 의례를 거행했는데, 단의 높이는 9길 6척이고 당은 그 위에 있었다. 납폐納陛는 섬돌이나 계단을 오르는 것, 또는 특별히 만든 계단을 말한다. 납폐는 원래 천자의 권위를 보이기 위해 제후에게 주는 물품인 구석九錫의 하나이다. 『경례보일經禮補逸』 권8에 "구석九錫은 ① 거마車馬, ② 의복衣服, ③ 악기樂器, ④ 주호朱戶, ⑤ 납폐納陛, ⑥ 호분虎賁, ⑦ 궁시弓矢, ⑧ 부월鈇鉞, ⑨ 거창秬鬯"이라고 했다.

18 옛~것도 : 백마는 『시경』「주송周頌 유객有客」의 "손님이네, 손님이네, 그 말이 희구나.[有客 有客, 亦白其馬]"에서 온 말이다. 여기서 손님은 조묘祖廟에 온 미자微子이다. 후복에 대해서는 『시경』「대아大雅 문왕文王」에 "상나라의 손자, 그 수가 억이 넘는데, 상제께서 이미 명하셨으니 주나라에게 복종하네.[商之孫子, 其麗不億. 上帝旣命, 侯于周服.]"라고 했다. 『춘추春秋』 양공襄公 25년 전문에는 "3각이 갖추어졌다."라고 했는데, 이는 영예로운 대우를 받는 것을 말한다.

옛날에 양편의 군대가 대적하고 두 나라가 패권을 다툰 경우, 그 두 나라에 대해 숨기는 것 없이 있는 그대로 서술했다. 왜 그랬을까? 어떤 나라가 이겼는지 졌는지는 마치 일식이나 월식 같아서 꾸미거나 속이는 말로 감출 수 없기 때문이다.[19]

그러나 가까운 과거를 돌아보면 그렇지 않았다. 조조曹操가 촉나라 군주 유비劉備의 빛나는 전략에 감탄하며 "유비는 나와 상대가 될 만하다."라고 했고,[20] 북주北周 문제文帝는 북제北齊 문선제文宣帝의 군대가 강성한 것을 칭찬하며 "고환高歡이 죽지 않았구나."라고 했다고[21] 한다. 그러나 조조가 적의 예봉을 피하기 위해 수도를 옮기고,[22] 문제가 적의 도하를 막기 위해 얼음을 깨야만 하는 상황에 이르자,[23] 조조는 격문을 내려보내면서 곧 촉나라 군대는 콩과 보리도 헷갈릴 정도의 지혜만 갖고 있다고 했으며,[24] 문제는 조칙을 내려

---

19 마치~ 때문이다 : 『논어』「자장子張」에, 자공子貢이 "군자의 허물은 마치 일식이나 월식 같아서 잘못을 하면 사람들이 모두 본다. 고치면 사람들이 모두 존경한다."라고 했다.

20 조조가~했고 : 『삼국지 위지』「무제기武帝紀」 배송지裵松之의 주에, 『산양공재기山陽公載記』를 인용하여, 조조가 적벽대전에서 유비에게 대패한 뒤 말하기를 유비가 자신들과 대등하다면서 계책이 조금 늦었다고 한 말이다. 또 만일 유비가 조금 일찍 불을 놓았다면 자신들이 살아남지 못했을 것이라고 했다.

21 북주~했다고 :『북제서北齊書』「문선제기文宣帝紀」에, 주나라 문제文帝가 황하를 건너 건주建州까지 추격할 때 문선제 고양高洋의 군대 위용을 듣고는 군사를 물렸다고 했다. 고환은 문선제의 아버지로, 아내 누소군婁昭君과 함께 북제의 기틀을 닦았다. 그러나 문선제는 재위 기간에 술 마시고 사람 죽이는 일이 다반사였다.

22 조조가~옮기고 : 관우關羽가 번성樊城을 공격해오자 조조는 허창許昌으로 천도하기로 했다. 『삼국지 촉지』「관우전關羽傳」에 나온다.

23 문제가~되자 : 북주는 제나라 군대가 습격해올 것에 대비하여 군사들로 하여금 항상 강바닥의 얼음을 깨게 했다. 『북사北史』「제문선제기帝文宣帝紀」에 나온다.

24 조조는~했으며 : 이 말은 조조가 손권孫權에게 한 말이다. 유지기의 착각인 듯하다. 『학씨속후한서郝氏續後漢書』 권25에 "손권이라는 어린애는 콩과 보리도 구분하지 못한다.[未辨菽麥]"라고 했다. 포기룡은 유지기가 이 말을 빌려다 촉나라를 비웃은 말로 이해했는데, 잘

보내면서 제나라 군대가 검은색과 누런색도 구별하지 못할 정도의 식견만 갖고 있다고 매도했다.[25] 또한 집을 짓고 도읍을 건설하는 일이 마치 뱁새나 메추라기가 갈대로 둥지를 트는 것과 같고,[26] 전쟁에 나와서는 용기랍시고 과시하는 모습이 마치 사마귀가 수레바퀴를 막아서는 것과 같다고[27] 허세를 부렸다. 이를 일컬어 얼굴이 두껍다고 하는 것이다.

古者國有詔命, 皆人主所爲, 故漢光武時, 第五倫爲督鑄錢掾, 見詔書而嘆曰: "此聖主也. 一見決矣." 至于近古則不然. 凡有詔勅, 皆責成群下. 但使朝多文士, 國富辭人, 肆其筆端, 何事不錄. 是以每發璽誥, 下綸言, 申惻隱之渥恩, 敍憂勤之至意. 其君雖有反道敗德, 惟頑與暴, 觀其政令, 則辛·癸不如; 讀其詔誥, 則勛·莗再出. 此所謂假手也.

옛날에는 나라의 조명詔命을 모두 군주가 직접 썼다. 그래서 후한 광무제光武帝 때 제오륜第五倫이 주전鑄錢을 감독하는 관리로 있으면서 광무제가 손수 쓴 조서詔書를 보고 감탄하기를 "이 분은 거룩한 군주이다. 한번 보면 모든 일이 판가름 난다."[28]라고 했다.

납득이 가지 않는 설명이다.

25 문제는~매도했다 : 문제가 고환을 비웃은 말인데, 포기룡은 그 글을 보지 못했다고 한다.

26 집을~같고 : 『순자荀子』「권학勸學」에 "남쪽 지방에 새가 있었는데, 몽구蒙鳩라고 하였다. 깃털을 모아 둥지를 만들고 머리카락으로 얽어 갈대에 매달아 두었지만, 바람이 심하여 갈대가 꺾이자 알이 깨지고 새끼도 죽었다. 집은 튼튼하게 지었건만, 매어 두는 데를 잘못 고른 탓이다."라고 했다.

27 사마귀가~같다고 : 『장자莊子』「천지天地」에 나온다.

28 제오륜이~난다 : 『후한서』「제오륜전第五倫傳」에 "윤倫은 전형銓衡을 공평하게 하고 두곡斗斛을 바르게 하여 시장에 부정행위가 없었으므로 백성들이 모두 기뻐하며 인정했다.

근고에 이르러서는 상황이 달라졌다. 조칙을 내릴 일이 있으면 모두 여러 신하에게 책임을 맡겨 완성했다. 조정과 나라의 글줄이나 하는 많은 관리나 학자를 시켜 마음대로 붓끝을 놀리게 했으니, 무슨 말인들 기록하지 못했겠는가. 그래서 매번 발표하는 조詔나 내리는 윤언綸言마다 측은한 마음으로 베푸는 우악한 은혜를 언급하고, 근심하고 애쓰는 지극한 마음을 펴 보인다. 그 군주가 실제로는 도리를 등지고 패덕하며 탐욕스럽고 폭압적이라 하더라도 그 정령政令만 보면 전혀 은殷나라 주紂나 하夏나라 걸桀[29]을 닮은 데라고는 없을 뿐 아니라 그 조고詔誥를 읽어보면 마치 요임금이나 순임금[30]이 다시 나타난 듯하다. 이것을 두고 남의 손을 빌린다고 하는 것이다.

蓋天子無戲言, 苟言之有失, 則取尤天下. 故漢光武謂龐萌"可以託六尺之孤," 及聞其叛也, 乃謝百官曰: "諸君得無笑朕乎?" 是知褒貶之言, 哲王所愼. 至于近古則不然. 凡百具僚, 王公卿士, 始有褒崇, 則謂其珪璋特達, 善無可加; 旋有貶黜, 則比諸斗筲下才, 罪不容責. 夫同爲一士之行, 同取一君之言, 愚智生于倏忽, 是非變于俄頃. 帝心不一, 皇鑒無恒, 此所謂自戾也.

천자는 빈말을 하지 말아야[31] 하니, 말에 실수가 있으면 온 세상의 비난을 사게 된다. 그러므로 후한 광무제가 방맹龐萌에 대하여 "어린 임금을 맡길 만하다."[32]라고 했다가, 그가 반란을 일으켰다는 소식을 듣고는 이내 모든 신하

---

29 은나라의~걸 : 주紂의 묘호廟號가 제신帝辛이고, 하나라 걸桀의 묘호가 제리계帝履癸이다.

30 요임금이나 순임금 : 요임금의 이름은 방훈放勳, 순임금의 이름은 중화重華이다.

31 천자는~말아야 : 주공周公이 성왕成王에게 했던 충고이다. 『여씨춘추』「중언重言」에 주공이 말하기를 "신이 듣건대, 천자는 희언戱言이 없다고 했습니다. 천자가 말하면 사관史官이 기록하고, 백관百官이 따라 외우고, 사士들이 칭송합니다."라고 했다.

에게 사과하면서 "여러분들이 나를 비웃지 않을 수 있겠는가."라고 했다.[33]
이를 통해 다른 사람을 칭찬하거나 폄하하는 말은 명철한 군주가 신중하게
해야 하는 것임을 알 수 있다.

　가까운 옛날에는 그렇지 않았다. 조정에 있는 수백 명의 관료, 왕공王公이
나 경卿, 사士에 대해, 처음에는 그들을 높여 상을 줄 때 공덕이 매우 탁월하
여 더할 나위가 없다고[34] 일컫다가, 얼마 뒤에 그가 쫓겨나면 보잘것없는 소
인배[35]에 비유하고 용서받지 못할 죄를 지은 듯이 대우한다. 같은 한 사람의
행동에 대해 같은 한 군주가 평가를 매기는데, 지혜로운 자가 졸지에 어리석
은 자가 되고 잠깐 사이에 시비가 바뀐다. 황제의 마음과 평가가 한결같지
않고 무상하니, 이것을 일컬어 자기모순이라고 한다.

夫國有否泰, 世有汚隆, 作者形言, 本無定準. 故觀狩與之頌, 而驗有殷方
興; 觀魚藻之刺, 而知宗周將殞. 至于近古則不然. 夫談主上之聖明, 則君
盡三五; 述宰相之英偉, 則人皆二八. 國止方隅 而言幷呑六合; 福不盈眥,
而稱感致百靈. 雖人事屢改, 而文理無易, 故善之與惡, 其說不殊, 欲令觀
者, 疇爲準的? 此所謂一概也.

32　어린~만하다 : 『논어』「태백泰伯」에서 증자曾子는 어린 임금을 맡길 수 있다면 군자라고
　　할 만하다고 했다.
33　후한~했다 : 방맹은 품성이 온화하여 광무제의 신임을 받았다. 광무제는 그를 칭찬하고
　　평적장군平狄將軍에 임명했다. 하지만 그는 곧 반란을 일으켰다.『후한서』「유영전劉永傳」에
　　나온다.
34　공덕이~없다고 : 『예기』「빙례聘禮」에 "뛰어난 능력으로 특별히 통달한 것이 덕이다.[珪璋
　　特達, 德也]"라고 했다.
35　보잘것없는 소인배 : 『논어』「자로子路」에 "소견이 좁은 사람[斗宵之人]은 고려할 것도
　　없다."라고 했다.

대개 나라의 운명에는 흥성할 때와 막힐 때가 있고 세태에도 번영할 때와 퇴락할 때가 있으니, 작자가 표현하는 언어에는 본래 정해진 기준이 없게 마련이다. 그러므로 찬미하는 송頌을 보고 은殷나라가 바야흐로 흥성하리라는 것을 증험할 수 있었고,[36] 어조魚藻의 풍자를 보고 주周나라가 장차 무너지리라는 것을 알 수 있었다.[37]

그러나 가까운 옛날을 돌아보면 그렇지 않았다. 자기 군주의 거룩함이나 명철함을 이야기할 때면 삼황오제三皇五帝가 아닌 사람이 없고, 재상의 능력과 출중함을 기술할 때면 모든 사람이 고신씨高辛氏나 고양씨高陽氏의 아들[38]인 듯하다. 또 나라가 지역 한 구석에 그쳤는데도 천하를 병탄한 듯이 떠벌이고, 그 사회의 안녕이 간신히 유지되었음에도 모든 귀신을 만족시켰다고 칭송했다. 사람이든 나라든 여러 차례 바뀌었지만 그 글을 쓰는 방식은 변하지 않은 까닭에 잘한 것인지 못한 것인지 구별이 되지 않으니, 보는 사람에게 누구를 기준으로 삼게 하려는 것일까? 이것을 일컬어 분별없이 사실과 다르게 한 가지로 개괄한다고 하는 것이다.

于是考茲五失, 以尋文義, 雖事皆形似, 而言必憑虛. 夫鏤氷爲璧, 不可得而用也; 畵地作爲餠, 不可得而食也. 是以行之于世, 則上下相蒙; 傳之于後, 則示人不信. 而世之作者, 恒不之察, 聚彼虛說, 編而次之, 創自起居,

---

36 찬미하는~있었고 : 『시경』 「상송商頌 나那」를 말한다. 탕湯임금이 은나라를 세운 일을 기리는 내용이다.

37 어조의~있었다 : 『시경』 「소아小雅 어조魚藻」를 말한다. 주周나라 유왕幽王의 정치가 혼란한 것을 풍자하고, 호경鎬京의 백성이 무왕武王을 그리워하는 불안한 상황을 노래했다.

38 고신씨나 고양씨의 아들 : 『사기』 권1 「오제본기五帝本紀」에, 고양씨의 여덟 아들을 세상에서는 팔개八愷라고 불렀고, 고신씨의 여덟 아들을 팔원八元이라 불렀다고 했다.

成于國史, 連章疏錄, 一字無廢, 非復史書, 更成文集.

이제 이 다섯 가지 잘못에 대한 고찰을 통해 역사서의 내용을 살펴보면 비록 서술된 사건 자체는 실제의 사건과 유사한 듯하지만 서술하는 말은 분명 허위다. 얼음에 조각을 하여 옥그릇을 만든들 사용할 수 없기[39] 마련이고, 땅에 떡을 그린들 먹을 수가 없는[40] 법이다.

그러므로 그런 역사서가 동시대에 퍼지면 위아래가 서로를 속이게 되고, 후세에 전해지면 사람들에게 역사서는 신뢰할 수 없다는 불신감만 남겨주게 된다. 그런데도 세상의 저술가들은 늘 그런 영향을 살피지 않고 잘못된 설을 모아 편집하고, 기거주起居注가 창작한 내용을 국사로 만들면서 각종 기록을 잇달아 싣고 한 글자도 빼지 않았으니, 이는 더 이상 역사서가 아니며 고쳐서 문집을 만들어버린 꼴이다.

若乃歷選衆作, 求其穢累, 王沈·魚豢, 是其甚焉; 裴子野·何之元, 抑其次也. 陳壽·干寶頗從簡約, 猶時載浮訛, 罔盡機要. 惟王劭撰『齊』·『隋』二史, 其所取也, 文皆詣實, 理多可信, 至于悠悠飾詞, 皆不之取. 此實得去邪從

---

39 얼음에~없기 : 『염철론鹽鐵論』 권6 「수로殊路」에 "아무리 훌륭한 스승과 좋은 친구가 있어도 마치 기름 위에 그림을 그리고 얼음에 조각을 하는[畫脂鏤氷] 것과 같아서 세월과 공력만 낭비할 것이다."라고 했다. 또한 『논어』 「공야장公冶長」에서, 재여宰予가 낮잠을 자자 공자가 "썩은 흙으로 쌓은 담장은 흙손질을 할 수 없다."라고 나무랐던 일화도 같은 비유이다.

40 땅에~없는 : 『삼국지三國志 위지魏志』 권22 「노육전盧毓傳」에 "조칙을 내리기를 '인재를 선발할 때 명성을 취하지 말라. 명성이란 땅에 그린 떡[畫地作餅]과 같아서 먹을 수가 없다.'고 했다."라고 했다.

正之理, 損華撫實之義也.

이런 관점에서 종래의 역사서들을 하나하나 꼽아 그 결함을 찾아본다면, 왕침王沈의 『위서魏書』와 어환魚豢의 『위략魏略』이 가장 심하다. 그 다음은 배자야裴子野의 『송략宋略』과 하지원何之元의 『양전梁典』인 듯싶다.

진수陳壽의 『삼국지三國志』와 간보干寶의 『진기晉記』는 자못 간략한 장점이 있지만, 여전히 때로는 내실이 없거나 잘못된 내용을 싣고 있어서 요지를 제대로 표현하지 못했다. 오직 왕소王劭가 편찬한 『제사齊史』와 『수사隋史』만 그 선별한 기록이 실정에 부합하고 이치에 맞는 내용들만 취했으며, 길게 꾸며대는 문장은 전혀 취하지 않았다.[41] 이것이 실로 어긋난 것을 버리고 바른 것을 따르는 이치이며, 내실 없는 화려함을 버리고 실질을 모으는 곧은 원칙일 것이다.

蓋山有木, 工則度之, 況舉世文章, 豈無其選. 但若作者書之不讀耳. 至于詩有韋孟諷諫, 賦有趙壹「疾邪」, 篇則賈誼「過秦」, 論則班彪「王命」. 張華述箴于女史, 張載題銘于劍閣, 諸葛表主以出師, 王昶書家以誡子, 劉向·谷永之上疏, 晁錯·李固之對策, 筍伯子之彈文, 山巨源之啓事, 此皆言成軌則, 爲世龜鏡. 求諸歷代, 往往而有. 苟書之竹帛, 持以不刊, 則其文可與三代同風, 其事可與五經齊列, 古猶今也. 何遠近之有哉?

---

41 왕소가~않았다 : 『수서』「왕소전王劭傳」에 왕소가 『제서齊書』 100권을 지었다고 하는데, 『수서』「경적지經籍志」에는 나오지 않는다. 장순휘張舜徽는 유지기가 여기서 하는 말이 바로 『제서齊書』를 가리키는 듯하다고 했다.(『사통평의史通平議』 권3)

대개 산에 있는 나무는 베기 전에 목수가 쓸 만한지 크기를 재게 마련인
데,[42] 하물며 무수히 많은 세상의 문장 중에 어찌 좋은 것을 가려서 선택하지
않을 수 있겠는가. 다만 작자들이 쓰기만 하고 읽지 않을 뿐이다.

문장 중에서도 시詩의 경우 위맹韋孟의 풍자시[43]가 있고 부賦에는 조일趙壹
의 「자세질사부刺世疾邪賦」[44]가 있다. 편篇의 경우 가의賈誼의 「과진론過秦論」
이 있고,[45] 논論으로는 반표班彪의 「왕명론王命論」[46]이 있다. 또한 장화張華가
지은 「여사잠女史箴」,[47] 장재張載가 지은 「검각명劍閣銘」,[48] 제갈량諸葛亮이 지
어 주군에게 올린 「출사표出師表」,[49] 왕창王昶이 자식들에게 몸을 수양하도록

---

42 산에~마련인데 : 『춘추좌씨전』 은공隱公 11년 전문에 주나라 속담을 인용하여, 산에
　　나무가 있으면 목수가 그 크기를 잰다고 했다.

43 위맹의 풍자시 : 위맹은 전한前漢 초원왕楚元王 유교劉交의 스승이었다. 원왕의 손자 왕무王戊가
　　방탕하고 법을 지키지 않자, 위맹이 시를 지어 그를 일깨우려 했지만 듣지 않았다. 『한서』
　　「위현전韋賢傳」에 나온다.

44 조일의 「자세질사부」 : 조일의 자는 원숙元叔이다. 그는 자신의 재주를 믿고 오만했으며,
　　어디에 매이지도 않았다. 그 결과 지방 지주들의 배척을 받아 겨우 하급 관리를 지냈을
　　뿐이다. 「자세질사부」를 지어 세상을 예리하게 비판했다. 『후한서』 권110하 「조일전趙壹傳」
　　이 있다.

45 편의~있고 : 상上·중中·하下로 편篇을 나누었기 때문에 포기룡은 편이라 했다고 한다.

46 반표의 「왕명론」 : 왕망이 망한 뒤 광무제가 즉위했는데, 각 지역의 세력가들이 광무제와
　　힘을 겨루었다. 반표가 「왕명론」을 지어 그들에게 헛된 생각을 버리라고 했다. 『한서』
　　권100상 「서전敍傳」에 보인다.

47 장화가 지은 「여사잠」 : 장화의 자는 무선茂先이다. 완적阮籍으로부터 군주를 보좌할 재목이라
　　는 칭찬을 들었다. 가후賈后와 그 집안이 조정을 기울게 하는 것을 보고 「여사잠」을
　　지어 풍자했다. 뒤에 팔왕八王의 찬탈 음모가 있었는데, 여기에 참여하지 않았다가 살해되었
　　다. 『진서晉書』 권36 「장화전張華傳」에 나온다.

48 장재가 지은 「검각명」 : 장재의 자는 맹양孟陽이다. 사회가 혼란하고 권귀權貴들이 정권을
　　농단하는 것을 보고 귀향해버렸다. 일찍이 아버지 장수張收를 따라 촉나라 검문관劍門關을
　　지나가다가 「검각명」을 지어, 산천山川은 믿을 것이 못 된다고 경고했다. 『진서晉書』 권55
　　「장재전張載傳」에 나온다.

가르친 계誡,[50] 유향劉向이나 곡영谷永이 올린 상소上疏, 조착晁錯이나 이고李固의 대책對策,[51] 순백자筍伯子의 탄핵문彈劾文,[52] 산도山濤의 계사啓事[53] 등, 이것들 모두 그 언어가 세상의 준칙이 되고 거울이 되었다. 이에 필적하는 경우는 역대에도 왕왕 있었다.

만일 역사를 기록하는 죽백竹帛에 이들을 기록하여 간직하고 깎아버리지 않는다면, 그 문장은 삼대三代에 비견되는 숨결을 느끼게 될 것이고 그 내용

---

49 제갈량이~「출사표」: 촉나라 유선劉禪 건흥建興 5년(227), 제갈량이 한중漢中에 주둔해 있을 때 위나라를 치려고 했다. 출병하는 길에 국정 운영에 관한 자신의 충정을 적어 바쳤다. 『삼국지 촉지』 권5 「제갈량전諸葛亮傳」에 나온다.

50 왕창이~계: 왕창의 자는 문서文舒이다. 그는 후한 말의 혼란한 상황을 지켜보면서 비록 일신은 위태로워졌지만 집안은 망하기 어렵다고 생각하여 자식과 조카들을 가르쳤다. 그리고 이름이나 자를 모두 겸손한 글자로 지었는데, 그 형의 아들에게는 이름을 묵黙, 자는 처정處靜이라 지어주었고, 다른 조카에게는 이름을 침沈, 자는 처도處道라 했다. 또한 자신의 아들은 이름을 혼渾, 자는 현충玄冲이라 짓고, 또 다른 아들에게는 이름을 심深, 자는 도충道冲이라 지어주었다. 『삼국지 위지』 권27 「왕창전王昶傳」에 나온다.

51 이고의 대책: 이고의 자는 자견子堅이다. 학문을 좋아하여 천 리를 멀다 않고 스승과 벗을 찾았다. 후한 때 관직이 태위太衛에 이르렀다. 양태후梁太后가 섭정하자 양기梁冀 등이 전횡을 휘둘렀는데, 순제順帝 2년(133)에 산이 무너지고 지진이 났다. 이를 계기로 이고가 상소를 올려 정치의 폐해를 논했다가, 결국 양기 등에게 살해되었다. 『후한서』 권93 「이고전李固傳」에 보인다.

52 순백자의 탄핵문: 순백자는 박학했고, 관리로서 직무에 공사가 분명하고 엄정했다. 그가 탄핵을 할 때면 황실에까지 미쳤다고 한다. 『송서宋書』 권60 「순백자전筍伯子傳」에 나온다. 포기룡은 여기서 유지기가 순백자를 훌륭한 본보기로 언급한 것이 적절하지 않다고 보았는데, 그 이유는 순백자가 간알奸訐, 즉 남의 단점을 들춰내는 것을 좋아했기 때문이라고 했다.

53 산도의 계사: 거원巨源은 산도의 자이다. 어려서 가난했으나 학문을 좋아했고, 나이가 들어서는 노장老莊을 공부했다. 죽림칠현竹林七賢의 한 사람이다. 진晉나라 무제武帝 때 이부상서吏部尙書를 지냈는데, 인재 등용에 뛰어났다. 인재를 선발할 때 각각 평가서를 나눠 주었는데, 당시 사람들이 「산공계사山公啓事」라고 칭찬했다. 『진서晉書』 권43 「산도전山濤傳」에 나온다.

은 오경五經과 같은 반열에 오를 것이니, 옛날과 오늘에 우열이 있는 게 아니다. 이렇다면 어찌 멀고 가까운 차이가 생기겠는가?

昔夫子修『春秋』, 別是非, 申黜陟, 而賊臣逆子懼. 凡今之爲史而載文也, 苟能撥浮華, 採貞實, 亦可使夫雕蟲小技者, 聞義而知徙矣. 此乃禁淫之隄防, 持雅之管轄, 凡爲載削者, 可不務乎?

　과거에 공자가 『춘추』를 편수하면서 시비를 가르고 출척黜陟을 밝혀 도리를 해치는 신하와 자식들을 두렵게 했다. 마찬가지로 지금 역사를 저술하면서 문장을 수록할 때 내실 없이 화려하기만 한 것들은 버리고, 반면 바르고 실질적인 것들은 잘 모은다면 아무리 문장이나 꾸미는 작은 재주밖에 없는 사람이라도[54] 바른 길이 무엇인지 알고 옮겨가도록 할 수 있을 것이다. 이야말로 지나친 거짓을 막을 수 있는 둑이 될 것이고 고아함을 유지할 수 있는 열쇠가 될 것이니, 역사를 기록하는 자들이 힘쓰지 않을 수 있겠는가? 史通

---

54 문장이나~사람이라도 : 『양자법언揚子法言』 권2 「오자吾子」에서, 양웅은 자신이 어렸을 때 부賦를 좋아했는데 그것은 벌레나 새기는 재주[彫蟲篆刻]나 다름없었고, 커서는 부를 짓지 않았다고 했다. 근근이 문장을 만드는 재주를 벌레나 새길 줄 아는 재주에 비유한 것이다.

오래된 사실이나 사건에 대해서는 설명이 필요하므로 역사서에 주석이 달리게 마련이다. 그래서 『춘추』와 『좌씨전』처럼, 경문과 나란히 짝을 이룬 주석서가 함께 세상에 통용되었던 것이다.

후한 무렵에 이르러 전(傳)을 주(註)라고 불렀다. 한영, 대덕, 대성 등이 지은 주석서는 현란한 말로 자질구레한 사정을 적어놓은 주석과는 달랐는데, 이들은 옛날의 업적을 오늘날에 전수한 유학의 대가라고 부를 만하다는 것이 유지기의 평이다.

한편 유지기는 재능과 역량이 부족한 호사가들을 거론하면서 대표적으로 『삼국지』에 대한 주를 달아놓은 배송지를 지적했다. 또한 사관이 역사서의 내용을 삭제하거나 보충할 때 체계적으로 정리할 능력이 부족하여 잡다한 주석을 늘어놓은 경우도 문제로 제기했다.

「보주(補註)」편에서 유지기는 이렇게 정리한다. 대체로 역사를 편찬하고 주석을 덧붙이는 경우, 다른 사람의 기록을 통해 사실을 설명하기도 하고 스스로 의견을 내기도 하는데, 기록은 한이 없고 정해진 규칙이 있는 것도 아니기 때문에, 믿고 따를 만한 하나의 학설이나 오래도록 변하지 않을 모범을 만들기 어렵다는 것이다.

内篇

17

주석의 득실과 우열
補注

 補注

昔『詩』·『書』既成, 而毛·孔立傳. 傳之時義, 以訓詁爲主, 亦猶『春秋』之傳, 配經而行也. 降及中古, 始名傳曰注. 蓋傳者, 轉也, 轉授于無窮; 注者, 流也, 流通而靡絶. 惟此二名, 其歸一揆. 如韓·戴·服·鄭, 鑽仰六經, 裴·李·應·晉, 訓解三史, 開導後學, 發明先義, 古今傳授, 是曰儒宗. 既而史傳小書, 人物雜記, 若摯虞之『三輔決錄』, 陳壽之『季漢輔臣』, 周處之『陽羨風土』, 常璩之『華陽士女』, 文言美辭列于章句, 委曲紋事存于細書. 此之注釋, 異夫儒士者矣.

　옛날에『시경』과『서경』이 완성된 뒤에 모장毛萇[1]과 공안국孔安國[2]이 전傳을 달았다. 당시 전의 의미는 훈고訓詁를 위주로 했는데, 역시『춘추』의 전문傳文처럼 경문經文과 나란히 짝을 이루어 함께 세상에 통용되었다. 후한 무렵에 이르러 처음으로 전傳을 주注라고 불렀다. 대개 전傳이란 돈다(轉)는 뜻으로 곧 끝없이 전수된다는 의미이며, 주注란 흐른다(流)는 뜻으로 곧 통하여 끊어지지 않는다는 의미이다. 전이든 주든, 두 명칭의 궁극적인 취지는 같다.
　한영韓嬰,[3] 대덕戴德과 대성戴聖,[4] 복건服虔,[5] 정현鄭玄[6] 등이 육경을 깊이 파

---

1 모장 : 전한 때의 박사博士로,『고훈전詁訓傳』을 지었다. 통상『모시』의 총서總敍, 즉 대서大序는 자하子夏가 지었고 장章에 달린 소서小序는 모장이 지었다고 한다.『고훈전』은 바로 소서를 말한다.
2 공안국 : 서진西晉 말에 공안국이『고문상서古文尙書』에 대한 전傳을 썼다.

고들어 연구하고,[7] 배인裵駰,[8] 이기李奇와 응소應劭, 진작晉灼[9] 등이 『사기』·『한서』·『후한서』 삼사三史의 글자를 풀이하고 의미를 해설한 것은, 후학들을 위해 길을 열고 선배들이 지은 저서의 의미를 밝혀 옛날의 업적을 오늘날에 전수한 것이다. 따라서 이들을 유학의 대가라고 부른다.

그 뒤 인물에 대한 전기나 잡기, 예를 들어 지우摯虞가 조기趙岐의 『삼보결

---

3 한영 : 한나라 문제文帝 때의 박사博士이다. 『시경』에 대한 『내외전內外傳』을 저술했는데, 몇 만 글자에 이르렀다고 한다. 『한서』 권88 「유림儒林 한영전韓嬰傳」에 나온다. 『한서』 「예문지藝文志」에 따르면 『한내전韓內傳』 4권, 『한외전韓外傳』 6권이었다고 한다. 『한내전』은 일찍이 없어져 1권만 전해지고, 『한외전』은 분권되어 10권이 전한다. 자칫하면 '한영의 『시경』'처럼 읽히지만, 실제로는 '한영이 『시경』에 대해 붙인 주注'라는 뜻이다. 『시경』 등 유명한 저서에 대해서는 혼동할 가능성이 적지만, 유지기의 서술로만 보면 익숙하지 않은 저술에 대해서는 착각하기 쉽다. 따라서 이하의 내용에는 주의가 필요하다.

4 대덕과 대성 : 대덕의 자는 연군延君이고, 대성의 자는 차군次君이다. 후한의 예학가禮學家이다. 대덕은 원래 『대대례기大戴禮記』 85권을 편찬했는데, 지금은 39권만 전한다. 대성은 『소대례기小戴禮記』를 편찬했는데, 현재 십삼경주소十三經注疏에 실려 있다.

5 복건 : 자는 자신子愼으로, 후한 때의 경학가經學家이다. 『춘추좌씨전』을 연구하여 주석을 남겼다. 『후한서』 권109하 「유림儒林 복건전服虔傳」이 있다.

6 정현 : 자는 강성康成으로, 후한 때 경학의 대가였다. 『주역』과 『서경』, 삼례三禮 등에 주석을 붙였다. 『후한서』 권65 「정현전鄭玄傳」이 있다.

7 깊이 파고들어 연구하고 : 『논어』 「자한子罕」에서 안연顏淵이 공자의 학문과 덕의 깊이를 찬탄한 데서 나온 말이다.

8 배인 : 역사가 배송지裵松之의 아들로, 자는 용구龍駒이다. 서광徐廣의 『사기음의史記音義』에 감명을 받고, 이를 기본으로 여러 학자의 학설을 모아 정리하여 『사기집해史記集解』 80권을 편찬했다. 『송서宋書』 권64 「배송지전裵松之傳」에 나온다.

9 이기와 응소, 진작 : 이李가 누구인지를 놓고 안사고顏師古가 이배李斐와 이기李奇를 거론했으나 (『한서주서례漢書注敍例』), 두 사람 다 그 생애를 알 수 없다. 응소는 『한기주漢紀注』 30권, 『한서집해漢書集解』 115권을 편찬했다고 하지만, 모두 없어졌다. 그 일문佚文은 『사기집해』에 여기저기 흩어져서 나온다. 진작은 서진西晉 때 상서랑尙書郞을 지냈고, 『한서집주漢書集注』 13권, 『한서음의漢書音義』 17권을 지었다고 하는데, 일실되었다. 이 일문도 『사기집해』나 『문선文選』에 여기저기 나온다.

록三輔決錄』에 주를 달고,[10] 진수가 양희楊戱의 『계한보신찬季漢輔臣贊』에 주를
달았던 것,[11] 주처周處가 쓴 『양선풍토기陽羨風土記』나 상거常璩가 쓴 『화양국
지華陽國志』의 「사녀전士女傳」[12]은 아름답게 말을 꾸며 장구에 늘어놓고 자질
구레한 사정들을 일일이 작은 글씨로 적어놓았다.[13] 이러한 주석은 유학자들
의 그것과는 다르다.

次有好事之子, 思廣異聞, 而才短力微, 不能自達, 庶憑驥尾, 千里絶群, 遂
乃撮衆史之異詞, 補前書之所闕. 若裴松之『三國志』, 陸澄·劉昭兩『漢書』,
劉彤『晉紀』, 劉孝標『世說』之類是也. 亦有躬爲史臣, 手自刊補, 雖志存該
博, 而才闕倫敍. 除煩則意有所恡, 畢載則言有所妨, 遂乃定彼榛楛, 列爲子
注. 若蕭大圜『淮海亂離志』, 陽衒之『洛陽伽藍記』, 宋孝王『關東風俗傳』,
王劭『齊志』之類是也.

　다음으로 호사가好事家가 있는데, 이들은 새롭고 특이한 일에 대한 견문을
넓히고자 했지만 재능과 역량이 부족하여 스스로의 힘으로는 이룰 수 없었
다. 그리하여 천리마의 꼬리를 잡아서라도 무리를 멀리 따돌리려고[14] 마침내

---

10 지우가~달고 : 포기룡은 조기가 『삼보결록』을 편찬하고 지우가 주석을 달았다고 했다.
11 진수가~것 : 양희의 저술인 『계한보신찬』에, 진수가 『촉지蜀志』를 편찬하면서 많은 자료를
　　채록하여 주소注疏를 만들었다고 했다. 『삼국지 촉지』권15 「양의전楊戱傳」에도 보인다.
12 상거가~「사녀전」 : 상거의 자는 도장道將이다. 『한지서漢之書』와 『화양국지』를 지었으며,
　　특히 후자는 현존하는 가장 오래된 지방지이다. 그중 『선현사녀총찬先賢士女總贊』1권에
　　400여 명의 행적이 기록되어 있고, 찬贊이 첨부되어 있다.
13 아름답게~적어놓았다 : 장주張澍의 『이유당집본二酉堂輯本』「삼보결록 서三輔決錄序」에
　　"『삼보결록』에는 운어韻語가 많이 쓰였는데, 이것이 『사통』에서 말하는 '아름답게 꾸민
　　문구[文言美辭]'이다."라고 했다(조여보). 세서細書는 부주附注를 말한다.

여러 역사서에 수록된 특이한 내용들을 모아 이전 저서의 빠진 부분을 보충했다. 배송지裵松之의 『삼국지』에 대한 주,[15] 육징陸澄의 『한서漢書』에 대한 주[16]와 유소劉昭의 『후한서』에 대한 주, 유동劉彤의 『진기晉紀』에 대한 주,[17] 유준劉峻의 『세설世說』에 대한 주[18] 등이 이런 부류이다.

또한 역사를 기록하는 사관의 신분으로 직접 역사서의 내용을 삭제하거나 보충할 때 비록 의도는 해박하게 하고자 한 것이었지만 체계적으로 정리할 능력이 부족한 경우가 있다. 번거로운 데를 삭제하자니 아까운 마음이 들고, 전부 싣자니 서술에 문제가 생겨, 결국 그 잡다한 내용들을 그대로 두어 작은 주석[19]으로 늘어놓게 되었다. 소대환蕭大圜의 『회해난리지淮海亂離志』,[20] 양현지

---

14 천리마의~따돌리려고 : 『사기』 권61 「백이열전伯夷列傳」에 "천리마의 꼬리에 붙는다.[附驥之尾]"라고 했고, 색은索隱에는 "천리마의 꼬리에 붙어 천리를 간다. 안회가 공자를 통해 이름이 난 것을 비유했다."라고 했다.

15 배송지의~주 : 배송지의 자는 세기世期이며, 동진東晉 사람이다. 대대로 관료이자 지주 집안의 출신이다. 송宋나라 문제文帝가 진수陳壽의 『삼국지』 기사가 간략하다고 판단하여 배송지에게 『삼국지주三國志注』를 완성하게 했다. 『진기晉紀』, 『송원가기거주宋元嘉起居注』, 『배씨가전裵氏家傳』, 『문집文集』 등의 저술이 있다. 『송서』 권64 「배송지전裵松之傳」이 있다.

16 육징의~주 : 육징은 『한서주漢書注』 1권이 있는데, 『수서』 「경적지經籍志」에 나온다. 『양서梁書』 「육징전陸徵傳」이 있다.

17 유소의~주 : 유동은 유소의 큰아버지이다. 유동은 여러 사람이 쓴 진나라 역사를 모아 간보干寶의 『진기晉紀』를 주석했는데, 모두 40권이다. 『남사南史』 「요수전劉昭傳」에 나온다.

18 유준의~주 : 효표孝標는 유준의 자이다. 어릴 때 가난한 집안 형편 때문에 팔려가 노비가 되었다. 생계 때문에 노모와 함께 머리를 깎고 중이 되었다. 양 무제梁武帝의 등용을 받았지만, 권귀權貴들과 어울리지 않았고, 이로 인해 중요 관직에 오르지도 못했다. 『양서梁書』 「유준지劉峻志」에 나온다.

19 작은 주석 : 포기룡은 주注가 줄 가운데 나열되어 있어서 마치 자식이 어미를 따르는 듯하다고 했다.

20 소대환의 『회해난리지』 : 소대환의 자는 인현仁顯으로, 양나라 간문제簡文帝의 아들이다. 『회해난리지』는 양나라 후경後景의 난에 대한 경과를 기록한 것이라고 하는데, 전하지

陽衒之의 『낙양가람기洛陽伽藍記』,[21] 송 효왕宋孝王의 『관동풍속전關東風俗傳』, 왕
소王劭의 『제지齊志』[22] 같은 부류가 이것이다.

權其得失, 求其利害. 少期集注『國志』, 以廣承祚所遺, 而喜聚異同, 不加
刊定, 恣其擊難, 坐長煩蕪. 觀其書成表獻, 自比蜜蜂兼採, 但甘苦不分, 難
以味同萍實者矣. 陸澄所注『班史』, 多引司馬遷之書. 若此缺一言, 彼增半
句. 皆採摘成注, 標爲異說, 有昏耳目, 難爲披覽. 竊惟范曄之刪『後漢』也,
簡而且周, 疎而不漏, 蓋云備矣. 而劉昭採其所損, 以爲補注, 言盡非要, 事
皆不急. 譬夫人有吐菓之核, 棄藥之滓, 而愚者乃重加捃拾, 潔以登薦, 持
此爲工, 多見其無識也.

위에서 말한 여러 주석의 득실을 따져 보고 장단점을 평가해보도록 하자.
먼저 배송지[23]는 진수陳壽[24]의 『삼국지』에 대한 여러 사람의 주석을 모아 진
수가 남긴 원래의 저서에 덧붙였는데, 서로 상반되는 의견들을 내키는 대로

않는다. 소대환과 그의 저술에 대해서는 학계에 이견이 많다. 『주서周書』 「소대환전蕭大圜傳」
이 있다.

21 양현지의『낙양가람기』 : 포기룡은 양현지陽衒之의 양陽을 양丰으로 고쳤다. 그러나 조여보는
주조모周祖謨 등의 의견에 따라 북평北平 사람이라는 것을 근거로 양陽으로 보았다. 양현지는
위나라 말에 비서감秘書監을 지냈다. 절집이 크고 아름다우며 금칠하는 데 비용을 낭비할
뿐 아니라 왕공王公들이 다투어 백성들을 침어하는 것을 보고 『낙양가람기』를 편찬했다.

22 송 효왕의~『제지』 : 『관동풍속전』은 『사통 내편』 「서지書志」에 이미 나왔고, 왕소도
「육가六家」와 「재문戴文」 편에 나왔다.

23 배송지 : 소기少期는 배송지이다. 배송지의 자는 세기世期인데, 당 태종唐太宗 이세민李世民의
이름을 피하려고 소기少期라고 고친 것이다.

24 진수 : 승조承祚는 진수의 자이다.

모아놓기만 하고 가려 뽑지는 않았으며 거기에 자신의 비판을 보태 더욱 번
잡하게 만들어버렸다. 배송지의 책이 완성된 뒤 올린 표를 보면 자신을 수많
은 꽃에서 맛있는 꿀을 모아 만드는 벌에 비유했지만,[25] 단것과 쓴것을 구분
해놓지 않기 때문에 맛이 달다는 평실萍實과 같다고 보기는 어렵다.[26]

또한 육징陸澄은 반고의 『한서』에 주석을 붙였는데, 대부분 사마천의 저서
에서 인용했다. 『한서』에 한마디가 빠져 있으면 그는 반 구절을 추가했다.
여기저기서 끌어모은 것들을 모두 주석으로 만들고는 이설異說이라고 표시했
는데, 눈과 귀를 혼란스럽게 만들어서 읽기가 어렵다.

범엽范曄이 『후한서』를 산삭한 것을 보면 간략하면서도 두루 치밀하고 성
글면서도 빠뜨린 게 없으니 잘 갖추어져 있다고 할 만하다. 그런데도 유소劉
昭는 범엽이 덜어낸 것을 채록하여 보완하는 주석을 달았다. 하지만 그 내용
이 중요한 것도 급한 것도 아니었다. 비유하자면 어떤 사람이 과일을 먹고

---

25 배송지의~비유했지만 : 배송지는 「상삼국지주표上三國志注表」에서 "생각해보면, 수를 놓는
일은 여러 가지 색깔로 무늬를 만들고, 꿀은 꽃에서 골고루 모아 단맛을 냅니다. 그러므로
색채와 바탕이 문채를 이루고, 단맛은 본래의 재료보다 더 단맛을 낼 것입니다."라고
했다.

26 단것과~어렵다 : 『공자가어孔子家語』 「치사致思」에 "초 소왕楚昭王이 강을 건널 때 강
위에 크기가 됫박만 하고 둥글며 붉은빛의 어떤 물건이 있었다. 그것이 곧장 왕의 배에
닿자 뱃사공이 건져냈다. 왕이 괴이하게 생각하여 그것이 무엇인지 여러 신하에게 물어봤지
만 아무도 아는 자가 없었다. 왕이 노나라로 사신을 보내 공자에게 묻자, 공자가 말하기를
'이것은 이른바 평실이라는 것으로, 갈라서 먹을 수 있습니다. 이것이 왕의 배에 닿았다는
것은 좋은 징조입니다. 오직 패자霸者만이 얻을 수 있는 것입니다.' 했다. 사신이 왕에게
돌아가서 보고하자, 왕이 마침내 먹어보고 매우 맛있음을 알았다. 얼마 후 사신이 노나라의
대부에게 이 일을 보고하자, 대부는 자유子游를 통해 물었다. '선생님은 어찌 그러한 것을
아셨습니까?' 공자가 말하기를 '내가 전에 정나라에 가는데 진나라 들판을 지나가다가
동요를 들었다. 내용은 초나라 왕이 강을 건너다 평실을 얻었네. 크기는 됫박만하고 붉기는
해와 같네. 갈라서 먹어보니 달기가 꿀과 같네, 라고 했다. 이것은 초나라 왕에게 나타날
징조였으므로 내가 그 때문에 안 것이다.'고 했다."라고 했다.

씨를 뱉거나 약을 먹고 그 달인 찌꺼기를 버렸는데, 어리석은 사람이 그것을 다시 주워 깨끗하게 씻은 뒤 다른 사람에게 바친 격이니, 이를 두고 훌륭하다고 여긴다면 자신의 무지함을 여실히 드러내는 것일 뿐이다.

孝標善于攻繆, 博而且精, 固以察及泉魚, 辨窮河豕. 嗟乎! 以峻之才識, 足堪遠大, 而不能探賾彪·嶠, 網羅班·馬, 方復留情于委巷小說, 銳思于流俗短書. 可謂勞而無功, 費而無當者矣. 自茲以降, 其失逾甚. 若蕭·陽之鎖雜, 王·宋之鄙碎, 言殊揀金, 事比鷄肋, 異體同病, 焉可勝焉?

『세설신어』에 주를 단 유준[27]은 오류를 바로잡는 데 능했고, 박학하면서도 정교하고 치밀하여 연못의 물고기를 통찰할 수 있었으며,[28] 하시河豕의 오류를 판별해낼 수 있을 정도였다.[29] 안타까울 뿐이다! 유준의 재능과 식견은 광대한 세계를 포괄하기에 충분했으나 반표班彪와 화교華嶠를 깊이 탐구하지 못했고 반고와 사마천의 저서를 망라하지 못했으며, 도리어 다시 길거리의 잔단 이야기에 뜻을 두고 세속에서 유행하는 잡다한 이야기를 짓는 데 정신이

---

27 유준 : 앞의 순서대로 한다면 유동劉彤에 대한 평가가 이어져야 하는데, 유지기는 유동은 빼고 유준으로 넘어갔다.

28 박학하면서도~있었으며 : 이 말은 원래 유지기가 말한 것처럼 명철하다는 뜻이 아니라, 남이 말하지 않은 것을 알아채면 위험하다는 습사미隰斯彌와 전성자田成子의 고사이다. 『한비자韓非子』 「설림說林」 상上에 "연못 속의 물고기를 아는 자는 불길하다.[知淵中之魚者, 不祥]"라고 했다.

29 하시의~정도였다 : 하시河豕는 황하를 건넌 돼지인데, 기해己亥를 삼시三豕로 잘못 읽은 것을 자하子夏가 바로 잡아준 이야기다. 『여씨춘추呂氏春秋』 「찰전察傳」에 "자하가 진晉나라로 가는 도중에 위衛나라를 지나치는데, 역사 기록을 읽은 자가 '진나라 군대가 삼시三豕에 강을 건넜다.'고 하자, 자하가 '틀렸다. 삼시는 기해己亥이다.'라고 바로잡았다."라고 했다.

팔리고 말았으니, 참으로 수고하고도 효과는 없고 비용을 쓰고도 얻은 게 없다고 할 만하다.

이 뒤로는 결점이 더욱 많아졌다. 소대환이나 양현지의 번쇄하고 잡다한 저술, 왕소와 송 효왕의 비루하고 자잘한 저술 같은 경우는, 문장은 모래에서 금을 골라내듯 잘 다듬어진 것이 드물고, 기록된 사건은 있어도 그만 없어도 그만인 계륵鷄肋과 같다. 체재는 다르지만 똑같은 병폐를 갖고 있으니, 이를 어찌 다 말할 수 있겠는가?

大抵撰史加注者, 或因人成事, 或自我作故, 記錄無限, 規檢不存, 難以成一家之格言, 千載之楷則. 凡諸作者, 可不詳之? 至若鄭玄·王肅述五經而各異, 何休·馬融論三傳而競爽, 欲可商確, 其流實煩. 斯則義涉儒家, 言非史氏, 今並不書于此焉.

대체로 역사를 편찬하고 거기에 주석을 덧붙이는 경우, 다른 사람의 기록을 통해 사실을 설명하기도 하고 스스로 의견을 내기도 하는데, 기록은 한이 없고 정해진 규칙이 있는 것도 아니기 때문에 믿고 따를 만한 하나의 학설이나 오래도록 변하지 않을 모범을 만들기 어렵다. 무릇 글을 쓰는 사람이라면 상세히 살피지 않을 수 있겠는가?

정현鄭玄과 왕숙王肅이 오경五經에 주석을 달아 각각 다른 견해를 보여주었고 하휴何休와 마융馬融은 『춘추』 삼전三傳을 논의하면서 우열을 다투었는데, 상세하게 살피고 평가하려 들면 실로 번잡해질 것이다. 이들을 유가儒家로 보는 게 옳지만, 문장으로 보자면 역사가의 방식이 아니기 때문에 지금 여기서는 함께 언급하지 않는다. 史通

「인습因襲」은 과거 역사서의 잘못된 서술 관행을 그대로 답습하는 것에 대한 문제 제기다. 유지기는 반고가 한나라 시대만 따로 떼내어 『한서』라고 이름을 정한 뒤에도 고조가 패공이나 한왕이었을 시대를 기술할 때 패沛나 한漢이라는 글자를 그대로 놓아둔 것을 인습의 대표적인 예라고 했다.

이 외에 백 년이 지난 사실을 옮겨 적으면서 똑같이 표현하는 것도 마찬가지의 잘못된 서술 관행이라고 했다. 범엽의 경우 열전 안에 해당 인물의 성명을 기록하고 열전 아래 다시 열녀나 고은高隱 등의 하위 주석을 달았는데, 유지기는 범엽과 같은 방식으로 계속 만들어 나가면 그 수가 끝없이 늘어날 것이라고 비판했다. 나라가 바뀌어 충신으로 바로잡아야 할 인물을 이전의 기록대로 역적이라고 부르는 것도 인습의 예로 꼽았다.

유지기는 인습의 여러 사례를 열거한 뒤, 한나라 때 어떤 관리가 상주문을 쓰다가 그 일이 어려웠던지 갈홍이 지은 것을 베껴 올리면서 갈홍의 이름까지 그대로 옮겨서 조롱을 당했다는 일화를 곁들였다. 역사서에서 지워야 할 것은 지우고, 사건을 상세히 판별해야 함을 일러주기 위해서이다. 유지기는 역사서를 편찬할 때 이런 종류의 실수가 없도록 끊임없이 살피는 것이 중요하다고 강조했다.

內篇
18

인습의 오류와 병폐
因習

因習

蓋聞三王各異禮, 五帝不同樂, 故『傳』稱因俗,『易』貴隨時. 況史書者, 記
事之言耳. 夫事有貿遷, 而言無變革, 此所謂膠柱而調瑟, 刻船而求劍也.

　과거 삼황三皇 시대에는 각각 다른 예제禮制가 있었고, 오제五帝 시대의 음
악도 서로 같지 않았기[1] 때문에,『전傳』에는 당시의 풍속에 따라 예제를 제
정하는 것에 대해 서술했고[2]『주역』에서는 시세時勢에 따르는 것을 중요하게
여겼다.[3] 더구나 역사서라는 것은 바로 어떤 시대에 일어난 사건의 기록이다.
시대마다 사건은 변하는데 그에 대한 서술에 변화가 없다면, 이것이 곧 기러
기발을 아교로 붙여놓고 거문고를 연주하는[4] 격이고, 강물 위로 떠가는 뱃전
에 칼을 빠뜨린 자리를 표시하고 찾으려 하는[5] 격이라 하겠다.

1　삼황~않았기 :『예기』「악기樂記」에 보인다.
2　『전』에는~서술했고 :『사기』권32「제태공세가이齊太公世二」에 "태공太公이 제나라에
　　와서 정치를 할 때 풍속에 따라 예제를 간명하게 했다."라고 했다. 여기서 말하는『전傳』이
　　구체적으로 무엇을 가리키는지 모르겠다. 마쓰이 츠네오增井經夫는『상서대전尚書大傳』이라
　　하고, 또한『서경』「상서商書 반경盤庚」의 채침蔡沈 주에 인속因俗이라는 말이 보이긴 하지만,
　　유지기 시대 이후의 주석이므로 해당되지 않는다.
3　『주역』에서는~여겼다 :『주역』「수괘隨卦 단사彖辭」에 "천하는 시세時勢에 따르니, 시세에
　　따르는 뜻이 크도다."라고 했다.
4　기러기발을~연주하는 :『사기』권81「염파인상여열전廉頗藺相如列傳」에 나오는 일화로,
　　인상여가 조괄趙括의 임용을 반대하며 조왕趙王을 설득할 때, "명성 때문에 조괄을 등용하는
　　것은 기러기발을 아교로 붙여놓고 거문고를 연주하는[膠柱而鼓瑟] 것과 같다."라고 했다.

古者諸侯曰薨, 卿大夫曰卒. 故『左氏傳』稱楚鄧曼曰: "王薨于行, 國之福也," 又鄭子産曰: "文·襄之伯, 君薨, 大夫弔," 即其證也. 案夫子修『春秋』, 實用斯義, 而諸國皆卒, 魯獨稱薨者, 此略外別內之旨也. 馬遷『史記』西伯以下, 與諸列國王侯, 凡有薨者, 同加卒稱, 此豈略外別內耶? 何貶薨而書卒也?

옛날에 제후가 죽으면 훙薨, 경대부가 죽으면 졸卒이라고 하여 구별했다. 이에 따라 『좌씨전』에서 초나라 등만鄧曼이 "왕이 행군 중에 훙했으니, 나라의 복이다."라고 했다든가,[6] 정나라 대부인 자산子産이 "문공文公과 양공襄公이 패업을 달성했을 때, 군주가 훙하니 대부들이 조문했다."라고 했으니,[7] 이것이 바로 그 증거이다.

공자가 『춘추』를 편찬할 때, 실제로는 이것을 원칙으로 하면서도 다른 여러 나라에 대해서는 모두 졸이라고 쓰고 노나라만 훙이라고 부른 것은, 다른 나라의 일은 간략하게 서술하고 자국의 일은 특별히 서술한다는[8] 의미라고 생각한다. 사마천의 『사기』에서는 주나라 문왕文王 이하 각국의 왕후가 훙한 일을 모두 졸이라고 기록했는데, 이것이 어떻게 다른 나라의 일은 간략하게 서술하고 자국의 일은 특별히 서술하는 것이겠는가? 어째서 훙이라고 써야

---

5 강물~하는 : 『여씨춘추』「찰금察今」에 나온다. 초楚나라 사람이 강을 건너다 칼을 강물에 빠뜨렸는데, 그 자리를 뱃전에 표시했다는 이야기다.

6 초나라~했다든가 : 『춘추좌씨전』장공莊公 4년에 나온다. 등만은 초 무왕楚武王의 부인이다.

7 정나라~것은 : 『춘추좌씨전』소공昭公 4년에 나온다. 문文·양襄은 진나라 문공과 양공을 말한다. 백伯은 제후의 맹주가 되었다는 의미이다.

8 공자가~서술한다는 : 『춘추공양전』은공隱公 10년 전문에 "『춘추』는 국내 사실을 상세히 기록하고 국외 사실은 소략하다. 국외에 대해서 대악大惡은 쓰고 소악小惡은 쓰지 않으며, 국내에 대해서 대악은 숨기고 소악은 썼다."라고 했다.

할 것을 깎아내려 졸이라고 했는가?

蓋著魯史者, 不謂其邦爲魯國; 撰周書者, 不呼其王曰周王, 如『史記』者,
事總古今, 勢無主客. 故言及漢祖, 多爲漢工, 斯亦未爲累也. <u>班</u>氏旣分裂
『史記』, 定名漢書, 至于述高祖爲公王之時, 皆不除沛·漢之字. 凡有異邦
降款者, 以歸漢爲文. 肇自<u>班</u>『書』, 首爲此矣; 迄于<u>仲豫</u>, 仍踵厥非. 積習
相傳, 曾無先覺者矣.

　　원래 노나라 역사를 쓴 사람은 자기 나라를 노국魯國이라고 부르지 않았고,
주나라 역사를 편찬한 사람은 자기 군주를 주왕周王이라고 부르지 않았다.『사
기』같은 경우는 고금에 걸친 역사를 다룬 통사通史이기 때문에 자국과 타국
을 구별해서 서술하기 어렵다. 그래서 한조漢祖라고 언급하기도 하고 한왕漢王
이라고 한 경우도 많지만, 이것을 잘못이라고 할 수는 없다.
　　반고는『사기』에서 한나라 시대만 따로 떼내『한서』라고 이름을 정한 뒤
에도 고조가 패공沛公이나 한왕漢王이었을 시대를 기술할 때는 패沛나 한漢이
라는 글자를 전혀 빼지 않았으며, 외국에서 투항하여 귀순한 경우에도 한나
라로 귀순했다(歸漢)는 표현을 썼다. 반고가『한서』에서 처음 이렇게 잘못 시
작한 뒤로 순열荀悦[9]도『한기漢記』를 저술하면서 그대로 반고의 잘못을 답습
했다. 이러한 관습이 계속 쌓이면서 전해졌는데, 지금껏 그 잘못을 먼저 깨달
은 사람이 없었다.

---

　9 순열 : 중예仲豫는 순열의 자이다.

又『史記』「陳涉世家」稱, “其子孫至今血食,”『漢書』復有「涉傳」, 乃具載遷文. 案遷之言今, 實孝武之世也; 固之言今, 當孝明之世也. 事出百年, 語同一理. 卽如是, 豈陳氏苗裔, 祚流東京者乎? 斯必不然.『漢書』又云: “嚴君平旣卒, 蜀人至今稱之.” 皇甫謐全錄斯語, 載于『高士傳』. 夫孟堅·士安, 年代懸隔, 至今之說, 豈可同云? 夫班之習馬, 其非旣如彼; 謐之承固, 其失又如此. 迷而不悟, 奚其甚乎! 何法盛『中興書』「劉陶錄」稱, “其議獄事, 具刑法志,” 依檢志內, 了無其說. 旣而藏氏『晉書』·梁朝『通史』, 于大連之傳, 並有斯言, 志亦無文, 傳仍虛述. 此又不精之咎, 同于『玄晏』也.

　　또한『사기』「진섭세가陳涉世家」에 “그 자손들이 지금까지 남아 제사를 지낸다.”라고 했는데,『한서』에 다시「진섭열전」을 두고 사마천의 기록을 모두 그대로 기재했다. 그런데 사마천이 말했던 지금이란 실은 전한前漢 무제武帝 시대이고, 반고가 말하는 지금이란 후한後漢의 명제明帝 시대에 해당한다. 사안은 백 년이 지났는데, 똑같은 표현을 쓴 셈이다. 이게 사실이라면, 진씨의 후손들이 후한으로 옮겨와서 조상의 제사를 계속 지냈다는 말인가? 전혀 그럴 리가 없다.

　　『한서』에는 또, “엄군평嚴君平이 죽은 뒤, 촉나라 사람들이 지금까지 그를 칭송하고 있다.”라고 했다. 황보밀皇甫謐은 이 말을 그대로 옮겨『고사전高士傳』에 실었다. 맹견孟堅과 사안士安[10]은 살았던 연대가 뚝 떨어져 있는데, 어떻게 ‘지금까지’라는 표현을 똑같이 쓸 수 있는가? 반고가 사마천을 따른 잘못이 그와 같고, 황보밀이 반고를 따른 잘못이 또한 이와 같다. 미혹되고도 이를 깨닫지 못하는 게 어찌 그리 심할 수 있단 말인가!

---

10 맹견과 사안 : 맹견은 반고의 자, 사안은 황보밀의 자이다.

하법성은 『진중홍서晉中興書』「유외록劉隗錄」에서 "그(유외)의 재판에 대한 논의는 「형법지」에 실려 있다."라고 했지만,[11] 「형법지」를 조사해보아도 그런 이야기는 전혀 없다. 뒤에 장영서藏榮緖의 『진서晉書』와 양조梁朝의 『통사通史』에 수록된 유외의 열전에도 나란히 이런 이야기가 있지만, 「형법지」에는 역시 그런 기사가 없으니 결국 열전에다 계속 없는 사실을 기술했던 셈이다. 이는 또한 정밀하게 살피지 않아 생긴 잘못이기도 하니, 황보밀의 『현안춘추玄晏春秋』[12]와 같은 오류라고 하겠다.

尋班·馬之爲列傳, 皆具編其人姓名, 如行狀尤相似者, 則共歸一稱, 若刺客·日者·儒林·循吏是也. 范曄旣移題目于傳首, 列姓名于卷中, 而猶于列傳之下, 注爲烈女·高隱等目. 苟姓名旣書, 題目又顯, 是則鄧禹·寇恂之首, 當署爲公輔者矣; 岑彭·吳漢之前, 當標爲將帥者矣. 觸類而長, 實繁其徒, 何止烈女·孝子·高隱·獨行而已. 魏收著書, 標榜南國, 桓·劉諸侯, 咸曰島夷. 是則自江而東, 盡爲卉服之地. 至于劉昶·沈文秀等傳, 敍其爵里, 則不異諸華.【劉昶等傳皆云: "丹徒縣人也." 沈文秀等傳則云: "吳興武康人."】豈有君臣共國, 父子同姓, 闔閭·季札, 便致土風之殊; 孫策·虞翻, 乃成夷夏之隔. 求諸往例, 所未聞也. 當晉宅江淮, 實膺正朔, 嫉彼群雄, 稱爲僭盜, 故阮氏『七錄』, 以田·范·裵·段諸記, 劉·石·苻·姚等書, 別創一名, 題爲僞

---

11 하법성은~했지만 : 『중흥서中興書』는 『수서隋書』권33 「경적지經籍志 이二 사史」에 '『진중흥서晉中興書』78권'이라고 했다. 유외의 자는 대연大連으로, 서진西晉 말에 난리를 피하여 동진東晉으로 가서 원제元帝 때 종사중랑從事中郎을 지냈다. 승상사직조相同直으로 형옥刑獄을 담당했다. 『진서晉書』권69 「유외열전劉隗列傳」에 나온다.

12 『현안춘추』 : 『수서』에는 3권이라 하고, 신·구 『당서』에는 2권이라고 했다. 장종원章宗源은 이 책을 연보年譜 종류로 보고 있다.(『수서고증隋書考證』)

史. 及隋氏受命, 海內爲家, 國靡愛憎, 人無彼我, 而世有撰『隋書』「經籍志」者, 其流別群書, 還依阮『錄』.

　사마천과 반고가 만든 열전을 보면, 모두 해당 인물의 성명을 편제로 하되 살았을 때의 행적이 아주 비슷했던 인물들의 경우는 공통적으로 하나의 명칭으로 모았는데, 자객刺客·일자日者·유림儒林·순리循吏 등이 그것이다.[13] 그런데 범엽은 열전의 첫머리에 이러한 제목을 쓰고 열전 안에[14] 해당 인물의 성명을 기록하고 나서, 다시 열전 아래에 열녀烈女라든가 고은高隱[15]이라든가 하는 주석을 달았다. 입전 대상의 성명을 쓴 데다 또 따로 제목을 붙이고자 한다면, 등우鄧禹나 구순寇恂[16] 열전의 첫머리에는 당연히 재상을 의미하는 공보公輔라고 써야 하고, 군인이었던 잠팽岑彭이나 오한吳漢[17] 열전 첫머리에는 마땅히 장수將帥라는 표제를 달아야 할 것이다. 이렇듯 비슷한 방식으로 계속 만들어나가면[18] 그 수가 끝도 없이 늘어날 것이니, 어찌 열녀·효자·고은高隱·독

---

13 사마천과~그것이다 : 『사기』에는 자객·일자·유림·순림의 네 열전이 있지만, 『한서』에는 유림과 순리 열전만 있다.

14 열전 안에 : 권중卷中은 전중傳中이며, '열전 안에'라는 의미이다.

15 고은 : 진한장陳漢章은 "범엽의 『후한서後漢書』 「일민전逸民傳」에는 '고은'이라는 제목이 없다."라고 했으나(『사통보석史通補釋』), 정천범程千帆의 고증에 따르면 당 태종 이세민李世民의 휘를 피하기 위해 「고은전高隱傳」이라고 했다고 한다(『전기箋記』).

16 등우나 구순 : 등우의 자는 중화仲華로, 후한이 세워진 뒤 고밀후高密侯에 봉해졌다. 명제明帝 때 태부太傅를 맡았다. 『후한서』 「등우전鄧禹傳」에 나온다. 구순은 자가 자기子冀이고, 하내 태수河內太守를 지냈다. 후한을 세울 때 군량과 무기를 지원했다. 당시 사대부들은 그를 재상의 그릇이라고 인정했다. 『후한서』 「구순전寇恂傳」에 나온다.

17 잠팽이나 오한 : 잠팽의 자는 군연君然으로, 전한 말에 영천 태수潁川太守와 대장군大將軍을 지냈다. 후한 때 공손술公孫述을 공격했는데, 오히려 그가 보낸 자객의 손에 죽었다. 『후한서』 「잠팽전岑彭傳」에 나온다. 오한의 자는 자안子顔이다. 전한 때 대사마大司馬를 지냈다. 『후한서』 「오한전吳漢傳」에 나온다.

행獨行 정도에 그치겠는가.

위수魏收의 『북위서北魏書』에서는 남조南朝의 인물들을 다루면서 환씨桓氏나 유씨劉氏 같은 제후들을 모두 섬 오랑캐(島夷)라고 불렀는데, 이는 강남 지역을 모두 풀로 옷을 지어 입는 미개한 지역으로[19] 본 것이다. 그렇지만 강남 출신인 유창劉昶과 심문수沈文秀 등에 대한 열전에서는 그들의 출신과 위계를 서술했으니, 이는 중원 지역의 인물과 다르게 취급하지 않은 것이다.[20] 【유창 등의 열전에는 모두 "단도현丹徒縣 사람이다."라고 했고, 심문수 등의 열전에는 "오흥吳興 무강武康 사람이다."라고 했다.】 군주와 신하로서 같은 나라에 살았고 부자父子처럼 성이 같은데, 어찌 오나라 왕 합려闔閭와 그 숙부 계찰季札을 다른 지역이나 다른 나라 사람으로 분류하고, 손책孫策과 우번虞翻 사이를 오랑캐와 중화라는 벽으로 가르는가. 이는 지나간 사례를 찾아보아도 들어보지 못했다.

사마씨司馬氏의 진晉나라는 강남으로 천도했지만, 실로 정통을 과시하면서 북방의 여러 군웅을 시기하면서 참람한 도둑이라고 불렀다. 그리하여 완효서阮孝緒의 『칠록七錄』에서는 전융田融의 『조서趙書』, 범형范亨의 『연서燕書』, 배경인裴景仁의 『진기秦紀』, 단귀룡段龜龍의 『양기涼記』 등과 함께, 또한 유씨劉氏가 세운 전조前趙, 석씨石氏가 세운 후조後趙, 부씨苻氏가 세운 전진前秦, 요씨姚氏가 세운 후진後秦의 역사서에 대해서 따로 이름을 지어 위사僞史라는 제목

---

18 비슷한~만들어나가면 : 『주역』 「계사 상繫辭上」에 "끌어다 펼치고 같은 부류를 확장하면 천하에 할 수 있는 일은 다할 것이다."라고 했다. 원래 8괘를 2괘씩 결합하여 64괘를 만들면 세계의 변화를 이해할 수 있다는 말이다.

19 섬 오랑캐~지역으로 : 『서경』 권5 「하서夏書 우공禹貢」에 "섬 오랑캐는 훼복卉服을 입었으며, 광주리에 담아서 바치는 폐백은 직패織貝였다."라고 했다. 섬은 동남쪽 섬이라 하고, 훼卉는 풀이다. 훼복은 베나 면으로 만든 옷이다. 직패는 비단이다.

20 유창과~것이다 : 유창은 송宋나라 문제文帝의 핏줄이고, 심문수 가문은 대대로 송나라의 신하였다. 뒤에 두 사람 모두 위魏나라로 귀의했다. 위수魏收의 『위서魏書』 권97 「도이유유열전島夷劉裕列傳」 및 『송서宋書』 권88 「심문수열전沈文秀列傳」에 나온다.

을 붙였다. 수나라가 건국되어 천하를 통일하자 나라 사이의 대립이나 인민들 사이의 적대감은 없어졌지만, 당나라에 들어와 『수서隋書』 「경적지經籍志」를 편찬한 사람은 그 여러 역사서를 분류할 때 여전히 완효서의 『칠록』을 따랐다.[21]

案國之有僞, 其來尚矣. 如杜宇作帝, 句踐稱王, 孫權建鼎峙之業, 蕭察爲附庸之主, 而揚雄撰『蜀紀』, 子貢著『越絶』, 虞裁『江表傳』, 蔡述『後梁史』. 考斯衆作, 咸是僞書, 自可類聚相從, 合成一部, 何止取東晉一世十有六家而已乎?

생각건대 나라 중에 위국僞國이 있다고 평가하는 것은 그 유래가 오래되었다. 두우杜宇가 황제라 자칭하고,[22] 구천句踐이 왕이라 자칭한 일,[23] 손권孫權이 오나라를 건국하여 천하를 삼분하고, 소찰蕭察이 강릉 일대에 서량西梁을 건국하여 군주가 된 일 등은 양웅揚雄의 『촉기蜀紀』,[24] 자공子貢의 『월절서越絶書』,[25] 우부虞溥의 『강표전江表傳』,[26] 채윤공蔡允恭의 『후량춘추後梁春秋』[27]에 각각 수록

---

21 『수서』~따랐다 : 『수서』에서는 그 여러 역사서에 대해 패사霸史라고 했고, 『당서』에서는 위사僞史라고 했다.

22 두우가 황제라 자칭하고 : 『화양국지華陽國志』 권3 「촉지蜀志」에 보인다.

23 구천이~일 : 월왕越王 윤상允常이 죽고, 아들 구천이 즉위했다. 오나라 합려가 월나라를 공격했으나 실패하고 그 전투에서 부상을 당해 죽었다. 합려가 죽은 뒤 아들 부차夫差가 오나라 왕에 오르고 월나라를 공격했지만 곧 화의를 맺었다. 그러나 월왕 구천은 전투의 패배와 오나라의 포로로 잡힌 것에 대한 복수를 위해 다시 오나라를 공격하여 부차를 자살하게 했다. 『사기』 「월세가越世家」에 나온다.

24 양웅의 『촉기』 : 「촉왕본기蜀王本紀」 1권이 『수서』 「경적지」에 보인다.

25 자공의 『월절서』 : 『월절서越絶書』 16권이 『수서』 「경적지」에 보인다.

되어 있다. 이들 여러 역사서를 보면, 모두 위서僞書이지만 비슷한 것끼리 모아 하나의 항목을[28] 만들 수 있으니, 어찌 동진東晉 시대의 16국 역사만을 취하는 데 그치겠는가?

夫王室將崩, 霸圖云搆, 必有忠臣·義士, 捐生殉節. 若乃韋·耿謀誅曹武, 欽·誕問罪馬文, 而魏·晉史臣書之曰賊, 此乃迫于當世, 難以直言. 至于荀濟·元瑾, 蘭催于孝靖之末, 王謙·尉迥, 玉折于宇文之季, 以李刊『齊史』, 顔述『隋篇』. 時無逼畏, 事須矯枉, 而皆仍舊不改, 謂數君爲叛逆. 書事如此, 褒貶何施?

왕조가 붕괴되고 패권을 차지하려는 시도가 있는 시대에는 반드시 충신과 의사들이 목숨을 던져 순절하곤 한다. 위황韋晃과 경기耿紀가 조조曹操를 암살하려고 한 일,[29] 문흠文欽과 제갈탄諸葛誕이 사마의司馬懿의 죄를 물은 일[30]의

---

26 우부의 『강표전』: 우부의 자는 윤원允源이다. 『강표전江表傳』 2권을 편찬했으나, 일실되었다.

27 채윤공의 『후량춘추』: 채윤공은 시를 잘 지었다고 한다. 그런데 그가 편찬했다는 『후량춘추後梁春秋』 10권은 남아 있지 않다. 『당서』에 열전이 있다.

28 하나의 항목을: 『수서』 「경적지」는 여러 저서를 고사古史, 잡사雜史, 패사覇史 등으로 분류하여 수록하고 있다. 여기서 일부一部라 함은 이를 두고 한 말인 듯하다.

29 위황과~일: 건안建安 23년(218) 소부少府 경기와 승상사직丞相司直 위황이 군사를 일으켜 조조를 죽이려고 했으나, 실패하여 삼족三族이 죽임을 당했다. 『후한서』 「헌제기獻帝紀」에 나온다.

30 문흠과~일: 원문에 나오는 마문馬文은 사마문왕司馬文王인 사마소司馬昭인데, 문흠 등이 죄를 물은 것은 사마의司馬懿였다. 유지기가 오해를 한 듯하다. 문흠은 용맹하여 전공을 세웠지만, 자신이 생각했던 것만큼 상을 받지 못하자 원한을 품고 사마의를 문책했다. 대장군 사마소가 군사를 일으켜 문흠을 치자, 문흠은 오吳나라로 도망쳤다. 『삼국지 위지』 권28 「관구검열전毌丘儉列傳」에 나온다. 제갈탄의 자는 공휴公休이다. 관구검 등이 피살당하

경우에 위나라나 진나라 왕조의 사신史臣들은 그들을 적賊이라고 기록했는데, 이는 당시 왕조의 압박 때문에 바른 말을 할 수 없었던 것이다.

그렇지만 북위北魏의 신하였던 순제荀濟나 원근元瑾이 효정제孝靖帝의 말에 죽임을 당하고,[31] 북주北周의 신하였던 왕겸王謙과 위지형尉遲迥이 문제文帝 시대에 토벌되었던 일[32]을 이연수李延壽는 『북사』에,[33] 안사고顏師古는 『수서隋書』에[34] 기록했다. 당시는 바른대로 기록한다고 해서 외부의 압박을 받을 시대가 아니었으므로 사안을 바로잡아야 할 터인데, 모두 이전의 기록을 고치지 않고 그대로 이어받아 그 사람들을 역적이라고 부르고 있다. 사실을 이런 식으로 기록한다면 어떻게 역사적 평가가 올바로 이루어지겠는가?

昔漢代有修奏記于其府者, 遂盜葛龔所作而進之. 旣具錄他文, 不知改易

는 것을 보고 겁을 먹어 반란을 일으켰다. 사마소에게 토벌되어 죽었다. 『삼국지 위지』 권28 「제갈탄열전諸葛誕列傳」에 나온다.

31 북위의~당하고 : 『북사北史』 권6 「제본기 상帝本紀上 세종문양황제世宗文襄皇帝」에 나온다. 난최蘭摧는 원래 현자賢者가 죽는 것을 뜻하는데, 유지기는 충신들이 무도한 인물을 제압하려다 살해당하고 오히려 역적의 누명을 쓴 것으로 보았다. 뒤에 나오는 옥절玉折도 난최와 같은 의미이다.

32 북주의~일 : 북주北周의 우문宇文이 8세에 즉위하자 외척인 양견楊堅이 조정을 맡았다. 위지형 등이 잇달아 양견을 토벌하려다가 오히려 평정되었다. 『수서』 「고조본기高祖本紀」 및 『북주서北周書』 「왕겸열전王謙列傳」 등에 나온다. 『수서』에서는 이들을 적賊 또는 역역逆 이라고 불렀다.

33 이연수는 『북사』에 : 조여보는 이李를 이백약李百藥으로 보았으나, 이백약의 『북제서北齊書』 「문양기文襄紀」에는 이런 내용이 없다. 이연수가 아버지 이대사李大師를 이어 편찬한 『북사北史』 「문양제기文襄帝紀」에 나온다.

34 안사고는 『수서』에 : 안사고의 이름은 주籒이다. 대대로 학자 집안 출신이다. 오경五經을 연구했고 반고의 『한서』에 주석을 달았는데, 당시 사람들이 '반고의 충신[班孟堅忠臣]'이라며 존경했다. 『수서』를 편찬했고, 『당서』에 열전이 있다.

名姓, 時人謂之曰: "作奏雖工, 宜去葛龔." 及邯鄲氏撰『笑林』, 載之以爲
口實. 嗟乎! 歷觀自古, 此類尤多, 其有宜去而不去者, 豈直葛龔而已! 何事
于斯, 獨致解頤之誚也! 凡爲史者, 苟能識事詳審, 措辭精密, 擧一隅以三
隅反, 告諸往而知諸來, 斯庶幾可以無大過矣.

옛날 한나라 때 어떤 관리가 부서의 장관에게 올리는 상주문을 짓다가, 쓰
기가 어려웠던지 결국 갈홍葛龔[35]이 지은 상주문을 그대로 베껴 올렸다. 그런
데 다른 사람의 글을 전부 베끼면서 미처 성명을 고치는 것을 잊고 그대로
바쳤다고 한다. 그래서 당시 사람들이 "정성 들여 상주문을 베끼긴 했지만
갈홍이란 이름은 지웠어야지."라고 조롱했다. 후한의 한단순邯鄲淳이 편찬한
『소림笑林』[36]에서도 이 이야기를 실어 웃음거리로 삼았다.

아아! 예로부터 두루 살펴보면 이 같은 종류의 실수가 매우 많았으니, 지
워야 하는데 지우지 않은 것이 어찌 단지 갈홍의 이름뿐이겠는가. 어찌 이런
일로 해서 홀로 비웃음 섞인 꾸짖음을 자초하는가. 역사를 편찬하는 사람이
사건을 상세히 판별하고, 그것을 정밀하게 서술하여 한 구석을 보면 나머지
세 구석을 판단할 수 있고, 지나간 것을 보고 앞으로 올 것을 알 수 있다면[37]

---

35 갈홍 : 자는 원보元甫이다. 후한 화제和帝 때 문장으로 유명했다. 그가 지은 부賦, 비碑
등 12편이 남아 있다. 이 일화는 『후한서』 권110상 「문원열전文苑列傳 갈홍전葛龔傳」 이현李賢
의 주에 보인다.

36 한단순이 편찬한 『소림』 : 한단순의 자는 자숙子叔이다. 박학하고 재능이 많았다. 서법書法에
능통하여 조조가 귀하게 여겼고, 종실과 귀족의 자녀를 가르쳤다. 『소림』 3권을 지었으나,
남아 있지 않다.

37 한 구석을~있다면 : 『논어』 「술이述而」에서 공자는 "한 구석을 보고 나머지 세 구석을
판단할 수 있어야 한다.[擧一隅, 而示之, 不以三隅反, 則吾不復也]"라고 했고, 「학이學而」에
서 자공子貢을 평가할 때 "지나간 것을 보고 앞으로 올 것을 알 수 있다.[告諸往, 而知來]"라고
했다.

아마 큰 실수는 하지 않으리라고 생각한다. 🔲

「읍리邑里」에서는 시대가 변함에 따라 바뀐 지명을 고증할 때의 주의할 점을 말하고 있다. 우선 인물의 고향에 대해 상세히 알 수 있게 된 것은 사마천 덕분이라고 했다. 즉 오경 등에는 출신지 정보가 정확히 기재되어 있지 않다가, 사마천에 이르러 처음으로 열전을 지을 때 해당 인물의 본래 출신지를 기록하면서 체례가 갖추어졌다는 것이다. 이에 따라 나라 영토가 확장되거나 줄어드는 경우, 그리고 지방 행정구역이 합병되거나 없어지는 경우에도 그때마다 수록하여 어느 지역이었는지를 확실히 찾아볼 수 있게 되었다.

그런데 역사가들이 어떤 인물의 출신지를 언급하면서 그 지역의 옛 명칭을 그대로 역사서에 기록하여 해당 시대의 사실과 어긋나게 만들기도 하고, 이미 지역을 떠난 지 오래되었는데도 선조들이 살았던 곳만을 해당 인물의 출신지로 기록하는 경우도 있어 문제라고 지적했다. 또한 세상 사람들이 문벌 가문을 중히 여기면서 명망 있는 가문을 배출한 지방이라는 이유로 그 지역을 가탁하여 자신의 출신지로 삼은 예를 들어 비판했다. 유지기는 이런 점을 고려하여 사료를 읽지 않으면 오류에 빠지기 쉽다고 말한다.

內篇

19

출신지 기록의 오류
邑里

邑里[1]

昔五經·諸子, 廣書人物, 雖氏族可驗, 而邑里難詳. 逮太史公, 始革茲體, 凡有列傳, 先述本居. 至于國有弛張, 鄉有倂省, 隨時而載, 用明審實. 案夏侯孝若撰東方朔贊云: "朔字曼倩, 平原厭次人. 魏建安中, 分厭次爲樂陵郡, 故又爲郡人焉." 夫以身沒之後, 地名改易, 猶復追書其事, 以示後來, 則知身生之前, 故宜詳錄者矣.

과거에 오경五經과 제자백가서諸子百家書는 많은 인물을 기록했는데, 그 인물들의 씨족에 대해서는 알 수 있지만 고향에 대해서는 상세히 알기가 어려웠다. 사마천에 이르러 처음 이러한 체례를 혁신하여 열전을 지을 때 해당 인물의 본래 출신지를 기록했다. 국가의 영토가 확장되거나 줄어드는 경우, 그리고 지방 행정구역이 합병되거나 없어지는 경우에도 그때마다 수록함으로써 어느 지역이었는지 확실히 찾아볼 수 있게 되었다.

살펴보건대, 진나라의 하후담夏侯湛[2]은 동방삭東方朔에 대한 찬贊을 지을 때 "동방삭의 자는 만천曼倩이라 하며, 평원平原 염차厭次 사람이다. 위魏나라 건안

---

1 읍리 : 『사고전서』본에는 이 편의 제목이 '인습 하因襲下'로 되어 있다. 지명 사용에 대한 습관이 주제이기 때문에 그렇게 제목을 단 판본도 있는 듯하다.

2 하후담 : 자는 효약孝若이다. 초국譙國 초譙 사람이다. 어려서부터 문재文才가 있었고, 잘생겼다고 한다. 진수陳壽의 『삼국지』를 보고 난 뒤 자신이 편찬한 『위서』의 초고를 없애버렸다고 한다. 『수서』에 『하후담집夏侯湛集』 10권이 있다고 하지만, 지금은 없어졌다.

建安 연간에 염차를 나누어 낙릉군樂陵郡으로 삼았기 때문에 동방삭을 낙릉군 사람이라고도 한다."라고 썼다. 대개 열전에 기록된 인물이 세상을 뜬 뒤 지명이 바뀌게 되더라도 다시 뒤에 그런 사실을 기록하여 후세 사람들에게 보여주었던 만큼, 생전의 사실은 더욱 상세히 기록했으리라는 것을 알 수 있다.

異哉, 晉氏之有天下也. 自洛陽蕩覆, 衣冠南渡, 江左僑立州縣, 不存桑梓. 由是斗·牛之野, 郡有靑·徐; 吳·越之鄕, 州編冀·豫. 欲使南·北不亂, 淄·澠可分, 得乎? 系虛名于本土者, 雖百代, 無易. 旣而天長地久, 文軌大同, 州郡則廢置無恒, 名目則古今各異. 而作者爲人立傳, 每云某所人也, 其地皆取舊號, 施之于今.【近代史爲王氏傳云, 瑯琊臨沂人; 爲李傳曰, 隴西成紀人之類也. 非唯王·李二族久離本居, 亦自當時, 無此郡縣, 皆是晉·魏已前舊名號.】欲求實錄, 不亦難乎?

　그런데 진晉 왕조가 천하를 차지하고서는 상황이 달라졌다. 낙양洛陽이 함락되어 왕공이나 귀족들이 남쪽으로 이주한 뒤로 강남 지역에다 이전 지역의 주현州縣 이름을 사용함으로써 그 지역의 원래 이름이 사라졌다.[3] 이때부터 북두성이나 견우성이 있는 벌판은 청주靑州와 서주徐州가 되었고,[4] 오나라와

3　원래 이름이 사라졌다 : 『시경』「소아小雅 소변小弁」에 "뽕나무와 가래나무도 반드시 공경하거늘, 우러러볼 것이 아버지 아님이 없으며 의지할 것이 어머니 아님이 없도다.[惟桑與梓, 必恭敬止, 靡瞻匪父, 靡依匪母.]"라고 했다. 이는 원래 선조가 심어놓은 뽕나무와 가래나무를 후손들이 정성껏 보호하고 기른다는 뜻이다. 하지만 여기서 상재桑梓는 그 지방의 연원이라는 의미로 쓰였다.

4　북두성이나~되었고 : 별을 나누는 방위를 기준으로 지역을 나누었다는 뜻이다. 청주는 지금의 산동山東 북부 지역이었는데, 현재 강소江蘇 회음현淮陰縣 동남쪽에 있는 우주盱州를

월나라 지역은 기주_{冀州}와 예주_{豫州}가 되었다.[5] 그러고도 강남과 강북의 지명을 헷갈리지 않고 치수_{淄水}와 승수_{澠水}[6]를 명확하게 구분하겠는가?

다른 이름을 본래의 지역에 연계시킨 것은 백 대_代가 지나더라도 바꿀 수가 없다.[7] 뒤에 당나라 때는 오랫동안 평화가 유지되고 문자와 수레바퀴가 통일되었지만, 주_州나 군_郡은 폐치를 거듭했고 그 이름 역시 옛날과 지금이 다르다. 하지만 역사가들은 어떤 사람의 열전을 지으면서 출신지를 언급할 때마다 그 지역의 옛 명칭을 사용하여 지금의 역사서에 기록했다. 【근대 역사에 「왕씨전_{王氏傳}」을 만들면서 낭야_{瑯琊} 임치_{臨沂} 사람이라 하고, 「이전_{李傳}」을 만들면서 농서_{隴西} 성기_{成紀} 사람이라고 한 경우가 이에 해당한다. 왕씨나 이씨가 본래의 거주지를 떠난 지 오래되었을 뿐 아니라, 당시에 이러한 군현의 이름도 없었다. 이는 모두 진나라와 위나라 이전의 옛 이름이다.】 그러니 해당 시대의 실제 사실에 부합하는 기록을 찾기가 어렵지 않겠는가?

且人無定質, 因地而化. 故生于荊者, 言皆成楚; 居于晉者, 齒便從黃. 涉魏
而東, 已經七葉; 歷江而北, 非唯一世. 而猶以本國爲是, 此鄉爲非, 是則<u>孔
父</u>里于昌平, <u>陰氏</u>家于新野, 而系纂<u>微子</u>, 源承<u>管仲</u>, 乃爲齊·宋之人, 非關

<hr>

바꾸어 부르고 있다. 서주는 원래 안휘_{安徽} 동부 지역이었는데, 현재의 호북_{湖北} 한천현_{漢川縣} 동쪽에 있던 종리_{鍾離}를 바꾸어 부르고 있다.

5 오나라와~되었다 : 기주는 원래 지금 하북_{河北}에 있던 지역이지만 우주_{吁州}로 옮겼고, 예주는 대략 하남_{河南} 지역에 있었는데 회수_{淮水} 남쪽에 있는 남예주로 옮겼다.

6 치수와 승수 : 모두 산동성_{山東省} 경계 안에 있다. 지명이 바뀌는 상황에서는 치수와 승수의 구분이 어렵다는 말이다.

7 다른~없다 : 포기룡은 이 부분에 글자가 빠졌거나 잘못되었다고 보았다. 일단 그대로 둔다.

魯·鄧之士. 求諸自古, 其義無聞.【時, 修國史, 予被配纂「李義琰傳」. 琰家
於魏州昌樂, 已經三代, 因云: "義琰魏州昌樂人也." 監修者大笑, 以爲深乖史
體, 遂依李氏舊望, 改爲隴西成紀人. 旣言不見從, 故有此說.】

또한 사람이란 정해진 체질이 있는 게 아니라 지역에 따라 변화한다. 그러
므로 형荊 땅에서 태어난 사람은 모두 초나라 말을 쓰고, 진晉나라에 사는 사
람은 치아가 곧 누렇게 변하는 것이다.[8] 남북조가 갈라진 지도 이미 7대가
지났고, 강북과 강남에 옮겨 산 지도 여러 대가 지났다.[9]

그런데도 여전히 선조들이 살았던 곳만이 자신의 출신지이고 지금 사는
곳은 아니라고 한다면, 이는 공자가 창평昌平에 거주했지만 그 선조의 계통이
미자微子에 연결되므로 송宋나라 사람이지 노魯나라 사람이 아니며,[10] 음씨陰氏
는 신야新野에서 살았지만 근원을 따지면 관중管仲의 후손이므로 제齊나라 사
람이지 등鄧나라 사람이 아니라는[11] 것과 마찬가지다. 예로부터 아무리 찾아
보아도 이런 경우는 들어본 적이 없다.【당시 국사를 편찬할 때, 나도 함께 「이의

---

8 진나라에~것이다 : 『혜강집嵇康集』「양생론養生論」에 "이가 머리에 살면 차츰 까매지고,
   사향노루가 측백나무 잎을 먹으면 향기를 내며, 험한 곳에 사는 사람은 목에 혹이 생기며,
   진 땅에 사는 사람은 이빨이 누렇게 된다. 이로써 추론하자면, 모든 음식의 기운은 사람의
   본성과 몸에 영향을 주고 상응하기 마련이다.[蝨處頭而黑, 麝食柏而香, 頸處險而癭, 齒居晉
   而黃. 推此而言, 凡所食之氣, 蒸性染身, 莫不相應.]"라고 했다.
9 남북조가~지났다 : 위진魏晉 이후에 각국이 할거 분쟁하면서, 남북 사람들이 서로 옮겨
   다니며 살았던 상황을 말한다. 이 때문에 원래의 고향을 본적으로 하는 것이 옳으며,
   현재 거주지를 본적으로 하는 것은 그르다고 생각했다.
10 공자가~아니며 : 『사기』「공사세가孔子世家」에 "공자는 노나라 창평향昌平鄕 추읍鄒邑에서
   태어났는데, 선조는 송나라 사람이다."라고 했다. 추읍은 현재 산동山東 곡부현曲阜縣이며,
   창평은 곡부현 동남쪽 지역이다.
11 음씨는~아니라는 : 『원화성찬元和姓纂』권5에 나온다. 신야는 하남河南 남양현南陽縣 남쪽
   지역이다.

염전李義琰傳」을 만들고 있었다. 이의염이 위주魏州 창락昌樂에 거주하면서 이미 3대가 지났기 때문에 "이의염은 위주 창락 사람이다."라고 적었다. 감수자가 크게 웃으며 역사 편찬의 원칙에 매우 위배된다고 말했다. 결국 이씨 집안의 옛 고향에 따라 농서隴西 성기成紀 사람이라고 고쳤다. 내 의견이 받아들여지지 않았기 때문에 이 이야기를 남겨 둔다.】

且自世重高門, 人輕寒族, 競以姓望所出, 邑里相矜. 若仲遠之尋鄭玄, 先云汝南應劭; 文擧之對曹操, 自謂魯國孔融, 是也. 爰及近古, 其言多僞. 至于碑頌所勒, 茅土定名, 虛引他邦, 冒爲己邑. 若乃稱袁則飾之陳郡, 言杜則系之京邑, 姓卯金者咸曰彭城, 氏禾女者皆云鉅鹿.【今有姓邴者·姓弘者, 以犯國諱, 皆改爲李氏, 如書其邑里, 必云隴西趙郡. 夫以假姓猶且如斯, 則眞姓者, 斷可知矣. 又今西域胡人, 多有姓明及卑者, 如加五等爵, 或稱平原公, 或號東平子, 爲明氏出於平原, 卑氏出於東平故也. 夫邊夷雜種, 尚竊美名, 則諸夏士流, 固無慚德也.】在諸史傳, 多與同風.【如『隋史』「牛弘傳」曰: "安定鶉觚人也. 本姓尞氏. 至他篇所引, 皆謂之隴西牛弘." 『唐史』「謝偃傳」云: "本姓庫汗氏, 續謂之陳郡謝偃," 並其類也.】此乃尋流俗之常談, 忘著書之舊體矣.

또 세상 사람들이 문벌 가문을 중히 여기고 한미한 가문을 가볍게 여기게 되면서부터 마침내 명망 있는 가문을 배출한 지방이라는 이유로 그 읍리 사람들이 자긍심을 갖게 되었다. 예를 들어 응소應劭가 정현鄭玄을 방문했을 때 '여남汝南 출신 응소'라는 말을 먼저 했던 것이나,[12] 공융孔融이 조조를 대면했을 때 자신을 '노나라 공융'이라고 했던[13] 것이 이런 경우이다.

가까운 옛날에 이르면 그런 얘기 중에 거짓말이 많았음을 알 수 있다. 비문에 당사자를 기리는 글을 새길 때나 제후를 봉하여 나라 이름을 정할 때도 거짓으로 다른 지방을 끌어와 함부로 자신의 출신지인 것처럼 했다. 예를 들어 원씨袁氏라면 누구든지 진군陳郡 출신이라 했고, 두씨杜氏라면 장안長安 출신, 유씨劉氏[14]는 모두 팽성彭城 출신, 위씨魏氏[15]는 모두 거록鉅鹿 출신이라고 하여 이름난 가문처럼 보이려 했다. 【지금 병씨邴氏나 홍씨弘氏들은 황제의 이름을 피하기 위해 모두 이씨李氏로 고쳤고, 그 고을을 써야 할 때는 반드시 농서隴西 조군趙郡이라고 했다. 바꾼 성씨도 이와 같을진대 본래 성씨는 말하지 않아도 짐작할 수 있다. 또한 지금 서역의 호인胡人들은 대부분 성씨가 명씨明氏이거나 비씨卑氏인데, 다섯 등급의 작위를 받으면 평원공平原公이니 동평자東平子니 했으니, 명씨는 평원 출신이고 비씨는 동평 출신이기 때문이다. 저 변경 오랑캐야 여러 종족이라 오히려 명예로운 이름을 훔치는 것이지만, 중원의 식자 집안은 본디 부끄러운 느낌조차 없다.】

여러 역사서의 열전에도 이와 같은 풍조가 많았다. 【『수사隋史』 「우홍전牛弘傳」에 "안정순安定鶉은 고孤 땅 사람이다. 본래 성은 요씨寮氏이다. 다른 편에 인용된 것을 보면 모두 농서 출신 우홍牛弘이라고 했다."고 했고, 『당사唐史』 「사언전謝偃傳」에 "본래 성은 고한씨庫汗氏이지만, 계속 진군陳郡 출신의 사언謝偃이라고 불렀다."라고 했으니, 모두 같은 경우이다.】 이야말로 민간에 떠도는 이야깃거리나 찾아다니다가 역사를 기록하는 원래의 방식을 망각한 것이라 하겠다.

---

12 응소가~것이나 : 『후한서』 권65 「정현전鄭玄傳」에 나온다. 중원仲遠은 응소의 자이다. 응소가 태산 태수太山太守라고 본인을 소개하자, 정현이 공자의 제자들은 관직이나 문벌을 자랑하지 않았다고 응수했다.

13 공융이~했던 : 『후한서』 권84 「양표전楊彪傳」에 나온다. 문거文擧는 공융의 자이다.

14 유씨 : 묘금卯金은 유劉 자를 파자破字해서 부른 것이다.

15 위씨 : 화녀禾女는 위魏 자를 파자해서 부른 것이다.

又近世有班秩不著者, 始以州壤自標, 若楚國龔遂·漁陽趙壹, 是也. 至于名位既隆, 則不從此列, 若蕭何·鄧禹·賈誼·董仲舒, 是也. 觀『周』·『隋』二史, 每述王·庾諸事, 高·揚數公, 必云瑯邪王褒·新野庾信·弘農楊素·渤海高頴. 以此成言, 豈曰省文, 從而可知也.

또한 근세에는 관직의 품계가 높지 않은 사람들이 출신 지역으로 자신을 소개하기 시작했는데, 초楚나라의 공수龔遂나 어양漁陽의 조일趙壹이라고 했던 것이 그 예다. 하지만 이름과 지위가 높아진 뒤에는 이런 예를 따르지 않았으니 소하蕭何·등우鄧禹·가의賈誼·동중서董仲舒가 그에 해당한다. 『북주서北周書』나 『수서隋書』를 보면 왕포王褒와 유신庾信과 관련된 여러 일이나 고경高頴과 양소楊素 등의 인물에 대해 서술할 때마다 반드시 낭야瑯邪의 왕포라느니, 신야新野의 유신이라느니, 홍농弘農의 양소라느니, 발해渤海의 고경이라느니 했다. 이런 식으로 기록한다면 문장이 간략해질 수 없음을 자연스레 알 수 있다.[16]

凡此諸失, 皆由積習相傳, 寖以成俗, 迷而不返. 蓋語曰, "難與慮始, 可與樂成." 夫以千載遵行, 持爲故事, 而一朝糾正, 必驚愚俗. 此莊生所謂安得忘言之人而與之言, 斯言已得之矣. 庶知音君子, 詳其得失者焉.

이와 같은 잘못은 모두 누적된 버릇이 계속 전해지면서 차츰 습속을 이뤘던 데서 생겼으니, 미혹되었으면서도 고치지 못한 것이다. 그래서 "처음에

---

16 『북주서』나~있다 : 유지기의 뜻은, 소하蕭何·등우鄧禹·가의賈誼·동중서董仲舒 등은 현縣의 명칭만 말하고 주군州郡의 명칭은 거론하지 않았는데, 육조六朝·수隋·당唐 시기의 저서에는 주현州縣의 명칭까지 거론했으니 군더더기라는 말이다.

함께 도모하기는 어렵지만, 만들어진 뒤에는 거리낌 없이 즐길 수 있다."[17]라고 한 것이다. 천 년 동안 따르면서 그대로 고사로 삼았는데, 하루아침에 바로잡으려고 하면 반드시 반대에 부딪칠 것이다. 이것이 장자莊子가 "어떻게 하면 말을 잊은 사람을 만나 함께 이야기할 수 있을까."[18]라고 말했던 의미인데, 이 말이 참 적절하다고 생각한다. 무슨 말인지 알아들을 수 있는 학자가 그 득실을 잘 살피기 바란다.

---

17 처음에~있다 : 『상군서商君書』 「경법更法」에 나온다.

18 어떻게~있을까 : 『장자』 「외물편外物篇」에서 물고기를 잡으면 통발을 잊고, 토끼를 잡으면 올가미는 잊는다는 유명한 고사에 이어 나오는 말이다. 장자는 "말이라는 것은 뜻(意)을 얻는 수단이니 뜻을 얻으면 말을 잊는 법이다. 그런데 세상 사람들은 언어에만 매달리는 경향이 있다. 나는 언어쯤은 잊고 사는 사람을 만나 더불어 이야기하기를 원한다."라고 했다. 유지기가 자신이 말하는 취지를 사람들이 이해하기를 바라는 마음에서 덧붙인 듯하다.

유지기는 역사 서술에서 과장이나 꾸밈이 없는 정확한 언어 사용이 중요하다고 강조한다. 그리고 내용은 간단하지만 담겨진 의미는 깊고, 글 자체는 어렵지만 의리를 판단할 수 있는 대표적인 저술로 『서경』을 꼽는다. 고대에는 언어가 은미하고 순하되 사안에 적절했고, 수식이 많았지만 지나치지 않았는데, 『춘추』가 대표적이라고 했다.

전국시대에 이르러서는 많은 유세가가 나타났는데, 유지기는 이들이 교묘한 말주변과 논변 기술을 갖추고 있었다고 말한다. 그러나 한나라 이후에는 말보다 글을 통해 의사를 전달하게 되어, 전략이나 정책이 표나 상주문에 자연스레 갖추어졌다고 했다.

고대의 언어 표현을 보자면 민속에서라도 질박하지만 격조가 있었다. 진나라 이후 강남이 예악의 고장이 되고 남경이 사실상 도서의 집결지가 되었기 때문에 그 풍속이 여전히 언어의 법도와 풍류를 보존할 수 있었다. 그러나 북조인 강북 중원 지역의 사정은 달랐다. 문장은 화려하지만 내실이 없어진 것이다. 단지 왕소나 송 효왕 정도가 충실하고 공정한 필법으로 사실을 정확하게 반영하려고 힘썼다. 유지기는 이들을 통해 그 지방의 방언과 그 시대의 언어가 남김없이 펼쳐질 수 있었다고 본다.

「언어」 편에서 유지기는 훌륭한 역사 서술이란 사실을 가려서 기록하지 않기 때문에 사람들의 말이 아름답든 추하든 모두 후세에 전해질 수 있었다고 매듭짓는다.

內篇
20

언어 표현의 사실성
言語

言語

蓋樞機之發, 榮辱之主, 言之不文, 行之不遠, 則知飾詞專對, 古之所重也.
夫上古之世, 人惟朴略, 言語難曉, 訓釋方通. 是以尋理則事簡而意深, 考文
則詞艱而義釋, 若『尙書』載伊尹立訓·皐陶之謨·洛誥·康誥·牧誓·泰誓, 是
也. 周監二代, 郁郁乎文, 大夫行人, 尤重詞命. 語微婉而多切, 言流靡而不
淫, 若『春秋』載呂相絶秦, 子産獻捷, 臧孫諫君納鼎, 魏絳對戮揚干, 是也.

대개 "입 밖으로 말을 내는 일이야말로 영욕의 관건이다."[1]라고 했고, "말
에 문채文彩가 없으면 오래 전해지지 않는다."[2] 했으니, 말을 잘 표현하여 외
교에 활용하는 능력을[3] 옛사람들이 중요하게 여겼음을 알 수 있다. 저 오랜
옛날에는 사람들이 질박하고 간결하여 그들이 남긴 말을 이해하기가 어려웠
는데, 나중에 훈석訓釋이 있고서야 의미를 알 수 있게 되었다. 그래서 이치를
찾아보면 내용은 간단하지만 담겨진 의미는 깊고, 문장을 살펴보면 글 자체
는 어렵지만 의리를 판단할 수 있었으니, 『서경』의 이훈伊訓·고요모皐陶謨·낙
고洛誥·강고康誥·목서牧誓·태서泰誓가 그것이다.

---

1 입 밖으로~관건이다 : 『주역』 「계사 상繫辭上」에 나온다.
2 말에~않는다 : 『춘추좌씨전』 「양공襄公」 25년 전문傳文에 공자가 한 말이다.
3 말을~능력을 : 전대專對는 『논어』 「자로子路」에 보인다. 공자가 말하기를 "시詩 300편을
  외운다 하더라도 정사를 맡기면 일에 통달하지 못하고, 각국에 사신으로 가서도 책임지고
  응대하지 못한다면, 아무리 많이 시를 외운들 어디에 쓰겠는가?"라고 했다.

주나라는 하나라와 은나라를 본받아서 문화가 찬란했고,[4] 대부나 사신들은 외교문서를 매우 중요하게 여겼다. 언어는 은미하고 순하되 사안에 적절했고, 수식이 많았지만 지나치지 않았다. 예를 들어 『춘추』에 기록된 여상呂相이 진秦나라와 국교를 단절할 때 한 말,[5] 자산子産이 전리품을 바치면서 한 말,[6] 장손달臧孫達이 노 환공魯桓公 송나라의 정鼎을 태묘에 들이는 것이 잘못된 일임을 지적한 말,[7] 위강魏絳이 양간揚干을 죽인 이유를 진 도공晉悼公에게 고한 말[8]이다.

戰國虎爭, 馳說雲涌. 人持弄丸之辯, 家挾飛鉗之術. 劇談者, 以譎誑爲宗; 利口者, 以寓言爲主. 若『史記』載<u>蘇秦</u>合從, <u>張儀</u>連橫, <u>范睢</u>反間以相秦,

---

4 주나라는~찬란했고 : 『논어』 「팔일八佾」에 나온다.

5 여상이~말 : 『춘추좌씨전』 「성공成公」 13년에 나온다. 진晉나라 여공厲公이 대부大夫 여상을 보내 '진秦나라 효殽 땅을 침범했다'며 진秦나라와 절교하고 마수麻隧에서 진나라 군대를 대패시킨 일이다.

6 자산이~말 : 『춘추좌씨전』 양공襄公 25년에 나온다. 정鄭나라가 대부 자금子展과 자산子産을 파견하여 진陳나라를 쳐서 크게 이겼다. 자산이 진晉나라에 전리품을 바쳤다. 진晉나라 평공平公이 진陳나라의 잘못이 무엇이냐고 묻자, 자산은 "진나라가 주周나라의 대덕大德을 잊고, 정나라의 대은大恩을 버리고 인척 관계마저 끊었다."라고 그 죄를 정연하게 설명했다.

7 장손달이~말 : 『춘추좌씨전』 환공桓公 2년에 나온다. 노魯·제齊·진陳·정鄭 네 나라가 송宋나라의 내란을 평정한 뒤, 노나라 환공이 송나라에 보관되어 있던 고郜나라의 큰 솥을 가져와 태묘太廟에 바쳤다. 노나라 대부 장애백臧哀伯(장손달)이 예의가 아니라면서 송나라에 돌려주라고 했으나, 환공은 듣지 않았다.

8 위강이~말 : 『춘추좌씨전』 양공襄公 3년에 나온다. 진晉나라 도공悼公의 동생 양간이 곡량曲梁에서 수레를 타고 질주하면서 회맹會盟 행렬을 어지럽혔다. 군법을 맡은 위강이 마침내 양간의 하인을 벌하고 죽여 징계하는 뜻을 보였다. 도공이 화가 나서 위강을 죽이려 했으나, 위강이 사정을 진술하자 도공이 감동했다. 본문에서 양간을 죽였다는 말은 죽인 것과 다름없는 벌을 시행했다는 뜻이다.

魯連解紛而全趙, 是也. 逮漢·魏已降, 周·隋而往, 世皆尚文, 時無專對. 運籌畫策, 自具于章表; 獻可替否, 總歸于筆札. 宰我·子貢之道, 不行; 蘇秦·張儀之業, 遂廢矣. 假有忠言切諫·「答戲」·「解嘲」, 其可稱者, 若朱雲折檻以抗憤, 張綱埋輪而獻直. 秦宓之酬吳客, 王融之答虜使, 此之小辯, 曾何足云. 是以歷選載言, 布諸方策, 自漢已下, 無足觀焉.

　　이후 각국이 치열하게 각축을 벌이는 전국시대에 들어와 온갖 유세가들이 구름처럼 일어났다. 이들은 각자 교묘한 말주변과 논변하는 기술을 갖추고 있었다. 웅변이 뛰어난 사람은 기괴하고 허망한 말을 일삼고, 말재주가 있는 사람은 사물에 빗대는 우언으로 유세를 했다. 예를 들어 『사기』에 기록된 소진蘇秦의 합종책合從策과 장의張儀의 연횡책連橫策,⁹ 범저范雎가 태후太后와 양후穰侯를 이간질하여 진나라의 재상이 된 일,¹⁰ 노중연魯仲連이 분쟁을 해결하여 조趙나라를 보전한 일¹¹ 등이 그것이다.

---

9 소진의~연횡책 : 소진의 자는 계자季子로, 낙양洛陽 사람이다. 귀곡자鬼谷子에게서 배웠고, 6국이 연합하여 진秦나라에 대항하는 합종책을 주장했다. 진나라에서 서수犀首를 파견하여 합종책을 와해시키자 제齊나라로 도망쳤지만, 그를 시기하는 사람들에게 결국 살해되었다. 『사기』 권69 「소진열전蘇秦列傳」에 나온다. 장의는 위魏나라 사람이다. 재상 자리에 있을 때, 위나라가 진나라를 섬기고 다른 제후들이 이를 본받게 하는 연횡책을 폈다. 제나라 등의 압력 때문에 진나라로 온 뒤 무신군武信君에 봉해졌으나 귀족들의 핍박을 받아 다시 위나라로 돌아갔다. 하지만 곧 병으로 죽었다. 『사기』 권70 「장의열전張儀列傳」에 나온다.

10 범저가~일 : 진 소왕秦昭王 때 양후가 전권을 잡고 제나라를 공격하자고 주장했다. 그러나 범저가 소왕을 설득하여 제나라 공격을 그만두게 했다. 이 일로 소왕은 태후를 폐하고 범저를 재상에 임명하면서 응후應侯로 봉했다. 『사기』 권79 「범저열전范雎列傳」에 나온다.

11 노중연이~일 : 진秦나라 소왕이 백기白起로 하여금 조趙나라를 공격하게 했다. 조나라 왕이 두려워서 진나라 왕을 제帝로 삼아 화의를 구했다. 이때 노중연이 한단邯鄲으로 가서 이러한 신원연申垣衍의 책략을 비판했으며, 마침 진晉나라 군대까지 출동해 오자 진秦나라는 이 사실을 알고 군사를 물렸다. 『사기』 권83 「노중연열전魯仲連列傳」에 나온다.

그러나 한나라와 위나라 이후, 남북조를 거치면서 당대 사람들이 모두 글을 통해 의사를 전달하게 되었다.[12] 전대專對의 관습이 없어지자 전략이나 정책은 표나 상주문에 자연스레 갖추어졌고, 가부를 결정하는 일에 대한 건의는[13] 모두 문장으로 하게끔 되었다. 말하자면 재아宰我나 자공子貢[14]의 방식은 사라졌으며, 소진과 장의가 했던 일도 결국은 없어진 것이다.

진실한 말이나 간절한 간언으로는 반고의 「답빈희答賓戲」나 양웅의 「해조解嘲」 등 몇 가지가 있지만, 거론할 만한 것으로는 주운朱雲이 난간을 부러뜨리며 항의한 일[15]과 장강張綱이 수레를 묻고 사실대로 아뢴 일[16]이 있다. 진밀

---

12 글을~되었다 : 이 말은 곧 문文을 숭상한다는 뜻이다. 상문尙文에는 '문자로 된 글을 써서 의사를 표현한다.[通行以書面文字來表達意思]'는 의미가 있다.

13 가부를~건의는 : 『춘추좌씨전』 소공昭公 20년 전문傳文에, 안자晏子가 제齊나라 경공景公에게 "군주가 옳다고 하더라도 그중 부당한 것이 있으면 신하가 그것을 지적하여 더 옳은 정치가 되게 합니다. 군주가 부당하다고 말하더라도 옳은 데가 있으면 신하가 이를 지적하여 부당한 것을 제거합니다. 이리하여 정치가 공평해지고 예를 벗어나지 않으며 백성들 사이에 다투는 마음이 없어집니다."라고 했다.

14 재아나 자공 : 『논어』「선진先進」에 "언어 능력은 재아와 자공이다.[言語宰我·子貢]"라고 했는데, 언어란 외교관의 능력을 말한다.

15 주운이~일 : 주운은 성제成帝 때 공경과 대부가 하는 일 없이 녹봉만 축낸다고 비판하는 내용을 써서 상서했다. 그러한 대표적 인물로 안창후安昌侯 장우張禹를 지목하자 성제가 화가 나서 주운에게 죄를 주려고 끌어냈는데, 주운이 난간을 잡고 간언을 계속하여 난간이 부러졌다는 고사이다. 『한서』「양호주매운전楊胡朱梅雲傳」에 나온다.

16 장강이~일 : 한안漢安 원년(142)에 풍속을 순찰하려 할 때, 장강이 수레를 땅에 묻은 뒤 '승냥이와 이리가 조정에 있는데, 여우 따위를 순찰하겠는가?' 하면서 양기梁冀 등을 탄핵했다. 장강이 이런 글을 올리자 조정이 떨었다고 한다. 순제順帝가 장강의 말을 옳게 여기면서도 등용하지 못했다. 『후한서』「장호전張皓傳」에 나온다. 장호는 장강의 아버지이다. 포기룡은 유지기가 충언 중에서 칭찬할 만한 사례로 주운과 장강을 들었으니 위 문장의 다음에 대구가 있어야 한다며 빠진 문장이 있을 것이라 의심했다. 하지만 그렇게만 볼 수 없다고 생각한다. 주운과 장강의 경우를 꼭 충언의 사례가 아닌 간언의 사례로도 볼 수 있고, 충언과 간언이 반드시 분리될 이유도 없다고 생각한다.

秦宓이 오吳나라 사신 장온張溫과 수작한 일[17]이나 왕륭王融이 북로北虜의 사신 송변宋弁을 응대한 일[18] 등은 자디잔 말재주이니 말할 것까지도 없다. 그래서 대대로 역사서에 실린 언론들을 보면 한나라 이후로는 볼 만한 것이 없다.

尋夫戰國已前, 其言皆可諷詠, 非但筆削所致, 良由體質素美. 何以覈諸? 至如鶉之賁賁鸛鷁, 童豎之謠也; 山木輔車, 時俗之諺也. 皤腹棄甲, 城者之謳也; 原田是謀, 輿人之誦也. 斯皆芻詞鄙句, 猶能溫潤若此, 況乎束帶立朝之士, 加以多聞博古之識者哉! 則知時人出言, 史官入記, 雖有討論潤色, 終不失其梗槪者也.

　전국시대 이전을 보면 그 말한 것들이 모두 낭송할 만했다. 좋은 것은 수록하고 나쁜 것은 버리는 산삭의 과정을 거쳤을 뿐만 아니라, 참으로 체질이 본디 훌륭했기 때문이다. 무슨 근거로 그렇게 말하는가?
　순성鶉星이 크고 아름답다느니[19] 구관조[20]니 하는 것은 아이들의 노래이고, 산에 나무가 있다느니[21] 보거輔車[22]니 하는 것은 당시의 속어였다. "배를 쑥

---

17 진밀이~일 : 『삼국지三國志 촉지蜀志』 「진밀전秦宓傳」에 나온다.
18 왕륭이~일 : 『남제서』 「왕륭전王融傳」에 보인다.
19 순성이 크고 아름답다느니 : 『춘추좌씨전』 희공僖公 5년 전문傳文에 "순성이 크고 아름다우니, 천책성天策星이 빛을 잃었다.[鶉之賁賁, 天策焞焞]"라고 했다.
20 구관조 : 『춘추좌씨전』 소공昭公 25년 전문에 "구관조야, 구관조야! 공이 나라를 나가 욕을 당하네. 구관조 깃을 고르니 공은 성 밖에 있고, 신하가 가서 말에게 먹이를 주네.[鸛鷁之鵒之, 公出辱之. 鸛鷁之羽, 公在外野, 往饋之馬]"라고 했다. 구관조가 노나라에 와서 둥지를 틀자, 이것이 곧 재난이 일어날 것을 예고하는 것이라 해석했다.
21 산에 나무가 있다느니 : 『춘추좌씨전』 은공隱公 11년 전문에 "주나라 속담에 이르기를 '산에 나무가 있으면 기술자가 어디 쓸지를 판단하고, 손님이 예를 갖추면 주인은 그에

내밀고 갑옷도 버렸다."[23]는 것은 성城을 쌓던 사람들의 노래였고, "들판에 씨를 새로 뿌리리."[24]라는 것은 병사들의 노래였다. 이는 모두 민요풍의 거칠고 비속한 말들이었음에도 오히려 그토록 온화하고 부드러웠으니, 하물며 관대를 두르고 조정에 선 관리들이 넓은 견문과 옛것에 대한 지식을 가지고 한 말들은 어떠했겠는가. 당시 사람들이 했던 말을 사관이 기록하면서 토론이나 윤색을 거치긴 했겠지만 그 대략적인 모습은 잃지 않았음을 알 수 있다.

夫三傳之說, 旣不習于尚書; 兩漢之詞, 又多違于戰策, 足以驗眠俗之遞改, 知歲時之不同. 而後來作者, 通無遠識, 記其當世口語, 罕能從實而書, 方復追效昔人, 示其稽古. 是以好丘明者, 則偏摸『左傳』; 愛子長者, 則全學『史公』. 用使周·秦言辭, 見于魏·晉之代; 楚·漢應對, 行乎宋·齊之日. 而僞修混沌, 失彼天然. 今古以之不純, 眞僞由其相亂. 故襄少期譏孫盛錄曹公平

합당한 예의를 택한다.[周諺有之曰, 山有木, 工則度之; 賓有禮, 主則擇之]"라고 했다.

22 보거 : 우虞나라의 대부大夫 궁지기宮之奇가 우공에게 간하는 대목에서 나오는 말이다. 『춘추좌씨전』 희공僖公 5년 전문에 "속담에서, 볼과 잇몸이 서로 의지하고, 입술이 없으면 이가 시리다는 말은 바로 우虞나라와 괵虢나라를 두고 하는 말입니다.[諺所謂, 輔車相依, 脣亡齒寒者, 其虞·虢之謂也]"라고 했다.

23 배를~버렸다 : 『춘추좌씨전』 선공宣公 2년 전문에 "송나라에서 성을 쌓을 때, 화원이 감독관이 되어 현장의 진척 상황을 돌아보았다. 성을 쌓던 사람들이 '눈을 휘둥그레 뜨고 배를 쑥 내밀고 투구도 버리고 돌아왔네. 털복숭이, 털복숭이, 투구를 버리고 돌아왔네.' 라고 했다.[宋城, 華元爲植, 巡功. 城者謳曰, '睅其目, 皤其腹, 棄甲而復. 于思于思, 棄甲復來']"라고 했다. 화공이 패배한 뒤 도주했기 때문이다.

24 들판에~뿌리리 : 『춘추좌씨전』 희공僖公 28년 전문에 "진나라 문공이 걱정했다. 그때 그는 병사들이 부르는 노래를 듣게 되었다. 노래는 이랬다. '들판에 풀이 무성하네. 묵은 뿌리를 뽑아버리고, 새 씨를 뿌리리.'[晉侯患之. 聽輿人之誦. 誦曰, '原田每每, 舍其舊而新是謀.']"라고 했다.

素之語, 而全作夫差亡滅之詞. 雖言似『春秋』, 而事殊乖越者矣.

『춘추』삼전三傳의 기사는 이미 『서경』을 따르지 않았고 양한兩漢의 문장 또한 『전국책』과 많은 차이가 있으므로, 충분히 민속이 변화했음을 살펴볼 수 있고 시대가 같지 않았다는 것을 알 수 있다. 그러나 이후의 저술가들은 식견이 부족하여 당세의 인물들이 했던 말을 기술할 때 실제로 쓰인 말을 기록하는 경우가 거의 없고 옛사람의 저서에 나오는 말을 그대로 본떠 옛것을 참고하고 있다는 것만 보여주었다.

그래서 좌구명을 좋아하는 사람은 『좌씨전』만 본뜨고, 사마천을 좋아하는 사람은 순전히 『사기』만 공부했다. 이에 따라 주周나라나 진秦나라의 용어가 위魏나라나 진晉나라 시에 나오고, 초楚나라나 한漢나라 때의 대화가 송宋나라나 제齊나라 때에 나타나기도 했다. 이는 거짓으로 꾸며낸 말이 섞여 들어 각 시대의 자연스러운 모습을 잃어버리게 된 것이다. 결국 고금古今이 이 때문에 뒤섞였고, 진위眞僞가 이로부터 어지러워졌다. 그러므로 배송지裴松之는 손성孫盛이 조조曹操가 평소 했던 말을 기록한 것에 대해 서술하면서 "모두 부차夫差가 죽기 직전에 한 말을 그대로 썼다."라고 비판했다.[25] 언어의 표현은 비록 『춘추』와 비슷했을지 몰라도 실제 상황은 전혀 달랐던 것이다.

---

25 배송지는~비판했다 : 『삼국지三國志 위지魏志』「무제기武帝紀」배송지의 주에서, 손성의 『위씨춘추魏氏春秋』를 두고 했던 비판이다. 『춘추좌씨전』애공哀公 20년 부차의 말에 "구천句踐이 장차 나에게 걱정거리를 만들어줄 것이기에 내가 죽으려고 해도 죽을 수가 없다."라고 했기 때문에 조조가 말했던 맥락, 즉 천하를 두고 뜻을 펼치려고 했다고 말한 맥락과 다르다는 게 배송지의 지적이었다. 표현의 문제이기 때문에 얼핏 간과할 수 있는 경우인데, 그 표현 역시 맥락 속에서 적확성을 갖는다는 배송지의 지적이 예리하다.

然自咸·洛不守, 龜鼎南遷, 江左爲禮樂之鄉, 金陵實圖書之府, 故其俗猶能語存規檢, 言喜風流. 顚沛造次, 不忘經籍.【若『梁史』載高祖在圍中, 見蕭正德, 而謂之曰: "啜其泣矣, 何嗟及矣?" 湘東王聞世子方等見殺, 謂其次子方諸曰: "不有其廢, 君何以興?" 皆其類也.】而史臣修飾, 無所費功. 其于中國則不然, 何者? 于斯時也, 先王桑梓, 翦爲蠻貊, 被髮左袵, 充物神州. 其中辯若駒支, 學如郯子, 有時而遇, 不可多得. 而彦鸞修僞國諸史, 收·弘撰『魏』·『周』二書, 必諱彼夷音, 變成華語, 等楊由之聽雀, 如介葛之聞牛, 斯亦可矣. 而于其間, 則有妄益文彩, 虛加風物, 援引『詩』·『書』, 憲章『史』·『漢』, 遂使沮渠·乞伏, 儒雅比于元封, 拓跋·宇文, 德音同于正始. 華而失實, 過莫大焉.

그렇지만 함양咸陽과 낙양洛陽을 지키지 못하고 왕조[26]가 남쪽으로 옮겨간 이후, 강남이 예악禮樂의 고장이 되고 남경南京이 실로 도서圖書의 집결지가 되었기 때문에 그 풍속이 여전히 언어의 법도와 풍류를 보존할 수 있었다. 급박한 상황에서도 언제나 경적經籍을 잊지 않았고【『양사梁史』에, 고조高祖 소연蕭衍이 갇혀 있으면서 소정덕蕭正德을 보고 말하기를 "철철 울고 있으니, 슬퍼한들 그 정도가 되겠는가."[27] 했고, 상동왕湘東王은 세자 방등方等이 살해되었다는 말을 듣고 둘째 아들 방저方諸에게 말하기를 "폐위하지 않았다면, 그대가 어떻게 일어날 수 있겠는가."[28]라고 했는데, 모두 이와 같은 사례이다.】사관이 문장을 다듬는 과정에서도

---

26 왕조 : 『후한서』「환자전宦者傳」에 "마침내 구정龜鼎을 옮겼다."라고 했는데, 그에 대한 이현李賢의 주에 "구정龜鼎은 나라에서 지키는 기물이니 제위帝位를 비유한다."라고 했다.

27 철철~되겠는가 : 『시경』「왕풍王風 중곡유퇴中谷有蓷」에 나온다. 이런 상황에서도 『시경』을 빌려 정서를 표현할 정도는 되었다는 뜻이다.

28 폐위하지~있겠는가 : 헌공獻公의 두 아들 해제奚齊와 탁자卓子를 죽였다는 이유로 진晉나라 혜공惠公이 대부 이극里克을 죽이려 하자, 이극이 해제와 탁자를 죽이지 않았다면 혜공이

쓸데없이 공력을 낭비하는 경우가 없었다. 그러나 북조北朝인 강북 중원 지역의 사정은 달랐다. 왜 그랬을까?

이 무렵 선왕의 뽕나무 숲[29]은 잘려나가 만맥蠻貊[30]의 거주지가 되고, 그들의 산발한 머리와 좌임左衽[31]이 신주神州 지방에 가득 찼다.[32] 그 와중에 구지駒支와 같은 변설,[33] 담자郯子와 같은 학문[34]을 가진 사람이 우연히 나오는 때도 있었지만 많을 수는 없었다. 그러나 최홍崔鴻이 정통성 없는 여러 나라의 역사를 편찬할 때,[35] 위수魏收가 『북위서北魏書』를 편찬할 때, 또 우홍牛弘이 『북주서北周書』를 편찬할 때 반드시 저 오랑캐의 언어를 피하고 중국 언어로 바꿈으로써 양유楊由가 공작의 말을 알아듣고[36] 개갈介葛이 소가 우는 소리를 알

어떻게 군주의 자리에 올랐겠느냐고 반문하면서 스스로 칼에 엎어져 죽었다. 『춘추좌씨전』 희공僖公 10년 전문에 나온다.

29 뽕나무 숲 : 상재桑梓는 뽕나무와 가래나무이지만, 여기서는 고향을 뜻한다.

30 만맥 : 중국 남방 지역에 거주하는 소수민족의 일부이다. 『서경』 「무성武成」에 화하華夏와 만맥이라는 표현이 나온다.

31 산발한 머리와 좌임 : 『논어』 「헌문憲問」에, 공자가 말하기를 "관중管仲이 아니었으면 우리는 머리를 산발하고 좌임左衽했을 것이다."라고 했다. 피발被髮은 서북 지역의 소수민족 여인들이 머리를 산발한 것을 말하고, 좌임은 왼쪽 옷깃을 가운데로 하고 오른쪽 옷깃을 밖으로 드러내는 것을 말한다.

32 신주~찼다 : 신주는 중원中原이다. 『문선』 「논論」에 실린 유효표劉孝標의 「변명론辨命論」에 이런 표현이 보인다.

33 구지와 같은 변설 : 『춘추좌씨전』 양공襄公 14년 전문傳文에 다음 내용이 나온다. 진秦나라 범선자范宣子가 융족戎族 사람 구지를 잡아다 꾸짖었다. 그러자 구지는 그동안 진나라가 융족을 핍박했음에도 배반하지 않았던 사례를 조목조목 거론하면서 반론했다.

34 담자와 같은 학문 : 『춘추좌씨전』 소공昭公 17년에, 공자가 담자를 뵙고 배웠다고 했다.

35 최홍이~때 : 최홍의 자는 언란彦鸞이며, 『십육국춘추十六國春秋』를 편찬했다.

36 양유가~알아듣고 : 양유의 자는 애후哀侯이며, 성도成都 사람이다. 『주역』을 배워 점술에 능통했다. 어느 날 큰 공작이 정자에 앉는 것을 보고 양유는 얼마 뒤 작은 변란이 있겠지만 큰 피해는 없으리라고 예언했다. 『후한서』 「양유열전楊由列傳」에 나온다. 아래 개갈의 사례와 마찬가지로, 미물의 울음소리를 인간의 말로 바꾸어 이해할 수 있게 만들었다는

아들은³⁷ 것처럼 했다. 이러한 점은 그래도 아직 괜찮았다고 할 만하다.

그 사이에 문채를 함부로 보태고 풍물을 허위로 덧붙였으며, 『시경』이나 『시경』을 인용하고 『사기』나 『한서』를 본보기로 삼아 결국은 저거祖渠³⁸나 걸복乞伏³⁹의 문화를 한나라 무제 원봉元封 연간(B.C.110~B.C.104)에 견주고, 탁발拓跋⁴⁰과 우문宇文⁴¹의 정치 수준을 위 문제魏文帝 정시正始 연간(240~250)에 맞먹는다고 기록했다. 문장은 화려하지만 내실이 없었으니, 이보다 큰 잘못은 없다고 할 것이다.

唯王·宋諸書, 敍元·高時事, 抗詞正筆, 務存直道, 方言世語, 由此畢彰. 而今之學者, 皆尤二子, 以言多澤穢, 語傷淺俗. 夫本質如此, 而推過史臣, 猶鑒者見嫫母媸, 而歸罪于明鏡也. 又世之議者, 咸以北朝衆作, 『周史』爲工. 蓋賞其記言之體, 多同于古故也. 夫以枉飾虛言, 都捐實事, 便號以良直, 師其模楷,【至如周太祖實名黑獺, 魏本索頭, 故當時有童謠曰: '狐非狐,

---

의미로 쓰인 것이다. 미물은 오랑캐의 언어, 인간의 언어는 중화의 언어를 각각 비유한다고 볼 수 있다.

37 개갈이~알들은 : 『춘추좌씨전』 희공僖公 29년에, 개介의 갈로葛盧가 소 울음소리를 듣고 그 소가 낳은 새끼 세 마리가 모두 희생에 쓰일 것이라 말했다. 개介는 산동성에 있던 부족의 이름, 갈로葛盧는 추장의 이름이다.

38 저거 : 16국 북량北涼 군주의 성이다. 그 선조는 흉노의 좌저거左沮渠였는데, 관직명을 성으로 삼았다.

39 걸복 : 선비족鮮卑族의 부족명이다. 감숙甘肅 걸복산 근처에 흩어져 살았다. 추장 걸복국인乞伏國仁이 원천왕苑川王이라 자칭했고, 동생 갈복귀건乞伏歸乾이 서진왕西秦王이라고 고쳤다.

40 탁발 : 선비족 탁발부로, 본래 흉노족의 노예였다가 뒤에 섞여서 하나의 부족이 되었다. 북위北魏를 세웠다.

41 우문 : 흉노 남선우南單于의 먼 친족으로, 그 부족은 대부분 선비족이 되었다. 북주北周를 세웠다.

貉非貉, 爝梨狗子嚙斷索.' 又曰: '獏獏頭團欒, 河中狗子破爾苑.' 又西帝下詔,
罵齊神武, 數其罪廿. 諸如此事, 難可棄遺. 而『周史』以其事非雅, 畧而不載,
賴君懋編錄, 故得權聞於後. 其事不傳於北齊, 因而埋沒者, 蓋亦多矣.】是則
董狐·南史, 擧目可求, 班固·華嶠, 比肩皆是者矣. 近有燉煌張太素·中山郎
餘令, 竝稱述者, 自負史才. 郎著『孝德傳』, 張著『隋後略』. 凡所撰今語, 皆
依倣舊辭. 若選言可以效古而書, 其難類者, 則忽而不取, 料其所棄, 可勝
紀哉?

　　다만 왕소王劭의 『제지齊志』와 송 효왕宋孝王의 『관동풍속전關東風俗傳』은 서
위西魏의 군주인 원씨와 북제北齊의 군주인 고씨의 시대사를 서술했는데, 충
실하고 공정한 필법으로 사실을 정확하게 반영하고자 힘썼고, 그 지방의 방
언과 그 시대의 언어를 남김없이 펼쳤다. 그러나 요즘 학자들은 모두 문장에
군더더기가 많고 언어가 천박하다며 두 사람을 비난한다.[42]
　　하지만 본래 오랑캐이기 때문에 그와 같은 문화를 가진 것인데, 이를 사관
의 잘못으로 미루는 것은 모모嫫母 같은 아주 못생긴 사람[43]을 거울에 비춰보
고 그 깨끗한 거울에 대고 못생긴 탓을 하는[44] 것과 마찬가지다. 또한 세상의
평론가들 사이에서는 모두 북조北朝의 여러 역사서 중에서 『주서周書』가 가장
정확하고 공을 들였다고 하는데, 이는 대개 언어를 기록하는 체재가 옛 역사
서와 매우 같다는 점을 높이 평가하기 때문이다.
　　없는 말을 일부러 꾸며대고 사실을 모두 버리고서는 이를 정직하다 하고

---

42 그러나~비난한다 : 왕소에 대한 비난은 『북사』 「왕소전 논王劭傳論」에 나온다.

43 모모~사람 :『태평어람太平御覽』 권382에, 하승천何承天의 『찬문纂文』을 인용하여 "모모는
　　추한 사람이다."라고 했다.

44 거울에~하는 :『태평어람』 권382에, 『태현경太玄經』을 인용하여 "추한 여자는 깨끗한
　　거울을 해롭게 여기니, 그 추함을 숨길 수 없기 때문이다."라고 했다.

이런 필법을 모범으로 삼아야 한다고 한다면,【주나라 태조의 이름은 흑달黑獺이었고 위나라는 본디 머리에 새끼를 매고 다녔다. 그러므로 당시 동요에서 "여우가 여우가 아니고 담비가 담비가 아니로다. 시커먼 늙은 개가 새끼줄을 물어뜯어 끊는구나!"[45]라고 했다. 또 "멧돼지 머리가 둥글구나, 강물 속 개가 너의 정원을 망친다."라고도 했다. 또한 서위西魏에서 조칙을 내려 제나라 신무神武 고환高歡을 꾸짖으며 그의 죄 스무 가지를 나무랐다. 이러한 사건들은 버리면 안 되는데, 『주사周史』에서는 아름답지 않다고 해서 생략하고는 싣지 않았다가 왕소王劭의 역사서 덕분에 후세 사람들이 들을 수 있었다. 아마도 북제에 전해지지 않고 매몰되어버린 사건이 적지 않을 것이다.】 이는 고개만 들면 동호董狐와 남사南史 같은 수준의 역사가를 구할 수 있고, 반고班固나 화교華嶠 같은 역사가가 널렸다는 말과 같다. 최근에 돈황 출신의 장태소張太素나 중산 출신의 낭여령郞餘令이 둘 다 저술로 이름을 날리고 스스로도 역사가의 재능을 자부했다. 낭여령은 『효덕전孝德傳』을 편찬했고,[46] 장태소는 『수후략隋後略』을 편찬했는데,[47] 당대에 언급된 말을 기록하면서 모두 옛날에 쓰던 말을 모방했다. 선별한 말을 보건대, 고대에 썼던 말과 흡사하면 쓰고 그렇지 않으면 무시하고 쓰지 않았으니, 그들이 버린 것들을 헤아려보면 다 기록할 수 없을 정도로 많을 것이다.

---

45 동요에서~끊는구나 : 『북사』「위본기魏本紀」에 나온다. 주周나라 태조 우문태宇文泰의 어릴 때 이름이 흑달이었다. 동요의 내용은 우문의 가문이 서위西魏 원씨元氏 정권을 빼앗으리라는 예언이다.

46 낭여령은 『효덕전』을 편찬했고 : 낭여령은 정주定州 사람이다. 당나라 초기에 저작좌랑著作佐郞을 지냈다. 양梁나라 원제元帝의 『효덕전孝德傳』이 있었는데, 낭여령이 『후전後傳』 30권을 편찬했다. 일실되었다. 『당서』「낭여령전郞餘令傳」에 나온다.

47 장태소는 『수후략』을 편찬했는데 : 장태소의 이름은 대업大業으로, 위주魏州 사람이다. 당나라 고조 때 수국사修國史를 겸직하여 『후위서』, 『북제서』, 『수서』 등을 편찬했다. 또한 『수후략隋後略』 10권, 『돈황장씨가전敦煌張氏家傳』 20권도 편찬했는데, 일실되었다. 『당서』「장공근자대업전張公勤子大業傳」에 나온다.

蓋江芈罵商臣曰: "呼, 役夫! 宜君王廢汝而立職." 漢王怒酈生曰: "豎儒, 幾敗乃公事." 單固謂楊康曰: "老奴, 汝死自其分." 樂廣歎衛玠曰: "誰家 生得寧馨兒!" 斯並當時侮嫚之詞, 流俗鄙俚之說, 必播以脣吻, 傳諸諷誦, 而世人皆以爲上之二言不失清雅, 而下之兩句殊爲魯朴者, 何哉? 蓋楚·漢 世隔, 事已成古, 魏·晉年近, 言猶類今. 已古者卽謂其文, 猶今者乃驚其質. 夫天地長久, 風俗無恒, 後之視今, 猶今之視昔. 而作者皆怯書今語, 勇效 昔言, 不其惑乎! 苟紀言則約附五經, 載語則依憑三史, 是春秋之俗, 戰國 之風, 亘兩儀而幷存, 經千載其如一, 奚驗以今來古往, 質文之屢變者哉?

강미芈芈가 상신商臣에게 "아이쿠, 이 천한 것아! 군왕이 너를 폐하고 직職을 세우려는 게 당연하다."⁴⁸ 했고, 한왕 유방劉邦은 역이기酈食其에게 화를 내며 "이 멍청한 유학자가 나랏일을 망칠 뻔 했구나!"⁴⁹라고 했다. 또 단고單固가 양강楊康에게 "늙고 천한 것, 너는 죽어도 싸다."⁵⁰ 했으며, 낙광樂廣이 위개衛玠에 대해 탄식하면서 "어느 집에서 이런 아이를 낳았을까!"⁵¹라고 했다.

---

48 아이쿠~당연하다 : 『춘추좌씨전』 문공文公 원년 전문傳文에 나온다. 초나라 성왕成王이 태자 상신을 폐하고 직을 태자로 삼으려고 하자, 상신이 스승 반숭潘崇의 조언을 듣고 고모 강미에게 불경스럽게 대하여 성왕의 의중을 시험했다. 그러자 강미가 한 말이다.

49 이 멍청한~했구나 : 『사기』 「유후세가留侯世家」에 나온다. 항우項羽가 형양滎陽에서 유방을 포위해 들어오자 역이기가 6국에 분봉하여 항우를 고립시키자는 의견을 냈으나, 장량張良이 여덟 가지 이유를 들어 반대했다. 이 말은 장량의 말을 듣고 유방이 역이기에게 했다.

50 늙고~싸다 : 『삼국지 위지』 「왕릉전王淩傳」의 배송지裵松之 주에 있다. 후우后愚와 왕릉王淩의 모반을 심문하는 과정에서 양강楊康과 단고單固가 서로 살기를 도모하는 장면에서 했던 말이다.

51 어느~낳았을까 : 이 대목은 좀 착오가 있는 듯하다. 이 말은 『진서』 「왕연전王衍傳」에 다음과 같이 나온다. "연衍의 자는 이보夷甫이다. 정신이 맑고 뛰어났으며, 풍채도 뚜렷하게 우아했다. … 사람들이 말하기를 '어떤 늙은이가 이런 아이를 낳았을까!' 했다." 여기서 영형아寧馨兒란 모욕하는 말이 아니라 칭찬하는 말이다.

이들 모두 당시에 남을 모욕하는 말이자 비속어였으며, 분명 사람들의 입에서 입으로 퍼지고 노래 등에 실려 전해졌을 것이다. 그런데 세상 사람들은 한결같이 앞의 두 구절은 청아함을 잃지 않았지만, 아래 두 구절은 매우 거칠다고 생각했다. 왜 그랬을까?

그것은 초나라와 한나라는 시대가 지금과 떨어져 있으므로 이미 옛일이 되었고, 위나라와 진나라는 연대가 가까워 그 언어가 지금과 비슷하기 때문일 것이다. 옛것이니 곧 문채가 있다고 여기면서, 오히려 지금의 것은 거칠다고 싫어하는 꼴이다. 긴 역사에서 보면 풍속은 변하기 마련이고, 후세에 지금을 보는 것이 바로 지금에 과거를 보는 것과 같은 느낌일 것이다.[52] 그렇기 때문에 현재의 언어로 쓰는 것을 겁내고 과거의 언어로 쓰는 데만 과감한 것은 납득하기 어렵다. 말을 기록할 때는 대체로 오경五經에 의지하고, 글을 기록할 때는 삼사三史에 따른다면, 이는 춘추전국시대의 풍속이 천지와 함께 영원히 계속되고 천 년이 지나도 늘 변함없다는 말인데, 그렇다면 시대의 변화에 따라 문화의 내용과 표현이 여러 번 변하는 실제를 어떻게 증거로 남길 수 있겠는가?

蓋善爲政者, 不擇人而理, 故俗無精粗, 咸被其化; 工爲史者, 不選事而書, 故言無美惡, 盡傳于後. 若事皆不謬, 言必近眞, 庶幾可與古人同居, 何止得其糟粕而已.

대개 정치를 잘하는 자는 사람을 차별하여 다스리지 않기 때문에 풍속이

---

52 후세에~것이다 : 『한서』 「경방전京房傳」에서 경방京房이 한 말이다.

정밀하든 거칠든 누구나 그 교화를 입을 수 있다. 역사 서술을 잘하는 자는 일을 가려서 기록하지 않기 때문에 사람들의 말이 아름답든 추하든 모두 후세에 전해질 수 있다. 사실에 전혀 오류가 없고 언어도 분명 진실에 가깝다면 훌륭한 옛사람들과 같이 살고 있다고[53] 말할 수 있을 것이니, 어찌 먹다 남은 술지게미[54]를 얻는 데 그치겠는가. 🌠

---

53 옛사람들과~있다고 : 『역사繹史』에, 『시자尸子』를 인용하여 "공자가 말하기를 '시詩를 읊고 서書를 읽으면 옛사람과 함께 사는 것이고, 『서경』을 읽고 『시경』을 읊으면 옛사람과 함께 생각하는 것이다."라고 했다.

54 술지게미 : 『장자』「천도天道」에, 제齊나라 환공桓公이 책을 읽고 있을 때 수레 기술자 윤편輪扁과 나눈 대화에서 나온다. 윤편은 환공에게 말하기를 "임금께서 읽고 계신 것은 고인古人의 조백糟魄(술지게미, 찌꺼기)입니다."라고 했다. 환공이 화를 내자, 윤편은 "정수精髓는 손과 마음에서 익숙하고 깨달아지는 것이니, 책은 다만 찌꺼기일 뿐입니다."라고 대답했다.

夫自二儀既判垂玄象之文萬
肇化生彰紀事之寶蒼頡沮誦
以前造物代為敷揚山川曲為
攄寫何必人抽金匱之藏世檀

유지기는 「부사浮詞」 편에 실제 문장 가운데 불필요한 글자나 문구 또는 문맥에 어울리지 않는 과장 등을 경계하는 내용을 담았다.

역사서를 편찬할 때는 무엇보다 널리 채록하는 것이 중요하다. 그러나 간혹 해당 사실의 기록 외에 포폄을 해야 할 경우, 한 마디 한 구절로 인해 득실과 시비가 결정될 수도 있으므로 아무리 쉬운 얘기라도 매우 신중하게 해야 한다. 다만 서술이 번잡하면 그 언어나 표현이 부정확해질 수 있음을 우려해야 하는데, 예컨대 유지기는 한신을 훌륭한 장수라고 하거나 그의 재략을 칭찬할 수는 있겠지만, 현자라고 하는 것은 잘못이라고 지적한다.

유지기에 따르면, 대개 옛날 기사는 먼저 경문을 통해 배경이나 단서를 암시하고, 뒤에 전문에서 마무리하는데, 기사의 배치는 성근 듯하지만 실제 연관 관계는 치밀했다. 그러나 후대에 가서는 국가를 세우고 왕조를 잇는 내용을 서술할 때 함부로 더럽히거나 왜곡하여 분칠하듯 꾸몄다. 『위서』가 대표적이다. 유지기는 위수와 우홍이 안목이나 판단력이 없으면서 붓끝을 놀려 무지한 사람들을 미혹시켰다고 날선 비판을 했다. 그는 선대 역사가의 기록에 무언가를 더하고 빼는 것이 쉬운 일이 아님을 강조했다.

内篇
21

어쭙잖은 말과 과장
浮詞

浮詞

夫人樞機之發, 疊疊不窮, 必有餘音足句, 爲其始末. 是以伊·惟·夫·蓋, 發語之端也; 焉·哉·矣·兮, 斷句之助也. 去之則言語不足, 加之則章句獲全. 而史之敍事, 亦有時類此. 故將述晉靈公厚斂雕墻, 則且以不君爲稱; 欲云司馬安四至九卿, 而先以巧宦標目. 所謂說事之端也. 又書重耳伐原示信, 而續以一戰而霸, 文之教也; 載匈奴爲偶人象邽都, 令馳射莫能中, 則云其見憚如此, 所謂論事之助也.

무릇 사람이 하는 말이 막힘없이 이어지려면 반드시 보완해주는 음이나 구절을 두어 말의 시작과 끝을 알려주게 마련이다. 그래서 이伊나 유惟, 부夫나 개蓋는 말을 꺼내는 출발점이 되고, 언焉이나 재哉, 의矣나 혜兮는 문장을 끝내는 어조사로 쓰인다.[1] 이 단어들을 없애면 언어가 부족해지지만, 더하면 문장이 온전해진다.

역사서에서 사실을 서술하는 것도 이와 같은 때가 있다. 그러기에 진晉나라 영공靈公이 세금을 무겁게 걷어 궁전 담장을 조각했을 때는 바로 '군주답지 않다(不君)'는 말로 시작했고,[2] 사마안司馬安이 네 번이나 구경九卿의 지위에

---

1 이나~쓰인다: 『문심조룡文心雕龍』 「장구章句」에 "부夫나 유惟, 개蓋나 고故는 말을 처음 꺼낼 때 쓰고, … 호乎나 재哉, 의矣나 야也는 통상 말을 끝낼 때 쓰는 글자이다."라고 했다. 현재 국어 문법에서 전자는 접속사나 부사, 후자는 종결어미라고 할 수 있다.
2 진나라~시작했고: 『춘추좌씨전』 선공宣公 2년 전문傳文에 나온다.

오른 일에 대해서는 먼저 '교묘한 벼슬아이(巧宦)'라고 지목했으니,[3] 이것이 이른바 사실을 설명하는 출발점이다.

또한 진나라 문공文公이 원原 땅을 포위했다가 철군하면서 군사들에게 신의 있는 모습을 보였다고[4] 서술하고 난 뒤, 이어서 "단 한 번의 전쟁으로 천하의 패자가 되었으니, 이는 문공의 가르침이다."[5]라고 했으며, 흉노가 질도郅都 모습의 인형을 만들어서 말 달리며 그것을 쏘았지만 누구도 맞추지 못했던 일을 기록하면서 "그는 이토록 꺼리는 존재였다."라고 했으니,[6] 이것이 이른바 사실을 논하는 어조사의 역할이다.

昔尼父裁經, 義在褒貶, 明如日月, 持用不刊. 而史傳所書, 貴乎博錄而已. 至于本事之外, 時寄抑揚, 此乃得失棄于片言, 是非由于一句, 談何容易, 可不愼歟! 但近代作者, 溺于煩富, 則有發言失中, 加字不愜, 遂令後之覽者, 難以取信. 蓋『史記』世家有云: "趙鞅諸子, 無恤最賢." 夫賢者當以仁

---

3 사마안이~지목했으니 : 『사기』 「급정열전汲鄭列傳」에 "급암의 고모 아들인 사마안도 젊어서 급암과 같이 태자세마太子洗馬가 되었다. 사마안은 문장이 매우 교묘했으며[文深巧] 벼슬아치 노릇도 잘해서[善宦] 구경九卿 관직에 네 번이나 올랐다."라고 했다. 포기룡은 위 문장에서 문심교文深巧와 선환善宦을 따로 읽어야 하지만, 반악潘岳이 『한거부閑居賦』 「서序」에서 교환巧宦이라고 쓴 뒤부터 그대로 사용했다고 한다. 아마 유지기도 그것을 따른 듯하다.

4 진나라~보였다고 : 『춘추좌씨전』 희공僖公 25년 전문에 나온다. 진 문공이 원 땅을 포위하면서 군사들에게 3일 군량만 가지고 가라고 했다. 그런데 사흘이 지나도 원 땅 사람들이 항복하지 않았다. 이에 문공은 군사들에 대한 신의가 중요하다며 철군했다. 30리를 물러났을 때 원이 항복했다.

5 단~가르침이다 : 『춘추좌씨전』 희공僖公 27년 전문에 나온다.

6 흉노가~했으니 : 『사기』 권122 「혹리열전酷吏列傳」에 나온다. 질도郅都는 효경제孝景帝 때의 강직한 무관이었다.

恕爲先, 禮讓居本. 至如僞會鄰國, 進計行戕. 俾同氣女兄, 摩笄引決, 此則
詐而安忍, 貪而無親. 鯨鯢是儔, 犬豕不若. 焉得謂之賢哉?

예전에 공자가 경전, 곧 『춘추』를 정리할 때 그 취지는 포폄褒貶에 있었는
데, 포폄한 것이 해와 달처럼 명백하여 한 글자도 다시 고쳐지지 않고 인정
받으며 전해졌다. 역사서를 편찬할 때는 널리 채록하는 것이 무엇보다 중요
하지만, 간혹 해당 사실에 대한 기록 외에 포폄을 해야 할 경우에는 그야말
로 한 마디 한 구절 때문에 득실과 시비가 결정될 수도 있으니 아무리 쉬운
얘기라도 매우 신중해야 한다.

　다만 근대의 역사가들은 서술을 번잡하게 하는 결점이 있다 보니 그 언어
나 표현이 정확하지 않거나 타당하지 않아서 마침내 후대 사람들이 신뢰하기
어렵게 되었다. 『사기』 「조세가趙世家」에 "조앙趙鞅의 여러 아들 중에서 무휼
無恤이 가장 현명했다."라고 했지만, 대개 현자라고 하면 우선 어질고 너그러
우며 예의와 겸양을 갖추어야 할 것이다. 그런데 무휼이 거짓말로 이웃 나라
의 대왕代王을 불러들여 계획대로 살해했고, 이 때문에 같은 어머니에게서 태
어난 누이가 비녀를 날카롭게 갈아 목을 찔러 자결하게 만들었다.[7] 이는 속
임수를 쓰고 잔인한 짓을 하면서도 태연하고, 탐욕 때문에 형제도 무시한[8]
짓이므로, 작고 약한 물고기를 잡아먹는 고래와도 같고 개나 돼지만도 못한

---

7 조앙의~만들었다: 『사기』 권43 「조세가趙世家」에 나온다. 조앙은 진晉나라 경공頃公 때
　대부大夫인 조간자趙簡子이다. 무휼은 태자太子가 된 뒤 조양자趙襄子가 되었다. 무휼의 누이는
　대왕代王의 부인이었다.
8 잔인한~무시한: 『춘추좌씨전』 은공隱公 4년 전문傳文에, 노나라 은공이 주우州吁에 대해서
　묻자 대부大夫 중중衆仲이 대답한 데서 나온다. 9년 전문에 "융의 군대는 경솔하고 훈련이
　되어 있지 않으며, 욕심이 많고 서로 친하지 못합니다.[戎輕而不整, 貪而無親]"라고 했다.
　정鄭나라 장공莊公의 아들 공자公子 돌突이 한 말이다.

자인데[9] 어떻게 현명하다고 평가할 수 있겠는가?[10]

又『漢書』云: "蕭何知韓信賢." 案賢者處世, 夷險若一, 不隕穫于貧賤, 不充詘于富貴. 『易傳』曰: "知進退存亡者, 其唯聖人乎!" 如淮陰初在仄微, 墮業無行, 後居榮貴, 滿盈速禍, 躬爲逆上, 名隸惡徒. 周身之防靡聞, 知足之情安在? 美其善將, 呼其才略則可矣, 必以賢爲目, 不其謬乎? 又云: "嚴延年精悍敏捷, 雖子貢·冉有通于政事, 不能絶也." 夫以編名「酷吏」, 列號屠伯, 而輒比孔門達者, 豈有倫哉? 且以春秋至漢, 多歷年所, 必言貌取人, 耳目不接, 又焉知其才術相類, 錙銖無爽, 而云不能絶乎?

　　또한 『한서』에 "소하蕭何는 한신韓信이 현명하다는 것을 알았다."라고 했다. 생각하기에, 현자의 처세는 안정된 시대든 험난한 시대든 한결같은 법이니, 빈천하다고 하여 뜻을 잃지 않으며, 부귀하다고 뻐기거나 교만하지 않는다. 『주역』「건괘乾卦 문언文言」에 "진퇴와 존망을 아는 사람이야말로 성인이다."라고 했다. 한신의 경우, 당초 보잘것없고 하는 일 없는 무뢰배였지만 뒤에 회음후淮陰侯에 봉해지는 등 영예와 부귀를 누렸는데, 그것이 넘쳐 재앙을 재촉했다. 결국 자신은 군주에게 반역한 몸이 되고 죄인이라는 이름을 얻었다. 자신의 몸을 보호하는 것에 대해 들은 바가 없으니, 만족을 아는 마음

---

9 작고~자인데 : 『춘추좌씨전』 선공宣公 12년 전문에 보인다. 경예鯨鯢(고래)는 작은 고기를 먹고사는 나쁜 물고기라고 생각했다 한다. 생태계의 먹이사슬을 놓고 지나치게 추론한 감이 있다고 본다.

10 어떻게~있겠는가 : 유지기의 이러한 평가에 동의하지 않는 견해도 있다. 조여보는 현賢이란 뜻이 고대에는 똑똑하다, 능력 있다는 자질의 의미로 쓰였기 때문에 유지기 시대의 용법으로 판단해서는 안 된다는 것이다.(조여보, 383쪽, 각주27)

이 어디에 있었겠는가? 그를 두고 훌륭한 장수였다고 칭찬하거나 재략에 대해 말한다면 모르지만, 현자라고 지목하는 것은 분명 잘못이 아니겠는가?[11]

또 『한서』에 "엄연년嚴延年은 일처리에 정밀하고 민첩했다. 자공子貢이나 염유冉有가 아무리 정사政事에 통달했다고[12] 할지라도 그를 능가하지는 못할 것이다."라고 했다. 그런데 편명이 「혹리酷吏」이고 '사람 잡는 수령(屠伯)'[13]이라고 불렸던 사람을 뜬금없이 공자 문하의 실력 있는 사람들과 어깨를 나란히 하게 만들었으니 무슨 기준이 이렇다는 말인가? 더욱이 춘추시대부터 한나라까지 꽤 오랜 세월이 흘렀으니 엄연년의 말이나 용모에 대해 분명 다른 사람에게서 들은 것이지 자신의 눈과 귀로 직접 보고 들은 것은 아닐 텐데, 그 재능과 학식이 비슷하여 차이가 없다는 것을 어찌 알고 자공이나 염유가 능가하지 못할 것이라 말하는가?

蓋古之記事也, 或先經張本, 或後傳終言, 分布雖疎, 錯綜逾密. 今之記事也則不然. 或隔卷異篇, 遽相矛盾; 或連行接句, 頓成乖角. 是以『齊史』之論魏收, 良直邪曲, 三說各異【李百藥「齊書 序」論魏收云: "若使子孫有靈, 竊恐未挹高論." 至「收傳 論」又云: "足以入相如之室, 游尼父之門. 但志存實

---

11 그를~아니겠는가 : 포기룡은 "유지기는 이 두 가지 사실을 '말 앞에 붙는 발어사에 해당하는 서술(어전語前)'(첫 단락에서 말한 설사지단說事之端으로 봐야할 것 같다. 포기룡은 어전語前과 어후語後라는 말로 각각 발어사와 후미의 어조사를 표현하고 있다)이 잘못 적용된 증거로 제시하고 있다. 그러나 현賢 자에 대하여 집착하여 따지는 것은 너무 답답하고, 「부사浮詞」라는 편명과도 어울리지 않는다."라고 했다.

12 자공이나~통달했다고 : 『논어』 「선진先進」에, 공자가 정치 능력은 염유冉有와 계로季路가 뛰어나다고 했다.

13 사람 잡는 수령 : 『한서』 권90 「혹리酷吏 엄연년전嚴延年傳」에, 하남河南 지방에서 엄연년을 '사람 잡는 수령(도백屠伯)'이라고 부른다고 했다.

錄, 好抵陰私." 於「爾朱暢傳」又云: "收受暢財賄, 故爲「榮傳」多減其惡." 是爲三說各異.】;『周書』之評太祖, 寬仁好殺, 二理不同.【令狐德棻『周書』「元偉傳」稱文帝不害諸元, 則云: "'太祖, 天縱寬仁, 性罕猜忌." 於『本紀·論』又云: "渚宮制勝, 闔城孥戮; 茹茹歸命, 盡種誅夷. 雖事出權道, 而用乖於德敎." 是謂二理不同.】非唯言無準的, 固亦事成首鼠者矣. 夫人有一言, 而史辭再三. 良以好發蕪音, 不求讜理, 而言之反覆, 觀者惑焉.

　　대개 옛날의 기사는 먼저 경문을 통해 배경이나 단서를 암시하고서 뒤에 전문에서 마무리하는 경우가 있는데, 기사의 배치는 성긴 듯하지만 실제 연관 관계는 치밀했다. 하지만 지금의 기사는 그렇지 않다. 다른 권이나 다른 편에 수록된 내용이 서로 모순되기도 하고 이어지는 행이나 구절의 앞뒤가 안 맞기도 한다.

　　그래서 『제서齊書』에서 위수魏收에 대한 평가를 보면, 그가 곧았다든가 나쁜 짓을 했다든가를 두고 세 가지 설이 각각 다르다.【이백약李百藥의 『북제서北齊書』「서序」에서 위수에 대해 논평하기를 "자손에게 신령함이 있더라도 그의 고상한 의론에는 미치지 못했을 것이다."라고 했다. 「위수전 논魏收傳論」에서 또 말하기를 "충분히 인상여藺相如의 문하에 들어가고 공자의 문하에서 노닐 만했다. 다만 뜻이 사실대로 기록하는 데 있었던 나머지 사사로운 일을 들추기를 좋아했다."라고 했다. 「이주문창전爾朱文暢傳」에서는 또 말하기를 "위수가 이주창에게서 뇌물을 받았으므로 「이주영전爾朱榮傳」에서 그의 악행을 많이 덜어냈다."[14]라고 했다. 이것이 세 가지 평론이 각각

---

14 위수가~덜어주었다 : 「위수전魏收傳」은 『북제서』권37에, 「이주문창전爾朱文暢傳」은 권48 「외척外戚」에 합전되어 있다. 「이주영전爾朱榮傳」은 『위서魏書』권74이다. 위수가 이주창으로부터 뇌물을 받았기 때문에 『위서』를 편찬하면서 이주영의 열전인 「이주영전」을 좋게 써주었다는 말이다. 이주문창은 이주영의 넷째 아들이다.

다르다는 것이다.】『주서周書』에서 태조太祖를 평가한 것을 보면, 그의 품성에 대해 관대했다든가 사람 죽이기를 좋아했다든가 하는 등 두 견해가 서로 다르다.【영호덕분令狐德棻의 『주서周書』「원위전元偉傳」에서 문제文帝가 원씨元氏들을 해치지 않았다고 칭송하면서 "태조는 천성이 관대했고 남을 시기하는 마음이 없었다."라고 했다. 「태조본기 논太祖本紀論」에서는 "저궁渚宮에서 승리했네, 성문을 닫고 포로들을 죽였네. 여여茹茹가 항복했네, 오랑캐를 모두 죽였네. 일이 비록 임시방편에서 나왔지만, 덕에 따른 가르침과는 거리가 있도다."라고 했다. 이것을 두고 두 판단이 다르다고 한 것이다.】

말에 일정한 기준이 없을 뿐만 아니라, 사실 또한 이것인지 저것인지 결정이 되지 않은 것이다. 누군가가 일단 한마디 하면, 역사서에는 그에 대한 두세 가지 다른 평가가 생기는 법이다. 번잡한 내용을 기록하는 것은 좋아하면서도 올바른 도리를 추구하지 않았기 때문에 글을 쓰면 쓸수록 보는 사람이 혼란스러워진다.

亦有開國承家, 美惡昭露, 皎如星漢, 非靡沮所移, 而輕事塵點, 曲加粉飾. 求諸近史, 此累尤多. 如『魏書』稱登國以鳥名官, 則云: "好尚淳朴, 遠師少皞"; 述道武結婚蕃落, 則曰: "招攜荒服, 追慕漢高." 自餘所說, 多類如此. 案魏氏始興邊朔, 少識典墳, 作儷蠻夷, 抑惟秦·晉. 而鳥官創置, 豈關郯子之言? 髡頭而偶, 奚假奉春之策? 奢言無限, 何其厚顏!

또한 국가를 세우고 왕조를 잇는 경우에는 공과가 훤히 드러나고 은하수처럼 빛나므로 없애고 훼손한다고 바꿀 수 있는 것도 아닌데 함부로 더럽히거나 왜곡하여 분칠하듯 꾸민다. 근대 역사서를 찾아보면 이러한 잘못이 더욱 많다. 『위서魏書』에서는 등국登國 연간(386~396)에 새를 가지고 관직 이름을 삼은 일을 두고,[15] "순박한 것을 숭상하며, 멀리 소고少皞를 본보기로 삼았다."[16]라고 했고, 도무제道武帝가 번락蕃落과 결혼한 일에 대해 서술하면서도 "멀리 변경 종족을 초대하여 결연했으니, 한나라 고조를 추모한 것이다."[17]라고 했다. 그 나머지 이야기도 대부분 이와 같다. 내가 생각하기에, 북위의 탁발씨는 처음에 북쪽 변방에서 일어났으므로 중국의 고전을 제대로 알지 못했고, 오랑캐끼리 혼인하면서 진秦나라와 진晉나라의 혼인과 같은 것이라 생각한 것이다.[18] 그러나 북위에서 새 이름의 관직을 새롭게 설치한 것이 어찌 담자郯子의 말과 상관이 있겠으며,[19] 오랑캐끼리 혼인한 것이 어찌 봉춘奉春의 방책을 빌린 것이겠는가?[20] 허튼 말이 한없으니, 어찌 이렇게 낯이 두꺼운가!

---

15 『위서』에서는~두고 : 등국은 북위北魏 도무제道武帝 척발규拓跋珪의 연호이다. 새 이름을 가지고 관직으로 삼은 것은 『위서』「지志 관씨官氏」에 보인다.

16 순박한~삼았다 : 소고씨는 사수泗水 유역에 흩어져 사는 부족의 선조이다. 『춘추좌씨전』 소공昭公 17년 전문에, 소공이 베푼 연회에서 담자郯子가 한 말이다.

17 멀리~것이다 : 『위서』「최현백열전崔玄伯列傳」에, 태조太祖(도무제)가 최현백崔玄伯을 불러 『한서漢書』를 공부할 때 한 고조漢高祖가 노원공주魯元公主를 흉노匈奴에 시집보내려고 했던 사실을 논의할 때 나온 서술이다. 황복荒服은 먼 변경 지역이다.

18 오랑캐끼리~것이다 : 위치로 보면 탁발씨와 번락의 혼인이 중원과 변방 지역 국가 간의 혼인이기 때문에 중원에 위치했던 진晉과 서쪽 변방의 진秦이 혼인한 것과 유사해 보일 수 있을 것 같다. 유지기는 탁발씨가 그렇게 생각한 것이라고 말하고 있는 듯하다. 만이蠻夷는 단순히 남쪽 오랑캐라기보다는 오랑캐의 범칭으로 보인다. 즉 여기서는 탁발씨와 번락을 모두 가리키는 것으로 보인다. 따라서 작려만이作儷蠻夷를 직역하면 '오랑캐끼리 짝짓다'라고 할 수 있을 것이다.

19 북위에서~있겠으며 : 이에 대해 여러 주석서의 해석이 서로 다르다. 조여보는 진秦과 진晉이 서로 혼인을 맺었다고 보았는데, 본문에서처럼 만이蠻夷와 혼인한 것이 아니므로 적절한 해석이 아니라고 했다. 마쓰이 츠네오增井經夫는 진秦과 진晉을 해석하지 않았다. 생각건대 『위서』에서 북위(도무제)를 소고와 한 고조에 연결시켰기 때문에 원문에서 말하는 새 이름의 관직이나 변경 민족과의 결혼 모두 북위가 주체가 되어야 한다. 일단 본문과 같이 해석해놓았지만, 진秦과 진晉의 강역 및 북위北魏의 강역에 대해서는 확실하지 않다.

又『周史』稱元行恭因齊滅得回, 庾信贈其詩曰: "虢亡垂棘反, 齊平寶鼎歸", 陳周弘正來聘, 在館贈韋夐詩曰: "德星猶未動, 眞車詎肯來?" 其爲信·弘正所重如此. 夫文以害意, 自古而然, 儻非其倫, 由來尚矣. 必以庾·周所作, 皆爲實錄, 則其所褒貶, 非止一人, 咸宜取其指歸, 何止採其四句而已? 若乃題目不定, 首尾相違, 則百藥·德棻是也【『齊史』李百藥所撰; 『周史』令狐德棻所撰也】; 必挾愛憎, 詞多出沒, 則魏收·牛弘是也【『魏書』魏收所撰; 『周史』載元行恭等, 此本牛弘所撰也.】斯皆鑒裁非遠, 智識不周, 而輕弄筆端, 肆情高下. 故彌縫雖洽, 而厥跡更彰, 取惑無知, 見嗤有識.

또한 『주서周書』에, 원위元偉가 제나라가 멸망한 뒤 돌아오자 유신庾信이 그에게 시를 바쳤는데, 거기에 "괵虢이 망하자 수극垂棘 지역을 되찾았고, 제나라가 평정되자 보정寶鼎이 돌아왔네."[21]라고 했다. 또 진陳나라 주홍정周弘正이 사신으로 와서 영빈관에 머물며 위형韋夐에게 시를 주었는데, "큰 별이 아직 움직이지 않았는데, 좋은 수레가 오려고 하겠는가?"[22]라고 했다. 유신과

---

20 오랑캐끼리~것이겠는가 : 모두성髦頭星은 호胡를 상징하는 별 이름으로, 소수민족을 부르는 칭호이기도 하다. 한 고조 때 흉노가 변경을 침입해오자 봉춘군 유경劉敬은 고조에게 흉노와의 혼인 정책을 건의했다. 『한서』「유경전劉敬傳」에 나온다. 봉춘군 유경이 내놓은 방책은 한족과 오랑캐의 혼인인데 반해, 여기서는 탁발씨와 번락, 즉 오랑캐끼리의 혼인이기 때문에 같지 않다는 의미이다.
21 『주서』에~돌아왔네 : 원문의 『주사周史』는 곧 『주서周書』이다. 유지기는 원행공元行恭이라고 썼지만 포기룡 등 주석가들은 원위元偉로 보았다. 원위의 자는 유도獻道이며, 북제에 사신으로 갔다가 구류를 당했다. 주나라가 제나라를 멸망시킨 뒤 석방되었다. 『주서』「원위열전元偉列傳」에 나온다. 수극은 아름다운 옥이 생산되던 지역이다. 진晉나라가 괵을 멸망시키기 위해 굴산의 말과 수극의 옥을 우虞에 뇌물로 주었다. 괵이 멸망한 뒤, 말과 옥은 진나라로 돌아왔다. 『춘추좌씨전』 희공僖公 2년에 나온다. 보정寶鼎은 보배로운 솥으로, 나라의 상징이지만 여기서는 원위元偉를 비유한 말이다.
22 진나라~하겠는가 : 위형의 자는 경원敬遠으로, 담백하고 이익과 복록을 도모하지 않았다.

주홍정은 원위나 위형을 이토록 중시했다.

대개 문장이 의도를 손상하는 일은 예부터 그러했거니와 비교하지 말아야 할 것을 비교하는 유래도 오래되었다. 굳이 유신과 주홍정이 지은 글을 모두 믿을 만한 기록이라고 여긴다면, 그들이 포폄한 인물이 한두 명이 아닐 터이니 어찌 그 네 구절만 채록하는 데 그친다 말인가?[23] 제목을 짓는 기준이 일정치 않고 내용의 앞뒤가 어긋나는 역사가로는 이백약李百藥과 영호덕분令狐德棻을 들 수 있다.【『제사齊史』는 이백약이 편찬했고,『주사周史』는 영호덕분이 편찬했다.】 필시 개인적인 애증의 감정으로 서술하여 문장에 사실과 부합하지 않는 내용이 많은 역사가로는 위수魏收와 우홍牛弘이 이에 해당한다.【『위서魏書』는 위수가 편찬했고,『주사周史』에 실린 원행공元行恭 등은 본래 우홍이 편찬했다.】 이들은 모두 멀리 보는 안목이나 판단력이 없으며, 지식이 넓거나 치밀하지 못하면서 가볍게 붓끝을 놀려 멋대로 자신의 감정을 표출했다. 그래서 겉보기에는 그런대로 결점을 잘 가린 듯했지만, 그 흔적이 다시 드러나 무지한 사람들을 미혹시키고 식자들로부터 조롱을 받았다.

夫詞寡者, 出一言而已周; 才蕪者, 資數句而方浹. 案『左傳』稱絳父論甲

명제明帝는 그를 소요공逍遙公이라고 불렀다. 진나라에서 상서尙書 주홍정을 주周나라에 사신으로 보냈는데, 주홍정이 위형에게 영빈관에서 만나자고 요청하며 이 시를 주었다. 『주서』「원위열전元偉列傳」에 나온다. 덕성德星은 목성木星 또는 세성歲星인데, 위형의 고결한 처신을 비유한 말이다.

23 굳이~말인가 : 유신이나 주홍정이 믿을 만한 인물이라면 원위나 위형 외에 다른 인물의 열전에서도 유신과 주홍정이 포폄한 내용을 인용했을 텐데, 유독 원위와 위형에 대해서만 인용했다는 의미로 보인다. 즉 유지기는,『주서』에서 원위와 위형을 높이기 위해 억지로 좋은 평가만 인용했다고 보는 것 같다.

子, 隱言于趙孟; 班『書』述楚老哭龔生, 莫識其名氏. 苟擧斯一事, 則觸類可知. 至稽康·皇甫謐撰『高士記』, 各爲二叟立傳, 全探左·班之錄, 而其傳論云: "二叟隱德容身, 不求名利, 避遠亂害, 安于賤役." 夫探撝古意, 而廣足新言, 此猶子建之詠三良, 延年之歌秋婦. 至于臨穴淚下, 閨中長嘆, 雖語多本傳, 而事無異說. 蓋鳧脛雖短, 續之則悲; 史文雖約, 增之反累. 加減前哲, 豈容易哉!

　　원래 말을 적게 하는 사람은 한마디 말로도 뜻을 다 펼 수 있지만, 재주가 거친 사람은 여러 구절을 써야 비로소 뜻이 통한다. 『좌전』에 강현絳縣 노인의 나이에 대해 서술하면서 우회적으로 조맹趙孟에 대해 말했고,[24] 반고의 『한서』에 공승龔勝이 죽었을 때 초나라 노인이 와서 애도한 일에 대해 서술하면서 그 노인의 이름을 기록하지 않았다.[25] 좋은 역사서는 이렇게 한 가지 일을 들어 관련된 나머지 사안을 알 수 있게 한다.

　　혜강稽康과 황보밀皇甫謐은 『고사기高士記』를 편찬할 때 각각 강현의 노인과 공승의 전기를 넣었는데, 모두 좌구명과 반고의 기록에서 채록한 바탕 위에서 "두 노인은 덕을 숨기고 살면서 명리를 구하지 않았으며, 난세와 박해를

---

24 『좌전』에~말했고 : 강현의 한 노인이 자식이 없어서 축성하는 곳에 부역을 하러 왔다가 밥을 먹고 있었는데, 어떤 사람이 나이를 물으니 태어난 지 445회 갑자가 지났다고 대답했다. 사광師曠이나 사조史趙의 자문을 얻어 계산해보니 70세가 넘었다. 조맹이 자신의 영지에 사는 노인임을 알고는 나이 많은 사람에게 욕되게 부역을 시켰다면서 그를 불러서 사과했다고 한다. 진晉나라 조정에 인물이 많았다는 예로 거론된다. 『춘추좌씨전』 양공襄公 30년 전문에 나온다.

25 반고의~않았다 : 공승의 자는 군빈君賓이다. 세상 사람들이 그와 공사龔舍를 함께 일컬어 '초楚나라의 양공兩龔'이라 했다. 왕망이 찬탈한 뒤 공승을 불렀으나, 그는 문을 닫고 굶어 죽었다. 한 노인이 슬퍼하며 조문을 했다고 한다. 『한서』 「양공열전兩龔列傳」에 나온다. 반고가 그 노인이 공사라는 것을 짐작하도록 서술했다는 의미이다.

멀리 피했고, 천한 일을 하면서도 편안하게 여겼다."라고 했다. 옛 전설이 어떤 의미를 지니는지 탐구하고 헤아리면서 새로운 말로 널리 보충했으니, 이는 조식曹植이 세 명의 신하를 읊은 일[26]이나 안연지顔延之가 추호秋胡의 아낙네를 노래한 것[27]과 같다. 무덤가에서 눈물을 흘렸다든지 남편을 기다리며 규중에서 긴 탄식을 했다든지 하는 말은, 비록 그 말이 본래의 열전보다 많아졌지만 결국 내용은 다르지 않다.

대개 오리 다리가 짧다고 다른 것을 이어 붙이면 괴로워지는[28] 법이고, 역사서의 문장이 간략하다고 다른 말을 덧붙이면 오히려 누가 된다. 그러니 선대 역사가의 기록에 무언가를 더하고 빼는 것이 어찌 쉬운 일이겠는가.

昔夫子斷唐·虞以下迄于周, 翦截浮詞, 撮其機要. 故帝王之道, 坦然明白. 嗟乎! 自去聖日遠, 史籍逾多, 得失是非, 孰能刊定? 假有才堪釐革, 而以人廢言, 此繞朝所謂勿謂秦無人, 吾謀適不用者也.

---

26 조식이~일 : 자건子建은 조식의 자이다. 조조의 아들이며, 조비의 동생이다. 조조의 총애를 받았으나, 하고 싶은 대로 살면서 술에 빠졌고 결국 총애를 잃었다. 진사왕陳思王으로 봉해졌지만 이후 박해를 받았고, 울분을 풀지 못하고 죽었다. 『삼국지 위지』 「진사왕식陳思王植」에 나온다. 조식은 「삼량시三良詩」를 지어 애도했는데, 삼량三良은 진秦나라 목공穆公이 죽었을 때 순사했던 세 신하인 엄식奄息, 중행仲行, 침호鍼虎이다. 『춘추좌씨전』 문공文公 6년 전문傳文에 나온다.

27 안연지가~것 : 연년延年은 안연지의 자이다. 추호자秋胡子가 돌아오지 않은 빈 방을 지키는 아낙네의 탄식을 노래한 「추호행秋胡行」을 지었다. 시인으로, 사령운謝靈運과 어깨를 나란히 했으므로 안사顔謝라고 불렸다. 『송서』 「안연지열전顔延之列傳」에 나온다.

28 오리~괴로워지는 : 『장자』 「병무駢拇」에 "오리 정강이가 짧아도 이어 붙이면 불편하고, 학의 다리가 길다고 자르면 슬퍼한다."라고 했다.

옛날에 공자는 요순으로부터 주周나라까지의 사실을 정리하면서 중요하지 않은 기록은 잘라내고 핵심 기록만 모았다. 그러므로 제왕들의 행동이나 정신을 누구라도 명백하게 알 수 있었다. 안타깝도다! 성인과의 시대적 거리는 날로 멀어지고 역사서는 점점 많아지니, 시비와 득실을 누가 명확하게 가려낼 수 있겠는가? 설령 이런 점을 개혁할 능력이 있다 해도 그 사람이 이렇다저렇다는 이유로 그 견해를 폐기해버리니, 이는 요조繞朝가 "진나라에 사람이 없다고 말하지 마시오. 나의 계책이 채택되지 못했을 뿐이니!"라고 말했던[29] 상황과 같다. 🖾

---

29 요조가~말했던 : 위수여魏壽余가 사회士會를 진晉나라에서 빼내려고 하자, 그 계책을 눈치챈 요조가 한 말이다. 『춘추좌씨전』 문공文公 13년 전문에 나온다.

夫自二儀既判垂玄象之文萬
肇化生彰紀事之寶蒼頡沮誦
以前造物代爲敷揚山川曲爲
摅寫何必人抽金匱之藏世櫝

「부사浮詞」에서 역사의 과장에 대한 경계를 설명했다면, 「서사敍事」에서는 역사 서술에 대해 논의했다. 유지기는 훌륭한 역사서의 판단 기준이 사실에 대한 서술, 즉 서사가 정교한가, 그렇지 않은가에 있다고 했다. 그래서인지 「서사」를 좀 길게 다루어 설명했다. 그가 말하는 훌륭한 역사서란 공과와 선악을 기록할 때 문장이 아름다우면서도 화려하지 않고, 사실을 소박하게 보여주면서도 거칠지 않아서, 사람들이 그 좋은 취지를 맛보고 덕이 넘치는 소리를 가슴에 품을 수 있어야 한다. 또한 세 번 거듭하여 읽으면 피로를 잊고 백 번을 읽어도 지겹지 않을 정도가 되어야 한다. 유지기가 대표로 꼽은 것이 바로 『서경』의 고誥나 훈訓, 『춘추』의 사실 기술이다.

유지기는 『사기』의 소진·장의·채택 열전은 훌륭하지만, 삼황오제 본기나 일자·태창공·구책 열전은 볼 만한 게 없다고 말한다. 또 『한서』의 황제 본기나 진승·항우 등 여러 편은 최고라고 치켜세웠지만, 회남왕·사마상여·동방삭 열전은 말할 만한 것이 없다고 한다. 추한 인물을 서술하면 그 전기도 서툰 맛이 나고, 아름다운 사건을 기록하면 그 기사도 공들인 느낌이 들어야 하는데, 서사의 방법에는 유파가 너무 많아서 몇 마디로 계통화하기 어렵다고 토로한다.

그럼에도 불구하고 유지기는 비슷한 것끼리 분류하여 서사의 방법을 네 가지로 정리해 설명했다. 첫째는 재능과 행적을 있는 그대로 기록하는 것, 둘째는 사건의 시말만 기록하는 것, 셋째는 사람들의 말을 통해 전모를 알 수 있게 하는 것, 넷째는 저자의 평론을 빌려 저절로 드러나게 하는 것이다.

유지기가 강조하는 핵심은 문장이 간략하면서도 사실이 풍부한 것이야말로 훌륭한 역사서라는 것이다.

内篇
22

서사의 방법과 유의점
敍事

敍事

夫史之稱美者, 以敍事爲先. 至若書功過, 記善惡, 文而不麗, 質而非野, 使
人味其滋旨, 懷其德音. 三復忘疲, 百遍無斁, 自非作者曰聖, 其孰能與于
此乎?

  무릇 훌륭한 역사서를 일컬을 때 사실에 대한 서술을 으뜸가는 조건으로
친다. 공과와 선악을 기록할 때 문장이 아름다우면서도 화려하지 않고 사실
을 소박하게 보여주면서도 거칠지 않아서, 사람들이 그 좋은 취지를 맛보고
그 덕이 넘치는 소리를 가슴에 품을 수 있어야 한다. 세 번 거듭하여 읽으면
피로를 잊고 백 번을 읽어도 지겹지 않을 정도가 되어야 하니, 그 작자 자신
이 성인聖人이 되지[1] 않는다면 누가 이런 수준에 이를 수 있겠는가?

昔聖人之述作也, 上見「堯典」, 下終獲麟. 是爲屬詞比事之言, 疏通知遠之
旨. 子夏曰: "『書』之論事也, 昭昭若日月之代明." 揚雄有云: "說事者, 莫
辨乎『書』; 說理者, 莫辨乎『春秋』." 然則意複深奧, 訓詁成義, 微顯闡幽,

---

1 작자~되지 : 『예기』「악기樂記」에 "예악禮樂의 실제를 아는 사람이 만들(作) 수 있고,
  예악의 조문을 아는 사람이 설명할(述) 수 있다."라고 했는데, 정현鄭玄의 주에 만든다는
  것은 성聖이며, 뜻을 규명하는 것은 명明이라 했다. 즉 정현은 음악의 창조 능력을 성聖으로,
  해석 능력을 명明으로 이해했다.

婉而成章, 雖殊途異轍, 亦各有美焉. 諒以師範億載, 規模萬古, 爲述者之
冠冕, 實後來之龜鏡. 旣而馬遷『史記』·班固『漢書』, 繼聖而作, 抑其次也.
故世之學者, 皆先曰五經, 次云三史, 經史之目, 于此分焉.

　옛날 성인이 역사서를 저술할 때 위로는 『서경』「요전」을 보았고 아래로
는 『춘추』의 기린을 잡는 대목까지 이르렀다.[2] 이것이 문장을 통해 사실을
일관성 있게 기술한다는 말이며, 막힘이 없이 과거의 사실을 안다는 의미이
다.[3] 자하子夏가 말하기를 "『서書』의 서술은 실로 해와 달처럼 밝다."라고 했
고,[4] 양웅揚雄이 말하기를 "사실을 서술한 것이 『서경』보다 분명한 것이 없
고, 이치를 서술한 것이 『춘추』보다 분명한 것이 없다."라고 했다.[5]

　그러니 『서경』이 고誥나 훈訓 같은 엄숙한 말로 심오한 취지를 보여주고,[6]
『춘추』가 사실을 밝히면서도 노골적으로 드러내지 않는 방식을 취함으로써
은근하면서도 완벽한 문장을 이루었던 것은,[7] 기풍이나 방식은 다르지만 각각

---

2 성인이~이르렀다 : 성인은 공자이다. 『춘추』는 '획린獲麟'(기린을 잡았다) 기사로 끝난다.
　『춘추좌씨전』애공哀公 14년 경문經文에 보인다. 두예杜預는 『춘추좌씨전』애공 16년까지의
　기사는 뒤에 덧붙인 것이라고 했다.
3 이것이~의미이다 : 『예기』「경해經解」에, 속사비사屬詞比事와 소통지원疏通知遠이 각각
　『춘추』와 『서경』의 가르침이라고 했다.
4 자하가~했고 : 『상서대전尙書大傳』「진서전秦誓傳」에 나온다.
5 양웅이~했다 : 『법언法言』「과견寡見」에 나온다.
6 『서경』이~보여주고 : 훈訓과 고誥에 대해 주석가들의 의견이 엇갈리는데, 훈과 고가
　『서경』에 실린 기사의 형식인 데서 알 수 있듯 말을 기록하는 형식으로 보면 좋을 듯하다.
7 『춘추』가~것은 : 『춘추좌씨전』성공成公 14년 전문에, 군자(좌구명 자신)가 말하기를
　"『춘추』의 기록은 은미하면서도 드러내고, 의미를 담고 있으면서도 흐릿하게 감추며,
　완곡하면서도 조리가 있고, 곡진하면서도 번잡하지 않으며, 악을 징계하고 선을 권장하니,
　성인이 아니라면 누가 편찬할 수 있겠는가?[『春秋』之稱, 微而顯, 志而晦, 婉而成章, 盡而不
　汙, 懲惡而勸善, 非聖人, 誰能脩之?]"라고 했다.

나름의 탁월성을 가지고 있는 것이다. 생각건대 억 년 동안 이어질 모범으로서, 만고에 남을 체계로서, 으뜸가는 저술이자 실로 후대의 귀감일 것이다.

그 뒤로 성인의 뒤를 이어 사마천이 『사기』를, 반고가 『한서』를 편찬했는데, 이것은 성인의 저술에 버금가는 수준이다. 그러므로 세간의 학자들이 모두 오경을 먼저 거론하고 다음으로 삼사三史[8]를 말했으니, 경經과 사史라는 항목이 여기에서 나뉘기 시작했다.

嘗試言之曰, 經猶日也, 史猶星也. 夫杲日流景, 則列星寢耀; 桑楡旣夕, 而辰象粲然. 故『史』·『漢』之文, 當乎『尚書』·『春秋』之世也, 則其言淺俗, 涉乎委巷, 垂翅不擧, 漼籥無聞. 逮于戰國已降, 去聖彌遠, 然後能露其銳穎, 倜儻不羈. 故知人才有殊, 相去若是, 校其優劣, 詎可同年? 自漢已降, 幾將千載, 作者相繼, 非復一家, 求其善者, 蓋亦幾矣.

말하자면 경經은 해와 같고, 사史는 별과 같은 것이다. 저 밝은 해가 빛을 내면 모든 별은 더 이상 빛을 내지 못한다. 해가 지는 저녁 무렵이 되면 별들이 찬연히 빛나기 시작한다. 그러므로 『사기』와 『한서』가 『서경』이나 『춘추』의 시대에 저술되었다면, 그 언어가 비속하여 저잣거리에나 어울렸을 것이니, 날개 짓을 하려 해도 펼치지 못하고 피리를 불려 해도 소리가 나지 않았을 것이다.

전국시대에 이르러 성인으로부터 거리가 멀어진 뒤에야 각자 똑똑함을 자랑하면서 거리낌 없이 활개를 칠 수 있었다.[9] 이를 통해 사람들의 재능에는

---

8 삼사 : 육조六朝 때는 삼사를 『사기』, 『한서』, 『동관한기東觀漢記』로 보았으나, 당唐나라 때는 『사기』, 『한서』, 『후한서』로 보았다. 따라서 유지기는 후자를 염두에 두었을 것이다.

시대에 따라 큰 차이가 있다는 것을 알 수 있으니, 어찌 같은 선에서 그 우열을 논할 수 있겠는가. 한나라 이후로 천여 년 동안 역사가들이 끊임없이 나타나 그 수가 한둘이 아니었지만, 그중 훌륭한 작자를 찾아보면 얼마 되지 않을 듯하다.

夫班·馬執簡, 旣五經之罪人; 而晉·宋殺靑, 又三史之不若. 譬夫王霸有別, 粹駁相懸, 才難不其甚乎! 然則人之著述, 雖同自一手, 其間則有善惡不均, 精粗非類. 若『史記』之蘇·張·蔡澤等傳, 是其美者. 至于三五本紀, 日者·太倉公·龜策傳, 固無所取焉. 又『漢書』之帝紀, 陳·項諸篇, 是其最也. 至于淮南王·司馬相如·東方朔傳, 又安足道哉! 豈繪事以丹素成妍, 帝京以山水爲助. 故言嬌者其史亦拙, 事美者其書亦工. 必時之異聞, 世無奇事, 英雄不作, 賢儁不生, 區區碌碌, 抑惟恒理, 而責史臣顯其良直之體, 申其微婉之才, 蓋亦難矣. 故揚子有云: "虞夏之書, 渾渾爾; 商書, 灝灝爾; 周書, 噩噩爾; 下周者, 其書憔悴乎."

반고와 사마천의 서술은 오경五經의 죄인이고,[10] 진晉나라나 송宋나라의 저술은 삼사三史에 미치지 못한다. 비유하자면 왕도王道와 패도覇道의 차이, 순수와 잡박의 차이와 같으니,[11] 인재를 구하기 어렵다고 하지만 이렇게 심할 수

---

9 전국시대에~있었다 : 포기룡은 저녁이 되어 별이 다시 빛나는 것과 같다고 풀이했다.

10 반고와~죄인이고 : 유지기의 평가는 가끔 지나치다 싶을 때가 있다. 원문에 반고와 사마천을 오경의 죄인(五經之罪人)이라고 표현했는데, 포기룡도 말했지만 역시 지나친 감이 있다고 생각한다.

11 왕도와~같으니 : 『순자荀子』「왕패王覇」에 "순수하여 왕도가 되고, 잡박하여 패도가 된다."라고 했다.

가 있는가!¹² 그러니 사람의 저술이라는 것이 비록 한 사람의 손에서 나왔다고 해도 그 사이에 좋고 나쁜 것이 균일하지 않은 부분과 정밀하고 조잡한 것이 같지 않은 부분이 있게 마련이다.

『사기』의 소진蘇秦, 장의張儀, 채택蔡澤 등에 대한 열전은 훌륭하다. 그러나 삼황오제三皇五帝 본기나 일자日者, 태창공太倉公, 구책龜策 열전은 정말로 볼만한 게 없다. 또한 『한서』의 황제 본기나 진승陳勝, 항우項羽 등 여러 편은 그야말로 최고이다. 하지만 회남왕淮南王, 사마상여司馬相如, 동방삭東方朔 열전의 경우에는 도대체 말할 만한 것이 없다. 대개 회화는 붉은색과 흰색이 선명하게 어울러서 아름다움을 이루고, 황제의 수도도 주변의 산수가 경관을 돋보이게 하는 것이다. 그러므로 추한 인물을 서술하면 그 전기도 서툰 맛이 나야 하고, 아름다운 사건을 기록하면 그 기사도 공들인 느낌이 들어야 한다.

그러나 특별한 이야기도 없는 시대, 진기한 일도 없는 세상, 영웅도 출현하지 않고 빼어난 현자도 태어나지 않아 늘 그게 그거고 평범하며, 그런대로 항상 다스려지는 세상을 맞아 사관들에게 우수한 역사 서술을 보여주고 숨겨진 재능을 펼치라고 독촉하는 것은 아마도 어려울 듯하다. 그러므로 양웅揚雄도 "순임금이나 우임금의 기록은 깊고 성대하다. 은나라 때의 기록은 뜻이 넓다. 주나라의 기록은 엄숙하다. 하지만 주나라 이후의 기록은 초췌하다."라고 했던 것이다.¹³

觀丘明之記事也, 當桓·文作霸, 晉·楚更盟, 則能飾彼詞句, 成其文雅. 及

---

12 인재를~있는가! : 『논어』 「태백泰伯」에 "인재를 구하기 어렵다더니, 정말 그렇지 않은가?[才難, 不其然乎?]"라고 했다.
13 양웅도~것이다 : 『법언法言』 「문신問神」에 보인다. 양자揚子는 양웅揚雄이다.

王室大壞, 事益縱橫, 則『春秋』美辭, 幾乎翳矣. 觀子長之敍事也, 自周已往, 言所不該, 其文闊略, 無復體統. 自秦·漢已下, 條貫有倫, 則煥炳可觀, 有足稱者. 至若荀悅『漢紀』, 其才盡于十帝; 陳壽『魏書』, 其美窮于三祖. 觸類而長, 他皆若斯. 夫識寶者稀, 知音蓋寡.

좌구명이 쓴 기사를 보면, 제 환공齊桓公과 진 문공晉文公이 패업을 달성하고 진나라와 초나라가 각각 맹주로 활약했던 시대에는 문장도 발랄하게 꾸미고 내용도 문아한 경지를 보여주었다. 그러나 주周나라 왕실이 완전히 붕괴하고 천하가 어지러워진 때에 이르러서는 『춘추』의 아름다운 문장은 자취를 감추었다. 또 사마천이 사실을 서술한 것을 보면, 주나라 이전은 기록도 충분하지 않고 문장도 듬성듬성하며 소략하여 체계가 없다. 그러나 진한秦漢 이후로는 일관되고 조리가 있어서 광채를 풍기는 듯하여 참으로 칭찬할 만한 데가 있다.

순열荀悅의 『한기漢紀』는 전한前漢 시대 열 명의 황제[14]를 서술할 때 그 재능을 남김없이 보여주었고, 진수陳壽의 『위서魏書』는 세 명의 황제를 서술하면서[15] 더할 나위 없는 우수성을 보여주었다. 다른 부분의 서술에서도 모두 이러한 경향을 보여준다. 원래 보물을 알아보는 사람은 드물고 소리를 알아듣는 사람은 적은 법이다.

近有裴子野『宋略』·王劭『齊志』, 此二家者, 並長于敍事, 無愧古人. 而世

---

14 10명의 황제 : 한나라 고조高祖부터 애제哀帝까지를 가리킨다.

15 진수의~서술하면서 : 진수의 『삼국지 위지』를 가리키는 것으로 보인다. 그러면 세 명의 황제는 태조太祖인 조조曹操, 세조世祖인 조비曹丕, 열조烈祖인 조예曹叡를 가리킨다.

人議者皆雷同, 譽裹而共詆王氏. 夫江左事雅, 裹筆所以專工; 中原迹穢,
王文由其屢鄙. 且幾原務飾虛詞, 君懋志存實錄, 此美惡所以爲異也. 設使
丘明重出, 子長再生, 記言于賀六渾之朝, 書事于侯尼干之代, 將恐輟毫栖
牘, 無所施其德言. 而作者安可以今方古, 一槪而論得失? 夫敍事之體, 其
流甚多, 非復片言所能觀縷. 今輒區分類聚, 定爲三篇, 列之于下.

　근래에는 배자야裹子野의 『송략宋略』과 왕소王劭의 『제지齊志』가 있는데, 이
두 역사가는 모두 서사敍事에 장점을 가지고 있어서 옛사람들에게 전혀 부끄
럽지 않은 수준이다. 그러나 세상에서 논의하는 사람들은 하나같이 『송략』
은 칭찬하는 반면 『제지』는 헐뜯는다. 저 『송략』의 무대가 된 남조의 경우
는 사적이 문아했기 때문에 배자야의 문장도 훌륭해진 것이지만, 『제지』에
기록된 북조의 사적은 거칠고 어지러웠기 때문에 왕소의 문장도 비루하고 투
박해진 것이다.

　또한 배자야는 그럴듯한 말로 문장을 꾸미는 데 힘썼고 왕소는 사실대로
기록하는 데만 뜻을 두었기[16] 때문에, 이것도 글의 세련미와 투박함이 달랐던
이유가 될 것이다. 설사 좌구명이나 사마천이 다시 태어난다 해도 하육혼賀六
渾의 조정에서 대화를 기록하고 후니간侯尼干의 시대에 사건을 기록한다면,[17]
아마 붓을 멈추고 종이를 말아버리고는 그들의 역량을 발휘하지 못할 것임이
틀림없다. 그러니 어찌 옛날과 현재의 역사가를 단순하게 비교하고, 한 가지
기준으로 득실을 따질 수 있겠는가? 서사의 방법으로 말하자면, 그 유파가
매우 많아서 몇 마디로 간단히 계통화할 수 없다. 비슷한 것끼리 구분하고

---

16 배자야는~두었기 : 기원幾原은 배자야의 자이고, 군무君懋는 왕소의 자이다.
17 하육혼의~기록한다면 : 북제北齊 헌무제獻武帝 고환高歡의 자가 하육혼이다. 후니간은
　　문선제文宣帝 고양高洋이다.

분류하여 정한 세 개의 항목을 아래에서 서술하기로 한다.[18]

夫國史之美者, 以敍事爲工, 而敍事之工者, 以簡要爲主, 簡之時義, 大矣哉! 歷觀自古作者權輿, 『尚書』發踪, 所載務于寡事;『春秋』變體, 其言貴于省文. 斯蓋澆淳殊致, 前後異跡. 然則文約而事豊, 此述作之尤美者也.

무릇 훌륭한 국사國史[19]란 서사가 정교해야 하는데, 서사가 정교하다는 것은 간략하면서도 핵심을 담아내는 것을 중시하는 것이니, 간략하다는 한마디가 담고 있는 의미가 크다고 하겠다. 옛날부터 작자들의 출발점을 쭉 살펴보면, 우선 『서경』이 최초로 나왔는데 가급적 기록되는 사실을 줄이는 데 힘썼고, 『춘추』에 이르러서는 체재가 변하여 문장을 간략히 하는 데 서술의 주안점을 두었다. 이는 아마 소박한 태고 시대와 사회가 경박해진 후대의 기풍이 같지 않기 때문에 전후에 다른 양상이 나타난 것인 듯싶다. 그러므로 문장이 간략하면서도 사실은 풍부한 것, 이것이 정말 훌륭한 역사서이다.

始自兩漢, 迄于三國, 國史之文, 日傷繁富. 逮晉已降, 流宕逾遠. 尋其冗句,

---

18 『사고전서』본에는 여기에 '위는 「서사敍事」편의 서序이다.[右敍事篇序]'라는 주가 있다. 그런데 포기룡은 이것이 유지기의 말이 아니라고 보았다. 아래에도 그런 주가 보인다.

19 국사 : 근대의 국사(National history)와 혼동해서는 안 된다. 근대의 국사는 '국민과 국가의 역사'로, '국민 만들기'의 일환으로 구축되었다. 한편 '국민을 만들기 위해 필요한 기억'을 제외한 다른 차원의 역사는 망각되었다. 이에 비해 전통적인 정사正史는 같은 국사라는 이름을 가졌지만, 요즘 말로 하면 문명사에 가깝다. 정사를 왕조사로 이해하는 것은 편협하고 사실에 부합하지 않는 인식이다.

摘其煩詞, 一行之間, 必謬增數字; 尺紙之內, 恒虛費數行. 夫聚蚊成雷, 群
輕折軸. 況于章句不節, 言詞莫限, 載之兼兩, 曷足道哉?

　양한兩漢 시대부터 시작하여 삼국三國 시대에 이르기까지 국사의 문장은 날
로 번잡해지는 폐단에 빠졌다. 진晉나라 이후에는 그 경향이 더욱 심해졌다.
쓸데없는 구절이나 번거로운 문장을 찾아보면 한 행 안에서도 꼭 몇 글자를
불필요하게 덧붙이고, 한 장 안에서도 항상 몇 행씩 허비하곤 했다. 모기들이
모여 우레 소리를 내는 법이며, 아무리 가벼운 것이라도 모여 쌓이면 차축을
부러뜨리는 법이다.[20] 더욱이 장구章句에 절제가 없고 문장에 제한이 없어 수
레 두 대에 실어야 할 정도의 양이 되어버렸다면[21] 더 말해 무엇하겠는가?

蓋敍事之體, 其別有四: 有直紀其才行者, 有唯書其事跡者, 有因言語而
可知者, 有假讚論而自見者. 至如『古文尚書』稱帝堯之德, 標以允恭克讓;
『春秋左傳』言子太叔之狀, 目以美秀而文. 所稱如此, 更無他說, 所謂直
紀其才行者. 又如左氏載申生爲驪姬所讒, 自縊而亡; 班『史』稱紀信爲項
籍所圍, 代君而死. 此則不言其節操, 而忠孝自彰, 所謂唯書其事跡者.

　대개 사실을 서술하는 방법은 네 가지로 나눌 수 있다. 첫째는 재능과 행
적을 있는 그대로 기록하는 것이다. 둘째는 사건의 시말만 기록하는 것이다.

---

20 모기들이~법이다 : 전자는『한서』「경십삼왕전景十三王傳」에 나오고, 후자는『전국책戰國策』
　　「진책秦策」에 나온다.

21 수레~되어버렸다면 : 『후한서後漢書』「오우전吳祐傳」에 나온다. 겸兼은 배倍, 양兩은 양輛(수
　　레)이다.

셋째는 사람들의 말을 통해 전모를 알 수 있게 하는 경우가 있다. 넷째는 저자의 평론을 빌려 저절로 드러나게 하는 경우이다.

『고문상서』에서는 요임금의 덕을 기리며 공근하고 겸양했다고 썼고,[22] 『춘추좌씨전』에서는 자태숙子大叔의 모습을 잘생기고 재능이 있다고 말했다.[23] 이렇게만 기록하고 다시 다른 이야기는 없었는데, 이것이 이른바 재능과 행적을 있는 그대로 기록하는 방법이다.

또한 좌구명이 신생申生은 여희驪姬의 참언 때문에 스스로 목을 매 죽었다고 했고,[24] 반고의 『한서』에서는 기신紀信이 항우에게 포위되자 주군을 대신하여 죽었다고 기렸다.[25] 이는 그들의 절조에 대해 언급하지 않았음에도 충효가 저절로 드러난 경우이니, 이른바 사건의 시말만을 기록하는 방법이다.

又如『尚書』稱武王之罪紂也, 其誓曰: "焚炙忠良, 刳剔孕婦." 『左傳』記隨會之論楚也, 其詞曰: "蓽輅·藍縷, 以啓山林." 此則才行事跡, 莫不闕如, 而言有關涉, 事便顯露, 所謂因言語而可知者. 又如『史記』「衛靑傳」後,

---

22 『고문상서』에서는~썼고 : 『서경』「우서虞書 요전堯典」에 "진실로 공손하고 겸양하시어 광채가 사방에 퍼지고 상하에 이르렀다.[允恭克讓, 光被四表, 格于上下]"라고 했다.

23 『춘추좌씨전』에서는~말했다 : 『춘추좌씨전』양공襄公 31년 전문傳文에 보인다. 위魏나라 대부 북궁문자北宮文子가 정鄭나라를 방문한 뒤 돌아와 정나라의 인물과 현황을 위 양공魏襄公에게 보고하면서 한 말이다.

24 좌구명이~했고 : 여희는 진 헌공晉獻公의 부인이다. 자기가 낳은 해제奚齊를 태자로 삼기 위해 태자 신생을 무함했다. 사람들이 신생에게 해명하라고 했으나, 신생은 아버지인 헌공의 처지를 생각하여 여희의 무함을 밝히지 않고 자결했다. 『춘추좌씨전』희공僖公 4년 전문에 나온다.

25 반고의~기렸다 : 항우가 형양滎陽에서 유방을 포위해 들어오자 기신은 제왕이 타는 황옥거黃屋車를 타고 유방 행세를 해 항우를 유인했다. 그 사이에 유방은 수십 기의 군사를 거느리고 탈출했다. 항우는 속은 것을 알고 기신을 태워 죽였다. 『한서』「고조기高祖紀」에 나온다.

太史公曰: "蘇建嘗責大將軍不薦賢待士." 『漢書』「孝文紀」末, 其讚曰: "吳王詐病不朝, 賜以几杖." 此則紀之與傳, 並所不書, 而史臣發言, 別出 其事, 所謂假讚論而自見者.

　한편 『서경』은 무왕武王이 주紂를 벌한 일을 서술했는데, 그때 한 맹세 중 "충직하고 선량한 사람을 불태우고, 아이를 가진 아녀자의 배를 갈랐다."[26]라 고 했다. 『좌전』에서는 수회隨會가 초나라에 대해 논한 일을 서술했는데, 그 내용 중에 "대나무로 짠 수레와 해진 의복을 입고 산림을 개척했다."라고 했 다.[27] 이는 그 사람의 재능과 행적, 사건의 시말이 모두 빠져 있지만, 해당 사실이나 인물에 관계된 말을 기록하여 사건의 실상이 바로 드러나게 한 것 이니, 이른바 사람들의 말을 통해 전모를 알 수 있게 하는 경우에 해당한다.

　또한 『사기』「위장군열전衛將軍列傳」의 말미에서, 태사공이 "소건蘇建은 일 찍이 대장군이 현자를 천거하지도, 실력 있는 사람을 대우하지도 않는다고 비판했다."라고 했다.[28] 또 『한서』「효문제본기孝文帝本紀」 끝의 찬에서는 "오 吳나라 왕이 거짓으로 병이 났다 하면서 조회에 참석하지 않았는데도 궤장을 하사받았다."라고 했다.[29] 이는 본기나 열전에 그 사실을 전혀 기록하지 않고

26　충직하고~갈랐다 : 『서경』「주서周書 태서泰誓」에 나온다. 이 내용은 주紂가 포락형炮烙刑을 자행한 일을 가리킨다.

27　『좌전』에는~했다 : 『춘추좌씨전』 선공宣公 12년 전문에 나온다. 유지기가 '수회'라고 한 것은 오류이다. 수회가 아니라 난무자欒武子이다. 진晉나라 체자郤子(선곡先縠)가 초나라를 칠 것을 주장하자, 난무자가 그것이 불가한 이유에 대해 설명하는 내용이다.

28　태사공이~했다 : 『사기』「위장군표기열전衛將軍驃騎列傳」에 보인다. 「위청열전衛靑列傳」은 곧 「위장군열전衛將軍列傳」이다. 『사기』의 목차에는 위청으로 되어 있고, 본문 열전에는 표제어가 위장군이다. 대장군은 위청衛靑이고, 소건은 이때 부장部將이었다.

29　찬에서는~했다 : 『한서』「효제기孝帝紀」에 보인다. 그러나 이 말은 원래 『사기』「효문본기孝 文本紀」의 본문에서 온 말이다.

사관의 발언을 통해 따로 그 사건을 알려주는 것으로, 이른바 저자의 평론을
빌려 저절로 드러나게 하는 방법이다.

然則才行·事跡·言語·贊論, 凡此四者, 皆不相須. 若兼而畢書, 則其費尤
廣.【近史紀·傳, 欲言人居哀毁損, 則先云: '至性純孝'; 欲言人盡夜觀書, 則
先云: '篤志好學'; 欲言人赴敵不顧, 則先云: '武藝絶倫'; 欲言人下筆成篇, 則
先云: '文章敏速,' 此則旣述才行, 又彰事跡也. 如『穀梁傳』云: "驪姬以酖爲
酒, 藥脯以毒. 獻公田來, 驪姬曰: '世子已祀, 故致福於君.' 君將食, 驪姬跪曰:
'食自外來者, 不可不試也.' 覆酒於地, 而地墳; 以脯與犬, 犬斃. 驪姬下堂, 而
啼呼曰: '天乎! 天乎! 國, 子之國也. 子何遲乎爲君!'" 又『禮記』云: "陽門之介
夫死, <u>司城子罕入而哭之哀</u>. 晉人之覘宋者反報於<u>晉侯</u>曰: '陽門之介夫死, 而
子罕哭之哀, 而民說, 殆不可伐也.'" 此則旣書事跡, 又載言語也. 又近代諸史,
人有行事, 美惡皆已具其紀·傳中, 續以讚論, 重述前事, 此則才行事跡, 紀傳
已書, 讚論又載也.】但自古經史, 通多此累.【『公』·『梁』·『禮』·『新序』·『說
苑』·『戰國策』·『楚漢春秋』·『史記』迄於皇家所撰五代史皆有之.】能獲免者,
蓋十無一二.【唯<u>左丘明</u>·裴子野·王劭, 無此也.】

　그러니 재능과 행적, 사실의 시말, 사람들의 말, 저자의 논평 등 네 가지가
서로 다 갖춰져야 할 필요는 없다. 만일 이들을 중복하여 다 기록하게 되면
낭비하는 지면이 훨씬 많아질 것이다.【근대 역사서의 본기나 열전에는, 누군가
상을 당하여 몹시 슬퍼했다고 말하려고 하면 먼저 '본성이 지극하게 효성스러웠'고
적고, 누가 밤새도록 책을 보았다는 사실을 기록하려고 하면 먼저 '뜻을 독실하게 세우
고 공부하기를 좋아했'고 적으며, 누군가 자신을 돌아보지 않고 적과 싸웠다는 얘기
를 말하려면 먼저 '무예를 따를 자가 없었'다고 하고, 누군가 문장이 뛰어나 붓만 들면

글을 지었다는 얘기를 적으려면 먼저 '문장이 민활했다'고 한다. 이것은 이미 재능과 행적을 서술한 뒤에 또 사실의 시말을 기록하는 것이다. 『곡량전穀梁傳』에 말하기를 "여희驪姬가 짐새의 독을 세자가 바친 술에 넣고 안주에 발랐다. 헌공獻公이 사냥에서 돌아오자 여희가 말하기를 '세자가 제사를 지냈기 때문에 공께 제사 음식을 올렸습니다.'고 했다. 헌공이 음식을 먹으려고 하자, 여희가 무릎을 꿇고 말하기를 '음식이 밖에서 온 것이니 독이 들었는지 알아보아야 합니다.' 하고 땅에 술을 부었더니 땅이 부글부글 끓었고, 육포를 개에게 주었더니 개가 죽어버렸다. 여희가 당堂에서 내려와 울면서 말하기를 '하늘이시여! 하늘이시여! 이 나라는 이미 세자의 나라로다. 세자가 왜 군주되기를 늦추는가!' 했다."라고 했다. 또한 『예기禮記』에 말하기를 "송나라의 양문을 지키던 병사가 죽자 사공司空[30] 자한이 들어와 슬프게 곡했다. 송나라의 사정을 엿보던 진나라의 간첩이 돌아와 진후晉候에게 보고하기를 '양문을 지키던 병사가 죽자 자한이 슬프게 곡했고 이에 백성들이 기뻐했으니, 절대 송나라를 공격해서는 안 됩니다.'고 했다."라고 했다. 이것은 이미 사실의 시말을 기록한 뒤에 또 사람들의 말을 기록한 사례이다. 또한 근대 역사서들은 어떤 사람의 행동과 사적 중에 좋은 일과 나쁜 일이 모두 이미 본기나 열전 중에 갖추어져 있는데도, 이어서 논찬에 앞의 사실을 거듭 기록하고 있으니, 이는 재능과 행적, 사실의 시말을 본기와 열전에 이미 서술하고는 또다시 논찬에 싣는 셈이다.[31]】 그러나 예부터 경서나 사서를 통틀어 이러한 잘못이 매우 많았다. 【『공양전公羊傳』·『곡량전穀梁傳』·『예기禮記』·『신서新書』·『설원說苑』·『전국책戰國策』·『초한춘추楚漢春秋』·『사기史記』와 우리 당나라에 들어와 편찬한 오대사五代史[32]에 모두 이런 폐단이 있다.】 이런 허물에서 벗어날 수 있는 역사서는 아마 열에

---

30 사공 : 송나라 무공武公의 이름을 피하여 사성司城으로 기록했다.
31 근대~셈이다 : 여기서 보이는 유지기의 문제의식은 『사통 외편』「점번點煩」 편에서 실제 사료를 첨삭하는 실습으로 이어진다.
32 오대사 : 『진서晉書』, 『양서梁書』, 『진서陳書』, 『북제서北齊書』, 『주서周書』를 말한다.

한둘도 안 될 것이다. 【오직 좌구명, 배자야, 왕소는 여기에 해당되지 않는다.】

又敍事之省, 其流有二焉, 一曰省句, 二曰省字. 如『左傳』宋華耦來盟, 稱
其先人得罪于宋, 魯人以爲敏. 夫以鈍者稱敏,【魯人謂鈍人也. 『禮記』中,
已有注解】則明賢達所嗤. 此爲省句也. 『春秋』經曰: ‘隕石于宋五.’ 夫聞
之隕, 視之石, 數之五. 加以一字太詳, 減其一字太略, 求諸折中, 簡要合理,
此爲省字也. 其有反于是者, 若『穀梁』稱, ‘郤克眇, 季孫行父禿, 孫良夫跛,
曹公子手僂, 齊使跛者逆跛者, 禿者逆禿者, 眇者逆眇者. 僂者逆僂者.’ 蓋
宜除跛者已下句, 但云各以其類逆. 必事皆再述, 則于文殊費, 此爲煩句也.
『漢書』「張蒼傳」云: ‘年老, 口中無齒.’ 蓋于此一句之內去年及口中可矣.
夫此六文成句, 而三字妄加, 此爲煩字也. 然則省句爲易, 省字爲難. 洞識
此心, 始可言史矣. 苟句盡餘剩, 字皆重複, 史之煩蕪, 職由于此.

　또한 사실 서술을 간략히 하는 데는 두 가지 방법이 있다. 첫째는 구절을
줄이는 것이고, 둘째는 글자를 줄이는 것이다. 『춘추좌씨전』에서는 “송宋의
화우華耦가 노나라에 사신으로 와서 맹약을 맺을 때, 자신의 증조부가 송나라
에 죄를 지었다고 하자 노둔한 사람들은 그의 대답이 지혜롭다고 여겼다.”라
고 한 일에 대해 기록했다.[33] 대개 미련한 사람들이 그를 두고 지혜롭다고 했

---

33 『춘추좌씨전』에서는~기록했다 : 화우가 자신의 증조부 잘못이 역사에 올라 있으므로
　　노나라 문공의 연회를 받지 못하겠다고 사양한 데서 나온 일화이다. 『춘추좌씨전』 문공文公
　　15년 전문에 나온다. 노나라 환공 2년에 화독華督이 상공殤公을 시해한 일이 있었다. 두예杜預
　　는 주에서 “특별한 이유도 없이 선조의 죄를 드러냈으니, 이는 총명한 것이 아니다.
　　‘미련한 사람들이 총명하다고 말했다’는 말을 통해 군자들이 동의하지 않음을 밝혔다.”라
　　고 했는데, 본문에서 이어지는 유지기의 설명이 곧 이것이다.

으니,【미련한 사람이란 둔한 사람을 말한다. 『예기』에 이미 주해가 있다.[34]】 생각이 있고 상황을 잘 아는 사람으로부터 비웃음을 샀을 게 분명하다. 그래서 화우가 어리석다는 언급을 따로 하지 않았으니, 이것이 구절을 줄인다는 말이다.

『춘추』 경문에 "송나라에 돌이 떨어졌는데, 다섯이었다."라고 했다.[35] 뭔가 하늘에서 떨어지는 소리를 들었고, 떨어진 것을 보니 돌이었고, 숫자는 다섯 개였다는 말이다. 위의 경문에 한 글자를 더하면 너무 상세해지고, 한 글자를 빼면 너무 간략해지는데, 가장 적합한 표현을 찾아 간략하면서도 이치에 맞았으니, 이를 두고 글자를 줄이는 방법이라고 한다.

그와 반대되는 경우도 있다. 『곡량전』에 "극극郤克은 애꾸눈이었고, 계손행보季孫行父는 대머리였으며, 손량부孫良夫는 절름발이였고, 공자수公子手는 곱사등이였다. 제나라에서 절름발이를 시켜 절름발이인 손량부를 맞게 했고, 대머리로 하여금 대머리인 계손행보를 맞게 했으며, 애꾸눈으로 하여금 애꾸눈 극극을 맞게 했고, 곱사등이로 하여금 곱사등이인 공자수를 맞게 했다."라고 했다.[36] 대개 두 번째 문장의 '제나라에서 절름발이를 시켜'라는 구절 뒤에는, 단지 '각각 그런 사람을 시켜 맞게 했다'라고만 적어도 되었다. 굳이 사실을 또다시 서술하여 문장을 너무 허비했으니, 이것이 번잡한 구절이다. 또, 『한서』「장창전張蒼傳」에 "나이를 많이 먹고 늙어서 입 안에 치아가 없었다."라고 했는데,[37] 이 한 구절 안에서 '나이를 많이 먹고(年)'와 '입 안에(口中)'는 없애도 괜찮다. 구를 이루는 여섯 글자 중에 세 글자가 불필요하게 덧

---

34 『예기』에~있다 : 『예기』「단궁 하檀弓下」에 나온다.

35 『춘추』~했다 : 『춘추좌씨전』 희공僖公 16년 정월의 일이다.

36 『곡량전』에~했다 : 『춘추곡량전』 성공成公 원년에 나온다. 이 사실이 웃음거리가 되면서, 이들은 기분이 나빠져 제나라를 떠났다.

37 『한서』~했는데 : 현재 『한서』「장창전」에는 '연로年老' 두 글자가 없다. 포기룡은 유지기가 당나라 초기의 『한서』를 근거로 했을 것이라고 했다.

붙었으니, 이것이 곧 번잡한 글자이다.

그런데 이를 잘 살펴보면, 구절을 줄이기는 쉽지만 글자를 줄이기는 어렵다. 이러한 핵심을 통찰해야 비로소 역사를 이야기할 수 있을 것이다. 사실을 서술하는 데 구절마다 남는 구절이 있고 글자마다 중복되는 것, 이것이 역사서가 번잡해지는 주된 이유이다.

蓋餌巨魚者, 垂其千鈞, 而得之在于一筌; 捕高鳥者, 張其萬罝, 而獲之由于一目. 夫敍事者, 或虛益散辭, 廣加閑說, 必取其所要, 不過一言一句耳. 苟能同夫獵者漁者, 旣執而罝釣必收, 其所留者, 唯一筌一目而已, 則庶幾胼胝盡去, 而塵垢都捐, 華逝而實存, 滓去而瀋在矣. 嗟乎! 能捐之又捐, 而玄之又玄, <u>輪扁</u>所不能語斤, <u>伊摯</u>所不能言鼎也.

큰 물고기를 낚으려면 수많은 낚싯바늘을 드리워야 하지만 물고기가 걸리는 것은 한 통발에서 걸리고, 높이 나는 새를 잡으려면 큰 그물을 펼쳐야 하지만 막상 걸리는 것은 한 그물코에서 걸린다. 서사敍事라는 것도, 산만한 문장이나 불필요한 이야기를 헛되게 덧붙이고 여기저기서 끌어오지만, 반드시 핵심이 되는 내용을 취하고자 하면 결국 한마디 한 구절에 지나지 않는다.

참으로 사냥꾼이나 어부처럼 짐승이나 물고기를 잡고 난 뒤에는[38] 그물과 낚싯바늘을 반드시 거두어들이고 낚싯바늘 하나와 그물코 하나만 남겨둘 수 있다면, 티끌이나 먼지 같은 군더더기들이 모두 제거되어 겉치레와 찌꺼기는 사라지고 실질과 정수만 남게 될 것이다. 아! 덜어내고 또 덜어내면 심오하

---

38 잡고 난 뒤에는 : 포기룡은 여기에 빠진 글자가 있다고 보았다.

고 또 심오해지리니, 윤편輪扁이 수레바퀴 만드는 기술을 말로는 전해줄 수 없는 것이나[39] 이지伊摯가 솥에서 무슨 일이 일어나는지 말로는 표현하지 못하는 것과 같다.[40]

夫飾言者爲文, 編文者爲句, 句積而章立, 章積而篇成, 篇目旣分, 而一家之言備矣. 古者行人出境, 以詞令爲宗; 大夫應對, 以言文爲主. 況乎列以章句, 刊之竹帛, 安可不勵精雕飾, 傳諸諷誦者哉! 自聖賢述作, 是曰經典, 句皆韶·夏, 言盡琳琅, 秩秩德音, 洋洋盈耳. 譬夫游滄海者, 徒驚其浩曠; 登太山者, 但嗟其峻極. 必摘以尤最, 不知何者爲先. 然章句之言, 有顯有晦. 顯也者, 繁詞縟說, 理盡于篇中; 晦也者, 省字約文, 事溢于句外. 然則晦之將顯, 優劣不同, 較可知矣. 夫能略小存大, 擧重明輕, 一言而巨細咸該, 片語而洪纖靡漏, 此皆用晦之道也.

말을 기호로 표현하면 글자가 되고, 글자를 짜놓은 것이 구절이 되며, 구절이 쌓이면 한 장章이 되고, 장이 쌓이면 편篇이 되는데,[41] 편목이 나누어지면 한 역사가의 견해로써 세상에 통용된다. 옛날에 외국으로 나가는 사신은 군주의 뜻을 잘 전하는 것이 가장 중요했고 외국의 귀빈을 접대하는 대부는 말을 솜씨 있게 하는 것이 가장 중요했다.[42] 더군다나 장구를 배열하여 서책

---

39 윤편이~것이나 : 제 환공齊桓公이 책을 읽고 있을 때, 윤편이 그 책은 성인의 찌꺼기라고 말했던 고사 중에 나온다. 『장자莊子』「천도天道」에 나온다.

40 이지가~같다 : 『여씨춘추』「본미本味」에 나온다. 이지는 이윤伊尹이다. 『사고전서』본에는 이 문단의 끝에 "이상은 간략함이 중요하다는 내용이다.[右尙簡]"라는 주가 달려 있다.

41 말을~되는데 : 『문심조룡文心雕龍』「장구章句」에 나온다.

42 외국으로~중요했다 : 『춘추좌씨전』 양공襄公 25년 전문에 나온다.

으로 간행하게 될 기록을 어찌 힘써 정밀히 다듬고 수식하지 않은 채 후대 사람들이 읽고 말하도록 전할 수 있겠는가!

성현이 저술한 것을 경전經典이라고 하는데, 구절마다 소韶나 하夏이고[43] 말마다 모두 옥구슬 같아서 고아한 목소리가 귀에 울리는 듯하다. 비유하자면, 창해에 배를 띄운 사람이 그저 끝없는 광대함에만 놀라고 태산에 오른 사람이 그 우뚝하게 높이 솟은 모습에 대해서만 감탄할 것이다. 그런데 필시 거기서 가장 돋보이는 부분만 지적한다면 무엇이 가장 뛰어난지 모를 것이다.

그렇지만 장구章句에는 드러내는 방법과 감추는 방법이 있다. 드러내는 방법이란 상세하고 곡진하게 서술하여 저자가 말하고자 하는 바를 글 안에서 모두 설명하는 것이며, 감추는 방법이란 글에서 직접적으로 언급되지 않은 많은 사실을 자연스럽게 드러나도록 하는 것이다. 그러므로 감추는 방법과 드러내는 방법 사이의 우열이 같지 않고, 비교해보면 감추는 것이 낫다는 것을 알 수 있다. 대개 사소한 것은 생략하고 핵심적인 것만 남겨두며, 중요한 내용을 거론하여 중요치 않은 사실들까지 밝힐 수 있다면, 한마디 말로 거대한 사건이든 세세한 사건이든 모두 포괄하고 단지 몇 글자로도 크든 작든 사건을 누락하지 않을 것이니, 이것이 모두 감추는 방법의 요체이다.

昔古文義, 務却浮詞. 「虞書」云: "帝乃殂落, 百姓如喪考妣." 「夏書」云: "啓呱呱而泣, 予弗子." 「周書」稱: "前徒倒戈, 血流漂杵." 「虞書」云: "四罪而天下咸服." 此皆文如闊略, 而語實周瞻. 故覽之者初疑其易, 而爲之者方覺其難. 固非雕蟲小技所能斥非其說也. 旣而丘明受經, 師範尼父. 夫

---

43 소나 하이고 : 소韶는 순임금 시대의 음악이라고 전해온다. 하夏는 대하大夏로, 우禹임금의 음악이다. 『춘추좌씨전』 양공襄公 29년 전문에 나온다.

經以數字包義, 而傳以一句成言, 雖繁約有殊, 而隱晦無異. 故其綱紀而言
邦俗也, 則有士會爲政, 晉國之盜奔秦; 邢遷如歸, 衛國忘亡. 其款曲而言
人事也, 則有犀革裹之, 比及宋, 手足皆見; 三軍之士, 皆如挾纊. 斯皆言近
而旨遠, 辭淺而義深, 雖發語已殫, 而含意未盡. 使夫讀者, 望表而知裏, 捫
毛而辨骨, 覩一事于句中, 反三隅于字外. 晦之時義, 不亦大哉! 自班·馬二
史, 雖多謝五經, 必求其所長, 亦時値斯語. 至若高祖亡蕭何, 如失左右手;
漢兵敗績, 睢水爲之不流; 董生乘馬, 三年不知牝牡; 翟公之門, 可張雀羅,
則其例也.

옛날에는 서술할 때 불필요한 문장을 제거하는 데 힘을 기울였다. 『서경』
「요전堯典」에는 "요임금이 돌아가시니 백성들이 어버이를 잃은 듯 애도했
다."라고 요임금의 훌륭한 덕을 표현했고, 『서경』「고요모皐陶謨」에는 "우임
금의 아들 계啓가 태어나 응애응애 울었지만, 우임금은 그것을 돌볼 틈이 없
었다."라고 우임금의 나라 걱정하는 마음을 서술했다. 『서경』「무성武成」에
는 "주나라 무왕이 은나라 주왕을 토벌할 때 은나라 군대의 선봉이 창을 거
꾸로 들고 자기 편으로 향했고, 대패한 은나라 군사들의 피가 넘쳐흘러 방패
가 떠다녔다."라고 주왕의 부덕함을 표현했고, 『서경』「순전舜典」에는 "순임
금이 공공共工·환도驩兜·삼묘三苗·곤鯀을 처벌했더니, 천하가 모두 감복했다."
라고 천하의 정세를 설명했다.

이들 문장은 모두 소략한 듯하지만 실제로는 할 말을 다했다. 그러므로 처
음 보면 그것이 쉽겠다고 생각하지만, 막상 해보면 얼마나 어려운지 깨닫게
될 것이다. 본디 글의 자구나 꾸미는 정도의 짧은 재주로는 서술의 상세함과
간략함을 적절하게 조절할 수 없다. 그 이후 좌구명이 경문을 이어받고 공자
를 모범으로 삼았다.[44]

경문經文은 몇 글자로 의미를 함축하지만,[45] 전문傳文은 한 구절로 전달하고

자 하는 말을 만든다. 비록 글자가 많거나 간략함의 차이는 있지만, 감추고 드러내지 않는 필법의 원칙은 다르지 않다. 그러므로 벼리나 기준을 통해 한 국가의 풍속을 말하는 경우가 있는데, 사회士會가 정치를 담당했더니 진晉나라의 도둑들이 진秦나라로 도망쳤다든가,[46] 형邢나라 사람들이 고향으로 돌아가듯 했고 위衛나라 사람들은 나라가 망한 것을 잊었다고[47] 하는 사례가 여기에 해당한다.

또한 직접적이지 않고 은근하게 인사人事를 말하는 경우도 있다. 무소 가죽으로 싸서 송나라로 보냈는데 송나라에 이르러 손발이 드러났다든가,[48] 삼군三軍의 군사들이 모두 솜을 끼고 있는 듯했다는[49] 사례이다. 이들은 모두 가까운 사례를 들어 말했지만, 뜻은 깊고 멀기 때문에 비록 말은 이미 끝났어도 함의를 다 드러내지 않은 것이다. 이런 서술은 독자들로 하여금 겉만 보고도 내면을 알게 하고, 털을 문지르고도 뼈를 판별할 수 있게 하며, 구절 안에서 한 가지 사실을 보고 글자 밖에서 세 귀퉁이가 떠오르게 하는 것이다. 그러니 감추는 서술 방법이 가진 현재적 의의가 크다고 하지 않을 수 있

---

44 좌구명이~삼았다 : 두예杜預의 『춘추좌씨전』 「서序」에 나온다.

45 경문은~함축하지만 : 위와 같은 곳에 나온다.

46 사회가~도망쳤다든가 : 『춘추좌씨전』 선공宣公 16년에 나온다.

47 형나라~잊었다고 : 희공 원년에 제나라 환공이 형나라 사람들을 이의夷儀로 이주시켰는데, 이듬해 위나라를 초구楚丘로 옮겨 제후국으로 봉했다. 이로 인해 형나라 사람들은 자기 나라로 가는 듯했고, 위나라 사람들은 나라 망한 것도 잊었다고 한다. 『춘추좌씨전』 민공閔公 2년에 나온다.

48 무소~드러났다든가 : 『춘추좌씨전』 장공莊公 12년에 보인다. 송나라 민공을 죽인 남궁만南宮萬이 진나라로 도망쳤는데, 진나라에서 남궁만을 취하게 한 뒤 무소 가죽에 싸서 송나라로 보냈던 일을 말한다.

49 삼군의~듯했다는 : 『춘추좌씨전』 선공宣公 12년에, 추운 겨울에 초楚나라 장왕莊王이 군대를 순시하면서 격려하자 군사들이 모두 솜옷을 입은 듯 감격하며 추위를 잊은 채 소蕭나라 도성을 함락했다고 한다.

겠는가!

반고의 『한서』와 사마천의 『사기』가 오경에 많은 신세를 지기는 했지만, 굳이 그 나름의 장점을 찾아보면 지금 말한 바에 부합하는 데가 많다. 『사기』에, 한 고조漢高祖는 소하蕭何가 죽자 양손을 잃은 듯했다거나,[50] 한나라 군대가 패배하자 저수睢水가 그 시체 때문에 흐르지 못했다는[51] 사례가 그것이다. 또 『한서』에, 동중서董仲舒가 말을 타면서도 3년 동안 암컷인지 수컷인지 몰랐다든가,[52] 적공翟公의 집 대문은 새 잡는 그물을 칠 수 있을 정도였다는[53] 사례가 그것이다.

自兹已降, 史道陵夷, 作者蕪音累句, 雲蒸泉涌. 其爲文也, 大抵編字不隻, 捶句皆雙, 修短取均, 奇偶相配. 故應以一言蔽之者, 輒足爲二言; 應以三句成文者, 必分爲四句. 彌漫重杳, 不知所裁. 是以處道受責于少期,【『魏書』「鄧哀王傳」曰: '容貌姿美, 有殊於衆, 故特見寵異.' 裴松之曰: '一類之言, 而分以爲三, 亦敍屬之一病也.'】 子昇取譏于君懋,【王劭『齊志』曰: '時議恨

---

50 한나라~듯했다거나 : 누군가 소하가 죽었다고 하자, 유방劉邦이 양손을 잃은 듯하다고 말했다고 한다. 그만큼 믿었다는 말이다. 『사기』 「회음후열전淮陰侯列傳」에 나온다.

51 한나라~못했다는 : 『사기』 「항우본기項羽本紀」에, 초나라 군대가 한나라 군사를 추격했는데, 저수가에 이르러 빠져 죽은 한나라 군사가 10만여 명이라고 했다.

52 동중서가~몰랐다든가 : 동중서는 학문에 전념하여 정원도 둘러보지 않았다고 한다. 현재 『한서』나 『사기』에는 이런 말이 없으나, 『태평어람太平御覽』 「학부오學部五 근학勤學」에 인용된 『한서』에는 이 같은 내용이 있다.

53 적공의~정도였다는 : 적공이 형옥刑獄을 주관하는 정위廷尉를 맡았을 때는 문이 닳도록 사람들이 드나들었으나, 그 관직을 그만두자 적막해졌다. 그런데 다시 정위직을 맡게 되자 사람들의 왕래가 잦아졌다. 이를 본 적공은 벼슬에 따라 달라지는 세태를 풍자하는 글을 대문에 써 붙였다고 한다. 『한서』 「장풍급정전張馮汲鄭傳」에 나온다.

邢子才不得掌興魏之書, 悵快溫子昇亦若此, 而撰『永安記』率是支言'】非不
幸也.

　　이 이후로는 역사학의 원칙이나 방법이 쇠퇴하여 저자들의 번잡하게 많은
문구가 구름처럼 일어나고 샘처럼 넘쳐흘렀다. 그 문장을 보면, 한 자를 써야
할 데에 두 자를 쓰고, 한 구만 써도 될 데에 두 구를 쓰며, 길고 짧은 문장
의 길이를 억지로 같게 맞추고, 수사적인 효과를 위해 일부러 대구對句를 만
들거나 또는 되지 않게 만든다. 따라서 한 마디로 포괄할 수 있는 것도 두
마디는 해야 만족하고, 세 구로 만들어야 할 문장도 굳이 네 구로 나누어놓
고는, 넘치고 중복되는 말들을 어찌 처리할 줄 모른다.

　　그래서 왕침王沈은 배송지裴宋之에게 질책을 받았고,【『위지魏志』「등애왕전鄧
哀王傳」에 "용모가 아름다워 여럿 중에서 가장 빼어났기 때문에 특별히 총애를 받았
다."라고 했는데, 배송지는 "같은 뜻의 말을 세 번에 걸쳐 나누어 했으니, 요즘 서술에
서 나타나는 한 가지 병통이다."라고 했다.[54]】온자승溫子昇은 왕소의 기롱을 받았
으니,【왕소王劭의 『제지齊志』에 "당시 의논하는 사람들은 형자邢子의 재능이 위나라
의 저술을 맡아 부흥시키기에 부족한 것을 안타깝게 여겼고, 온자승 역시 이와 같음을
유감스럽게 생각했다. 온자승은 『영안기永安記』를 편찬했는데 전체가 쓸데없이 수식만
가득한 글이다.[55]】단지 운이 나빴기 때문이라고는 할 수 없다.

54　왕침은~했다 : 처도處道는 왕침의 자이다. 위나라에서 벼슬을 지냈고, 순기荀顗·완적阮籍
　　등과 함께 『위서魏書』를 편찬했지만, 현존하지 않는다. 『진서』「왕침전」에 나온다. 소기少期
　　는 배송지의 자이다. 원주에는 '有殊於衆, 故特見寵異'라는 말이 없는데, 포기룡이 이
　　말을 넣었다. 조여보나 정천범程千帆은 포기룡의 잘못이라고 했다.
55　온자승은~글이다 : 온자승의 자는 붕거鵬擧이며, 박학했고 문장으로 이름이 높았다. 『문필文
　　筆』 35권, 『영안기永安記』 3권을 편찬했다는데, 현존하지 않는다. 『위서』에 열전이 있다.
　　군무君懋는 왕소의 자이다.

蓋作者言雖簡略, 理皆要害, 故能疎而不遺, 儉而無闕. 譬如用奇兵者, 持
一當百, 能全克敵之功也. 若才乏儁穎, 思多昏滯, 費詞旣甚, 敍事纔周, 亦
猶售鐵錢者, 以兩當一, 方成貿遷之價也. 然則『史』·『漢』已前, 省要如彼;
『國』·『晉』已降, 【『國』謂『三國志』; 『晉』謂『晉書』也】 煩碎如此. 必定其
姸媸, 甄其善惡. 夫讀古史者, 明其章句, 皆可詠歌; 觀近史者, 悅其緒言,
直求事意而已. 是則一貴一賤, 不言可知, 無假權揚, 而其理自見矣.

대개 저자가 간략한 언어를 구사하면서도 핵심적인 이치를 모두 담았기
때문에, 소략하지만 남지 않고 검소하지만 빠뜨리지 않을 수 있는 것이다. 비
유컨대, 탁월한 전술을 구사하는 사람은 하나를 가지고 백을 감당하면서 온
전히 적군을 이길 수 있는 것과 같다. 만일 재능에 탁월성이 부족하고 생각
이 많이 정체되어 있으면 많은 문장을 사용한 뒤에야 서사가 겨우 갖추어질
것이니, 이 또한 철전을 가지고 물건을 사려는 자가 예전보다 두 배 무게의
돈을 지불해야 원하는 물건을 살 수 있는 것과 같다.

그러니 『사기』와 『한서』 이전의 역사서는 그처럼 간략하면서도 핵심을
담고 있으며, 『삼국지』와 『진서』 이후의 역사서는 【『국國』은 『삼국지』를 말하
고, 『진晉』은 『진서』를 말한다.】 이처럼 번쇄해졌다. 이 점과 관련해서는 반드
시 어느 쪽이 아름답고 추한지 판정해야 하고, 어느 쪽이 좋고 나쁜지 가려
야 한다.[56] 고대의 역사를 읽는 독자는 일반적으로 숨겨진 장구의 의미를 밝
히고 통독하면서 시를 읊듯 읽는다. 반면에 근대의 역사를 읽는 독자는 뜻이
온전하지 않은 구절만[57] 즐기고, 단지 사실 자체의 의미만 추구한다. 이러니

---

56 이 점과~한다 : 포기룡은 여기에 빠진 구절이 있는 듯하다고 했다.
57 뜻이~구절만 : 서언緖言에는 서문이라는 의미도 있지만 '할 말을 다 하지 않은 말, 무언가
　　더 말해야 의미가 온전해지는 말'이라는 의미도 있다. 여기서는 후자의 의미로 보인다.

귀천을 말하지 않아도 알 수 있고, 우열을 계량할 것도 없이 사리가 저절로
드러난다.[58]

昔文章旣作, 比興由生. 烏獸以媲賢愚, 草木以方男女, 詩人騷客, 言之備
矣. 暨乎中代, 其體稍殊, 或擬人必以其倫, 或述事多比于古. 當漢氏之臨
天下也, 君實稱帝, 理異殷周; 子仍封王, 名非魯衛. 而作者猶謂帝家爲王
室, 公輔爲王臣. 盤石加建侯之言, 帶河申俾侯之誓. 而史臣撰錄, 亦同彼
文章, 假托古詞, 翻易今語. 潤色之濫, 萌于此矣. 降及近古, 彌見其甚. 至
如諸子短書, 雜家小說, 論逆臣則呼爲問鼎, 稱巨寇則目以長鯨. 邦國初基,
皆云草昧; 帝王兆跡, 必號龍飛. 斯並理兼諷諭, 言非指斥, 異乎游·夏措詞,
南·董顯書之義也.

옛날에 문자를 쓰고 장구가 작성되면서 사물에 비유해 감흥을 일으키는
수사법이 생겨났다.[59] 새나 짐승으로 현명하고 어리석음을 비유하거나 풀이
나 나무를 가지고 남녀를 묘사했으니, 『시경詩經』과 『초사楚辭』에 작품을 남
긴 사람들에 의하여 이러한 언어가 갖추어졌다.[60] 중세 이후에 이르러 서술의

간략해도 할 말을 모두 담은 옛 역사서에 비해, 말만 많을 뿐 할 말을 제대로 다 하지
못한 근대 역사서를 서언이라고 폄하한 듯하다.

58 고대의~드러난다 : 유지기의 문장이 잘 이해되지 않을 때가 있다. 특히 원문 중, '夫讀古史者,
明其章句, 皆可詠歌; 觀近史者, 悅其緒言, 直求事意而已'가 그러하다. 『사고전서』본에는
여기도 소단락이 나뉘어 "이상은 숨기고 감추는 서사에 대한 논의이다.[右隱晦]"라는
주가 달려 있다.

59 옛날에~생겨났다 : 『문심조룡』「비흥比興」에 "비比는 사물에 비유하는 것이고, 흥興은
감흥을 일으키는 것이다.[比者, 附也; 興者, 起也]"라고 했다.

60 새나~갖추어졌다 : 『초사장구楚辭章句』「이소경離騷經」에서 왕일王逸이 한 말이다.

체재가 조금 달라졌는데, 인물을 서술할 때는 그 동류에 비유하고 사건을 서술할 때는 대부분 옛일에 비유했다.

한나라가 천하를 차지하게 되면서 군주를 황제라고 불렀는데, 이런 사정은 은나라나 주나라에서 왕이라고 불렀던 것과 달랐고, 황실 자손을 왕으로 봉함으로써 노나라나 위나라와도 명칭이 달라졌다. 그러나 저자들은 여전히 황제의 가문을 왕실王室로, 황제의 신하를 왕신王臣이라고 불렀다.[61] 왕후를 봉하는 글에는 반석같이 변치 말라는 말을 덧붙였고, 왕후에 봉해진 자들의 맹세에서는 황하로 흘러드는 지류들처럼 충성을 다하겠노라는 말을 썼다. 그리고 사관이 역사를 기록할 때에도 그처럼 옛 문장을 빌려다 당시에 사용한 말인 것처럼 하는 방식을 취했다. 지나친 윤색이 여기에서 싹텄다.

근대에 이르러서는 그 같은 경향이 더욱 심해졌다. 많은 저자들이 개인적으로 저술한 잡기 저작 등에서[62] 반역한 신하를 비판할 때는 '솥의 행방을 물었다'고 말하고, 나라를 훔친 큰 도둑을 부를 때는 '큰 경예鯨鯢'라고 지목했다. 국가가 창건될 때는 모두 '혼돈 속에서 시작했다'고 하거나, 제왕이 될 조짐을 보인 행적에는 반드시 '용이 난다'고 표현하는 게 유행이었다. 이들은 모두 기록의 의의 및 풍자와 비유의 성격을 함께 가지고 있지만 그것을 직설적으로 표현하지는 않았으니, 이런 점에서 자유子游나 자하子夏의 글쓰기나 남사南史나 동호董狐 같이 대상이나 사건을 직설적으로 기술하는 원칙과는 차이가 있다.

---

61 저자들은~불렀다 : 실제로 『한서』와 『후한서』에서 황제의 가문을 왕실이라고 불렀다. 한편 『시경』과 『춘추좌씨전』에서는 주실周室이라고 불렸으며, 『서경』에서는 왕실이라고 부른 용례가 보인다. 신하에 대해서는 왕신王臣과 제신帝臣이라는 두 용례가 다 보인다.

62 많은~등에서 : 단서短書와 잡가소설雜家小說 등은 국사나 관찬 저술을 제외한 개인적인 기록을 의미하는 것으로 보인다. 필기筆記나 잡기류 저서에는 야사 성향의 글이 많으며, 역사 외의 다양한 주제들이 혼합되어 있는 경우가 많다.

如魏收『代史』, 吳均『齊錄』, 或牢籠一世, 或苞擧一家, 自可申不刊之格言, 弘至公之正說. 而收稱劉氏納貢, 則曰: "來獻百牢"; 均敍元日臨軒, 必云: "朝會萬國." 夫以吳徵魯賦, 禹計塗山, 持彼往事, 用爲今說, 置于文章則可, 施于簡冊則否矣. 亦有方以類聚, 譬諸昔人. 如王隱稱: "諸葛亮挑戰, 冀獲曹咎之利"; 崔鴻稱: "慕容沖見幸, 爲有龍陽之姿," 其事相符, 言之謹矣. 而慮思道稱: "邢邵喪子不慟, 自東門吳已來, 未之有也"; 李百藥稱: "王琳雅得人心, 雖李將軍恂恂善誘, 無以加也." 斯則虛引古事, 妄足庸音, 苟矜其學, 必辨而非當者矣.

위수魏收의 『위서魏書』[63]와 오균吳均의 『제춘추齊春秋』[64]는 한 시대의 역사를 담은 것이기도 하고 한 왕조의 역사를 포괄한 것이기도 한데,[65] 본인들은 자신의 책에 대해 고치거나 없앨 수 없는 훌륭한 말을 썼고 지극히 공정한 견해를 널리 수록했다고 생각했다. 그렇지만 위수는 송나라의 유의융劉義隆이 공물을 바친 일을 기록하면서 『춘추좌씨전』의 표현대로 "와서 백 뢰牢를 바쳤다."라고 했고,[66] 오균은 정월 초하루에 열린 공식 행사에 대해 서술할 때마다 역시 『춘추좌씨전』의 표현대로 반드시 "만국이 조정에 모였다."라고 서술했다.[67] 오나라가 노나라에게 백 가지의 공물을 요구하거나 우임금이 도

---

63 『위서』: 『대사代史』는 『위서魏書』이다.

64 『제춘추』: 『제록齊錄』은 『제춘추齊春秋』이다.

65 한 시대의~한데 : 『회남자淮南子』「본경훈本經訓」에 "한 시대를 담는다.[牢籠一世]"라고 한 것과 『한서』「서전敍傳」에 "한漢나라가 모두 믿었다.[包漢擧信]"라는 용례에서 왔다.

66 위수는~했고 : 『위서魏書』「세조기世祖紀下」 및 『춘추좌씨전』 애공哀公 7년 전문에 나온다. 뢰牢는 소, 양, 돼지를 각 한 마리씩 세 마리로 한 세트를 만들어 세는 단위이다.

67 오균은~서술했다 : 조여보에 따르면, 『통전通典』「예전禮典」에 한나라 채질蔡質의 『한관전직의식선용漢官典職儀式選用』을 인용했다고 한다. 『춘추좌씨전』 애공哀公 7년 전문에 나온다.

산坌山으로 제후들을 모은 옛일을 서술하는 데 쓰였던 말을 지금의 일을 기록하는 데 사용했으니, 이는 문학적인 문장에서는 괜찮을지 몰라도 역사서에서 사용하는 것은 잘못이다.

또한 비슷한 사건을 모아서 옛 인물과 비교하는 경우도 있다. 예를 들어 왕은王隱이 『진서晉書』에서 제갈량이 사마중달司馬仲達을 모욕하며 도전한 일을 서술하면서 "조구曹咎를 약 올렸을 때의 이익을 얻고자 했다."라고 했고,[68] 최홍崔鴻이 『십육국춘추十六國春秋』에서 부견苻堅이 모용충慕容沖을 총애했던 일을 서술하면서 "용양龍陽의 자태가 있었기 때문이다."라고 했는데,[69] 그 사실로 보면 서로 부합하는 데가 있고 말도 타당하다.

그러나 노사도盧思道는 "형소邢邵는 자식을 잃고도 애통해 하지 않았는데, 동문오東門吳 이래로 없었던 일이다."라고 했고,[70] 이백약李百藥은 "왕림王琳은 항상 인심을 얻었는데, 장군 이광李廣이 부하들을 심복하게 만든 일도 이보다 낫지는 않을 것이다."라고 했다.[71] 이것은 적절치 않은 고사를 함부로 인용하여 망령되이 범용한 작품을 수식했고 구차하게 자신의 학문을 과시한 것이

---

68 왕은이~했고 : 왕은의 『진서』는 일찍이 일실되어서 고찰할 수가 없다. 항우가 조구에게 성을 지키고 전투를 하지 말라고 명령했으나, 조구는 한나라 군사들의 모욕을 참지 못하고 기수를 건너 응전했다가 군대는 궤멸되고 본인은 자살했다. 『사기』 「항우본기項羽本紀」에 나온다.

69 최홍이~했는데 : 『태평어람太平御覽』 「악부樂部」에 최홍의 『십육국춘추』를 인용한 대목에서 나온다.

70 노사도는~했고 : 노사도의 자는 자행子行이고, 일찍이 형소邢邵를 스승으로 모셨다. 위수가 가진 진귀한 서적을 읽고 『지기전知己傳』 1권을 지었다. 『수서』에 열전이 있다. 위의 기록은 『북사』 「형소전邢邵傳」에 나온다. 동문오의 고사는 『전국책』 「진책」에 나온다.

71 이백약은~했다 : 『북제서』 「왕림열전王琳列傳」에 나온다. 이광의 일은 『사기』 「이장군열전李將軍列傳」에 나온다. 유지기는 앞의 형소와 동문오 그리고 왕림과 이광의 비유가 적절하지 않을 뿐 아니라 고사를 잘못 인용했다고 했는데, 정확히 무엇을 두고 한 지적인지 잘 모르겠다.

니, 굳이 판단해보자면 잘못된 것들이다.

昔『禮記』「檀弓」, 工言物始. 夫自我作故, 首創新儀, 前史所刊, 後來取證.
是以漢初立楬, 孟堅所書; 魯始爲髽, 丘明是記. 河橋可作, 元凱取驗于毛
詩, 男子有笄, 伯支遠徵于「內則」, 卽其事也. 案裴景仁『秦記』稱: "苻堅方
食, 撫盤而詬"; 王劭『齊志』述: "洛干感恩, 脫帽而謝." 及彦鸞撰以新史,
重規刪其舊錄, 仍易'撫盤'以'推案', 變'脫帽'爲'免冠'. 夫近世通無案食,
胡俗不施冠冕. 直以事不類古, 改從雅言, 欲令學者何以考時俗之不同, 察
古今之有異?

　옛날에 『예기』 「단궁檀弓」에서는 어떤 사물의 시작을 정성껏 기록했다.
대체로 옛것을 그대로 따르지 않고 새롭게 의식이나 전례를 만든 경우, 앞의
역사서가 기록으로 남겨야만 후대 사람들이 증거로 삼을 수 있다. 그래서 한
나라 초기에 전사자들을 작은 관에 넣어 고향으로 보내주었다는 사실을 반고
가 기록했고,[72] 노나라에서 처음 복상服喪을 할 때 머리카락을 삼베로 묶는
풍습이 생겼다는 사실을 좌구명이 기록했다.[73] 강에 다리를 놓을 수 있다는
사실을 두예杜預가 『시경』을 통해 검증했고,[74] 남자도 비녀를 꽂았다는 사실

---

72 한나라~기록했고 : 『한서』 「고조본기高祖本紀」에 나온다.

73 노나라에서~기록했다 : 『춘추좌씨전』 양공襄公 4년 전문에 나온다.

74 강에~검증했고 : 원개元凱는 두예杜預의 자이다. 『춘추좌씨전』에 정통했던 두예는 낙양
북쪽 황하의 맹진도구孟津渡口 물살이 험하여 배로 건너기 어렵다고 판단하고 다리(하교河橋)
를 놓자고 주장했다. 사람들은 낙양이 역대의 수도였는데 모두 다리를 놓지는 않았다면서
하교를 놓을 필요가 없다고 했다. 이에 대해 두예는 "'배를 띄워 다리를 만든다[造舟爲梁]'고
했는데, 하교를 가리킨다."라고 대답했다. 『진서晉書』 「두예전杜預傳」에 나온다. '배를

을 유방劉芳이 멀리 『예기』 「내칙內則」에서 증명했는데,[75] 이런 사례가 거기에 해당된다.

그런데 배경인裵景仁의 『진기秦記』에 "부견苻堅이 밥을 먹으려고 하다가 소반을 만지며 하늘을 탓했다."라고 했고,[76] 왕소王劭의 『제지齊志』에 "낙간洛干은 황제의 은혜에 감동하여 모자를 벗고 사례했다."라고 했다.[77] 최홍이 새로 역사서를 편찬하면서 '소반을 만지며'를 '탁자를 밀어내고'로 바꾸었고,[78] 이 백약은 과거 기록을 정리하면서 '모자를 벗었다'를 '관을 벗었다'로 고쳤다.[79] 그렇지만 근세에는 일반적으로 탁자에서 식사를 하지 않았으며, 북방 민족에게는 관을 쓰는 풍습이 없다. 무릇 사안이 옛일과 유사하지 않은데도 좋은 표현에 따라 고친 셈이니, 배우는 사람들이 어떻게 시대의 풍속이 같지 않다는 사실과 고금에 차이가 있다는 점을 고찰할 수 있으리라고 기대하겠는가?

떠워 다리를 만든다'는 말은 『시경』 「대아大雅 대명大明」에 나온다.

75 남자도~증명했는데 : 백지伯支는 유방의 자이다. 유방과 왕숙王肅이 화림華林에서 술을 마시는 중에, 왕숙이 『예기』 「상복喪服」을 인용하여 남자는 비녀를 꼽지 않았다고 했다. 이에 유방이 『예기』 「내칙內則」에서 남자도 비녀를 사용한 사례를 증거로 반박했다. 『북사』 「유방전劉芳傳」에 나온다.

76 배경인의~했고 : 조여보에 따르면, 탕구湯球가 편집한 『삼십국춘추三十國春秋』에 배경인의 『진기』를 인용한 데서 보인다. 부견이 요장姚萇을 포위하고 급수로를 막았는데 얼마 뒤 비가 오자 하늘을 원망했다고 한다.

77 왕소의~했다 : 왕소의 『제지』가 남아 있지 않아서 원문은 확인할 수 없다.

78 최홍이~바꾸었고 : 최홍이 『십육국춘추十六國春秋』에서 '상을 치웠다[去案]'는 말로 고쳤다는 뜻이다. 다리가 달린 것이 안案이고, 없는 것이 반盤인데, 위진 시대 이후에는 음식을 놓는 상에 안案을 쓰지 않았다고 한다. 조여보는 최홍의 『십육국춘추』가 현존하지 않는다고 했는데, 『사고전서』에 포함되어 있다. 어떤 착오가 있는지 모르겠다.

79 이백약은~고쳤다 : 관冠은 중국 한족의 성인 남자들이 쓰는 장식이었고, 모자는 북방 민족의 남자들이 쓰던 장식이었다.

又自雜種稱制, 充物神州, 事異諸華, 言多丑俗. 至如翼犍, 昭成原諱; 黑獺, 周文本名. 而伯起革以他語, 德棻闕而不載. 蓋厖降·蒯聵, 字之媸也; 重耳·黑臀名之鄙也. 舊皆列以三史, 傳諸五經, 未聞後進談講, 別加刊定. 況齊邱之犢, 彰于載讖【杜臺卿『齊記』載讖云: "首牛入西谷, 逆犢上齊邱也."】; 河邊之狗, 著于謠詠【王劭『齊志』載謠云: "獾獾頭團圞, 河中狗子破爾菀也."】明如日月, 難爲蓋藏, 此而不書, 何以示後? 亦有氏姓本複, 減省從單, 或去万紐而留于, 或止存狄而除厙. 求諸自古, 罕聞茲例.

특히 남북조 시대에는 주변 여러 민족이 건국하여 황제를 자칭하면서 중원을 차지했기 때문에 그 문물이 지금까지의 중국 문명과 달랐고 언어의 풍속도 많이 비루했다. 예를 들면, 익건翼犍은 북위 도무제道武帝의 조부인 소성제昭成帝의 원래 이름이고,[80] 흑달黑獺은 북주北周 문제文帝의 본래 이름이었는데,[81] 위수의 『북위서』에서는 다른 말로 바꾸었고, 영호덕분令狐德棻의 『북주서』에서는 빼고 싣지 않았다. 대개 방항厖降이나 괴외蒯聵는 자字치고는 거슬리고, 중이重耳나 흑둔黑臀도 천한 이름이다.[82] 그렇지만 과거에는 모두 『좌씨전』·『곡량전』·『공양전』 등이나 오경에 올려 전했고, 후대 사람들이 이리저리 토론하여 따로 고쳤다는 말은 들어본 적이 없다.

---

80 익건은~이름이고 : 십익건什翼犍은 북위의 전신인 대代의 군주로, 도무제道武帝 탁발규托跋珪의 조부이다. 고제高祖 소성제昭成帝로 추증되었다.

81 흑달은~이름이었는데 : 흑달은 북주의 문제 우문태宇文泰의 자이다. 익건과 흑달, 둘 다 『위서』와 『주서』에 보이는데, 이름을 쓸 자리에 이름을 쓰지 않은 것을 가리키는 듯하다. 건犍은 불알을 깐 소이고, 달獺은 수달이기 때문에 비루하다고 생각한 듯하다.

82 대개~이름이다 : 방항은 요임금 때 팔개八愷 중 한 사람인데, 방厖이란 털이 많은 개다. 괴외는 춘추시대 위나라 장공莊公으로, 귀머거리라는 뜻을 갖고 있다. 흑둔黑臀은 진晉나라 성공成公의 이름으로, 엉덩이가 검다는 뜻을 지녔는데 『국어國語 주어周語』에 보인다.

더구나 두대경杜臺卿의 『제기齊記』에 실린 참언에 제구의 송아지에 대한 이야기가 분명하게 언급되어 있고,【두대경의 『제기』에 실린 참언 중에 "앞서 소가 서쪽 골짜기로 들어가고, 송아지가 제구로 올라오는 것을 맞이한다."라고 했다.】 강가의 개에 대한 이야기가 왕소의 『제지』에 수록된 민요에도 들어 있으니,【왕소의 『제지』에 실린 민요 중에 "크고 사나우며 머리는 둥글다. 강가의 개가 네 정원을 망친다."라고 했다.】 해와 달처럼 분명해서 덮거나 가리기 어려운데, 이런 걸 기록하지 않는다면 무엇을 후세에 보여주겠는가?

또한 남북조 시대에는 원래 성씨가 두 글자 이상이지만 한 글자만 남겨두고 나머지를 생략해버린 경우도 있다. 예를 들어 북주의 만유우万纽于 씨는 만유를 없애고 우 자만 남겨두었고, 사적厙狄 씨는 사를 빼고 적 자만 남겨놓았다. 옛날부터 전해진 기록을 살펴봐도 이런 예가 있었다는 말은 거의 듣지 못했다.

昔夫子有云: "文勝質則史," 故知史之爲務, 必籍于文. 自五經已降, 三史而往, 以文敍事, 可得言焉, 而今之所作, 有異于是. 其立言也, 或虛加練飾, 輕事雕彩; 或體兼賦頌, 詞類俳優. 文非文, 史非史, 譬夫烏孫造室, 雜以漢儀, 而刻鵠不成, 反類于鶩者也.

예전에 공자는 "문채가 바탕보다 뛰어나면 지나치게 화려해진다."라고 했으니,[83] 역사에서 가장 힘써야 할 데가 분명 문장과 관련된 훈련임을 잘 알 수 있다. 오경부터 삼사에 이르기까지 그 서술은 문장만 가지고도 전달하고

---

83 공자는~했으니 : 『논어』 「옹야雍也」에 보인다. 사건이나 인물에 대한 서술·설명·묘사는 언제든지 실제보다 과도해질 여지가 있다고 본 듯하다.

자 하는 사실을 모두 전달하고 그 정도를 벗어나지 않았지만, 근래의 저작은 이와 다르다. 그 서술에는 헛되이 수식을 더하고, 가볍게 채색을 일삼는다. 그래서 더러 부賦나 송頌 같은 체재가 있는가 하면, 놀이하는 배우 같은 표현도 있다. 문장이 문장이 아니고 역사가 역사가 아니니, 비유하자면 저 서역의 오손烏孫에서 집을 짓는데 한나라 양식이 섞여 있고,[84] 백조를 조각하려다 실패하여 도리어 집오리와 비슷해졌다고나 할 것이다.[85] 史通

---

84 오손에서~있고 : 『사통』 원문의 오손烏孫은 구자龜玆이다. 『한서』 「서역전西域傳」에, 구자 공주가 궁궐을 짓고 주변에 길을 냈는데 한나라의 방식대로 했다. 그러자 외국 사람들이 "말(馬)이 말이 아니다."라고 했다. 이 이야기 앞에 구자왕이 오손 공주의 딸을 잡아두고 보내지 않은 사건이 기록되어 있는데, 유지기가 오손 공주와 구자 공주를 착각한 듯하다.

85 『사고전서』본에는 "이상은 함부로 수식하는 폐단에 대한 논의이다.[右妄飾]"라는 주가 달려 있다.

「품조品藻」부터 「인물」까지는 학습도 학습이지만, 역사가로서의 자세와 마음가짐이 덕성으로 체화되어야 달성할 수 있는 식견, 즉 삼장지재三長之才 중 식識에 속한다. 「품조」는 인물에 대한 평가, 분류의 적절성과 부당성에 대한 논의이다. 유지기는 사마천과 반고가 열전을 만든 이래 역사가들이 같은 유형의 인물을 일괄하는 풍조가 생겨났는데, 그 경계가 분명하지 않아 거칠게 분류한 것이 눈에 띈다고 말한다. 따라서 수많은 인물을 분류해야 하는 경우에는 난초와 쑥처럼 명백히 다른 인물을 함께 분류하는 오류도 적지 않게 나타난다고 했다.

반고의 『한서』 「고금인표」를 보면 수백 명의 인물을 3과로 나누고 9등급으로 확정했는데, 그 언어가 고상하고 의미도 흡족하지만 편목에 들어간 인물은 일치하지 않는 경우가 많았다. 또한 유향의 『열녀전』, 혜강의 『고사전』의 경우 수록된 사람들의 범위가 넓지만, 사실과 괴리가 있는 내용이 있다.

유지기는 역사서에 나와 있는 기록에서 선악이 구분되지 않았던 이유는 다른 누구의 잘못도 아니며, 바로 사관의 책임임을 강조한다. 사관이 거울처럼 반짝이는 안목을 발휘하고 올바르게 인품을 구별하여, 군자는 군자대로 소인은 소인대로 그에 어울리는 맛과 냄새를 갖게 한다면 격탁양청激濁揚清, 즉 좋지 않은 풍조는 떨쳐내고 아름다운 풍조를 일으키는 미풍이 유지될 것이라고 했다.

内篇
23

불합리한인물평가
品藻

品藻

蓋聞方以類聚, 物以群分, 薰蕕不同器, 梟鸞不比翼. 若乃商臣·冒頓, 南蠻·北狄, 萬里之殊也; 伊尹·霍光, 殷年漢日, 千載之隔也. 而世之稱悖逆, 則云商·冒, 論忠順則曰伊·霍者, 何哉? 蓋厥跡相符, 則雖隔越, 爲偶, 奚必差肩接武, 方稱連類者乎?

　상황의 방향은 동류에 따라 모이고 사물은 무리에 따라 분류되며,[1] 향내 나는 풀과 악취 나는 풀은 같은 그릇에 담지 않고, 올빼미 같은 맹금과 상서로운 봉황은 날개를 나란히 하지 않는다고 들었다. 예를 들어 상신商臣과 모돈冒頓[2]은 각각 남만南蠻과 북적北狄 출신이니 그 차이가 만 리는 되고, 이윤伊尹과 곽광霍光[3]은 각각 은나라 시대와 한나라 때 살았으니 천 년은 떨어져 있다. 그런데도 세상에 패역한 인물을 말할 때면 상신과 모돈을 거론하고, 충순한 인물을 말할 때면 이윤과 곽광을 거론하는 것은 왜일까? 아마 그들의 행

---

1 상황의~분류되며 : 『주역』「계사 상繫辭上」에 나온다.

2 상신과 모돈 : 상신은 초나라의 태자로, 아버지 성왕成王을 죽였다. 모돈은 묵돌, 묵특으로도 읽으며, 흉노의 태자이다. 선우單于 두만頭曼이 알씨閼氏를 총애하여 낳은 아들을 선우로 세우려 하자, 모돈은 두만을 죽이고 스스로 선우가 되었다. 『사기』「흉노열전匈奴列傳」에 나온다.

3 곽광 : 자는 자광子光이며, 신중한 처신으로 무제武帝의 신임을 얻었다. 소제昭帝 때 연왕燕王 등의 반란을 진압하여 더욱 두터운 신임을 받았다. 소제가 죽고 창읍왕昌邑王 유하劉賀가 즉위했는데, 그의 음란한 생활로 인해 곽광이 우려했다. 결국 연년延年의 권유에 따라 유하를 폐하고 선제宣帝를 세웠다. 『한서』「곽광전霍光傳」에 나온다.

적이 명실상부하므로 시간이나 거리가 현격해도 서로 같다고 생각하는 것이니, 어찌 반드시 어깨와 발을 접할 만큼 가까워야만 곧 비슷한 부류라고 하겠는가?

史氏自遷·固作傳, 始以品彙相從. 然其中或以年世迫促, 或以人物寡鮮, 求其具體必同, 不可多得. 是以韓非·老子, 共在一篇; 董卓·袁紹, 無聞二錄. 豈非韓·老俱稱述者, 書有子名; 袁·董竝曰英雄, 生當漢末? 用此爲斷, 粗得其倫. 亦有厥類衆夥, 宜爲流別, 而不能定其同科, 申其異品, 用使蘭艾相雜, 朱紫不分, 是誰之過歟? 蓋史官之責也.

　사마천과 반고가 열전을 만든 이래로 역사가들이 처음으로 같은 유형의 인물을 일괄하는 풍조가 생겼다. 그렇지만 그중에는 다루는 시기가 짧기도 하고 인물이 드물기도 하여 그 구체적인 모습을 찾아보면 유형이 반드시 같은 경우가 많지 않았다. 그래서 한비자韓非子와 노자老子가 한 편에 같이 실렸고, 동탁董卓과 원소袁紹가 따로 기록되지 않았다. 그렇지만 어찌 한비자와 노자를 같이 기술하면서 자子라는 명칭을 붙일 수 있으며, 원소와 동탁을 모두 한나라 말에 살았던 영웅이라고 할 수 있겠는가? 이런 식으로 판단했으므로 그 분류가 거칠 수밖에 없었다.

　반면에 상당히 많은 인물을 모아 확실히 분류해야 할 경우에 같이 들어갈 부류를 정하지 못하고 서로 다른 부류를 밝히지도 못했기 때문에 난초와 쑥이 서로 섞이고[4] 붉은색과 자주색이 분명하지 않았으니,[5] 이것은 누구의 잘못

---

4 난초와~섞이고 : 『초사』「이소離騷」에 "난초와 구릿대가 향기롭지 않고 … 지금은 바로 이 같은 쑥이 되었는가.[蘭芷變而不芬兮 … 今直爲此蕭艾也]"라고 했다.

인가? 바로 사관의 잘못이다.

案班『書』「古今人表」, 仰包億載, 旁貫百家, 分之以三科, 定之以九等. 其言甚高, 其義甚愜. 及至篇中所列, 奚不類于其敍哉! 若孔門達者, 顏稱殆庶, 至于他子, 難爲等衰. 今乃先伯牛而後曾參, 進仲弓而退冉有,【伯牛·仲弓並在第二等, 曾參·冉有並在第三等】求諸折中, 厥理無聞. 又楚王過鄧, 三甥欲殺之, 鄧侯不許, 卒亡鄧國. 今定鄧侯入下愚之上,【即第七等】夫寧人負我, 爲善獲戾, 持此致尤, 將何勸善? 如謂小不忍亂大謀, 失于用權, 故加其罪. 是則三甥見幾而作, 決在未萌, 自當高立標格, 置諸雲漢. 何得止與鄧侯鄰伍, 列在中庸下流而已哉?【三甥皆在第六等】

　반고의 『한서』 「고금인표古今人表」를 보면 위로 수천 년을 포괄하고 수백 명의 인물을 꿰어 3과科로 나누고 9등급으로 확정했다.[6] 그 언어가 매우 고상하고, 그 의미도 꽤 흡족하다. 그렇지만 편목에 들어가 있는 인물을 보면 이러한 서문의 설명과 일치하지 않는 경우가 많다.

　공자 문하의 통달한 인물 중에서 안연顏淵은 거의 공자에 가까웠고, 다른 제자들의 경우는 차등을 두기 어려웠다. 그런데 지금 「고금인표」에서는 염백우冉伯牛를 앞에 놓고 증삼曾參을 뒤에 놓았으며, 중궁仲弓을 앞으로 나오게

---

5 붉은색과~않았으니 : 『논어』 「양화陽貨」에 "자주색이 붉은색을 빼앗는 것이 싫다.[惡紫之脫朱也]"라고 했다.

6 반고의~확정했다 : 『한서』 「고금인표 서古今人表敍」에 상지上智, 하우下愚, 중인中人을 다시 각각 상, 중, 하로 나누어 9등급이 되었다. 표表가 곧이어 시작되므로, 이 글이 「고금인표」 서문에 해당한다.

하고 염유冉有를 뒤로 물렸으니,【염백우와 중궁은 모두 제2등이고, 증삼과 염유는 모두 제3등이다.】그렇게 판단한 의중을 짐작해보려고 해도 도무지 그럴 만한 이유를 모르겠다.

또한 초나라 문왕文王이 등鄧나라를 지나갈 때 등나라의 세 처남이 문왕을 죽이려 했으나 등나라 기후祁侯가 허락하지 않았고, 결국 등나라는 문왕에게 망했다.[7] 이제 등후를 하우下愚 중의 상上으로【즉 제7등이다.】판정한다면, 이 것은 차라리 다른 사람이 나를 등지더라도 좋은 일을 하다가 몹쓸 일을 당하 겠다는 태도를 허물로 삼는 것인데, 그렇다면 장차 어떻게 사람들에게 좋은 일을 하라고 권장할 수 있겠는가?

작은 일을 참지 못하여 큰일을 그르쳤고[8] 시의적절한 조치에 실패했기 때 문에 그 죄를 더했다고 말할 수도 있을 것이다. 이렇다면 세 처남은 미리 문 왕의 기미를 보고 일어나[9] 아직 싹이 트기 전에 사태의 흐름을 파악했으니, 당연히 본보기로 높이 평가하여 첫째로 놓아야 했다. 그런데 어찌 등후와 이 웃 등급에 두어 단지 평범한 하류의 인물로 평가하는 데 그치고 말았는가? 【세 처남은 모두 제6등에 속했다.】

又其敍晉文之臣佐也, 舟之僑爲上, 陽處父次之, 士會爲下【舟之僑在第三 等; 陽處父在第四等; 士會在第五等.】其述燕丹之賓客也, 高漸離居首, 荊 軻亞之, 秦武陽居末【高漸離在第四等; 荊軻在第五等; 秦舞陽在第六等.】

---

7 초나라~망했다 : 자세한 사정은 『춘추좌씨전』 장공莊公 6년에 나온다.

8 작은~그르쳤고 : 『논어』 「위령공衛靈公」에 공자가 말하기를 '교언이 덕을 어지럽혔으며, 작은 일을 참지 못해 큰일을 그르쳤다.[子曰: 巧言亂德, 小不忍則難大謀]"라고 했다.

9 기미를 보고 일어나 : 『주역』 「계사 하繫辭下」에 "군자는 기미를 보고 일어난다.[君子見幾而 作]"라고 했다.

斯並是非瞀亂, 善惡紛挐, 或珍瓵瓴而賤璠璵, 或策駑而捨騏驥. 以茲爲監, 欲誰欺乎? 又江充·息夫躬讒諂惑上, 使禍延儲后, 毒及忠良. 論其奸凶, 過于石顯遠矣, 而固敍之, 不列佞幸. 楊王孫裸葬悖禮, 狂狷之徒, 考其一生, 更無他事, 而與朱雲同列, 冠之傳首, 不其穢歟?

또한 진나라 문공의 신하를 설명하면서, 주지교舟之僑[10]를 위에 놓고, 양처보陽處父[11]를 그 다음에, 사회士會를 맨 아래에 두었다.【주지교는 제3등이고, 양처보는 제4등, 사회는 제5등이다.】 연나라 태자 단丹의 빈객을 설명할 때는 고점리高漸離[12]를 첫째로, 형가荊軻를 다음에, 진무양秦武陽[13]을 끝에 두었다.【고점리는 제4등, 형가는 제5등, 진무양은 제6등에 두었다.】 이 모두 시비와 선악을 섞어 어지럽히고, 영적瓴瓵을 진귀하게 여기고 반여璠璵를 하찮게 여기거나[14] 노둔한 말을 타고 천리마를 버려두는[15] 꼴이다. 이런 기준을 만들어놓고 누구를

---

10 주지교 : 괵虢나라의 대부大夫였으나 나중에 진晉나라로 도망쳤다. 진 문공晉文公이 조曹나라를 칠 때 주지교를 융우戎右에 임명했다. 그러나 성복城濮 전투에서 주지교가 강을 건너 먼저 돌아온 이유로 벌을 받아 죽었다. 『춘추좌씨전』 희공僖公 29년 전문에 나온다.

11 양처보 : 진나라 대부였다. 채蔡나라를 공격했다가 초楚나라가 채나라를 원조하자, 퇴각했다. 후에 양처보와 영영甯嬴이 위衛나라에 사신으로 갔는데, 영영이 곧 사양하고 귀국했다. 영영은 양처보가 강직하여 장차 좌절을 당할 것이라 했는데, 과연 양처보는 오래지 않아 가계賈季에게 살해되었다. 『춘추좌씨전』 문공文公 5년과 6년 전문에 나온다.

12 고점리 : 연나라 사람으로 축筑을 잘 연주했다. 고점리는 형가와 절친한 사이였다. 형가가 진나라 왕을 죽이려다 실패하자 고점리는 이름을 바꾸고 진나라 왕에게 접근하여 죽이려 했다. 축에 납덩어리를 넣어 진나라 왕을 공격했지만 적중하지 않아서 피살되었다. 『사기』 권86 「자객열전刺客列傳」에 나온다.

13 진무양 : 연나라 무사로, 형가를 따라 진나라 왕을 죽이러 갔다. 형가가 연나라 지도를 진나라 왕에게 바치고 환심을 사서 접근하여 공격했으나 실패했으며, 진무양도 이때 피살되었다.

14 영적을~여기거나 : 영적은 밑이 없고 두 귀가 달린 도기陶器이며, 반여는 노魯나라의 보옥이다.

기만하려는 것인가?

또한 강충江充[16]과 식부궁息夫躬[17]은 아첨과 참언으로 군주를 속여 재앙이 태자에게 미쳤으며 충성스럽고 진실한 신하들에게 독이 되었다. 그 간흉됨을 따지자면 석현石顯[18]보다 훨씬 심한데, 그냥 일반 열전에 넣고 간신이나 폐행嬖幸 열전에 넣지 않았다. 양왕손楊王孫은 시체 그대로 장례를 지내 예를 어지럽힌 미친 자였고, 그의 일생을 살펴보아도 역시 특별한 사건이 없었지만 주운朱雲과 같은 반열에 놓고 열전의 첫머리에 두었으니[19] 조잡하지 않은가?

若乃旁求別錄, 側窺雜傳, 諸如此繆, 其累實多. 按劉向『烈女傳』載魯之秋胡妻者, 尋其始末, 了無才行可稱, 直以怨懟厥夫, 投川而死. 輕生同於古冶, 殉節異於曹娥, 此乃凶險之頑人, 强梁之悍婦, 輒與貞烈爲伍, 有乖其

---

15 노둔한~버려두는 : 노駑는 둔한 말이다. 기驥는 청색 털의 말이고 기騏는 천리마로, 모두 좋은 말을 가리킨다.

16 강충 : 자는 차천次倩이다. 엄한 형벌 시행과 귀척 신하들에 대한 제압으로 한나라 무제武帝의 총애를 받았다. 그 뒤 무고 사건을 일으켜 태자를 죽였는데, 무제가 나중에 깨닫고 강충의 삼족을 멸했다. 『한서』권45 「강충열전江充列傳」에 나온다. 강충과 식부궁이 괴통蒯通, 오피伍被와 같은 열전에 들어 있다.

17 식부궁 : 자는 자미子微이다. 한나라 애제哀帝의 신임을 받아 선릉후宣陵侯에 봉해졌으나, 뒤에 당黨을 만들어 조정을 위해했다는 탄핵을 받고 죄를 받을까 두려워하며 자살했다. 식부궁 때문에 유운劉雲, 가연嘉延, 왕가王嘉, 공손록公孫祿 등 훌륭한 신하들이 해를 입었다. 강충의 열전에 이어 있는 『한서』권45 「식부궁열전息夫躬列傳」에 나온다.

18 석현 : 자는 군방君房이다. 한나라 원제元帝가 병이 나자 정무를 대신했다. 권세를 믿고 소망지蕭望之와 장맹張猛을 자살케 했으며, 주감周堪 등은 관직에 나오지 못하게 했다. 성제成帝가 즉위한 뒤 실각했다. 『한서』권93 「영행전佞幸傳」에 나온다.

19 양왕손은~두었으니 : 『한서』권67 「양호주매운전楊胡朱梅雲傳」에 나온다. 열전의 첫머리에 두었다는 것은 「양호주매운전」의 맨앞에 양왕손 열전이 기록되어 있다는 말이다.

實者焉. 又嵇康『高士傳』, 其所載者廣矣, 而顔回·蘧瑗, 獨不見書. 蓋以二子雖樂道遺榮, 安貧守志, 而拘忌名教, 未免流俗也. 正如董仲舒·揚子雲, 亦鑽仰四科, 驅馳六籍, 漸孔門之教義, 服魯國之儒風, 與此何殊, 而並可甄錄. 夫回·瑗是棄, 而揚·董獲升, 可謂識二五而不知十者也.

다른 여러 가지 기록이나 전기를 찾아보면 이런 잘못은 실제로 다른 저서에도 상당히 많다. 유향劉向의『열녀전烈女傳』에 수록된 노나라 추호秋胡의 아내의 경우, 그 이야기의 시말을 보면 거론할 만한 특출한 행적은 전혀 없고, 단지 자신의 남편을 원망한 나머지 개천에 몸을 던져 죽은 것뿐이었다.[20] 목숨을 가벼이 여긴 것은 고야古冶와 같고,[21] 순절은 조아曹娥와 전혀 달랐으니,[22] 이는 흉험하고 완고한 사람이며 드세고 사나운 아낙네였는데도 쉽게 정열貞烈이 있는 사람들과 같은 대열에 두었으니, 실상과는 차이가 있다.

또한 혜강嵇康의『고사전高士傳』에는 수록된 사람들의 범위가 넓음에도 불구하고 안회顔回와 거백옥蘧伯玉[23]만은 기록을 찾아볼 수 없다. 대체로 두 사람

---

20 유향의~것뿐이었다 : 추호가 진陳에서 근무하다가 5년 만에 귀가하던 길에, 길가에서 뽕을 따는 여인에게 수작을 걸었다. 집에 와서 아내을 불렀더니 바로 그 뽕을 따던 여인이었다. 아내는 추호를 꾸짖고 투신자살했다.『열녀전』「절의전節義傳」에 나온다.

21 목숨을~같고 : 공손접孔孫接, 전개강田開彊, 고야자古冶子는 자신들이 호랑이와 싸울 수 있는 용기를 갖고 있다고 과신했다. 제齊나라 경공景公이 시험 삼아 복숭아 2개를 세 사람에게 나눠주고 공적에 따라 나누라고 했다. 공손접과 전개강은 용기나 공로로 볼 때 고야자에게 미치지 못한다고 생각하면서 복숭아를 돌려주고 자살했다. 이 말을 들은 고야자도 자살했다. 좀 어처구니없는 이야기이기는 하지만,『안자춘추晏子春秋』에 나온다.

22 순절은~달랐으니 : 조아의 아버지 조우盱는 무당 일을 업으로 삼았는데, 신을 맞으러 강변에 나갔다가 잘못하여 빠져 죽었다. 이때 조아는 14세였는데, 17일 동안 밤낮으로 슬퍼하다가 결국 강에 빠져 죽었다.『후한서』권84「열녀전」에 나온다.

23 거백옥 : 위衛나라의 대부이다.『논어』「위령공衛靈公」에서, 공자는 "군자답도다, 거백옥은! 나라에 도가 있으면 벼슬하고, 나라에 도가 없으면 물러나 있구나."라고 했다. 한편 조어보는,

은 안빈낙도하면서 영예를 바라지 않고 지조를 지켰지만, 명교名教에 구애되어 세속을 벗어나지 못했기 때문이라고 생각한다. 그러나 바로 동중서董仲舒와 양웅揚雄도 역시 덕행·언어·정치·문학을 연구했고,[24] 육경을 숙독하여 공자 문하의 가르침에 젖었으며 노나라 학자들의 풍조를 따랐는데, 안회나 거백옥과 무엇이 다르기에 이 사람들을 모두 기재했는가? 저 안회나 거백옥은 버려두고 양웅과 동중서는 기록에 올렸으니, 둘 다섯은 알면서도 열은 모르는 경우라고 해야겠다.

爰及近代, 史臣所書, 求其乖失, 亦往往而有. 借如陽瓚効節邊城, 捐軀死敵, 當有宋之代, 抑劉·卜之徒歟!【劉謂劉康祖, 卜謂卜天與】而沈氏竟不別瑕標牓, 唯寄編於「索虜」篇內. 紀僧珍砥節礪行, 終始無瑕, 而蕭氏乃與群小混書, 都以「恩幸」爲目. 王頗文章不足, 武藝居多, 躬詣戚藩, 首階逆亂. 撰『隋史』者如不能與臬感並列,【隋世皆以楊玄感爲臬感】卽宜附出「楊諒傳」中, 輒與詞人共編, 吉士爲伍.【『隋書』列王頗在「文苑傳」也.】凡斯纂錄, 豈其類乎? 子曰: "以貌取人, 失之子羽; 以言取人, 失之宰我." 光武則受誤於龐萌, 曹公則見欺於張邈. 事列在方書, 惟善與惡, 昭然可見. 不假許·郭之深鑒, 裴·王之妙察, 而作者存諸簡牘, 不能使善惡區分, 故曰, 誰之過歟, 史官之責也.

거백옥은 안연에 비할 바가 못 되며 단지 관작을 얻어 경이 되었을 뿐이므로 유지기의 평이 부당하다고 보았다.

24 덕행~연구했고 : 찬앙鑽仰이란 원래 안연이 공자의 경지를 찬탄하면서 했던 말이다. 『논어』「자한子罕」에 나온다. 4과四科란 덕행德行·언어言語·문학文學·정사政事를 가리킨다. 이는 『논어』「선진先進」에서 유래했다.

그런데 근대에 이르러 사관의 기록을 찾아보면 사실과 괴리가 있는 내용이 왕왕 있다. 송나라 양찬陽瓚은 변방의 성을 지키다가 패배했으나 항복하지 않고 끝까지 싸우다가 죽었으니,[25] 송대에는 유강조劉康祖나 복천여卜天與에 필적할 만한 사람이었는데,【유劉는 유강조, 복卜은 복천여를 말한다.】심약沈約은 결국 따로 열전을 세우지 않고 단지「색로전索虜傳」안에 끼워 넣었다.[26]

기승진紀僧珍의 숫돌처럼 절개 있는 행실은 처음부터 끝까지 흠이 없었는데, 소자현蕭子顯은 그를 비중이 적은 다른 인물들과 함께 기록하고 모두「은행전恩幸傳」이라고 편명을 붙였다.[27] 또한 왕파王頗는 문장이 부족한 반면 무예에 장점이 있었으나, 스스로 변방 황족에게 가서 앞장서 반역에 참여했다. 『수서隋史』를 편찬하는 사람이 왕파를 양현감楊玄感과 나란히 열전에 두지 못하겠으면,【수나라 때 모두 양현감을 효감梟感이라고 불렀다.】바로「양량전楊諒傳」에 붙여서 모반한 인물에 포함했어야 하는데, 느닷없이 문학가들과 같은 편에 넣어 현자들과 나란히 배치했다.[28]【『수서隋書』에서는 왕파를「문원전文苑傳」

---

25 송나라~죽었으니 : 송나라 무제武帝 영초永初 3년(422)에 북위北魏가 골대성滑臺城을 대대적으로 공략했다. 성벽이 무너지고 장수 왕경도王景度마저 도망쳤으나, 사마양찬司馬揚瓚은 끝까지 성을 견고히 지키면서 분전했다. 나중에 군대가 흩어졌지만 양찬만 홀로 항복을 거부하고 전사했다. 심약이 편찬한 『송서宋書』 권95 「색노전索虜傳」에 나온다.

26 송대에는~넣었다 : 송나라 문제文帝가 북벌을 할 때 유강조가 군대를 이끌고 위魏나라 인진仁眞과 격전을 벌이다 죽었다. 위나라 장수 유두劉頭가 와서 보니 유강조의 얼굴이 살아 있는 듯했다고 한다. 『송서』 권50 「유강조전劉康祖傳」에 나온다. 문제의 큰아들 유소劉劭의 부장部將인 장초張超가 문제를 죽이고 궁궐 중문으로 들어오려고 할 때, 복천여가 성문을 여는 기계를 잡고 저항하다가 끝내 이기지 못하고 피살되었다. 『송서』 권99 「이흉전二凶傳」에 나온다.

27 기승진의~붙였다 : 기승진은 제나라 고제高帝의 꿈을 받았다. 소혜랑蕭惠朗이 군대를 이끌고 동문으로 돌격해왔을 때 기승진이 격퇴했다. 『남제서南齊書』 권56 「은행전」에 나온다.

28 왕파는~배치했다 : 왕파의 자는 경문景文이다. 젊었을 때 유협遊俠을 좋아했는데, 형 왕옹王顒에게 혼난 뒤 발분하여 공부했다. 수나라 초기에 국자박사國子博士를 지냈다. 『오경

에 넣었다.】 이런 편찬과 배치가 과연 타당하다고 하겠는가?

공자가 말하기를 "인물만 보고 사람을 뽑는다면 담대멸명澹臺滅明 같은 사람을 잃을 것이고, 말재주만 갖고 사람을 뽑으면 재아宰我 같은 사람에게 속을 것이다."라고 했다.[29] 광무제光武帝도 방맹龐萌을 잘못 보았고,[30] 조조도 장막張邈에게 속았다.[31] 이런 사실은 역사서에 나와 있으니[32] 그 선과 악을 훤히 볼 수 있다. 후한의 허소許劭[33]와 곽태郭泰의 깊은 안목이나 배해裵楷와 왕융王戎[34]의 신묘한 관찰을 빌리지 않더라도 누구나 선악을 판단할 수 있어야 한

대의五經大義』를 편찬했는데, 지금은 전해지지 않는다. 인수仁壽 4년(604)에 양량楊諒이 반란을 일으키자 왕파가 여러 번 그에게 계책을 올렸으나 채택되지 않았다. 양량이 패배한 뒤, 왕파는 돌궐로 도망쳤지만 길이 끊겨 자살했다. 『수서』 권76 「문학열전文學列傳」에 나온다. 양량은 자가 덕장德章이며, 수 문제隋文帝의 아들이다. 반란을 일으켰다가 패배한 뒤 서인庶人으로 강등되고 폐위되었다. 『수서』 권45 「서인량전庶人諒傳」에 나온다.

29 공자가~했다 : 『사기』 「중니제자열전仲尼弟子列傳」에 나온다. 자우子羽는 담대멸명의 자이다. 담대멸명과 재아는 모두 공자의 제자이다. 담대멸명은 생김새가 좋지 않았던 듯하다. 재아는 언변이 뛰어난 제자였는데, 공자로부터 여러 번 핀잔을 들었다.

30 광무제도~보았고 : 방맹은 성품이 온화하여 광무제의 신임을 받았다. 광무제가 방맹을 칭찬하면서 평적장군平狄將軍에 임명했지만, 그는 곧 반란을 일으켰다. 『후한서』 「유영전劉永傳」에 나온다.

31 조조도 장막에게 속았다 : 『삼국지 위지』 권7 「장막열전張邈列傳」 진수陳壽의 평에 나온다. 장막의 자는 맹탁孟卓으로, 조조 등과 친했다. 맹주가 된 원소袁紹가 교만해지자 장막이 비판했다. 원소가 조조에게 장막을 죽이라고 했으나, 조조는 따르지 않았다. 장막은 불안하여 여포呂布에게 의탁했다가 부장에게 살해되었다.

32 이런~있으니 : 여기에 문장이 빠진 듯하다는 게 일반적인 견해이다. 방서方書는 역사서이다.

33 허소 : 자는 자장子將으로, 명분과 절의를 숭상하여 사람들로부터 존경을 받았다. 조조에게 "그대는 치세의 간신이며 난세의 영웅이다.[君, 淸平之奸賊, 亂世之英雄]"라고 평했다는 일화가 유명하다. 『후한서』 권68 「허소전許劭傳」에 나온다.

34 배해나 왕융 : 배해의 자는 숙칙叔則이며, 총명하고 식견이 있었다. 특히 『주역』과 『노자』에 대해 탁월한 능력을 갖고 있었다. 당시 사람들은 배해와 왕융을 나란히 놓으면서, '배해는 맑고 두루 통하며, 왕융은 간요하다'고 평가했다. 왕융의 자는 준충浚冲이다. 배해가 그에 대해 평하기를 '암석 아래 번개[巖下電]'라고 했다. 둘 다 『진서晉書』에 열전이 있다.

다. 하지만 역사가가 자신이 편찬한 역사서에 나와 있는 기록에 대해 선악을 구분할 수 없게 만들었다. 이는 다른 누구의 잘못도 아니며, 바로 사관의 책임이라 할 것이다.

夫能申藻鏡, 別流品, 使小人君子, 臭味得朋, 上智中庸, 等差有紋, 則懲惡勸善, 永肅將來, 激濁揚淸, 鬱爲不朽者矣.

　아름다운 거울처럼 반짝이는 안목을 발휘하고 올바르게 인품을 구별하여 군자는 군자대로 소인은 소인대로 그에 어울리는 맛과 냄새를 갖게 하고, 지혜가 있는 사람과 평범한 사람에게 차이가 나면 나는 대로 순서가 정해지게 한다면, 권선징악의 교훈은 앞날에 길이 엄숙하게 전해질 것이고, 격탁양청激濁揚淸의 풍습은 번성하고 썩지 않을 것이다. 🐾

夫自二儀既判垂玄象之文萬
肇化生影紀事之實蒼頡沮誦
以前造物代爲敷揚山川曲爲
摅寫何必入抽金匱之藏世檀

「직서直書」는 「서사敍事」편의 연장이라 할 수 있다. 이 편은 『사통 외편』의 「오시杵時」와 같은 취지가 느껴진다. 유지기는 역사의 임무가 후세에 권장하고 경계하는 것을 보여서 아름다운 풍습과 교화를 수립하는 것이 아니냐고 묻는다. 그러면서 난신적자가 있을 때 그 사실을 곧게 기록하여 허물을 숨기지 않는다면, 더러운 자취가 하루아침에 훤히 드러나고 추한 이름이 천 년까지 미칠 것이라며 그것이 정말 두려운 일이라고 말한다. 그는 동호와 조순처럼 피아간에 유감이 없고 행동에도 의심이 없어야 역사의 진실과 직필을 기록하고 고금에 이름을 남기는 것이라고 한다.

그러나 직필을 지키려다 형벌을 당하고 죽임을 당하는 것이 세상사이기에, 사신史臣이 강직한 풍모로 권력에 빌붙지 않는 절개를 유지하기도 어렵다고 탄식한다. 유지기는 손성처럼 몰래 다른 판본을 만들어 편치 않은 마음을 달랬던 역사가의 사례를 소개하고, 이 같은 방법이 재앙을 피하고 저술과 당사자가 온전할 수 있었던 길이었다고 말한다.

유지기에 따르면 송 효왕이나 왕소도 사실을 왜곡하지 않고 진실을 탐구하는 풍조가 있었다. 그들은 권력의 핍박을 두려워하지 않았다. 왕침이 간사한 곡필로 고위 관직을 노렸던 일이나 동통이 아첨하는 글로 영화로운 삶을 훔친 것과 비교하면, 그들은 불후의 이름을 남긴 인물이라고 높이 평가했다.

内篇

24

직서의 모범과 전통
直書

直書

夫人禀五常, 士兼百行, 邪正有別, 曲直不同. 若邪曲者, 人之所賤, 而小人
之道也; 正直者, 人之所貴, 而君子之德也. 然世多趨邪而棄正, 不踐君子
之跡, 而行由小人者, 何哉? 語曰: "直如弦, 死道邊; 曲如鉤, 反封侯." 故寧
順從以保吉, 不違忤以受害也. 況史之爲務, 申以勸誡, 樹之風聲. 其有賊
臣逆子, 淫君亂主, 苟直書其事, 不掩其瑕, 則穢跡彰於一朝, 惡名被於千
載. 言之若是, 吁可畏乎!

　　대개 사람은 인·의·예·지·신仁義禮智信의 오상五常을 받고 태어나며 학자는
여러 가지 탁월한 품행을 갖추고 있으므로[1] 바르고 그릇된 것을 구별하고 굽
고 곧은 것이 같지 않음을 안다. 그릇되고 굽은 것은 사람들이 천하게 여기
는 일이며 소인의 길이고, 바르고 곧은 것은 사람들이 귀하게 여기는 일이며
군자의 덕이다. 그러나 세상이 대부분 그릇된 것을 따르고 바른 것을 버리며,
군자의 행적을 실천하지 않고 소인을 따라 행동하는 것은 왜인가?
　　동요에 "활시위처럼 곧은 사람이 길 가장자리에서 죽고, 낚싯바늘처럼 굽
은 사람은 도리어 후侯에 봉해졌네."[2]라고 했다. 그래서 차라리 시세에 순종

1　학자는~있으므로 : 『시경』 「위풍衛風 맹氓」에 나온다. 사士는 『시경』에서 대체로 남자라는
　　의미로 쓰인다. 유지기는 학자나 지식인을 염두에 두고 사士를 쓴 듯하다.
2　활시위처럼~봉해졌네 : 전한 순제順帝 때 대장군 양기梁冀가 외척으로 공로를 세워 조정을
　　마음대로 휘둘렀다. 이고李固를 옥중에서 죽게 하고, 자신의 수하인 원탕袁湯 등은 후작에

420　사통 내편_ 24. 직서의 모범과 전통

하면서 자신의 안전을 지키고, 시세를 거슬러 해를 입지 않으려고 하는 것이다. 하지만 역사의 임무는 권장하고 경계하는 것을 보여서 아름다운 풍습과 교화를 수립하는³ 것이 아니던가? 만일 난신亂臣과 적자賊子, 음란한 군주가 있어서 그 사실을 곧게 기록하여 허물을 숨기지 않는다면, 그 더러운 자취가 하루아침에 훤히 드러나고 추한 이름은 천 년까지 미칠 것이다. 이렇게 말하고 보면 정말 두려운 일이 아니겠는가!

夫爲於可爲之時則從, 爲於不可爲之時則凶. 如董狐之書法不隱, 趙盾之爲法受屈, 彼我無忤, 行之不疑, 然後能成其良直, 擅名今古. 至若齊史之書崔弑, 馬遷之述漢非, 韋昭仗正於吳朝, 崔浩犯諱於魏國, 或身膏斧鉞, 取笑當時; 或書塡坑窖, 無聞後代. 夫世事如此, 而責史臣不能申其強項之風, 勵其匪躬之節, 蓋亦難矣. 是以張儼發憤, 私存『嘿記』之文, 孫盛不平, 竊撰遼東之本. 以玆避禍, 幸獲兩全. 足以驗世途之多險, 知實錄之難遇耳.

그런데 모든 일에는 형편이 있게 마련이어서, 뭔가 할 만한 시대에 실천하면 순조롭지만, 하지 말아야 할 시대에 실천하면 흉한 일을 겪는다. 동호董狐가 역사의 필법을 숨기지 않자, 조순趙盾이 필법을 위해 영공靈公을 시해했다는 굴욕을 받아들였던 것처럼,⁴ 피아간에 유감이 없고 행동에도 의심이 없어야 역사의 진실과 직필을 기록하고 고금에 이름을 남기는 것이다.

제齊나라 태사太史가 최저崔杼의 군주 시해를 기록한 일,⁵ 사마천이 한漢 왕

봉했다. 그래서 낙양洛陽의 동요에 위와 같은 노래가 있었다. 『후한서』 「오행지」에 나온다.
3 아름다운~수립하는 : 『춘추좌씨전』 문공文公 7년에 나온다.
4 동호가~것처럼 : 『춘추좌씨전』 선공宣公 2년에 나온다.

실의 잘못을 기록한 일,[6] 삼국시대 위소韋昭가 오吳나라 왕조에 죽임을 당한 일,[7] 최호崔浩가 위魏나라가 꺼리는 일을 기록하여 살해되었던 일[8] 등은, 자신은 형벌을 받아 죽고 당시의 웃음거리가 되었으며 기록은 구덩이에 묻혀 후대에 전해지지 않은 경우이다.

대개 세상사가 이와 같기에 사신史臣이 고개를 숙이지 않는 강직한 풍모를 펴서 권력에 빌붙지 않는 절개에 힘쓰지 못했다고 책망만 하기는 아마 어려울 것이다. 그래서 장엄張儼은 사사로이『묵기嘿記』의 기록을 남겨 분노의 감정을 풀었고,[9] 손성孫盛은 뒷날 요동에서 발견된 판본을 몰래 만들어 편치 않은 마음을 달랬다.[10] 이렇게 해서 재앙을 피하고, 다행스럽게도 저술과 당사

---

5 제나라~일 : 춘추시대 제나라 최저가 군주를 시해했을 때, 태사가 그 사실을 그대로 기록했다가 최저에게 살해되었다. 이 사례는 앞서 자주 언급되었다.『춘추좌씨전』양공襄公 25년 5월 23일 전문에 나온다.

6 사마천이~일 :『후한서』권60하「채옹전蔡邕傳」이현李賢의 주에 나온다. 사마천은, 잘못이 있다면 이는 무제에게만 국한되서는 안 되고 왕조의 좋지 않은 사실도 모두 기록하는 게 원칙이라고 했다.

7 위소가~일 : 위소는 황제로부터 자신의 아버지를 본기에 편찬하라는 명을 받았으나, 제위에 오르지 못했다는 이유를 들어 열전에 넣었다. 이 때문에 황제의 노여움을 사서 살해되었다.『삼국지 오지』「위요전韋曜傳」에 나온다.

8 최호가~일 : 최호의 자는 백연伯淵으로, 경사와 제자백가에 능통했다. 동생 최람 등과 함께『국서國書』30권을 편찬했는데,『국서』를 찬술하면서 선비족인 북위北魏의 왕실에 대해 거리낌 없이 적다가 살해되었다.『위서衛書』권35「최호전崔浩傳」에 나온다.

9 장엄은~풀었고 : 장엄은 삼국시대 오吳나라 사람이며『묵기』3권을 편찬했다고『수서隋書』「경적지經籍志」에 전한다. 지금은 없어졌고, 그중「술좌편述佐篇」이『예문유취藝文類聚』등의 책에 흩어져 전한다.

10 손성은~달랬다 : 손성의 자는 안국安國이고, 동진東晉 태원太原 중도中道(산서山西) 사람이다. 공자와 사마천을 흠모하여 일실된『진양추晉陽秋』32권을 지었다.『진서晉書』에 열전이 있다.『수서』「경적지」에도 일실된『위씨춘추魏氏春秋』20권을 편찬했다고 전한다. 유지기가 살았던 시대까지는 이 저서들이 남아 있었던 모양이다.

자 모두 온전할 수 있었다. 이것만으로도 세상살이에는 애로가 참으로 많고 믿을 만한 기록을 만나기 어렵다는 것을 충분히 알 수 있다.

然則歷考前史, 徵諸直詞, 雖古人糟粕, 眞僞相亂, 而披沙揀金, 有時獲寶. 案金行在歷, 史氏尤多. 當宣·景開基之始, 曹·馬搆紛之際, 或列營渭曲, 見屈武侯, 或發仗雲臺, 取傷成濟. 陳壽·王隱, 咸杜口而無言, 干寶·虞預, 各栖毫而靡述. 至習鑿齒, 乃申以死葛走達之說, 抽戈犯蹕之言. 歷代厚誣, 一朝如雪. 考斯人之書事, 蓋近古之遺直歟? 次有宋孝王『風俗傳』·王劭『齊志』, 其敍述當時, 亦務在審實. 案于時河朔王公, 箕裘未隕; 鄴城將相, 薪構仍存, 而二子書其所諱, 曾無憚色, 剛亦不吐, 其斯人歟?

그래서 이전의 역사서를 두루 살펴보고 바른 기록이 있는가를 검토해보면, 비록 옛 역사가들이 거칠고 조잡하며 진위를 서로 어지럽게 섞어놓았지만, 모래를 파헤치면 금을 찾아낼 수 있듯이 보물을 얻을 때도 있다. 진晉 왕조 때는 역사가들이 더욱 많아졌다. 선왕宣王과 경왕景王이 왕조의 기틀을 열던 무렵, 조씨曹氏와 사마씨司馬氏가 다툴 때 사마씨는 위수渭水가에 진을 치고 있다가 제갈량에게 굴욕을 당하기도 했고,[11] 위나라 조모曹髦는 제위를 찬탈하려는 사마소司馬昭를 공격하려고 능운대陵雲臺에서 병사를 일으켰다가 도리어 성제成濟에게 칼을 맞고 죽었다.[12]

---

11 조씨와~했고 : 『삼국지三國志 촉지蜀志』 「제갈량전諸葛亮傳」 배송지裵松之의 주에서 『한진춘추漢晉春秋』를 인용하여 소개했다.

12 위나라~죽었다 : 『삼국지三國志 위지魏志』 「고귀향공기高貴鄕公紀」 배송지의 주에서 『한진춘추』를 인용해 소개했다. 운대雲臺는 능운대로서 무기고이며, 장仗은 무기(창)를 가리킨다.

이 사실에 대하여, 진수陳壽의 『삼국지』와 왕은王隱의 『진서晉書』에서는 모두 입 다물고 아무 말도 하지 않았고, 간보干寶나 우예虞預의 『진서晉書』에서도 각자 붓만 빨았지 사실을 서술하지는 않았다. 습착치習鑿齒의 『한진춘추漢晉春秋』에 이르러서야 죽은 제갈량이 산 중달을 쫓았다는 이야기와 창을 뽑아 황제를 죽였다는 이야기를 내놓고 할 수 있었다. 이로써 오래된 무함이 하루아침에 눈처럼 녹았다. 습착치의 사건 서술로 보건대, 아마도 가까운 옛날의 직서 풍조가 남아 있던[13] 것이 아닐까?

다음으로, 송 효왕宋孝王의 『풍속전風俗傳』이나 왕소王劭의 『제지齊志』도 그 동시대에 대한 기록으로, 역시 사실을 왜곡하지 않고 진실을 탐구하는 풍조가 있었다. 당시 북위北魏의 왕공들은 여전히 가죽옷이나 키 만드는 일을 그만두지 않았고,[14] 북제北齊의 장상들은 땔나무하는 일을 그대로 하고 있었다.[15] 그런 점을 감안할 때, 권력을 잡고 있던 사람들이 감추려는 것을 두 역사가가 기록하면서 한 번도 꺼리지 않았던 태도야말로 권력의 핍박을 두려워하지 않는[16] 인물의 전형이 아니겠는가?

蓋烈士徇名, 壯夫重氣, 寧爲蘭摧玉折, 不作瓦礫長存. 若南·董之仗氣直

---

13 아마도~있던 : 『춘추좌씨전』 소공昭公 14년에 "중니仲尼가 말하기를 '숙향叔向은 옛 유직遺直이다.'고 했다."라고 했다. 유직遺直이란 정직하여 고인古人의 풍모가 남아 있다는 의미이다.

14 북위의~않았고 : 『예기』 「학기學記」에 "훌륭한 가죽공의 아들도 반드시 배워야 가죽옷을 만들 수 있고, 훌륭한 장인의 아들도 반드시 배워야 키를 만들 수 있다."라고 했다. 운隕이란 가업이나 직업이 쇠퇴한다는 뜻이며, 하삭河朔은 북위를 가리킨다.

15 북제의~있었다 : 『춘추좌씨전』 소공昭公 7년에 "아비가 땔나무를 자르는데, 그 자식이 땔나무를 지지 못한다."라고 했다. 업성鄴城은 북제北齊를 가리킨다.

16 권력을~않는 : 『시경』 「대아大雅 증민蒸民」에 "중산보는 부드러워도 삼키지 않았으며, 강하여도 뱉지 않았다.[仲山甫, 柔亦不茹, 剛亦不吐]"라고 했다.

書, 不避强禦; 韋·崔之肆情奮筆, 無所阿容. 雖周身之防有所不足, 而遺芳餘烈, 人到於今稱之. 與夫王沈『魏書』, 假回邪以竊位, 董統『燕史』, 持諂媚以偸榮, 貫三光而洞九泉, 曾未足喩其高下也.

대개 열사烈士는 명분을 따르고[17] 대장부는 기개를 소중히 여긴다고[18] 했으니, 차라리 난초가 꺾이고 옥구슬이 부서질지라도[19] 기왓장으로 길게 연명할 수는 없는 노릇이다. 과거 남사南史나 동호董狐와 같은 의기와 직서는 폭력적인 핍박을 피하지 않았고, 위소韋昭나 최호崔浩는 생각하는 대로 분연히 붓을 놀려 아첨하는 데가 없었다. 그래서 비록 자신의 몸을 지키는 데는 부족했지만 후세에 남은 아름다운 명예는 지금까지도 사람들이 칭송하고 있다. 왕침王沈이 『위서魏書』에서 간사한 곡필로 고위 관직을 노렸던 일이나 동통董統이 『연사燕史』에서 아첨하는 글로 영화로운 삶을 훔친 것과[20] 비교하면, 이들이야말로 하늘에서는 해와 달과 별을 꿰고 땅에서는 구천九泉에 이어질 존재들이니, 그 고하를 비유하는 것이 의미가 없을 것이다. 👓

---

17 열사는 명분을 따르고 : 『사기史記』「가의전賈誼傳」에 나온다.

18 대장부는~여긴다고 : 『문선文選』에 장형張衡의 『서경부西京賦』를 인용한 데서 보인다. 맹자가 말한 호연지기浩然之氣에 가깝다고 볼 수 있다.

19 난초가~부서질지라도 : 『세설신어世說新語』「언어言語」에 "모백성毛伯成이 자신의 재주와 기력을 자부하여 늘 난초와 옥을 꺾거나 부술지언정 보잘것없는 영에는 만들지 않는다."라고 했다. 훗날 난최蘭摧와 옥절玉折은 어질거나 능력 있는 사람이 세태에 꺾여 좌절하는 의미로 쓰였다.

20 왕침이~것과 : 왕침의 『위서』와 동통의 『연사燕史』는 『사통 외편』「고금정사古今正史」에 상세히 서술되어 있다.

「곡필曲筆」은 「직서直書」와 짝이 되는 편으로, 「서사敍事」의 연장이다. 이 편은 왜곡된 서술과 평가에 대한 문제 제기의 성격을 갖고 있다. 역사가들조차 기록을 할 때 그 사안이 군주나 부모와 관련되면 감추고 숨기는 경우가 많았는데, 유지기는 이에 대해 정직이라는 측면에서는 부족했지만 명분의 가르침이 그 속에 유지될 수 있었다고 평한다. 그러나 사실을 왜곡하여 문서를 변조하고 과오를 미화하는 일은 역사가로서 추악한 편찬 태도라고 일침을 가한다. 역사가 멋대로 붓끝을 놀린 사례로 왕침과 육기를 들었고, 반고조차 황금을 받고 기록해주었던 사실, 쌀을 빌려주어야만 열전에 넣어준 진수의 사례도 더불어 비판했다.

유지기는 곡필 문제와 관련해 춘추전국시대에는 비록 제후들이 서로 다투고 승부가 갈렸음에도 다른 사람의 훌륭한 점을 반드시 칭찬해주고 자신의 잘못이라고 해서 숨기는 일이 없었지만, 근세에 이르러 공평한 정신이 망각되어 나라는 스스로 자기가 잘났다 하고, 가문은 서로 상대가 못났다고 헐뜯는 것을 지적했다. 그러한 태도로 역사서를 기록해서는 안 되는데, 역사서의 곡필과 무함이 한두 가지에 지나지 않더라도 그 죄가 크다는 것을 강조했다.

内篇
25

곡필의 사례와 영욕
曲筆

曲筆

筆有人倫, 是稱家國. 父父, 子子, 君君, 臣臣, 親疎旣辨, 等差有別. 蓋"子
爲父隱, 直在其中,"『論語』之順也; 略外別內, 掩惡揚善, 『春秋』之義也.
自玆已降, 率由舊章. 史氏有事涉君親, 必言多隱諱, 雖直道不足, 而名敎
存焉.

처음에 인륜이 있었고 그것을 기반으로 가家와 국國이라고 불리는 것이 생
겼다. 아비는 아비답고 아들은 아들답게, 군주는 군주답고 신하는 신하답게,[1]
친소와 차등이 구별되었다. 대개 "자식은 아비를 숨겨야 하니, 정직이란 그
속에 있는 것이다."[2]라고 한 것은 『논어』에서 말한 순리였다. 또한 국내와
국외는 당연히 구별되어야 하며, 나쁜 일은 덮어주고 좋은 일은 선양한다는[3]
것은 『춘추』의 의리였다. 그 뒤로 모두 이들 고전을 따랐다. 역사가들도 사
안이 군주나 부모와 관련되면 감추고 숨기는 경우가 많았으니, 정직의 문제

---

1 아비는~신하답게 : 『논어』 「안연顏淵」에 보인다.
2 자식은~것이다 : 공자가 섭공葉公과 대화할 때, 섭공이 아비의 도둑질을 증언한 자식을
  정직한 사례로 거론하자 공자가 했던 말이다. 『논어』 「자로子路」에 보인다.
3 국내와~선양한다는 : 조여보는 이 말이 『춘추공양전春秋公洋傳』 민공閔公 원년의 "『춘추』에
  존귀한 사람은 휘하고, 부모에 대해 휘하고, 현자에 대해 휘한다.[爲尊者諱, 爲親者諱,
  爲賢者諱]"라는 대목이라고 했는데, 그보다는 『춘추공양전』 은공隱公 10년 전문에 나오는
  "『춘추』는 국내 사실을 상세히 기록한 반면, 국외 사실은 소략하게 서술했다. 국외에
  대해서 대악大惡은 쓰고 소악小惡은 쓰지 않았으며, 국내에 대해서 대악大惡은 숨기고 소악小惡
  은 썼다."라는 기사에 근거한 것으로 보인다.

로 보면 부족했지만 명분이라는 가르침이 그 속에 유지될 수 있었다.

其有舞詞弄札, 飾非文過, 若王隱·虞預, 毁辱相凌, 子野·休文, 釋紛相謝. 用舍由乎臆說, 威福行乎筆端, 斯乃作者之醜行, 人倫所同疾也. 亦有事每憑虛, 詞多烏有. 或假人之美, 藉爲私惠; 或誣人之惡, 持報已讎. 若王沈『魏錄』, 濫述貶甄之詔, 陸機『晉史』虛張拒葛之鋒, 班固受金而始書, 陳壽借米而方傳. 此又記言之奸賊, 載筆之凶人, 雖肆諸市朝, 投畀豺虎可也.

　　그러나 사실을 왜곡하여 문서를 농락하고 비행이나 과오를 미화하는 일도 있었으니, 왕은王隱과 우예虞預는 헐뜯고 서로 모욕했으며[4] 배자야裵子野와 심약沈約은 분란을 매듭짓고 사과했다.[5] 이들은 모두 자신의 판단으로만 자료를 취사선택하고 다른 이의 화복을 자신의 붓끝으로 좌우했으니, 이야말로 편찬자의 추악한 행태이며 사람이라면 함께 미워해야 할 짓이라고 하겠다.
　　또한 역사서 중에는 사실마다 거짓 증거인 것과 문장마다 터무니없는 것도 많다. 다른 사람의 훌륭한 점에 가탁하여 자신의 은혜로 삼기도 하고, 다

---

4 왕은과~모욕했으며 : 왕은의 자는 처숙處叔으로, 아버지는 왕전王銓이다. 진晉나라 원제元帝 초에 왕은이 『진사晉史』를 편찬했는데, 이때 우예도 개인적으로 『진서晉書』를 편찬했다. 우예는 동남 지역에서 태어나 중원 사정에 생소했으므로 왕은을 여러 차례 방문하여 물어보았고, 결국 왕은의 편찬 원고를 빌려서 몰래 표절했다. 후에 왕은은 우예의 비방을 받고 면직되어 고향으로 돌아갔다. 『진서』 권82 「왕은전王隱傳」에 나온다.

5 배자야와~사과했다 : 심약이 『송서宋書』를 편찬할 때, "배송지는 이미 뒤에 이름이 전해지지 않는다."라고 했다. 배송지의 증손자인 배자야가 다시 『송략宋略』을 편찬했는데, 심약의 아버지 심박沈璞이 반역을 토벌하는 군대에 가담하지 않아서 죽임을 당했다고 썼다. 심약이 이를 듣고 난 뒤 바로 배자야에게 사과하고, 이후로 분란을 중지하자고 요청했다. 『남사南史』 권33 「배자야전裵子野傳」에 나온다. 휴문休文은 심약의 자이다.

른 사람의 악행을 꾸며내 자기 원수를 갚는 수단으로 삼기도 했다. 왕침王沈
은 『위록魏錄』에서 견후甄后를 폄하하는 조서를 함부로 기록했고,[6] 육기陸機는
『진사晉史』에서 제갈량의 공격을 막은 일을 과장했으며,[7] 반고班固조차 다른
사람에게 금을 받고서야 비로소 기록을 남겼고,[8] 진수陳壽는 쌀을 빌려주어야
만 열전에 넣어주었다.[9] 이들은 언어를 기록하고 붓을 잡은 사람들에게는 간
교한 도적이자 흉인이니, 저잣거리에 늘어놓고[10] 이리나 호랑이에게 주어도[11]
될 것이다.

---

6 왕침은~기록했고 : 견후는 조식曹植이다. 왕침이 지은 『위서』가 이미 없어졌기 때문에
  이 사실을 고증할 수가 없다. 『위서』에 이런 말이 없다는 설도 있다. 곽공연郭孔延은
  "왕침이 위나라에 충성하지 않았기 때문에 견후를 폄하한 일을 함부로 기록하여 그의
  추악함을 드러냈다."라고 했다.(『사통통석史通通釋』 권7)

7 육기는~과장했으며 : 육기의 『진서晉書』도 일찍이 없어졌다. 현재 당나라 때 편찬된
  『진서』를 통해 그의 과장된 서술을 확인할 수 있다고 한다. 태화太和 5년과 청룡靑龍
  2년, 두 차례에 걸쳐 사마의司馬懿가 제갈량諸葛亮을 물리쳤다고 했다. 선제宣帝(사마의)가
  제갈량을 물리친 이야기는 『위지』 「명제기明帝紀」, 『촉지』 「후주기后主紀」 등에 나온다.

8 반고조차~남겼고 : 이에 대해서는 『사통 외편』 「사관건치史官建置」 참고. 그러나 『사고전서
  총목』 권45에서는 유지기의 견해를 소개하는 한편, 반고의 일은 사실이 아니라는 『문심조룡
  文心雕龍』 「사전史傳」의 말도 인용했다.

9 진수는~넣어주었다 : 『진서』 「진수열전陳壽列傳」에 "정의丁儀와 정이丁廙는 위魏나라에서
  명성이 있었다. 진수가 그의 아들에게 '천 곡斛의 쌀을 주면 그대 아버지를 위해 좋은
  열전을 지어주겠다.'고 했다. 그 아들이 주지 않았더니 끝내 열전을 만들지 않았다."라고
  했다. 그러나 『곤학기문困學紀文』에는 하기첨何杞瞻이 "문제文帝가 즉위해서 정의丁儀와 정이
  丁廙를 벌주어 남근(남구男口)을 묶어버렸는데, 어떻게 진晉나라 때까지 자식이 있겠는가.
  쌀을 달라고 했던 일은 무함이다."라고 한 말을 소개했다. 기첨杞瞻은 하작何焯의 자이다.

10 저잣거리에 늘어놓고 : 『논어』 「헌문憲問」에, 공백료公伯寮가 계손씨季孫氏에게 자로子路를
  모함했을 때 자복경백子服景伯이 공자에게 이 사실을 말하면서 "제 힘으로 공백료를 죽여
  저자에 내걸 수 있습니다."라고 했다. 공자는 "도가 무너지든 행해지든, 그것은 운명이다."라
  면서 자복경백을 말렸다.

11 이리나 호랑이에게 주어도 : 『시경』 「소아小雅 항백巷伯」에 "저 참언하는 사람은 이리나
  호랑이에게 주어도 이리나 호랑이가 먹지 않네.[取彼譖人, 投畀豺虎, 豺虎不食]"라고 했다.

然則史之不直, 代有其書, 苟其事已彰, 則今無所取. 其有往賢之所未察, 來者之所不知, 今略廣異聞, 用標先覺. 案『後漢書』「更始傳」稱其懦弱也, 其初即位, 南面立, 朝羣臣, 羞愧流汗, 刮席不敢視. 夫以聖公身在微賤, 已能結客報讎, 避難綠林, 名爲豪傑. 安有貴爲人主, 而反至於斯者乎? 將作者曲筆阿時, 獨成光武之美; 諛言媚主, 用雪伯升之怨也.

그런즉 역사서의 곡필曲筆 문제는 대대로 그런 역사서가 있었기 때문에 생기는 것으로, 널리 알려진 경우는 지금 다시 거론할 필요가 없다. 다만 여태껏 지난 현인들도 미처 살펴보지 못한 것이 있고 후세 사람들이 알지 못하는 것도 있으므로, 지금 대략 알려지지 않은 소문을 널리 수습하여 먼저 깨달을 수 있도록 소개하려는 것이다.

『후한서』「경시전更始傳」에 보면, "이 사람은 나약하여 즉위 초반 남면하고 선 채로 많은 신하를 조회하면서 부끄러워 땀을 흘렸고, 의자를 붙잡고는 사람들을 제대로 쳐다보지도 못했다."라고 기록했다. 그런데 성공聖公[12]의 신분이 미천했을 때 이미 무리를 결성하여 원수를 갚고 산속으로 피신하여 호걸다운 남자라고 불렸다. 그런데 어찌 귀한 군주의 자리에 올라서 도리어 이런 지경이 될 수 있겠는가? 장차 저자가 곡필로 시세에 아첨하여 오직 광무제의 훌륭함만을 기록하고, 알랑거리는 말로 군주에게 굄을 받아 유연劉縯의 원한을 풀려고 했던 것이다.[13]

---

12 성공 : 유현劉玄을 말한다. 그가 경시장군更始將軍이었기 때문에 전傳의 이름도 「경시전」이다. 천자가 되어 연호도 경시라고 했다.

13 장차~것이다 : 백승伯升은 유연의 자이다. 광무제 유수劉秀의 큰형이다. 왕망王莽이 정권을 찬탈했을 때, 군사를 모아 기병했다. 유현이 즉위했을 때 유연을 대사도大司徒로 삼았지만, 시간이 갈수록 두 사람은 권력투쟁을 심하게 벌였다. 결국 유현이 유연을 죽였다.『후한서』「연전縯傳」에 나온다.

且中興之史, 出自東觀, 或明皇所定, 或馬后攷刊, 而炎祚靈長, 簡書莫改, 遂使他姓追撰, 空傳僞錄者矣. 陳氏『國志』「劉後主傳」云: "蜀無史職, 故災祥靡聞." 案黃氣見於秭歸, 羣鳥墜於江水. 成都言有景星出, 益州言無宰相氣. 若史官不置, 此事從何而書? 蓋由父辱受髠, 故加玆謗議者也. 古者諸侯並爭, 勝負無恒, 而他善必稱, 已惡不諱.

더욱이 후한의 역사서는 동관東觀이라는 궁중의 편찬실에서 나왔기 때문에 명제明帝가 역사 편찬 과정에서 산정한 것도 있고 그의 비인 마황후馬皇后가 편수한 것도 있었지만,[14] 한나라가 오래 지속되면서[15] 역사서를 수정하지 못하여 결국 다른 왕조 때 편찬한 잘못된 기록을 그대로 후세에 전하게 되었다. 진수陳壽의 『삼국지 촉지』「후주전後主傳」에서 "촉나라에는 사관 관직이 없었기 때문에 재이災異와 상서祥瑞에 대한 기록이 없다."[16]라고 했다.

그렇지만 촉나라의 유비가 자귀秭歸에서 진영을 폈을 때 누런 기운이 보였다든가,[17] 새가 무리를 지어 양자강으로 떨어졌다든가 하는 기록이 있다.[18] 또한 성도成都에 환한 별이 나타났다든지,[19] 익주益州에 재상이 태어날 기운이

---

14 명제가~있었지만 : 명제는 현종顯宗(재위 56~75)이다. 그가 편찬에 간여한 일은 『후한서』「광무십왕열전光武十王列傳」에 보이는데, 자신이 만든 '광무본기'를 동평헌왕東平憲王 유창劉蒼에게 보여준 사례가 있다. 명덕마황후明德馬皇后의 일은 『후한서』「후비后妃」에 '현종기거주'를 직접 산삭한 사례가 보인다.

15 한나라가~지속되면서 : 오행설에 따르면 한나라는 화덕火德을 가지고 있기 때문에, 후세에 염한炎漢이라고 불렸다. 조祚는 왕조의 국통을 말한다.

16 촉나라에는~없다 : 사관직이 설치되지 않았다는 말은 후세에 많은 이의를 불러일으켰다. 『사통 외편』「고금정사古今正史」에 따로 상세하다.

17 촉나라의~보였다든가 : 『삼국지 촉지』「선주전先主傳」에 나온다.

18 새가~있다 : 『삼국지 촉지』「후주전後主傳」주注에 『한서춘추漢書春秋』를 인용한 데서 보인다. 그런데 『한서춘추漢書春秋』는 『한진춘추漢晉春秋』의 잘못으로 보인다.

19 성도에~나타났다든지 : 『삼국지 촉지』「후주전」에 나온다.

없다는 기록도 있다.[20] 사관을 두지 않았다면 이런 사실들을 어떻게 기록했겠는가? 아마 진수의 아버지가 제갈량 때문에 머리를 깎이고 쫓겨나는 처분을 당했으므로 이렇게 비방하는 말을 덧붙인 듯하다.[21] 이와는 달리 옛날 춘추전국시대에는 제후들이 서로 다투고 승부가 늘 갈렸지만, 다른 사람의 훌륭한 점을 반드시 칭찬해주고 자신의 잘못이라고 해서 숨기는 일도 없었다.

逮乎近古, 無聞至公, 國自稱爲我長, 家相謂爲彼短. 而魏收以元氏出於邊裔, 見侮諸華, 遂高自標擧, 比桑乾於姬·漢之國; 曲加排抑, 同建鄴於蠻貊之邦. 夫以敵國相讎, 交兵結怨, 載諸移檄, 庸可致誣, 列諸縑素, 難爲妄說. 苟未達此義, 安可言於史邪?

　근세에 이르러 공평한 정신이 망각되면서 나라는 스스로 자기가 잘났다 하고, 가문은 서로 상대가 못났다고 했다. 위수魏收는, 위나라를 세운 탁발씨가 북방 출신의 선비족이라는 이유로 중화 사람들에게 모욕을 당했지만 마침내 우뚝 서서 본보기가 되었다며, 상건桑乾을 주周나라와 한漢나라의 수도에 비유했고, 무리하게 남쪽 지방을 배척하면서 건업建鄴을 만맥蠻貊의 나라와 같게 보았다.[22] 대개 상대 나라가 원수가 되고 전쟁을 하여 원한을 맺게 되면

---

20 익주에~있다 : 『삼국지 촉지』「비위전費禕傳」에 "성도에서 기운을 관찰한 사람이 말하기를 '성도나 시골인 익주에 재상의 지위, 즉 재상이 날 기운이 없다.'고 했다."라고 했다.

21 진수의~듯하다 : 이런 편파적인 기록 때문에 진수는 그릇이 작다는 평을 들었다. 『진서』 권82 「진수전陳壽傳」에 나온다.

22 위수는~보았다 : 상건桑乾은 하북성河北省 영정하永定河로, 선비족 탁발부가 건국한 지역이다. 여기서는 북위를 말한다. 희姬는 주나라 왕실이다. 건업建鄴은 동진東晉, 송宋, 제齊, 양梁, 진陳을 가리킨다.

史通 內篇_ 25. 曲筆 433

선전문에 험담을 기록하여 항상 무함하게 마련이지만, 그것을 역사서[23]에까지 같은 논조로 기록한다면 망령된 설이라고 비난받을 것이다. 이러한 의미를 이해하지 못한다면 어떻게 역사에 대해 이야기할 수 있겠는가?

夫史之曲筆誣書, 不過一二, 語其罪負, 爲失已多. 而魏收雜以寓言, 殆將過半, 固以倉頡已降, 罕見其流, 而李氏『齊書』稱爲實錄者, 何也? 蓋以重規亡考未達, 伯起以公輔相加. 字出大名, 事同元歎, 旣無德不報, 故虛美相酬. 然必謂昭公知禮, 吾不信也. 語曰; "明其爲賊, 敵乃可服." 如王劭之抗詞不撓, 可以方駕古人, 而魏收持論激揚, 稱其有慚正直. 夫不彰其罪, 而輕肆其誅, 此所謂兵起無名, 難爲制勝者. 尋此論之作, 蓋由君懋書法不隱, 取咎當時. 或有假手史臣, 以復私門之恥, 不然, 何惡直醜正, 盜憎主人之甚乎!

무릇 역사서의 곡필과 무함이 한두 가지에 지나지 않더라도, 그 죄를 논하자면 잘못이 이미 크다고 할 수 있다. 위수의 경우, 반 이상 우언寓言을 섞어 썼으므로 창힐倉頡이 문자를 만든 이래로 이런 사례를 찾아보기 어려울 정도이다. 그런데도 이백약李百藥이 『북제서北齊書』에서 위수의 책에 대해 믿을 수 있는 기록(實錄)이라고 칭찬한 것은 어찌된 일인가? 이백약의 죽은 아버지 이덕림李德林이 고아로 아직 자字도 가지지 못했을 때, 위수는 이덕림에게 재상이 되라는 뜻으로 공보公輔라는 자를 주었다.[24] 크게 번성한다는 의미의 자字

23 역사서 : 상緗은 담황색이고, 상소緗素는 담황색 비단인데, 옛사람들이 책 표지로 썼다. 그래서 상소緗素가 역사서를 가리키는 말이 되었다. 조선시대 의궤 등 당시 귀하게 여긴 서적에 비단 표지를 사용했던 점을 상기하면 된다.

는 고옹顧雍의 사례와 같은데,[25] 보답 받지 못하는 덕은 없다고들 하듯이, 이런 이유로 이백약이 위수에게 헛된 칭찬을 하여 보답한 것이라고 생각한다.

그러나 분명히 소공昭公이 예禮를 알았는지에 대해서 "나는 믿을 수가 없다."라고 했고,[26] 속담에 "적 앞에서는 적이라는 것을 분명히 해야 적이 승복한다."라고 했다.[27] 왕소王劭의 굽히지 않고 기개에 찬 문장은 옛사람들과 비견할 만했지만, 위수는 자신의 의견을 멋대로 드러내 왕소의 역사서에 대한 잘못을 정확히 지적하지도 않으면서 그가 정직하다고 하기에는 부끄러운 데가 있다고 평가했다. 이는 무엇이 죄인지를 분명히 하지 않고 가볍게 죽이는 격이니, 이른바 명분도 없이 전쟁을 일으키면 승리하기 어렵다고 했듯이 설득력이 떨어지는 비난이다.

이런 위수의 평가가 나온 배경을 살피건대, 왕소의 서법이 잘못을 숨겨주지 않아서 당대 사람들에게 비방을 받았기 때문인 듯하다. 그들은 위수라는 사관의 손을 빌려서 자기 집안의 수치를 되갚으려고 한 것이니, 그렇지 않다면 어찌 곧고 바른 필법에 대한 증오가 마치 도둑이 집주인을 꺼리는 심리처럼 극심할 수가 있었겠는가!

---

24 이백약의~주었다 : 이덕림의 자는 공보公輔로, 15세 이전에 모든 책에 통달했다. 이덕림에게 자字가 없을 때, 위수는 그가 재상에 오를 재목이라며 공보라는 자를 지어 주었다. 『수서』 「이덕림열전李德林列傳」에 나온다.

25 자가~같은데 : 원탄元歎은 고옹의 자이다. 채옹蔡邕이 도피하여 오吳나라 땅에 머물고 있을 때 고옹이 와서 배웠다. 채옹이 그의 총명함을 칭찬하며 자신의 자와 같은 백개伯喈를 자로 주었다. 『삼국지 오지』 권52 「고옹전顧雍傳」 주注에 나온다.

26 소공이~했고 : 공자가 소공은 예를 안다고 평가했다가, 편당을 든다는 제자의 비판을 듣고 자신의 생각을 바로잡았던 일화를 빌려, 이백약이 위수를 칭찬한 말은 믿지 못하겠다고 유지기가 일침을 가한 것이다. 공자의 일화는 『논어』 「술이述而」에 나온다.

27 속담에~했다 : 『한서』 「고제기高帝紀」에 나온다.

蓋霜雪交下, 始見貞松之操; 國家喪亂, 方驗忠臣之節. 若漢末之董承·耿紀, 晉初之諸葛·毌丘. 齊與而有劉秉·袁粲, 周滅而有王謙·尉迴. 斯皆破家徇國, 視死猶生. 而歷代諸史, 皆書之曰逆, 將何以激揚名教, 以勸事君者乎? 古之書事也, 令賊臣逆子懼; 今之書事也, 使忠臣義士羞. 若使南·董有靈, 必切齒於九泉之下矣.

겨울이 되어 서리와 눈이 내리면 비로소 곧은 소나무의 지조를 발견하고,[28] 나라가 위태로워지면 곧 충신의 절개를 확인할 수 있다.[29] 한나라 말의 동승董承과 경기耿紀,[30] 진나라 초기의 제갈탄諸葛誕과 관구검毌丘儉 같은 인물이 있었다.[31] 남조南朝의 제나라가 흥할 무렵에는 유병劉秉과 원찬袁粲이 있었고,[32] 북조北朝의 주나라가 멸망할 때는 왕겸王謙과 위지형尉遲迥 같은 인물이

---

28 겨울이~발견하고 : 『장자』「양왕讓王」, 『논어』「자한子罕」에 나온다.

29 나라가~있다 : 『노자』에 나온다.

30 한나라~경기 : 동승은 한나라 영제靈帝 때의 장군이다. 헌제獻帝가 동승과 유비劉備에게 조조曹操를 토벌하라고 밀지를 내렸으나, 그것이 누설되면서 동승은 조조에게 죽임을 당했다. 『삼국지 위지』「무제기武帝紀」에 나온다. 경기의 자는 계행季行으로, 한나라 말에 시중을 맡았다. 건안 23년(218) 경기 등이 조조를 토벌하려다가 잡혀서 죽임을 당했다. 「무제기」 배자야裴子野의 주에 나온다.

31 진나라~있었다 : 제갈탄의 자는 공휴公休이다. 관구검 등이 피살당하는 것을 보고 겁을 먹었다가 반란을 일으켰다. 사마소에게 토벌되어 죽었다. 『삼국지 위지』「제갈탄열전諸葛誕列傳」에 나온다. 관구검의 자는 중공仲恭으로, 정원正元 2년(255)에 문흠文欽 등과 함께 군사를 일으켜 사마씨를 토벌했으나, 패배하고 살해되었다. 『진서』「경종기景宗紀」에 나온다.

32 남조의~있었고 : 유병의 자는 언절彦節이다. 동진東晉 간문제簡文帝의 신임을 받았다. 제왕齊王이 권력을 잡자 유병은 황회黃回 등과 함께 제왕 경阿을 토벌하려고 했다. 유병은 천성이 겁이 많아 불안해 하다가 마침내 석두성石頭城으로 도망쳤고, 성을 넘다가 잡혀 죽었다. 『송서』「종실전宗室傳」에 나온다. 원찬의 자는 경천景倩이다. 유병과 함께 일을 꾸몄다가 제왕에게 발각되어 진압되었다. 『송서』「원찬전袁粲傳」에 나온다.

있었다.[33]

이들은 모두 집안이 무너지면서도 나라를 위해 목숨을 바쳤고, 죽는 일을 사는 것과 마찬가지로 생각했다. 그러나 역대의 모든 역사서가 모두 그들을 반역자라고 기록한다면, 장차 어떻게 명분과 교훈을 떨쳐서 임금을 섬기라고 권장할 수 있겠는가?[34] 옛날에는 사실을 기록함으로써 난신적자를 두렵게 했는데, 요즘에는 사실을 기록함으로써 충신忠臣과 의사義士를 부끄럽게 하고 있다. 남사나 동호의 영혼이 있다면, 반드시 구천 아래서 이를 갈고 있을 것이다.

自梁·陳已降, 隋·周而往, 諸史皆貞觀年中群公所撰, 近古易悉, 情僞可求. 至如朝廷貴臣, 必父祖有傳, 考其行事, 皆子孫所爲, 而訪彼流俗, 詢諸故老, 事有不同, 言多爽實. 昔秦人不死, 驗符生之厚誣; 蜀老猶存, 知葛亮之多枉. 斯則自古所歎, 豈獨於今哉!

양梁나라와 진陳나라, 수隋나라와 주周나라 사이의 역사서는 모두 태종 정

---

33 북조의~있었다 : 북주의 우문宇文이 8세에 즉위하자 외척인 양견楊堅이 조정을 맡았다. 위지형尉遲迥 등이 잇달아 양견을 토벌하려 했으나 평정되었다. 왕겸 또한 나라를 바로잡는다는 명분으로 군사를 일으켰으나 평정되었다. 『수서』「고조본기高祖本紀」 및 『북주서』「왕겸열전王謙列傳」에 나온다.

34 이들은~있겠는가 : 유지기는, 동승과 경기는 조조를 토벌하려 했으니 한나라에 충성한 것이고, 제갈탄과 관구검은 사마씨를 토벌하려 했으니 위나라에 충성한 것이며, 유병과 원찬은 제왕 경齊冏을 죽이려고 했으니 송나라에 충성한 것이고, 왕겸과 위지형은 양견을 토벌하려고 했으니 주나라에 충성한 것으로 보았다. 그러나 『삼국지』·『진서』·『송서』·『수서』에서 이들을 모두 반역자로 기록했으니, 이는 역사를 기술하는 필법에 어긋난다는 취지이다.

관貞觀 연간에 여러 학자가 편찬했는데, 가까운 옛날의 일은 쉽게 알 수 있기 때문에 사실과 거짓을 판단할 수 있었다. 조정의 고위층의 경우는 반드시 자신들의 아버지나 할아버지의 열전을 두었는데, 그 사적을 보면 모두 자손들이 꾸민 것이었다. 세상 사람들이 하는 말을 들어보고 옛일을 아는 노인들에게 물어보면, 서로 같지 않은 사실도 많고 사실과 어긋나는 말도 많다. 옛날에 진秦나라 사람이 죽지 않고 살아 있었기에 부견苻堅에 대한 기록이 잘못되었다는 것을 증언했고, 촉蜀나라 노인이 아직 생존해 있었던 까닭에 제갈량에 대한 왜곡을 알 수 있었다고 했다.[35] 이런 일은 옛날부터 개탄했던 일이니, 어찌 오늘날에만 있는 일이겠는가!

蓋史之爲用也, 記功司過, 彰善癉惡, 得失一朝, 榮辱千載. 苟違斯法, 豈曰能官? 但古來唯聞以直筆見誅, 不聞以曲詞獲罪. 是以隱侯『宋書』多妄, 蕭武知而勿尤; 伯起『魏史』不平, 齊宣覽而無譴. 故令史臣得愛憎由己, 高下在心, 進不懼於公憲, 退無愧於私室, 欲求實錄, 不亦難乎? 嗚呼! 此亦有國家者所宜懲革也.

대개 역사의 역할은 공과를 기록하면서 좋은 일은 드러내고 나쁜 일은 비판하여 하루아침의 잘잘못도 영욕이 천 년을 가게 하는 것이다. 이런 이치를 어긴다면 어찌 사관이라고 하겠는가? 옛날부터 직필로 죽임을 당했다는 말은 들어보았지만, 곡필 때문에 죄를 입었다는 말은 들어보지 못했다. 그래서 심약沈約의 『송서宋書』에 망령된 기록이 많은데도 소무蕭武는 알면서 허물하

---

35 진나라~했다 : 포기룡은 이 두 부분에 대한 전거를 확인할 수 없다고 했다.

지 않았고,[36] 위수魏收의 『위사魏史』가 공평하지 않은데도 제 선제齊宣帝는 보고서 꾸짖지 않았다.[37]

그 결과 사관으로 하여금 자신의 뜻에 따라 애증을 역사서에 드러내고 마음대로 시의에 따라 높이고 낮추면서,[38] 나아가서는 공적인 처벌도 꺼리지 않고 물러나서는 집에서도 창피한 줄을 모르게 만들었으니, 아무리 믿을 만한 역사를 찾고자 한들 어렵지 않겠는가? 이 또한 나라를 다스리는 사람이라면 경계로 삼아 혁신해야 할 일일 것이다. 🔲

---

36 심약의~않았고 : 은후隱侯는 심약의 자, 백기伯起는 위수의 자이다. 포기룡은 소무가 양梁나라 무제武帝라고 했으나, 조여보는 제齊나라 무제武帝 소이蕭頤로 보았다. 『남사南史』 「왕지심전王智深傳」에 나온다.

37 위수의~않았다 : 북제北齊 문선제文宣帝의 일이다. 『북사』 「위수전魏收傳」에 나온다.

38 마음대로~낮추면서 : 『춘추좌씨전』 선공宣公 15년 전문에 "속담에 '높고 낮은 것은 마음에 달려 있다.'고 했습니다.[諺曰, 高下在心]"라고 했는데, 두예杜預의 주에 "시기를 헤아려 알맞게 처리한다.[度時制宜]"라고 풀이했다.

「감식鑒識」에서는 과거 역사서를 어떻게 평가하고 비판해야 하는가를 서술했다. 역사 문헌은 광대무변하므로 학자가 깊이 있는 연구로 바탕에 숨은 뜻을 찾아내지 못한다면, 그 연구가 헛수고에 그칠 수 있음을 경계한 것이다.

유지기는 『좌씨전』이 『춘추』에 대한 세 전 중에서 으뜸이지만, 한나라와 삼국시대 위나라를 거치는 동안 끝내 태학에 강좌가 개설되지 못했던 사례를 들어 감식의 어려움을 보여준다. 또 다른 사례로, 『노자』는 주나라 때, 『장자』는 전국시대 초나라 때 편찬되었는데, 한나라 문제와 경제 때에 이르러서야 비로소 읽히기 시작했고, 혜강과 완적에 와서야 그 가치를 인정받았음을 지적했다.

그와 같은 사례가 적지 않다며, 왕충의 『논형』이 채옹을 만났듯이, 양웅의 『태현경』이 장형을 만났듯이, 명저가 진흙 속에 묻히지 않기 위해서 후대 학자들의 식견이 중요함을 다시 한 번 역설했다.

内篇

26

역사서에 대한 평가
鑒識

鑒識

夫人識有通塞, 神有晦明, 毀譽以之不同, 愛憎由其各異. 蓋三王之受謗也,
値魯連而獲申; 五霸之擅名也, 逢孔宣而見詆. 斯則物有恒準, 而鑒無定識,
欲求銓覈得中, 其唯千載一遇乎! 況史傳爲文, 淵浩廣博, 學者苟不能探賾
素隱, 致遠鉤深, 烏足以辨其利害, 明其善惡!

　대개 사람의 식견이란 통달하기도 하고 꽉 막히기도 하며, 정신이 흐린 사
람도 있고 밝은 사람도 있기 때문에, 사람에 대한 비난과 칭송이 같지 않고
애증도 그런 이유에서 달라진다. 예전에 삼왕三王이 받았던 비방은 노중연魯
仲連 때에 이르러서야 깨끗해졌고,[1] 오패五霸가 명성을 날렸지만 공자에 이르
러서 비판을 받았다.[2]

　이는 사물에 일정한 기준이 있지만 보는 사람의 눈에는 일정한 척도가 없

1　삼왕이~깨끗해졌고 : 삼왕은 하나라 우왕禹王, 은나라 탕왕湯王, 주나라 문왕文王을 가리킨다.
　『문선文選』에 조식曹植(자는 자건子建)의 「여양덕조서與楊德祖書」를 인용하여 "옛날에 전파田
　巴가 오제五帝를 폄훼하고, 삼왕三王을 죄주고, 오패五霸를 헐뜯었는데, … 노중연이 한마디하
　자 종신토록 입을 닫았다."라고 했다.
2　오패가~받았다 : 공선孔宣은 공자이다. 오패는 제 환공齊桓公, 진 문공晉文公, 송 양공宋襄公,
　진 목공秦穆公, 오왕吳王 부차夫差이다. 공자는 『논어』 「헌문憲問」에서 "진 문공은 사람을
　속이고 바르지 않았으며, 제 환공은 바르고 속이지 않았다."라고 했을 뿐, 오패에 대한
　총평은 하지 않았다. 『맹자』 「고자 하告子下」에서, 맹자가 "오패는 삼왕三王의 죄인이고,
　지금의 제후諸侯들은 오패의 죄인이며, 지금의 대부大夫들은 제후의 죄인이다."라고 했다.
　공자가 오패를 비판한 내용은 『한서』 권56 「동중서전董仲舒傳」에 나온다.

기 때문이니, 사람들이 비교하고 고찰하여 합당한 기준을 찾으려고 하지만 그것이 천 년에 한 번이나 맞으려나 모르겠다. 더구나 역사 문헌은 광대무변하니 학자가 깊이 있는 연구를 수행하여 바탕에 숨은 뜻을 찾아내지 못한다면, 어떻게 그 이해를 변별하고 선악을 밝힐 수 있겠는가.

觀左氏之書, 爲傳之最, 而時經漢·魏, 竟不列於學官, 儒者皆折此一家, 而盛推二傳. 夫以丘明躬爲魯史, 受經仲尼語世則並生, 論才則同恥. 彼二家者, 師孔氏之弟子, 預達者之門人, 才識本殊, 年代又隔, 安得持彼傳說, 比玆親受者乎! 加以二傳理有乖僻, 言多鄙野, 方諸左氏, 不可同年. 故知『膏肓』·『墨守』, 乃腐儒之妄述; 賣餠·太官, 誠智士之明鑒也.

『좌씨전』은『춘추』에 대한 세 전傳 중에서 으뜸이지만 한나라와 삼국시대 위나라를 거치는 동안 끝내 태학太學에서 강좌가 개설되지 못했다. 많은 지식인은 모두 이『춘추좌씨전』을 비방하고『공양전』과『곡량전』을 높이 평가했다. 그렇지만 좌구명左丘明이 노나라 사관이라는 점과 직접 공자의 가르침을 받았던 사실을 염두에 두면, 시대로 말하더라도 공자와 같은 시대에 살았고 재능으로 따지더라도 공자와 거의 같았다.[3]

공양과 곡량은 공자의 제자에게서 배웠거나 공자에게 배웠던 사람의 제자였으며, 재능과 식견도 공자와는 차이가 있었고 시대도 떨어져 있었으니, 어떻게 그들이 전해 들은 학설을 가지고 직접 전수받은 사람의 것과 비교하겠

---

3 시대로~같았다 : 같이 부끄러워한다는 뜻의 동치同恥란『논어』「공야장公冶長」에, 공자가 "교언巧言과 영색令色, 지나친 공손은 좌구명이 부끄러워했고, 나도 부끄럽다. 원한을 숨기고 그 사람과 벗을 맺는 일은 좌구명이 부끄러워했고 나도 부끄럽다."라고 한 데서 나왔다.

는가. 게다가 두 전傳은 사리와 괴리되거나 치우친 부분이 있고, 서술도 조잡한 데가 많아서 『좌씨전』과 비교할 수 없다고 생각한다. 그러므로 『좌씨고맹左氏膏肓』과 『공양묵수公羊墨守』는 바로 썩어빠진 학자의 망령된 저술임을 알겠고,[4] 종요鍾繇가 좌씨를 태관太官의 요리사로, 공양은 거리의 떡장수로 평했던 것은 참으로 지혜로운 학자의 명석한 비평임을 알 수 있다.[5]

逮『史』・『漢』繼作, 踵武相承. <u>王充著書, 旣甲班而乙馬</u>; <u>張輔持論, 又劣固而優遷</u>. 【王充謂; "<u>彪文義浹備, 紀事詳贍, 觀者以爲甲, 以太史公爲乙也.</u>" 張輔『名士優劣論』曰; "世人稱<u>司馬遷</u>・<u>班固</u>之才優劣, 多以班爲勝. 余以爲<u>史遷</u>敍三千年事五十萬言; <u>班固</u>敍二百年事八十萬言, 煩省不敵, 固之不如遷, 必矣."】然此二書, 雖互有修短, 遞聞得失, 而大抵同風, 可爲連類.

『사기』와 『한서』가 연달아 편찬되자, 그에 대한 우열론이 이어졌다. 왕충王充[6]은 반표班彪가 으뜸이고 사마천이 그 다음이라고 서술했으며, 장보張輔[7]는 반고가 사마천보다 못하다는 지론을 폈다. 【왕충은 말하기를 "반표는 문장의 의미가 충분히 갖추어져 있고, 누구나 이해할 수 있을 만큼 기사가 상세하여 보는 사람들

---

4 『좌씨고맹』과~알겠고 : 『좌씨고맹』, 『공양묵수』, 『공양해고公羊解詁』, 『곡량폐질穀梁廢疾』은 모두 하휴何休의 저술이다. 하휴의 자는 소공邵公이고, 후한의 금문경학가今文經學家이다. 『춘추공양전』에 심취하여 이 책들을 지었다. 『후한서』 권79하 「유림전儒林傳」에 나온다.
5 좌씨를~있다 : 『태평어람』 「음식부십팔飮食部十八 병병餠餠」에 『위지魏志』를 인용한 데서 보인다. 태관은 대관太官으로, 진한秦漢 때 음식을 담당하던 대관령승太官令丞이 있었다.
6 왕충 : 자는 중임仲任이다. 한미한 집안에서 태어났지만, 태학에 들어가 반표에게서 배웠다. 『논형論衡』 85권을 지었다.
7 장보 : 자는 세위世偉이고, 서진西晉 사람이다. 『진서晉書』에 열전이 있다.

마다 으뜸이라고 한다. 반면 태사공을 두 번째로 친다."라고 했다. 장보는 『명사우열론 名士優劣論』에서 "세상 사람들이 사마천과 반고의 재주를 놓고 우열을 논하는데, 대부분 반고가 낫다고 한다. 내가 생각하기에, 사마천은 3천 년에 걸친 사실을 50만 글자에 기록했고, 반고는 2백 년의 사실을 80만 글자에 기록했으니, 누가 번거롭고 핵심적인지를 따져보면 상대가 되지 않는다. 반고가 사마천만 못한 것이 분명하다."라고 했다.】 그러나 이 두 역사서는 각각 장단점이 있고 득실이 있지만, 대체로 같은 수준의 역사서이고 동류의 역사서라고 할 수 있다.

張晏云: "遷歿後, 亡「龜策」·「日者傳」. 褚先生補其所缺, 言詞鄙陋, 非遷本意." 案遷所撰「五帝本紀」·七十列傳, 稱虞舜見陟, 遂匿空而出; 宣尼旣殂, 門人推奉有若. 其言之鄙, 又甚於茲, 安得獨罪褚生, 而全宗馬氏也? 劉軌思商榷『漢史』, 雅重班才, 惟譏其本紀不列少帝, 而輒編高后. 案弘非劉氏, 而竊養漢宮. 時天下無主, 呂宗稱制, 故借其歲月, 寄以編年. 而野雞行事, 自具「外戚」. 譬夫成爲孺子, 史刊攝政之年, 屬亡流彘, 歷紀共和之日. 而周·召二公, 各世家有傳. 班氏式遵曩例, 殊合事宜, 豈謂雖濬發於巧心, 反受嗤於拙目也.

장안張晏이 말하기를 "사마천이 세상을 뜬 뒤 「구책전龜策傳」이나 「일자전 日者傳」이 없어졌다. 저소손褚少孫이 그 빠진 부분을 보완했는데 언사가 비루했으니, 사마천의 취지는 아니었다."라고 했다.[8] 그러나 사마천이 편찬한 「오제본기五帝本紀」와 70권의 열전을 보면, 순임금이 횡액을 당했을 때 마침내

---

8 장안이~했다 : 장안은 삼국시대 위魏나라 사람이다. 위 말은 『사기』 「태사공자서太史公自序」
  의 배인裵駰 집해集解에 인용된 『한서음의漢書音義』에서 장안이 했다.

구멍을 파고 나왔다든가, 공자가 죽은 뒤에 문인들이 공자를 닮은 유약有若을 존경했다는 말이 있다. 이 말들은 저소손의 말보다 더욱 비루하니, 어찌 저소손에게만 죄를 돌리고 사마천은 완전하다고 평가하겠는가?

또한 유궤사劉軌思는 『한서』를 연구하여 반고의 재능을 잘 알고 있음에도 반고가 본기本紀 중에 오직 소제少帝[9]를 넣지 않고 뜬금없이 여후呂后[10]를 편재한 것만 비난했다.[11] 그러나 이 경우도, 소제가 천자의 아들이지만 여후의 아들이 아닌 태자로서 몰래 한나라 궁중에서 교육받았고, 또 그가 유씨 황제가 아니었으며 이때 천하에 주인이 없어 여태후가 섭정을 했기 때문에 여태후의 본기를 두어 편년의 체재를 갖추었던 것이다. 들닭[12]이 권력을 행사했던 일은 「외척전外戚傳」에 기록되어 있다.

비유하자면, 주나라 성왕成王이 아직 어린아이였을 때는 섭정을 했던 주공단周公旦이나 소공석召公奭을 중심으로 역사서에서 편년을 짰고, 주나라 여왕厲王이 내란을 피하여 체彘 땅으로 도망친 뒤에는 주공과 소공이 섭정을 한 공화共和 시대로 기록한[13] 것과 마찬가지다. 주공과 소공은 각각 세가世家에 전기가 있다. 반고는 이러한 과거의 사례를 본받아 아주 사실에 적절하게 편찬한 것이니, 어찌 빼어난 관찰에서 나온 깊은 의도에 대해 도리어 천박한 안목을 가진 사람의 비난을 받아야 한다는 말인가.

---

9 소제 : 혜제惠帝의 후궁 미인美人의 소생으로, 나이가 어렸을 때 여후에 의해 영항永巷에 유폐되었다. 이름이 홍弘이다.
10 여후 : 한 고조 유방劉邦의 아내이다. 혜제가 죽고 난 뒤 권력을 농단했다. 반고는 『사기』 「여후본기」의 전례를 따라 「한서」에 여후의 본기를 두었다.
11 유궤사는~비난했다 : 유궤사는 북제 사람으로, 국자박사를 지냈다. 『북제서』에 열전이 있으나, 본문에서 보이는 것처럼 『한서』를 평가한 말은 확인할 수 없다.
12 들닭 : 야계野雞, 곧 들닭은 꿩(치雉)이다. 여후의 이름이 치雉였으므로 피휘하여 이렇게 부른 것이다.
13 주나라~기록한 : 성왕의 일은 『사기』 권4 「주본기周本紀」에 나온다.

劉祥撰『宋書』, 序錄歷說諸家晉史. 其略云: "法盛『中興』, 荒莊少氣, 王
隱·徐廣, 淪溺空華." 夫史之敍事也, 當辯而不華, 質而不俚. 其文直, 其事
核, 若斯而已可也. 必令同文擧之含異, 等公幹之有逸, 如子雲之含章, 類
長卿之飛藻, 此乃綺揚繡合, 雕章縟彩, 欲稱實錄, 其可得手? 以此詆訶, 知
其妄施彈射矣.

　유상劉祥이『송서宋書』를 편찬하면서 그 서문에 여러 역사가가 쓴 진나라
역사에 대해 차례차례 비평했다.[14] 그 대략을 보면 "하법성何法盛의『진중흥
서晉中興書』는 문장이 풍부하지만 기운이 부족하고, 왕은의『진서晉書』와 서
광의『진기晉紀』는 내용은 없고 문장만 야단스럽다."라고 했다.

　역사서에서 사실을 서술할 때는 할 말은 해야 하지만 지나치게 꾸며서는
안 되며, 소박하되 비속해서는 안 된다. 문장은 바르고 사실은 핵심을 짚는
서술, 이렇게 하면 그걸로 족하다. 그러나 후한 시대 공융孔融의 문장이 품었
던 이채로움,[15] 삼국시대 위나라 유정劉楨의 문장이 지닌 초탈한 기운,[16] 전한
시대 양웅揚雄의 문장에 있는 화려함,[17] 사마상여司馬相如[18] 문장의 경쾌함 등

---

14 유상의 자는 현징顯徵이다.『송서』를 편찬하면서 송나라와 제나라의 선양禪讓을 비판했으나,
　황제가 이를 듣고도 묵인했다.『송서』는 일실되었다.『남제서南齊書』권36「유상전劉祥傳」에
　나온다.

15 공융의~이채로움 : 문거文擧는 공융의 자이다. 동탁董卓의 미움을 받아 북해상北海相으로
　나갔다가 헌제獻帝가 천도할 때 소부少府로 옮겼다. 성격이 강직하고 바른 말을 잘했다.
　조조曹操의 정책에 반대하다가 살해되었다. 문장이 아름답고, 기운이 왕성했다고 한다.
　『후한서』권70「공융전孔融傳」에 나온다.

16 유정의~기운 : 공간公幹은 유정의 자이다. 건안建安 칠자七子의 한 사람으로, 젊어서부터
　재능과 학문으로 이름이 높았다.『삼국지 위지』「왕찬전王粲傳」에 열전이 있다. 조비曹丕의
　『여오질서與吳質書』에 "공간公幹은 일기逸氣가 있다."라고 했다. 일기란 초탈하고 분방한
　기세를 말한다.

과 같은 경우를 문제로 삼으면서, 이런 것이야말로 광택을 더하고 자수를 모으며 무늬를 새기고 채색하는 일이 될 것이므로 믿을 수 없는 기록이라 한다면, 이는 표현의 문제로 비난하는 것과 같으니 비평의 핵심이 잘못되었음을 알아야 한다.

夫人廢典, 時也; 窮達, 命也. 而書之爲用, 亦復如是. 蓋『尚書』古文, 六經之冠冕也;『春秋左氏』, 三傳之雄霸也. 而自秦至晉, 年踰五百, 其書隱沒, 不行於世. 旣而梅氏寫獻, 杜侯訓釋, 然後見重一時, 擅名千古. 若乃『老經』撰於周日,『莊子』成於楚年, 遭文·景而始傳, 值嵇·阮而方貴. 若斯流者, 可勝紀哉! 故曰: "廢典, 時也; 窮達, 命也." 適使時無識寶, 世缺知音, 若『論衡』之未遇伯喈,『太玄』之不逢平子, 逝將煙爐火滅. 泥沈雨絶, 安有歿而不朽, 揚名於後世者乎!

  대개 사람의 몰락과 성공은 시세에 달렸고, 궁벽할지 영달할지는 운명에 달렸다. 역사서의 쓰임새도 이와 마찬가지다.『서경』고문은 육경六經의 으뜸이고『좌씨전』은『춘추』삼전三傳 중의 첫째이다. 그렇지만 진秦나라에서 진晉나라까지 500년이 지나는 동안 이 책들은 어디로 갔는지 찾아볼 수 없게 되고 세상에서 읽히지도 않았다. 나중에야 매색梅賾이『고문상서』를 베껴 써서 바치고,[19] 두예杜預가『집해集解』라는 주석을 달고 나서야, 세간에서 그것

---

17 양웅의~화려함 : 자운子雲은 양웅의 자이다. 함장含章이라는 말은『문심조룡文心雕龍』
「원도原道」에 "함장含章을 굽어 살핀다."라는 말에서 왔다. 원래의 뜻은 '아름다운 자질을 온축하고 있다'이다.

18 사마상여 : 장경長卿은 사마상여의 자이다.

19 매색이~바치고 : 매색의 자는 중진仲眞으로, 젊어서 학문을 좋아했다. 공씨 집안 벽에서

의 중요성을 알고 영원히 명성을 차지하게 되었다.

『노자』는 주周나라 때, 『장자』는 전국시대 초楚나라 때 편찬되었는데, 한나라 문제文帝와 경제景帝에 이르러서야 비로소 읽히기 시작했고, 혜강嵇康과 완적阮籍에 와서야 바야흐로 가치를 인정받았다.[20] 이와 같은 경우를 어찌 다 이루 헤아릴 수 있겠는가! 그래서 "몰락과 성공은 시세에 달렸고, 궁벽할지 영달할지는 운명에 달렸다."라고 한 것이다. 왕충王充의 『논형論衡』이 채옹蔡邕을 만나지 못했거나[21] 양웅의 『태현경太玄經』을 장형張衡이 알아주지 못했다는[22] 식으로, 시대가 보물을 몰라보고 세상이 소리를 알아듣지 못한다면 장차 불에 타서 연기나 재가 되고 빗속에 묻혀 진흙이나 물에 가라앉아버릴[23] 것이니, 어떻게 죽은 뒤에도 썩지 않고 후세에 이름을 떨칠 수 있겠는가! 塙

『고문상서』 58편을 발견하고 이를 베껴 써서 바쳤다. 기존 『금문상서』 29편과 대비하여 이 58편을 '고문상서'라고 부른다. 이로부터 금고문 논쟁이 본격화되었다.

20 혜강과~인정받았다 : 혜강은 노자와 장자의 학술을 추종했는데, 완적과 함께 노장의 자연주의적 관점을 지지했다. 『성무애락론聲無哀樂論』이나 『난자연호학론難自然好學論』 등의 논문이 있다. 완적의 자는 사종嗣宗이며, 『달장론達莊論』을 지어 노장의 무위 사상에 대한 자신의 견해를 드러내고 능력을 발휘했다. 혜강과 완적 둘 다 『진서晉書』에 열전이 있다.

21 왕충의~못했거나 : 왕충은 친구 사이오謝夷吾의 추천으로 장제章帝의 부름을 받았으나, 병으로 가지 못하고 집에서 죽었다. 『후한서』에 열전이 있다. 백개伯喈는 채옹(132~192)의 자이다. 문장과 천문 등에 통달했다. 조정의 잘못을 논했다가 정황程璜의 박해를 받고 북방으로 귀양을 갔다. 동탁에게 발탁되었으나, 동탁이 죽은 뒤 왕충에게 체포되었다. 스스로 한나라 역사의 편찬을 하겠다고 요청했지만 받아들여지지 않았고, 감옥에서 죽었다.

22 양웅의~못했다는 : 『태현경』은 양웅이 『주역周易』의 형식을 빌려 자신의 사상을 저술한 것이다. 평자平子는 장형의 자이다. 천문에 밝아 혼천의를 만들었으며, 『태현경』에 주석을 단 『태현주太玄注』와 『현도玄圖』를 썼다. 『후한서』에 열전이 있다.

23 불에~가라앉아버릴 : 『문선文選』에 실린 포조鮑照의 『무성부蕪城賦』에 나온다.

「탐색探賾」은 역사서의 편찬 의도와 배경에 대한 오해를 경계한 논의이다. 유지기는 학자들이 경전을 저술할 때 아무 생각 없이 저술하지는 않지만, 더러 함부로 천착하여 본원을 가볍게 파고들었던 까닭에 저자의 뜻과 어긋난 해석을 내놓았다고 분석했다.

『춘추』의 편찬 의도에 대해 후세 사람들이 취지를 잘못 이해한 경우도 있었는데, 이런 오해를 피하기 위해서는 시대 상황에 대한 이해가 중요하다고 강조했다. 이를테면 춘추시대에는 각국이 대치하고 있었기 때문에 관문이나 교량이 통하지 않아 사관의 기록을 다 갖추기가 어려웠지만, 전한 시대에 이르러 사마천은 전국을 돌아다니며 예로부터 내려오는 기록을 구할 수 있었다. 즉 유지기가 말하고자 하는 바는, 시대의 한계에서 오는 사료의 차이를 좌구명의 편찬 의도 차이로 간주해서는 안 된다는 것이다. 이는 순열의 『한기』도 마찬가지다.

이와는 반대로 후학들이 역사서의 잘못을 비판하지 못하고 그릇된 점을 덮어버리거나 확대해석하여 억지로 자신의 학설로 만드는 일도 지적했다. 특히 사마천의 『사기』에 서로 괴리되는 대목이 많이 나타났음을 예로 들어 설명했다.

유지기는 역사가가 뜻 가는 대로 쓴 글이 자칫 수고하고도 공적이 없고, 널리 모아도 핵심은 없는 결과를 낳을 수 있음을 경계했다.

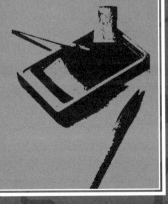

內篇
27

역사서의 배경 억측
探蹟

探賾

古之述者, 豈徒然哉! 或以取舍難明, 或以是非相亂. 由是『書』編典·誥, 宣
父辨其流;『詩』列風·雅, 卜商通其義. 夫前哲所作, 後來是觀, 苟失其指歸,
則難以傳授. 而或有妄生穿鑿, 輕究本源, 是乖作者之深旨, 誤生人之耳目,
其爲謬也, 不亦甚乎! 昔夫子之刊魯史, 學者以爲感麟而作. 案子思有言,
"吾祖厄於陳·蔡, 始作『春秋』." 夫以彼事修, 傳諸詭厥, 欲求實錄, 難爲爽
誤. 是則義包微婉, 因攬筆而朌詞; 時逢西狩, 乃泣麟而絶筆. 傳者徒知其
一, 而未知其二, 以爲自反袂拭面, 稱吾道窮, 然後追論五始, 定名三叛. 此
豈非獨學無友, 孤陋寡聞之所致耶?

옛날 학자들이 경전을 저술할 때 어찌 아무 생각 없이 저술했겠는가! 경
전의 어떤 부분이 분명하고 어려운지 선택하기도 하고, 서로 혼란스러운 부
분의 시비를 가리기도 했을 것이다. 이런 이유로『서경』에서 전典과 고誥를
편성할 때는 공자가 그 각 편의 시대와 특성을 판단했고,『시경』에서 풍風과
아雅를 열거할 때는 자하子夏가 서문을 써서 그 의미를 이해하도록 했다. 이
전의 성인이 지은 것을 후세 사람들이 볼 때 그 취지를 이해하지 못한다면
전수받았다고 하기 어렵다. 혹시 함부로 천착하여 본원을 가볍게 파고들면,
이는 지은이의 깊은 뜻에 어긋나고 사람들의 이목을 잘못 이끌 것이니, 그
오류가 심하지 않겠는가.

옛날에 공자가 노나라의 역사인『춘추』를 정리한 것을 두고 학자들은 공
자가 기린에 감격하여 편찬했다고 생각했다.[1] 그러나 공자의 손자인 자사子思

는 "우리 할아버지가 진陳나라와 채蔡나라에서 곤란을 당한 뒤에 비로소 『춘추』를 편찬했다."라고 했다.[2] 공자가 편찬하여 후손에게 전하려고 했으니,[3] 사실 기록을 추구했을 것이고 오류가 있기는 어려울 것이다. 『춘추』는 은미하고 아름다운 대의를 포함하고 있는데, 무척 어려운 환경에서[4] 시작된 저작이다. 공자는 애공哀公이 서쪽으로 사냥을 갔을 무렵에 기린이 잡힌 것을 슬퍼하며 붓을 놓았다.[5]

『춘추』 편찬의 의미를 전달하는 사람들이 단지 하나만 알고 둘은 몰랐다.[6] 그래서 스스로 소매를 들어 얼굴을 닦으며 "우리의 도道가 막혔다."라고 말한[7] 뒤에, 소급하여 오시五始[8]를 논의하고 세 반역자[9]에 대한 명분을 정했다고

---

1 학자들은~생각했다 : 애공哀公 14년 봄에 애공이 서쪽에서 사냥을 하다가 기린을 잡았다는 기사가 나온다. 공자가 그것이 세상이 바뀔 조짐이라고 감격하여 『춘추』를 편찬했다고 학자들이 생각했다는 말이다. 『사기』 권47 「공자세가孔子世家」에 나온다.

2 자사는~했다 : 『사기』 「공자세가」에 나온다. 자사는 공자의 손자로, 이름은 급伋이다. 『중용中庸』을 지었다고 한다.

3 공자가~했으니 : 『시경』 「대아大雅 문왕文王」에 "너의 할아버지를 생각하지 않겠는가, 그 덕을 닦을지어다.[無念爾祖, 聿修厥德]"라고 했고, 『시경』 「대아大雅 문왕유성文王有聲」에 "후손에게 계책을 남겨주었다.[詒厥孫謀]"라고 했다. 공자가 『춘추』를 편찬한 것을 문왕의 업적에 비유한 말이다.

4 무척 어려운 환경에서 : 매蔜는 매煤(그을음)와 통한다. 진나라와 채나라에서 공자와 그의 제자들이 궁핍하게 살 때, 제자 안회顔回가 밥을 짓다가 배가 고파 미리 먹어놓고는 밥에 그을음이 들어가 먹었다고 변명한 데서 나온 고사이다. 『여씨춘추』 「심분람審分覽 임수任數」에 나온다.

5 서쪽으로~놓았다 : 『춘추좌씨전』 애공哀公 14년 경문에 "애공 14년 봄, 서쪽 지역에서 사냥했는데, 기린을 잡았다.[十有四年, 春, 西狩獲麟]"라고 했다. 이후로 난세에 접어들었다고 하는데, 『춘추』는 애공 27년(B.C.467)의 사실까지 기록했다. 유지기는 앞에 나온 『사기』 「공자세가」의 견해를 비판한 것이다.

6 단지~몰랐다 : 한나라 고조가 자신이 항우를 이긴 이유에 대해 고기高起, 왕릉王陵과 함께 나눈 유명한 대화 중의 일부이다. 『사기』 「고조본기高祖本紀」에 나온다.

7 소매를~말한 : 『춘추공양전』 애공哀公 14년에 공자가 했던 말이다.

생각했다. 이 어찌 친구도 없이 독학하다 보니 고루하고 과문해져서[10] 생긴 결과라고 할 수 있지 않겠는가.

孫盛稱『左氏春秋』書吳·楚則略, 荀悅『漢紀』述匈奴則簡, 蓋所以賤夷狄而貴諸夏也. 案春秋之時, 諸國錯峙, 關梁不通, 史官所書, 罕能周悉. 異乎炎漢之世, 四海一家, 馬遷秉傳, 求自古遺文, 而州郡上計, 皆先集太史, 若斯之備也. 況彼吳·楚者, 僻居南裔, 地隔江山, 去彼魯邦, 尤爲迂潤, 丘明所錄, 安能備諸?

손성孫盛은 "『춘추좌씨전』에서 오나라와 초나라를 간략하게 기록했고, 순열荀悅의 『한기』에서 흉노를 간단하게 기록했다."라고 했는데, 아마 오랑캐를 천하게 보고 중화를 귀하게 여겼기[11] 때문일 것이다. 춘추시대에는 각국이 뒤엉켜 대치하고 있었기 때문에 관문이나 교량이 서로 통하지 않았고, 사관의 기록도 구석구석 다 갖추기가 어려웠다.

---

8 오시 : 『춘추』의 첫 기사인 원元, 춘春, 왕王, 정월正月, 공즉위公卽位를 말한다. 『춘추공양전』 설說에 "원은 기운의 시작, 봄은 사시의 시작, 왕은 수명의 시작, 정월은 정교의 시작, 공즉위는 한 나라의 시작이다.[元者氣之始, 春者四時之始, 王者受命之始, 正月者政教之始, 公卽位者一國之始.]"라고 했다.

9 세 반역자 : 『춘추좌씨전』 소공昭公 31년에서 세 반역자로 주邾 땅의 서기庶其, 거莒 땅의 모이牟夷, 주邾 땅의 흑굉黑肱을 지목했다.

10 친구도~과문해져서 : 『예기』「학기學記」에 "홀로 배우고 벗이 없으면 고루해지고 과문해진다."라고 했다.

11 오랑캐를~여겼기 : 『춘추공양전』 성공成公 15년에 "『춘추』는 노나라를 안으로 놓고 중국의 다른 나라를 밖으로 놓았으며, 중국 다른 나라를 안으로 놓고 이적夷狄을 밖으로 놓았다."라고 했다.

시대가 변하여 한나라 때 이르러 천하가 통일되자, 사마천은 전국을 다니며 예로부터 내려오는 기록을 구할 수 있었고, 지방 주군州郡에서 올리는 보고를 모두 먼저 볼 수 있었기 때문에,[12] 그토록 갖추어 기록할 수 있었던 것이다. 이에 비해 오나라와 초나라는 남쪽 궁벽한 곳에 있는 데다 강과 산으로 땅이 막혀 있어 노나라 지방에서 보면 한층 멀었으니, 좌구명이 어떻게 갖추어 기록할 수 있었겠는가.

且必以蠻夷而固累也, 若駒支預於晉會, 長狄埋於魯門, 葛盧之辨牛鳴, 郯子之知鳥職, 斯皆邊隅小國, 人品最微, 猶復收其瑣事, 見於方冊. 安有主盟上國, 勢迫宗周, 爭長諸華, 威陵强晉, 而可遺之者哉! 又荀氏著書, 抄撮班『史』, 其取事也, 中外一槪, 夷夏皆均, 非是獨簡胡鄕, 而偏詳漢室. 盛旣疑丘明之擯吳楚, 遂誣仲豫之抑匈奴, 可謂强奏庸音, 持爲足曲者也.

또한 반드시 오랑캐 나라에 대해서는 본디 간략하게 기록했지만, 구지駒支가 진나라의 모임에 참석한 일,[13] 장적長狄의 군주가 노나라 문에 묻힌 일,[14] 갈로葛盧가 소 울음소리를 알아들은 일,[15] 담자郯子가 새의 이름으로 관직을

---

12 지방~때문에 : 『사기』「태사공자서太史公自序」의 집해集解에 나온다. 한나라 때 지방에서 중앙정부에 올리는 보고를 상계上計라고 했다.

13 구지가~일 : 『춘추좌씨전』 양공襄公 14년에, 진나라의 부용국이 된 강융姜戎 사람 구지가 자신을 회맹會盟에 참석시키지 않으려는 진나라 범선자范宣子와 담판을 벌인 대화가 상세히 기록되어 있다.

14 장적이~일 : 『춘추좌씨전』 문공文公 11년에, 노나라 대부 장숙臧叔(숙손득신叔孫得臣)이 장적長狄의 군주인 교여僑如를 잡아 노나라 북쪽 성곽 아래에 묻고는 성문의 이름을 아들 선백宣伯(숙손교여叔孫僑如)의 이름을 따서 교여라고 했다.

15 갈로가~일 : 『춘추좌씨전』 희공僖公 19년 전문傳文에 개갈로介葛盧가 소 울음소리를 알아들었

지은 일에 대해 이야기한 일[16] 등은 모두 변방 작은 나라의 미천한 인종들에 대한 이야기인데도 그들의 세세한 사건들을 다시 거두어 국가의 역사에 드러냈다. 그러니 동맹을 주관하는 윗 나라로서 그 세력이 주나라를 압박하고, 여러 중화 제국 중에서 으뜸을 다투며, 위세가 강력한 진나라를 능가한다면, 그에 대한 기록을 버릴 수 있었겠는가.

또 순열의 『한기』는 반고의 『한서』에서 뽑아 모았으며, 『한기』에서 택한 사건도 중국이나 외방, 중화나 오랑캐 모두 마찬가지로 고르게 선택했으므로, 유독 오랑캐 지방만 간략하고 한나라에만 편중되게 상세했던 것은 아니다. 손성은 좌구명이 오나라와 초나라를 배척했다고 의심한 뒤 마침내 순열이 흉노를 억눌렀다고 무함했으니, 평범한 음악을 억지로 연주해서 좋은 곡이 되었다고 우기는[17] 것이라고나 해야겠다.

蓋明月之珠, 不能無纇; 夜光之璧, 不能無纇, 故作者著書, 或有病累. 而後生不能誣詞其過, 又更文飾其非, 遂推而廣之, 强爲其說者, 蓋亦多矣. 如葛洪有云: "司馬遷發憤作『史記』百三十篇, 伯夷居列傳之首, 以爲善而無報也; 項羽列於本紀, 以爲居高位者, 非關有德也." 案史之於書也, 有其事則記, 無其事則闕. 尋遷之馳騖今古, 上下數千載, 『春秋』已往, 得其遺事者, 蓋唯首陽之二子而已. 然適使夷·齊生於秦代, 死於漢日, 而乃升之傳者, 庸謂有情. 今者考其先後, 隨而編次, 斯則理之恒也, 烏可怪乎?

다고 했는데, 개介는 산동성에 있던 부족의 이름이고, 갈로萬盧는 추장의 이름이다.

16 담자가~일 : 『춘추좌씨전』 소공昭公 17년에, 담자가 노나라를 방문했을 때 새 이름으로 관명官名을 삼은 이유를 자세히 설명했는데, 공자가 이 이야기를 듣고 담자에게 배웠다고 기록되어 있다.

17 평범한~우기는 : 육기陸機의 『문부文賦』에 보이는데, 용음庸音은 평범함 음악을 말한다.

456 사통 내편_ 27. 역사서의 배경 억측

대개 명월明月 같은 진주도 티[18]가 없을 수 없고 야광夜光 같은 옥도 흠[19]이 없을 수 없으므로 작자가 책을 쓸 때도 허물이 있을 수 있다. 그러나 후생들이 그 잘못을 비판하지 못하고 또다시 그 그릇된 점을 글로 덮어버리며, 마침내 확대해석하여 억지로 자신의 학설로 만드는 일이 생각보다 많다. 갈홍葛洪 같은 사람은 "사마천이 발분하여 『사기』 130편을 편찬했는데, 백이伯夷를 열전의 첫머리에 둔 것은 훌륭한 사람이 보답을 받지 못했다고 생각했기 때문이고, 항우項羽를 본기에 나란히 둔 것은 높은 지위에 있다고 해서 덕이 있는 것은 아니라고 생각했기 때문이다."라고 말했다.[20]

그러나 역사에 기록을 남길 때는, 사실이 있었다면 기록하고 그런 사실이 없었다면 빼는 것이라고 생각한다. 사마천이 고금의 역사를 열심히 조사한 결과, 『사기』에서 포괄하는 시대의 처음과 끝이 수천 년에 걸쳐 있지만, 『춘추』 이후로 남겨진 사실을 확보한 것은 대개 수양산에서 죽은 두 사람 뿐이었다. 그렇지만 마침 백이와 숙제가 진나라 때 태어나 한나라 때 죽었는데 열전 첫머리에 올린 경우라면, 사마천이 뭔가 의분에 찬 의도를 가지고 있었다고 말할 수도 있을 것이다. 그러나 지금의 경우는 선후를 살펴 그에 따라 편차를 매겼고, 이는 항상 통용되는 이치이니 무슨 괴이할 게 있겠는가?

必謂子長以善而無報, 推爲傳首, 若伍子胥·大夫種·孟軻·墨翟·賈誼·屈原之徒, 或行仁而不遇, 或盡忠而受戮, 何不求其品類, 簡在一科, 而乃異其

---

18 티 : 구姤는 『사통통석史通通釋』에 하瑕로 되어 있다. 노인 얼굴의 점(검버섯)과 같다는 의미로, 여기에서는 티로 번역했다.

19 흠 : 뢰纇는 흔적 또는 하자를 말한다.

20 갈홍~말했다 : 갈홍의 논평은 『서경잡기西京雜記』 권하에 나온다.

篇目, 各分爲卷. 又遷之紕繆, 其流甚多. 夫陳勝之爲世家, 旣云無據; 項羽之稱本紀, 何求有憑. 必謂遭彼腐刑, 怨刺孝武, 故書違凡例, 志存激切, 若先黃老而後六經, 進奸雄而退處士, 此之乖刺, 復何爲乎?

필시 훌륭한 사람이 보답을 받지 못했다고 생각한 사마천이 백이와 숙제를 추대하여 열전의 첫머리로 삼은 것일까? 그렇다면 오자서伍子胥,[21] 월나라 대부 문종文種,[22] 맹가孟軻·묵적墨翟[23]·가의賈誼·굴원屈原 같은 사람들은 인仁을 실천했으나 불우하기도 했고, 진심을 다했으나 형륙을 당하기도 했으니 어찌 그들의 품격을 따져 한 편목으로 편찬하지 않고 편목을 달리하여 따로 열전을 두었는가.

또한 사마천이 범한 잘못[24]도 그 종류가 대단히 많다. 저 진승陳勝을 세가

---

21 오자서 : 자서는 자이고, 이름은 원員이다. 그의 부친 오사伍奢는 초나라 평왕의 태자의 스승이었지만, 태자가 폐위되면서 장남 오상과 함께 평왕에 의해 살해되었다. 오자서는 오나라로 가서 차남 태자 광光을 섬기고, 광이 쿠데타를 일으킬 때 협력했다. 광은 즉위해서 오왕 합려闔廬가 되었다. 합려는 기원전 506년에 병사를 일으켜 초나라 수도를 함락했다. 그때 이미 평왕은 죽은 뒤였기 때문에 오자서는 그의 묘를 파헤치고 시체를 꺼내 300번이나 채찍질하여 아비와 형의 원한을 풀었다. 훗날 오왕 부차夫差의 오해를 사서 자결했다. 『사기』 권66 「오자서열전伍子胥列傳」에 나온다.

22 문종 : 범려范蠡와 함께 월왕 구천句踐을 도와 오나라를 멸망시키고 패권을 잡게 한 공신이다. 범려는 오나라를 떠나면서 문종에게 "새를 잡고 나면 활을 거둬들이고 토끼를 잡고 나면 사냥개는 삶아 먹는다.[飛鳥盡良弓藏 狡兎死走狗烹]"라며 떠나기를 권했지만, 문종은 듣지 않았다. 문종은 나중에 구천의 의심을 받고 자결을 강요받아 죽었다. 범려는 미인 서시西施를 이용해 오왕 부차와 오자서 사이를 이간질한 인물이다. 『사기』 권41 「월왕구천세가越王句踐世家」에 나온다.

23 묵적 : 전국시대 박애주의를 표방했던 사상가이다. 묵가의 겸애兼愛 사상은 전국시대를 극복할 대안으로 제시되었으나, 그 비현실성으로 인해 맹자로부터 또 다른 극단주의라고 비판받았다. 『맹자』 「등문공 하滕文公下」에 나온다.

24 잘못 : 비무紕繆는 착오 또는 오류라는 뜻이다.

에 편재한 것은 이미 근거가 없다고 했거니와, 항우를 본기라고 칭한 것은 어디에서 근거를 찾을 것인가. 그가 궁형宮刑[25]을 당하자 한나라 무제를 원망하고 풍자했기 때문에 범례를 어기면서까지 기록했으며 또한 그럴 정도로 마음이 격했다고 굳이 주장한다면, 황로黃老를 앞세우고 유가儒家의 육경을 뒤로 배치한 경우나 간웅을 앞세우고 처사를 뒤로 물린 경우도[26] 있는데, 이런 괴리는 어떻게 설명할 것인가?

隋內史李德林著論, 稱: "陳壽蜀人, 其撰『國志』, 黨蜀而抑魏." 刊之國史, 以爲格言. 案曹公之創王業也, 賊殺母后, 幽逼主上, 罪百田常, 禍千王莽. 文帝臨戎不武, 爲國好奢, 忍害賢良, 疎忌骨肉. 而壽評皆依違其事, 無所措言. 劉主地居漢宗, 仗順而起, 夷險不撓, 終始無瑕. 方諸帝王, 可比少康·光武; 譬以侯伯, 宜輩秦繆·楚莊. 而壽評抑其所長, 攻其所短, 是則以魏爲正朔之國, 典午攸承; 蜀乃僭僞之君, 中朝所嫉. 故曲稱曹美, 而虛說劉非, 安有背曹而向劉, 疎魏而親蜀也?【陳壽「上書諸葛亮集」云: "陛下邁蹤古聖, 蕩然無忌, 故雖誹謗之言咸肆其辭, 而無所革也】夫無其文而有其說, 不亦憑虛·亡是者耶?

그런데 수나라 내사內史였던 이덕림李德林은 "진수陳壽는 촉나라 사람이라 그의 『삼국지三國志』에서 촉나라를 편들고 위나라를 누르는 경향이 있었다." 라고 말했는데, 이 말은 『수서隋書』에까지 실리면서 올바른 견해로 취급되었

---

25 궁형 : 중국에서 행하던 오형五刑 중의 하나로, 죄인의 생식기를 없애는 형벌이다. 부형腐刑이라고도 한다.

26 황로를~경우도 : 『한서』 권62 「사마천열전 찬司馬遷列傳贊」에 나온다.

다. 그러나 조조曹操가 위나라 왕업을 처음 세울 때 한나라 왕실의 모후를 살해하고 황제를 유폐했으니, 그 죄는 전상田常[27]의 백 배였고 그 재앙은 왕망王莽의 천 배였다. 그의 아들 문제文帝는 전쟁에서 무용을 떨치지 못했고 나라를 다스리면서는 사치를 즐겼으며, 능력 있고 훌륭한 신하를 함부로 해쳤고 골육을 멀리했다. 그런데도 진수의 평론은 모두 그런 사실과 거리가 있었고, 문제에 대한 위와 같은 사실은 언급하지 않았다.

유비劉備는 한나라 왕족으로서 본가가 쇠망하는 것을 구하고자 일어서서 많은 어려움에도 굴하지 않았고 처음부터 끝까지 흠잡을 데가 없었다. 제왕에 비유하자면 하나라를 중흥했던 소강少康이나 한나라를 중흥했던 광무제光武帝에 해당하고, 후백侯伯에 비유하자면, 진나라의 목공繆公이나 초나라의 장왕莊王에 해당할 것이다. 그런데도 진수의 평론에서는 그 장점은 억누르고 단점만 공격했으니, 이는 위나라에 대해 정통의 왕조로서 사마씨司馬氏[28]가 한나라를 승계했고, 촉나라는 곧 참위의 군주로 중앙조정에서 미워했다고 생각한 것이다. 조조의 훌륭한 점을 왜곡되게 칭찬하고 유비의 잘못을 거짓되게 이야기했으니, 어떻게 조조를 등지고 유비의 편을 들었다고 하겠으며 위나라를 멀리하고 촉나라와 친했다고 주장할 수 있겠는가?【진수의 「제갈량집을 올리는 글(上書諸葛亮集)」에서 말하기를 "폐하께서는 옛 성인을 따르며 마음을 비우고 거리낌이 없었으므로 저는 아무리 비방하는 말이라도 그 내용을 모두 수록하고 고친 것이 없습니다."라고 했다.[29]】이야말로 관련 기록이 없는데도 그렇다고 주장한 경우이

---

27 전상자 : 전상田常은 전성자田成子로, 춘추시대 제齊나라 간공簡公의 재상이었다. 흉포하고 조정을 농단했으며, 간공과 대부 자아子我 등을 살해했고, 제멋대로 자신의 봉읍을 늘렸다. 『사기』 권46 「전경중완세가田敬仲完世家」에 나온다.
28 사마씨 : 전오典午는 말(馬)을 담당한다는 뜻으로, 사마씨를 가리킨다. 곧 진晉나라 왕조이다.
29 진수의~했다 : 포기룡은 이 원주가 의미가 없다고 하여 삭제했다. 그러나 조여보는 삭제하는 것이 옳지 않다고 보고 각주에 내용을 보완했다.

니, 또한 빙허공자憑虛公子나 무시공亡是公[30]이 아니겠는가?

習鑿齒之撰『漢晉春秋』, 以魏爲僞國者, 此蓋定邪正之途, 明順逆之理耳. 而檀道鸞稱: "其當桓氏執政, 故撰此書, 欲以絶彼覬覦, 防茲逐鹿." 歷觀古之學士, 爲文以諷其上者多矣. 若齊冏失德, 「豪士」於焉作賦; 賈后無道, 「女史」由其獻箴. 斯皆短什小篇, 可率爾而就也. 安有變三國之體統, 改五行之正朔, 勒成一史, 傳諸千載, 而藉以權濟物議, 取誠當時. 豈非勞而無功, 博而非要, 與夫班彪「王命」, 一何異乎? 求之人情, 理不當爾.

習鑿齒습착치가『한진춘추漢晉春秋』를 편찬하여 위魏나라를 잘못 세워진 나라 또는 거짓된 나라라는 의미에서 위국僞國이라고 평가했던 것은 정사正邪와 순역順逆의 도리를 밝히려고 했던 것이다. 그렇지만 단도란檀道鸞은 그것을 평하여, "당시에는 환온桓溫이 정권을 잡았기 때문에 습착치가『한진춘추』를 편찬하여 만일의 상황을 걱정하는 마음을 끊고[31] 중원의 왕업을 쫓으려는[32] 야심을 접은 것이다."라고 했다.

옛 지식인들을 쭉 보면 문장을 통해 윗사람을 풍자한 경우가 많다. 제齊나

---

30 빙허공자나 무시공 : 빙허공자는 장형張衡(78~139)의 「서경부西京賦」에 등장하는 허구의 인물이고, 무시공은 사마상여司馬相如의 「상림부上林賦」에 등장하는 허구의 인물이다.

31 만일의~끊고 :『후한서』 권68 「곽태열전郭泰列傳」에, 후한의 명신인 진번陳蕃과 두무竇武가 환관들에게 살해된 뒤 곽태郭泰가 통곡하기를 "사람도 죽었고, 나라도 망했다. 까마귀가 앉을 곳 쳐다보니, 누구 집에 앉을지 모르겠다.[曰, "人之云亡, 邦國殄瘁. 瞻烏爰止, 不知于誰之屋耳."]"라고 했다. 곽태의 말은『시경』의 구절을 따와서 한 말인데, 왕업이 어디로 돌아갈지 불안해 하는 말로 읽는다.

32 중원의 왕업을 쫓으려는 : '사슴을 쫓는다[逐鹿]'는 말은 정권 쟁탈을 의미한다.『사기』 권92 「회음후열전淮陰侯列傳」에 나온다.

라 왕 경冏이 덕망을 잃자 「호사豪士」라는 부賦를 지었고,[33] 진晉나라 가후賈后가 도리에 어긋나자 「여사女史」라는 잠箴을 지어 바쳤다.[34] 이 모두 짧은 단편들로, 뜻 가는 대로 쓴 글이다. 그러니 거기에 어찌 삼국의 정통을 바꾸고 오행의 정삭正朔을 고침으로써 천 년이 지나도 사라지지 않을 역사서가 완성될 수 있었겠으며, 또한 이에 기초하여 당시 사람들을 경계할 수 있는 평론을 제공할 수 있었겠는가. 노력은 했으나 공적이 없고 널리 모았지만 핵심은 없었으니 반표의 「왕명론王命論」[35]과 마찬가지이며, 전혀 다를 바 없다. 인정으로 생각해보면, 그런 글에서 대작을 기대하기란 이치에 합당하지 않다.

自二京板蕩, 五胡稱制, 崔鴻鳩諸僞史, 聚成春秋, 其所列者, 十有六家而已. 魏收云: "鴻世仕江左, 故不錄司馬·劉·蕭之書, 又恐識者尤之, 未敢出行於外." 案于時中原乏主, 海內橫流, 遂彼東南, 更爲正朔. 適使素王再出, 南史重生, 終不能別有異同, 忤非其議. 安得以僞書無錄, 而猶罪歸彦鸞者

---

33 제나라~지었고 : 경冏은 사마경司馬冏으로, 서진西晉 헌왕獻王 유攸의 아들이다. 조왕趙王 윤倫의 반란을 진압한 공으로 대사마大司馬에 올라 조정을 농단했다. 주색에 빠져 사치를 일삼다가 장사왕長沙王 의義에게 살해되었다. 『진서』 권59 「제왕경열전齊王冏列傳」에 나온다. 사마경에 대해 육기陸機가 「호사부」를 지어 비판했다는 내용이 『진서』 권54 「육기열전陸機列傳」에 나온다.

34 진나라~바쳤다 : 가후는 진나라 혜제惠帝의 황후로, 월권을 일삼으며 조정에 간섭하다가 조왕 윤에게 사사되었다. 「여사잠女史箴」을 지은 장화張華의 자는 무선茂先이다. 그는 가후와 그 집안이 조정을 기울게 하는 것을 보고 「여사잠」을 지어 풍자했다. 완적阮籍은 장화가 군주를 보좌할 재목이라고 칭찬했다. 장화는 뒤에 팔왕八王의 찬탈 음모에 참여하지 않아 살해되었다. 『진서』 권36 「장화전張華傳」에 나온다.

35 반표의 「왕명론」 : 반표가 외효隗嚣를 비판하고 당시의 혼란상을 슬퍼하면서 지은 것이 「왕명론」이다. 『후한서』 권71상 「반표열전班彪列傳」에 나온다.

乎? 且必以崔氏祖宦吳朝, 故情私南國, 必如是, 則其先徙居廣固, 委質慕容, 何得書彼南燕, 而與群雄並列! 愛憎之道, 豈若是耶?

그런데 장안長安과 낙양洛陽이 멸망하고 5호五胡가 화북 지방에서 칭제[36]한 이래 최홍崔鴻은 각 위사僞史를 모아 『춘추』를 편찬했는데, 거기에 열거된 대상은 16가家뿐이었다.[37] 위수魏收가 말하기를 "최홍은 대대로 강남의 왕조에서 벼슬을 했기 때문에 사마司馬·유劉·소蕭의 역사서는 기록하지 않았다. 또 식자들의 비판을 두려워하여 외부에 보여주지도 않았다."라고 했다.[38]

하지만 당시 중원에는 주인이 없었고 천하가 혼란스러워 멀리 남조南朝의 정권들이 패권을 다투고 있었다. 때맞춰 소왕素王 공자가 다시 나타나든 남사南史가 다시 태어나든, 결국 차이점을 구별하거나 최홍의 견해를 거슬러 비판할 수가 없는 상황이었다. 그러니 어떻게 거짓 역사서라는 이유로 기록하지 않았다고 해서 도리어 죄를 최홍에게 돌릴 수 있다는 말인가? 더욱이 굳이 최씨 조상이 오나라에서 벼슬했기 때문에 강남의 나라에 사사로운 정이 있었다고 주장한다. 정말 이런 논리대로라면, 그 선조가 산동 지역에 있는 광고廣固에 이사 와 살면서 모용씨慕容氏로부터 벼슬을 받았으니 어떻게 저 남연南燕의 사실을 여러 다른 이적夷狄들과 나란히 열거할 수 있었겠는가. 나라에 대한 애증의 도리가 어찌 이와 같겠는가?

36 칭제 : 제制는 황제의 조령詔令이다. 칭제稱制란 건국하고 황제로 칭한다는 의미이다.

37 최홍은~16가뿐이었다 : 최홍의 자는 언란彦鸞이다. 구鳩란 수집한다는 뜻이다. 위사僞史라고 부른 이유는 16국에서 수찬한 역사라는 말이다.

38 위수가~했다 : 위수(506~572)의 자는 백기伯起이다. 사마司馬·유劉·소蕭의 역사서는 각각 동진東晉·송宋·제齊의 역사서를 가리킨다. 위수의 말은 『위서』 권67 「최홍열전崔鴻列傳」에 나온다.

且觀鴻『書』之紀綱, 皆以晉爲主, 亦猶班『書』之載吳·項, 必繫漢年, 陳『志』
之述孫·劉, 皆宗魏世. 何止獨遺其事, 不取其書而已哉! 但伯起躬爲『魏史』,
傳列「島夷」, 不欲使中國著書, 推崇江表, 所以輒假言崔『志』, 用紓魏羞. 且
東晉之書, 宋齊之史, 考其所載, 幾三百篇, 而僞邦墳籍, 僅盈百卷. 若使收
矯鴻之失, 南北混書, 斯則四分有三, 事歸江外. 非唯肥瘠非類, 衆寡不均;
兼以東南國史, 皆須紀傳區別. 玆又體統不純, 難爲編次者矣. 收之矯妄, 其
可盡言乎!

또한 최홍의 『십육국춘추十六國春秋』의 기강紀綱은 모두 진晉나라를 위주로
했는데, 이는 반고의 『한서』에 오광吳廣과 항우項羽를 기록하면서 반드시 한
나라 연도에 연결 짓고, 진수의 『삼국지』에서 손권孫權과 유비劉備를 서술할
때 모두 위나라를 중심으로 삼았던 경우와 마찬가지다.[39] 어찌 유독 진나라의
기록만 남겼을 뿐이라고 하여 최홍의 역사서를 인정하지 않을 수 있겠는가.

다만 위수는 자신이 북위北魏의 사관으로 『위사魏史』를 편찬하면서 동진東
晉을 도이島夷 열전에 두고, 중앙의 역사서에 강남의 나라를 높여 드러내는
것을 꺼려 했다. 그래서 최홍의 『십육국춘추』를 예로 들어 비판하면서 북위
의 수치를 덜어보려고 했던 것인지도 모른다. 또한 남조인 동진의 기록과 송
宋·제齊의 역사서에 실린 기록을 보면 거의 300편이지만, 이른바 위방僞邦의
전적은 겨우 100권에 불과하다.

---

39 진수의~마찬가지다 : 진수나 위수에 대한 조선시대 학자들의 생각은 위와는 달랐던
듯하다. 계곡谿谷 장유張維(1587~1638)는 『계곡만필谿谷漫筆』 권1 「촉 땅의 상인이 천금을
들어 양자운의 『법언』 속에 이름을 넣어 줄 것을 청했다[蜀賈以千金乞載名于揚子法言]」라
는 글에서, 촉蜀의 어떤 부유한 상인이 천금을 가지고 양자운揚子雲을 쫓아다니며 자기
이름을 『법언』에 기재해주기를 청했던 사실을 두고 "진수나 위수가 역사를 팔아먹은
일과 같다."라고 평가했다.

만일 위수가 최홍의 잘못을 바로잡으려고 남북조의 기록을 섞었다면 4분의 3은 남조의 기록이었을 것이다. 나라의 규모가 같지 않고 기록의 양이 같지 않았을뿐더러, 남조에서 편찬한 역사서는 모두 별도의 본기와 열전 구분이 필요했을 것이다. 그 결과 체재와 정통이 일관되지 못하고 편차를 잡기 어려웠을 것이다. 그랬다면 위수의 잘못된 교정을 이루 다 말할 수 없었으리라.

於是考衆家之異說, 条作者之本意, 或出自胸懷, 枉申探賾; 或妄加向背, 輒有異同. 而流俗腐儒, 後来末學, 習其狂狷, 成其註誤, 自謂見所未見, 聞所未聞, 銘諸舌端, 以爲口實. 唯智者不惑, 無所疑焉.

이렇게 여러 역사가의 이설을 살펴보고 지은이들의 본래 의도를 참작해보면, 더러는 자기 생각대로 원저자의 생각을 왜곡하여 설명하거나 자신의 호오를 함부로 덧붙여 늘 차이가 발생한다. 그런데 세속의 썩은 선비들이나 후대의 공부하지 않는 학자들이 극단적인 태도에 젖어 거듭 오류를 반복하면서도, 스스로는 앞사람들이 미처 보지도 듣지도 못한 것을 보고 들었다면서 입이 닳도록 떠들 때 이러한 차이를 구실로 삼는다. 그러나 오직 지혜로운 사람만이 미혹되지 않으리라는 점은 의심할 여지가 없다. 史通

유지기는 학문이 본뜨는 데서 시작하듯, 서술도 마찬가지라고 한다. 그래서 열어구는 노자를 닮고, 양웅은 공자를 본보기로 삼았으며, 범엽도 가의에 의거했다고 말한다. 유지기에 따르면 사신史臣이 사실을 기록할 때는 그 내용이 광범위하기 때문에 훌륭한 선배들을 모범으로 삼지 않으면 후대에 좋은 작품을 남길 수 없다.

본뜨는 체재에는 두 가지가 있다고 했다. 첫째 겉보기는 같더라도 실제가 다른 경우가 있고, 둘째 겉보기는 달라도 실제는 같은 경우이다. 겉보기가 달라도 실제는 같아야지, 거꾸로 되면 곤란하다고 말한다. 유지기는 세상의 저자들이 기발한 것만 추구하고 즐기는 탓에 옛날 투의 문장을 가지고 현재의 사실을 기록하고는 오경이 다시 태어났다느니 삼사가 또 나타났다느니 하지만, 실제를 살펴보면 식견이 없는 경우가 태반이라고 탄식한다.

옛 역사서를 본받는다는 것은, 그림을 그릴 때 표본대로 똑같이 그린다거나 주형을 가지고 똑같이 틀에 박힌 모양을 찍어내듯, 이것을 저것과 비슷하게 만든다는 것을 의미하지 않는다. 진정 비슷할 수 있는 이유는 그 도술이 서로 통하고 의리가 같기 때문이다. 그래서 유지기가 강조하는 것은 겉보기가 달라도 실제는 같도록 모범이 되는 역사서를 배우는 일이다.

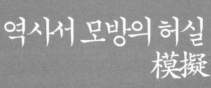

内篇
28

역사서 모방의 허실
模擬

模擬

夫述者相劾, 自古而然. 故列禦寇之言理也, 則憑李叟; 揚子雲之草玄也,
全師孔公. 符朗則比跡於莊周, 范曄則參蹤於賈誼. 況史臣注記, 其言浩博,
若不仰範前哲, 何以貽厥後來?

　서술할 때에 그대로 본떠 쓰는 것은 예로부터 당연했다. 그렇기 때문에 열
어구列禦寇가 말한 사상은 노자老子와 매우 닮았으며,[1] 양웅揚雄의 『태현경太玄
經』도 완전히 공자를 본보기로 삼았다. 부랑符朗은 장자莊子와 흡사하고,[2] 범
엽范曄도 가의賈誼에 의거하여 따랐다.[3] 더구나 사신史臣이 사실을 기록할 때
그 내용이 광범위하기 때문에, 위로 훌륭한 선배들을 모범으로 삼지 않는다
면 어찌 후대에 좋은 작품을 남길 수 있겠는가?

---

1 열어구가~닮았으며 : 열어구는 열자列子, 이수李叟는 노자(노담老聃)이다. 노담의 성은
　이李로 알려져 있다. 열어구는 『열자』의 저자로 알려져 있으나, 당나라의 유종원柳宗元
　등은 『열자』의 서사로 볼 때 위진魏晉시대에 열어구의 이름을 가탁하여 편찬했다고 보기도
　한다.
2 부랑은 장자와 흡사하고 : 부랑의 자는 원달元達이며, 부견苻堅의 조카이다. 허영을 추구하지
　않는 성품이라, 부견이 그를 가리켜 '우리 집안의 천리마[吾家千里駒]'라고 불렀다. 관직에
　있으면서도 책을 놓지 않았다. 동진에 항복한 뒤 왕국보王國寶에게 무함을 당해 살해되었다.
　『부자苻子』20권을 편찬하여 노장의 사상을 해석했으나, 일찍이 없어졌다. 『진서』권114
　「부랑열전苻朗列傳」에 나온다.
3 범엽도~따랐다 : 『후한서後漢書』「자서自序」에서, 범엽은 『후한서』의 「순리열전循吏列傳」
　등을 지을 때 가의의 「과진過秦」편을 그대로 이어받아 기술했다고 했다.

蓋模擬之體, 厥途有二, 一曰貌同而心異, 二曰貌異而心同. 何以言之? 蓋古者列國命官, 卿與大夫有別. 必於國史所記, 則卿亦呼爲大夫, 此『春秋』之例也. 當秦有天下, 地廣殷周, 變諸侯爲帝王, 目宰輔爲丞相. 而<u>譙周</u>撰『古史考』, 思欲擯抑<u>馬</u>『記』, 師放孔經. 其書<u>李斯</u>之棄市也, 乃云: "秦殺其大夫<u>李斯</u>." 夫以諸侯之大夫名天子之丞相, 以此而擬『春秋』, 所謂貌同而心異也.

본뜨는 체재에는 두 가지 길이 있다. 첫째, 겉보기는 같더라도 실제가 다른 경우가 있고, 둘째, 겉보기는 달라도 실제가 같은 경우가 있다. 무엇을 두고 하는 말인가? 옛날 어느 나라든지 관리를 임명할 때는 경卿과 대부大夫에 구별을 두었다. 분명 국사의 기록에는 경도 대부라고 적었던 경우가 있었는데, 『춘추』가 그 사례이다. 그런데 진나라가 천하를 통일한 이후에는 그 영토가 은나라나 주나라보다 넓어서 과거의 제후가 제왕帝王이 되고 재상宰相도 승상丞相이라고 불렸다.

삼국시대 초주譙周의 『고사고古史考』[4]는 사마천의 『사기』를 제쳐놓고 공자의 『춘추』를 본보기로 삼고자 했다. 『고사고』에서는 승상인 이사李斯가 저잣거리에서 참형에 처해진 사건에 대해 "진나라는 그 대부 이사를 죽였다."라고 적음으로써 제후의 신하인 대부라는 이름을 천자의 승상에 적용했다. 이렇게 『춘추』를 본뜨고 있지만, 이것은 겉보기는 같아도 실제는 다른 경우이다.

---

4 초주의 『고사고』: 초주의 자는 충남允南이고, 가난한 어린 시절에도 육경六經을 열심히 공부했다. 제갈량諸葛亮이 승상이었을 때 초주를 권학종사勸學從事로 임명했다. 『고사고』 25권을 편찬하여 『사기』에서 빠진 선진先秦 시대의 사실을 보충했는데, 일찍이 일실되었다. 『삼국지 촉지』 권42 「초주열전譙周列傳」에 나온다.

當『春秋』之世, 列國甚多, 每書他邦, 皆顯其號; 至於魯國, 直云我而已. 如
金行握紀, 海內大同, 君靡客主之殊, 臣無彼此之異. 而干寶撰『晉紀』, 至
天子之葬, 必云: "葬我某皇帝." 時無二君, 何我之有? 以此而擬『春秋』, 又
所謂貌同而心異也. 狄滅二國, 君死城屠; 齊桓行霸, 興亡繼絕. 『左傳』云:
"邢遷如歸, 衛國忘亡." 言上下安堵, 不失舊物也. 如孫皓暴虐, 人不聊生,
晉師是討, 後予相怨. 而干寶『晉紀』云: "吳國旣滅, 江外忘亡." 豈江外安
典午之善政, 同歸命之未滅乎? 以此而擬『左氏』, 又所謂貌同而心異也.

『춘추』에 해당하는 시대에는 나라의 숫자도 많았고, 다른 나라를 기록할
때면 모두 나라 이름을 불렀지만 노나라에 대해서만은 직접 우리(我)라고 칭
했다. 진晉나라가 황통皇統을 잡아 천하가 통일되면서[5] 군주에도 주객의 차이
가 없고 신하에도 피차 구별이 있을 리 없는데도, 간보干寶의 『진기晉紀』에서
는 천자의 장례에 대해 기술할 때 항상 "우리 아무개 황제를 매장했다."라고
쓰고 있다. 당시 황제가 두 명 있는 것도 아닐 텐데 무슨 '우리'라는 말이
필요한가? 이처럼 『춘추』를 본뜨고 있지만, 역시 겉보기는 같아도 실제는
다른 경우이다.

오랑캐가 두 나라를 멸망시켜 군주는 죽고 도성은 도륙되었다가 제나라
환공桓公의 패업으로 망했던 두 나라가 부흥하여 끊어진 시대를 이었다. 『춘
추좌씨전』에서는 이를 두고 "형邢나라 사람들은 다른 곳으로 옮겨 가면서도
고향으로 돌아가는 듯이 기뻤고, 위衛나라 사람도 나라가 망했다는 사실을
잊었다."라고 기록했다. 위아래가 모두 편안히 생업에 종사하고 옛 삶의 터
전을 잃지 않았으며,[6] 삼국시대 오나라의 손호孫皓가 포학하여 사람들이 살

---

5 진나라가~통일되면서 : 진晉나라는 오행 중에 금金에 해당한다. 기紀는 곧 황통이다.
6 위아래가~않았으며 : 도堵는 담장이며, 안도安堵는 편안히 생업을 즐긴다는 의미이다.

길이 막막했다가 진나라 군대가 토벌하자 서로 먼저 해방시켜주기를 바랐다는 말이다. 이를 두고 간보는 『진기』에서 "오나라는 이미 멸망했지만 강남 사람들은 나라가 망했다는 사실을 잊었다."라고 적고 있는데, 어찌 강남의 사람들이 사마씨 전오典午의 선정善政을 기뻐한 것이 멸망 이전 포학했던 오나라 손호의 시대로 돌아간 것과 같았겠는가. 이렇게 『좌전』을 본뜨고 있지만, 겉보기는 같아도 실제는 다른 경우이다.

春秋諸國, 皆用夏正, 魯以行天子禮樂, 故獨用周家正朔. 至如書'元年春王正月'者, 年則魯君之年, 月則周王之月.【考『竹書紀年』始達此義, 而自古說『春秋』者皆妄爲解釋也】如曹·馬受命, 躬爲帝王, 非是以諸侯守藩, 行天子班歷. 而孫盛魏·晉二『陽秋』, 每書年首, 必云: "某年春帝正月." 夫年旣編帝紀, 而月又列帝名. 以此而擬『春秋』, 又所謂貌同而心異也.

춘추시대의 열국은 모두 하나라 시대의 태음력을 사용하고 있었지만, 노나라만은 주나라 왕실의 제도를 그대로 썼기 때문에 태양력을 사용하고 있었다. 따라서 '원년 봄 왕 정월(元年春王正月)'이라는 『춘추』의 기록에서, 원년은 노나라 군주의 원년이며, 정월은 주나라 왕의 정월이란 뜻이다.【『죽서기년竹書紀年』을 살펴보면 처음에 이러한 의미를 이해하고 있었지만, 예부터 『춘추』를 설명하는 사람들은 모두 멋대로 해석했다.】조씨가 위나라를, 사마씨가 진나라를 세워 스스로 제왕이라고 했을 때는 제후가 영토를 지키며 중앙의 천자가 반포하는 달력을 사용한다는 의미가 없었던, 즉 두 나라의 정통성이 의심스럽던 상황

『춘추좌씨전』 애공哀公 원년에 "하나라에 제사 지내고 하늘에 배향하여 옛 나라를 잃지 않았다.[祀夏配天, 不失舊物]"라고 했다.

이었다. 그럼에도 손성孫盛의 『위양추魏陽秋』와 『진양추晉陽秋』를 보면 연초에는 반드시 '몇 년 봄 황제 정월某年春帝正月'이라고 기록하여 연도도 황제를 기준으로 편차하고 월月도 황제의 명칭에 따라 정했다. 이렇게 『춘추』를 본 뜨고 있지만, 역시 겉보기는 같아도 실제는 다른 경우이다.

五始所作, 是曰『春秋』; 三傳並興, 各釋經義. 如『公羊傳』屢云: "何以書? 記某事也." 此則先引經語, 而繼以釋辭, 勢使之然, 非史體也. 如吳均『齊春秋』, 每書災變, 亦曰: "何以書? 記異也." 夫事無他議, 言從已出, 輒自問而自答者, 豈是敍事之理者耶? 以此而擬『公羊』, 又所謂貌同而心異也

　오시五始[7]를 쓴 것은 『춘추』였고, 여기에 해석서인 세 종류의 전傳이 각각 경문經文의 의미를 해석했다. 『공양전』에서는 종종 "이것을 왜 썼겠는가? 바로 이런 사실을 기록한 것이다."라는 식으로, 먼저 경문의 말을 인용한 뒤 이어서 해석하는 말을 덧붙였으나, 이는 형편상 그랬던 것이지 역사 서술의 원칙은 아니다. 그런데 오균吳均의 『제춘추齊春秋』에서도 천재지변을 기록할 때면, "이것을 왜 썼겠는가? 이변을 기록한 것이다."라고 적고 있다. 사건에 대해 별다른 논의가 있는 것도 아니고 자신이 제시한 내용인데, 그때마다 스스로 묻고 대답하는 방식을 서사의 방법이라고 할 수 있겠는가? 이렇게 『공양전』을 본뜨고 있지만, 역시 겉보기는 같아도 실제는 다른 경우이다.

---

　7 오시 : '원년元年 춘春 왕王 정월正月'에 공즉위公卽位를 합쳐 오시라고 부른다. 『춘추공양전』 설說에 "원·봄·왕·정월·공즉위 다섯 가지 일을 말한 것인데, 원은 기운의 시작, 봄은 사시의 시작, 왕은 수명의 시작, 정월은 정교의 시작, 공즉위는 한 나라의 시작이다.[元者氣之始, 春者四時之始, 王者受命之始, 正月者政教之始, 公卽位者一國之始.]"라고 했다.

且『史』·『漢』每於列傳首書人名字, 至傳內有呼字處, 則於傳首不詳. 如『漢書』「李陵傳」稱: '隴西任立政', '陵字立政曰: 少公, 歸易耳'. 夫上不言立政之字, 而輒言字立政曰少公者, 此省文從可知也. 至令狐德棻『周書』於「伊婁穆傳」首云: '伊婁穆字奴干'. 旣而續云: 太祖字之曰: "奴干, 作儀同, 面向我也." 夫上書其字, 而下復曰字, 豈是事從簡易, 文去重複者耶? 以此而擬『漢書』, 又所謂貌同而心異也

또『사기』나『한서』에는 매번 열전 처음에 그 인물의 이름과 자를 함께 써놓고 있지만, 열전 안에서는 자만 부르는 경우가 있어서 열전의 처음과 비교할 때 상세하지 않다.『한서』「이릉열전李陵列傳」에서 '농서隴西의 임립정任立政'이라고 부르거나, "이릉이 입정의 자字를 부르면서 '소공少公과 함께 돌아가는 것이 쉽다'고 말했다."라고 기술하고 있는 경우이다.[8] 처음에 임립정의 자를 사용하지 않았다가, 문득 '입정의 자를 부르면서 소공 운운'이라고 한 경우는, 이것으로 글자가 생략되었다는 사실을 알 수 있다.

그런데 영호덕분令狐德棻의『주서周書』「이루목전伊婁穆傳」의 처음에서 '이루목의 자는 노간奴干'이라고 했다. 그 뒤 계속하여 서술하기를 "태조가 그의 자를 부르면서, '노간아, 의동삼사를 맡기겠으니 그 임무를 맡아 짐에게 얼굴을 보이라.' 했다."라고 하여, 위에도 자를 쓰고 아래에도 다시 자를 쓰고 있다. 이 어찌 사실은 간이하게 기술하고 문장은 중복을 피했다고 할 수 있겠는가? 이렇게『한서』를 본뜨고 있지만, 역시 겉보기는 같아도 실제는 다른 경우이다.

---

8 『한서』의~경우이다 :『한서』권54「이광열전李廣列傳」에, 한나라 소제昭帝가 즉위하여 이릉을 부르는 대목에서 임립정任立政의 이름과 소공少公이라는 자를 섞어 쓴 사례를 들 수 있다.

昔『家語』有云: "蒼梧人娶妻而美, 以讓其兄. 雖則爲讓, 非讓道也." 又揚子
『法言』曰: "士有姓孔字仲尼. 其文是也, 其質非也." 如向之諸子, 所擬古
作, 其殆蒼梧之讓, 姓孔字仲尼者歟. 蓋語曰: "世異則事異, 事異則備異."
必以先王之道, 持今世之人, 此韓子所以著「五蠹」之篇, 稱宋人有守株之
說也. 世之述者, 銳志於奇, 喜編次古文, 撰敍今事, 而巍然自謂五經再生,
三史重出, 多見其無識者矣.

옛날 『공자가어孔子家語』에 "창오蒼梧 사람이 아내를 맞이했는데 미인이라
서 형에게 양보했다. 양보라고는 하지만 양보라는 정신에서 벗어난 것이다."[9]
라고 했다. 또 양웅의 『법언法言』에 "성은 공孔, 자는 중니仲尼라고 하는 사람
이 있었다. 글자는 같았지만, 실제는 아니었다."라고 했는데, 앞에서 열거한
여러 역사가가 옛 역사서를 본뜨고 있는 것도 창오 사람이 아내를 형에게 양
보한 일이나 성과 자만 공과 중니라고 한 경우와 거의 마찬가지일 것이다.

흔히 "시대가 변하면 사물도 변하고, 사물이 변하면 그에 대한 준비도 달
라져야 한다."라고 한다. 군이 선왕의 도를 내세워 현재 사람들에게 적용하
려는 것에 대해, 한비자는 「오두五蠹」라는 논설을 통해 비판하면서 송나라
사람이 그루터기를 지키며 토끼를 기다리는 격이라고 말했다.[10] 그런데도 세
상의 저자들은 기발한 것만 추구하고 즐기는 까닭에, 옛날 투의 문장을 가지
고 현재의 사실을 기록하고는 으쓱거리면서 오경五經이 다시 태어났다느니
삼사三史가 또 나타났다느니 하며 의기양양하고 있지만, 실제로는 거의 식견
이 없는 형편없는 것뿐이다.

---

9 창오~것이다 : 『공자가어』 권4 「육본六本」에 나온다.
10 흔히~말했다 : 『한비자』 권19 「오두五蠹」에 나온다. 수주대토守株待兎의 고사도 이 「오두」
  편에 나온다.

惟夫明識之士則不然. 何則? 所擬者非如圖畵之寫眞, 鎔鑄之象物, 以此而似彼也. 其所以爲似者, 取其道術相會, 義理玄同, 若斯而已. 亦猶孔父賤爲匹夫, 栖皇放逐, 而能祖述堯·舜, 憲章文·武, 亦何必居九五之位, 處南面之尊, 然後謂之連類者哉! 蓋『左氏』爲書, 敍事之最, 自晉已降, 景慕者多, 有類效顰, 彌益其醜. 然求諸偶中, 亦可言焉. 蓋君父見害, 臣子所恥, 義當略說, 不忍斥言. 故『左傳』敍桓公在齊遇害, 而云: "彭生乘公, 公薨於車." 如干寶『晉紀』敍愍帝殁於平陽, 而云: "晉人見者多哭, 賊懼, 帝崩." 以此而擬『左氏』, 所謂貌異而心同也.

그러나 명석한 식견이 있는 사람들은 그렇지 않다. 왜 그런가? 옛 역사서를 본받는다는 것은, 그림을 그릴 때 표본대로 똑같이 그린다거나 주형을 가지고 똑같이 틀에 박힌 모양을 찍어내듯 이것을 저것과 비슷하게 만든다는 것을 의미하지 않는다. 진정 비슷할 수 있는 이유는, 그 도술道術이 서로 통하고 의리義理가 같기 때문이니, 그러면 되는 것이다.

공자는 신분이 미천한 필부로 불안정한 삶을 산 사람이었지만,[11] 요임금과 순임금의 근본으로 그 뜻을 서술했고 문왕과 무왕의 업적을 미래의 대안으로 제시함으로써[12] 자신도 요순이나 문왕, 무왕에 필적하는 영예를 얻었으니, 왜 군이 구오九五[13]의 자리에 올라 황제가 되어야만[14] 요순의 무리에 들어갈 수

---

11 공자는~사람이었지만 : 공자의 사적事跡으로 볼 때 필부匹夫로 보기에는 어렵다는 설도 있다(정천범程千帆). 서황栖惶은 바쁘고 불안정한 모습이다.

12 요임금과~제시함으로써 : 『예기』 「중용中庸」에 나온다.

13 구오 : 주역의 괘에서 아래로부터 다섯 번째인 양효陽爻를 말하는데, 군주의 지위를 가리킨다. 『주역』 「건괘乾卦 구오九五」에 "구오九五는 비룡飛龍이 하늘에 있으니, 대인大人을 만나 이롭다."라고 했다.

14 황제가 되어야만 : 『논어』 「옹야雍也」에 "옹雍은 남면南面할 만하다."라고 했는데, 제왕은

있다고 이야기하는가.

『좌전』이라는 책은 서사에 가장 뛰어난 작품으로, 진晉나라 이후『좌전』을 흠모하며 모방하려는 사람들이 많았다. 하지만 마치 찡그리는 서시西施를 무턱대고 모방하려는 여자들처럼 갈수록 더욱 볼품없어졌다.[15] 물론 그중에는 우연이라 할지라도 좋은 사례도 있으므로 이에 대하여 살펴보기로 하자. 자신의 군주나 부모가 살해당한 경우에, 이는 신하나 자식으로서는 참을 수 없는 일이었기 때문에 이런 사실을 서술할 때는 의리로 보아 대략 기록했으며 차마 드러나게 말할 수 없었다. 그래서『좌전』에, 노나라 환공桓公이 제나라에서 살해당한 것을 두고 "제나라의 공자 팽생彭生이 공을 껴안아 수레에 실었는데, 공이 수레 안에서 돌아가셨다."라고 기록했을 뿐이다.[16] 간보의『진기』에, 민제愍帝가 평양에서 죽은 것을 서술하면서 "진나라 사람은 이를 보고 크게 울며 슬퍼했고 역적은 두려워했는데, 민제가 붕했다."라고 기록했다.[17] 이렇게『좌전』을 본뜨고 있는데, 겉보기는 달라도 실제는 같은 경우이다.

夫當時所記或未盡, 則先擧其始, 後詳其末, 前後相會, 隔越取同. 若『左氏』成七年, 鄭獲楚鍾儀以獻晉, 至九年, 晉歸鍾儀於楚以求平, 其類是也. 至裴子野『宋略』敍索虜臨江, 太子劭使力士排徐湛·江湛僵仆, 於是始與

勘有隙. 其後三年, 有江湛爲元凶所殺事. 以此而擬『左氏』亦所謂貌異而心同也.

　　당시 기록에 미진한 경우가 있으면, 먼저 해당 사실의 발단을 제시하고 나중에 그 결과를 서술하여 전후 상황을 이해할 수 있도록 함으로써 따로 떨어져 있더라도 같은 사선임을 알 수 있게 하는 방식도 있다. 『좌전』 성공成公 7년에, 초楚나라가 정鄭나라를 공격했을 때 정나라에서 초나라의 종의鍾儀를 잡아서 진晉나라에 바쳤다고 했고, 성공 9년에, 진나라가 종의를 초나라에 돌려주며 화평을 원했다고 한 것이 이런 경우이다.

　　배자야裴子野는 『송략宋略』에, 북위北魏가 남하했을 때 송나라의 태자 소劭가 힘센 장사를 이용하여 서담徐湛과 강담江湛[18]을 밀어서 넘어뜨렸는데, 이 때문에 이들이 태자와 사이가 나빠졌다고 서술했다. 그로부터 3년 후에 강담이 원흉元凶(소劭)에게 살해당한 이야기를 하고 있다. 이렇게 『좌전』을 본뜨고 있는데, 겉보기는 달라도 실제는 같은 경우이다.

凡列姓名, 罕兼其字. 苟前後互擧, 則觀者自知. 如『左傳』上言羊斟, 則下曰叔牂; 前稱子産, 則次見國僑, 其類是也. 至裴子野『宋略』亦然. 何者? 上書桓玄, 則下云敬道; 後敍殷鐵, 則先著景仁. 以此而擬『左氏』又所謂貌異而心同也.

---

18 서담과 강담 : 포기룡은 서담徐湛이라는 두 글자가 잘못 들어갔다고 보았다. 강담의 자는 휘심徽深이다. 그는 북위北魏와의 통혼으로는 선비족인 북위의 남침을 제어할 수 없다고 주장했다가, 원흉元凶 태자 소로부터 욕보임을 당했고, 나중에는 살해되었다. 『남사南史』 권36 「강담열전江淡列傳」에 나온다.

역사서에 사람의 성명을 열거할 때 자字를 동시에 쓰는 일은 그다지 많지 않다. 앞뒤에 이를 제시한다면 일부러 늘어놓지 않아도 보는 사람이 저절로 알 수 있기 때문이다. 『좌전』에서 처음에는 양짐羊斟이라는 이름을 썼지만 나중에는 숙장叔牂이라는 자를 쓰거나,[19] 앞에서는 자산子産이라는 자를 썼다가 다음에는 공손교公孫僑라는 이름을 쓴 것[20] 등이 이런 경우이다.

배자야의 『송략』도 마찬가지여서, 처음에는 환현桓玄이라는 이름을 쓰고 나중에 경도敬道라고 자를 썼으며,[21] 나중에는 은철殷鐵이라는 자를 썼지만 앞에서는 경인景仁이라고 자로 적었다.[22] 이렇게 『좌전』을 본뜨고 있는데, 역시 겉보기는 달라도 실제는 같은 경우이다.

『左氏』與『論語』, 有敍人酬對, 苟非煩詞積句, 但是往復唯諾而已, 則連續而說, 去其'對曰'·'問曰'等字. 如裴子野『宋略』云: "李孝伯問張暢: '卿何姓?', 曰: '姓張.' '張長史乎?'" 以此而擬『左氏』·『論語』又所謂貌異而心同也.

---

19 처음에는~쓰거나 : 『춘추좌씨전』 선공宣公 2년 참고. 양짐이 성명이고, 숙장이 자이다.
20 앞에서는~것 : 『춘추좌씨전』 양공襄公 5년 등에 자산子産이라고 썼다가 22년에는 공손교公孫僑라고 이름을 썼다. 포기룡은 『좌전』에 국교國僑라는 말이 나오지 않고, 또 앞의 하왈숙장下曰叔牂과 상응해야 하기 때문에 국교를 왈교曰僑라고 해야 한다고 보았다. 국교란 말이 『좌전』에 나오지 않는 것은 사실이지만, 왈교라고 한다 해서 하왈숙장下曰叔牂과 상응하지도 않는다.
21 처음에는~썼으며 : 조여보는 유지기가 말하는 『송략』의 서법書法을 사례로 고증할 수 없다고 했다. 포기룡은 『송서』나 『진서』 중에서 이런 사례를 찾아보았지만 발견하지 못했다고 한다. 아마 역사가들이 글자를 바꾸는 과정에서 생긴 괴리로 보인다.
22 나중에는~적었다 : 『송서』 권69 「유담열전柳湛列傳」에 나온다.

『좌전』이나 『논어』에서는 사람들의 문답을 적을 때 장황하게 문구를 꾸미지 않고, 다만 주고받은 문답만 연결하여 이야기를 풀어갔으니, '대답하기를(對曰)', '묻기를(問曰)' 같은 말은 뺐다. 배자야는 『송략』에 "이효백李孝伯이 장창張暢에게 '경의 성은 무엇인가?'하니, '성은 장이다.' 했다. '장장사張長史인가?'"[23]라고 기록해 다그치듯 전개되는 상황을 묘사하고 있다. 이렇게 『좌전』이나 『논어』를 본뜨고 있는데, 역시 겉보기는 달라도 실제는 같은 경우이다.

善人君子功業不書, 見於應對, 附彰其美. 如『左傳』稱楚武王欲伐隨, 熊率且比曰: "季梁在, 何益!" 至蕭方等『三十國春秋』說朝廷聞慕容儁死曰: "中原可圖矣!" 桓温曰: '慕容恪在, 其憂方大.'" 以此而擬『左氏』又所謂貌異而心同也.

세상의 훌륭한 사람이나 군자들에 대해서는 그 공업功業을 특별히 서술하지 않고, 다른 문답을 보여주는 과정에서 그 아름다움이 저절로 드러나도록 서술한다. 『좌전』 환공桓公 6년에, 초나라 무왕武王이 수隨 땅을 치려고 했을

---

23 이효백이~장장사인가 : 북위 태무제太武帝가 송나라를 쳤을 때, 그의 상서尚書인 이효백李孝伯과 송나라 신하 장창張暢이 성城에서 나눈 대화이다. 『송서』 권59 「장창열전張暢列傳」에는 이 기록이 없으며, 『남사南史』 권32 「장소張邵 형자창열전兄子暢列傳」에는 "효백이 묻기를 '그대는 성이 무엇인가?' 하니, 대답하기를 '장張 씨이다.'라고 했다. 효백이 말하기를 '장장사張長史가 그대인가?' 하니, 창暢이 말하기를 '그대는 어디서 들어서 알고 있는가?' 하고 되물었더니, 효백이 말하기를 '그대의 명성이 멀리 소문이 나서, 나도 알 수 있었다.'고 했다. [孝伯問: '君何姓?' 答云: '姓張.' 孝伯曰: '張長史?' 暢曰: '君何得見識?' 孝伯曰: '君聲名遠聞, 足使我知.']"라고 하여, 유지기가 인용한 『송략宋略』과 같다.

때 초나라 대부인 웅솔차비熊率且比가 "계량季梁이 있으니 힘들 것이다."라고 했던 말을 실어서 계량이 현신賢臣이었다는 사실을 분명히 전하고 있는 경우가 그러하다.

소방蕭方 등의 『삼십국춘추三十國春秋』에서 "진나라의 조정에서 연나라의 모용준慕容儁이 죽은 뒤 말하기를 '중원의 땅을 이 기회에 도모할 수 있을 것이다.'라고 했지만, 환온桓溫은 '모용각慕容恪이 있으니 그 걱정이 더 커졌다.'고 말했다."라고 서술했다.[24] 이렇게 『좌전』을 본뜨고 있는데, 역시 겉보기는 달라도 실제는 같은 경우이다.

夫將敍其事, 必預張其本, 彌縫混說, 無取瞱言. 如『左傳』稱: "叔輒聞日蝕而哭, 昭子曰: "子叔其將死乎. 秋八月, 叔輒卒." 至王劭『齊志』稱: "張伯德夢山上掛絲, 占者曰: '其爲幽州刺史.'" 以此而擬『左氏』又所謂貌異而心同也.

어떤 사건을 서술할 경우, 반드시 미리 그 바탕을 복선으로 깔아야 하며 나중에 그 사건의 맥락을 설명하고자 이말 저말 해가며 회고하는 방식으로 서술해서는 안 된다. 『좌전』에 "숙첩叔輒이 일식이 있다는 말을 듣고 울었는데, 소자昭子는 '숙첩이 죽을 것 같다.'고 했다. 가을 8월에 숙첩이 죽었다."라고 기록한[25] 경우가 그러하다.

왕소王劭의 『북제지北齊志』에 "장량張亮이 산꼭대기에 실을 거는 꿈을 꾸었는데, 점쟁이가 '유주 자사幽州刺史가 될 것이다.'라고 했다. 가을 7월에 유주

---

24 소방~서술했다 : 『진서』권111 「재기載記」에 나온다.
25 『좌전』에~기록한 : 『춘추좌씨전』 소공昭公 21년에 나온다.

자사가 되었다."라고 했다.[26] 이렇게 『좌전』을 본뜨고 있는데, 역시 겉보기는 달라도 실제는 같은 경우이다.

蓋文雖缺略, 理甚昭著, 此丘明之體也. 至如敍晉敗於邲, 先濟者賞, 而云: "中軍·下軍爭舟, 舟中之指可掬." 夫不言攀舟亂, 以刃斷指, 而但曰'舟指可掬', 則讀者自覩其事矣. 至王劭『齊志』述高季式破敵於韓陵, 追奔逐北, 而云: "夜半方歸, 槊血滿袖." 夫不言奮槊深入, 擊刺甚多, 而但稱'槊血滿袖', 則聞者亦知其義矣. 以此而擬『左氏』又所謂貌異而心同也.

　서술된 문장이 매우 간략하고 뭔가 빠진 것 같지만, 그 안에 표현된 논리적인 줄거리는 매우 분명하게 드러나는 것이 좌구명의 문체이다. 예를 들어 진나라 군대가 필邲에서 초나라 군대에 패하고는 먼저 강을 건넌 자가 상을 받았다는 사실을 서술하면서 "중군中軍과 하군下軍의 군대가 서로 배를 타려고 다투어, 배 안의 손가락이 두 손에 가득 담을 수 있을 정도였다."라고 한 말이 그것이다.[27] 군사들이 배에 기어오르려고 소동을 피우자 배에 있는 자들이 칼로 그들의 손가락을 베었기 때문이라고 말하지 않고, 단지 '배 안의 손가락이 손에 가득 담을 수 있을 정도였다'고 말함으로써 독자들 스스로 그 광경을 보고 있는 듯 느끼게끔 서술했다.
　왕소王劭의 『북제서北齊書』에도 고계식高季式이 한릉韓陵에서 적을 격파하고

---

26 왕소의~했다 : 백덕伯德은 장량의 자이다. 『북제서』 권25 「장량열전張亮列傳」에는 설숙薛淑이 장량에 대한 꿈을 꾸고 점을 쳐서 알려준 것으로 되어 있어서, 유지기가 말한 내용과는 약간 다르다.
27 진나라~그것이다 : 『춘추좌씨전』 선공宣公 12년 전문傳文에 나온다.

추격하여 북쪽으로 쫓아낸 사실을 서술하면서 "한밤중이 되어서야 겨우 돌아왔는데, 창에서 뚝뚝 떨어지는 피가 소매를 가득 적셨다."라고 서술하고 있다.[28] 창을 휘두르며 적을 추격하여 베어 죽인 적이 무수히 많았다고 하지 않고 '창에서 뚝뚝 떨어지는 피가 소매를 가득 적셨다'고 썼으니, 듣는 사람도 그 의미를 정확히 알 수 있을 것이다. 이렇게 『좌전』을 본뜨고 있는데, 역시 겉보기는 달라도 실제는 같은 경우이다.

大抵作者, 自魏已前, 多効三史, 從晉已降, 喜學五經. 夫史才文淺而易摸; 經文意深而難擬. 旣難易有別, 故得失亦殊. 蓋貌異而心同者, 摸擬之上也; 貌同而心異者, 摸擬之下也. 然人皆好貌同而心異, 不尚貌異而心同者. 何哉? 蓋鑑識不明, 嗜愛多僻, 悦夫似史而憎夫眞史. 此子張所以致譏於魯侯, 有葉公好龍之喩. 袁山松云: "書之爲難也, 有五: 煩而不整, 一難也; 俗而不典, 二難也; 書不實錄, 三難也; 賞罰不中, 四難也; 文不勝質, 五難也." 夫擬古而不類, 此乃難之極者, 何爲獨闕其目乎? 嗚呼! 自子長以還, 似皆未覩斯義, 後來明達, 其鑒之哉!

　대체로 역사가들은 위나라 이전에는 삼사三史를 많이 본떴으며, 진나라 이후의 저자들은 오경五經에 많이 의지했다. 역사서의 문장은 어렵지 않아 모방하기 쉽고, 경서의 문장은 난해하여 본뜨기 어려운 측면이 있다. 이와 같이 모방하는 데도 쉽고 어려움이 있기 때문에 그 장단점도 다른 것이다. 겉보기는 달라도 실제는 같은 경우가 더 나은 본뜨기 방법이며, 겉보기는 같지만

---

28 왕소의~있다 : 『북제서』 권1 「제기帝紀 신무 상神武上」에 나온다. 북위北魏 효무제孝武帝 영희永熙 원년(532)의 일이다.

실제는 다른 경우가 수준 낮은 본뜨기 방법이다.

  그렇지만 사람들은 겉보기는 같지만 실제가 다른 경우를 선호하지, 겉보기는 달라도 실제가 같은 경우를 높이 평가하지 않는다. 왜 그런가? 한마디로 감식안이 결여되어서 좋고 싫음이 한쪽으로 치우친 것이니, 사이비 역사는 좋아하면서 진정한 역사는 멀리하는 것이다. 이것이 자장子張이 노나라 애공哀公에 대해 섭공葉公이 용을 좋아했던 것과 같다고 비유하면서 흥을 본 일화와 같다.[29]

  진나라의 원산송袁山松은 "서법의 잘못으로는 다섯 가지가 있다. 어수선하여 깨끗하게 정리되어 있지 않은 경우가 첫째 잘못이고, 속되어서 가르침이 되지 못하는 경우가 둘째 잘못이며, 믿을 수 있는 기록이 못 되는 경우가 셋째 잘못이고, 평가가 적절하지 않은 경우가 넷째 잘못이며, 문장 표현이 내용에 뒤처진 것이 다섯째 잘못이다."라고 했다.[30] 하지만 고서古書를 본떴지만 전혀 그 수준에 이르지 못한 경우야말로 가장 큰 허물이라고 할 것이니, 원산송은 어찌하여 이 조목만 빼놓았다는 말인가? 아아! 아무래도 사마천 이후 이 점을 충분히 자각한 사람이 없었나보다. 후세의 저자들도 이 점을 제대로 파악하여 거울로 삼아야 할 것이다. 🔖

---

29 자장이~같다 : 자장이 노나라 애공을 만났는데, 애공이 예를 갖춰 대우하지 않자 떠났다. 자장은, 섭공이 용을 좋아하여 집안 도처에 용을 조각하거나 그려서 장식했는데 정작 진짜 용이 이를 듣고 내려왔더니 섭공이 기절해버렸다고 말하면서, 사이비 학자를 좋아하는 애공을 비판했다. 『예문유취藝文類聚』 권96에 『장자』를 인용하여 이렇게 기록했다.

30 진나라의~했다 : 부대용富大用, 『고금사문유취신집古今事文類聚新集』 권22 「제원부諸院部 국사원國史院」에 나온다.

「서사書事」에서는 「감식鑑識」과 「모의模擬」의 연장선에서 서술의 핵심 요건과 폐습을 논의하고 있다. 유지기는 순열이 말한 역사 서술의 다섯 가지 핵심 내용, 즉 오지五志를 소개했다. 첫째 도의에 통달하고, 둘째 법식을 분명히 드러내며, 셋째 고금을 훤히 이해하고 있어야 하고, 넷째 공훈을 기술하고, 다섯째 어질고 능력 있는 사람을 밝히는 것이다. 이 다섯 가지 핵심에 대한 증거를 모으면 사건 서술을 담아내기에 충분하다. 유지기는 여기에 다시 세 조목을 더하여, 첫째 연혁을 서술하는 것, 둘째 죄악을 분명히 하는 것, 셋째 세상의 괴이한 일을 기술한다면 역사가의 기술로서 모자람이 없다고 말한다.

유지기는 예부터 결점이 없는 역사가는 드물다면서, 사마천과 반고의 경우도 독보적인 일가를 이루었음에도 후대에 비판을 받고 돌아가면서 상처를 입었음을 지적한다. 이렇게 걸출한 역사가들조차 폐습이 있는데, 평범한 역사가는 두말할 나위도 없다는 것이다. 왕은과 하법성 등이 편찬한 『진사晉史』처럼 마을이나 길거리의 시시한 이야기를 주워 모아 편찬함으로써 격을 떨어뜨린 역사서에 대해서도 신랄하게 비판했다.

한편 근대의 사필에서 서사가 번잡했던 네 가지를 지적했는데, 상서祥瑞에 대한 과도한 해석, 외교 관계를 번다하게 기록하는 것, 관직의 이동과 임명을 일일이 기록하는 것, 전기에서 관련 인물을 세세히 기록하는 것이다. 그러면서 거듭 강조한 기사의 체재는 간단하면서도 상세하고, 대략적이면서도 누락된 것이 없어야 최상이라는 것이다.

書事

昔荀悅有云: "立典有五志焉: 一曰達道義, 二曰彰法式, 三曰通古今, 四曰
著功勳, 五曰表賢能." 干寶之釋五志也: "體國經野之言則書之, 用兵征伐
之權則書之, 忠臣·烈士·孝子·貞婦之節則書之, 文誥專對之辭則書之, 才
力技藝殊異則書之." 於是採二家之所議, 徵五志之所取, 蓋記言之所網羅,
書事之所摠括, 粗得於玆矣. 然必謂故無遺恨, 猶恐未盡者乎? 今更廣以三
科, 用增前目: 一曰敍沿革, 二曰明罪惡, 三曰旌怪異. 何者? 禮儀用舍, 節
文升降則書之; 君臣邪僻, 國家喪亂則書之; 幽明感應, 禍福萌兆則書之.
於是以此三科, 參諸五志, 則史氏所載, 庶幾無闕. 求諸筆削, 何莫由斯!

옛날에 순열荀悅은 "전범典範이 될 만한 중요한 기록을 남기려면 다섯 가지
핵심 내용(五志)이 있어야 한다고 생각한다. 첫째, 도의에 통달하고, 둘째, 법
식을 분명히 드러내며, 셋째, 고금을 훤히 이해하고 있어야 하고, 넷째, 공훈
을 기술하고, 다섯째, 어질고 능력 있는 사람을 밝히는 것이다."라고 했다.[1]
간보干寶는 이 다섯 가지 핵심을 이렇게 풀었다. "국가의 기본 법제와 전국의
행정에 대한 조치,[2] 군대를 이용한 정벌권, 충신·열사·효자·열녀의 절개, 조

---

1 순열은~했다 : 『한기漢紀』(『전한기前漢紀』) 「고조제일高祖第一」 및 『후한서』 권92 「순숙손열
　열전荀淑孫悅列傳」 참고. 전전典이란 전범이 되는 역사서를 말한다.
2 국가의~조치 : 『주례』 권1 「천관天官」에 나온다. 정현鄭玄의 주에 "체體는 분分이고, 경經은
　이수里數이다."라고 했다.

칙이나 외교 문구, 재능이나 기술이 뛰어난 경우라면 기록한다."

여기서 두 사람의 논의를 채택하고 다섯 가지 핵심에 대한 증거를 모으면, 이것들을 망라하여 말을 기록할 수 있고 사건 서술을 전체적으로 담아내기에 대체로 충분하다. 그러나 무엇인가 부족한 것은 없는지 생각할 수도 있을 것이다. 그러면 다시 세 조목을 늘려 앞의 논의에 추가할 수 있다고 본다. 첫째 연혁을 서술하는 것, 둘째 죄악을 분명히 하는 것, 셋째 세상의 괴이한 일을 기술하는 것이다. 무슨 말인가?

예의禮儀나 관련 규정들이 만들어지거나 폐지되면 기록해야 한다. 군신들의 사악한 행위나 국가의 혼란과 멸망은 기록해야 한다. 알지 못하는 사이에 일어난 감응이나 화복의 징조도 기록해서 남겨두어야 할 필요가 있다. 이 세 조목을 앞의 다섯 조목에 더하면 역사가의 기술로서는 우선 충분할 것이다. 역사의 필삭筆削의 원칙을 찾는다면, 어찌 이를 통하지 않을 수 있겠는가.[3]

但自古作者, 鮮能無病. 苟書而不法, 則何以示後? 盖班固之譏司馬遷也, "論大道則先黃·老而後六經, 序游俠則退處士而進姦雄, 述貨殖則崇勢利而羞賤貧. 此其所蔽也." 又傅玄之貶班固也, "論國體則飾主闕而折忠臣, 敍世教則貴取容而賤直節, 述時務則謹辭章而略事實, 此其所失也."

다만 예부터 결점이 없는 역사가는 적다. 아무런 원칙이나 기준도 없이 쓴다면 후세에 도움이 될 수 없을 것이다. 사마천조차도 후한의 반고에게 "중

---

3 이를~있겠는가 : 『논어』「옹야雍也」에서, 공자는 "누가 나갈 때 문을 통하지 않을 수 있겠는가. 어찌 이 도를 통하지 않을 수 있겠는가.[誰能出不由戶, 何莫由斯道也]"라고 했다.

대한 도리를 논의할 때 황노黃老를 존중하고 공자의 유가儒家를 뒤로 놓았으며, 유협游俠을 기록할 때 처사處士들을 뒤로 물리고 간웅姦雄을 앞세웠고, 경제활동을 서술할 때 권세나 부귀를 중시하며 가난하고 천한 것을 수치라고 말했다. 이것이 사마천의 병폐이다."라는 비판을 받았다.

그런데 그 반고도 진나라의 부현傅玄에게 "국가의 대체를 논할 때 군주의 결점을 치장하면서 충신의 절개를 중요시하지 않았고, 세상의 가르침을 서술할 때 요리조리 빠져나가는 태도는 높이 사면서 강직한 성격은 천시했고, 당시의 정무를 기록할 때 문장의 체재만 조심했지 사실은 간략히 해버렸다. 이것이 반고의 결점이다."라는 비판을 들었다.[4]

尋班·馬二史, 咸擅一家, 而各自彈射, 遞相瘡痏. 夫雖自卜者審, 而自見爲難, 可謂笑他人之未工, 忘己事之已拙. 上智猶其若此, 而況庸庸者哉! 苟目前哲之指蹤, 校後來之所失, 若王沈·孫盛之伍, 伯起·德棻之流, 論王業則黨悖逆而誣忠義, 敍國家則抑正順而襃簒奪, 述風俗則矜夷狄而陋華夏. 此其大較也. 必伸以糾摘, 窮其負累, 雖擢髮而數, 庸可盡耶! 子曰: "於予何誅?" 於此數家見之矣.

사마천과 반고 두 역사가는 모두 독보적인 일가를 이룬 사람들인데도 각각 돌아가면서 비판을 받아 서로 상처를 입은 격이 되었다. 아무리 점을 잘

---

4 부현으로부터~들었다 : 부현의 자는 휴혁休奕이다. 위나라 말에 관직을 지냈는데, 관직 생활 중에도 저술을 게을리하지 않았다. 『부자傅子』 120권을 지었지만, 일찍이 없어졌다. 『진서』 권47 「부현열전傅玄列傳」이 있다. 주궐主闕은 조정 또는 군주를 말한다. 취용取容이란 아부하여 총애를 받으려 애쓰는 일이다. 부현의 말은 『의림意林』 권5에 나온다.

친다고 해도 자신의 운명은 알 수 없으니, 타인의 결점을 비웃을 수는 있어도 자기 일에서의 부족함은 잊었던[5] 셈이다. 걸출한 역사가들에게도 이러한 폐습이 있는데, 하물며 평범한 역사가는 어떻겠는가!

일일이 다 거론할 수는 없지만, 선배 역사가들의 기준에 따라 후대 역사가들의 결점을 들어보겠다. 왕침王沈이나 손성孫盛·위수魏收·영호덕분令狐德棻 등과 같은 사람들은 왕업王業을 논의할 때 반역자를 편들면서 충의지사를 깔보았고, 국가에 대해 서술하면서 정당한 승계를 무시하고 찬탈의 결과를 중시했으며, 풍속을 적을 때는 이적夷狄의 풍속을 보란 듯이 과시하며 중화中華의 풍속을 경시했다. 이것은 그 대략일 뿐이다. 작심하고 이를 규탄하고 그들의 결점을 규명해간다면, 머리카락을 뽑아 세어도 전부 계산할 수 없을 것이다. 공자가 "재여宰予 같은 사람을 꾸짖어봐야 무엇하겠는가?"라고 했던 말은[6] 이들 몇몇 역사가에게도 해당될 수 있을 것이다.

抑又聞之, 怪力亂神, 宣尼不語; 而事鬼求福, 墨生所信. 故聖人於其間, 若存若亡而已. 若吞燕卵而商生, 啟龍漦而周滅, 屬壞門以禍晉, 鬼謀社而亡曹, 江使返璧於秦皇, 圯橋授書於漢相, 此則事關軍國, 理涉興亡, 有而書之, 以彰靈驗, 可也. 而王隱·何法盛之徒所撰『晉史』, 乃專訪州閭細事, 委巷瑣言, 聚而編之, 目爲「鬼神」傳錄, 其事非要, 其言不經. 異乎三史之所書, 五經之所載也.

---

5 타인의~잊었던 : 『진서』 권54 「육기열전陸機列傳」에 나온다.
6 공자가~말은 : 재여가 대낮에 낮잠을 잤다는 이유로 공자가 꾸짖었다. 혼내는 이유치고는 좀 심하다는 느낌이 드는 이 공자의 말은 『논어』 「공야장公冶長」에 나온다.

그런데 또 듣자니, 공자는 괴력난신怪力亂神에 대해 언급하지 않았지만[7] 묵자墨子는 귀신을 섬기고 복을 구하는 것을 믿기도 했다고 한다. 그러므로 성인이라 하더라도 이와 같은 문제에서는 애매한 부분이 있다.

이것을 역사서의 문제로 다시 바꾸어 살펴보자. 제비의 알을 먹고 잉태하여 상商나라가 태어났다든가,[8] 용의 정액精液이 담긴 상자를 열었더니 주나라가 멸망했다든가,[9] 귀신이 문을 부수고 들어와 진晉나라에 화가 미쳤다든가,[10] 귀신이 사궁社宮에서 논의했는데 조曹나라가 멸망했다든가,[11] 양자강揚子江의 사신이 진시황에게 구슬을 돌려주었다든가,[12] 이교圯橋에서 한나라 재상에게 글을 주었다든가[13] 하는 등의 이야기는, 사안이 군국軍國에 관계되고 홍망이

---

7 공자는~않았지만 : 『논어』 「술이述而」에 "공자는 괴이한 일, 폭력, 변란, 신묘함에 대해서는 언급하지 않았다.[子不語怪·力·亂·神]"라고 했다.

8 제비의~태어났다든가 : 『사기』 권3 「은본기殷本紀」에 "은나라 계契의 어머니 간적簡狄이 제비 알을 먹고 계를 낳았는데, 그가 은나라를 세웠다."라고 했다.

9 용의~멸망했다든가 : 『사기』 권4 「주본기周本紀」에 나온다. 하나라 말에 용의 침(정액)을 얻어 대대로 보관해왔는데, 주나라 여왕厲王이 이것을 열어 보았다. 이것에 감응하여 한 여자가 잉태했고, 그녀가 낳은 아이가 포사褒姒였다. 포사는 유왕幽王의 왕후가 되어 유왕의 난정亂政을 부추겼고, 주나라 멸망을 가속화했다.

10 귀신이~미쳤다든가 : 『춘추좌씨전』 성공成公 10년에 '진나라의 경공景公이 꿈에서 귀신이 문을 부수고 난입해 들어온 것을 보고는 결국 죽었다.'고 했다.

11 귀신이~멸망했다든가 : 『춘추좌씨전』 애공哀公 7년에 "조나라 사람이 꿈에서 군신君臣이 사궁社宮(제사 지내는 곳)에 모여 조나라를 멸망시킬 계획을 꾸미는 것을 보았다. 그는 아들에게 꿈 얘기를 해주며 공손강公孫强이라는 자가 출현하면 조나라가 멸망할 것이라고 했는데, 정말로 그대로 되었다."라고 했다. 조나라가 멸망한 것은 애공 8년의 일이다.

12 양자강의~돌려주었다든가 : 『한서』 「오행지五行志」에 나온다. 진시황 36년, 정곡鄭谷이 관동關東에서 화음華陰에 이르렀을 때, 백마가 흰 수레를 끌고 화산 아래로 내려와 옥을 정곡에게 주면서 "올해 오랜 용이 죽습니다."라고 했다. 정곡이 그 옥을 바치니, 진시황 28년에 진시황이 강을 건너다 빠뜨린 옥이었다. 진시황의 죽음을 알리는 전조였다.

13 이교에서~주었다든가 : 『사기』 권55 「유후세가留侯世家」에, 장량張良이 이교에서 황석공黃石公으로부터 병서兵書를 받았는데, 이후 장량은 한나라의 재상이 되었다.

걸린 문제이기 때문에 그런 사실이 있었다면 기록해서 불사가의한 사실을 밝히는 것도 좋을 것이다.

그러나 왕은王隱과 하법성何法盛 등이 편찬한 『진사晉史』는 이와 달랐다. 그들은 마을이나 길거리의 시시한 이야기를 주워 듣고 이것을 모아 편찬하여 「귀신전鬼神傳」이라고 불렀다.[14] 하지만 거기 수록된 사실은 중요한 것도 아니고, 기록된 말도 제대로 된 상식이 아니었으며, 삼사三史[15]나 오경五經에 실린 것과는 전혀 달랐다.

范曄博採衆書, 裁成『漢典』, 觀其所取, 頗有奇工. 至於「方術篇」及諸「蠻夷傳」, 乃錄王喬·左慈·廩君·槃瓠, 言唯迂誕, 事多詭越. 可謂美玉之瑕, 白圭之玷. 惜哉! 無是可也. 又自魏·晉已降, 著述多門, 『語林』·『笑林』·『世說』·『俗說』, 皆喜載調謔小辯, 嗤鄙異聞. 雖爲有識所譏, 頗爲無知所說. 而斯風一扇, 國史多同.

범엽范曄은 많은 서적을 널리 참고하여 『후한서後漢書』를 완성했고 탁월한 솜씨를 가지고 있었다. 「방술열전方術列傳」과 여러 「만이전蠻夷傳」[16]의 경우에 왕교王喬[17]·좌자左慈[18]·늠군廩君[19]·반호槃瓠[20]에 관해 기록했는데, 있을 법하지 않

---

14 왕은이나~불렀다 : 탕구湯球가 편집한 왕은의 『진서』에는 「귀신전」이 없다. 하법성의 『진중흥서晉中興書』에는 「귀신전」이 있다.

15 삼사 : 『국어』, 『춘추』, 『사기』를 가리킨다.

16 「방술열전」과 여러 「만이전」 : 「방술열전」은 『후한서』 권112 상·하 편을 말하고, 여러 「만이전」이란 권115 「동이열전東夷列傳」부터 권120 「선비열전鮮卑列傳」까지를 말한다.

17 왕교 : 『후한서』 권112상 「방술方術 왕교열전王喬列傳」에, 왕교가 매월 1일과 15일에 오리를 나막신 삼아 먼 곳의 근무지로부터 날아서 수도에 왔다고 한다.

은 거짓말과 꾸며낸 사실이 많다. 이런 것을 두고 아름다운 옥의 티, 하얀 홀의 흠이라고 할 것이다. 안타깝도다! 이런 것이 없었으면 얼마나 좋았을까.

위진魏晉 시대 이후로 저서도 많이 나와서 동진東晉의 배계裵啓가 쓴 『어림語林』, 후한後漢 한단순邯鄲淳의 『소림笑林』, 임천왕臨川王의 『세설世說』, 심약沈約의 『속설俗說』 등 이야깃거리 형식의 책은 모두 일화나 만담, 농담이나 기담을 즐겨 모았다. 이에 대해 식견 있는 사람들은 눈살을 찌푸렸지만, 제법 많은 사람에게 환영을 받았다. 이런 풍조가 일단 유행하게 되면 한 나라의 역사서까지 상당 부분 같아지게 마련이다.

至如王思狂躁, 起驅蠅而踐筆; 畢卓沈湎, 左持螯而右杯; 劉邕榜吏以膳痂; 齡石戲舅而傷贅. 其事蕪穢, 其辭猥雜, 而歷代正史持爲雅言, 苟使讀之者爲之解頤, 聞之者爲之撫掌, 固異乎記功書過, 彰善癉惡者也.

예를 들어 왕사王思란 사람이 성급한 성격이었는데 글을 쓰고 있던 중 파리가 붓 끝에 모여 귀찮게 하니까 일어나 파리를 쫓다가 붓을 밟아 부수었다는 이야기,[21] 필탁畢卓이란 자는 술꾼이었는데 오른손에 술잔을 들고 왼손에

---

18 좌자 : 『후한서』 권112하 「방술方術 좌자열전左慈列傳」에, 좌자가 조조에게 죽임을 당할 위기에 처하자 벽 속에 숨어 들어다가 양이 되어 도망쳤다고 했다.

19 늠군 : 『후한서』 권116 「남만南蠻」에, 남만에서는 흙으로 만든 배를 타고 물에 나갔을 때 뜨는 자를 군장으로 삼고자 했는데, 늠군의 배만 떠 있었다고 한다.

20 반호 : 『후한서』 권116 「남만」에, 반호槃瓠라고 하는 개가 견융犬戎 장군의 목을 물고 왔으므로 고신씨高辛氏는 이전에 반호와 약속한 대로 공주를 내주었고, 그 자손으로부터 장사長沙 무릉만武陵蠻의 기원이 시작되었다.

21 왕사란~이야기 : 『삼국지 위지』 권15 「양습전梁習傳」의 배송지裵松之 주에서 『위략魏略』 「가리전苟吏傳」을 인용한 데서 보인다.

게 발을 들고 술안주 삼았다는 이야기,[22] 유옹劉邕이란 자가 관리들을 채찍으로 때려 부스럼 딱지를 먹게 했다는 이야기,[23] 주령석朱齡石이란 자가 외삼촌에게 장난을 치다가 혹을 다치게 했다는 이야기[24]가 역사서에 실려 있다.

사실은 잡다하고 변변치 않으며 이야기도 천박한데, 역대의 정사正史들이 계속 우아한 말인 듯 실을 뿐만 아니라 읽는 사람들로 하여금 고개를 끄덕이게 하고 듣는 사람들로 하여금 박수를 치게 한다면, 이는 본시 공적과 잘못을 기록하여 선인을 표창하고 악인을 두렵게 한다는 역사서의 책임과는 거리가 멀다.

大抵近代史筆, 敍事爲煩. 權而論之, 其尤甚者有四: 夫祥瑞者, 所以發揮盛德, 幽贊明王. 至如鳳凰來儀, 嘉禾入獻, 秦得若雉, 魯獲如麕, 求諸『尙書』·『春秋』上下數千載, 其可得言者, 蓋不過一二而已. 爰及近古則不然. 凡祥瑞之出, 非關理亂, 蓋主上所惑, 臣下相欺. 故德彌少而瑞彌多, 政逾劣而祥逾盛. 是以桓·靈受祉, 比文·景而爲豐; 劉·石應符, 比曹·馬而益倍. 而史官徵其謬說, 錄彼邪言, 眞僞莫分, 是非無別. 其煩一也.

---

22 필탁이란~이야기 : 『진서』 권49 「필탁열전畢卓列傳」에 나온다. 필탁의 자는 무세茂世로, 술을 좋아했다. 수백 되의 술을 배에 쌓아놓고는, 그 배를 타면 죽어도 여한이 없다고 했다.

23 유옹이란~이야기 : 『송서』 권42 「유옹열전劉邕列傳」에 나온다.

24 주령석이란~이야기 : 『남사』 권16 「주령석열전朱齡石列傳」에 나온다. 주령석의 자는 백아伯兒로, 칼을 잘 던졌다. 8~9척 거리에서 쪽지를 목침에 붙여 놓고 던지면 백발백중이었다. 외삼촌은 누워서 일을 보면서도 주령석이 두려워 움직이지도 못했다. 외삼촌의 머리에 혹이 있었는데, 주령석이 몰래 잘랐더니 외삼촌이 즉사했다.

대체로 근대의 사필史筆은 서사가 번잡하다. 임시로 논의하자면, 그중에서 가장 심한 경우가 네 가지 있다. 첫째는 상서祥瑞이다. 상서란 군주의 성덕을 표현하고 명군을 그윽이 칭송하는 필법이다. 봉황이 찾아와서 그 훌륭한 모습을 보였다든가 진기한 벼를 천자에게 바쳤다는 사실이 『서경』에 나오며,[25] 진秦나라에서 꿩 같은 돌을 얻었다는 사실이 『사기』에 전해지고[26] 『춘추』에 노나라에서 노루 같은 것이 잡혔다[27]고 전해지지만, 『서경』이나 『춘추』 등에서 수천 년 동안 믿을 만하다고 판단되는 사례는 한두 번밖에 없는 정도였다.

그런데 근대가 되어서는 이야기가 달라진다. 상서의 출현은 세상의 치란과는 상관없으며, 군주는 미혹에 빠지고 신하는 어떻게든 기만하려고 한다. 그러므로 군주의 덕이 적으면 적을수록 길조가 많아지고, 정치가 나빠질수록 상서는 활발히 나타난다. 그래서 어지러웠던 한나라 환제桓帝와 영제靈帝 시대의 복福이 안정되었던 문제文帝나 경제景帝 시대에 비해 훨씬 풍부해지고, 유연劉淵과 석씨石氏[28] 때는 위진魏晉 시대보다 더욱 배가된다. 그런데도 사관은 그런 오류를 증거로 인정하며 거짓 기록을 남기고, 진위와 시비를 분별하지도 않는다. 이것이 첫 번째 번잡한 경우이다.

---

25 봉황이~나오며 : 봉황의 일은 『서경』 「우서虞書 익직益稷」에 보이고, 벼의 일은 「서서書序」에 나온다.

26 진나라에서~전해지고 : 『사기』 권28 「봉선서封禪書」에, 진나라 문공文公이 돌 같은 것을 얻어 북판성北坂城에서 제사를 지내고 있을 때 유성이 동쪽에서부터 떨어지는 것이 보였다. 그런데 그 유성이 마치 수꿩처럼 은은하게 울었다.

27 『춘추』에~잡혔다 : 『춘추공양전』 애공哀公 14년에 나온다.

28 유연과 석씨 : 한조漢趙를 세운 흉노족匈奴族 유연 정권과 후조後趙를 세운 갈족羯族의 석씨 정권이다.

當春秋之時, 諸侯力爭, 各擅雄伯, 自相君臣.『經』書某使來聘, 某君來朝者, 盖明和好所通, 盛德所及. 此皆國之大事, 不可闕如. 而自『史』·『漢』已還, 相承繼作. 至於呼韓入侍, 肅慎來庭, 如此之流書之可也. 若乃藩王岳牧, 朝會京師, 必也書之本紀, 則異乎春秋之義.【若『漢書』載<u>楚王囂</u>等來朝,『宋書』載<u>檀道濟</u>等來朝之類, 是也】夫臣覿其君, 子覲其父, 抑惟恒理, 非復異聞. 載之簡策, 一何辭費? 其煩二也.

두 번째는 외교 관계이다. 춘추시대에는 제후가 경쟁하여 패권을 잡거나 신하로서 따른다.『춘추』에 어느 나라의 사신이 예물을 가져왔다든가, 어느 나라 군주가 조회를 왔다고 적은 것은 우호 관계나 패권이 미치는 범위를 분명히 하는 방법이었다. 이 모두 국가의 대사이고 빠뜨릴 수 없는 중대사였기에 『사기』와 『한서』 이후로도 계속 작성했다.

흉노의 호한사선우呼韓邪單于가 입궐했다든가,[29] 숙신肅慎의 나라에서 공물을 바친 사건[30]과 같은 경우는 기록하는 것이 옳다. 그렇지만 한나라 왕실의 왕후나 귀족이 수도에서 회합한 것을 일일이 본기에 기록하는 것은 『춘추』의 뜻과는 매우 다르다.【『한서』에 초왕楚王 효囂 등이 조회하러 온 일을 싣고, 『송서宋書』에 단도제檀道濟 등이 조회하러 온 일을 실은 경우가 이것이다.】원래 신하가 군주를 알현하고, 자식이 자기 아버지에게 인사하러 오는 일은 늘 있는 도리이지 특별한 일이 아니다. 이것을 역사서에 기록해두는 것은 쓸데없는 일이다. 이것이 두 번째 번잡한 경우이다.

---

29 흉노의 호한사선우가 입궐했다든가 :『한서』 권8「선제본기宣帝本紀」에 나온다.

30 숙신의~사건 :『사기』 권47「공자세가孔子世家」에 나온다.

若乃百職遷除, 干官黜免, 其可以書名本紀者, 盖惟槐鼎而已. 故西京撰史, 唯編丞相·大夫; 東觀著書, 止列司徒·太尉. 而近世自三公以下, 一命已上, 苟沾厚祿, 莫不備書. 且一人之身兼預數職, 或加其號而闕其位, 或無其實而有其名. 贊唱爲之口勞, 題署由其力倦. 具之史牘, 夫何足觀? 其煩三也.

세 번째는 관직이다. 관직의 이동과 임명, 해직과 교체 같은 경우 본기本紀에 이름을 기록할 만한 사례는 삼공三公 정도일 것이다. 그러므로 서경西京에서 역사를 편찬할 때는 승상과 대부만 기록했으며, 동관東觀의 사도司徒와 태위太尉에 그쳤다.[31] 그런데 근세에 이르면 삼공 이하부터 이제 막 임관한 사람까지 어쨌든 좋은 벼슬을 얻는 자가 있다면 죄다 기록하고 있다. 게다가 혼자서 여러 종류의 관직을 겸할 때는, 관직명은 받았지만 자리가 없거나 실제 업무는 없이 이름만 있기도 했다. 그 이름을 선창하는 것만으로도 입이 피로하고, 이름을 적는 것만으로도 고달픈[32] 판에, 역사서에 기록한다고 해서 무슨 보탬이 될 것인가? 이것이 세 번째 번잡한 경우이다.

夫人之有傳也, 盖唯書其邑里而已. 其有開國承家, 世祿不墜, 積仁累德, 良弓無改, 項籍之先世爲楚將, 石建之後廉謹相承, 此則其事尤異, 略書於傳可也. 其失之者, 則有父官令長, 子秩丞郎, 聲不著於一鄕, 行無聞於十室, 而乃敍其名位, 一二無遺. 此實家牒, 非關國史. 其煩四也.

---

31 서경에서~그쳤다 : 서경은 전한前漢 사관의 관서 또는 그들이 편찬한 역사서를 가리키고, 동관은 후한의 그것을 말한다. 후한에는 『동관한기東觀漢記』가 있다.

32 그 이름을~고달픈 : 찬창贊唱은 관리에 임명된 뒤 조정에서 선창하는 절차를 말한다. 제서題署는 이름을 적고 서명하는 일이다.

넷째, 전기傳記이다. 인물의 전기라는 것은 해당 인물의 출신지만 적으면 되고, 그 자손에 관한 것은 불필요하다. 한 나라를 세우고 집안을 일으켜 세록世祿이 계속되고 인덕仁德을 쌓아 자손 중에서도 훌륭한 자가 나올 수는 있다.[33] 항우項羽의 선조가 대대로 초나라의 장군이었다는 이야기, 석건石建의 자손이 모두 청렴하고 근실했다는 이야기가 있다.[34] 이런 사례는 매우 특이하므로 전기에 요약하여 기술해도 괜찮다.

그렇지만 잘못된 사례도 있다. 부친의 관직은 현령縣令 정도이고 아들은 겨우 승랑丞郎이 되었다는 이야기까지 기록한 것이다. 고을에서도 그다지 평판이 높지 않고, 열 집 정도 되는 동네에서조차 들을 만한 행실이 없는데, 지위와 이름까지 하나하나 남김없이 전기에 써넣는다. 이것은 가계도家系圖이지, 나라의 역사와는 관계가 없다. 이것이 네 번째 번잡한 경우이다.

於是考玆四事, 以觀今古, 足驗積習忘返, 流宕不歸, 乖作者之規模, 違哲人之準的也. 孔子曰: "吾黨之小子狂簡, 斐然成章, 不知所以裁之" 其斯之謂矣. 亦有言或可記, 功或可書, 而紀闕其文, 傳亡其事者. 何則? 始自太上, 迄于中古, 其間文籍, 可得言焉. 夫以仲尼之聖也, 訪諸郯子, 始聞少皥之官; 叔向之賢也, 詢彼國僑, 載辨黃能之崇. 或八元才子, 因行父而獲傳, 或五羖大夫, 假趙良而見識. 則知當時正史, 流俗所行, 若三墳·五典·八索·九丘之書, 虞·夏·商·周·『春秋』·『檮杌』之記, 其所缺略者多矣.

---

33 자손~있다 : 『예기』「학기學記」에 나온다.

34 항우의~있다 : 각각 『사기』 권7 「항우본기項羽本紀」와 『사기』 권103 「만석장숙열전萬石張叔列傳」에 나온다.

이상의 네 조목을 통해 고금의 역사서를 살펴보면, 통폐가 쌓여 고칠 생각도 않고 그런 악습에 물들어 제자리를 찾지 못하고 있다는 것을 충분히 알수 있으니, 이래서는 저술의 규모와도 어긋나고 철인哲人의 기준에도 전혀 맞지 않는다. 공자가 "우리 동네 젊은 사람들은 뜻만 크고 하는 짓은 엉성하여, 말은 참으로 아름답고 장려하지만 어떻게 갈무리할지를 모른다."[35]라고 한말이 요즘 역사가에도 꼭 들어맞는다.

또한 당연히 기록해야 할 말이나 공적임에도 본기나 열전에 그 내용이나사실이 빠져 있는 경우가 있다. 무슨 말인가? 태고부터 중고中古에 이르는동안의 서적에 대해서는 언급할 만한 정도는 된다. 그렇지만 공자 같은 성인도 담자郯子를 방문하여 비로소 소고少皞의 관직에 대해 들었고,[36] 숙향叔向 정도의 현인조차 공손교公孫喬에게 물어본 뒤 황능黃能의 재앙에 대해 알 수 있었다.[37] 기록이 없었기 때문이다.

또 고신씨高辛氏의 여덟 아들 팔원八元도 노나라의 계손행보季孫行父에 의해그 이야기가 전해졌고,[38] 오고대부五羖大夫의 재능도 조양趙良이 있었기에 찾아냈다.[39] 이것을 보면 정사正史라고 하는 것이나 세상에서 전해지는 이야기, 예

---

35 공자가~모른다 : 『논어』 「공야장公冶長」에 나온다.

36 공자~들었고 : 『춘추좌씨전』 소공昭公 17년에, 담자가 노나라를 방문했을 때 새 이름으로 관명官名을 삼은 이유를 자세히 설명했는데, 공자가 이 이야기를 듣고 담자에게 배웠다고 기록되어 있다.

37 숙향~있었다 : 숙향은 진나라 대부 양설힐羊舌肸이다. 국교國喬는 공손교公孫喬, 즉 정鄭나라 대부 자산子産이다. 그런데 『좌전』이나 『공양전』에 숙향이 국교에게 물어본 기록이 없다. 『진어晉語』에 따르면 숙향이 아니라 한선자韓宣子인 듯싶다. 『국어國語 진어晉語』 권14에, 평공平公이 아픈 이유가 곤鯀이 살해된 뒤 황능이라는 귀신이 되어 수를 부리기 때문이라고 정자산이 풀이했다. 이 이야기에 이어서 숙향과 한선자의 다른 논의가 이어지는데, 이 때문에 착각이 있었던 듯하다. 『좌전』에서는 황능이 아니라 황웅黃熊으로 되어 있다.

38 고신씨의~전해졌고 : 『춘추좌씨전』 문공文公 18년에 나온다.

39 오고대부의~찾아냈다 : 진秦나라의 은사隱士 조양이 오고대부라고 불렸던 백리해百里奚의

를 들어 삼분三墳·오전五典·팔색八索[40]·구구九丘 등의 옛 책, 우虞·하夏·상商·주周의 기록, 『춘추』·『도올檮杌』 같은 기록에도 부족하거나 빠뜨린 기사가 상당히 많다고 해야 할 것이다.

旣而汲冢所述, 方五經而有殊, <u>馬遷所書, 比三傳而多別</u>. <u>裴松補陳壽之闕,
謝綽拾沈約之遺</u>. 斯又言滿五車, 事逾三篋者矣. 夫記事之體, 欲簡而且詳,
疎而不漏. 若煩則盡取, 省則多捐, 此乃忘折中之宜, 失均平之理. 惟夫博
雅君子, 知其利害者焉.

급총汲冢에서 나온 『죽서기년竹書紀年』 등도 오경에 없는 것을 전하고 있고, 『사기』도 『춘추』 삼전과 비교할 때 많이 다르다. 배송지裵松之는 진수陳壽의 『삼국지』에서 빠진 것을 보완했고, 심약沈約의 『송서宋書』도 사작謝綽의 습유로 보충되었다. 이렇게 빠진 이야기가 다섯 대의 손수레에 다 실을 수 없을 정도이며, 사실도 세 개의 상자에 다 들어가지 못할 분량이 될 것이다.

원래 기사記事의 체재는 간단하면서도 상세하고, 대략적이면서도 누락된 것이 없어야 최상이다. 번잡하게 하면 모든 기록을 취하게 되고, 덜려고 하면 손상이 많아지는데, 이는 중용에 맞는 의당함을 잊고 균등한 이치를 잃은 것이 된다. 넓고 바르게 보는 군자만이 그 이해利害를 알 수 있을 것이다. ▨

일화를 상앙商鞅에게 들려주었다. 『사기』 권68 「상군열전商君列傳」에 나온다. 백리해는 진 목공秦穆公 부인의 종으로 따라가다가 초나라로 도망쳤는데, 뒷날 공손지의 추천으로 진 목공이 그의 능력을 알아보고 염소 가죽 다섯 장(오고五羖)을 주고 데려왔다.

40 팔색: 『좌전』 소공昭公 12년 공영달孔穎達의 소疏에서, 공안국孔安國의 『진서書序』를 인용하여 팔괘八卦의 설을 팔색이라 한다고 했다.

역사를 기록할 때 가장 어려우면서도 중요한 문제는 어떤 인물을 어떻게 평가할 것인가이다. 유지기는 「인물」 편에서 인간은 똑똑하고 못난 차이가 있게 마련이지만, 악업은 알려서 세상의 교훈으로 삼고 선행은 후세에 보여주어야 하는데, 그 책임이 사관에게 있다고 말한다.

『서경』이 역사 사실을 망라했다지만, 팔원팔개와 한착 등의 인물을 빠뜨린 결점이 있고, 『춘추』와 세 주석서에는 유여와 백리해, 범려와 문종에 관한 사실이 누락되었다고 비판한다. 하지만 그렇다고 해서 재능 없는 군소 무리의 은밀한 사실까지 일일이 모아서 기록하는 것이 능사는 아니라고 말한다. 나아가 사관들이 그들의 가계를 조사하고 고향이나 작위를 모아 허위 사실까지도 마치 사실인 것처럼 조작하여 열전을 만드는 것은 더욱 용납할 수 없다고 한다.

유지기에 따르면 역사서에 기록되어야 할 훌륭한 사람이 누락되었다면, 이는 저자가 주밀하게 살피지 못했기 때문이므로 굳이 비난할 이유가 없다. 그러나 어리석은 자나 지혜로운 사람을 모두 기록하여 곱고 추한 것을 선별하지 않았다면, 이는 제비 똥을 진귀한 보석이라 하는 것과 같다고 했다.

内篇
30

인물의 선정과평가
人物

人物

夫人之生也, 有賢不肖焉. 若乃其惡可以誡世, 其善可以示後, 而死之日名無得而聞焉, 是誰之過歟? 蓋史官之責也. 觀夫文籍肇刱, 史有『尙書』, 知遠疏通, 网羅歷代. 至如有虞進賢, 時宗元凱; 夏氏中微, 國傳寒浞; 殷之亡也, 是生飛廉·惡來; 周之興也, 實有散宜·閎天, 若斯人者, 或爲惡縱暴, 其罪滔天; 或累仁積德, 其名蓋世. 雖時淳俗質, 言約義簡, 此而不載, 闕孰甚焉.

무릇 인간이 태어나면 반드시 똑똑하고 못난 차이가 있게 마련이다. 그 생애에 행한 악업이 있다면 알려서 세상의 교훈으로 삼고, 선행은 후세까지 보여주어야 하는데, 죽는 날로 바로 이름조차 들을 수 없게 된다면 이는 누구의 잘못인가? 그것은 사관의 책임일 것이다.

문자를 만들고 기록을 남기게 됨에 따라, 역사서로 『서경』이 있어서 과거의 일을 통달하여 알 수 있고[1] 역사의 사실이 망라되어 정리될 수 있었다. 그런데 예를 들어 순임금이 요임금에게 추천한 현인賢人은 당시 명신名臣의 자손 팔원팔개八元八凱였고,[2] 하나라 왕조가 중간에 쇠퇴했을 무렵에 후예后羿

---

1 과거의~있고 : 『예기』 「학기學記」에 "과거의 일을 통달하여 아는 것이 『서경』의 교화이다." 라고 했다.
2 순임금이~팔원팔개였고 : 원개元凱란 고양씨(전욱씨顓頊氏)의 여덟 아들인 팔개八凱와 고신씨의 여덟 아들인 팔원八元을 말한다. 『춘추좌씨전』 문공文公 18년에 나온다.

가 전횡하여 한착寒浞이라는 악한에게 나라가 넘어갔으며,³ 은나라 왕조가 멸망할 무렵에 비렴飛廉과 악래惡來 부자가 나타났고,⁴ 주나라 왕조가 발흥할 무렵에는 산의생散宜生과 굉요閎夭가 실제로 있었는데,⁵ 이런 사람들 중에서 어떤 이들은 포악하고 나쁜 짓을 제멋대로 저질러 죄가 하늘까지 닿을 정도였고, 어떤 이들은 쌓은 인덕으로 명예가 한 시대를 덮을 정도였으니, 비록 시대가 순후하고 풍속이 질박하여 언어나 의미가 간단하고 축약되었다 해도 이런 사람들이 실리지 않은 것은 『서경』의 큰 결점이라 하겠다.

泊夫子修『春秋』, 記二百年行事, 三傳並作, 史道勃興. 若秦之由余·百里奚, 越之范蠡·大夫種, 魯之曹沫·公儀休, 齊之寧戚·田穰苴, 斯並命代大才, 挺身傑出. 或陳力就列, 功冠一時; 或殺身成仁, 聲聞四海. 苟師其德業, 可以治國字人; 慕其風範, 可以激貪勵俗. 此而不書, 無乃太簡.

　다음으로 공자가 『춘추』를 수정하여 200년간의 행사를 기술했고, 게다가 세 종류의 주석서가 이를 보충함으로써 역사학의 길이 크게 번성했다. 진나라의 유여由余⁶와 백리해百里奚, 월나라의 범려范蠡와 대부大夫 문종文種,⁷ 노나

---

3 하나라~넘어갔으며 : 『춘추좌씨전』 양공襄公 4년에 나온다.

4 은나라~나타났고 : 비렴과 악래는 주왕紂王이 등용한 인물이다. 주왕이 이들을 등용하면서 제후들과 더욱 소원해졌다. 『사기』 권3 「은본기殷本紀」에 나온다.

5 주나라~있었는데 : 산의생과 굉요는 모두 문왕文王의 현신賢臣이다. 『서경』 「주서周書 군석君奭」에 나온다. 유지기는 이 기록이 『서경』에 누락되었다고 했지만, 오류이다.

6 유여 : 유여의 선조는 진晉나라 사람인데 융戎 땅으로 도망쳤다. 융왕이 진 목공秦繆公에게 유여를 사신으로 보냈는데, 목공은 유여의 능력을 알고 두려워했다. 이에 목공은 기녀妓女를 보내 유여와 융왕의 사이를 갈라놓았다. 『사기』 권5 「진본기秦本紀」에 나온다.

7 범려와 대부 문종 : 범려의 자는 소백少伯으로 월나라의 상장군이었다. 오나라를 격파한

라의 조말曹沫과 공의휴公儀休,[8] 제나라의 영척寧戚과 전양저田穰苴[9]에 대한 사실은 『사기』나 『국어國語』, 『관자管子』 등을 통해 알 수 있지만, 『춘추』나 삼전三傳에는 보이지 않는다. 이들도 당대에는 모두 명성이 높았으며, 특히 걸출하여 이름이 알려진 인물들이다. 어떤 이는 맡은 바 임무에서 능력을 발휘하여 공적이 당대 제일이었고, 어떤 이는 몸을 바쳐 인仁을 이루어 그 이름을 천하에 떨쳤다. 그들의 덕업을 본받는다면 나라를 다스리고 사람을 기를 수 있을 것이고, 그 모범을 따르면 탐욕스러운 습속에서 벗어나게끔 격려할 수 있을 것이다. 이런 사람들을 『춘추』와 삼전이 기록하지 않은 것은 지나치게 간략하다고 하지 않을 수 없다.

又子長著『史記』也, 馳騖窮古今, 上下數千載. 至如皐陶·伊尹·傅說·仲山甫之流, 並列經誥, 名存子史, 功烈尤顯, 事迹居多. 盡各採而編之, 以爲列傳之始, 而斷以夷, 齊居首, 何齷齪之甚乎? 旣而孟堅勒成『漢書』, 牢籠一代, 至於人倫大事, 亦云備矣. 其間若薄昭·楊僕·顏駟·史岑之徒, 其事所以見遺者, 蓋略小而存大耳. 夫雖逐麋之犬, 不復顧兔, 而雞肋是棄, 能

뒤 월나라를 떠나면서 친구인 대부 문종에게 토사구팽兔死狗烹의 경계를 남겼다. 『사기』 권41 「월왕구천세가越王句踐世家」에 나온다. 문종은 『좌전』 애공哀公 원년에 나온다.

8 조말과 공의휴 : 조말은 『사기』 권86 「자객열전刺客列傳」에 보이며, 『좌전』 장공莊公 10년과 23년에도 조귀趙劌라는 이름으로 보인다. 공의휴는 노나라의 박사博士이다. 『사기』 권119 「순리열전循吏列傳」에 나온다.

9 영척과 전양저 : 영척은 가난한 집안 출신이지만 제나라 환공桓公을 보좌하여 패업을 이루었다. 『관자管子』 「소칭小稱」과 「소문小問」에 나온다. 전양저는 사마양저司馬穰苴라고도 하며, 제나라 경공景公 때의 명장으로 이름이 높다. 그는 안영晏嬰의 추천으로 제나라 장군이 되었는데, 몸소 군사들과 먹고 자면서 신망을 얻었다. 『사기』 권64 「사마양저열전司馬穰苴列傳」에 나온다.

無惜乎?

또한 사마천의 『사기』를 보면 고금 수천 년 동안의 일을 구명하고 있다. 고요皐陶·이윤伊尹·부열傳說·중산보仲山甫 등의 인물은 모두 오경五經에 나란히 들어가 있고, 삼전이나 제자백가서諸子百家書에 이름이 남아 공렬이 더욱 드러나고 사적도 많았다. 그런데도 『사기』에서 이들의 기록을 채집하고 편집해서 열전의 출발로 삼지 않고 백이伯夷와 숙제叔齊를 첫머리로 삼았으니, 너무 협애한 관점이 아니었을까?

뒷날 반고도 『한서』를 완성하여 전한前漢 시대를 거의 정리하고 인륜의 대사에 이르기까지 모두 갖추었다고 할 수 있다. 그러나 그 사이 박소薄昭[10]·양복楊僕[11]·안사顔駟[12]·사잠史岑[13] 등의 경우는 실리지 않았다. 그들에 대한 사실이 누락된 이유는 아마 인물에 대소의 구별을 두어 비중이 작은 인물은 생략하고 큰 인물만 남겼기 때문일 것이다. 대체로 '사슴을 쫓는 개는 토끼를 돌아보지 않는다'[14]는 비유가 있긴 하지만, 먹을 것 없는 계륵雞肋이라도 버리는 것은 왠지 아까운 생각이 들지 않는가?

---

10 박소 : 전한前漢 여후呂后의 동생이다. 문제文帝가 즉위한 뒤 지후軹侯에 봉해졌다. 회남왕淮南王 려厲가 한나라 법을 따르지 않자, 박소가 편지를 보내 꾸짖었다. 『한서』 권97상 「외척열전外戚列傳」 등에 나온다.

11 양복 : 용감한 무장이었지만, 남월 등을 공격하여 공을 세우고 난 뒤 교만해져서 조정의 경고를 받았다. 『한서』 권90 「혹리열전酷吏列傳」에 그의 열전이 따로 있는데, 유지기가 착각한 듯하다.

12 안사 : 『서한연기西漢年紀』 권11 「무제武帝」에, 문제文帝 때 랑郎을 지냈다고 나온다. 효제孝帝의 등용으로 회계도위會稽都尉를 지냈다.

13 사잠 : 자는 자효子孝이다. 왕망王莽의 신新나라 말에 살았다.

14 사슴을~않는다 : 『회남자淮南子』 권17 「설림훈說林訓」에 나온다.

當三國異朝, 兩晉殊宅, 若元則·仲景, 時才重於許·洛; 何楨·許詢, 文雅高於
楊·豫. 而陳壽『國志』·王隱『晉史』廣列諸傳, 而遺此不編. 此亦網漏吞舟,
過爲迂濶者. 觀東漢一代, 賢明婦人, 如秦嘉妻徐氏, 動合禮儀, 言成規矩,
毁形不嫁, 哀慟傷生, 此則才德兼美者也. 董祀妻蔡氏, 載誕胡子, 受辱虜廷,
文詞有餘, 節槩不足, 此則言行相乖者也. 至蔚宗『後漢』, 傳標「列女」, 徐淑
不齒, 而蔡琰見書, 欲使彤管所載, 將安準的?

　삼국이 정립하고 양진兩晉이 근거지를 옮기는 시대에 이르러서는 환범桓範
과 장기張機가 각각 허주許州와 낙양洛陽에서 당대의 재능 있는 사람으로 중시
되었고,[15] 하정何楨이나 허순許詢도 아름다운 문장으로 양주楊州와 예주豫州에
서 이름이 높았다.[16] 그러나 진수陳壽의 『삼국지』, 왕은王隱의 『진사晉史』는
많은 열전을 편집해놓았으면서도 이 사람들을 싣지 않았다. 이것 역시 배를
삼킬 만한 큰 물고기를 놓친 그물인 셈이며, 지나치게 현실을 몰랐다고 할
것이다.

　후한 시대의 현명한 부인을 보면, 진가秦嘉의 아내인 서숙徐淑은 그 행동이
예의에 들어맞고 말은 모범이 되었으나 몹쓸 병에 걸려 남편이 있는 시댁으
로 돌아오지 못해 너무 슬퍼한 나머지 죽고 말았다.[17] 이 사람은 재덕을 겸비

---

15 환범과~중시되었고 : 원칙元則은 환범桓範의 자이다. 위나라의 조상曹爽을 도와 정치를
　　잘하여 허주(조위曹魏)의 중진 인물이 되었다. 그러나 조상이 선왕宣王 사마소司馬昭에게
　　패하자, 하옥되었다. 『삼국지 위지』권9 「조상열전曹爽列傳」에서 배송지裵松之가 주에 인용한
　　간보干寶의 『진서晉書』에 나온다. 중경仲景은 장기張機의 자이다. 화타華陀와 함께 당대
　　명의로 이름이 높았다. 『상한론』22권이 있다. 진수가 『삼국지』에 화타의 열전을 실은
　　반면 장중경은 싣지 않았기 때문에, 이를 두고 유지기가 비판한 것이다.
16 하정이나~높았다 : 하정은 「허도부許都賦」를 지었다. 허순의 자는 현도玄度이고, 어려서부터
　　천재로 알려졌다. 사안석謝安石·왕희지王羲之와 교류하며 청담淸淡을 즐겼다.
17 진가의~말았다 : 진가의 자는 사회士會이다. 후한 환제桓帝 때, 병에 걸린 아내 서숙과

한 훌륭했던 경우이다. 동사董祀의 아내인 채염蔡琰은 채옹蔡邕의 딸로, 흉노의 자식을 낳아 기르며 오랑캐의 조정에서 모욕을 받았으니 문학에는 뛰어났을지 모르지만 절개가 부족했다.[18] 이 사람은 언행이 일치하지 않았던 경우이다. 그런데 범엽의 『후한서』「열녀전」에 서숙은 언급되지 않고 채염만 보이니, 문필에 뛰어난 여성을 기재하려고 할 때 장차 무엇을 기준으로 삼아야 한다는 말인가?

裴幾原刪略『宋史』, 時稱簡要. 至如張禕陰受君命, 戕賊零陵, 乃守道不移, 飲鴆而絶, 雖古之鉏麑義烈, 何以加諸? 鮑昭文宗學府, 馳名海內, 方于漢代襃·朔之流. 事皆闕如, 何以申其襃獎?

배자야裴子野는 『송사宋史』의 내용 중 삭제하고 간략히 추린 『송략宋略』을 편찬하여 당시에 요령을 얻었다는 평판을 들었다. 그렇지만 장위張禕가 은밀히 군주로부터 공제恭帝를 죽이도록 명령을 받고도 도리를 지켜 명령을 실행하지 않고 짐독鴆毒을 마시고 자살했다는 이야기는, 비록 서예鉏麑의 의열[19]이라도 그보다 나을 수 없었는데 싣지 않았다. 또한 포소鮑昭는 문장이 학계의 으뜸이고 천하에 이름을 날렸으며,[20] 왕포나 동방삭에 필적했다. 이런 사실을

별거했지만 글을 주고받으며 작품을 남겼다. 진가의 「증부시贈婦詩」와 서숙의 답시答詩가 남아 있다. 『옥대신영玉臺新詠』에 나온다.

18 동사의~부족했다 : 채염의 자는 문희文姬. 남편을 잃은 뒤, 흉노에게 잡혀 흉노의 아이 둘을 낳았다. 조조가 흉노에게 돈을 주고 그녀를 사서 돌려보냈다. 이후 동사와 결혼했다.

19 서예의 의열 : 『춘추좌씨전』 선공宣公 2년에, 진晉나라의 장사인 서예가 영공靈公으로부터 조순趙盾을 죽이라는 명령을 받았지만 조순의 모습을 보고 느낀 바가 있어서 죽이지 않고 자살했다.

모두 빼놓았으니 앞으로 어떻게 이들을 표창할 것인가?

夫天下善人少而惡人多, 其書名竹帛者, 盖唯記善而已. 故太史公有云:
"自獲麟以來, 四百餘年, 明主賢君·忠臣死義之士, 廢而不載, 余甚懼焉,"
即其義也. 至如四凶列於『尚書』, 三叛見於『春秋』, 西漢之紀江充·石顯,
東京之載梁冀·董卓, 此皆干紀亂常, 存滅興亡所繫, 旣有關時政. 故不可
闕書.

　원래 세상에는 좋은 사람이 적고 나쁜 사람이 많으므로[21] 역사서에 이름을
기록하는 것도 선행을 중심으로 기재할 뿐이다. 사마천이 "공자가 『춘추』를
편찬한 지 400년이 지났으나, 현명한 군주나 의리를 위해 죽은 충신열사들
을 사라지게 하고 역사에 기록하지 못했으니 내가 참으로 두렵다."[22]라고 한
말이 바로 이 뜻이다.
　이에 비해 악인에 대해 기술한 것으로는 『서경』에 사흉四凶[23]이 열거되어
있고, 『춘추』에 삼반三叛[24]이 보인다. 또 전한에서는 강충江充[25]이나 석현石

---

20 포소는~날렸으며 : 포소鮑昭에서 소昭 자는 당나라 무조武曌를 휘한 것으로, 본래는 조照이다.
　포조는 임천왕에게 발탁되어 문명文名을 날렸는데, 사령운謝靈運·안연지顔延之와 함께 원가삼
　대가元嘉三大家라고 불렸다. 『송사』에는 열전이 있는데, 배자야가 『송략』을 만들면서 뺐다고
　유지기가 비판한 것이다.
21 세상에는~많으므로 : 『장자』 「거협胠篋」에 나온다.
22 공자가~두렵다 : 『사기』 권130 「태사공자서太史公自序」에서 사마천이 아버지인 사마담司馬
　談의 말을 인용한 부분이다.
23 사흉 : 『서경』 「우서虞書 순전舜典」에 나온다.
24 삼반 : 『춘추좌씨전』에 주邾나라 대부 서기庶其(양공襄公 21년), 거莒나라 대부 모이牟夷(소공昭
　公 5년), 주邾나라 대부 흑굉黑肱(소공 31년)의 반란이 기록되어 있다. 『춘추』에는 그들

顯,²⁶ 후한에는 양기梁冀²⁷나 동탁董卓을 들 수 있는데, 이들은 모두 시대와 사회의 기강을 어지럽힌 데다 그것이 나라의 흥망과 관계된 사실이기 때문에 빠뜨릴 수 없다.

但近史所刊, 有異於是. 至如不才之子, 羣小之徒, 或陰情醜行, 或素餐尸祿, 其惡不足以曝揚, 其罪不足以懲戒, 莫不搜其鄙事, 聚而爲錄, 不其穢乎? 抑又聞之, 十室之邑必有忠信, 而斗筲之才何足算也. 若『漢傳』之有傅寬·靳歙, 『蜀志』之有許慈, 『宋書』之虞丘進, 『魏史』之王憶, 若斯數子者, 或才非拔萃, 或行不軼羣, 徒以片善取知, 微功見識, 闕之不足爲少, 書之唯益其累. 而史臣皆責其譜狀, 徵其爵里, 課虛成有, 裁爲列傳, 不亦煩乎?

    그런데 근대의 역사서는 이와 다르다. 재능 없는 군소 무리의 은밀한 사실이나 더러운 행위, 하는 일 없이 높은 지위에 있으면서 나라의 녹만 받아먹

    이름을 그대로 기록해놓아 본국에 반역한 행위를 드러냈다.

25 강충 : 자는 차천次倩이다. 『한서』 권45 「강충열전江充列傳」에 강충은 엄한 형벌을 시행하고 귀척 신하들을 제압하여 한나라 무제武帝의 총애를 받았다는 내용이 나온다. 강충은 나중에 무고 사건을 일으켜 태자를 죽였는데, 무제가 이를 깨닫고 강충의 삼족을 멸했다.

26 석현 : 자는 군방君房이다. 『한서』 권93 「영행전佞幸傳」에는 다음과 같은 내용이 있다. 한나라 원제元帝가 병이 나자 석현이 정무를 대신했다. 석현은 자신의 권세를 믿고 소망지蕭望之·장맹張猛을 자살시키고, 주감周堪 등을 관직에 나오지 못하게 했다. 성제成帝가 즉위한 뒤에는 실각했다.

27 양기 : 자는 백거伯車이다. 외척으로서, 환제가 즉위하는 데 공이 컸다. 그러나 자신의 공헌을 믿어서 극단적인 사치를 즐기며 백성들의 고혈을 짰다. 환제가 백성들의 분노를 걱정하여 양기를 체포해서 살해하고 재산을 몰수했는데, 그 재산이 국가 수입의 절반이었다고 한다. 『후한서』 권34 「양통梁統 현손기열전玄孫冀列傳」에 나온다.

는 무능 등, 폭로하기에도 부족한 악행이나 징벌할 것도 없는 죄악까지 그 비루한 사실을 일일이 모아서 기록하고 있으니, 참으로 더럽지 않은가?

또 내가 듣건대, 열 집 정도 되는 동네에 진실하고 미더운 사람이 있기도 하지만, 국량이 작고 재주 없는 사람 역시 헤아릴 필요가 없을 정도로 많다.[28] 『한서』에 있는 부관傅寬과 근흡靳歙,[29] 『삼국지』에 있는 허자許慈,[30] 『송서』의 우구진虞丘進,[31] 『위서』의 왕헌王憲[32] 등, 이러한 몇몇 사람은 재능이 뛰어나지도 않고 행적도 앞선다고 할 수 없으며, 한낱 작은 선행으로 알려졌을 뿐 보잘것없는 공로를 인정받은 것에 지나지 않았다. 그러므로 이들을 뺀다 해도 역사서의 내용이 부족하다는 소리를 들을 것도 아니며, 오히려 기록하면 허물만 더할 뿐이다. 그런데도 사관들이 그들의 가계를 조사하고 고향이나 작위를 모아 허위 사실까지도 마치 사실인 것처럼 조작하여 열전을 만들었으니 번잡하다고 하지 않을 수 있겠는가?

『語』曰: "君子於其所不知, 蓋闕如也." 故賢良可記, 而簡牘無聞, 斯乃察

---

28 국량이~많다 : 『논어』 「자로子路」에 나온다.
29 부관과 근흡 : 『사통』 원문에는 부근傅靳(부관과 근흡 두 사람)으로 되어 있지만, 포기룡은 초한楚漢 전쟁 때 공이 작았던 사람이 부관과 주설周緤 두 사람이므로 부근이 아닌 '부주傅周'가 맞다고 보았다. 이들 모두 『한서』 권41 「번력등관부근주전樊酈滕灌傅靳周傳」에 함께 나온다.
30 허자 : 자는 인독仁篤이다. 촉한蜀漢 때 박사를 역임했으며, 자기 의견을 고집하여 호잠胡潛과 싸우다가 구타하는 경우도 있었다고 한다. 유비劉備가 잔치 때 광대들에게 두 사람이 싸우는 흉내를 내게 한 일도 있었다. 『삼국지 촉지』 권42 「허자열전許慈列傳」에 나온다.
31 우구진 : 자는 예지豫之이다. 『송서』 권49 「우구진열전虞丘進列傳」에 나온다.
32 왕헌 : 자는 현칙顯則이다. 『위서』 권33 「왕헌열전王憲列傳」에 그의 생애가 160자 정도로 기록되어 있는데, 그중 옮겨 다닌 관직만 나열한 글자수가 120여 자이다. 그 밖에 그의 출신 등 기타 내용은 알 수 없다.

所不該, 理無足咎. 至若愚智畢載, 妍媸靡擇, 此則燕石妄珍, 齊竽混吹者
矣. 夫名刊史冊, 自古攸難; 事列春秋, 哲人所重. 筆削之士, 其愼之哉!

　　『논어』「자로子路」에 "군자라면 자신이 잘 모르는 것은 비워놓는 법이
다."라고 했다. 역사서에 당연히 기록되어야 할 어질고 훌륭한 사람이 누락
된 경우, 이것은 저자가 미처 주밀하게 살피지 못했기 때문이므로 굳이 비난
할 이유가 없다. 그러나 어리석은 자나 지혜로운 사람을 모두 기록하여 곱고
추한 것을 선별하지 않았다면, 이는 제비 똥을 멋대로 진귀한 보석이라고 하
고[33] 제나라에서 피리를 대충 끼어들어 불었다[34]는 경우와 같다고 할 것이다.
이름이 역사서에 기록된다는 것은 예로부터 매우 어려운 일이고, 사리 밝은
학자들은 사실이 역사에 남는 일을 중시했다. 필삭筆削에 종사하는 사람은 신
중해야 할 것이다.

---

33 제비~하고 : 송나라의 어리석은 사람이 제비 똥을 보석이라 생각하여 감춰두었다고
　　한다. 『태평어람太平御覽』 권51에 나온다.
34 제나라에서~불었다 : 제나라 선왕宣王이 사람들로 하여금 피리를 불게 할 때면 꼭 300명을
　　채워 함께 불게 했다. 남곽처사南郭處士도 그 틈에 끼어 이름을 얻었다. 그러나 선왕이
　　죽고 민왕湣王이 즉위해 한 사람씩 불게 했더니, 남곽처사가 도망쳤다. 남곽처사가 피리
　　부는 흉내만 내면서 좋은 대접을 받았던 일로서, 실력이나 재능이 없에도 자리를 차지하고
　　있는 것을 비유한 것이다. 『한비자』「내저설內儲說」에 나온다.

유지기는 역사가의 재능을 갖기란 힘든 일이라고 말한다. 뛰어난 역사학자 채옹마저 미숙한 역사 서술을 보여준 적이 있다. 스스로 저술에 뛰어나다는 옛 역사가들을 두루 보건대, 사마천이나 반고와 맞먹거나 진수나 범엽과 비교할 만한 사람을 찾아보기도 어렵다.

유지기는 공자 때부터 문장과 역사가 확연히 다른 길을 걸었고, 두 방면에 모두 뛰어난 사람을 찾아보기 힘들어졌다고 한다. 근대에 이르러 문장가로 이름을 내걸고 역사서를 편수했던 사람도 있는데, 대표적으로 나함과 사령운을 들었다. 하지만 이들의 저술은 메모ㆍ잡설ㆍ에세이ㆍ소품일 뿐이며, 그나마도 줄거리가 통하지 않고 어수선하다고 평한다. 따라서 이들에게 한 왕조를 통관하고 한 시대를 포괄하여 시말을 정리하라고 요구하기는 어렵다는 게 유지기의 생각이다.

그리고 세태가 점점 문장 꾸미기를 중시하면서 화려하고 사치스러운 문장을 숭상하다 보니, 반표나 화교에 필적할 솜씨를 갖추고 반고나 순열과 비슷한 재주를 갖고서 명석하고 독자적인 견해로 불후의 임무를 감당할 수 있는 자가 있다 해도, 세상으로부터 바보 취급을 받기 십상이라며 탄식했다.

内篇

31

역사가의 재능비교

覈才

覈才

夫史才之難, 其難甚矣. 『晉令』云: "國史之任, 委之著作, 每著作郞初至, 必撰名臣傳一人." 斯蓋察其所由, 苟非其才, 則不可叨居史任. 歷觀古之作者, 若蔡邕·劉峻·徐陵·劉炫之徒, 各自謂長於著書, 達於史體, 然觀侏儒一節, 而他事可知.

역사가의 재능을 갖기란 어려운데, 그 어려움이 이만저만 심한 것이 아니다. 『진령晉令』에 "국사의 책임을 저작著作에게 맡긴 뒤로, 새로 저작랑著作郞이 부임하면 꼭 한 사람의 명신전名臣傳을 편찬해보게 한다."라는 조목이 있다. 이는 아마 그 일을 어떻게 서술하는지 살피고자 하는 뜻이니, 적절한 재능을 가진 사람이 아니라면 함부로 사관의 직임에 있지 못하게 했던 것이리라.

옛 역사가들을 두루 조사해보면, 후한의 채옹蔡邕,[1] 양梁나라의 유준劉峻,[2] 진陳나라의 서릉徐陵,[3] 수隋나라의 유현劉炫[4]과 같은 사람들은 스스로 저술에

---

1 채옹 : 자는 백개伯喈이며, 사장辭章과 천문天文에 밝았다. 『후한기後漢記』 10의意를 편찬했다. 동탁董卓에게 발탁되었지만, 그의 복주伏誅 이후 채옹도 사형을 언도받았다. 하지만 경면黥面(죄인의 얼굴에 죄명을 새겨 넣는 형벌)과 월족刖足(발뒤꿈치를 베는 형벌)을 벌을 받겠다고 상서함으로써 죽음을 면하고 『후한기後漢記』를 완성했다. 『후한서』 권60하 「채옹열전蔡邕列傳」에 나온다.

2 유준 : 자는 효표孝標이고, 평원平原 사람이다. 그의 아버지가 유정劉珽이다. 『양서梁書』 권50 「문학文學 유준열전劉峻列傳」에 그의 「자서自序」가 수록되어 있다.

3 서릉 : 자는 효목孝穆이다. 문명을 널리 떨쳐, 진나라 건국 이후의 문장은 모두 서릉의 저작이라 해도 과언이 아닐 정도였다. 『진서陳書』와 『남사南史』에 열전이 있다.

뛰어나다고 자부하면서 특히 역사서에 뛰어나다고 자긍을 갖고 있었으나, 주유侏儒 하나를 보면 그 나머지는 가히 짐작할 만하다.[5]

<u>案伯喈</u>於朔方上書, 謂宜廣班氏「天文志」. 夫「天文」之於『漢史』實附贅之尤甚者也. 必欲申以掎摭, 但當鋤而去之, 安可仍其過失, 而益其蕪累? 亦奚異觀河傾之患, 而不遏以隄防, 方欲疏而導之, 用速懷襄之害? 述史如此, 將非練達者歟! <u>孝標</u>持論談理, 誠爲絶倫, 而「自敍」一篇, 過爲煩碎, 「山栖」一志, 直論文章. 諒難以偶迹<u>遷·固</u>, 比肩<u>陳·范</u>者也.

채옹은 북방에서 올린 상서에 반고의 「천문지天文志」를 확대해야 한다고 말했다. 그러나 원래 「천문지」는 『한서』 중에서도 실로 전혀 불필요한 혹 같은 부분이다. 굳이 선별해서 알리려 했더라도 이 부분만은 호미로 캐내듯 제외해야지, 어찌 그 잘못을 그대로 두어 번잡함을 더하려 했는가? 또한 어째서 황하가 넘쳐 홍수가 일어나려는 것을 보고도 제방을 쌓아 막지 않고 오히려 무너뜨려 물이 산을 둘러싸고 언덕까지 차오르는 피해를 재촉했는가?[6] 역사 서술을 이와 같이 해서는 숙달된 문인이라고 할 수 없을 것이다.

유준劉峻의 논리는 상당히 걸출했지만, 그의 「자서自敍」 한 편을 보면 지나치게 장황하고 번쇄하며 또한 「산서지山栖志」는 문장만 논의하고 있을 뿐이

---

4 유현 : 자는 광백光伯이다. 주周나라에서 왕소王劭와 함께 동수국사同修國史를 맡았으나, 그의 저작은 거의 남아 있지 않다. 『수서』 열전에 「자찬自贊」이 수록되어 있다.
5 주유~만하다 : 『태평어람太平御覽』 권378에 환담桓譚의 『신론新論』을 인용하여 "사람들이 주유侏儒 하나를 보면 장단長短을 안다고 했다."라고 했다. 주유는 기둥 끝에 올린 동자기둥이다. 본래 의미가 분명하지 않으나, '하나를 보면 나머지를 안다'는 정도의 의미로 풀었다.
6 제방을~재촉했는가 : 『서경』 「우서虞書 요전堯典」에 나온다.

다. 아무래도 사마천司馬遷이나 반고와 맞먹거나 진수陳壽나 범엽范曄과 비교하는 일은 어려울 것이다.

孝穆在齊, 有志梁史, 及還江左, 書竟不成. 嗟乎! 以徐公文體, 而施諸史傳, 亦猶灞上兒戲, 異乎眞將軍, 幸而量力不爲, 可謂自卜者審矣. 光伯以洪儒碩學, 而迍邅不遇. 觀其銳情「自敍」, 欲以垂示將來, 而言皆淺俗, 理無要害. 豈所謂"誦詩三百, 雖多, 亦奚以爲"者乎?

서릉徐陵은 북제北齊에 잡혀 있는 동안 양사梁史의 편찬에 뜻을 두었고,[7] 후에 강남으로 돌아갔지만 그 책은 결국 완성되지 않았다. 딱한 일이로다! 서공徐公의 문체를 역사서에 적용했다면 패수灞水가의 아이들 장난 같아서 도저히 주아부周亞夫 장군처럼 되지 못했을 것이다.[8] 다행히 자신의 능력을 헤아려 편찬하지 않았으니, 자신을 분명히 잘 파악하고 있던 셈이다.

유현劉炫은 그릇이 큰 석학이었지만 어렵게 세상을 떠돌며 재능을 펴지 못했다. 의지가 단호했던 그의 「자서」를 보면, 후세에 보여주려고 했으나 언어가 얕고 천하여 깊은 감동을 주지 못하고 있다. 『논어』에 "시詩를 공부하여 300편을 암송했다고 치자. 아무리 많은들 무엇에 쓰겠는가?"[9]라고 했던 경우가 아니겠는가?

---

7 서릉은~두었고 : 『진서陳書』 권26 「서릉열전徐陵列傳」에는 이런 말이 안 보인다.
8 패수가의~것이다 : 『사기』 권57 「강후주발세가絳侯周勃世家」에서 문제文帝가 한 말이다. 주발周勃은 문제의 즉위에 큰 공을 세웠다. 주아부는 주발의 아들이다.
9 시를~쓰겠는가 : 본문에서는 생략하여 인용했다. 『논어』 「자로」에 "『시경』을 공부하여 300편을 암송했다고 치자. 정치를 맡겨도 이룩하지 못하고, 사방에 사신으로 보내도 전담하여 대응하지 못한다면, 아무리 많은들 무엇에 쓰겠는가?"라고 했다.

昔尼父有言: "文勝質則史," 盖史者當時之文也. 然朴散淳銷, 時移世異, 文之與史, 較然異轍. 故以張衡之文, 而不閑於史; 以陳壽之史, 而不瞶於文. 其有賦述「兩都」, 詩裁「八詠」, 而能編次『漢冊』, 勒成『宋典』, 若斯人者, 其流幾何?

옛날에 공자가 "문장이 바탕을 넘어서면 그것은 역사다."[10]라고 했는데, 역사란 당시에는 문장이었던 것이다. 그러나 시대가 변하여 점차 순박함이 사라지고 문장과 역사가 확연히 다른 길을 가게 되었다. 그래서 장형張衡의 문장으로도 역사에 전념할 틈이 없었고,[11] 진수陳壽의 사학을 가지고도 문장에 익숙하지 못했다. 반고와 같이 「양도부兩都賦」를 쓰고 『한서』를 편찬한다든지, 심약沈約처럼 「팔영八詠」을 쓰고 『송서』를 편찬한 경우도 있기는 하지만, 이렇듯 두 방면에 뛰어난 사람들이 얼마나 되겠는가?

是以吾觀近代, 有齒跡文章, 而兼修史傳. 其爲式也, 羅含·謝客宛爲詞頌之文, 蕭繹·江淹直成銘贊之序. 温子昇尤工複語; 盧思道雅好麗詞. 江總猖獗以沈迷; 庾信輕薄而流宕. 此其大較也. 然向之數子所撰者, 盖不過偏記·雜說·小卷·短書而已, 猶且乖濫踳駁, 一至於斯. 而况責之以刊勒一家, 彌綸一代, 使其始末圓備, 表裏無咎, 盖亦難矣.

---

10 문장이~역사다 : 『논어』「옹야雍也」에 나온다.
11 장형의~없었고 : 『후한서』 권89 「장형열전張衡列傳」에는 이와 관련하여 다음 내용이 나온다. 유진劉珍 등이 동관東觀에서 『한기漢記』를 편찬할 때 늘 장형과 함께 일하게 해달라고 상언하다가 병을 얻어 세상을 떴다. 장형도 그 일을 마치게 해달라고 여러 번 상언했지만 끝내 허락을 받지 못했다. 이를 본 당시 사람들이 한스러워 했다. 이 같은 내용은 유지기의 서술과는 약간 어감이 다르다.

그런데 근대에 와서 보면, 문장가로 그 이름을 내걸고 겸하여 역사서를 편수하는 사람도 있다. 대표적인 사례를 들면 나함羅含[12]이나 사령운謝靈雲은 아름다운 가요나 송頌 같은 문체였으며, 소역蕭繹[13]이나 강암江淹은 곧바른 언어로 쓴 비명이나 논찬과 같은 어조였다. 후위後魏의 온자승溫子昇[14]은 솜씨 좋게 대우구對偶句를 구사했고, 수隋나라의 노사도盧思道[15]는 언제나 병려문騈儷文을 즐겨 사용했다. 강총江總[16]은 멋대로 쓰면서 미혹에 빠졌고, 유신庾信[17]은 경박한 데 물들어 있었다. 이것이 그 대체적인 특징들이다.

앞에 든 몇몇 인물의 저술은 메모, 잡설, 에세이, 소품문뿐인데, 그나마도 줄거리가 통하지 않고 어수선하다. 더욱이 난잡하고 오류투성이라는 점에서 하나같이 이 지경에 이르렀다. 그들에게 한 왕조를 통관하고 한 시대를 포괄하여 그 시말을 충분히 정리하여 안팎으로 결점 없이 기술하라고 요구한다면, 그건 어려운 일일 것이다.

---

12 나함 : 자는 군장君章이다. 『나함집羅含集』 30권이 있었다는데, 없어졌다. 『진서晉書』에 열전이 있다. 완宛은 완婉과 같은 의미로, 아름답다, 뛰어나다는 뜻이다.

13 소역 : 양나라 원제元帝(재위 552~554)로, 자는 세성世誠이다. 학문을 좋아해서 문집 50권이 있었다고 하는데, 없어졌다.

14 온자승 : 자는 붕거鵬擧로, 박학했고 문장으로 이름이 높았다. 『문필文筆』 35권, 『영안기』 3권을 편찬했다지만, 현존하지 않는다. 『위서魏書』에 열전이 있다.

15 노사도 : 자는 자행子行이다. 북제 문선제文宣帝가 죽었을 때 시를 올렸다. 위수魏收 등도 겨우 한두 수만 지었을 뿐인데, 노사도는 8수를 지어 올려 팔채노랑八采盧郎이라는 이름을 얻었다. 5언시에 특히 뛰어났다. 『수서隋書』에 열전이 있다.

16 강총 : 자는 총지總持로, 집 안에 있는 수천 권의 책을 밤새워 읽었을 정도로 독서광이라고 한다. 『강령군집江令君集』 50여 권이 전한다. 『진서陳書』에 열전이 있다.

17 유신 : 자는 자산子山, 남양南陽 신야新野(하남河南) 사람이고, 『좌전左傳』에 정통했다. 서릉과 더불어 시로 이름을 날려, 사람들이 이들의 궁체시宮體詩를 서유체徐庾體라고 불렀다. 『주서周書』와 『북사北史』에 열전이 있다.

但自世重文藻, 詞宗麗淫, 於是沮誦失路, 靈均當軸. 每西省虛職, 東觀佇才, 凡所拜授, 必推文士. 遂使握管懷鉛, 多無銓綜之識; 連章累牘, 罕逢微婉之言. 而舉俗共以爲能, 當時莫之敢侮. 假令其間有術同彪·嶠, 才若班·荀, 懷獨見之明, 負不刊之業, 而皆取窘於流俗, 見嗤於朋黨, 遂乃哺糟歠醨, 俯同妄作, 被褐懷玉, 無由自陳. 此管仲所謂"用君子而以小人參之, 害霸之道."者也.

다만 세태가 점차 문장 꾸미기를 중시하면서부터 화려하고 사치스러운 문장을 숭상하게 되었고, 이렇게 되자 문자를 만들었다고 하는 저송沮誦이 길을 잃고 굴원屈原의 문투만 주목을 받았다.[18] 서성西省의 관직은 늘 비어 있고 동관東觀에서는 인재가 없어 기다려야 할 판이며,[19] 사관으로 임명할 때도 반드시 문인만 추천했다. 결국 붓을 들고 연필을 쥔 사람들은 대부분 역사를 종합하거나 정리하는 능력이 없고 문장만 이을 뿐이며, 쌓여 있는 문서 옆에서 무엇을 쓰게 하더라도 은미하고 함축된 문장을 쓰지 못했다. 그런데도 세상에서는 그것이 유능하다고 하며 당시에 아무도 경멸하는 자가 없었다.

가령 그 사이에 반표班彪나 화교華嶠에 필적할 솜씨를 갖추고 반고班固나 순열荀悅과 비슷한 재주를 갖고서 명석하고 독자적인 견해로 불후의 임무를 감당할 수 있는 자가 있었다고 해도, 이들은 모두 세상으로부터 바보 취급을 받고 동년배에게는 조소를 당했을 것이다. 결국 술지게미를 먹고 막걸리를

---

18 문자를~받았다 : 영균靈均은 굴원의 자이다. 당축當軸은 국정國政을 장악했다는 뜻이다. 고대의 질박한 문풍이 완전히 중단되고, 사장가辭章家들이 수사修史라는 큰일을 맡게 되었다는 의미다.

19 서성의~판이며 : 서성은 사관의 상급 관청인 중서성中書省이고 동관은 한나라의 사관 관청이었지만, 둘 다 역사를 기록하는 관청이라는 뜻의 일반명사처럼 쓰인다.

마시며 원칙을 저버리고 함부로 기록하거나,[20] 갈옷을 입고 옥을 품은 채 스스로 펼쳐 보일 방법이 없었을 것이다. 이것이 관중管仲이 "군자를 임용하면서 소인을 함께 참여시키면 패업의 길에 방해가 된다."[21]라고 한 말이다.

昔傅玄有云: "觀孟堅『漢書』, 實命代奇作. 及與陳宗·尹敏·杜撫·馬嚴撰『中興紀傳』, 其文曾不足觀 豈拘於時乎! 不然, 何不類之甚者也? 是後劉珍·朱穆·盧植·楊彪之徒, 又繼而成之, 豈亦各拘於時, 而不得自盡乎! 何其益陋也?" 嗟乎! 拘時之患, 其來尚矣. 斯則自古所歎, 豈獨當今者哉!

옛날에 부현傅玄이 "반고의 『한서』를 읽어보면 정말로 일대 걸작이다. 그런데 그가 진종陳宗[22]·윤민尹敏[23]·두무杜撫·마엄馬嚴[24] 등과 편찬한 『중흥기전中興紀傳』을 보면 완전히 뒤떨어진다. 아마 시세에 얽매어 그런 것이리라. 그렇지 않다면 어찌 『한서』와 그리도 다를 수 있단 말인가? 그 후 유진劉珍[25]·주

---

20 술지게미를~기록하거나 : 『초사楚辭』 「어부漁父」에 나온다. 포조餔糟란 술지게미를 먹는 것이고, 철리歠醨는 거친 술을 마시는 것인데, 이 말은 세속에 따른다는 비유이다. 부俯는 뜻을 굽히는 것이다.

21 군자를~된다 : 한나라 유향劉向의 『설원說苑』 권8 「존현尊賢」에 관중이 환공에게 했던 말이다.

22 진종 : 자는 평중平仲이고, 반고와 함께 「광무제본기光武帝本紀」를 편찬했다. 『논형論衡』에서 "광무제光武帝를 보면 한漢나라의 공덕功德을 볼 수 있다."라고 칭찬했다.

23 윤민 : 자는 유계幼季이고, 유학에 밝았다. 반표와 친했다. 원굉袁宏의 『후한기後漢紀』에 나온다.

24 마엄 : 자는 위경威卿이며, 두무·반고 등과 함께 「건무기거주建武起居注」를 정리했다. 『후한서』에 열전이 있다.

25 유진 : 자는 추손秋孫이다. 마융馬融 등과 함께 동관東觀의 여러 서적을 정리했다. 『후한서』에 열전이 있다.

목朱穆[26]·노식盧植[27]·양표楊彪[28] 등이 이를 이어받아 완성했는데, 역시 모두 시세에 얽매였는지 자신들의 역량을 충분히 발휘한 것이라고 할 수 없으리라. 어찌 그리 한층 비루해졌다는 말인가?"라고 했다. 안타깝도다! 시세에 얽매이는 우환의 유래가 오래되었다. 이는 예부터 탄식했던 일이니, 어찌 유독 오늘날에만 해당하는 일이겠는가. 史通

---

26 주목 : 자는 공손公叔이다. 그가 지은 「논책論策」 20편을 보고 채옹蔡邕이 극찬했다. 『후한서』에 열전이 있다. 유진, 주목, 노식, 양표 중에 주목만 역사 편찬에 참여한 사실이 보이지 않는다.

27 노식 : 자는 자간子干이다. 마융의 제자이며, 채옹·양표 등과 더불어 동관에서 편찬하는 서적을 교정했다. 『후한서』에 열전이 있다.

28 양표 : 자는 문선文先이다. 『후한서』에 열전이 있다.

「서전序傳」에서 유지기는 역사가가 쓴 자서의 유래와 변천에 대해 논한다. 굴원이 「이소」에 자신의 집안을 밝힌 것이 자서의 유래이다. 이후 자서를 전傳이라고도 불렀다. 자서로 잘 알려진 것으로는 사마천의 「태사공자서」가 있다.

자서의 성격상 역사가는 자신의 결점은 감추고 장점은 서술하고 싶어 하는데, 유지기는 거기에 씌어진 말이 오류가 아니라면 믿을 수 있다고 했다. 자서에서 가계를 서술할 때 당연히 자신의 이름과 동시에 부모를 현창하는 일을 위주로 하겠지만, 현창할 만한 사람이 없다면 아무것도 쓰지 않아야 한다고 말한다.

양웅 이후의 자서를 통관해 볼 때 처음부터 자기 자랑이 중심인 경우가 대부분이며, 위나라의 문제와 부현·매도·갈홍 같은 무리들은 그 정도가 더욱 심했다. 심지어 벌열을 좋아해서 그 가계를 소급하여 함부로 훌륭한 성현에 이어 붙이는 자서도 나타났다. 따라서 유지기는 서전을 작성할 때 이러한 이치를 살펴야 하고, 모르면 비워두어도 아무 문제가 없다고 했다.

内篇

32

서문의 변천과 성격
序傳

序傳

盖作者自敍, 其流出于中古乎. 屈原「離騷經」, 其首章上陳氏族, 下列祖考; 先述厥生, 次顯名字. 自敍發跡, 實基於此. 降及司馬相如, 始以自敍爲傳. 然其所敍者, 但記自少及長, 立身行事而已, 逮於祖先所出, 則蔑爾無聞. 至馬遷又徵三閭之故事, 放文園之近作, 模楷二家, 勒成一卷. 於是揚雄遵其舊轍, 班固酌其餘波, 自敍之篇實煩於代. 雖屬辭有異, 而玆體無易.

저자의 자서自敍를 쓰게 된 것은 중고中古부터 시작된 흐름이었을 것이다. 굴원屈原은 「이소離騷」 첫 장에 자신의 종족인 씨족을 말하고 아래에 조부祖父와 부父를 적었으며,[1] 먼저 자신의 출생을 서술하고 다음에 이름과 자字를 밝혔다.[2] 자서의 흔적은 실로 여기에서 비롯되었다고 할 수 있다.

그 후 사마상여司馬相如가 처음 자서를 전傳이라고 명명했다.[3] 그렇지만 이는 단지 젊었을 때부터 장년이 될 때까지 입신해온 행적뿐이었고, 자신의 조상에 관해서는 아무것도 적지 않았다. 사마천은 굴원[4]의 고사와 시대가 가까

---

1 첫 장에~적었으며 : 『초사楚辭』 「이소」 첫머리에 "제帝인 고양高陽의 먼 후예로다. 나의 선친은 백용伯庸일세."라고 한 말을 가리킨다.

2 먼저~밝혔다 : 『초사』 「이소」에 "범의 해 바로 첫 정월, 경인날에 내가 태어났도다. … 나의 이름은 정칙正則이네, 나의 자는 영균靈均일세."라고 한 말을 가리킨다.

3 사마상여가~명명했다 : 사마상여의 자서는 『한서』 열전에 수록되어 있지 않기 때문에 그 실재에 대해서는 설왕설래가 많다. 포기룡은 『수서』 권75 「유현전劉炫傳」을 근거로 삼아 유지기 이전에는 그 사실이 알려져 있었을 것으로 보았다.

운 사마상여[5]의 자서를 모방하여 한 권의 「태사공자서」를 만들었다. 이렇게 양웅揚雄[6]이나 반고도 뒤를 이어서 이를 따르거나 참작하여 자서라는 편명이 대대로 많이 만들어졌다. 문장의 표현에 다소 차이는 있었지만, 그 체재는 변함이 없었다.[7]

尋馬遷『史記』, 上自軒轅, 下窮漢武. 疆宇修闊, 道路縣長. 故其自敍, 始於氏出重·黎, 終於身爲太史, 雖上下馳騁, 終不越『史記』之年. 班固『漢書』止敍西京二百年事耳. 其自敍也, 則遠徵令尹, 起楚文王之世; 近錄「賓戲」, 當漢明帝之朝. 苞括所及, 踰於本書遠矣. 而後來敍傳, 非止一家, 競學孟堅, 從風而靡. 施於家諜, 猶或可通, 列於國史, 多見其失者矣.

사마천의 『사기』는 위로는 헌원軒轅에서 시작하여 아래로는 한나라의 무제武帝에 이르는 통사通史로, 그 수록 범위가 넓고 연대도 장기간에 걸쳐 있다. 그러므로 사마천은 자서에서 자신의 선조가 요堯의 시대에 천문을 담당

---

4 굴원 : 원문의 삼려三閭는 원래 굴屈·경景·소昭 세 성의 합칭이었는데, 차츰 굴원의 대명사가 되었다.

5 사마상여 : 사마상여가 일찍이 효문원령孝文園令을 맡았기 때문에, 문원文園은 후세에 사마상여의 대명사로 쓰였다.

6 양웅 : 양웅의 자서는 『한서』 권87 「양웅전揚雄傳」에 나온다.

7 문장의~없었다 : 조여보는 전대흔錢大昕의 『이십이사고이二十二史考異』 권5의 말을 인용하여, 자서나 서전이라는 용어로 쓰인 저자의 자기소개 형식의 사평史評은 당송 이래 역사를 관청에서 편찬했기 때문에 그 명칭이 없어졌다고 했다. 이것은 사관 제도의 변화를 정확히 이해한 관찰이지만, 자서나 서전이 사평과 자서전이라는 별도 범주로 변해가는 측면도 고려해야 한다. 『조선왕조실록』에서 볼 수 있듯이, 자서전은 없어지지만 사평은 남기 때문이다.

했다고 하는 중려重黎 집안에서 나와 본인이 태사太史가 되기까지의 이야기를 기록했는데, 위아래에 걸친 시대가 끝내 『사기』의 연대를 벗어나지 않았다.

이에 비해 반고의 『한서』는 전한前漢 200년간의 사실에 그치고 있을 뿐이다. 그런데도 자서전에는 멀리 영윤자문令尹子文을 증거로 삼아 초 문왕楚文王 때부터 기술하기 시작해서 한 명제漢明帝 때 자신이 「답빈희答賓戱」를 저술한 부분까지 서술하고 있어, 『한서』 전체 범위에서 한참 이탈하고 있다. 이러한 반고 이후의 자서 형태는 한두 역사가에만 해당하지 않았으며 많은 역사가가 다투어 반고에게서 배웠고, 그런 풍조에 따라 휩쓸렸다. 이런 자서를 가계도에 적용한다면 상관없을지 모르지만, 한 나라의 정사正史에 수록한다면 많은 실수가 나타난다.

然自敍之爲義也, 苟能隱己之短, 稱其所長, 斯言不謬, 即爲實錄. 而相如「自序」乃記其客遊臨邛, 竊妻卓氏. 以『春秋』所諱, 持爲美談, 雖事或非虛, 而理無可取, 載之於傳, 不其愧乎! 又王充『論衡』之「自紀」也, 述其父祖不肖, 爲州閭所鄙, 而己答以瞽頑舜神, 鯀惡禹聖. 夫自敍而言家世, 固當以揚名顯親爲主, 苟無其人, 闕之可也. 至若盛矜於已, 而厚辱其先, 此何異證父攘羊, 學子名母? 必責以名教, 實三千之罪人也.

자서의 성격상 저자는 자신의 결점은 감추고 장점은 서술하고 싶어하지만, 그 말이 오류가 아니라면 자서는 믿을 만한 기록이 된다. 그런데 사마상여는 「자서」에서, 임공臨邛에 손님으로 놀러 갔다가 탁씨卓氏와 은밀하게 정을 통한 것에 대해 쓰고 있다.[8] 『춘추』에서 피하고 기록하지 않은 일을 가져다 미담으로 삼았으니,[9] 아무리 꾸며낸 말은 아닐지라도 이치로 볼 때 실을 만한 이야기가 아닌데도 불구하고 전傳에 수록했다면, 이는 수치스러운 일이 아니겠는가.

또한 왕충王充이 쓴 『논형』「자기自紀」의 경우, 자신의 조부나 부친은 못난이라서 마을에서 손가락질을 받았다고 서술하고는, 고수瞽叟는 완악했지만 아들인 순舜은 신神과 같았고, 곤鯀은 악인이었지만 아들인 우禹는 성인이었다고 맞장구치고 있다. 자서에서 가계를 서술할 때는 당연히 자신의 이름과 동시에 부모를 현창하는 일을 위주로 하고, 현창할 만한 사람이 없다면 아무것도 쓰지 말아야 한다. 자신을 자랑하고 싶은 생각이 앞서 선조를 욕보이는 것은, 아버지가 양을 훔쳤다고 고발한 아들이나[10] 어머니의 이름을 함부로 부르며 잘난 체했던 아들[11]과 무엇이 다르겠는가. 반드시 인륜의 명분에 따라 이를 비판해야 하며, 그것은 실로 3천 가지 죄를 지은 죄인이다.[12]

夫自媒自衒, 士女之醜行. 然則人莫我知, 君子不恥. 案孔氏『論語』有云:

---

8 사마상여는~있다 : 사마상여는 임공의 왕길王吉 집에 놀러 가서, 과부가 된 탁왕손卓王孫의 딸 문군文君을 아내로 맞았다. 『한서』 권57 「사마상여열전」에 나온다.

9 『춘추』에서~삼았으니 : 이 사실은 『좌전』 성공成公 2년 경문經文에는 없고, 전문에만 나온다. 그래서 유지기가 '『춘추』에서 피했다'고 한 것이다.

10 아버지가~아들이나 : 『논어』「자로」에, 섭공葉公은 아비를 고발하는 자식을 정직하다고 한 반면, 공자는 아비를 숨겨주는 아들이 더 인정에 부합하고 그 속에 정직이 있다고 깨우쳤다.

11 어머니의~아들 : 유학을 다녀온 아들이 스스로 현명해졌다면서 자기 어머니의 이름을 불렀다. 어머니는 장차 자식의 학문이 성취되면 '명모名母'를 바꾸기 바란다고 말했다. 『전국책戰國策』「위책魏策」에 나온다.

12 3천~죄인이다 : 『효경』「오형五刑」에서, 공자가 "오형五刑을 받아야 하는 죄에는 3천 가지가 있는데, 불효보다 큰 죄는 없다."라고 했다. 오형은 묵형墨刑(이마나 팔뚝에 먹줄로 죄명을 써넣는 형벌), 의형劓刑(코를 베는 형벌), 비형剕刑(발꿈치를 베는 형벌), 궁형宮刑(생식기를 없애는 형벌), 대벽大辟(목을 베는 형벌)을 말한다.

"十室之邑, 必有忠信, 不如某之好學也." 又曰: "吾每自省吾身, 爲人謀而不忠乎? 與朋友交而不信乎?," 又曰: "文王旣沒, 文不在玆乎?" 又曰: "吾之先友, 嘗從事於斯矣," 則聖達之立言也, 時亦揚露己才. 或託諷以見其情, 或選辭以顯其跡, 終不衒衡自伐, 攘袂公言. 且命諸門人, "各言爾志," 由也不讓, 見嗤無禮. 歷觀揚雄已降, 其自敍也, 始以誇尙爲宗, 至魏文帝·傅玄·梅陶·葛洪之徒, 則又踰於此者矣. 何則? 身兼片善, 行有微能, 皆剖析具言, 一二必載. 豈所謂憲章前聖, 謙以自牧者歟?

사마상여처럼 자기 스스로 중매를 서고 왕충처럼 자신을 자랑하는 것은 남자가 하든 여자가 하든 추한 행동이다. 그러므로 남이 나를 알아주지 않아도 군자라면 부끄러워하지 않는 것이다. 공자의 『논어』에는 "열 집 정도 되는 마을이면 반드시 진실하고 미더운 사람이 있을 것이다. 그러나 나만큼 배움을 좋아하지는 못할 것이다."[13]라는 말이 있다. 또 "나는 언제나 내 몸을 반성하는데, 그것은 남을 위해 생각하면서 성의를 다했는지, 친구와 사귀면서 믿음을 주었는지에 대해서이다."[14]라는 말이 있으며, 또 "주나라의 문왕이 이미 세상을 떴지만, 그 문文이라는 이름에 적합한 자는 여기에 있지 않은가."[15]라는 말도 있고, "내 죽은 친구가 옛날에 이런 정도의 수준에 있었다."[16]라는 말도 있다.

통달한 성인의 말에도 때로는 자신의 재능을 추어올리는 언급이 있다. 노래를 통해서 속내를 내보이기도 하고 문장을 통해서 행적을 드러내기도 하지

---

13 열 집정도~했다 : 『논어』「공야장公冶長」에 나온다.
14 나는~대해서이다 : 『논어』「학이學而」에서 증자曾子가 한 말이다.
15 주나라의~않은가 : 『논어』「자한子罕」에 나온다.
16 내 죽은~있었다 : 『논어』「태백泰伯」에서 증자曾子가 한 말이다.

만, 결코 거만하게 스스로 과시하거나 소매를 걷어붙이고 떠벌리는 일은 없다. 마찬가지로 『논어』에서 공자가 제자들에게 각자 자기의 뜻을 말하라고 했는데, 자로子路가 겸양하지 않고 잘난 체했으므로 예의가 없다 하여 비웃음을 당했다.[17]

그런데 양웅揚雄 이후의 자서를 통관해보면 처음부터 대부분 자기 자랑이 중심인데, 위나라의 문제文帝, 부현傳玄·매도梅陶·갈홍葛洪 같은 무리들은 더욱이 그 이상이다. 왜 그런가? 자신이 작은 선행을 쌓거나 조금 잘한 행동이 있으면 이 말 저 말 따져가며 소상히 말을 만들어 하나하나 반드시 기록했기 때문이다. 어찌 이를 앞선 성인을 본보기로 삼아 겸손하게 자신을 채찍질하는 태도[18]라고 말할 수 있겠는가?

又近古人倫, 喜稱閥閱. 其華門寒族, 百代無聞, 而騈角誕生, 一朝暴貴, 無不追述本系, 妄承先哲. 至若儀父·振鐸, 並爲曹氏之初; 始均·李陵, 俱稱拓拔之始. 河內馬祖, 遷·彪之說不同; 吳興沈先, 約·炯之言有異. 斯皆不因眞律, 無假寧楹, 直據經史, 自成矛盾. 則知揚姓之寓西蜀, 班門之雄朔野, 或冒纂伯僑, 或家傳熊繹, 恐自我作, 故失之彌遠者矣. 蓋詔祭非鬼, 神所不歆; 致敬他親, 人斯悖德. 凡爲敍傳, 宜詳此理, 不知則闕亦何傷乎!

---

17 『논어』에서~당했다 : 『논어』「선진先進」에 나온다. 유由는 곧 중유仲由로, 자로의 이름이다. 자로가 자신이 제후국의 재상이 되면 기근과 군대 문제를 3년 안에 해결할 수 있다고 큰소리치자, 공자가 씩 웃었다(신지哂之).

18 겸손하게~태도 : 『주역』「겸괘謙卦 단사彖辭」에 "겸손한 군자, 낮추어 스스로 채찍질하네. [謙謙君子, 卑以自牧]"라고 했다.

또 근고近古[19]의 인륜은 벌열閥閱[20]을 좋아했다. 가난한 집안이나 훈작勳爵이 없는 가문은[21] 100대代가 지나도 이름이 날 수 없지만, 어쩌다가 부모를 닮지 않은 걸출한 인재[22]가 나오면 하루아침에 갑자기 귀한 집안이 되어 그 가계를 소급하여 서술하고 함부로 훌륭한 성현聖賢에게 이어 붙인다. 그래서 의부儀父나 진탁振鐸이 모두 조씨의 선조가 되기도 하고[23] 시균始均과 이릉李陵이 탁발씨拓拔氏의 시조로 불리기까지 한 것이다.[24]

하내河內 사마씨司馬氏의 선조에 대해서는 사마천과 사마표司馬彪의 견해가 다르며, 오흥吳興 심씨沈氏의 선조에 대해서도 심약沈約과 심형沈炯의 견해가 다르다. 이 모두 진률眞律에 의하지 않고 영영寧櫺에도 기대지 않았으며,[25] 다

---

19 근고 : 유지기의 용법에 근고는 후한 말부터 수나라까지 해당한다. 한편 중고中古는 진秦·한漢의 성립 이후를 말한다.

20 벌열 :『자치통감강목資治通鑑綱目』권5상 한 무제漢武帝 정화征和 4년 하夏 6월 집람集覽에, 안사고顏師古의 말을 인용하여 "벌閥은 공을 쌓는 것이고, 열閱은 경력經歷이다."라고 했다. 한편『후한서』권56「위표전韋彪傳」주注에는『사기』를 인용하여 "등급을 밝히는 것을 벌閥이라고 하고, 공功을 쌓는 것을 열閱이라고 한다."라고 하여 상반되게 풀었다.

21 가난한~가문은 :『예기』권26「유행儒行」에 필문篳門이라는 말이 나온다. 필문은 가시로 만든 문으로, 가난한 집안을 뜻한다. 한족寒族은 훈공이나 작위가 없는 집안이다.

22 부모를~인재 : 성각騂角이란 농사용 소가 아니라 제물로 바치는 좋은 소를 말한다.『논어』「옹야雍也」에서, 평범한 집안에서 훌륭한 자식이 나왔다는 뜻으로 쓰였다.

23 의부나~하고 : 주나라 무왕武王이 전욱顓頊의 아들 안安의 후손인 주협邾挾을 봉하여 부용국附庸國으로 삼았다. 의부는 그 주협의 자손이다.『대대례기大戴禮記』「제계帝系」에 나온다. 또한 무왕은 은나라를 정복한 뒤 동생 진탁을 조曹에 봉했다.『사기』「조세가曹世家」에 나온다.

24 시균과~것이다 : 모든 판본에서 시균始均이 순유淳維로 되어 있다. 포기룡은 순유가 흉노의 선조이므로 탁발씨와는 무관하고, 순유를 '시균始均'으로 써야 한다고 주장했다. 조여보도 포기룡의 견해에 동의했다.『위서』권1「서기序紀」에 따르면, 황제黃帝가 탁발이라는 성을 주고, 그 후예가 시균이라고 했다. 한편『송서』권95「색로전索虜傳」에는 탁발씨를 한나라 장수인 이릉李陵의 후손이라고 했다. 물론 터무니없는 견해이다.

25 진률에~않았으며 : 진률이 무엇인지는 애매하다. 조여보는 영영寧櫺이『시경』「상송商頌

만 경전經典이나 정사正史만을 근거로 했으므로 자연히 모순이 생겼을 것이다. 따라서 양씨揚氏가 서쪽의 촉蜀 땅에 옮겨 가 살았다는 것을 알고도 백교伯僑가 선조라고 했고,[26] 반씨班氏가 화북 지방에 세력이 있다는 것을 알고도 웅역熊繹에게 가문이 전해졌다고 한 것이다.[27] 이러한 것은 모두 자기가 지어 냈기 때문에 더 잘못된 일이라고 하지 않으면 안 된다.

정말로 자신이 모셔야 할 신이 아님에도 불구하고 아첨하여 제사를 지낸다 하더라도[28] 신이 흔쾌히 받아들이지 않을 것이고, 자신의 부모를 공경하지 않고 타인을 공경하면 남들이 패덕이라고 할 것이다.[29] 서전敍傳을 작성할 때는 이러한 이치를 상세히 살펴야 하며, 만약 잘 모른다면 비워둔들 무슨 문제가 있겠는가. 🔖

은무殷武」의 "여러 기둥들 크기도 하니, 침전이 이루어져 무척 편안하도다.[旅楹有閑, 寢成孔安]"라는 구절과 연관된다고 보았다. 침寢은 침묘寢廟로, 세계世系와 소목昭穆을 정하는 것이라고 한다.

26 양씨가~했고 : 백교라는 사람이 진晉나라 양주揚州에 살았으므로 그 지역 이름을 성씨로 삼았다고 하면서, 동방 출신인 듯했다는 말이다. 『한서』 권87상 「양웅전揚雄傳」에 나온다.

27 반씨가~것이다 : 웅역은 초楚나라 종족의 먼 조상이다. 반씨가 초나라 선조와 같은 성姓이므로 웅역에게 가문이 전해졌다고 말했다. 초나라의 영윤자문令尹子文이 범에게 길러져서 호반虎班이라고 불렸으므로 이렇게 연결 지은 것이다. 『한서』 권100상 「서전敍傳」에 나온다.

28 자신이~하더라도 : 『논어』 「위정爲政」에 나온다.

29 자신의~것이다 : 『효경』 「성치聖治」에 나온다.

「번생煩省」은 16편 「재문載文」, 22편 「서사敍事」 등과 함께 보아야 한다. 옛날부터 역사서의 번다함과 간결함에 대해 논의한 사람들은 모두 좌구명을 으뜸으로 치고, 사마천이 다음이며, 반고는 지나치게 자세하며, 후대로 갈수록 더욱 번다해졌다고 했다. 하지만 유지기는 고금이 같을 수가 없으므로 그럴 수밖에 없는 형편도 있었다고 본다.

춘추시대에는 회맹을 하기 위해 사신들이 모였을 때에나 서로 정보를 알 수 있었다. 그래서 노나라의 역사 기록에는 남쪽에 있던 초나라나 동쪽에 있던 월나라 기록이 빠져 있는 것이다. 특별한 이유가 있기 때문에 간략하게 기록한 것은 아니다. 한나라가 천하를 통일한 뒤로 지방행정을 맡은 관리는 회계 등을 매년 조정에 보고하고, 중앙 천자의 사자도 전국 구석구석까지 돌았다. 『한서』를 비롯하여 한대의 기록이 『춘추』보다 상세한 것은 이러한 이유에서이다. 역사가가 늘어난 것도 같은 이유이다.

유지기는 역사서의 번다함과 간결함을 따질 때 분량의 문제가 중요하지 않다고 말한다. 오히려 분량보다는 그 사실에 함부로 수록된 기록이 있는지의 여부, 그리고 무슨 말인지 알 수 없을 정도로 생략된 문제점이 있는지만 살피면 된다는 것이다.

内篇

33

서사의 번잡과 생략
煩省

 煩省

昔荀卿有云: "遠略近詳," 則知史之詳略不均, 其爲辨者久矣. 及干令昇「史
議」, 歷詆諸家, 而獨歸美『左傳』云: "丘明能以三十卷之約, 囊括二百四十
年之事, 靡有孑遺. 斯盖立言之高標, 著作之良模也." 又張世偉著「班馬優
劣論」云: "遷敍三千年事五十萬言, 固敍二百四十年事八十萬言. 是班不如
馬也." 然則自古論史之煩省者, 咸以左氏爲得, 史公爲次, 孟堅爲甚. 自魏·
晉已還, 年祚轉促, 而爲其國史, 亦不減班『書』, 此則後來逾煩, 其失彌甚
者矣.

옛날 순경荀卿이 "시대가 오래된 것은 간략하게 마련이고, 가까운 것은 상
세하게 마련이다."[1]라고 했으니, 역사서의 상세하고 간략함이 균일하지 않은
것에 대한 논의가 오래되었다는 것을 알 수 있다. 간보干寶는 「사의史議」에서
역대의 역사가를 두루 비판하면서도 『좌전』만은 훌륭하다며, "좌구명左丘明은
30권 분량으로 240년의 사건을 포괄하면서도 남겨놓은 것이 없다. 『좌전』이
야말로 최고의 논의 표준이며, 좋은 저술의 전형이다."라고 했다.

또한 장보張輔는 「반고와 사마천 중 누가 뛰어난가?(班馬優劣論)」라는 논문을
써서 "사마천은 3,000년간의 사실을 50만 글자에, 반고는 240년간의 사실을
80만 글자에 기록했다. 이는 반고가 사마천만 못하다는 말이다."라고 했다.

---

1 시대가~한다 : 『순자』 「비상편非相篇」에 나온다.

그러므로 옛날부터 역사서의 번다함과 간결함에 대해 논의한 사람들은 모두 좌구명을 첫째로 치고, 사마천이 다음이며, 반고는 지나치게 자세하다고 했다. 위진魏晉 이후로 왕조가 자주 바뀌면서 그 국사라는 것도 반고의『한서』보다 줄어들지 않았으니, 이는 후대로 갈수록 더욱 번다해져서 그 잘못이 더욱 심해졌다고 하겠다.

余以爲近史蕪累, 誠則有諸, 亦猶古今不同, 勢使之然也. 輒求其本意, 略而論之. 何者? 當春秋之時, 諸侯力爭, 各閉境相拒, 關梁不通. 其有吉凶大事, 見知於他國者, 或因假道而方聞, 或以通盟而始赴. 苟異於是, 則無得而稱. 魯史所書, 實用此道. 至如秦·燕之據有西北, 楚越之大啟東南, 地僻界於諸戎, 人罕通於上國, 故載其行事, 多有闕如.

　나는 근대 역사서가 잡다하고 중복된다고 생각하기는 하지만, 고금이 같을 수는 없으니 그럴 수밖에 없는 형세도 있다고 본다. 말이 나왔으니, 내가 말하는 의미를 간추려서 논해보도록 하겠다.

　그렇다면 이유가 무엇인가? 춘추시대에는 제후가 서로 싸우고 각각 국경을 폐쇄했으며 관문이나 다리를 쉽게 통과하지 못했다. 어떤 나라에 길흉吉凶 대사가 발생할 때 다른 나라가 이를 알 수 있는 방법은, 여행자가 그 나라를 통과하는 도중에 이야기를 해주어야 듣거나 또는 회맹會盟을 하기 위해 사신들이 모였을 때 이야기가 나오거나 할 때뿐이었다. 이러한 방법 외에는 알 수 있는 방법이 없었다.

　노魯나라의 역사 기록도 실제로 이런 방법에 토대를 두었다. 따라서 서쪽에 근거한 진秦나라나 북쪽에 근거한 연燕나라, 남쪽에서 발달한 초楚나라나 동쪽에서 발달한 월越나라는 지역이 치우쳐 있고 여러 오랑캐와 경계를 맞대고 있으며 중원 지역과 인적 교류가 드물었기 때문에, 그 나라들의 행사를 싣기는 했어도 아주 많이 빠져 있는 것이다.

且其書自宣·成以前, 三紀而成一卷, 至昭·襄已下, 數年而占一篇. 是知國阻隔者, 記載不詳, 年淺近者, 撰錄多備.【杜預『釋例』云: "文公已上六公書日者, 二百四十九; 宣公已下亦六公書日者, 四百三十二. 計年數略同, 而日數加倍, 此亦久遠遺落不與近同也. 是則傳者注書已先覺之矣"】此丘明隨聞見而成傳, 何有故爲簡約者哉!

게다가 그 역사서는 선공宣公·성공成公 이전에는 36년 정도가 한 권이 되고, 소공昭公·양공襄公 이후에는 수년 정도로 한 권을 이루고 있다. 이는 먼 나라의 기사가 상세하지 않은 반면, 연대가 가까울수록 편찬된 기록이 많이 갖추어져 있다는 사실을 말해준다.【두예杜預의 『경전석례經典釋例』에 "문공文公 이상 여섯 군주의 기록이 있는 날짜는 249일이다. 반면 선공宣公 이하 역시 여섯 군주의 기록이 있는 날짜는 432일이다. 햇수를 계산해보면 대략 비슷하지만 기록된 날짜는 배나 차이가 난다. 이것도 시대가 오래되면 기록이 누락되어 가까운 시대와 같을 수 없음을 보여준다. 이런 사실을 전하는 사람은 기록을 하면서 미리 깨닫고 있어야 한다."라고 했다.】이렇듯 좌구명도 당시의 기록을 보고 이야기를 들었던 대로 전문傳文을 작성했던 것이니, 특별한 이유가 있어서 간략하게 서술하는 방침을 취했던 것은 아닐 것이다.

及漢氏之有天下也, 普天率土, 無思不服. 會計之吏, 歲奏於闕廷; 輶軒之使, 月馳於郡國. 作者居府於京兆, 徵事於四方, 用使夷夏必聞, 遠近無隔.

故漢氏之史, 所以倍增於『春秋』也.

　　한漢나라가 천하를 통일함에 따라 온 하늘 땅끝까지 정비되었다. 지방행정을 맡은 관리는 회계 등을 매년 조정에 보고하고, 중앙 천자의 사자도 매달 전국 고을을 구석구석까지 돌았다. 저자는 중앙의 수도에 있는 관청에 있으면서도 사방의 사건에 대한 증거를 모을 수 있었고, 중원과 오랑캐를 막론하고 반드시 알려왔기 때문에 멀고 가까운 구별이 없어졌다. 『한서』를 비롯하여 한대의 기록이 『춘추』보다 훨씬 상세해진 것은 이러한 이유 때문이다.

降及東京, 作者彌衆. 至如名邦大都, 地富才良, 高門甲族, 代多髦俊. 邑老鄕賢, 競爲別錄; 家牒宗譜, 各成私傳. 於是筆削所採聞見益多, 此中興之史, 所以又廣於『前漢』也. 夫英賢所出, 何國而無? 書之則與日月長懸, 不書則與煙塵永滅. 是以謝承尤悉江左, 京·洛事缺於三吳, 陳壽偏委蜀中, 巴·梁語詳於二國. 如宋·齊受命, 梁·陳握紀, 或地比「禹貢」一州, 或年方秦氏二世. 夫地之偏小, 年之窘迫, 適使作者採訪易洽, 巨細無遺, 耆舊可詢, 隱諱咸露. 此小國之史, 所以不減於大邦也.

　　후한 시대로 오면서 역사가는 더욱 늘어났다. 이름난 도시나 지방에는 재능 있는 인물이 풍부해졌고 명문가에도 대대로 뛰어난 인물이 많이 나왔다. 이에 따라 지방마다 연륜이 있거나 능력 있는 사람들이 다투어 별록別錄을 만들었고, 가문마다 저술한 가계도나 족보가 개인의 역사가 되었다. 이렇듯 필삭에서 채택하는 견문이 더욱 많아진 것이 『후한서』를 비롯한 후한의 기록이 『한서』보다 더욱 넓어진 이유일 것이다.
　　영재英才와 현인賢人의 등장이 어느 나라엔들 없었겠는가? 다만 기록해두면 해와 달처럼 길이 걸려 있을 것이고, 기록해두지 않으면 연기처럼 사라질 뿐이다. 그래서 사승謝承은 강남 지역에 대해서는 자세히 알았으나 장안이나 낙양에 대해서는 삼오三吳 지방만큼 알지 못했으며, 진수陳壽도 촉 땅에 대해서 자세히 알았으므로 위나라나 오나라보다 촉 땅에 있는 파巴 땅이나 양梁 땅에 대한 설명이 상세했던 것이다.

남북조 시대의 송宋나라나 제齊나라가 왕조를 세우고 양梁나라나 진陳나라가 권력을 잡았던 시대에는 그 영역이 겨우 『서경』「우공禹貢」의 구주九州에 나오는 한 고을 정도밖에 되지 않았고, 그 존속 기간도 진秦나라 2대에 해당할 정도였다. 이렇게 영역이 좁다는 것과 존속 연대가 짧다는 것은, 마침 역사가들이 그 사이의 자료를 수집하고 인물을 방문하는 일이 용이해져서 크든 작든 사실을 버리지 않았고, 사건에 대해 알고 있는 연로한 사람들에게 자문을 구할 수도 있어서 숨겼던 사실이 모두 드러난다는 것을 의미한다. 이것이 바로 작은 나라의 역사 기록이 의외로 큰 왕조에 비해 줄어들지 않는 이유라고 볼 수 있다.

夫論史之煩省者, 但當要其事有妄載, 苦於榛蕪; 言有闕書, 傷於簡略, 斯則可矣. 必量世事之厚薄, 限篇第以多少, 理則不然. 且必謂丘明爲省也, 若介葛辨犧於牛鳴, 叔孫志夢於天壓, 楚人敎晉以拔旆, 城者謳華以棄甲, 此而畢書, 豈得謂之省耶?

그러므로 역사서의 번다함과 간결함을 따질 때는 분량의 문제보다 단지 그 사실에 함부로 수록한 기록이 있어서 잡초 속을 걷는 것같이 고통스러운지, 또는 말에 빠뜨린 내용이 있어서 무슨 말인지 알 수 없을 정도로 생략되었는지의 문제점만 살피면 된다. 굳이 시대의 성쇠를 가늠하여 편목의 다소를 한정하는 것은 이치에 맞다고 볼 수 없다.

　더군다나 누구나 『좌전』이 간결하다고 평가하지만, 갈로葛盧가 소 울음소리를 듣고 그 새끼들이 희생으로 바쳐졌다는 사실을 알아맞힌 일,[2] 숙손표叔孫豹가 하늘이 자신을 내리누르던 꿈을 기록한 이야기,[3] 초楚나라 사람이 적군인 진晉나라 군사에게 깃대를 뽑으라고 가르쳐준 이야기,[4] 성벽을 쌓는 토공들이 화원華元이 투구를 버렸다는 노래를 부른 일[5] 같이 형편없는 이야기조차 전부 적고 있으므로 어찌 간결하다고 할 수 있겠는가?

且必謂『漢書』爲煩也, 若武帝乞漿於柏父, 陳平獻計於天山, 長沙戲舞以請地, 楊僕怙寵而移關. 此而不錄, 豈得謂之煩耶? 由斯而言, 則史之煩省不中, 從可知矣. 又古今有殊, 澆淳不等. 帝堯則天稱大, 『書』惟一篇; 周武

---

2 갈로가~일 : 희공 29년 개介의 갈로葛盧가 소 울음소리를 듣고 그 소가 낳은 새끼 세 마리가 희생에 쓰였다고 말했다. 『춘추좌씨전』 희공僖公 29년 전문에 나온다. 개介는 산동성에 있던 부족의 이름, 갈로는 추장의 이름이다.

3 숙손표가~이야기 : 『춘추좌씨전』 소공昭公 4년의 일이다. 숙손표가 꿈에 하늘이 자신을 내리눌러 괴로워서 참을 수 없었다. 둘러보니 곱추에 쑥 들어간 눈과 돼지 같은 입을 한 검은 남자가 있었으므로 "소야, 나를 도와다오." 하고 불렀더니, 가위가 풀렸던 일이 있었다. 숙손표는 이 일을 기록해두었다가 꿈속의 남자를 신하로 삼고 숙손씨 가문의 정치를 맡겼다. 그러나 훗날 이 수우竪牛가 반란을 일으켜 숙손표는 굶어 죽었다.

4 초나라~이야기 : 『춘추좌씨전』 선공宣公 12년의 일이다. 진나라와 초나라가 필邲 땅에서 전쟁을 벌였는데 진군이 패주했다. 진나라 군대가 구덩이에 빠져 앞으로 나아갈 수 없게 된 것을 초나라 사람이 보고, 수레의 가로대가 걸렸으므로 그것을 빼고 뒤에 걸린 깃대를 빼라고 가르쳐주었다.

5 성벽을~일 : 『춘추좌씨전』 선공宣公 2년 전문에, 성벽을 쌓아 올리는 토공들이 송나라의 화원이 패하고 도망친 것을 조롱하며 "눈을 휘둥그레 뜨고 배를 쑥 내밀고 투구도 버리고 돌아왔네. 털복숭이, 털복숭이, 투구를 버리고 돌아왔네."라고 했다.

觀兵孟津, 言成三誓. 伏羲止畫八卦, 文王加以繫辭. 俱爲大聖, 行事若一, 其豐儉不類, 懸隔如斯.

또한 누구나 『한서』는 번다하다고 평가하지만 무제武帝가 백부柏父에게 장을 달라고 요청한 일,[6] 진평陳平이 고조高祖에게 계책을 바친 이야기,[7] 장사왕長沙王이 우습게 춤을 추어 땅을 요청한 일,[8] 양복楊僕이 효무제孝武帝의 총애를 믿고 관문을 옮긴 일[9] 등은 본문에 기록하지 않았는데, 어찌 번다하다고 하겠는가? 이런 점에서 말하자면, 역사서에 대해 번다하다거나 간략하다거나 하는 평가가 적절하지 않을 수도 있다는 것을 알 수 있다.

---

6 무제가~일 : 무제가 미복잠행하던 중 백곡柏谷에서 묵을 때 주인에게 장醬을 달라고 요청했지만, 주인은 무제를 강도로 의심하여 내놓지 않았다. 주인의 아내는 손님이 범상치 않다고 생각하여, 남편에게 술을 먹여 재우고 꿩을 잡아서 무제에게 대접했다. 나중에 무제는 주인 부부에게 상을 내렸다. 『자치통감』 권17 「한기漢紀 세종효무황제상지상世宗孝武皇帝上之上」에 나온다.

7 진평이~이야기 : 한나라 고조가 흉노에 포위되자, 진평이 화공畵工에게 미녀를 그리게 하여 흉노왕의 아내에게 보였다. 이것을 본 그 아내는 자신의 총애를 빼앗길 것을 걱정하여 흉노왕을 설득했고, 결국 흉노왕은 고조를 놓아주었다. 『한서』 권1하 「고조기高祖紀」 7년, 응소應劭의 주에 보이는데, 같은 곳에서 안사고顔師古는 그것이 추측일 뿐 사실이 아니라고 비평했다.

8 장사왕이~일 : 경제景帝 때 여러 왕이 내조來朝하여 어전에서 가무를 연기했는데, 장사왕은 가무가 몹시 서툴러 모두가 그를 보고 웃었다. 경제가 장사왕에게 춤이 서툰 이유를 묻자, "우리나라는 작아서 손도 펴지 못하고 다리도 돌릴 수 없기 때문에 춤을 잘 추지 못한다."라고 대답했다. 이에 장사왕은 경제로부터 넓은 영토를 받았다. 『한서』 권53 「경십삼왕전景十三王傳」 응소應劭의 주에 나온다.

9 양복이~일 : 누선장군樓船將軍 양복이 큰 공로를 세워 효무제의 총애를 받았다. 이에 의기양양해진 양복은 자신이 관외關外에 살고 있는 것이 부끄럽다며 동관東關을 300리 옮겨 관내의 거주자가 되었다. 『한서』 권6 「효무제기孝武帝紀」 원정元鼎 3년(B.C.114) 기사에 대한 응소의 주에 나온다.

나아가 고금의 시대가 다르듯이 사료의 많고 적음도 같지 않다. 제요帝堯
는 하늘의 덕을 온몸에 받을 정도로 위대했지만[10] 기록은 『서경』「요전堯典」
한 편뿐인데 비해, 주나라 무왕武王이 맹진孟津에 군대를 모은 이야기는 『서
경』에만 「태서泰誓」 세 편이 있다. 복희伏羲는 역易의 팔괘八卦를 그렸을 뿐이
지만, 문왕文王은 64괘를 만들고 계사繫辭를 덧붙였다. 모두 위대한 성인이며
그 행적도 한결같이 뛰어났지만 이토록 현격하게 기록의 분량이 같지 않다.

必以古方今, 持彼喩此, 如蚩尤·黃帝交戰阪泉, 施於春秋, 則城濮·鄢陵之
事也. 有窮簒夏, 少康中興, 施於兩漢, 則王莽·光武之事也. 夫差旣滅, 句
踐霸世, 施於東晉, 則桓玄·宋祖之事也. 張儀·馬錯爲秦開蜀, 施於三國,
則鄧艾·鍾會之事也.

군이 고대의 사건을 가져다 근대의 사건에 비유하자면, 치우蚩尤와 황제黃
帝가 판천阪泉에서 교전한 사건은[11] 춘추시대로 말하자면 진나라와 초나라가
성복城濮과 언릉鄢陵에서 싸운 사건에 해당할 것이다.[12] 유궁有窮의 후예后羿가
하나라 왕조를 찬탈하고 소강少康이 이것을 회복시켰다는 것은 한나라 시대
로 말하자면 왕망王莽과 광무제光武帝에 해당할 것이다. 오나라의 부차夫差가
멸망한 뒤에 월나라의 구천句踐이 패왕이 된 것은 동진東晉 시대로 말하자면
환현桓玄과 송나라 무제武帝에 해당할 것이다. 장의張儀나 사마조司馬錯가 전국

---

10 제요는~위대했지만 : 『맹자』「등문공 상滕文公上」에서 공자가 한 말이다.

11 치우와~사건은 : 『사기』「오제본기五帝本紀」에 나온다.

12 춘추시대로~것이다 : 성복에서 싸운 것은 희공僖公 28년, 언릉에서 싸운 것은 성공成公
16년의 일이다.

시대 말에 진秦나라를 위해 촉蜀을 정복한 것은 삼국시대로 말하자면 등애鄧
艾와 종회鍾會[13]에 해당할 것이다.

而往之所載, 其簡如彼; 後之所書, 其審如此. 若使同後來於往世, 限一槩
以成書, 將恐學者必誚其疎遺, 尤其率略者矣. 而議者苟嗤沈·蕭之所記,
事倍於孫·習; 華·謝之所編, 語煩於班·馬, 不亦謬乎! 故曰: "論史之煩省
者, 但當求其事有妄載, 言有闕書, 斯則可矣; 必量世事之厚薄, 限篇第以
多少, 理則不然," 其斯之謂也.

이처럼 옛날 사건은 모두 기술이 저처럼 간단하고 후세의 사건은 상세하
게 되어 있다. 만일 후세의 사건을 지나간 시대의 기록과 마찬가지로 일정한
기준을 정해서 역사서로 편찬한다면, 아마도 그 역사서가 소루하고 간략한
데 대해 학자들이 비판하고 탓할 것이다. 그러니 논자들이[14] 심약沈約의 『송
서宋書』와 소연蕭衍의 『제서齊書』가 손성孫盛의 『진양추晉陽秋』나 습착치習鑿齒
의 『한진춘추漢晉春秋』에 비해 사실이 두 배 정도 더 기술되어 있고, 화교華嶠
나 사침謝沈[15]의 『후한서』가 반고나 사마천에 비해 훨씬 언어가 번다하다고
비웃는다면, 얼마나 잘못된 일인가?

---

13 등애와 종회 : 등애의 자는 사재士載이다. 관구검毌丘儉의 난을 토벌했고, 종회와 함께
   촉나라를 정벌했다. 종회의 자는 사계士季이다. 당시 사람들이 그를 장량張良에 비유했다.
   둘 다 『삼국지 위지』에 열전이 있다.
14 논자들이 : 원문의 "而議者~班·馬"까지 판본에 따라 이견이 있다. 이 책에서는 포기룡과
   조여보를 따랐다.
15 사침 : 자는 행사行思이다. 박학다식하고 경사에 밝았다. 하충何充이 그의 역사가로서의
   재능을 알아보고 천거했다. 『진서晉書』 30여 권과 『후한서』를 편찬했으나, 일실되었다.

그러므로 앞서 "역사서의 번다함과 간결함을 따질 때는 분량의 문제보다 단지 그 사실에 함부로 수록한 기록이 있어서 잡초 속을 걷는 것 같이 고통스러운지, 또는 말에 빠뜨린 기록이 있어서 무슨 말인지 알 수 없을 정도로 생략되었는지의 문제점만 살피면 된다. 굳이 시대의 성쇠를 가늠하여 편목의 다소를 한정하는 것은 이치에 맞는다고 볼 수 없다."라고 말했던 것이다. 史通

「잡술雜述」에서는 「육가六家」와 「이체二體」에 포함된 역사서 외에 다양한 역사서에 대해 설명하고 있다. 『사통 외편』 「고금정사」에서는 정사만을 대상으로 설명했고, 『사통 내편』의 지금까지 서술에서도 마찬가지였으므로 잡사雜史에 대한 서술은 이 편이 유일하다고 하겠다.

유지기는 기타 역사서를 열 가지 정도로 분류하고 있다. 편기偏記, 소록小錄, 일사逸事, 쇄언瑣言, 군서郡書, 가사家史, 별전別傳, 잡기雜記, 지리서, 도읍부이다. 유지기는 이 열 가지 범주의 역사서에 대해 각각의 성격과 사례를 설명해놓았다. 아울러 각 기록의 장단점도 정리했다.

편기나 소록은 당시의 일을 기록했기 때문에 가장 믿을 만한 기록이다. 다만 말이 속되고 거칠다. 일사는 이설을 찾아볼 때 보탬이 된다. 쇄언은 세속의 해학 등이 많이 실려 있으므로 변론하는 사람들이 논변의 자료로 썼지만, 풍규에 무익하고 명교를 손상시키기도 한다.

유지기는 이들 역사서에 주의할 점은 있지만, 그렇다고 역사가가 이러한 기록을 조사하거나 검토하지 않으면서 주공이나 공자의 장구만 공부하고 사마천이나 반고의 기전紀傳에만 매달려 있다면 높은 경지에 도달할 수 없다고 강조한다.

内篇
34

기타 다양한 역사서
雜述

雜述

在昔三墳·五典·『春秋』·『檮杌』, 卽上代帝王之書, 中古諸侯之記, 行諸歷
代, 以爲格言. 其餘外傳, 則神農嘗藥, 厥有『本草』; 夏禹敷土, 實著『山經』;
『世本』辨姓, 著自周室; 『家語』載言, 傳諸孔氏. 是知偏記·小說, 自成一家.
而能與正史參行, 其所從來尙矣. 爰及近古, 斯道漸煩, 史氏流別, 殊途並
騖. 權而爲論, 其流有十焉. 一曰偏記, 二曰小錄, 三曰逸事, 四曰瑣言, 五曰
郡書, 六曰家史, 七曰別傳, 八曰雜記, 九曰地理書, 十曰都邑簿.

　　옛날 삼분三墳이나 오전五典, 『춘추』나 『도올』은 곧 역사 초기 제왕들의 역
사서였고 춘추전국시대 제후들의 기록이었는데, 역대로 세상에 알려져 거울로
삼는 격언이 되었다. 그 밖의 외전으로는 신농씨神農氏가 약을 만들면서 『신농
본초』를 남겼고,[1] 하나라 우임금이 지방의 풍물을 설명한 『산해경山海經』을 실
제로 저술했다.[2] 『세본世本』에서는 주나라 왕실 이래의 성씨를 계통에 따라
정리했고,[3] 『공자가어孔子家語』에서는 공씨의 가계를 전해주었다. 이렇게 정사
正史 이외의 편기偏記나 소설小說이 그 나름대로 일가一家를 이뤄 정사의 참고

1　신농씨가~남겼고 : 신농씨는 화덕火德으로 왕이 되었으므로 염제炎帝라고도 한다. 농경을
　　관장하고 그릇을 만든 성인이다. 『신농본초』는 제齊나라 완효서阮孝緖의 『칠록七錄』에
　　처음 보이는데, 한나라 때의 군현이 나타나기 때문에 당나라의 우지녕于志寧은 장중경張仲景
　　과 화타華陀가 그 책을 편찬했다고 했다.
2　하나라~저술했다 : 『논형論衡』「별통편別通篇」에 보인다.
3　『세본』에서는~정리했고 : 『세본』에는 「성씨편姓氏篇」이 있다.

자료로 활용되었으니, 그 유래가 오래되었다.

근고에 이르러 이런 종류가 점점 늘어났고 아울러 역사가들의 유파에서도 길을 달리하는 경향이 유행했다. 잠정적으로 논의한다고 쳐도 그 종류가 열 가지나 된다. 첫째 편기偏記, 둘째 소록小錄, 셋째 일사逸事, 넷째 쇄언瑣言, 다섯째 군서郡書, 여섯째 가사家史, 일곱째 별전別傳, 여덟째 잡기雜記, 아홉째 지리서地理書, 열째 도읍부都邑簿이다.

夫皇王受命, 有始有卒, 作者著述, 詳略難均. 有權記當時, 不終一代, 若陸賈『楚漢春秋』·樂資『山陽公載記』·王韶『晉安帝紀』·姚最『梁後略』, 此之謂偏記者也. 普天率土, 人物弘多, 求其行事, 罕能周悉, 則有獨擧所知, 編爲短部, 若戴逵『竹林名士』·王粲『漢末英雄』·蕭世誠『懷舊志』·盧子行『知己傳』, 此之謂小錄者也.

제왕이 천명을 받으면 처음과 끝이 있지만, 역사가가 저술할 때는 시종일관 상략詳略을 고르게 하기가 어렵다. 육가陸賈의 『초한춘추楚漢春秋』, 악자樂資의 『산양공재기山陽公載記』,[4] 왕소王韶의 『진안제기晉安帝紀』,[5] 요최姚最의 『양

---

4 악자의 『산양공재기』: 『수서隋書』「경적지經籍志」에, 악자가 『춘추후전春秋後傳』 31권과 함께 『산양공재기』 10권을 지었다고 한다. 『구당서』「지志 편년류編年類」에는 『산양의기山陽義記』로 나온다. 조비曹丕가 칭제한 뒤 한나라 헌제獻帝를 산양공山陽公으로 깎아내렸다. 『삼국지 촉지』 권6 「마초열전馬超列傳」 주注에서, 배송지는 "원위袁暐와 악자樂資의 기록은 잡다하고 오류가 많다."라고 비판했다.

5 왕소의 『진한제기』: 왕소는 곧 왕소지王韶之로, 자는 휴태休泰이다. 아버지 왕위王偉가 당대 기록을 일일이 기록했고, 아버지가 죽은 뒤에는 『진안제양추晉安帝陽秋』, 곧 『진한제기』를 편찬했다. 『송서宋書』 권60 「왕소지열전王韶之列傳」의 평에 "서사를 잘했고, 내용과 논점이 볼 만하여 후대를 위한 좋은 역사서이다."라고 했다.

후략梁後略』[6]처럼 저자가 살던 당대를 임시로 기록하고 한 왕조를 끝마치지 못한 경우가 있는데, 이런 경우를 편기偏記라고 한다.

넓고 넓은 천하에는 무수한 인물이 있기 때문에 그들의 행적을 찾아 서술한다고 해도 망라하기는 거의 불가능하다. 그래서 대규戴逵의 『죽림명사竹林名士』,[7] 왕찬王粲의 『한말영웅기漢末英雄記』,[8] 소세성蕭世誠의 『회구지懷舊志』,[9] 노자행盧子行의 『지기전知己傳』[10]처럼 자신이 알고 있는 대상만 거론해서 짧은 기록으로 편찬하기도 했는데, 이런 경우를 소록小錄이라고 한다.

國史之任, 記事記言, 視聽不該, 必有遺逸. 於是好奇之士, 補其所亡, 若和嶠『汲塚紀年』·葛洪『西京雜記』·顧協『瑣語』·謝綽『拾遺』, 此之謂逸事者也. 街談巷議, 時有可觀, 小說厄言, 猶賢於己. 故好事君子, 無所棄諸, 若劉義慶『世說』·裴榮期『語林』·孔思尚『語錄』·陽玠松『談藪』, 此之謂瑣言者也.

---

6 요최의 『양후략』: 『수서』 「경적지」에 10권이라고 전한다.

7 대규의 『죽림명사』: 대규의 자는 도안道安이다. 박학하고 문장을 잘했으나, 늘 거문고를 타면서 정치에는 관심을 두지 않았다. 동진東晉의 효무제孝武帝가 관직을 주고 불렀지만, 부름에 나가지 않고 집에서 병으로 죽었다. 『진서晉書』 권94 「은일전隱逸傳」에 나온다.

8 왕찬의 『한말영웅기』: 왕찬의 자는 중선仲宣이다. 유표劉表에게 의지했다가 그가 죽은 뒤에는 조조曹操에게 갔다. 『삼국지 위지』 권21 「왕찬열전王粲列傳」이 있다. 『수서』 「경적지」에는 『한말영웅기』 8권이 있다고 했다.

9 소세성의 『회구지』: 소세성은 양나라 원제元帝(중종中宗. 재위 552~554)이다. 이름은 소역蕭繹, 자는 세성世誠이다. 『수서』 「경적지」에 『회구지』 9권으로 나와 있다.

10 노자행의 『지기전』: 자행子行은 노사도盧思道의 자이다. 일찍이 형소刑劭를 스승으로 모셨다. 『지기전』 1권을 편찬했고, 『수서』에 열전이 있다.

국사의 임무는 사건을 기록하고 사람들이 한 말을 기록하는 것이지만, 전부 보고 들을 수는 없기 때문에 반드시 남겨지는 사실이 있게 마련이다. 그래서 화교和嶠의 『급총기년汲塚紀年』,[11] 갈홍葛洪의 『서경잡기西京雜記』,[12] 고협顧協의 『쇄어瑣語』,[13] 사작謝綽의 『습유拾遺』[14]처럼 색다른 것을 좋아하는 사람들은 그렇게 사라진 것을 보완하기도 했는데, 이런 경우를 일사逸事라고 한다.

길거리나 동네에서 하는 쑥덕공론도 때로는 볼 만한 데가 있고, 자잘한 이야기나 두서없는 농담[15]도 오히려 없는 것보다 나을 때가 있다. 그래서 유의경劉義慶의 『세설신어世說新語』, 배영裵榮의 『어림語林』,[16] 공사상孔思尙의 『송제어록宋齊語錄』, 양개송陽玠松의 『담수談藪』[17]처럼 호사가들이 버리지 않고 모아

---

11 화교의 『급총기년』 : 화교의 자는 장여長輿이다. 정치를 청렴하게 했음에도 불구하고 지나치게 돈을 좋아했기 때문에 당시 사람들이 비루하게 여겼다. 『진서晉書』 권45 「화교열전和嶠列傳」에 나온다. 서진西晉 무제武帝 태강太康 연간에 하남성 급汲 현에 있는 위 양왕魏襄王(재위 B.C.334~B.C.319)의 묘에서 발굴되었기 때문에 『급총기년』이라 하는데, 과두문자蝌蚪文字로 된 것을 화교가 예서隸書로 베껴 썼다고 한다. 『죽서기년竹書紀年』이라고도 한다.

12 갈홍의 『서경잡기』 : 『서경잡기』는 6권으로, 모두 138조로 이루어져 있다. 전한前漢의 정치, 문물, 제도, 인물, 정원, 초목 등에 관한 정보가 많다. 『서경잡기』의 편찬자에 대해서는 유흠劉歆으로 보기도 하고 갈홍으로 보기도 한다.

13 고협의 『쇄어』 : 고협의 자는 정례正禮이다. 고문자와 초목·금수에 밝았다. 『쇄어』 외에도 『이성원異姓苑』 5권 등을 편찬했다. 『남사南史』 「고협열전顧協列傳」에 나온다.

14 사작의 『습유』 : 『수서』 「경적지」 잡사류雜史類에, 양梁나라 소부경少府卿 사작謝綽이 『송습유宋拾遺』 10권을 편찬했다고 한다.

15 두서없는 농담 : 치언卮言은 『장자』 「우언寓言」에 나온다.

16 배영의 『어림』 : 영기榮期는 배영의 자이다. 인물 평론을 좋아하여 한漢·진晉 시대 사람들의 언어나 행동을 기록했는데, 그 책이 바로 『어림』이다. 유의경의 『세설신어』 「문학편文學篇」에 보면, 당시 사람들이 이 책을 서로 베껴가며 보았다고 한다. 일찍이 없어졌다.

17 양개송의 『담수』 : 양개송에 관한 기록은 역사서에 보이지 않는다. 『문헌통고文獻通考』 권198에 진씨陳氏의 말을 빌려 『담수』는 양개송의 편찬이라고 했다. 진씨는 진진손陳振孫으로, 『직재서록해제直齋書錄解題』의 저자이다.

둔 것이 있는데, 이런 경우를 쇄언瑣言이라고 한다.

汝·潁奇士, 江·漢英靈, 人物所生, 載光郡國. 故鄉人學者, 編而記之, 若圈
稱『陳留耆舊』·周裴『汝南先賢』·陳壽『益部耆舊』·虞預『會稽典錄』, 此之
謂郡書者也. 高門華冑, 奕世載德, 才子承家, 思顯父母. 由是紀其先烈, 貽
厥後來, 若揚雄『家牒』·殷敬『世傳』·『孫氏譜記』·『陸宗系歷』, 此之謂家
史者也.

　　여수汝水나 영천潁川, 장강長江이나 한수漢水의 빼어난 인물들은 그들의 탄생
사실이 역사에 실리는 것만으로도 고을이나 나라를 빛나게 한다. 권칭圈稱의
『진류기구陳留耆舊』,[18] 주배周裴의 『여남선현汝南先賢』,[19] 진수陳壽의 『익부기구
益部耆舊』,[20] 우예虞預의 『회계전록會稽典錄』[21]처럼 그 고장의 학자가 편찬하여
기록으로 남긴 경우가 있는데, 이를 군서郡書라고 한다.

---

18 권칭의 『진류기구』: 권칭圈稱의 권圈 자를 주周라고 한 판본도 있으나, 이는 잘못이다.
　　『수서』「경적지」에 『진류기구전陳留耆舊傳』 2권이 있다고 했다. 『신당서新唐書』「예문지藝文
　　志」에는 『진류풍속전陳留風俗傳』 3권이 있다고 했다. 조여보는 『기구전耆舊傳』이 당나라
　　초기에 이미 없어졌으므로 『사통』에 쓰인 기구耆舊는 풍속風俗으로 고쳐야 한다고 보았다.
19 주배의 『여남선현』: 『수서』「경적지」에 5권이 있다고 전한다. 일찍이 없어졌다.
20 진수의 『익부기구』: 『삼국지 촉지』 권12에, 진술陳術이 『석문釋問』 7편과 『익부기구전益部
　　耆舊傳』을 편찬했다고 했다. 『사통』에는 진수라고 되어 있어 『촉지』의 진술과는 다른데,
　　어찌된 일인지 모르겠다.
21 우예의 『회계전록』: 우예의 자는 숙녕叔寧이다. 여요余姚(절강浙江) 사람으로, 저작랑著作郞을
　　역임했다. 개인적으로 『진서晉書』를 편찬했다. 우예는 왕은을 수차례 방문하여 그의 역사
　　원고를 보고 나름대로 『진서晉書』 40여 권을 편찬했다지만, 없어졌다. 『수서』「경적지」에는
　　26권이라 하고, 신·구 『당서唐書』에서는 58권이라 했다. 『진서』에 열전이 있다. 『회계전록』
　　은 24권이었다고 하는데, 없어졌다. 『삼국지 오지』「우번전虞翻傳」에 나온다.

귀족이나 화족華族에서 대대로 인물을 배출하거나 재능 있는 인재가 집안을 이어 그 부모를 현창하기도 한다. 양웅揚雄의 『가첩家牒』,[22] 은경殷敬의 『세전世傳』[23]과 『손씨보기孫氏譜記』,[24] 『육종계력陸宗系歷』[25]처럼 자기 선조들의 업적을 기록하여 후손들에게 남겨준 경우가 있는데, 이를 가사家史라고 한다.

賢士貞女, 類聚區分, 雖百行殊途, 而同歸於善, 則有取其所好, 各爲之錄, 若劉向『列女』·梁鴻『逸民』·趙採『忠臣』·徐廣『孝子』, 此之謂別傳者也. 陰陽爲炭, 造化爲工, 流形賦象, 于何不育. 求其怪物, 有廣異聞, 若祖台『志怪』·干寶『搜神』·劉義慶『幽明』·劉敬叔『異苑』, 此之謂雜記者也.

훌륭한 남자나 절개 있고 슬기로운 여자라도 품격이나 부류에 따라 구분이 있고, 비록 이들의 행동마다 길이 다르다고 해도 똑같이 선행으로 귀결된다. 그래서 유향劉向의 『열녀전列女傳』, 양홍梁鴻의 『일민전逸民傳』,[26] 조채趙採의 『충신전忠臣傳』,[27] 서광徐廣의 『효자전孝子傳』[28]처럼 각각 자신들이 좋아하

---

22 양웅의 『가첩』: 『세설신어』 「식감편識鑒篇」 유주劉注에 나온다. 일실되었다.

23 은경의 『세전』: 『신당서』 「예문지藝文志」에 '은씨가전殷氏家傳 3권이 있다고 했다. 『세설신어』 「문학편文學篇」 주注에는 『은씨보殷氏譜』라고도 했다.

24 『손씨보기』: 『신당서』 「예문지」에 『손씨보기』 15권이 있다고 했는데, 편찬자가 나와있지 않다.

25 『육종계력』: 『구당서』 「경적지」에 육후陸煦가 편찬한 『육사陸史』 15권이 있다고 했으며, 『신당서』 「예문지」에는 육경헌陸景獻이 편찬한 『오군육씨종계보吳郡陸氏宗系譜』가 나와있는데, 유지기가 말한 『육종계력』은 정확히 무엇인지 모르겠다.

26 양홍의 『일민전』: 『후한서』 권113 「양홍열전梁鴻列傳」에 양홍이 전 시대의 고사高士를 흠모하여 사호四皓 이하 24인에 대한 송頌을 지었다고 했다.

27 조채의 『충신전』: 『수서』 「경적지」에는 양梁나라 원제元帝 소역蕭繹이 『충신전』을 편찬했다고 하지만, 조채의 저작은 보이지 않는다.

는 사례를 모아서 기록으로 남겼는데, 이런 경우를 별전別傳이라고 한다.

음양을 숯으로 삼고 조화를 기술로 삼으니[29] 이 세상 갖가지 형상 가운데 어느 하나 자연이 기르지 않은 것이 없다. 조대祖台의 『지괴志怪』,[30] 간보干寶 의 『수신기搜神記』,[31] 유의경劉義慶의 『유명幽明』,[32] 유경숙劉敬叔의 『이원異苑』[33] 처럼 괴이한 사물을 찾고 이상한 이야기를 널리 모아 기록한 경우가 있는데, 이를 잡기雜記라고 한다.

九州土宇, 萬國山川, 物産殊宜, 風化異俗. 如各志其本國, 足以明此一方, 若盛弘之『荊州記』·常璩『華陽國志』·辛氏『三秦』·羅含『湘中』, 此之謂地 理書者也. 帝王桑梓, 列聖遺塵, 經始之制, 不恒厥所. 苟能書其軌則, 可以 龜鏡將來, 若潘岳『關中』·陸機『洛陽』·『三輔黃圖』·『建康宮殿』, 此之謂 都邑簿者也.

---

28 서광의 『효자전』: 『구당서』「경적지」에 서광이 편찬한 『효자전』 3권이 있다고 했다.
29 음양을~삼으니: 『사기』 권84 「가생열전賈生列傳」에 나온다. 우주를 마치 대장간에 있는 하나의 화로로 보고, 거기에서 이루어지는 주조 과정을 만물이 생성·변화하는 것으로 이해했다.
30 조대의 『지괴』: 조대는 자가 원진元辰이고, 진晉나라 때 관리였다. 『수서』「경적지」에 『지괴』 2권이 있다고 했다.
31 간보의 『수신기』: 『진서晉書』 권82 「간보열전干寶列傳」에 『수신기』 20권을 편찬했다고 한다.
32 유의경의 『유명』: 『유명幽明』은 『유명幽冥』이라고도 한다. 『수서』「경적지」에 20권이라고 했는데, 없어졌다.
33 유경숙의 『이원』: 송나라 출신 유경숙은 어려서부터 재능이 있었다. 『사고전서총목』에는 『이원』 10권이 있다고 설명하면서, 내용이 모두 신괴神怪한 일이었다고 했다. 『송사宋書』나 『남사南史』에는 유경숙 열전이 없다.

중국 구주九州의 넓은 땅은 만국의 산천마다 나는 물산이 다르고 사는 풍속 또한 다르다. 그래서 성홍지盛弘之의 『형주기荊州記』[34], 상거常璩의 『화양국지華陽國志』,[35] 신씨辛氏의 『삼진기三秦記』,[36] 나함羅含의 『상중기湘中記』[37]처럼 각각의 지역마다 지志를 만들면 이 지방을 분명히 이해할 수 있는데, 이런 경우를 지리서地理書라고 한다.

제왕의 발상지나 역대 황제의 옛 수도 등은 그 경영을 시작하는 제도에 어디라고 늘 정해져 있는 것이 아니다.[38] 그래서 반악潘岳의 『관중기關中記』,[39] 육기陸機의 『낙양기洛陽記』,[40] 『삼보황도부三輔黃圖簿』[41]·『건강궁전부建康宮殿簿』[42] 처럼 그 궤적이나 모범 사례를 기록해두면 장래에 본보기가 될 수 있는데, 이런 경우를 도읍부都邑簿라고 한다.

---

34 성홍지의 『형주기』: 『형주기』 3권에 형주 군현의 성곽, 산천, 명승을 기록했다. 이 내용은 『수경주水經注』에 많이 채택되었다. 그러나 『형주기』는 없어졌다. 『통전通典』 권171 「주군州郡」에서는 유지기가 예로 든 지리서 4종에 대해 오류가 많고 일반적으로 인정되는 견해가 아니라고 비평했다.

35 상거의 『화양국지』: 『화양국지』 12권에 중국 서남 옛 파촉巴蜀 땅의 역사, 농업, 염정塩井 등을 기록했다.

36 신씨의 『삼진기』: 『수서』 「경적지」 등 정사正史에는 보이지 않으나, 『수경주水經注』, 『장안지長安志』 등에 인용되었다.

37 나함의 『상중기』: 나함의 자는 군장君章이다. 학문이 뛰어나 강좌江左의 수재라고 불렸다. 『진서晉書』 「문원전文苑傳」에 따르면 『상중기』 3권 외에 문집도 있었다.

38 제왕의~아니다 : 상재桑梓는 옛날에 집에 많이 심었던 뽕나무나 가래나무 등으로, 나중에 고향을 뜻하는 의미로 쓰였다. 경시經始는 경영經營, 궤칙軌則은 규모나 건설 과정을 말한다. '불항궐소不恒厥所'는 고정된 장소가 없다는 의미이다.

39 반악의 『관중기』: 『수서』 「경적지」에 1권이라고 했는데, 없어졌다.

40 육기의 『낙양기』: 『수서』 「경적지」에 1권이라고 했는데, 없어졌다.

41 『삼보황도부』: 편찬자는 미상이며, 양梁나라 때 편찬된 것으로 보인다. 『사고전서총목』에 6권으로 되어 있다고 했으며, 삼보三輔란 안사고顔師古의 『한서漢書』 주注에 따라 장안長安이 동쪽, 북쪽, 서쪽의 도움을 받는 지형이라는 뜻이라고 했다.

42 『건강궁전부』: 『태평어람』 권175 「거처居處 전典」에는 『건강궁궐부建康宮闕簿』라고 했다.

大抵偏記·小錄之書, 皆記卽日當時之事, 求諸國史, 最爲實錄. 然皆言多鄙朴, 事罕圓備, 終不能成其不刊, 永播來葉, 徒爲後生作者削薰之資焉. 逸事者, 皆前史所遺, 後人所記, 求諸異說, 爲益實多. 及妄者爲之, 則苟載傳聞, 而無銓擇. 由是眞僞不別, 是非相亂. 如郭子橫之『洞冥』·王子年之『拾遺』, 全搆虛辭, 用驚愚俗. 此其爲弊之甚者也.

　　대체로 편기偏記나 소록小錄 같은 책은 모두 그때 당시의 일을 기록했기 때문에 일반 국사에 비춰보아도 가장 믿을 만한 기록이다. 그렇지만 하나같이 말이 속되고 거친 데가 많으며 사실이 제대로 완비된 경우가 드물어, 결국 고칠 필요도 없이 길이 후세에 전할 수 있는 수준이 못 되고 후대의 역사가들이 원고를 수정할 때 참고 자료로 쓸 수 있는 게 고작이다.

　　일사逸事는 모두 이전의 역사서가 빠뜨린 사실을 뒷사람들이 기록한 것으로, 이설異說을 찾아볼 때 더욱 많은 보탬이 된다. 그렇지만 허튼 사람들이 편찬을 맡게 되면 간접적으로 전해들은 자료임에도 숙고해서 잘 선택하지 않는다. 이 때문에 진위의 구별도 없고 시비도 혼란에 빠진다. 곽헌郭憲의 『동명洞冥』,[43] 왕가王嘉의 『습유기拾遺記』[44]처럼 완전히 거짓 내용을 엮어 어리석은 속인들을 놀라게 하니, 이것이 그 가장 심한 폐단이다.

---

43 곽헌의 『동명』: 곽헌의 자가 자횡子橫이다. 왕망王莽이 권력을 찬탈한 뒤 곽헌을 불렀으나, 곽헌은 왕망에게 받은 의복을 불사르고 바닷가에 은둔했다. 후한 때 광무제光武帝가 흉노를 정벌하는 것에 반대하여 사직하고 물러났다. 『후한서』에 열전이 있다. 『수서』 「경적지」에 곽씨郭氏가 편찬한 『한무동명기漢武洞冥記』 1권이 있다고 한다.

44 왕가의 『습유기』: 왕가의 자가 자년子年이다. 전진前秦의 부견苻堅이 그를 누차 불렀으나, 관직에 나가지 않았다. 후진後秦의 요장姚萇이 왕가에게 예우하면서 자신을 따르라고 요구했는데, 얼마 뒤 요장으로부터 죽임을 당했다. 『진서晉書』 권95 「예술藝術 왕가열전王嘉列傳」에 나온다. 『습유기』는 원래 19권, 220편이었는데, 없어졌다.

瑣言者, 多載當時辨對, 流俗嘲謔, 俾夫樞機者籍爲舌端, 談話者將爲口實.
乃蔽者爲之, 則有詆訐相戲, 施諸祖宗, 褻狎鄙言, 出自床第, 莫不昇之紀
錄, 用爲雅言, 固以無益風規, 有傷名教者矣. 郡書者, 矜其鄕賢, 美其邦族,
施於本國, 頗得流行, 置於他方, 罕聞愛異. 其有如常璩之詳審, 劉昞之該
博, 而能傳諸不朽, 見美來裔者, 蓋無幾焉.

쇄언瑣言에는 당시의 임기응변이나 세속의 해학 등이 많이 실려 있기 때문
에 변론하는 사람들이 논의 자료로 썼고 담화하는 사람들의 논거가 되었다.
그렇지만 사리에 어두운 자들이 편찬하면 선조들이 욕을 하고 농담을 했다고
하거나 잠자리에서 사사로운 말이나 속된 말을 했다는[45] 것까지 기록하지 않
는 게 없고, 심지어 그것들을 정확하고 합리적인 말처럼 취급하니, 참으로 세
상의 풍규風規에 무익하고 명교名教를 손상시키기조차 한다.

군서郡書는 지방의 훌륭한 인물에 대해 긍지를 갖거나 그 지역 종족을 찬
미하는 기록인데, 해당 지방에서는 꽤나 유행하겠지만 다른 지방에 두면 아
무래도 소중하게 여기는 경우가 드물 것이다. 상거常璩의 『익부기구전益部耆舊
傳』[46]같은 상세한 기록이나 유병劉昞의 『돈황실록敦煌實錄』 같은 해박한 내용
으로 불후의 작품이 되어 전해지고 후예들에게 찬미를 받는 경우는 얼마 되
지 않는다.

---

45 잠자리에서~했다는 : 『춘추좌씨전』 양공襄公 27년에 "상제床第의 말은 나라를 넘어서는
 안 된다."라고 했는데, 상제란 베갯머리에서 나눈 사사로운 말이다.
46 『익부기구전』 : 마쓰이 츠네오增井經夫는 상거가 쓴 상세한 기록은 『익부기구전』이 아니라
 『남중지南中志』라고 보았다.

家史者, 事惟三族, 言止一門, 正可行於家室, 難以播於邦國. 且箕裘不墜, 則其錄猶存; 苟薪構已亡, 則斯文亦喪者矣. 別傳者, 不出胸臆, 非由機杼, 徒以博採前史, 聚而成書. 其有足以新言, 加之別說者, 蓋不過十一而已. 如寡聞末學之流, 則深所嘉尚; 至於探幽索隱之士, 則無所取材.

가사家史는 사실이 삼족三族[47]에만 국한되고 말도 한 가문에만 그쳐서 그 집안에서는 정말 쓸모가 있겠지만 나라에 전파되기는 어렵다. 또한 그 집안의 가업이 추락하지 않으면 그 기록이 그래도 남아 있겠지만, 땔나무하는 일이 없어져버리면[48] 그 기록도 사라져버리는 것이 보통이다.

별전別傳은 개인의 감회라는 영역을 넘지 않으며, 그렇다고 독창적인 해석[49]에서 나온 것도 아니고, 이전 역사서에서 널리 채집하여 모아 책 한 권으로 만든 것이다. 그중 새로운 내용이라 할 만하고 특별한 이야기를 덧붙인 경우는 열에 하나에 불과하다. 들은 것이 적고 학문이 얕은 무리에게는 깊이 가상한 보물이 되겠지만, 숨어서 출사하지 않는 고사高士들에 대해서는 자료로 삼을 만한 것이 없다.

---

47 삼족 : 『의례』 권2 「사혼례士昏禮」의 주注에 "삼족三族은 부父의 곤제昆弟, 자신의 곤제昆弟, 자식의 곤제昆弟이다."라고 했다.

48 그 집안의~없어져버리면 : 기구箕裘는 『예기』 「학기學記」에 나온다. 대장장이의 아들은 아버지가 기구를 수리하는 것을 보고 그것을 응용하여 가죽옷을 만들고, 양궁장이의 아들은 그 아버지가 뿔을 휘어서 활 만드는 것을 보고 그를 응용해 버들가지를 휘어서 키 만드는 법을 배운다는 의미로, 곧 가업을 가리킨다. 신구薪構란 가업이 이어지는 일을 말한다.

49 독창적인 해석 : 기저機杼는 자기 자신의 생각을 통해서 표현된 것이라는 의미로, 표절이 아니라는 뜻이다.

雜記者, 若論神仙之道, 則服食鍊氣, 可以益壽延年; 語魑魅之途, 則福善禍淫, 可以懲惡勸善, 斯則可矣. 及謬者爲之, 則苟談怪異, 務述妖邪, 求諸弘益, 其義無取. 地理書者, 若朱贛所採, 浹於九州; 闞駰所書, 殫於四國, 斯則言皆雅正, 事無偏黨者矣. 其有異於此者, 則人自以爲樂土, 家自以爲名都, 競美所居, 談過其實. 又城池舊跡, 山水得名, 皆傳諸委巷, 用爲故實, 鄙哉!

잡기雜記에서 신선의 도에 관해 논의할 때면 음식과 연단의 기운이 수명을 늘릴 수 있다 하고[50] 잡귀의 존재에 관해 말할 때면 좋은 일에 복을 주고 나쁜 일에 화를 주어[51] 권선징악을 할 수 있다고 하는데, 이 정도면 그런대로 괜찮다. 그렇지만 자칫 실수가 많은 사람이 편찬하면 괴이한 사실만 구차히 이야기하고 요사한 일만 서술하는 데 힘써서, 널리 이롭게 하는 데 쓰려고 해도 아무런 뜻있는 역할도 하지 못하게 된다.

지리서地理書의 경우, 주공朱贛이 구주九州의 풍속을 채집했고[52] 감인闞駰은 사방의 지리를 기록했는데,[53] 이들은 표현도 모두 바르고 내용도 한쪽으로 치우치지 않았다. 그렇지만 이들과 다른 지리서는 자신이 거주하는 곳을 살기 좋은 땅이라 하고 자신의 집안이 있는 곳을 이름 높은 도읍이라고 하면서 사

---

50 신선의~하고 : 『수서』「경적지」에 『신선복식방神仙服食方』 10권이 나온다.

51 좋은~주어 : 『서경』「탕고湯誥」에 "하늘의 도는 선한 이에게 복을 주고, 음탕한 이에게 화를 준다.[天道福善禍淫]"라고 했다.

52 주공이~채집했고 : 『한서漢書』권28하「지리지地理志 안성安城」에 장우張禹가 주공에게 풍속 부문의 편찬을 맡긴 사실이 나와 있다.

53 감인은~기록했는데 : 감인은 자가 현음玄陰이며, 경사에 밝았다. 삶이 청빈하여 늙어서는 추위와 배고픔을 면치 못했다. 『수서』「경적지」에 『십삼주지十三州志』14권을 편찬했다고 하는데, 일실되었다.

는 곳을 다투어 찬미했으니, 사실을 과장한 이야기이다. 또한 성지의 옛 자취나 산수에 붙인 이름은 모두 거기 사는 사람들의 속설에서 나온 것인데, 무엇인가 다른 의미가 있는 것처럼 이름을 가지고 사실을 조작해내는 것은 비속한 태도라고 하지 않을 수 없다.

都邑簿者, 如宮闕·陵廟·街廛·郭邑, 辨其規模, 明其制度, 斯則可矣. 及愚者爲之, 則煩而且濫, 博而無限. 故論榱棟則尺寸皆書, 記草木則根株必數, 務求詳審, 持此爲能. 遂使學者觀之瞀亂而難紀也. 於是考茲十品, 徵彼百家, 則史之雜名, 其流盡於此矣. 至於其間得失紛糅, 善惡相兼, 旣難爲觀縷, 故粗陳梗槩. 且同自鄶, 無足譏焉.

　도읍부都邑簿는 궁궐이나 능묘, 도로나 주택, 읍성의 규모를 판단하고 그 제도를 밝힌다는 점에서 그런대로 괜찮다. 그렇지만 어리석은 사람들이 쓰게 되면 지나치게 번거롭고 장황하기가 끝이 없다. 그 때문에 궁궐 서까래나 기둥을 논할 때는 목재가 몇 자, 몇 촌이라는 것까지 죄다 기록하고, 정원의 초목을 기록할 때는 무슨 나무가 몇 그루 있다는 것까지 굳이 세어 세세하고 꼼꼼하게 적으려 애쓰는 것만을 능사라고 생각한다. 결국 배우는 사람들이 그런 기록을 보면 눈이 어지러워 기억할 수조차 없게 된다.
　위에서 말한 열 종류의 잡술을 고찰하고 그 많은 편찬자를 검토해보면 여러 가지 이름을 붙인 역사서들의 갈래는 대부분 여기에 포함될 것이라고 생각한다. 그것들 사이에 득실이 섞여 있고 장단점이 겹쳐 있어, 처음부터 끝까지 하나하나 자세하게 말할 수 없기 때문에 이미 대강을 거칠게 진술했다. 이 역시 '회鄶 이후로는 비평할 것도 없다'는 뜻과 같다.[54]

又按子之將史, 本爲二說. 然如『呂氏』·『淮南』·『玄晏』·『抱朴』, 凡此諸子,
多以敍事爲宗, 擧而論之, 抑亦史之雜也. 但以名目有異, 不復編於此科.
盖語曰: "衆星之明, 不如一月之光." 歷觀自古, 作者著述多矣. 雖復門千
戶萬, 波委雲集, 而言皆瑣碎, 事必蕘殘. 固難以接光塵於五傳, 並輝烈於
三史. 古人以比玉屑滿篋, 良有旨哉!

또한 자부子部의 책과 사부史部의 책은 원래 별개로 보아야 한다고 생각한다.
그렇지만 『여씨춘추呂氏春秋』나 『회남자淮南子』, 그리고 『현안춘추玄晏春秋』나
『포박자抱朴子』 같은 자서子書는 대부분 사실 서술을 원칙으로 했기 때문에,
거론하자면 아무래도 역시 잡사雜史에 들어간다고 보아야 할 것이다. 다만 사
부四部 분류상 명목에 차이가 있으므로 잡술雜述의 범주에는 포함하지 않기로
했다.

　세상 속담에 "아무리 많은 별이 빛나도 달빛 하나에 필적할 수 없다."라고
했다. 옛날부터 쭉 살펴보면 작가들의 저술은 많았다. 아무리 문호가 천만이
나 되어 파도나 구름처럼 많다고 해도, 그 말은 모두 세세한 부스러기들이고
사실은 예외 없이 번잡하기만 하다. 그러므로 본디 오전五傳에 광채와 티끌을
계승하여 세우고[55] 삼사三史에 명성과 업적을 나란히 놓기 어렵다. 옛사람은

---

54 회 이후로는~같다 : 『춘추좌씨전』 양공襄公 29년에 나온다. 오나라 공자 계찰季札이 노나라를
　방문했을 때 잔치에 초대 받아 각국의 음악 연주를 들었다. 계찰은 이를 듣고 하나하나
　평가했는데, 회鄶나라 민요시 이하로는 비평을 하지 않았다. 아마 유지기는 이미 서술한
　잡술雜述 10품品 외에는 상세히 논할 가치가 없다고 본 듯하다.
55 오전에~세우고 : 접接은 계승, 접속의 의미이다. 광진光塵은 『노자』 4장에 "그 빛을 부드럽게
　하여 세상의 티끌과 뒤섞인다.[和其光, 同其塵]"라고 했다. 여기서는 광채와 티끌, 즉
　가치와 작은 흠 정도의 의미로 쓴 듯하다. 오전五傳은 『춘추』 삼전三傳과 『추씨전鄒氏傳』,
　『내씨전夾氏傳』을 가리킨다.

"옥 부스러기가 상자 가득히 있다."라고 했는데,[56] 참으로 뜻이 있는 말이다.

然則蕘蕘蒭蕘之言, 明王必擇, 葑菲之體, 詩人不棄. 故學者有博聞舊事, 多識其物. 若不窺別錄, 不討異書, 專治周·孔之章句, 直守遷·固之紀傳, 亦何能自致於此乎? 且夫子有云: "多聞," "擇其善者而從之," "知之次也." 苟如是, 則書有非聖, 言多不經, 學者博聞, 蓋在擇之而已.

하지만 풀이나 베고 나무나 하는 사람의 말에서도 명철한 임금은 가르침을 찾아내며, 무나 나물의 뿌리를 먹을 수 없다고 해서 시인은 버리지 않았으니,[57] 배우는 사람은 옛일을 넓게 듣고 많이 아는 것이 중요하다. 다른 기록을 조사하거나 다른 책을 검토하지 않고, 단지 주공이나 공자의 장구만 공부하고, 사마천이나 반고의 기전紀傳에만 매달려 있으면 어찌 명철한 임금이나 시인의 경지에 스스로 도달할 수 있겠는가.

또한 공자도 "많이 듣고서 그중에 좋은 것을 가려서 따르는 것이 앎의 순서일 것이다."라고 말했다.[58] 이렇게 한다면, 글에 성인을 비방하는 내용이 있고 말에 경전과 어긋난 경우가 많더라도, 배우는 사람이 널리 들을 때 중요한 것은 잘 선택할 수 있느냐의 여부가 중요할 뿐이다. 通

---

56 옛사람은~했지만 : 『논형論衡』「서해書解」에 나온다. 옥 부스러기가 상자에 가득 있어도 그것은 보배가 될 수 없다는 말이다.
57 무나~않았으니 : 『시경』「패풍邶風 곡풍谷風」에 "무나 나물을 캘 때 밑동만 자르지 마라.[采葑采菲, 無以下體.]"라고 했다.
58 공자도~말했다 : 『논어』「술이述而」에 나온다.

夫自二儀既判垂玄象之文萬
肇化生彰紀事之賓蒼頡沮誦
以前造物代爲敷楊山川曲爲
攄寫何必人抽金匱之藏世櫃

「변직辨職」 편에서 말하는 관직은 사관의 관직이다. 『사통·내편』에서 사관의 관청과 관직에 대한 유지기의 언급은 여기서 처음 나온다. 『사통 외편』 「사관건치史官建置」나 「오시忤時」로 이어지는 징검다리로 볼 수 있다. 사관 제도사 및 총재관을 비롯한 사관의 태도, 자질 등에 대한 문제 제기가 이 편에서 시작되는 것이다.

유지기는 좌구명과 사마천, 반고와 진수의 사례를 들어 권력의 외압 없이 불후의 역사서를 남기는 것에 큰 의의를 부여했다. 그리고 흔들림 없이 공정하게 평가하는 역사가를 첫 손가락에 꼽았고, 불후의 역작을 후세에 남기는 역사가를 둘째, 이들보다는 못해도 당대에 존경받는 역사가를 그다음으로 꼽았다.

이렇게 생각하는 데는 사관의 활동이 사관의 가문에서 관청으로 이동하는 시대를 살았던 유지기의 문제의식이 깔려 있다. 그리고 이런 문제의식은 『사통』 전체를 관통하는 문제의식이기도 하다. 유지기는 관청에서 이루어지는 역사 편찬을 매우 부정적으로 바라보았다. 특히 편찬을 총괄하는 자리에 황제의 친척이나 황제가 총애하는 신하, 식견도 없는 대신들이 임명되는 사례를 예시하며, 이는 장비 같은 장수에게 의료원장을 맡긴 것과 같고, 관을 쓴 원숭이와 사료 가치를 의논하는 격이라며 비판했다.

内篇
35

사관의 태도와 자질
辨職

辨職

夫設官分職, 佇績課能, 欲使上無虛稱, 下無虛受, 其難矣哉! 昔漢文帝幸諸將營, 而目<u>周亞夫</u>爲眞將軍. 嗟乎! 必於史職求眞, 若斯乃爲難遇者矣. 史之爲務, 厥途有三焉. 何則? 彰善貶惡, 不避強禦, 若晉之<u>董狐</u>, 齊之<u>南史</u>, 此其上也. 編次勒成, 郁爲不朽, 若魯之<u>邱明</u>, 漢之<u>子長</u>, 此其次也. 高才博學, 名重一時, 若周之<u>史佚</u>, 楚之<u>倚相</u>, 此其下也. 苟三者竝闕, 復何爲者哉.

관직을 설치하고 직무를 나누어[1] 실적을 쌓고 재능을 평가함으로써,[2] 위로 헛된 이름이 없게 하고 아래로 헛되이 관직을 수여하지 않도록 하는 것은 참으로 어려운 일이다. 옛날 한나라 문제文帝는 여러 장군의 진영을 둘러본 뒤 주아부周亞夫를 지목하여 참된 장군이라고 감탄했다.[3] 아아! 반드시 역사를 직무로 삼고 있는 자에게서 진짜를 찾아내려고 하지만 그런 사례를 좀처럼 만날

---

1 관직을~나누어 : 『주례』 권9 「지관地官 사도司徒」에 나온다.

2 실적을~평가함으로써 : 저佇는 쌓는다는 뜻이다. 적績은 공로, 과課는 평가, 능能은 재간才幹을 말한다.

3 한나라~감탄했다 : 주아부는 전한前漢의 명장 주발周勃의 아들이다. 한나라 문제가 군영을 방문했을 때, 도위都尉 주아부는 '군영에서는 장군의 말을 들어야 하며 천자의 말을 듣는 것이 아니다'라는 지시에 따라 문제를 군영에 들여보내지 않았다. 또 '군영에서는 말을 달리지 말아야 한다'는 명을 천자라도 지켜야 한다며 문제에게 말 고삐를 잡고 천천히 군영에 들어서게 했다. 이에 문제가 주아부를 참된 장군이라고 감탄했다. 『사기』 권57 「강후주발세가絳侯周勃世家」에 나온다.

수 없구나.

역사가가 힘써야 할 일에는 세 가지가 있다. 그것은 무엇인가? 진나라의 동호董狐나 제나라의 남사南史와 같이 강압이나 방해를 회피하지 않으면서 좋은 일을 표창하고 나쁜 일을 비판하는 것이 그 최상이다. 노나라의 좌구명이나 한나라의 사마천처럼 기록을 착실히 편찬한 역사서를 만들어 불후의 빛나는 업적을 전하는 것이 그 다음이다. 주나라의 사일史佚이나 초나라의 의상倚相4처럼 탁월한 재능과 넓은 학식을 갖춰 당대에 중망을 받는 경우가 그 다음이다. 만일 이 세 가지 경우에 하나라도 들지 못한다면 다시 무슨 일을 하겠는가.

昔魯叟之修『春秋』也, 不藉三桓之勢; 漢臣之著『史記』也, 無假七貴之權. 而近古每有撰述, 必以大臣居首. 按晉起居注載康帝詔, 盛稱著述任重, 理藉親賢, 遂以武陵王領秘書監. 尋武陵才非河獻, 識異淮南, 而輒以彼藩翰, 董斯邦籍, 求諸稱職, 無聞焉爾. 旣而齊撰禮書, 和士開總知; 唐修『本草』, 徐世勣監統. 夫使辟陽·長信指撝馬·鄭之前, 周勃·張飛彈壓桐·雷之右, 斯亦怪矣.

옛날 공자가 『춘추』를 편수할 때 당시의 유력했던 가문인 삼환三桓의 힘을 빌리지 않았고,5 사마천이 『사기』를 지을 때도 칠귀七貴의 권력을 빌리지 않

---

4 초나라의 의상 : 『춘추좌씨전』 소공昭公 12년에, 초나라 영공靈王이 신하들과 이야기를 하던 중 의상이 지나가자, "저 사람을 잘 보아두라."며 그의 역사가로서의 재능을 인정했다.
5 공자가~않았고 : 노수魯叟는 공자이다. 삼환은 노나라 춘추시대 맹손孟孫, 숙손叔孫, 계손季孫의 세 가문이다.

았다.[6] 그런데 근고에 이르러 역사서를 만들 때는 반드시 대신이 총재가 되어 편찬을 주관한다. 예를 들어 진晉나라 기거주起居注에 강제康帝의 조詔를 싣고, 저술의 임무가 중대하니 황족 중에서 현자를 중심으로 편찬해야 한다고 무수히 강조했으며, 마침내 무릉왕武陵王을 비서감秘書監에 임명한 일이 있다.[7]

하지만 무릉왕은 재능이 하간헌왕河間獻王에 미치지 못했고 식견이 회남왕淮南王보다 못했다. 갑자기 그가 사국史局을 맡아서 나라의 기록을 감독했으나, 애를 써도 역사 편찬을 총괄하는 관직에 어울리지 않았고 직임을 잘 수행했다는 말도 들을 수 없었다. 뒤에 제나라에서 예서禮書를 편찬할 때 화사개和士開가 총책임을 맡았고,[8] 당나라에서 『본초本草』를 편수할 때 서세적徐世勣이 통괄하여 감독했다.[9] 이는 벽양후辟陽侯나 장신후長信侯 같은 환관을 마융馬融이나 정현鄭玄 앞에서 지휘하게 하고, 주발周勃이나 장비張飛 같은 장수에게 동군桐君이나 뇌공雷公 같은 의사醫師들[10] 오른편에서 관리하게 했던 격이

---

6 사마천이~않았다 : 『문선文選』 권10 「서정부西征賦」 주注에 "칠귀七貴란 려呂·곽霍·상관上官·조趙·정丁·전傳·왕王이다."라고 했다. 그러나 여씨呂氏 외에는 『사기』를 편찬할 때와 일치하지 않는다. 그래서 '『사기』를 지은 한신[漢臣之著『史記』]'이라는 구절에서 한신漢臣이 꼭 사마천을 가리키는 것은 아닐 수 있다고 보기도 한다.

7 진나라~있다 : 무릉왕 사마희司馬晞의 자는 도숙道叔이다. 동진東晉의 강제(재위 343~344)가 즉위하여 무릉왕을 비서감에 임명했다. 그는 불학무식했고 다만 무예에 능통했다.

8 제나라에서~맡았고 : 북제의 후주後主는 즉위한 뒤 위수魏收를 상서우복야尙書右僕射에 임명하고 오례五禮의 감수를 맡겼다. 위수는 조언심趙彦深·화사개和士開·서지재徐之才와 공동 감수하겠다고 주청했다. 『북사北史』 권37 「위수전魏收傳」에 나온다. 화사개는 자가 언통彦通이며, 어려서부터 총명했다. 호태후胡太后의 총애를 받아 회양군왕淮陽郡王이 되었다. 『북제서北齊書』 권50 「은행전恩幸傳」에 나온다.

9 당나라에서~감독했다 : 당나라 때 고종이 허경종許敬宗·이순풍李淳風·공지약孔志約 및 여재呂才에게 『본초』를 수정하게 했다. 서세적은 태종의 이름 이세민李世民의 '세' 자를 휘하여 '적'으로만 하고, 이씨 성을 하사받아 이적李勣으로 이름을 바꿨다. 수나라 말기부터 공을 세웠고, 이세민을 따라 두건덕竇建德을 진압했다. 『구당서』 권67 「이밀열전李密列傳」에 나온다.

니, 이 또한 매우 우스운 일이다.

大抵監史爲難, 斯乃尤之尤者. 若使直若南史, 才如馬遷, 精勤不懈若揚子雲, 諳識故事若應仲遠, 兼斯具美, 督彼羣才, 使夫載言記事, 藉爲模楷, 搦管操觚, 歸其儀的, 斯則可矣. 但今之從政則不然. 凡居斯職者, 必恩幸貴臣, 凡庸賤品, 飽食安步, 坐嘯畫諾, 若斯而已矣. 夫人旣不知善之爲善, 則亦不知惡之爲惡. 故凡所引進, 皆非其才, 或以勢利見升, 或以干祈致擢. 遂使當官効用, 江左以不落爲謠; 拜職辨名, 洛中以職閑爲說. 言之可爲大噱, 可爲長歎也.

원래 역사서 감수란 어려운 일로, 곤란한 일 중에서도 특히 어렵다고 하겠다. 남사처럼 강직하며, 사마천처럼 재능이 있고, 양웅揚雄처럼 정밀하고 근면하며 나태하지 않고, 응소應劭처럼 전거에 대한 지식이 많다면, 이러한 장점을 두루 겸하여 많은 인재를 감독하여 말과 사실을 역사서에 기록할 때 본보기가 되고 붓을 잡고 목간에 쓸 때 준칙이 되면 그만이겠지만, 현재의 제도하에서는 그렇게 될 수 없다.

대개 총재의 지위에 앉은 사람은 반드시 천자 마음에 드는 귀족이며, 범범하고 재능 없는 사람으로 배불리 먹고 건들건들 걸어 다니며 앉아서 휘파람이나 불고 아무것도 모르면서 결재나 하는 자들뿐이다. 이런 사람들이 장관이 되면 선善이 왜 선이 되는지도 모르고, 악惡이 왜 악이 되는지도 모른다. 그러므로 사람을 관직에 끌어오고 진급시킬 때도 모두 합당한 인재가 아니

---

10 동군이나~의사들 : 황제黃帝에게는 의약醫藥을 주관하는 신하들이 있었는데, 동군은 그중 하나였다. 뇌공은 기백岐伯과 함께 『내경內經』을 지었다.

며, 세력이나 이권 때문에 승진시키기도 하고, 엽관獵官 운동[11]이나 하던 자를
발탁하기도 한다. 결국 임관하여 직무를 맡기면 강남江南에서는 떨어지지만
않으면 된다는 노래가 생기고,[12] 관직을 받아 일 처리를 하게 되면 낙양洛陽
의 수도에서는 관리들이 하는 일이 없는 것을 기쁨으로 삼는다.[13] 말하자니
커다란 웃음거리가 되고 긴 탄식이 될 뿐이다.

曾試論之, 世之從仕者, 若使之爲將也, 而才無韜略; 使之爲吏也, 而術靡
循良; 使之屬文也, 而匪閑於辭賦; 使之講學也, 而不瞀於經典. 斯則負乘
致寇, 悔吝旋及. 雖五尺童兒, 猶知調笑者矣. 唯夫修史者則不然. 或當官
卒歲, 竟無刊述, 而人莫之知也; 或輒不自揆, 輕弄筆端, 而人莫之見也. 由
斯而言, 彼史曹者, 崇扃峻宇, 深附九重, 雖地處禁中, 而人同方外. 可以養
拙, 可以藏愚, 繡衣直指所不能繩, 强項申威所不能及. 斯固素餐之窟宅,
尸祿之淵藪也. 凡有國有家者, 何事於斯職哉!

이렇게 생각해보자. 요즘 세상에는 관직에 나온 사람이라고 하여 살펴보
면, 그가 장군이 되었는데도 『육도六韜』와 『삼략三略』의 전술을 활용할 재주

11 엽관 운동 : 간기干祈는 영구營求, 즉 관직을 얻기 위해 애쓴다는 말이다.

12 임관하여~생기고 : 『수서』 권33 「경적지」에 양梁나라 때 속언에, 권문세족의 자식들은
     수레에서 떨어지지 않으면 저작의 관직을 얻고, 일상적인 인사만 할 줄 알면 비서성秘書省의
     관직을 얻는다고 했다.

13 관직을~삼는다 : 『진서晉書』 권48 「염찬열전閻纘列傳」에, 국자좨주國子祭酒 추담鄒湛이 염찬閻
     纘을 비서감秘書監 화교華嶠에게 천거했을 때, 화교는 "이 관직은 한가로우면서 녹봉이
     넉넉해서 세력 있는 귀족이 관직을 두고 많이 다투므로 그 사람의 재능을 따지지 않는다."라
     며, 결국 등용하지 않았다고 했다. 설說은 열悅이다.

가 없고, 문관을 시켰는데도 법 규정대로 다스리는 정도의 관리를 할 주변머리도 없다. 문장을 쓰게 해보아도 사부辭賦 하나 배울 겨를도 없었고, 강학을 시켜도 경전 하나 익히지 않았다. "짐이나 짊어질 비천한 사람이 가마를 타는 고귀한 사람을 흉내 내다가 반드시 도적을 초래할 것이니, 후회가 곧 닥칠 것이다."[14] 아무리 작은 어린아이라도 비웃음거리라는 것을 알 것이다.

그러나 역사서를 편수하는 경우만은 그렇지 않다. 혹은 관직을 맡아 일 년이 다 가도록 끝내 간행한 것이 없어도 아무도 관심을 갖지 않고, 혹은 별안간 자신의 능력을 가늠하지 못하고 가볍게 붓끝을 놀린다 해도 아무도 뭐라고 상관하지 않는다. 이것으로 보자면 저 사관이라는 관직은 커다란 문을 가진 높은 건물에 근무하면서 깊은 구중궁궐에 자리를 잡고 있는데, 비록 장소는 궁궐에 있지만 거기 있는 사람은 승려나 신선처럼 인간 세상의 밖에 있는 것과 같다. 근심 없이 살 수 있을 뿐 아니라 어리석음도 감출 수 있어서 수의繡衣의 탄핵 손길이 미치지 않는 곳이고,[15] 목이 뻣뻣한 세력가나 위세를 떨치는 무리들이라도 손댈 방법이 없는 곳이다. 이곳은 본디 하는 일 없이 먹는 자들의 소굴이자 안식처이고, 쓸모없이 녹봉을 맡는 자들이 모이는 연못이자 수풀이 된다.[16] 나라를 다스리는 사람들이 이런 직무에 무슨 볼일이 있겠는가!

---

14 짐이나~것이다 : 『주역』 「해괘解卦(뇌상수하雷上水下)」 육삼六三의 괘사卦辭에 나온다.

15 수의의~곳이고 : 수의는 관리들에 대한 규찰과 탄핵을 맡는 어사를 가리킨다. 『한서』 「백관공경표百官公卿表」에, 시어사는 수의繡衣와 직지直指를 한다고 했다. 직지란 직무에 바탕해서 일을 수행하며 사사롭게 굽히지 않는다는 말이다.

16 이곳은~된다 : 찬찬餐은 녹祿과 같다. 소찬素餐은 하는 일 없이 녹봉만 받는 일이다. 시록尸祿도 같은 뜻이다.

昔子貢欲去告朔之餼羊, 子曰: "爾愛其羊, 我愛其禮." 又語云: "雖無老成人, 尚有典刑." 觀歷代之置史臣, 有同嬉戲, 而竟不廢其職者, 盖存夫愛禮, 吝彼典刑者乎! 昔邱明之修『傳』也, 以避時難; 子長之立『記』也, 藏於名山; 班固之成『書』也, 出自家庭; 陳壽之爲『志』也, 創於私室. 然則古來賢俊, 立言垂後, 何必身居廨宇, 迹參僚屬, 而後成其事乎? 是以深識之士, 知其若斯, 退居清靜, 杜門不出, 成其一家, 獨斷而已. 豈與夫冠猴獻狀, 評議其得失者哉!

그 옛날 자공이 매월 초하루에 제후가 선조의 사당에 제사를 올리던 의식에서 양을 잡아 희생을 바치는 절차를 빼려고 했을 때, 공자는 "너는 그 양을 아까워하느냐? 나는 그 예절을 아까워한다."라고 했다.[17] 또 말하기를 "노성인은 없다 해도 전형은 아직 있다."라고 했다.[18] 역대 왕조에서 사관을 두었던 것은 유희와 같은 점이 있었지만 그래도 끝내 폐지하지 않았던 것은 『논어』의 예를 아까워하고 『시경』의 전형을 아까워했기 때문이 아닐까.

옛날에 좌구명이 『춘추좌씨전』을 편수했을 때 당시의 박해를 피해 숨어서 썼고, 사마천이 『사기』를 전했을 때는 당시 사람들에게 보이지 않고 명산名山에 숨길 것이라고 했다.[19] 반고가 『한서』를 완성했던 것은 집안의 힘에서 나왔고,[20] 진수가 『삼국지』를 만들었던 것도 관청이 아닌 자기 집에서 시작

---

17 자공이~했다 : 『논어』 「팔일八佾」에 나온다. 유지기는 공자의 말을 인용하여, 사관의 관직이 낮지만 폐지해서는 안 되며, 사실史實을 정리하는 일이 중대하다고 강조하는 것이다.

18 노성인은~했다 : 노성인은 구신舊臣을, 전형은 법도나 상규常規를 말한다. 『시경』 「대아大雅 탕蕩」에 "노성인은 없다 해도 전형은 아직 있는데, 한 번도 따르지 않다가 나라 운명 기울었네."라고 했다. 『후한서』 권70 「공융전孔融傳」에도 보인다.

19 사마천이~했다 : 『연감류함淵鑑類函』 권305 「인부人部 언지言志」에 실린 사마천의 「보임안서報任安書」에 나온다.

했다.

그래서 옛날부터 현인과 준걸들이 저술을 통해 후세에 남겨준 것이 어찌 반드시 자신이 직접 관청에 근무하면서 동료 관원들과 협력한 뒤에 그 사업을 이루었겠는가? 그러므로 깊은 식견을 가진 학자는 이러한 사정을 잘 이해하고 물러나, 밝고 조용한 곳에 살면서 문을 닫아걸고 나오지 않은 채 일가를 이루었던 것이니, 이는 스스로의 결단이었을 뿐이다. 어찌 관청에서 저 관을 쓴 원숭이들과 속내를 내보이며 사료의 득실에 대해 의논이나 했겠는가! 🈂

---

20 반고가~나왔고 : 반고의 아버지 반표班彪가 『한기漢記』를 수찬했던 사실을 말한다.

『사통 외편』「오시伜時」가 유지기가 『사통』을 집필하게 된 직접적인 이유를 적은 서문이라면, 「자서自敍」는 「오시」의 격정이 조금 가라앉고 난 뒤 자신의 역사학 일반에 대해 쓴 서문이다.

유지기는 『춘추좌씨전』을 계기로 역사에 재미를 붙였다. 이어 『사기』·『한서』·『삼국지』를 읽었지만, 다른 사람으로부터 가르침은 받지 않았다. 20세에 과거 급제하여 장안과 낙양에서 관공서나 개인의 서적을 마음껏 빌려 읽을 수 있었다. 이 과정에서 각 역사서의 장단점도 변별하게 되었다.

자신의 견해를 말하면 사람들은 어린 나이에 무엇을 안다고 경솔하게 예전 학자에 대해 왈가왈부하느냐고 책망했지만, 나중에 옛 학자들과 자신의 생각이 일치하는 경우를 수없이 발견하고는 위안을 받기도 했다. 사람들과 일치하지 않는 의견이 있으면 마음속에 접어두었다. 30세를 지나 만난 서견, 주경직, 유윤제, 설겸광, 원담, 오긍, 배회고 등은 흉금을 터놓을 수 있는 동료였다.

실록을 편찬할 때 역사에 대한 자신의 견해를 실천에 옮기려고 했지만, 받아들여지지 않았고 오히려 사관들로부터 질시를 받았다. 그래서 사관직에서 물러나 『사통』을 편찬해 이런 뜻을 밝혔다. 『사통』이라는 책은 당대 붓을 잡은 사람들의 뜻이 순수하지 못한 점을 걱정하여 역사학의 목표나 지향을 변증하여 그 체계와 원칙을 확립하려고 지은 것이다. 끝부분에 가서 유지기는 「오시」를 썼을 때의 감정이 다시 되살아났는지 피를 토하는 심정으로 자신이 양웅과 닮은 점 네 가지를 기술했다.

内篇
36

나의 역사학과 사통
自敍

自敍

予幼奉庭訓, 早遊文學. 年在紈綺, 便受『古文尚書』, 每苦其辭艱瑣, 難爲
諷讀. 雖屢逢捶撻, 而其業不成. 嘗聞家君爲諸兄講『春秋左氏傳』, 每廢書
而聽. 逮講畢, 卽爲諸兄說之. 因竊歎曰: "若使書皆如此, 吾不復怠矣." 先
君奇其意, 於是始授以『左氏』, 暮年而講誦都畢. 于時年甫十有二矣. 所講
雖未能深解, 而大義略擧. 父兄欲令博觀義疏, 精此一經, 辭以獲麟已後,
未見其事, 乞且觀餘部, 以廣異聞.

나는 어려서 아버지의 가르침[1]을 받아 일찍부터 여러 서적을 읽었다. 어린
아이였을 때부터 『고문상서古文尚書』를 배웠는데, 매번 그 자구가 심오하여
이해되지 않아 암송하거나 읽기가 어려웠다.[2] 비록 여러 차례 회초리를 맞았
지만, 그 공부를 마칠 수 없었다. 일찍이 아버지께서 형들에게 『춘추좌씨전春
秋左氏傳』을 강의하셨는데,[3] 번번이 나는 책을 덮어놓고 그 강의를 들었다. 강

---

1 아버지의 가르침 : 정훈庭訓은 공자가 뜰에 서 있을 때 지나가던 백어伯魚에게 시詩와
   예禮를 공부했느냐고 물었던 데서, 후세에 아버지의 가르침을 뜻하는 말이 되었다. 『논어』
   「계씨季氏」에 나온다.
2 어린아이였을~어려웠다 : 환기紈綺는 원래 귀족 자제들이 입었던 비단옷인데, 뒤에 소년을
   뜻하는 대명사가 되었다. 간쇄艱瑣는 힐굴오아詰屈聱牙, 즉 문장이 읽기가 어렵고 이해되지
   않는다는 말이다. 풍誦諷은 배송背誦이다.
3 아버지께서~강의하셨는데 : 가군家君은 유지기의 아버지 유장기劉藏器이다. 유장기는 함장솔
   章, 분賁, 거간居簡, 지유知柔, 지기知幾, 지장知章 등 6명의 아들을 두었다.

의가 끝날 때쯤에는 바로 형들에게 설명해주었다. 그리고는 맹랑하게도 탄식하며, "만일 공부하는 책이 모두 이렇게 재미있다면 나는 결코 다시 게으름을 피우지 않을 것이다."라고 중얼거렸다.

아버지는 그 뜻을 기특하게 여기고 이때부터 비로소 『춘추좌씨전』을 가르쳐주셨고, 일 년 만에 강송講誦을 다 마칠 수 있었다. 그때 나는 겨우 열두 살이었다. 물론 강의의 깊은 의미까지는 알지 못했다고 해도 대략 큰 의미는 이해했다. 아버지와 형들은 내게 의소義疏[4]를 폭넓게 보게 해서 『춘추』 전문가로 만들 생각을 한 것 같지만, 나는 『춘추』 이후의 역사[5]에 대해서는 아직 몰랐고, 또 그 나머지를 공부하여 새로운 지식을 넓히고 싶다고 말씀드렸다.

次又讀『史』·『漢』·『三國志』. 旣欲知古今沿革, 歷數相承, 於是觸類而觀, 不假師訓. 自漢中興已降, 迄乎皇家實錄, 年十有七, 而窺覽略周. 其所讀書, 多因假賃, 雖部帙殘缺, 篇題有遺, 至於敍事之紀綱, 立言之梗槩, 亦粗知之矣. 但于時將求仕進, 兼習揣摩, 至於專心諸史, 我則未暇. 洎年登弱冠, 射策登朝, 於是思有餘閑, 獲遂本願. 旅游京·洛, 頗積歲年, 公私借書, 恣情披閱. 至如一代之史, 分爲數家, 其間雜記小書, 又競爲異說, 莫不鑽研穿鑿, 盡其利害.

---

4 의소 : 『춘추좌씨전』에 대한 주석서를 말한다. 진晉나라 이후 『춘추좌씨전』에 대한 주석이 많았는데, 대표적인 예가 두예杜預의 『춘추좌씨경전집해春秋左氏經傳集解』이다.

5 『춘추』 이후의 역사 : 『춘추』 애공哀公 14년 봄, 기린을 잡았다[獲麟]고 했다. 공자의 『춘추』는 여기서 끝난다. 공자는 두 해 뒤에 세상을 떴다. 한편 『좌씨전』은 애공 27년에서 끝난다.

다음엔 또『사기』,『한서』,『삼국지』를 읽었다. 고금의 연혁, 왕조의 계승 등을 알고자 했기에 성격이 비슷한 책을 보았으며, 다른 사람의 가르침은 받지 않았다. 이렇게 17세 무렵까지, 후한後漢 이후부터 황가의 실록[6]에 이르기까지 대략 살펴보았다. 그렇게 읽은 책들은 대부분 다른 사람으로부터 빌린 것이며, 비록 거기에서 권질이 빠지고 편목이 누락되었더라도 서사의 기본 틀과 말한 내용의 대강에 대해서는 거칠게나마 알게 되었다.

다만 당시에는 장차 벼슬길에 나아가려면 과거시험 공부[7]를 해야 했기 때문에 역사서에만 전력할 시간이 없었다. 20세[8]가 되어 과거에 급제했는데, 그로부터 생각에도 여유가 생겨서 진작부터 원하던 바를 이룰 수 있었다. 장안과 낙양에서 꽤 오랜 세월 살았으므로 관공서나 개인의 서적을 마음껏 빌려 읽을 수 있었다. 한 왕조의 역사가 몇 사람의 저술로 나뉘고 그 사이에 잡기나 소서가 또 다투어 서로 다른 설을 주장했기에, 모두 깊게 조사하고 비교하여 그 장점과 단점도 하나하나 변별하게 되었다.

加以自小觀書, 喜談名理, 其所悟者, 皆得之衿腑, 非由染習. 故始在總角, 讀班·謝兩『漢』, 便怪『前書』不應有「古今人表」,『後書』宜爲更始立紀. 當時聞者, 共責以童子何知, 而敢輕議前哲. 於是赧然自失, 無辭以對. 其後見張衡·范曄集, 果以二史爲非. 其有暗合於古人者, 盖不可勝紀, 始知流

---

6 황가의 실록 : 당나라의 실록을 말한다. 실록 편찬은 당나라 태종 때부터 시작되었다. 당나라 초기에는 후기나 조선과 달리 실록을 볼 수 있었다.

7 과거시험 공부 : 췌마揣摩는 당나라 때 과거에 응시하는 거자擧子가 시험을 보기 전에 고시관의 성향을 살피는 일이다.『전국책戰國策』「진책秦策」에 나온다.

8 20세 : 남자가 만 20세가 되면 관례冠禮를 행하고 성인이 되었는데, 이 나이를 약관弱冠이라고 했다.

俗之士, 難與之言, 凡有異同, 蓄諸方寸.

　더욱이 어려서부터 책을 읽으면서 명분과 이치를 논의하는 것을 좋아했고, 깨달은 내용은 모두 가슴속에 간직하여 습관대로 따르지 않았다.[9] 그러므로 관례를 치르지 않았던 총각 시절에도 반고의 『한서』나 사승謝承의 『후한서』를 읽었는데, 이 책들을 읽으면서 『한서』의 「고금인표古今人表」는 없어야 하고 『후한서』에는 경시更始 연간의 본기本紀[10]를 만들었어야 한다고 생각했다. 당시 내 얘기를 들었던 사람들은 모두 어린 나이에 무엇을 안다고 경솔하게 예전 학자에 대해 왈가왈부하느냐고 책망했다. 결국 부끄럽고 기가 죽어 아무 말로도 대답할 수 없었다.

　그런데 나중에 후한의 장형張衡이나 남조의 범엽范曄이 쓴 문집을 보았더니, 과연 내가 생각했던 것과 같이 『한서』와 『후한서』를 비판하고 있었다.[11] 또 옛 학자들과 내 생각이 우연히 일치하는 경우가 수없이 많이 나왔다. 그래서 비로소 세상 속인들과 더불어 내 생각을 이야기하기가 어렵다는 것을 알았고, 서로 일치하지 않는 의견이 있으면 그냥 마음속에 접어두었다.

---

9 가슴속에~않았다 : 금衿(옷깃)은 금襟으로도 쓴다. 금부衿腑는 마음속, 흉금을 말한다. 염습染習은 굳어진 행동이나 버릇을 말한다.

10 경시 연간의 본기 : 왕망王莽의 몰락 이후 회양왕淮陽王 유현劉玄이 있었는데, 이에 대한 본기를 말한다.

11 후한의~있었다 : 『수서』「경적지」에, 『장형집張衡集』 11권, 『범엽집范曄集』 15권이 있다고 했는데, 일실되었다. 그런데 포기룡은 『후한서』 권59 「장형열전」에 '고금인표'를 비평한 내용이 없다고 했다. 또 범엽의 『후한서』에도 '경시본기'가 없다고 한 것으로 보아, 유지기의 말은 범엽이 반고의 '인표'에 대해 비평한 내용을 가리키는 것으로 보았다.

及年以過立, 言悟日多, 常恨時無同好可與言者. 維東海徐堅晚與之遇, 相
得甚歡. 雖古者伯牙之識鍾期, 管仲之知鮑叔, 不是過也. 復有永城朱敬則·
沛國劉允濟·義興薛謙光·河南元行沖·陳留吳兢·壽春裴懷古, 亦以言議見
許, 道術相知, 所有揚榷, 得盡懷抱. 每云: "德不孤, 必有鄰", "四海之內,
知我者, 不過數子而已矣."

이렇게 30세를 지나면서[12] 말하고 싶은 것이나 자각하는 것이 나날이 많아
지다 보니, 항상 그때마다 서로 좋아서 의견을 나눌 수 있는 사람이 없는 것
이 한이었다. 다만 동해東海 출신의 서견徐堅[13]을 늦게나마 알게 된 것이 매우
기뻤다. 아무리 옛날에 백아伯牙를 종자기鍾子期가 알아주고[14] 관중管仲을 포숙
鮑叔이 알아주었다 해도 이보다는 못했을 것이다. 또한 영성永城의 주경칙朱敬
則,[15] 패국沛國의 유윤제劉允濟,[16] 의흥義興의 설겸광薛謙光,[17] 하남河南의 원담元

---

12 30세를 지나면서 : 『논어』「위정爲政」에 "30세가 되면 선다."라고 했다.

13 서견 : 서견은 유지기와 함께 측천무후 때 『삼교주영三敎珠英』을 편찬했다. 두 사람이
교유를 맺은 것은 유지기가 39세 되던 무렵이다.

14 백아를 종자기가 알아주고 : 『열자列子』「탕문湯問」에, 종자기는 백아의 거문고 연주를
듣고 그 소리만으로도 백아가 높은 산에 오르고 싶은지 혹은 강을 따라 가고 싶은지
그 심중을 헤아렸다고 했다. 종자기가 죽자 백아는 더 이상 자신의 거문고 소리를 알아주는
친구가 없다며 스스로 거문고 줄을 끊었다.

15 주경칙 : 자는 소련少連으로, 장안長安 3년(703) 수국사修國史를 지냈다. 재상 위안석韋安石이
그의 원고를 보고 동호董狐보다 낫다고 칭찬했다. 주경칙은 유지기와 함께 실록 편찬에도
참여했으며, 「십대흥망론十代興亡論」을 편찬했다. 『신당서』 권115 「주경칙열전朱敬則列傳」
에 나온다.

16 유윤제 : 어려서 고아였지만 학문에 열중했다. 측천무후 장안 2년(702)에 국사 편찬에
참여했는데, 그때 유지기도 함께 했다. 『신당서』 권202에 열전이 있다.

17 설겸광 : 설등薛登의 본명이 겸광이다. 강소성江蘇省 사람인데, 경사에 밝았고, 다른 사람과
역사를 얘기할 때는 마치 본 듯이 설명했다고 한다. 서견, 유지기와 가까웠다. 『서시기四時紀』
20권을 지었고, 『구당서』 권101에 열전이 있다.

澹,[18] 진류陳留의 오긍吳兢,[19] 수춘壽春의 배회고裴懷古[20] 등도 논의를 인정하고 도리나 학술을 서로 알아서 어떤 의견이 있으면 숨은 생각까지 모두 털어놓을 수 있었다. 매번 "덕은 외롭지 않아 반드시 이웃이 있다,"[21] "이 세상에서 나를 알아주는 사람은 불과 몇 사람뿐이다."라고 말하곤 했다.

昔仲尼以睿聖明哲, 天縱多能, 覩史籍之繁文, 懼覽之者不一, 刪詩爲三百篇, 約史記以修『春秋』, 讚『易』道以黜八索, 述『職方』以除九邱, 討論墳·典, 斷自唐·虞, 以訖于周, 其文不刊, 爲後王法. 自玆厥後, 史籍逾多, 苟非命世大才, 孰能刊正其失? 嗟予小子, 敢當此任! 其於史傳也, 嘗欲自班·馬已降, 迄于姚·李·令狐·顔·孔諸書, 莫不因其舊義, 頗加厘革. 但以無夫子之名, 而輒行夫子之事, 將恐致驚末俗, 取咎時人, 徒有其勞, 而莫之見賞. 所以每握管歎息, 遲回者久之, 非欲之而不能, 實能之而不欲也.

옛날에 공자는 그 성인의 명철함에 더하여, 하늘이 낸 분이기에 잘하는 것이 많았다.[22] 그는 역사서의 글이 번잡하여 독자들이 혼란스러워 할 것을 걱정

---

18 원담 : 행충行冲은 원담의 자이다. 훈고訓詁에 밝았으며, 직언을 꺼리지 않아 적인걸狄仁杰의 칭찬을 들었다. 북위北魏에 편년사가 없었는데, 그가 『위전魏典』 30권을 편찬했다. 『구당서』 권102에 열전이 있다.

19 오긍 : 『정관정요貞觀政要』를 편찬한 인물로, 유지기와 함께 『측천무후실록』 편찬에도 참여했다. 『신당서』 권132에 열전이 있다.

20 배회고 : 측천무후 때의 명장名將으로, 당나라에 저항하는 여러 소수민족의 투쟁을 진압했다. 『구당서』 권185하 「양리전良吏傳」에 나온다.

21 덕은~있다 : 『논어』 「이인里仁」에 나온다.

22 하늘이~많았다 : 『논어』 「자한子罕」에서 자공子貢은 "공자는 진실로 하늘이 낸 성인일 것이고, 또 잘하는 것이 많다."라고 했다.

하면서 시를 산절하여 300편으로 만들었고, 역대의 기록을 정리하여 『춘추』를 완성했으며, 『주역』의 도리를 명확히 하여 팔색八索을 밀어냈고, 『주례』의 『직방지職方志』를 기록하여 구구九邱를 없앴으며, 삼분과 오전의 기록을 면밀히 조사해서 요순시대부터 주나라에 이르기까지 정리했다.[23] 이렇게 공자의 손이 간 편찬물은 그 뒤 다시 간행할 필요가 없는 후세 왕법이 되었다.

이 뒤로 역사서의 수가 더욱 증가했으니, 당대에 뛰어난 재능을 가진 사람이 아니면 누가 그 결점을 바로잡을 수 있겠는가. 아아, 나 같은 보잘것없는 사람이 그런 책임을 감당하다니!

역사서의 경우, 일찍이 사마천과 반고로부터 요사렴姚思廉·이백약李百藥·영호덕분令狐德棻·안사고顏師古·공영달孔穎達 등의 저작에 대해서는 공자의 옛 뜻에 따라 할 수 있는 한 개정하여 바로잡아보려고 생각했던 적이 있다. 그러나 공자와 같이 명성이 있는 것도 아니면서 느닷없이 공자가 했던 일을 흉내 낸다면, 장차 속인들이나 놀라게 하고 사람들에게 원망을 들을 것이고, 공연히 헛수고만 할 뿐 칭찬은 들을 수 없을 것이다. 그래서 매번 붓을 잡고 탄식하면서 머뭇거린 지 오래되었다가 결심했을 뿐이다. 하려고 해도 할 수 없었던 것이 아니라, 실로 할 수 있었지만 해볼 마음이 생기지 않았던 것이다.

旣朝廷有知意者, 遂以載筆見推. 由是三爲史臣, 再入東觀.【則天朝爲著作佐郎, 轉左史. 今上初即位, 又除著作. 長安中, 以本官兼修國史, 會遷中書

---

23 그는~정리했다 : 이 대목은 한漢나라 공안국孔安國의 「상서 서尚書序」의 내용을 그대로 가져왔다. 팔색八索은 팔괘설八卦說을 기록한 것이고, 구구九邱는 구주九州의 토지와 생산품을 적은 것이며, 삼분三墳은 복희伏羲·신농神農·황제黃帝에 대한 것이고, 오전五典은 오제五帝에 대한 것이라 하는데, 모두 전하지 않는다.

舍人. 暫罷其任, 神龍元年又以本官兼修國史, 迄今不之改, 今之史館即古之
東觀也】每惟皇家受命, 多歷年所, 史官所編, 粗惟記錄. 至於紀傳及志,
則皆未有其書. 長安中年, 會奉詔預修『唐史』. 及今上即位, 又勑撰『則天
大聖皇后實錄』.

그런데 조정에서도 나의 의도를 헤아려주는 사람이 있어 마침내 역사를
기록하는 일에 추천을 받았다. 이로부터 세 번 사신史臣에 임명되었고 두 번
동관東觀에 근무하게 되었다.【측천무후 때 저작좌랑著作佐郎이 되었다가 좌사로 옮
겼다. 지금 황제가 즉위했을 때 또 저작랑에 임명되었다. 장안長安 연간에 저작랑으로
수국사修國史를 겸했고 그때 중서사인中書舍人으로 옮겼다. 잠시 그 직임을 그만두었다
가 신룡神龍 원년(705) 또다시 저작랑으로 국사國史를 아울러 편찬했는데,[24] 지금까지 관
직이 바뀌지 않았다. 지금의 사관史館이 곧 옛날 동관이다.】
　당나라 왕조가 천명을 받고 나서 상당한 세월이 경과했으므로 사관의 편
찬물이 대략 기록으로만 남아 있고, 기紀·전傳이나 지志의 경우에는 모두 책
으로 정리되지 않았다는 점을 늘 생각하고 있었다. 장안 연간에 마침 황제의
조칙을 받고『당사唐史』의 편찬에 참여했다. 그리고 지금 황제가 즉위한 뒤
에 또 황제의 명에 따라『측천대성황후실록則天大聖皇后實錄』을 편찬했다.

凡所著述, 嘗欲行其舊議, 而當時同作諸士及監修貴臣, 每與其鑿枘相違,
齟齬難入. 故其所載削, 皆與俗浮沈. 雖自謂依違苟從, 然猶大爲史官所嫉.
嗟乎! 雖任當其職, 而吾道不行; 見用於時, 而美志不遂. 鬱怏孤憤, 無以寄

---

24 신룡~편찬했는데 : 중종中宗이 무삼사武三思·위원충魏元忠·축흠명祝欽明·유지기劉知幾 등에게
　　실록 편찬을 명했다. 이듬해 20권을 편찬했다.

懷. 必寢而不言, 嘿而無述, 又恐歿世之後, 誰知予者. 故退而私撰『史通』,
以見其志.

　실록을 편찬할 때 역사에 대한 옛 의견을 실천에 옮기려고 했지만, 당시
함께 편찬에 참여한 동료 사관이나 감수를 맡은 높은 관원[25]과는 늘 둥근 구
멍에 모난 나무처럼 어긋나서 의견이 맞지 않았다.[26] 그래서 나는 사실을 싣
고 줄이는 일을 남들이 하는 대로 똑같이 했다. 비록 내 스스로는 우물쭈물
하면서 구차하게 따른다고 생각했지만, 오히려 사관들로부터 상당히 질시를
받았다.

　안타까울 뿐이다! 비록 사관을 맡았으나 나의 견해는 실행하지 못했고, 당
대에 붓을 들 수는 있었어도 가상한 뜻은 이루지 못했다. 우울하게 혼자서
분해했지만 하소연할 데가 없었기에 그만두고 전혀 말하지 않았으며, 침묵하
고 저술하지 않았다. 그러다가 또 내가 세상을 뜬 뒤 누가 나를 알아줄까 조
바심이 들기에 사관직을 물러나 개인적으로『사통史通』을 편찬해서 이런 나
의 뜻을 밝힌다.

昔漢世劉安著書, 號曰『淮南子』. 其書牢籠天地, 博極古今, 上自太公, 下
至商鞅, 其錯綜經緯, 自謂兼於數家, 無遺力矣. 然自『淮南』以後, 作者無
絶. 必商搉而言, 則其流又衆. 盖仲尼旣歿, 微言不行; 史公著書, 是非多謬.

---

25 감수를~관원 : 무삼사武三思를 가리킨다.

26 둥근~않았다 : 『초사장구楚辭章句』 권8, 송옥宋玉의 「구변九辯」에 나온다. 둥근 구멍에
　　모난 장부(예枘)를 넣으면 들어갈 수가 없다고 했다. 저어鉏鋙는 서어鉏鋙와 같고, 모순되어
　　서로 조화할 수 없다는 뜻이다.

由是百家諸子, 詭說異辭, 務爲小辨, 破彼大道, 故揚雄『法言』生焉. 儒者
之書, 博而寡要, 得其糟粕, 失其精華. 而流俗鄙夫, 貴遠賤近, 傳茲牴牾,
自相欺惑, 故王充『論衡』生焉.

　옛날 한나라 때 회남왕淮南王 유안劉安의 저서는 『회남자淮南子』라고 불렸다.
그 책은 천지와 고금에 걸친 모든 일을 망라하여 위로는 강태공姜太公으로부
터 아래로는 상앙商鞅에 이르기까지 경위를 종합했고, 스스로 제자백가를 겸
비했기에 남은 힘이 없다고 평가했다.[27] 그러나 『회남자』 이후에도 저작자는
끊이지 않았다. 분명 상세히 조사해보면 그런 부류는 더 많아졌을 것이다.

　대개 공자가 세상을 뜬 뒤에는 미언대의微言大義의 품격은 사라졌고,[28] 사마
천의 『사기』에도 시비 판단에 오류가 많아졌다.[29] 이 때문에 제자백가는 남
을 속이는 견해나 유별난 내용을 가지고 잗단 논변에 힘쓰게 되면서 그 대도
를 깨뜨렸기 때문에 양웅揚雄의 『법언法言』이 나타났다.[30]

　또 유가儒家 서적은 박학하지만 요점이 적어서 찌꺼기만 있고 그 정수를
잃었다. 세상의 어리석은 사람들이 귀한 것은 멀리하고 천한 것을 가까이하
며 이 잘못된 내용을 전달하면서 자기들끼리 서로 속이고 미혹시켰기 때문에
왕충王充의 『논형論衡』이 나타났다.[31]

---

27 그 책은~평가했다 : 유안 자신의 말이 아니라 고유高誘의 말이다. 『회남홍렬해淮南鴻烈解』
　　「서序」에 고유의 말로 보인다.
28 공자가~사라졌고 : 『전한서』 권30 「예문지藝文志」에 나온다.
29 사마천의~많아졌다 : 『전한서』 권62 「사마천전司馬遷傳」에 나온다.
30 제자백가는~나타났다 : 『양자법언揚子法言』 권1, 양웅 자신이 『논어』를 본떠 『법언法言』이라
　　고 이름을 지었다고 했다.
31 유가~나타났다 : 『논형』 권30 「자기自紀」에 나온다. 왕충의 자는 중임仲任으로, 반표에게
　　배웠다.

民者, 冥也, 冥然罔知, 率彼愚蒙, 墻面而視. 或訛音鄙句, 莫究本源, 或守
株膠柱, 動多拘忌, 故應劭『風俗通』生焉. 五常異稟, 百行殊軌, 能有兼偏,
知有長短. 苟隨才而任使, 則片善不遺, 必求備而後用, 則擧世莫可, 故劉
劭『人物志』生焉. 夫開國承家, 立身行事, 一文一武, 或出或處, 雖賢愚壤
隔, 善惡區分, 苟時無品藻, 則理難銓綜, 故陸景『典語』生焉. 詞人屬文, 其
體非一, 譬甘辛殊味, 丹素異彩. 後來祖述, 識昧圓通, 家有詆訶, 人相掎摭,
故劉勰『文心』生焉.

　　인민人民은 어두워서 아무것도 알 수 없으며,[32] 그 어리석은 무리를 이끄는
일은 담장을 마주하고 보는 것과 같다.[33] 더러는 거짓말과 비속한 글을 지으
며 사물의 근본을 탐구하지 않고, 더러는 수주대토守株待兎, 교주고슬膠柱鼓瑟
의 태도에 얽매어 변화를 꺼리기 때문에 응소應劭의 『풍속통風俗通』이 나타
났다.[34]
　　오상五常을 다르게 받고 태어나며,[35] 모든 행동에서 다른 길을 가며, 능력
에 차이가 있을 뿐 아니라 지혜에도 고하가 있다. 재능에 따라 일을 맡기면

---

32 인민은~없으며 : 『춘추번로春秋繁露』 권10 「심찰명호深察名號」에 "인민은 어둡고, 학자가
　　이들을 교화하지 않으면 생업에 종사하면서 위만 따를 뿐이다.[民者, 瞑也, 士不及化,
　　可使守事從上而已.]"라고 했다.

33 담장을~같다 : 담장을 마주하고 본다는 말은 꽉 막혀 있다는 뜻이다. 『논어』 「양화陽貨」에
　　"사람이 「주남」과 「소남」을 배우지 않으면 담장을 정면으로 마주하고 서 있는 것과
　　같다.[人而不爲「周南」·「召南」, 其猶正牆面而立也與!]"라고 했다. 「주남」과 「소남」은 『시
　　경』의 처음 편명이다.

34 더러는~나타났다 : 응소는 건안建安 2년(197)에 『풍속통』 31권을 편찬했다. 『후한서』
　　「응소열전應劭列傳」에 나온다.

35 오상을~태어나며 : 오상이란 인의예지신仁義禮智信을 말하며, 품품이란 타고난 성정性情과
　　기질氣質을 가리킨다.

아무리 작은 선행이라도 버리지 않을 수 있고, 반드시 모두 잘하기를 바라면서 등용하려 하면 온 세상 사람을 데려와 만족시킬 수 없기 때문에 유소劉劭의 『인물지人物志』가 나타났다.[36]

나라를 세우고 집안을 일으키며 이 세상에서 몸을 수양하고 정치를 할 때면, 한편으로는 문치文治가 있고 한편으로는 무비武備가 중요하며, 관직에 나아가기도 하고 물러나 있기도 한다. 비록 현명한 자와 어리석은 자 사이에는 하늘과 땅만큼의 차이가 있고 선악은 구분되게 마련이지만, 당대에 맞는 품평이 없으면 이치상 체계적으로 종합하기가 어렵기 때문에 육경陸景의 『전어典語』가 나타났다.[37]

글 쓰는 사람이 짓는 문장은 그 체재가 하나가 아니니, 단맛과 신맛은 전혀 다르고 흰색과 붉은색이 다른 빛깔을 띠는 것과 마찬가지다. 그런데 뒷날 그대로 따르는 사람들은 식견이 두루 통달하지 못하고, 학파끼리 헐뜯으면서 사람들의 흠을 잡는 경우가 많기 때문에 유협劉勰의 『문심조룡文心雕龍』이 나타났다.[38]

若『史通』之爲書也, 盖傷當時載筆之士, 其義不純, 思欲辨其指歸, 殫其體

---

36 재능에~나타났다 : 유소의 자는 공재孔才로, 위魏나라 명제明帝 때 등용되었는데, 경사에 밝았다. 그가 지은 『인물지』는 현존한다. 『삼국지 위지』 권21 「유소열전劉劭列傳」에 나온다.

37 비록~나타났다 : 육경은 자가 사인士仁이며, 삼국시대 동오東吳의 명장이었다. 『수서』 「경적지」에 『전어』 10권이 있었다고 한다. 『전어』는 인물 평가와 관련된 내용이었다고 한다.

38 뒷날~나타났다 : 유협의 자는 언여彦如이다. 일찍이 고아가 되었지만 학문을 좋아하여 양梁나라에서 벼슬했다. 말년에 승려가 되어 이름을 혜지慧地로 바꾸었다. 『문심조룡』은 고대 문학 이론과 비평을 가장 완벽하게 정리했다는 평가를 받고 있다.

統. 夫其書雖以史爲主, 而餘波所及, 上窮王道, 下掞人倫, 總括萬殊, 包呑
千有. 自『法言』已降, 迄于『文心』而往, 固以納諸胸中, 曾不蒂芥者矣.

나의 『사통史通』이란 책도 오늘날 붓을 잡은 사람들의 뜻이 순수하지 못하
기 때문에, 내가 그 점을 걱정해서 역사학의 목표나 지향을 변증하여 그 체
계와 원칙을 확립하고자 만든 것이다. 이 책이 비록 역사를 위주로 했지만,
그 여파는 위로 왕도王道에 이르고 아래로는 인륜人倫을 펴는 데 이르러, 만물
을 총괄하고 모든 존재를 포함할 것이다. 『법언』 이후 『문심조룡』에 이르기
까지 뛰어난 저술들을 가슴속에 담아두고 썼으니, 한번도 작은 문제에 구애
된 적이 없었다.

夫其爲義也, 有與奪焉, 有褒貶焉, 有鑒誡焉, 有諷刺焉. 其爲貫穿者深矣,
其爲網羅者密矣, 其所商略者遠矣, 其所發明者多矣. 蓋談經者惡聞服·杜
之嬖, 論史者憎言班·馬之失. 而此書多譏往哲, 喜述前非, 獲罪於時, 固其
宜矣. 猶冀知音君子, 時有觀焉. 尼父有云: “罪我者『春秋』, 知我者『春秋』,”
抑斯之謂也.

일반적으로 『사통』의 의미에는 여탈與奪[39]이 있고 포폄褒貶도 있으며, 감계
鑒誡가 있고 풍자諷刺도 있다. 『사통』은 깊게 파고들었고 촘촘히 망라했으며,
헤아리고 고려한 것도 원대할 뿐 아니라 새롭게 밝혀낸 부분도 많다. 그렇지
만 경서經書를 배우는 사람들은 내가 복건服虔이나 두예杜預를 비판하는 말을

---

39 여탈 : 흔히 생사여탈生死與奪이라 하여 주고 빼앗는 것을 가리키지만, 유지기의 용법에서는
'긍정과 부정' 정도의 의미를 지닌다.

들기 싫어하고, 사서史書를 배우는 사람들은 내가 사마천이나 반고의 결점에 대해 말하는 것을 미워한다.

하지만 이 『사통』에서는 옛날 대가들에 대해 이의를 많이 제기하고 그들의 잘못에 대해 기꺼이 서술했으므로 요즘 사람들로부터 죄를 얻는 것도 본시 당연하리라 생각하지만, 내 견해를 알아주는 사람들이라면 가끔 읽어주기 바란다. 공자가 "나를 알아주는 것도 오직 『춘추』이며, 나를 죄주는 것도 오직 『춘추』이다."[40]라고 했던 말도 아마 이런 의미였을 것이다.

昔梁徵士劉孝標作「敍傳」, 其自比於馮敬通者有三. 而予輒不自揆, 亦竊比於揚子雲者有四焉. 何者? 揚雄嘗好雕蟲小伎, 老而悔其少作. 余幼喜詩賦, 而壯都不爲, 耻以文士得名, 期以述者自命, 其似一也; 揚雄草『玄』, 累年不就, 當時聞者, 莫不哂其徒勞. 余撰『史通』, 亦屢移寒暑. 悠悠塵俗, 共以爲愚, 其似二也.

옛날 양나라에서 황제가 불러 관직에 들어갔던 유준劉峻은 「자서自序」를 써서 자신을 세 가지 점에서 후한의 풍연馮衍과 비교했다.[41] 나도 쉽게 잘난 체하면서 스스로 양웅과 닮은 것이 네 가지 있다고 생각한다. 무엇인가?

---

40 공자가~춘추이다 : 『맹자』「등문공 하滕文公下」에 나온다.
41 유준은~비교했다 : 효표孝標는 유준의 자이고, 경통敬通은 풍연의 자이다. 풍연은 왕망이 집권했을 때 출사하지 않고 유현劉玄에게 투속했다가, 광무제光武帝에게 항복했다. 광무제가 일찍 투항하지 않았다고 해서 외직으로 내보냈다. 명제明帝가 즉위한 뒤에도 비방을 받고 물러나 있다가 죽었다. 『후한서』「풍연열전馮衍列傳」에 나온다. 유준은 『양서梁書』「유준전劉峻傳」에 보이는 「자서」에서, 절조를 굽히지 않는 것, 세상에 이용되지 않았다는 것, 악처를 가졌다는 것 등 세 가지 점에서 자신이 풍연과 같다고 했다.

양웅은 일찍이 벌레나 조각하는 듯한 소소한 기량을 좋아했다가 늙어서는 그 젊었을 때의 작품을 후회했다.[42] 나는 어려서 시부詩賦를 좋아했지만 장년이 되고 나서는 전혀 하지 않았고, 문사로 이름을 얻은 일을 부끄러워하고 역사를 서술하는 사람이 되겠다고 기약했으니, 이것이 첫 번째로 닮은 점이다.

양웅이 『태현경太玄經』을 초안하면서 여러 해 동안 완성하지 못하니까 당시 사람들이 그의 헛된 노력을 비웃었다. 내가 『사통』을 저술할 때도 여러 번 추위와 더위가 지나갔고[43] 말 많은 속된 세상에서는 한결같이 어리석다고 생각했으니, 이것이 두 번째로 닮은 점이다.

揚雄撰『法言』, 時人競尤其妄, 故作「解嘲」以誚之. 余著『史通』, 見者亦互言其短, 故作「釋蒙」以拒之, 其似三也; 揚雄少爲范逡·劉歆所重, 及聞其撰『太玄經』則嘲以恐盖醬瓿. 然劉·范之重雄者, 盖貴其文彩若『長楊』·『羽獵』之流耳, 如『太玄』深奧, 理難以隤. 旣絕窺踰, 故加譏誚. 余初好文筆, 頗獲譽於當時. 晚談史傳, 遂減價於知己, 其似四也.

양웅이 『법언』을 썼을 때 당시 사람들이 다투어 그것을 망령되다고 허물했기 때문에 「해조解嘲」를 지어서 응답했다. 내가 『사통』을 저술할 때 이를 본 사람들도 역시 그 단점에 대해 서로 입방아를 찧어댔으므로 「석몽釋蒙」[44]을 써서 응대했으니, 이것이 세 번째로 닮은 점이다.

---

42 양웅은~후회했다 : 『양자법언揚子法言』 권2 「오자吾子」에 나온다.
43 내가~지나갔고 : 『사통』은 장안長安 2년(702)에 시작하여 경룡景龍 4년(710)에 완성되었으니, 만 8년이 걸린 셈이다.
44 「석몽」 : 제목으로만 본다면 어리석은 비난자들에 대한 반론으로 보이지만, 일찍이 없어져서 지금은 무슨 내용인지 확인할 길이 없다.

양웅이 젊었을 때 범준范逡과 유흠劉歆이 그를 중시했다가[45] 막상 『태현경』을 편찬했다는 소식을 듣기에 이르러서는 그 책이 된장 항아리나 덮게 될 것이라고 조소했다. 그러나 범준과 유흠이 양웅을 중시한 이유는 아마도 양웅의 『장양長楊』이나 『우렵羽獵』 같은 문채를 귀하게 여겼기 때문일 테고, 『태현경』 같이 심오한 사상은 이치를 탐구하기 어렵고 이미 넘볼 수 있는 수준을 넘어섰기[46] 때문에 비난했을 것이다. 나도 처음에는 문학을 좋아하여 나름대로 상당한 평판을 얻었다. 그러나 나이가 들어 역사를 논의하면서부터는 결국 친구들의 평판이 나빠졌으니, 이것이 네 번째로 닮은 점이다.

夫才唯下劣, 而蹟類先賢, 是用銘之於心, 持以自慰. 抑猶有遺恨, 懼不似揚雄者有一焉. 何者? 雄之『玄經』始成, 雖爲當時所賤, 而桓譚以爲數百年外, 其書必傳. 其後張衡·陸績果以爲絶倫參聖. 夫以『史通』方諸『太玄』, 今之君山, 即徐·朱等數君是也. 後來張·陸則未之知耳. 嗟乎! 倘使平子不出, 公紀不生, 將恐此書與糞土同捐, 煙燼俱滅. 後之識者, 無得而觀. 此予所以撫卷漣洏, 淚盡而繼之以血也.

나는 내세울 만한 재능이 있는 것도 아니지만 옛 현인들을 비슷하게 닮으려고 따라가면서 이렇게 마음속에 새기는 것으로 스스로 위안을 삼고 있다.

---

45 범준과~중시했다가 : 『전한서』 권87하 「양웅전 찬揚雄傳贊」에 나온다. 범준의 한자 范逡을 范踆이라고 보기도 하지만(포기룡, 조여보), 『전한서』에 따라서 范逡으로 보았다.

46 이미~넘어섰기 : 『맹자』 「등문공 하滕文公下」에 "구멍을 뚫고 서로 엿보며 담을 넘어 서로 어울리면 부모나 나라 사람들이 모두 천하게 여긴다.[鑽穴隙相窺, 踰牆相從, 則父母國人皆賤之]"라고 했다. 『맹자』의 용례와는 달리, 유지기는 규유窺踰를 범준이나 유흠이 '넘볼 수 있다'는 의미로 본 듯하다.

그렇지만 아직도 남은 한이 있으니, 양웅을 닮지 않은 점이 한 가지 있어서 걱정이다. 무엇인가?

양웅의 『태현경』이 처음 완성되었을 때 비록 당대 사람들에게 천시를 받기는 했지만, 환담桓譚만은 수백 년이 지나도 그 책이 전해질 것이라고 말했다.[47] 그리고 과연 후세에 장형張衡이나 육적陸績은 『태현경』이 모든 저술 중에서 가장 빼어나며 양웅은 성인의 경지에 올랐다고 평가했다.[48]

나의 『사통』을 『태현경』에 비유하면, 오늘날의 환담은 바로 서견徐堅과 주경칙朱敬則 등 몇 명이다. 그리고 과연 후세에 장형이나 육적 같은 사람이 나타날지는 알 수 없다. 아아, 만일 장형이 나오지 않고 육적이 태어나지 않는다면 장차 이 책은 거름과 함께 없어지고 연기와 함께 사라져 결국 뒷날의 학자들이 얻어 볼 수 없을 것이다. 이 때문에 내가 책을 어루만지면서 눈물을 흘리다 보니, 눈물이 마르고 이어 피를 토하는 심정이로구나. 史通

---

47 환담은~말했다 : 『전한서』 권87하 「양웅전 찬揚雄傳贊」에 나온다. 환담의 자는 군산君山이다.

48 장형이나~평가했다 : 장형의 자는 평자平子이다. 장형은 양웅의 『태현경』을 오경五經과 비교했다. 『후한서』 권59 「장형열전」에 나온다. 육적의 자는 공기公紀이며, 삼국시대 오나라 사람이다. 장수의 재능이 있었으며, 군사를 훈련시키는 틈틈이 저술도 했다. 저술로는 『태현경』 권수卷首 「육적술현일편陸績述玄一篇」이 있다. 『삼국지 오지』 권57에 열전이 있다.

夫自二儀旣判垂玄象之文萬
肇化生彰紀事之實蒼頡沮誦
以前造物代爲敷揚山川曲爲
撝寫何必人抽金匱之藏世檀

雪嘉責國也抄

事情先死眈眈

于子上束八又灵

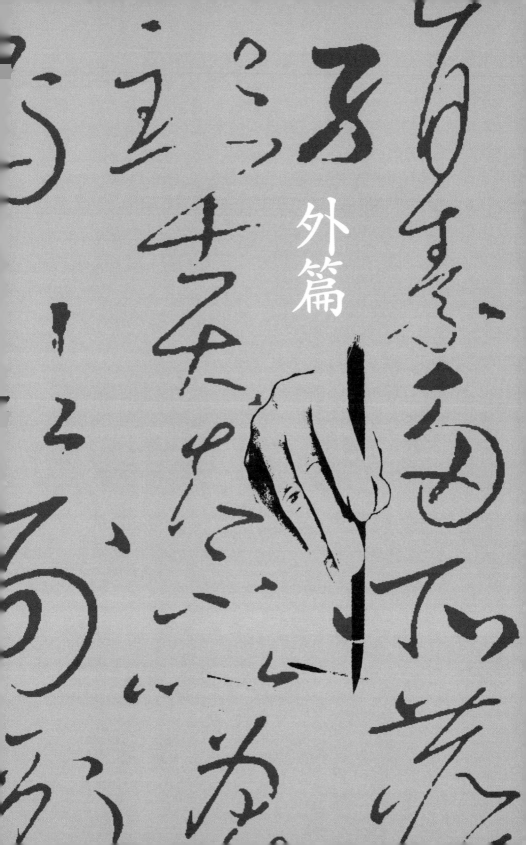

外篇

『사통·내편』과 『사통·외편』은 주主—보輔의 관계에 있다고 할 수 있다. 『사통·내편』 안에도 구조가 있지만, 내편과 외편 사이에도 구조가 있고, 그것이 주—보의 관계일 것이다. 말하자면 내편의 원론에 이어 외편에서 구체적인 사례와 실습을 수행했다고 볼 수 있다.

역사를 다루는 관직은 옛날에 헌원씨가 천자가 되었을 때부터 있었다. 그 후 하·은·주 3대에 이르러 관직 수가 점차 늘어났는데, 『주관』과 『예기』에 보면 태사·소사·내사·외사·좌사·우사 등의 명칭이 있었다. 전국시대에 이르러서도 사관은 폐지되지 않았다. 그러나 유지기는 기록이 불충분하기 때문에 사관의 등급에 대해서 판단하기 어렵고, 아마 태사가 가장 높았을 것이라고 추측했다. 태사라는 관직은 예로부터 저술이 중심이었지만, 역상이나 일월, 음양이나 하늘에 대한 일 등을 아울러 관장했다. 그리고 군주의 행동은 좌사가, 말은 우사가 기록했다고 했다.

당나라가 건국되자 바로 사관史館을 따로 만들어 궁중에 설치했다. 이때부터 사관을 대부분 다른 관서에서 뽑아왔으므로 저작 관청은 거의 이름만 남게 되었다. 사관의 업무인 필삭도 다른 관청의 몫이 되었다.

유지기는 사관에게 두 가지 임무가 있다고 말한다. 하나는 동시대의 역사 자료를 바탕으로 사실과 말을 기록하는 것이고, 또 하나는 정리하고 산정하여 후대의 역사가에게 좋은 자료를 제공하는 것이다. 그리고 역사가가 당대의 기록을 적을 때는 동호나 남사 같은 사람을 모범으로 하고, 후대를 위해 편찬할 때는 반고나 진수 같은 사람을 본받아야 한다고 강조한다.

당시 사람들은 사관에 발탁되는 것을 명예로 여겼지만, 유지기가 볼 때 붓을 들어 글을 지을 수 있는 사람은 열 명 중 한둘에 불과했다. 그런데도 역사서가 완성되면 서로 포상을 받으려 앞다퉈서 결국 시비에 기준이 없고 진위가 뒤섞였다. 유지기는 이들 역사가가 살아서는 당대의 사실을 왜곡하고, 죽어서는 후대에 미혹만 남겼다고 탄식했다.

外篇
01

사관의 발달과 변화
史官建置

史官建置[1]

夫人寓形天地, 其生也若蜉蝣之在世, 如白駒之過隙, 猶且恥當年而功不立, 疾沒世而名不聞. 上起帝王, 下窮匹庶, 近則朝廷之士, 遠則山林之客, 其於功也名也, 莫不汲汲焉孜孜焉. 夫如是者, 何哉? 皆以圖不朽之事也. 何者而稱不朽乎? 蓋書名竹帛而已.

인간이 천지 사이에서 모습을 갖추고 태어나 그 일생이 마치 하루살이가 이 세상을 살듯,[2] 문틈으로 흰 망아지가 지나가는 것을 보듯[3] 짧은 것이기는 하지만, 나이가 되었는데도 공적을 세우지 못하면 부끄러워하고 종신토록 이름이 일컬어지지 않으면 괴로워한다.[4] 이는 위로 제왕에서부터 아래로 보통 사람들까지, 또 가깝게는 조정의 관리로부터 멀게는 산림에 묻혀 숨어 있는 사람까지, 누구나 조바심을 내면서 공적이나 명성을 열심히 추구한다. 이는 왜인가? 불후의 사적事蹟을 도모하기 때문이다. 무엇을 불후의 사적이라고

---

1 『사고전서』본에는 「사관건치史官建置」 편목 아래 '총14조總十四條'라는 주가 달려 있고, 본문에도 '기일조其一條' 같이 내용별 주가 달려 있다. 이 편이 서문과 13개 조항의 사관 제도로 이루어져 있다는 점에서 14조라는 말이 무의미하지는 않다. 그러나 포기룡 이래 주석가들은 원래 조를 나눈 것이 아니라 하여 인정하지 않았으며, 내용 구분을 위해 남겨두는 것 역시 효용성이 떨어진다고 판단했다. 이 책에서도 삭제했다.

2 하루살이가~살듯 : 『태평어람太平御覽』에 『회남자淮南子』의 말을 인용한 데 보인다.

3 문틈으로~보듯 : 『장자莊子』 「지북유知北遊」에 나온다.

4 종신토록~괴로워한다 : 『논어』 「위령공衛靈公」에 공자가 말하기를 "군자는 종신토록 이름이 일컬어지지 않는 것을 괴로워한다."라고 했다.

부르는가? 바로 역사서에 이름이 남는 일이다.

向使世無竹帛, 時闕史官, 雖堯·舜之與桀·紂, 伊·周之與莽·卓, 夷·惠之與
跖·蹻, 商·冒之與曾·閔, 但一從物化. 墳土未乾, 而善惡不分, 妍媸永滅者
矣. 苟史官不絶, 竹帛長存, 則其人已亡, 杳成空寂, 而其事如在, 皎同星漢.

　만약 세상에 역사서가 없고 당대에 기록을 맡는 사관이 없다면, 요순堯舜
같은 성인도, 걸주桀紂 같은 폭군도, 이윤伊尹이나 주공周公 같은 명신도, 왕망王
莽이나 동탁董卓 같은 역신逆臣도, 백이伯夷나 유하혜柳下惠 같은 깨끗한 사람도,
도척盜跖이나 장교莊蹻 같은 도적도, 상신商臣이나 흉노의 모돈冒頓 같은 친족
살인자도, 증삼曾參이나 민자건閔子騫 같은 덕망 있는 사람도 그저 죽으면 한결
같이 흙이 될 뿐이다. 그들의 무덤의 흙이 채 마르지 않았는데도 그 사람이
선한지 악한지가 구분되지 않고, 아름다운지 추한지도 모르게 될 것이다. 하
지만 사관이 끊어지지 않고 역사서가 길이 남는다면, 어떤 사람이 죽어서 아
련히 사라지더라도 그의 행적은 살아 있는 듯 저 하늘의 별처럼 빛날 것이다.

用使後之學者, 坐披囊篋, 而神交萬古, 不出戶庭, 而窮覽千載, 見賢而思
齊, 見不賢而內自省. 若乃『春秋』成而逆子懼, 南史至而賊臣書, 其記事載
言也則如彼, 其勸善懲惡也又如此. 由斯而言, 則史之爲用, 其利甚博, 乃
生人之急務, 爲國家之要道. 有國有家者, 其可缺之哉! 故備陳其事, 編之
於後.

　그리하여 후세의 학자가 앉아서 상자를 열어보면 정신은 만고의 옛날과

통하고, 집에서 나오지 않아도 천년의 역사를 다 살펴볼 수 있으며, 현명한 사람을 보면서 자신도 똑같이 되려고 노력하고, 현명하지 못한 사람을 보면서 안으로 자신을 반성하게 된다. 『춘추』가 완성되어 난신적자亂臣賊子가 두려워했고 남사南史 같은 곧은 역사가가 있어서 적신을 기록했으니, 그 사건과 말을 기재하는 것이 그와 같았고, 그 권선징악勸善懲惡이 또한 이와 같았다. 이렇게 말하자면 역사의 쓰임새는 그 이로움이 매우 넓으니, 바로 살아 있는 사람의 의무이자 나라를 다스리는 가장 중요한 방도이다. 나라와 집안이 있는 경우에 어찌 이를 소홀히 할 수 있겠는가! 그러므로 이 사실을 상세히 진술하여 아래에 설명하겠다.

蓋史之建官, 其來尚矣. 昔軒轅氏受命, 倉頡沮誦實居其職. 至於三代, 其數漸繁. 按『周官』·『禮記』有大史·小史·内史·外史·左史·右史之名. 大史掌國之六典, 小史掌邦國之志, 内史掌書王命, 外史掌書使乎四方, 左史記言, 右史記事. 「曲禮」曰: "史載筆, 大事書之於策, 小事簡牘而已," 「大戴禮」曰: "太子旣冠成人, 免於保傳, 則有司過之史." 『韓詩外傳』云: "據法守職而不敢爲非者, 太史令也." 斯則史官之作, 肇自黃帝, 備於周室, 名目旣多, 職務咸異. 至於諸侯列國亦各有史官, 求其位號, 一同王者.

역사를 다루는 관직을 둔 것은 유래가 오래되었다. 옛날 헌원씨軒轅氏가 천자가 되었을 때 창힐倉頡과 저송沮誦이 실제로 그 관직에 있었다. 하·은·주 3대가 되면서 그 수는 점차 늘어났다. 『주관周官』과 『예기』에 보면 태사太史·소사小史·내사内史·외사外史·좌사左史·우사右史 등의 명칭이 있다. 태사는 나라의 여섯 가지 전례典禮를 맡고,[5] 소사는 나라의 지志를 맡으며, 내사는 임금의 명을 기록하고, 외사는 사방에 보내는 외교문서를 맡으며, 좌사는 사람들이

하는 말을, 우사는 사실을 기록한다.

『예기』「곡례曲禮」에는 "사관은 붓을 지니고 다니다가 큰 일은 책策에 적고, 작은 일은 간독簡牘에 적었다."라고 했으며, 「대대례大戴禮」에는 "태자가 이미 관례를 치러 제몫을 하게 되면 수행하던 관원들은 그만두게 하고, 그 대신에 무엇인가 잘못이 있으면 그것을 적는 사관을 둔다."라고 했다. 또 『한시외전韓詩外傳』에는 "법에 따라 기록하는 관직을 맡았으니 감히 나쁜 짓을 할 수 없는 것이 태사령太史令이다."라고 했다. 이렇게 보면 사관이라는 것은 황제 시대에 시작하여 주나라 왕조 때 완비되었으며, 관직의 명칭도 이미 많았고 맡은 일도 각각 달랐던 것 같다. 제후들의 나라에도 사관이 있었는데, 관직의 명칭이나 지위는 왕(천자)의 나라와 같았다.

至如孔甲·尹逸, 名重夏·殷, 史佚·倚相, 譽高周·楚. 晉則伯黶司籍, 魯則丘明受經, 此並歷代史臣之可得言者. 降及戰國, 史氏無廢. 蓋趙鞅晉之一大夫爾, 猶有直臣書過, 操簡筆於門下; 田文齊之一公子爾, 每坐對賓客, 侍史記於屏風. 至若秦·趙二主澠池交會, 各命其御史書某年某月皷瑟·皷缶. 此則『春秋』"君擧必書"之義也.

공갑孔甲과 윤일尹逸은 각각 하나라와 은나라에서 중용되었던 사관이고, 사일史佚과 의상倚相은 주나라와 초나라에서 명예가 높았던 사관이었다. 진晉나라의 백염伯黶은 전적典籍을 맡았고,[6] 노나라의 좌구명左丘明은 『춘추』를 배웠

---

5 태사는~맡고 : 『주례집설周禮集說』 권수하卷首下에 "주관周官 육전六典을 상세히 알 수 있다. 전치典治·전교典教·전례典禮·전정典政·전형典刑·전가典事가 있어서 거기에 해당하는 관청과 관직이 있었다."라고 했다.

다. 이들은 모두 대대로 사관이라고 불릴 만한 사람들이다.

전국시대에 이르러서도 사관은 폐지되지 않았다. 조앙趙鞅은 진나라의 일개 대부 신분이었지만 '곧은 신하는 잘못을 기록하는 법'이라며 문하에서 간책을 가지고 기록하게 했고,[7] 전문田文은 제齊나라의 일개 공자 신분이었지만 손님을 맞을 때마다 병풍 뒤에서 시사侍史가 대화를 기록했다고 한다.[8] 진秦나라와 조趙나라의 두 임금이 민지澠池에서 만났을 때, 각각 수행한 사관에게 "몇 년 몇 월에 거문고를 연주하고 북을 쳤다."라고 기록하게 했다.[9] 이것이 『춘추』에서 말하는 "군주가 행동하면 반드시 기록한다."[10]라는 뜻이다.

然則官雖無闕, 而書尚有遺, 故史臣等差, 莫辨其序. 按『呂氏春秋』曰: "夏太史終古見桀惑亂, 載其圖法出奔商; 商太史向摯見紂迷亂, 載其圖法出奔周; 晉太史屠黍見晉之亂, 亦以其圖法歸周." 又『春秋』晉·齊太史書趙·崔之弑; 鄭公孫黑强與於盟, 使太史書其名, 且曰七子. 昭二年, 晉韓宣子來聘, 觀書於太史氏, 見『易』象與『魯春秋』曰: "周禮盡在魯矣." 然則諸史之任, 太史其最優乎! 至秦有天下, 太史令胡母敬作「博學章」, 此則自夏迄

---

6 진나라의~맡았고 : 『춘추좌씨전』 소공 15년에 나온다.

7 조앙은~했고 : 조앙은 조간자趙簡子이다. 여기에 나오는 사관은 주사周舍이다. 유향劉向의 『신서新序』 권1 「잡사雜事」에 나온다.

8 전문은~한다 : 전문의 본명은 맹상군孟嘗君이다. 『사기史記』 권75 「맹상군열전孟嘗君列傳」에 나온다.

9 진나라와~했다 : 조나라 혜문왕惠文王과 진나라 소왕昭王이 민지에서 회맹했는데, 소왕이 혜문왕에게 거문고 연주를 부탁하면서 대동한 사관에게 이 사실을 기록하게 했다. 그러자 혜문왕을 보좌하던 인상여藺相如도 소왕에게 분와盆瓦를 연주하도록 청하고 사관에게 이를 기록하게 했다. 『사기』 권81 「염파인상여열전廉頗藺相如列傳」에 나온다.

10 "군주가~기록한다." : 『춘추좌씨전』 은공隱公 5년에 나온다.

秦, 斯職無改者矣.

그런데 관직이 빠진 데가 없는데도 기록은 여전히 불충분하기 때문에 사관의 등급에 대해서는 차례를 판단하기 어렵다. 『여씨춘추呂氏春秋』를 보면 "하나라의 태사太史 종고終古가 걸왕桀王의 미혹과 어지러운 정치를 본 뒤, 기록 양식을 가지고 은나라로 도망쳤다. 은나라의 태사 향지向摯도 주왕紂王의 미혹과 어지러운 정치를 보고는 기록 양식을 가지고 주나라로 도망쳤다. 진나라의 태사 도서屠黍도 진나라의 어지러운 정치를 보고 나서 역시 그 기록 양식을 가지고 주나라로 귀순했다."[11]라고 했다.

또한 『춘추』에는 진나라와 제나라의 태사가 조순趙盾과 최저崔杼의 시해 사실을 기록했고,[12] 정나라의 공손흑公孫黑이 강제로 동맹에 참여했을 때 태사에게 자신의 이름도 쓰게 하여 칠자七子의 한 사람으로 불렸던 사실이 나온다.[13] 소공 2년에는 진나라의 한선자韓宣子가 노나라에 사신으로 와서 태사의 집에서 기록을 보았는데, 『주역』 상사象辭와 『춘추』가 있는 것을 보고 "주나라의 제도와 문화가 모두 노나라에 있구나."라고 감탄했다는 이야기가 있다.

사관에는 여러 등급이 있었겠지만, 그중에서 태사가 가장 높았을 것이다. 진나라가 천하를 통일하자 태사령 호모경胡母敬이 「박학博學」 7장을 만들었는데,[14] 태사는 하나라부터 진나라까지 그 관직이 바뀌지 않았음이 확실하다.

---

11 『여씨춘추』를~귀순했다. : 도서가 주나라로 귀순한 것은 진나라 출공出公 때의 일이다. 『여씨춘추』 권16 「선직先職」에 나온다.

12 『춘추』에~기록했고 : 조순의 일은 『춘추좌씨전』 선공宣公 2년의 일이다. 『춘추좌씨전』 양공襄公 25년 5월 23일 전문傳文에는 제나라 최저가 군주를 시해한 사실을 태사가 그대로 기록했다가 최저에게 살해된 내용이 나온다.

13 정나라~나온다 : 『춘추좌씨전』 소공昭公 원년의 일이다. 칠자는 공손단公孫段·한호罕虎·공손교公孫僑·인단印段·유길游吉·사대駟帶에 공손흑이 포함된 일곱 사람을 말한다.

漢興之世, 武帝又置太史公, 位在丞相上, 以司馬談爲之. 漢法天下計書先
上太史, 副上丞相, 敍事如『春秋』. 及談卒, 子遷嗣. 遷卒, 宣帝以其官爲令,
行太史公文書而已. 尋自古太史之職, 雖以著述爲宗, 而兼掌曆象·日月·
陰陽·筭數. 司馬遷旣沒, 後之續『史記』者, 若褚先生·劉向·馮商·揚雄之
徒, 並以別職來知史務. 於是太史之署, 非復記言之司. 故張衡·單颺·王立·
高堂隆等, 其當官見稱, 唯知占候而已.

한나라가 흥성할 때 무제武帝 또한 태사공太史公을 두었는데, 그 지위는 승
상丞相보다 위였으며 사마담司馬談을 거기에 임명했다. 한나라 법에 따르면 천
하의 서류를 모아 먼저 태사에게 올리고 그 부본을 승상에게 주었는데, 이는
『춘추』처럼 기록하는 구조였다.[15] 사마담이 죽자 그의 아들 사마천이 뒤를
이었다. 사마천이 죽은 뒤 선제宣帝는 태사공을 태사령으로 바꾸고, 태사공으
로 하여금 지금까지 하던 직무 중에서 문서만 맡게 했다. 보통 태사라는 관
직은 예로부터 저술이 중심이었지만, 역상曆象이나 일월日月, 음양陰陽이나 하
늘에 대한 일 등을 아울러 관장했다.

사마천 이후, 저소손褚少孫·유향劉向·풍상馮商·양웅揚雄[16]처럼 『사기』를 이었
던 사람들은 모두 별도의 관직을 가지고 사관의 직무를 맡았다. 그래서 태사

---

14 진나라가~만들었는데 : 『전한서』 권30 「예문지藝文志」에 나온다.

15 한나라가~구조였다 : 이 대목은 『한서』 권 62 「사마천전司馬遷傳」의 기록이다. 색은索隱에
따르면 나라에서 기록 편찬을 따로 했던 것은 사실이지만, 태사공의 지위가 승상 위에
있었다는 것은 오류이다.

16 저소손·유향·풍상·양웅 : 저선생은 저소손으로, 그는 후한 때 박사를 지냈으며, 당시
사람들로부터 선생이라고 존경을 받았다. 풍상은 유향에게서 배웠다. 풍상과 양웅은 대조待
詔를 지냈다. 이들은 전임은 아니었지만 모두 기록에 관련된 직무를 맡으며 사관을 맡고
있었다.

라는 관서는 더 이상 말을 기록하는 관청이 아니었다. 그러므로 태사였던 장형張衡·단양單颺·왕립王立·고당륭高堂隆[17] 등의 경우도 그들의 이름이 알려진 것은 천문역수에 밝았기 때문이다.

當王莽代漢, 改置柱下五史, 秩如御史. 聽事, 侍傍記跡言行. 蓋劾古者動則左史書之, 言則右史書之, 此其義也.

왕망王莽이 한漢나라를 대체하여 신新 왕조를 세웠을 때 주하오사柱下五史라는 관직을 두었지만, 그 관직의 등급은 어사御史와 같았다. 사건에 대해 듣고, 황제의 곁에서 언행을 기록했다. 옛날 군주의 행동은 좌사左史가 기록하고, 말은 우사右史가 기록했다고 했는데, 이것이 그 뜻이다.

漢氏中興, 明帝以班固爲蘭臺令史, 詔撰「光武本紀」及諸列傳·「載記」. 又楊子山爲郡上計吏, 獻所作「哀牢傳」, 爲帝所異, 徵詣蘭臺. 斯則蘭臺之職, 蓋當時著述之所也. 自章·和已後, 圖籍盛於東觀. 凡撰漢記, 相繼在乎其中, 而都爲著作, 竟無他稱.

그 후 한나라 왕조가 중흥하자, 명제明帝는 반고를 난대령사蘭臺令史로 삼아

---

17 장형·단양·왕립·고당륭 : 장형은 안제安帝 때 태사령을 지냈다. 단양은 효렴孝廉으로 천거되었지만 얼마 후 태사령으로 옮겼다. 왕립은 분명하지 않다. 고당륭의 자는 승평升平이고 명제明帝 때 태사령을 지냈는데, 천문으로 이름이 높았다. 『삼국지三國志 위지魏志』 권25 「고당륭전高堂隆傳」에 나온다.

「광무본기光武本紀」와 각종 열전 및 「재기載記」를 편찬하라고 명했다.[18] 또 양종楊終이라는 사람이 군의 회계부를 도읍에 보내는 직무를 맡았을 때 자신이 지은 「애뢰전哀牢傳」을 바쳤는데, 명제가 거기에 감동을 받아 그를 발탁하여 난대蘭臺에 배치했다.[19] 이를 보면 당시 난대는 저술하는 일을 맡은 관서였다. 장제章帝와 화제和帝 이후 기록류는 동관東觀에 모았다. 아울러 한나라의 모든 역사 편찬은 동관에서 계속하면서 이를 저작著作이라고 불렀고, 마침내 다른 명칭은 없어졌다.

當魏太和中, 始置著作郎, 職隷中書, 其官即周之左史也. 晉元康初, 又職隷秘書, 著作郎一人爲之大著作, 專掌史任, 又置佐著作郎八人. 宋·齊已來, 以'佐'名施於上下.【改佐著作郎爲著作佐郎】舊事, 佐郎職知博採, 正郎資以草傳, 如正·佐有失, 則秘監職司其憂. 其有才堪撰述, 學綜文史, 雖居他官, 或兼領著作. 亦有雖爲秘書監, 而仍領著作郎者. 若中朝之華嶠·陳壽·陸機·束晳, 江左之王隱·虞預·干寶·孫盛, 宋之徐爰·蘇寶生·梁之沈約·裴子野, 斯並史官之尤美, 著作之妙選也. 而齊·梁二代又置修史學士, 陳氏因循, 無所變革, 若劉陟·謝吳·顧野王·許善心之類是也.

삼국시대 위魏나라 태화太和 연간(227~232)에 비로소 저작랑著作郎을 두어 중서감中書監에 예속시켰는데, 그 관직은 곧 주나라 좌사에 해당한다. 진나라

---

18 명제는~명했다 : 『후한서』 권70상 「반표열전 자고班彪列傳子固」에 나온다.

19 양종이라는~배치했다 : 자산子山은 양종의 자이다. 촉군蜀郡 사람으로, 명제 때 난대蘭臺 교서랑校書郎이 되어 오경을 수정했다. 『춘추외전春秋外傳』 12권이 있다. 『후한서』 권48 「양종열전楊終列傳」에 나온다.

원강元康 초기(292)에 또 사관을 비서감秘書監에 예속시키고 저작랑 중에서 한 사람을 대저작大著作으로 삼아 역사 임무를 전담하게 했으며, 좌저작랑 8명도 두었다. 송나라와 제나라 이후에는 좌佐 자를 작作 자 아래에 붙여 저작좌랑이 되었다. 【좌저작랑을 저작좌랑으로 고쳤다.】 옛날 사례를 보면, 좌랑佐郎의 직무는 사료 수집이고, 정랑正郎의 직무는 사전史傳을 작성하는 것이다. 정랑이나 좌랑에게 잘못이 있으면 비서감이 책임을 졌다. 찬술에 재능이 있어 문학과 사학에 학문이 뛰어난 사람은 다른 관직에 있더라도 저작의 직무를 겸임시키곤 했다. 또한 비서감으로 있으면 그대로 저작랑을 맡는 사람도 있었다.

위나라와 서진西晉에서는 화교華嶠·진수陳壽·육기陸機·속석束晳[20] 등이, 동진東晉[21]에서는 왕은王隱·우예虞預·간보干寶·손성孫盛 등이, 송나라에서는 서원徐爰·소보생蘇寶生 등이, 양나라에서는 심약沈約·배자야裴子野 등이 각각 당시 사관 중에서 뛰어난 사람들이자, 저작 중에서 절묘하게 선발된 사람들이다. 그런데 제나라와 양나라 두 왕조에서는 또한 수사학사修史學士를 두고, 진나라 왕조도 이를 그대로 따르면서 바꾸지 않았는데, 유척劉陟[22]·사오謝吳·고야왕顧野王[23]·허선심許善心[24] 같은 사람들이 수사학사였다.

---

20 위나라와~속석 : 중조中朝는 위나라와 서진을 말한다. 속석의 자는 광미廣微이며, 고문자에 밝았다. 『삼위인사전三魏人士傳』 등 다수의 저술이 있었지만, 지금은 모두 없어졌다. 『진서晉書』 권51 「속석전束晳傳」에 나온다.

21 동진 : 강좌江左는 동진을 가리킨다.

22 유척 : 양나라 무제武帝 때 두위지杜偉之와 함께 여러 서적을 선별했다. 『제기齊紀』 10권 등을 편찬했는데, 모두 없어졌다. 『남사南史』 권72 「문학전文學傳」에 나온다.

23 고야왕 : 자는 희풍希馮이다. 『일부日賦』를 짓고 『여지지輿地志』 등도 저술했는데, 현존하는 『옥편玉篇』 30권 외에는 모두 없어졌다. 『진서陳書』 권30 「고야왕전顧野王傳」에 나온다.

24 허선심 : 자는 무본務本으로, 수나라 문제文帝 때 궁궐 안의 장서를 정리했다. 아버지 허형증許亨曾이 『양사梁史』를 편찬하다가 완성하지 못했는데, 허선심이 이어서 70권으로 완성했다. 『수서隋書』 권58 「허선심전許善心傳」에 나온다.

至若偏隅僭國, 夷狄僞朝, 求其史官, 亦可言者. 按『蜀志』稱王崇補東觀,
許蓋掌禮儀, 又卻正爲秘書郎, 廣求益部書籍. 斯則典校無缺, 屬辭有所矣.
而陳壽評云: "蜀不置史官"者, 得非厚誣諸葛乎? 別有「曲筆」篇言之詳矣.
吳歸命侯時, 有左右二國史之職, 薛瑩爲其左, 華覈爲其右, 又周處自左國
史遷東觀令, 以斯考察, 則其班秩可知.

　　변방에서 참칭한 나라나 이민족이 세운 왕조들도 사관을 두었던 것이 사
실이다. 『촉지蜀志』를 보면 왕숭王崇이 동관에 보임되었다든가, 허개許蓋가 예
의禮儀를 맡았다고 했으며,[25] 또 각정卻正이 비서랑이 되어 익부益部의 서적을
널리 찾았다고 했다.[26] 이를 보면 촉에서도 담당하는 관리와 기록을 남기는
관청이 있었음을 알 수 있다. 그런데도 진수는 평하기를 "촉나라는 사관을
두지 않았다."라고 했는데, 이는 제갈량을 심하게 무함한 것이 아니겠는가?[27]
이 점은 따로 「곡필曲筆」 편에서 상세히 설명해두었다.
　　오나라의 귀명후歸命侯 때[28] 좌우 두 국사의 관직을 두어 좌국사에 설형薛

25　『촉지』를~했으며 : 포기룡에 따르면, 진수陳壽의 『삼국지三國志 촉지蜀志』나 배송지裵松之의
　　주에서는 이런 사실이 확인되지 않는다고 했다. 허개라는 인물도 미상이다. 다만, 『삼국지
　　촉지』 권42 「허자전許慈傳」에 나오는 허자가 유지기가 말하는 허개의 행적과 일치한다.
26　각정이~했다 : 각정의 본명은 찬纂이며, 자는 영선令先이다. 촉나라에서 비서랑을 역임했다.
　　『삼국지 촉지』 권42 「각정전卻正傳」에 나온다. 익부는 현재의 사천 지방이다.
27　진수는~아니겠는가 : 촉나라에 대한 진수의 평가를 유지기는 이렇게 보았다. 즉 진수의
　　아버지가 제갈량 때문에 머리를 깎이고 쫓겨나는 처분을 당했기 때문에 진수가 『삼국지
　　촉지』 권32 「후주전後主傳」에서 제갈량을 혹평하고 촉나라에 사관이 없다고 기술했다는
　　것이다.
28　오나라 귀명후 때 : 귀명후는 진晉나라에 항복한 뒤 손호孫皓가 받은 작위이다. 손호의
　　자는 원종元宗(재위 264~285)으로, 오나라의 마지막 황제이다. 오나라에 쳐들어온 진晉나라
　　장수 왕준王浚에게 패배하고 항복했다. 진나라는 손호를 낙양洛陽으로 보내고 귀명후에
　　봉했다. 『삼국지三國志 오지吳志』 권48 「손호전孫皓傳」에 나온다.

莹,[29] 우국사에 화핵華覈[30]을 임명한 사실과, 또한 주처周處가 좌국사에서 동관의 영令으로 승진했던[31] 사실에서 사관의 위계를 알 수 있다.

僞漢嘉平初, <u>公師彧</u>以太中大夫領左國史, 撰其國君臣紀傳. 前涼張駿時, <u>劉慶</u>遷儒林郎·中常侍, 在東苑, 撰其國書. 蜀李與西涼二朝記事, 委之門下. 南涼主烏孤初定霸基, 欲造國紀, 以其參軍郭韶爲國紀祭酒, 使撰錄時事. 自餘僞主, 多置著作官, 若前趙之<u>和苞</u>, 後燕之<u>董統</u>是也.

위한僞漢의 가평嘉平[32] 초기에 공사욱公師彧이 태중대부로 좌국사를 겸임하면서 자기 나라의 군신에 대한 본기와 열전을 편찬했다. 전량前涼의 장준張駿[33] 때, 유경劉慶이 유림랑儒林郎과 중상시中常侍가 되어 동원東苑에서 국사를 편찬했다. 성한成漢[34]과 서량西涼[35] 두 왕조에서는 역사 기록을 학사學士에게

---

29 설형 : 자는 도언道言이고, 손호孫皓 때 상서尙書를 지냈다. 우국사 화핵의 건의로 좌국사에 임명되었다. 진晉나라에 들어와서 『후한기後漢紀』를 편찬했는데, 그중 일부만 전한다. 『삼국지 오지』 권53 「설형전薛瑩傳」에 나온다.

30 화핵 : 자는 영선永先이고, 손호가 즉위한 뒤 우국사에 임명되었다. 직간直諫을 잘했으며 글이 뛰어났다. 『삼국지 오지』 권65 「화핵전華覈傳」에 나온다.

31 주처가~승진했던 : 주처는 처음에 오나라에서 관직을 시작하여 동관의 좌승左丞에 올랐다. 오나라가 망한 뒤 후일 진晉나라 군사를 따라 출정했다가 전사했다. 『진서晉書』 권58 「주처전周處傳」에 나온다.

32 위한의 가평 : 가짜 한나라라는 뜻의 위한은 유지기가 흉노의 귀족 유연劉淵이 세운 한나라, 즉 전조前趙를 폄하한 말이다. 가평은 유연의 아들 유총劉聰의 연호(311~314)이다. 아래에 나오는 위주僞主(가짜 군주)는 바로 이들 군주를 말한다.

33 장준 : 전량의 문왕文王(재위 324~345)으로, 자는 공정公庭이다.

34 성한 : 촉이蜀李는 성한成漢을 가리킨다. 위 사실은 『진서晉書』 「재기載記」에 나온다.

35 서량 : 서량은 이고李暠가 세웠다. 이고는 반궁泮宮을 설립하고 고문학사高門學士를 늘렸다.

맡겼다. 남량南涼[36]에서는 독발오고禿發烏孤가 패자覇者의 터전을 다질 때 국사
편찬을 결심하고 참군參軍 곽소郭韶를 국기좨주國紀祭酒에 임명하여 당대사를
찬록하게 했다. 그 외의 위주僞主(가짜 군주)들도 대부분 저작 관원을 두었으니,
전조前趙[37]의 화포和苞나 후연後燕[38]의 동통董統 등이 이에 해당될 것이다.

元魏初稱制, 即有史臣, 雜取他官, 不恒厥職. 故如崔浩·高閭之徒, 唯知著
述, 而未列名號. 其後始於秘書置著作局, 正郎二人, 佐郎四人. 其佐三史
者, 不過一二而已. 普泰以來, 三史稍替, 別置修史局, 其職有六人. 當代都
之時, 史臣每上奉王言, 下詢國俗, 兼取工於翻譯者, 來置史曹. 及洛京之
末, 朝議又以爲國史當專任代人. 不宜歸之漢士. 於是以谷纂, 山偉更主文
籍. 凡經二十餘年, 其事闕而不載, 斯蓋猶秉夷禮, 有互鄕之風者焉.

원위元魏가 처음 왕조를 세울 때 사관을 두었지만, 다른 관직에서 데려온
데다 그 관직이 늘 있었던 것도 아니다. 그러므로 최호崔浩나 고려高閭[39] 같은
사람도 오직 저술만 할 줄 알았지, 사관이라는 이름을 갖지는 못했다. 그 뒤
비로소 비서감에 저작국을 설치하고 정랑 2명과 좌랑 4명을 두었다. 삼사三
史[40]를 보좌하는 것은 한두 사람에 지나지 않았다. 보태普泰 연간 이래 삼사는

---

36 남량 : 독발오고가 세웠다. 3대에 걸쳐 18년(397~414) 동안 유지되었다.

37 전조 : 앞의 유연劉淵이 세운 한나라를 말한다. 유연 등 4대 27년(303~329) 동안 유지되었다.
4대 유요劉曜 때 화포가 수릉壽陵을 만드는 일에 반대했는데, 유요는 이에 감동을 받고
기뻐하여 화포를 평여자平輿子로 삼았다.

38 후연 : 선비족의 모용수慕容垂가 세웠다. 4대 23년(384~407) 동안 유지되었다.

39 고려 : 본명의 한자는 려驪인데, 최호崔浩가 그의 재능을 아껴서 개명시켰다. 자는 염사閻士이
고, 『연지燕志』 10권을 편찬했으나 일실되었다. 『위서魏書』 권54 「고려전高閭傳」에 나온다.

차츰 변화했고, 별도로 수사국修史局을 두었는데 그 관직에 6명이 있었다.[41]

　대代 땅에 도읍했을 때 사관이 늘 위로는 임금의 말을 기록하고 아래로는 나라의 습속을 채집하였으며, 아울러 선비어를 한어로 번역할 수 있는 사람들을 채용하여 사관 부서에 배치했다. 낙경洛京 말에 조정에서, 국사는 전적으로 선비족이 맡아야지 한인에게 맡겨서는 안 된다는 의견이 나왔다.[42] 그래서 곡찬谷纂과 산위山偉가 문적을 주관하게 되었다.[43] 그 뒤 20년이 지나면서 사실들이 빠지고 기록되지 않았으니, 이는 대체로 오랑캐의 제도를 따름으로써 호향互鄕의 풍속[44]이 생겼기 때문이다.

高齊及周, 迄于隋氏, 其史官以大臣統領者, 謂之監修國史. 自領, 則近循魏代, 遠効江南, 參雜其間, 變通而已. 唯周建六官, 改著作之正郞爲上士, 佐郞爲下士, 名諡雖易, 而班秩不殊. 如魏收之擅名河朔, 柳虯之獨步關右, 王劭·魏澹展効於開皇之朝, 諸葛穎·劉炫宣功於大業之世, 亦各一時也.

40　삼사 : 삼사參史라고 되어 있는 판본도 있으나, 구체적으로 어떤 관직인지 알 수 없다.

41　보태~있었다 : 보태는 북위北魏의 민제閔帝 탁발공拓跋恭의 연호인데, 1년만(531) 사용했을 뿐이다. 그런데 『위서魏書』에는 수사국이란 관청 명칭이 보이지 않는다.

42　낙경~나왔다 : 낙경은 북위의 효문제孝文帝 탁발굉拓跋宏이 낙양으로 천도했기 때문에 부른 이름이다. 대인代人은 선비족의 탁발부 귀족을 가리킨다.

43　곡찬과~되었다 : 곡찬의 자는 영소靈紹이다. 『위서』「곡찬전谷纂傳」에는 그가 학식이 없어서 사료를 편찬하지도 못했다고 한다. 산위山偉의 자는 중재仲才이고, 저작랑을 지냈다. 나중에 기거주起居注를 감수했다.

44　호향의 풍속 : 『논어』「술이述而」에 "호향 지역 사람들은 함께 이야기하기 어렵다.[互鄕難與言]"라고 했는데, 이는 선비족 사람들이 고집스럽고 함께 문화를 만들기 어렵다는 뜻으로 표현한 것이다.

북제北齊에서 북주北周를 거쳐 수나라 왕조에 이를 때까지 대신의 직위를 갖고 총괄하는 사관을 감수국사監修國史라고 불렀다. 감수국사가 관할하는 일은 가까이는 북위北魏 시대를 따르고 멀리는 동진東晉의 제도를 모방한 것이지만, 반드시 그대로 따른 것이 아니라 융통성을 발휘하여 바꾼 것이다. 다만 북주에서는 6관을 제정하면서 저작정랑을 상사上士로, 좌랑을 하사下士로 고쳤다. 이름은 바뀌었지만 위계는 다르지 않았다. 북제[45]에서는 위수魏收가 이름을 날렸으며, 북주에서는 유규柳虯가 독보적이었고,[46] 수나라의 문제文帝 때 왕소王劭와 위담魏澹이, 양제煬帝 때는 제갈영諸葛穎[47]과 유현劉炫[48]이 나라에 큰 공을 세웠는데, 모두 각각의 시대를 대표하는 사관이었다.

暨皇家之建國也, 乃別置史館, 通籍禁門. 西京則與鸞渚爲鄰, 東都則與鳳池相接. 而館宇華麗, 酒饌豐厚, 得厠其流者, 實一時之美事. 至咸亨年, 以職司多濫, 高宗喟然而稱曰: "朕甚懵焉." 乃命所司曲加推擇, 如有居其職而闕其才者, 皆不得預於修撰.【詔曰: "修撰國史, 義存典實, 自非操履忠正,

---

45 북제 : 하삭河朔(황하 북쪽)은 북제를 가리킨다.

46 북주에서는~독보적이었고 : 관우關右(함곡관 오른쪽)는 북주를 가리킨다. 유규의 자는 중번仲蟠이며, 당시 사치 풍조 속에서도 검소했다고 한다. 대통大統 14년(548)에 감수국사를 역임했다. 『주서周書』 권38 「유규전柳虯傳」에 나온다.

47 제갈영 : 자는 한漢이고, 8세부터 문장을 잘했다. 여러 번 저작랑이 되어 양제의 총애를 받았다. 대업大業 11년(615), 양제가 북쪽 지방에 순수하러 갈 때 따라갔다가 길에서 죽었다. 저술에 「난가북순기鑾駕北巡記」 등이 있다. 『수서』 권76 「문학열전文學列傳」에 나온다. 『수서』의 영穎은 영穎의 오류이다.

48 유현 : 자는 광백光伯이다. 주周나라에서 왕소王劭와 함께 동수국사同修國史를 맡았으나, 그의 저작은 거의 남아 있지 않다. 『수서』 권75 「유림전儒林傳」에 그의 「자찬自贊」이 수록되어 있다.

識量該通, 才學有聞, 難堪斯任. 如聞近日已來, 但居此職, 即知修撰, 非唯編緝訛舛, 亦恐洩漏史事. 自今宜遣史司, 精簡堪修史人, 灼然爲衆所推者, 錄名進內. 自餘雖居史職, 不得輒聞見所修史籍及未行用國史等之事.】由是史臣拜職, 多取外司, 著作一曹, 殆成虛設. 凡有筆削, 畢歸餘官. 始自武德, 迄乎長壽, 其間若李仁實以直辭見憚, 敬播以敍事推工, 許敬宗之矯妄, 牛鳳及之狂惑, 此其善惡尤著者也.

　지금의 당나라가 건국되자 곧바로 사관史館을 따로 두되, 궁중에 설치하여 출입증을 교부하여 다닐 수 있게 했다.[49] 서경西京, 즉 장안長安에서는 연못 난저鸞渚 근처였다. 동도東都, 즉 낙양洛陽에서는 연못 봉지鳳池와 인접해 있었다. 관청 건물도 화려하고 사관들이 먹는 술과 음식도 풍부했기에, 이 무렵 사관에 들어가는 것은 실로 당대의 영광이었다. 그러나 고종高宗 함형咸亨 연간(670~674)에 이르러 불필요한 인원이 늘어나자, 고종이 "나도 어떻게 하면 좋을지 전혀 모르겠다."라고 탄식하면서 담당 관리에게 명령하기를, 엄격하게 전형하고 사관 자리를 감당할 재능이 없는 자는 모두 수찬에 참여하지 못하게 했다.【조칙을 내렸다. "국사를 수찬하는 일은 전범典範을 성실히 하는 데 뜻이 있다. 그러니 스스로 행실이 충정하고 식견이 해박하며 재능과 학문에 뛰어나지 않으면 이 직임을 감당할 수 없다. 근래에 이 관직을 차지하기만 하면 바로 수찬을 맡음으로써 편집에 잘못이 생길 뿐 아니라 기록에 실린 사실들이 누설될까 걱정이다. 이제부터는 사관史館에서 수찬을 담당할 수 있는 사람을 정밀히 고르되, 반드시 많은 사람의 추대를 받는 사람의 이름만 적어 들이라. 그 나머지는 아무리 사관의 직책에 있더라도 편찬하고 있는 사적이나 아직 통용되지 않는 국사를 마음대로 보고 들을 수 없을 것이다."[50]】

---

49 지금의~했다 : 당나라도 처음에는 수나라의 사관 제도를 그대로 준용했다. 태종太宗 정관貞觀 3년(629)에 처음으로 궁중에 사관을 두었다.

이때부터 사관史官은 대부분 다른 관서에서 뽑아왔고, 저작 관청은 거의 이름만 남게 되었다. 필삭도 결국 나머지 관청으로 돌아갔다. 고조高祖 무덕武德 연간(618~626)에서 측천무후則天武后 장수長壽 연간(692~694)에 걸친 사이에 이인실李仁實[51]은 곧은 기록을 했다 하여 남들에게 꺼림을 받았으며, 경파敬播[52]는 서사 능력으로 칭찬을 받았고, 허경종許敬宗[53]은 함부로 속였으며, 우봉급牛鳳及[54]은 정신이 나간 사람이었으니, 이들은 잘잘못이 두드러지게 나타났던 경우이다.

又按『晉令』, 著作郎掌起居注, 撰錄諸言行勳伐舊載史籍者. 元魏置起居令史, 每行幸讌會則在御左右, 記錄帝言及賓客酬對. 後別置修起居注二人, 多以餘官兼掌. 至隋, 以吏部散官及校書·正字閑於述注者修之, 納言兼領其事. 煬帝以爲: "古有內史·外史, 今旣有著作, 宜立起居." 遂置起居舍人二

---

50 조칙을~것이다 : 『당회요唐會要』에 따르면, 이는 함형咸亨 원년(670) 11월 21일에 내린 조칙이다.

51 이인실 : 당나라 초기에 좌사를 역임했다. 곧은 기록을 하여 숨기는 일이 없었다. 『당회요』 권63에 따르면, 고종은 허경종이 편찬한 정관 23년(649) 이후의 실록을 본 뒤에 "허경종이 쓴 것은 대부분 믿을 만한 기록이 아니다."라며 이인실에게 고치라고 명했다.

52 경파 : 정관 3년(629) 안사고顔師古와 공영달孔穎達을 도와 『수서隋書』를 편찬했다. 이후 허경종과 함께 고조와 태종 대의 실록을 편찬했다. 『수략隋略』 등의 저술이 있으나, 모두 일실되었다. 『당서』 권189상 「유림열전儒林列傳」에 나온다.

53 허경종 : 자는 연족延族이다. 원래 수나라에서 관직을 시작했으나, 아버지 허선심許善心이 살해당하자 도망쳤다. 당 태종 때 저작랑이 되었고, 『고조실록』과 『태종실록』을 편찬했다. 실록을 편찬할 때 믿을 만하고 상세하게 기록한 사람이 경파였다면, 허경종은 자신의 호오에 따라 사실을 왜곡했다고 한다. 『당서』 권82 「허경종열전許敬宗列傳」에 나온다.

54 우봉급 : 당 중종中宗 때 시랑侍郎과 감수국사監修國史를 지냈고, 『당서唐書』 110권을 편찬하는 데 참여했다. 우봉급은 열전이 남아 있지 않다.

員, 職隷中書省. 如庾自直·崔祖濬·虞世南·蔡允恭等咸居其職, 時謂得人.

또한 『진령晉令』[55]을 보면, 저작랑은 기거주를 담당하면서 과거의 사적에 실린 여러 사람들의 언행이나 훈공 등을 발굴하여 편찬했다. 한편 북위에서는 기거령사起居令史를 두어, 천자의 행차나 연회가 있으면 그 곁에서 천자의 말과 빈객의 응대를 기록했다. 뒤에 수기거주修起居注 2명을 따로 두었지만, 그들은 대부분 다른 관직을 아울러 맡고 있었다.

수나라에 이르러 이부吏部의 산관散官 및 교서校書·정자正字 중에서 글을 잘 짓는 자를 선발하여 천자의 일상 기록을 수찬하게 했고, 납언納言이 그 일을 겸하여 감독하게 했다.[56] 양제는 "옛날에는 내사나 외사라는 것이 있었다. 지금은 이미 저작이 있으니, 기거를 두어야 할 것이다."라고 하고,[57] 마침내 기거사인起居舍人 2명을 두어 중서성에 예속시켰다. 유자직庾自直[58]·최조준崔祖濬[59]·우세남虞世南[60]·채윤공蔡允恭[61] 등이 모두 그 관직에 있었는데, 당대에 적임자라고 평가받았다.

---

55 『진령』: 『수서』 「경적지經籍志」에 따르면, 가충賈充 등이 40권으로 편찬했다고 한다.

56 납언이~했다 : 『수서』 「백관지百官志」에, 문하성門下省에 납언 2명을 두었는데 모두 정3품이라고 했다.

57 양제는~하고 : 『문헌통고文獻通考』 권52 「기거起居」, 양제煬帝의 말에 나온다.

58 유자직 : 양제가 즉위한 뒤 저작랑이 되었고, 우문화급于文化及이 양제를 죽인 뒤 병이 나서 죽었다. 『수서』 권76 「문학열전文學列傳」에 나온다.

59 최조준 : 『수서』 권23 「허선심열전許善心列傳」에 보면 선심善心과 최조준이 『영이기靈異記』 10권을 편찬했다고 한다.

60 우세남 : 자는 백기伯起로, 서법書法에 뛰어났다. 양제 때 기거랑을 거쳐 기거사인으로 옮겼다. 『당서』 권72 「우세남열전虞世南列傳」에 나온다.

61 채윤공 : 양제 때 기거사인을 지냈는데, 양제가 궁녀들을 가르치라고 하자, 그것을 치욕으로 여기고 병을 핑계 삼아 관직에 나가지 않았다. 『당서』 권190상 「문원열전文苑列傳」에 나온다.

皇家因之, 又加置起居郎二人, 職與舍人同. 每天子臨軒, 侍立於玉階之下, 郎居其左, 舍人居其右. 人主有命, 則逼階延首而聽之, 退而編錄以爲起居注. 龍朔中, 改名左史·右史, 今上卽位, 仍從國初之號焉. 高祖·太宗時, 有令狐德棻·呂才·蕭鈞·褚遂良·上官儀; 高宗·則天時, 有李安期·顧胤·高智周·張太素·凌季友. 斯並當時得名, 朝廷所屬也. 夫起居注者, 編次甲子之書, 至於策命·章奏·封拜·薨免, 莫不隨事記錄, 言惟詳審, 凡欲撰帝紀者, 皆稱之以成功. 今爲載筆之別曹, 立言貳職, 故略述其事附於斯篇.

현재 당나라[62]도 그대로 따르고 있지만, 거기에 기거랑起居郎 3명을 더 두었다. 그 직무는 사인舍人과 같았다. 천자가 신하들을 회합할 경우에는 옥계 아래에 서게 하여 기거랑을 왼쪽에, 기거사인을 오른쪽에 자리 잡게 했다. 천자의 명이 있을 때는 옥계 가까이 와서 목을 빼고 들었으며, 물러나서는 기록을 편집하여 기거주를 만들었다.[63] 고종 용삭龍朔 2년(662)에 좌사·우사라는 이름으로 고쳤지만, 지금 황제(中宗)가 즉위해서는 국초의 명칭을 따랐다. 고조와 태종 때는 영호덕분令狐德棻·여재呂才[64]·소균蕭鈞[65]·저수량褚遂良[66]·상관의

---

62 당나라 : 포기룡의 견해 등을 보면 황가皇家가 아닌 당씨唐氏로 되어 있는 판본이 많은데, 당조唐朝라든가 당씨라는 표현은 유지기가 피했을 것이다. 아마 후대 사람들이 자신들의 입장에서 당씨라고 했을 것이다. 조여보 등의 견해에 따라 역자가 황가皇家로 바꾸었다.

63 천자의~만들었다 : 『신당서』「백관지」기거랑조起居郎條에 나온다.

64 여재 : 음악과 역법에 능통했다. 『수기隋記』 20권을 편찬했으나, 일실되었다. 『당서』 권79 「여재열전呂才列傳」에 나온다.

65 소균 : 고종 때 간의대부諫議大夫 등을 지냈다. 그런데 『당서』 권63 「소우전蕭瑀傳」에 함께 실린 그의 열전에는 그가 역사를 담당했다는 기록이 없다. 소우蕭瑀는 그의 숙부이다.

66 저수량 : 자는 등선登善이고, 태종 때 등용된 명신이다. 태종이 기거주를 보려 했을 때 반대했고, "나의 잘못을 누가 기록하느냐?"라는 물음에 자신이 사실대로 기록한다고 대답했다. 『당서』 권80 「저수량전褚遂良傳」에 나온다.

上官儀[67] 등이 있었고, 고종과 측천무후 때는 이안기李安期[68]·고윤顧胤[69]·고지주高智周[70]·장태소張太素[71]·능계우凌季友 등이 있었다. 이들은 모두 당대에 이름을 얻었고, 조정에서도 중용되었다.

기거주는 연월에 따라 기록을 순차적으로 편집하고, 천자의 책명이나 신하들의 장주, 관작의 인면, 사망 기록 등에 이르기까지 사안마다 기록하지 않는 일이 없어서 말 그대로 가장 상세한 기록을 남겼다. 그러므로 황제 본기를 편찬하려면 기거주의 기록을 조사해야 만들 수 있었다. 지금은 붓을 잡고 기록하는 사관 관직이 따로 있어서 기거주가 부수적인 관직이라고 할 수 있기 때문에, 그런 사실을 이곳에 붙여서 대략 기술해둔다.

又按『詩』「邶風 靜女」之三章, 君子取其彤管, 夫彤管者, 女史記事規誨之所執也. 古者人君, 外朝則有國史, 內朝則有女史, 內之與外, 其任皆同. 故晉獻惑亂, 驪姬夜泣, 牀第之私, 房中之事, 不得掩焉. 楚昭王讌遊, 蔡姬對以其愿, 王顧謂史: "書之, 蔡姬許從孤死矣." 夫宴私而有書事之冊, 蓋受命者即女史之流乎.

---

67 상관의 : 비서랑을 거쳐 『진서晉書』의 편찬에 참여했고, 후에 기거랑이 되었다. 『당서』 권80 「상관의전上官儀傳」에 나온다.

68 이안기 : 이백약李百藥의 아들이고, 정관 초에 『진서晉書』의 편찬에 참여했다. 『당서』 권72 「이안기전李安期傳」에 나온다.

69 고윤 : 고종 때 기거랑을 지냈고, 『태종실록太宗實錄』을 편찬한 뒤 『국사國史』 80권도 편찬했다. 『당서』 권73 「영호덕분전令狐德棻傳」에 부록된 「고윤전顧胤傳」에 나온다.

70 고지주 : 측천무후 때 재상으로 감수국사를 맡았다. 『당서』 권185상 「고지주전高智周傳」에 나온다.

71 장태소 : 『신당서』 권58 「예문지」에 따르면, 『후위서後魏書』 100권, 『북제서北齊書』 20권, 『수서隋書』 32권을 편찬했다고 한다.

또 『시경』에 있는 「패풍邶風 정녀靜女」 3장에 보면 "군자가 동관彤管을 받았다."라고 했는데,[72] 동관이란 여사女史가 사실을 기록하고 교육을 규정하기 위해서 가지고 있던 것이다. 옛날에는 군주가 신하들과 논의하는 국정에 국사國史가 있었고, 왕실 내의 사안에 대해서는 여사가 있었으니, 왕실 안팎으로 그 임무가 같았다.

이런 까닭에, 진나라 헌공獻公의 미혹되고 어지러움을 이용하여 여희驪姬가 밤에 울면서 그를 속여 설득하려고 했을 때도, 마루에서 둘이 속삭였던 말이나 방 안에서 했던 행동까지 감출 수 없었던 것이다.[73] 초나라 소왕昭王이 연회를 열었을 때 채희蔡姬가 자신의 소원을 말하자, 왕이 사관을 돌아보며 "써놓아라. 채희가 나를 따라 죽겠다고 약속했다."라고 했다.[74] 무릇 연회 같은 사사로운 자리에도 기록이 남았으니, 아마 그런 임무를 띤 사람이 바로 여사들이었을 것이다.

至漢武帝時, 有『禁中起居注』; 明德馬皇后撰『明帝起居注』. 凡斯著述, 似出宮中, 求其職司, 未聞位號. 隋世王劭上疏, 請依古法, 復置女史之班, 具錄內儀, 付於外省. 文帝不許, 遂不施行. 大抵自古史官, 其沿革廢置如此. 夫仲尼修『春秋』, 公羊高作『傳』. 漢·魏之陸賈·魚豢, 晉·宋之張璠·范曄, 雖身非史職, 而私撰國書. 若斯人者, 有異於是, 故不復詳而錄之.

---

72 『시경』에~했는데 : 「정녀靜女」에 "예쁘고 정숙한 아가씨, 내게 빨간 대나무 통을 주었네.[靜女其孌, 貽我彤管]"라고 했다. 「모서毛序」에 따르면, 「정녀」는 위衛나라 군주가 무도하고 부인이 덕이 없음을 풍자한 시다.

73 진나라~없었다 : 『국어國語 진어晉語』 권7에 그들의 대화가 모두 기록으로 남아 있다.

74 초나라~했다 : 『고열녀전古烈女傳』 권5 「초소월희楚昭越姬」에 나온다.

한나라 무제 때는 『금중기거주禁中起居注』가 있었고, 명덕황후明德皇后는 『명제기거주明帝起居注』를 편찬했다. 이 저술들은 아마 궁중에 있는 여자의 손에서 나온 듯한데, 그들의 직제를 찾아보아도 위계나 명칭을 모르겠다. 수나라 때는 왕소王劭가 상소하여, 옛 법에 따라 다시 여사女史라는 관원을 두어 황실의 활동을 두루 기록하고 그 기록을 정식 사관의 관청에 보내어 보관하자고 청했으나, 문제文帝가 허락하지 않아서 결국 시행되지 못했다.

대체로 예로부터 내려온 사관의 연혁과 폐치는 이와 같았다. 무릇 공자가 『춘추』를 편수했고, 공양고公羊高가 『공양전公羊傳』을 썼으며, 한나라와 위나라에는 육가陸賈와 어환魚豢이, 진나라와 송나라에는 장번張璠과 범엽范曄 등이 있었다. 이들은 비록 사관의 직책은 아니었지만 개인적으로 나라의 역사서를 편찬했다. 이런 사람들은 사관과는 다르기 때문에 여기서 다시 상세하게 수록하지는 않았다.

夫爲史之道, 其流有二. 何者? 書事記言, 出自當時之簡; 勒成刪定, 歸於後來之筆. 然則當時草創者, 資乎博聞實錄, 若董狐·南史是也; 後來經始者, 貴於儁識通才, 若班固·陳壽是也. 必論其事業, 前後不同, 然相須而成, 其歸一揆.

원래 역사의 길에는 두 가지 흐름이 있다. 하나는 당대 역사 자료를 통해 사실과 말을 기록하는 것이고, 또 하나는 정리하고 산정하여 후대의 역사가에게 좋은 자료를 제공하는 것이다. 따라서 당대의 기록을 처음 적는 사람은 널리 듣고 사실 기록에 의지해야 하니, 동호董狐나 남사南史 같은 사람이 이들이다. 후대에 편찬을 도모하는 사람은 탁월한 식견과 통달한 재능을 소중하게 여겨야 하니, 반고班固나 진수陳壽 같은 사람이 이들이다. 군이 일의 성격을 논하자면 전자와 후자가 같지 않지만, 서로 기다려야만 완성되므로 그 추구하는 바는 같다.

觀夫周·秦已往, 史官之取人, 其詳不可得而聞也. 至於漢·魏已降, 則可得而言. 然多竊虛號, 有聲無實. 按劉·曹二史, 皆當代所撰, 能成其事者, 蓋唯劉珍·蔡邕·王沈·魚豢之徒耳. 而舊史載其同作, 非止一家, 如王逸·阮籍亦預其列. 且叔師研尋章句, 儒生之腐者也; 嗣宗沈湎麴糱, 酒徒之狂者也. 斯豈能錯綜時事, 裁成國典乎?

주나라와 진나라 이전에 사관을 어떻게 선발했는지는 상세히 알 수 없다. 그러나 한나라와 위나라 이후로는 설명이 가능하다. 다만 대부분 허명을 훔친 것이어서 유명무실한 경우가 많다. 후한後漢과 삼국시대 위魏나라의 역사를 당대에 편찬하여 완성할 수 있었던 역사가로는 유진劉珍·채옹蔡邕·왕침王沈·어환魚豢 같은 사람들뿐이었다. 그러나 옛 역사에 후한이나 위나라의 역사서를 수록한 것이 한두 역사가가 아니고, 왕일王逸[75]이나 완적阮籍도 그 반열에 들어간다. 하지만 왕일은 글 구절만 연구했으니 썩은 유생이었고, 완적은 누룩이나 좋아했으니[76] 술주정뱅이였다. 이들이 어찌 당대의 사실을 체계적으로 정리하고 나라의 전례典禮를 마름질할 수 있었겠는가?

---

75 왕일 : 자는 숙사叔師로, 순제順帝 때 시중侍中을 맡았고 『초사장구楚辭章句』 16권을 편찬했다. 『후한서』 권80상 「문원전文苑傳」에 나온다.

76 완적은~좋아했으니 : 사종嗣宗은 완적의 자이다. 국얼麴糱이란 누룩을 말한다. 『진서』 권49 「완적전阮籍傳」에 나온다.

而近代趨競之士, 尤喜居於史職, 至於措辭下筆者, 十無一二焉. 旣而書成
繕寫, 則署名同獻; 爵賞旣行, 則攘袂爭受. 遂使是非無準, 眞僞相雜, 生則
厚誣當時, 死則致惑來代. 而書之譜傳, 以爲美談; 載之碑碣, 增其壯觀. 昔
魏帝有言: "舜·禹之事, 吾知之矣." 此則劾歟!

그러나 근래 경쟁심이 강한 사람들은 사관에 발탁되기를 바라지만, 실제로
붓을 들어 글을 지을 수 있는 사람은 열 명 중 한둘에 지나지 않는다. 그런데
도 역사서가 완성되어 장정이 끝나면 서명하고 천자에게 함께 바치며, 이 일
로 포상을 받게 되면 소매를 걷어붙이고 서로 차지하려고 한다. 결국 시비是非
에는 기준이 없고 진위眞僞가 서로 뒤섞여, 살아서는 당대의 사실을 마구 왜
곡하고, 죽어서는 후대에 미혹만 남긴다. 그런데도 족보나 열전에 그 일을 적
어서 미담으로 삼고, 묘갈에 새겨서 화려함을 더했다.[77] 지난날에 위나라 문
제文帝가 말하기를 "순舜과 우禹의 사실을 나도 안다."라고 했으니,[78] 이는 바
로 그런 사관들 때문에 생긴 결과일 것이다. 史通

---

77 화려함을 더했다 : 『사고전서』본에는 원문의 장관壯觀 아래에 "그런 뒤에 스스로 행적을
전하고 좋은 점을 칭찬하며 '어느 시대에 어떤 책을 저술했고, 어느 해에 어떤 역사서를
완성해서, 얼마간의 호戶가 더 봉해졌고, 얼마의 하사품을 받았다.'라고 했다. 이런 경우가
이따금 있었는데, 읽는 사람들로 하여금 명실상부하게 공상功賞이 주어졌다고 생각하게
했다.[旣而自曆行事, 稱其所長, 則云: '某代著某書, 某年成某史, 加封若干戶, 獲賜若干段.'
諸如此類往往而有, 遂使讀者皆以爲名實相符, 功賞相副.]"라는 대목이 있다. 그러나 포기룡
은 문장이 복잡하여 맥락도 닿지 않을 뿐 아니라 주석도 잘못된 것이라며 삭제했다.
이 대목이 번잡하기는 하지만 족보나 묘갈에 칭송해놓는다는 맥락에서 본다면 그리 어색하
지 않은 듯해서, 일단 포기룡의 설을 따른다.
78 위나라~했는데 : 『삼국지 위지』「문제기文帝紀」에 나온다.

「고금정사古今正史」에서는 고대부터 당나라 시대까지 편찬된 정사正史의 성격과 특징을 서술했다. 삼분과 오전, 『상서』, 『춘추』, 『사기』, 『한서』, 『동관한기』, 『후한서』, 『삼국지』, 『진서』, 『송서』, 『제서』, 『양서』, 『진서』, 『십육국춘추』, 『후위서』, 『북제서』, 『주서』, 『수서』, 『당서』가 그 논의의 대상으로, 편찬 배경은 물론 편수 책임자에 대해서도 밝혔을 뿐 아니라 유지기가 일일이 평을 해놓았다.

유지기는 말을 모으고 사건을 열거하되 시간순으로 정리하는 것이 역사가들의 근본 임무라고 보았다. 따라서 이 편에서는 위와 같은 중요한 역사서를 중심으로 다루었다. 여기에서 편기偏記나 소설小說은 상론하지 않았다.

外篇
02

정사의 흐름과 종류
古今正史

古今正史

● **삼분과 오전**三墳五典

『易』曰: "上古結繩以理, 後世聖人易之以書契." 儒者云: "伏犧氏始畫八
卦, 造書契, 以代結繩之政, 由是文籍生焉." 又曰: "伏犧·神農·黃帝之書謂
之三墳, 言大道也; 少昊·顓頊·高辛·唐·虞之書謂之五典, 言常道也." 『春
秋傳』載: "楚左史能讀三墳·五典." 『禮記』曰: "外史掌三皇·五帝之書."
由斯而言, 則墳·典文義, 三·五史策, 至於春秋之時猶大行於世. 爰及後古,
其書不傳, 惟唐·虞已降, 可得言者. 然自堯而往, 聖賢猶述, 求其一二, 髣
髴存焉. 而後來諸子, 廣造奇說, 其語不經, 其書非聖. 故馬遷有言: "神農
已前, 吾不知矣," 班固亦曰: "顓頊之事, 未可明也." 斯則墳·典所記, 無得
而稱者焉. 右說三墳·五典.

　『주역』「계사繫辭」에 이르기를 "먼 옛날에는 줄을 묶어 기록했지만, 후세
에는 성인이 문자 부호인 서계書契로 바꾸었다."라고 했고, 어떤 학자는 말하
기를 "복희씨伏犧氏가 처음 팔괘八卦를 그려서 서계를 만들어 줄을 묶는 방법
을 대신했는데, 이로부터 서적이 생겼다."라고 했다.[1] 또 "복희伏犧·신농神農·
황제黃帝의 기록을 삼분三墳이라고 하는데, 이는 큰 도리를 말한 것이다. 소호
少昊·전욱顓頊·고신高辛·당唐·우虞의 기록을 오전五典이라고 하는데, 이는 항상

---

1 어떤~했다. : 『상서』 공안국孔安國의 「서序」에 나온다. 정政은 사事이며, 곧 방법이다.

지켜야 할 도리를 말한 것이다."라고 했다.[2]

『춘추좌씨전』에는 "초나라의 좌사가 삼분과 오전을 읽을 수 있었다."라고
했고,[3] 『예기』에서는 "외사外史가 삼황오제의 역사서를 관장하고 있다."라고
했다. 이런 근거에서 보면, 분墳이나 전典 같은 문장의 의미와 삼三이나 오五
같은 역사서 체재가 춘추시대까지도 세상에 널리 알려졌다. 그러나 후세에
이르러 그 책이 전해지지 않았으니, 오직 요순 이후 시대의 역사만 말할 수
있었다. 그나마 요임금 이후에는 성현들이 기술한 것이 있기에, 그 한둘을 찾
아보면 비슷하게라도 상상할 수 있다. 하지만 후대의 학자들은 기이한 이야
기를 널리 지어내어, 그 말이 정확하지 않고 그 역사서도 믿을 수가 없다. 그
러므로 사마천이 "신농 이전은 내가 모르겠다."라고 말한 것이며,[4] 반고도
"전욱의 사적은 분명하지 않다."라고 한 것이다.[5] 사정이 이러하니, 삼분과
오전이 어떤 것이었는지 지금 말할 수 없는 것이다.

● 『상서尚書』

堯·舜相承, 已見墳·典; 周監二代, 各有書籍. 至孔子討論其義, 刪爲『尚書』,
始自唐堯, 下終秦繆, 其言百篇, 而各爲之序. 屬秦爲不道, 坑儒禁學, 孔子
之末孫曰忠, 壁藏其書. 漢室龍興, 旁求儒雅, 聞故秦博士伏勝能傳其業,
詔太常使掌故晁錯受焉. 時伏生年且百歲, 言不可曉, 口授其書, 纔二十九
篇. 自是傳其學者有歐陽氏·大小夏侯. 宣帝時復有河內女子, 得「泰誓」一

---

2 또~했다. : 위에서 말한 공안국의 「서」에 보면, 가규賈逵가 "삼분三墳은 삼황三皇의 책이고,
  오전五典은 오상五常의 책이다."라고 했다.
3 『춘추좌씨전』에는~했고 : 소공昭公 12년에 나온다.
4 사마천이~것이며 : 『사기』 권129 「화식전貨殖傳」에 나온다.
5 반고도~것이다. : 『한서』 권62 「사마천전 찬司馬遷傳贊」에 나온다.

篇獻之, 與伏生所誦合三十篇, 行之於世. 其篇所載年月, 不與序相符會, 又與『左傳』·『國語』·『孟子』所引「泰誓」不同, 故漢·魏諸儒【謂馬融·鄭玄·王肅也】咸疑其繆.

　　요와 순이 대를 이은 일은 이미 삼분과 오전에 기록되었겠지만, 주나라가 하나라와 은나라를 참고한 사실에 대해서도 각각 서적이 있다. 공자가 그 내용을 검토하고 정리하여 『상서尙書』를 편찬했는데, 요임금부터 시작하여 진나라 목공繆公까지 그 내용이 100편이고 각 편마다 서문을 썼다. 이어서 진나라가 학정을 하여 지식인들을 생매장하고 학문을 금지하자, 공자의 후손인 공충孔忠이 집에 있던 서적을 벽 속에 감추었다.

　　한나라가 건국된 뒤 널리 뛰어난 지식인을 찾았는데,[6] 진秦나라 박사였던 복승伏勝이 『상서』를 전해 받았다는 소문을 듣고 태상太常에게 명령하여 장고掌故인 조조晁錯에게 받아오게 했다. 당시 복승의 나이가 백 세여서 말을 잘 알아들을 수 없었으므로 『상서』를 구술 받기는 했지만 겨우 29편이었다.[7] 이 때부터 그 학문을 전한 사람으로, 구양생歐陽生과 하후승夏侯勝·하후건夏侯建이 있었다.

　　선제宣帝 때 다시 하남河南의 여인이 「태서泰誓」 1편을 찾아서 바쳤고, 복승이 외웠던 것과 합하여 30편이 되어 세상에 알려졌다. 그런데 그 편에 실린 연월이 서문과 서로 부합하지 않았고, 또 『좌전』·『국어』·『맹자』에 인용

---

6 한나라가~찾았는데 : 『한서』 권2 「혜제본기惠帝本紀」에 나온다.
7 진나라~29편이었다 : 『한서』 권88 「유림儒林 복생전伏生傳」에 복생의 딸을 시켜 전해준 것으로 나온다. 다만 『한서』에서는 본문과는 달리, 29편이 된 것은 조조가 복생으로부터 얻어들은 것이 아니라, 진나라 이후 남아 있는 『상서』를 복생이 수습한 것이 29편이라고 했다. 복생은 노나라와 제나라 지역 사람들에게도 『서경』을 가르쳤다. 복승을 통칭 복생이라고도 한다.

된 「태서」와 달랐기[8] 때문에 한나라나 위나라의 여러 학자들이【마융馬融·정현鄭玄·왕숙王肅을 가리킨다.】모두 그 오류에 대해 의문을 품었다.

『古文尚書』者, 即孔忠之所藏, 科斗之文字也. 魯恭王壞孔子舊宅, 始得之於壁中. 博士孔安國以校伏生所誦, 增多二十五篇, 更以隷古字寫之, 編爲四十六卷. 司馬薦屢訪其事, 故多有古說. 安國又受詔爲之訓傳. 値武帝末, 巫蠱事起, 經籍道息, 不獲奏上, 藏諸私家. 劉向取校歐陽·大小夏侯三家經文, 脱誤甚衆. 至於後漢, 孔氏之本遂絶. 其有見於經典者, 諸儒皆謂之逸書.【馬融·鄭玄·杜預也】王肅亦注『今文尚書』而大與古文孔傳相類, 或肅私見其本而獨秘之乎.

『고문상서古文尚書』는 공충孔忠이 벽에 숨긴 것으로, 과두문자로 쓰여 있다. 한나라의 제후인 노 공왕魯恭王이 공자의 옛집을 허물 때 비로소 벽 속에서 나왔다. 박사博士 공안국孔安國이 복승이 암기한 것과 비교하여 25편을 늘리고, 이를 다시 예서隷書로 고쳐 써서 46권으로 편찬했다.[9] 사마천도 여러 번 그 사실을 이용했기 때문에 오래된 설화가 풍부했던 것이다. 공안국도 황제의 명령을 받아 주석서를 썼지만, 무제武帝 말년에 궁궐에서 저주 사건이 일어나 경經 수집과 편찬이 중지되어 황제에게 바치지 못하고 개인 집에 보관했다.

---

8 『좌전』~달랐기 : 『좌전』 양공襄公 31년 두예杜預의 주注 및 『국어國語 주어周語』 권2 위소韋昭의 주에 나온다. 그러나 본문의 기술과는 달리 현재 「태서」에는 이 대목이 있다. 또 『맹자』 「등문공 하滕文公下」에도 「태서」를 인용하였다.

9 한나라의~편찬했다 : 『공자가어孔子家語』 「공서적문 후서公西赤問後序」에 나온다.

이후에 유향劉向이 구양생·하후승·하후건 등 세 학자의 경문을 가져다 비교해보니 빠지거나 잘못된 부분이 매우 많았다.[10] 후한에 이르러 공자의 옛집에서 나왔던 판본은 결국 다 없어졌다. 그 판본의 내용이 경전에 남아 있는 것에 대해서는 여러 학자들이 모두 일서逸書라고 말한다.【마융馬融·정현鄭玄·두예杜預를 가리킨다.】 왕숙王肅도 『금문상서今文尙書』에 주석을 달았지만, 그것은 대부분 『고문상서』에 대한 공안국孔安國의 전傳과 매우 비슷하다. 혹시 왕숙이 몰래 그 판본을 보고 혼자 숨기고 있었던 것은 아닐까.

晉元帝時, 豫章內史梅賾始以孔傳奏上, 而缺「舜典」一篇, 乃取肅之「堯典」, 從'愼徽'以下分爲「舜典」以續之. 自是歐陽·大小夏侯家等學, 馬融·鄭玄·王肅諸注廢, 而古文孔傳獨行, 列於學官, 永爲世範.

동진東晉의 원제元帝(317~323) 때, 예장 내사豫章內史였던 매색梅賾이 비로소 공안국孔安國의 전傳을 입수하여 바쳤는데, 「순전舜典」한 편이 빠져 있어서 왕숙의 「요전堯典」중에서 신휘愼徽 이하를 나누어 「순전」으로 삼아 연결했다. 이때부터 구양생·하후승·하후건 등의 『금문상서』나 마융·정현·왕숙 등이 쓴 주석은 쇠퇴해지고, 『고문상서』의 공안국 전傳만이 세상에 쓰이면서 태학에서 강좌가 열리고 오래도록 대대로 표본이 되었다.

齊建武中, 吳興人姚方興采馬·王之義以造'孔傳舜典', 云於大航購得, 詣

---

10 유향이~많았다 : 『경전석문經典釋文』「서록序錄」에 나온다.

闕以獻. 擧朝集議, 咸以爲非.【梁武帝時, 博士議曰: "「孔敍」稱伏生誤合五篇, 蓋文句相連, 所以成合. 「舜典」必有'曰若稽古', 伏生雖云昏耄, 何容○○." 由是遂不見用也】及江陵版蕩, 其文入北, 中原學者得而異之, 博士劉炫遂取此一篇列諸本第. 故今人所習『尙書』「舜典」, 元出於姚氏者焉.

남조南朝 제나라 건무建武(494~498) 연간에 오흥吳興 사람인 요방흥姚方興이 마융·왕숙의 주석을 모아 '공안국 전의 「순전」'을 만들어 항주杭州에서 구입한 것이라며 조정에 바쳤다. 이에 대해 조정에서 의견을 모았지만, 모두 가짜라고 했다.【양 무제梁武帝 때 박사들이 의논하기를 "「공안국 서문(孔敍)」에는 복생이 다섯 편을 잘못 합쳤다고 했지만, 아마 문구가 서로 연결되기 때문에 합쳤을 것이다. 「순전」에는 반드시 '옛일을 상고하건대(曰若稽古)'라는 표현이 있는데, 복생이 아무리 쇠약하여 정신이 혼미했더라도 어찌 그랬겠는가."라고 했다. 그래서 이때부터 끝내 받아들여지지 않았던 것이다.】

양자강 기슭이 선비족 등의 침입으로 어지러워진 틈에 『상서』가 북쪽으로 유입되면서, 북쪽 중원의 학자들도 이를 보고 귀중하게 여겼고, 박사 유현劉炫은 마침내 이 한 편을 본래의 차례에 집어넣었다. 따라서 요즘 사람들에게 익숙한 『상서』 「순전」은 원래 요방흥으로부터 나온 것이다.

● 『**춘추**春秋』

當周室微弱, 諸侯力爭, 孔子應聘不遇, 自衛而歸. 乃與魯君子左丘明觀書於太史氏, 因魯史記而作『春秋』. 上遵周公遺制, 下明將來之法, 自隱及哀盡十二公行事. 經成以授弟子, 弟子退而異言, 丘明恐失其眞, 故論本事而爲傳, 明夫子不以空言說經也. 『春秋』所貶當世君臣, 其事實皆形於傳, 故隱其書而不宣, 所以免時難也.

주나라 왕실이 미약해지고 제후들이 패권을 다툴 때 공자는 초빙에 응하여 여러 곳을 방문했지만 어디에도 자신의 사상이 받아들여지지 않자 위나라에서 귀향했다.[11] 그리고 노나라 군자인 좌구명과 함께 태사의 집에서 기록을 보고, 노나라의 역사 기록에 따라 『춘추』를 저술했다. 위로는 주공이 남긴 제도를 따르고 아래로는 장차 지켜야 할 법을 분명히 하기 위해, 은공隱公에서 애공哀公에 이르는 12공의 행적과 사실을 모두 남겼다.

『춘추』가 완성되자 제자들에게 강의했지만, 제자들이 듣고 나서는 물러나 각각 다르게 이해했다. 좌구명은 공자의 본의를 잃을까 걱정했기 때문에 공자의 원문을 부연하여 전傳을 만들고, 공자가 한 글자 한 구절도 소홀히 하지 않고 경문을 남겼음을 밝혔다. 『춘추』에서 당대의 군주와 신하들을 비판한 사실은 모두 『좌씨전』에 나타나 있다. 따라서 자신이 전傳을 쓴 사실을 숨기고 알리지 않았던 것은 그들에게 받을지도 모르는 박해를 피하고자 했기 때문이다.[12]

及末世, 口說流行, 故有『公羊』·『穀梁』·『鄒』·『夾』之傳. 鄒氏無師, 夾氏有錄無書, 故不顯於世. 漢興董仲舒·公孫弘並治『公羊』, 其傳習者有嚴·顔二家之學. 宣帝卽位, 聞衛太子私好『穀梁』, 乃召名儒蔡千秋·蕭望之等, 大議殿中, 因置博士. 平帝初, 立『左氏』, 逮於後漢, 儒者數廷毁之. 會博士李封卒, 遂不復補. 至和帝元興十一年, 鄭興父子奏請重立於學官. 至魏·

---

11 위나라에서 귀향했다 : 『춘추좌씨전』 애공哀公 11년(B.C.484) 겨울의 일이다. 『논어』 「공야장公冶長」에서 공자는 자신의 고향 노나라로 돌아가기에 앞서 노나라 젊은이들에 대한 기대를 표현하기도 했다.

12 『춘추』가~것이다 : 『한서漢書』 권30 「예문지藝文志」 '춘추春秋 23가家, 948편篇' 조와 내용이 같다.

晉, 其書漸行, 而二傳亦廢. 今所用『左氏』本即杜預所注者.

전국시대에는 각종 논의가 유행했기 때문에 『춘추』에 대해서도 『공양전』・『곡량전』・『추씨전鄒氏傳』[13]・『협씨전夾氏傳』[14]이 있었다. 추씨는 사승師承이 없고, 협씨는 기록은 있지만 책이 남아 있지 않았기 때문에 세상에 드러나지 않았다. 한나라가 흥성할 때는 동중서董仲舒나 공손홍公孫弘[15] 등이 모두 『공양전』을 공부했는데, 『공양전』의 학통을 따르는 사람으로는 엄팽조嚴彭祖[16]와 안락顏樂[17] 두 학파가 있었다.

선제가 즉위해서 위 태자가 혼자 『곡량전』을 애독하고 있다는 말을 듣고, 명유 채천추蔡千秋[18]와 소망지蕭望之[19] 등을 불러 궁중에서 그에 대해 크게 논의하고, 태학에 박사를 두었다. 평제平帝 초년에 『좌씨전』 강좌도 개설했는데, 후한에 이르러 여러 학자가 이를 비판했다. 좌씨학을 계승한 박사 이봉李封이 죽자, 결국 좌씨학을 가르치는 박사를 보충하지 않았다. 화제和帝 원흥元興 11년, 정흥鄭興 부자가 『좌씨전』 강좌를 태학에 다시 설치하자고 주청했고,[20] 위진 시대에 이르러서는 『좌씨전』이 점차 유행하면서 『공양전』과 『곡

---

13 추씨전 : 『한서』 권30 「예문지」에 『추씨전鄒氏傳』 11권이 있다고 했다.

14 협씨전 : 『한서』 권30 「예문지」에 『협씨전夾氏傳』 11권이 있다고 했다.

15 공손홍 : 집안이 가난하여 소를 먹이며 살았다고 한다. 무제 때 박사가 되고, 『춘추공양전』을 집중적으로 공부했다. 『한서』 권58 「공손홍전公孫弘傳」에 나온다.

16 엄팽조 : 자는 공자公子이며, 태부太傳를 지냈다. 휴맹眭孟의 제자 100여 명 가운데 엄팽조와 안락顏樂 두 사람을 제일로 쳤다. 『한서』 권88 「유림전儒林傳」에 나온다.

17 안락 : 자는 공손公孫이며, 휴맹의 외조카이다. 『한서』 권88 「유림전」에 나온다.

18 채천추 : 자는 소군少君이다. 선제가 채천추에게 공양학파와 곡량학파에게 각각 기본 입장을 진술하게 했는데, 이를 다 듣고 난 후 선제는 결국 곡량학을 선호했다. 『한서』 권88 「유림전」에 나온다.

19 소망지 : 자는 장천長倩이며 일찍부터 『논어』 등을 공부했다. 소망지도 선제 때 공양학파와의 논쟁에 참가했다. 『한서』 권88 「유림전」에 나온다.

량전』도 폐지되었다. 오늘날 일반적으로 통용되는 『좌씨전』 판본은 두예가
주석을 단 것이다.

又當春秋之世, 諸侯國自有史, 故孔子求衆家史記, 而得百二十國書. 如楚
之書, 鄭之志, 魯之春秋, 魏之紀年, 此其可得言者. <u>左丘明</u>旣配經立傳, 又
撰諸異同, 號曰『外傳國語』, 二十一篇. 斯蓋採書·志等文, 非唯魯之史記而
已. 楚漢之際, 有好事者, 錄自古帝王公侯鄕大夫之世, 終乎秦末, 號曰『世
本』, 十五篇. 春秋之後, 七雄並爭, 秦幷諸侯, 則有『戰國策』三十三篇. 漢
興, 太中大夫<u>陸賈</u>紀錄時功, 作『楚漢春秋』九篇.

　또한 춘추시대에는 제후국마다 역사를 갖고 있었기 때문에 공자는 이들
각국의 기록을 구하여 120국의 역사서를 확보했다고 한다. 초나라의 서書,
정나라의 지志, 노나라의 춘추春秋, 위나라의 기년紀年 등을 예로 들 수 있다.
좌구명은 『춘추』 경문經文에 전傳을 만들었지만, 또한 여러 가지 같고 다른
기록을 편찬하여 『외전국어外傳國語』라고 불렀는데, 21편이다. 여기에 모았던
서나 지 등의 기록은 단지 노나라의 역사 기록만이 아니었다.
　초나라와 한나라가 싸우고 있을 무렵, 일 만들기 좋아하는 사람들이 옛 제
왕이나 제후나 경, 대부들의 세대로부터 진秦나라 말까지 기록하여 『세본世本』

---

20 화제~주청했고 : 화제 원흥元興 연간은 1년(105)밖에 없으므로, 11년이라는 말은 오류이다.
　　또 정홍의 아들 정중鄭衆은 장제章帝 때 이미 죽었으므로 그때 이 세상 사람이 아니었다.
　　유지기가 착각한 듯하다. 정홍의 자는 소공少贛으로, 유흠을 따라 『춘추』를 배웠다. 그의
　　아들 정중은 12세 때 아버지를 따라 『좌씨전』을 배웠고 당대 학자들의 존경을 받았다.
　　『후한서』 권36 「정홍전鄭興傳」에 나온다.

이라 했는데, 15편이다. 춘추시대 이후 칠웅七雄이 함께 다투었지만, 진나라가 제후들을 병합한 뒤에는 『전국책戰國策』 33편이 있다. 한나라에 들어서서는 태중대부 육가陸賈가 당대의 공적을 기록하여 『초한춘추楚漢春秋』 9편을 작성했다.

● 『사기史記』

孝武之世, 太史公司馬談欲錯綜古今, 勒成一史, 其意未就而卒. 子遷乃述父遺志, 採『左傳』·『國語』, 刪『世本』·『戰國策』, 據楚·漢列國時事, 上自黃帝, 下訖麟止, 作十二本紀·十表·八書·三十世家·七十列傳, 凡百三十篇, 都謂之『史記』. 厥協六經異傳, 整齊百家雜語, 藏諸名山, 副在京師, 以俟後聖君子.

　한나라 무제 때 태사공이었던 사마담이 고금을 체계화하여 하나의 역사서로 정리하려고 했지만 뜻을 이루지 못하고 죽었다.[21] 그의 아들 사마천이 부친의 유지를 이어 『좌전』과 『국어』를 가려내고, 『세본』과 『전국책』을 산삭했다. 초나라와 한나라 등 열국의 당대사에 근거하여 위로는 황제黃帝에서 아래로는 원수元狩 원년(B.C.122)에 이르기까지[22] 12본기, 10표, 8서, 30세가, 70열전 등 130편을 짓고, 이들 모두를 『사기』라고 불렀다. 이 저술은 육경에 필적하므로 육경의 별본이라고 할 만하며, 제자백가의 여러 학설을 가지런히 정리하여 정본은 명산에 깊이 간직하고 부본은 수도에 두어, 그 진가를

---

21 한나라~죽었다 : 사마담은 약 30년간 태사공직을 맡았다. 『사기』 권130 「태사공자서太史公自序」에 나온다. 무제 원봉元封 원년(B.C.110)의 일이다.
22 위로는~이르기까지 : 『사기』 권130 「태사공자서」에 나온다.

알아줄 후세의 성인군자를 기다렸던 것이다.

至宣帝時, 遷外孫楊惲祖述其書, 遂宣布焉, 而十篇未成, 有錄而已. 【張晏
『漢書』注云: "十篇, 遷沒後亡失," 此說非也.】元·成之間, 褚先生更補其缺,
作「武帝記」·「三王世家」·「龜策」·「日者」等傳, 辭多鄙陋, 非遷本意也. 晉
散騎常侍巴西譙周, 以遷書周·秦已上或采家人諸子, 不專據正經, 於是作
『古史考』二十五篇, 皆憑舊典, 以糺其繆. 今則與『史記』並行於代焉.

선제 때에 이르러 사마천의 외손자 양운楊惲[23]이 『사기』를 정리하여 세상
에 발표했지만, 그중 10편은 미완성으로 목록에만 실려 있었다.【장안張晏은
『한서』의 주석에서 "10편은 사마천이 죽은 뒤에 없어졌다."라고 했는데, 이 견해는 잘
못이다.[24]】원제元帝부터 성제成帝까지의 시기에 저소손褚少孫이 빠진 부분을
보완하여 「무제본기武帝本紀」·「삼왕세가三王世家」·「구책龜策」·「일자日者」 등을
만들었는데, 표현이 대부분 비루하여 사마천의 본의라고 할 수 없다.

---

23 양운 : 양운의 자는 자유子幼인데, 『사기』를 무척 좋아하여 그가 지은 『보손회종서報孫會宗書』
　　는 사마천의 「보임안서報任安書」를 빼박았다고 한다. 『한서』 권66 「양창전楊敞傳」에 나온다.
24 장안은~잘못이다 : 『한서』 권62 「사마천전」에 "10편이 결락되었는데, 있었다는 기록만
　　있고 책이 없다.[十篇缺, 有錄無書]"라고 했는데, 장안張晏이 주를 달아 "사마천이 죽은
　　뒤, 「경기景紀」·「무기武紀」·「예서禮書」·「악서樂書」·「병서兵書」, 한나라 건국 이래의 「장상
　　연표將相年表」·「일자열전日者列傳」·「삼왕세가三王世家」·「구책열전龜策列傳」·「부근열전傅靳
　　列傳」이 없어졌다. 원제와 성제 연간에 저소손이 빠진 곳을 보충하여 「무제기」·「삼왕세가」·
　　「구책」·「일자전」을 만들었는데, 언어 표현이 비루하며 사마천의 본의가 아니다."라고
　　했다. 이에 대해 안사고顔師古는 "서목이 본래 없었다. 장안이 병서에 대해 없어졌다고
　　했지만, 그 설은 잘못이다."라고 했다. 따라서 본문의 서술은 유지기가 장안의 주와 안사고의
　　주를 절충한 것이다.

진나라 산기상시散騎常侍였던 파서巴西 출신의 초주譙周는, 사마천이 주나라와 진나라 이전 시대에 대해서는 더러 여러 학자의 전설 등을 자료로 하고 있어 바른 경전에 의거하지 않았다고 판단하고 『고사고古史考』 25편을 만들었는데, 모두 옛 경전에 근거하여 사마천의 잘못을 바로잡으려고 했다. 지금은 『사기』와 아울러 세상에서 읽히고 있다.[25]

● 『한서漢書』

『史記』所書, 年止漢武, 太初已後, 闕而不錄. 其後劉向·向子歆及諸好事者, 若馮商·衛衡·揚雄·史岑·梁審·肆仁·晉馮·段肅·金丹·馮衍·韋融·蕭奮·劉恂·等相次撰續, 迄於哀·平間, 猶名『史記』. 至建武中, 司徒掾班彪以爲其言鄙俗, 不足以蹠前史, 又雄·歆僞褒新, 誤後惑衆, 不當垂之後代者也. 於是採其舊事, 旁貫異聞, 作『後傳』六十五篇. 其子固以父所撰未盡一家, 乃起元高皇, 終乎王莽, 十有二世二百三十年, 綜其行事, 上下通洽, 爲『漢書』紀·表·志·傳百篇. 其事未畢, 會有上書云"固私改作『史記』"者, 有詔京兆收繫, 悉錄家書封上. 固弟超詣闕自陳. 明帝引見, 言: "固續父所作, 不敢改易舊書," 帝意乃解. 卽出固, 徵詣校書, 受詔卒業. 經二十餘載, 至章帝建初中乃成.

『사기』의 내용은 연대가 한나라 무제에서 끝나고, 태초太初 연간 이후로는 빼놓고 기록하지 않았다. 그 뒤 유향劉向과 유흠劉歆 부자 및 풍상馮商·위형衛衡·양웅揚雄·사잠史岑·양심梁審·사인肆仁·진풍晉馮·가숙段肅·금단金丹·풍연馮衍·위

---

25 진나라~있다 : 이 부분은 『진서晉書』 권82 「사마표전司馬彪傳」에 나오는 말을 요약한 것이다.

융韋融·소분蕭奮·유순劉恂 같은 역사 애호가들이 차례로 편찬했는데, 애제哀帝와 평제平帝 연간에 이르러 역시 『사기』라고 이름 했다. 광무제光武帝 건무建武 연간(25~56)에 사도司徒라는 하급 관직에 있던 반표班彪는 이들 작품의 언어가 비속하여 사마천의 『사기』를 이을 수 없으며,[26] 또한 양웅이나 유흠의 경우 위조僞朝인 신新나라를 찬미하여 후대에 오류를 남기고 사람들을 미혹시켰기 때문에 이들의 역사서를 후대에 남겨서는 안 된다고 생각했다.[27] 그래서 옛 사실을 선별하고 다른 견해를 널리 정리하여 『후전後傳』 65편을 만들었다.

그의 아들 반고班固는 아버지의 저작이 하나의 완성된 역사서가 되기에는 미진하다고 생각해, 고조高祖로부터 왕망王莽까지 12대 230년에 걸친 전한의 사적을 종합하고 위에서 아래까지 일관성 있게 정리하여 『한서』의 본기·표·지·열전 100편을 만들었다. 이 일이 아직 끝나지 않았을 때, 누군가가 "반고가 마음대로 『사기』를 고치고 있다."라고 글을 올린 일이 있었다. 반고를 체포하여 경조京兆의 옥에 가두라는 황제의 명령이 내려오고, 반고의 집에 있던 기록은 모두 봉인하여 바쳐야 했다.

그러자 반고의 동생 반초班超[28]가 궁궐에 가서 스스로 진술하고자 했다. 명제明帝가 인견하는 자리에서, 반초는 "형인 반고는 아버지의 저작을 계속했던 것으로, 옛 역사서를 감히 고치려고 한 것이 아니었다."라고 말했고, 명제도 그제서야 납득하게 되었다. 곧바로 반고는 석방되었고, 궁궐의 비서秘書를 담당하는 교서랑校書郎에 임용되어 사업을 마칠 수 있었다. 20여 년이 지난 장제章帝 건초建初 연간(76~84)에 이윽고 『한서』가 완성되었다.[29]

---

26 광무제~없으며 : 『후한서』 권40상 「반표전班彪傳」에 나온다.

27 양웅이나~생각했다 : 양웅은 신나라 왕망의 덕을 찬미하여 「극진미신極秦美新」을 지었다. 『문선文選』 권30 「반이소反離騷」에 대한 주자朱子의 주에 나온다. 한편 『한서』 권36 「초원왕전楚元王傳」에는 왕망이 찬탈할 때 유흠이 국사國師가 되었다고 했다.

28 반초 : 자는 중승仲升이다. 이때의 일은 『후한서』 권47 「반초전班超傳」에 나온다.

固後坐竇氏事, 卒於洛陽獄, 書頗散亂, 莫能綜理. 其妹曹大家, 博學能屬
文, 奉詔校敍. 又選高才郎馬融等十人, 從大家授讀. 其八表及「天文志」等,
猶未克成, 多是待詔東觀馬續所作, 而「古今人表」尤不類本書. 始自漢末,
迄乎陳世, 爲其注解者凡二十五家. 至於專門受業, 遂與五經相亞. 初漢獻
帝以固『書』文煩難省, 乃詔侍中荀悅依『左氏傳』體, 刪爲『漢紀』三十篇,
命秘書給紙筆, 經五六年乃就. 其言簡要, 亦與本傳並行.

뒤에 반고가 두헌竇憲 사건에 연좌되어 결국 낙양의 감옥에서 죽자,[30] 수집
했던 기록들도 모두 어지럽게 흩어져서 체계적으로 수습할 수 없게 되었다.
그의 누이 조대가曹大家[31]는 박학하고 문재文才가 뛰어났는데, 황제가 조칙을
내려 그에게 교감하고 정리하도록 했다. 또 고재랑高才郎 마융馬融[32] 같은 사
람 10명을 선발하여 조대가의 강의를 받게 했다. 『한서』의 8표 및 「천문지」
등은 미처 완성을 보지 못했다가, 대부분은 동관東觀의 대조待詔였던 마속馬
續[33]이 이어서 편찬했다. 하지만 『한서』 전체와 비교할 때 「고금인표古今人表」

---

29 20여 년이~완성되었다 : 반고는 영평永平 원년(58)에 시작하여 건초 7년(82)에 『한서』의
　편찬을 마쳤다. 반고의 나이 51세 때였다.

30 반고가~죽자 : 『후한서』 권40하 「반고전班固傳」에 나온다. 영원永元 초 대장군 두헌이
　흉노와의 전쟁에 출정했는데, 이때 반고도 중호군中護軍으로 참여했다. 두헌이 이 전쟁에서
　패하자 반고 역시 관직에서 파면되었다. 또 영원 4년 두헌의 음모가 누설됨에 따라 두헌은
　자살했고, 두헌의 문서담당관으로 이 사건에 연루된 반고도 투옥되어 60세에 옥에서
　죽었다.

31 조대가 : 반고의 누이 반소班昭로, 자는 혜반惠班이며 학식이 뛰어났다. 조수曹壽의 아내였고,
　궁궐을 드나들 때 황후와 비빈妃嬪들이 모두 스승으로 모셨기 때문에 조대가라고 불렀다.
　『후한서』 권84 「열녀전烈女傳」에 나온다.

32 고재랑 마융 : 『후한서』 권79상 「유림전」에는 고재랑이 고재생高才生으로 나오며, 이들은
　태학에 들어오지 않았더라도 발탁하여 강랑講郎으로 삼았다. 마융에 대해서는 『후한서』
　권60상 「마융전馬融傳」에 나온다.

는 특히 수준이 미치지 못했다.[34] 한나라 말기부터 진나라 때까지 『한서』를 주해한 학자는 모두 25가家나 된다. 심지어 『한서』만 전문으로 연구하기도 하여, 마침내 그 위상이 오경五經에 버금갈 정도였다.

처음에 한 헌제漢獻帝는 반고의 『한서』가 문장이 번잡하여 이해하기 어렵다는 이유로, 시중 순열荀悅에게 『좌씨전』의 체례에 따라 줄여서 『한기漢紀』 30권을 만들게 했는데,[35] 비서관에게 종이와 붓을 지급하기를 5~6년이 지나서야 완성했다.[36] 그 언어가 간단하고 핵심적이어서, 이 역시 본래의 『한서』와 함께 읽혔다.

● 『동관한기東觀漢記』[37]

在漢中興, 明帝始詔班固與睢陽令陳宗·長陵令尹敏·司隸從事孟異作「世祖本紀」, 幷撰功臣及新市·平林·公孫述事, 作列傳·載記二十八篇. 自是以來, 「春秋考紀」亦以煥炳, 而忠臣義士莫之撰勒. 於是又詔史官謁者僕射劉珍及諫議大夫李尤雜作紀·表·名臣·節士·儒林·外戚諸傳, 起自建武, 訖

---

33 마속 : 자는 계척季則으로, 마량의 형이며, 마엄馬嚴의 아들이다. 7세 때『논어』를 읽었고, 13세에『서경』, 16세에『시경』을 읽었다고 한다. 『후한서』권24 「마원전馬援傳」에 나온다.

34 『한서』~못했다 : 유지기는 「고금인표」에 대해『사통 내편』「품조品藻」에서 "편목에 들어간 인물을 보면 이러한 서문의 설명과 일치하지 않는 경우가 많다."라고 했다.

35 처음에~했는데 : 『사통 내편』「육가六家」좌전가左傳家에 나온다.

36 비서관에게~완성했다 : 순열이 쓴 「한기 서漢紀序」에 보면 건안建安 3년(198)에 시작하여 5년에 완성함으로써 3년이 걸렸다고 했다. 김육불金毓黻은 『중국사학사』(鼎文書局, 1976) 58쪽 주20에서, 유지기가 건안 10년에『한기』가 완성되었다는 원굉袁宏의 설에 따랐기 때문에 오류를 범했다고 해석했다.

37 『동관한기』 : 원문에는 후한서의 서술에 포함되어 있으나, 내용상 구별되기 때문에 따로 소제목을 뽑았다.

乎永初. 事業垂竟, 而珍·尤繼卒. 復命侍中伏無忌與諫議大夫黃景作諸王·
王子·功臣·恩澤侯表·南單于·西羌傳·地理志.

한나라가 중흥한 뒤, 명제가 비로소 반고와 휴양령睢陽令 진종陳宗, 장릉령
長陵令 윤민尹敏,[38] 사예종사司隸從事 맹이孟異[39]에게 명하여 「세조본기世祖本紀」
를 만들고, 아울러 공신 및 신시新市·평림平林에서의 거사,[40] 공손술公孫述에 대
한 사적과 함께 열전·재기載記[41]로 엮어 28편을 만들게 했다. 이때부터 「춘추
고기春秋考紀」는 분명해졌지만,[42] 충신과 의사義士에 대해서는 아직 전기가 완
성되지 않았다. 그래서 또 사관 알자복야謁者僕射 유진劉珍[43] 및 간의대부諫議大
夫 이우李尤[44]에게 명하여 기紀·표表·명신名臣·절사節士·유림儒林·외척外戚 등의
열전을 함께 만들게 했는데, 건무建武 연간(25~57)에 시작하여 영초永初 연간
(107~113)에 마쳤다. 그런데 사업이 거의 끝날 무렵 유진과 이우가 죽었기

---

38 윤민 : 자는 유계幼季이다. 어려서부터 『서경』과 『좌전』 등을 배웠고, 반표와는 우정이
   깊었다. 『후한서』 권79상 「유림전」에 나온다.

39 맹이 : 『수서』 「경적지經籍志」에는 맹기孟冀로 나온다. 평릉平陵 사람으로, 책략이 뛰어났다고
   한다. 『후한서』 권27 「두림전杜林傳」에 나온다. 『사통 내편』 「핵재覈才」에 나온 바 있다.

40 신시·평림에서의 거사 : 신시는 초나라 지역이고, 평림은 한나라 수현隨縣 지역이다. 광무제光
   武帝 유수劉秀의 거사를 가리킨다. 처음에 유현劉玄이 평림 병중兵中에 있으면서 경시장군更始
   將軍으로 불렸다. 그 후 신시·평림의 장군들에게 추대되어 황제의 자리에 올랐으나, 위인이
   용렬하여 군중의 여망輿望을 잃게 되었다. 그러자 유수가 여러 장수들의 추대를 받아
   호남湖南에서 황제의 자리에 올랐다.

41 재기 : 재기는 정통이 아닌 왕조의 인물에 대한 기록이다.

42 「춘추고기」는 분명해졌지만 : 『한서』 권100하 「서전敍傳」 주注에서 안사고는 「춘추고기」를
   제기帝紀, 곧 본기本紀라고 했다. 환병煥炳은 분명하다는 뜻이다.

43 유진 : 자는 추손秋孫이고, 일명 보寶라고 했다. 동관에서 오경 등을 교정했고, 『명신전名臣傳』
   을 편찬하기도 했다. 『후한서』 권80상 「문원전文苑傳」에 나온다.

44 이우 : 자는 백인伯仁이며, 양웅揚雄의 친구로 동관에 들어갔다. 유진劉珍과 함께 『한기漢記』를
   편찬했다는 사실이 『후한서』 권80상 「문원전」에 나온다.

때문에, 다시 시중 복무기伏無忌[45]와 간의대부 황경黃景에게 명하여 왕·왕자·공신·은택후恩澤侯 등의 표表, 남선우南單于·서강西羌 열전, 지리지地理志를 만들게 했다.

至元嘉元年, 復令太中大夫邊韶·大軍營司馬崔寔·議郎朱穆·曹壽雜作孝穆·崇二皇及順烈皇后傳, 又增「外戚傳」入安思等后, 「儒林列傳」入崔篆諸人. 寔·壽又與議郎延篤雜作「百官表」, 順帝功臣孫程·郭願及鄭衆·蔡倫等傳, 凡百十有四篇, 號曰『漢記』. 熹平中, 光禄大夫馬日磾·議郎蔡邕·楊彪·盧植著作東觀, 接續紀傳之可成者, 而邕別作「朝會」·「車服」二志. 後坐事徙朔方, 上書求還, 續成十志. 會董卓作亂, 大駕西遷, 史臣廢棄, 舊文散逸. 及在許都, 楊彪頗存注記, 至於名賢君子, 自永初已下闕續. 魏黄初中, 唯著『先賢表』, 故『漢記』殘缺, 至晉無成.

원가元嘉 원년(151)에 다시 태중대부太中大夫 변소邊韶,[46] 대군영 사마司馬 최식崔寔,[47] 의랑 주목朱穆[48]·조수曹壽[49]에게 명하여 효목황孝穆皇과 효숭황孝崇皇[50]

---

45 복무기 : 복생伏生의 후손으로 집안 대대로 이어온 학문이 있었으며, 황경黃景·최식崔寔 등과 함께 『한기漢記』를 편찬했다. 『후한서』 권28 「복심전伏湛傳」에 나온다.

46 변소 : 자는 효선孝先으로, 문장으로 이름이 높았고 많은 사람을 가르쳤다. 태중대부는 논의를 담당하는 관직이다. 『후한서』 권80상 「문원전」에 나온다.

47 최식 : 자는 자진子眞이고, 최인崔駰의 손자이다. 당대의 시사를 논한 『정론政論』을 지었다. 『후한서』 권51 「최인전崔駰傳」에 나온다.

48 주목 : 자는 공숙公叔으로, 성격이 강건하여 황제의 노여움을 샀다. 의랑 역시 태중대부와 마찬가지로 논의를 담당하는 관직이다. 『후한서』 권43 「주락하전朱樂何傳」에 나온다.

49 조수 : 자는 세숙世叔으로, 반표班彪의 딸인 반소班昭 조대가曹大家의 남편이다.

50 효목황과 효숭황 : 목숭이황穆崇二皇이란 환제桓帝의 할아버지 효목황와 아버지 효숭황이다.

및 순열황후順烈皇后의 열전을 만들게 했고, 또 「외척전」을 증보하여 안사安思[51] 등의 후后를 넣었으며, 「유림열전」에 최전崔篆 등의 인물을 넣었다.[52] 최식과 조수는 또 의랑 연독延篤[53]과 함께 「백관표」를 만들고, 순제 때의 공신인 손정孫程[54]·곽원郭願[55]·정중鄭衆[56]·채륜蔡倫[57] 등의 열전을 만들었는데, 모두 114편이고 『한기漢記』[58]라고 불렀다.

희평熹平 연간(172~177)에 광록대부光禄大夫 마일제馬日磾,[59] 의랑 채옹蔡邕·양표楊彪·노식盧植[60]이 동관의 저작著作으로 근무하면서 완성되었다고 할 만한

---

51 안사 : 안제安帝의 황후이다. 『후한서』에는 황후의 본기를 두었지만, 『동관한기』에는 황후가 「황후전」이나 「외척전」에 들어가 있다.

52 「유림열전」에~넣었다 : 최전은 현재 전하는 『후한서』 「유림전」에는 보이지 않는다. 최전은 최인의 할아버지로, 『후한서』 권51 「최인전」에 나온다.

53 연독 : 자는 숙견叔堅이다. 어려서 『좌씨전』을 배웠고, 마융에게서 수학했다. 『후한서』 권64 「연독전延篤傳」에 나온다.

54 손정 : 자는 치경稚卿이다. 안제安帝 때 그의 장인인 경보耿寶 등이 황태자를 폐위시켰지만, 손정이 황태자를 다시 맞아들여 순제順帝로 즉위하게 했다. 『후한서』 권78 「환자열전宦者列傳」에 나온다.

55 곽원 : 『후한서』에는 그의 열전이 보이지 않는다. 순제가 즉위하는 데 손정과 함께 공을 세웠던 곽진郭鎭의 오기로 보인다. 곽진의 자는 환종桓鍾이다. 『후한서』 권46 「환궁전桓躬傳」에 나온다.

56 정중 : 자는 계산季産으로, 화제和帝 때 두헌竇憲을 제거하는 데 공을 세웠다. 『후한서』 권78 「환자열전宦者列傳」에 나온다.

57 채륜 : 자는 경중敬仲이다. 그는 그동안 써오던 죽간과 비단 대신 나무껍질이나 마로 만든 종이를 쓰도록 했는데, 사람들이 이 종이를 가리켜 채후지蔡侯紙라고 불렀다. 『후한서』 권78 「환자열전」에 나온다.

58 114편이고 『한기漢記』 : 『수서』 「경적지」에 『동관한기』는 143권이라고 했다. 이 143권은, 114편에 반고가 만든 28편과 목록 1편을 합쳐서 143권이 된 것으로 보인다.

59 마일제 : 자는 옹숙翁叔이고, 마융馬融의 후손이다. 『후한서』 권64 「노식전盧植傳」을 보면 채옹蔡邕·양표楊彪·노식盧植 등이 동관東觀에서 오경五經을 연구하고 『한기』를 보완했다고 한다.

60 노식 : 마융의 제자이다. 위의 59번 각주 마일제 내용 참고.

본기나 열전을 이어서 붙였는데, 채옹은 따로 「조회지朝會志」와 「거복지車服志」를 만들었다. 나중에 채옹이 사건에 연좌되어 북방으로 귀향을 갔다가, 다시 복귀하여 계속 10지를 완성하고 싶다고 상서했지만,[61] 마침 동탁董卓의 반란이 일어나 천자가 서쪽으로 피신하면서[62] 사관들도 내쫓기고 옛 문서들도 흩어져 없었다.

허도許都에 있을 때 양표楊彪가 상당히 많은 기록을 남기고 주석을 쓰기도 했지만, 명현이나 군자에 대해서는 영초永初 연간(107~113) 이후로 뒤가 빠져 있다. 위나라 문제文帝 황초黃初 연간(220~226)에 『선현표先賢表』만 작성했기 때문에, 『한기』는 온전하지 못한[63] 채 진나라에 이르기까지 완성하지 못했다.

● 『후한서後漢書』

泰始中, 秘書丞司馬彪始討論衆說, 綴其所聞, 起元光武, 終於孝獻, 錄世十二, 編年二百, 通綜上下, 旁引庶事, 爲紀·志·傳凡八十篇, 號曰『續漢書』. 又散騎常侍華嶠刪定東觀記爲『後漢書』, 帝紀十二·皇后紀二·典十·列傳七十·三譜, 總九十七篇, 其十典竟不成而卒. 自斯已往, 作者相繼, 爲編年者四族, 創紀傳者五家, 推其所長, 華氏居最, 而遭晉室東徙, 三惟一存.

진晉나라 무제武帝 태시泰始 연간(265~274)에 비서승 사마표司馬彪가 처음으로 여러 사람의 학설을 검토하고 들은 바를 모아 광무제光武帝로부터 효헌제

---

61 채옹이~상서했지만 : 『후한서』 권60하 「채옹전蔡邕傳」에 나온다.
62 동탁의~피신하면서 : 서한 때 동탁이 난리를 일으켜(190) 장안長安에서 헌제獻帝를 세웠다.
63 온전하지 못한 : 잔결殘缺은 『한서』 「예문지藝文志 춘추春秋 서序」에 나오는데, "주나라 왕실이 이미 미약해졌으니, 서적이 온전하지 못했다.[周室旣微, 載籍殘缺]"라는 말이 있다.

孝獻帝 12대 200년의 기록을 편찬했는데, 상하에 걸쳐서 널리 종합하고 많은 사실을 두루 인용하여 본기와 열전, 지志 80편을 만들어 『속한서續漢書』라고 불렀다.[64] 또 산기상시 화교華嶠는 동관의 기록을 정리하여 『후한서後漢書』를 만들었는데, 12제기·2황후기·10전·70열전·3보 등 총 97편이었고, 그중 10전은 끝내 완성하지 못하고 죽었다. 이때부터 저작이 이어져서 편년체가 4종,[65] 기전체가 5종[66]이었지만, 그중 으뜸을 뽑는다면 화교의 『후한서』가 가장 걸작이었다. 그러나 진晉나라 왕실이 동쪽으로 천도하면서 3분의 1은 잃어버렸다.[67]

至宋宣城太守范曄乃廣集學徒, 窮覽舊籍, 删煩補畧, 作『後漢書』, 凡十紀·十志·八十列傳·合爲百篇. 會曄以罪被收, 其十志亦未成而死. 先是, 晉東陽太守袁宏抄撮漢氏後書, 依荀悅體, 著『後漢紀』三十篇. 世言漢中興史者, 唯范·袁二家而已.

---

64 사마표가~불렀다 : 사마표의 자는 소통昭統으로, 진나라 종실 사람이다. 호색한에다 무뢰하기까지 하여 아버지가 자식으로 여기지 않을 정도였다. 그러나 나중에 스스로 반성하고 학습에 열중하여 『속한서』 80편을 찬수했는데 없어졌다. 『진서』 권82 「사마표전司馬彪傳」에 나온다.

65 편년체가 4종 : 진한장陳漢章은 『사통-보석史通補釋』에서, 4족族을 장번張璠의 『후한기後漢紀』 30권, 유예劉艾의 『영헌이제기靈獻二帝紀』 6권, 원엽袁曄의 『헌제춘추獻帝春秋』 10권, 공연孔衍의 『한춘추漢春秋』 10권이라고 보았다.

66 기전체가 5종 : 진한장陳漢章은 5가家를, 사승謝承의 『후한서後漢書』 130권, 설형薛瑩의 『후한기後漢紀』 100권, 사심謝沈의 『후한서後漢書』 122권, 장형張瑩의 『후한남기後漢南記』 55권, 원산송袁山松의 『후한서後漢書』 100권으로 보았다.

67 화교의~잃어버렸다 : 『구당서』 권46 「예문지」에 따르면, 화교의 『후한서後漢書』는 영가永嘉의 난을 거치면서 겨우 31권만 남았다.

송나라에 이르러 선성 태수宣城太守 범엽范曄이 널리 학생을 모으고 옛 전적을 가능한 한 모두 열람하여, 번다한 데는 줄이고 간략한 데는 보충하여 『후한서』를 만들었는데, 10기·10지·80열전이며 다 합하여 100편이었다.[68] 마침 범엽이 죄를 지어 간히는 바람에 그 10지 역시 완성하지 못하고 죽었다.[69] 이에 앞서 진晉나라 동양東陽 태수 원굉袁宏이 후한의 역사서를 발췌하여 순열의 체례에 따라 『후한기』 30편을 저술했다.[70] 세상 사람들은 후한의 역사가로는 오직 범엽과 원굉 두 학자만이 있다고 말한다.

● 『삼국지三國志』

魏史, 黃初·太和中始命尚書衛覬·繆襲草創紀傳, 累載不成. 又命侍中韋誕·應璩, 秘書監王沈·大將軍從事中郎阮籍·司徒右長史孫該·司隷校尉傅玄等, 復共撰定. 其後王沈獨就其業, 勒成『魏書』四十四卷, 其書多爲時諱, 殊非實錄.

위나라 역사는 황초黃初·태화太和 연간(227~233)에 상서 위기衛覬[71]와 무습

---

68 범엽이~100편이었다 : 범엽의 자는 울종蔚宗으로, 위의 사실은 『송서宋書』 권69 「범엽전范曄傳」에 나온다. 100편은 『수서』 「경적지」에 97권이라고 한 것을 두고 한 말 같다.

69 마침~죽었다 : 유지기의 이 서술이 정확하지 않다는 견해가 있다. 범엽은 공희선孔熙先과 함께 팽성왕彭城王 유의강劉義康을 옹립하려다 미리 탄로가 나는 바람에 처형되었지만, 10지는 사엄謝儼에게 맡겼던 것이었으므로 범엽의 죽음과 직접적인 상관이 없다. 『후한서』 권10하 「조황후기曹皇后紀」 주注에 심약沈約의 「사엄번謝儼傳」을 인용한 데서 보인다.

70 원굉이~저술했다 : 원굉의 자는 언백彦伯으로, 『진서晉書』 권92 「문원전文苑傳」에 보면 그가 『후한기後漢紀』 30권을 편찬했다고 했다. 순열의 체례란 편년체를 말한다.

71 위기 : 자는 백유伯儒로, 『위관의魏官儀』를 편찬했지만 없어졌다. 『삼국지 위지』 권21 「위기전魏覬傳」에 나온다.

繆襲[72]에게 본기와 열전을 초안하라고 명했지만 여러 해가 지나도 완성되지 못했다. 또 시중 위탄韋誕[73]·응거應璩,[74] 비서감 왕침王沈,[75] 대장군 종사중랑 완적阮籍, 사도 우장사 손해孫該,[76] 사예 교위 부현傅玄[77] 등에게 명하여 다시 함께 찬정하라고 했다. 그 뒤 왕침王沈만 그 일을 담당하여 『위서』 44권[78]을 완성했는데, 그 책은 대부분 사람들에게 내용을 인정받지 못했고, 사실과 다른 것도 많았다.

吳大帝之季年, 始命太史令丁孚·郎中項峻撰『吳書』. 峻·孚俱非史才, 其文不足紀錄. 至少帝時, 更勅韋曜·周昭·薛瑩·梁廣·華覈訪求往事, 相與紀述. 並作之中, 曜·瑩爲首. 當歸命侯時, 昭·廣先亡, 曜·瑩徒黜, 史官久闕, 書遂無聞. 覈表請召曜·瑩續成前史, 其後曜獨終其書, 定爲五十五卷.

오나라 대제大帝 말년에[79] 처음으로 태사령 정부丁孚, 낭중 항준項峻에게 명

---

72 무습 : 자는 희백熙伯으로, 『열녀전 찬烈女傳贊』 등의 저술이 있었으나 없어졌다. 『삼국지 위지』 권21 「유소전劉劭傳」에 함께 보인다.

73 위탄 : 자는 중장仲將으로, 『삼국지 위지』 권21 「유소전劉劭傳」에 함께 보인다.

74 응거 : 자는 휴연休璉으로, 『삼국지 위지』 권21 「왕찬전王粲傳」 주注에 나온다.

75 왕침 : 『사통 내편』 「재문載文」에서는 왕침의 『위서魏書』가 결함이 많은 역사서라고 했다. 왕침은 완적阮籍·순기荀顗와 함께 『위서』를 편찬했다.

76 손해 : 자는 공달公達로, 『위서』 편찬에 참여했다. 『삼국지 위지』 권21 「유소전」 주에 나온다.

77 부현 : 자는 휴혁休奕으로, 『위서』 편찬에 참여했다. 『삼국지 위지』 권21 「유소전」 주에 나온다.

78 『위서』 44권 : 이에 대해 『수서』에서는 48권, 『당서』에서는 47권이라 하여, 유지기의 말과 다르다.

79 오나라~말년에 : 오나라 대제는 손권孫權이다. 계년季年은 말년이다.

하여 『오서吳書』를 편찬하게 했다. 하지만 이 두 사람 모두 역사에 재능을 갖추지 못하여 그 문장이 국사의 기록이 되기에는 부족했다. 소제少帝 때에 이르러, 다시 위요韋曜[80]·주소周昭·설형薛瑩·양광梁廣·화핵華覈 등에게 신칙하여 지난 일을 찾아보고 서로 협력하여 역사를 기술하게 했다. 함께 만든 것 중에서 위요와 설형이 만든 것이 으뜸이었다.

그러나 귀명후歸命侯[81] 때 주소와 양광이 먼저 죽고, 위요와 설형이 쫓겨나 귀양을 가게 되면서, 사관이 오랫동안 비게 되어 역사서는 결국 세상에 나오지 못했다. 화핵이 상주를 올려, 위요와 설형을 불러 이전의 역사 편찬을 이어서 완성할 수 있게 해달라고 요청했는데,[82] 그 뒤 위요가 홀로 『오서』 55권을 완성했다.[83]

至晉受命, 海內大同, 著作陳壽乃集三國史, 撰爲『國志』凡六十五篇. 夏侯湛時亦著『魏書』, 見壽所作, 便壞己草而罷. 及壽卒, 梁州大中正范頵表言: "『國志』明乎得失, 辭多勸誡, 有益風化, 願垂採錄." 於是詔下河南尹, 就家寫其書. 先是, 魏時京兆魚豢私撰『魏略』, 事止明帝. 其後孫盛撰『魏氏春秋』, 王隱撰『蜀記』, 張勃撰『吳錄』, 異聞錯出, 其流最多. 宋文帝

---

80 위요 : 위요는 위소韋紹인데, 진晉나라 문제文帝 사마소司馬紹를 피휘避諱한 것이다. 『삼국지 오지』 권52 「위요전韋曜傳」에 나온다.

81 귀명후 : 소제少帝 손호孫皓(재위 224~240)가 진晉나라에 항복한 뒤에 얻은 이름이다.

82 화핵이~요청했는데 : 『오서』에 대한 유지기의 서술은 『삼국지 오지』 권53 「설형전薛瑩傳」에 나오는 화핵의 상서에 따른 것이다. 화핵의 자는 영선永先으로, 『삼국지 오지』 권65 「화핵전華覈傳」에 나온다.

83 위요가~완성했다 : 『수서』 권33 「경적지」에 나오는데, 당시에도 다 전해지지는 않았다고 했다.

以『國志』載事傷於簡略, 乃命中書郎裴松之兼採衆書, 補注其闕. 由是世言『三國志』者以『裴注』爲本焉.

　　진晉나라가 천명을 받아 천하가 통일되고,[84] 저작랑著作郎 진수陳壽가 삼국의 역사를 모아『삼국지』65편을 편찬했다.[85] 그때 하후담夏侯湛도『위서』를 썼지만, 진수의 저작을 보고는 바로 자신의 초고를 찢어버리고 그만두었다.[86] 진수가 죽자, 양주梁州 대중정大中正 범군范頵은 "『삼국지』는 득실이 분명하고, 권장하고 경계하는 말이 많으며, 세상의 풍속을 교화하는 데 유익하니, 조정에서 채택하여 후세에 내려달라."라고 청원했다. 이에 하남윤河南尹에게 조서를 내려 진수의 집에 가서 그 책을 베껴오도록 했다.

　　한편 그전에 위나라 때 경조京兆 어환魚豢이 혼자서『위략魏略』을 편찬했는데, 그 내용은 명제明帝에서 끝났다.[87] 그 뒤 손성孫盛이『위씨춘추魏氏春秋』를 편찬했고, 왕은王隱이『촉기蜀記』를 편찬했으며,[88] 장발張勃『오록吳錄』을 편찬하는 등[89] 서로 다른 견해를 가진 역사서가 간간히 나타나서,[90] 이런 종류

---

84 진나라가~통일되고 : 해내海內는 곧 천하, 대동大同은 통일을 말한다.

85 진수가~편찬했다 : 진수의 자는 승조承祚이다. 『진서』 권82 「진수전陳壽傳」에 따르면 양사良史, 즉 훌륭한 역사가의 재능이 있었다고 한다.

86 하후담도~그만두었다 : 하후담의 자는 효약孝若으로, 문재文才가 뛰어났다. 『진서』 권55 「하후담전夏侯湛傳」에 나온다. 진수의 저작을 본 하후담이 자신의 초고를 폐기했다는 얘기는 『진서』 권82 「진수전」에 나온다.

87 어환이~끝났다 : 『사통 내편』 「재문載文」에 보면, 어환의 『위략魏略』이 가장 결함이 많은 역사서라고 했다. 한편 장붕일張鵬一은 『위략집본서魏略輯本序』에서 『위략』이 명제(재위 227~236)가 아니라 진 유왕陳留王(위나라 원제元帝) 조환曹奐(재위 260~265)에서 끝났다고 했다.

88 왕은은~편찬했으며 : 『신당서』 권58 「예문지藝文志」에 나온다.

89 장발은~편찬하여 : 『신당서』 권58 「예문지」에 나온다. 장발은 서진西晉 사람으로, 『사통 내편』 「서지書志」에 나온다.

의 역사서가 가장 많았다.

송 문제宋文帝는 『삼국지』에 실린 사실에 간략한 흠이 있다고 판단하고, 이에 중서랑 배송지裴松之에게 여러 역사서를 아울러 채록하여 빠진 곳에 보주補注를 달라고 명했다.[91] 이때부터 세상이 『삼국지』에 대해서는 『배주裴注』를 기본으로 삼았다.

● 『진서晉書』

晉史, 洛京時, 著作郎陸機始撰『三祖紀』, 佐著作郎束晳又撰十志, 會中朝喪亂, 其書不存. 先是, 曆陽令陳郡王銓有著述才, 每私錄晉書及功臣行狀, 未就而卒. 子隱博學多聞, 受父遺業, 西都事迹, 多所詳究. 過江爲著作郎, 受詔撰晉史. 爲其同僚虞預所斥, 坐事免官. 家貧無資, 書未遂就, 乃依征西將軍庾亮於武昌鎭. 亮給其紙墨, 由是獲成, 凡爲『晉書』八十九卷, 咸康六年, 始詣闕奏上.

진나라의 역사서는, 서진西晉[92] 시대에 저작랑 육기陸機가 처음으로 『삼조기三祖紀』를 편찬했고,[93] 또 좌저작랑 속철束晳이 10지志를 썼지만,[94] 서진이

---

90 서로~나타나서 : 이문異聞은 새로운 지식이나 견해를 의미하며, 착출錯出은 차례로 출현했다는 뜻이다.

91 송 문제는~명했다 : 문제는 송나라 태조太祖(재위 424~453)이다. 배송지의 자는 세기世期이며, 하동河東 사람이다. 남조南朝 송나라 때 문제文帝의 명을 받아 『삼국지』를 주석했다. 『사통 내편』「보주補注」에 나온다.

92 서진 : 낙경洛京은 낙양洛陽이다. 서진은 낙양에 도읍했다.

93 육기가~편찬했고 : 3조祖란 무제武帝가 추존했던 고조, 태조, 세조로서, 즉 선제宣帝 사마의司馬懿, 경제景帝 사마사司馬師, 문제文帝 사마소司馬昭를 말한다. 『삼조기』는 『진기晉紀』라고도 했다.

멸망하는 혼란의 와중에 그 책을 지키지 못했다.[95] 이에 앞서 역양령曆陽令이었던 진군陳郡 사람 왕전王銓이 필력이 있어서 늘 스스로 진나라의 기록과 공신의 행장 등을 기록했는데, 완성을 보기 전에 죽었다. 그의 아들인 왕은이 박학다식하여, 부친의 유업을 이어받아 서도西都의 사적에 대해 대부분 상세히 조사했다.

왕은은 동진 시대에[96] 저작랑에 임명되어 조칙을 받아 진나라 역사를 편찬했다. 그러나 동료인 우예虞預의 탄핵을 받고 사건에 연좌되어 면직을 당했다.[97] 왕은은 원래 집안이 궁핍하여 밑천이 없었으므로 역사서를 완성하지 못하다가, 무창진武昌鎭에서 정서장군 유량庾亮[98]의 도움을 받았다. 유량이 종이와 먹을 대주었기 때문에 완성할 수 있었으며, 모두 『진서』 89권으로서 함강咸康 6년(340)에 비로소 조정에 가서 바쳤다.

隱雖好述作, 而辭拙才鈍. 其書編次有序者, 皆銓所修, 章句混漫者, 必隱所作. 時尚書郎領國史千寶亦撰『晉紀』, 自宣訖愍, 七帝, 五十三年, 凡二十二卷. 其書簡略, 直而能婉, 甚爲當時所稱. 晉江左史, 自鄧粲·孫盛·檀

---

94 속철이~썼지만 : 속철의 자는 광미廣微이고, 『진서』 권51 「속철전」에 나온다.

95 서진이~못했다 : 중조中朝는 동진에 대해 서진을 가리킨다. 서도西都 역시 서진을 가리킨다.

96 동진 시대에 : 과강過江은 양자강揚子江을 넘는다는 뜻이다. 이는 동진이 건강建康에 건립되었다는 말이다.

97 왕은은~당했다 : 왕은의 자는 처숙處叔으로, 아버지는 왕전이다. 진晉나라 원제元帝 초에 왕은이 『진사晉史』를 편찬했는데, 이때 우예도 개인적으로 『진서晉書』를 편찬했다. 우예는 동남 지역에서 태어나 중원 사정에 밝지 못했으므로 여러 번 왕은을 방문하여 물어보았고, 급기야 왕은의 편찬 원고를 빌려서 몰래 표절했다. 후에 왕은은 우예의 비방을 받고 면직되어 고향으로 돌아갔다. 『진서』 권82 「왕은전王隱傳」에 나온다.

98 유량 : 자는 원규元規로, 『진서』 권73 「유량전庾亮傳」에 나온다.

道鸞·王韶之已下, 相次繼作. 遠則偏記兩帝, 近則唯敍八朝. 至宋湘東太守何法盛始撰『晉中興書』, 勒成一家, 首尾該備. 齊隱士東莞臧榮緒又集東·西二史, 合成一書.

왕은이 비록 저술을 좋아하기는 했지만, 문장이 능숙하지 않았고 재능도 둔했다. 이 때문에『진서晉書』중에서 편차에 차례가 있는 데는 모두 그의 아버지 왕전이 편수한 것이고, 장구가 혼란스럽고 산만한 데는 필경 왕은이 작성한 것이다.[99] 그 무렵 국사를 맡았던 상서랑尚書郎 간보干寶도『진기晉紀』를 편찬했는데, 선제宣帝로부터 민제愍帝에 이르는 7제 53년의 기록으로 모두 22권이었다. 이 역사서는 간략한 데다 곧으면서도 완곡한 뜻을 잃지 않았으므로 당시에 매우 평판이 좋았다.

동진東晉의 역사[100]는 등찬鄧粲[101]·손성孫盛[102]·단도란檀道鸞[103]·왕소지王韶之[104] 등이 잇달아 편찬했다. 멀게는 초기의 원제元帝와 명제明帝 2대에 대해 기록했고, 가깝게는 그 뒤 안제安帝까지 8대를 서술했다. 송나라 상동湘東 태수 하법성何法盛이『진중흥서晉中興書』를 써서 처음으로 동진 한 시대가 시종일관하

---

99 왕은이~것이다 : 이 사실은『진서』권82「왕은전王隱傳」에 나온다.

100 동진의 역사 : 강좌江左는 양자강 동쪽에 해당하는 지역으로, 현재의 강소성江蘇省 일대이다. 동진東晉 이래 진陳나라까지 건강建康에 도읍했다.

101 등찬 : 장사長沙 사람이다. 동진 때 형주 자사荊州刺史 환충桓冲의 별가別駕를 역임했다.『원명기元明紀』10권을 지었는데 없어졌다.『진서』에 열전이 있다.

102 손성 : 자는 안국安國, 동진 태원太原 중도中道(산서山西) 사람이다(302~373). 공자와 사마천을 흠모하여『진양추晉陽秋』32권을 지었는데 없어졌다.『진서』권82「손성전孫盛傳」에 나온다.

103 단도란 : 남제南齊의 역사가인 단초檀超의 숙부이다. 자는 만안萬安으로, 국자박사國子博士를 지냈다.『속진양추續晉陽秋』20권을 편찬했다.『남사南史』권72「문학전文學傳」에 나온다.

104 왕소지 : 자는 휴태休泰이다. 집이 가난했지만 역사 서적을 많이 읽었다. 그의 아버지 왕위王偉가 당대의 기록을 일일이 기록했고, 아버지가 죽은 뒤『진안제양추晉安帝陽秋』, 곧『진안제기晉安帝紀』를 편찬했다.『송서』권60「왕소지열전王韶之列傳」의 평에 나온다.

게 갖추어졌다. 제나라의 은사隱士 장영서臧榮緖는 또한 동진과 서진의 역사를
모아 하나의 역사서로 합쳐서 완성했다.

皇家貞觀中, 有詔以前後史十有八家, 制作雖多, 未能盡善, 乃勅史官更加
纂錄. 採正典與雜說數十餘部, 兼引僞史十六國書, 爲紀十·志二十·列傳
七十·載記三十, 幷序例·目錄合爲百三十二卷. 自是言晉史者, 皆棄其舊
本, 競從新撰者焉.

　당나라 태종太宗 정관貞觀 연간에, 당시 진나라 역사는 18가家가 있어서 많이
만들어지긴 했지만 아주 훌륭하지는 않다는 명이 있었고, 곧 사관들에게 다시
찬록하라는 신칙이 있었다. 정사와 잡서 수십여 부를 모으고, 아울러 북방의
16국 위사僞史까지 참고하여, 본기 10권, 지 20권, 열전 70권, 재기 30권에
서례와 목록까지 합해 132권을 만들었다. 이때부터 진나라 역사라고 하면 사
람들이 예전의 역사서는 버리고 다투어 새로 편찬한 『진서』를 따랐다.[105]

●『송서宋書』[106]
宋史, 元嘉中, 著作郎何承天草創紀傳, 自此以外, 悉委奉朝請山謙之補承
天殘缺. 後又命裴松之續成國史. 松之尋卒, 史佐孫冲之表求別自創立爲

---

105 이때부터~따랐다 : 『구당서』 권66 「방현령전房玄齡傳」에 보면, 장영서 등이 상세하게 여러
　　역사서를 모았지만, 사관 중에 시문詩文을 하는 사람이 많아서 자질구레하고 잘못된 사료가
　　많다고 평가했다.
106 이 부분의 송나라 역사서에 대한 유지기의 서술은 심약沈約의 『송서』 권100 「자서自序」에
　　수록된 「상송서표上宋書表」에 기초하고 있다.

一家言. 孝建初, 又勅南臺侍御史蘇寶生續造諸傳, 元嘉名臣皆其所撰. 寶
生被誅, 大明六年, 又命著作郎徐爰踵成前作. 爰因何·孫·山·蘇所述, 勒爲
一書. 其臧質·魯爽·王僧達諸傳, 又皆孝武自造而序事多虛, 難以取信. 自
永光已後, 至禪讓, 十餘年中闕而不載.

　　남조南朝의 송나라 역사서는 문제文帝 원가元嘉 연간(424~458)에 저작랑 하
승천何承天[107]이 본기와 열전을 만든 것이 처음이고, 이외에는 모두 봉조청奉朝
請을 맡았던 산겸지山謙之가 하승천의 초고를 보충한 것이다.[108] 그 후 또 배
송지裴松之가 이어서 국사 편찬을 담당했다.[109] 배송지가 죽자 저작좌랑著作佐
郎 손충지孫冲之[110]가 아뢰어 따로 초기부터의 역사서를 쓰겠다고 요청했다.
효무제 효건孝建 연간(454~456) 초, 또 남대시어사 소보생蘇寶生에게 칙명을
내려 계속 전기傳記를 만들게 했는데, 원가元嘉 연간의 명신들의 전기는 모두
소보생이 쓴 것이었다.

　　소보생이 죄를 얻어 주살된 뒤,[111] 대명大明 6년(462)에는 효무제가 또 저작
랑 서원徐爰에게 전작에 이어서 완성하라고 명했다. 이에 서원이 하승천·손충
지·산겸지·소보생의 서술을 이어서 한 편의 역사서를 완성했다.[112] 그중 장질

---

107 하승천 : 『송서』 권64 「하승천전」에, 동해東海 사람 하승천(370~447)이 저작좌랑으로
　　 국사를 편찬했다고 한다.
108 산겸지가~것이다 : 『송서』 권94 「은행전恩倖傳」에 나온다.
109 배송지가~했다 : 『송서』 권64 「배송지전」에 나온다.
110 저작좌랑 손충지 : 손충지는 손성孫盛의 증손으로, 송나라에 대한 반란군에 참가했다가
　　 피살되었다. 『송서』 권84 「등원전鄧琬傳」에 나온다. 사좌史佐는 저작좌랑의 별칭이다.
111 소보생이~주살된 뒤 : 소보생은 한미한 집안 출신이지만, 글로 이름이 나서 국자학國子學에서
　　 『모시毛詩』 강좌의 조교助敎를 맡았다. 대명大明 2년(458), 고도高闍의 반란을 알리지 않았다는
　　 이유로 연좌되어 형벌을 받고 죽었다. 『송서』 권75 「왕승달전王僧達傳」에 나온다.
112 서원이~완성했다 : 서원의 자는 장옥長玉이고 남낭야南琅邪 개양開陽 사람이다. 본명은 원瑗이었

臧質이나 노상魯爽, 왕승달王僧達 등의 열전은 또한 모두 효무제 스스로 만든 것이어서, 사실상 서술에 허위가 많아 그대로 믿기가 어렵다. 게다가 폐제廢帝 유자업劉子業 영광永光 연간(464~465)부터 선양으로 나라가 끝날 때까지의 10여 년이 빠져 실리지 않았다.

至齊著作郞沈約更補綴所遺, 製成新史, 自義熙肇號, 終乎昇明三年, 爲紀十, 志三十, 列傳六十, 合百卷, 名曰『宋書』. 永明末, 其書旣行, 河東裴子野更刪爲『宋略』二十卷, 沈約見而歎曰: "吾所不逮也." 由是世之言宋史者, 以裴『略』爲上, 沈『書』次之.

제나라에 이르러 저작랑 심약沈約이 지금까지 빠져 있던 것들을 수습하고 보충하여, 새로운 체재로 동진 안제安帝 의희義熙 연간(405~418)부터 순제順帝 승명昇明 3년에서 끝나는 본기 10권, 지 30권, 열전 60권 등을 합하여 100권으로 만들고 『송서』라고 명명했다. 영명永明 말년에 이 책이 이미 세상에서 읽혔고, 하동 사람 배자야裴子野가 이 책을 더욱 간략하게 줄여서 『송략宋略』 20권을 만들었다. 심약이 『송략』을 읽고 감탄하여 "내가 도저히 미칠 수 없다."라고 말했다 한다.[113] 이 때문에 세상에서는 송나라 역사에 대해 평가할 때, 늘 배자야의 『송략』을 위에 놓고, 심약의 『송서』를 다음에 놓게 되었다.[114]

는데 개명했다. 『송서』 권94 「은행전」에 보면, 대명 6년 서원이 별도의 역사서를 만들었다고 했다.

113 영명~한다 : 『양서』 권30 「배자야전裴子野傳」에 나온다. 배자야는 배송지裴松之의 증손이다.

114 이 때문에~되었다 : 장학성章學誠은 이런 유지기의 평가에 의문을 표했다. 장학성章學誠, 창수량倉修良 편주, 『문사통의신편신주文史通義新編新注』 「외편일 독사통外編一讀史通」, 절강고적출판사, 2005, 467쪽.

● 『제서齊書』

齊史, 江淹始受詔著述, 以爲史之所難, 無出於志, 故先著十志, 以見其才. 沈約復著『齊紀』二十篇. 梁天監中, 太尉錄事蕭子顯啓撰齊史, 書成表奏之. 詔付秘閣, 起昇明之年, 盡永元之代, 爲紀八, 志十一, 列傳四十, 合成五十九篇. 時奉朝請吳均亦表請撰齊史, 乞給起居注幷群臣行狀, 有詔: "齊氏故事, 布在流俗, 聞見旣多, 可自搜訪也." 均遂撰『齊春秋』三十篇, 其書稱梁帝爲齊明佐命, 帝惡其實, 詔燔之. 然其私本, 竟能與蕭氏所撰並傳於後.

남조의 제나라 역사서는 강엄江淹이 칙명을 받아 처음으로 저술했는데, 강엄은 역사서 편찬에는 지志보다 어려운 것이 없다고 생각했기 때문에 먼저 10지를 써서 역사가로서 자신의 재능을 드러냈다.[115] 심약이 다시 『제기齊紀』 20편을 편찬했다. 양나라 천감天監 연간(502~519)에 태위록사太尉錄事 소자현蕭子顯이 제나라 역사를 편찬했고, 역사서가 완성되자 표表를 올려 아뢰었다. 궁중의 비각에 그 책을 보관하라는 조칙이 내려졌다. 송나라 순제 승명昇明 연간(477~479)부터 제나라 동혼후東昏侯 영원永元 연대(499~501)까지,[116] 기 8편, 지 11편, 열전 40편을 만들었으니, 모두 합해 59편이었다.

그때 봉조청奉朝請 오균吳均도 제나라 역사를 쓰고 싶어서 표를 올려 천자의 기거주나 군신의 행장을 달라고 아뢰었는데, 조詔에 쓰여 있기를 "제나라 고사는 세상에 널리 유포되어 있어서 누구나 보고 들을 수 있는 자료가 이미 많을 것이므로, 알아서 찾아보는 편이 좋을 것이다."라고 했다. 오균이 마침

---

115 강엄은~드러냈다 : 정초鄭樵, 『통지通志』「총서總序」에 나온다.
116 양나라~연대(499~501)까지 : 이 대목의 원문 34자가 『사고전서』본에는 빠져 있다. 포기룡은 본전本傳에 입각해서 보완한다고 했다. 조여보趙呂甫도 이에 따랐다.

내 『제춘추齊春秋』 30편을 편찬했는데,[117] 이 책에는 양나라 무제가 제나라 명제의 천자 등극을 도왔다는 기사가 있었다. 그래서 제나라 황제가 그 사실이 실린 것이 싫어서 태워 없애라는 조칙을 내렸다.[118] 그러나『제춘추』를 몰래 베껴놓은 것이 있어서, 마침내 소자현의 편찬서와 함께 후대에 전해질 수 있었다.

● 『양서梁書』

梁史, 武帝時, 沈約與給事中周興嗣·步兵校尉鮑行卿·秘書監謝昊相承撰錄, 已有百篇, 値承聖淪沒, 並從焚蕩. 盧江何之元·沛國劉璠以所聞見, 究其始末, 合撰『梁典』三十篇, 而紀傳之書未有其作. 陳祠部郎中姚察有志撰勒, 施功未周, 但旣當朝務, 兼知國史, 至於陳亡其書不就.

남조의 양나라 역사서는 무제 때에 심약과 함께 급사중 주흥사周興嗣, 보병교위 포행경鮑行卿, 비서감 사호謝昊 등이 이어가며 편찬해서 이미 100편이 있었다.[119] 그러나 원제元帝 승성承聖 연간(552~555)에 전쟁으로 타거나 없어져버렸다.[120]

---

117 오균이~편찬했는데 : 오균의 자는 숙상叔庠, 오흥吳興 고장故障(절강浙江) 사람이다. 『제춘추齊春秋』 30권을 개인적으로 펴냈다고 한다. 『남사』 권72 「문학전文學傳」에 나온다.

118 양나라~내렸다 : 양제梁帝는 양나라 무제이고, 제명齊明은 제나라 명제이다. 좌명佐命이란 장상將相의 자질을 갖추고 천자를 보필한다는 의미로, 양무제가 즉위 전에 제나라 명제의 신하였다는 뜻이다.

119 무제~있었다 : 심약이 『양고조기梁高祖紀』 12권을 편찬한 일은 『양서』 권13 「심약전沈約傳」에 나온다. 주흥사의 자는 사찬思纂이며, 『양황제실록梁皇帝實錄』 2권 등을 편찬했다. 『양서梁書』 권49 「문학상전文學上傳」에 나온다. 포행경은 『황실의皇室儀』 13권 등을 편찬했다. 『남사南史』 권49 「포천전鮑泉傳」에 나온다.

진나라 노강盧江 사람 하지원何之元과 패국沛國 사람 유번劉璠[121]이 당시 보고 들은 것으로 그 시말을 연구하고 합쳐서 『양전梁典』 30편을 만들었지만,[122] 아직 본기나 열전은 완성되지 않은 상황이었다. 진나라 사부 낭중이었던 요찰姚察도 편찬하려는 의지는 있었지만 충분히 노력을 다하지 못했고,[123] 이미 조정 일에 겸직하면서 국사를 맡고 있었기 때문에 진나라가 멸망할 때까지 결국 양나라 역사서를 만들지 못했다.

● 『진서陳書』

陳史, 初有吳郡顧野王·北地傅緯各爲撰史學士, 其武·文二帝紀, 即顧·傅所修. 太建初, 中書郎陸瓊續撰諸篇, 事傷煩雜. 姚察就加刪改, 粗有條貫, 及江東不守, 持以入關. 隋文帝嘗索梁·陳事跡, 察具以所成每篇續奏, 而依違荏苒, 竟未絶筆. 皇家貞觀初, 其子思廉爲著作郎, 奉詔撰成二史. 於是憑其舊藁, 加以新錄, 彌曆九載, 方始畢功, 定爲『梁書』五十卷·『陳書』三十六卷, 今並行世焉.

---

120 원제~없어져버렸다 : 북주北周가 양나라를 공격하여 원제가 사로잡혀 피살당했다. 이 사건의 와중에서 『양서』가 없어진 것인지는 알 수 없지만, 『수서』「경적지」에는 『양서』 49권이 전한다고 했다.

121 유번 : 자는 보의寶義로, 패국沛國 사람이다. 『주서周書』권42 「유번전劉璠傳」에, 아들 휴징休徵에게 유언하여 『양전』을 완성한 것으로 나와 있다.

122 진나라~만들었지만 : 『수서』「경적지」에는 하지원과 유번이 편찬한 이전二典이 있다고 하지만, 유지기는 함께 편찬했다고 하여 차이가 있다. 이 때문에 『사통』 본문의 합合이 각各의 오류라는 의견도 있다(요진종姚振宗).

123 요찰도~못했고 : 요찰이 『양서梁書』 제기帝紀 7권을 편찬했는데, 아들 사렴이 합하여 6권으로 만들었다. 또 열전 26편 중 요찰이 편찬한 것이 25편으로 되어 있는데, 이 가운데 사신史臣이라고 한 것은 모두 요사렴이 쓴 평론이고, 한 편만 요찰의 평론이라고 한다(조여보趙呂甫).

진나라의 역사서는 오군吳郡 사람 고야왕顧野王과 북방 출신 부재傅縡[124]가 각각 찬사학사撰史學士가 되어, 두 사람이 「무제본기」와 「문제본기」를 쓴 데서 시작되었다. 선제宣帝 태건太建 연간(569~582)의 초기에 중서랑 육경陸瓊[125]이 이어서 여러 편을 편찬했지만, 사실이 번잡하다는 결점이 있었다. 요찰姚察이 이것을 삭제하거나 고쳐서 조금이나마 조리가 서게 되었고, 수나라 군대가 강남 지역을 점령한 뒤 이것을 가지고 장안으로 들어갔다. 수나라 문제文帝가 일찍이 양나라와 진나라의 기록을 살펴보고자 하여 요찰이 매 편을 완성할 때마다 문제에게 가져다 바쳤지만, 점점 지연되어 결국 편찬을 마치지 못했다.

당나라 정관 초에 요찰의 아들 요사렴姚思廉이 저작랑이 되었고, 칙명을 받아 양나라와 진나라 두 역사서를 편찬했다. 이때 요사렴이 아버지 요찰의 옛 초고를 기초로 새로운 기사를 추가해 9년이나 걸려서 겨우 완성했으니,[126] 이것이 바로 『양서』50권, 『진서』36권으로 오늘에 이르게 되었다.

● 『십육국춘추十六國春秋』

十六國史, 前趙劉聰時, 領左國史公師彧撰「高祖本紀」及「功臣傳」二十人, 甚得良史之體, 凌修譖其訕謗先帝, 聰怒而誅之. 劉曜時, 平輿子和苞撰『漢趙記』十篇, 事止當年, 不終曜滅. 後趙石勒命其臣徐光·宗歷·傅暢·

---

124 부재 : 자는 의사宜事이다. 어려서부터 총명하여 글을 잘 지었는데, 진나라 문제 때 찬사학사가 되었다. 무함을 받아 하옥되었으나, 끝까지 승복하지 않아 결국 옥에서 사사되었다. 『진서陳書』권30 「부재전傅縡傳」에 나온다.

125 육경 : 자는 백옥伯玉으로, 오군吳郡 사람이다. 『진서』권30 「육경전陸瓊傳」에 나온다.

126 요사렴은~완성했는데 : 요사렴의 자는 간지簡之이고, 요찰姚察의 아들이다. 요사렴 부자가 양·진 두 나라의 역사를 편찬하는 데 55년이 걸렸다.

鄭愔等撰「上黨國記」·「起居注」·『趙書』. 其後又令王蘭·陳宴·程陰·徐機
等相次撰述. 至石虎, 並令刊削, 使勒功業不傳. 其後燕太傳長史田融·宋
尚書庫部郎郭仲産·北中郎參軍王度追撰二石事, 集爲『鄴都記』·『趙記』
等書. 前燕有起居注, 杜輔全錄以爲『燕紀』. 後燕建興元年董統受詔草創
『後書』, 著本紀幷佐命功臣·王公列傳, 合三十卷. 慕容垂稱其敍事富贍,
足成一家之言, 但襃述過美, 有慙董史之直. 其後申秀·范亨各取前後二燕
合成一史.

16국[127] 역사서의 경우에는 전조前趙에서 3대 소무제昭武帝 유총劉聰 때[128]
영좌국사 공사욱公師彧이 「고조본기高祖本紀」와 20명에 대한 「공신전功臣傳」을
편찬하여 훌륭한 역사서의 체례를 갖추었다. 하지만 능수凌修라는 자가 거기
에 고조를 헐뜯는 내용이 있다고 참소하자 유총이 노하여 공사욱을 죽여버렸
다.[129] 5대 유요劉曜 때 평여자 화포和苞가 『한조기漢趙記』 10편을 편찬했는데,
유요의 재위 당시로 끝나고 유요가 죽는 시점까지는 쓰지 않았다.

후조後趙 1대 석륵石勒은 서광徐光·종력宗歷·부창傅暢·정음鄭愔 등에게 명하
여 「상당국기上黨國記」·「대장군기거주大將軍起居注」·『조서趙書』를 편찬하게 했
다.[130] 그 후에도 왕란王蘭·진연陳宴·정음程陰·서기徐機 등이 이어서 찬술했

---

127 16국 : 흉노匈奴·갈羯·선비鮮卑·저氐·강羌의 다섯 종족이 서진西晉 말부터 송宋 원가元嘉 16년
(439)에 이르기까지 화북華北에 세웠던 나라들이다.
128 전조에서~때 : 전조는 처음에 한漢이라고 했다가, 5대 유요劉曜에 이르러 조趙나라로 고쳤다.
유총은 3대 소무제昭武帝로, 재위 기간은 310~318년이다.
129 능수라는~죽여버렸다 : 능수가 누구인지는 불명확하다.
130 서광~했다 : 『진서』 권105 「재기載記 5 석륵 하石勒下」에 "기실記室 좌명계佐明楷과 정기程機에
게 「상당국기上黨國記」를, 중대부中大夫 부표傅彪·가포賈蒲·강궤江軌에게 「대장군기거주大將軍
起居注」를, 참군參軍 석태石泰·석동石同·석겸石謙·공융孔隆에게 「대선우지大單于志」를 편찬하게
했다." 하여, 유지기의 서술과 조금 차이가 있다.

다.[131] 그러나 3대 석호石虎가 제위를 찬탈하여 즉위해서는 이들 기록을 모두 삭제시켜버려 석륵의 공적이 전해지지 못하게 만들었다.[132] 그 후 연나라 태부 장사太傅長史 전융田融, 송나라 상서고부랑尙書庫部郞 곽중산郭仲産, 진나라 북중랑참군北中郞參軍 왕탁王度이 석륵과 석호의 사적을 모아 『업도기鄴都記』와 『조기趙記』 등을 편찬했다.[133]

또 모용씨慕容氏의 전연前燕에서는 기거주를 작성했는데, 두보전杜輔全이 이 것을 가지고 『연기燕紀』를 만들었다. 후연後燕 건흥建興 원년(386)에 동통董統 이 황제의 명을 받고 후연의 역사서 편찬을 시작했는데, 본기와 건국에 참여 한 공신·왕공의 열전 등 모두 30권을 저술했다. 모용수慕容垂는 그 책의 내용 이 풍부하여 일가의 견해를 이룰 만한 서적이라고 칭찬했지만, 왕실을 기릴 때 지나치게 미화했기 때문에 동호董狐의 직필과 비교할 때 부끄러운 점이 있었다. 그 뒤 신수申秀와 범형范亨이 각각 전연과 후연의 역사서를 취합하여 하나의 역사서로 완성했다.[134]

南燕有趙郡王景暉嘗事德·超, 撰二主起居注. 超亡, 仕於馮氏, 官至中書 令, 仍撰『南燕錄』六卷. 蜀初號曰成, 後改稱漢, 李勢散騎常侍常璩撰『漢

---

131 왕란~찬술했다 : 이들은 『수서』 「경적지」에는 보이지 않는다. 단지 서기만 『진서』 권107 「재기載記 7 석계룡전 하石季龍傳下」에 나온다.

132 석호가~만들었다 : 석호는 석륵의 조카이다. 석륵의 아들 석홍石弘이 즉위했지만, 석호가 그를 죽이고 제위를 찬탈했다. 『진서』 권106 및 권107에 나온다.

133 연나라~편찬했다 : 이 사실은 『수서』 권33 「경적지」에 나온다. 같은 곳에 "『업중기鄴中記』 2권. (주注) 진晉나라 국자조교國子助敎 육홰陸翽가 편찬했다."라고 되어 있기 때문에 본문의 『업도기』는 『업중기』를 말하는 것인 듯하다. 곽중산의 사적은 분명치 않다.

134 신수와~완성했다 : 『수서』 권33 「경적지」에 나온다.

書』十卷, 後入晉秘閣改爲『蜀李書』. 璩又撰『華陽國志』, 具載李氏興滅.
前涼張駿十五年命其西曹邊瀏, 集內外事, 以付秀才索綏, 作『涼國春秋』
五十卷. 又張重華護軍參軍劉慶在東苑專修國史二十餘年, 著『涼記』十二
卷. 建康太守索暉·從事中郎劉昞又各著『涼書』.

남연南燕(398~410)에서는 조군 왕경휘王景暉가 모용덕慕容德과 모용초慕容超
2대에 걸쳐 섬긴 적이 있어서 두 군주의 기거주를 편찬했다. 모용초의 남연
이 멸망한 뒤에는 북연北燕(409~438)의 풍씨에게서 벼슬을 받아 관직이 중서
령까지 이르렀는데, 그때 『남연록南燕錄』 6권을 편찬했다.[135]

촉나라(304~347)는 처음에 성도成都에 도읍을 정했으므로 성成이라고 했다
가 뒤에 다시 한漢으로 고쳤다. 마지막 왕이었던 7대 이세李勢의 산기상시散騎
常侍 상거常璩가 『한서』 10권을 편찬했지만, 촉이 멸망하자 이를 진나라의 궁
중에 간수해놓았다가 고쳐서 『촉이서蜀李書』로 만들었다. 상거는 또 『화양국
지華陽國志』를 편찬했는데, 『촉이서』와 함께 촉나라 이씨의 흥망을 기록한 것
이다.[136]

전량前涼에서는 4대 장준張駿 태원太元 15년(338), 당시 서조西曹를 맡고 있
는 변유邊瀏에게 명하여 양나라의 국내 및 대외 사실을 모아서 수재였던 색
수索綏에게 보내 『양국춘추涼國春秋』 50권을 만들게 했다.[137] 또 5대 장중화張

---

135 남연에서는~편찬했다 : 『수서』 권33 「경적지」에 나온다.
136 촉나라는~것이다 : 상거常璩가 『한지서漢之書』와 『화양국지華陽國志』를 지었는데, 특히 『화양
국지』는 현존하는 가장 오래된 지방지이다. 그중 「선현사녀총찬先賢士女總贊」 1권에 400여
명의 행적이 기록되어 있고, 찬이 첨부되어 있다. 『촉이서』에 대해서는 『안씨가훈顔氏家訓』
「서증書證」에 "『이촉서李蜀書』를 『한지서漢之書』라고도 한다." 했다.
137 전량에서는~했다 : 서조西曹는 병부兵部를 말한다. 서쪽은 오행五行 중 금金에 해당되므로
병장기의 뜻이 된다. 색수는 유림좨주儒林祭酒로, 자는 사예士艾이다.

重華의 호군참군 유경劉慶이 궁중의 동원東苑에 있으면서 국사 편찬을 20여 년 동안 전담하고『양기涼記』12권을 썼다.[138] 건강建康 태수 색휘索暉[139]와 종사 중랑 유병劉昞도 각각『양서涼書』를 썼다.[140]

前秦史官初有趙淵·車敬·梁熙·韋譚相繼著述, 苻堅嘗取而觀之, 見苟太后幸李威事, 怒而焚滅其本. 後著作郞董誼追錄舊語, 十不一存. 及宋武帝入關, 曾訪秦國事, 又命梁州刺史吉翰問諸仇池, 並無所獲. 先是, 秦秘書郞趙整參撰國史, 値秦滅, 隱於商洛山, 著書不輟. 有馮翊·車頻助其經費, 整卒, 翰乃啓頻, 纂成其書, 以元嘉九年起, 至二十八年方罷, 定爲三卷, 而年月失次, 首尾不倫. 河東裴景仁又正其訛僻, 刪爲『秦記』十一篇. 後秦扶風馬僧虔·河東衛隆景並著『秦史』. 及姚氏之滅, 殘缺者多, 泓從弟和都仕魏爲左民尙書, 又追撰『秦紀』十卷. 夏天水趙思群·北地張淵於眞興·承光之世, 並受命著其國書及統萬之亡, 多見焚燒.

전진前秦의 사관으로는 처음에 조연趙淵·차경車敬·양희梁熙·위담韋譚 등이 서로 이어서 저술했지만, 부건이 완성된 것을 가져다 보고는 어머니인 구태후苟太后가 이위李威를 총애했다는 이야기가 나오자 화를 내고 그 판본을 태워서 없애버렸다.[141] 후에 저작랑 동의董誼가 옛 초고를 수록했지만, 열에 하나

---

138 유경이~썼다 :『양기』12권은 확인하지 못했다. 앞서 유지기는 「사관건치史官建置」편에서 "전량의 장준 때, 유경이 유림랑·중상시가 되어 동원에서 국사를 편찬했다."라고 했다.

139 색휘 : 색휘는 어떤 인물인지 알 수가 없다.

140 유병도~썼다 :『수서』권33 「경적지」에 나온다. 유병劉昞을 유경劉景이라고 쓴 것은 당나라 고조 이연李淵의 아버지 이병李昞을 피휘한 것이다. 유병에 대해서는『위서魏書』권52 열전에 나온다.

도 남지 않았다. 남조의 송 무제가 관중關中에 진격했을 때에 이르러, 진나라의 사실을 찾기도 하고, 또 양주 자사 길한吉翰에게 명하여 구지仇池에게 묻기도 했지만, 조금도 수확이 없었다.[142]

이에 앞서 진나라 비서랑 조정趙整이 국사 편찬에 참여했는데, 진나라가 멸망하자 상낙산商洛山에 은거하여 저술을 멈추지 않았으며,[143] 풍익馮翊과 거빈車頻이 그에 드는 경비를 도와주었다. 조정이 죽자, 길한이 이윽고 거빈에게 알리고 그 책을 완성했다.[144] 송 문제宋文帝 원가元嘉 9년(432)에 시작하여 28년(451)까지 사적을 3권으로 정리한 책이지만, 연월의 순서도 흐트러지고 시종 질서가 없었다. 그래서 하동河東의 배경인裴景仁이 잘못된 것을 바로잡고 산삭하여 『진기晉記』 11편을 만들었다.[145]

요익중姚弋仲이 세운 후진後秦에서는 부풍扶風 출신의 마승건馬僧虔과 하동 출신의 위융경衛隆景이 함께 『진사秦史』를 저술했다.[146] 요씨의 후진이 멸망할 즈음에 흩어져 없어진 것이 많았는데, 3대 요홍姚鴻의 사촌 동생인 요화도姚和都가 위나라에서 관직을 얻어 좌민상서左民尙書가 되어 다시 이어서 『진기』 10권을 편찬했다.[147]

혁연발발赫連勃勃이 세운 하夏나라(407~431)에서는 천수 출신의 조사군趙思

---

141 부견이~없애버렸다 : 『진서』 권113 「재기載記 13 부견 상苻堅上」에 나온다.

142 남조의~없었다 : 『송서』 권65 「길한전吉翰傳」에 나온다. 구지仇池는 구지태사仇池太師 양현楊玄이다.

143 진나라~않았으며 : 조정趙整의 자는 문업文業이며, 일명 정正이라고 했다. 부견의 저작랑을 지냈고, 직언을 좋아했다. 『십육국춘추』 권42 「전진록前秦錄」에 나온다.

144 조정이~완성했다 : 『십육국춘추』 권37 「전진록5 부견 중苻堅中」에 거빈車頻의 『진서秦書』가 보인다.

145 그래서~만들었다 : 『수서』 권33 「경적지」에 나온다.

146 후진에서는~저술했다 : 마승건과 위융경의 사실은 확인하지 못했다.

147 요화도가~편찬했다 : 『수서』 권33 「경적지」에 나온다.

群[148]과 북방 출신의 장연張淵[149]이 진흥眞興 연간(419~424)과 승광承光 연간 (425~427)에 각각 칙명을 받아 국사를 저술했지만, 도성인 통만統萬이 함락되자 대부분 불타버렸다.

西涼與西秦, 其史或當代所書, 或他邦所錄, 累經遷轉, 今並失傳. 叚龜龍 記呂氏, 宗欽記沮渠氏·失名記禿髮氏, 韓顯宗記呂馮氏, 唯有三者可知, 自餘不詳誰作. 魏世黃門侍郞崔鴻乃考覈衆家, 辨其同異, 除煩補闕, 錯綜 綱紀, 易其國書曰錄, 主紀曰傳, 都謂之『十六國春秋』. 鴻始以景明之初, 求諸國逸史, 逮至始元年鳩集稽備, 而以猶闕蜀事, 不果成書. 推求十有五 年, 始於江東購獲, 乃增其篇目, 勒爲十卷. 鴻沒後, 永安中, 其子緯寫奏上, 請藏諸秘閣, 由是僞史宣布, 大行於時.

이고李暠가 세운 서량西涼(400~421)과 걸복사번乞伏司繁이 세운 서진西秦의 경우, 역사서로는 당대의 같은 나라 사람이 쓴 것도 있고 다른 나라 사람이 쓴 것도 있는데, 여러 차례 옮겨 다니다가 지금은 모두 없어져 전해지지 않는다.[150] 여씨의 후량은 단귀룡叚龜龍이 기록했고, 저거씨의 북량은 종흠宗欽이 기록했으며, 풍씨의 남연은 한현종韓顯宗이 기록했으므로 세 역사서에 대한 편찬자를 알 수 있지만, 독발씨의 남량은 누가 썼는지 알지 못한다.

위나라 시대에 대해서는 황문시랑黃門侍郞 최홍崔鴻이 여러 나라의 사실을

---

148 조사군 : 사군思群은 자이고, 이름은 조일趙逸이다. 『위서』 권52에 열전이 있다.

149 장연 : 『위서』 권91 열전에 보면, 그는 점을 잘 치고 부견苻堅과 요흥姚興 아래서 관직을 얻어 지냈다. 하 세조夏世祖 때 태사령太史令을 지냈다고 했는데, 본문의 장연과 같은 인물인지는 확실하지 않다.

150 여러~않는다 : 이 대목은 『사통』 원문에는 없지만, 포기룡의 견해에 따라 보완했다.

자세히 조사하고 그 차이점을 변별하여, 불필요한 것은 제거하고 부족한 것은 보충하면서 뼈대와 줄기를 세웠다. 국서國書라는 이름을 록錄으로 바꾸고, 군주의 본기는 전傳으로 고쳐 『십육국춘추十六國春秋』라고 했다.[151]

최홍이 처음으로 위나라 선무제宣武帝 경명景明 연간(500~503) 초에 여러 나라의 빠진 사실을 모아 지시至始 원년(504)까지 완전히 모아 정리해보았지만, 촉나라 부분이 빠져서 결국 책을 완성하지 못했다. 15년이나 더 찾아서야 강동에서 겨우 구입하여, 이윽고 그 편목을 증보했고 10권으로 완성했다. 최홍이 죽은 뒤, 북위北魏 효장제孝莊帝 영안永安 연간(528~530)에 그의 아들이 정리해서 헌상하고 그 책을 궁중에서 보관해주기를 청했는데,[152] 이 때문에 위사僞史[153]가 당시에 많이 읽히게 되었다.

● 『후위서後魏書』

元魏史, 始令鄧淵著『國記』, 唯爲十卷, 而條例未成, 暨乎明元廢而不述. 神嘉二年, 又詔集諸文士, 崔浩·浩弟覽·高讜·鄧潁·晁繼·范亨·黃輔等撰『國書』, 爲三十卷. 又特命浩總監史任, 務從實錄, 復以中書郎高允·散騎侍郎張偉並參著作, 續成前史書. 敍述國事無隱所惡, 而刊石寫之,

---

151 위나라~했다 : 최홍은 최광崔光의 아들로, 자는 언만彦鸞이다. 『위서』 권67 「최광전崔光傳」에 나온다. 편찬 사실은 『수서』 권33 「경적지」에 나온다. 『십육국춘추』는 일찍 없어졌으며, 지금 남아 있는 것은 명明나라 신종神宗 때 도교손屠喬孫·항림項琳·요사린姚士粦 등이 최홍의 이름으로 만든 위작이다.

152 최홍이~청했는데 : 최홍의 아들 자원子元이 올린 글은 『위서』 권67 「최광전崔光傳」에 나온다.

153 위사 : 위사僞史란 정통성이 없는 정권의 역사서를 말한다. 이 개념은 『사통 내편』 「인습因習」에 나오는 완효서阮孝緖의 『칠록七錄』에서 처음 나온다. 이들 역사서를 『수서』에서는 패사霸史라고 했고, 『당서唐書』에서는 위사僞史라고 했다.

以示行路, 浩坐此夷三族, 同作死者百二十八人. 自是, 遂廢史官, 至文成帝和平元年, 始復其職, 而以高允典著作, 修『國記』. 允年已九十, 手目俱衰, 時有校書郞中劉模長於緝綴, 乃令執筆而口占授之. 如是者五六歲, 所成篇卷模有力焉.

　신비鮮卑의 낙발부拓跋部가 세운 원위元魏[154]의 역사서의 경우에는 도무제道武帝 때 처음으로 등연鄧淵에게 『국기國記』의 편찬을 명했지만, 10권만 완성되고 편목이나 범례가 완성되지 못한 채 2대 명원제明元帝에 이르러 버려지고 기술하지 않았다.[155] 3대 태무제太武帝 신가 2년(429)에는 최호崔浩, 그의 동생 최람崔覽, 고당高讜[156]·등영鄧穎[157]·조계晁繼·범형范亨·황보黃輔 등 문사들을 모아 칙명으로 『국서國書』 30권을 만들었다.[158] 또 특명으로 최호에게 역사 편찬의 총괄 책임을 맡겨 믿을 수 있는 기록이 되도록 힘쓰게 했고, 다시 중서랑 고윤高允[159]과 산기시랑 장위張偉[160]도 저작에 함께 참여하여, 앞의 역사서를 이어 완성하게 했다.[161]

---

154 원위 : 낙양洛陽으로 천도했던(494) 효문제孝文帝가 중국 문화에 동화하기 위한 조치로 496년에 원씨元氏로 성을 바꾸었기 때문에 원위라고 한다.

155 등연에게~않았다 : 등연의 자는 언해彦海로, 안정安定 사람이다. 경서와 제도에 밝았다. 그의 사촌 동생 휘暉가 죄를 입자 등연도 태조太祖의 의심을 받아 사사되었는데, 사람들이 모두 애석해했다. 위의 사실은 『위서』 권24 「등연전鄧淵傳」에 나온다.

156 고당 : 고당이 최호와 함께 역사 편찬에 참여했던 사실은 그의 아들 고우高祐의 열전인 『위서』 권57 「고우전高祐傳」에 나온다.

157 등영 : 등연의 아들로, 위의 사실은 『위서』 권24 「등연전鄧淵傳」에 나온다.

158 최호~만들었다 : 『위서』 권35 「최호전崔浩傳」에 나온다.

159 고윤 : 자는 백공伯恭으로, 발해勃海 사람이다. 『위서』 권48 「고윤전高允傳」에 나온다.

160 장위 : 자는 중업仲業으로, 태원太原 사람이다. 『위서』 권84 「장위전張偉傳」에 나온다. 다만 그가 역사 편찬에 참여한 사실은 나오지 않는다.

161 특명으로~했다 : 『위서』 권104 「자서自序」에 나온다. 포폄이나 윤색은 최호가 맡았다.

그들이 국사를 기술할 때 나라에서 싫어할 것도 숨기지 않았고, 게다가 이 것을 돌에 새겨 길가에 세운다고 말한 일도 있어, 최호는 그 죄에 연좌되어 일족이 몰살되었고, 함께 편찬에 참여했던 사람 중에도 죽은 자가 128명이 나 되었다.[162] 이때부터 마침내 사관이 폐지되었다가 문성제文成帝 화평和平 원 년(460)에 부활되어, 고윤이 저작을 맡아 『국기』를 편수했다. 그때 고윤의 나 이가 아흔 살을 지나 눈도 손도 모두 쇠약했지만, 당시에 자료를 모으고 정 리하는 데 뛰어난 교서랑 유모劉模[163]에게 구술한 것을 받아쓰게 했다. 이렇게 하기를 5~6년이나 걸렸으니, 역사서를 완성하는 데 유모의 힘이 컸다고 하 겠다.

初『國記』自鄧·崔以下, 皆相承作編年體, 至孝文大和十一年, 詔秘書丞李 彪·著作郎崔光, 始分爲紀·傳異科. 宣武時, 命邢巒追撰孝文起居注, 旣而 崔光·王遵業補續下訖孝明之世. 溫子昇復修「孝莊紀」, 濟陰王暉業撰『辨 宗室錄』, 魏史官私所撰盡於斯矣.

당초 『국기國記』는 등연과 최호 이후로 모두 편년체를 이어받아 작성했지 만, 6대 효문제孝文帝 태화大和 11년(487)에 이르러 비서승 이표李彪와 저작랑 최광崔光[164]에게 명하여 비로소 본기와 열전을 분리하도록 했다.[165] 선무제宣武

---

162 그들은~되었다 : 『위서』 권35 「최호전」과 『위서』 권48 「고윤전」에 나온다.
163 유모 : 장락長樂 사람으로, 그의 전기는 『위서』 권48 「고윤전」에 나온다.
164 최광 : 최홍崔鴻의 숙부로서 본명은 효백孝伯이며, 자는 장인長仁이다. 『위서』 권67 「최광전」에 나온다.
165 『국기』는~했다 : 이표의 자는 도고道固로, 위의 사실은 『위서』 권62 「이표전李彪傳」에 나온다.

帝 때는 형만^{邢巒}166에게 명하여 효문제의 기거주를 소급해서 편찬하게 했고, 그 뒤 최광^{崔光}과 왕준업^{王遵業}167이 계속 효명제 시대까지 보완했다. 온자승^{溫子昇}168이 다시 「효장기^{孝莊紀}」를 편수했고, 제음왕^{濟陰王} 휘업^{暉業}169이 『변종실록^{辨宗室錄}』 40권을 편찬했는데, 위나라의 관찬·사찬 역사서는 여기서 그쳤다.

齊天保二年, 勅秘書監魏收博採舊聞, 勒成一書, 又令刁柔·辛元植·房延祐·睦仲讓·裴昻之·高孝幹等, 助其編次. 收所取史官懼相凌忽, 故刁·辛諸子並乏史才, 唯以髣髴學流, 憑附得進. 於是大徵百家譜狀, 斟酌以成『魏書』, 上自道武, 下終孝靖, 紀·傳與志, 凡百三十卷.

북제^{北齊} 천보^{天保} 2년(551), 문선제^{文宣帝}가 비서감 위수^{魏收}에게 명하여 종전 기록을 널리 모아 일관된 역사서를 만들라고 칙령을 내리고,170 조유^{刁柔}171·신원식^{辛元植}172·방연우^{房延祐}173·목중양^{睦仲讓}174·배앙지^{裴昻之}·고효간^{高孝}

---

166 형만 : 형만(464~514)의 자는 홍빈^{洪賓}이다. 『위서』 권65 「형만전^{邢巒傳}」에 나온다.

167 왕준업 : 왕혜룡^{王慧龍}의 증손이며 왕경^{王瓊}의 장남으로, 『위서』 권38 「왕혜룡전^{王慧龍傳}」에 같이 보인다.

168 온자승 : 자는 붕거^{鵬擧}로, 문장에 뛰어났다. 『영안기^{永安記}』 3권을 편찬했다. 『위서』 권85 「문원전^{文苑傳}」에 나온다.

169 제음왕 휘업 : 세조^{世祖}의 후손으로, 젊어서는 성격이 험악하여 도적들과 어울리기도 했지만, 장성해서는 학문에 뜻을 두어 『변종실록^{辨宗室錄}』 40권을 편찬했다. 『위서』 권19상 「경목십이왕열전 상^{景穆十二王列傳上}」에 나온다.

170 문선제가~내리고 : 위수(506~572)의 자는 백기^{伯起}이다. 유지기는 이 부분의 서술을 『북제서^{北齊書}』 권37 「위수전^{魏收傳}」에 기초했다. 아래 위수의 역사 편찬에 대한 서술도 마찬가지이다.

171 조유 : 조유(501~556)의 자는 자온^{子溫}으로, 발해 사람이다. 『위서』에서 자신과 안팎으로 친한 사람들을 거짓으로 미화해서 세상 사람들의 기롱을 받았다. 『북제서』 권44 「유림전^{儒林傳}」에 나온다.

斡[175] 등에게 그 편차를 돕게 했다. 그러나 위수가 자신이 뽑은 사관들이 자신을 능멸하고 경시하는 것을 두려워했기 때문에, 조유나 신원식 같은 자들이 모두 역사가의 재능이 결여되었음에도 다만 역사가 흉내를 내는 것만으로 묻어서 관직에 나올 수 있었다. 이에 대대적으로 모든 인물의 족보나 행장을 모으고 참작하여 『위서』를 완성했는데, 위로는 도무제부터 아래로는 효정제孝靖帝에서 끝나며, 본기와 열전, 지志가 모두 130권이었다.

收詔齊氏, 於魏室多不平, 旣黨北朝, 又厚誣江左, 性憎勝己, 喜念舊惡. 甲門盛德, 與之有怨者, 莫不被以醜言, 沒其善事, 遷怒所至, 毀及高曾. 書成始奏, 詔收於尙書省與諸家論討, 前後列訴者百有餘人. 時尙書令楊遵彦一代貴臣, 勢傾朝野, 收撰其家傳甚美, 是以深被黨援. 諸訟史者, 皆獲重罰, 或有斃於獄中, 羣怨謗聲不息. 孝昭世勅收更加硏審, 然後宣布於外. 武成嘗訪諸群臣, 猶云不實, 又令治改, 其所變易甚多. 由是世薄其書, 號爲'穢史'.

위수는 당시 제나라 고씨高氏에게 아첨하느라 위나라 탁발씨에게는 상당히 불공평했고, 이미 북조를 옹호했고 또 남조를 몹시 무함했다. 천성이 자기보다 뛰어난 것을 싫어했고, 낡은 원한을 잘 잊지 않았다.[176] 명문 집안이든 홀

---

172 신원식 : 신소선辛紹先의 증손으로, 『위서』 권45 「신소선전辛紹先傳」에 함께 보인다.

173 방연우 : 『북사』 권39 「방법수전房法壽傳」에 함께 보인다.

174 목중양 : 『북제서』 권45 「문원전文苑傳」에 나온다.

175 고효간 : 『위서』 권77 「고숭전高崇傳」에 고숭의 손자로 나온다.

176 위수는~않았다 : 위수의 『위서』에 대한 유지기의 평가는 이미 『사통 내편』 「칭위稱謂」
　　편에서 "자신의 마음속에서 애증이 생긴 나머지, 명칭을 부여하고 빼앗는 것도 합당한

률한 덕성이 있든 가리지 않고 자기와 원망이 있는 대상에 대한 더러운 말을 듣지 않는 경우가 없었고, 그들의 좋은 일은 삭제했으며, 자신의 노여움을 옮겨 해당 인물의 고조高祖나 증조曾祖에 이르기까지 헐뜯었다. 역사서가 완성되어 처음 상주했을 때, 위수에게 상서성의 여러 전문가와 토론하도록 명했는데, 토론 중에 앞뒤로 이의를 제기한 사람이 100여 명이었다.

그때 상서령 양준언楊遵彦이 당대의 귀한 신하로 권세가 조야를 움직일 정도였는데, 위수가 양준언 가문의 전기를 편찬하면서 매우 미화했으므로 그들로부터 아낌없는 지원을 받았다. 사실에 이의를 제기했던 사람들은 오히려 모두 무거운 벌을 받고, 더러 투옥되어 죽은 사람까지 있었으므로, 많은 사람이 원망하고 비방하는 소리가 끊이지 않았다.

북제 3대 효소제孝昭帝 시대에 위수에게 다시 연구하여 고치게 한 뒤에 밖으로 세상에 발표하도록 했다. 무성제武成帝도 일찍이 여러 신하에게 자문했더니 다들 여전히 부실하다고 했으므로 또 명령하여 수정하게 했는데, 그 고치고 바꾼 데가 매우 많았다. 이런 이유로 세상에서는 이 역사서를 경멸하여 '더러운 역사(穢史)'라고 부르게 되었다.

至隋開皇, 勅著作郞魏澹與顔之推·辛德源更撰『魏書』, 矯正收失. 澹以西魏爲眞, 東魏爲僞, 故文·恭列紀, 孝靖稱傳, 合紀傳論例總九十二篇. 煬帝以澹書猶未能善, 又勅左僕射楊素別撰, 學士潘徽·褚亮·歐陽詢等佐之, 會素薨而止. 今世稱魏史者, 猶以收本爲主焉.

원칙 없이 자신의 붓끝에서 나왔으니, 이 같은 역사서는 내용도 결코 기준이 될 수 없고, 각각의 편명도 해괴할 뿐이다."라고 했다.

수나라 문제文帝 개황開皇 연간(581~600)에 이르러 저작랑 위담魏澹에게 안지추顔之推[177]·신덕원辛德源[178] 등과 함께 다시 『위서』를 편찬하여 위수의 잘못을 교정하라고 칙령을 내렸다.[179] 위담은 서위를 정통(眞)으로 삼고 동위를 비정통(僞)으로 삼았기 때문에 서위의 문제文帝와 공제恭帝를 본기에 넣고 동위의 효정제孝靖帝는 열전에 넣었는데, 기전과 논례論例를 합하여 총 92편이었다.

양제煬帝는 위담의 역사서가 아직 훌륭하다고 생각하지 않았으므로 다시 좌복야左僕射 양소楊素에게 명하여 별도로 편찬하게 하고, 학사 반휘潘徽·저량褚亮·구양순歐陽詢 등으로 하여금 보좌하게 했지만, 마침 양소가 죽는 바람에 중지되었다.[180] 오늘날 세상에서 위사魏史라고 부르는 것은 여전히 주로 위수의 『위서』를 말한다.

● 『**북제서**北齊書』

高齊史, 天統初, 太常少卿祖孝徵述獻起居, 名曰『黄初傳天錄』. 時中書侍郎陸元規常從文宣征討, 著『皇帝實錄』, 惟記行師, 不載他事. 自武平後, 史官楊休之·杜臺卿·祖崇儒·崔子發等相繼注記. 逮於齊滅. 隋秘書監王劭·内令史李德林並少仕鄴中, 多識故事, 王乃憑述起居注, 廣以異聞, 造

---

177 안지추 : 안지추(531~?)의 자는 개介이고, 『안씨가훈顔氏家訓』의 저자이다. 『북제서』 권45 「문원전文苑傳」에 보이는데, 역사 편찬에 대한 기록은 나오지 않는다.

178 신덕원 : 자는 효기孝基로, 『북사』 권50 「신덕원전辛德源傳」에 나온다.

179 수나라~내렸다 : 위담의 자는 언심彦深으로, 15세에 고아가 되었으나 경사經史를 널리 섭렵하고 문장으로 이름이 났다. 『수서』 권58 「위담전魏澹傳」에 나온다. 위의 사실도 그의 열전에 나온다.

180 양제는~중지되었다 : 이 사실은 『수서』 권76 「반휘전潘徽傳」에 나온다. 반휘의 자는 백언伯彦이고, 오군吳郡 사람이다. 양소 열전은 『수서』 권48, 저량 열전은 『당서』 권72, 구양순 열전은 『당서』 권189상 「유림전 상儒學傳上」에 각각 실려 있다.

編年書, 號曰『齊志』十有六卷.【其序云: ‘二十卷’, 今世間傳者, 唯十六卷焉.】李在齊, 預修國史, 創紀傳書二十七卷. 至開皇初, 奉詔續撰, 增多『齊史』三十八篇, 已上送, 官藏之秘府. 皇家貞觀初, 勅其子中書舍人百藥, 仍其舊錄, 雜採他書, 演爲五十卷. 今之言齊史者, 唯王·李二家云.

북제北齊의 역사서는, 6대 후주後主 천통天統 초에 태상소경 조효징祖孝徵이 초대 헌무제獻武帝의 기거주를 써서 『황초전천록黃初傳天錄』이라고 이름 했다.[181] 당시 중서시랑中書侍郎 육원규陸元規가 항상 2대 문선제文宣帝의 정벌에 따라가서 『황제실록皇帝實錄』을 저술했지만, 오직 군대와 전쟁에 대해서만 기록했고 다른 기사는 싣지 않았다.[182] 후주 무평武平 연간(570~576) 이후 사관 양휴지楊休之·두대경杜臺卿·조숭유祖崇儒·최자발崔子發 등이 계속해서 기록을 작성했다.[183]

제나라가 멸망하자(577), 수나라의 비서감 왕소王劭, 내사령 이덕림李德林이 둘 다 젊은 시절에 제나라 수도인 업鄴에서 관직을 했기에 옛날 일을 많이 알고 있었으므로, 왕소가 기거주를 기초로 다른 사실까지 모아 편년체의 사서를 만들어 『제지齊志』 16권을 완성했다.[184] 【서문에는 20권이라고 했는데, 지

---

181 북제의~했다 : 효징孝徵은 조정祖珽의 자이다. 『북제서』 권39 「조정전祖珽傳」에 나온다. 황초黃初는 조비曹丕가 후한에 이어 건국했던 위나라의 연호이다.

182 당시~않았다 : 육원규에 대해서는 『위서』 권40 「육사전陸俟傳」에 육사의 현손으로 나오지만, 실록을 편찬한 사실은 확인되지 않는다.

183 후주~작성했다 : 양휴지(509~582)의 자는 자열子烈로, 그가 위수魏收·이동궤李同軌 등과 함께 역사를 편찬한 사실은 『북제서』 권42 「양휴지陽休之傳」에 나온다. 두대경은 두필杜弼의 아들로, 자는 소산少山이다. 『북제서』 권24 「두필전杜弼傳」에 나온다.

184 왕소가~완성했다 : 왕소의 자는 군무君懋로, 제나라 문림관文林館에 대조待詔로 있을 때 조효징祖孝徵·위수魏收·양휴지陽休之 등과 역사를 토론했다. 『수서』 권69 「왕소전王劭傳」에 나온다.

금 세간에 전하는 것은 오직 16권이다.】 이덕림이 제나라에서도 국사 편찬에 참가한 적이 있으므로 기전체 역사서 27권을 만들었다.[185]

수 문제 개황開皇(581~600) 초기에 칙명으로 계속 편찬하여 『제서齊書』 38편으로 증보했으며, 황제에게 바친 뒤 이를 궁중에 보관했다. 당나라 정관貞觀(627~649) 초, 이덕림의 아들 이백약李百藥이 중서사인으로서 칙명을 받아 이 책을 기초로 다른 기록까지 참고하여 50권을 만들었다.[186] 오늘날 북제의 역사서를 말할 때는 왕소와 이백약의 것을 말한다.

● 『주서周書』

宇文周史, 大統年, 有秘書丞柳虬兼領著作, 直辭正色, 事有可稱. 至隋開皇中, 秘書監牛弘追撰『周紀』十有八篇, 略敍紀綱, 仍皆牴忤. 皇家貞觀初, 勅秘書丞令狐德棻·秘書郎岑文本共加修緝, 定爲『周書』五十卷.

북주의 역사서의 경우에는, 서위西魏 문제文帝 대통大統 연간(535~551)에 비서승 유규柳虬가 저작을 겸임하면서 바른대로 기록하고 엄정한 태도를 지켰으며, 사실에 대해서도 좋은 기록을 남겼다.[187]

---

185 이덕림이~만들었다 : 이덕림의 자는 공보公輔로, 위수·양휴지 등과 더불어 제나라 역사 편찬에 대해 상의했다. 『수서』 권42 「이덕림전李德林傳」에 나온다.

186 이백약이~만들었다 : 이백약(565~648)의 자는 중규重規이다. 당 태종이 그의 재능을 높이 사서, 칙명으로 오례五禮와 율령律令을 수정하고 『제서』를 편찬하게 했다. 『당서』 권72 「이백약전李百藥傳」에 나온다.

187 비서승~남겼다 : 유규(501~554)의 자는 중반仲蟠으로, 대통大統 연간(535~551) 동안 역사 편찬에 참여했다. 『주서周書』 권38 「유규전柳虬傳」에 나온다. 정색正色은 엄정한 태도를 유지한다는 뜻이다.

수나라 개황(581~600) 연간에 비서감 우홍牛弘이 『주기周紀』 18편을 나중에 편찬했는데, 이것은 기강을 대략만 잡아놓은 것이어서 아직 모두 어긋나 있었다.[188] 당나라 정관 초에 비서승 영호덕분令狐德棻과 비서랑 잠문본岑文本이 칙명으로 이를 수정하여 『주서』 50권으로 확정했다.[189]

● 『수서隋書』

隋史, 當開皇·仁壽時, 王劭爲書八十卷, 以類相從, 定其篇目. 至於編年·紀傳, 並闕其體. 煬帝世, 唯有王胄等所修『大業起居注』, 及江都之禍, 仍多散逸. 皇家貞觀初, 勅中書侍郎顏師古·給事中孔穎達, 共撰成『隋書』五十五卷, 與新撰『周史』並行於時.

수나라 역사서의 경우에는 문제文帝 개황開皇 연간(581~600)과 인수仁壽 연간(601~604) 때 왕소가 80권의 역사서를 만들어 동류끼리 구분하여 편목을 구성했다.[190] 그렇지만 그때까지는 편년체인지 기전체인지 그 형식이 결정된 것은 아니었다. 양제煬帝 시대에 왕주王胄 등이 편수한 『대업기거주大業起居注』가 만들어졌지만, 강도江都의 변 때문에 대부분 흩어져 사라졌다.[191] 당나

---

188 비서감~있었다 : 우홍(501~554)의 자는 이인里仁이다. 그러나 그가 역사를 편찬했다는 기록은 보이지 않는다. 『수서』 권49 「우홍전牛弘傳」이 있다. 저오牴牾는 모순矛盾이 있다는 뜻이다.

189 당나라~확정했다 : 정관 3년(629)의 일이다. 영호덕분(583~666)은 일찍이 고조高祖에게 양梁나라에서부터 정사正史가 편찬되지 않은 점을 상주했다. 이 말을 듣고 고조가 주사周史 편찬을 명했다. 『당서』 권73 「영호덕분전令狐德棻傳」에 나온다. 잠문본의 자는 경인景仁으로, 정관 원년에 비서랑이 되어 영호덕분과 주사周史를 편찬했는데, 사론은 대부분 잠문본에게서 나왔다고 한다. 『당서』 권70 「잠문본전岑文本傳」에 나온다.

190 문제~구성했다 : 왕소의 『수서隋書』는 『사통 내편』 「육가六家」에 『수사隋史』로 나온다.

라 정관 초에 중서시랑 안사고顏師古, 급사중 공영달孔穎達이 칙명으로 함께 『수서』50권을 만듦에 따라 새로 편찬한 『주사周史』와 함께 세상에 전해지게 되었다.

初太宗以梁·陳及齊·周·隋氏, 並未有書, 乃命學士分修, 事具於上. 仍使秘書監魏徵總知其務, 凡有贊論, 徵多預焉. 始以貞觀三年創造, 至十八年方就,【唯姚思廉貞觀二年起功, 多於諸史一歲.】合五代紀傳幷目錄, 凡二百五十二卷, 書成下於史閣. 唯有十志, 斷爲三十卷, 尋擬續奏, 未有其文. 又詔左僕射于志寧·太史令李淳風·著作郎韋安仁·符璽郎李延壽同撰, 其先撰史人, 唯令狐德棻重預其事. 太宗崩後刊勒, 始成其篇第, 雖編入『隋書』, 其實別行, 俗呼爲五代史志.

처음에 당 태종은 양梁·진陳 및 제齊·주周·수隋 등 각 왕조의 역사서가 완비되어 있지 않자 학사들에게 나누어 편수하도록 명하고, 진행 상황을 갖추어 올리게 했다.[192] 비서감 위징魏徵이 그 임무를 총괄했으며, 논찬이 있을 경우에는 위징이 대부분 간여했다.[193] 이 일은 정관 3년에 시작하여 18년에 바야

---

191 양제~사라졌다 : 왕주의 자는 승기承基로, 『수서』 권76 「문학열전文學列傳」에 나온다. 대업大業 (605~617)은 양제의 연호이다. 강도의 변이란 618년에 강소성江蘇省 양주揚州에서 양제가 신하인 우문화급宇文化及에게 살해된 일을 가리키며, 이로써 수나라가 멸망했다.

192 처음에~했다 : 영호덕분令狐德棻의 제안으로 당 고조 때부터 편찬이 시작된 오대사五代史는 태종 정관 3년까지 계속되었다. 그러나 지志 부분이 완성되지 않았기 때문에 정관 17년까지 계속하여 10지를 만들었다. 영호덕분과 잠문본에게는 주周나라를, 이백약에게는 제齊나라를, 요사렴에게는 양梁과 진陳나라를, 위징에게는 수隋나라를 편찬하게 하고, 위징과 방현령이 총책임을 맡았다. 『당서』 권73 「영호덕분전」에 나온다.

193 비서감~간여했다. 『당서』 권71 「위징전魏徵傳」에 나온다.

흐로 완성되었는데,【오직 요사렴姚思廉[194]만이 정관 2년에 이 일을 시작했다고 하여, 다른 기록보다 1년 앞선다.】5대의 기전과 목록까지 합하여 모두 252권이었고, 책이 완성되자 사각史閣에 두었다.

　그중에서 10지志는 30권으로 나누어 얼마 있다가 편찬할 계획이었지만, 아직 미완성이었다. 또 좌복야左僕射 우지령于志寧, 태사령太史令 이순풍李淳風, 저작랑著作郎 위안인韋安仁, 부새랑符璽郎 이연수李延壽 등에 명하여 함께 편찬하게 했는데,[195] 이전부터 참가해서 붓을 잡았던 역사가로는 영호덕분만이 거듭 이 일에 참여했다. 태종이 죽은 뒤에 비로소 편제를 완성해서 『수서』에 편입시키기는 했지만 사실은 따로 읽혔으니, 세상에서 오대사지五代史志라고 부르는 것이 이것이다.

●『당서唐書』

惟大唐之受命也, 義寧·武德間, 工部尚書溫大雅首撰『創業起居注』三篇. 自是司空房玄齡·給事中許敬宗·著作佐郎敬播相與自立編年體, 號爲實錄, 迄乎三帝, 世有其書. 貞觀初, 姚思廉始撰紀傳, 粗成三十卷. 至顯慶元年, 太尉長孫無忌與于志寧·令狐德棻·著作郎劉允之·楊仁卿·起居郎顧胤等, 因其舊作, 綴以後世, 復爲五十卷. 雖云繁雜, 時有可觀.

194　요사렴：자는 간지簡之로, 요찰姚察의 아들이다. 『당서』 권73 「요사렴전姚思廉傳」에는, 위징이 총론을 재결했지만 그 편차나 필삭은 모두 요사렴의 공로라고 했다.

195　10지는~했는데：『당회요唐會要』 권63 「사관 상史館上 수전대사修前代史」에 보이는데, 시기가 정관 10년의 일로 되어 있어 차이가 난다. 우지녕于志寧은 『당서』 권78에, 이순풍李淳風은 『당서』 권79에, 이연수李延壽는 『당서』 권73에 각각 열전이 있으나, 위안인韋安仁은 확인되지 않는다.

대당大唐 왕조가 천하를 통일하자, 수나라 말 의녕義寧 연간(617~618)부터 당나라 초 무덕武德 연간(618~626)에 공부상서 온대아溫大雅가 먼저 『창업기거주創業起居注』 3편을 편찬했다.[196] 이때부터 사공 방현령房玄齡, 급사중 허경종許敬宗,[197] 저작좌랑 경파敬播[198]가 차례로 편년체를 확립하여 실록이라고 불렀으며,[199] 고조·태종·고종에 대한 실록이 세간에 남았다. 정관 초에 요사렴이 처음 기전체로 편찬하여 대략 30권을 완성했다.[200] 현경顯慶 원년(656), 태위 장손무기長孫無忌[201]가 우지녕于志寧·영호덕분令狐德棻 및 저작랑 유윤지劉允之[202]·양인경楊仁卿, 기거랑 고윤顧胤[203] 등과 함께 이 기전체를 계승해서 그 뒤

---

196 수나라~편찬했다 : 의녕은 수나라 공제恭帝의 연호로, 『창업기거주』에 이 시기를 포함한 것은 그때 당나라가 일어났기 때문이다. 수나라는 의녕 2년에 당나라에 선양했다. 온대아의 자는 언홍彦弘으로, 효성이 지극하고 재능이 많아 어려서부터 이름이 있었다. 위의 사실은 『당서』 권61 「온대아전溫大雅傳」에 나온다.

197 허경종 : 허경종(592~672)은 항주杭州 사람으로, 정관貞觀 17년에 무덕·정관 실록을 편찬했다. 처음 실록을 편찬할 때 허경종이 자신의 호오에 따라 사실을 왜곡하고 고쳤기 때문에 논자들이 비판했다. 그러나 이 무렵 편찬된 『오대사五代史』, 『진서晉書』 등의 편찬은 허경종이 총괄했다. 『당서』 권82 「허경종전許敬宗傳」에 나온다.

198 경파 : 정관 초기에 관직에 나와 안사고顏師古(581~645), 공영달孔穎達(574~648)을 보좌하여 『수사隋史』 편찬을 도왔다. 실록을 편찬한 사실도 『당서』 권189상 「유학열전儒學列傳」에 실린 그의 기록에 나온다.

199 사공 방현령~불렀으며 : 과거에도 『양황제실록梁皇帝實錄』이 있었다. 하지만 매 군주의 재위를 단위로 편찬하는 실록은 이때 시작되었다. 현재 남아 있는 가장 오래된 실록은 한유韓愈의 문집에 실린 『순종실록順宗實錄』이다. 방현령(578~648)은 방교房喬가 이름이고, 현령玄齡이 자이다. 재상으로서 당시 역사 편찬을 총괄했고, 실록이 완성된 뒤 그것을 보려는 당 태종에게 "군주가 보면 직필을 할 수 없다."라며 내보이지 않았다. 위의 사실은 『당서』 권66 「방현령전房玄齡傳」에 나온다.

200 정관 초에~완성했다 : 이 내용은 현존 사료에서 확인하지 못하였다.

201 장손무기 : 장손무기(?~659)의 자는 보기輔機로, 문덕황후文德皇后가 그의 누이이다. 현경 원년에 무덕·정관의 역사 80권을 편찬했다는 사실이 『당서』 권65 「장손무기전長孫無忌傳」에 나온다.

의 기록을 포함하여 다시 50권을 편찬했다. 비록 번잡하다는 평가를 받았지만, 당시에는 자못 볼 만한 것도 있었다.[204]

龍朔中, 敬宗又以太子少師總統史任, 更增前作, 混成百卷. 如高宗本紀及永徽名臣四夷等傳, 多是其所造, 又起草十志, 未半而終. 敬宗所作紀傳, 或曲希時旨, 或猥釋私憾, 凡有毀譽, 多非實錄. 必方諸魏伯起, 亦猶張衡之蔡邕焉.

용삭龍朔 연간(661~663)에 허경종이 또다시 태자소사太子少師로서 국사 편찬을 총괄하면서, 이전 작품을 한층 증보하고 섞어서 100권을 만들었다. 「고종본기」나 영휘永徽 연간의 「명신열전名臣列傳」, 「사이열전四夷列傳」 등은 대부분 이때 쓰여진 것이며, 또한 10지志의 편찬도 착수했지만 반도 완성하지 못한 채 끝났다. 허경종이 쓴 본기나 열전은 더러 시류에 영합하거나 사사로운 감정에 휩쓸려, 그의 평가에는 실제로 믿을 수 있는 기록이 없는 경우가 많았다.[205] 필경 곡필曲筆이라고 하면 떠오르는 역사가인 위수魏收와 비슷하다

---

202 유윤지 : 유지기의 종조부이다. 유윤지가 실록과 국사를 편찬한 사실은 『당서』 권190상 「문원전文苑傳」에 나온다.

203 고윤 : 『태종실록』 20권을 편찬했고, 『한서고금집漢書古今集』 20권을 편찬했다. 『당서』 권73 「고윤전顧胤傳」에 나온다.

204 현경~있었다 : 현경은 고종高宗의 연호이다. 『당회요』 권63 「사관 상史館上」에 따르면 정관까지의 역사 81권을 내부內府에 보관했다고 하는데, 추측하기로 요사렴의 30권, 장손무기 등이 편찬한 50권, 목록 1권인 듯싶다(니시와키 츠네키西脇常記).

205 허경종이~많았다 : 허경종의 곡필 사례는 『당서』 권82 「허경종전許敬宗傳」에서 볼 수 있다. 이에 따르면 "허경종이 딸을 좌감문대장군左監門大將軍 전구롱錢九隴에게 시집보냈는데, 전구농은 황가皇家의 종이었다. 허경종이 재산을 탐내 딸을 시집보내고는, 전구농을 위해

고 할 것인데, 마치 장형張衡이 죽은 날에 채옹蔡邕을 잉태하여 둘이 비슷한 것과 같았다.[206]

其後左史李仁實續撰于志寧·許敬宗·李義府等傳, 載言紀事, 見推直筆, 惜其短歲, 功業未終. 至長壽中, 春官侍郎牛鳳及又斷自武德, 終於弘道, 撰爲『唐書』百有十卷. 鳳及以暗聾不才, 而輒議一代大典, 凡所纂錄, 皆素責私家行狀, 而世人敍事, 罕能自遠. 或言皆比興, 全類詠歌, 或語多鄙樸, 實同文案, 而總入編次, 了無釐革. 其有出自胸臆, 申其機杼, 發言則嫵鄙怪誕, 敍事則參差倒錯, 故閱其篇第, 豈謂可觀; 披其章句, 不識所以. 旣而悉收姚·許諸本, 欲使其書獨行, 由是皇家舊事殘缺殆盡.

그 후에 좌사 이인실李仁實이 우지녕·허경종·이의부 등의 열전을 썼는데, 수록된 내용은 직필로 인정을 받았지만 애석하게도 이 사람이 일찍 죽어서 공업을 끝내지 못했다.[207] 측천무후 장수長壽 연간(692~694)에, 춘궁시랑 우봉급牛鳳及이 또 당나라 초기 무덕武德 연간(618~626)부터 고종 홍도弘道(683)까지 정리하여 『당서唐書』 110권을 만들었다.[208] 우봉급은 벙어리나 귀머거리

문벌門閥이라고 서술하고 공적을 함부로 덧붙였으며, 그를 유문정劉文靜·장손순덕長孫順德과 같은 권에 편재했다."라고 했다.

206 마치~같았다 : 은예殷藝의『소설小說』에 "장형이 죽은 날에 채옹의 어머니가 임신했는데, 두 사람의 생김새가 비슷하여 사람들은 채옹이 장형의 후신이라고 했다."라고 나온다. 장형은 후한의 과학자이면서 문인이었다. 채옹 역시 후한 사람으로 문자文字에 밝았다.

207 좌사~못했다 : 이인실이 좌사를 지낸 것은『당서』권73「이인실전李仁實傳」에 보이며, 역사 편찬에 참여한 사실은「영호덕분전令狐德棻傳」에 나온다. 재언기사載言紀事는『예기』「곡례 상曲禮上」에 "사史는 필筆을 싣고, 사士는 언言을 싣는다."라고 한 데서 왔다.

208 춘궁시랑~만들었다 : 우봉급은『사통 외편』「사관건치史官建置」에서 '정신이 나갈 정도로

라고 해야 할 인물로, 재능이 부족한데도 느닷없이 한 시대의 큰 편찬 사업을 담당하게 되었다. 그래서 그 편찬한 내용이 하나같이 남들 손에서 나온 행장에 의거했으니, 원래 세상 사람들의 사실에 대한 서술이 혼자서만 멀리 가는 경우는 드문 법이다.

더러는 비유하는 듯한 말을 써서 완전히 시가詩歌 같기도 하고,[209] 더러는 표현이 대부분 볼품없어 문서 초안 같기도 했는데,[210] 이런 것들을 모두 편차에 넣고 조금도 수정하지 않았다. 그중에는 자신의 판단으로 공부한 것[211]을 펼쳐본 데도 있지만, 말은 전부 천한 웃음거리나 괴이한 거짓말이었고 기록한 내용도 어긋나고 모순되었다. 그렇기 때문에 편목과 목차를 보는 것만으로도 읽고 싶은 마음이 사라졌고, 장구를 펴보아도 맥락을 알 수 없었다. 어쨌든 우봉급은 요사렴이나 허경종이 쓴 기전체를 전부 수합하여 자신의 역사서만 세상에 통용시키려고 했지만, 이로 인해 당나라 고조부터 고종까지의 옛 기록은 형편없이 망가져 거의 사라져버렸다고 하겠다.

長安中, 余與正諫大夫朱敬則·司封郎中徐堅·左拾遺吳兢奉詔更撰『唐書』, 勒成八十卷. 神龍元年, 又與堅·兢等重修『則天實錄』, 編爲三十卷.

미혹된 사람'으로 묘사되어 있다. 당 중종唐中宗 때 시랑侍郎과 감수국사監修國史를 지냈고, 『당서』110권을 편찬하는 데 참여했다.

209 더러는~하고 : 비흥比興은 원래 『시경詩經』 「대서大序」에 나오는 육의六義 중 비比와 흥興이다. 영가詠歌도 같은 곳에 나온다. 역사의 문체가 아니라 시의 문체라는 비판이다.

210 더러는~했는데 : 문안文案은 관청에서 쓴 문서를 말한다. 원래 초안 문서를 그대로 옮겨 실은 것처럼 내용이 거칠다는 말인데, 역사 편찬은 등서謄書이자 산삭刪削의 과정이기 때문에 핵심적이고 간결한 문체를 높이 샀다.

211 공부한 것 : 기저機杼는 베틀의 북을 말하는데, 공력 또는 공부를 말한다.

夫舊史之壞, 其亂如繩, 錯綜艱難, 碁月方畢. 雖言無可擇, 事多遺恨, 庶
將來削藁, 猶有憑焉.

측천무후 장안長安 연간(701~705)에 나는 정간대부正諫大夫 주경칙朱敬則, 사
봉낭중司封郎中 서견徐堅, 좌습유左拾遺 오긍吳兢과 함께 조칙을 받고 『당서唐書』
를 개정하여 80권을 편찬했고, 중종 신룡神龍 원년(705)에도 서견, 오긍 등과
함께 『측천실록』을 중수하여 30권을 편찬했다.[212] 이전의 역사서가 망가지다
시피 하여 그 혼란은 마치 실이 엉킨 듯 정리하기가 어려웠으므로, 꼬박 일
년이 걸려서야 겨우 완성했다.[213] 비록 특별히 꼽을 만한 내용이 없고, 사실에
대해서 남은 여한이 많지만,[214] 앞으로 원고를 더 다듬으면 그래도 믿을 수
있으리라 생각한다.

大抵自古史臣撰錄, 其梗概如此. 蓋屬詞比事, 以月繫年, 爲史氏之根本,
作生人之耳目者, 略盡於斯矣. 自餘偏記小說, 則不暇具而論之.

대체로 예부터 사관들이 찬록한 역사서의 대강은 이와 같다. 생각건대 말
을 모으고 사건을 열거하되[215] 시간순으로 정리하는[216] 것이 역사가들의 근본

---

212 나는~편찬했다 : 이 사실은 『사통 내편』 「자서自敍」에 나온다.
213 이전의~완성했다 : '이전의 역사서'란 우봉급의 『당서』 110권을 말한다. 착종錯綜은 비교·종합
한다는 뜻이다.
214 사실에~많지만 : 『신당서』 권132 「유지기전劉知幾傳」에서 『무후실록』을 편찬할 때 유지기의
개정 내용을 무삼사武三思 등 총재관이 받아들이지 않았다고 했는데, 이런 사정을 두고
한 말로 보인다.
215 말을~열거하되 : 『예기』 「경해經解」에 공자가 『춘추春秋』의 논리를 설명하는 데서 나온다.

적인 임무이므로, 사람들의 눈과 귀가 될 수 있는 것은 이상에서 모두 서술했다. 이 밖에 편기偏記나 소설小說²¹⁷은 상론하지 않았다. 🔲

---

216 시간순으로 정리하는 : 두예杜預의 「춘추좌씨전 서春秋左氏傳序」에 나온다.

217 편기나 소설 : 편기는 편년체나 기전체 이외의 기록을 말한다. 『사통 내편』「잡술雜術」에 나온다. 소설은 『한서』「예문지」에서 패관稗官 문학 또는 거리에서 떠도는 이야기 등을 가리킨다고 했다.

「의고疑古」 편부터 이하 각 편에서는 사료 비판이 이어진다. 먼저 이 편에서는 『서경』을 중심으로 납득하기 어려운 기술을 지적했다. 옛 역사서는 크게 기언記言, 기사記事로 나눠지는데, 사건을 기록하는 역사는 일반적이지 않았고 말을 기록하는 역사가 중시되었다. 『사통·내편』 「육가」에서 살펴보았듯이 말을 기록한 역사서로는 『서경』이 대표적이다.

『춘추』를 보면, 밖으로는 현자를 중심으로, 안으로는 본국을 중심으로 기록했다. 하지만 『시경』을 보면, 여러 나라의 국풍에는 모두 원망하거나 풍자하는 노래가 있지만, 노나라에만 그런 장르가 없었다. 육경이 다 그렇다. 유지기는 성인이 지혜를 과신하고 어리석음을 인정하지 않으면서 자기를 기준으로 애증을 판단하는 일이 많다는 점을 상기시키고, 『서경』에서 의심나는 점 10조목을 지적했다.

유지기의 비판은 사건의 전후 맥락과 다른 전거 등을 통해 증거를 제시하고, 그에 근거하여 합리적 추론을 전개하는 사료 비판의 전형을 보여준다. 경전의 문장에도 이치상 이해하기 어려운 데가 있고, 여러 학자의 다른 견해가 신빙성이 있는 경우도 있기 때문에 연구와 조사가 필요하다는 것이다. 이는 『사통·외편』의 다른 편에서도 공통적으로 발견되는 특징이다.

外篇
03

역사서에 대한의문
疑古

疑古

蓋古之史氏, 區分有二焉, 一曰記言, 二曰記事. 而古人所學以言爲首, 至
若虞·夏之典, 商·周之誥, 仲虺·周任之言, 史佚·臧文之說, 凡有遊談·專
對·獻策·上書者, 莫不引爲端緖, 歸其的準. 其於事也則不然. 至若少昊之
以鳥名官, 陶唐之以御龍拜職, 夏氏之中衰也, 其盜有后羿·寒浞; 齊邦之
始建也, 其君有蒲姑·伯陵, 斯並開國承家, 異聞其事, 而後世學者, 罕傳其
說. 唯夫博物君子, 或粗知其一隅. 此則記事之史不行, 而記言之書見重,
斷可知矣.

옛 역사서는 크게 나누어 두 가지가 있는데, 하나는 기언記言이고, 다른 하
나는 기사記事이다. 옛날 사람들이 배울 때는 아무래도 말 자체를 우선으로
친 듯한데, 『서경』 「우서虞書」와 「하서夏書」, 「상서商書」와 「주서周書」, 「중
훼지고仲虺之誥」 및 주임周任의 말,[1] 사일史佚과 장문중臧文仲의 설 등은 모두
후세의 유세遊說·전대專對·헌책獻策·상서上書 등에 인용되어 단서가 되고, 표준
이 되지 않은 것이 없었다.

---

1 주임의 말 : 『논어』 「계씨季氏」에서, 공자의 제자인 염유冉有와 자로子路가 계손씨季孫氏의
   가신으로 있으면서 계손씨가 전유顓臾를 정벌하려는 것을 막지 못하자, 공자가 이들을
   꾸짖기를 "옛날 주임周任이 말하기를 '힘을 다하여 대열에 나아가 봉직하되 직책을 제대로
   수행할 수 없으면 그만두라.' 하였으니, 위태로운데도 잡아주지 못하며 넘어지는데도
   붙들어주지 못한다면 저 재상과 가신을 어디에다 쓰겠는가."라고 했다.

그런데 사실이나 사건의 경우에는 그렇지 않다. 소호少昊가 새의 이름을 따서 관직을 지었다든가,[2] 요임금의 후손이 어룡御龍이 되어 관직에 제수되었다든가,[3] 하나라 왕조가 쇠미해졌을 때 후예后羿나 한착寒浞이라는 도적이 있었고[4] 제나라가 건국될 때에는 그 군주로 포고蒲姑나 백능伯陵이 있었다든가[5] 하는 것은 나라를 열고 왕실을 이어갈 때 그 사실을 특기할 만하건만, 후대의 학자들은 그러한 이야기를 거의 전하지 않았다. 오직 박식한 사람들만 더러 그 일부의 대략을 알았을 뿐이다. 이를 통해 사건을 기록하는 역사가 일반적이지 않았음과 말을 기록하는 역사가 중시되었다는 것을 단적으로 알 수 있다.

及左氏之爲傳也, 雖義釋本經, 而語雜他事. 遂使兩漢儒者, 嫉之若讎, 故二傳大行, 擅名後世. 又孔門之著錄也, 『論語』專述言辭, 『家語』兼陳事業, 而自古學徒相授, 唯稱『論語』而已. 由斯而談, 並古人輕事重言之明效也. 然則上起唐堯, 下終秦穆, 其書所錄, 唯有百篇, 而書之所載, 以言爲主. 至於廢興行事, 萬不記一, 語其缺略, 可勝道哉! 故令後人有言, 唐·虞以下帝王之事, 未易明也.

좌구명이 『춘추』의 전傳을 쓸 때 『춘추』의 본문을 해석하는 것이 본래 뜻이었지만, 각종 다른 사실도 섞어 이야기했다. 그리하여 양한兩漢의 학자들은

---

2 소호가~지었다든가 : 『춘추좌씨전』 소공昭公 17년 전문에 나온다.
3 요임금이~제수되었다든가 : 『춘추좌씨전』 소공 29년 전문에 나온다.
4 하나라~있었고 : 『춘추좌씨전』 양공襄公 5년 전문에 나온다.
5 제나라가~있었다든가 : 『춘추좌씨전』 소공 20년 전문에 나온다.

본문에 없는 사실을 기록한 것에 대해 원수처럼 미워했고,[6] 이 때문에 『공양전』과 『곡량전』 두 전傳이 널리 퍼져 후세에 이름을 차지했다. 또한 공자 문하생들의 저작에서도 『논어』는 전적으로 언사를 기술했고 『가어家語』는 사실까지 아울러 기록해놓았지만,[7] 예부터 학자들이 대대로 전수한 것은 『논어』뿐이었다.

이런 점에서 말하자면 옛사람들은 사실을 경시하고 말을 중시했던 것이 분명하다. 『서경』은 위로 요임금부터 시작하여 아래로 진 목공秦穆公에서 끝나며, 그 역사서에 기록된 것이 100편인데 내용은 말을 위주로 했다. 일의 흥폐나 사건의 경우는 만에 하나도 기록하지 않았으니, 빠졌거나 소략한 것을 말하자면 한도 없다. 그러므로 후대 사람도 요순堯舜 이후 제왕의 사적은 쉽게 밝힐 수 없다고 말한 것이다.[8]

按『論語』曰: "君子成人之美, 不成人之惡," 又曰: "成事不說,【事已成, 不可復解說】遂事不諫,【事已遂, 不可復諫止】旣往不咎,【事已往, 不可復追咎】" 又曰: "民可使由之, 不可使知之【由, 用也. 可用而不可使知者, 百姓日用而不能知. 自此引經四處, 注皆全寫先儒所釋也】" 夫聖人立教, 其言

---

6 양한의~미워했고 : 전한의 유흠劉歆은 『문선文選』 권43 「이서양태상박사병서移書讓太常博士并序」에서 좌씨는 『춘추』에 전傳을 단 것이 아니라고 평했다. 유흠의 말에 따라 당시 박사博士들은 금문학今文學에 의거하여 『좌씨전』을 『춘추』에 대한 올바른 해석이 아니라고 보았다. 후한의 범승范升은 좌씨가 공자를 조술하지 않았다고 보고, 좌씨의 잘못 14조를 열거했다. 『후한서』 권36 「범승전范升傳」에 나온다.

7 『가어』는~기록해놓았지만 : 여기서 말하는 『가어』는 왕숙王肅의 위작으로, 『한서漢書』 「예문지藝文志」에서 말하는 『공자가어』가 아니다.

8 후대~것이다 : 여기에서 말하는 후대 사람은 반고班固이다. 『한서』 권62 「사마천전 찬司馬遷傳贊」에 나온다.

若是, 在於史籍, 其義亦然. 是以美者因其美以美之, 雖有其惡, 不加毀也; 惡者因其惡而惡之, 雖有其美, 不加譽也. 故孟子曰: "堯·舜不勝其美, 桀· 紂不勝其惡." 魏文帝曰: "舜·禹之事, 吾知之矣." 漢景帝曰: "言學者, 無言 湯·武受命, 不爲愚." 斯並曩賢精鑒, 已有先覺, 而拘於禮法, 限以師訓, 雖 口不能言, 而心知其不可者, 蓋亦多矣.

그러나 『논어』「안연顏淵」에 "군자는 남의 미덕을 이루어주지만, 남의 악
덕을 조장하지 않는다."라고 했고, 또 「팔일八佾」에 "이루어진 일은 말하지
않고,【일이 이미 이루어졌으면 다시 말하지 않는다.】이미 끝난 일은 따지지 않
으며,【일이 이미 끝났으면 다시 이의를 제기하여 막지 않는다.】이미 지나간 것을
탓하지 않는다.【일이 이미 지나갔으면 다시 나중에 허물하지 않는다.】"라고 했으
며, 「태백泰伯」에 "백성들을 따르게 할 수는 있지만 알게 할 수는 없다.【유由
는 용用이다. 쓸 수 있지만 알게 할 수 없다는 말은, 백성들은 날마다 쓰지만 알지 못한
다는 말이다. 이상 경經을 인용한 네 곳의 주注는 모두 선유先儒의 해석을 베낀 것이
다.】"라고 했다.

성인이 가르칠 때 이같이 말했는데, 역사 서적의 경우에도 그 뜻이 그러했
다. 그래서 훌륭한 일은 그 훌륭함 때문에 훌륭하다고 하는 것이니 비록 나
쁜 부분이 있더라도 폄훼할 수 없고, 나쁜 것은 그 나쁨 때문에 나쁘다고 하
는 것이니 비록 훌륭한 부분이 있더라도 칭찬할 수 없다. 그래서 맹자도 말
하기를 "요순堯舜은 이루 다 칭찬할 수가 없고 걸주桀紂는 이루 다 악평할 수
가 없다."라고 했고,[9] 위 문제魏文帝는 "순과 우에 대한 일은 내가 알고 있
다."라고 했으며,[10] 한 경제漢景帝는 "배움에 대해 말하는 사람은 탕왕湯王이나

---

9 맹자도~했고 : 현재 남아 있는 『맹자』에는 나오지 않고, 응소應劭의 『풍속통의風俗通義』
「정실正失」에 나온다.

무왕武王이 천명을 받은 일에 대해 말해주지 않아도 어리석은 사람이 되지 않는다."라고 했다.[11] 이들은 모두 과거의 현인들이 정예로운 귀감이라는 것을 이미 먼저 깨쳤지만, 예법에 구애되고 스승의 가르침에 제한되어 입으로는 차마 말할 수 없지만 마음속으로는 그게 그렇지 않다는 것을 알고 있는 경우가 아마 많을 것이다.

又按魯史之有『春秋』也, 外爲賢者, 內爲本國, 事靡洪纖. 動皆隱諱. 斯乃周公之格言. 然何必『春秋』, 在於六經, 亦皆如此. 故觀夫子之刊『書』也, 夏桀讓湯, 武王斬紂, 其事甚著, 而芟夷不存.【此事出『周書』. 案『周書』是孔子刪『尙書』之餘, 以成其錄也.】觀夫子之定『禮』也, 隱·閔非命, 惡·視不終, 而奮筆昌言, 云魯無簒弑. 觀夫子之刪『詩』也, 凡諸國風, 皆有怨刺, 在於魯國, 獨無其章.【魯多淫僻, 豈無刺詩. 蓋夫子刪去而不錄.】觀夫子之『論語』也, 君娶於吳, 是謂同姓, 而司敗發問, 對以知禮. 斯驗聖人之飾智矜愚, 愛憎由己者多矣.

또한 노나라 역사인 『춘추』를 보면, 밖으로는 현자를 중심으로, 안으로는 본국을 중심으로 기록하면서, 좋지 않은 일은 사건의 대소에 관계없이[12] 곧잘 모두 감추었다. 이 같은 필법은 주공의 가르침이었다.[13] 그렇지만 이는 비단 『춘추』뿐 아니라 육경六經의 경우에도 모두 똑같았다.

---

10 위 문제는~했으며 : 『삼국지 위지』 권2 「문제기文帝紀」의 배송지裴松之 주에 인용된 『위씨춘추魏氏春秋』에 나온다.

11 한 경제는~했다 : 『사기』 권121 「유림열전儒林列傳」에 나온다.

12 사건의 대소에 관계없이 : 홍洪은 크다, 섬纖은 세세하다는 뜻이다.

13 이 같은~가르침이었다 : 『삼국지 위지』 권12 「최염전崔琰傳」에 나온다.

살피건대 공자가 『서경』을 간삭한 경우, 하나라의 걸임금이 은나라 탕왕에게 양위한 사실과 주나라의 무왕이 은나라 주임금을 베었다는 사실은 분명히 드러났던 사실인데도 삭제했기에 남아 있지 않다. 【이 일은 『주서周書』에 나온다. 『주서』는 공자가 『서경』을 간삭한 뒤, 나머지 기록을 가지고 완성한 것이다.[14]】 『예기』를 편정한 경우, 노나라의 은공隱公과 민공閔公은 천명을 받은 것이 아니었고[15] 태자인 오惡와 동생인 시視가 살해당했는데도,[16] 기록할 때는 "노나라에는 찬탈이나 시해가 없었다."라고 높이 평가했다.[17]

또한 『시경』을 산삭한 경우, 여러 나라의 국풍國風에는 모두 원망하거나 풍자하는 노래가 있었지만, 노나라에만은 그런 장르가 없었다. 【노나라는 풍속이 크게 어지러웠는데, 어찌 풍자시가 없었겠는가. 아마 공자가 산삭하여 삭제하고 싶지 않았을 것이다.】 공자의 『논어』를 보아도, 소공昭公이 오나라에서 아내를 얻었던 일을 두고, 이는 동성同姓의 혼례였다며 진사패陳司敗가 문제를 제기했지만, 공자는 그에 대해 소공이 예의를 안다고 대답했다.[18] 이것은 성인이 지혜를 과신하고 어리석음을 인정하지 않으면서 자기를 기준으로 애증을 판단

---

14 『주서』는~것이다 : 『한서』 「예문지藝文志」에 나온다.

15 은공과~아니었고 : 혜공惠公이 일찍 죽어 후사인 환공桓公이 즉위해야 했으나 너무 어렸기 때문에 은공이 일시 왕위를 이었다. 민공은 환공의 아들로, 장공莊公을 시해했던 경보慶父에 의해 옹립되었다.

16 태자인~살해했는데도 : 문공文公이 죽은 뒤, 태자 오惡와 그의 동생 시視가 양중襄仲에게 살해되었다.

17 기록할~평가했다 : 『예기』 「명당위明堂位」에 나온다.

18 소공이~대답했다 : 진사패가 공자에게 소공이 예를 아느냐고 질문했을 때, 공자는 예를 안다고 대답했다. 공자가 나간 뒤 진사패는 다시 공자의 제자인 무자기巫馬期에게 "소공은 같은 희성姬姓인 오나라에서 아내를 맞고는 동성임을 감추기 위해 성을 바꾸어 오맹자吳孟子라고 했다. 소공이 예가 있다면 누구든 예가 없겠느냐?"라고 물었다. 이에 무자기는 공자에게 이를 고하며 이의를 제기했고, 공자는 "나는 다행이다. 잘못이 있으면 남이 반드시 아는구나."라고 말했다. 『논어』 「술이述而」에 나온다.

하는 일이 많다는 증거이다.

加以古文載事, 其詞簡約, 推者難詳, 缺漏無補. 遂令後來學者莫究其源, 蒙然靡察, 有如聾瞽. 今故訐其疑事, 以著於篇. 凡有十條, 列之於後. 一其一條[19]

더욱이 고대의 사실 기록은 그 내용이 간략하여, 추론해도 상세하기가 어렵고 빠진 부분을 보완할 길이 없다. 결국 후대의 학자들은 그 연원을 탐구하지 못하여 귀머거리나 장님처럼 듣지 못하고 볼 수 없으므로 살필 수가 없다. 이에 따라 지금 의심나는 점을 지적하여 이 편에서 적는다. 모두 10조인데, 내용은 다음과 같다.

● 의문 1

蓋「虞書」之美放勛也, 云: "克明峻德", 而陸賈『新語』又曰: "堯·舜之民, 比屋可封." 蓋因「堯典」成文而廣造奇說也. 按『春秋傳』云: "高陽·高辛二氏各有才子八人, 謂之元·凱. 此十六族也, 世濟其美, 不隕其名, 以至於堯, 堯不能擧. 帝鴻氏·少昊氏·顓頊氏各有不才子, 謂之渾沌·窮奇·檮杌. 此三族也, 世濟其凶, 增其惡名, 以至於堯, 堯不能去. 縉雲氏亦有不才子, 天下謂之饕餮, 以比三族, 俱稱四凶, 而堯亦不能去." 斯則當堯之世, 小人君子

---

19 其一條 : 원문에는 기일조其一條부터 기십이조其十二條까지 원주原註가 달려 있다. 10조의 본문에 서론과 결론을 포함하여 12조라고 했는데, 오히려 본문 10조항의 의고疑古와 혼동된다. 아마 유지기의 원주는 아닐 것이다. 번역문에는 본문 10조까지만 소제목을 매겼다.

比肩齊列, 善惡不分, 賢愚共貫. 且『論語』有云: "舜擧咎繇, 不仁者遠." 是
則當咎繇未擧, 不仁甚多, 彌驗堯時群小在位者矣. 又安得謂之"克明峻
德," "比屋可封"者乎. 其疑一也.

『서경』「요전堯典」에서 요임금을 찬미하면서 "큰 덕을 밝히셨다."라고 했
고, 육가陸賈의『신어新語』「무위無爲」에서도 "요순시대의 사람들은 집집마다
모두 제후의 신하로 봉할 만하다."라고 했다. 생각건대『신어』의 이 부분은
「요전」의 문장에 따라 확대해서 만들어낸 기이한 이야기일 것이다.

『춘추좌씨전』에 "고양씨高陽氏와 고신씨高辛氏에게는 각각 뛰어난 아들 8
명이 있었는데, 고양씨의 아들들은 팔개八凱, 고신씨의 아들들은 팔원八元이라
불렸다. 이 16인의 일가는 대대로 뛰어난 인물을 배출하여 명성을 떨어뜨리
지 않고 요임금의 시대에 이르렀지만, 요임금은 이들을 등용할 수 없었다. 또
제홍씨帝鴻氏·소호씨少昊氏·전욱씨顓頊氏에게는 각각 못난 아들이 있었는데, 혼
돈渾沌·궁기窮奇·도올檮杌이라고 불렸다. 이 3인의 일가는 대대로 악행을 저질
러 악명을 높이면서 요임금의 시대에 이르렀지만, 요임금은 이들을 제거할
수 없었다. 진운씨縉雲氏에게도 못난 아들이 있었는데, 천하에서 도철饕餮이라
고 불렸다. 앞의 세 집안과 더불어 사흉四凶이라고 불렸지만, 요임금은 역시
이들을 제거할 수 없었다."라고 했다.[20] 이에 따르면 요임금의 시대에는 소인
과 군자가 어깨를 나란히 하고 있었고, 선악이 구분되지 않았으며, 지혜로운
사람과 어리석은 사람이 함께 존재하고 있었다.

또『논어』「안연顏淵」에 "순임금이 구요咎繇를 등용하자, 어질지 못한 사
람들이 멀어졌다."라고 했으니, 이는 구요가 등용되지 않았을 적에는 어질지

---

20 『춘추좌씨전』에~했다 :『춘추좌씨전』 문공文公 18년 전문에 나온다.

못한 사람이 매우 많았다는 말이고, 요임금의 시대에 많은 소인들이 관직을 차지하고 있었다는 증거이다. 그러니 어떻게 "큰 덕을 밝히셨다."느니, "요순 시대의 사람들은 집집마다 모두 제후의 신하로 봉할 만하다."라는 말을 할 수가 있겠는가. 이것이 첫 번째 의문이다.

● 의문 2

「堯典序」又云: "將遜于位, 讓于虞舜," 孔氏注曰: "堯知子丹朱不肖, 故有禪位之志." 按『汲冢瑣語』云: "舜放堯於平陽," 而書云: "某地有城, 以'囚堯'爲號." 識者憑斯異說, 頗以禪授爲疑. 然則觀此二書, 已足爲證者矣, 而猶有所未覩也. 何者? 據『山海經』謂, "放勛之子爲帝丹朱," 而列君於帝者, 得非舜雖廢堯, 仍立堯子, 俄又奪其帝者乎? 觀近有姦雄奮發, 自號勤王, 或廢父而立其子, 或黜兄而奉其弟, 始則示相推戴, 終亦成其篡奪, 求諸歷代, 往往而有. 必以古方今, 千載一揆. 斯則堯之授舜, 其事難明, 謂之讓國, 徒虛語耳. 其疑二也.

『서경』「요전 서」에 "장차 제위에서 물러나려고 순임금에게 양보했다." 라고 했고, 공안국孔安國의 주注에서는 "요임금은 아들 단주丹朱가 불초하다는 것을 알았기 때문에 선위禪位하려는 뜻이 있었다."라고 했다. 그런데 『급총쇄어汲冢瑣語』에는 "순은 요를 평양으로 추방했다."라고 했고, 어떤 책에는 "어떤 곳에 성이 있는데, 이름을 수요囚堯라고 불렀다."라고 했다.[21] 식자들은 이

---

21 어떤~했다 : 수요囚堯란 요임금을 가두었다는 뜻이다. 여기서 말하는 '어떤 책'이란 『괄지지括地志』와 『죽서竹書』로 보인다. 『사기』 권1 「오제본기五帝本紀」 정의正義 주에, 『괄지지』와 『죽서』를 인용하여 위의 내용을 소개했다.

런 이설을 근거로 선양에 대해 상당히 의심을 품었다.

그러니 이 두 책을 보면 이미 증거로 충분하지만, 여전히 아직 살펴보지 않은 자료가 있다. 『산해경山海經』에는 "요임금의 아들은 단주丹朱 황제이다." 라고 하여 단주를 제帝의 반열에 올렸는데, 이는 순이 요임금을 폐위했더라도 그대로 요임금의 아들을 세우고 얼마 뒤에 그 제위를 빼앗았다는 게 되지 않겠는가?

근래 간웅姦雄이 떨쳐 일어나 스스로 왕에게 충성한다고 주장하면서, 아버지를 폐위하고 그 아들을 세우기도 하고, 형을 쫓아내고 그 동생을 받들기도 하는데, 처음에는 그 왕조를 추대하는 듯이 보이지만 결국 찬탈해버리는 일이 역대에 찾아보면 왕왕 있었다. 분명 옛 일을 통해 오늘날에 비춰보면 천년이 지나도 미루어 헤아릴 수 있을 것이다. 이렇다면 요임금이 순에게 양보했다는 사실은 분명하다고 보기 어려우며, 나라를 양보했다는 말은 단지 빈말일 뿐이다. 이것이 두 번째 의문이다.

● 의문 3

「虞書 舜典」又云: "五十載, 陟方乃死," 注云: "死蒼梧之野, 因葬焉." 按蒼梧者, 於楚則川號汨羅, 在漢則邑稱零桂. 地總百越, 山連五嶺. 人風媒劃, 地氣歊瘴. 雖使百金之子, 猶憚經履其途; 況以萬乘之君, 而堪巡幸其國? 且舜必以精華旣竭, 形神告勞, 捨茲寶位, 如釋重負, 何得以垂歿之年, 更踐不毛之地? 兼復二妃不從, 怨曠生離, 萬里無依, 孤魂溘盡, 讓王高蹈, 豈其若是者乎? 曆觀自古人君廢逐, 若夏桀放於南巢, 趙嘉遷於房陵, 周王流彘, 楚帝徙郴, 語其艱棘, 未有如斯之甚也. 斯則陟方之死, 其殆文命之志乎? 其疑三也.

『서경』「우서虞書 순전舜典」에 "순은 즉위한 지 50년이 지났을 때 순수巡守를 하다가 죽었다." 했고, 공안국의 주注에는 "남방을 순행하다가 창오蒼梧의 들판에서 죽었고, 그대로 거기에 매장했다."라고 했다. 창오라는 곳은 초나라 때는 멱라汨羅라는 강 이름이었고, 한나라 때는 영계零桂라는 고을 이름이었다. 이 지역에는 남방의 여러 종족이 살고 있었고, 산은 오령五嶺에 연이어 있었다. 사람들은 문신文身[22]을 하는 풍속이 있었고 땅은 무더워 숨이 막히고 습기가 많았다. 백금 정도 가진 그렇게 큰 부자가 아니어도 그런 곳에 가는 것을 싫어하는데, 더구나 만승萬乘의 천자가 그런 나라까지 순행巡幸했겠는가.

게다가 순임금은 나이가 백 세를 넘어 필시 반짝이는 정신은 이미 고갈되고 심신이 지쳐 있어서 보위를 버리는 것이 마치 무거운 짐을 벗는 것 같았을 터인데, 거의 죽음을 앞둔 해에 다시 이런 불모의 땅까지 갈 까닭이 있겠는가? 아울러 당시 두 명의 왕비가 따라가지 않았다가 나중에 순임금이 죽은 곳으로 가서 따라 죽었다고 전해지는데, 원녀怨女와 광부曠夫[23]가 생이별을 하듯 의지할 데 없이 만 리나 떨어진 채 외로운 노인이 목숨을 잃었다니, 왕위를 양보하고 은거하는[24] 것이 어찌 이와 같을 수 있겠는가?

예부터 역대의 군주가 폐위되고 쫓겨난 경우를 보면, 하나라 걸왕桀王은 남소南巢로 쫓겨났고, 조나라 가왕嘉王은 방릉房陵으로 귀양 갔으며,[25] 주나라

---

22 문신 : 포기룡은 와획媧劃을 문신으로 보았다.

23 원녀와 광부 : 『맹자』「양혜왕 하梁惠王下」에 맹자가 제 선왕齊宣王과 대화를 나누던 중에 나온 말이다. 원녀怨女는 남편 없이 홀몸으로 불만을 갖고 사는 여자이고, 광부曠夫는 아내 없는 홀아비를 말한다.

24 왕위를 양보하고 은거하는 : 양왕讓王은 왕위를 양보하는 것이고, 고도高蹈는 은거한다는 뜻이다.

25 조나라~갔으며 : 가왕嘉王은 천왕遷王을 잘못 쓴 것이다. 『사기』 권43 「조세가趙世家

여왕厲王은 체彘 땅으로 유배 갔고,[26] 초나라 의제義帝는 침郴 땅으로 옮겨졌지
만,[27] 그 어렵고 고생스럽기로 말하면 창오만큼 심한 곳도 없었을 것이다. 이
렇다면 순임금이 순수를 하다가 죽었다는 것은 거의 문명文命[28]의 뜻이란 말
인가? 이것이 세 번째 의문이다.

● 의문 4

『汲冢書』云: "舜放堯於平陽, 益爲啓所誅." 又曰: "太甲殺伊尹, 文丁殺季
歷." 凡此數事, 語異正經. 其書近出, 世人多不之信也. 按舜之放堯, 文之
殺季, 無事別說, 足驗其情, 已於篇前言之詳矣. 夫惟益與伊尹受戮, 並於
正書, 猶無其證. 推而論之, 如啓之誅益, 仍可覆也. 何者? 舜廢堯而立丹
朱, 禹黜舜而立商均, 益手握機權, 勢同舜·禹, 而欲因循故事, 坐膺天祿.
其事不成, 自貽伊咎. 觀夫近古簒奪, 桓獨不全, 馬仍反正. 若啓之誅益, 亦
猶晉之殺玄乎? 若舜·禹相代, 事業皆成, 唯益覆車, 伏辜夏后, 亦猶桓劾
曹·馬, 而獨致元興之禍者乎? 其疑四也.

급총에서 출토된 『죽서竹書』에 "순은 요를 평양으로 추방했고, 우가 양위
했던 익益은 우의 아들 계啓에게 살해당했다."라고 했다. 또 "은나라 태갑太甲

태사공 왈太史公曰」에 진나라가 천遷을 포로로 잡자 조나라 대부들이 가嘉를 왕으로 섬겼고,
이에 진나라가 군사를 보내 조나라를 멸망시켰다고 했다.

26 주나라~갔고 : 『사기』 권4 「주본기周本紀」에, 공화共和 14년 여왕厲王이 체 땅에서 죽었고
태자太子 정정을 왕으로 삼았는데, 이 사람이 선왕宣王이라고 했다.

27 초나라~옮겨졌지만 : 『사기』 권7 「항우본기項羽本紀」에 항우가 의제義帝를 장사長沙로
옮겼다고 했다.

28 문명 : 『사기』 권2 「하본기夏本紀」에 우임금의 이름은 문명이라고 했다.

은 이윤伊尹을 죽였고, 문정文丁은 계력季歷을 죽였다."라고 했다.[29] 이 몇 가지 사실은 정경正經과 다르다. 그 책은 근래에 출토된 것으로, 세상 사람들이 대부분 신뢰하지 않는다. 순이 요를 추방했다는 것, 문정이 계력을 죽였다는 사실은 따로 말할 것도 없이 그 정상을 증험하기에 충분하며, 이 「의고疑古」편의 앞부분에서 이미 상세히 말했다.

익과 이윤이 살해되었다는 것은 아직 경전에 그 증거가 다 없다. 추론해보면 계가 익을 죽였다는 말은 고찰해볼 만하다. 왜냐하면 순은 요를 폐하고 요의 아들 단주를 세웠고, 우는 순을 폐하고 순의 아들 상균商均을 세웠다면, 익도 손아귀에 권력을 장악하여 순이나 우와 마찬가지의 세력을 가졌기에 순과 우의 전례를 그대로 따라서 천록인 제위를 받아들인 것이다. 단지 그 일이 성공하지 못하여 자신이 죽임을 당한 것이었다.[30]

가까운 옛날의 찬탈을 보면 환현桓玄만 홀로 실패하여 안제安帝가 복위했다.[31] 계가 익을 주벌한 것과, 또한 진나라가 환현을 죽인 것은 같은 것일까? 순과 우가 제위를 이은 일은 모두 성공했지만 익만 실패하여 하나라 임금 계 앞에서 복죄한 것은, 환현이 조비曹丕나 사마염司馬炎[32]의 흉내를 내다가 홀로 원흥元興의 화를 초래한 것과 같은 것일까? 이것이 네 번째 의문이다.

---

29 급총에서~했다 : 『죽서竹書』의 내용은 『진서晉書』 권51 「속석전束晳傳」에 나온다. 『서경』 「태갑太甲」과 『맹자』에서는, 이윤이 방탕한 태갑을 동桐으로 내쳤다가 잘못을 뉘우치는 것을 보고 3년만에 수도인 박亳으로 불렀다고 하여 『죽서』의 내용과 다르다.

30 자신이~것이었다 : 『시경』 「소아小雅 소명小明」에 "마음의 근심이여, 스스로 그 재앙을 부르도다.[心之憂矣, 自詒伊戚]"라고 했다.

31 가까운~복위했다 : 마馬는 진晉나라 안제安帝이다. 안제 융안隆安 2년에 환현 등이 군사를 일으켰다. 원흥元興 2년에 환현이 안제를 폐하고 제위를 찬탈했는데, 3년에 풍천馮遷이 환현을 베었다. 『진서晉書』 권10 「안제기安帝紀」에 나온다.

32 조비나 사마염 : 조曹는 위魏나라, 마馬는 사마씨司馬氏로 진晉나라를 가리킨다.

「湯誓序」云: "湯伐桀, 戰于鳴條," 又云: "湯放桀於南巢, 唯有慙德." 而 『周書』「殷祝」篇稱: "桀讓湯王位." 云云. 此則有異於『尚書』. 如『周書』 之所說, 豈非湯旣勝桀, 力制夏人, 使桀推讓, 歸王於己. 蓋欲比跡堯·舜, 襲其高名者乎? 又按『墨子』云: "湯以天下讓務光, 而使人說曰: '湯欲加 惡名於汝.' 務光遂投淸冷之泉而死." 湯乃卽位無疑. 然則湯之飾讓, 僞跡 甚多. 考墨家所言, 雅與『周書』相會. 夫『書』之作, 本出『尚書』, 孔父截剪 浮詞, 裁成雅誥, 去其鄙事, 直云'慙德', 豈非欲減湯之過, 增桀之惡者乎? 其疑五也.

『서경』「탕서 서湯誓序」에 "탕임금은 걸을 토벌했고, 명조鳴條에서 싸웠 다."라고 했고, 또 "탕임금은 걸을 남소南巢로 추방했고, 이러한 방법이 옛사 람들의 덕에 미치지 못하는 것을 부끄러워했다."라고 했다.[33] 그러나 『주서』 「은축殷祝」에는 "걸은 탕에게 왕위를 양보했다."라고 했다.[34] 이는 『서경』과 다르다. 『주서』의 말대로라면 이미 탕이 걸을 압도할 정도의 세력이고, 이에 하나라 사람들을 제압하고 나서 걸에게 왕위를 양보하게 하여 자신에게 우격 다짐으로 넘기도록 한 것이 아니겠는가. 혹시 요나 순의 사적을 모방해서 그 높은 명성을 이어서 가지려고 했던 것이 아닐까?

또 『묵자』에도 "탕이 천하를 무광務光에게 양보했지만, 뒤로는 사람을 시 켜 '탕이 너에게 천하를 빼앗으려고 한다는 악명을 씌우려고 한다'고 말하여, 무광이 마침내 차가운 연못에 투신하여 죽었다."[35]라고 했다.[36] 탕이 즉위했

---

33 또~했다 : 이 대목은 『서경』「중훼지고仲虺之誥」에 나온다.

34 『주서』~했다 : 유지기가 말하는 『주서』는 『일주서逸周書』를 가리킨다.

35 무광이~죽었다 : 『장자』「양왕讓王」에, 탕왕이 무광에게 천하를 양보하자 무광이 돌을

던 일은 의심할 여지가 없다. 그러나 탕의 양위와 관련된 일은 꾸미고 속인 자취가 매우 많다. 묵가에서 한 말을 보면 『주서』와 서로 상당히 부합한다.

원래 『주서』의 저작은 본래 『서경』에서 나왔다. 공자가 쓸데없는 내용을 잘라내고 올바른 가르침을 정리하여 완성한 것으로, 탕왕의 비루한 사실을 제거하고 단지 "옛사람들의 덕에 미치지 못하는 것을 부끄러워했다."라고만 말했으니, 탕왕의 잘못은 없애고 걸의 나쁜 점만 강조하려고 했던 것이 아니겠는가? 이것이 다섯 번째 의문이다.

● 의문 6

夫五經立言, 千載猶仰, 而求其前後, 理甚相乖. 何者? 稱周之盛也, 則云三分有二, 商紂爲獨夫; 語殷之敗也, 又云紂有臣億萬人, 其亡流血漂杵. 斯則是非無準, 向背不同者焉. 又按武王爲「泰誓」, 數紂過失, 亦猶近代之有呂相爲晉絶秦, 陳琳爲袁檄魏, 欲加之罪, 能無辭乎? 而後來諸子, 承其僞說, 竟列紂罪, 有倍五經. 故子貢曰: "桀·紂之惡不至是, 君子惡居下流," 班生亦云: "安有據婦人臨朝," 劉向又曰: "世人有弑父害君, 桀·紂不至是, 而天下惡者, 皆以桀·紂爲先." 此其自古言辛·癸之罪, 將非厚誣者乎? 其疑六也.

지고 여수廬水로 뛰어들었다고 했다. 청냉지천淸冷之泉이란 북인무택北人无擇이 순舜의 말을 듣고 청냉지연淸冷之淵에 뛰어들었다는 데서 나왔는데, 당나라 고조 이연李淵을 피휘하기 위해 유지기가 淵자를 泉자로 바꾼 듯하다.

36 『묵자』에도~했다 : 현재 『묵자』에는 이런 내용이 없다. 『한비자』「설림 상說林上」에 같은 내용이 보인다.

오경五經에서 했던 말은 천 년 이상 추앙되어왔지만, 전후를 잘 살펴보면 이치에 매우 어긋난다. 왜 이렇게 말하는가? 주나라의 흥성을 설명할 때는 천하의 3분의 2를 차지했다 하고[37] 은나라 주紂가 필부가 되었다고 했으며,[38] 은나라의 패망을 설명할 때는 주紂의 신하가 수만 명이었고[39] 전쟁에 져서 유혈에 무기가 떠내려갈 정도라고 했다.[40] 이러면 시비의 기준이 없고 논리가 통하지 않게 된다.

또 무왕의 「태서泰誓」를 보면 주왕의 과실을 하나하나 따졌는데, 역시 근대에도 여기呂錡가 진晉나라를 위해 진秦나라와 끊었고,[41] 진림陳琳은 원소袁紹를 위해 위魏나라에 격문을 써서 조조曹操의 죄를 더하고자 했던[42] 것과 같으니, 할 말이 없을 수 있겠는가. 그렇지만 후대의 여러 학자가 그 거짓 이야기를 계승하여 결국 오경보다 곱절이 넘게 주紂의 죄를 열거하게 되었다.

그래서 자공子貢이 말하기를 "걸이나 주가 나빴다고 해도 세상에서 말하는 정도까지는 아니었고, 군자들은 하류에 머물기를 싫어한다."라고 했고,[43] 반백班伯도 "아무리 주왕이라도 어찌 아녀자의 말에 따라 정치를 했겠는가?"라

---

37 천하의~하고 : 『논어』 「태백泰伯」에 무왕武王을 찬양하면서 했던 말이다.

38 은나라~했으며 : 『서경』 「태서泰誓」에 나온다. 또 『맹자』 「양혜왕 하梁惠王下」에서 신하가 임금을 시해해도 되느냐는 제 선왕齊宣王의 질문에, 맹자는 "한 사람의 필부인 주를 주벌했다는 말은 들었지만, 임금을 시해했다는 말은 듣지 못했다.[聞誅一夫紂矣, 未聞殺君也]"라고 대답했다.

39 은나라의~명이었고 : 『서경』 「태서」에 나온다.

40 전쟁에~했다 : 『서경』 「무성武成」에 나온다.

41 여기가~끊었고 : 『춘추좌씨전』 성공成公 13년에, 진晉나라 재상인 여기는 "진秦나라는 우리 형제를 흩어지게 했고, 동맹을 어지럽혔으며, 나라를 엎어놓았다."라며 외교 관계를 끊었다고 했다.

42 진림은~했던 : 『삼국지 위지』 권21 「왕찬전王粲傳」에 진림이 격문을 쓴 사실이 보이고, 그 격문인 「위원소격예주爲袁紹檄豫州」는 『문선文選』 권44에 실려 있다.

43 자공이~했고 : 『논어』 「자장子張」에 나온다.

고 했으며,[44] 유향劉向도 "세상에는 자신의 아버지를 죽이거나 임금을 해친 자가 있지만, 걸이나 주는 거기까지 이르지 않았는데도 천하의 나쁜 짓은 모두 걸과 주를 우선으로 친다."라고 했다.[45] 이는 옛날부터 신辛이나 계癸[46]의 죄를 말할 때 심하게 무함했다는 말이 아니겠는가? 이것이 여섯 번째 의문이다.

● 의문 7

「微子之命」篇序云: "殺武庚." 按祿父即商紂之子也. 屬社稷傾覆, 家國淪亡, 父首梟懸, 母軀分裂, 永言怨恥, 生死莫二. 向使其侯服事周, 而全軀保其妻子也, 仰天俯地, 何以爲生? 含齒戴髮, 何以爲貌? 旣而合謀二叔, 徇節三監, 雖君親之怨不除, 而臣子之誠可見. 考諸名敎, 生死無慙. 議者苟以其功業不成, 便以頑人爲目. 必如是, 則有君若夏少康, 有臣若伍子胥, 向若隕軀雪怨, 衆敗身滅, 亦當逮跡醜徒, 編名逆黨者邪? 其疑七也.

『서경』「미자지명 서微子之命序」에 "무경武庚을 죽였다."라고 했다. 무경 녹부祿父는 은나라 주紂의 아들이다. 사직이 무너지고 왕실이 패망하여 아버지의 목은 장대에 걸리고 어머니의 몸은 찢겨, 영원한 원한과 치욕은 죽어서도 살아서도 견딜 수 없는 것이었다. 만약 제후가 되어 주나라를 섬겼다면 본인과 처자식은 안전했을지 모르지만, 하늘을 우러르고 땅을 내려다본들 어찌 살 수 있었겠는가? 입에 이가 있고 머리에 머리카락이 있은들 어찌 얼굴이

---

44 반백도~했으며 : 반백은 반고의 할아버지이다. 이 이야기는 『한서』 권100상 「서전 상敍傳上」에 나온다.

45 유향도~했다 : 『풍속통의風俗通義』「정실正失」에 나온다.

46 신이나 계 : 신辛은 주紂이고, 계癸는 걸桀이다. 『사기』 권3 「은본기殷本紀」와 권2 「하본기夏本紀」에 나온다.

라고 하겠는가.

나중에 무경이 관숙管叔·채숙蔡叔 등과 함께 반란을 꾀하여 은나라 유민을 감시하던 관숙·채숙·곽숙霍叔 등의 세 사람과 순절한 것은,[47] 비록 임금과 부모의 원수는 갚지 못했지만 신하로서, 또한 자식으로서의 정성은 보인 것이었다. 명교名教에서 살펴보아도 생사에 부끄러움이 없다. 이의를 제기하는 사람은 그 공업功業을 이루지 못한 것을 두고 곧 어리석은 사람이라고 지목한다.[48]

굳이 이렇게 따진다면, 하나라 소강少康과 같은 임금[49]이나 오자서伍子胥 같은 신하[50]는 만일 원수를 무찔러 원한을 씻으려고 했다면 많은 사람을 죽이고 스스로도 죽었을 텐데, 이 때문에 역시 추악한 무리에 속하고 역당에 이름을 올려야 한다는 말인가? 이것이 일곱 번째 의문이다.

---

47 무경이~것은 : 주 무왕周武王이 죽은 뒤에 무왕의 아우인 주공周公이 어린 성왕成王을 도와 섭정을 할 때 관숙이 그 아우인 채숙과 함께 주紂의 아들 무경을 끼고 반란을 일으켰다. 『시경』「국풍國風 빈풍豳風 치효鴟鴞」에 나온다.

48 이의를~지목한다 : 여기서 말하는 공업이란 은나라의 부흥이다. 완인頑人은 어리석은 사람이나 완고한 사람을 말한다. 『서경』「주서周書 필명畢命」에 "은나라의 어리석은 백성들을 징계하여 낙읍으로 옮기고, 왕실 가까이 두어 그 가르침에 교화되게 하리라.[毖殷頑民, 遷於洛邑, 密邇王室, 式化厥訓]"라고 했다.

49 하나라~임금 : 소강은 하나라를 중흥시킨 군주로, 제상帝相의 유복자이다. 하나라는 태강太康이 안일에 빠져 권신인 이예夷羿가 전횡하고 있었으며, 중강仲康을 지나 상相에 이르러 제위를 찬탈당했는데, 소강이 성 하나의 토지와 한 무리의 병력을 보유하고 중흥을 도모한 끝에 국권을 되찾았다. 『춘추좌씨전』 애공哀公 원년에 나온다.

50 오자서 같은 신하 : 초나라의 오자서는 부친과 형이 살해당하자 오나라로 도망쳐서 오나라 힘을 빌려 초나라를 공격했다. 그런데 여기서 포기룡은 오자서가 아니라 신포서申包胥로 보았다. 신포서와 오자서는 원래 사이가 좋았는데, 오자서가 초나라로 도망치면서 "반드시 다시 돌아와 초나라를 치겠다."라고 하자, 신포서는 "그렇다면 나는 초나라를 부흥시키겠다."라고 했다. 오자서가 오나라 군대를 이끌고 초나라를 공격하자, 신포서는 7일간 곡을 하고 진秦나라의 힘을 빌려 초나라를 다시 세웠다. 『춘추좌씨전』 정공定公 4년에 나온다.

● 의문 8

『論語』曰: "大矣! 周之德也! 三分天下有其二, 猶服事殷." 按『尚書』「序」
云: "西伯戡黎, 殷始咎周." 夫姬氏爵乃諸侯, 而輒行征伐, 結怨王室, 殊無
媿畏. 此則『春秋』荊蠻之滅諸姬, 『論語』季氏之伐顓臾也. 又按某書曰: "朱
雀云云, 文王受命稱王云云." 夫天無二日, 地惟一人, 有殷猶存, 而王號遽
立. 此即春秋楚及吳·越僭號而陵天子也. 然則戡黎滅崇, 自同王者, 服事之
道, 理不如斯. 亦猶近者魏司馬文王害權臣, 黜少帝, 坐加九錫, 行駕六馬,
及其沒也, 而荀勗猶謂之人臣以終. 蓋姬之事殷, 當比馬之臣魏, 必稱周德
之大者, 不亦虛爲其說乎? 其疑八也.

『논어』에 "위대하도다, 주나라의 덕은! 천하의 3분의 2를 차지하고도 오
히려 복종하여 은나라를 섬겼다."라고 했다.[51] 그런데 『서경』「서序」에 "문
왕文王이 여黎까지 공격했을 때, 은나라는 처음에 주나라를 허물했다."라고
했으니,[52] 희씨姬氏인 주나라는 작위가 제후였지만 번번히 정벌을 실행하여
은나라 왕실과 원한을 맺고도 전혀 부끄러워하거나 두려워하지 않았다. 이는
『춘추』에서 형만荊蠻이 주나라 왕실 일족을 멸한 사건[53]이나 『논어』에서 계
씨가 전유顓臾를 정벌한 사건[54]과 조금도 다를 바 없는 일이었다.

---

51 『논어』에~했다 : 『논어』「태백泰伯」에 나온다. 본래 『논어』의 원문은 유지기가 인용한
순서와 글자가 조금 다르다.

52 『서경』~했으니 : 『서경』「서백감여 서西伯戡黎序」에 나온다. 서백西伯은 문왕이다. 여黎는
은나라의 속국이다.

53 『춘추』에서~사건 : 『춘추좌씨전』희공僖公 28년에 전문傳文과 두예杜預의 주에 나온다.
또 정공定公 4년의 전문에도 보인다.

54 『논어』에서~사건 : 『논어』「계씨季氏」에 나온다. 당시 공자의 제자인 염유冉有와 자로子路는
계씨의 가신으로 있었다. 계강자季康子는 노나라 대부의 몸으로 노나라의 속국인 전유를
점령했다.

또 어떤 책에 "주작朱雀이 있었다면서 문왕은 천명을 받아 왕을 칭했다고 한다."라고 했다.[55] 그렇지만 하늘에 태양이 둘이 있을 수 없으며 땅에 오직 한 사람의 왕만 있게 마련인데, 은나라가 아직 존재하고 있음에도 왕이라는 호칭을 느닷없이 내세운 것은, 춘추시대에 초나라나 오나라, 월나라가 왕이라고 참칭하고 천자를 능멸한 것과 같다. 그러니 주나라가 여를 정벌하고 숭崇을 멸망시키고는 스스로 왕과 같은 행동을 했던 것은, 은나라를 신하로 섬기는 도리로 볼 때 옳은 이치가 아니다.

이 또한 근대에 위나라 사마문왕司馬文王이 권신을 암살하고 소제少帝를 쫓아냈으며 자리에 구석九錫을 꾸미고 행차할 때는 여섯 마리의 말이 끄는 수레를 탔지만, 그가 죽은 뒤 순욱荀顗이 "사마문왕은 신하의 신분으로 일생을 마쳤다."라고 말하는 것과 같다.[56] 주나라가 은나라를 섬겼다는 일은 사마씨가 위나라의 신하 노릇을 한 것에 비유해야 할 것이니, 굳이 주나라의 덕이 위대하다고 칭찬하는 사람들은 헛되이 그런 의견을 주장하는 것이 아니겠는가? 이것이 여덟 번째 의문이다.

● 의문 9

『論語』曰: "<u>太伯可謂至德也已. 三以天下讓, 民無得而稱焉.</u>" 按『呂氏春

---

55 어떤~했다 : 『태평어람太平御覽』 권24 및 『논형論衡』 「초품初稟」에 나온다.

56 위나라~같다 : 구석九錫과 여섯 마리의 말에 대한 일은 『삼국지 위지』 권4 「삼소제기三少帝紀」 5년 4월에 나온다. 순욱이 사마문왕에 대해 유지기의 말처럼 평가한 것은 확인되지 않는다. 다만 『진서晉書』 권33 「석포전石苞傳」에 "문제文帝가 붕했을 때, 가충賈充과 순욱荀勖 등이 장례를 의논했는데 미처 정하지 못했다. 석포石苞가 그때 분상奔喪하여 통곡하면서 말하기를 '기업基業이 이와 같은데, 인신人臣으로 마칠 것인가.'라고 했다."는 점으로 미루어 본문의 순욱은 석포일 듯싶다.

秋』所載云云, 斯則太王鍾愛厥孫, 將立其父. 太伯年居長嫡, 地實妨賢. 向若强顏苟視, 懷疑不去, 大則類衛伋之誅, 小則同楚建之逐, 雖欲勿讓, 君親其立諸? 且太王之殂, 太伯來赴, 季曆承考遺命, 推讓厥昆. 太伯以形質已殘, 有辭獲免. 原夫毀玆玉體, 從彼被髮者, 本以外絶嫌疑, 內釋猜忌, 譬雄雞自斷其尾, 用獲免於人犧者焉. 又按『春秋』, 晉士蔿見申生之將廢也, 曰: "爲吳太伯, 猶有令名." 斯則太伯·申生, 事如一體. 直以出處有異, 故成敗不同. 若夫子之論太伯也, 必美其因病成妍, 轉禍爲福, 斯則當矣. 如云: "可謂至德"者, 無乃謬爲其譽乎? 其疑九也.

『논어』「태백泰伯」에 "주나라 태백太伯은 지극한 덕이 있는 사람이었다고 말할 수 있다. 세 번 천하를 사양했지만 백성들이 그 덕을 칭송할 수 없게 되었다."라고 했다. 그런데 『여씨춘추』에 따르면, 주 태왕은 손자인 창昌을 가장 총애했으므로 창의 아버지인 계력季歷을 후계로 삼고자 했다. 태백은 나이로는 장남인데다 적자였으니, 지위로 보아도 실로 현자賢者에게 방해가 되었다.[57] 만일 눈 딱 감고 왕위를 염두에 두어 태왕의 마음을 의심하며 떠나지 않았을 경우, 크게는 위 선공魏宣公의 태자 급伋처럼 살해당했을 것이고,[58] 적어도 초나라 태자 건建처럼 쫓겨났을 것이니,[59] 왕위를 양보할 마음이 없었어

---

57 『여씨춘추』에~되었다 : 태왕이 병에 걸리자 태백과 중옹仲雍은 약재를 캐러 간다며 형만荊蠻 지역으로 들어가서 머리를 깎고 문신을 하는 등 그곳 풍속대로 살았다. 태왕은 죽을 때 태백에게 나라를 넘겨주려고 했는데, 태백이 세 번이나 받아들이지 않아서 결국 계력이 왕위에 올랐다고 한다. 현자는 창昌이다.

58 크게는~것이고 : 선공이 급伋을 태자로 삼았다. 그러나 선공이 제나라 여자에게서 아들을 낳은 뒤 태자 급을 미워하여 제나라에 사신으로 보낸 뒤 살해했다. 『춘추좌씨전』 환공桓公 16년에 나온다.

59 적어도~것이니 : 『춘추좌씨전』 소공昭公 19년에 나온다.

도 아버지인 태왕이 태백을 왕으로 세웠겠는가?

드디어 태왕이 죽은 뒤 태백은 고향으로 돌아왔고, 계력은 아버지의 유언에 따라 태백에게 왕위를 양보하려고 했다. 그러나 태백은 단발과 문신으로 몸이 망가졌다는 이유를 들어 왕위를 사양하고 모면할 수 있었다. 태자의 자격이 있는 옥체를 훼손하고 형만荊蠻의 풍속을 따라 머리카락을 잘랐던 것은, 밖으로는 왕위를 차지하려 한다는 혐의를 끊고 안으로는 시기심을 풀기 위한 것이었다. 비유하자면, 수탉이 스스로 꼬리를 떼어내어 사람들의 희생이 되는 것을 면한 경우와 같은 것이었다.[60]

또 『춘추』에, 진晉나라 사위士蔿가 태자인 신생申生이 장차 폐위되려는 것을 보고 "지금 동생에게 양보하고 도망쳐서 오나라 태백처럼 된다면 오히려 아름다운 이름을 얻을 것이다."라고 했다.[61] 이는 태백이나 신생 사건이 마찬가지 경우임을 보여준다. 단지 그 출처의 차이가 있기 때문에 성패가 같지 않았던 것이다. 공자가 태백을 평론할 때 태백의 결점을 아름다운 장점으로 바꾸어 전화위복의 계기를 만들었다고 굳이 칭찬한다면, 이는 타당했을 것이다. 하지만 "지극한 덕이 있는 사람이었다고 말할 수 있다."라고까지 평가하는 것은 그를 잘못 칭송한 것이 아닐까? 이것이 아홉 번째 의문이다.

● 의문 10

『尚書』「金縢篇」云: "管·蔡流言, 公將不利於孺子," 『左傳』云: "周公殺管叔而放蔡叔, 夫豈不愛, 王室故也." 按『尚書』「君奭篇序」云: "召公爲保, 周公爲師, 相成王爲左右, 召公不說." 斯則旦行不臣之禮, 挾震主之

---

60 수탉이~것이었다 : 『국어國語 주어周語』에 나온다.
61 『춘추』에~했다 : 『춘추좌씨전』 민공閔公 원년에 나온다.

威, 跡居疑似, 坐招訕謗. 雖<u>奭</u>以亞聖之德, 負明允之才, 目覩其事, 猶懷憤懣. 況彼二叔者, 才處中人, 地居下國, 側聞異議, 能不懷猜? 原其推戈反噬, 事由誤我. 而<u>周公</u>自以不誠, 遽加顯戮, 與夫漢代赦淮南, <u>明帝</u>寬阜陵, 一何遠哉! 斯則<u>周公</u>於友于之義薄矣, 而『書』之所述, 用爲美談者, 何哉? 其疑十也.

　『서경』「금등金縢」에 "관숙管叔과 채숙蔡叔이 유언비어를 퍼뜨렸는데, 그것은 주공周公이 장차 어린 조카를 불리하게 할 것이라는 내용이었다."라고 했고,[62] 『춘추좌씨전』에는 "주공이 관숙을 죽이고 채숙을 추방했지만, 어찌 형제를 사랑하지 않았기 때문이겠는가. 왕실을 위해서 그랬던 것이다."라고 했다.[63] 그런데 『서경』「군석 서君奭序」에는 "소공이 지켜주고 주공이 스승이 되어 좌우에서 성왕을 도왔는데, 소공이 불쾌한 생각을 하고 있었다."라고 했다. 이를 보면 주공周公 단旦은 신하답지 않은 행동을 했으며, 성왕의 위엄을 옆에 끼고 있다 보니 행동을 의심받았고, 앉아서 비방을 초래한 듯하다.

　소공召公 석奭은 성인에 버금가는 덕으로 총명하고 성실한 재능을 갖고 있었는데도 그런 사실을 보고 불만과 분노를 품게 되었다. 하물며 저 관숙과 채숙은 바탕이 평범한 인물인데다 다스리는 영토도 작았으니, 다른 논의를 곁으로 들었다면 시기심을 품지 않을 수 있었겠는가?

　관숙과 채숙이 무력으로 반란을 계획하고 덤벼든[64] 일을 살펴보면 이는 자신의 힘을 오해한 데서 생긴 사건이었다. 그러나 주공 자신은 정성을 다해

---

62 『서경』~했고 : 주 무왕周武王이 죽은 후, 조카인 성왕成王을 보좌하여 섭정하고 있는 주공을 그의 두 동생인 관숙과 채숙이 견제하면서 위와 같은 소문을 퍼뜨렸다고 한다.
63 『춘추좌씨전』에는~했다 : 『춘추좌씨전』 소공昭公 원년에 나온다.
64 무력으로~덤벼든 : 추과推戈는 상대를 해치려고 창을 겨누거나 찌르는 일이며, 반서反噬는 은인 등을 배반하고 해치는 일을 말한다.

화합하지 못하고 갑자기 드러내어 주륙했으니, 한대漢代에 회남왕淮南王을 사면하고[65] 명제明帝가 부릉왕阜陵王에게 너그럽게 했던[66] 것과 어찌 하나같이 거리가 멀단 말인가. 이를 보면 주공이 형제에 대한 의리[67]가 박했던 것인데도 『서경』의 서술에서는 미담으로 삼았으니, 어찌된 일인가? 이것이 열 번째 의문이다.

大抵自『春秋』以前,『尚書』之世, 其作者述事如此. 今取其正經雅言, 理有難曉, 諸子異說, 義或可憑, 糸而會之, 以相研覈. 如異於此, 則無論焉. 夫遠古之書, 與近古之史, 非唯繁約不類, 固亦向背皆殊. 何者? 近古之史也, 言唯詳備, 事罕甄擇. 使夫學者觀一邦之政, 則善惡相參; 觀一主之才, 而賢愚殆半. 至於遠古則不然. 夫其所錄也, 略擧綱維, 務存褒諱, 尋其終始, 隱沒者多. 嘗試言之, 向使漢·魏·晉·宋之君生於上代, 堯·舜·禹·湯之主出於中葉, 俾史官易地而書, 各敍時事, 校其得失, 固未可量. 若乃輪扁稱其糟粕, 孔氏述其傳疑, 孟子曰: "盡信書, 不如無書,"「武成」之篇, 吾取其二三簡. 推此而言, 則遠古之書, 其妄甚矣. 豈比夫王沈之不實, 沈約之多詐, 若斯而已哉.

---

65 한대에 회남왕을 사면하고 : 전한前漢 회남여왕淮南厲王 장長(유방劉邦의 6남)이 형인 문제文帝에게 모반했지만, 문제가 용서했다. 『한서』 권44 「회남여왕전淮南厲王傳」에 나온다.

66 명제가~했던 : 후한後漢 광무제光武帝의 아들인 부릉질왕阜陵質王 연延이 도참을 믿고 저주를 한다는 보고를 듣고도 명제는 용서하고 부릉왕으로 삼았다. 『후한서』 권42 「부릉질왕연전阜陵質王延傳」에 나온다.

67 형제에 대한 의리 : 『서경』 「주서周書 군진君陳」에 "오직 부모에게 효도하며 형제간에 우애한다.[惟孝友于兄弟]"라고 하여, 우우지의友于之義는 곧 형제간의 우의를 가리킨다.

대개『춘추』이전『서경』의 시대에 작자가 사실을 서술하는 것이 이와 같았다. 지금 경전의 올바른 문장에도 이치상 이해하기 어려운 데가 있고 여러 학자의 다른 견해가 오히려 믿을 만한 경우도 있었으므로, 참고 삼아 모아서 연구하고 조사해본 것이다. 물론 이 밖의 경우도 얼마든지 있을 것이다.

일반적으로 상고시대의 서적은 그 상세함과 간략함에서 근대 역사서와 같지 않을 뿐 아니라 그 서술의 지향도 모두 달랐다. 왜냐하면 근대의 역사서에서 말은 오직 상세하게 갖추어 기록했고 사실에 대해 취사선택을 하는 경우가 드물었기 때문이다. 그래서 만약 어느 한 학자가 한 나라의 정치를 조사하면 선정과 악정을 서로 참고할 수 있고, 어떤 군주의 재능을 조사하면 현명한 점과 어리석은 점이 거의 반반이다.

하지만 상고시대에는 그렇지 않았다. 기록할 때는 대략 핵심 줄거리만을 거론하여 칭찬해야 할 것과 배척해야 할 것만 남기는 데 힘썼으므로 그 시말을 살펴보면 숨어 있거나 아예 없는 경우가 많다. 예를 들어 한漢·위魏·진晉·송宋의 군주들이 상고시대에 태어났다고 하거나 요堯·순舜·우禹·탕湯을 중세에 등장시키며, 또 사관도 각각 입장을 바꾸어 기록했는데, 이렇게 각각 시대사를 서술하게 한다면, 그 득실의 비교는 본디 가능할 수 있는 일이 아닐 것이다.

윤편輪扁은 서적이 술지게미와 같은 것이라고 했고[68] 공자도『춘추』에 전해지는 것에 대해 의심한다고 술회했으며,[69] 맹자는 "『서경』이라는 것을 모두 믿는다면『서경』이 없는 편이 낫다.『서경』「무성武成」에 대해서 나는 두세 문장밖에 믿지 않는다."라고 했다.[70] 이로 미루어보면 먼 옛날의 책인『서

---

68 윤편은~했고 :『장자』「천도天道」에 나오는 말이다.
69 공자도~술회했으며 :『춘추곡량전』환공 14년 경문 하오夏午의 전문傳文에 나온다.
70 맹자는~했다 :『맹자』「진심 하盡心下」에 나오는 말이다.

경』은 매우 잘못된 곳이 많으니, 왕침王沈의 부실함이나 심약沈約의 많은 거 짓말에 비유한들[71] 어찌 이와 같겠는가. 史通

---

[71] 왕침의~비유한들 : 왕침과 심약에 대해서는 유지기가 이미 『사통 내편』「직서直書」 및 「곡필曲筆」에서 상론했다.

「의고疑古」의 비판 대상이 『서경』이라면, 유지기가 「혹경惑經」에서 의혹이 있다고 말한 경經은 『춘추』이다. 『사통·내편』에서 살펴보았듯이 유지기에게 『춘추』는 역사서 중에서도 단연 으뜸이다. 그런데 『논어』에 공자가 자신의 잘못을 인정하거나 사과했던 사례가 나오듯이, 『춘추』도 비판적으로 보아야 한다.

공자가 편수한 역사서가 『춘추』인데, 『춘추』의 뜻을 검토해보면 납득이 가지 않는 대표적인 기사가 열두 군데 있다. 인륜의 선악은 자신의 붓끝에 달려 있으며, 올바른 길을 따라갈 때 주저할 것이 없다는 춘추필법을 표방했음에도, 제나라와 정나라, 초나라에서 임금이 시해되었을 때 부고를 알리면서 모두 졸卒이라 기록한 것이 그 한 사례이다. 물론 유지기가 여기서 제시한 열두 군데 말고도 다른 의혹이 더 있을 수 있다.

한편 『춘추』의 실제를 탐구하는 사람은 적고 명성만 따르는 사람이 많기에 서로 부화뇌동하는 일도 있다면서 유지기는 『춘추』에 대한 헛된 미화 다섯 가지를 지적했다. 예를 들어 공자가 『춘추』를 편수할 때 각국의 완성된 기록을 조금 다듬었을 뿐인데, 사마천은 이를 두고 공자가 『춘추』에서 기록해야 할 사실은 모두 쓰고 지워야 할 사실은 모두 지워버렸으므로 글에 뛰어났던 자유나 자하 같은 제자들조차 그에 대해 한마디도 가감할 수 없었다고 칭찬했다. 이런 찬양이 계승되고, 유학의 가르침을 통해 전수되었다. 유지기는 미래의 학자들이 이런 점들을 상세히 연구해야 한다고 당부했다.

外篇
04

『춘추』에 대한의혹
惑經

惑經

昔孔宣父以大聖之德, 應運而生, 生人已來, 未之有也. 故使三千弟子·七
十門人, 鑽仰不及, 請益無倦. 然則尺有所短, 寸有所長, 其間切磋酬對, 頗
亦互聞得失. 何者? 觀仲由之不悅, 則矢天厭以自明; 答言偃之弦歌, 則稱
戲言以釋難. 斯則聖人之設教, 其理含弘, 或援誓以表心, 或稱非以受屈.
豈與夫庸儒末學, 文過飾非, 使夫問者緘辭杜口, 懷疑不展, 若斯而已哉!

　옛날 공자는 대성인의 덕을 가지고 천운에 따라 태어났는데, 사람이 생긴
이래 이런 사람은 없었다. 그래서 3,000명의 제자, 70명의 문인이 공자를 존
경하며 따르고 끊임없이 더 배우고자 했다.[1] 그러다 보니 한 척도 짧은 경우
가 있고 한 마디도 긴 경우가 있듯이 일장일단이 있어서, 그들 사이에 학문
을 향상시키려고 노력하면서 주고받은 말에는 자못 재미있는 장면이 많다.
예를 들어 공자는 자로子路가 언짢아하는 것을 보고는 "하늘이 나를 싫어할
것이다."라고 맹세하면서 스스로 해명했고,[2] 거문고 소리를 놓고 자유子游와

1　존경하며~했다 : 원문의 찬앙불급鑽仰不及, 청익무권請益無倦은 각각 『논어』 「자한子罕」에서
　　안연顏淵이 공자를 두고 "선생님을 우러를수록 더욱 높고, 선생님을 뚫고 들어가려고
　　할수록 더욱 단단하다.[仰之彌高, 鑽之彌堅]"라고 했던 말과, 「자로子路」에서 자로가 정치에
　　대해 묻자 공자가 솔선수범하고 노력하는 것이라고 대답했을 때 더 설명해달라는[請益]
　　요청을 듣고 공자가 "권태로워하지 않는 것이다.[無倦]"라고 대답한 데서 왔다.
2　자로가~해명했고 : 『논어』 「옹야雍也」에, 위령공의 부인인 남자南子는 음탕한 행실로
　　알려졌는데 공자가 그녀를 만났다는 것을 자로가 알고 언짢아했더니, 공자가 맹세하면서

나눈 대화에서는 "농담이었다."라고 말하면서 곤란한 상황에서 벗어나기도 했다.[3]

이를 보면 성인의 가르침은 거기에 포함된 이치가 넓었으니, 맹세를 하여 마음을 표시하기도 하고 잘못을 인정하며 솔직히 사과하기도 했다. 용렬하여 지엽적인 것밖에 모르는 학자들이 자신의 잘못에 대해 변명하거나 핑계를 대면서 질문하는 사람이 말을 못하도록 입을 막고 의문을 펴지 못하게 하는 태도와는 전혀 달랐다.

嗟夫! 古今世殊, 師授路隔, 恨不得親膺灑掃, 陪五尺之童; 躬奉德音, 撫四科之友. 而徒以硏尋蠹簡, 穿鑿遺文, 菁華久謝, 糟粕爲偶. 遂使理有未達, 無由質疑. 是用握卷躊躇, 揮毫俳憤. 儻梁木斯壞, 魂而有靈, 敢効<u>接輿</u>之歌, 輒同<u>林放</u>之問. 但孔氏之立言行事, 刪『詩』贊『易』, 其義旣廣, 難以具論. 今惟摭其史文, 評之於後. 其一條.[4]

아아! 옛날과 지금은 세상이 같지 않아서 스승으로 모시고 배울 수 있는 길이 막혔으니, 직접 제자가 물 뿌리고 청소하며 곁에서 시중을 들 수도 없

위와 같이 말했다.

3 자유와~했다 : 언언言偃은 자유子游이다. 『논어』 「양화陽貨」에 나온다. 자유가 읍재邑宰로 있는 무성武成에 공자가 갔다. 거문고에 맞춰 부르는 노래를 듣고 공자가 웃으며 "닭을 잡는 데 어찌 소 잡는 칼을 쓰겠는가?"라고 했더니, 자유가 "예전에 제가 선생님께 들으니, '군자가 도를 배우면 사람을 사랑하고, 소인이 도를 배우면 부리기가 쉽다.'고 하셨습니다."라고 했다. 그러자 공자는 "언의 말이 옳다. 방금 한 말은 농담이었다."라고 했다.

4 원문에는 여기부터 기일조其一條라고 했지만, 실제로는 다음 서술부터 조목이 시작된다. 기일조라는 말은 유지기의 원주가 아닐 것이다.

고, 바로 성인의 말씀을 받들며 네 가지 덕목에서 뛰어났던[5] 벗을 만날 수도 없는 것이 한스럽다. 벌레 먹은 서적이나 뒤적이면서 남겨진 문장에 천착할 뿐이니, 생기 있는 본래의 정신은 오래 전에 빠져나갔고 술지게미나 핥고 있는 것 같다. 끝내 이해하지 못하는 이치가 있어도 어디 질의할 데가 없다. 이 때문에 책을 들고도 주저하게 되고 붓을 쥐고는 탄식만 하고 있다.

만일 대들보가 무너졌어도[6] 혼은 남아서 신령이 있다면 감히 접여接輿의 노래[7]를 본받고 언제나 임방林放의 질문[8]과 함께하고 싶다. 다만 공자의 말씀과 행동은 그가 편집한 『시경』이나 『주역』 「십익十翼」에 그 의미가 이미 넓기 때문에 갖추어 논의하기 어렵다. 이제 그중 역사에 대한 문헌, 즉 『춘추』만 뽑아 다음과 같이 논평한다.

● 의혹 1

按夫子所修之史, 是曰『春秋』, 竊詳『春秋』之義, 其所未諭者有十二. 何者?
趙盾以無辭伐國, 貶號爲人; 杞伯以夷禮來朝, 降爵稱子, 虞班晉上, 惡貪賄

---

5 네 가지~뛰어났던 : 『논어』 「선진先進」에 "덕행은 안연顔淵·민자건閔子騫·염백우冉伯牛·중궁仲弓이고, 언어는 재아宰我·자공子貢이며, 정치는 염유冉有·계로季路이고, 문학은 자유子游·자하子夏이다."라고 했다.

6 대들보가 무너졌어도 : 대들보가 무너졌다는 것은 위대한 성인이 죽었다는 의미이다.

7 접여의 노래 : 『논어』 「미자微子」에, 초나라의 미친 사람인 접여가 공자 앞을 지나가면서 "봉이여, 봉이여! 어찌 덕이 쇠퇴했는가. 지나간 것은 반대할 수 없지만 올 것은 따를 수 있으니, 그만둘지어다, 그만둘지어다. 오늘 정치에 종사하는 사람들은 위태롭다."라고 했다.

8 임방의 질문 : 『논어』 「팔일八佾」에, 임방이 예禮의 근본에 대해 질문한 적이 있었다. 공자는 "훌륭한 질문이다. 예는 사치하기보다는 차라리 검소해야 하며, 상喪은 형식만 잘 차리기보다는 차라리 슬퍼해야 한다."라고 했다.

而先書; 楚長晉盟, 譏無信而後列. 此則人倫臧否, 在我筆端, 直道而行, 夫何所讓. 奚爲齊·鄭及楚, 國有弑君, 各以疾赴, 遂皆書卒?【昭九年, 公子圍弑其君郟敖. 襄七年, 鄭子駟弑其君僖公十年, 齊人弑其君悼公, 而『春秋』但書云: "楚子麇卒, 鄭伯頑卒, 齊侯陽生卒."】夫臣弑其君, 子弑其父, 凡在含識, 皆知恥懼. 苟欺而可免, 則誰不願然? 且官爲正卿, 返不討賊; 地居冢嫡, 藥不親嘗. 遂皆被以惡名, 播諸來葉. 必以彼三逆, 方兹二弑, 躬爲梟獍, 則漏網遺名; 跡涉瓜李, 乃凝脂顯錄. 嫉惡之情, 豈其若是? 其所未諭一也.

공자가 편수한 역사서가 『춘추』인데, 『춘추』의 뜻을 검토해보면 납득이 가지 않는 데가 열두 곳이 있다. 예를 들어 다음과 같은 경우이다. 조맹趙孟이 이유 없이 나라를 정벌했다고 하여 폄칭해서 진인晉人이라 했고,[9] 기백杞伯이 동이東夷의 예의로 조회하러 왔다고 하여 작위를 낮추어 기자杞子라고 했다.[10] 우虞를 진晉보다 위에 쓴 것은 뇌물을 받고 출병한 것을 기록했기 때문에 먼저 쓴 것이고,[11] 초나라가 진나라와의 회맹에서 중심에 있었지만 그 신

---

9 조맹이~했고 : 『춘추』에 이런 내용은 분명하게 실려 있지 않다. 포기룡은 선공宣公 2년에 진인晉人·송인宋人·위인衛人·진인陳人이 정나라를 침범했다고 한 사실로 보고 있다. 두예杜預의 주에 따르면, 정나라는 초나라를 위해 송나라를 정벌하여 그 대부를 잡아갔다. 진나라 조순趙盾이 제후의 군대를 일으켜 정나라에 침입했지만 초나라의 원군을 두려워해 퇴각했으므로, 조순이라는 이름을 쓰지 않고 진인이라고 써서 비방했다는 견해이다. 조순이 맏이였기 때문에 관례상 조맹이라고 불렀다.

10 기백이~했다 : 『춘추』 희공僖公 27년 경문에 "기자杞子가 조회하러 왔다."라고 했다. 전문에 "기杞나라의 환공桓公은 백伯이었지만 동이의 의례를 갖추어 찾아왔으므로 자子라는 작위로 기록했다."라고 했다.

11 우를~것이고 : 『춘추』 희공 2년에, 우虞나라의 군대와 진晉나라의 군대가 하양下陽을 멸망시키려고 했다. 우나라가 선두에 서서 출병하지 않았음에도 먼저 쓴 것은, 우나라가 뇌물을 받고 출병한 사실을 혐오했기 때문이라고 했다.

뢰 없음을 원망하여 뒤에 배열한 것이다.[12]

이는 인륜의 선악은 자신의 붓끝에 달려 있으며, 올바른 길에 따라 갈 때에 주저할 것이 없다는 춘추필법春秋筆法이다. 그런데 어째서 제나라와 정나라, 초나라에서 임금이 시해당했는데도 각각 부고를 알릴 때는 결국 모두 졸卒이라고 기록했는가?【소공 9년 공자 위圍가 그 임금 겹오郟敖를 시해했고, 양공 7년 정나라 자사子駟가 그 임금을 시해했으며, 희공 10년 제나라 사람이 그 임금 도공悼公을 시해했는데도 『춘추』에서는 단지 "초나라 자균子麇이 졸했다." "정나라 백완伯頑이 졸했다." "제후 양생陽生이 졸했다."라고만 기록했다.】신하가 군주를 시해하고 자식이 아비를 시해하는 것은, 상식이 있는 사람이라면 부끄럽고 두려운 일임을 누구나 안다. 그러니 속여서 모면할 방도가 있다면 누군들 그렇게 하려고 하지 않겠는가.

더욱이 조순趙盾에 대해서는 관직이 정경에 이르러서도 돌아와 역적을 토벌하지 않았다고 썼고,[13] 지止에 대해서는 지위가 태자太子에 있으면서도 약을 직접 맛보지 않았다고 써서,[14] 마침내 모두 악명을 얻게 해 후대까지 그 이름

---

12 초나라가~것이다 : 『춘추』 양공襄公 27년에, 숙손표叔孫豹가 진晉 조무趙武, 초楚 굴건屈建, 채蔡 공손귀생公孫歸生, 위衛 석악石惡, 진陳 공환孔奐, 정鄭 양소良霄, 허許 허인許人, 조인曹人에게 송나라에서 만나자고 했다. 이 회맹의 중심은 초나라였지만, 초나라 사람들이 의복 속에 갑옷을 입어 진나라를 습격할 목적이 있었다고 보아, 그 불신으로 인해 서열을 내려 뒤에 기록한 것이다.

13 조순에~썼고 : 『춘추좌씨전』 선공宣公 2년 경문에 "진나라 조순이 그 임금인 이고夷皐를 시해했다."라고 했다. 전문에, 태사太史 동호董狐가 "조순이 그 임금을 시해했다."라고 써서 조정에 보였더니, 조순(조선자趙宣子)이 아니라고 반론하자, 태사가 다시 "그대는 정경의 관직에 있음에도 도망쳤고, 돌아와서는 역적을 토벌하지 않았으니, 그대 잘못이 아니라면 누구 잘못이란 말인가."라고 했다.

14 지에~써서 : 『춘추좌씨전』 소공昭公 19년, 허許나라의 세자인 지는 아버지가 자신의 약을 먹고 죽은 것을 보자 도망갔다. 그 때문에 경문에 "허나라 세자 지가 그 임금 매買를 시해했다."라고 기록되었다. 총적冢嫡은 태자, 세자라는 뜻이다.

이 전해졌다. 필시 앞의 세 역적과 이 두 시해자를 비교하자면, 직접 시해를 자행한 악한의 경우는 후대에 이름을 남기지 않고 그물을 빠져나갔으며, 행적이 오이밭과 오얏나무를 지나간 사람은 결국 엄격히 드러나도록 기록하였다.[15] 악을 미워하는 감정이 어찌 이럴 수 있는가? 이것이 첫 번째 납득할 수 없는 점이다.

● 의혹 2
又案齊乞野幕之戮, 事起陽生, 楚比乾谿之縊, 禍由觀從.【乞謂齊陳乞, 比楚公子比也】而『春秋』捐其首謀, 捨其親弒, 亦何異魯酒薄而邯鄲圍, 城門火而池魚及? 必如是, 則邾之閹者, 私憾射姑, 以其君下急而好潔, 可行欺以激怒, 遂傾瓶水以沃庭, 俾廢轤而爛卒, 斯亦罪之大者, 曷不書弒乎?【宜書云: "閹弒邾子."】其所未諭二也.

또 제나라 진걸陳乞이 그 군주인 도荼를 들판의 막사에서 시해했다고 기록했지만 이 사건은 실제로 제나라 양생陽生이 저질렀으며,[16] 초나라 비比가 돌아와 그 군주인 건虔을 건계에서 자살하게 했다고 기록했지만 이 재앙은 관종觀從이 원인이었다.[17]【걸은 제齊나라 진걸이고, 비比는 초나라 공자 비이다.】그

---

15 행적이~기록하였다 : 속담에, 오이밭에서는 짚신을 고쳐 신지 않고, 오얏나무 아래서는 갓을 고쳐 쓰지 않아 의심을 피한다고 했다. 그런데 조순과 세자 지는 혐의를 자초했다는 말이다. 응지凝脂는 굳은 기름인데, 굳게 들러붙듯이 법망이 엄격하다는 말이다.

16 제나라 양생이 저질렀으며 : 『춘추좌씨전』 애공哀公 6년 경문에는 "제나라 진걸이 그의 군주인 도荼를 들판 막사에서 시해했다."라고 했다. 하지만 두예의 주에는, 도를 시해한 것은 주모朱毛와 양생이지만 진걸이 양생을 세웠기 때문에 이렇게 기록했다고 설명했다.

17 초나라~원인이었다 : 『춘추좌씨전』 소공昭公 13년 경문에는 "초나라 비比(자간子干)가

런데『춘추』에서는 그 주모자를 걸어냈을 뿐 아니라 직접 실행한 자도 빼버렸으니, 노나라에서 베푼 주연이 시원치 않다고 해서 한단邯鄲을 포위하고[18] 불은 성문에서 났는데 그 화가 연못의 물고기에게 미치는[19] 경우와 무엇이 다르겠는가?

반드시 이런 논리대로라면, 주邾나라 문지기가 이역고夷射姑에게 사사로운 감정을 품고 있을 때 성급하고 깨끗한 것을 좋아하는 임금의 성품을 이용해 그를 속여서 화나게 하려고 마침내 물병의 물을 뿌리고 이역고가 뜰에 소변을 보았다고 고자질을 해서 결국은 임금이 화로에 빠져 불에 데어 죽었으니,[20] 이 또한 죄가 큰 것이다. 그런데 왜 시해라고 쓰지 않았는가?【당연히 "문지기가 주자邾子를 시해했다."라고 써야 한다.】이것이 두 번째 납득할 수 없는 점이다.

돌아와 그 군주인 건虔을 건계에서 자살하게 했다."라고 했다. 두예의 주에는, 비록 비가 주모자가 아니었음에도 불구하고 건을 자살시켰다고 쓴 것은 협박에 의해 비가 세워졌다고 해도 죄가 크다고 보았기 때문이라 했다. 관종은 아버지의 죽음으로 초나라를 증오했기 때문에 난리를 일으키려 했다.

18 노나라에서~포위하고 :『장자莊子』「거협胠篋」에 나온다.『경전석문經典釋文』에 한단은 조趙나라의 수도라고 했다. 초 선왕楚宣王이 제후들에게서 조회를 받는데, 노나라 공공恭公이 늦게 도착한 데다 갖고 온 술이 좋지 않았다. 선왕이 화가 나서 노나라를 공격했다. 마침 조나라를 토벌하려고 했던 양 혜왕梁惠王은 초나라를 꺼리고 있다가 이 틈을 타서 한단을 포위했다고 한다.

19 불은~미치는 :『의림意林』에서 인용한『풍속통風俗通』에 나온다. 위의 주석 18의 내용과 마찬가지로, 자신은 잘못한 것도 없는데 재앙을 당한다는 의미이다.

20 주나라~죽었으니 :『춘추좌씨전』정공定公 3년에 "주자邾子 천穿이 졸卒했다."라고 나온다. 문지기의 고자질로 군주인 주자邾子가 이역고를 잡으려 했지만, 잡지 못하고 발을 동동 구르다 굴러 내려와 화롯불에 떨어졌다. 결국 화상이 원인이 되어 죽었기 때문에 유지기가 이렇게 말한 것이다.

● 의혹 3

蓋明鏡之照物也, 姸媸必露, 不以毛嬙之面或有疵瑕, 而寢其鑒也; 虛空之
傳響也, 淸濁必聞, 不以縣駒之歌時有誤曲, 而輟其應也. 夫史官執簡, 宜類
於斯. 苟愛而知其醜, 憎而知其善, 善惡必書, 斯必實錄. 觀夫子修『春秋』
也, 多爲賢者諱, 狄實滅衛, 因桓恥而不書; 河陽召王, 成文美而稱狩. 斯則
情兼向背, 志懷彼我. 苟書法其如是也, 豈不使爲人君者, 靡憚憲章, 雖玷白
圭, 無慙良史也? 其所未諭三也.

　밝은 거울이 사물을 비출 때는 반드시 아름답거나 추함이 드러나므로 모
장毛嬙[21]의 얼굴이라도 혹시 흠이 있다면 그것이 거울에 비치지 못하게 할 수
없으며, 텅 빈 공중에 소리가 전해질 때는 반드시 맑거나 탁함이 들려와 면
구縣駒[22]의 노래라도 잘못 부를 때가 있으면 그 메아리를 그치게 할 수 없다.
사관이 붓을 잡는 경우도 당연히 이와 유사하다. 사랑하면서도 추한 데를 알
고, 싫어해도 좋은 점을 알며, 선악을 반드시 기록하므로 이것이 필경 실록實
錄이 되는 것이다.

　그런데 공자가 『춘추』를 편수할 때는 많은 경우에 현자賢者를 위해 숨겼으
니, 실제로는 적인狄人이 위나라를 멸망시켰지만 제 환공齊桓公의 수치 때문에
그 사실을 적지 않았으며,[23] 하양河陽에서 왕을 불렀지만 진 문공晉文公의 명

---

21 모장 : 『경전석문經典釋文』에 모장은 고대 월越나라의 미녀라고 했다.
22 면구 : 『맹자』「고자 하告子下」에 "면구는 고당高唐에 살았는데, 제나라 서쪽 사람들이
　　노래를 잘했다."라고 했다. 고당은 제나라의 서쪽에 있다. 면구가 거기에 살자 그 지역
　　사람들이 그의 영향을 받아 노래를 잘 불렀다는 뜻이다.
23 적인이~않았으며 : 『춘추좌씨전』 민공愍公 2년에 나온다. 경문에 "적狄이 위나라로 들어갔다.
　　[狄入衛]"라고 했다. 두예의 주에, 사실 적인이 위나라를 멸망시켰지만, 당시 천하의 패자
　　제 환공이 오랑캐를 물리치지 못했다는 사실이 수치였으므로 단지 들어갔다고 썼다 했다.

예를 지키기 위해 사냥하러 갔다고 썼다.[24] 이렇게 하면 인정 때문에 방향이 바뀌고 자신의 희망에 따라 피아가 나누어진다. 서법이 이와 같다면 임금으로 하여금 헌장憲章을 거리낌 없게 만들고, 자신에게 흠이 있더라도[25] 어찌 양식이 바른 역사가 앞에게 부끄러움을 느끼겠는가? 이것이 세 번째 납득할 수 없는 점이다.

● 의혹 4

哀八年及十三年, 公再與吳盟, 而皆不書. 【八年, 注云: "不書盟, 恥吳夷也." 十三年, 注云: "盟不書, 諸侯恥之, 故不錄也."】桓二年, 公及戎盟則書之. 戎實豺狼, 非我族類. 夫非所諱而仍諱, 謂當恥而無恥, 求之折衷, 未見其宜. 其所未諭四也.

애공哀公 8년과 13년에 애공은 오나라와 두 번 동맹을 맺었지만 이 내용이 모두 기록되지 않았다.[26] 【8년 주注에 "동맹을 기록하지 않은 것은 오나라가 오랑캐인 것이 부끄러워서이다."라고 했고, 13년 주에 "동맹을 기록하지 않은 것은 제후가 부끄러워했기 때문에 기록하지 않았다."라고 했다.】 그러나 환공桓公 2년에 환공이

---

24 하양에서~썼다 : 『춘추좌씨전』 희공僖公 28년에 나온다. 경문에 "천왕天王이 하양에서 사냥했다."라고 했다. 두예의 주에, 진후晉侯(문공文公)가 신하이면서도 주 양왕周襄王을 불러 만났지만, 진 문공의 명예를 위해서 왕이 사냥하러 나갔다고 썼다고 했다.

25 자신에게 흠이 있더라도 : 백규白圭의 흠은 임금 자신의 흠을 말한다. 『시경』 「대아大雅 억抑」에 "흰 옥돌 속의 오점은 깎아서 없앨 수 있지만, 말을 한번 잘못해서 생긴 오점은 어떻게 해볼 수가 없다.[白圭之玷, 尙可磨也; 斯言之玷, 不可爲也.]"라는 말에서 나왔다.

26 애공~않았다 : 『춘추좌씨전』 경문에는 각각 "오나라가 우리를 공격했다", "공이 진후晉侯와 오자吳子를 황지黃池에서 만났다."라고만 기록했다. 본문의 원주原注는 두예의 주를 옮긴 것이다.

융戎과 동맹한 것은 적어놓았는데,[27] 융이야말로 사나운 오랑캐로서 우리와 완전히 다른 종족이다. 결국 숨기지 말아야 할 것은 그대로 숨기고, 부끄러워 해야 할 일은 부끄러워하지 않았으니 합당한 점을 찾으려 해도 올바른 필법 이라고 볼 수 없다. 이것이 네 번째 납득할 수 없는 점이다.

● 의혹 5

諸國臣子, 非卿不書, 必以地來奔, 則雖賤亦志. 斯豈非國之大事, 不可限以常流者邪? 如陽虎盜入于讙, 擁陽關而外叛, 『傳』具其事, 『經』獨無聞, 何哉? 且弓玉云亡, 猶獲顯記; 城邑失守, 反不沾書. 略大存小, 理乖懲勸. 其所未諭五也.

춘추 여러 나라 신하들의 경우에 경卿이 아니면 기록하지 않았는데, 땅을 가지고 망명한 경우에는 지위가 낮더라도 반드시 이름을 적었다.[28] 이것이야 말로 나라의 대사라면 주류의 인물에 한정하지 않는다는 뜻이 아니겠는가? 그러나 양호陽虎가 도둑질하고 환讙으로 들어가 양관陽關에 머물며 배반한 일 에 대해 『좌씨전』에는 그 사실이 온전히 실려 있지만, 『춘추』에만 전하지 않으니[29] 어찌된 일인가? 더욱이 활과 옥이 없어진 일은 오히려 드러나게 기

---

27 환공~적어놓았는데 : 『춘추좌씨전』환공 2년 경문에 나온다.

28 반드시 이름을 적었다 : 『춘추』양공襄公 21년에 주邾 땅의 서기庶其가 칠칠漆과 여구閭丘의 백성을 데리고 왔고, 소공昭公 5년에 거莒 땅의 모이牟夷가 모루牟婁와 방자防茲를 데리고 왔으며, 소공 31년에 주邾 땅의 흑굉黑肱이 남濫을 데리고 도망쳐 왔다고 적혀 있다.

29 양호가~않으니 : 『춘추좌씨전』정공定公 8년에 나온다. 경문에는 도적이 보옥寶玉과 대궁大弓 을 훔쳤다고만 적혀 있지만, 전문에는 양호가 보옥과 대궁을 훔쳐 달아나 국경을 벗어나서 환으로 들어간 뒤 양관에 머물며 삼환三桓을 배반한 사정이 상세하게 기록되어 있다.

록했지만, 성읍을 지키지 못하고 잃은 사실은 한 글자도 적지 않았다. 중대한 사건은 생략하고 사소한 일을 남겨두었으니 권선징악의 이치에 어긋난다. 이 것이 다섯 번째 납득할 수 없는 점이다.

● 의혹 6

按, 諸侯世嫡, 嗣業居喪, 旣未成君, 不避其諱, 此『春秋』之例也. 何爲般·野之沒, 皆書以名, 而惡·視之殂, 直云"子卒"? 其所未諭六也.

생각해보면, 제후의 적자는 후계를 이은 뒤 상중에 있더라도 아직 정식 임금이 되지 않았으면 휘諱를 피하지 않는 것이 『춘추』의 범례이다. 그런데 어찌하여 반般과 야野가 죽었을 때는 모두 이름을 썼으면서 오惡와 시視가 죽었을 때는 휘를 피하여 단지 "아들이 죽었다.(子卒)"라고만 했는가?[30] 이것이 여섯 번째 납득할 수 없는 점이다.

● 의혹 7

凡在人倫, 不得其死者, 邦君已上, 皆謂之弑, 卿士已上通謂之殺, 此『春秋』之例也. 按桓二年書曰: "宋督弑其君與夷及其大夫孔父," 僖十年又曰: "晉里克弑其君卓及其大夫荀息."【及宜改爲殺】夫臣當爲殺, 而稱及, 與君

---

30 어찌하여~했는가 : 후사를 이은 뒤 상중에 있어도 휘하지 않았던 사례는, 『춘추좌씨전』 장공莊公 32년에 '자반졸子般卒', 양공襄公 31년에 '자야졸子野卒'에서 보인다. 그런데 문공文公 18년에 문공의 태자 오惡와 태자의 동생 시視가 살해당했을 때는 '아들이 죽었다[子卒]'고만 하여 이름을 적지 않았다.

弑同科. 苟弑殺不分, 則君臣靡別者矣.【『公羊傳』曰: "及者何? 累也." 雖有
此釋, 其義難通. 旣未釋此疑, 共編於未諭. 他皆倣此也.】其所未諭七也.

　인륜상 제 명을 다하지 못하고 죽은 경우에 나라의 임금 이상은 모두 시弑
라고 말하고, 경卿과 사士 이상은 통틀어 살殺이라고 하는 것이 『춘추』의 범
례이다. 그런데 환공桓公 2년에 기록하기를 "송나라의 독督은 그 군주 여이與
夷를 시해하고 대부 공부孔父에 이르렀다."라고 했으며, 희공 10년에 또 "진
나라의 이극里克이 그 군주 탁卓을 시해하고 대부 순식荀息에 이르렀다."라고
했다.【급及은 의당 살殺로 고쳐야 한다.】

　신하의 경우에는 당연히 살殺이라고 해야 하는데 급及이라고 하여, 군주의
시弑와 같은 격으로 놓았다. 시弑와 살殺이 구분되지 않으면 군신 관계를 구
별할 수 없다.【『공양전』에 "급及이란 무엇인가? 루累이다."라고 했는데, 이렇게 풀
더라도 그 의미가 통하기 어렵다. 이 의문을 풀지 못했기 때문에 아직 납득할 수 없는
조목에 넣어두었다. 다른 경우도 이와 같다.[31]】이것이 일곱 번째 납득할 수 없는
점이다.

● 의혹 8
夫臣子所書, 君父是黨, 雖事乖正直, 而理合名教. 如魯之隱·桓戕弑, 昭·
哀放逐, 姜氏淫奔, 子般天酷. 斯則邦之孔醜, 諱之可也. 如公送晉葬, 公與
吳盟, 爲齊所止, 爲邾所敗, 盟而不至, 會而後期, 並諱而不書, 豈非煩碎之
甚? 且按汲冢竹書『晉春秋』及『紀年』之載事也, 如重耳出奔, 惠公見獲,

---

31 『공양전』에~같다 : 『춘추좌씨전』 전문이나 두예의 주에는 급及의 의미에 대한 풀이가
없다.

書其本國, 皆無所隱. 唯『春秋』之記其國也, 則不然. 何者? 國家之事無大
小, 苟涉嫌疑, 動稱恥諱, 厚誣來世, 奚獨多乎! 其所未論八也.

신하가 역사서를 쓰면 자신의 임금 편을 들게 마련이라 사실이 정직하지
않더라도 이치가 명교名敎에는 맞는다고 할 것이다. 예를 들어 노나라 은공隱
公과 환공桓公이 시해된 일,[32] 소공昭公과 애공哀公이 쫓겨난 일,[33] 강씨姜氏가
음란한 짓을 하고 도망친 일,[34] 자반子般이 젊을 때 살해된 일[35] 등이다. 이러
한 사건은 노나라에 매우 추한 사건이었기 때문에 숨기는 것은 당연했다.
　그런데 노 성공魯成公이 진후晉侯의 장례식에 참여한 일,[36] 애공이 오나라와
동맹을 맺은 일,[37] 희공이 제나라에 억류당한 일[38]과 주나라에 패배한 일,[39]

---

32 은공과~일 :『춘추좌씨전』은공隱公 11년에 은공이 훙薨하지 않았다고 기록되어 있으나,
　시해되었는데 훙하지 않았다고 한 것이며, 환공 18년에 환공이 제나라에서 죽지 않았다고
　기록되어 있으나, 제나라 사람들에게 시해되었다고 했다.

33 소공과~일 :『춘추좌씨전』소공昭公 25년에 소공이 제나라로 달아났다[孫]고 한 것은
　쫓겨난 사실을 피휘해서 기록한 것을 가리킨다. 또 애공 27년에 애공이 주나라로 달아나다가
　[孫] 마침내 월나라로 갔다고 했는데, 애공은 추방된 것이 아니기 때문에 이 경우에는
　해당하지 않는다.

34 강씨가~일 :『춘추좌씨전』장공莊公 원년에 부인이 제나라로 달아났다는[孫] 것은 환공이
　비妃인 강씨의 고향에서 시해당했기 때문에 강씨라고 부르지 않고 부인이라고 한 것이다.

35 자반이~일 :『춘추좌씨전』장공 32년에 자반이 죽었다[卒]고 한 것은 자반이 젊을
　때 살해당한 것을 피휘해서 기술했기 때문이다.

36 공이~일 :『춘추좌씨전』성공成公 10년에 진후가 죽어서 공이 진나라로 갔다고 기록했다.
　전문에는 진 경공晉景公이 변소에 떨어져 죽었지만 제후 중 아무도 장례식에 참석하지
　않았고 노나라 성공만이 참석했기에 부끄러워서 기록하지 않았다고 했다.

37 공이~일 :『춘추좌씨전』애공 8년과 13년에 오나라와 동맹을 맺고도 오나라가 오랑캐라는
　이유로 기록하지 않았다.

38 제나라에 억류당한 일 :『춘추좌씨전』희공僖公 16년에 희공은 제후齊侯·송공宋公·진후晉侯·정
　백鄭伯·허남許男·형후邢侯·조백曹伯과 회淮에서 만났다고 했지만, 희공이 제나라에 억류당했

문공이 동맹을 맺고도 오지 않은 일[40]과 동맹에 모였지만 늦게 온 일[41] 같은 경우도 모두 피휘하고 기록하지 않았으니, 어찌 너무 자질구레하지 않은가? 반면 이른바 급총죽서 중에서 『진춘추晉春秋』나 『죽서기년竹書紀年』에 실린 사건을 보면, 중이重耳가 달아난 일이나[42] 진 혜공晉惠公이 붙잡힌 일[43] 등 본국에 부끄러운 사실도 모두 숨기지 않았다. 오직 『춘추』만 노나라에 대해 기록할 때 그렇지 않았으니, 어찌된 일인가? 나라 일이라고 하면 대소사를 가리지 않고 조금이라도 혐의가 있다 싶으면 부끄러움을 숨긴다고 하면서 후세의 눈을 잔뜩 속인 경우가 유난히 많다. 이것이 여덟 번째 납득할 수 없는 점이다.

● 의혹 9

案, 昭十二年, 齊納北燕伯于陽. '伯于陽'者, 何? 公子陽生也.【『左傳』曰: "納北燕伯欵于唐," 杜注云: "陽即唐, 燕之別邑."】子曰: "我乃知之矣," 在

던 일은 피휘하고 기록하지 않았다.

39 주나라에 패배한 일 : 『춘추좌씨전』 희공 22년에 노나라가 주나라와 승형升陘에서 싸운 적이 있는데, 이때 노나라 군대가 패하여 주나라 사람들이 희공의 투구를 빼앗아 성문에 걸어 전시했다. 이 사실도 부끄러워 아무것도 기록하지 않았다.

40 동맹을~일 : 『춘추좌씨전』 문공文公 15년에 제후가 호扈에서 동맹했다고 했는데, 이 회맹에 문공이 나가지 않았는데도 기록했다. 통상 나갔을 때만 기록한다.

41 동맹에~일 : 『춘추좌씨전』에서는 노나라 공이 동맹에 나가지 않았다면 이를 기록하지 않을 뿐 아니라 동맹에 늦게 나왔을 경우에도 그 모인 장소를 기록하지 않았다. 문공 7년에도 이런 사례가 있다.

42 중이가 달아난 일이나 : 『춘추좌씨전』 희공 5년에 "마침내 적狄으로 도망쳤다."라고 했다. 중이는 진 문공의 이름이다.

43 진 혜공이 붙잡힌 일 : 『춘추좌씨전』 희공 5년에 "진후晉侯가 진백秦伯과 한韓나라에서 싸웠다. 진후가 붙잡혔다."라고 했다.

側者曰: "子苟知之, 何以不革?" 曰: "如爾所不知何?" 夫如是, <u>夫子之修</u>
『春秋』, 皆遵彼乖僻, 習其訛謬, 凡所編次, 不加刊改者矣. 何爲其間則一
襃一貶, 時有弛張; 或沿或革, 曾無定體, 其所未諭九也.

    소공 12년에 "제나라 대부 고언高偃이 군사를 이끌고 북연백北燕伯을 양陽
땅에 들여보냈다."라고 했다. 그런데 백우양伯于陽이란 무슨 뜻인가? 공자公子
양생陽生이다.[44] 【『좌전』에 "북연백 관北燕伯欸을 당唐 땅에 들여보냈다.(齊高偃納北燕伯
于唐)"라고 했고, 두예의 주에 "양陽은 당唐이며, 연나라의 별읍이다."라고 했다.】『공
양전』에 따르면, 공자가 "나는 그때의 일을 알고 있다."라고 했더니, 곁에 있
던 사람이 "선생께서 알고 있다면, 왜 고치지 않습니까?"라고 하자, 공자가
"그럼 자네가 모르는 사실은 어떻게 할 것인가?"[45]라고 했다.

    『공양전』대로라면, 공자가 『춘추』를 편수할 때 잘못된 사실이 있어도 모
두 그대로 따르고 오류도 바로잡지 않았으며, 편찬하면서 고치지 않았다는
말이다. 어떤 경우이든 자신이 정정하지 않았다는 것이 된다. 공자가 『춘추』
에 대해 한 글자 한 글자마다 포폄을 했다는데 어찌 그때만 긴장을 풀었겠으
며, 어떤 경우는 그대로 두고 어떤 경우는 고침으로써 일정한 편찬 원칙이
없었다는 말인가. 이것이 아홉 번째 납득할 수 없는 점이다.

---

44 그런데~양생이다 : 『공양전公洋傳』 소공 12년에 나온다. 『공양전』에서는 '백우양'이 '공자
    양생'의 오류인데, 공자가 고치지 않고 그대로 실었다고 보았다. 백伯은 공公의 오류이고,
    우于는 자子의 오류라는 것이다.

45 자네가~것인가 : 공식적으로 전해지는 것을 자신이 알고 있는 바에 따라 수정한다면,
    자신이 알지 못하는 것은 어떻게 하겠느냐는 반문이다. 이 말대로만 보면, 공자는 오류가
    명확한 상황에서조차 '기술하되 지어내지 않는다.[述而不作]'는 원칙을 견지한 셈이다.

• 의혹 10

又書事之法, 其理宜明. 使讀者求一家之廢典, 則前後相會; 討一人之出入, 則始末可尋. 如定六年書: "鄭滅許, 以許男斯歸." 而哀元年書: "許男與楚圍蔡." 夫許旣滅矣, 君執家亡, 能重列諸侯, 舉兵圍國者何哉? 蓋其間行事, 必當有說. 『經』旣不書, 『傳』又闕載, 缺略如此, 尋繹難知. 其所未諭十也.

또 사실을 기록하는 법은 그 이치가 의당 분명해야 한다. 독자가 일가의 흥망을 탐구할 때는 전후가 서로 일치해야 하고, 한 사람의 진퇴를 검토할 때는 시말을 알 수 있어야 한다. 그런데 정공定公 6년에 "정나라가 허나라를 멸망시키고, 허나라 군주인 사斯를 사로잡아 돌아갔다."라고 했고, 애공哀公 원년에 "허나라 군주가 초나라와 함께 채蔡 땅을 포위했다."라고 했다. 이미 허나라는 멸망하여 임금은 잡히고 왕실은 사라졌는데, 다시 제후의 반열에 서서 군대를 일으키고 남의 나라를 포위했다는 것은 어찌된 영문일까? 이 사이에는 뭔가 반드시 설명이 있어야 한다.[46] 『춘추』 경문에 기록되지 않았는데 전문에도 빠져 있으니, 이와 같은 결락이 있으면 사건의 전개를 이해하기 어렵다. 이것이 열 번째 납득할 수 없는 점이다.

• 의혹 11

按晉自魯閔公已前, 未通於上國, 至僖二年滅下陽已降, 漸見於『春秋』. 蓋始命行人自達於魯也, 而『瑣語』·「晉春秋」載魯國閔公時事, 言之甚詳. 斯

---

46 이 사이에는~한다 : 『춘추』 20국의 연표를 보면, 정공 6년에 허나라를 멸망시키고 사斯를 붙잡았지만, 원공성元公成을 세웠다고 했다. 애공 원년에 채나라를 포위했던 허남許男은 바로 원공성이었다.

則聞事必書, 無假相赴者也. 盖當時國史, 他皆倣此. 至於夫子所修也則不然. 凡書異國, 皆取來告. 苟有所告, 雖小必書; 如無其告, 雖大亦闕. 故宋飛六鷁, 小事也, 以有告而書之; 晉滅三邦, 大事也,【謂滅耿, 滅魏, 滅霍也】以無告而闕之. 用使巨細不均, 繁省失中, 比夫諸國史記, 奚事獨爲疎闊? 尋玆例之作也, 盖因周禮舊法, 魯策成文. 夫子旣撰不刊之書, 爲後王之則, 豈可仍其過失, 而不中規矩者手? 其所未諭十一也.

　진나라는 노나라 민공閔公 이전에는 상국上國과 교통하지 않았다가 희공 2년에 하양下陽을 멸망시키고 난 뒤부터 차츰 『춘추』에 나타나는데, 이는 처음으로 사신使臣들을 파견하고 노나라에 알렸기 때문이다.[47] 한편 『쇄어瑣語』의 「진춘추」를 보면 노나라 민공 때의 일이 실려 있는데 내용이 매우 상세하다. 이는 어떤 사실을 들으면 반드시 기록하기는 했지만 서로 알려주지 않았던 상황을 말해준다. 대체로 당시 각국의 역사서들도 이런 편찬 방식과 같았다.
　그런데 공자의 편찬 방식에서는 그렇지 않았다. 외국의 일에 대한 기록은 모두 공식 통보가 있는 것만 선택했다. 공식 통보가 있으면 아무리 사소한 것이라도 반드시 기록했고, 공식 통보가 없으면 아무리 큰 사건이라도 기록하지 않았다. 그러므로 송나라에서 오리 여섯 마리가 날았던 것은 작은 사건임에도 통보가 있었기 때문에 기록했지만,[48] 진나라가 세 나라를 멸망시킨 것은 큰 사건이었지만【경耿·위魏·곽霍을 멸망시킨 일을 말한다.】통보가 없었기 때

47 진나라는~때문이다 : 『춘추좌씨전』 희공 2년 경문에 "우虞나라 군대와 진晉나라 군대가 하양을 멸망시켰다."라고 했고, 두예의 주에 진나라는 이때부터 노나라에 알려왔다고 했다. 행인行人은 사신을 말한다.

48 송나라에서~기록했지만 : 『춘추좌씨전』 희공 16년에 "오리 여섯 마리가 뒤에서 날아 송나라 수도를 지났다."라고 했다.

문에 기재하지 않았다.[49]

이러면 크고 작은 역사 사실의 서술이 균형을 잃고 번잡함과 간략함의 적절성도 잃는다. 『춘추』가 다른 여러 나라의 역사서에 비해 어찌 유독 꼼꼼하지 못하고 어설프게 쓰려고 했겠는가? 이런 저작 방법을 깊이 연구해보면 대체로 주례周禮의 옛 방식에 따라서 노나라 역사 기록의 문장을 썼기 때문이다.[50] 공자는 후세에 다시 간행될 필요가 없는 정확한 역사 기록을 남겨 후대 군주들의 준칙으로 삼고자 했는데, 어찌 이 같은 과실을 그대로 이어받아 규구規矩에 맞지 않는 편찬 방법을 취했단 말인가? 이것이 열한 번째 납득할 수 없는 점이다.

● 의혹 12

蓋君子以博聞多識爲工, 良史以實錄直書爲貴. 而『春秋』記他國之事, 必憑來者之辭; 而來者所言, 多非其實. 或兵敗而不以敗告, 君弑而不以弑稱; 或宜以名而不以名, 或應以氏而不以氏; 或春崩而以夏聞, 或秋葬而以冬赴. 皆承其所說而書, 遂使眞僞莫分, 是非相亂, 其所未諭十二也.

원래 군자는 넓게 듣고 많이 아는 것을 공부로 삼고, 좋은 역사가는 사실대로 기록하고 꺼리는 일 없이 서술하는 것을 귀중하게 여긴다. 그러나 『춘

---

49 진나라가~않았다 : 『춘추좌씨전』 민공 원년의 일인데, 경문에는 보이지 않고 전문에 나온다.

50 주례의~때문이다 : 두예의 「춘추좌씨전 서春秋左氏傳序」에도 한선자韓宣子의 말을 빌려 주례가 모두 노나라에 남아 있다고 했지만, 유지기 또한 이미 『사통·내편』「육가六家」에서 "공자가 『춘추』를 편찬할 때 주례의 옛 방식을 보고 따랐다."라고 한 바 있다.

추』에서 다른 나라의 사실을 기록할 때는 반드시 그 나라에서 온 통보에만 의지했는데, 그 내용은 대부분 사실이 아닌 경우가 많다. 전쟁에 패했으면서도 패했다고 알리지 않거나,[51] 군주가 시해되었는데도 시해되었다고 알리지 않기도 한다.[52] 이름을 써야 하는데 이름을 쓰지 않거나,[53] 씨氏를 쓰는 게 마땅한데 씨를 쓰지 않기도 한다.[54] 봄에 붕崩했는데도 여름에 알리기도 하고,[55] 가을에 매장했는데 겨울에 통보하기도 한다.[56] 이들 모두 통보한 말을 그대로 적어서 결국 진위가 구분되지 못하고 시비가 혼란된 사례이다. 이것이 열두

---

51 전쟁에~않거나 : 『춘추좌씨전』 은공隱公 11년 전문에 "제후의 명이 있어서 알리면 기록하고, 그렇지 않으면 기록하지 않는다. 비록 나라의 멸망에 관계된 사건이라도, 패배를 알리지 않고 승리를 알리지 않는다면 역사서에 기록하지 않았다고 했다.

52 군주가~한다 : 앞의 '의혹 1'의 원주에서, 『춘추좌씨전』 소공 9년, 공자 위가 그 임금 겹오를 시해했고, 양공 7년 정나라 자사가 그 임금을 시해했으며, 희공 10년 제나라 사람이 그 임금 도공을 시해했는데도, 『춘추』에서는 단지 각각 "초나라 자균이 졸했다." "정나라 백완이 졸했다." "제후 양생이 졸했다."라고 했다.

53 이름을~않거나 : 『춘추좌씨전』 은공 7년 전문에 "등공滕公이 죽었는데도 이름을 적지 않은 것은 아직 동맹을 맺지 않았기 때문이다."라고 했다. 또 장공莊公 25년 전문에 "진陳나라 여숙女叔이 사신으로 와서 비로소 진나라와 우호 관계를 맺었는데, 그것을 가상히 여겨 이름을 적지 않았다."라고 했다.

54 씨를~한다 : 『춘추좌씨전』 성공成公 15년 경문에 "송나라가 그 대부 산山을 죽였다."라고 했는데, 두예의 주에 "씨를 쓰지 않은 것은 전문에서 말하는 '친족에게 등을 돌린다'와 같은 의미이다."라고 했다.

55 봄에~하고 : 포기룡은 여기서 말하는 춘春과 하夏에 집착하지 말라고 하면서, 이는 알린 시점이 사건이 발생했던 시기를 넘긴 사례를 예시하는 것으로 보았다. 이를테면 『춘추좌씨전』 은공 3년 경문에 "3월 경술庚戌에 천왕이 붕했다."라고 했는데, 천왕이 붕했던 것은 경술 이전인 임술壬戌이었다.

56 가을에~한다 : 여기의 추秋와 동冬도 의미가 없다. 포기룡 이래 학계에서는 『춘추』 경문에 월일을 명기한 뒤에 "어느 나라 누구를 장례 지냈다."라고 한 경우가 많지만, 그 일자는 통보에 기초했기 때문에 사실과 달랐던 사례라고 하기에는 어렵다고 보았다. 또, 다른 나라의 장례를 기록한 경우는 노나라에서 경이나 대부를 장례 사절로 보낸 경우에 한정된다고 한다.

번째 납득할 수 없는 점이다.

凡所未諭, 其類尤多, 靜而思之, 莫究所以. 豈"夫子之牆數仞, 不得其門"者歟? 將"某也幸. 苟有過, 人必知之"者歟? 如其與奪, 請謝不敏.

　납득할 수 없는 종류가 더욱 많지만 곰곰이 생각해보아도 그 이유를 파악할 수가 없다. "공자의 담장은 몇 길이나 되는데, 들어가는 문을 찾지 못해서" 그러한 것인가?[57] 아니면, "나는 다행이다. 잘못이 있으면 남들이 반드시 아는구나."라고 했던 경우에 해당되는가?[58] 내가 공자의 『춘추』를 놓고서 이렇다 저렇다고 판단한 점에 대해 나의 미흡함을 사과하고 싶다.

又世人以夫子"固天攸縱將聖多能", 便謂所著『春秋』, 善無不備. 而審形者少, 隨聲者多, 相與雷同, 莫之指實. 權而爲論, 其虛美者有五焉.

　또한 세상 사람들은, 공자가 "원래 하늘이 내리신 장래의 성인으로, 잘하

---

57 공자의~것인가 : 『논어』 「자장子張」에서, 숙손무숙叔孫武叔이 자공은 공자보다 낫다고 하자, 자공이 자신을 담장에 비유하면 어깨 정도지만, 공자는 몇 길이나 되기 때문에 제대로 문으로 들어가지 않으면 종묘의 아름다움이나 수많은 관리를 볼 수 없는 것과 같은 수준이라고 말했다. 유지기는 자신이 공자의 수준을 이해하지 못했기 때문에 『춘추』를 납득하지 못하는 것인지 묻고 있다.

58 아니면~해당되는가 : 『논어』 「술이述而」에 나온다. 유지기는 자신의 지적에 대해 공자가 인정하고 고마워할지를 묻고 있다. 아마 유지기는 자신의 지적이 타당하다고 생각했을 것이고, 공자도 인정하리라고 자부했을 것이다.

는 것도 많다."⁵⁹라고 한 말이 곧 『춘추』가 갖추지 않은 장점은 없다는 말이
라고 생각한다. 그렇지만 『춘추』의 실제 모습을 탐구하는 사람은 적은 반면
명성만 따르는 사람은 많아, 서로 부화뇌동하고 실제를 지적할 줄은 모른다.
여기서 다시 논의해보면 『춘추』에 대해 헛되이 찬미하는 것이 다섯 가지가
있다.

● 헛된 미화 1

按, 古者國有史官, 具列時事, 觀汲墳出記,【墳一作冢】皆與魯史符同. 至
如周之東遷, 其說稍備, 隱·桓已上, 難得而該. 此之煩省, 皆與『春秋』不別.
又"獲君曰止", "誅臣曰刺", "殺其大夫曰殺", "執我行人", "鄭棄其師",
"隕石于宋五",【其事並出『竹書紀年』, 唯'鄭棄師出'『瑣語』「晉春秋」也.】
諸如此句, 多是古史全文, 則知夫子之所修者, 但因其成事, 就加雕飾, 仍
舊而已, 有何力哉! 加以史策有闕文, 時月有失次, 皆存而不正, 無所用心,
斯又不可能而殫說矣. 而太史公云: "夫子爲『春秋』, 筆則筆, 削則削, 游·
夏之徒, 不能贊一辭," 其虛美一也.

살펴보면, 옛날에는 어느 나라에나 사관이 있어서 당대의 사실을 자세하게
정리했으므로 급군汲郡의 무덤에서【분墳을 총冢으로 쓴 데도 있다.】나왔다고
전해지는 기록도 노나라의 역사⁶⁰ 체재와 부절처럼 동일했다. 주나라가 동쪽
으로 옮긴 뒤에는 그 내용이 다소 갖추어졌지만, 노나라 은공隱公이나 환공桓

公 이전은 상세하게 알기 어렵다. 이 급총죽서汲冢竹書의 자세함과 소략함은 모두 『춘추』와 구별되지 않는다.

또 "군주가 포로가 되었으면 지止라고 쓴다"[61] "신하를 주벌했을 때는 자刺라고 쓴다"[62] "그 대부를 살해했을 때는 살殺이라고 쓴다" "우리 사신[63]을 붙잡았다" "정나라가 그 군대를 버렸다"[64] "송나라에 떨어진 운석이 다섯 개다."[65]【이 사실은 모두 『죽서기년竹書紀年』에 나오며, '정나라가 그 군대를 버렸다'는 내용만 『쇄어瑣語』「진춘추晉春秋」에 나온다.】 등 이러한 여러 구절은 대부분 고대 역사서의 문장 그대로이다. 그러므로 공자가 『춘추』를 편수했다는 말도 단지 이미 완성된 기록을 조금 다듬었던 것임을 알 수 있으니, 원래 기록대로 따랐을 뿐인데 무슨 대단한 힘이 들었겠는가.

더구나 원래의 역사 기록에 빠진 문장이 있거나 날짜나 연도에 순서가 맞지 않은 것이 있어도 모두 놔두고 바로잡지 않았으며 따로 마음을 쓰지 않았

---

61 군주가~쓴다 : 지止라고 쓴 사례는 『춘추』 경문에는 나오지 않고 『좌씨전』 전문에 나온다. 『춘추』 경문에서는 휘했기 때문이다. 이런 예는 『춘추좌씨전』 희공僖公 17년 9월 경문에 대한 두예의 주에 나온다.

62 신하를~쓴다 : 『춘추좌씨전』 희공 28년 경문에 "공자公子 매買를 … 물었다."라고 했는데, 두예는 "노나라 안에서 대부를 죽이면 '물었다'고 쓴다. 주례周禮 삼자三刺의 법에 따라 잘못된 남형이 아니라는 것을 보인 것이다."라고 했다. 삼자란 주대周代에 중죄안重罪案을 심리할 때 반드시 차례에 따라 군신群臣, 군리群吏, 백성百姓 등과 반복해서 묻고 논의한 다음에 죄안을 판결했던 데서 온 말이다.

63 사신 : 행인行人은 사신을 말한다.

64 정나라가~버렸다 : 『춘추좌씨전』 민공閔公 2년 경문에 나온다. 이에 대해 전문에 "정나라 사람들이 고극高克을 미워해서 군대를 인솔토록 하여 하상河上에 보내고 오래도록 부르지 않았다. 군대는 궤멸되고, 고극은 진陳나라로 도망쳤다."라고 했다. 두예는 "고극은 정나라 대부이다. 이익을 좋아하여 자신의 군주를 돌아보지 않았다. 문공文公은 고극을 싫어했지만 멀리 보낼 수는 없었다. 그래서 그에게 군대를 인솔하게 하고, 이후 부르지 않았던 것이다."라고 했다.

65 송나라에~개다 : 『춘추좌씨전』 희공 16년 경문에 나온다.

으니, 이 또한 내용을 끝까지 책임졌다고 할 수 없다. 그럼에도 불구하고 사마천은 "공자가 『춘추』를 편찬할 때 기록해야 할 사실은 모두 쓰고 지워야할 사실은 모두 지웠으므로, 글에 뛰어났던 자유子游나 자하子夏 같은 제자들조차 여기에 한마디도 가감할 수 없었다."라고 했는데,[66] 이것이 첫 번째 헛된 미화이다.

● 헛된 미화 2

又案, 宋襄公執滕子而誣之以得罪, 楚靈王弑郟敖而赴之以疾亡, 『春秋』皆承告而書, 曾無變革. 是則無辜者反加以罪, 有罪者得隱其辜, 求諸勸戒, 其義安在? 而左丘明論『春秋』之義云: "或求名而不得, 或欲蓋而名彰." "善人勸焉, 淫人懼焉." 其虛美二也.

또 살펴보면, 송 양공宋襄公이 등자滕子를 잡은 뒤 죄를 얻었다고 무함했고[67] 초 영왕楚靈王이 겹오郟敖를 시해하고는 병으로 죽었다고 부고를 냈는데,[68] 『춘추』에서는 모두 통보를 받은 대로 기록하고 사실을 바로잡은 적이

---

66 사마천은~했는데 : 『사기』 권47 「공자세가孔子世家」에 나온다. 游·夏之徒(자유나 자하 같은 제자들)는 子夏之徒(자하 같은 제자)라고 한 판본도 있다. 자유와 자하는 공자 문하에서 문학文學으로 이름난 제자들이었다. 『논어』 「선진先進」에 나온다.

67 송 양공이~무함했고 : 『춘추좌씨전』 희공 19년 경문에 나온다. 등자는 왕 영제滕齊이다. 성공 15년 전문에 보면, '잡았다'는 표현은 군주가 백성에게 부덕한 행위를 했을 경우 제후가 토벌하여 잡으면 이렇게 기술한다고 했다. 그런데 희공 19년 전문에 따르면 죄는 송인宋人에게 있었으므로 이대로 기록하는 것은 사실 왜곡이라는 뜻이다.

68 초 영왕이~냈는데 : 『춘추좌씨전』 소공昭公 원년에 "초자楚子 균麇이 죽었다.[楚子麇卒]"라고 했고, 두예의 주에 "초나라에서 학질瘧疾 때문이라고 부고했기 때문에 시해라고 기록하지 않았다."라고 했다. 그러나 전문에서는 "공자公子 위圍가 왕 균(겹오郟敖)이 병이 났다는

없다. 이는 무고한 사람에게 도리어 죄를 뒤집어씌우고 죄지은 자의 허물을 숨기는 것이니, 권선징악이라는 점에서 보면 그 의리는 어디로 간 것인가? 그런데도 좌구명은『춘추』의 의리를 논의하면서 "무리하게 명성을 얻으려고 해도 얻을 수 없으며, 허물을 덮으려고 해도 그런 이름은 환히 드러난다. 좋은 사람들은 권장하고 도리에 어긋난 사람들은 두려워한다."라고 했는데,[69] 이것이 두 번째 헛된 미화이다.

● 헛된 미화 3

又按,『春秋』之所書, 本以褒貶爲主. 故『國語』晉司馬侯對其君悼公曰: "以其善行, 以其惡戒, 可謂德義矣." 公曰: "孰能?" 對曰: "羊舌肸習於『春秋』." 至於董狐書法而不隱, 南史執簡而累進, 又甯殖出君而卒自憂, 名在策書. 故知當時史臣各懷直筆, 斯則有犯必死, 書法無捨者矣. 自夫子之修『春秋』也, 蓋他邦之篡賊其君者有三,【謂齊·鄭·楚, 已解於上】本國之弑逐其君者有七,【隱·閔·般·惡·視五君被弑, 昭·哀二主被逐也】莫不缺而靡錄, 使其有逃名者. 而孟子云: "孔子成『春秋』, 亂臣賊子懼." 無乃烏有之談歟? 其虛美三也.

또 살펴보면,『춘추』의 내용은 본래 포폄을 위주로 했다. 그러므로『국어』에서 진나라 사마후司馬侯가 그의 군주인 도공悼公에게 대답한 말에 "좋은 것

소식을 듣고 돌아와 병문안 가서 목 졸라 죽였다."라고 했다. 이 역시 이대로 기록하는 것은 사실 왜곡이라는 뜻이다.

69 좌구명은~했는데 :『춘추좌씨전』소공 31년에 나온다. 이런 견해는 이미『맹자』를 비롯하여,『사기』「공자세가」,『곡량전』은공 4년,『공양전』애공 14년 등에도 나타난다.

을 보면 이를 실천하려 하고 나쁜 일을 보면 스스로 경계하는 것이 덕성이며 의리라고 할 수 있다."라고 했다. 도공이 "누가 모범이 될 수 있느냐?"라고 묻자, "양설힐羊舌肸이라는 사람이 『춘추』의 전문가이다."라고 대답했다.[70] 가령 동호董狐가 서법書法대로 기록하고 숨기지 않은 일[71]이나 남사南史가 간책을 들고 누차 조정에 나아간 일,[72] 또한 영식甯殖이 임금을 축출하고 마침내 스스로 역사에 남을까 걱정한 일[73] 등의 경우도 결국 역사책에 이름을 남겼다. 그러므로 당시 사관들이 각자 직필하려는 생각을 가지고 있었음을 알 수 있으니, 이는 군주의 생각을 거슬러 간언할 때는 죽기를 각오하며 올릴 것이며, 사실대로 기록하고 버리지 않겠다는 의미였다.

---

70 『국어』에서~대답했다 : 『국어國語 진어晉語』에 나온다.

71 동호가~일 : 『춘추좌씨전』 선공宣公 2년 전문傳文에 "을축乙丑. 조천趙穿이 도원桃園에서 영공靈公을 공격했다. 조순이 달아나다가 산을 넘지 못하고 돌아왔다. 태사 동호董狐가 '조순이 군주를 시해했다.'고 기록하여 조정에 보였다. 조순은 사실이 아니라고 변명했으나, 동호는 '그대는 나라의 정경으로서 망명했다고는 하지만, 국경을 넘지 않고 돌아와서는 군주를 시해한 죄인을 토벌하지 않았다. 그러니 그대가 시해한 것이 아니면 누가 했다는 말인가.' 했다. … 공자가 말하기를 '동호는 옛날 훌륭한 사관이었다. 기록의 원칙에 따라 사실을 숨기는 것이 없었다.'고 했다.[乙丑. 趙穿攻靈公於桃園. 宣子未出山而復. 大史書曰, '趙盾殺其君', 以示於朝. 宣子曰, '不然', 對曰, '子爲正卿, 亡不越竟, 反不討賊. 非子而誰.' … 孔子曰, '董狐, 古之良史也. 書法不隱.']" 했다.

72 남사가~일 : 『춘추좌씨전』 양공襄公 25년 전문에 "신사辛巳. … 태사가 '최저崔杼가 자신의 군주를 시해했다.'고 기록했다. 그랬더니 최저가 그를 죽였다. 그 동생이 이어서 똑같이 기록했는데, 그 때문에 연달아 두 명이 죽었다. 그의 또 다른 동생이 다시 기록하니, 더는 죽이지 못했다. 남사씨南史氏가 태사들이 모두 죽었다는 소문을 듣고 죽간을 가지고 그곳으로 갔다가 이미 사실대로 기록되었다는 말을 듣고는 돌아갔다.[辛巳. … 太史書曰, '崔杼殺其君.' 崔子殺之. 其弟嗣書, 而死者二人. 其弟又書, 乃舍之. 南史氏聞大史盡死, 執簡以往, 聞旣書矣, 乃還.]"라고 했다.

73 영식이~일 : 『춘추좌씨전』 양공 14년 전문에 위나라 헌공이 영식에게 축출되었다고 했는데, 양공 20년 전문에 영식이 자신의 악명이 제후의 기록에 남을까 걱정했다고 한다.

그런데 공자가 『춘추』를 편수하고부터 다른 나라에서 자기 임금을 찬탈한 역적이 셋이 있었고, 【제나라·정나라·초나라를 말하는데, 이미 앞에서 설명했다.】 본국에서 임금을 죽이거나 축출한 경우가 일곱 번이었는데, 【은공·민공·자반子般·오惡·시視의 다섯 군주는 시해되었고, 소공과 애공은 축출되었다.】 모두 빼놓고 기록하지 않아서 그들의 악명이 역사 속에서 숨을 수 있게 만들었다. 그럼에도 불구하고 맹자는 "공자가 『춘추』를 완성하자 난신적자가 두려워했다."라고 했는데,[74] 이는 있을 수 없는 주장이 아닌가?[75] 이것이 세 번째 헛된 미화이다.

● 헛된 미화 4

又按, 『春秋』之文, 雖有成例, 或事同書異, 理殊畫一. 故太史公曰: "孔氏著 『春秋』, 隱·桓之間則彰, 至定·哀之際則微, 爲其切當世之文, 而罔褒諱之辭也." 斯則危行言遜, 吐剛茹柔, 推避以求全, 依違以免禍. 孟子云: "孔子曰: '知我者其惟 『春秋』乎! 罪我者其惟 『春秋』乎!'" 其虛美四也.

또한 살펴보면, 『춘추』의 문장에는 이미 만들어진 규례가 있다지만, 더러 같은 사건에 대해서도 쓰는 방법이 다르고, 원리가 다르지만 기록은 같은 경우도 있다. 이 때문에 사마천도 "공자가 『춘추』를 저술할 때 은공이나 환공 시대는 분명하게 썼지만 정공이나 애공 시대는 은미하게 썼는데, 동시대에

---

74 맹자는~했는데 : 『맹자』 「등문공 하滕文公下」에 나온다.

75 있을~아닌가 : 한나라 사마상여司馬相如가 「자허부子虛賦」에서 자허子虛, 오유선생烏有先生, 망시공亡是公이라는 가공의 세 인물을 설정하여 문답을 전개했는데, 자허는 '빈말'이라는 뜻이고 오유선생은 '무엇이 있느냐', 즉 아무것도 없다는 뜻이고, 망시공은 '이 사람이 없다'는 뜻이다. 후세에 허무한 일을 말할 때 흔히 자허, 오유라고 했다.

절실한 문장이었기 때문에 논평할 때 칭찬하거나 꺼리는 표현이 없었다."라고 했다.[76]

이는 행실은 위태로울 만큼 고결하게 하면서도 말은 겸손하며,[77] 딱딱한 것은 삼키지 않고 부드러운 것은 삼키며, 미루고 피함으로써 안전을 추구하고, 형편을 보아가면서 화를 모면하는 것이다. 그럼에도 불구하고 맹자는 "공자는 '나를 아는 것도 『춘추』일 것이고, 나를 비난하는 것도 『춘추』일 것이다.' 했다."라고 했는데,[78] 이것이 네 번째 헛된 미화이다.

● 헛된 미화 5

又按, 趙穿殺君而稱宣子之弑, 江乙亡布而稱令尹所盜. 此則春秋之世, 有識之士莫不微婉其辭, 隱晦其說. 斯蓋當時之恒事, 習俗所常行. 而班固云: "仲尼沒而微言絶." 觀微言之作, 豈獨宣父者邪? 其虛美五也.

또 살펴보면, 진나라 조천趙穿이 군주를 살해했을 때는 "선자가 시해했다."라고 기록했고,[79] 강을江乙이 포布를 잃어버렸을 때는 "영윤이 훔친 것이다."라고 기록했다.[80] 이는 춘추시대에 식견이 있는 사람이라면 누구나 그 표현을

---

76 사마천도~했다 : 『사기』 권110 「흉노열전 찬匈奴列傳贊」에 나온다.

77 행실은~겸손하며 : 『논어』 「헌문憲問」에 "나라에 도가 있으면, 행실은 위태로울 만큼 고결하게 하면서도 말은 겸손하라.[邦無道, 危行言孫]"라고 했다.

78 맹자는~했는데 : 『맹자』 「등문공 하滕文公下」에 나온다. 유지기의 생각으로는, 맹자의 말처럼 공자가 『춘추』에서 평론에 목숨을 바칠 정도는 아니었다고 본 듯하다.

79 진나라~기록했고 : '헛된 미화 3'의 각주 71을 참고.

80 강을이~기록했다 : 『열녀전列女傳』 권6 「변통전辯通傳」에 초나라 대부인 강을의 어머니 이야기가 있다. 강을은 영郢 땅의 대부였는데, 왕궁에 도적이 들어왔을 때 책임자로서 처벌받았다. 그러자 강을의 모친은 자신이 옷감을 도둑맞았던 것도 영윤의 책임이므로,

은미하고 은근하게 하고 이야기를 희미하게 감추었던 사례이다. 이런 방식은 당시에 늘 있는 일이었고 습속에 따라 언제나 발생했다. 그럼에도 불구하고 반고는 "공자가 세상을 뜬 뒤 은미한 표현이 사라졌다."라고 했는데[81] 은미한 표현을 쓰던 사람이 어찌 공자[82]뿐이었겠는가? 이것이 다섯 번째 헛된 미화이다.

考玆衆美, 徵其本源, 良由達者相承, 儒敎傳授. 旣欲神其事, 故談過其實, 『語』曰: "衆善之, 必察之." 孟子曰: "堯·舜不勝其美, 桀·紂不勝其惡." 尋世之言『春秋』者, 得非觀衆善而不察, 同堯·舜之多美者乎? 昔王充設論, 有「問孔」之篇. 雖『論語』羣言, 多見指擿, 而『春秋』雜義, 曾未發明. 是用廣彼舊疑, 增其新覺, 將來學者, 幸爲詳之.

이와 같이 『춘추』에 대해 미화한 평가들을 고찰하고 그 유래를 검토해보면, 참으로 통달한 학자들이 서로 이어가며 찬양했고 유학의 가르침을 통해 전수되었다. 이미 그 사실을 신성시하려고 했기 때문에 담론이 실상에서 지나쳤으니, 『논어』에 "많은 사람이 칭찬한다고 해도 충분히 살펴야 한다."라고 했고,[83] 맹자도 "요순堯舜에 대해서는 찬양만 하고 있으므로 그 찬미를 견디지 못하겠고, 걸주桀紂에 대해서는 매도만 하고 있기 때문에 그 악평을 차마 견딜 수 없다."라고 했다.[84] 세상에서 『춘추』에 대해 논평한 것을 보면,

---

영윤이 훔친 것과 같은 것이냐며 영윤 강을에 대한 처벌이 부당함을 호소했다.

81 반고는~했는데 : 『한서』「예문지 서藝文志序」에 "공자가 세상을 뜬 뒤 은미한 표현이 사라졌고, 칠십 제자가 죽은 뒤 대의大義가 이그러졌다."라고 했다.

82 공자 : 선보宣父는 문선왕文宣王 이보尼父인 공자이다.

83 『논어』에~했고 : 『논어』「위령공衛靈公」에 나온다.

많은 사람의 칭찬을 반성하거나 살피지 않음으로써 요순이 너무 많이 미화된 것과 같은 것이 아닐까?

예전에 왕충王充은 『논형論衡』에서 문답 형식의 논의로 「문공問孔」 편을 두었다. 거기에 보면 『논어』의 여러 언급에 대해 많이 지적했지만,[85] 『춘추』의 다양한 의미는 밝힌 적이 없다. 그래서 나는 『춘추』에 대해 그동안 품은 의문을 널리 찾아보고 새로운 생각을 보탰으니, 미래의 학자들이 상세히 연구해주면 좋겠다. 🖾

---

84 맹자도~했다 : 『맹자』에는 나오지 않고, 『풍속통의風俗通義』 「정실편正失篇」에 나온다.

85 왕충은~지적했지만 : 왕충(27~100년경)은 후한의 사상가로 『논형』 30권을 지었는데, 그중 9편이 「문공」이다. 설론設論은 문체文體의 하나로, 문답 형식의 논의를 말한다.

夫自二儀既判垂玄象之文萬
肇化生彰紀事之寶蒼頡沮誦
以前造物代爲敷揚山川曲爲
攄寫何必入抽金匱之藏世檀

「신좌申左」는 『춘추』에 대한 세 주석서인 『좌씨전』·『공양전』·『곡량전』을 비교하고 그 수준을 따져본 내용이다. 『춘추』에 대한 비판을 서술한 앞의 「혹경惑經」과 함께 읽어야 하며, 『사통·내편』 「감식鑑識」을 염두에 두면서 읽어도 좋다.

전한 시대에는 오로지 『공양전』만 유행하다가, 7대 황제인 선제 이후 『곡량전』도 태학 강좌에 추가되었다. 9대 황제인 성제 때에는 유흠이 처음으로 『좌씨전』을 중시했지만, 태학에서 강의할 학관을 두지는 못했다. 결론부터 논하자면, 『춘추』에 대한 전傳으로 유지기가 으뜸으로 꼽은 것은 『좌씨전』이다.

『좌씨전』의 의의로는 세 가지 장점이 있고, 『공양전』과 『곡량전』의 의미를 보면 다섯 가지 단점이 있다. 『춘추』는 주공에서 시작하여 공자에 이르러 완성되었는데, 좌구명의 『좌씨전』은 공자의 가르침을 전한 데 장점이 있다. 그렇기 때문에 후대에 손댈 필요가 없는 역사서가 완성되었고, 장래의 본보기가 될 수 있었다.

반면 곡량적과 공양고는 공자와 다른 나라에서 태어났고 한참 후의 세대이다. 『좌씨전』은 사관의 간책에서 자료를 얻었지만, 『곡량전』과 『공양전』은 세간에서 전해지는 말을 전했기 때문에 내용의 훌륭함과 군색함이 각기 다르고, 사료의 풍부함과 빈약함에 차이가 날 수밖에 없었다.

外篇
05

역사서 비교와 우열
申左

申左

古之人言『春秋』·三『傳』者多矣, 戰國之世, 其事罕聞. 當前漢專用『公羊』,
宣皇已降, 『穀梁』又立於學. 至成帝世, 劉歆始重『左氏』, 而竟不列學官. 大
抵自古重兩『傳』而輕『左氏』者, 固非一家, 美『左氏』而譏兩『傳』者亦非一
族. 互相攻擊, 各自朋黨, 呰啙紛競, 是非莫分. 然則儒者之學, 苟以專精爲主,
至於治章句通訓釋, 斯則可也. 至於論大體, 舉宏綱, 則言罕兼統, 理無要害.
故使今古疑滯, 莫得而申者焉.

『춘추』의 세 주석서인『공양전公羊傳』·『곡량전穀梁傳』·『좌씨전左氏傳』에 대
해 논의했던 옛 학자들은 많았지만, 전국시대에 이르러서는 거의 찾아볼 수
없다. 전한前漢 시대에는 오로지『공양전』만 유행하다가, 7대 황제인 선제宣帝
이후에야『곡량전』도 태학太學 강좌에 추가되었다.[1] 9대 성제成帝 때 유흠劉歆
이 처음으로『좌씨전』을 중시했지만, 태학에서 강의할 학관學官을 두지는 못
했다.

　예부터『공양전』과『곡량전』을 중시하고『좌씨전』을 경시했던 학자가 한
둘이 아니었지만,『좌씨전』을 훌륭하게 여기고『공양전』과『곡량전』을 비
난한 학자도 한둘이 아니었다. 이들이 서로 공격하고 각자 붕당朋黨[2]을 이뤄

---

1 전한~추가되었다 : 전한 시대의 춘추학에 대한 정리는『수서隋書』「경적지經籍志」에 상세하
　다.
2 붕당 : 붕당에 대한 부정적 의미는 이미『사기史記』권69「소진열전蘇秦列傳」에 나온다.

야단스럽게 경쟁하면서 시비가 구분되지 않았다. 그러니 이런 상황에서는 유학자가 전적으로 정밀함을 위주로 하여 고전古典의 문장을 공부하고 훈석訓釋에 통달하면 그것으로 족한 것이다.

그렇지만 대체大體를 논의하여 강령綱領을 거론하는 데 이르러서는 전체를 통일적으로 바라보는 견해도 없고 그 논리에 핵심적인 대목도 없다. 그러다 보니 고금의 의문이나 논의가 막힌[3] 부분을 시원하게 설명할 수 없었다.

必揚榷而論之, 言『傳』者固當以『左氏』爲首. 但自古學『左氏』者, 談之又不得其情, 如賈逵撰『左氏長義』, 稱在秦者爲劉氏, 乃漢室所宜推先. 但取悅當時, 殊無足採. 又按桓譚『新論』曰: "『左氏傳』於『經』猶衣之表裏." 而『東觀漢記』陳元奏云: "光武興立『左氏』而桓譚·衛宏並共毁訾, 故中道而廢." 班固「藝文志」云: "丘明與孔子觀魯史記而作『春秋』, 有所貶損, 事形於『傳』, 懼罹時難, 故隱其書. 末世口說流行, 遂有『公羊』·『穀梁』·『鄒氏』·『夾氏』諸傳, 而於『固集』復有「難左氏九條」「三評」等科. 夫以一家之言, 一人之說, 而參差相背, 前後不同, 斯又不足觀也. 夫解難者以理爲本, 如理有所闕, 欲令有識心伏, 不亦難乎! 今聊次其所疑, 列之於後.

굳이 대략[4] 결론부터 논하자면, 『춘추』에 대한 전傳으로는 『좌씨전』이 가장 으뜸이라고 말하고 싶다. 예로부터 『좌씨전』을 배우는 사람들도 그렇게 말은 하지만, 그 실제 의미에 대해서는 역시 이해하지 못하는 경우가 있다.

---

3 의문이나 논의가 막힌 : 의疑는 응凝과도 통하니, 굳어서 막혔음을 뜻하는 응체凝滯라는 한 단어일 수도 있다.
4 대략 : 양권揚榷은 대략大略과 같은 뜻이다.

예를 들어 가규賈逵는 『춘추좌씨장의春秋左氏長義』를 편찬하면서 "진나라에 머물렀던 일족一族이 유씨가 되었다."라고 했는데,[5] 이는 결국 한나라 왕실이 자신들의 조상을 추앙하는 데 좋은 근거가 되었다. 이는 단지 당대 사람들을 기쁘게 해주었을 뿐 전혀 채택할 만한 것은 없었다.

한편 환담桓譚은 『신론新論』에서 "『좌씨전』은 『춘추』에 대해 옷의 표리表裏와 같다."라고 했지만,[6] 『동관한기東觀漢記』에서 진원陳元이 올린 상주上奏에는 "광무제光武帝가 『좌씨전』을 태학 강좌에 넣으려고 했는데, 환담과 위굉衛宏[7]이 모두 비난했기 때문에 중도에 그만두었다."라고 했다.[8] 반고의 「예문지藝文志」에도 "좌구명은 공자와 함께 노나라 역사 기록을 보고 『춘추』를 편찬했는데, 당대 인물을 비판하고 깎아내린 데가 있었다. 관련 사실이 『좌씨전』에 구체적으로 명시되어 있기 때문에 당대 사람들의 비난에 얽혀들까 두려워 군

---

5 가규는~했는데 : 후한의 학자인 가규(30~101)의 자는 경백景伯이고, 그의 아버지 가휘賈徽는 유흠劉歆에게서 『좌씨전』을 배웠다. 가규는 『좌씨전』을 인용하여 한나라 왕실이 요임금의 자손이라고 했다. 『후한서』 권36 「가규전賈逵傳」에 나온다. 한나라 유씨가 요임금의 자손이라고 한 것은 오경五經에는 보이지 않고, 『좌씨전』 문공 13년에 진秦나라 사회士會(범회范會)가 진晉나라로 돌아갔을 때 진秦나라에 머물렀던 사회의 일족이 유씨가 되었다고 한 내용이 보인다. 사회는 요임금의 자손이기 때문에 한나라 왕실의 입장에서는 요임금의 정통성을 잇는 근거로 삼을 수 있었다. 유지기는 이런 식의 『좌씨전』 해석과 인용이 타당하지 않다고 비판한 것이다.

6 환담은~했지만 : 환담은 전한부터 후한 초까지 살았던 학자로, 그의 『신론』은 단편밖에 전하지 않는다.

7 위굉 : 자는 경중敬仲이며, 『시경』과 『고문상서』를 편수했다. 『후한서』 권79하 「유림열전儒林列傳」에 나온다.

8 『동관한기』에서~했다 : 『동관한기』는 현재 전하지 않고, 진원의 상주문은 이곳 외에는 나오지 않는다. 진원은 『후한서』 권36 「진원전」에서 보듯이, 『좌씨전』을 편수한 후한의 학자였다. 그런데 광무제 때 『좌씨전』에 대한 논의를 기술한 『후한서』 권79하 「유림열전」에 보면, 진원이 『좌씨전』을 학관學官에 세우는 것에 대해 비판적이었다[訟]고 하고 있어 유지기의 본문과는 차이가 난다.

이 그 책을 숨겼던 것이다. 말세에 이러저러한 설들이 유행하면서 마침내 『공양전』·『곡량전』·『추씨전鄒氏傳』·『협씨전夾氏傳』 등의 해석서가 만들어졌다." 라고 했지만,[9] 『반고집班固集』에는 다시 「난좌씨구조難左氏九條」·「삼평三評」 등의 조목이 실려 있다.[10]

이렇게 한 학자의 견해든 한 사람의 설이든, 들쭉날쭉 배치되거나 전후가 같지 않았으므로 이 또한 볼 만한 것이 못 된다. 일반적으로 비난을 해결하려면[11] 이치를 근본으로 삼아야 할 것이니, 이치에 결점이 있음을 알고도 식견이 있는 사람들을 우러나오는 마음으로 인정하기가 역시 어렵지 않겠는가? 지금 내가 생각하고 있는 것을 차례로 정리하여 다음과 같이 서술한다.

盖『左氏』之義有三長, 而二『傳』之義有五短. 案『春秋』昭二年, 韓宣子來聘, 觀書於太史氏, 見『魯春秋』曰: "周禮盡在魯矣. 吾乃今知周公之德與周之所以王也." 然『春秋』之作始自姬旦, 成諸仲尼. 丘明之『傳』, 所有筆削及發凡例, 皆得周典, 【杜預『釋例』云: "『公羊』·『穀梁』之論『春秋』, 皆因事以起問, 因問以辨義. 義之□者, 曲以通□, 無他凡例也. 左丘明則□周禮以爲本, 諸稱凡以發例者, 周公之舊制者也.】 傳孔子敎, 故能成不刊之書, 著將來之法. 其長一也.

---

9 반고의~했지만 : 『한서』 「예문지藝文志 육예략六藝略 춘추 서春秋序」에 나온다.

10 『반고집』에는~있다 : 『수서』 「경적지」에 "『반고집』 17권"이라고 했는데, 반고가 「난좌씨구조難左氏九條」·「삼평三評」을 저술했다는 기록은 유지기의 말 이외에는 발견하지 못했다.

11 비난을 해결하려면 : 양웅揚雄(B.C.53~B.C.18)은 자신이 쓴 『태현경太玄經』에 대해 비웃는 사람이 있자 이를 해명하는 「해조解嘲」를 지었고, 『태현경』이 너무 심오해서 알기 어렵다고 비난하는 사람이 나타나자 이에 대해 해명하는 「해난解難」을 지었다.

나는 『좌씨전』의 의의에는 세 가지 장점이 있고, 『공양전』과 『곡량전』의 의의에는 다섯 가지 단점이 있다고 생각한다. 『춘추』 소공 2년에 한선자韓宣子가 사신으로 와서 태사太史가 가진 기록을 보다가 『노춘추魯春秋』를 보고는, "주례周禮가 모두 노나라에 있구나. 내가 이제야 주공周公의 덕과 주나라가 왕이 된 이유를 깨달았다."라고 했다. 그렇다면 『춘추』라는 것은 주공에서 시작하여 공자에 이르러 완성되었다는 말이 된다.[12] 좌구명이 『좌씨전』에서 기록할 것은 기록하고 지울 것은 지워버렸으며 또 범례를 분명하게 했던 것은 모두 주나라의 제도를 계승하고, 【두예杜預는 『춘추석례春秋釋例』에서 "『공양전』·『곡량전』에서 『춘추』를 논할 때는 모두 사건에 기초하여 문제를 제기했고, 그 문제를 통해서 의미를 설명했다.[13] 다른 범례가 없다. 좌구명은 주례를 근본으로 했으며, 범凡이라고 부른 많은 범례는 주공의 옛 제도였다."라고 했다.[14]】 공자의 가르침을 전한 것이었다. 그렇기 때문에 후대에 손댈 필요가 없는 역사서가 완성되어 장래의 본보기를 드러낼 수 있었던 것이다. 이것이 『좌씨전』의 첫 번째 장점이다.

又案, 哀三年, 魯司鐸火, 南宮敬叔命周人出御書. 其時於魯文籍最備. 丘

---

12 그렇다면~된다 : 희단姬旦은 곧 주공이다. 위의 『춘추』 소공昭公 2년의 기록이 이런 논지의 근거이고, 『사기』 권47 「공자세가」와 두예의 「춘추좌씨전 서春秋左氏傳序」에서도 같은 견해가 나온다.

13 여기에 이어지는 원문, '義之□者, 曲以通□'는 빠진 글자가 있어서 뜻이 불명확하다.

14 두예는~했다 : 두예의 『춘추석례』는 명대에 없어졌고, 청대에 편찬된 판본에는 이 인용문이 나오지 않는다. 두예가 말하는 요지는, 『공양전』과 『곡량전』은 개별 사건 자체에 대해 그 의미를 설명했고, 『좌씨전』은 주나라 예제禮制를 근본으로 했으며, 범례가 주나라 주공의 제도라는 것이다.

明旣躬爲太史, 博總羣書, 至如檮杌·紀年之流, 『鄭書』·『晉志』之類, 凡此諸籍, 莫不畢覩. 其『傳』廣包他國, 每事皆詳. 其長二也.

또한 생각건대 애공 3년 노나라 사탁司鐸이라는 관청에 화재가 났을 때 남궁경숙南宮敬叔이 주나라 관리들에게 군주가 보아야 할 서적을 꺼내게 했는데, 그때 노나라 문적이 가장 잘 갖추어졌다. 좌구명 자신이 태사가 된[15] 뒤에 많은 책을 널리 모았는데, 도올檮杌이나 기년紀年 같은 계통, 『정서鄭書』나 『진지晉志』[16] 같은 부류 등, 이 모든 여러 역사서를 다 보지 않은 게 없었다. 『좌씨전』은 타국의 사정도 널리 포함했고, 모든 일을 전부 상세히 기록했다. 이것이 『좌씨전』의 두 번째 장점이다.

『論語』: "子曰: '左丘明恥之, 丘亦恥之.'" 夫以同聖之才, 而膺授『經』之托, 加以達者七十, 弟子三千, 遠自四方, 同在一國, 於是上詢夫子, 下訪其徒, 凡所採摭, 實廣聞見. 其長三也.

『논어』에 "공자가 말하기를 '좌구명이 부끄러워했는데, 나도 부끄러워한다.'고 했다."라는 말이 실려 있다.[17] 공자와 대등한 인재로서 좌구명은 공자로부터 『춘추』의 의미에 대한 가르침을 들었다. 나아가 사방에서 몰려들어

---

15 좌구명~된 : 『한서』「예문지」에 좌구명이 노나라 태사라고 했다.

16 『정서』나 『진지』: 『정서』는 『춘추좌씨전』 양공襄公 30년 정자산鄭子産의 말에 보이고, 『진지』는 진나라 역사서일 텐데, 『춘추좌씨전』에는 나오지 않는다. 다만 『사통 내편』 「채찬採撰」에 『진승晉乘』이라는 역사서가 언급된 바 있다.

17 『논어』에~있다 : 『논어』「공야장公冶長」에 "듣기 좋은 말이나 억지로 꾸미는 낯빛, 지나친 공손을 좌구명이 부끄러워했는데, 나도 부끄러워한다."라고 했다.

노나라에 함께 있었던 탁월한 제자 70명, 그 밖의 제자 3,000명이 있었으니, 이 무렵에 위로는 스승에게 질문하고 아래로는 그 문도들에게 문의할 수 있었을 것이다. 『좌씨전』에서 채록한 자료는 실로 그 문견이 넓을 수밖에 없었다. 이것이 『좌씨전』의 세 번째 장점이다.

如穀梁·公羊者, 生于異國, 長自後來, 語地則與魯産相違, 論時則與宣尼不接. 安得以傳聞之說, 與親見者爭先者乎? 譬猶近世, 漢之太史, 晉之著作, 撰成國典, 時號正書. 旣而『先賢』·『耆舊』·【謂『楚國先賢傳』·『汝南先賢行狀』·『益部耆舊傳』·『襄陽耆舊傳』等書】『語林』·『世說』, 競造異端, 强書它事. 夫以傳自委巷, 而將冊府抗衡; 訪諸古老, 而與同時幷列. 斯則難矣. 彼二『傳』之方『左氏』, 亦奚異于此哉? 其短一也.

곡량적穀梁赤과 공양고公羊高는 공자와 다른 나라에서 태어났고 한참 후의 세대였기 때문에,[18] 지역으로 말하자면 노나라 출신과는 상이하고 시기로 따져보아도 공자와 만나지 못했다. 그러니 어찌 전해 들은 학설을 가지고 직접 본 사람과 경쟁할 수 있겠는가? 근세의 예를 들면, 한나라의 태사나 진나라의 저작랑이 나라의 역사를 편찬하면 이것을 당시에는 정서正書라고 불렀다. 이에 비해 『선현先賢』·『기구耆舊』【『초국선현전楚國先賢傳』·『여남선현행상汝南先賢行狀』·『익부기구전益部耆舊傳』·『양양기구전襄陽耆舊傳』 등의 역사서를 말한다.】『어림

---

18 곡량적과~때문에 : 『경전석문經典釋文』「서록序錄」에 따르면 곡량적은 공자와 같은 노나라 출신인데, 유지기가 잘못 기억한 듯하다. 공양고는 제나라 사람이다. 좌구명이 공자에게 배운 것과는 달리, 공양고는 자하子夏에게 배웠고 곡량적은 후대에 가르침을 전해 들었다고 했다.

語林』·『세설신어世說新語』 등은 경쟁적으로 이단異端의 설을 만들어내고 관계 없는 사실을 억지로 기록했다.

거리의 골목에서 전해지는 이야기를 가지고 장차 천자의 서고에서 거두어 들인 정통 역사서와 경쟁하려 하고, 옛 늙은이들에게 물어본 것을 가지고 동 시대에 살아 있는 사람들로부터 직접 들은 기사와 나란히 하려고 했으니, 이 는 난감한 일이다.[19] 저 『곡량전』과 『공양전』이 이것과 무엇이 다르겠는가? 이것이 『곡량전』과 『공양전』의 첫 번째 단점이다.

『左氏』述臧哀伯諫桓納鼎, 周內史美其讜言; 王子朝告于諸侯, 閔馬父嘉 其辨說. 凡如此類, 其數實多. 斯蓋當時發言. 形于翰墨; 立名不朽, 播于他 邦. 而丘明仍其本語, 就加編次. 亦猶近代『史記』載樂毅·李斯之文語, 『漢 書』錄晁錯·賈生之筆. 尋其實也, 豈是子長稿削, 孟堅雌黃所構者哉? 觀二 『傳』所載, 有異于此. 其錄人言也, 語乃齟齬, 文皆瑣碎. 夫如是者何哉? 蓋 彼得史官之簡書, 此傳流俗之口說, 故使隆促各異, 豐儉不同. 其短二也.

『좌씨전』에서는 환공桓公이 솥을 태묘太廟에 들이려던 것을 장애백臧哀伯이 반대한 것에 대해 주나라 내사內史가 장애백의 곧은 말을 찬미했다고 서술했 으며,[20] 왕자조王子朝가 제후에게 알린 내용에 대해 민마부閔馬父가 그 변론을

---

19 거리의~일이다 : 『사고전서』본에는 "거리의 골목에서 전해지는 이야기를 가지고 장차 반고나 사마천과 경쟁하려 하고, 옛 늙은이들에게 물어본 것을 가지고 간보干寶나 손성孫盛과 나란히 하려고 했으니, 이는 난감한 일이다.[夫以傳自委巷, 而將班·馬抗衡; 訪諸古老, 而與 王·孫幷列. 斯則難矣]"라고 되어 있다. 이 내용이 유지기의 글투에 더욱 가까운 느낌이 들지만, 여기서도 특별한 근거가 없는 한 포기룡의 『사통통석史通通釋』을 따르기로 한 본 역서의 범례에 따랐다.

가상히 여겼다고 서술했다.[21] 『좌씨전』에는 이와 같은 경우가 실로 적지 않다. 이는 대개 당시의 발언이 역사서에 남은 것이며, 이름이 사라지지 않고 다른 나라에 전파된 것이다. 좌구명은 본래의 말 그대로 편찬했는데, 이는 근대의 『사기』에 악의樂毅나 이사李斯의 문장을 싣고 『한서』에 조착晁錯이나 가생賈生의 글을 수록했던 것과 같다. 그렇지만 그 실제를 살펴보면, 사마천이 원고를 고치고 반고가 수정하여[22] 구성한 것보다 훨씬 낫다.

『곡량전』과 『공양전』에 수록된 것을 보면 이와 다르다. 사람의 말을 기록한 것을 보면, 말은 서로 앞뒤가 맞지 않고 글은 장황하고 자질구레하다. 이렇게 된 이유는 무엇인가? 『좌씨전』은 사관의 간책에서 자료를 얻었지만 『곡량전』과 『공양전』은 세간에서 전해지는 말을 기록했기 때문에 내용의 훌륭함과 군색함이 각기 다르고 사료의 풍부함과 빈약함이 같지 않은 것이다. 이것이 『곡량전』과 『공양전』의 두 번째 단점이다.

尋『左氏』載諸大夫詞令, 行人應答, 其文典而美, 其語博而奧,【如僖伯諫君觀魚; 富辰諫王納帶; 王孫勞楚而論九鼎; 季札觀樂而談國風, 其所援引, 皆

---

20 환공이~서술했으며 : 장애백은 노나라의 대부이다. 『좌씨전』 환공桓公 2년에, 노나라가 송나라로부터 대정大鼎을 뇌물로 받은 것을 장애백이 간언한 데 대해 내사가 곧은 말이라고 칭찬했다.

21 왕자조가~서술했다 : 민마부는 노나라의 대부이다. 『좌씨전』 소공昭公 26년에, 주나라 경왕景王의 서자인 왕자조가 난을 일으켜 쫓겨났는데 초나라로 도망쳤다. 왕자조는 제후들에게 자신을 돕도록 요청한 글을 보냈는데, 민마부가 그 내용을 듣고는 훌륭한 문장이지만 행동이 잘못되었다고 말했다.

22 사마천이~수정하여 : 고삭槁削은 원고를 고치는 것이다. 자황雌黃은 유황硫黃과 비소砒素의 혼합물로 문장이 잘못되었을 때 수정하는 물품이지만, 문장을 수정하는 행위 자체를 가리키기도 한다.

據禮經之類是也.】述遠古則委曲如存,【如郯子聘魯, 言少昊以鳥名官; 季孫行父稱舜舉八元·八凱; 魏絳答晉悼公, 引虞人之箴; 子革諷楚靈王, 誦祈招之詩, 其事明白, 非厚誣之類】徵近代則循環可覆.【如呂相絶秦, 述兩國世隙; 聲子班荊, 稱楚材晉用; 晉士渥濁諫殺荀林父, 說晉文公敗楚於濮, 有憂色; 子服景伯謂吳, 云楚圍宋, 易子而食, 析骸以爨, 猶無城下之盟; 祝鮀稱踐土盟: '晉重耳·魯申·蔡甲午'之類也】必料其功用厚薄, 指意深淺, 諒非經營草創, 出自一時, 琢磨潤色, 獨成一手. 斯蓋當時國史已有成文, 丘明但編而次之, 配『經』稱『傳』而已也. 如二『傳』者, 記言載事, 失彼菁華; 尋源討本, 取諸胸臆. 夫自我作故, 無所準繩, 故理甚迂僻, 言多鄙野, 比諸『左氏』不可同年. 其短三也.

『좌씨전』에는 대부들의 말이나 명령, 사신의 응답 등을 실었는데, 그 글이 고전적이고 아름다우며 그 말이 넓고도 깊다.【장희백藏僖伯이 물고기를 즐기는 환공桓公에게 간언한 일,[23] 부진富辰이 적인狄人에게서 아내를 얻으려는 양왕襄王에게 간언한 일,[24] 왕손만王孫滿이 초나라 군주를 위로하며 구정九鼎에 대해 논의한 일,[25] 계찰季札이 음악을 듣고 여러 나라의 민요를 이야기한 일[26] 등, 그 인용이 모두 예禮의 상도常道에 근거했다.】먼 옛날에 대해 서술하면 상세하여 마치 눈앞에서 보는 것과

---

23 장희백이~일 :『춘추좌씨전』은공隱公 5년에 나온다.

24 부진이~일 :『춘추좌씨전』희공僖公 2년에, 적인이 정鄭나라를 정벌한 것에 대해 주나라 양왕이 고맙게 여겨 적인의 여인을 后후로 삼으려 했으나, 부진이 반대했다.

25 왕손만이~일 :『춘추좌씨전』선공宣公 3년에 나온다. 구정九鼎은 구주九州로부터 받은 공물인 쇠를 녹여 만들었다는 솥으로, 하나라에서 전해졌다고 한다.

26 계찰이~일 :『춘추좌씨전』양공襄公 29년에, 오나라 공자 찰札(계찰季札)이 주나라를 방문하여 음악을 듣고 싶다고 했다. 각 나라의 민요[國風]를 들려주었더니 각각에 대한 의견을 제시했다고 했다.

같고, 【담자郯子가 노나라를 방문하여 소호씨少昊氏가 새 이름을 딴 관명이라고 말한 일,[27] 계손행보季孫行父가 팔원과 팔개를 등용한 순임금을 칭송한 일,[28] 위강魏絳이 진 도 공晉悼公에게 답하며 우인虞人의 경계를 인용한 일,[29] 자혁子革이 초 영왕楚靈王을 풍자하 면서 기초祈招의 시를 읊은 일[30] 등, 그 사실이 분명하고 거짓이 없는 경우이다.】 가까 운 시대를 징험하면 반복해서 재현되고 있는 것처럼 느껴진다. 【여상呂相이 진 秦나라와 절교할 때 진나라와 채나라가 역대로 틈이 있었음을 진술한 일,[31] 성자聲子가 풀숲에 앉아 초나라 인재가 진나라에서 등용되었던 일을 말한 일,[32] 진나라 선비 악탁渥 濁이 순림보荀林父를 죽이라고 간했을 때 진 문공晉文公이 초나라를 성복城濮에서 패배시 키고 근심하는 얼굴색이 있었다고 설명한 일,[33] 자복경백子服景伯이 오나라와 맺었던 성 하城下의 화의에 대해서 초나라가 송나라를 포위했을 때 송나라에서는 자식을 바꾸어 먹었고 죽은 시신을 잘라 밥을 지었는데도 오히려 항복하는 맹약을 하지 않았다고 말 했던 일,[34] 축타祝鮀가 과거 천토踐土의 맹약에 대해 "진晉나라의 중이重耳, 노나라의 신 申, 채나라의 갑오甲午라고 했다."고 말했던 일[35] 등이다.】

---

27 담자가~일 : 『춘추좌씨전』 소공昭公 17년에 나온다.

28 계손행보가~일 : 『춘추좌씨전』 문공文公 18년에 나온다.

29 위강이~일 : 『춘추좌씨전』 양공 4년에, 진나라 도공이 융적戎狄을 정벌하는 것이 어떻겠느냐 고 위강에게 물었을 때, 위강은 우인虞人(사냥터 담당관)의 잠箴을 통해 경계했다.

30 자혁이~일 : 『춘추좌씨전』 소공 12년에 나온다. 두예의 주에, 기보祈父는 주周나라의 사마司馬로 군대를 담당하는 관직인데, 초招는 그 기보를 맡았던 사람의 이름이라고 했다.

31 여상이~일 : 『춘추좌씨전』 성공成公 13년에 나온다.

32 성자가~일 : 『춘추좌씨전』 양공 26년에, 초나라의 오거伍擧와 성자聲子가 진나라 교외에서 서로 만나 풀숲에 앉아서 얘기를 나누었다. 반班은 편다는 뜻이고, 반형班荊은 벗들끼리 반갑게 만나 얘기를 나누는 것을 뜻한다.

33 진나라~일 : 『춘추좌씨전』 선공 12년에 나온다. 두예에 따르면 이 일은 지난 희공 18년에 있었다.

34 자복경백이~일 : 『춘추좌씨전』 애공哀公 8년에 나온다. 성하城下의 화의는 과거 환공桓公 12년에 있었던 일인데, 다시 기록했다는 뜻이다.

이들 문장의 효과가 두터운지 어떤지, 취지가 깊은지 어떤지를 헤아려보면, 처음 초고를 만들 때도 한 번에 나온 글이 아니고, 윤색하며 갈고 다듬을 때도 한 사람의 손에서만 이루어진 것이 아님을 짐작할 수 있다. 이는 대개 당시 국사에 이미 완성된 기록이 있었고, 좌구명은 단지 편찬하면서 차례를 매겨 경문經文에 대해 전문傳文을 배치했을 뿐이기 때문이리라.

하지만 『곡량전』과 『공양전』의 경우는 말을 기록하고 사실을 기재하려고 하면 그 핵심이 되는 정수精髓가 이미 망실되었고, 기원을 찾고 근본을 탐구하려고 하면 자신의 기억에서 얻어야 했다. 그렇게 스스로 고사故事를 만들고 따를 만한 기준도 없었기 때문에 이치가 매우 치우쳤고, 표현도 비루하고 조야하여 『좌씨전』과 비교하면 같은 평가를 내릴 수가 없다. 이것이 『곡량전』과 『공양전』의 세 번째 단점이다.

案, 二『傳』雖以釋『經』爲主, 其缺漏不可殫論. 如『經』云: "楚子<u>麇</u>卒," 而 『左傳』云: "公子<u>圍</u>所殺." 及公・穀作『傳』, 重述『經』文, 無所發明, 依違 而已. 其短四也.

살피건대, 『곡량전』과 『공양전』이 『춘추』 경문에 대한 풀이에 주안점을 두고 있다고는 하지만 그 누락되고 빠진 부분은 이루 다 말할 수 없다. 예를 들어 『춘추』에는 "초자 균麇이 죽었다."라고 했고, 『좌씨전』에서는 "공자 위圍에게 죽은 것이다."라고 했는데,[36] 곡량적穀梁赤과 공양고公羊高는 그에 대해

---

35 축타가~일 : 『춘추좌씨전』 정공定公 4년에 나온다. 천토의 맹약은 희공 28년에 있었던 일이다. 천토의 맹약 내용을 정공 4년 기록에서 반복했다는 뜻이다.

36 『춘추』에는~했는데 : 『춘추좌씨전』 소공昭公 원년에 나온다.

해설하는 전문傳文을 쓰면서 『춘추』의 경문을 반복했을 뿐, 새로운 사실을 밝히지 못한 채 따르기만 했다. 이것이 『곡량전』과 『공양전』의 네 번째 단점이다.

『漢書』載: "成方遂詐稱戾太子, 至于闕下. 雋不疑曰: '昔衛蒯瞶得罪于先君, 將入國, 太子輒拒而不納, 『春秋』是之.' 遂命執以屬吏. 霍光由是始重儒學." 案雋生所引, 乃『公羊』正文. 如『論語』: "冉有曰: '夫子爲衛君乎?' 子貢曰: '夫子不爲也'." 何則? 父子爭國, 梟獍爲曹, 禮法不容, 名敎同嫉. 而『公羊』釋義, 反以衛輒爲賢. 是違父子之敎, 失聖人之旨, 獎進惡徒, 疑誤後學. 其短五也.

『한서』에 "성방수成方遂가 여태자戾太子라고 사칭하며 대궐 문 앞에 이르렀다. 준불의雋不疑가 '옛날 위나라 괴외蒯瞶가 선군先君에게 죄를 지었다가 장차 다시 나라에 들어오려고 했을 때 태자 첩輒이 아버지 괴외를 거절하고 들이지 않았는데, 『춘추』에서 그것이 옳다고 했다'고 하면서 마침내 명령을 내려 잡아다 관리에게 넘겼다. 곽광霍光이 감탄하여 이때부터 유학을 중시했다."라고 서술했다.[37] 여기서 준불의가 인용하고 있는 부분은 『공양전』 애공 2년의

---

37 『한서』에~서술했다 : 『한서』 권71 「준불의전雋不疑傳」에, 시원始元 5년 한 남자가 누런 소가 끄는 수레에 황조黃旐를 달고, 황의黃衣를 입고 황모黃冒를 쓰고서 궁중으로 들어와 자신이 위 태자衛太子(여태자戾太子)라고 했다. 경조 윤京兆尹인 준불의가 그 사람을 포박하면서 "옛날 위 영공衛靈公의 아들인 괴외蒯瞶가 부친에게서 죄를 뒤집어쓰고 국외에 도망쳤다가 귀국하려 할 때 자신의 아들인 태자 첩輒이 입국시키지 않는데, 『춘추』에서도 그것이 옳다고 했다."라며 이 남자를 잡아 조사했다. 잡힌 그 남자는 성방수라는 점술가였다. 곽광은 이를 듣고 감탄하여, 이때부터 유학을 중요시하게 되었다고 한다.

본문이다. 이와 달리 『논어』에서는 "염유冉有가 '선생님께서 위나라 첩의 대응을 인정할까?'라고 묻자, 자공子貢은 '선생님께서 인정하지 않을 것이다.'고 했다."라고 했다.[38] 왜 그런가?

아버지와 아들이 나라를 놓고 싸운 것은 사나운 새나 짐승과 같은 무리가 된 것이니, 예법에 용납되지 않고 명교名教에서 배척하는 것이다. 그런데도 공양고는 뜻을 해설하면서 도리어 위나라 첩을 현명하다고 했다. 이는 공자의 가르침에 어긋나고 성인의 취지를 잃은 것이며, 나쁜 자들을 장려하여 나오게 함으로써 후학들을 오도하는 것이니, 이것이 『곡량전』과 『공양전』의 다섯 번째 단점이다.

若以彼三長, 校茲五短, 勝負之理, 斷然可知. 必執二『傳』之文, 唯取依『經』爲主. 而于內則爲國隱惡, 于外則承赴而書, 求其本事, 大半失實, 已于「惑經」篇載之詳矣. 尋斯義之作也, 蓋是周禮之故事, 魯國之遺文, 夫子因而修之, 亦存舊制而已. 至于實錄, 付之丘明, 用使善惡畢彰, 眞僞盡露. 向使孔『經』獨用, 『左傳』不作, 則當代行事, 安得而詳者哉? 蓋語曰: "仲尼修『春秋』, 逆臣賊子懼," 又曰: "『春秋』之義也, 欲蓋而彰, 求名而亡,

---

38 『논어』에서는~했다 : 『논어』「술이述而」에 나온다. 염유가 위와 같이 질문하자, 자공은 공자에게 가서 "백이伯夷와 숙제叔齊는 어떤 사람입니까?"라고 물었다. 공자가 "옛 현인이다."라고 하자, 다시 "후회했습니까?"라고 물었다. 공자가 "인仁을 추구하다가 인을 얻었으니, 또 무슨 후회가 있었겠는가."라고 대답했다. 백이는 숙제를 왕으로 세우라는 아버지 고죽군孤竹君의 유명遺命을 존중했고, 숙제는 형인 백이에게 양보했는데, 위군衛君 첩輒은 나라를 차지한 뒤 아버지를 들어오지 못하게 했으므로 나라를 잃을까 두려워했다고 본 것이다. 그러니 공자가 위군 첩을 지지할 리 없었다. 이러한 공자의 대답을 듣고 나와서 자공이 다시 염유에게 위와 같이 일러주었다.

善人勸焉, 淫人懼焉." 尋『春秋』所書, 實乖此義, 而『左傳』所錄, 無愧斯言. 此則『傳』之與『經』, 其猶一體, 廢一不可, 相須而成. 如謂不然, 則何者稱爲勸戒者哉?【杜預『釋例』曰: "凡諸侯無加民之惡, 而稱人以貶, 皆時之赴告. 欲重其罪, 以加民爲辭. 國史承□以書於策, 而簡牘之記具存. 夫子因示虛實, 故『左傳』隨實而著本狀, 以明其得失也." 案杜氏此釋實得『經』·『傳』之情者也】

　이상『좌씨전』의 세 가지 장점을 가지고『곡량전』과『공양전』의 다섯 가지 단점과 비교하면 어느 쪽이 나은지 단연코 이치를 알 수 있다.『곡량전』과『공양전』의 본문을 보면 오직『춘추』의 경문을 선택하는 방식 위주로 했다. 그렇지만 안으로는 나라를 위해 나쁜 면을 숨기고 밖으로는 알려온 대로 기록했으니, 본래의 사실을 조사해보면 거의 대부분 사실과 다르다는 점을 이미「혹경惑經」에서 자세히 살펴보았다.

　『춘추』가 갖는 의의를 살펴보면, 대개 주례의 고사故事나 노나라의 유문遺文을 공자가 그대로 편수하여 옛 제도를 보존했다는 점이다.[39] 한편 사실史實 기록[40]의 경우는 좌구명에게 맡겨 선악이 남김없이 나타나고 진위가 모두 드러나게 했다. 만일 공자의『춘추』만 이용되고『좌씨전』이 만들어지지 않았다면, 당대의 행적과 사실을 어떻게 상세히 얻을 수 있겠는가? 세상에서 하는 말에 "공자가『춘추』를 편수하니, 난신적자가 두려워했다."라고 했고,[41] 또 "『춘추』의 뜻은 덮으려고 해도 나타나고, 명성을 추구해도 사라지니, 선

39『춘추』가~점이다 : 두예의「춘추좌씨전 서春秋左氏傳序」에 나온다.

40 사실 기록 : 원문의 실록實錄은 당 태종 이후에 편찬된 실록을 가리키는 고유명사가 아니라, '사실에 대한 기록'이라는 일반적인 의미이다.

41 세상에서~했고 :『맹자』「등문공 하滕文公下」에 나온다.

한 사람은 권장하고 도리에 어긋난 사람은 두려워한다."⁴²라고 했다.

『춘추』에 기록된 내용은 이런 의의와 참으로 괴리가 있지만,⁴³ 『좌전』에 기록된 내용을 보면 이런 말에 부끄럽지 않다. 이는 『좌씨전』과 『춘추』가 한 몸과 같고, 둘 중 하나가 없어서는 안 되며, 서로를 기다려서야 완성된다는 의미이다. 이를 부정한다면 어떻게 『춘추』를 권계勸戒하는 책이라고 부를 수 있겠는가. 【두예의 『춘추석례春秋釋例』에 "백성들에게 악행을 가하지 않은 제후인데도 인人이라고 폄하한 것은 모두 당시의 공식 통보대로 작성한 것이다. 통보하는 사람이 그 죄를 무겁게 하고자 하면 '백성에게 가했다(加民)'는 표현을 쓴다. 국사國史는 그 기록을 받아 책策에 그대로 쓰고, 간독簡牘의 기록에 상세하게 남겨놓는다. 공자가 그 기록에 따라 사실과 거짓을 보여주었기 때문에 『좌씨전』은 사실에 근거하여 본문을 저술하여 그 득실을 밝혔다."라고 했다. 내가 생각하기에 두예杜預의 이 해석은 『춘추』와 『좌씨전』의 핵심을 제대로 파악했다.】

儒者苟譏左氏作『傳』, 多敍『經』外別事. 如楚·鄭與齊三國之賊弑, 隱·桓·昭·哀四君之篡逐, 其外則承告于彼, 其內則隱諱如此. 若無左氏立『傳』, 其事無由獲知. 然設使世人習『春秋』而唯取兩『傳』也, 則當其時二百四十年行事茫然闕如, 俾後來學者兀成聾瞽者矣.

---

42 『춘추』의~두려워한다 : 『춘추좌씨전』 소공昭公 31년 '군자 왈君子曰'에 나온다. 군자 왈은 『좌전』에서 사론史論을 기재하는 방식이다.

43 『춘추』에~있지만 : 원문의 '『春秋』所書, 實乖此義, 而'라는 아홉 글자에 대해, 포기룡은 "붓을 마음대로 놀려 경문을 건드렸고, 또한 자신의 뜻도 해쳤다. 이 부분을 삭제하는 것이 곧 말로 인한 병이 없어지는 것이다."라고 하면서 삭제했다. 그러나 유지기는 『사통 외편』 「혹경惑經」에서 이미 『맹자』나 『좌씨전』 소공 31년의 문장에 대해 『춘추』에 대한 헛된 미화라고 주장한 적이 있으므로 원래대로 두는 편이 좋을 듯하다.

유학자들은 근거도 없이 좌구명이 『좌씨전』을 지으면서 『춘추』 경문 이외의 다른 사실을 많이 서술했다고 비난한다. 그렇지만 초나라와 정나라, 제나라 등 세 나라의 반역이나 시해,[44] 노나라 은공·환공·소공·애공 등 네 군주의 찬탈과 축출[45]의 경우처럼 『춘추』에서는 노나라 밖의 사건은 전자처럼 공식 통보대로 기록하고, 국내의 일이라면 후자처럼 나쁜 면을 숨겼다. 만일 좌구명의 『좌씨전』이 없었다면 그런 사실을 알 길이 없었을 것이다. 그러므로 세상 사람들이 『춘추』를 익히면서 오직 『곡량전』과 『공양전』만 선택한다면 그 당시 240년[46]의 행적과 사실은 빠진 곳 투성이가 됨으로써 후세의 학자들은 무지해져 마치 맹인이나 벙어리같이 되었을 것이다.

且當秦·漢之世, 『左氏』未行, 遂使五經·雜史·百家諸子, 其言河漢, 無所遵憑. 故其記事也: 當晉景行霸, 公室方强, 而云屠岸攻趙, 有程嬰·杵臼之事【出『史記』「趙世家」】; 魯侯御宋, 得儁乘丘, 而云莊公敗績, 有馬驚流矢之禍; 楚·晉相遇, 唯在邲役, 而云二國交戰, 置師于兩棠【出賈誼『新書』】; 子罕相國, 宋睦于晉, 而云晉將伐宋, 覘哭於陽門【出『禮記』】; 魯師滅項, 晉止僖公, 而云項實齊桓所滅. 『春秋』爲賢者諱【出『公羊傳』】; 襄年再盟, 君臣和葉, 而云諸侯失政, 大夫皆執國權.【出『穀梁傳』】

더욱이 진한 시대에는 아직 『좌씨전』이 널리 읽히지 않았고, 결국 오경과

---

44 초나라와~시해 : 『사통 외편』「혹경惑經」 중 '의혹 1'에 나온다.

45 노나라~축출 : 『사통 외편』「혹경惑經」 중 '의혹 8'에 나온다.

46 240년 : 『춘추』 경문의 연도 수를 대략 말한 것이다. 은공隱公 원년(B.C.722)부터 애공哀公 14년(B.C.481)까지 242년이다.

많은 역사서, 제자백가의 논의가 하늘의 은하수처럼 많아서 믿고 따를 준거가 없었다. 이 때문에 사실에 대한 기록에서 다음과 같은 문제점이 나타났다. 진 경공晉景公이 패업을 이루고 공실公室이 한창 전성기를 구가하는 시대였는데도 "도안屠岸이 조趙나라를 공격하여 정영程嬰과 저구杵臼 사건이 있었다."라고 했고,[47] 【『사기』「조세가趙世家」에 나온다.】 노 장공魯莊公이 송나라의 침략을 물리치고 승구乘丘에서 승리했는데도 "장공이 대패하여 타고 있던 말이 날아오는 화살에 놀라는 화를 입었다."라고 했다.[48]

또한 초나라와 진나라가 서로 맞붙은 것은 오직 필邲 땅에서 싸운 것밖에 없는데, "두 나라가 교전하면서 군사들을 양당에 배치했다."라고 했고,[49] 【가의賈誼의 『신서新書』에 나온다.】 자한子罕이 나라의 재상에 올라 송나라는 진나라와 사이가 좋았는데도 "진나라가 장차 송나라를 토벌하려고 할 때 양문에서 곡하는 것을 보았다."라고 했다.[50] 【『예기』에 나온다.】 또, 노나라 군대가

---

47 진 경공이~했고 : 진 경공의 패업은 『춘추좌씨전』 선공 12년에 나온다. 『사기』에서는 진나라 대부인 도안이 멋대로 조나라를 공격하여 조삭趙朔을 죽였지만, 삭의 아내가 경공이 있는 곳으로 도망쳐 와 아이를 낳았고, 정영程嬰과 공손저구公孫杵臼가 이들을 숨겨주었다고 했다. 유지기의 생각은 아무리 권신權臣이라고 해도 도안이 그 같은 전횡을 했으리라고 보기 어렵다는 것이다.

48 노 장공이~했다 : 노 장공의 승리는 『춘추좌씨전』 장공 12년에 나온다. 득준得儁이란 적군의 용맹한 장수를 거꾸러뜨리는 것을 말한다. 이와 달리, 『예기』「단궁 상檀弓上」에서는 장공이 탄 마차의 말이 놀라 내달리는 통에 전투에서 패배하고 공은 전사했는데, 이는 말이 날아온 화살에 맞았기 때문이라고 했다.

49 초나라와~했고 : 초나라와 진나라가 필 땅에서 전쟁을 한 일은 『춘추좌씨전』 선공 12년에 나온다. 그러나 가의의 『신서』에서는 초 장왕이 진나라와 양당에서 싸워 크게 이겼다고 했다.

50 자한이~했다 : 자한이 대신大臣이 된 일은 『춘추좌씨전』 양공 27년에 나온다. 그러나 『예기』「단궁 하檀弓下」에서는, 진나라가 송나라를 토벌하려고 첩자를 보내 염탐을 시켰는데, 사성司城인 자한이 양문의 문지기가 죽은 것을 슬퍼하여 큰 소리로 우는 것을 본 첩자가 이처럼 민심을 돌보는 나라는 칠 수 없다고 본국에 보고했다고 한다.

항項 땅을 멸망시켰자 진나라가 희공傳公을 억류했는데, "항 땅은 사실 제 환공齊桓公에게 멸망당했다. 『춘추』에서 현자賢者를 위해 피휘한 것이다."라고 했고,[51] 【『공양전』에 나온다.】 양공襄公 연간은 거듭 회맹을 통해 군주와 신하가 평화로웠던 시절이었는데, "제후가 정치를 잘못하여 대부가 모두 나라의 권력을 잡았다."라고 했다.[52] 【『곡량전』에 나온다.】

其記時也: 蓋秦繆居春秋之始, 而云: "其女爲荊平夫人"【出『列女傳』】; 韓·魏處戰國之時, 而云: "其君陪楚莊葬馬"【出『史記』「滑稽傳」】; 『列子』書論尼父, 而云: "生在鄭穆公之年"【出劉向『七錄』】; 扁鵲醫療虢公, 而云: "時當趙簡子之日"【出『史記』「扁鵲傳」】; 樂書仕于周子, 而云: "以晉文如獵, 犯顔直言"【出劉向『新序』】; 苟息死于奚齊, 而云: "觀晉靈作臺, 累棋申誡."【出劉向『說苑』】或以先爲後, 或以後爲先, 日月顚倒, 上下翻覆. 古來君子, 曾無所疑. 及『左傳』旣行, 而其失自顯. 語其弘益, 不亦多乎? 而世之學者, 猶未之悟, 所謂忘我大德, 日用而不知者焉.

한편 시기에 대한 기록에도 문제점이 있다. 진 목공秦繆公은 춘추시대 초기에 살았는데, "그의 여자는 형평부인荊平夫人이다."라고 했고,[53] 【『열녀전』에 나

---

51 노나라~했고 : 노나라 군대가 항 땅을 멸망시키자 진나라가 희공을 잡아 돌려보내지 않았던 사실은 『춘추좌씨전』 희공 17년에 나온다. 그러나 『공양전』에서는 항을 멸망시킨 것은 실제로 제나라였지만, 제 환공을 드러내지 않으려고 그렇게 썼다고 했다.

52 양공~했다 : 『춘추좌씨전』 양공 3년 6월에, 양공이 단자單子·진후晉侯 등과 기미일己未日에 계택雞澤에서 회맹했고, 무인일戊寅日에 숙손표叔孫豹 및 제후의 대부들과 회맹했다고 했다. 그러나 『곡량전』에서는, 각 제후국의 국내정치가 어지러워져서 제후가 회맹하면 대부도 사사로이 회맹하는 등 대부가 실권을 장악하고 있었다고 했다.

온다.】 한韓나라나 위魏나라는 전국시대에 있었는데, "그 나라의 군주가 초 장왕楚莊王이 말을 장례 지낼 때 참석했다."라고 했다.[54]【『사기』「골계전滑稽傳」에 나온다.】 또 『열자列子』에서는 공자에 대해 논의하면서 "공자는 정 목공鄭穆公 연간에 태어났다."라고 했고,[55]【유향의 『칠록七錄』에 나온다.】 편작扁鵲이 괵공虢公을 치료한 사실을 두고 "그때는 조간자趙簡子의 시대에 해당한다."라고 했다.[56]【『사기』「편작열전扁鵲列傳」에 나온다.】

또한 난서欒書는 도공悼公 주자周子에게 벼슬을 받았는데, "진 문공晉文公이 사냥을 갔을 때 면전에서 직언을 했다."라고【유향의 『신서新序』에 나온다.】 했고,[57] 순식荀息이 혜제奚齊에게 죽임을 당했는데, "진 영공晉靈公이 누대樓臺를 만드는 것을 보고 여러 번 바둑을 두면서 경계했다."라고 했다.[58]【유향의 『설

---

53 진 목공은~했고 : 진 목공은 춘추시대 초기의 노 희공魯僖公·문공文公 때 사람인데, 『열녀전』에서는 진 목공의 여인 백영伯嬴은 초 평왕楚平王의 부인으로 소왕昭王의 어머니였다고 했다. 그러나 초 평왕의 재위 기간은 B.C.528~B.C.516년으로, 진 목공이 죽은 뒤 100여 년 뒤이다.

54 한나라나~했다 : 한나라와 위나라는 B.C.403년 무렵인 전국시대에 있었는데, 『사기』에서는 두 나라의 군주가 초 장왕(재위 B.C.613~B.C.591)의 애마 장례식에 참여했다고 했다. 이러한 시대착오는 배인裴駰이 『집해』에서 지적한 바 있다.

55 『열자』에서는~했고 : 『춘추좌씨전』 애공 16년에 "공자가 죽었다.[孔丘卒]"라고 했는데, 두예의 주에 따르면 공자의 생몰 연대는 B.C.551~B.C.479년이다. 그런데 『칠록』에서는 정 목공이 즉위했던 시기가 B.C.627~B.C.606년이다.

56 편작이~했다 : 이에 대해 『집해』에서는 괵虢은 진 헌공晉獻公이며, 헌공 22년은 B.C.655년에 해당한다고 했다. 편작은 이때 사람이 했을 것이므로 대략 B.C.520~B.C.480년쯤에 살았던 조간자(조앙趙鞅)보다 120여 년 전의 인물일 것이다.

57 난서는~했고 : 주자는 진 도공晉悼公이다. 『춘추좌씨전』 성공 18년에 난서는 진 경공晉景公 때 사람이라고 했다. 그런데 『신서』에서는 경공의 할아버지인 문공文公이 사냥을 갔을 때 늙은 농부의 좋은 의견을 들은 뒤 그 노인을 버려두고 온 것은 좋은 의견만 훔친 것과 같다고 간언했다 한다. 진 문공의 재위는 B.C.636~B.C.628년이었으므로 시기가 맞지 않는다.

원說苑』에 나온다.】 이렇게 앞의 사실을 뒤의 사실로 혼동하기도 하고 뒤의 사실을 앞의 사실로 혼동하기도 하여 날짜가 뒤죽박죽되고 전후가 뒤바뀌었지만, 이런 사실에 대해 예부터 학자들이 의심한 적이 없었다. 『좌씨전』이 읽힌 뒤에야 그 잘못이 자연히 드러났던 것이니, 『좌씨전』의 넓은 공적이 많지 않다고 할 수 있겠는가? 그러나 세상의 학자들은 아직도 그런 사실을 깨닫지 못하고 있으니, 이른바 "내가 위대한 덕을 잊었다."[59]라든가, "매일 활용하면서도 알지 못한다."[60]라는 것이다.

然自丘明之後, 迄于魏滅, 年將千祀, 其書寢廢. 至晉太康年中, 汲冢獲書, 全同『左氏』.【汲冢所得書, 尋亦亡逸, 今惟『紀年』·『瑣語』·『師春』在焉. 案『紀年』·『瑣語』載春秋時事, 多與『左氏』同. 『師春』多載春秋時筮者繇辭, 將『左氏』相校, 遂無一字差舛.】故束晳云: "若使此書出于漢世, 劉歆不作五原太守矣." 於是摯虞·束晳引其義以相明; 王接·荀顗取其文以相證, 杜預申以『注』·『釋』【注謂『注解』, 釋謂『釋例』】; 千寶藉爲師範【事具千寶『晉紀』「敍例」中.】由是世稱實錄, 不復言非, 其書漸行, 物無異議.

그렇지만 좌구명 이후부터 삼국시대의 위나라가 멸망하기까지(265) 거의 천 년이 지났고 『좌씨전』도 차츰 잊혔다. 진나라 태강太康 연간(280~289)에

---

58 순식이~했다 : 순식이 혜제에게 죽임을 당한 사실은 『춘추좌씨전』 희공 9년(B.C.651)에 나온다. 하지만 진 영공은 B.C.620년에 즉위했으므로, 『설원』의 서술대로라면 진 영공은 죽은 혜제에게 충고를 들었던 셈이다. 현존하는 『설원』에 순식荀息은 손식孫息으로 나온다.

59 내가~잊었다 : 『시경』「소아小雅 풍곡谷風」에 "내가 위대한 덕을 잊고, 작은 원망을 생각하네."라고 했다.

60 매일~못한다 : 『주역』「계사 상繫辭上」에 나온다.

급총에서 책들이 발굴되었는데, 춘추시대에 대한 기록이 『좌씨전』과 완전히 같았다. 【급총에서 얻은 책들 중 얼마는 남아 있지 않고, 지금은 『기년紀年』·『쇄어瑣語』·『사춘師春』이 남아 있다. 『기년』과 『쇄어』에 실린 춘추시대 사실을 살펴보면, 대부분 『좌씨전』과 같고, 『사춘』에는 춘추시대 점을 치던 사람이 남긴 점사占辭가 많이 남아 있는데 그것을 『좌씨전』과 비교해보면 결국 한 글자의 차이도 없다.[61]】 이 때문에 속석束晳은 "만일 급총의 죽서竹書가 한나라 때 나타났으면, 유흠劉歆이 굳이 오원 태수가 되지 않았을 것이다."라고 했다.[62]

그래서 지우摯虞와 속석은 『좌씨전』의 의의를 끌어와 분석했고,[63] 왕접王接과 순의荀顗는 『좌씨전』의 문장을 가져다 증명했으며,[64] 두예는 『좌씨전』에 대한 주석서注釋書를 냈고,[65] 【주注는 『춘추경전집해春秋經傳集解』이고, 석釋은 『춘추석례春秋釋例』이다.】 간보干寶는 『좌씨전』을 모범으로 삼았다.[66] 【이 일은 간보의

---

61 급총에서~없다 : 『수서隋書』 「경적지經籍志 사부史部 고사류古史類 서序」에 나온다.

62 속석은~했다 : 속석의 자는 광미廣微로, 죽서를 분석하여 그 의의를 밝혔다. 『진서晉書』 권51 「속석전束晳傳」에 나온다. 그러나 속석이 한 말은 「속석전」에는 보이지 않고, 『한서』 권36 「유흠전劉歆傳」을 요약한 말이다. 오원五原은 현재의 내몽골 지역이다.

63 지우와~분석했고 : 지우의 자는 중흡仲冷이다. 『진서晉書』 권51 「지우전摯虞傳」에 나온다. 그러나 급총죽서汲冢竹書에 대한 언급은 보이지 않는다. 다만 『진서晉書』 권51 「왕접전王接傳」에 속석이 박학다식했다는 말이 보인다.

64 왕접과~증명했으며 : 왕접의 자는 조유祖遊로, 『공양전』을 주석했고, 급총죽서를 고증했다. 순의의 자는 경천景倩인데, 『진서』 권39 「순의전荀顗傳」에는 그가 태시泰始 10년(274)에 죽었다고 한다. 그래서 포기룡은 순의는 순욱荀勖의 잘못이라고 보았다. 순욱은 급총죽서가 나왔을 때 그 정리를 맡았다. 자는 공증公曾이며, 『진서』 권39 「순욱전荀勖傳」에 나온다. 그러나 이들이 『좌씨전』에 대해 연구했다는 대목은 확실치 않다.

65 두예는~냈고 : 두예의 자는 원개元凱이고, 위의 사실은 『진서』 권34 「두예전」에 나온다.

66 간보는~삼았다 : 간보의 자는 영승令升으로, 『진기晉紀』를 편찬했고, 『춘추좌씨의외전春秋左氏義外傳』을 만들었다. 『진서』 권34 「두예전」에 나온다. 또 『수서隋書』 「경적지經籍志 경부經部 춘추春秋」에 가의賈誼가 『춘추좌씨함전의春秋左氏函傳義』 15권을 편찬했다고 한다. 다만, 현재 『진기』가 전하지 않기 때문에 「서례」를 확인할 수가 없다.

『진기』「서례」에 상세하다.】 이때부터 세상에서는 『좌씨전』을 믿을 수 있는
기록이라 부르고 다시는 비난하는 말이 없어졌으며, 그 책이 점차 유행하여
사람들 사이에 이의가 없어졌다.

故孔子曰: "吾志在『春秋』, 行在『孝經』. 于是授『春秋』于丘明, 授『孝經』
于曾子." 『史記』云: "孔子西觀周室, 論史記舊聞, 次『春秋』. 七十子之徒
口授其傳旨, 有刺譏褒諱之文, 不可以書見也. 魯君子左丘明懼弟子人各
異端, 失其眞意, 故因孔氏史記, 具論其語, 成『左氏春秋』." 夫學者苟能徵
此二說, 以考三『傳』, 亦足以定是非, 明眞僞者矣. 何必觀汲冢而後信者
乎? 從此而言, 則三『傳』之優劣見矣.

　그러므로 공자가 "내 뜻은 『춘추』에 있고, 내 실천은 『효경』에 있다."라
고 했고, 이 때문에 『춘추』는 좌구명에게 전수했고, 『효경』은 증자에게 전수
했다고 한다.[67] 또, 『사기』에 "공자가 서쪽으로 가서 주나라 왕실을 보고, 사
기의 옛 문서를 논의한 뒤 『춘추』를 편찬했다. 70명의 제자가 공자가 전해
준 뜻을 구전했던 것은, 비판하고 기록하거나 포폄하고 피휘한 내용을 기록
을 통해서는 볼 수 없었기 때문이다. 노나라의 군자 좌구명은 제자들이 각각
다른 견해를 갖게 되어 공자의 진의를 잃을까 두려워했기 때문에 공자의 역

---

67 공자가~한다. : 일단 큰따옴표로 표시된 직접 인용 부분까지만 『효경위孝經緯』로 본다.
　　뒷 문장까지 『효경위』에 실려 있더라도, 증자曾子라는 표현, 즉 증삼曾參에게 공자가 자子
　　자를 붙이지는 않았을 것이므로 공자가 직접 한 말이 아니기 때문이다. 한편 『예문유취藝文類
　　聚』 권26 「언지言志」에는 "『춘추』는 좌구명에게 전수했다."는 말이 "『춘추』는 상商(자하子
　　夏)에게 전수했다."라고 되어 있다.

사 기록에 따라 자신의 사론을 갖춰 『춘추좌씨전』을 완성했다."라고 했다.

배우는 사람이 공자와 사마천의 이 말을 근거로 삼아 『좌씨전』·『공양전』·『곡량전』을 고찰하면 충분히 시비를 확정하고 진위를 밝힐 수 있을 것이다. 어찌 굳이 급총죽서汲冢竹書를 본 뒤에야 믿겠는가? 이에 따르면 세 전傳의 우열을 알 수 있을 것이다.

역사서의 번잡한 문장에 대해서는 『사통·내편』 「서사敍事」에서 이미 설명했다. 「점번點 繁」에서는 번잡한 문장을 실제로 어떻게 삭제해야 하는지 시범을 보여준다. 도홍경의 『본 초』에는 약 중에 찬 맛과 뜨거운 맛이 있는 것을 구분하여 그 이름에 붉은색과 검은색 점을 찍었는데, 이러한 전례를 흉내 내어 유지기는 역사서의 문장 중 번문繁文을 뽑아 그 위에 모 두 붓점을 찍었다. 이 책에서는 삭제하는 글자에 방점을 찍었고, 첨가할 글자는 '[同城]' 처 럼 대괄호를 넣어 표시했다.

　　연습 대상으로 삼은 주된 자료는 사마천의 『사기』다. 「노중연전」, 「굴원가생전」 등 15 기사를 채록하여 직접 삭제할 곳과 추가할 데를 표시했다. 『십육국춘추』의 일부 기사도 첨 삭 대상으로 선정하여 예시했다. 유지기가 『측천무후실록』 편찬에 참여했을 때 무엇을 기 록할지 몰라 붓만 빨고 있던 자격 미달의 사관을 떠올리며 그들에 대한 독습 매뉴얼로 예시 했을 것이다.

外篇
06

번잡한 문장의 삭제
點煩

點煩

夫史之繁文, 已于「敍事」篇言之該矣. 然凡俗難曉, 下愚不移. 雖七卷成言,
而三隅莫反. 蓋語曰: "百聞不如一見." 是以聚米爲谷, 賊虜之虛實可知;
畫地成圖, 山川之形勢易悉. 昔陶隱居『本草』, 藥有冷熱味者, 朱墨點其
名; 阮孝緒『七錄』, 書有文德殿者, 丹筆寫其字. 由是區分有別, 品類可知.
今輒擬其事, 抄自古史傳文有繁者, 皆以筆點其繁上【其點用朱粉雌黄並
得.】凡字經點者, 盡宜去之. 如其間有文句虧缺者, 細書側注于其右【其
側書亦用朱粉雌黄等. 如正行用粉, 則別注者用朱黄, 以此爲別.】或回易數
字, 或加足片言, 俾分布得所, 彌縫無缺. 庶觀者易悟, 其失自彰. 知我攄實
而談, 非是苟誣前哲.

　역사서의 번잡한 문장에 대해서는 이미 「서사敍事」 편에서 자세히 말하였
다. 그렇지만 범속한 사람은 이해하기 어렵고 너무 어리석은 사람은 변화시
키기 어려운 법이다.[1] 비록 본서 제7권에 기록해두기는 했지만, 완전히 이해
하기는 어렵다.[2] 속담에도 "백문이 불여일견"이라고 했다.[3] 그래서 쌀알을 모

---

1 그렇지만~법이다 : 포기룡은 이 부분의 원문 9글자를 삭제해도 된다고 보았다. 하우불이下愚
　不移는 『논어』 「양화陽貨」에 "오직 뛰어난 지혜를 가진 사람과 가장 어리석은 사람은
　변화시킬 수 없다.[唯上智與下愚不移]"라고 한 데서 보인다.
2 비록~어렵다 : 『논어』 「술이述而」에 "한 귀퉁이를 들어주었는데, 이것을 가지고 세 귀퉁이를
　반추하지 못하면 더 일러주지 않는다."라고 했다. 『사통 내편』 「서사敍事」에서 번잡한
　문장에 대해 상론하기는 했지만, 나머지를 완전히 알기 어렵다는 말이다.

아 골짜기를 만들면 도적들의 허실을 알 수 있고,[4] 땅에 그림을 그려 지도를 만들면 산천의 형세를 쉽게 알 수 있다.[5] 옛날 도홍경陶弘景의 『본초本草』에는 약藥 중에 찬 맛과 뜨거운 맛이 있는 것을 구분하여 그 이름에 붉은색과 검은색 점을 찍었고, 완효서阮孝緖의 『칠록七錄』에는 문덕전文德殿에 있는 책에 대해서는 붉은 먹으로 글자를 써놓았다. 이렇게 해서 구별을 하고, 종류를 알 수 있었던 것이다.

이제 그런 전례를 흉내 내어 예부터 내려오는 역사서의 문장 중 번문繁文을 뽑아서 그 번문 위에 모두 붓점을 찍어둔다.【점을 찍을 때는 주분朱粉과 자황雌黃[6]을 함께 쓴다.】점을 찍은 글자는 모두 삭제해야 한다. 그 사이에 빠진 문구가 있을 경우에는 그 오른쪽에 작은 글자로 측주側注를 단다.【옆에 쓰는 글자도 주분과 자황 등을 쓴다. 원문(正行)에는 분粉을, 별주別注에는 주황朱黃을 써서 구별한다.】혹은 몇 글자를 바꾸어 쓰고, 혹은 몇 마디를 덧붙여 제자리를 찾도록 배치하고, 빠진 데가 없게 고친다. 이렇게 하면 독자가 쉽게 알 수 있고 번문의 오류도 저절로 드러날 것이니, 내가 사실에 준거하여 논의하고 있을 뿐 구차하게 이전의 학자들을 무함하는 것이 아님을 알 수 있을 것이다.

● 첨삭 1

『孔子家語』曰: "魯公索氏將祭而忘其牲. 孔子聞之曰: '公索氏不及二年矣. 一年而亡.' 門人問曰: '昔公索氏亡其祭牲, 而夫子曰: 不及二年, 必亡.

---

3 속담에도~했다 : 속담이겠지만, 오래된 전거로는 『한서』 권69 「조충국전趙充國傳」에 조충국이 한 말로 나온다.

4 쌀알을~있고 : 『후한서』 권24 「마원전馬援傳」에 나온다.

5 땅에~있다 : 『한서』 권59 「장탕전張湯傳」에 나온다.

6 주분과 자황 : 주분은 주묵朱墨(붉은 빛깔의 먹)이고, 자황은 유황과 비소를 섞은 물질이다.

今果如期而亡. 夫子何以知然?"【右除二十四字】

『공자가어孔子家語』에 "노나라 공색씨公索氏가 제사를 지내려는데 거기에 쓸 희생을 잊었다. 공자가 듣고는, '공색씨는 채 2년도 못 갈 것이며, 1년이면 망할 것이다.'라고 했다. 제자가 묻기를 '예전에 공색씨가 제사에 쓸 희생을 잊자 선생님께서 2년도 못 가서 반드시 망할 것이라고 하셨는데, 지금 과연 1년만에 망했습니다. 선생님께서는 어떻게 그럴 것을 아셨습니까?'라고 했다.【이 문장에서 24글자를 삭제한다.[7]】

● 첨삭 2

『家語』曰: "晉將伐宋, 使覘之. 宋陽門之介夫死, 司城子罕哭之哀. 覘者反, 言于晉侯曰: 宋陽門之介夫死, 而[司城]子罕哭之哀, 民咸悅[矣]. 宋殆未可伐也.【右除二十一字, 加三字】

---

7 이 문장에서 24자를 삭제한다 : 이 부분은 유지기의 원문에는 없고, 포기룡의 『사통통석』에서 덧붙인 말이다. 이하 같다. 유지기가 말한 주묵과 자황, 작은 글자로 표시한 원래의 『사통』이 남아 있지 않으므로 복원이 필요하다. 일본에서는 에도시대 교와享和 3년(1803)에 이가이 게이쇼豬飼敬所(1761~1845)가 『보수사통·점번補修史通點煩』을 간행했고, 중국에서는 민국시대 여사면呂思勉(1884~1957)이 1934년 『사통평史通評』을 간행했다. 또 1935년 홍업洪業이 여사면의 논문을 보고 「사통점번편억보史通點煩篇臆補」를 발표했다. 마쓰이 즈네오增井經夫의 『사통』은 이가이 게이쇼의 학설을 따랐고, 조여보의 『사통신교주史通新校注』는 홍업의 학설을 주로 하고 여사면의 학설을 참고했다. 이 책에서는 가장 최근 연구인 조여보의 학설을 주로 하면서, 필요한 경우 다른 견해를 소개했다. 따라서 【 】 안에 있는 포기룡이 말한 숫자와 실제 원문에 표시된 숫자가 다를 수 있다. 실제 숫자는 번역문의 괄호 안에 표기해두었다.

『공자가어』에 "진나라가 장차 송나라를 토벌하려고 첩자를 보내 엿보게 했다. 송나라 양문의 문지기가 죽자 사성을 맡고 있던 자한子罕이 그를 위해 곡을 하며 슬퍼했다. 첩자가 돌아와 진나라 군주에게 말하기를 '송나라 양문의 문지기가 죽자 사성을 맡고 있던 자한이 그를 위해 곡을 하며 슬퍼했더니, 백성들이 모두 기뻐했습니다. 송나라는 토벌하지 못할 듯합니다.'고 했다."라고 했다.【이 문장에서 21글자를 삭제하고, 3글자를 추가한다.】

● 첨삭 3

『史記』「五帝本紀」曰: "諸侯[之]朝覲者, 不之丹朱而之舜, [百姓之]獄訟者, 不之丹朱而之舜, 謳歌者, [皆]不謳歌丹朱而謳歌舜. …… 舜年二十以孝聞, 三十而帝堯問可用者. …… 舜年二十以孝聞, 年三十, 堯擧之."[虞帝]【右除二十九字, 加七字】

『사기』「오제본기五帝本紀」에는 "조회하는 제후들이 단주丹朱에게 가지 않고 순임금에게 갔으며, 옥송獄訟이 있는 백성들이 단주에게 가지 않고 순임금에게 갔고, 노래하는 자들이 단주를 노래하지 않고 순임금을 노래했다. ……[8] 순임금은 나이 스무 살에 효도로 소문이 났고, 서른 살이 되었을 때 제요帝堯가 등용할 만한지를 물었다. …… 순임금은 나이 스무 살에 효도로 소문이 났고, 서른 살이 되자 요임금이 발탁했다."라고 했다.[9]【이 문장에서 29글자(30글

---

8 …… : 유지기가 생략한 부분인데, 포기룡은 云云이라고 표시했다.

9 『사기』~했다 : 『사기』 원문에는 諸侯之朝覲者의 之자, 百姓之獄訟者의 百姓之 세 자, 皆不謳歌丹朱而謳歌舜의 皆 자 등 총 5글자가 없다. 포기룡은 이 5글자가 유지기가 작은 글씨로 측주를 달았던 것인데, 옮겨 쓰는 사람이 구분하지 않고 섞어 쓴 것으로 보았다.

자)를 삭제하고, 7글자를 추가한다.】

● 첨삭 4

「夏本紀」曰: "禹之父曰鯀, 鯀之父曰帝顓頊, 顓頊之父曰昌意, 昌意之父曰黃帝. 禹者黃帝之玄孫, 而帝顓頊之孫也. 禹之曾大父昌意及父鯀, 皆不得在帝位爲人臣."[者鯀之子也]【右除五十七字加五字】案, 「顓頊紀」中已具云: "黃帝是顓頊祖矣," 此篇下云: "禹是顓頊孫," 則其上不得更言'黃帝之玄孫'. 旣上云: "昌意及鯀不得在帝位," 則於下文不當復云: "爲人臣." 今就於朱點之中, 復有此重復, 造次筆削, 庸可盡乎.

「하본기夏本紀」에 "우임금의 아버지는 곤鯀이고, 곤의 아버지는 전욱顓頊이며, 전욱의 아버지는 창의昌意이고, 창의의 아버지는 황제黃帝이다. 우임금은 황제의 현손이며, 전욱의 손자이다. 우임금의 증조부인 창의와 아버지인 곤은 모두 제帝의 지위에 오르지 못했고, 다른 사람의 신하였다."라고 했다.【이 문장에서 57글자(58글자)를 삭제하고, 5글자를 추가한다.】

살피건대, 「전욱기顓頊紀」 중에 이미 갖춰 말하기를 "황제는 전욱의 조부이다." 했고, 이 편 아래에 "우임금은 전욱의 손자이다."라고 했으니, 그 위에 다시 '황제의 현손'이라고 말할 필요가 없다. 이미 위에서 "창의와 곤은 제의 지위에 오르지 못했다." 했으니, 아래 문장에 '다른 사람의 신하였다'는 말도 할 필요가 없다. 이제 붓으로 점을 찍은 곳을 살펴보아도 또 중복이 나타나니, 경황이 없이 필삭했다면 어떻게 원하는 목적을 이룰 수 있겠는가.[10]

---

10 이제~있겠는가 : 포기룡은 이 안案 부분을 유지기가 나중에 추가한 내용으로 보았다.

● 첨삭 5

「項羽本紀」曰: "項籍者, [字羽] 下相人也, 字羽. 初起時, 年二十四. [項氏世世爲楚將, 封于項, 故姓項氏.] 其季父項梁, 梁父卽楚將項燕, 爲秦將王翦所殺者也. [燕子梁, 梁籍季父也] (項氏世世爲楚將, 封于項, 故姓項氏.)"【右除三十字, 加二十四字, 釐革其次序.】

「항우본기項羽本紀」에 "항적項籍이란 사람은 하상下相 사람이며, 자는 우羽이다. 처음 군사를 일으켰을 때 나이 24세였다. 그의 숙부가 항량項梁인데, 항량의 아버지가 바로 초나라 장수 항연項燕으로, 진나라 장수 왕전王翦에게 죽임을 당한 사람이었다. 항씨는 대대로 초나라 장수로서 항項 땅에 봉해졌으므로 성을 항씨로 삼았다."라고 했다.【이 문장에서 30글자(32글자)를 삭제하고 24글자를 추가한 뒤 순서를 고쳐 바로잡는다.】

● 첨삭 6

「呂氏本紀」曰: "呂太后者, 高祖微時妃也. 生孝惠帝·女魯元太后[公主]. 及高祖爲漢王, 得定陶戚姬, 愛幸, 生趙隱王如意. [高祖嫌]孝惠爲人仁弱, 高祖以爲不類我, 常欲廢太子, 立戚姬子如意, 如意類我. [又]戚姬幸, 常[獨]從上之關東, 日夜啼泣, 欲立其子[趙王如意以]代太子. 呂后年長, 常留守, 希見上, 益疏. 如意立爲趙王後, 幾代太子者數矣. 賴大臣諍之, 及留侯策, 太子得無廢."【此事見高·惠二紀及諸王·叔孫通·張良等傳, 過爲重疊矣. 今又見於「呂后紀」, 固可略而不言.】 【右除七十五字, 加十二字.】

「여씨본기呂氏本紀」에 "여태후呂太后라는 사람은 고조高祖가 미천했을 때의 비妃이다. 효혜제孝惠帝와 노원공주를 낳았다. 고조가 한왕漢王이 되자 정도定

陶의 척희戚姬를 얻어 총애했고, 거기서 조은왕趙隱王 여의如意를 낳았다. 고조는 효혜孝惠의 사람됨이 어질기만 하고 약해서 싫어했으며, 고조는 그를 자신과 다른 부류라고 생각하여 항상 태자에서 폐위하고 척희의 아들 여의를 세우려고 했으며, 여의에 대해서는 자신과 같은 부류라고 여겼다.

더욱이 척희는 총애를 받아 항상 혼자 고조를 따라 관동關東으로 가서 밤낮으로 울며 자기 아들인 조왕 여의로 태자를 대신하려고 했다. 여후는 나이가 든 데다 항상 유수留守를 지키고 있었기 때문에 고조를 만나고자 해도 그럴 수 없었고 더욱 소원해졌다. 여의를 조왕으로 삼은 뒤 태자를 대신하려는 시도가 몇 번 있었지만, 대신의 간쟁과 유후留侯의 방책[11]에 힘입어 태자가 폐위되지 않을 수 있었다.【이 사실은「고조본기高祖本紀」및「효혜제본기孝惠帝本紀」, 여러 왕이나 숙손통叔孫通·장량張良 등의 열전에 보이므로[12] 지나치게 중복된 서술이다. 지금 또「여후본기」를 보면, 이 부분은 생략하고 굳이 말하지 않아도 된다.】【이 문장에서 75글자를 삭제하고, 12글자[13]를 추가한다.】

---

11 유후의 방책 : 고조가 척부인戚夫人의 소생인 조왕 여의로 태자를 바꾸려 할 때 대신들이 올리는 간쟁도 전혀 듣지 않았다. 이에 장량張良이 계책을 내어 태자로 하여금 상산사호常山四皓에게 비사후례卑辭厚禮(글을 겸손하게 쓰고 상대를 후하게 예의함)로 글을 올리게 했다. 마침내 사호를 맞아 태자를 보익하게 함으로써 마침내 고조가 태자를 바꾸지 않게 되었다.『사기』권55「유후세가留侯世家」에 나온다.

12 이 사실은~보이므로 : 이 사실은「여태후본기」외에, 권49「외척세가外戚世家」, 권55「유후세가」, 권96「주창열전周昌列傳」, 권99「숙손통열전叔孫通列傳」에 나온다. 그러나 유지기가 말한「효혜제본기孝惠帝本紀」나「제왕전帝王傳」에 들어 있어야 할 '조은왕여의전趙隱王如意傳'은 현재 남아 있는『사기』에 보이지 않는다.

13 12글자 : 포기룡은 추가해야 할 글자가 10글자라고 했지만, 홍업洪業과 조여보趙呂甫는 12글자로 보았다.

● 첨삭 7

「宋世家」曰: "[初, <u>元公之孫糾</u>, <u>景公殺之</u>.] 景公卒, [<u>糾之子</u>]宋公子特攻殺太子而自立, 是爲昭公. 昭公者, <u>元公之曾庶孫也</u>, <u>昭公父公孫糾</u>, <u>糾父公子嵩秦</u>, <u>即元公少子也</u>. <u>景公殺昭公父糾</u>, 故昭公怨, 殺太子而自立."
【右除四十六字, 加十三字.】

「송세가宋世家」에 "처음에 원공元公의 손자 공손규公孫糾를 경공景公이 죽였다. 경공이 졸하고, 공손규의 아들 송나라 공자公子 특特이 경공의 태자를 공격하여 죽이고 자신이 태자가 되었는데, 이 사람이 소공昭公이다. 소공의 아버지가 공손규이고, 공손규의 아버지는 공자단진公子嵩秦이며 바로 원공의 작은 아들이다. 경공이 소공의 아버지 공손규를 죽였기 때문에 소공이 원망하여 경공의 태자를 죽이고 스스로 태자가 되었다."라고 했다. 【이 문장에서 46글자를 삭제하고, 13글자를 추가한다.】

● 첨삭 8

「三王世家」曰: "'大司馬臣去病昧死, 再拜上疏皇帝陛下. 陛下過聽, 使臣<u>去病</u>待罪行間, 宜專邊塞之思慮. 暴骸中野, 無以報, 乃敢惟他議以干用事者. 誠見陛下憂勞天下, 哀憐百姓以自忘, 虧膳貶樂, 損郎員. 皇子賴天, 能勝衣趨拜, 至今無位號師傅官. 陛下恭讓不恤, 羣臣私望, 不敢越識而言. 臣竊不勝犬馬之心, 昧死願陛下詔有司, 因盛夏吉時, 定皇子位. 惟陛下幸察, 臣去病昧死再拜以聞皇帝陛下.' 三月乙亥, 御史臣光守尚書令, 奏未央宮, 制曰: '下御史.' 六年, 三月, 戊申朔, 乙亥, 御史臣光守尚書令丞非下御史, 書到, 言: '丞相臣青翟·御史大夫臣湯·太常臣充·大行令臣息·太子太傅臣安行宗正事昧死上言. 大司馬臣去病上疏曰〈陛下過聽, 使臣去病待罪行間, 宜專邊塞之思慮, 暴骸中野, 無以報, 乃敢惟他議以干用事者. 誠見陛下憂勞天下, 哀憐百姓以自忘, 虧膳貶樂, 損郎員. 皇子賴天能勝衣趨拜, 至今無號位師傅官, 陛下恭讓不恤; 羣臣私望, 不敢越職而言. 臣切不勝犬馬之心, 昧死願陛下詔有司, 因盛夏吉時, 定皇子位. 惟陛下幸察.〉制曰: 〈下御史.〉 臣謹與中二千石·二千石臣賀等議[曰], 古者裂地立國, 幷建諸侯以承天子, 所以尊宗廟重社稷也. 今臣去病上疏, 不忘其職, 因以宣恩, 乃道天子卑讓自貶, 以勞天下, 慮皇子未有號位. 臣青翟·臣湯等宜奉義尊職, 愚蠢不逮事. 方今盛夏吉時, 臣青翟臣湯等昧死, 請立皇子臣閎·臣旦·臣胥爲諸侯王. 昧死請所立國名.'" 【右除一百八十四字, 加一字.】

「삼왕세가三王世家」에 "'대사마 신 곽거병霍去病은 죽음을 무릅쓰고 재배하며 황제 폐하께 상소합니다. 폐하께서 잘못된 말을 들으시고 신 곽거병을 군직에 임명하셨으니, 마땅히 변경 대비에 전심을 다하겠습니다. 저의 죽은 시체를 황야에 버려둔다 해도 폐하의 은혜는 갚을 길이 없으나, 이제 감히 군사 이외의 의논을 가지고 해당 직무를 맡은 사람에게 간섭하고자 합니다. 진실로 폐하께서는 천하를 근심하며 위로하고, 백성을 가엾게 여기시느라 자신을 잊으셨으며, 반찬과 음악을 간소히 하고 낭관을 감원하셨습니다.

황자는 하늘에 힘입어 옷의 무게를 견디고 뛰어다니면서 인사할 나이가 될 수 있었습니다만, 지금까지 위호位號나 사부號師를 맡은 관원이 없습니다. 폐하께서 공손하고 겸양하시지만 황자를 걱정하지 않으시니, 모든 신하가 마음속으로 바라고 있으면서도 감히 직무를 넘어서 말하지 못하고 있습니다. 신이 견마犬馬의 마음을 이기지 못하여 죽음을 무릅쓰고 바라건대, 폐하께서는 유사有司에게 조칙을 내리시어 성하盛夏의 길일을 택해 황자의 지위를 정하십시오. 폐하께서 살펴주십시오. 신 곽거병은 죽음을 무릅쓰고 재배하며 황제 폐하께 말씀드립니다.'라고 했다. 3월 을해乙亥, 어사 겸 상서령 신 곽광 霍光이 미앙궁未央宮에서 아뢰었다. 황제는 '어사에게 내려 심의하라.'고 했다.

6년 3월 초하루 무신戊申 을해乙亥에 어사 겸 상서령 신 곽광과 상서승 비非는 상주문을 어사에게 내렸고, 그 논의한 의견서에 '승상 신 장청곽莊靑翟, 어사대부 신 장탕張湯, 태상 신 조충趙充, 태행령 신 이식李息, 태자 태부 겸 종정사 신 임안任安은 죽음을 무릅쓰고 말씀을 올립니다. 대사마 신 곽거병이 상소하기를, 〈폐하께서 잘못된 말을 들으시고 신 곽거병을 군직에 임명하셨으니, 마땅히 변경 대비에 전심을 다하겠습니다. 저의 죽은 시체를 황야에 버려둔다 해도 폐하의 은혜는 갚을 길이 없으나, 이제 감히 군사 이외의 의논을 가지고 해당 직무를 맡은 사람에게 간섭하고자 합니다. 진실로 폐하께서는 천하를 근심하며 위로하고, 백성을 가엾게 여기시느라 자신을 잊으셨으며, 반찬과 음악을 간소히 하고 낭관을 감원하셨습니다.

황자는 하늘에 힘입어 옷의 무게를 견디고 뛰어다니면서 인사할 나이가 될 수 있었습니다만, 지금까지 위호位號나 사부號師를 맡은 관원이 없습니다. 폐하께서 공손하고 겸양하시지만 황자를 걱정하지 않으시니, 모든 신하가 마음속으로 바라고 있으면서도 감히 직무를 넘어서 말하지 못하고 있습니다. 신이 견마犬馬의 마음을 이기지 못하여 죽음을 무릅쓰고 바라건대, 폐하께서는 유사有司에게 조칙을 내리시어 성하盛夏의 길일을 택해 황자의 지위를 정하십시오. 폐하께서 살펴주십시오.〉라고 했고, 황제께서는 〈어사에게 내려 심의하라.〉고 하셨습니다. 신들이 삼가 중이천석中二千石[14]과 이천석二千石 신 공손하公孫賀 등과 다음과 같이 의논하였습니다. 옛날 영지를 나누어 나라를 세우고, 아울러 제후를 두어 천자를 받들게 한 것은 종묘를 높이고 사직을

---

14 중이천석 : 『후한서』 「백관지百官志」에 "경태상卿太常 1원員이고, 이천석二千石을 채운다.(中)"라고 했는데, 중中은 만滿의 뜻이고, 상위 등급을 가리킨다.

중시하기 위한 것이었습니다. 지금 신 곽거병의 상소는 자신의 직무를 잊지

않고 폐하의 은혜를 선양하면서, 천자께서 겸양하여 자신을 낮추고 천하를

위로하였다고 말하며, 황자에게 아직 위호가 없는 것을 걱정하였습니다. 신

장청적, 신 장탕 등은 의리를 받들고 직무를 존중해야 하거늘, 어리석어 그

일을 미처 생각하지 못했습니다. 이제 성하 길일에 신 장청적, 신 장탕 등은

죽음을 무릅쓰고 황자인 신 굉閎, 신 단旦, 신 서胥를 제후왕에 봉하기를 청하

며, 죽음을 무릅쓰고 세울 나라 이름을 청합니다.' 했다."라고 했다.【이 문장

에서 184글자(185글자)를 삭제하고, 1글자를 추가한다.】

已上有言語相重者, 今略點廢如此. 但此一篇所記, 全宜削除, 今輒具列于

斯, 籍爲鑑戒者爾. 凡爲史者, 國有詔誥, 十分不當取其一焉. 故漢元帝詔

曰: "蓋聞安民之道, 本由陰陽, 間者陰陽錯謬, 風雨不時, 朕之不德, 庶幾

羣公有敢言朕之過者, 今則不然, 偸合苟從, 未肯極言, 朕甚憫焉. 永惟蒸

庶之饑寒, 遠離父母妻子, 勞于非業之作, 衛于不居之宮, 恐非所以佐陰陽

之道也. 其罷甘泉·建章宮衛士, 各令就農. 百官各省費, 條奏毋有所諱. 有

司勉之, 毋犯四時之禁. 丞相·御史擧天下明陰陽災異者各三人." 及荀悅

撰『漢紀』, 略其文曰: "朕惟衆庶之饑寒, 遠離父母妻子, 勞于非業之作, 衛

于不居之宮, 其罷甘泉·建章宮衛士, 各令就農. 丞相·御史擧天下明陰陽

災異者各三人." 自餘鈔撮, 他皆仿此.

이상에서 언어에 중복된 것이 있으면 대략 붓으로 점을 찍어 이처럼 삭제

해보았다. 다만 이 「삼왕세가」 한 편의 내용은 마땅히 전부 삭제해야 하지

만, 지금 이 자리에 하나하나 열거하여 감계鑑戒로 삼고자 한다.

역사를 편찬하는 모든 사람은 나라에 천자의 조고詔誥가 있으면 그 내용 중

10분의 1도 선택해서는 안 된다. 그러므로 한 원제漢元帝의 조詔에 "백성을 편안하게 하는 길은 근본이 음양에서 유래한다고 들었다. 간혹 음양이 어긋나서 때 아닌 비바람이 몰아치기도 했다. 이는 짐의 부덕이었으니, 공들이 감히 짐의 잘못을 말해주기를 원했다. 지금은 그렇지 않아서, 공들은 짐에게 영합하여 구차하게 따르기만 하고 극언을 하려고 하지 않으니, 짐은 매우 근심스럽다. 생각건대 많은 서민은 추위와 굶주림으로 부모처자와 멀리 이별하고, 하지 않아도 되는 일 때문에 수고하며, 사람이 살지 않는 집을 지키고 있으니 음양의 도리를 보좌하는 방법이 아니다. 감천궁甘泉宮과 건장궁建章宮을 지키는 병사들을 없애고, 각자 농사를 짓게 하라. 승상과 어사는 천하에서 음양과 재이에 밝은 사람을 각각 세 명 추천하라."고 했는데,[15] 순열荀悅이 『한기漢紀』를 편찬할 때, 그 문장을 요약하여 "짐이 생각건대, 많은 서민은 추위와 굶주림으로 부모처자와 멀리 이별하고, 하지 않아도 되는 일 때문에 수고하며, 사람이 살지 않는 집을 지키고 있으니, 감천궁과 건장궁을 지키는 병사들을 없애고, 각자 농사를 짓게 하라. 승상과 어사는 천하에서 음양과 재이에 밝은 사람을 각각 세 명 추천하라."고 했다.[16] 그 밖에 생략하는 방식도 모두 이를 준거로 삼았다.

近則天朝, 諸撰史者, 凡有制誥, 一字不遺, 唯去詔首稱門下, 詔尾去主者施行而已. 時武承嗣監修國史, 見之大怒, 謂史官曰: "公輩是何人, 而敢輒減詔書?" 自是史官寫詔書, 雖門下贊詔亦錄. 後予聞此說, 每嗢噱而已. 必以「三王世家」相比, 其繁碎則又甚于斯. 是知史官之愚, 其來尚矣. 今之作

---

15 한 원제의~했는데 : 『한서』권9 「원제기元帝紀」에 나온다. 초원初元 3년 6월의 조詔이다.
16 순열이~했다 : 순열의 『전한기前漢紀』권21 「효원황제기孝元皇帝紀」 초원 3년에 나온다.

者, 何獨笑武承嗣而已哉?

　　최근 측천무후則天武后 시대에 역사를 편찬하는 사관은 제고制誥가 있으면
한 글자도 버리지 않고, 오직 조목 첫머리에 문하門下라고 칭한 것과 조목 끄
트머리의 '담당자는 시행하라(主者施行)'는 말만 삭제했을 뿐이다. 당시 무승사
武承嗣가 국사 편찬을 감수했는데, 그것을 보고 크게 화를 내며 사관에게 말
하기를 "공은 도대체 뭐하는 사람인데 감히 매번 조서를 줄인다 말인가?"라
고 했다. 이때부터 사관이 조서를 옮겨 쓸 때는 비록 문하성門下省의 서리가
만든 조목이라도 기록했다. 후에 내가 이 이야기를 듣고는 매번 크게 웃었다.
굳이 『사기』「삼왕세가」와 서로 비교해보면, 그 번쇄함이 더욱 심하다. 이
를 통해 사관의 어리석음은 그 유래가 오래되었다는 사실을 알 수 있다. 지
금 역사를 편찬하는 사람이 어떻게 무승사만 비웃을 수 있겠는가?

● 첨삭 9

『魏公子傳』曰: "高祖始微少時, 數聞公子賢. 及即天子位, 每過大梁, 常祠
公子. 高祖十二年, 從擊黥布還, 爲公子置守冢五家, 世世歲以四時奉祠公
子. 太史公曰: '吾過大梁之墟, 求問其所謂夷門, [以徵信陵君故事. 說者
云: 〈當戰國之時〕, 夷門者, 城之東門也〉, 天下諸公子, 亦有喜士者矣. 然
[而]信陵君之接巖穴隱者, 不恥下交, [名冠諸侯], 有以也. 名冠諸侯不虛
耳. 高祖每過之, 而令民奉祠不絶也.'"【右除十五字, 加二十字.】

　　『위공자전魏公子傳』에 "고조가 초기에 미천했을 때, 공자公子가 현명하다는
말을 여러 번 들었다. 천자의 지위에 오르고 나서 매번 대량大梁을 지날 때면
항상 공자에게 제사를 지냈다. 고조 12년 경포黥布를 치고 돌아올 때 공자를

위해 무덤을 지킬 다섯 가구를 두어 대대로 사시사철 공자의 제사를 받들도록 했다. 태사공이 말하기를 '내가 대량의 폐허를 지날 때, 이문夷門이라고 부르는 이유를 물어보아 신릉군信陵君의 고사를 징험하려고 했다. 어떤 사람이 〈전국시대에 이문은 성의 동문東門이었다.〉고 했다. 천하의 여러 공자들 가운데도 사士를 좋아하는 사람은 있었다. 그렇지만 신릉군信陵君이 암혈에 살던 은자隱者를 만난 것은 자신을 낮춰 교분을 맺는 일을 부끄러워하지 않았던 것이니, 그의 명성이 제후들 중에 으뜸이었던 것에는 이유가 있었다. 명성이 제후들 중에 으뜸인 것이 헛되지 않았던 것이다. 고조가 매번 지나면서 백성들에게 끊이지 않고 제사를 받들도록 했다.'고 했다."라고 했다.【이 문장에서 15글자를 삭제하고, 20글자를 추가한다.】

● 첨삭 10

「魯仲連傳」曰: "仲連好奇偉俶儻之畫策, 而不肯仕官任職, 好持高節. 游于趙. 趙孝成王時, 而秦王使白起破趙長平之軍前後四十餘萬. 秦遂東圍邯鄲, 趙王恐, 諸侯之救兵, 莫敢擊秦軍. 魏安釐王使將軍晉鄙救趙, 畏秦, 止于蕩陰, 不進. 魏王使客將軍新垣衍間入邯鄲, 因平原君謂趙王曰: '秦[王]所爲急圍趙者, 前與齊湣王爭強爲帝, 已而復歸帝[號]. 今齊湣王已益弱, 方今惟秦雄天下, 此非必貪邯鄲, 其意欲復求爲帝, 趙誠發使尊秦昭王爲帝, 秦必喜, 罷兵去.' 平原君猶豫未有所決. 此時魯連適游趙, 會秦圍趙. 聞魏將欲令趙尊秦爲帝, 乃見平原君, 曰: '事將奈何?' 平原君曰: '勝也, 何敢言事. 前亡四十萬之衆于外, 今又內圍邯鄲而不去. 魏王使客將軍新垣衍令趙帝秦, 今其人在是[此], 勝也, 何敢言事.' 魯連曰: '吾始以君爲天下之賢公子也, 吾乃今然後知君非天下之賢公子也. 梁客新垣衍安在? 吾請爲君責而歸之.' 平原君曰: '勝請爲紹介而見之于先生.' 平原君遂見新垣衍曰: ‘東國有魯連先生者, 今其人在此, 勝請爲紹介, 而交之于將軍.’ 新垣衍曰: ‘吾聞魯連先生, 齊之高士也. 衍, 人臣也, 使事有職, 吾不願見魯連先生.’ 平原君曰: ‘勝已泄之矣.’ 新垣衍許諾. 魯仲連見新垣衍而無言, 新垣衍曰: ‘吾視居此圍城之中者, 皆有求平原君者也. 今吾觀先生之玉貌, 非有[所]求于平原君者也, 曷爲久居此[重]圍城之中而不去?’ 魯連 …… ‘梁未睹秦稱帝之害故耳! 使梁睹秦稱帝之害, 則必助趙矣.’ 新垣衍曰: ‘秦稱帝之害奈何?’ 魯連曰: ‘…… 吾將使秦王烹醢梁王.’ 新垣衍怏然不悅, 曰: ‘嘻! 亦太甚矣, 先生之言也, 先生又烏能使秦王烹醢梁王?’ 魯連曰: ‘固也, 吾將言之, …… 今秦萬乘之國也, [與]梁亦萬乘之國也, 俱據萬乘之國, 交有稱王之名, 睹其一戰而勝, 欲從而帝之.’ …… 于是新垣衍起, 再拜而謝曰: ‘始以先生爲庸人, 吾乃今日知先生爲天下之士也. ……’ 適會魏公子無忌奪晉鄙軍以救趙, 擊秦軍, 秦軍遂引而去. 于是平原君欲封魯連, 魯連辭讓謝使者三, 終不肯受. 平原君乃置酒, 酒酣, 起前, 以千金爲魯連壽. ……”

【右除二百七十五字, 加七字.】

「노중연전魯仲連傳」에 “노중연은 기발하고 탁월한 계획을 좋아했지만, 관직에 나가려 하지 않고 고매한 절개를 지키는 것을 선호했다. 노중연은 조趙나라로 갔다. 조 효성왕趙孝成王 때였는데, 진왕秦王이 백기白起를 보내 전후 40만에 이르는 조나라 장평長平의 군대를 쳐부쉈다. 진나라가 마침내 동쪽으로 진격하여 한단邯鄲을 포위하자 조왕이 공포에 질렸지만, 제후들의 구원병은 감히 진나라 군대를 공격하지 못했다. 위 안리왕魏安釐王이 장군 진비晉鄙에게 명령하여 조나라를 구원하라고 했는데, 오히려 진나라를 두려워하며 탕음蕩陰에 머무르면서 진격하지 못했다.

위왕은 객장군인 신원연新垣衍을 시켜 한단에 몰래 들어가게 하고, 평원군平原君을 통해 조왕에게 말하기를 ‘진나라가 급히 조나라를 포위한 이유는,

진나라가 전에 제 민왕齊湣王과 강성함을 다퉈 제帝라고 칭했다가 얼마 뒤 제의 칭호를 취소했는데, 지금 제 민왕이 이미 매우 약해졌고 바야흐로 오직 진나라가 천하의 강자이니, 틀림없이 한단을 탐내는 것이 아니라 다시 제帝가 되기를 바라는 것입니다. 조나라가 진실로 사신을 보내 진 소왕秦昭王을 높여서 제帝로 만든다면, 진나라는 반드시 기뻐하며 군사를 거두고 돌아갈 것입니다.'라고 했다. 평원군은 오히려 미루면서 결정을 내리지 못했다. 이때 노연魯連이 마침 조나라에 있다가 진나라가 조나라를 포위하는 상황에 맞닥뜨렸다. 위나라가 장차 조나라로 하여금 진나라를 제帝로 높이려 한다는 소식을 듣고, 마침내 평원군을 만났다. 노연이 말하기를 '장차 일을 어찌할 생각이십니까?' 하니, 평원군은 '내가 어찌 감히 사안에 대해 말하겠소. 전에 국외에서 40만의 군중을 잃었고, 지금 또 안으로 한단이 포위되어 떠날 수가 없소. 위왕이 객장군 신원연으로 하여금 조나라가 진나라를 제帝라고 부르게 하고자 하고 지금 그 사람이 여기에 있으니, 내가 어찌 감히 사안에 대해 말하겠소.'라고 했다. 노연이 '제가 처음에는 평원군을 천하의 현명한 공자라고 생각했었는데, 지금은 평원군께서 천하의 현명한 공자가 아니라는 것을 알았습니다. 양梁나라 객 신원연이 어디에 있습니까? 제가 평원군 대신 그를 책망한 뒤 돌아가게 하겠습니다.' 하니, 평원군이 '내가 부탁하여 소개하고 선생을 만나도록 하겠소.'라고 했다. 평원군이 마침내 신원연을 만나서 말하기를 '동국東國에 노연 선생이란 사람이 있는데, 지금 그 사람이 여기에 있으니, 내가 청컨대 소개하여 장군과 교제하도록 하겠소.'라고 하니, 신원연이 말하기를 '내가 듣기에, 노연 선생은 제나라의 고사高士입니다. 저는 남의 신하이고 사신으로서 맡은 직무가 있으니, 노연 선생을 만나고 싶지 않습니다.'라고 했다. 평원군이 '내가 이미 말을 해버렸습니다.'라고 하니, 신원연이 만남을 허락했다. 노중연은 신원연을 만났는데도 말이 없었다. 신원연이 '내가 보니, 이 포위된 성안에 있는 사람들은 모두 평원군에게서 뭔가를 바라는 것이 있는 사람들입니다. 지금 내가 선생의 귀한 용모를 보니, 평원군에게 뭔가를 바라는 것이 있는 사람이 아닙니다. 그런데 왜 이 첩첩이 포위된 속에서 오래 머무르면서 떠나지 않습니까?'라고 하니, 노연은 …… '양나라가 아직 진나라가 칭제했을 때의 폐해를 목도하지 못했기 때문입니다! 만일 양나라가 칭제했을 때의 진나라의 폐해를 목도했다면, 반드시 조나라를 도왔을 것입니다.' 했다. 신원연이 '칭제의 폐해가 어떠했습니까?' 하니, 노연이 '…… 내가 장차 진왕秦王으로 하여금 양왕梁王을 삶고 절이게 하겠소.' 하니, 신원연이 불만에 차서 언짢아하며 말하기를 '허! 너무 심합니다, 선생의 말씀이. 선생은 어떻게 진왕으로 하여금 양왕을 삶고 절이게 하겠소?'라고 했다. 노연이 '물론 그렇게 할 것이오. 내가 말해드리겠소. …… 지금 진나라는 만승萬乘의 나라이고, 양나라도 만승의 나라입니다. 모두 만승의 나라임을 근거로 삼아 번갈아 왕이라고 칭할 것이므로, 진나라가 한번 전쟁을 벌여 승리하는 것을 보고서 따라가 제帝로 인정해주려고 하오.'라고 했다. …… 이에 신원연이 일어나 재배하고 사과하기를 '처음에는 선생을 평범한 사람이라고 생각했는데, 지금에야 선생이 천하의 고사임을 알겠습니다. ……' 마침 위나라 공자 무기無忌가 진비의 군대를 빼앗아 조나라를 구원하기 위해 진나라 군대를 공격하니, 진나라 군대가 마침내 군대를 이끌고 떠났다. 이에 평원군이 노연을 봉하려고 했으나, 노연이 세 차례나 겸양하면서 사신을 사양하고 끝내 받으려 하지 않았다. 평원군이 이윽고 술자리를 마련했고, 분위기가 한창 무르익었을 때 일어나 앞으로 나가 천금을 주면서 노중연의 장수를 빌었다. ……"라고 했다.【이 문장에서 275글자(276글자)를 삭제하고, 7글자(6글자)를 추가한다.[17]】

---

17 275글자를~추가한다 : 홍업洪業이 삭제한 275자는 유지기가 말한 275자와 일치하지만, 추가한 글자는 7글자가 아니라 6글자이다.

「屈原賈生傳」曰: "漢有<u>賈生</u>, 爲<u>長沙王</u>太傅, 過湘水, 投書以吊<u>屈原</u>. <u>賈生</u>
名誼, 洛陽人也. …… 乃以[謫]<u>賈生</u>爲<u>長沙王</u>太傅. <u>賈生</u>旣辭往, 行聞<u>長沙</u>
卑濕, 自以爲壽不得長. 又以謫去, 意不自得. 及渡湘水, 爲賦以吊<u>屈原</u>. 其
詞曰: …… <u>賈生</u>爲<u>長沙王</u>太傅[後]三年, 有鵩飛入<u>賈生</u>舍, 止于坐隅. 楚人
命鵩曰: 鵩. <u>賈生</u>旣以謫居<u>長沙</u>, <u>長沙</u>卑濕, 自以爲[恐]壽不得, 長傷悼之,
乃爲賦以自廣, 其詞曰: …… <u>懷王</u>騎, 墮馬而死, 無後. <u>賈生</u>自傷爲傅無狀,
哭泣歲餘, <u>賈生</u>之死. 時年三十三矣."【右除七十六字, 加三字】

　　「굴원가생전屈原賈生傳」에 "한나라에 가생賈生이 있었는데, 장사왕長沙王의
태부가 되어 상수湘水를 지나다가 글을 강물에 던지고 굴원屈原을 조문했다.
가생의 이름은 의誼로, 낙양 사람이다. …… 이윽고 가생을 벌주어 장사왕 태
부로 삼았다. 가생이 이별하고 떠났는데, 가는 길에 장사 지역은 낮고 습하다
는 사실을 듣고는 스스로 수명이 길지 못하겠다고 생각했다. 더욱이 좌천되
어 떠나기 때문에 마음도 편치 않았다. 상수를 건널 때, 부賦를 지어 굴원屈原
을 조문했다. 그 글에 …… 가생이 장사왕 태부가 되어 3년이 지난 뒤, 부엉
이가 가생의 집으로 날아 들어와 방 귀퉁이에 멈추었다. 사람들이 그 부엉이
를 붕鵩이라 불렀다. 가생이 장사로 좌천되어 가면서 장사 지역이 낮고 습하
여 스스로 수명이 길지 못하리라 생각하니 두렵고 애통하여 자신을 위로했
다. 그 가사에, …… 양 회왕梁懷王이 말을 타다가 떨어져 죽었는데, 후손이 없
었다. 가생이 스스로 태부이면서도 한 일이 없었던 것을 상심하면서 1년여
동안 곡하고 울다가 죽었다. 가생이 죽었을 때, 당시 나이 33세였다."라고 했
다.【이 문장에서 76글자(74글자)를 삭제하고, 3글자를 추가한다.】

● 첨삭 12

「扁鵲倉公傳」曰: "<u>太倉公</u>者, 齊太倉長, 臨淄人也. 姓淳于氏, 名意. 少而喜醫方術. <u>高后八年</u>, 更受師同郡元里公乘陽慶. 慶年七十餘, 無子, 使意盡去其故方, 更悉以禁方與之. 傳<u>黃帝·扁鵲之脈書, 五色診病, 知人死生, 決嫌疑, 定可治</u>, 乃藥論甚精. 受之三年, 爲人治病, 決死生多驗. …… 詔召問: '所爲治病死生驗者幾何人? 主名爲誰?' 詔問: '故太倉長臣意方伎所長, 及所能治病者, 有其書無有? 皆安受學? 受學幾何歲? 嘗有所驗? 何縣里人也? 何病? 醫藥已, 其病之狀皆何如? 具悉而對.' 臣<u>意</u>對曰: '自<u>意</u>少時, 喜醫藥方, 試之多不驗者. 至高皇后八年, 得見師臨淄元里公乘<u>陽慶</u>. 慶年七十餘, <u>意</u>得見事之. 謂<u>意</u>曰:〈盡去而方書, 非是也. <u>慶</u>有古先道遺傳<u>黃帝·扁鵲之脈書, 五色診病, 知人死生, 決嫌疑, 定可治</u>, 及藥論書甚精. 我家給富, 心愛公, 欲盡以我禁方書悉敎公,〉臣<u>意</u>即曰:〈幸甚, 非<u>意</u>之所敢望也.〉臣<u>意</u>即避席再拜謁, 受其『脈書上下經』·『五色診』·『奇咳術』·『揆度陰陽外變』·『藥論』·『石神』·『接陰陽』禁書, 受讀解驗之, 可一年, 明歲即驗之, 有驗, 然尚未精也. 要事之三年所, 即嘗以爲人診病, 決死生, 有驗, 精良. 今<u>慶</u>已死十年, 臣<u>意</u>年盡三年, 三十九歲也. 齊侍御<u>史成</u>自言病頭痛, 臣<u>意</u>診其脈, 告曰:〈君之病惡, 不可言也.〉'"【已下皆述一生醫療效驗事.】

【右除二百九十五字】

　　「편작창공전扁鵲倉公傳」에 "태창공太倉公은 제나라 곡식 창고인 태창의 장관으로, 임치臨淄 사람이었다. 성은 순우씨淳于氏이고, 이름은 의意였다. 어려서부터 의술을 좋아했다. 고후高后 8년(B.C.180), 같은 군 원리에 사는 공승公乘 양경陽慶에게서 사사했다. 양경은 나이가 70여 세였고 자식이 없었으므로, 순우의淳于意에게 지금까지 배웠던 의술을 모두 버리게 하고 대신 비전秘傳의 의술을 전수했다. 양경은 황제와 편작의 맥서脈書를 이어받아 안색에 나타나는 다섯 가지 색으로 병을 진단하고 사람의 생사를 알았으며, 의문점을 해결하고 치료 방법을 결정했으며, 또한 약에 대한 이론에도 매우 정통했다. 배운 지 3년이 되자, 병자를 치료하고 생사를 판단하는 데 효험이 많았다. …… 황제가 조詔를 내려 불러들여서 묻기를 '병을 치료하여 생사를 판단하는 데 효험이 있던 사람은 몇 명인가? 병자의 이름은 무엇인가?' 했고, 조서를 내려 묻기를 '전前 태창 장관 신臣 순우의가 가진 의술의 장점은 무엇이고, 잘 치료하는 병 및 그에 대한 의서가 있는가? 모두 누구에게서 배웠는가? 배운 것이 몇 살 때인가? 효험을 본 적이 있는가? 무슨 현리 사람인가? 무슨 병인가? 의약을 썼을 때 그 병의 증상이 모두 어떠했는가? 자세히 갖추어 대답하라.' 고 했다. 신 순우의는 '제가 어렸을 때부터 의술을 좋아하여 노력해보았지만, 대부분 효험이 없었습니다. 고황후 8년에 이르러, 임치 원리의 공승인 양경을 스승으로 뵐 수 있었습니다. 양경은 나이가 70여 세였으며, 제가 만나 뵙고 섬길 수 있었습니다. 저에게 말하기를, 〈지금까지 네가 가지고 있던 의서를 모두 버려야 하는데, 그것들이 옳지 않기 때문이다. 나는 옛 선배들이 남긴 황제와 편작의 맥서를 이어받아 안색에 나타난 다섯 가지 색으로 병을 진단하고 사람의 생사를 알며, 의문점을 해결하고 치료 방법을 결정하며, 또한 약에 대한 이론에도 매우 정통하다. 우리집은 부유하고 내가 마음으로 너를 아끼고 있어서, 비전하는 의서를 모두 가르쳐주려고 한다.〉라고 했고, 신 의意는 곧장, 〈다행입니다. 제가 감히 바랄 수 없던 일입니다.〉라고 했습니다. 신 의意는 곧 자리를 피해 일어나 재배를 올린 뒤, 양경의 『맥서상하경脈書上下經』·『오색진五色診』·『기해술奇咳術』·『규도음양외변揆度陰陽外變』·『약론藥論』·『석신石神』·『접음양接陰陽』 등 비전 의서를 받아서, 그것을 읽고 해석하고 시험해보았습니다. 1년 정도 그렇게 한 뒤에 이듬해 곧 시험해보았더니, 효험은 있었지만 아직 정통하지 못했습니다. 3년 정도 전념하여 양경을 섬긴 뒤, 시험삼아 병자를 진찰하고 생사를 판단했던 바, 효험이 있었고 정확했습니다. 지금 양경이 죽은 지 이미 10년이 되었습니다. 신 의意는 3년을 스승에게서 사사했고, 39세입니다. 제나라 시어사侍御史인 성成이 자신은 두통을 앓고 있다고 말하기에 신 의가 진맥하고, 〈당신의 병은 악화되어 말을 할 수가 없습니다.〉 했습니다.'라고 아뢰었다."라고 했다. 【이하에서는 모두 일생 동안 의료를 하면서 효험을 본 사례를 서술했다.】【이 문장에서 295글자(290자)를 삭제한다.】

「宋世家」初云'襄公嗣位', 後仍謂爲'宋襄公', 不去'宋襄'二字.「吳世家」云'闔閭',「越世家」云'勾踐', 每于其號上加'吳王'·'越王'字, 句句未嘗捨之.「孟嘗君傳」曰: "馮公形容狀貌甚辨." 案形容·狀貌同是一說, 而敷演重出, 分爲四言. 凡如此流, 不可勝載. 其「十二諸侯表」曰: "孔子次『春秋』, 約其辭文, 去其繁重." 又「屈原傳」曰: "其文約, 其辭微." 觀子長此言, 實有深鑑. 及自撰『史記』, 榛蕪若此, 豈所謂非言之難而行之難乎!

「송세가宋世家」 초반부에 '양공襄公이 이어서 즉위했다'고 했고, 후반부에도 그대로 '송 양공'이라고 칭하면서 '송양宋襄' 두 글자를 없애지 않았다.「오세가吳世家」에서는 '합려闔閭'라고 하고,「월세가越世家」에서는 '구천勾踐'이라고 하면서, 매번 그 이름 위에 '오왕'이나 '월왕'이란 글자를 덧붙이고 매 구절마다 빼놓지 않았다.「맹상군전孟嘗君傳」에 "풍공馮公은 형용과 상모가 매우 분명하다."라고 했는데, 생각해보면 형용이나 상모는 같은 말인데도 부연하여 거듭 서술함으로써 4글자가 되었다. 이런 사례가 셀 수 없이 실려 있다. 사마천의 「십이제후표十二諸侯表」에서 "공자가 『춘추』를 편차하여 그 문장을 간략히 하고 번거롭고 중복된 곳을 없앴다."라고 했고, 또 「굴원전屈原傳」에서 "그 문장은 간략하고 그 표현은 미묘하다."라고 했다. 사마천의 이 말을 보면 실로 깊이 거울로 삼을 만한 점이 있다. 그런데 위에서 살펴보았듯이 자신이 편찬한 『사기』는 번잡하니, 이것이 이른바 "말하기가 어려운 것이 아니라 실천하기가 어렵다."[18]는 것이 아니겠는가.

• 첨삭 13

『漢書』「龔遂傳」曰: "上遣使者徵遂. 議曹王生請從. 功曹以爲王生素嗜酒, 亡節度, 不可使. 遂不聽. 從至京師, 王生日飮酒, 不視太守. 會遂引入宮, 王生醉, 從後呼曰: '明府且止, 願有所白.' 遂還, 問其故, 王生曰: '天子卽問君何以治渤海, 君不可有所陳對, 宜曰:〈皆聖主之德, 非小臣之力也.〉' 遂受其言, 旣至前, 上果問以治狀. 遂對如王生言. 天子悅其有讓, 笑曰: '君安得長者之言而稱之?' 遂因前曰: '臣非知此, 乃臣議曹敎戒臣也.' …… 上以遂年老, 不任公卿, 拜爲水衡都尉. 議曹王生爲水衡丞."【右除八十四字】

　『한서』「공수전龔遂傳」에 "상上이 사신을 파견하여 공수龔遂를 불렀다. 의조議曹(태수의 속관)인 왕생王生이 따라가기를 청했다. 공조功曹는 왕생이 평소 술을 좋아하고 절도가 없기 때문에 데리고 가면 안 된다면서 반대했다. 공수는 듣지 않았다. 왕생을 데리고 장안長安에 도착했지만, 왕생은 매일 술만 마시며 태수인 공수는 만나지 않았다. 마침 공수가 황제의 부름을 받아 궁궐에 들어갈 때 왕생이 취한 상태로 뒤에서 부르기를 '태수께서는 잠깐 멈추십시오. 아뢸 말씀이 있습니다.'라고 했다. 공수가 돌아와서 그 연유를 물었더니, 왕생이 '천자께서 곧장 태수가 어떻게 발해를 다스리는지 물을 것이니, 태수

18 말하기가~어렵다 : 『춘추좌씨전』 소공 10년에 나온다.

께서는 이것저것 대답해서는 안 되고, 〈모두 성주聖主의 덕이며, 소신의 힘이
아닙니다.〉라고만 해야 합니다.'라고 했다. 공수가 그 말을 듣고 천자 앞에
이르렀더니, 천자가 과연 정치의 실상을 물었다. 공수가 왕생의 말대로 대답
했더니, 천자는 그의 겸양을 기뻐하며 웃으면서 말하기를 '그대는 어떻게 군
자의 말을 알고서 입에 올렸는가?' 하니, 공수가 이어 앞으로 나아가 말하기
를 '신이 그 말을 알았던 것이 아니라, 신의 의조가 신에게 가르쳐주면서 경
계한 것입니다.'라고 했다. …… 상이 공수가 연로하다고 해서 공경公卿에는
임명하지 않고 수형도위水衡都尉에 임명했다. 의조 왕생은 수형승水衡丞으로
삼았다."라고 했다.【이 문장에서 84글자(83글자)를 삭제한다.】

● 첨삭 14

『新晉書』「袁宏傳」曰: "袁宏有逸才, 文章絕美, 曾爲「咏史詩」, 是其風情
所寄. 少孤貧, 以運租自業. 謝尙時鎭牛渚, 秋夜乘月, 率爾與左右微服泛
江. 會宏在舫中, 諷[其所作「咏史詩」]. 詠聲旣淸會(亮), 詞又藻拔(麗), 遂
駐聽久之, 遣問焉, 答云: '是袁臨汝郎誦詩.' 卽其詠史之作也. 尙傾率有勝
致, 卽迎升舟, 與之談論, 申旦不寐. 自此名譽日茂 …… 從桓溫北征[伐],
作「北征賦」, 皆其文之高者. 嘗與王珣·伏滔同在桓溫坐, 溫令滔讀其[宏
所作]「北征賦」. 至'聞所傳于相傳, 云獲麟于此野; 誕靈物以瑞德, 奚授體
于虞者! 疚尼父之慟泣, 似實慟而非假; 豈一性之足傷, 乃致傷于天下.' 其
本至此便改韻. 珣云: '此賦方傳千載, 無容率爾. 今于〈天下〉之後, 移韻徙
事, 然于寫送之致, 似爲未盡.' 滔云: '得益寫韻一句, 或爲小勝.' 溫曰: '卿
思益之.' 宏應聲答曰: '感不絕于予心, 恖流風而獨寫' …… 謝安嘗賞其機
對辯速, 後安爲揚州刺史, 宏自吏部郎出爲東陽郡, 乃祖道于冶亭, 時賢皆
集. 謝安欲以卒迫試之, 臨別, 執其手, 顧就左右, 取[以]一扇而授之, 曰:

'聊以贈行.' *宏應聲答曰*: '輒當奉揚仁風, 慰彼黎庶'. [觀者無不嘆服]. 時
人嘆其率而能要焉."【此事出檀道鸞『晉陽秋』, 及劉義慶『世說』】【右除
一百一十四字, 加一十九字】

『신진서新晉書』「원굉전袁宏傳」에 "원굉袁宏은 탁월한 재능을 가졌고 문장
이 매우 아름다웠으며, 일찍이「영사시詠史詩」를 지었는데 자신의 심정을 담
은 느낌이 있었다. 어려서 부모를 여의고 가난했기 때문에 세금을 운반하는
일을 자신의 직업으로 삼았다. 사상謝尚은 당시 우저牛渚를 다스리고 있었는
데, 가을밤 달빛을 타고 가까운 사람들과 미복 차림을 하고서 급히 강에 배
를 띄웠다. 마침 원굉이 조운선에 타고 있다가, 자신이 지은「영사시」를 읊
었다. 읊는 소리가 이미 모임을 맑게 만들었고 가사 또한 아름다웠으므로, 마
침내 사상이 배에 머물러 오랫동안 귀 기울여 듣고 있다가, 사람을 보내 물
었더니 '이것은 임여臨汝 원욱袁勗의 아들이 시를 읊는 소리입니다.'라고 대답
했다. 바로 원굉 자신이 지은「영사시」를 읊었던 것이다. 사상은 갑자기 뭔
가 넘치는 흥취가 일어나 곧바로 원굉을 맞아 배에 오르게 하고 함께 이야기
를 나누었는데, 아침이 될 때까지 잠들지 못했다. 이때부터 원굉의 명예가 날
로 높아졌다. …… 원굉은 환온桓溫을 따라 북벌을 가서「북정부北征賦」를 지
었는데, 모두 그의 문장 중에서 우수한 것이었다. 일찍이 환온이 참석한 자리
에서 왕순王珣·복도伏滔와 함께 앉았는데, 환온이 복도에게 원굉의「북정부」
를 읊어보라고 했다. '말로 전해진 것을 전해준 사람에게서 듣자니, 이 벌판
에서 기린을 잡았다(獲麟)고 하네. 상서로운 덕을 가진 신령한 존재로 태어나,
어쩌자고 사냥터지기에게 자기 몸을 주었는가! 공자의 통곡을 가슴 아파 하
나니, 실제 통곡하였지 거짓이 아니신 듯하도다. 어찌하여 한 생명을 상하게
한 것이 천하를 상하는 데 이르렀다는 말인가.'라는 구절에 이르렀다. 원래는
여기에서 다시 운을 바꾸었다. 왕순이 말하기를 '이 부賦는 이제 천 년 동안

전해질 것이니, 서두를 것이 없습니다. 지금 〈천하天下〉라는 말 뒤에 운이 변화하여 내용이 바뀌는데, 글의 취지를 전달하는 데는 미진한 곳이 있는 듯합니다.'고 했고, 복도는 말하기를 '사寫자를 운으로 하는 한 구절을 보태면 아마 조금 나을 듯합니다.'고 했다. 환온은 '경이 생각해서 보태시오.'라고 했다. 원굉이 그 말대로 소리 내어 읽으면서 '감동은 내 마음에서 끊이지 아니하고, 흐르는 바람을 거슬러 홀로 쓰네.'라고 답했다. …… 사안謝安은 일찍이 원굉의 민첩한 응대와 변설을 칭찬했다. 후에 사안이 양주 자사揚州刺史가 되었을 때 원굉은 이부랑吏部郞에서 동양군東陽郡으로 나가게 되었는데, 이윽고 야정冶亭에서 송별회를 열었고 당시의 현자들이 모두 모였다. 사안은 원굉에게 갑자기 글을 요구하면 그가 어떻게 할지 시험해보려고, 이별할 즈음에 그의 손을 잡고는 좌우 사람들을 돌아보면서 부채 하나를 가지고 있다가 원굉에게 주고 말하기를 '떠나는 길에 글 하나 써주시기 바라오.'라고 했다. 원굉은 그 말대로 소리 내어 '언제나 이 부채를 들고 어진 바람 보내시어 저 백성들을 위로하여 주소서.'라고 대답하니, 보는 사람이 탄복하지 않음이 없었다. 당시 사람들은 원굉이 글을 빨리 지을 뿐 아니라 핵심을 짚는 데 감탄했다."라고 했다.【이 사실은 단도란檀道鸞의 『진양추晉陽秋』 및 유의경劉義慶의 『세설신어世說新語』에 나온다.】【이 문장에서 114글자를 삭제하고, 19글자(17글자)를 추가한다.】

● 첨삭 15

『十六國春秋』曰: "郭瑀有女始笄, 妙選良偶, 有心于劉昞. 遂別設一席于座前, 謂諸弟子曰: '吾有一女, 年向成長, 欲覓一快女婿. 誰坐此席者, 吾當婚焉.' 昞遂奮衣來坐, 神志湛然. 曰: '向聞先生欲求快女婿, 昞其人也.'"
【右除二十二字】

『십육국춘추十六國春秋』에 "곽우郭瑀에게는 시집갈 때가 된 딸이 있었는데, 교묘하게 좋은 배필을 선택하려고 하면서 유병劉昞을 마음에 두고 있었다. 마침내 자신의 좌석 앞에 자리 하나를 만들어놓고 제자들에게 말하기를 '나에게 딸이 하나 있는데, 나이가 꽉 차서 훌륭한 사위 하나를 찾고 있다. 누구든 이 자리에 앉는 사람을 내가 사위로 삼겠다.'고 했다. 유병이 드디어 옷자락을 떨치고 그 자리로 와서 앉았는데, 정신이 매우 맑아 보였다. 유병이 말하기를 '선생님께서 훌륭한 사위를 찾고 계신다고 들었는데, 제가 바로 그 사람입니다.'라고 했다."고 했다.【이 문장에서 22글자를 삭제한다.】史通

유지기의 『사통』은 사료 비판이 핵심이라고 할 만큼 기존 역사서에 대한 비판적 이해를 강조하고 있다. 『사통 외편』의 「혹경惑經」은 아예 『춘추』를 비판하는 내용이었다. 「잡설雜說」 상·중·하편은 주요 역사서를 묶어 비판하는 내용이다. 그동안 높이 평가되었던 역사서도 이 비판에서는 예외가 없다.

「잡설 상雜說上」에서는 『춘추』(2조항), 『좌씨전』(2조항), 『공양전』(2조항), 『급총기년』(1조항), 『사기』(8조항), 한나라의 여러 역사서(10조항)가 비판의 대상이 되고 있다.

外篇
07

주요역사서비평 I
雜說上

雜說上

● 『**춘추**春秋』_2조

① 案『春秋』之書弑也, “稱君, 君無道; 稱臣, 臣之罪.” 如齊之簡公, 未聞失德, 陳恒構逆, 罪莫大焉. 而哀公十四年, 書: “齊人弑其君壬于舒州.” 斯則賢君見抑, 而賊臣是黨, 求諸舊例, 理獨有違. 但此是絶筆獲麟之後, 弟子追書其事. 豈由以索續組, 不類將聖之能者乎? 何其乖剌之甚也.

『춘추』에서 시弑라고 적었을 때, “군주의 이름을 칭했다면 군주가 무도했다는 것을 나타내고, 신하의 이름을 칭했다면 신하에게 죄가 있다는 것을 나타낸다.”[1] 제나라 간공簡公의 경우는 덕을 잃었다는 말이 없었지만, 진항陳恒이 반역을 꾀했으니 막대한 죄를 지은 것이다. 애공 14년에 “제나라 사람이 그 군주 임壬을 서주에서 시해했다.”라고 했는데,[2] 이는 현군을 폄하하고 적신을 편드는 서술이며, 이전의 서술 사례를 찾아보아도 이것만은 이치에 어긋난다. 단, 이 부분은 공자가 획린獲麟(기린을 잡은 것)에서 절필한 뒤 제자가 그 사실을 나중에 기록한 대목으로 보인다. 그렇더라도 어떻게 밧줄에 실을 이어댄[3] 것

---

1 『춘추』에서~나타낸다 : 『춘추좌씨전』 선공宣公 4년 전문에 나온다. 두예杜預의 주에는, 칭군稱君이란 군주의 이름을 쓰는 것으로 온 나라가 시해하려 했다는 의미라고 했다. 칭신稱臣은 신하의 이름을 쓰는 것이다.

2 애공~했는데 : 『춘추좌씨전』의 이 기록은 『논어』 「헌문憲問」에도 보인다. 진성자陳成子(진항陳恒)가 간공簡公을 시해하자, 공자가 목욕재계를 하고 조정에 들어가 애공에게 진항을 토벌하자고 청했다.

처럼 성인의 실력[4]과 큰 차이가 나고, 이토록 심히 어긋난단 말인가.

② 案『春秋左氏傳』釋『經』云: "滅而不有其地曰入," 如入陳, 入鄭, 入許, 即其義也. 至柏擧之役, 子常之敗, 庚辰吳入, 獨書以郢. 夫諸侯列爵, 幷建國都, 惟取國名, 不稱都號. 何爲郢之見入, 遺其楚名? 比于他例, 一何乖踳. 尋二『傳』所載, 皆云入楚, 豈左氏之本, 獨爲謬歟?

『춘추좌씨전』에서 경문經文을 풀면서 "멸망시켜도 그 영토를 점령하지 않으면, 입入이라고 쓴다."라고 했는데,[5] '진陳나라에 들어갔다', '정鄭나라에 들어갔다', '허許나라에 들어갔다' 같은[6] 표현이 곧 그런 경우이다. 백거柏擧 전투에서 자상子常이 패했을 때만 "경진庚辰, 오나라가 영郢 땅에 들어갔다."라고 썼다.[7] 일반적으로 제후와 작위를 가진 귀족들이 나라와 도읍을 아울러 건설해도 나라 이름으로 부르지, 도읍 이름을 부르지는 않는다. 어찌하여 영 땅에 들어갔다고 기록하여 초나라 이름을 버렸는가? 다른 사례와 비교할 때

---

3 밧줄에 실을 이어댄 : 삭素은 새끼줄, 조組는 동아줄이다. 공자의 제자가 기록한 내용이 공자가 지은 경문經文과 차이가 난다는 의미이다.

4 성인의 실력 :『논어』「자한子罕」에, 태재大宰가 자공에게 어찌 공자는 잘하는 것이 많은가라고 물었을 때, 자공은 "본디 하늘이 내신 성인일 것이고, 더하여 잘하는 것도 많다.[固天縱之將聖, 又多能也.]"라고 했다.

5 『춘추좌씨전』에서~했는데 : 전문傳文 양공襄公 13년에 나온다.

6 진나라에~같은 : 각각『좌씨전』선공宣公 11년, 민공閔公 2년, 은공隱公 10년의 일이다. 그 나라를 멸망시켜도 이후에 점령하지 않고 그 나라의 합당한 사람을 군주로 세웠음을 나타낸다.

7 백거~썼다 :『춘추좌씨전』정공定公 4년에 나온다. 오왕吳王 합려闔閭의 동생 부개夫槩와 초나라의 자상이 백거에서 싸웠는데, 자상이 패하여 초나라 수도 영이 함락되었다.

이는 착오일 것이다. 『공양전』이나 『곡량전』을 살펴보아도 모두 '초나라에 들어갔다'고 했으니, 어찌하여 좌구명左丘明의 판본만 유독 잘못되었다는 말인가?

● 『좌씨전左氏傳』_2조

① 『左氏』之敍事也, 述行師則簿領盈視, 唬聒沸騰; 論備火則區分在目, 修飾峻整; 言勝捷則收獲都盡; 記奔敗則披靡橫前; 申盟誓則慷慨有餘; 稱譎詐則欺誣可見; 談恩惠則煦如春日; 紀嚴切則凜若秋霜; 敍興邦則滋味無量; 陳亡國則凄涼可憫. 或腴辭潤簡牘, 或美句入詠歌, 跌宕而不羣, 縱橫而自得. 若斯才者, 殆將工侔造化, 思涉鬼神, 著述罕聞, 古今卓絶. 如二『傳』之敍事也, 榛蕪溢句, 疣贅滿行, 華多而少實, 言拙而寡味. 若必方于『左氏』也, 非唯不可爲魯·衛之政, 差肩雁行, 亦有雲泥路阻, 君臣禮隔者矣.

『좌씨전』의 서사敍事는 군대 출동을 서술할 때는 의장대가 시야에 가득 찬 듯하고 전쟁터의 아우성 소리가 끓어넘치는 듯하며,[8] 화재에 대처하는 일을 설명할 때는 일사불란한 모습이 눈에 보일 듯하고 수식이 엄밀했다.[9] 전쟁의 승리를 말할 때는 포로를 잡은 일조차 하나도 빠뜨리지 않았고, 패하여 도망친 일을 기록할 때는 군대가 궤멸되어 무너지는 모습이 앞에 펼쳐지는 듯했

---

8 군대~듯하며 : 행사行師는 군대가 전쟁하기 위해 출동하는 것이다. 부령簿領은 노부鹵簿라고도 하며, 의장대를 뜻한다. 방괄唬聒은 사람들의 비명, 말 우는 소리, 수레바퀴 소리 등 전쟁터의 아우성을 말한다.

9 화재에~엄밀했다 : 『좌씨전』 소공昭公 18년에, 정나라에 불이 났을 때의 상황을 두고 말하는 것 같다.

다. 맹서에 대해 말할 때는 강개함이 넘쳤고, 간특한 사실을 칭할 때는 그 거짓과 무함이 보일 듯하며, 은혜를 이야기할 때는 봄볕처럼 따스했다. 그리고 엄절한 일을 기록할 때는 추상처럼 매서웠으며, 나라의 흥성을 서술할 때는 재미가 한량없었고 나라가 망하는 사실을 진술할 때는 불쌍하리만큼 처량했다. 『좌씨전』의 좋은 필치는 종이까지 윤기 나게 하고, 아름다운 문구는 노래처럼 귀에 들려오며, 자유자재하면서 세속에 얽매이지 않는 붓은 유래를 찾아볼 수 없고, 종횡무진으로 치달은 생각은 독자적인 경지에 이르렀다. 이와 같은 재능은 거의 정교하기가 천지의 조화에 가깝고 사유는 귀신 같아서, 저술로서는 들어보기 어렵고 고금을 통틀어 출중했다.

이에 비교하면 『공양전』이나 『곡량전』의 서사는 잡다한 문구가 넘치고 군더더기 같은 문장이 가득하여, 화려한 데는 많지만 실질이 적고, 표현은 졸렬하며 맛이 적다. 만일 굳이 『좌씨전』과 비교한다면, 노나라와 위나라의 정치가 거의 같은 수준에 비견할[10] 만하다는 식의 평가를 내릴 수 없을 뿐 아니라, 구름과 진흙처럼 거리가 멀고 임금과 신하의 예의처럼 현격한 점이 있다.

②『左傳』稱仲尼曰: "鮑莊子之智不如葵, 葵猶能衛其足." 夫有生而無識, 有質而無性者, 其唯草木乎! 然自古設比興, 而以草木方人者, 皆取其善惡薰蕕, 榮枯貞脆而已. 必言其含靈畜智, 隱身達禍, 則無其義也. 尋葵之向日傾心, 本不衛足, 由人睹其形似, 強爲立名. 亦由今俗文士, 謂鳥鳴爲啼, 花發爲笑. 花之與鳥, 安有啼笑之情哉? 必以人無喜怒, 不知哀樂, 便云其智不如花, 花猶善笑, 其智不如鳥, 鳥猶善啼, 可謂之讜言者哉? 如"鮑莊子

之智不如葵, 葵猶能衛其足", 即其例也. 而『左氏』錄夫子一時戱言, 以爲
千載篤論, 成微婉之深累, 玷良直之高範, 不其惜乎!

　『좌씨전』에서는 "공자가 말하기를 '포장자鮑莊子의 지혜는 해바라기만도 못
하니, 해바라기는 그래도 자신의 뿌리는 지킬 수 있다.'고 했다."[11]라고 서술했
다. 생명은 있지만 인식 능력은 없고, 재질은 있지만 본성이 없는 것이 초목일
것이다. 그러나 예로부터 비比니 흥興이니 하여 초목을 사람과 비교했던 것은
모두 그것의 선악이나 좋고 나쁜 향기, 우거지거나 시든 모습, 푸릇푸릇하거
나 잎이 지는 모습뿐이었다. 초목이 영혼을 머금거나 지혜를 온축하고, 자신
의 몸을 숨긴다든가 재난을 피한다는 점에서 본다면, 그런 의미는 없다. 해바
라기가 해를 향해 마음을 기울인다는 것도 본래 근원을 보호하는 것이 아니
고, 사람들이 그 형태가 비슷한 것을 보고 억지로 그렇게 부른 것이다.

　요즘 세속의 문인文人들이 새가 우는 소리를 제啼라 하고, 꽃이 피는 것을
소笑라고 하는 것과 같다. 새나 꽃에 어찌 운다든가 웃는다든가 하는 감정이
있겠는가? 굳이 사람에게 기쁨이나 노여움이 없고 슬픔과 즐거움을 모른다
는 것을 두고, 곧 "지혜가 꽃보다 못하다. 꽃은 오히려 잘 웃기라도 한다. 그
지혜가 새만도 못하다. 새는 그래도 잘 울기라도 한다."라고 말한다면, 이치
에 맞는 말이라고 할 수 있겠는가? "포장자의 지혜는 해바라기만도 못하니,
해바라기는 그래도 자신의 뿌리는 지킬 수 있다."라는 말이 바로 그런 사례
이다. 그런데도 『좌씨전』에서는 공자가 한때 했던 농담을 기록하여 천 년의

---

11 공자가~했다 : 『좌씨전』 성공成公 17년에, 제나라의 대부 경극慶克이 영공부인靈公夫人인
　성희聲姬와 밀통한 것을 포견鮑牽(포장자)이 국무자國武子에게 고발했다. 그러나 이 때문에
　그는 되레 참소를 받아 발이 잘리는 월형刖刑을 당했다. 두예의 주에 "포견이 난세를
　살면서 행동은 엄격하지 못했고, 말은 공손히 하지[危行言孫] 못했다."라고 했다.

독실한 의논으로 삼음으로써 은미한 아름다움에 깊은 누가 되었고, 훌륭하고 곧은 역사서[12]의 표본에 흠을 남겼으니, 애석하지 않은가!

● 『**공양전**公羊傳』_2조

①『公羊』云: "許世子止弒其君." 曷爲加弒? 譏子道之不盡也. 其次因言 樂正子春之視疾, 以明許世子之得罪. 尋子春孝道, 義感神明, 固以方駕 曾·閔, 連踪丁·郭. 苟事親不逮樂正, 便以弒逆加名, 斯亦擬失其流, 責非 其罪. 蓋公羊·樂正, 俱出孔父門人, 思欲更相引重, 曲加談述. 所以樂正行 事, 無理輒書, 致使編次不倫, 比喻非類, 言之可爲嗤怪也.

『공양전』에 "허나라 세자 지止가 그 임금을 시해했다."라고 했는데,[13] 어 찌하여 시해했다고 했는가? 자식의 도리를 다하지 못했음을 비판한 것이다. 그 뒤에 이어서 악정자춘樂正子春이 병환을 돌본 사실을 말함으로써 허나라 세자가 죄를 지었음을 분명히 했다. 자춘의 효도를 보면 천지신명을 감동시 켰고, 참으로 증삼曾參이나 민자건閔子騫과 어깨를 나란히 했으며, 정란丁蘭이 나 곽거郭巨와 같은 반열에 둘 수 있다.

부모를 모시는 것이 악정樂正에 미치지 못한다고 해서 곧 시역弒逆의 죄명 을 더한다면, 이 또한 평가가 부당한 듯하고, 세자의 죄가 아닌 것을 문책하

---

12 훌륭하고 곧은 역사서 : 양직良直은 양사良史와 직사直史를 말한다.

13 『공양전』에~했는데 : 『공양전』 소공昭公 19년에, 허나라 도공悼公이 병들자 태자 지가 도공에게 올릴 약을 검사했는데, 도공이 그 약을 마시고 죽었다. 세자가 부친을 시해했다고 쓴 것은, 효도할 마음으로 독을 확인하는 아들의 마음가짐이 불충분했다는 것을 꾸짖었다는 말이다.

는 것이다. 원래 공양고公羊高나 악정자춘은 모두 공자의 문인이므로 동료인 악정을 칭찬하고자 거듭 무리하게 인용하여 왜곡되게 서술했다. 악정의 행적을 무리하게 갑자기 서술함으로써 편차가 나란하지 않고 비유가 적절하지 않았으니, 말이 이상하고 우습게 되었다고 하겠다.

② 語曰: "彭蠡之濱, 以魚食犬." 斯則地之所富, 物不稱珍. 案, 齊密邇海隅, 鱗介惟錯, 故上客食肉, 中客食魚, 斯卽齊之舊俗也. 然食魴鱠鯉, 詩人所貴, 必施諸他國, 是曰珍羞. 如『公羊傳』云: "晉靈公使勇士殺趙盾, 見其方食魚飧. 曰: '子爲晉國重卿而食飧, 是子之儉也. 吾不忍殺子.'" 蓋公羊生自齊邦, 不該晉物, 以東土所賤, 謂西州亦然. 遂目彼嘉饌, 呼爲菲食, 著之實錄, 以爲格言. 非惟與『左氏』有乖, 亦于物理全爽者矣.

속담에 "팽려彭蠡 물가에서는 물고기를 개에게 먹인다."라고 했는데,[14] 이렇듯 풍요로운 땅에서는 물건을 귀하게 여기지 않는다. 생각건대 제나라는 산동 지방 해안에 가깝고 물고기나 조개가 풍부하기[15] 때문에, 가장 귀한 손님에게는 고기를 대접하고, 그렇고 그런 손님에게는 물고기로 대접하는 것이 예부터 풍속이었다. 그렇지만 방어라는 물고기를 먹거나 잉어를 회로 해서 먹는 것은 시인들이 귀하게 여겼고,[16] 필시 다른 나라에서 베풀더라도 진수성찬이라고 했다.

---

14 속담에~했는데 : 『논형論衡』「정현론定賢論」에 나온다.
15 물고기나 조개가 풍부하기 : 『서경』「우공禹貢」에 나오는 유착惟錯에 대해, 공안국은 잡雜, 즉 한 종류가 아니라는 의미로 풀었다.
16 그렇지만~여겼고 : 『시경』「진풍陳風 형문衡門」에 나온다.

『공양전』에 "진 영공晉靈公이 조순趙盾을 암살하려고 용사를 보냈는데, 그 용사는 조순이 물고기 반찬으로 간소하게 먹는 것을 보고, '조순은 진나라의 중신임에도 간소하게 식사를 하고 있으니 검소하다. 내가 차마 이 사람을 죽일 수 없다.'고 했다."라고 했는데,[17] 아마 공양고가 제나라에서 태어나 진나라 물정에 해박하지 않기 때문에, 동쪽 지역에서 하찮게 여기는 물고기를 서쪽 지방에서도 그러리라 짐작하고는 결국 조순의 훌륭한 성찬을 보잘것없는 식사라고 말하면서 실록에 기록하여 격언으로 삼았다. 이 이야기는 『좌씨전』과 다를 뿐 아니라,[18] 사리로 보더라도 전혀 맞지 않는다.

● 『죽서기년竹書紀年』_1조

語曰: "傳聞不如所見," 斯則史之所述, 其謬已甚. 況乃傳寫舊記, 而違其本錄者乎! 至如虞·夏·商·周之『書』, 『春秋』所記之說, 可謂備矣. 而『竹書紀年』出于晉代, 學者始知後啓殺益, 太甲殺伊尹, 文丁殺季歷, 共伯名和, 鄭桓公, 屬王之子, 則與經典所載, 乖刺甚多. 又『孟子』曰: "晉謂春秋爲乘." 尋『汲冢瑣語』, 即乘之流邪? 其「晉春秋」篇云: "平公疾, 夢朱羆窺屛." 『左氏』亦載斯事, 而云: "夢黃熊入門". 必有捨傳聞而取所見, 則『左傳』非而『晉文』實矣. 嗚呼! 向若二書不出, 學者爲古所惑, 則代成聾瞽, 無由覺悟也.

---

17 『공양전』에~했는데 : 『공양전』 선공 6년의 일인데, 조순을 죽이러 갔던 용사는 생선 반찬으로 식사하는 조순의 모습을 본 뒤 차마 죽이지 못하고 자결했다.

18 이 이야기는~아니라 : 『좌씨전』 선공 2년에 이 사건이 실려 있는데, 거기에는 이 물고기와 관련된 이야기가 없다.

속담에 '백문이 불여일견'이라고 했는데, 역사서에 나타난 서술에도 그 오류가 매우 심하다. 더구나 오래된 기록을 옮겨 적다가 본래 기록과는 다르게 된 것도 있음에랴! 『서경』의 「우서虞書」·「하서夏書」·「상서商書」·「주서周書」의 기록, 『춘추』의 기록은 제대로 갖추어졌다고 할 수 있다. 그러나 하남의 급군에서 출토된 『죽서기년竹書紀年』을 통해, 우임금이 천하를 양보했다고 전해지던 익益을 우禹임금의 아들 계啓가 죽였다든가, 태갑太甲을 추방했다고 전해지던 이윤伊尹을 도리어 태갑이 죽였다든가,[19] 은나라 문정文丁이 주나라 문왕의 부친인 계력季歷을 죽였다든가,[20] 공백共伯의 이름이 화和였다든가, 정 환공鄭桓公은 여왕厲王의 아들이었다든가[21] 하는 사실들이 알려졌고, 또한 경전에 실린 내용과 어긋나는 점이 매우 많다는 것을 학자들이 처음으로 알게 되었다.

또한 『맹자』에 "진나라에서는 춘추를 승乘이라 했다."라고 했는데,[22] 『급총쇄어汲冢瑣語』라는 책이 바로 그런 역사서의 종류가 아니었을까? 『급총쇄어』 「진춘추晉春秋」에 "진 평공晉平公이 병이 들었을 때 꿈을 꾸었는데 붉은 곰이 담에서 엿보고 있었다."라고 했고, 『좌씨전』에서도 같은 사실을 실었는데 "꿈에 누런 곰이 문으로 들어왔다."라고 했다.[23] 필시 전해 들은 것을 버리고 직접 본 것을 선택한다면, 『좌씨전』이 틀렸고 『진춘추』가 사실일 것이다. 아아!

---

19 우임금이~죽였다든가 : 『진서晉書』 권51 「속석전束晳傳」 및 『사통 외편』 「의고疑古」 참고.

20 은나라~죽였다든가 : 은나라 문정이 누구인지는 불명확하다. 『사기』 권128 「구책열전龜策列傳」에 따르면 주紂인 듯하다.

21 정 환공은~아들이었다든가 : 『사기』 권42 「정세가鄭世家」에 같은 내용이 이미 보이며, 이는 『죽서기년』과 차이가 없다. 유지기가 착각한 듯하다.

22 『맹자』에~했지만 : 『맹자』 「이루 하離婁下」에 나온다.

23 『좌씨전』에서도~했다 : 『좌씨전』 소공 7년에 나온다.

만약 『죽서기년』이나 『급총쇄어』가 출토되지 않았다면 학자들은 옛 기록에 미혹되었을 것이니, 대대로 귀머거리나 장님이 되어 깨달을 길이 없었을 것이다.

• 『사기』_8조

① 夫編年敍事, 涸雜難辨: 紀傳成體, 區別易觀. 昔讀『太史公書』, 每怪其所采多是『周書』·『國語』·『世本』·『戰國策』之流. 近見皇家所撰『晉史』, 其所采亦多是短部小書, 省功易閱者, 若『語林』·『世說』·『搜神記』·『幽明錄』之類是也. 如曹·干兩氏『紀』, 孫·檀二『陽秋』, 則皆不之取. 故其中所載美事, 遺略甚多.【劉遺民·曹纘皆於『檀氏春秋』有傳, 至於今『晉書』, 則了無其名】若以古方今. 當然則知史公亦同其失矣. 斯則遷之所錄, 甚爲膚淺, 而班氏稱其勤者, 何哉?

원래 편년체 서사는 사건이나 인물별로 정리된 것이 아니기 때문에 판단이 어렵고, 기전체가 만들어진 뒤에야 쉽게 구별해서 볼 수 있게 되었다. 예전에 『사기』를 읽을 때, 사마천이 『주서周書』·『국어國語』·『세본世本』·『전국책戰國策』 같은 역사서에서 대부분의 기록을 채택했던 점을 이상하게 생각했다. 최근에 조정에서 편찬한 『진사晉史』를 보니, 거기에서도 대부분 문학이나 호사好事 서적에서 자료를 선택했는데, 자료 수집이 수월하고 쉽게 열람할 수 있는 『어림語林』·『세설世說』·『수신기搜神記』·『유명록幽明錄』 같은 책들을 전거로 삼았다. 조가지曹嘉之와 간보干寶 두 사람이 편찬한 『진기晉紀』,[24] 손성孫盛과

---

24 조가지와~『진기』 : 『수서隋書』「경적지經籍志」에 조가지의 『진기』 10권, 간보의 『진기』 23권이 나온다.

단도란檀道鸞이 각각 지은 두 종류의 『양추陽秋』[25]는 모두 선택하지 않았다.

따라서 『사기』에는 이들 역사서에 들어 있는 아름다운 일 가운데 생략되고 누락된 것이 매우 많았다. 【유유민劉遺民과 조찬曹纘은 모두 단도란의 『속진양추續晉陽秋』에 열전이 있지만, 현재의 『진서』에는 전혀 그 이름이 없다.】 만일 옛 기록을 가지고 현재의 기록과 비교하고[26] ……. 그러므로 태사공도 당연히 같은 잘못을 범했다는 것을 알 수 있다. 결국 사마천의 기록은 매우 부박하다고 할 수 있는데, 반고가 사마천에 대해 부지런했다고 칭찬하는 것은 무슨 이유일까?

② 孟堅又云: "劉向·揚雄博極羣書, 皆服其善敍事." 豈時無英秀, 易爲雄霸者乎? 不然, 何虛譽之甚也 『史記』 「鄧通傳」云: "文帝崩, 景帝立." 向若但云'景帝立', 不言'文帝崩', 斯亦可知矣, 何用兼書其事乎? 又 「倉公傳」稱: "其傳黃帝·扁鵲之脈書. 五色診病, 知人死生, 決嫌疑, 定可治." 詔召問其所長, 對曰: "傳黃帝·扁鵲之脈書." 以下他文, 盡同上說. 夫上旣有其事, 下又載其言, 言事雖殊, 委曲何別? 案遷之所述, 多有此類, 而劉·揚服其善敍事也, 何哉?

반고는 또 "한나라 유향劉向과 양웅揚雄은 많은 서적을 읽어 매우 박식한

---

25 손성과~『양추』: 『수서』 「경적지」에 손성의 『진양추晉陽秋』 32권, 단도란의 『속진양추續晉陽秋』 20권이 나온다.

26 만일~비교하고 : 포기룡은 이 문장 다음에 빠진 글이 있다고 보았다. 『사통 내편』 「번생煩省」편에도 "必以古方今, 持彼喻此(고대의 사건을 가져다 근대의 사건에 비유하자면)"라는 표현이 보인다.

사람이었는데, 이러한 사람들도 하나같이 사마천이 서사에 뛰어났다는 점을 인정했다."라고 했다.[27] 당시에 우수한 사람이 없었기 때문에 쉽게 영웅이 되었다는 말인가? 그렇지 않다면 어찌 그렇게 헛되이 칭찬한단 말인가.

『사기』「등통전鄧通傳」에 "문제文帝가 붕하고, 경제景帝가 즉위했다."라고 했는데, 경제가 즉위했다고만 하고 문제가 붕했다는 말은 굳이 하지 않아도 사실을 알 수 있거늘, 어찌 그 사실을 중복해서 썼단 말인가?

또한 「창공전倉公傳」에 "양경陽慶은 황제黃帝와 편작扁鵲의 맥서脈書를 이어받았다. 안색에 나타난 다섯 가지 색으로 병을 진단하고 사람의 생사를 알았으며, 의문점을 해결하고 치료 방법을 결정했다."라고 했고, 황제가 조를 내려 순우의淳于意의 장점을 묻자 "양경은 황제와 편작의 맥서를 이어받았습니다."라고 했다. 이하 다른 문장도 위의 이야기와 다 같다. 위에 그 사실이 이미 있음에도 불구하고 아래에 다시 그 말을 기재했는데, 말과 사실은 비록 별개라고는 하지만 상세히 나눠서 같은 얘기를 반복할 필요가 있을까?[28] 생각건대 사마천이 서술하는 방식은 대부분 이런 식이었는데, 유흠과 양웅이 사마천의 서사가 뛰어나다고 인정했던 것은 무슨 이유일까?

③ 太史公撰「孔子世家」, 多采『論語』舊說, 至「管晏列傳」, 則不取其本書. 【謂『管子』·『晏子』也】以爲時俗所有, 故不復更載也. 案『論語』行于講肆, 列于學官, 重加編勒, 只覺繁費. 如『管』·『晏』者, 諸子雜家, 經史外事,

---

27 반고는~했다 : 『한서』 권62 「사마천전 찬司馬遷傳贊」에 나온다.

28 「창공전」에~있을까? : 『사기』 「편작창공열전扁鵲倉公列傳」에서 순우의가 양경으로부터 의술을 전수받은 사실에 대한 서술이다. 『사통 외편』 「점번點煩」 첨삭 12에서 이미 지적한 바 있다.

棄而不錄, 實杜異聞. 夫以可除而不除, 宜取而不取, 以斯著述, 未睹厥義.

　사마천이 「공자세가孔子世家」를 편찬할 때 대부분 『논어』의 옛이야기를 채록했는데, 「관안열전管晏列傳」에 이르러서는 그 원서를 선택하지 않았다. 【『관자』와 『안자』를 말한다.】 세상에 나와 있기 때문에 중복해서 싣지 않았을 것이다. 생각건대 『논어』라는 책도 당시 강론 대상[29]이었고 태학에서도 강의하는 학관이 있었으니, 중복해서 편집하는 것은 번거로운 낭비라고 생각된다. 『관자』나 『안자』 같은 책은 제자잡가諸子雜家의 저술로 경사經史 외의 일을 기록했는데, 이를 버려둔 채 기록하지 않은 것은 실로 다양한 견문을 차단한 셈이다. 제외할 수 있건만 제외하지 않았고, 마땅히 선택해야 할 것은 선택하지 않았으니, 이런 방식의 저술에서는 그 의의를 발견하지 못하겠다.

④ 昔孔子力可翹關, 不以力稱. 何則? 大聖之德, 具美者衆, 不可以一介標末, 持爲百行端首也. 至如達者七十, 分以四科. 而太史公述『儒林』, 則不取游·夏之文學; 著「循吏」, 則不言冉·季之政事; 至于「貨殖」爲傳, 獨以子貢居先. 掩惡揚善, 旣忘此義, 成人之美, 不其闕如?

　옛날 공자는 힘이 세서 관문關門을 들어 올릴 정도였지만, 힘으로 청송을 받지는 않았다.[30] 왜 그랬는가? 위대한 성인의 덕은 걸출한 점이 많이 있으므로 사소하고 말초적인 것만 가지고 모든 행동의 표본으로 삼을 수 없기 때문이다. 통달한 사람 70명의 경우에 네 분야로 나누어져 있었지만[31] 사마천

---

29 강론 대상 : 강사講肆란 강론하며 익힌다는 뜻이다.
30 공자는~않았다 : 이 말은 『열자列子』 「설부說符」에 나온다.

은「유림전儒林傳」을 서술하면서 자유子游와 자하子夏의 문학을 선택하지 않았고, 「순리전循吏傳」을 저술하면서 염유冉有와 자로子路에 대해 말하지 않았으며, 「화식전貨殖傳」의 경우에만 자공子貢을 첫째로 놓았다. 대체적으로 저술이라 함은 사람의 나쁜 점은 덮어주고 좋은 점은 선양하기 마련인데, 이미 이런 의의를 잊었으니 남의 아름다움을 완성시켜 준다는 미덕[32]을『사기』가 빼놓은 것은 아닐까?

⑤ 司馬遷「自序傳」云: "爲太史公七年, 而遭李陵之禍, 幽于縲絏. 乃喟然而嘆曰: '是予之罪也! 身虧不用矣!'" 自敍如此, 何其略哉! 夫云'遭李陵之禍, 幽于縲絏'者, 乍似同陵陷沒, 以實于刑: 又似爲陵所間, 獲罪于國. 遂令讀者難得而該. 賴班固載其「與任安書」, 書中具述被刑所以. 儻無此錄, 何以克明其事者乎?

사마천은「태사공자서」에서 "나는 태사의 직무를 맡은 지 7년 만에 이릉李陵의 화를 만나 죄수의 몸으로 옥에 갇혔다. 이윽고 휴, 하고 한숨을 쉬면서 '이는 나의 죄로다! 몸은 망가져 쓸데가 없구나!'"라고 했다. 자신에 대한 서술이 이와 같으니 어찌 이리 간략한가! '이릉의 화를 만나 죄수의 몸으로 옥에 갇혔다'는 말은, 얼핏 이릉과 마찬가지로 흉노에 항복하여 죄를 받

---

31 통달한~있었지만 :『논어』「선진先進」에 "덕행은 안연顔淵·민자건閔子騫·염백우冉伯牛·중궁仲弓이요, 언어는 재아宰我·자공子貢이요, 정사는 염유冉有·계로季路요, 문학은 자유子游·자하子夏이다."라고 했다. 이는 공자의 제자 70명 중 덕행, 언어, 정사, 문학의 네 분야로 나누어 뛰어난 사람을 꼽은 것이다.

32 남의~미덕 :『논어』「이인里仁」에 나온다.

았다는 것 같기도 하고, 또는 이릉의 이간책에 빠져 나라에 죄를 지었다는 의미 같기도 하다.

결국 독자가 정확한 사정을 이해하기 어렵게 만든 것이다. 다행히 반고가 『한서』에 「임안에게 보내는 편지(與任安書)」를 실었고,[33] 그 편지에 사마천이 형벌을 받은 이유가 두루 서술되어 있다. 만약 이 기록이 없었다면 어떻게 그 사실을 알 수 있었겠는가?

⑥ 『漢書』載子長「與任少卿書」, 歷說自古述作, 皆因患而起. 末云: "不韋 遷蜀, 世傳『呂覽』." 案呂氏之修撰也, 廣招俊客, 比迹春·陵, 共集異聞, 擬 書『荀』·『孟』. 思刊一字, 購以千金, 則當時宣布, 爲日久矣, 豈以遷蜀之後, 方始傳乎. 且必以身旣流移, 書方見重, 則又非關作者本因發憤著書之義 也. 而輒引以自喻, 豈其倫乎. 若要多舉故事, 成其博學, 何不云'虞卿窮愁, 著書『八篇』'而曰'不韋遷蜀, 世傳『呂覽』.' 斯蓋識有不該, 思之未審耳.

『한서』에는 사마천의 「임소경에게 보내는 편지(與任少卿書)」가 실려 있는데, 그 내용을 보면 고대의 저술은 하나같이 환난을 계기로 시작되었다면서 차례로 예를 들어 설명했다. 끝 부분에 가서 이르기를 "여불위呂不韋가 촉蜀 땅으로 좌천되었기 때문에 세간에 『여씨춘추呂氏春秋』가 전하게 되었다."라고 했다. 그런데 여불위의 편찬은, 춘신군春申君이나 신릉군信陵君을 본떠 빼어난 빈객들을 널리 모으고, 다양한 견문을 함께 모아 『순자』나 『맹자』와 같은

---

33 반고가~실었고 : 『한서』 권62 「사마천전」에 사마천이 오랜 교분이 있던 익주 자사益州刺史 임안에게 보낸 편지를 말하는데, 『문선文選』 권41에도 「보임소경서報任少卿書」라는 제목으로 실려 있다.

책을 만들려고 했던 것이다.[34] 여불위는 간행된 책에 한 글자라도 수정할 데가 있으면 천금을 주겠다고 공언할 정도였으니, 당시에 그 책이 널리 유포되고 이미 오랜 세월이 흘렀던 것일 뿐, 어찌 촉 땅으로 좌천된 뒤에야 비로소 전해졌겠는가.

또한 필시 몸이 유배된 뒤에 책이 비로소 중시되었다고 해도, 이는 저작자가 본래 발분했기 때문에 책을 지었다는 뜻과는 상관없다. 그런데도 느닷없이 인용하여 자신의 일에 비유하고 있으니, 그것이 어찌 같은 사례일 수 있는가. 만일 고사故事를 예로 많이 들어 자신의 박학을 자랑하려고 했다면, 어째서 '우경虞卿이 궁핍한 근심 속에서 『우씨춘추虞氏春秋』를 저술했다'고 하지 않고, '여불위가 촉 땅으로 좌천되었기 때문에 세간에 『여씨춘추』가 전하게 되었다'고 했는가. 이는 대체로 식견이 해박하지 않고 생각이 깊지 않았다고밖에 할 수 없다.

⑦ 昔春秋之時, 齊有夙沙衛者, 拒晉殿師, 郭最稱辱: 伐魯行唁, 臧堅抉死. 此閹官見鄙, 其事尤著者也. 而太史公「與任少卿書」, 論自古刑餘之人爲士君子所賤者, 唯以彌子瑕爲始, 何淺近之甚邪. 但夙沙出『左氏傳』, 漢代其書不行, 故子長不之見也. 夫博考前古, 而舍茲不載, 至于乘傳車, 探禹穴, 亦何爲者哉?

옛날 춘추시대 제나라에 숙사위夙沙衛라는 환관은 추격해오는 진나라 군대를 막았지만, 곽최郭最는 그것을 모욕이라고 했다.[35] 그리고 제나라가 노나라

---

34 여불위의~것이다 : 『사기』 권85 「여불위열전呂不韋列傳」에, 천하의 식객食客을 모아 팔람八覽·육론六論·십이기十二紀 20만여 자를 만들어 『여씨춘추』라고 했다고 한다.

를 정벌하고 숙사위에게 위로하게 했을 때, 장건臧堅은 자신의 상처를 후벼 파서 죽었다.[36] 이런 사례는 환관들에 대한 천대를 보여주는 유명한 일화들이다. 그런데 사마천은 「임소경에게 보내는 편지(與任少卿書)」에서 예부터 형벌을 받고 사군자士君子에게 천대받았던 사람으로는 오직 미자하彌子瑕[37]가 처음이라고 말했으니, 어찌 식견이 이토록 얕을 수가 있는가. 숙사위는 단지 『좌씨전』에 나오고, 한나라 때는 이 책이 읽히지 않았기 때문에 사마천이 보지 못했을 수도 있다. 그렇다 치더라도 옛 사적을 널리 고증하면서 이런 사실을 놔두고 기록하지 않는다면, 아무리 수레를 타고 천하를 돌아다니며 우임금이 들어갔다는 동굴을 탐사한들[38] 어디에 쓰겠는가?

⑧「魏世家」太史公曰: "說者皆曰: '魏以不用信陵君, 故國削弱至于亡.' 余以爲不然. 天方令秦平海內, 其業未成, 魏雖得阿衡之徒, 曷益乎?" 夫論成敗者, 固當以人事爲主, 必推命而言, 則其理悖矣. 蓋晉之獲也, 由夷吾之愎諫; 秦之滅也, 由胡亥之無道; 周之季也, 由幽王之惑褒姒: 魯之逐也,

---

35 추격해오는~했다 : 『좌씨전』 양공襄公 18년에, 진나라 군대가 제나라를 공격하여 평음平陰에 들어갔을 때, 숙사위는 수레로 길을 막아 도망치는 제나라 군대를 추격해오는 진나라 군대를 막아냈다. 그러나 식작殖綽과 곽최는 숙사위의 그런 행위가 모욕이라고 하면서 그를 교체했다.

36 노나라를~죽었다 : 『좌씨전』 양공 17년에 나온다. 제나라가 노나라를 공격했을 때 장건을 포로로 잡았다. 제나라 군주는 숙사위에게 장건을 위문하도록 했지만, 장건은 환관을 시켜서 이미 인사했다며 자신의 상처를 후벼 파서 자살했다고 한다.

37 미자하 : 『사기』 권125 「영행열전佞倖列傳」 색은索隱 주에, 미자하는 춘추시대 위 영공衛靈公의 신하였다고 한다.

38 수레를~탐사한들 : 『사기』 권130 「태사공자서」에, 사마천은 20년에 걸쳐 천하를 돌아다니며 자료를 모았고, 우임금이 들어갔다던 동굴을 답사했다고 했다.

由稠父之違子家. 然則敗晉于韓, 狐突已志其兆; 亡秦者胡, 始皇久銘其說; 屢弧箕服, 彰于宣·厲之年; 徵褒與禰, 顯自文·武之世. 惡名早著, 天擘難逃. 假使彼四君才若桓·文, 德同湯·武, 其若之何? 苟推此理而言, 則亡國之君, 他皆仿此, 安得于魏無譏者哉?

사마천은 「위세가 찬魏世家贊」에서 "말하는 사람들은 모두 '위나라는 신릉군을 등용하지 않았기 때문에 나라가 쇠약해졌고 결국 멸망에 이르렀다.'고 하지만, 나는 그렇게 생각하지 않는다. 하늘이 바야흐로 진秦나라에게 천하를 평정하도록 했으니, 아직 그 사업이 완성되지 않았다고 해도 위나라가 이윤伊尹[39]같은 인물을 얻은들 무슨 보탬이 되겠는가."라고 말했다. 성패를 논할 경우에 사람들이 한 일을 중심으로 생각해야지, 굳이 천명에 미루어 말하기 시작하면 그 이치가 어긋나게 되어 있다.

진 혜공晉惠公이 사로잡힌 것은 혜공 이오夷吾가 간언을 듣지 않았기 때문이며,[40] 진秦나라가 멸망한 것은 호해胡亥[41]가 무도했기 때문이다. 서주가 쇠약해진 것은 유왕幽王이 미녀 포사褒姒에게 마음을 빼앗겼기 때문이고, 노 소공魯昭公이 쫓겨난 것은 소공 조보稠父가 자가子家의 말을 듣지 않았기 때문이다.[42]

---

39 이윤 : 아형阿衡은 탕왕을 도와 은나라를 일으켰던 이윤을 말한다.

40 진 혜공이~때문이며 : 『좌씨전』 희공僖公 13년에, 진晉나라에 기근이 들자 혜공은 진秦 목공穆公에게 곡식을 청하여 재난을 넘겼다. 희공 14년, 이번에는 진秦나라에 기근이 들어 목공이 혜공에게 곡식 지원을 요청했지만, 혜공은 진秦나라를 도와주라는 경정慶鄭의 간언을 무시하고 거절했다. 희공 15년, 혜공과 목공이 전투를 벌이던 중 혜공의 전차가 수렁에 빠졌지만 경정은 구해주지 않았고, 결국 혜공은 진秦나라에 사로잡혀 포로가 되었다. 이오夷吾는 혜공의 이름이다.

41 호해 : 진 이세秦二世 황제의 이름이다.

42 노 소공이~ 때문이다 : 『춘추좌씨전』 소공 25년 9월 경문에 "공이 제나라로 도망쳤다.[公孫于齊]"라고 했다. 전문에는 소공이 계씨를 치자, 쫓기는 계평자季平子가 애걸복걸하며

한韓 땅에서 진晉나라가 패하는 것은 호돌狐突이 이미 그 조짐을 기록했고,[43] 진秦나라를 망하게 할 자가 호해라는 것은 진시황이 오래 전에 그 이야기를 새겼다.[44] 산뽕나무로 만든 활과 키나무로 만든 화살집이 선왕宣王과 여왕厲王 연간에 밝혀졌고,[45] 바지와 솜옷을 구한다는 말은 문왕文王과 무왕武王 시대에 드러났다.[46] 나쁜 소문은 일찍 드러났고 하늘이 내린 재앙은 피할 수 없었다. 이렇게 생각하면, 설사 앞의 네 군주가 지닌 재국才局이 제 환공齊桓公이나 진 문공晉文公과 같고, 덕망은 탕왕이나 무왕과 같다고 한들 어떻게 손

용서를 구했으나 들어주지 않고 공격을 재개했다는 내용이 나온다. 계평자는 소공에게 다시 망명을 청했다. 자가자子家子는 소공에게 계평자의 말을 들어주라고 진언했으나, 소공은 역시 허락하지 않았다. 후에 소공은 맹의자孟懿子에게 패하여 제나라로 도망쳤다. 조보稠父는 소공의 이름이다.

43 한 땅에서~기록했고 : 『춘추좌씨전』 희공 10년에 나온다. 진 혜공이 이극里克을 자결케 했는데, 그때 마침 혜공은 공태자共太子 신생申生을 이장하고 있을 때였다. 대부 호돌이 공태자 신생의 영혼을 만났더니, 신생은 진晉나라를 진秦나라에 주려 한다고 했다. 또한 신생의 영혼은 무당을 통해 한韓 땅에서 혜공이 대패할 것이라고 호돌에게 전했다.

44 진나라를~새겼다 : 『사기』 권6 「진시황본기秦始皇本紀」에 나온다. 진시황이 연燕나라 사람 여생盧生으로부터 받은 예언서에서 진秦나라를 망하게 하는 것은 호胡라는 말을 듣고 이를 비석에 새겼다고 한다.

45 산뽕나무로~밝혀졌고 : 『국어國語 정어鄭語』에 나온다. 주 선왕周宣王 때의 동요에 산뽕나무로 만든 활과 키나무로 만든 화살집이 주나라를 멸망시킬 것이라 했는데, 이 물건을 산 부부가 있었다. 한편 하夏나라 말, 용의 침(정액)을 얻어 대대로 보관해오던 것을 주나라 여왕厲王이 열어 보았다. 이것에 감응하여 한 여자가 잉태했는데, 아이를 낳아 기르다가 버렸다. 그 아이를 앞에서 말한 활과 화살집을 산 부부가 주워다 길렀는데, 바로 포사였다. 포사는 유왕幽王의 왕후가 되어 유왕의 난정亂政을 부추겼고, 주나라의 멸망을 가속화시켰다. 『사기』 권4 「주본기周本紀」에도 이 이야기가 보인다.

46 바지와~드러났다 : 『춘추좌씨전』 소공昭公 25년 전문에 나온다. 구욕鸜鵒(구관조)이 나타나자 대부 사기師己는 주 문왕과 성왕 때의 동요에 "조보稠父(노 소공魯昭公의 이름)가 고생 끝에 죽자, 송보宋父(노 정공魯定公의 이름)가 보위에 올라 교만을 부리네."라고 했다며, 장차 재난이 일어날 것이라 말했다고 한다. 여기서 포기룡은 문왕과 성왕이 아니라, 문왕과 무왕으로 보았다.

쓸 방법도 없었을 것이다. 이런 논리로 미루어 말하면 망한 나라의 군주는 모두 이와 비슷할 것이니, 어떻게 위나라는 비판을 받을 일이 없다고 할 수 있겠는가.

夫國之將亡也若斯, 則其將興也亦然. 蓋嬀後之爲公子也, 其筮曰: "八世莫之與京." 畢氏之爲大夫也, 其占曰: "萬名其後必大." 姬宗之在水滸也, 鷟鷟鳴于岐山: 劉姓之在中陽也, 蛟龍降于豐澤. 斯皆瑞表于先, 而福居其後. 向若四君德不半古, 才不逮人, 終能坐登大寶, 自致宸極矣乎? 必如史公之議也, 則亦當以其命有必至, 理無可辭, 不復嗟其智能, 頌其神武者矣. 夫推命而論興滅, 委運而忘褒貶, 以之垂誡, 不其惑乎?

나라가 장차 망할 때도 이와 같지만 흥기할 때도 마찬가지다. 규후嬀後가 공자가 되었을 때 그 점占에 따르면 "8세 때 그보다 큰 인물은 없을 것이다."라고 했고,[47] 필만畢萬이 대부가 되었을 때 그 점에는 "만萬의 이름이 뒤에 반드시 위대해질 것이다."라고 했다.[48] 주 문왕周文王이 수허水滸에 있을 때 봉황이 기산에서 울었으며,[49] 유방劉邦의 부모가 중양中陽에 있었을 때 용이 풍택豐

---

47 위후가~했고 : 『춘추좌씨전』 장공莊公 22년에, 공자 완完(진경중陳敬仲)이 제나라로 도망쳤을 때 진陳나라 대부 의씨懿氏가 경중에게 딸을 시집보내려고 점을 쳤는데, "봉황이 날고 암수가 어울린다. 규嬀의 후손이 장차 강씨姜氏(제나라 성)에게서 길러질 것이다. 5세에 번창하여 정경正卿에 이르고, 8세 이후에는 그보다 위대한 인물이 없을 것이다."라고 했다.

48 필만이~했다 : 『춘추좌씨전』 민공閔公 원년에, 진 헌공獻公이 필만의 전공을 치하하여 위魏나라 땅을 내리고 대부로 삼았다. 이때 점을 치는 관원인 복언卜偃이 "필만의 후손이 크게 될 것이다. 만萬은 가득 찬 숫자이며, 위魏는 크다는 뜻이다."라고 말했다.

49 주 문왕이~울었으며 : 『시경』 「대아大雅 문왕文王」에, 사람들이 서수西水가에서 기산으로 옮겨 도착했을 때 봉황이 울었다고 한다.

澤에 내려왔다고 했다.[50] 이 모두 상서로운 징조가 먼저 나타나고 복이 그 뒤에 따랐던 것이다.

이 네 군주의 덕망이 옛 성인들의 반에도 못 미치고 재국 또한 남들에게 뒤졌음에도 마침내 왕위에 오를 수 있었다면, 제왕의 자리가 저절로 그들에게 왔다는 것인가? 사마천의 논의대로라면 당연히 천명으로 왕위가 오게 되어 있고 사양할 도리가 없으므로 그들의 지혜나 능력을 안타까워하거나 그 신묘함과 무공을 기릴 이유가 없다. 천명에 따라 흥망을 논하거나, 운명에 맡겨 포폄을 잊은 채 후세에 감계를 내린다면, 그것은 미혹이 아니겠는가.

自兹以後, 作者著述, 往往而然. 如魚豢『魏略議』·虞世南『帝王論』, 或敍遼東公孫之敗,【魚豢『魏略議』曰: "當青龍·景初之際, 有彗星出於箕而上徹, 是爲掃除遼東而更置地. 苟其如此, 人不能違, 則德敎不設, 而淫濫首施, 以取族滅, 殆天意也."】或述江左陳氏之亡,【虞世南『帝王略論』曰: "永定元年, 有會稽人史溥爲揚州從事, 夢人著朱衣武冠, 自天而下, 手執金版, 有文字. 溥看之, 有文曰: '陳氏五王, 三十四年'. 諒知冥數, 不獨人事."】其理幷以命而言, 可謂與子長同病者也.

이 뒤로 역사가의 저술은 왕왕 이러했다. 어환魚豢의 『위략의魏略議』에서는 요동 공손公孫의 패망을 서술할 때 그러했고,【어환의 『위략의』에 "위 명제魏明帝

---

50 유방이~했다 : 『사기』 권8 「고조본기高祖本紀」에 나온다. 유방의 부모는 패군沛郡 풍읍豊邑 중양리中陽里 출신이다. 어머니가 쉬고 있을 때 신령을 만나는 꿈을 꾸었다. 그런데 그때 갑자기 번개가 치고 사방이 어두워지더니 용이 내려와 어머니의 몸 위에 올라가 앉았다. 그 후 임신하여 아이를 낳았는데, 그 사람이 바로 유방이다.

청룡靑龍 연간(233~237)과 경초景初 연간(237~239)에 혜성이 기箕의 별자리에서 나와 위로 올라갔다가 요동을 쓸어버리고 다시 땅으로 내려왔다. 진실로 정치가 이와 같아서 인력으로 거스를 수 없었으니, 덕과 교화가 시행되지 않고 폭정이 먼저 자행되어 족속이 멸망당했다. 이는 거의 하늘의 뜻이다."라고 했다.】우세남虞世南의 『제왕론帝王論』에서는 강좌 진씨陳氏의 멸망을 서술할 때 그러했다.【우세남의 『제왕약론帝王略論』에 "진 무제陳武帝 영정永定 원년(557)에 회계會稽 사람 사부史溥가 양주揚州 종사가 되었는데, 꿈에 어떤 사람이 붉은 옷과 무관을 쓰고 하늘에서 내려왔다. 손에 금판을 들고 있었는데, 거기에 글자가 있었다. 사부가 보니 '진씨 5왕, 34년'이라고 적혀 있었다. 사람의 수명은 인사만으로는 안 된다는 것을 알 수 있다."라고 했다.】이들의 논리는 모두 천명에 따라 설명하는 것으로, 사마천과 동일한 병폐라고 할 수 있다.

● 한나라의 여러 역사_10조

①『漢書』「孝成紀贊」曰: "成帝善修容儀, 升車正立, 不內顧, 不疾言, 不親指. 臨朝淵嘿, 尊嚴若神, 可謂穆穆天子之容貌矣." 又「五行志」曰: "成帝好微行, 選期門郎及私奴客十餘人, 皆白衣袒幘, 自稱富平侯家. 或乘小車, 御者在茵上, 或皆騎, 出入遠至旁縣. 故谷永諫曰: 陛下晝夜在路, 獨與小人相隨. 亂服共坐, 混淆無別. 公卿百寮, 不知陛下所在, 積數年 矣." 由斯而言, 則成帝魚服嫚游, 鳥集無度, 雖外飾嚴重, 而內肆輕薄. 人君之望, 不其缺如. 觀孟堅「紀」·「志」所言, 前後自相矛盾者矣.

『한서』「효성제본기 찬孝成帝本紀贊」에 "성제成帝는 용모와 위의를 잘 닦아서, 수레에 탔을 때는 바로 서 있었고 함부로 안을 둘러보지 않았으며, 말을 빨리하지 않고, 손가락으로 직접 가리키지 않았다.[51] 조정에 나와서도 입을 다물고 한마디도 하지 않았으며, 존엄하기가 신령과 같았으니, 위엄이 있는 천자의 용모였다고 할 수 있다."라고 했다. 그런데 「오행지」에는 "성제가 남몰래 행차하기를 좋아했는데, 기문랑期門郞[52] 및 자신의 사노私奴 10여 명에게 모두 흰옷을 입히고 모자를 쓰지 말게 했으며 부평후富平侯의 가솔이라고 불렀다. 더러 작은 수레를 타고 마부를 천자의 자리에 앉히기도 했으며, 더러는 모두 말을 함께 타기도 했고, 멀리 인근 현까지 드나들었다. 이 때문에 곡영谷永은 '폐하께서 밤낮으로 돌아다니고 홀로 소인들과 어울리며, 옷을 함부로 입고 수레에 함께 앉아 있어 서로 섞여 구별이 되지 않습니다. 공경과 백관들이 전하의 소재를 모르게 된 지 몇 년이 되었습니다.'고 간언했다."라고 했다.

이런 자료를 근거로 말하자면, 성제는 마치 용이 물고기 옷을 입고 함부로 놀았다고 하겠으며,[53] 까마귀가 모여드는 모습처럼 절도가 없었으니, 비록 겉으로는 엄중하게 꾸몄지만 안으로는 경박했던 것이다. 군주의 명예로 보건대 흠이 있을 수밖에 없다. 반고의 「효성제본기」나 「오행지」의 내용을 보면 앞뒤가 저절로 모순된다.

② 觀太史公之創「表」也, 于帝王則敍其子孫, 于公侯則紀其年月, 列行縈紆以相屬, 編字戢春而相排. 雖燕·越萬里, 而于徑寸之內犬牙可接; 雖昭·穆九代, 而于方尺之中雁行有敍, 使讀者閱文便睹, 擧目可該, 此其所以爲快也. 如班氏之「古今人表」者, 唯以品藻賢愚, 激揚善惡爲務爾. 既非國家

51 함부로~않았다 : 『논어』 「향당鄕黨」에서 공자가 수레를 탔을 때의 모습을 묘사한 대목이다.
52 기문랑 : 한나라 때 설치된 신변 경호대였다.
53 용이~하겠으며 : 장형張衡의 「동도부東都賦」에 백룡白龍이 물고기 옷을 입었다고 했다. 신분이 높고 귀한 사람이 남 모르게 나다니는 것을 말한다.

遞襲, 祿位相承, 而以複界重行, 狹書細字, 比于他表, 殆非其類歟! 蓋人列古今, 本殊表限, 必各而不去, 則宜以志名篇. 始自上上, 終于下下, 并當明爲示榜, 顯列科條, 以種類爲篇章, 持優劣爲次第. 仍每于篇後云右若干品, 凡若干人. 亦猶「地理志」肇述京華, 末陳邊塞, 先列州郡, 後言戶口也.

사마천이 처음 「표表」를 만들 때 제왕의 경우에는 그 자손을 서술했고[54] 공후公侯의 경우에는 그것을 하사받은 연월을 기록했는데,[55] 항을 나열하여 서로 연결하고 많은 글자를 편집하여 정리했다. 연나라나 월나라처럼 만 리가 떨어져 있는 나라라도 「표」 안에서는 직경 한 치 안에서 서로 밀접하게 대조할 수 있으며,[56] 소昭와 목穆이 9대에 걸친 경우라도 「표」 안에서는 사방 한 척 안에서 질서 정연하게 나타나 있어서,[57] 독자가 내용을 볼 때 편리하고 눈만 들면 상세히 알 수 있으니, 이것이 「표」가 지닌 장점이다.

그런데 반고의 「고금인표古今人表」는 오직 인물의 현명하고 어리석음에 등급을 매기는 일과 선악을 드러내는 데 힘썼을 뿐이다.[58] 국가의 교체나 세습,

---

54 제왕의~서술했고 : 『사기』 권13 「삼대연표三代年表」를 가리킨다.

55 공후의~기록했는데 : 「십이제후연표十二諸侯年表」, 「육국연표六國年表」, 「진초지제연표秦楚之際年表」, 「한흥이래제후왕연표漢興以來諸侯王年表」 등을 가리킨다.

56 연나라나~있으며 : 연나라는 북쪽에, 월나라는 남쪽에 있기 때문에 위와 같이 비유한 것이다. 견아犬牙는 개의 이빨이 맞물리듯이 사물이 매우 가까이 있는 모양을 말한다.

57 소와~있어서 : 소昭·목穆은 종묘의 제도로, 가운데 태조太祖의 묘묘廟가 있고, 좌우로 조상의 묘가 순서대로 배치된다. 9대는 매우 멀리 떨어진 조상-후손의 관계를 의미한다.

58 반고의~뿐이다 : 유지기는 이미 『사통 내편』 「표력表曆」에서 "공자 문하의 통달한 인물들 중에서 안연顏淵은 거의 공자에 가까웠고, 다른 제자들의 경우는 차등을 두기 어려웠다. 그런데 지금 「고금인표」에서는 염백우冉伯牛를 앞에 놓고 증삼曾參을 뒤에 놓았으며, 중궁仲弓을 앞으로 나오게 하고 염유冉有를 뒤로 물렸으니,【염백우와 중궁은 모두 제2등이고·증삼과 염유는 모두 제3등이다.】 그렇게 판단한 의중을 짐작해보아도, 도무지 그럴 만한 이유를 모르겠다."라고 비판한 바 있다.

제후의 계승과는 이미 상관없어졌고 복잡한 「표」에 항이 중복되거나 작은 글자들로 채워져서,[59] 다른 「표」에 비하면 거의 「표」라고 할 수 없다. 일반적으로 고금의 인물을 열거하는 일은 본래 「표」로 작성해서는 안 되며, 굳이 아까워서 버리지 못하겠거든 「지志」라는 이름으로 편을 만들었어야 했다.

상상上上부터 하하下下까지 나누어 아울러서 분명히 보여주고, 각각의 등급을 나열하여 부류에 따라 편장을 삼고, 우열에 따라 차례를 삼으면 될 것이다. 그리고 매 편 뒤에 '이 사람들은 어떤 품격의 인간으로, 모두 몇 명이다'라는 식으로 설명하면 될 것이다. 이는 「지리지地理志」에서 먼저 도읍을 기술하고 끝에 변경을 나열한다든지, 주나 군을 우선 나열하고 나중에 호구를 적는 것과 마찬가지다.

③ 自漢已降, 作者多門, 雖新書已行, 而舊錄仍在, 必校其事, 可得而言. 案劉氏初典, 書唯陸賈而已. 子長述楚·漢之事, 專據此書. 譬夫行不由徑, 由不由戶, 未之聞也. 然觀遷之所載, 往往與舊不同. 如酈生之初謁沛公, 高祖之長歌鴻鵠, 非唯文句有別, 遂乃事理皆殊. 又韓王名信都, 而輒去都留信, 用使稱其姓名, 全與'淮陰'不別. 班氏一準太史, 曾無弛張, 靜言思之, 深所未了.

한나라 이후 역사가가 여러 학파에서 나와 비록 새로운 역사책을 펴냈더라도, 옛 기록이 그대로 남아 있으므로 반드시 그 책들과 옛날에 기록된 사

---

59 복잡한~채워져서 : 「고금인표」의 실제 모습을 설명한 것이다. 상상上上부터 하하下下까지 9품으로 나눠 해당되는 칸에 인물의 이름을 기록했으며, 때로는 작은 글자로 짧은 설명을 달아놓았다.

실을 비교해야만 비평할 수 있다. 한나라 왕조가 초기에 흥성할 때 있던 역사서는 오직 육가陸賈의 『초한춘추楚漢春秋』뿐이었다. 사마천은 초한의 대립을 서술하면서 전적으로 이 책에 의거했다. 비유하자면, 당시에는 길 아닌 데를 걷거나, 문 아닌 데로 드나드는[60] 경우가 없었다고 하는 것과 같다.

　그렇지만 사마천의 기록을 보면 이따금 옛 기록과 다른 데가 있다. 예를 들어 역이기酈食其가 처음 패공沛公 유방劉邦을 만났던 일,[61] 고조가 기러기 노래를 불렀던 이야기[62] 등은 문구가 다를 뿐만 아니라 당시 실제 사정과도 모두 달랐다. 또 한왕의 이름은 신도信都인데 느닷없이 도都를 빼고 신信만 남겨서 성명으로 불렸기 때문에 회음후淮陰侯 한신韓信과 전혀 구별되지 않는다.[63]

---

60 길 아닌~드나드는 : 『논어』「옹야雍也」에, 자유子游가 담대멸명澹臺滅明이라는 사람을 두고 '지름길로 다니지 않는다[行不由徑]'고 했고, 또 같은 「옹야」에서 공자는 "누군들 문으로 드나들지 않을 수 있겠는가."라고 했다.

61 역이기가~만났던 일 : 역이기가 처음 유방을 만난 대목에 대해 『사기』권97 「역생육가열전酈生陸賈列傳」에서는 처음 유방이 역이기를 불렀을 때 앉은 상태로 발을 씻으면서 알현하게 했으므로, 역이기가 "장자를 거만하게 만나지 말라."라며 질책했다고 기록했다. 하지만 열전의 끝 부분에는, 역이기가 면회를 요구했으나 유방이 아직 유자儒者를 만날 시간이 없다고 거절했고, 이에 역이기가 문전에서 하인을 질타하므로 유방이 어쩔 수 없이 만났다고 기록하고 있다. 뒷 부분의 기록은 『태평어람太平御覽』권342에 인용된 『초한춘추』의 기사와 같다.

62 고조가~이야기 : 『사기』권55 「유후세가留侯世家」에, 고조가 척부인을 위해 태자를 바꾸려고 할 때 장량張良이 책략을 써 연회에서 태자 옆에 동원공東園公, 녹리선생甪里先生, 기리계綺里季, 하황공夏黃公 등 네 명의 노인(상산사호常山四皓)을 모시게 했다. 이를 본 고조가 태자를 보좌하는 사람이 이미 갖추어졌다 생각하고 체념하면서, 척부인을 위해 '홍학 높게 날으니, 한 번에 천리로다'라는 초나라 노래를 불러주었다고 한다. 유지기는 이 대목이 『초한춘추』와 다르다고 본 것이다.

63 한왕의~않는다 : 『한서』권16 「고혜고후문공신표高惠高后文功臣表 유문성후장량留文成侯張良」의 안사고顔師古 주에 "한신도韓慎都는 곧 한왕韓王 신信이다. 『초한춘추』에는 신도信都라고 적혀 있다."라고 했다. 유지기의 설은 이 안사고의 주에 근거했다. 그렇지만 『사기』권55 「유후세가」에 따르면, 신도申徒(=신도慎都)는 장량의 관명이며, 『한서』권13 「이성제후왕표

반고는 한결같이 사마천을 기준으로 삼고 조금도 보탠 것이 없었는데, 자세히 생각해보면 반고의 입장은 무척 이해하기 어렵다.

④ 司馬遷之「敍傳」也, 始自初生, 及乎行歷, 事無臣細, 莫不備陳, 可謂審矣. 而竟不書其字者, 豈墨生所謂大忘者乎? 而班固仍其本傳, 了無損益, 此又韓子所以致守株之說也. 如固之爲「遷傳」也, 其初宜云: "遷字子長, 馮翊陽夏人, 其「序」曰云云." 至于事終, 則言: "其「自敍」如此". 著述之體, 不當如是耶?

사마천의 「태사공자서太史公自序」는 처음에 태어날 때부터 시작하여 자신의 행적과 경력에 이르기까지 크든 작든 사실을 상세하게 갖추었으니, 깊이 생각했다고 할 만하다. 그런데 끝내 자신의 자字를 기록하지 않은 것은 묵자墨子가 말한 대망大忘이라는 것인가?[64] 하지만 반고는 그 내용을 그대로 『한서』「사마천전」에 가져와 조금도 더하거나 빼지 않았으니, 이는 또 한비자韓非子가 비유한 수주대토守株待兎의 사례인가?[65]

반고가 「사마천전」을 만들 때, 처음에는 의당 "사마천의 자는 자장子長[66]

異姓諸侯王表」에는 한성韓成(=한왕韓王)과 한신을 확실히 구분하고 있다. 그러므로 유지기의 설은 안사고의 오류를 답습한 것이다.

64 묵자가~것인가 : 현재 전해지는 『묵자墨子』에는 이 말이 보이지 않는다.

65 한비자가~사례인가 : 수주대토는 『한비자韓非子』「오두五蠹」에 나오는 고사이다. 송나라 사람이 밭을 갈고 있을 때 토끼가 밭 가운데 있는 나무에 부딪혀 죽는 바람에 쉽게 토끼를 얻었다. 이에 그 사람은 다시 토끼를 얻으려고 호미를 놓은 채 일하지 않고 토끼가 나무에 부딪히기를 기다려 사람들의 비웃음을 샀다.

66 자장 : 사마천의 자가 자장이라는 것은 『법언法言』「과견寡見」에 처음 보인다.

이고, 풍익馮翊 양하陽夏 사람이다. 그의 「태사공자서」에 말하기를 ……"이라고 적었어야 했고, 사실이 끝날 때는 "그의 「태사공자서」는 이상과 같다."라고 했어야 했다. 저술의 체재가 이와 같아서는 안 될 것이다.

⑤ 馬卿爲「自敍傳」, 具在其集中. 子長因錄斯篇, 卽爲列傳, 班氏仍舊, 曾無改奪. 尋固于「馬」·「揚」傳末, 皆云: "遷·雄之自敍如此," 至于「相如」篇下, 獨無此言. 蓋止憑太史之書, 未見文園之集, 故使言無畵一, 其例不純.

사마상여司馬相如가 지은 「자서전」은 그의 문집 안에 들어 있다. 사마천은 그 「자서전」 그대로 『사기』에 열전을 만들었고, 반고 또한 『사기』의 내용을 그대로 가져와 수정을 한 적이 없다. 반고는 「사마천전」과 「양웅전揚雄傳」 끝에 모두 "사마천과 양웅의 자서는 이와 같다."라고 했지만, 「사마상여전」에만 이러한 말이 없다. 이것은 『사기』만을 증거로 삼는 데 그치고 사마상여의 문집을 보지 않았기 때문에, 『한서』의 서술에 통일성이 없고 그 체례가 일관되지 못한 것이다.

⑥ 『漢書』「東方朔傳」委瑣繁碎, 不類諸篇. 且不述其亡歿歲時及子孫繼嗣, 正與「司馬相如」·「司馬遷」·「揚雄」傳相類. 尋其傳體, 必曼倩之自敍也. 但班氏脫略, 故世莫之知.

『한서』「동방삭전東方朔傳」은 쓸데없이 번쇄하여 다른 편보다 못하다. 더욱이 그가 죽은 연월이나 자손들의 계승 관계를 기술하지 않았기 때문에 「사마상여전」·「사마천전」·「양웅전」과 닮은 데가 있다. 그 열전의 체재를 보면 분

명 동방삭의 자서自敍이다. 단지 반고가 이 말을 생략했기 때문에 사람들이
모르는 것이다.

⑦ 蘇子卿父建行事甚寡, 韋玄成父賢德業稍多.『漢書』編蘇氏之傳, 則先
以蘇建標名; 列韋相之篇, 則不以韋賢冠首, 幷其失也.

　소무蘇武의 아버지 소건蘇建은『한서』열전에 사적이 매우 적고,[67] 위현성韋
玄成의 아버지 위현韋賢의 덕업에 대한 기록은 조금 많다.[68]『한서』에서 소씨
의 열전을 편찬하면서 소건蘇建을 먼저 표제명으로 삼고, 위현성의 열전을 만
들면서 위현을 첫머리에 놓지 않았는데,[69] 둘 다 잘못되었다.

⑧ 班固稱: "項羽賊義帝, 自取滅亡." 又云: "于公高門以待封, 嚴母掃地
以待喪." 如固斯言, 則深信夫天怨神怒, 福善禍淫者矣. 至于其賦「幽通」
也, 復以天命久定, 非人理所移, 故善惡無徵, 報施多爽. 斯則同現異說,
前後自相矛盾者焉.

---

67 소무의~적고 :『한서』권54는 제목이「이광소건전李廣蘇建傳」인데, 소건에 대한 기록은
　　100자 정도이고 나머지 수천 자는 소무에 대한 기록이다.
68 위현성의~많다 :『한서』권73「위현전韋賢傳」에서 위현에 대한 기록은 500자가 넘는다.
　　그 분량은 위현성의 기록보다는 적지만, 두 사람은 부자간이므로 위현을 열전의 제목으로
　　삼기에 충분하다는 것이 유지기의 판단이다.
69 위현성의~않았는데 : 현재 전해지는『한서』권73에는「위현전韋賢傳」으로 되어 있다.
　　유지기가 본 당나라 때의 판본에는「위현성전韋玄成傳」으로 되어 있었던 듯하다.

반고는 "항우가 의제義帝를 죽였으므로 스스로 멸망을 초래했다."라고 말했다.[70] 또 "우공于公은 문을 높여 자손이 봉해지기를 기다렸고,[71] 엄연년嚴延年의 어머니는 묘지를 청소하며 상례喪禮를 기다렸다."[72]라고 했다. 반고의 이 말대로라면, 하늘이 원망하고 신이 노하여 선한 자에게 복을 주고 악한 자에게 화를 내린다고 믿었던 것 같다. 그런데 반고의 「유통부幽通賦」를 보면, 천명은 오래 전에 정해져 있고 사람의 힘으로는 어쩔 수 없는 것이기 때문에 선악에 대한 징후도 없고 그에 대한 응보도 어긋날 때가 많다고 한다.[73] 이렇다면 같은 현상에 대해 다른 설을 내세우는 셈이며, 앞뒤가 자연히 모순되는 것이다.

⑨ 或問: "張輔著「班馬優劣論」云: '遷敍三千年事, 五十萬言, 固敍二百年事, 八十萬言, 是固不如遷也.' 斯言爲是乎?" 答曰: "不然也. 案『太史公書』上起黃帝, 下盡宗周, 年代雖存, 事迹殊略. 至于戰國已下, 始有可觀. 然遷雖敍三千年事, 其間詳備者, 唯漢興七十餘載而已. 其省也則如彼, 其繁也則如此, 求諸折中, 未見其宜. 班氏『漢書』全取『史記』, 仍去其「日者」·「倉

---

70 반고는~말했다 : 『한서』 권31 「항적전項籍傳」과 그에 대한 「찬贊」에 나온다.

71 우공은~기다렸고 : 『한서』 권71 「우정국전于定國傳」에 나온다. 우정국于定國의 아버지 우공은 자신이 음덕을 쌓았기 때문에 자손 중에 반드시 출세하는 자가 있을 것이라 생각했다. 그리하여 사두마차가 저택을 통과할 수 있도록 문을 높이고 통로를 넓혔다고 한다.

72 엄연년의~기다렸다 : 『한서』 권90 「혹리전酷吏傳」에 나온다. 엄연년의 어머니는 아들이 혹독하고 무자비한 관리 노릇을 하자, 인의仁義로 다스릴 것을 당부했다. 그러나 엄연년이 그 부탁을 듣지 않자, 어머니는 묘지를 청소하면서 아들이 형륙을 당해 묻힐 것을 예상했다고 한다.

73 반고의~한다 : 「유통부幽通賦」의 유통은 신과 통한다는 말이다. 『문선文選』 권14에 실려 있다.

公」等傳, 以爲其事繁蕪, 不足編次故也. 若使馬遷易地而處, 撰成『漢書』,
將恐多言費辭, 有逾班氏, 安得以此而定其優劣邪?"

어떤 사람은 "장보張輔가 「반마우열론班馬優劣論」에서 '사마천은 3,000년에
걸친 역사를 50만여 글자로 서술했지만, 반고는 200년간의 일을 80만여 글
자로 서술했으니, 바로 이 점이 반고가 사마천보다 못하다는 증거이다.'라고
했는데,[74] 이 말이 맞는가?"라고 묻는다.

이렇게 대답하고 싶다. "그렇지 않다. 『사기』를 보면, 위로 황제黃帝에서
시작하여 아래로 주나라에 이르기까지는 연대가 길지만 사적은 아주 소략하
며, 전국시대 이후에 가서야 비로소 볼 만하다. 사마천이 3,000년의 역사를
서술했다고는 하지만, 그 사이에 상세한 부분은 한나라가 흥성한 70여 년 뿐
이다. 너무 소략하기가 그와 같고, 너무 자세하기가 이와 같으니, 절충과 중
용이라는 점에서 보았을 때 타당하다고 할 수 없다.

반고의 『한서』는 전부 『사기』를 옮겼지만 「일자日者」나 「창공倉公」 등의
열전은 없앴으니, 그 사실들이 번거롭고 매우 많아 편차할 가치가 없다고 여
겼기 때문일 것이다. 만일 입장을 바꾸어 사마천이 『한서』를 편찬했다면, 아
마 반고 이상으로 장황하고 많은 내용을 남겼을 것이니, 어떻게 그런 이유만
으로 우열을 결정하겠는가?"

⑩『漢書』斷章, 事終新室. 如叔皮存歿, 時入中興, 而輒引與『前書』共編
者, 蓋序傳之恒例者耳. 荀悅旣刪略『班史』, 勒成『漢紀』, 而彪「論王命」,

---

74 장보가~했는데 : 장보의 자는 세위世偉이고, 서진西晉 사람이다. 『진서晉書』에 열전이
    있다. 장보의 말은 『사통 내편』 「감식鑒識」 및 「번생煩省」에 나온다.

列在末篇. 夫以規諷隗囂, 翼戴光武, 忽以東都之事, 擢居西漢之中, 必如是, 則「賓戲」·「幽通」, 亦宜同載者矣.

『한서』의 맨 마지막 부분[75]은 신新나라에서 끝난다. 반표가 살았던 시대는 한나라가 중흥했던 후한後漢까지였지만,[76] 전한前漢을 기록한 『한서』에 그 사실까지 포함한 까닭은 서전序傳의 통례에 따랐을 뿐일 것이다. 순열荀悅은 이미 『한서』의 내용을 덜어내고 줄여서 『한기漢紀』를 완성했지만, 반표의 「논왕명論王命」을 끝에 실었다. 외효隗囂를 풍자하여 바로잡고 광무제를 보필하기 위해서였겠지만,[77] 느닷없이 전한 시대의 일을 후한 시대로 갖다 놓았으니, 굳이 이렇게 하겠다면 반고의 「답빈희答賓戲」와 「유통부幽通賦」도 마땅히 함께 게재했어야 할 것이다. 🀙

---

75 맨 마지막 부분 : 단장斷章은 단한斷限, 즉 시대구분이라는 뜻이다. 여기서는 『한서』가 전한 시대를 대상으로 한 단대사斷代史라는 의미도 담겨 있다. 단대사는 통사通史와 달리 한 나라(왕조)를 단위로 해서 역사를 기술한다.

76 반표가~후한까지였지만 : 숙피叔皮는 반표의 자이다. 중흥中興은 후한 시대를 뜻한다.

77 외효를~위해서였겠지만 : 외효는 왕망의 신나라 말기에 농서隴西에서 기병하여 한나라에 호응하였다. 그 뒤 광무제가 경엄耿弇 등 일곱 장수를 파견해 농도隴道를 경유하여 공손술公孫述을 칠 때, 외효는 한나라 군사를 가로막고는 공손술에게 사신을 보내 칭신稱臣하였다. 얼마 뒤 그의 부장인 우감牛邯 등이 10만여 명의 군사를 거느리고 광무제에게 투항하여 형세가 궁해지자 자신의 분에 못 이겨 죽고 말았다. 『후한서後漢書』 권13 「외효열전隗囂列傳」에 나온다.

「잡설 상雜說上」에 이어, 여기에서는 진나라 여러 역사(6조항), 『송략』(1조항), 『후위서』(2조항), 북제의 여러 역사서(3조항), 『주서』(1조항), 『수서』(1조항) 등이 비판의 대상이다.

外篇
08

주요역사서비평 II
雜說中

雜說中

● 진나라의 여러 역사_6조

① 東晉之史, 作者多門, 何氏『中興』, 實居其最. 而爲晉學者, 曾未之知, 儻
湮滅不行, 良可惜也. 王·檀著書, 是晉史之尤劣者, 方諸前代, 其陸賈·褚
先生之比歟! 道鸞不揆淺才, 好出奇語, 所謂欲益反損, 求妍更媸者矣.

　　동진東晉 시대의 역사를 저술한 사람은 많지만, 하법성何法盛의 『진중흥서晉
中興書』가 실제로 가장 뛰어나다. 그런데 진나라 학자들이 이런 사실을 알지
못하고, 게다가 실망스럽게도 책의 자취가 사라져 읽히지 않으니 참으로 안
타까운 일이다. 이에 비해 왕은王隱이나 단도란檀道鸞의 저서는 진나라 역사서
중에 수준이 매우 낮은 것으로, 이전 역사서와 비교하자면 육가陸賈의 『신어
新語』나 저소손褚少孫이 『사기』에 빠진 데를 보완한 것에[1] 견줄 수 있을 것이
다. 특히 단도란은 자신의 얕은 재능은 돌아보지 않고 기이한 표현을 즐겨
썼는데, 이른바 보태려다 손해를 보고 예쁘게 보이려다 도리어 추해진 격이
라 하겠다.

1　저소손이~것에 : 『사통 내편』「감식鑑識」에 장안張晏의 말을 빌려, "사마천이 세상을
　뜬 뒤, 「구책전龜策傳」이나 「일자전日者傳」이 없어졌다. 저소손이 그 빠진 부분을 보완했는데
　언사가 비루했으니, 사마천의 취지는 아니었다."라고 언급한 바 있다.

② 臧氏『晉書』稱苻堅之竊號也, 雖疆宇狹于石虎, 至于人物則過之. 案後石之時,【田融『趙史』謂: "勒爲前石, 虎爲後石也."】張據瓜·涼, 李專巴·蜀, 自遼而左, 人屬慕容, 涉漢而南, 地歸司馬. 逮于苻氏, 則兼而有之,「禹貢」九州, 實得其八. 而言地劣于趙, 是何言歟. 夫識事未精, 而輕爲著述, 此其不知量也. 張勔抄撮晉史, 求其異同, 而被褐此言, 不從沙汰, 罪又甚矣.

장영서臧榮緒가 『진서』에 전진前秦의 부견苻堅이 황제의 명호를 훔친 것을 언급하면서, 후조後趙의 석호石虎보다 영토는 좁았지만 인물은 뛰어났다고 했다. 살펴보건대, 후석後石 시대에【전융田融의 『조사趙史』에 "늑勒은 전석前石이고, 호虎는 후석後石이다."라고 했다.】전량前涼의 장씨는 과瓜와 양涼 땅을 근거로 삼았고,[2] 성한成漢의 이씨는 파巴와 촉蜀 땅을 독점했으며,[3] 요동 방면의 사람들은 전연前燕 모용씨慕容氏에 속했고,[4] 한수漢水 이남 지역은 진나라 사마씨司馬氏에 귀속했다.

전진에 이르러 이러한 땅을 모두 점령하여 『서경』「우공禹貢」에 나오는 구주九州 중 여덟 곳을 손에 넣었다. 그런데도 부견의 영토가 조나라보다 좁았다고 하는 것은 무슨 말인가. 자세한 사실도 조사하지 않고 경솔하게 저술했으니, 이는 자신의 기량도 몰랐던 것이다. 장면張勔은 『진서초晉書抄』[5]에서

---

2 전량의~삼았고 : 전량(301~376) 장천석張天錫 13년(363)에 부견은 구장苟萇을 보내 양涼 땅을 공격했고, 장천석은 부견의 진秦나라에 망했다. 전진 감로甘露 12년(365)에 진나라가 과瓜와 양涼 땅을 점거했다. 『진서晉書』「재기載記」에 나온다.

3 성한의~독점했으며 : 성한(302~347)은 이특李特이 성도成都에 세운 나라이다. 동진東晉의 장군 환온桓溫에 의해 멸망했다.

4 요동~속했고 : 전연의 모용씨는 대대로 요동 지방에 거점을 마련했다. 전진이 전연을 공격하여 도성인 업성鄴城을 함락하고 선비족 4만 호戶를 장안長安으로 이주시켰다.

5 『진서초』: 『수서』「경적지經籍志」에 『진서초』 30권이 있다고 했다.

진나라 역사를 뽑아 모아 그 차이를 조사했지만 장영서의 말을 그대로 따르고[6] 숨아내지 않았으니 죄가 더욱 무겁다.

③ 夫學未該博, 鑑非該正, 凡所修撰, 多聚異聞, 其爲踳駁, 難以覺悟. 案應劭『風俗通』載: “楚有葉君祠, 即葉公諸梁廟也. 而俗云, 孝明帝時有河東王喬爲葉令, 嘗飛鳧入朝.” 及干寶『搜神記』, 乃隱應氏所通, 而收流俗怪說. 又劉敬昇『異苑』稱: “晉武庫失火, 漢高祖斬蛇劍穿屋而飛,” 其言不經. 故梁武帝令殷芸編諸『小說』, 及蕭方等撰『三十國史』, 乃刊爲正言. 旣而宋求漢事, 旁取令升之書【謂范曄『後漢書』】; 唐徵晉語, 近憑方等之錄. 【謂皇家撰『晉書』】編簡一定, 膠漆不移. 故令俗之學者, 說鳧履登朝, 則云『漢書』舊記. 談蛇劍穿屋, 必曰晉典明文. 撫彼虛詞, 成茲實錄. 語曰: “三人成市虎”. 斯言其得之者乎!

　학식이 넓지 못하고 비판도 엄정하게 할 수 없는 사람이 역사를 편찬하면서 색다른 이야기를 많이 수집하면, 그 혼란하고 잡다하기가 이해하기 어려운 정도가 된다. 예를 들어 응소應劭의 『풍속통風俗通』에 “초나라에는 섭군葉君의 사당이 있는데, 섭공葉公 제량諸梁의 사묘祠廟이다. 그런데 속인들은 효명제孝明帝 때 하동 왕교王喬가 섭령이 된 적이 있는데, 그때 오리를 타고 입조했다고 한다.”라고 기록했다.[7] 간보干寶의 『수신기搜神記』에는 응소가 분명히

---

6 그대로 따르고 : 피갈被褐이란 『노자』 70장에 “성인은 거친 베옷을 입고 가슴속에 옥을 품는다.[聖人被褐懷玉]”라는 데서 나왔다. 여기서는 ‘그대로 따른다’는 의미이다.

7 응소의~기록했다 : 『풍속통』「정실正失 섭령사葉令祠」에 나온다. 응소는 이것이 춘추시대 섭공葉公 자고子高인 심제량沈諸梁의 묘인데, 사람들이 후한後漢 효명제 때 왕교가 섭葉

섭공의 묘라고 설명한 내용을 숨기고 속설에서 말하는 괴이한 이야기를 수록하고 있다.[8] 또 유경승劉敬昇의 『이원異苑』에 "진晉나라의 무기고에 불이 났을 때 거기에 보관했던 한 고조의 참사검斬蛇劍이 지붕을 뚫고 날아갔다."라고 했는데,[9] 그 말은 근거 없는 이야기다.

그런데도 양 무제梁武帝가 칙명으로 은운殷芸에게 『소설小說』을 편찬하면서 이 이야기를 집어넣게 하고,[10] 소방등蕭方等이 『삼십국춘추三十國春秋』를 편찬할 때에 이것이 버젓이 사실로 기록되었던 것이다.[11] 남조 송나라에서 한나라의 역사를 모을 때 간보의 이 잘못된 이야기를 그대로 옮겼고,[12] 【범엽范曄의 『후한서』를 말한다.】 당나라에서 진나라의 역사를 수집할 때 소방등의 이 기록이 한층 더 전재되어 정사에 오르게 되었다.[13] 【현 왕조에서 『진서』를 편찬한 것을 말한다.】

이와 같이 사료 비판을 충분히 하지 않은 상태에서 일단 사실로 정해져버리면 좀체 수정하지 못하고 타성적으로 믿게 된다. 이 때문에 통속 학자들이

땅의 현령縣令이 되었을 때의 일로 본다고 했다.

8 간보의~있다 : 간보는 고금의 신기하고 영험한 인물들에 관한 이야기를 『수신기』로 엮었다. 『진서晉書』 권82 「간보열전」에 나온다. 섭공의 성은 심沈, 이름은 제량諸梁이다.

9 유경승의~했는데 : 이 사실은 『이원』 권2에 나온다. 한편 『수서』 「경적지」에는 유경승劉敬昇이 아니라 유경숙劉敬叔으로 나와 있다. 『사통 내편』 「잡술雜述」에도 유경숙으로 나와 있는데, 이는 오류이다.

10 양무제가~하고 : 은운殷芸(471~529)의 열전은 『양서梁書』 권41에 나온다.

11 소방등이~것이다 : 소방등의 자는 실상實相이고, 양 원제梁元帝의 큰아들이다. 그는 유명한 학자들을 모아 『후한서後漢書』의 주해를 내고자 했으나 이룩하지 못했다. 『삼십국춘추三十國春秋』 30권을 편찬했지만, 현존하지 않는다. 『사통 내편』 「칭위稱謂」에 나온다.

12 남조~옮겼고 : 유송劉宋의 범엽范曄이 『후한서』 권82상 「방술전方術傳」에서 왕교王喬 열전을 편찬할 때 간보의 『수신기』에 근거한 점을 가리킨다. 영승令升은 간보의 자이다.

13 당나라에서~되었다 : 백사白蛇를 벤 한 고조의 검(참사검斬蛇劍)이 사라진 사실은 당 태종 때 편찬한 『진서』 권27 「오행지 상五行志上」에 나온다.

왕교가 오리를 타고 입궐한 이야기를 할 때면 모두『후한서』에 옛 기록이 있다고 말하고, 참사검이 지붕을 뚫고 날아간 이야기를 할 때면 언제나『진서』에 분명히 기록이 있다고 말하는 것이다. 이러다 보면 저 주위 모은 허황된 이야기가 어느덧 사실이 되어버리는 것이다. 사람들 말에 "저잣거리에 호랑이가 나왔다고 세 사람이 말하면 사실이 된다."라고 했는데,[14] 이 말에 일리가 있다고 하겠다.

④ 馬遷持論, 稱堯世無許由; 應劭著錄, 云漢代無王喬, 其言讜矣. 至士安撰『高士傳』, 具說箕山之迹; 令升作『搜神記』, 深信葉縣之靈. 此幷向聲背實, 捨眞從僞, 知而故爲, 罪之甚者. 近者, 宋臨川王義慶著『世說新語』, 上紀兩漢·三國及晉中朝·江左事. 劉峻注釋, 摘其瑕疵, 僞迹昭然, 理難文飾. 而皇家撰『晉史』, 多取此書. 遂采康王之妄言, 違孝標之正說. 以此書事, 奚其厚顔!

사마천이 주장하기를 "요임금 시대에는 허유許由가 없었다."라고 했고,[15] 응소가 기록하기를 "한나라 때는 왕교王喬가 없었다."라고 했는데,[16] 그 말이

---

14 사람들~했는데 :『한비자』「내저설 상內儲說上」에, 방공龐恭이 위왕魏王에게 한 말이다. 한 사람이 저잣거리에 호랑이가 있다고 말하면 믿지 않아도, 세 사람이 말하면 믿는다는 말이다.

15 사마천이~했고 :『사기』권61「백이열전伯夷列傳」에서 사마천은, 요임금이 허유에게 천하를 양위하려고 하자 허유가 은둔했다고 하는데, 공자가 그런 사적에 대해 언급하지 않은 사실을 지적하면서 허유의 존재에 의심을 표했다. 또한『사기』권1「오제본기五帝本紀」에도 허유에 대한 언급이 없기 때문에 유지기가 이렇게 말한 것이다.

16 응소는~했는데 : 앞서 말한『풍속통』「정실正失 섭령사葉令祠」의 기록을 가리킨다.

옳다. 그런데 후한의 황보밀皇甫謐이 『고사전高士傳』을 편찬할 때 허유가 살았던 기산箕山의 자취에 대해 자세하게 적었고,[17] 간보가 『수신기』를 지음으로써 섭현葉縣의 수령이었던 왕교의 영묘함을 깊이 믿게 되었다. 이들은 모두 소문을 믿고 사실을 무시했으며, 진실을 버리고 거짓을 따랐으며, 알고도 일부러 그랬으니, 죄가 매우 무겁다.

근대에는 남조 송나라의 임천왕 유의경劉義慶이 『세설신어世說新語』를 저술하여 위로는 양한兩漢 시대와 삼국시대에서부터 진晉나라 및 강동江東의 사실까지 기록하였다. 그러나 유준劉峻이 주석을 달아 원문의 잘못을 바로잡았으므로[18] 거짓 사실이 분명해졌고 이치상 둘러댈 수도 없다. 그런데도 우리 왕조에서 『진서晉書』를 편찬할 때 대부분 이 『세설신어』를 채택했다. 결국 유의경의 망언을 선택하고 유준의 올바른 학설을 어긴 것이다. 이런 식으로 사실을 기록하다니 어찌 이리도 낯이 두꺼운가!

⑤ 漢呂后以婦人稱制, 事同王者. 班氏次其年月, 雖與諸帝同編; 而記其事迹, 實與后妃齊貫. 皇家諸學士撰『晉書』, 首發凡例, 【序列一卷, 『晉書』之首, 故云首發凡例】而云班『漢』皇后除王·呂之外, 不爲作傳, 并編敍行事, 寄出「外戚篇」. 案「外戚篇」所不載者, 唯元后耳. 安得不引呂氏以爲例乎? 蓋由讀書不精, 識事多闕, 徒以本紀標目, 以編高后之年, 遂疑外戚裁篇, 不述娥姁之事. 其爲率略, 不亦甚邪!

---

17 황보밀이~적었고 : 사안士安은 황보밀(215~282)의 자이다. 황보밀은 『고사전』에서 기산箕山 정상에 허유의 무덤이 있다고 했는데, 일찍이 사마천도 그런 말이 있다고 하면서도 회의했다. 『진서』 권51 「황보밀전皇甫謐傳」이 있다.

18 유준이~바로잡았으므로 : 유준(462~521)은 양나라 학자로, 자는 효표孝標이다. 유준이 『세설신어』에 주를 단 사실은 『수서』 「경적지」에 나온다.

한나라 여후呂后는 부인의 몸으로 천자를 대신해 정치를 했으니, 사적은 제왕과 같았다. 하지만 반고는 여후 시대의 연월 순서는 황제와 동일하게 편찬했지만, 그 사적을 기록할 때는 실상 다른 후비와 마찬가지로 취급했다. 우리 왕조에서 여러 학사들이 『진서晉書』를 편찬하면서 앞머리에 범례를 두어, 【「서례」 1권이 『진서』의 맨 앞에 있기 때문에 "앞머리에 범례를 두었다."라고 했다.】 "반고의 『한서』에서 황후의 경우 왕후와 여후 이외에는 열전을 만들지 않고 「외척전外戚篇」에 맡겼다."라고 했다. 그러나 「외척전」에 실리지 않은 인물은 오직 원후元后뿐이다.[19] 어떻게 여후가 「외척전」에 인용되지 않았다고 사례를 들 수 있는가.

대체로 독서를 정밀하게 하지 않았기 때문에 사실을 이해하는 데 많은 결함이 있었으며, 본기의 편명에 여후[20]의 이름으로 편집되어 있는 것을 보고 마침내 「외척전」을 만들면서 여후에 대한 사실을 서술하지 않았으리라고 짐작한 것이다. 그 경솔함이 너무 심하지 않은가.

⑥ 楊王孫布囊盛尸, 裸身而葬. 伊籍對吳, 以"一拜一起, 未足爲勞". 求兩賢立身, 各有此一事而已. 而『漢書』·『蜀志』, 爲其立傳. 前哲致譏, 言之該矣. 然楊能反經合義, 足矯奢葬之愆, 伊以敏辭辨對, 可免'使乎'之辱. 列諸篇第, 猶有可取. 近者皇家撰『晉書』, 著「劉伶畢卓傳」. 其述事也, 直載其嗜酒沈湎, 悖禮亂德, 若斯而已. 爲傳如此, 復何所取者哉?【舊『晉史』本無「劉」·「畢」傳, 皇家新撰, 以補前史所闕.】

---

19 반고의~원후뿐이다 : 원후는 원제元帝의 황후인 왕정군王政君이며, 왕망王莽의 고모이다. 원후는 『한서』 「외척전」이 아니라 권98 「원후전」에 실려 있다.
20 여후 : 이름은 치雉이고, 자는 아후娥姁이다. 그래서 신하들이 치雉 자를 휘했다.

양왕손楊王孫은 부자였지만 자신이 죽거든 베로 시신을 싸서 맨몸으로 장례를 지내라 했고,[21] 이적伊籍은 오나라에 사신으로 가서 "한 번 절하고 한 번 일어나는 것은 수고랄 것도 없다."라고 응대했다.[22] 『한서』나 『촉지』는 그들의 열전을 두었는데, 이에 대해 선현들이 비판하고 상세히 논의했다. 그렇지만 양왕손은 장례의 법도에 반대하여 바른 도리에 합당했고 사치스러운 장례의 폐해를 바로잡았으며, 이적은 민첩한 임기응변으로 사신으로서의 품위[23]를 손상하지 않았다. 이들을 열전에 넣는 것은 오히려 있을 수 있는 일이다.

그런데 최근 우리 왕조에서 『진서』를 편찬하고 거기에 「유령필탁열전劉伶畢卓列傳」을 저술했다. 그 사실에 대한 기술은 오직 그들이 술을 좋아하여 헤어나지 못했으며 예와 덕을 어지럽혔다는 내용뿐이었다.[24] 열전을 이렇게 만들어서야 또 무엇을 얻을 수 있겠는가. 【옛 『진사』에는 본래 「유령필탁전」이 없었는데, 우리 왕조에서 새로 편찬하면서 이전 역사서에서 빠진 것을 보완했다.[25]】

---

21 양왕손은~했고 : 『한서』 권67 「양호주매운전楊胡朱梅雲傳」에, 양왕손은 효무제孝武帝 때 사람으로 황노술黃老術을 배웠고, 부자였으나 검소하게 장례를 치르라고 했다.

22 이적은~응대했다. : 이적의 자는 기백機伯이다. 『삼국지 촉지』 권38 「이적전伊籍傳」에 나오는 내용으로, 이적이 오나라에 사신으로 갔을 때 손권孫權이 "무도한 군주를 섬기느라 수고한다."라고 하자, 이적은 위와 같이 대답했다.

23 사신으로서의 품위 : 사호使乎는 원래 『논어』 「헌문憲問」에서 "사신답다, 제대로 된 사신이다.[使乎! 使乎!]"라고 한 데서 나왔다. 거백옥蘧伯玉이 보낸 사신에게 공자가 "거백옥은 무엇을 하고 지내느냐"라고 묻자, 사신은 "잘못을 줄이려고 하는데, 아직 잘 안 되십니다."라고 대답했더니, 사신이 나간 뒤에 공자는 "훌륭한 사신이다."라고 칭찬했다.

24 그 사실에~내용뿐이었다. : 『진서』 권49 「유령필탁전」에, 유령劉伶은 술에 취하여 아내의 충고도 듣지 않았다고 했고, 필탁畢卓도 술을 마셔 일을 방치하고 심지어 관청의 술을 훔치다가 잡혔다는 내용의 기록만 있다.

25 옛 『진사』에는~보완했다 : 필탁의 일화는 『세설신어』 「임탄任誕」 유효표劉孝標의 주에 『진중흥서晉中興書』를 인용하여 기술하고 있다. 그러므로 유지기의 말과는 달리, 『진서』 이전에 편찬된 하법성何法盛의 『진중흥서』에 이미 필탁에 관한 기록이 있었다.

裴幾原刪略『宋史』, 定爲二十篇. 芟煩撮要, 實有其力, 而所錄文章, 頗傷
蕪穢. 如文帝「除徐傅官詔」·顏延年「元后哀冊文」·顏峻「討二凶檄」·孝武
「擬李夫人賦」·裴松之「上注國志表」·孔熙先「罪許曜詞」, 凡此諸文, 是尤
不宜載者. 何則? 羨·亮威權震主, 負芒猜忌, 將欲取之, 必先與之. 旣而罪
名具列, 刑書是正, 則先所降詔, 本非實錄. 而乃先後雙載, 坐令矛盾兩傷.
夫國之不造, 史有哀冊. 自晉·宋已還, 多載于起居注, 詞皆虛飾, 義不足觀.
必以略言之, 故宜去也.

배자야裴子野는 『송사』를 줄여서 『송략宋略』 20편을 확정했다.[26] 번거로운
데를 줄이고 요점을 모은 점에서는 실로 역작이지만, 기록한 문장은 상당히
거칠고 너저분하다. 예를 들어 문제文帝의 「서선지徐羨之와 부양傅亮을 관직에
임명하는 조(除徐傅官詔)」,[27] 안연년顏延年의 「원황후애책문元皇后哀冊文」,[28] 안준
顏峻의 「두 흉적을 토벌하는 격문(討二凶檄)」,[29] 효무제孝武帝의 「이부인을 흉내
낸 부(擬李夫人賦)」,[30] 배송지裴松之의 「삼국지를 주석하고 올린 표(上注國志表)」,[31]

---

26 배자야는~확정했다 : 배자야의 자는 기원幾原이며, 하동河東 문희閒喜(산서山西) 사람으로,
유명한 사학자인 배송지裴松之의 증손이다. 양나라의 저작랑著作郎, 중서통사사인中書通事舍人
을 거쳤다. 『송략』 20권을 편찬했는데 일실되었고, 미완성의 『제량춘추齊梁春秋』를 지었다
고 한다. 『자치통감資治通鑑』에 출전이 『송략』으로 추론되는 그의 평론이 여럿 인용되어
있다. 『남사南史』와 『양서梁書』에 배자야 열전이 있다.

27 문제의~조 : 『송서』 권4 「소제기少帝紀」에 나온다.

28 안연년의 「원황후애책문」 : 연년延年은 안연지顏延之의 자이다. 『송서』 권73 「안연지전顏延之
傳」에 나온다.

29 안준의~격문 : 안준은 안연지의 아들로, 자는 사손士遜이다. 『송서』 권75에 열전이 있다.
격문은 문제의 장자인 소劭와 시흥왕始興王 준濬이 모반했을 때 지은 것인데, 『송서』 권73
「안연지전」에 나온다.

30 효무제의~부 : 한 무제가 이부인李夫人의 죽음을 애도한 전례에 따라 효무제가 은숙의殷淑儀를

공희선孔熙先의 「허요를 죄주라는 글(罪許曜詞)」[32] 등 여러 문장은 더욱 실어서는 안 되는 것들이다.

왜 그런가? 서선지나 부양의 권세는 군주를 능가했고, 군주가 등에 까끄라기를 지고 있는 듯이 그들을 거추장스러워했으므로, 장차 그들을 제압하기 위해서는 반드시 먼저 베푸는 술수를 써야 했던 것이다.[33] 이미 죄명이 함께 올라 있고 형벌 문서가 바로잡혔으니, 앞서 내린 조칙은 본디 실상을 보여주는 기록이 아니다. 그런데도 전후로 관직을 내려준 일과 처벌했던 일을 둘 다 기록하여 모순되게 함으로써 두 사실 모두에 진실성을 손상시키고 말았다. 또한 나라에 불행한 일이 있으면 역사서에 애도하는 글이 있게 마련이라서 진나라와 송나라 이후로는 대부분 기거주起居注에 그 사실을 실었는데, 거의 헛되이 꾸민 문장이고 볼 만한 의미도 없었다. 그러므로 요약한다고 독자들에게 알려주고 삭제하는 편이 옳다.

昔漢王數項, 袁公檄曹, 若不具錄其文, 難以暴揚其過. 至于二凶爲惡, 不言可知, 無俟檄數, 始明罪狀. 必刊諸國史, 豈益異同. 孝武作賦悼亡, 鍾心內寵, 情在兒女, 語非軍國. 松之所論者, 其事甚末, 兼復文理非工. 熙先構

위해 부를 지었다. 『송서』 권80 「효무십사왕전孝武十四王傳」에 나온다.

31 배송지의~표 : 본래 저술은 배송지의 「상삼국지주표上三國志注表」를 가리킨다. 이 표문은 『송서』 권64 「배송지전裴松之傳」에는 나오지 않고 『삼국지三國志』에 나온다.

32 공희선의~글 : 『송서』 권69 「범엽전范曄傳」에 공희선은 허요許曜의 역모를 옥중에서 상서하여 고발했다고 한다.

33 서선지나~것이다 : 『한서』 권68 「곽광전霍光傳」에, 한 선제漢宣帝는 대장군 곽광霍光을 꺼려하여 등에 붙은 까끄라기처럼 여겼다고 한다. 문제와 서선지·부량의 경우도 한 선제와 곽광의 관계와 같아서, 문제 원가元嘉 3년에 두 사람 모두 주살되었다.

逆懷奸, 矯言欺衆, 且所爲稿草, 本未宣行. 斯幷同在編次, 不加銓擇, 豈非蕪濫者邪?

예전에 한왕이 항우項羽의 죄상을 열거했을 때,[34] 그리고 원소袁紹가 조조曹操를 비판했을 때,[35] 그 내용을 갖추어 기록하지 않았다면 항우나 조조의 잘못을 폭로하기 어려웠을 것이다. 그러나 항우나 조조의 흉악함에 대해서는 말하지 않아도 알 수 있고, 격문이나 죄상의 열거까지 보지 않아도 처음부터 죄상이 분명하다. 그 죄상을 굳이 역사서에 실었다고 해서 새로운 사실이 보태지겠는가.

효무제가 부賦를 지어 죽은 비妃를 애도했던 일은 온 마음이 총애하는 아녀자에게 쏠린 애정 문제였지,[36] 그 내용이 군국軍國의 중대사는 아니었다. 배송지[37]가 논찬한 것은 매우 사소한 일이었으며, 게다가 문장도 훌륭하지 않았기 때문에 굳이 선택할 필요가 없었다. 공희선도 모반을 꾸미려는 간사한 마음을 품고 달콤한 말로 사람들을 속였으며, 또 그가 작성했던 문서도 본래 공표된 것이 아니었다.[38] 이들 모두 역사서에 편차했지만 주의 깊게 선별하지

---

34 한왕이~때 : 한왕漢王은 유방劉邦, 항項은 항우이다. 『사기』 권8 「한고조본기漢高祖本紀」에 나온다.

35 원소가~때 : 원공袁公은 원소, 조曹는 조조이다. 『후한서』 권74상 「원소전袁紹傳」에 나온다.

36 효무제가~문제였지 : 효무제가 은숙의殷淑儀를 애도하면서 지은 부賦를 가리킨다.

37 배송지 : 동진東晉 말~송宋 초의 사람으로, 자는 세기世期이며 하동군河東郡 문희현聞喜縣 사람이다. 진수陳壽의 『삼국지三國志』에 주석을 달아 「상삼국지주표上三國志注表」를 지었다. 아들 배인裴駰은 『사기집해史記集解』를 저술했으며, 증손은 바로 지금 논의하고 있는 『송략』을 편찬한 배자야裴子野이다.

38 공희선도~아니었다 : 공희선은 사종謝綜 등과 함께 유의강劉義康을 옹립하려다가 송 문제에 의해 처형당했다. 역사가 범엽도 공희선에 연루되어 주륙당했다. 『송서宋書』 권69 「범엽열전范曄列傳」에 나온다.

않았으니, 필법이 어지럽고 조잡하다고밖에 할 수 없다.

向若除此數文, 別存他說, 則宋年美事, 遺略蓋寡. 何乃應取而不取, 宜除
而不除乎? 但近代國史, 通多此累, 有同自鄶, 無足致譏. 若裴氏者, 衆作之
中, 所可與言史者, 故偏擧其事, 以申掎摭云.

　　만약 이 몇 가지 내용을 싣지 않고 다른 이야기를 따로 남겼다면 송나라
시대의 아름다운 사실을 몇 가지 더 전할 수 있었을 것이다. 어찌하여 선택
해야 할 것은 싣지 않고, 정작 제외해야 할 것은 제외하지 않았단 말인가. 근
대의 국사는 대체로 이런 폐단이 많아서, 『좌씨전』에서 말하는 회鄶 이하는
기록하잘 것도 없다는 평가가 여기에도 적절하다.[39] 그래도 배자야 같은 사람
은 여러 역사가들 중에서 더불어 역사를 논할 만한 사람이기 때문에 일부러
뽑아서 그 결점을 들어 비판해본 것이다.[40]

● **후위서**後魏書_2조

① 『宋書』載佛狸之入寇也, 其間勝負, 蓋皆實錄焉. 『魏史』所書,【謂魏收
所撰者.】則全出沈本, 如事有可恥者, 則加減隨意, 依違飾言. 至如劉氏獻

---

39 『좌씨전』에서~적절하다 : 『좌씨전』 양공襄公 29년 전문에 "나라에 주인이 없으면 오래갈
　　수 있겠는가! 회鄶 이하로는 비판할 것도 없다."라고 했는데, 두예의 주에 "회는 13번째,
　　조曹는 14번째이니, 계자季子가 이 두 나라의 노래를 들은 뒤 이후 다시 평가하지 않았는데,
　　그것이 보잘것없기 때문이었다."라고 했다.

40 결점을~것이다 : 기척掎摭은 끌어내어 거둔다는 말인데, 여기서는 배자야를 거론해서
　　비판했다는 뜻이다.

女請和, 太武以師婚不許, 此言尤可怪也. 何者? 江左皇族, 水鄕庶族, 若司馬·劉·蕭·韓·王, 或出于亡命, 或起自俘囚, 一詣桑乾, 皆成禁臠. 此皆『魏史』自述, 非他國所傳.

『송서』에 불리佛狸[41]가 침략해왔을 때의 사실이 실린 데를 보면, 그 사이의 승부는 대체로 모두 믿을 수 있는 기록이다. 그러나 『위사魏史』에 실린 기록은 【위수가 편찬한 것이다.】 전적으로 심약沈約의 『송서』를 기초로 했지만, 탁발위拓跋魏에게 수치가 되는 부분은 마음대로 가감하면서 애매하게 꾸며댔다.

예를 들어 송 문제가 두려워하여 딸을 태무제에게 바치며 강화講和를 청했지만 태무제太武帝가 전쟁 중이라고 하면서 수락하지 않았다고 한[42] 대목은 더욱 괴이하다. 왜냐하면 동진東晉의 황족이나 사마씨司馬氏·유씨劉氏·소씨蕭氏·한씨韓氏·왕씨王氏 같은 강남의 여러 성씨는 망명했거나 또는 포로로 잡혀와 일단 북위 선비족의 상건桑乾 땅에 이르면 모두 귀족이 되었기 때문이다.[43]

---

41 불리 : 북위北魏 태무제太武帝(세조世祖) 탁발도拓跋燾의 자이다.
42 송 문제가~한 : 『송서宋書』 권95 「색로전索虜傳」에는 송 문제가 북위 태무제에게 강화를 하려고 혼인을 청한 사실만 나온다. 태무제가 전쟁을 이유로 혼인을 수락하지 않은 사실은 『위서』 「도이유씨전島夷劉氏傳」에 나온다.
43 동진의~때문이다 : 유유劉裕가 동진 정권을 찬탈하고 사마씨 황족을 대대적으로 살해했는데, 진 선제晉宣帝 동생의 8대손인 사마초지司馬楚之는 북위로 도망쳐 그곳의 귀족인 하내공주河內公州와 혼인했다. 『위서』 「사마초지전司馬楚之傳」에 나온다. 송 문제의 아홉 번째 아들인 유창劉昶의 아들 업립業立이 처와 어머니를 버리고 위나라로 도망쳐 공주와 혼인했다. 『위서』 「유창전劉昶傳」에 나온다. 제 명제齊明帝의 아들인 소보인蕭寶夤이 북위로 가서 남양공주南陽公州와 혼인했다. 『위서』 「소보인전蕭寶夤傳」에 나온다. 진나라 한연지韓延之가 위나라에 항복하고 회남왕 딸과 혼인했다. 『위서』 「사마문사전司馬文思傳」에 나온다. 송나라 왕혜룡王慧龍이 북위에 항복하고 대신大臣 최넘崔恬의 딸과 혼인했다. 『위서』 「왕혜룡전王慧龍傳」에 나온다.
원문의 수향水鄕은 강남江南을 가리킨다. 금련禁臠은 귀족을 비유한 말이다. 동진 원제

이런 일들은 모두 『위서』에만 기술되었으며, 다른 나라에서는 전해지는 바 없다.

然則北之重南, 其禮如此. 安有黃旗之主, 親屈己以求婚, 而白登之陣反懷疑而不納. 其言河漢, 不亦甚哉! 觀休文『宋典』, 誠曰不工, 必比伯起『魏書』, 更爲良史. 而收每云: "我視沈約, 正如奴耳."【出『關東風俗傳』】此可謂飾嫫母而夸西施, 持魚目而笑明月者也.

　그러니 북쪽 사람들이 남쪽을 중시했던 것은 그 예우가 이와 같았다. 어찌 강남의 황제 지위에 있는 사람이 직접 자신을 굽혀 혼인을 요구하고, 백등白登에서 진을 치고 있던 태무제太武帝가 도리어 회의를 품고 그들을 받아들이지 않을 수 있겠는가.[44] 이 이야기는 황하黃河와 한수漢水가 떨어져 있는 것만큼 전혀 현실성이 없다.

　심약의 『송서』를 보면 참으로 어설프다고 해야겠지만, 그래도 위수의 『위서』에 비하면 훨씬 낫다. 하지만 위수는 늘상 "나는 심약 보기를 딱 하인 보듯 한다."라고 했다.【『관동풍속전關東風俗傳』에 나온다.】 이런 태도는 추녀로 유명한 모모嫫母를 잘 치장하여 월나라의 빼어난 미녀인 서시西施보다 아름답다고

때 돼지를 잡으면 원제만 목살을 먹을 수 있었는데, 이를 궁중에서는 금련이라고 불렀다. 송 효무제가 사혼謝混을 진릉공주晉陵公主의 남편, 즉 사위로 삼으려 했다가 혼인을 성사시키지 못하고 죽었다. 원산송袁山松이 또다시 사혼을 사위로 삼으려고 하자, 원순이 '금련을 가까이 하지 말라'고 경계했다. 『진서晉書』 권79 「사안전謝安傳」에 나온다.

44 어찌~있겠는가 : 황기黃旗는 운기雲氣이며, 천자가 나타날 때의 상서로움을 표현하는 것으로, 곧 강남 지역 남조南朝의 황제를 말한다. 백등白登은 평성平城 동남쪽에 있는데, 북위의 태무제를 말한다.

하는 것과 같고, 물고기의 눈을 가지고 밝은 달을 비웃는 것과 같은 격이다.[45]

② 近者沈約『晉書』, 喜造奇說, 稱元帝牛金之子, 以應'牛繼馬後'之徵. 鄴
中學者王劭·宋孝王言之詳矣. 而魏收深嫉南國, 幸書其短, 著「司馬叡傳」,
遂具錄休文所言. 又崔浩諂事狄君, 曲爲邪說, 稱拓跋之祖, 本李陵之胄.
當時衆議抵斥, 事遂不行. 或有竊其書以渡江者, 沈約撰『宋書』「索虜傳」,
仍傳伯淵所述. 凡此諸妄, 其流甚多, 儻無迹可尋, 則眞僞難辨者矣.

　　근래에 심약은 『진서晉書』에서 기이한 설을 만들어내기를 좋아했는데, 동
진東晉의 원제元帝는 진나라 장수인 우금牛金의 아들로, '소가 말의 뒤를 잇는
다'[46]는 징조와 상응한다고 했다. 이에 대해 왕소王劭나 송 효왕宋孝王 등 업鄴
의 학자들이 상세히 논박한 바 있는데, 위수는 남조를 매우 적대시하여 이때
다 싶어 그 단점을 기록했고, 「사마예전司馬叡傳」을 짓는 기회에 심약이 한
말을 갖추어 서술했다.[47]

---

45 추녀로~격이다 : 모모는 『사통 내편』「언어言語」에 나온다. 식飾은 분을 바르는 것이고,
　　과夸는 자랑한다는 뜻이다.
46 소가~잇는다 : 위 명제魏明帝 때 하서河西 유곡柳谷에 있는 상서로운 돌에 소가 말을 잇는다고
　　하는 상象이 있었는데, 이를 두고 우씨牛氏가 사마씨司馬氏의 뒤를 이을 징조였다고 한
　　것이다. 즉 동진東晉의 초대 황제 사마예가 우씨의 아들이라는 설이다. 아래 각주 참고.
47 이에~것이다 : 사마예는 동진의 초대 황제(재위 317~322)인 원제元帝 중종中宗이다.
　　아버지는 낭야공왕琅邪恭王 사마근司馬覲이고 어머니는 하후씨(위나라 맹장 하후연의 증손
　　녀)였다. 『사통 내편』「채찬採撰」 원주原注에 "왕소가 말하기를 '심약이 『진서』(『송서』의
　　오류)에 기이한 이야기를 지어냈는데, 〈낭야국琅邪國의 우씨 성을 가진 사람이 하후비夏侯妃와
　　사사로이 통하여 중종을 낳았다.〉고 했고, 멀리 선제(선황제宣皇帝인 사마의司馬懿. 179~251)
　　가 독이 든 술로 우금牛金을 죽인 일을 서술하여 그것이 실상이라는 증거로 삼았다. 위수가

또한 최호崔浩도 북위의 군주에게 아첨하면서 거짓된 이야기를 지어 왜곡했는데, 탁발씨의 선조가 본래 한나라 이릉李陵의 후손이라고 했다.[48] 이에 대해 당시 여론도 비판하고 배척했으므로 끝내 사실로 인정받지 못했지만, 이 책을 훔쳐서 강남으로 건너간 자도 있었다고 한다. 심약의 『송서』「색로전索虜傳」은 최호가 서술한 내용을 그대로 전달하고 있다.[49] 이와 같은 엉터리는 아직도 많지만, 찾아볼 수 있는 흔적이 없다면 진위조차 판단하기 어려울 것이다.

● 북제의 여러 역사서_3조

① 王劭國史, 至于論戰爭, 述紛擾, 賈其餘勇, 彌見所長. 至如敍文宣逼孝靖以受魏禪, 二王殺楊·燕以廢乾明, 雖『左氏』載季氏逐昭公, 秦伯納重耳, 樂盈起于曲沃, 楚靈敗于乾谿, 殆可連類也. 又敍高祖破宇文于邙山, 周武自晉陽而平鄴, 雖『左氏』書城濮之役, 鄢陵之戰, 齊敗于鞍, 吳師入郢, 亦不是過也.

여기에 근거하여 말하기를 〈사마예는 진나라 장군 우금의 자식이다.〉라고 했다.' 송 효왕이 말하기를 '위수는 사마예가 우금의 아들이라고 했는데, 연대를 계산해보면 살았던 시기가 전혀 겹치지 않는다.'고 했다."라고 했다. 심약이 편찬한 『송서』 권27 「지志 부서 상符瑞上」에 위의 원주에 인용된 것과 같은 내용의 기록이 보인다. 나중에 편찬된 『진서』에도 이 내용이 반영되어 있다.

48 최호도~했다 : 최호는 북위의 재상이었으며, 자는 백연伯淵으로 경사와 제자백가에 능통했는데, 그의 최후는 본문에서 말한 군주에게 아첨하는 것과는 거리가 멀었다. 그는 동생 최람崔覽 등과 함께 태무제太武帝 시대의 역사인 『국서國書』 30권을 편찬했는데, 『국서』를 찬술하면서 선비족인 북위의 왕실에 대해 거리낌 없이 서술하여 살해되었다. 『위서魏書』 「최호전崔浩傳」에 나온다.

49 심약의~있다 : 『송서』 권95 「색로전」에, 탁발씨의 선조는 흉노에 투항한 이릉李陵의 후손이라고 했다.

왕소의 국사[50]는 전쟁을 논할 때나 분란을 서술할 때 재능이 십분 발휘되었기에 한결 더 그의 우수성을 살펴볼 수 있다. 북위北魏 문선제文宣帝가 동위東魏 효정제孝靖帝를 핍박하여 선양을 받았던 사실,[51] 북위 상산왕常山王과 평진왕平秦王 등 두 왕이 양석楊愔과 연자헌燕子獻 등을 죽이고 폐제은廢帝殷을 천자에서 끌어내리는 장면[52]은, 명문으로 알려진 『좌씨전』에서 계씨가 소공을 추방하는 기사,[53] 진 목공秦穆公이 진晉나라의 공자 중이重耳를 돌려보낸 기사,[54] 진晉나라 난영欒盈이 곡옥曲沃에서 군사를 일으킨 기사,[55] 초 영왕楚靈王이 건계乾谿에서 패배한 기사[56]에 거의 필적할 솜씨이다.

---

50 왕소의 국사 : 『수서』「경적지」에 왕소가 후제後齊의 역사인 『제지齊志』 10권을 편찬했다고 한다.

51 북위~사실 : 『북제서北齊書』 권4 「문선기文宣紀」에 나온다.

52 북위~장면 : 『북제서』 권4 「폐제기廢帝紀」에 나온다. 폐제는 문선제의 큰아들이다. 건명乾明은 폐제 도인道人의 연호이다. 두 왕[二王]은 상산왕常山王 연演과 평진왕平秦王 귀언歸彥이다.

53 계씨가~기사 : 『좌씨전』 소공 25년에 나온다. 소공이 계씨를 치자, 쫓기는 계평자季平子가 소공에게 용서를 구했으나 들어주지 않았다. 계평자는 소공에게 다시 망명을 청했다. 자가자子家子는 소공에게 계평자의 말을 들어달라고 진언했으나, 이 역시 허락하지 않았다. 나중에 소공은 맹의자孟懿子에게 패하여 제나라로 도망쳤다.

54 진목공이~기사 : 『좌씨전』 희공 23년과 24년에 나온다. 중이는 진 문공晉文公이다. 중이가 공자였을 때 아버지 헌공獻公이 애첩 여희麗姬의 참소를 듣고 자기의 형인 태자 신생申生을 죽이자 진秦나라로 도망쳤다. 망명 중에 아버지가 본국에서 죽자 진 목공秦穆公이 중이에게 조문하면서, 돌아가 임금이 되라고 권했다.

55 진나라~기사 : 『좌씨전』 양공 23년에 나온다. 진晉나라 난서欒書의 아들 난염欒魘이 범선자范宣子의 딸 난기欒祁와 혼인했는데, 난염이 죽은 뒤 난기의 행실이 문란하여 재산을 탕진했다. 아들 난영欒盈이 어머니의 행실을 걱정하자, 난기가 두려워하며 '아들 영盈이 범씨范氏 일가를 원망한다'고 범선자에게 무고했으므로, 난영이 초나라를 거쳐 제나라로 도망갔다. 나중에 몰래 진나라에 들어와 곡옥 땅에서 군사를 일으켰으나 패배했다.

56 초 영왕이~기사 : 『좌씨전』 소공 12년에 나온다. 건계는 춘추시대 초나라 안휘성安徽省 박현亳縣에 있는 지명이다. 초 영왕이 무도하여 일찍이 수많은 인력과 비용을 들여 전례에 보기 드문 대규모의 장화대章華臺를 지었고, 그 후 또 건계에 장화대와 같은 규모의 거대한

또 북제北齊 고조가 북주北周 문제文帝를 망산邙山에서 쳐부순 장면,[57] 북주 무제武帝가 북제를 무찌르고 진양晉陽에서 군사를 돌려 업도鄴都를 평정한 장면[58] 등은, 『좌씨전』에서 기록한 성복城濮의 전투,[59] 언릉鄢陵의 전투,[60] 제나라가 안鞍 땅에서 패배한 기사,[61] 오나라 군대가 초나라 영郢 땅으로 입성한 기사[62] 등에 견주어 뛰어나다.

② 或問曰:"王劭『齊志』, 多記當時鄙言, 爲是乎? 爲非乎?" 對曰, 古往今來, 名目各異, 區分壤隔, 稱謂不同. 所以晉·楚方言, 齊·魯俗語, 六經諸子, 載之多矣. 自漢已降, 風俗屢遷, 求諸史籍, 差睹其事. 或君臣之目, 施諸朋友; 或尊官之稱, 屬諸君父. 曲相崇敬, 標以處士·王孫; 輕加侮辱, 號以僕父·舍長. 亦有荊楚訓多爲夥, 盧江目橋爲圮. 南呼北人曰傖, 西謂東胡曰虜. 渠·們·底·個, 江左彼此之辭; 乃·若·君·卿, 中朝汝我之義. 斯幷因地而變, 隨時而革, 布在方冊, 無假推尋. 足以知吁俗之有殊, 驗土風之不類.

어떤 사람은 "왕소의 『제서齊書』는 당시의 비속어를 많이 쓰고 있는데, 이

건계대乾谿臺를 지었다. 영왕이 건계에서 시를 듣고 잠을 이루지 못하다가 시해를 당했다.

57 북제~장면 : 『북사北史』 권6 「제본기齊本紀」에 나온다.

58 북주~장면 : 『북사北史』 권10 「주본기周本紀」에 나온다.

59 성복의 전투 : 『좌씨전』 희공 28년에 초나라를 상대로 진晉·제齊 등이 전투를 벌였다고 했다.

60 언릉의 전투 : 『좌씨전』 성공成公 17년에 진나라와 초나라가 정나라 땅인 언릉에서 전투를 벌였다고 했다.

61 제나라가~기사 : 『좌씨전』 성공 2년에 진晉나라 각극郤克이 제나라를 안鞍 땅에서 패퇴시켰다고 했다.

62 오나라~기사 : 『좌씨전』 정공定公 4년에 나온다.

것이 옳은가, 그른가?"라고 묻는다. 그에 대해 이렇게 대답하고 싶다. 예로
부터 오늘날까지 명목은 각기 달랐을 뿐 아니라, 하늘과 땅만큼의 차이가 있
었고 부르는 이름이 같지 않았다. 따라서 진나라나 초나라 같이 멀리 떨어져
있는 나라의 방언이나, 제나라와 노나라처럼 가까운 나라의 속어 등이 육경
六經이나 제자서諸子書에 많이 기재되었다. 한나라 이후 풍속이 여러 차례 변
했고, 역사서를 보면 그런 모습을 확인할 수 있다.

　군신 사이가 아니면 사용하지 않던 말을 친구 사이에 쓰기도 하고, 고관에
대한 호칭을 군주에게 사용하기도 한다. 곡진하게 존경하면 처사處士나 왕손
王孫이라고 붙이고,[63] 경시하며 모욕하는 것이라면 복부僕父나 사장舍長이라고
불렀다.[64] 남쪽 초나라 지방에서는 다多를 과夥라고 했고,[65] 여강에서는 교橋를
이圯라고 했다.[66] 강남에서는 강북 사람을 촌놈(傖)이라고 했고,[67] 서방에서는
동호東胡를 야만인(虜)이라고 했다.[68] 강남에서는 이것이나 저것을 표현할 때
거渠·문們·저底·개個라고 했고,[69] 중원에서는 너나 나라는 뜻으로 내乃·약若·군

---

63 곡진하게~붙이고 : 처사는 『후한서』 권80하 「문원전 하文苑傳下」에 예형禰衡을 가리키는
　　말로 나오고, 왕손은 『사기』 권92 「회음후열전淮陰侯列傳」에 한신韓信에게 밥을 주었던
　　아낙네가 한신을 가리키는 말로 나온다.

64 경시하며~불렀다 : 복부는 하인이란 뜻으로 『좌씨전』 양공襄公 4년에 보이며, 사장은
　　집사 정도의 의미로 『사기』 권105 「편작열전扁鵲列傳」에 편작을 가리키는 말로 나온다.

65 남쪽~했고 : 『사기』 권48 「진섭세가陳涉世家」에 "초나라 사람들은 다多를 과夥라고 한다."라
　　고 했다.

66 여강에서는~했다 : 『사기』 권55 「유후세가留侯世家」의 집해集解에 "서광徐廣이 말하기를,
　　이圯는 교橋이다."라고 했다.

67 강남에서는~했고 : 『해록쇄사海錄碎事』 권4상 「지부 하地部下」에 "『진양추晉陽秋』에 오인吳人
　　들은 중국인을 창傖이라 부른다."라고 했다.

68 서방에서는~했다 : 『북사北史』 권93 「참위부용전僭僞附庸傳」에 나온다.

69 강남에서는~했고 : 거渠는 『삼국지三國志 오지吳志』 권63 「조달전趙達傳」에 나온다. 개個는
　　『이태백전집李太白全集』 권6 「추포가秋浦歌」 중에 "3천 길이나 되는 백발, 수심으로 이처럼

君·경卿이라고 썼다.[70] 이들 모두 지역에 따라 변하고 시대마다 바뀌었으니, 이런 사실은 서적에 잘 나와 있으므로 굳이 찾아볼 필요도 없다. 이를 통해 충분히 세속의 차이를 알 수 있고, 지역의 특성을 증험할 수 있다.

然自二京失守, 四夷稱制, 夷夏相雜, 音句尤媸. 而彦鸞·伯起, 務存隱諱; 重規·德棻, 志在文飾. 遂使中國數百年內, 其俗無得而言. 蓋語曰: "知古而不知今, 謂之陸沈." 又曰: "一物不知, 君子所恥." 是則時無遠近, 事無巨細, 必藉多聞, 以成博識. 如今之所謂者, 若中州名漢, 關右稱羌, 易臣以奴, 呼母云姊, 主上有大家之號, 師人致兒郎之說. 凡如此例, 其流甚多. 必尋其本源, 莫該所出. 閱諸『齊志』, 則了然可知. 由斯而言, 劭之所錄, 其爲弘益多矣, 足以開後進之蒙蔽, 廣來者之耳目. 微君懋, 吾幾面牆于近事矣, 而子奈何妄加譏誚者哉!"

　　그러나 장안과 낙양이 함락된 뒤 사방의 오랑캐가 황제를 자칭하여 오랑캐와 중국이 서로 뒤섞이면서 언어가 한층 오염되었다. 그런데 최홍崔鴻이나 위수魏收[71]는 이런 오염된 언어를 숨기기에만 힘썼고, 이백약李百藥이나 영호덕분令狐德棻[72]도 글을 꾸미는 데만 뜻을 두었다. 결국 수백 년 동안 중국의

길었는가.[白髮三千丈, 緣愁似箇長]"라고 했다.

70 중원에서는~썼다 : 『예기』 「제통祭統」에 "공이 말하기를 '대신이여, 그대에게 명문銘文을 주리니, 그대가 선대의 직임을 이어받으라.[公曰, 叔舅予女銘, 若纂乃考服]'"고 했는데, 정현鄭玄의 주에 "내乃는 여女와 같다."라고 했다. 내乃와 여女는 너라는 뜻이다. 『진서晉書』 권50 「유애전庾敱傳」에도 나온다.

71 최홍이나 위수 : 언란彦鸞은 북위의 역사가인 최홍의 자이다. 『십육국춘추十六國春秋』를 편찬했다. 백기伯起는 위수의 자이다.

다양한 풍속은 전혀 모르게 되었다. 말하기를 "옛일을 알고 있어도 지금의 일을 알지 못하는 것에 대해 땅 위에 있으면서 물속에 잠겨 있다는 뜻으로 육침陸沈이라고 한다."라고 했고,[73] 또 "하나라도 모르는 것이 있으면 군자는 부끄러워한다."라고 했다.[74] 이는 시대가 멀든 가깝든, 사안이 크든 작든, 반드시 많이 듣고 박식해야 한다는 말이다.

현재 사용하는 용례를 보면, 중국 지역을 한漢이라 하고 관서關西를 강羌이라고 하며,[75] 신하라고 해야 할 데를 노奴라 하고[76] 어머니를 자姊라고 하며,[77] 천자에 대해 대가大家라는 호칭을 쓰거나[78] 군병軍兵을 아랑兒郎이라고 한다.[79] 이런 사례는 아주 많지만, 그 유래를 따져보아도 근거가 확실하지 않다. 그렇지만 왕소의『제서』를 보면 명료히 알 수 있다.

이상의 사실을 통해 왕소의 기록은 널리 보탬이 되는 바, 후대 학자들의 어리석음을 깨우치고 장래 학자들의 눈과 귀를 열어주기에 충분하다고 말할 수 있다.[80] 왕소가 아니었으면 우리는 근래 수백 년의 사실에 대해 마치 담벼락을 마주하고 있는 것과 마찬가지의 상황이었을 것이니, 그대가 어찌 함부

---

72 이백약이나 영호덕분 : 중규重規는 이백약李百藥의 자이다.『북제서北齊書』를 편찬했다. 영호덕분은『주서周書』를 편찬했다.

73 말하기를~했고 :『논형論衡』「사단謝短」에 나온다.

74 하나라도~했다 :『법언法言』「군자君子」에 나온다.

75 관서를 강이라고 하며 : 관우關右는 동관潼關 이서以西 지역을 말한다.『북사北史』권81 「유림전 상儒林傳上」에 나온다.

76 신하라고~하고 :『송서宋書』권74「노상전魯爽傳」에 나온다.

77 어머니를 자라고 하며 :『북제서北齊書』권9「문선황후이씨전文宣皇后李氏傳」에 나온다.

78 천자에~쓰거나 :『북제서』권11「안덕왕연종전安德王延宗傳」에 나온다.

79 군병을 아랑이라고 한다 :『당서』권104「봉상청전封常淸傳」에 나온다. 사인師人은 군인이다. 아랑은 아이들이라는 의미로 해석할 수 있다.

80 왕소의~있다 : 유지기는『사통 내편』「언어言語」원주에서도 왕소의『제지齊志』를 같은 이유로 높이 평가했다.

로 왕소의 『제서』를 비난할 수 있겠는가.

③ 皇家修『五代史』, 館中墜稿仍存. 皆因彼舊事, 定爲新史. 觀其朱墨所圖, 鉛黃所拂, 猶有可識者. 或以實爲虛, 以非爲是. 其北齊國史, 皆稱諸帝廟號, 及李氏撰『齊書』, 其廟號有犯時諱者,【謂有'世'字, 犯太宗文皇帝諱也.】即稱諡焉. 至于變世宗爲文襄, 改世祖爲武成. 苟除茲'世'字, 而不悟'襄'·'成'有別. 諸如此謬, 不可勝紀. 又其列傳之敍事也, 或以武定臣佐, 降在成朝, 或以河淸事迹, 擢居襄代. 故時日不接而隔越相偶, 使讀者瞀亂而不測, 驚駭而多疑. 嗟乎! 因斯而言, 則自古著書, 未能精覈, 書成絶筆, 而遽捐舊章. 遂令玉石同爐, 眞僞難尋者, 不其痛哉!

당나라 시대에 『오대사』를 편찬했는데, 사관史館에는 그때 쓴 초고가 지금도 남아 있다. 모두 옛 사적을 그대로 기록하여 새로운 역사서를 만들었다. 그 초고에 붉은 먹으로 고치고 연분鉛粉이나 자황雌黃으로 지운 데를 아직도 알아볼 수 있다. 그중에는 사실을 왜곡하여 허위로 한 데도 있고, 그릇된 것을 옳다고 한 부분도 있다. 북제北齊의 국사[81]는 모두 황제의 묘호를 쓰고 있지만, 이백약이 편찬한 『북제서北齊書』에는 묘호가 그 시기의 천자의 휘를 범한다는 이유로【세世 자가 있어서 태종 황제의 휘를 범한다는 말이다.[82]】묘호 대신에 시호를 쓰고 있다. 예컨대 세종 대신에 문양文襄으로 바꾸고, 세조를 무성武成으로 바꾸었다.[83] 구차하게 '세世' 자를 없앴지만, '양襄' 자나 '성成' 자

---

81 북제의 국사 : 『사통 외편』 「고금정사古今正史」 편에 북제의 국사는 왕소의 편년체 『제지齊志』와 이백약의 기전체 『북제서北齊書』라고 언급한 바 있다.

82 세 자가~말이다 : 태종(재위 626~649)은 당 고조의 둘째 아들로, 이세민李世民을 말한다.

에도 존숭을 나타내는 특별한 뜻이 담겨 있다는 것을 깨닫지 못하였다. 이러한 잘못을 헤아리자면 끝이 없다.

또한 이백약의 『북제서』 열전에 서술된 사건도 무정武定 연간(543~550)의 신하들이 무성제武成帝 시대로 내려와 기록되어 있기도 하고,[84] 하청河淸 연간 (561~565)의 사적이 문양제文襄帝 시대로 올라와 있기도 하다.[85] 이 때문에 시간적으로 이어지지 않고 뚝 떨어진 사건이 가깝게 있으므로, 독자는 왜 그렇게 되었는지 알지도 못한 채 고개를 갸웃거리고 불필요한 의문까지 생기게 된다. 아아! 마저 말한다면, 예부터 역사 저술은 정밀하고 정확하지 않더라도 저서가 완성되면 바로 저술의 자료가 된 옛 기록을 버린다. 결국 옥석이 함께 타버려 진위를 확인할 수 없게 되는 셈이니, 어찌 비통하지 않겠는가.

● 『주서周書』_1조

今俗所行周史, 是令狐德棻等所撰. 其書文而不實, 雅而無檢, 眞迹甚寡, 客氣尤繁. 尋宇文初習華風, 事由蘇綽. 至于軍國詞令, 皆準『尚書』. 太祖敕朝廷, 他文悉準于此. 蓋史臣所記, 皆禀其規. 柳虬之徒, 從風而靡. 案綽文雖去彼淫麗, 存茲典實. 而陷于矯枉過正之失, 乖夫適俗隨時之義. 苟記言

---

83 세종~바꾸었다 : 『북제서』 권3 「문양본기文襄本紀」에 "세종문양황제世宗文襄皇帝는 휘諱가 징澄이고 자字는 자혜子惠로, 신무神武의 맏아들이다."라고 했고, 같은 책 권7 「무성본기武成本紀」에 "세조무성황제世祖武成皇帝는 휘가 담湛이고 신무황제神武皇帝의 아홉 번째 아들이다." 라고 했는데, 현행본은 『북사北史』에 따라 보완된 것이다.

84 무정~하고 : 북제의 세종, 즉 문양제 시대의 재상이었던 고환高歡, 고징高澄, 고양高洋 등이 20년이나 지난 세조 무성제 때로 기록되었다. 무정은 동위東魏 효정제孝靜帝의 연호이다. 고양은 효정제에게 선양을 받아 북제를 세웠다.

85 하청~하다 : 하청은 무성제의 연호이다. 무성제 때의 일이 세종인 문양제 때의 일처럼 기록되었다는 말이다.

若是, 則其謬逾多. 爰及牛弘, 彌尚儒雅. 即其舊事, 因而勒成. 務累清言. 罕逢佳句. 而令狐不能別求他述, 用廣異聞, 唯憑本書, 重加潤色.【案宇文氏事多見於王劭『齊志』·『隋書』及蔡允恭『後梁春秋』. 其王褒·庾信等事, 又多見於蕭韶『太清記』·蕭大圜『淮海亂離志』·裴政『太清實錄』·杜臺卿『齊記』. 而令狐德棻了不兼採, 以廣其書. 蓋以其中有鄙言, 故致遺略】遂使周氏一代之史, 多非實錄者焉.

오늘날 세상에서 읽히는 북주北周의 역사서는 영호덕분 등이 편찬한 것이다. 이 역사서는 문장력은 있지만 부실하고, 우아하지만 검증이 없으며, 참된 사적이 매우 적은 반면 유행을 따른 필치는 꽤 많다. 우문씨宇文氏의 북주가 중국 문화를 익힌 것은 소작蘇綽으로부터 유래하는데,[86] 군국 관련 문서는 모두 『서경』에 준했다. 태조가 조정에 칙령을 내려 다른 문서도 일체 이에 준하도록 했고, 사관史官의 기록도 대개 모두 이 법을 따랐다. 유규柳虯의 무리도 이런 풍조의 영향을 받았다.[87]

소작의 문장은 비록 지나친 화려함을 없애지 못했지만 규범을 지키고 실질이 있었다. 그러나 잘못을 고치고 바로잡으려다 실수를 저지른 나머지, 그 풍속에 맞게 시대에 따라야 한다는 서술의 원칙을 어기고 말았다. 만일 이런 방침에 따라 말을 기록한다면 오류가 더욱 많아질 것이다.[88] 우홍牛弘에 이르러 더욱 문아文雅를 숭상하게 되었다. 이에 따라 옛 사실에 대해서는 청아한

---

86 우문씨의~유래하는데 : 우문씨는 북주北周를 말한다. 소작의 자는 영작令綽으로, 『주서周書』 권23에 열전이 있다.

87 유규의~받았다 : 유규(501~544)의 자는 중반仲蟠으로, 『주서』 권38에 열전이 있다. '시대에는 고금이 있지만, 문장에는 고금이 없다'는 문질론文質論을 주장했다.

88 만일~것이다 : 호풍胡風이 강한 북조北朝 황제들의 말과 행적을 중국식으로 기록한다면 잘못이 많아질 것이라는 지적이다.

문장을 거듭 기재하는 데 힘쓰다 보니, 역사적으로 훌륭한 구절이 드물어졌다.

영호덕분도 따로 다른 서술을 찾거나 널리 견해가 다른 사실을 구하지 못하고 오직 우홍의 역사서에 의지해 윤색만 거듭했을 뿐이다.【우문씨의 북주에 관한 사실은 왕소王劭의 『제지齊志』와 『수서隋書』, 채윤공蔡允恭의 『후량춘추後梁春秋』에 많이 나온다. 또 왕포王褒나 유신庾信 등에 관한 기록은 소소蕭韶의 『태청기太淸記』, 소대원蕭大圜의 『회해난리지淮海亂離志』, 배정裵政의 『태청실록太淸實錄』, 두대경杜臺卿의 『제기齊記』에 많이 나온다. 그러나 영호덕분은 이들 역사서에서 기사를 두루 채택하지 않았다. 아마 이들 역사서에는 비속한 표현이 있었기에 놔두고 생략했을 것이다.】 이렇게 해서 우문씨의 북주 역사서인 『주서』는 대부분 사실과 동떨어진 기술이 되었던 것이다.

● 『수서隋書』_1조

昔賈誼上書, 晁錯對策, 皆有益軍國, 足貽勸戒. 而編于『漢史』, 讀者猶恨其繁. 如『隋書』「王劭」·「袁充」兩傳, 唯錄其詭辭妄說, 遂盈一篇. 尋又申以詆訶, 尤其謟惑. 夫載言示後者, 貴于辭理可觀. 旣以無益而書, 豈若遺而不載. 蓋學者神識有限, 而述者注記無涯. 以有限之神識, 觀無涯之注記, 必如是, 則閱之心目, 視聽告勞; 書之簡編, 繕寫不給. 嗚呼! 苟自古著述其皆若此也, 則知李斯之設坑阱, 董卓之成帷蓋, 雖其所行多濫, 終亦有可取焉.

옛 가의賈誼의 상서上書[89]나 조착晁錯의 대책對策[90]은 모두 군국에 보탬이 되

---

89 가의의 상서 : 가의(B.C.200~B.C.168)는 문제文帝 때 학자인데, 『한서』 권48 「가의전賈誼傳」
　에 「상소진정사上疏陳政事」 등이 보인다.
90 조착의 대책 : 조착은 문제와 경제景帝 연간의 학자이며, 『한서』 권49 「조착전晁錯傳」에

고 권계에 도움이 되기에 충분하므로 『한서漢書』에 실렸지만, 독자들은 오히려 그 장황함을 안타까워했다. 그런데 『수서』 「왕소전王劭傳」과 「원충전袁充傳」의 경우, 거짓 내용과 확인되지 않은 사실만 기록하여 한 편을 채웠고,[91] 그들에 대해 거듭 험담을 하거나 그들이 아첨했다고 나무랐다.

　역사서에 말을 실어 후세에 보여주는 일은 그 줄거리가 볼 만해야 한다. 무익한 내용을 기록한다면 차라리 쓰지 않는 편이 좋다. 배우는 사람은 그 정신과 식견이 유한하지만, 기술하는 사람은 끝없이 기록할 수 있다. 유한한 식견으로 무한한 기록을 보아야 하는데, 이와 같이 한다면 필시 보는 마음과 눈은 보고 듣느라 지치고, 종이에 쓰자면 사용할 양을 당해내지 못할 것이다. 아아! 예부터 저술이 모두 이와 같았다면, 이사李斯가 책을 태우고 학자를 매장했던 일이나[92] 동탁董卓이 책으로 휘장이나 봉투를 만들었던 일이[93] 비록 심한 짓이기는 했지만, 결국 그럴 만하다고 인정할 수밖에 없는 데가 있음을 알겠다.

案『隋史』譏王君懋撰齊·隋二史紋錄繁碎. 至如劉臻還宅, 訪子方知; 王劭思書, 爲奴所侮. 此而畢載, 爲失更多. 可謂尤而效之, 罪之甚焉者矣.

「현량문학대책賢良文學對策」이 보인다.
91 『수서』~채웠고 : 『수서』 권69 「왕소원충전王劭袁充傳」에 사신史臣이 "왕소는 부서符瑞를 일삼아 잡된 요설天說과 와언訛言을 지어냈고, 원충은 별점을 변경하여 천도天道를 무함하고 상도常道를 어지럽혔다."라고 했다.
92 이사가~일이나 : 『사기』 권6 「진시황본기」에 나오는 이른바 분서갱유焚書坑儒를 가리킨다.
93 동탁이~일이 : 『후한서』 권79상 「유림전 상儒林傳上」에 동탁이 궁중에 보관되어 있던 장서를 찢어 휘장이나 덮개 또는 봉투를 만들었다고 했다.

『수서』에서 영호덕분은 왕소가 편찬한 『제서』와 『수서』가 너무 장황하다며 비방했다. 하지만 막상 그 『수서』를 보면, 유진劉臻이 집으로 돌아가 아들에게 물어보고야 비로소 알았다든지,[94] 왕소가 책을 읽다가 생각에 빠져 하인에게 모욕을 당했다는 기록이 있다.[95] 이런 것까지 다 기재했으니 실수가 더욱 많아졌다. 이른바 타박하면서도 닮으면 죄가 더 크다는 경우에 해당한다.[96] 史通

---

94 유진이~알았다든지 : 『수서』 권76 「문학열전文學列傳」에 나온다. 유진은 건망증이 매우 심했다고 한다. 어느 날 친구의 집을 방문하려 했는데, 그 사실을 잊어버리고 자기 집으로 돌아갔다. 그러나 자신의 집에 도착해서는 친구의 집에 왔다고 생각해서 큰 소리로 이름을 부르자, 자신의 아들이 맞이하러 나왔으므로 놀라서 "너도 와 있었느냐?"라고 물었다.

95 왕소가~있다 : 『수서』 권69 「왕소전王劭傳」에 나온다. 왕소는 공부를 하기 시작하면 너무 열중한 나머지 식사 중에도 눈을 감고 생각에 잠기는 때가 많았는데, 그 틈에 하인이 음식을 훔쳐 먹는 것도 몰랐다고 한다.

96 타박하면서도~해당한다. 『좌씨전』 희공僖公 24년 전문에 나오는 말이다.

夫自二儀既判垂玄象之文萬
肇化生彰紀事之實蒼頡沮誦
以前造物代爲敷揚山川曲爲
攄寫何必人抽金匱之藏世檀

「잡설 하雜說下」에서도 상·중편에 이어 여러 역사서를 비판했는데, 이번에는 하나의 역사서만 가지고 비평한 것이 아니라, 공통된 오류를 저지른 역사서끼리 묶어 비판했다. 『한서』와 『송서』, 『한서』와 『북제서』, 『삼국지』·『송서』 및 『주사』, 『양전』·『양후략』 및 『태청기』, 『진서』와 『수서』, 『위서』·『후위서』 및 『수서』를 비판했다.

이어서 별도로 작성한 9조항을 두어 『열녀전』, 『홍범』, 『법언』, 사섭과 유병의 문서, 『사기』와 『한진춘추』, 『고사전』, 『장자』, 『여기』, 『이릉집』을 비판했다. 그 밖의 지식은 잡식이라는 제목 아래 10조항을 두어 추가로 비판했다.

外篇
09

주요역사서비평Ⅲ
雜說下

雜說下

• 여러 역사_6조

① 『한서』와 『송서』

夫盛服飾者, 以珠翠爲先; 工績事者, 以丹靑爲主. 至若錯綜乖所, 分有失宜,
則彩絢雖多, 巧妙不足者矣. 觀班氏「公孫弘傳贊」, 直言漢之得人, 盛于武·
宣二代. 至于平津善惡, 寂蔑無睹. 持論如是, 其義靡聞. 必矜其美辭, 愛而
不棄, 則宜微有改易, 列于「百官公卿表」後. 庶尋文究理, 頗相附會. 以玆編
錄, 不猶愈乎? 又沈侯「謝靈運傳論」, 全說文體, 備言音律, 此正可爲「翰林」
之補亡, 「流別」之總說耳.【李充撰「翰林論」, 摯虞撰「文章流別集」】如次
諸史傳, 實爲乖越. 陸士衡有云: "離之則雙美, 合之則兩傷," 信矣哉!

옷차림을 훌륭하게 꾸미려면 진주나 비취가 첫째이고, 그림[1]을 아름답게
그리려면 빨간 물감이나 파란 물감이 중요하다. 그러나 배합이 어긋나거나
적절히 배치되지 못하면 아무리 채색이 아름답더라도 정교함이나 오묘함이
떨어진다. 반고의 『한서』「공손홍전 찬公孫弘傳贊」에는 한나라 시대에 인물이
많았던 때는 무제와 선제 때였다고만 말해놓고, 평진후平津侯 공손홍公孫弘의
사람됨에 대해서는 아무런 논평도 하지 않았다.[2]

---

1 그림 : 궤사績事는 회화를 말한다.
2 반고의~않았다 : 『한서』권58 「공손홍전公孫弘傳」에서 반고의 찬贊에 관한 말이다. 원삭元朔
   연간에 공손홍이 평진후에 봉해졌다. 『사통 내편』「편차編次」에서도 유지기는 이 찬贊이

논법이 이와 같다면 찬贊의 의미가 없다. 굳이 그 논평의 아름다운 내용을 자랑하고 싶어서 버리기에 아깝다고 한다면, 마땅히 내용을 조금 고쳐 「백관공경표百官公卿表」의 뒤에 붙였어야 한다. 그렇게 하면 문리를 탐구할 수도 있고 서로 맥락도 자못 어울렸을 것이니, 이렇게 편찬하는 편이 오히려 낫지 않았을까?

또한 심약沈約의 『송서』「사령운전 논謝靈運傳論」에서는 전적으로 문학론과 음악론에 대해서만 이야기하고 있다. 이는 바로 「한림翰林」의 보완이거나 「유별流別」의 전체 서문이 될 수 있을 뿐이다.【이충李充이 편찬한 「한림론」이나 지우摯虞가 편찬한 「문장유별지론文章流別志論」이다.[3]】열전 뒤에 실린다면 역사서의 체계와는 서로 어긋난다. 육기陸機가 "따로 놓으면 둘 다 훌륭한 것이 되겠지만, 합쳐놓으면 양쪽 모두 손상된다."라고 했는데,[4] 정말 그러하다.

②『한서』와『북제서』

其有事可書而不書者, 不應書而書者. 至如班固紋事, 微小必書, 至高祖破項垓下, 斬首八萬, 曾不涉言. 李『齊』于「後主紀」, 則書幸于侍中穆提婆第, 于「孝昭紀」則不言親戎以伐奚, 于邊疆小寇無不畢紀, 如司馬消難擁數州之地以叛, 曾不挂言, 略大擧小, 其流非一.

「무제본기」나 「선제본기」의 끝에 붙어야 한다고 지적한 바 있다.

3 이충이~「문장유별지론」이다 :『수서』「경적지」에 따르면, 「한림론」 3권을 이충이 편찬했고, 「문장유별지론」 2권을 지우가 편찬했다. 이충은 동진東晉 사람으로 자는 홍도弘度이다. 『진서晉書』 권92 「문원전文苑傳」에 나온다. 지우의 자는 중흡仲洽으로,『진서』 권51 「지우전摯虞傳」이 있다.

4 육기가~했는데 : 육기의 「문부文賦」에 나온다. 『문선文選』 권17 「논문論文」 편에 수록되어 있다.

기록할 만한 사실임에도 기록하지 않았거나, 기록하지 말아야 하는데 기록했던 경우도 있다. 예를 들어 반고는 사실을 서술할 때 굳이 세세한 일까지 기록했는데, 고조가 항우를 해하垓下에서 무찌르고 8만 명을 참수한 사실에 대해서는 언급하지 않았다.[5] 이백약李百藥의 『북제서北齊書』 「후주본기後主本紀」에서는 황제가 시중侍中 목제파穆提婆의 집에 행차했던 일을 기록했으면서, 「효소제본기孝昭帝本紀」에서는 황제가 직접 군사를 이끌고 고막해庫莫奚를 정벌했던 사실은 기록하지 않았다.[6] 또한 변경 지역에서 일어난 작은 전쟁에 대해서는 빠뜨리지 않고 기재했지만, 사마소난司馬消難이 수주數州 땅을 거점으로 반란을 일으킨 사실은 한마디도 하지 않았으니,[7] 중대한 일은 생략하고 소소한 일은 거론한 셈인데, 이런 부류의 역사서가 한둘이 아니다.

③ 『삼국지』·『송서』 및 『주사』

昔劉勰有云: "自卿·淵已前, 多役才而不課學; 向·雄已後, 頗引書以助文." 然近史所載, 亦多如是. 故雖有王平所識, 僅通十字; 霍光無學, 不知一經, 而述其言語, 必稱典誥. 良由才乏天然, 故事資虛飾者矣. 案『宋書』稱武帝

---

5 고조가~않았다 : 『사기』 권8 「고조본기高祖本紀」에는 이 사실이 보이지만, 반고는 『한서』를 편찬하면서 권1상 「고제기 하高帝紀下」에서 이 사실을 뺐다.

6 이백약의~않았다 : 현행본 『북제서』 권8 「후주본기」, 권6 「효소제본기」에는 위의 내용이 나오지 않는다. 「후주본기」와 「효소제본기」는 북송北宋 초기에 많은 부분이 없어졌던 탓에 후대 사람들이 『북사北史』로 보완했는데, 유지기는 그 이전의 판본을 보고 위와 같이 지적했던 것으로 보인다. 고막해는 내몽골 지역에 거주하던 유목 민족이었다.

7 사마소난이~않았으니 : 제나라 고조高祖의 사위인 사마소난은 자신이 관할하던 구주九州와 팔진八鎭을 진陳나라에 맡기고 반란을 일으켰는데, 『북제서』 권18 「사마자여전司馬子如傳」에는 공주가 참소하여 관서關西로 도망쳤다는 사실만 나온다. 사마소난이 반란을 일으킨 사실은 『주서周書』 권21 「사마소난전司馬消難傳」에 실려 있다.

入關, 以鎭惡不伐, 遠方馮異; 于渭濱游覽, 追思太公. 夫以宋祖無學, 愚智所委, 安能援引古事, 以酬答羣臣者乎? 斯不然矣.

　　옛날에 유협劉勰이 말하기를 "사마상여司馬相如와 왕포王褒 이전에는 대부분 자신의 재능을 살리면서 오경五經을 깊이 배우지 않았지만, 유향劉向과 양웅揚雄 이후로는 경서經書를 인용하여 문장을 쓰는 경향이 강해졌다."라고 했다.[8] 근대의 역사서에 기재된 것도 대부분 그런 경향이 있었다. 그러므로 왕평王平이 알고 있는 것은 겨우 열 글자 정도였고[9] 곽광霍光은 무식하여 경서 한 권도 알지 못했다는 말이 있지만,[10] 그들의 언어를 역사서에 서술할 때면 꼭 『서경』에 필적할 만한 명문이 되었다. 이는 진실로 타고난 재능이 부족했기 때문에 역사 기술을 허식에 의지한 경우이다.

　　『송서』에, 송 무제宋武帝가 장안을 함락했을 때 선봉장이던 왕진악王鎭惡이 공로를 자랑하지 않자 그를 멀리 풍이馮異에 비유했고,[11] 또 무제가 위빈渭濱에 갔을 때는 태공太公을 생각했다고[12] 기록했다. 송 무제가 배움이 없었다는

8　유협이~했다 : 『문심조룡文心雕龍』 「재략才略」에 나온다. 경경卿卿은 장경長卿으로 사마상여의 자이며, 연연淵淵은 자연子淵으로 왕포의 자이다.
9　왕평이~정도였고 : 왕평의 자는 자균子均으로, 『삼국지 촉지』 권13 「왕평전王平傳」에 "평생 군인으로 성장하여 글씨를 쓸 줄 몰랐고, 아는 글자는 10자에 불과했지만 말하는 것을 적어보면 모두 의미와 이치가 있었다."라고 했다.
10　곽광은~있지만 : 『한서』 권68 「곽광전 찬霍光傳贊」에 "곽광은 배우지 못한 데다 잘하는 것도 없어서 중요한 이치에 어두웠다."라고 했다.
11　송 무제가~비유했고 : 송 무제가 장안을 함락하고 돌아온 왕진악을 마중 나가 노고를 치하했더니, 왕진악은 황제 유유劉裕와 여러 장군의 협력 덕분이라고 겸손해 했다. 그러자 무제는 후한의 풍이가 논공의 자리에서 비켜서서 언제나 나무 아래에 숨어 나오지 않았기 때문에 대수장군大樹將軍으로 불렸는데, 그것을 흉내 내고 있느냐고 말했다. 『송서』 권45 「왕진악열전王鎭惡列傳」에 나온다. 풍이의 일화는 『후한서』 「풍이열전馮異列傳」에 나온다.
12　무제가~생각했다고 : 송 무제가 주 문왕이 여상呂尙(강태공)을 얻었던 것을 생각해내고

사실은 어리석은 사람이나 지혜로운 사람을 막론하고 다 알고 있었는데, 어떻게 그런 고사를 인용하여 신하들과 이야기를 나누었겠는가. 그럴 리 없다.

更有甚于此者, 睹周·齊二國, 俱出陰山, 必言類互鄕, 則宇文尤甚.【案王劭『齊志』, 宇文公呼高祖曰'漢兒'. 夫以獻武音詞未變胡俗, 王·宋所載, 其鄙甚多矣. 周帝仍稱之以華夏, 則知其言不逮於齊遠矣】而牛弘·王劭, 幷掌策書, 其載齊言也, 則淺俗如彼; 其載周言也, 則文雅若此. 夫如是, 何哉? 非兩邦有夷夏之殊, 由二史有虛實之異故也. 夫以記宇文之言, 而動遵經典, 多依『史』·『漢』,【『周史』述太祖論梁元帝曰: "蕭繹可謂天之所廢, 誰能興之者乎?" 又宇文測爲汾州, 或譖之, 太祖怒曰: "何爲間我骨肉, 生此貝錦?" 此並六經之言也. 又曰: "榮權吉士也. 寡人與之言無二." 此則『三國志』之辭也. 其餘言皆如此. 豈是宇文之語耶? 又案裴政『梁太淸實錄』, 稱元帝使王琛聘魏, 長孫儉謂宇文曰: "王琛眼睛全不轉." 公曰: "瞎奴使癡人來, 豈得怨我." 此言與王·宋所載相類, 可謂眞宇文之言, 無媿於實錄矣】此何異莊子述鮒魚之對而辯類蘇·張, 賈生敍鵩鳥之辭而文同屈·宋, 施于寓言則可, 求諸實錄則否矣.

이것보다 더욱 심한 사례도 있다. 주나라와 제나라는 모두 우문주宇文主나 고제高帝의 나라인 음산陰山의 벽촌에서 나온 왕조로, 그 언어가 분명 호향互鄕과 같은 부류였을 것이며 우문씨宇文氏가 특히 심했다.[13]【왕소王劭의 『제지齊

"태공망太公望과 같은 인물이 나올 것인가."라고 말했다. 『남사南史』「송무제기宋武帝紀」에 나온다.

13 주나라와~심했다 : 『논어』「술이」에 "호향 사람과는 더불어 말하기 어려웠다.[互鄕難與

志』를 보면 북주北周의 우문태宇文泰가 북제北齊의 고조를 '한족 사람'이라고 불렀다. 고조 헌무제獻武帝는 발음이나 표현이 오랑캐 풍습에서 벗어나지 못해서, 왕소나 송 효왕이 역사서에 실은 헌무제와 관련된 내용에는 매우 비속한 데가 많았다. 그런데 우문태가 고조를 '중국 사람'이라고 불렀으니, 북주의 말이 북제보다 훨씬 비속했음을 알 수 있다.】우홍牛弘과 왕소 둘 다 역사서 편찬을 관장하면서 제나라 말을 기재할 때는 저처럼 천박했고, 주나라 말을 기록할 때는 이처럼 문장이 우아했다. 왜 이렇게 되었을까?

두 나라 사이에 오랑캐와 중국 정도의 차이가 났던 것이 아니라, 두 역사서에 실린 내용에 허실의 차이가 있었기 때문이다. 우문씨의 말이 나오면 쓸데없이 경전의 문구를 따르거나 대부분 『사기』나 『한서』에 의존했다.【『주사周史』에서는 태조가 양 원제梁元帝를 논평하기를 "소역蕭繹은 하늘이 버린 사람이다. 누가 다시 일으킬 수 있겠는가."라고 했다.[14] 또 우문측宇文測이 분주汾州를 다스릴 때 어떤 사람이 참소를 했더니, 태조가 노여워하며 "어찌하여 나와 골육 사이를 이간질하여 이런 무함을 지어낸다 말인가."라고 했는데,[15] 이 모두가 육경에 나오는 말이다. 또 말하기를 "영권榮權은 훌륭한 학자이다. 과인이 그와 이야기를 나누면 항상 의견이 맞는다."라고 했는데,[16] 이는 『삼국지』의 표현이다. 그 나머지 말이 모두 이와 같다. 이

言]"라고 했다. 그곳 사람들은 불선不善이 습관이 되었기 때문에, 더불어 선善을 말하기가 어려웠다고 한다. 우문씨는 북주北周를 건국한 우문태宇文泰를 말한다. 북제北齊는 고씨 왕조였다.

14 태조가~했다 : 태조의 말은 『춘추좌씨전』 양공襄公 23년에 나오는 문장을 그대로 따온 것이다. 소역은 양 원제의 이름이다.

15 태조가~했는데 : 『시경』 「소아小雅 항백巷伯」에 "문채가 조금 있는 것으로 자개의 비단 무늬를 만드는구나. 저 남을 참소하는 자여, 또한 너무 심하도다.[萋兮斐兮, 成是貝錦. 彼譖人者, 亦已大甚.]"라고 했는데, 이는 곧 남의 작은 허물을 교묘하게 얽어서 큰 죄로 꾸미는 것을 말한다.

16 또 말하기를~했는데 : 『주서周書』 권47 「소예전蕭譽傳」에 나온다.

어찌 태조 우문태의 말이겠는가. 또 배정裴政의 『양태청실록梁太清實錄』에 보면, 원제가 왕침王琛을 위나라에 사신으로 보냈는데, 장손검長孫儉이 우문태에게 말하기를 "왕침은 눈동자를 전혀 돌리지 못합니다."라고 하니, 공이 말하기를 "애꾸눈이 바보를 사신으로 보냈다니, 어찌 나를 원망하는가."라고 했다. 이 말은 왕소의 『제지』나 송 효왕의 『관동풍속전關東風俗傳』에 실린 내용과 서로 유사하고, 실제로 우문태의 말이라고 할 수 있지만, 실록이라는 이름에는 부끄럽다.】이 어찌 장자莊子가 부어鮒魚(붕어)의 대답을 서술하면서 그 언변이 소진蘇秦이나 장의張儀와 유사하다고 하고, 가의賈誼가 봉황에 대한 글을 쓰면서 봉황의 문장이 굴원屈原이나 송옥宋玉과 같다고 하는 것과 다를 바 있겠는가. 우화寓話라면 그렇게 써도 괜찮겠지만, 실록에서는 그런 식의 서술을 추구해서는 안 된다.

世稱近史編語【謂言語之語也.】唯『周』多美辭. 夫以博采古文而聚成今說, 是則俗之所傳有「雞九錫」·「酒孝經」·「房中志」·「醉鄕記」, 或師范五經, 或規模三史, 雖文皆雅正, 而事悉虛無, 豈可便謂南·董之才, 宜居班·馬之職也?

세상 사람들이 근세 역사의 편찬된 언어를 평가할 때,【언어言語의 어語를 말한다.】『주사周史』에 아름다운 표현이 많다고 한다. 고문에서 널리 채택하여 요즘 이야기를 만들어버린 것으로는, 세속에 전해지는 「계구석雞九錫」·「주효경酒孝經」·「방중지房中志」·「취향기醉鄕記」 등이 있는데,[17] 오경五經을 흉내 내거나 삼사三史를 본뜨기도 했다. 비록 문장은 모두 전아하지만 실상을 보자면

---

17 세속에~있는데 : 원숙袁淑의 『비해문誹諧文』 10권이 있는데, 그중 한 편이 「계구석」이다. 「주효경」과 「방중지」는 황보송皇甫松, 「취향기」는 왕적王績의 저술이다.

허무하니, 어찌 남사南史나 동호董狐의 재능이라고 할 것이며, 또한 어찌 사마천과 반고의 직책을 맡을 만하다고 하겠는가.

④ 『양전』·『양후략』 및 『태청기』

自梁室云季, 雕蟲道長.【謂太淸已後】平頭上尾, 尤忌于時; 對語麗辭, 盛行于俗. 始自江外, 被于洛中, 而史之載言, 亦同于此.【何之元『梁典』稱: "議納侯景, 高祖曰: '文叔得尹遵之降而隗囂滅, 安世用羊祜之言而孫皓平.'" 夫漢·晉之君, 事殊僭盜, 梁主必不捨其諡號, 呼以字名, 此由須對語儷辭故也. 又姚最『梁後略』稱: "高祖曰: '得旣在我, 失亦在予, 不及子孫, 知復何恨.'" 夫變我稱予, 互文成句, 求諸人語, 理必不然. 此由避平頭上尾故也. 又蕭韶『太淸記』曰: "溫子昇『永安故事』言: '爾朱世隆之攻沒建業也, 怨痛之響, 上徹天閽; 酸苦之極, 下傷人理.'" 此皆語非簡要, 而徒積字成句, 並由趨聲對之爲患也. 或聲從流靡, 或語須偶對, 此之爲害, 其流甚多.】假有辨如酈叟, 吃若周昌, 子羽修飾而言, 仲由率爾而對, 莫不拘以文禁, 一槪而書, 必求實錄, 多見其妄矣.

양나라 왕실 말기에 이르러서는 곤충을 조각하듯 문장을 꾸미는 방식이 유행하여【태청太淸(547~549) 연간 이후를 말한다.】평두平頭나 상미上尾는 더욱 기피하고, 대우對偶를 이루는 문장이 세속에서 성행했다.[18] 처음에는 강남에

---

18 평두나~성행했다 : 양나라 때 심약沈約·사조謝朓·왕융王融·주우周顒 등은 시를 지을 때 평두나 상미를 피하고, 시에 의미를 새기기 위해 대우對偶를 중시했는데, 이를 세칭 '영명체永明體'라고 한다. 이 당시 남조 양나라의 심약은 시를 지을 때의 여덟 가지 병통을 지적했다. 그것은 시의 음률 법칙으로서, 오언구에서 시율상 중요한 부분에 같은 성조聲調의 중복을

서 시작되어 중원으로 퍼졌는데, 역사서에 실린 기록도 이와 같다.【하지원何之元의 『양전梁典』에 "후경侯景의 항복을 받아들이는 일에 대해 논의할 때, 고조가 말하기를 '문숙文叔은 윤준尹遵의 항복을 받아들여 외효隗囂를 무너뜨렸고, 안세安世는 양호羊祜의 말을 듣고 손호孫皓를 평정했다.'고 했다."라고 했다.[19] 한나라와 진나라의 군주는 천자의 지위를 참람히 도둑질했던 경우가 아니다. 따라서 양나라 군주가 굳이 시호가 아닌 자字나 이름으로 불렸던 것은 대어對語나 여사儷辭 같은 수사 때문이다. 또 요최姚最의 『양후략梁後略』에 "고조가 말하기를 '천하는 이미 나(我)에게 있고, 천하를 잃는 것도 나(予)에게 달렸다. 자손에게 전하지 못하는 것을 어찌 다시 한스러워 하겠는가.'고 했다."라고 했다.[20] 이는 아我 자를 여予 자로 바꾸어 써서 호문互文의 수사법[21]으

피하는 것이다. 첫 번째는 평두平頭이니, 제1과 제2의 글자가 제6과 제7의 글자와 동성同聲이어서는 안 된다. 예컨대 '今日良宴會, 歡樂難具陳'에서 今과 歡이 모두 평성이다. 두 번째는 상미上尾이니, 제5와 제10의 글자가 동성이어서는 안 된다. 예컨대 '靑靑河畔草, 鬱鬱園中柳'는 草와 柳가 모두 상성이다. 세 번째는 봉요蜂腰이니, 제2와 제5의 글자가 동성이어서는 안 된다. 예컨대 '聞君愛靚粧, 切欲自修飾'은 君과 粧이 모두 평성이고 欲과 飾이 모두 입성이다. 네 번째는 학슬鶴膝이니, 제5와 제10의 글자가 동성이어서는 안 된다. 예컨대 '客從遠方來, 遺我一札書, 上言長相思, 下言久別離'에서 來와 書가 모두 평성이다. 다섯 번째는 대운大韻이니, 성聲과 명鳴이 운韻일 경우에 제1과 제9까지 驚과 傾 등의 평성자를 써서는 안 된다. 여섯 번째는 소운小韻이니, 본운本韻 한 글자를 제외하고 아홉 자 가운데서 동운同韻인 글자를 두 자 이상 써서는 안 되는 것으로, 예컨대 遙와 條를 한 구에 쓰지 않는다. 일곱 번째는 방뉴旁紐이고 여덟 번째는 정뉴正紐이니, 한 글자를 다르게 하고 쌍성雙聲이 있는 것을 방뉴라 하고, 열 자 이내에 두 글자가 쌍성인 것을 정뉴라 하니, 예컨대 流와 柳는 방뉴가 되고, 流와 六은 정뉴가 된다. 이 여덟 가지 병통 중에 상미와 학슬을 가장 꺼렸다. 『시인옥설詩人玉屑』에 나온다.

19 하지원의~했다 : 후경(503~552)이 양나라에 투항한 일은 『양서梁書』권56 「후경전侯景傳」에 나온다. 문숙은 후한 광무제光武帝 유수柳秀의 자이다. 윤준과 외효는 전한 말에서 후한 초에 활약했던 군웅이다. 안세는 서진西晉 무제武帝 사마염司馬炎의 자로, 280년 손호의 오나라를 멸망시켰다. 양호에 대해서는 『진서晉書』권34 「양호열전羊祜列傳」에 나온다.

20 요최의~했다 : 요최에 대해서는 『주서周書』권47 「예술전藝術傳」에 나온다.

21 호문의 수사법 : 호문互文은 같은 문자가 중첩해 나오는 것을 피하기 위해 같은 뜻을

로 문구를 지었다고 할 수 있는데, 사람들이 하는 말의 이치로 보면 실제로는 분명 이렇게 말하지 않았을 것이다. 왜냐하면 평두나 상미를 피해야 했기 때문이다. 또한 소소蕭韶의 『태청기太淸記』에 "온자승溫子昇의 『영안고사永安故事』에 '이주세융爾朱世隆이 건업建業을 공격하여 함락했을 때, 원통하다는 소리가 위로 하늘의 대문을 뚫었고, 극도의 고통이 아래로 사람의 도리를 손상했다.'고 했다."라고 했다.[22] 이는 모두 간략한 표현이 아니고 단지 글자만 더덕더덕 붙여 문구를 만든 것으로, 모두 소리의 대우對偶를 따른 데서 생긴 병폐이다. 소리는 리듬을 맞추려 하고 말은 대우를 만들려고 했기 때문에 비롯되었는데, 이런 경향이 끼친 폐단은 한두 가지가 아니었다.】설령 역이기酈食其 같은 언변[23]이나 주창周昌 같은 말더듬이[24]도, 담대멸명澹臺滅明 같이 수식하여 말하는 사람[25]이나 자로子路 같이 경솔하게 대답하는 사람[26]도, 모두 정해진

지닌 다른 문자를 쓰는 수사법이다.

22 소소의~했다 : 소소에 대해서는 『남사南史』 권51 「소소전」에 나온다. 온자승(495~547)의 『영안고사』란 『위영안기魏永安記』를 가리킨다. 영안永安(528~530)은 북위北魏 효장제孝莊帝의 연호이다.

23 역이기 같은 언변 : 역수酈叟는 곧 역이기이다. 역이기는 한 고조 유방劉邦이 항우項羽와 패권을 다툴 때 유방의 책사로서, 언변이 뛰어났다. 자신이 지닌 뛰어난 말솜씨를 이용하여 제나라 70개 성의 투항을 받아냈다. 이를 두고 "역생酈生이 식軾에 엎드린 채 제나라 성 70여 개를 항복시켰다."라고 했다. 그러나 후일 한신韓信에게 급습당한 제왕齊王 전광田廣이 그 분풀이로 유방이 보낸 역이기를 삶아 죽였다. 『사기』 권97 「역이기열전」에 나온다.

24 주창 같은 말더듬이 : 한 고조가 태자를 폐하고 척희戚姬의 아들을 태자로 세우려 할 때, 주창이 말을 더듬거리면서도 그 부당함을 강력히 간하여 고조의 의도를 중지시켰다. 이 장면에 대해, 『한서』 권42 「주창전周昌傳」에는 "상이 그 이야기를 물었는데, 주창은 더듬거리는 말로 크게 화를 내며 '저의 입은 말을 못하지만, 신은 기필코 기필코[期期] 그것이 잘못된 것임을 압니다. 폐하께서 태자를 폐하려고 해도, 신은 기필코 기필코[期期] 조詔를 받들 수 없습니다.'고 하니, 상이 혼연히 웃었다."라고 했다. 기기期期는 '기필코, 기필코'하며 말을 더듬는 모습을 표현한 것이다.

25 담대멸명~사람 : 『논어』 「헌문憲問」에 "공자가 말하기를 '(정鄭나라에서는) 외교문서를 만들 때, 비침裨諶이 초고를 만들고 세숙世叔이 토론하며, 행인인 자우子羽가 수식하고

틀에 따라 문장을 제한하고 하나의 기준에 따라 똑같이 서술해버렸으니, 신뢰할 수 있는 기록을 찾으려 해도 대부분 거짓된 기록만 발견할 것이다.

⑤『진서』와『수서』

夫晉·宋已前, 帝王傳授, 始自錫命, 終于登極. 其間箋疏款曲, 詔策頻煩. 雖事皆偁述, 言幷飾讓, 猶能備其威儀, 陳其文物, 俾禮容可識, 朝野具瞻. 逮于近古, 我則不暇.【晉·魏及宋, 自創業後, 稱公王, 卽帝位, 皆數十年間事也. 夫功德日盛, 稍進累遷, 足驗禮容不欺, 揖遜無失. 自齊·梁已降, 稱公王及卽帝位, 皆不出旬月之中耳. 夫以迫促如是, 則於禮儀何有者哉!】至如梁武之居江陵, 齊宣之在晉陽, 或文出荊州, 假稱宣德之令【江陵之去建業, 地潤數千餘里, 宣德皇后下令, 旬日必至, 以此而言, 其僞可見.】; 或書成幷部, 虛云孝靜之敕.【北齊文宣帝將受魏禪, 密撰錫·讓·勸進·斷表·文詔, 入奏請署, 一時頓盡. 則知無復前後節文等差降殺也.】凡此文誥, 本不施行, 必也載之起居, 編之國史, 豈所謂撮其機要, 翦裁浮辭者哉? 但二蕭『陳』·『隋』諸史, 通多此失, 唯王劭所撰『齊志』, 獨無是焉.

동리의 자산子産이 윤색했다.'고 했다.[子曰: '爲命, 裨諶草創之, 世叔討論之, 行人子羽修飾之, 東里子産潤色之.']"라고 했다. 여기서 수식修飾은 부정적인 의미가 아니라, 사신으로서의 외교문서 작성 능력을 말한다. 『논어』「옹야雍也」에 "자유子游가 무성의 읍재가 되었다. 공자가 '너는 인물을 얻었느냐?'라고 묻자, 자유는 '담대멸명澹臺滅明이라는 사람이 있는데, 길을 다닐 때 지름길로 가지 않으며, 공적公的인 일이 아니면 일찍이 저의 집에 온 적이 없습니다.'고 대답했다.[子游爲武城宰, 子曰: '女得人焉爾乎?' 曰: ' 有澹臺滅明者, 行不由徑, 非公事, 未嘗至於偃之室也.']"라고 했다.

26 자로~사람 : 『논어』「선진先進」에, 공자가 "남이 자신을 알아주어 등용된다면 무엇을 하겠느냐?"라고 물었을 때 자로가 자신의 포부를 밝혔는데, 『논어』의 편찬자는 그 대답 앞에 "자로가 경솔히 대답했다.[子路率爾而對]"라고 덧붙였다.

진나라와 송나라 이전 제왕의 전수는 석명錫命에서 시작하여 등극登極으로 끝난다.[27] 그 사이에 간곡하고 은근한 전문箋文이나 상소를 올리고, 황제의 조칙이 빈번하게 내려간다.[28] 실상은 찬탈이라 하더라도 말은 선양이라고 꾸며 대며, 오히려 그 위용을 갖추고 선양하는 예물을 진열함으로써 예의 있는 모습을 알리고 조야를 모두 참관하게 했지만, 근대에 이르러 세상은 그럴 여가가 없었다. 【진나라, 위나라 및 송나라는 창업한 뒤 공왕公王이라고 칭했고 황제에 오르는 데 모두 수십 년이 걸렸다. 대체로 공덕을 날로 성대하게 쌓고 차츰 나아가 황제에 올랐으니, 예의 있는 모습은 속이지 않고 공손한 태도는 실수가 없음을 증험할 수 있었다. 제나라와 양나라 이후로는 공왕이라고 칭하거나 즉위하는 데 걸리는 시일이 다 합쳐야 열흘을 넘지 않았다. 촉박하기가 이와 같았으니, 예절과 의례에 무슨 볼 것이 있었겠는가.[29]】

예를 들어 양 무제梁武帝가 강릉江陵에 있었을 때 형주에서 만들어진 문서를 선덕황후宣德皇后의 명령으로 가칭하거나,[30] 【강릉에서 건업建鄴은 수천 리나 떨어져 있는데, 선덕황후의 명령이 분명 열흘 만에 도착했다고 하니, 이렇게 말하는 것

---

27 진나라와~끝난다 : 석명錫命은 구석九錫으로, 황제가 공이 있는 신하에게 내리던 아홉 가지 은전恩典이다. 거마車馬·의복·악기樂器·주호朱戶·납폐納陛·호분虎賁·궁시弓矢·도끼·거창秬鬯(수수와 향초를 섞어 빚은 술) 등이다. 즉 선황제가 새 황제로 하여금 신하들에게 은전을 내릴 권한을 주는 예식이다. 등극登極은 황제의 자리에 오르는 절차이다.

28 그 사이에~내려간다 : 전소箋疏는 신하가 천자에게 바치는 글이고, 조책詔策은 천자가 신하에게 내리는 글이다. 후계자는 전문이나 상소를 통해 계속 황위를 사양하고, 황제는 임명하는 조칙을 내리는 것을 말한다. 황제가 죽은 뒤 사위嗣位할 경우에는 황후가 명을 내린다.

29 진나라~있었겠는가 : 원래 이 원주는 이 단락의 마지막 부분인 '通多此失'에 달려 있었다. 포기룡이나 조여보도 그 위치 그대로 두었지만, 내용으로 볼 때 급박하게 이루어지는 즉위 과정에 대한 비평이므로 역사서의 잘못을 지적하는 곳이 아닌, 이곳에 두어야 적절하다.

30 양 무제가~가칭하거나 : 강릉은 형주이다. 강릉에서 열흘 이상 걸리는 건업, 즉 남경南京에 있는 선덕황후의 명령을 참칭했다는 말이다.

을 보면 허위임을 알 수 있다.】 북제北齊 문선제文宣帝가 진양晉陽에 있었을 때, 병부에서 만들어진 문서를 효정제孝靜帝의 칙령이라고 거짓말했다.[31]【북제 문선제가 위나라의 선양을 받으려고 할 때, 은밀히 구석문九錫文·사양문辭讓文·권진문勸進文 및 거절하는 상표문上表文, 조명문詔命文 등을 지어, 들어가 아뢰면서 서명을 청하여 모두 한꺼번에 마쳤다. 이를 통해 이 일의 전후로 다시 선위 절차에 필요한 문서가 차례로 내려온 적이 없었음을 알 수 있다.】

이런 문서들은 본래 실제로 반포된 것이 아닌데도 굳이 기거주起居注에 실어 국사에 편집한다면, 어찌 중요한 부분만 추리고 불필요한 내용을 지워냈다고 할 수 있겠는가. 남제南齊와 양나라[32]에서 편찬한 『진서陳書』와 『수서隋書』 등의 역사서에는 대부분 이런 실수가 많지만, 오직 왕소가 편찬한 『제서』만 그렇지 않았다.

⑥ 『위서』·『후위서』, 『수서』

夫以暴易暴, 古人以爲嗤. 如彦淵之改魏收也, 以非易非, 彌見其失矣. 而撰『隋史』者, 稱澹大矯收失者, 何哉? 且以澹著書方于君懋, 豈唯其間可容數人而已, 史臣美澹而譏劭者,【『隋史』每論, 皆云史臣曰, 今故因其成事, 呼爲史臣.】豈所謂通鑑乎? 語曰: "蟬翼爲重, 千鈞爲輕." 其斯之謂矣!

---

31 북제~거짓말했다 : 진양은 병주幷州에 속한다. 문선제가 산서 진양에 있을 때, 그곳 관청에서 만든 것을 동위東魏 효정제의 조칙이라고 참칭했다는 말이다. 여기에 딸린 원주는 본래 아래의 원주에 붙어 있었으나, 포기룡이 이곳으로 옮겨놓았다. 문맥으로 보아 타당하다고 생각한다.

32 남제와 양나라 : 이소二蕭는 남제와 양나라, 두 왕조를 말한다.

폭력으로 폭력을 갚았다고 옛사람은 비웃었다.[33] 위담魏澹이 위수魏收의 역사서를 고친 것은 그른 것으로 그른 것을 바꾼 사례이며,[34] 훨씬 더 잘못된 경우이다. 그런데 『수서隋書』의 편찬자들은 위담이 위수의 잘못을 매우 잘 바로잡았다고 칭찬했으니,[35] 어찌된 일인가?

위담의 저서를 왕소王劭에 견준다면 아마 위담은 그 사이에 몇 사람을 수용할 수 있을 정도의 빈약한 저술이었을 뿐이니,[36] 위담을 찬미하고 왕소를 기롱하는 사신史臣[37]이 【『수서』에 논평할 때마다 모두 '사신 왈史臣曰'이라고 했으므로, 지금도 그 관례에 따라 사신이라고 부른다.】 어찌 역사에 통달했다고 할 수 있겠는가. 속담에 "매미 날개를 무겁다 하고, 천근은 가볍다고 한다."라는 말이 있는데,[38] 이 경우가 그 격이다.

---

33 폭력으로~비웃었다 : 『사기』 권61 「백이열전伯夷列傳」에, 백이와 숙제가 수양산에서 굶어 죽을 지경에 이르러 지은 노래에 "저 서산에 올라 고사리를 뜯네. 무왕은 폭력으로 폭력을 바꾸었건만, 그 잘못을 모르는구나![登彼西山兮, 采其薇矣. 以暴易暴兮, 不知其非矣.]"라고 했다.

34 위담이~경우이며 : 언연彦淵은 위담의 자이다. 위담이 『후위서』에서 위수의 『위서魏書』를 고친 것을 말한다. 조선의 학자 장유張維(1587~1638)는 『계곡만필谿谷漫筆』 「촉 땅의 상인이 천금을 들여 양자운의 『법언』 속에 이름을 넣어줄 것을 청함[蜀賈以千金乞載名于揚子法言]」이라는 글에서 '진수陳壽와 위수는 역사를 팔아먹었다'고 비판했다.

35 『수서』의~칭찬했으니 : 원문의 『수사隋史』는 『수서隋書』를 말한다.

36 위담의~뿐이니 : 군무君懋는 왕소의 자이다. 왕소가 위담보다 훨씬 뛰어나다는 말이다. 『세설신어世說新語』 「배조排調」에, 왕승상王丞相이 주백인周伯仁의 배를 가리키면서 그 안에 무엇이 들었느냐고 물었더니, 대답하기를 "이 안에 아무것도 없지만, 경 같은 사람 수백 명을 수용할 수 있다."라고 대답했다. 유지기는, 왕소가 수백 명을 수용할 수 있는 저술이었다면 위담은 몇 명만 수용할 수 있는 빈약한 저술이었다고 보았다.

37 왕소를 기롱하는 사신 : 『수서』 권67 「왕소전王劭傳」의 논찬에서, 왕소에 대해 괴이한 설화와 저잣거리 이야기를 좋아했고, 문장이 비루하고 체통이 번잡하다고 논평했다.

38 속담에~있는데 : 『초사장구楚辭章句』 권6 「복거卜居」에 나온다.

① 『열녀전』

劉向『列女傳』云: "夏姬再爲夫人, 三爲王后." 夫爲夫人則難以驗也, 爲王
后則斷可知矣. 案其時諸國稱王唯楚而已. 如巫臣諫莊將納姬氏, 不言曾
入楚宮, 則其爲后當在周室. 蓋周德雖衰, 猶稱秉禮. 豈可族稱姬氏而妻厥
同姓者乎? 且魯娶于吳, 謂之孟子. 聚麀之誚, 起自昭公.【『雜記』曰: "夫人
之不命於天子, 自魯昭公始也."】未聞其先已有斯事, 禮之所載, 何其闕如!

유향劉向의『열녀전』에 "춘추시대 정나라 하희夏姬는 두 번 부인이 되었고,
세 번 왕후가 되었다."라고 했다.[39] 부인이 되었던 사실은 조사하기 어렵지
만, 왕후가 되었던 사실은 확실히 알 수 있다. 당시 여러 나라 중에서 왕을
칭했던 것은 주나라 천자 외에 오직 초나라만 있을 뿐이다. 초 장왕楚莊王이
희씨를 왕후로 삼으려는 것에 무신巫臣이 반대했다는 사실과[40] 일찍이 초나라
궁궐에 들어갔다는 말이 없다면, 희씨가 왕후가 되었다는 말은 당연히 주나
라 왕실에 시집갔다는 뜻이 된다. 주나라의 덕이 쇠퇴했어도 여전히 예법을
지켰던 것으로 알려진 만큼, 왕실이 희씨姬氏였는데 어찌 동성인 사람을 아내
로 얻었겠는가.

또한 노나라는 오나라로부터 왕비를 맞이하여 맹자라고 했지만 실은 부자
父子가 한 여자를 아내로 맞은 패륜으로서,[41] 이러한 비난은 소공昭公 때부터

---

39 유향의~했다 : 하희는 정 목공鄭穆公의 딸이다. '두 번 부인이 되었다'는 것은 어숙御叔에
　　 이어 무신巫臣과 두 번 혼인한 일이다. 세 번 왕후가 되었다는 말은 진 영공陳靈公, 정
　　 영공鄭靈公, 초 장왕楚莊王과 사통한 일을 말한다.

40 초 장왕이~사실과 : 『좌씨전』 성공成公 2년에 나온다. 그러나 신공무신申公巫臣은 초
　　 장왕에게서 하희를 떼내 몰래 진晉나라로 도망갔다.

41 노나라는~패륜으로서 : 『예기』「곡례曲禮」에 "대개 금수는 예가 없기 때문에 부자가

시작되었다. 【『잡기雜記』에 "부인이 천자에게 명을 받지 않는 것은 노 소공에서 시작되었다."라고 했다.】 그 전에도 이와 같은 일이 있었다는 말은 듣지 못했으니, 이런 일이 있었다면 어찌 예서禮書의 기록에서 빼놓았겠는가.

又以女子一身, 而作嬪三代, 求諸人事, 理必不然. 尋夫春秋之後, 國稱王者有七. 蓋由向誤以夏姬之生, 當夫戰國之世, 稱三爲王后者, 謂歷嬪七國諸王, 校以年代, 殊爲乖刺. 至于他篇茲例甚衆. 故論楚也, 則平王與秦穆同時; 言齊也, 則晏嬰居宋景之後. 【『列女傳』曰: "齊傷槐女, 景公時人, 謂晏子曰: '昔宋景公時, 大旱三年,' 夫謂宋景爲昔, 卽居其後矣.】 今粗擧一二, 其流可知.

　또한 여자 한 사람이 삼대三代에 걸쳐 아내 노릇을 한다[42]는 것은 사람의 상식으로는 있을 수 없는 일이다. 춘추시대 이후로 살펴보면 왕을 칭한 나라가 일곱 곳이었다.[43] 대체로 하희가 전국시대에 살았다고 생각했기 때문에 세 번 왕후가 되었다는 유향의 말이 7국의 여러 왕 사이를 전전했음을 뜻하는 것이라면 납득이 가겠지만, 연대를 고증해보면 전혀 사실과 다르다.
　그런데 다른 편에서도 이러한 예는 아주 많다. 초나라를 논할 때 평왕平王이 진 목공秦穆公과 동시대라 하고, 제나라를 언급할 때 안영晏嬰이 송 경공宋

같은 암사슴을 짝으로 삼는다.[夫唯禽獸無禮, 故父子聚麀.]"라고 했다. 우麀는 암사슴이다. 오나라와 노나라 왕실은 희씨로 동성이므로, 오희를 오맹자吳孟子라고 하여 진상을 감춘 것이다.

42　여자~한다 : 하희가 삼대, 즉 초 장왕과 양노襄老 및 그 아들과 통간한 것을 말한다.
43　춘추시대~곳이었다 : 왕을 칭한 일곱 나라는 전국시대의 진秦·초楚·연燕·제齊·한韓·위魏·조趙를 말한다.

景公 이후에 살았다고 했다. 【『열녀전』에 "제나라 상괴傷槐의 딸은 경공 때 사람이다."라고 했고, 안자晏子에게 말하기를 "옛날 송 경공 때 큰 가뭄이 3년간 들었다."라고 했다. 송 경공 시기를 '옛날'이라고 했으니, 이는 곧 안자가 그 뒤에 살았다는 말이다.】 지금 대략 한두 가지만 열거했는데도 이런 종류를 알 수 있다.

② 유향의 『홍범』·『오행』·『신서』·『설원』·『열녀』·『열선』

觀劉向對成帝, 稱"武·宣行事, 世傳失實," 事具『風俗通』. 其言可謂明鑑者矣. 及自造『洪範』·『五行』及『新序』·『說苑』·『列女』·『列仙』諸傳, 而皆廣陳虛事, 多構僞辭. 非其識不周而才不足, 蓋以世人多可欺故也. 嗚呼! 後生可畏, 何代無人, 而輒輕忽若斯者哉!

　유향이 한 성제漢成帝에게 대답하면서 "무제武帝와 선제宣帝의 사적에 대해 세상에 전해지는 이야기는 사실과 다르다."라고 했는데, 이 사실은 『풍속통의風俗通義』에 나와 있다.[44] 이 말은 명언이라고 할 만하다. 그러나 유향 자신이 『홍범洪範』·『오행五行』·『신서新序』·『설원說苑』·『열녀列女』·『열선列仙』 등의 전기를 지을 때는 널리 허위 사실을 모아 늘어놓고 엉터리 얘기를 많이 엮어놓았다. 이는 그의 식견이 넓지 못하고 재능이 부족해서가 아니라, 대개 세상 사람들이 대부분 속기 쉽기 때문이다. 아아! 그러나 후세에 태어나는 사람을 무서워해야 할 것이니, 어느 시대인들 인물이 없다고 이처럼 마구 경솔하게 쓴단 말인가.

---

44 유향이~있다 : 응소應劭의 『풍속통의』 권2 「정실正失」에 나온다.

夫傳聞失眞, 書事失實, 蓋事有不獲已, 人所不能免也. 至于故爲異說, 以惑後來, 則過之尤甚者矣! 案蘇秦答燕易王稱: "有婦人將殺夫, 令妾進其藥酒, 妾佯僵而覆之." 又甘茂謂蘇代云: "貧人女與富人女會績, 曰: '無以買燭, 而子之光有餘, 子可分我餘光, 無損子明.'" 此幷戰國之時, 游說之士, 寓言設理, 以相比興. 及向之著書也, 乃用蘇氏之說, 爲二婦人立傳, 定其邦國, 加其姓氏, 以彼烏有, 特爲指實, 何其妄哉!

전해 들은 소문이 참됨을 잃고 사실에 대한 기록이 사실성을 잃는 것은 어쩔 수 없는 일이며, 사람이라면 벗어날 수 없다. 하지만 일부러 다른 말을 지어내어 후세를 현혹한다면 더욱 큰 잘못이 될 것이다. 예를 들어 소진蘇秦이 연 이왕燕易王에게 대답하기를 "부인이 장차 남편을 죽이려고 첩에게 독약이 든 술을 가져오게 했는데, 첩이 일부러 넘어져서 그 술을 엎었다."라고 했다.[45] 또 감무甘茂가 소대蘇代에게 말하기를 "가난한 여자가 부유한 여자와 함께 옷감을 짜고 있었는데, '나는 초를 살 수 없으나 그대의 빛은 넉넉하니, 그대가 나에게 넉넉한 빛을 나눠줘도 그대의 밝음은 손상되지 않을 것이다.'고 했다."라고 했다.[46]

이 모두 전국시대에 유세객들이 우화를 통해 조리를 세워 비유하고 감흥을 일으키는 화법이었다. 그런데 유향의 저서에는 소진의 말 그대로 두 여인의 열전을 만들어 그 여인들의 나라를 확정하고 성씨까지 덧붙였다.[47] 전혀

---

45 소진이~했다 : 『사기』 권69 「소진열전蘇秦列傳」에 나온다. 다른 남자와 정을 통한 부인이 남편이 돌아오자 죽이려고 독을 탄 술을 먹이려고 했는데, 첩이 그것을 갖고 오면서 일부러 넘어져 술을 엎은 일을 예로 들어, 소진은 자신이 충성을 다하고도 죄를 지은 첩과 비슷하다고 연나라 이왕에게 변론했다.

46 감무가~했다 : 『사기』 권71 「감무열전甘茂列傳」에 나온다.

47 유향의~덧붙였다 : 유향의 『열녀전』 권5에는 술을 엎은 첩의 이야기가 주나라 대부의

있지도 않은 이야기를 특별히 사실로 지목했으니, 어찌 허망하지 않은가.

又有甚于此者, 至如伯奇化鳥, 對吉甫以哀鳴; 宿瘤隱形, 干齊王而作后. 此則不附于物理者矣. 復有懷嬴失節, 目爲貞女; 劉安覆族, 定以登仙. 立言如是, 豈顧丘明之有傳, 孟堅之有史哉!

이들보다 더 심한 것이 있으니, 백기伯奇가 새로 변하여 윤길보尹吉甫를 보고 슬프게 울었다고 하거나,[48] 숙류宿瘤가 몸을 숨기고 제나라 민왕閔王에게 간구하여 왕후가 되었다고 했다.[49] 이는 사물의 이치에 부합하지 않는 경우이다. 또한 회영懷嬴이 절개를 지키지 못했음에도 정절을 지킨 여자로 지목되었고,[50] 유안劉安은 일족이 망했는데 신선에 올랐다고 단정했다.[51] 말하는 수준

아내와 시녀의 이야기로 나오며, 『열녀전』 권6에는 감무가 소대에게 말한 우화가 제나라 여인인 서오徐吾의 이야기로 나온다.

48 백기가~하거나 : 『조식집曹植集』「영금악조론令禽惡鳥論」에 나온다. 옛날 윤길보가 아들 백기를 헐뜯는 후처의 말을 곧이듣고 아들을 죽였다. 나중에 윤길보가 후회했는데, 작은 새가 다가와 지저귀는 것을 듣고 "백기가 환생한 것인가? 우리 아들이라면 내 가마에 앉으라."라고 했더니, 가마 지붕에 앉아서 날아가지 않았다고 한다. 그런데 현재 유향의 저서에는 백기가 의심을 받아 자살한 사실만 나오고, 새로 변한 일은 나오지 않는다.

49 숙류가~했다 : 『열녀전』 권6에 나온다. 정수리에 혹이 있어 숙류라는 별명이 붙은 여자가 민왕이 외출했을 때도 구경 나가지 않고 뽕을 따는 손을 쉬지 않았다. 민왕이 이유를 묻자, "첩은 부모에게 뽕 따는 것은 배웠지만, 왕을 보는 것은 배우지 않았습니다."라고 하니, 민왕이 기이한 여인이라 하여 왕후로 삼았다고 한다.

50 회영이~지목되었고 : 진 목공秦穆公의 여자인 회영은 진 회공秦懷公에게 시집갔다가 회공이 죽자 진 문공秦文公의 아내가 되었다. 『좌씨전』 희공 23년에 나온다. 『열녀전』에는 문공의 아내가 된 일은 수록되지 않았다.

51 유안은~확정했다 : 『열선전列仙傳』에는 유안에 관한 설화가 없다. 단지 갈홍葛洪의 『신선전神仙傳』에 한나라 회남왕淮南王 유안이 신선이 되어 하늘로 올랐다는 내용이 있다.

이 이와 같은데, 어찌 좌구명의 『좌전』이나 반고의 『한서』를 생각할 수 있겠는가.

③ 양웅의 『법언』

楊雄『法言』, 好論司馬遷而不及左丘明, 常稱『左氏傳』唯有'品藻'二言而已. 是其鑑物有所不明者也. 且雄哂子長愛奇多雜, 又曰: "不依仲尼之筆, 非書也," 「自序」又云: "不讀非聖之書." 然其撰「甘泉賦」則云: "鞭宓妃云云," 劉勰『文心』已譏之矣. 然則文章小道, 無足致嗤. 觀其「蜀王本紀」, 稱杜魄化而爲鵑, 荊尸變而爲鱉, 其言如是, 何其鄙哉! 所謂非言之難而行之難也.

양웅楊雄은 『법언法言』에서 사마천에 대해서는 즐겨 논평했지만 좌구명에 대해서는 언급하지 않고, 다만 『좌전』에 대해서 '품조品藻'라고 두 단어로만 말했다.[52] 이는 사물을 감식하는 눈이 밝지 않은 것이다. 더구나 양웅은 사마천이 기이한 것을 좋아하고 잡다한 데가 많다고 했고,[53] 또한 "공자의 필법에 따르지 않으면 책이 아니다."라고 했으며, 「자서自序」에서는 "성인의 책이 아니면 읽지 않는다."라고 했다.[54]

그렇지만 그가 쓴 「감천부甘泉賦」에는 "복비宓妃를 채찍으로 때린다……."

---

52 양웅은~말했다 : 『양자법언揚子法言』 권7 「중려重黎」에 "누군가 『주관周官』에 대해 묻기를 '사실을 세웠다[立事]'고 했고, 좌씨左氏에 대해 '품조品藻(품평)'라고 했으며, 태사천太史遷에 대해 '실록實錄'이라 했다."라고 했다.

53 더구나~했고 : 『양자법언』 권9 「군자君子」에 나온다.

54 공자의~했다 : 전자는 『양자법언』 권2 「오자吾子」에 보이고, 후자는 권4 「문신問神」에 나온다. 원문의 「자서自序」는 「문신」을 말하는 듯하다.

라고 했고, 유협劉勰은 『문심조룡文心雕龍』에서 이미 그것을 기롱했다.[55] 그런 즉 문장의 소소한 방식에 대해서까지 군이 언급할 필요는 없다. 그의 「촉왕본기蜀王本紀」에서, 촉왕 두우杜宇가 죽은 뒤 그 넋이 두견새가 되었다든가,[56] 형荊 땅의 사람이 죽어서 자라가 되었다는[57] 것과 같은 기록은 얼마나 비루한가. 이른바 말하는 것이 어려운 것이 아니라, 스스로 하기가 어렵다는 사례이다.

④ 사섭과 유병의 기록

夫十室之邑, 必有忠信, 欲求不朽, 弘之在人. 何者交阯遠居南裔, 越裳之俗也; 敦煌僻處西域, 昆戎之鄉也. 求諸人物, 自古闕載. 蓋由地居下國,路絶上京, 史官注記,所不能及也. 旣而士燮著錄, 劉昞裁書, 則磊落英才, 粲然盈矚者矣. 向使兩賢不出, 二郡無記, 彼邊隅之君子, 何以取聞于後世乎? 是知著述之功, 其力大矣, 豈與夫詩賦小技校其優劣者哉?

　"열 집 정도의 고을에도 반드시 진실하고 미더운 사람이 있다."라고 했지만,[58] 불후의 이름을 남기려고 할 경우 역시 그것을 표창하는 일은 사람에게 달렸다. 예를 들어 교지交阯는 멀리 남쪽 끝에 위치해 있는데 월상越裳의 풍속

---

55 그가~기롱했다 : 『양자운집揚子雲集』 권5 「우렵부羽獵賦」에, 낙수洛水의 신이 된 복비를 채찍으로 때려 굴원과 팽함彭咸, 오자서伍子胥에게 좋은 음식을 대접하겠다고 했는데, 유협이 『문심조룡』 권8 「과식夸飾」에서 양웅의 과장을 비판했다.

56 촉왕~되었다든가 : 『태평어람太平御覽』 권166에 양웅의 「촉왕본기」를 인용한 데서 보인다.

57 형 땅~되었다는 : 출전은 위 각주 56과 같다. 그러나 그 형 땅의 사람 이름이 별령鼈靈이라고 했을 뿐, 변해서 자라가 되었다는 말은 없다.

58 열 집~했지만 : 『논어』 「공야장公冶長」에, 공자가 "열 집쯤 되는 조그만 고을에도 반드시 나처럼 진실하고 미더운 자는 있지만, 나처럼 학문을 좋아하는 이는 없을 것이다.[十室之邑, 必有忠信如丘者焉, 不如丘之好學也]"라고 했다.

이 있었고, 돈황敦煌은 서역의 외진 데 위치한 곤융昆戎의 고향이었다.[59] 여기서 인물을 찾자면 예로부터 전해지는 사람은 아무도 없었다. 아마 지역이 외지고 중앙과 길이 멀어 사관의 기록이 미치지 못했을 것이다.

이미 사섭士燮이 기록을 남기고[60] 유병劉昞이 문서를 남겼으니,[61] 뛰어난 영재들이 선명히 주목을 받게 되었다. 만일 그 두 사람이 없어 두 군郡에 관한 기록을 남기지 않았다면, 저 변방 귀퉁이에 살던 군자들이 어떻게 후세에 전해질 수 있었겠는가. 이를 통해 저술의 공은 그 힘이 크다는 것을 알 수 있으니, 어찌 저 시詩나 부賦 같은 작은 기예와 그 우열을 비교할 수 있겠는가.

⑤ 사마천의 『사기』와 습착치의 『한진춘추』

自戰國以下詞人屬文, 皆偽立客主, 假相酬答. 至于屈原「離騷辭」稱, 遇漁
父于江渚; 宋玉「高唐賦」云, 夢神女于陽台. 夫言幷文章, 句結音韻. 以茲
敍事, 足驗憑虛. 而司馬遷·習鑿齒之徒, 皆采爲逸事, 編諸史籍, 疑誤後學,

---

59 교지는~고향이었다 : 『후한서』「남만전南蠻傳」에, 남녀가 같은 개울에서 목욕을 하기 때문에 교지交阯라고 한다고 했다. 교지는 사섭士燮의 출생지이며, 월상越裳은 옛 월족越族의 일파이다. 돈황은 유병劉昞의 출생지이며, 곤융은 서방 융족戎族의 일파이다.

60 사섭이 기록을 남기고 : 사섭은 『삼국지 오지』 권4 「사섭전」에 나온다. 사섭의 자는 위언威彦으로, 왕망의 난을 피해 교주交州로 이사하여 살았다. 교지 태수를 지냈으며, 『춘추좌씨전』에 대한 주석을 달았다.

61 유병이 문서를 남겼으니 : 유병의 자는 연명延明, 돈황군(감숙甘肅) 사람이다. 『위서魏書』 권52에 열전이 있는데, 『돈황실록敦煌實錄』 20권을 지었다고 한다. 처음에는 주천酒川에 은거하여 500여 학생을 가르쳤다. 서량西凉 무소왕武昭王 이고李暠가 불러 유림좨주儒林祭酒로 삼았다. 학문을 좋아하는 그에 대해, 소왕은 마치 유비가 제갈량을 얻은 듯하다고 했다. 유병이 『사기』에 감동하여 전후 『한서』를 줄여 『삼사三史』 130편, 84권을 지었으나 일실되었다.

不其甚邪! 必如是, 則馬卿游梁, 枚乘譖其好色; 曹植至洛, 宓妃睹于巖畔, 撰漢·魏史者, 亦宜編爲實錄矣.

　전국시대 이후, 문장가가 글을 쓸 때 주객의 문답 형식을 빌려 서술하는 경우가 많았다. 굴원屈原의 「이소경離騷經」은 강가에서 만난 어부와의 문답 형식으로 이루어져 있고, 송옥宋玉의 「고당부高唐賦」에서는 꿈에 양대陽台에서 만난 신녀를 등장시켰다. 이러한 글은 모두 문학작품으로, 마지막 구절은 운韻을 밟고 있다. 이러한 방식으로 사실을 서술하면 증거가 불확실하다는 점을 보여줄 뿐이다.

　그런데 사마천이나 습착치習鑿齒 같은 사람들은 이런 기록을 일사逸事로 채록하여 역사서에 편재했으니,[62] 후학들을 매우 오해하게 만들었다고 하겠다. 그런 식으로 한다면 사마상여司馬相如가 양梁나라를 여행할 때 매승枚乘이 그가 여자를 좋아했다고 중상한 이야기[63]나, 조식曹植이 낙천洛川에 이르렀을 때 복비宓妃가 바위 위에 나타난 것을 보았다는 이야기[64]도 『한서漢書』나 『위지魏志』를 편찬하는 사람이 의당 편재하여 실록으로 삼아야 했을 것이다.

---

62 사마천이나~편재했으니 : 『사기』권84 「굴원열전」에 「이소경」이 나온다. 습착치는 『한진춘추漢晉春秋』에 「고당부」를 수록했을 것으로 보이지만, 『한진춘추』가 없어져서 확인할 수 없다.

63 사마상여가~이야기 : 마경馬卿은 전한의 사마상여로, 자는 장경長卿이다. 『사기』권117 「사마상여열전司馬相如列傳」에 나온다. 위 이야기는 『고문원古文苑』권3에 실린 그의 작품 「미인부美人賦」에 나오는데, 그에 따르면 사마상여를 양나라 왕에게 호색한이라고 참소한 사람은 매승이 아니라 추양鄒陽이다.

64 조식이~이야기 : 이 이야기는 『문선文選』권19에 실린 조식의 「낙신부洛神賦」에 나온다. 복비는 낙수洛水의 신이다.

⑥ 혜강의 『고사전』

<u>嵇康撰</u>『高士傳』, 取『莊子』·『楚辭』二漁父事, 合成一篇. 夫以<u>園吏</u>之寓言, <u>騷人</u>之假說, 而定爲實錄, 斯已謬矣. 況此二漁父者, 較年則前後別時, 論地則南北殊壤, 而輒倂之爲一, 豈非惑哉? 苟如是, 則<u>蘇代</u>所言雙擒蚌鷸, <u>伍胥</u>所遇渡水蘆中, 斯幷漁父善事, 亦可同歸一錄, 何止揄袂緇帷之林, 濯纓滄浪之水, 若斯而已也.

혜강嵇康이 『고사전高士傳』을 저술할 때,[65] 『장자莊子』와 『초사楚辭』에 있는 두 어부의 이야기를 가져와 합쳐 한 편으로 만들었다. 장자의 우화[66]와 굴원의 가설[67]을 사실 기록이라고 판단했으니, 이것이 이미 오류이다. 더구나 이들 이야기에 나오는 두 어부는 연대로 볼 때 시기적으로 전후에 산 사람들이고, 지역을 따져보아도 남북에 걸쳐 있어 전혀 다른 지역에 살고 있었는데도 느닷없이 합쳐서 한 이야기로 삼았으니, 어찌 헷갈리지 않겠는가.

이런 방식이 타당하다면, 대합과 도요새를 둘 다 잡았다는 소대蘇代의 말[68]

---

65 혜강이~때 : 혜강(223~262)은 자가 숙야叔夜로, 『진서晉書』 권49에 열전이 있다. 『고사전』은 없어졌다.

66 장자의 우화 : 원리園吏는 장자이다. 칠원漆園의 관리였으므로 장자를 이렇게도 불렀다. 『장자』 「어부漁父」에, 공자가 치유라는 숲을 여행하던 중에 거문고를 연주했는데, 나이든 어부가 소맷자락을 끌며[揄袂] 찾아와서 그 연주를 들었다고 했다.

67 굴원의 가설 : 소인騷人은 굴원을 가리키는데, 그가 『이소離騷』를 지었기 때문에 이렇게 부른다. 대략 진晉나라 이후에 『이소』를 『초사楚辭』라고 불렀다고 한다. 『초사』에, 굴원이 "세상 사람은 흐린데 나만 맑고, 모든 사람은 취해 있는데 나만 깨어 있네."라고 노래하자, 어부가 이를 듣고 "창랑의 물이 맑으면 나의 갓끈을 씻고, 창랑의 물이 흐리면 내 발을 씻는다네."라고 응수했다.

68 대합과~말 : 『전국책戰國策』 「연책燕策」에 나온다. 조나라가 연나라를 정벌하려 할 때, 소대가 조나라 혜왕惠王에게 어부지리漁夫之利의 고사, 즉 대합과 도요새가 서로 놓지 않고 있다가 어부에게 잡아먹혔다는 비유를 들어 간함으로써 정벌을 중지시켰다.

이나 오자서伍子胥가 강을 건너다 갈대숲에서 사람을 만난 일[69]도 어부에 관한 좋은 소재이니, 마찬가지로 하나의 기록에 같이 엮어야 할 것이다. 그런데 어찌하여 치유緇帷의 숲에서 소매를 잡아끌고 창랑의 물에 갓끈을 씻은 이야기에 그쳤단 말인가.

⑦『장자』와『고사전』

莊周著書, 以寓言爲主; 嵇康述『高士傳』, 多引其虛辭, 至若神有混沌, 編諸首錄. 苟以此爲實, 則其流甚多, 至如蛙鼈競長, 蚿蛇相鄰, 鷾鳩笑而後言, 鮒魚忿以作色. 向使康撰『幽明錄』·『齊諧記』, 竝可引爲眞事矣. 夫識理如此, 何爲而薄周·孔哉?

장자莊子가 저술한『장자』는 우언寓言을 위주로 했고, 혜강이 저술한『고사전』은 이『장자』의 지어낸 이야기를 많이 인용했는데, 심지어 혼돈混沌이라는 흐리터분한 신이 있었다고 하면서 이 내용을 맨 처음에 서술했다.[70] 이런 것조차 사실이라고 한다면 이 같은 이야기는 얼마든지 있다. 예를 들어 개구리가 자라에게 자랑을 했다든가,[71] 노래기와 뱀이 서로 이웃했다든가,[72]

---

69 오자서가~일 :『오월춘추吳越春秋』권2「왕료사공자광전王僚使公子光傳」에 나온다. 오자서가 오나라에서 강을 건너 도망칠 때 갈대숲에서 한 어부가 굶주린 그를 도와주었다. 오자서가 어부의 이름을 묻자, 어부는 흉흉한 세상이라며 대답하지 않았다.

70 혼돈이라는~서술했다 :『삼국지三國志 위지魏志』권21「왕찬전王粲傳」에, 혜강이 상고 이래의 성현聖賢·은일隱逸 등을 채록하여 전찬傳贊을 만들었는데, 혼돈混沌부터 관영管寧까지 116명이라고 했다. 혼돈은『장자』「응제왕應帝王」에 보이는 중앙의 제帝를 말한다.

71 개구리가~했다든가 :『장자』「추수秋水」에, 우물에 사는 개구리가 동해에 사는 자라에게 자신의 삶을 자랑했는데, 자라가 자신이 사는 바다는 홍수나 가뭄에도 물이 줄거나 늘지 않는다고 하자, 개구리가 얼이 빠졌다고 했다.

작은 비둘기가 큰 붕새를 비웃으며 말했다든가,[73] 붕어가 화가 나서 얼굴이 벌개졌다는[74] 등의 이야기이다. 만일 혜강이 『유명록幽明錄』이나 『제해기齊諧記』[75]를 저술했다면, 위의 이야기를 모두 인용하여 실제 사실로 만들었을 것이다. 이치를 인식하는 수준이 이와 같은데, 어찌하여 주공과 공자를 박대하는가.[76]

⑧ 두예의 『여기』

杜元凱撰『女記』, 博采經籍前史, 顯錄古老明言, 而事有可疑, 猶闕而不載. 斯豈非理存雅正, 心嫉邪僻者乎? 君子哉若人也! 長者哉若人也!

---

72 노래기와~이웃했다든가 : 『장자』「추수」에, 노래기는 발이 없는 뱀을 부러워하고, 뱀은 모습이 없는 바람을 부러워했으며, 바람은 움직이지 않고도 작용하는 눈을 부러워했다고 한다.

73 작은~말했다든가 : 『장자』「소요유逍遙遊」에, 매미와 비둘기가 9만 리를 나는 붕새를 보고 비웃었다고 한다.

74 붕어가~벌개졌다는 : 『장자』「외물外物」에, 장자가 감하후監河侯에게 곡식을 빌리러 갔다가 들었던 우화이다. 수레바퀴 자국에 고인 물에 있던 붕어가 살려달라고 했다. 지나가던 사람이 촉강蜀江에 넣어주겠다고 하자, 붕어가 화를 내며 지금 필요한 것은 한 되의 물이라고 했다.

75 『유명록』이나 『제해기』 : 『수서隋書』「경적지經籍志 사부史部 잡전雜傳」에는 『유명록』 20권을 유의경劉義慶이 편찬했다고 했으며, 『제해기』 7권을 원의元疑가 편찬했다고 했다.

76 주공과 공자를 박대하는가 : 유지기는 혜강이 주공과 공자를 박대했다고 비판했지만, 사실은 다른 듯하다. 『문선文選』 권43에 실린 혜강의 「산거원과 절교하는 편지[與山巨源絶交書]」에는 "또한 매번 탕湯과 무武를 비난하고, 주공과 공자를 박대한다. 사람들이 이런 일을 그치지 않는다면 때마침 세상에 나타난 가르침이 허용하지 않을 것이니, 이것이 매우 불가한 한 가지다.[又每非湯·武, 而薄周·孔, 在人間不止此事, 會顯世敎所容. 此甚不可一也.]"라고 하여 유지기의 논조와 사뭇 다르다.

두예杜預가 『여기女記』를 저술할 때[77] 경서와 역사서를 널리 모으고 옛 노인에게 들었던 명확한 구술도 기록했지만, 의심할 만한 사실은 빼놓고 싣지 않았다. 이 어찌 정확한 증거를 남기는 것을 원칙으로 삼고 거짓되고 치우친 자료를 꺼렸던 마음이라고 하지 않을 수 있겠는가. 이와 같은 사람이야말로 군자와 같고, 어른답다고 할 만하다.

⑨ **『이릉집』의「소무에게 보내는 편지(與蘇武書)」**

『李陵集』有「與蘇武書」, 詞采壯麗, 音句流靡. 觀其文體, 不類西漢人, 殆後來所爲, 假稱陵作也. 遷『史』缺而不載, 良有以焉. 編于『李集』中, 斯爲謬矣.

『이릉집李陵集』에 실려 있는 「소무에게 보내는 편지(與蘇武書)」는 그 문장이 웅장하고 화려하며 음운도 흐르는 듯 뛰어나다.[78] 문체를 보면 아무래도 전한시대 사람의 작품이라고는 생각되지 않으며, 후세의 사람이 지어서 이릉의 작품이라고 가탁한 듯하다. 사마천의 『사기』에 실려 있지 않은 데는 그럴 만한 이유가 있을 것이다. 『이릉집』에 편재되어 있는 것은 오류일 것이다.

---

77 두예가~때 : 원개元凱는 두예의 자이다. 『진서晉書』 권34에 두예의 열전이 있다. 『여기女記』는 『수서』「경적지經籍志 사부史部 잡전雜傳」에 나온다.

78 『이릉집』에~뛰어나다 : 이 편지는 『문선文選』 권41에 실려 있다. 훗날 소식蘇軾도 「답유면도조서答劉沔都曹書」에서 "이릉과 소무蘇武는 장안長安에서 헤어졌는데, 시에 강한江漢이라는 말이 나온다."라고 지적하며 유지기의 견해에 동의했다.

● 그 밖의 지식(雜識)_10조

① 총론

夫自古學者, 談稱多矣. 精于『公羊』者, 尤憎『左氏』; 習于太史者, 偏嫉孟堅. 夫能以彼所長而攻此所短, 持此之是而述彼之非, 兼善者鮮矣. 又觀世之學者, 或耽玩一經, 或專精一史. 談『春秋』者, 則不知宗周旣隕, 而人有六雄; 論『史』·『漢』者, 則不悟劉氏云亡, 而地分三國. 亦猶武陵隱士, 滅迹桃源, 當此晉年, 猶謂暴秦之地也. 假有學窮千載, 書總五車, 見良直而不覺其善, 逢牴牾而不知其失, 葛洪所謂藏書之箱篋, 五經之主人. 而夫子有云: "雖多亦安用爲?" 其斯之謂也.

예부터 학자는 말수가 많다. 『공양전』에 정통한 자는 『좌씨전』을 싫어하고, 사마천을 익힌 자는 반고를 싫어한다. 자신이 좋아하는 장점을 가지고 상대의 단점을 공격하거나, 이 편의 옳은 점만 취하고 저 편의 나쁜 점만 서술한다면, 모든 데가 뛰어난 역사서는 드물 것이다. 또 세상의 학자를 보면, 보통 하나의 경전에 몰두하거나 하나의 역사서에만 정통하다. 『춘추』 전문가는 서주西周가 멸망한 뒤 6웅이 분립했다는 사실을 외면하고, 『사기』와 『한서』 전문가는 한나라가 망하고 중원이 삼국으로 나뉘었다는 사실을 깨닫지 못한다.

이는 무릉의 몸을 숨긴 사람들이 도원으로 자취를 감추었다가, 지금이 진晉나라 시대인데도 진秦나라 폭정 치하라고 생각하는 것과 같다.[79] 이래서는 천 년을 이어온 학문을 익히고 다섯 수레에 다 실을 수 없을 정도의 책을 읽

---

79 무릉의~같다 : 도잠陶潛의 「도화원시병기桃花源詩幷記」에 나온다. 진晉나라 때 무릉 사람이 길을 잃고 헤매다가 도화 숲에 이르렀다. 그곳에 들어가니 진秦나라 때 피난 온 사람들이 살고 있었는데, 그들은 그에게 지금이 어느 시대이냐며 물었다고 한다.

었다고 한들, 훌륭한 직필의 역사서를 보고도 그것이 훌륭한지 모르고, 잘못된 역사서를 만나도 그것의 잘못을 알지 못할 것이니, 갈홍葛洪이 말했던 '단지 서적을 보관하는 책장'이며 '다만 오경을 갖고 있는 사람'일 뿐이다.[80] 공자가 "아무리 많은 것을 알고 있다고 해도 그것을 어디에 쓰겠는가."라고 했는데,[81] 아마 이런 뜻일 것이다.

② 『춘추좌씨전』과 『고문상서』

夫鄒好長纓, 齊珍紫服, 斯皆一時所尚, 非百王不易之道也. 至如漢代『公羊』, 擅名三傳; 晉年『莊子』, 高視六經, 今幷挂壁不行, 綴旒無絶. 豈與夫『春秋左氏』·『古文尚書』, 雖暫廢于一朝, 終獨高于千載, 校其優劣, 可同年而語哉?

추鄒나라에서는 관의 끈을 길게 하는 것을 좋아하고 제齊나라에서는 보라색 옷을 귀하게 여겼는데, 이는 모두 일시적인 유행일 뿐 긴 세월에 걸쳐 변하지 않는 복식은 아니었다. 예를 들어 한나라 때는 『공양전』이 『춘추』에 관한 삼전三傳 중에서 가장 이름을 날렸고,[82] 진晉나라 때는 『장자』가 육경六經 이상으로 높이 평가되었지만, 오늘날에는 선반에 꽂혀 있기만 하고 읽는

---

80 갈홍이~뿐이다 : 이 이야기는 갈홍(283~364)의 『포박자抱朴子』에서 나왔을 가능성이 크지만, 현행 판본에는 보이지 않는다.

81 공자가~했는데 : 『논어』 「자로子路」에서 공자는 "시 300편을 외운들, 정치를 맡겨도 통달하지 못하고 외교를 맡겨도 전담하지 못한다면, 아무리 많은 것을 알고 있다고 해서 그것을 어디에 쓰겠는가."라고 했다.

82 한나라~날렸고 : 『사기』 권121 「유림전儒林傳」에 "한나라가 일어나 5대 동안 오직 동중서董仲舒가 『춘추』에 밝았다고 했으며, 공양씨公羊氏가 전傳이 되었다."라고 했다.

사람이 없어 겨우 명맥이나 이어가고 있는 형편이다.[83] 이 어찌 『좌씨전』이나 『고문상서』가 비록 어떤 시대에는 당분간 돌아보는 사람이 없어졌다가 다시 오랫동안 귀하게 읽히는 것과 그 우열을 비교하여 같은 수준에 놓을 수 있겠는가.

③ 『후한서』와 『위서』

夫書名竹帛, 物情所競, 雖聖人無私, 而君子亦黨. 蓋『易』之作也, 本非記事之流, 而孔子『繫辭』, 輒盛述顔子, 稱其殆庶. 雖言則無愧, 事非虛美, 亦由視予猶父, 門人日親, 故非所要言, 而曲垂編錄者矣. 旣而揚雄寂寞, 師心『典誥』, 至于童烏稚子, 蜀漢諸賢,【謂嚴·李·鄭·司馬之徒.】『太玄』·『法言』恣加褒賞. 雖內擧不避, 而情有所偏者焉. 夫以宣尼叡哲, 子雲參聖, 在于著述, 不能忘私, 則自中庸以降, 抑可知矣. 如謝承『漢書』偏黨吳·越, 魏收『代史』盛夸胡塞, 復焉足怪哉!

이름을 죽백竹帛에 남겨놓을 때는 인정이 다투어 개입하기 마련이다. 따라서 아무리 성인이 사사로움이 없다고는 하지만, 군자에게도 역시 당파가 있다.[84] 『주역』이라는 저서는 원래 사실을 기록한 책은 아니지만, 공자가 쓴 『주역』「계사전繫辭傳」에는 걸핏하면 안연顔淵을 입이 마르게 칭찬하며 거의 성인

---

83 겨우~형편이다 : 원문의 철류무절綴旒無絶에서 유旒는 관冠 위에 매다는 장식인데, 철류綴旒는 유旒가 관에 매달린 듯이 위태로운 모습을 나타내는 말이다. 아슬아슬하게 끊어지지 않고 있는 상태를 말한다.

84 군자에게도~있다 : 원래 『논어』「위령공衛靈公」에는 "군자는 긍지를 지니지만 다투지 않고, 여러 사람과 어울려도 당파를 짓지 않는다.[君子矜而不爭, 群而不黨]"라고 했다.

에 가깝다고 말했다.[85] 비록 그렇게 말해도 부끄럽지 않은 수준이고 실제로도 허위는 아니었겠지만, 이 또한 평소 안연이 공자를 아버지처럼 따랐고[86] 문인으로서 서로 매일 가깝게 지냈으므로 굳이 꼭 쓰지 않아도 될 대목까지 곡진하게 적어 넣었다고 할 수 있다.

양웅揚雄은 과묵한 사람으로서 평소『서경』을 스승으로 삼아 그 정신을 배웠지만,[87] 자신의 아들인 동오童烏[88]나 촉한의 현인들에 대해서는【엄군평嚴君平·이중원李仲元·정자진鄭子眞·사마상여司馬相如 등이다.】『태현太玄』이나『법언法言』 등의 저서에서 지나치게 자의적으로 칭찬하고 있다. 연고가 있는 사람[89]을 거론하는 것은 피할 수 없겠지만, 역시 어딘가 치우쳤다는 느낌이 든다. 공자 같은 명철한 성인이라도, 양웅과 같이 성인에 버금간다는 평을 받는 사람이라도[90] 그들의 저술에서는 사사로운 마음을 버리지 못했으니, 중간 이하 평범한 사람들의 경우는 미루어 짐작할 수 있다. 사승謝承의『후한서後漢書』가 남쪽의 오나라나 월나라를 편들고,[91] 위수魏收의『위서魏書』가 북쪽의 탁발씨拓

---

85 공자가~말했다 :『주역』「계사전 하繫辭傳下」에 나온다.

86 안연이~따랐고 :『논어』「선진先進」에 나온다.

87 양웅은~배웠지만 :『한서』권87하「양웅전揚雄傳」에 나온다. 전고典誥는『서경』의 전典과 고誥를 가리킨다.

88 자신의 아들인 동오 :『법언』「문신問神」에 동오는 양웅의 아들이라고 했다.

89 연고가 있는 사람 : 내거內擧는 친척을 천거하여 등용하는 것이고, 외거外擧는 타인을 천거하여 등용하는 것이다.『춘추좌씨전』양공襄公 21년 전문에, 숙향叔向이 기대부祁大夫를 평가하기를 "기대부는 외거에 원수를 버려두지 않았고 내거에 근친을 버리지 않았으니 어찌 유독 나만 버리겠는가."라고 했다.

90 공자~사람이라도 : 선니宣尼는 공자의 시호인 문선文宣과 자字 중니仲尼에서 따왔다. 자운子雲은 양웅의 자이다.『논형論衡』「초기超奇」에,『태현경』을 지은 양웅은 성인에 버금간다[參貳]는 말이 있다.

91 사승의~편들고 : 사승은 삼국시대 오나라의 역사가로『후한서』를 편찬했는데, 오나라 손권孫權의 사부인謝夫人 동생이었다.

拔氏를 아름답게 과장하는[92] 것을 두고 어찌 다시 괴이하다고 여기겠는가.

④ 군자 역사가, 소인 역사가

子曰: "女爲君子儒, 無爲大人儒." 儒誠有之, 史亦宜然. 蓋左丘明·司馬遷君子之史也; 吳均·魏收小人之史也. 其薰蕕不類, 何相去之遠哉?

공자가 말하기를 "너는 군자의 학자가 되어야지, 소인의 학자가 되어서는 안 된다."라고 했다. 학자에게 군자와 소인의 구별이 있듯이, 역사가에게도 이러한 구별이 있으리라. 대개 좌구명左丘明과 사마천司馬遷은 분명히 군자 역사가이며, 오균吳均과 위수魏收는 소인 역사가라고 해야 할 것이다. 그들의 작품에서 풍기는 문풍과 격조는 비교할 수 없을 정도로 차이가 있다.

⑤ 역사가 좌구명의 위치

"禮云禮云, 玉帛云乎哉?" 史云史云, 文飾云哉? 何則? 史有固當以好善爲主, 嫉惡爲次. 若司馬遷·班叔皮, 史之好善者也; 晉董狐·齊南史, 史之嫉惡者也. 必兼此二者, 而重之以文飾, 其唯左丘明乎! 自玆以降, 吾未之見也.

"예禮다, 예禮다, 하는데, 그것이 구슬이나 비단을 말하는 것인가."[93]라고

---

92 위수의~과장하는 : 『대사代史』란 위수의 『위서』를 가리킨다. 호색胡塞은 탁발씨가 있던 변방 지역이다.

93 예다~것인가 : 예禮는 우주의 질서와 조화를 표현한 것이며, 구슬이나 비단은 그 표현의 수단일 뿐, 예 자체로 오해해서는 안 된다는 말이다. 이 말은 『논어』 「양화陽貨」에 나온다.

했다. 역사다, 역사다, 하는데, 그것이 문장의 꾸밈을 말하는 것이겠는가. 그렇지 않다. 왜 그런가? 역사란 본디 훌륭한 일을 좋아하는 것을 위주로 하고, 나쁜 일을 싫어하는 것은 그 다음이다. 사마천이나 반표班彪 등은 훌륭한 일을 좋아했던 역사가이며, 진나라 동호董狐나 제나라 남사南史는 나쁜 일을 싫어했던 역사가라고 할 수 있다.[94] 이 둘을 반드시 겸하고 그 위에 문장력도 뛰어났던 사람은 좌구명 한 사람뿐이로다! 이후로는 그런 사람을 발견하지 못했다.

⑥ 직필의 기준

夫所謂直筆者, 不掩惡不虛美, 書之有益于褒貶, 不書無損于勸誠. 但擧其宏綱, 存其大體而已, 非謂絲毫必錄, 瑣細無遺者也. 如宋孝王·王劭之徒, 其所記也, 喜論人帷薄不修, 言貌鄙事, 訐以爲直, 吾無取焉.

이른바 직필直筆[95]이란 나쁜 일을 숨기지 않고 헛되이 미화하지 않으며, 기

---

94 사마천이나~있다 : 사마천과 반표는 각각 『사기』와 『한서』를 편찬했는데, 이들 역사서는 해당 시대를 종합적으로 다루는 기전체紀傳體 역사서의 성격을 띠고 있다. 그런데 진晉나라의 태사太史 동호는 조순趙盾이 임금 영공靈公을 시해한 역적을 토벌하지 못했다는 이유로 '조순이 시해했다'고 적었고(『춘추좌씨전』 선공宣公 2년), 제齊나라의 사관史官 남사는 최저崔杼가 임금을 시해하자 그 사실이 기록되었는지를 태사의 집에 가서 확인했다(『춘추좌씨전』 양공襄公 25년). 이런 까닭에 동호와 남사가 제대로 된 역사서를 쓰지 못한 것이라고 했다. 이런 차이를 고려하면, 유지기가 이들을 각각 호선好善(훌륭한 일을 좋아하는 것, 여기서는 곧 사마천과 반표)과 질악嫉惡(나쁜 일을 싫어하는 것, 여기서는 곧 동호와 남사)의 대표 역사가로 구분한 것이 타당할 수 있을 듯하다.
95 직필 : 『춘추좌씨전』 성공成公 14년 전문에 "『춘추』의 기록은 은미하면서도 드러내고, 의미를 담고 있으면서도 흐릿하게 감추며, 완곡하면서도 조리가 있고, 곡진하면서도 번잡하

록하면 반드시 포폄에 도움이 되고, 기록하지 않아도 권장이나 경계에 부족함이 없이 사실을 기록한다는 뜻이다. 다만 그 큰 강령을 거론하고 대체를 남겨야 한다는 것이지, 터럭 같은 사실이라도 반드시 기록해야 한다거나 사소한 것이라도 버리지 말아야 한다는 말이 아니다. 송 효왕宋孝王이나 왕소王劭 같은 역사가가 기록한 것을 보면, 문란한 남녀 사이[96] 또는 비루한 말씨나 용모에 관한 이야기를 즐겼으며 남의 단점을 들춰내는 것을 직필이라고 했지만, 나는 아무래도 동의할 수 없다.[97]

⑦ 이단과 기설

夫故立異端, 喜造奇說, 漢有劉向, 晉有葛洪. 近者沈約, 又其甚也. 後來君子, 幸爲詳焉.

일부러 이단異端의 설을 세우고 기이한 설을 즐겨 만드는 역사가로는 한나라 때의 유향과 진나라 때의 갈홍이 있다. 근대에는 심약沈約이 그러한 경향을 훨씬 강하게 갖고 있다. 후세의 군자는 이러한 것을 제대로 파악하기 바란다.

지 않으며, 악을 징계하고 선을 권장하니, 성인이 아니라면 누가 편찬할 수 있겠는가.[『春秋』之稱, 微而顯, 志而晦, 婉而成章, 盡而不汙.]"라고 했다.

96 문란한 남녀 사이 : 『신서新書』 「계급階級」에, 유박帷薄은 휘장을 치고 발을 늘어뜨리는 것으로 규문閨門을 상징한다. 그래서 관원의 가문에서 음란한 행위로 죄를 지었을 때 유박을 제대로 단속하지 못했다는 말로 대신했다.

97 송 효왕이나~없다 : 송 효왕이나 왕소에 대해서는 앞서 자주 언급되었는데, 『사통 내편』 「언어言語」에서는 이들을 높이 평가했다.

⑧ 문학과 역사

昔『魏史』稱朱異有口才, 摯虞有筆才, 故知喉舌翰墨, 其辭本異. 而近世作者, 撰彼口語, 同諸筆文. 斯皆以元瑜·孔璋之才, 而處丘明·子長之任. 文之與史, 何相亂之甚乎?

옛날 『위지魏志』에 주이朱異라는 사람은 말솜씨가 있었고,[98] 지우摯虞라는 사람은 글솜씨가 뛰어났다고 했으니,[99] 입으로 하는 말과 붓으로 쓰는 글은 그 표현이 본래 다르다는 것을 알 수 있다. 그러나 근래 작자들은 입으로 하는 말을 그대로 적어 붓으로 적은 글과 동일시하는 경향이 있다. 이 모두 원유元瑜와 공장孔璋[100]의 능력을 가진 이에게 좌구명과 사마천이 했던 역사가의 역할을 하게 하는 것이다. 문학과 역사가 어찌 이리 심하게 혼란스러워졌는가.

⑨ 소소한 잡문

夫載筆立言, 名流今古. 如馬遷『史記』, 能成一家; 揚雄『太玄』, 可傳千載. 此則其事尤大, 記之于傳可也. 至于近代則不然. 其有雕蟲末伎, 短才小說,

---

98 『위지』에~있었고 : 포기룡은 '『위사魏史』' 다음에 빠진 글자가 있다고 보았다. 주이와 지우의 시대가 일치하지 않기 때문이다. 주이의 자는 계문季文이며, 『삼국지三國志 오지吳志』 권56 「주환전朱桓傳」에 나온다. 배송지裵松之의 주에는 『문사전文士傳』을 인용하여 주이의 부賦를 수록했다.

99 지우라는~했으니 : 지우의 자는 중흡仲洽으로 장안長安 사람이다. 『세설신어』 「문학文學」에 "태숙광太叔廣은 말솜씨가 아주 좋고, 지중흡摯仲洽은 글쓰기에 장기가 있었다."라고 했는데, 이 때문에 니시와키 츠네키는 유지기가 태숙광을 주이로 착각했다고 추정했다.

100 원유와 공장 : 원유는 완우阮瑀의 자이고, 공장은 진림陳林의 자이다. 삼국시대 위魏나라 문인들이다. 『삼국지 위지』 권21 「왕찬전王粲傳」에 "태조가 이들에게 기실記室을 관리하게 했다."라고 나온다.

或爲集不過數卷,【如『陳書』「陰鏗傳」云, "有集五卷", 其類是也.】或著書
纔至一篇,【如『梁書』「孝元紀」云, "撰『同姓名人錄』一卷", 其類是也.】莫
不一一列名, 編諸傳末.【如『梁書』「孝元紀」云, "撰『研神記』";『陳書』「姚
察傳」云, "撰『西征記』·『辨茗醁記』";『後魏書』「劉芳傳」云, "撰『周官音』·『禮
記音』";『齊書』「祖鴻勳傳」云, "撰『晉詞記』." 凡此書或一卷·兩卷而已. 自餘
人有文集, 或四卷·五卷者, 不可勝記, 故不具列之.】事同『七略』, 巨細必書,
斯亦煩之甚者.

　　역사를 기록하고 평론을 하면 그 이름이 후세에 전해진다. 예를 들어 사마
천은 『사기』로 일가를 이루었으며, 양웅의 『태현경』은 천 년을 전해질 것이
다. 이들의 작업은 매우 위대하므로 열전에 기록해도 될 것이다.

　　근대가 되면 상황이 다르다. 곤충을 조각하듯 시시한 글과 재주가 짧은 잡
문을 가지고 더러 문집을 만들더라도 몇 권 되지 않고,【『진서陳書』「음갱전陰
鏗傳」에 "문집 5권이 있다."고 했는데, 바로 이런 사례이다.[101] 더러 책으로 펴내도
겨우 한 편인데,【『양서梁書』「효원기孝元紀」에 "『동성명인록同姓名人錄』 1권을 편찬
했다."라고 했는데, 바로 이런 사례이다.[102] 일일이 그 이름을 열거하여 열전 끝
에 모두 기록했다.【『양서』「효원기」에 "『연신기研神記』를 편찬했다."라고 했고,[103]
『진서陳書』「요찰전姚察傳」에 "『서정기西征記』와 『변명락기辨茗醁記』를 편찬했다."라고
했으며,[104] 『후위서後魏書』「유방전劉芳傳」에 "『주관음周官音』과 『예기음禮記音』을 편찬

---

101 『진서』~사례이다 : 『진서』 권34 「음갱전」에 음갱陰鏗은 "자가 견유堅有이며 사전史傳에
　　밝았고, 문집 3권이 있다."라고 했다.

102 『양서』~사례이다 : 『양서』 권5 「원제본기元帝本紀」에 "『고금동성명록古今同姓名錄』 1권을
　　저술했다."라고 했다.

103 『양서』~했고 : 현존하는 『양서』에는 『연신기』가 나오지 않고, 『수서』 권33 「경적지」에
　　"『연신기』 10권이 있는데, 소역蕭繹이 편찬했다."라고 했다.

했다."라고 했고, 『제서齊書』「조홍훈전祖鴻勳傳」에 "『진사기晉詞記』를 편찬했다."라고 했다. 이들 책은 모두 1권 또는 2권으로 이루어졌을 뿐이다. 그 나머지 문집이 있는 사람들도 4권이나 5권인 경우가 셀 수조차 없이 많기 때문에 다 열거하지 않는다.】 이렇게 서적 목록인 『칠략七略』과 마찬가지로 저서의 중요성을 고려하지 않고 다 기록했으니,[105] 이 역시 심하게 번잡한 사례이다.

⑩ 능력이나 덕성과 무관한 열전

子曰: "齊景公有馬千駟, 死之日, 人無德而稱焉. 伯夷·叔齊餓于首陽之下, 民至于今稱之." 若漢代青翟·劉舍, 位登丞相, 而班『史』無錄; 姜詩·趙壹, 身止計吏, 而謝『書』有傳, 即其例也. 今之修史者則不然. 其有才德闕如, 而位宦通顯, 史臣載筆, 必爲立傳. 其所記也, 止具其生前歷官, 歿後贈諡, 若斯而已矣. 雖其間伸以狀迹, 粗陳一二, 幺麽恒事, 曾何足觀. 始自伯起『魏書』, 迄乎皇家五史, 【'五史'謂五代史】 通多此體. 流蕩忘歸, 『史』·『漢』之風, 忽焉不嗣者矣.

공자가 말하기를 "제 경공齊景公은 네 마리 말이 끄는 수레 천 대를 가지고 있었지만, 죽을 때는 아무도 그 덕을 칭송하는 사람이 없었다. 백이伯夷·숙제叔齊는 수양산의 산기슭에서 굶어 죽었으나, 사람들이 오늘날까지 모두 그 덕

---

104 『진서』~했으며 : 『진서』 권27 「요찰전」에는 『서정기』와 『변명락기』가 나오지 않는다. 『서정기』는 『수서』 권33 「경적지」에 "『서정기』 2권이 있는데, 대연戴延이 편찬했다."라고 했지만, 요찰과는 상관이 없다.

105 서적~기록했으니 : 『칠략』은 한나라의 유흠劉歆이 편찬한 도서 목록이다. 『한서』 「예문지」에 이를 군서羣書의 총합이라고 했다. 『칠략』은 집략輯略, 육예략六藝略, 제자략諸子略, 시부략詩賦略, 병서략兵書略, 술수략術數略, 방지략方技略이라고 했다.

을 칭송하고 있다."라고 했다.[106] 이를테면 한나라 때 장청적莊靑翟이나 유사劉舍는 직위가 승상에 올랐지만 반고의 『한서』에는 기록이 없고,[107] 강시姜詩와 조일趙壹은 한낱 회계 관리였지만 사승謝承의 『후한서』에 열전이 있는[108] 것이 바로 그런 사례이다.

오늘날의 역사서는 그렇지 않다. 능력과 덕성이 없건만 관직이 높으면, 사관은 기록으로 남겨 반드시 그 사람의 열전을 만든다. 그러나 거기에 적는 것은 단지 생전의 관력官歷이나 죽은 뒤의 시호諡號 따위이다. 그 사이에 행적을 보태 대략 한두 가지를 늘어놓지만, 늘 있는 소소한 일이고 볼 것이 없다. 위수魏收의 『위서魏書』에서 시작하여 지금 당나라의 오사五史[109]에 【'오사'란 오대사五代史를 말한다.】 이르기까지 이러한 체례가 많다. 폐단이 반성 없이 계속된 나머지, 『사기』와 『한서』의 기풍은 어느덧 사라져버렸다. 🖎

---

106 공자가~했다 : 『논어』 「계씨季氏」에 나온다.

107 한나라~없고 : 『한서』 권42 「신도가전申屠嘉傳」에 이들은 자리만 채웠던 재상이라고 했다.

108 강시와~있는 : 강시는 『후한서』 권84 「열녀전烈女傳」에 효자로 기록되어 있고, 조일은 『후한서』 권80하 「문원전文苑傳」에 나온다.

109 당나라의 오사 : 당 태종 때 편찬한 오대사, 즉 『양서梁書』, 『진서陳書』, 『북제서北齊書』, 『주서周書』, 『수서隋書』를 말한다.

반고의 『한서』에는 오류가 매우 많은데, 특히 「오행지」가 그러하다. 책을 인용할 때 부적절한 점, 기사 서술이 이치에 맞지 않는 점, 재해에 대한 해석이 터무니없는 점, 고대의 학문에 정통하지 못하다는 점이 그 오류들이다. 유지기는 이 네 범주의 오류를 다시 세세한 항목으로 나눈 뒤 같은 부류끼리 구분하여 설명했다.

예를 들어 사관의 기록과 『좌씨전』이 섞인 경우, 『춘추』와 사관의 기록이 섞인 경우, 서술에 일정한 스타일이 없는 경우, 역사서 인용에 범례가 없는 경우, 단서만 꺼내놓고 징험을 제시하지 못한 경우, 서사에 수미가 없는 경우, 논란만 제기하고 결과를 보여주지 못한 경우, 서사가 조리 없이 섞여 있는 경우, 연호 표시에 기준이 없는 경우 등이다.

또한 이전 시대를 설명할 때 사실과 어긋난 경우, 영향 관계가 없는데 견강부회한 경우, 여러 단서를 부연했지만 확실한 근거가 없는 경우, 훌륭한 정치를 재해에 갖다 붙인 경우, 해석만 늘어놓고 상응하는 현상을 보여주지 못한 경우, 고찰은 정확하지만 의리가 정밀하지 않은 경우, 흉조와 길조를 알 수 있음에도 설명하지 않은 경우, 경전을 따르지 않고 자기 주장만 한 경우 등도 지적했다.

이상과 같이 오류가 나타난 사례가 대단히 많기 때문에 유지기는 역사서를 살펴볼 때 상세히 검토해야 한다고 강조했다.

外篇
10

「오행지」의 오류들
五行志錯誤

五行志錯誤

班氏著志, 牴牾者多. 在于「五行」, 蕪累尤甚. 今輒條其錯繆, 定爲四科, 一曰引書失宜, 二曰敍事乖理, 三曰釋災多濫, 四曰古學不精. 又于四科之中, 疏爲雜目, 類聚區分, 編之如後.

반고가 『한서漢書』의 지志를 저술할 때 상당히 실수가 많았다. 특히 「오행지」가 거칠고 오류가 많다. 그 착오와 오류는 네 부류로 나눌 수 있다. 첫째, 책의 인용이 부적절한 점이다. 둘째, 기사 서술이 이치에 맞지 않는 점이다. 셋째, 재해에 대한 해석이 터무니없는 점이다. 넷째, 고대의 학문에 정통하지 못하다는 점이다. 이 네 조목 안에서 더 세세하게 항목을 나누고 같은 부류끼리 구분하여 다음과 같이 설명한다.

● 오류의 첫 번째 종류(第一科)

引書失宜者, 其流有四: 一曰史記·『左氏』, 交錯相倂; 二曰『春秋』·史記, 雜亂難別; 三曰屢擧『春秋』, 言無定體; 四曰書名去取, 所記不同.

책의 인용이 부적절한 경우는 네 가지 부류가 있다. 첫째, 사관의 기록[1]과

---

1 사관의 기록 : 원문의 사기史記는 사마천이 쓴 역사서가 아니라, 사관의 기록으로 보아야 한다는 주장이 설득력을 갖는다. 『한서』 「오행지」에 나오는 사기에 대해서 안사고顔師古의

『좌씨전』을 뒤죽박죽 늘어놓은 경우이다. 둘째, 『춘추』와 사관의 기록이 어지럽게 섞여 있어 구별이 어려운 경우이다. 셋째, 『춘추』를 자주 거론하고 있지만 서술에 일정한 스타일이 없는 경우이다. 넷째, 책 이름을 생략하거나 기재할 때 그에 따른 일관된 범례가 없는 경우이다.

① 사관의 기록과 『좌씨전』이 섞인 경우

其「志」敍言之不從也, 先稱: "史記周單襄公告魯成公曰: '晉將有亂.'" 又稱: "宣公六年, 鄭公子曼滿與王子伯廖語: '欲爲卿.'" 案宣公六年, 自『左傳』所載也. 夫上論單襄, 則持史記以標首; 下列曼滿, 則遺『左氏』而無言. 遂令讀者疑此宣公, 亦出史記; 而不云魯後, 莫定何邦. 是非難悟, 進退無準. 此所謂史記·『左氏』交錯相倂也.

「오행지」에서 '언어가 순조로움을 잃은 사례[2]'를 서술할 때, 먼저 "사관의 기록에 주나라 단양공單襄公이 노나라 성공成公에게 말하기를 '진晉나라에 장

주注나 포기룡은 사마천의 『사기』로 보았다. 그러나 전대흔錢大昕은 『잠연당문집潛研堂文集』 권12 「답문구答問九 제사諸史」에, 사마천이 역사 편찬을 마친 뒤 사기라는 이름을 붙이지 않았고, 『한서』 「예문지」에서 사마천의 역사서를 '태사공백삼십편太史公百三十篇'이라고 불렀음을 상기시키면서 「오행지」에서는 『국어國語』 등의 기록도 사기라고 불렀다고 지적했다. 진한장陳漢章의 『사통보석史通補釋』이나 니시와키 츠네키西脇常記의 『사통 외편史通外篇』도 포기룡의 설을 비판하고 있다. 장진패張振珮는 『사통전주史通箋注』에서, 한나라 이전에 말하는 사기는 역사 기록의 통칭이었고, 사마천의 역사서를 사기라고 부른 것은 『위지魏志』에서 처음이라고 했다. 사기가 역사 기록 일반을 가리킨다는 것에 반론이 없을 듯하므로, 이 책의 「오행지착오五行志錯誤」 편에 나오는 '사기'는 사관의 기록이라고 옮겼다.

2 언어가~사례 : 언지부종言之不從이란 언어가 본래의 순조로움을 잃었다는 말이다. 『한서』 권27중지상中之上 「오행지」에는 언지부종의 사례가 제시되어 있다.

차 난리가 있을 것이다.'고 했다"³라고 했다. 또 "선공宣公 6년에 정나라 공자 만만曼滿이 왕자 백료伯廖와 말하다가 '경이 되고 싶다.'고 했다"라고 했는데, 선공 6년은『좌씨전』에 실려 있는 이야기이다. 앞의 단양공 이야기를 할 때 는 '사관의 기록'이라고 맨 앞에 밝히고 있지만, 나중에 만만曼滿의 이야기는 『좌씨전』이라고 말하지 않았다. 결국 독자는 선공 이야기도 사관의 기록이 라고 생각할 것이다. 또한 '노 선공'이라고 말하지 않았기 때문에 어느 나라 의 선공인지도 확실치 않다. 시비를 이해하기 어렵고, 기사의 기록 방식에도 원칙이 없다. 이것이 이른바 "사관의 기록과『춘추좌씨전』을 뒤죽박죽 늘어 놓았다."라는 것이다.

②『춘추』와 사관의 기록이 섞인 경우

「志」云: "史記, 成公十六年, 公會諸侯于周." 案成公者, 即魯侯也. 班氏凡 說魯之某公, 皆以『春秋』爲冠. 何則?『春秋』者, 魯史之號, 言『春秋』則知 是魯君. 今引史記居先, 成公在下, 書非魯史, 而公舍魯名. 膠柱不移, 守株 何甚. 此所謂『春秋』·『史記』雜亂難別也.

「오행지」에 "사관의 기록에, 성공成公 16년 공이 주나라에서 제후들과 만 났다."라고 했다.⁴ 성공은 노나라의 제후이다. 반고가 노나라의 제후를 설명

---

3 사관의~했다 : 진나라에 극씨郤氏의 반란이 있을 것이라는 말이었다. 이 기록은『국어國語 주어周語』에 나온다.

4 「오행지」에~했다 : 이 기록은『국어國語 주어 하周語下』에 근거한 것으로 짐작된다. 그러나 포기룡은 '史記, 成公十六年, 公會諸侯于周.'의 13자가『국어 주어 하』에 없다는 것을 근거로, 이 13자는 반고가 서술했다고 보았다.『한서』권27중지상中之上「오행지」에는 "사관의 기록에, 성공 16년 성공이 제후들과 주나라에서 회합을 할 때, 단양공單襄公이

할 때 모두 『춘추』를 위에 기록한다. 『춘추』가 노나라 역사의 명칭이기 때문이다. 따라서 『춘추』라고 말하면 곧 등장하는 제후가 노나라의 제후라는 사실을 알 수 있다. 위의 경우는 사관의 기록이라는 말을 앞에서 한 뒤 이어서 성공을 서술했으니, 기록은 노나라 역사인 『춘추』가 아닌데도 공公에서 노魯라는 나라 이름을 빼놓은 셈이다. 이는 『춘추』를 인용하던 습관이 몸에 배어 다른 사료를 인용할 때도 그 습관이 그대로 드러난 경우이다.[5] 이것이 이른바 "『춘추』와 사관의 기록이 어지럽게 섞여 있어 구별이 어렵다."라는 것이다.

③ 서술에 일정한 스타일이 없는 경우

案班『書』爲志, 本以漢爲主. 在于漢時, 直記其帝號諡耳; 至于他代, 則云某書·某國君, 此其大例也. 至如敍火不炎上, 具『春秋』桓公十四年; 次敍稼穡不成, 直云嚴公【嚴公卽莊公也. 漢避明帝諱故改曰嚴】二十八年而已. 夫以火·稼之間, 別書漢·莽之事. 年代已隔, 去魯尤疏. 洎乎改說異端, 仍取『春秋』爲始, 而于嚴公之上, 不復以『春秋』建名. 遂使漢帝·魯公, 同歸一揆. 必爲永例, 理亦可容. 在諸異科, 事又不爾. 求之畫一, 其例無恒. 此所謂屢擧『春秋』, 言無定體也.

진 여공厲公이 걷고 있는 것을 멀리서 보고 성공에게 '진나라에 내란이 일어날 것 같다.'고 했다. 성공이 '그것은 천도天道인가, 아니면 인위人爲인가?'라고 묻자, '나는 점쟁이가 아니기 때문에 천도는 알지 못하지만 여공의 얼굴을 보니 재해가 다가오는 것을 알 수 있다.'고 대답했다."라고 했다.

5 이는~경우이다 : 원문의 교주膠柱는 『사기』 권81 「염파인상여열전廉頗藺相如列傳」에 나온다. 조나라 왕이 조괄趙括을 염파 대신 장군으로 삼으려고 하자, 이름만 믿고 임명하는 것은 거문고 갈매기발(雁足)을 아교로 붙여놓고 연주하는 교주고슬膠柱鼓瑟과 같다고 비판했던 고사에서 유래한다. 수주守株는 『한비자』 「오두五蠹」에 나오는 수주대토守株待兎의 고사에서 유래한다.

생각건대 반고가 『한서』에 지志를 만들 때는 본디 한나라를 위주로 했다. 따라서 한나라 시대의 경우라면 곧장 해당 황제의 제호帝號나 시호諡號를 기록했지만, 다른 시대의 경우에는 '어떤 역사서', '어느 나라 군주'라고 했으니, 이것이 그 대체적인 범례였다.

그런데 '불이 본래 성질을 잃고 타오르지 않았던 사례'를 서술하면서 '『춘추』 환공桓公 14년'이라 하고,[6] 다음에 '곡식이 자랐지만 여물지 않았던 사례'를 서술하면서 단지 '엄공嚴公【엄공은 바로 장공莊公이다. 한나라 명제明帝의 휘諱를 피하려고 엄嚴으로 고쳤다.】 28년'이라고만 썼다.[7] 불이나 곡식에 대한 서술 사이에는 따로 한나라와 왕망王莽의 사실을 기록했다.[8] 연대도 이미 상당히 떨어져 있고 노나라 시대와 한참 먼 시대이다. 새로운 재해의 단서를 설명할 경우에는 처음에 '『춘추』'라고 써야 하는데, 엄공 위에 다시 '『춘추』'라고 적지 않았다. 이 때문에 결국 한나라 황제와 노나라 군주가 같은 왕조의 사람이 되어버렸다.

만일 화제가 바뀔 때만 '『춘추』'라고 기록하는 것을 원칙으로 삼고 싶다면, 이치상 인정될 수도 있다. 그러나 여러 경우를 살펴보면, 사실 또 그렇지

---

6 불이~하고 : 『한서』 권27상 「오행지」에 오행의 본래 성질에 대해 각 경經을 인용하여 설명했다. 불(火)은 염상炎上하는 법인데 그 성질을 잃어버린 사례도 있으니, 이것이 본문에서 말하는 '불이 본래의 성질을 잃고 타오르지 않았던 사례[火不炎上]'이다. 그 사례로, "『춘추』 환공 14년 가을 8월, 임신년에 곡물 창고에서 불이 났다."라고 했다.

7 곡식이~썼다 : 『한서』 권27상 「오행지」에, 토土의 성질을 설명하면서 토는 가색稼穡하는 성질이 있는데, 그 성질을 잃었던 사례가 본문에서 말하는 '곡식이 자랐지만 여물지 않았던 사례'이다. 그 사례로 "엄공 28년 겨울, 전혀 보리가 나지 않았다."라고 했는데, 엄공 위에 '『춘추』'를 쓰지 않았다.

8 불이나~기록했다 : 반고는 춘추시대 환공과 장공 시대의 서술 사이에, 한나라 평제平帝 말 고조의 원묘原廟에 불이 난 사건과 이듬해 왕망王莽의 거섭居攝 연간에 흉년이 든 사실을 기록했다.

않다. 이 점에서 일정한 원칙이 「오행지」에 있는지를 찾아보았지만 그 범례가 일정하지 않았다. 이것이 이른바 "『춘추』를 자주 거론하고 있지만 서술에 일정한 스타일이 없다."라는 것이다.

④ **역사서 인용에 범례가 없는 경우**

案本「志」敍漢以前事, 多略其書名. 至于服妖章, 初云: "晉獻公使太子率師, 佩以金玦," 續云: "鄭子臧好爲聚鷸之冠." 此二事之上, 每加『左氏』爲首. 夫一言可悉, 而再列其名. 省則都捐, 繁則太甚. 此所謂書名去取, 所記不同也.

「오행지」를 보면, 한대漢代 이전의 사실을 서술할 때는 대부분 그 인용된 서명을 생략하였다. 그런데 이상한 복식을 입은 사례를 다룬 장章에서는, 처음에 "진 헌공晉獻公이 태자 신생申生에게 군대를 인솔하게 하고, 금으로 된 패옥을 차게 했다."[9]라고 했고, 이어서 "정나라의 자장子臧이라는 사람은 도요새의 깃털로 만든 관을 좋아했다."[10]라고 했다. 이 두 가지 사건 앞에 매번 『좌씨전』이라고 밝히고 있다. 하지만 한 번만 밝혀도 될 것을 되풀이하고 있다. 생략할 때는 아주 생략해버리고, 번다할 때는 지나치게 많이 사용한다. 이것이 이른바 "책 이름을 생략하거나 기재할 때 그에 따른 일관된 범례가

---

9 진 헌공이~했다 : 『춘추좌씨전』 민공閔公 2년에, 진 헌공이 태자 신생에게 군사를 맡기면서 색깔이 다른 옷을 입게 하고 금으로 된 패옥을 차게 했다.

10 정 자장이라는~좋아했다 : 『춘추좌씨전』 희공僖公 24년에, 정나라 자화子華의 제자 장臧이 송나라에서 망명해 와 도요새의 깃털을 모아 관을 만들었다. 정 문공鄭文公은 그를 미워해서 죽이게 했다.

없다."라는 것이다.

● 오류의 두 번째 종류(第二科)

敍事乖理者, 其流有五: 一曰徒發首端, 不副徵驗; 二曰虛編古語, 討事不
終; 三曰直引時談, 竟無他述; 四曰科條不整, 尋繹難知; 五曰標擧年號, 詳
略無準.

　기사 서술이 이치에 맞지 않는 경우에는 다섯 가지 부류가 있다. 첫째, 그
저 앞에 단서만 꺼내놓고 결과를 제시하지 않는 것이다. 둘째, 옛이야기를 허
술하게 편집해놓아 서사에 수미가 없는 것이다. 셋째, 당대의 논란만 늘어놓
고 결국 논의의 결과는 보여주지 못한 것이다. 넷째, 서사의 조리가 명확하지
않아서 찾아보기 어려운 것이다. 다섯째, 연호를 표시할 때 넣고 생략하는 기
준이 없는 것이다.

① 단서만 꺼내놓고 징험을 제시하지 못한 경우

「志」曰: "『左氏』昭公十五年, 晉籍談如周葬穆后, 旣除喪而燕. 叔向曰:
'王其不終乎! 吾聞之, 所樂必卒焉. 今王一歲而有三年之喪二焉, 于是乎
與喪賓燕, 樂憂甚矣. 禮, 王之大經也. 一動而失二禮, 無大經矣, 將安用
之.'" 案其後七年, 王室終如羊舌所說, 此即其效也, 而班氏了不言之. 此
所謂徒發首端, 不副徵驗也.

　「오행지」에 "『좌씨전』 소공昭公 15년, 진晉나라 적담籍談이 주나라 목후穆
后의 장례식에 참석했는데, 장례가 끝나고 연회가 열렸다.[11] 숙향叔向이 말하

기를 '주나라 왕은 끝이 좋지 않을 것이다. 내가 듣건대, 즐거움에는 반드시 끝이 있다고 한다. 지금 왕은 1년 동안 삼년상을 두 번이나 치렀는데, 이때마다 장례에 참석한 손님들과 연회를 하고 있으니 장례라는 우환을 오히려 즐기는 것이다. 예禮란 임금이 가야 할 큰 길이다. 한 번 연회를 열어 두 가지 예를 잘못해 큰 길이 없어진 셈이니, 장차 어떻게 하겠는가.' 했다."[12]라고 했다.

그 뒤 7년이 지나 주 왕실은 결국 양설힐羊舌肹의 말대로 되었으니[13] 이것은 앞선 행위의 효과인데도 반고는 언급하지 않았다. 이것이 이른바 "그저 앞에 단서만 꺼내놓고 결과를 제시하지 않았다."라고 하는 것이다.

② 허술한 편집으로 서사에 수미가 없는 경우

「志」云: "『左氏』襄公二十九年, 晉女齊語智伯曰: '齊高子容·宋司徒皆將不免. 子容專, 司徒侈, 皆亡家之主也. 專者速及, 侈則將以力斃.' 九月, 高子出奔北燕," 所載至此, 更無他說. 案『左氏』昭公二十年, 宋司徒奔陳, 而班氏探諸本傳, 直寫片言. 閱彼全書, 唯徵半事. 遂令學者疑丘明之說, 有是有非; 女齊之言, 或得或失. 此所謂虛編古語, 討事不終也.

---

11 진나라~열었다 : 여如는 왕往이다. 목후穆后는 주 경왕周景王의 비이다.

12 숙향이~했다 : 숙향은 진晉나라 대부 양설힐羊舌肹의 자이다. 적담이 주 목후의 장례식에 참석했는데, 장례가 끝나고 연회석상에서 주 경왕으로부터 공물을 가지고 오지 않았다는 이유로 힐난을 당했다. 적담이 돌아가 이 사실을 숙향에게 말했을 때, 숙향이 한 말이다.

13 그 뒤~되었으니 : 소공 22년 4월 경왕景王이 북산北山에 사냥하러 갔다가 심질心疾이 심해져 대부 영기씨榮錡氏 집에서 죽은 일을 가리킨다. 이 일을 소공 15년 숙향이 했던 말의 결과로서 「오행지」에 함께 기록했어야 한다는 말이다.

「오행지」에 "『좌씨전』의 양공襄公 29년의 조에, 진나라 여제女齊가 지백智伯에게 말하기를 '제나라 고자용高子容과 송나라 사도司徒는 모두 이제 모면하지 못한다.[14] 고자용은 전횡을 하고 사도는 사치스러우니, 둘 다 가문을 망하게 할 인물이다. 전횡하면 일찍 재앙이 닥칠 것이고, 사치하면 자신의 힘 때문에 장차 쓰러질 것이다.'라고 말했다. 9월에 이르러 과연 고자용은 북연北燕으로 추방당하는 처지가 되었다."라고 했는데, 여기까지만 실렸을 뿐 그 외에 다른 말은 없었다.

『좌씨전』 소공 20년에 보면 송나라 사도도 진陳나라로 도망쳤는데,[15] 반고는 본래 전거에서 단지 일부 사실만 옮겨 적었다. 『좌씨전』 전체를 열람하면 나머지 반의 사실도 징험할 수 있다. 하지만 그러지 않았기 때문에 결국 배우는 사람들이 좌구명의 말이 맞는지 틀리는지, 여제의 말이 정말인지 잘못된 것인지 의아하게 생각한다. 이것이 이른바 "옛이야기를 허술하게 편집해 놓아 서사에 수미가 없다."라는 것이다.

③ 당대의 논란만 제기하고 결과를 보여주지 못한 경우

「志」云: "<u>成帝于鴻嘉·永始之載</u>, 好爲微行, 置私田于民間. <u>谷永</u>諫曰: '諸侯夢得田, 占爲失國. 而況王蓄私田財物, 爲庶人之事乎!'" 已下弗云成帝意悛與不悛, <u>谷永</u>言效與不效. 諫詞雖具, 諸事闕如. 此所謂直引時談, 竟

---

14 진나라~못한다 : 여제는 사마후司馬侯, 지백은 순영荀盈이다. 고자용은 고지高止이며, 사도는 대부의 관직으로 여기서는 화정華定을 가리킨다.

15 『좌씨전』~도망쳤는데 : 송 원공宋元公이 화씨華氏와 상씨向氏를 미워하자, 대부인 화정華定·화해華亥·상녕向寧이 모의했다. 화해가 병이 났다고 소문을 내고서, 문병하러 온 공자를 잡아 가두었다. 6월에 서로 인질을 잡고 잘 지내기로 맹세했으나, 10월에 송 원공이 화해와 상씨 쪽의 인질을 죽이자, 화씨와 상씨가 진나라로 달아났다.

無它述者也.

「오행지」에 "한 성제漢成帝는 홍가鴻嘉 연간(B.C.20~B.C.17) 및 영시永始 연간(B.C.16~B.C.13)에 미행을 좋아했고, 민간에 사전私田까지 두었다. 곡영谷永이 간언하기를 '제후라도 전답을 얻는 꿈을 꾸면 나라를 잃을 조짐이라고 합니다. 하물며 제왕이 사전이나 재물을 축적하면서 서민들이 할 일을 해서야 되겠습니까.' 했다."라고 했다.

그런데 이하에서는 성제가 뉘우쳤는지 뉘우치지 않았는지, 곡영의 말이 효과가 있었는지 없었는지에 대해 말하지 않았다. 아무리 간언하는 말을 자세히 기록해놓았다고 해도 제반 사실은 빠져 있다. 이것이 이른바 "당대의 논란만 늘어놓고 결국 논의의 결과는 보여주지 못했다."라는 것이다.

④ 서사가 조리 없이 섞여 있는 경우

其述庶徵之恒寒也, 先云: "釐公十年冬, 大雨雹." 隨載劉向之占. 次云: "『公羊經』曰'大雨雹,'" 續書董生之解. 案『公羊經』所說, 與上奚殊? 而再列其辭, 俱云'大雨雹'而已. 又此科始言'大雪與雹,' 繼言'殞霜殺草,' 起自春秋, 訖乎漢代. 其事旣盡, 乃重敍雹災, 分散相離, 斷絕無趣. 夫同是一類, 而限成二條, 首尾紛挐, 而章句錯糅. 此所謂科條不整, 尋繹難知者也.

여러 징조 중에서 추위가 계속되는 현상을 서술할 때, 먼저 "희공僖公 10년 겨울에 우박이 몹시 많이 내렸다."라고 했고 이어서 유향劉向의 점占을 기록했다.[16] 다음에 "『공양경公羊經』에 '우박이 몹시 많이 내렸다.'고 했다."라고 했고, 계속해서 동중서董仲舒의 해석을 기록했다. 『공양경』에서 말한 내용을 보건대 위와 어디가 다른가? 그런데도 다시 그 내용을 늘어놓고 '우박이 몹시 많이 내렸다.'고 반복했을 뿐이다.

또한 이 조항에서는 먼저 '큰 눈과 우박'을 말하고, 이어서 '서리가 내려 풀이 죽었다'고 했는데, 대상 시기가 춘추시대부터 한나라 시대까지 걸쳐 있다.[17] 그 사실을 이미 다 기록했는데 또 중복하여 우박의 피해를 서술했으니, 한 번에 기록하면 좋을 것을 나눠놓거나 떼어놓거나 했으므로 부주의하다고 할 수밖에 없다.[18] 같은 희공 10년의 일이지만 두 개 조항으로 나눴으니, 수미가 어지럽고 장구가 뒤섞였다. 이것이 이른바 "서사의 조리가 명확하지 않아서 찾아보기 어렵다."라는 것이다.

⑤ 연호 표시에 기준이 없는 경우

夫人君改元, 肇自劉氏, 史官所錄, 須存凡例. 案斯「志」之記異也, 首列元

---

16 희공~기록했다. : 이공釐公은 노 희공魯僖公이다. 『한서』 권27중지하中之下 「오행지」에는 이공 10년 겨울에 '대우박大雨雹'이 아니라 '대우설大雨雪'이 많이 내렸다고 했다. 즉 유향의 말은 우박이 아닌 눈이 내릴 때의 이야기이고, 동중서의 말은 『공양전』의 '대우박'에 대한 언급이다. 따라서 유지기는 잘못된 자료를 가지고 반고를 비판한 셈이다.

17 또한~있다 : 조여보는 『사통신교주史通新校注』에서, 이 말이 「오행지」에서 유흠劉歆이 말한, '눈이 몹시 많이 온 것과 우박이 내린 것[劉歆以爲, 大雨雪·及雨雹]'에서부터 '나는 새가 죽었다[蜚鳥死]'까지 1,600자를 대상으로 했다고 보았다. 앞 부분은 진시황이 노애嫪毐를 죽이던 해 4월의 기상이변에 대해, "유흠이 말하기를 '눈이 몹시 많이 온 것, 눈이 내리지 말아야 하는데 눈이 온 것, 그리고 우박이 몹시 많이 떨어진 것, 서리가 내려 쑥과 풀이 죽어버린 것은 모두 통상 추위를 통해 내리는 벌이다.[劉歆以爲, 大雨雪·及未當雨雪而雨雪·及大雨雹·隕霜殺菽草, 皆常寒之罰也.]"라고 했던 대목을 가리키는 것으로 보인다. 뒷 부분은 "성제 하평 2년 4월, 초나라에 우박이 도끼처럼 많이 떨어져, 날던 새가 죽었다.[成帝河平二年四月, 楚國雨雹大如斧, 蜚鳥死.]"라고 한 대목이다.

18 그 사실을~없다 : 위의 주석 16에서 말했듯이, 이는 유지기의 착오로 보인다. 희공 10년 겨울에 눈이 내린 사실은 『춘추좌씨전』 경문과 전문, 『공양전』과 「오행지」가 일치한다.

封年號, 不該漢代何君; 次言地節·河平, 其述宣·成二帝.【宣帝地節四年, 成帝河平二年, 其紀年號如此.】武稱元鼎, 每歲皆書【始云, '元鼎二年', 又續云, '元鼎三年.' 案三年宜除'元鼎'之號也.】; 哀曰建平, 同年必錄.【始云, '哀帝建平三年', 續復云, '哀帝建平三年.' 案同是一年宜云'是歲'而已, 不當重言其年也.】此所謂標擧年號, 該略無準者也.

군주가 연호를 쓰기 시작한 것은 한나라 때부터인데, 사관이 기록을 할 때에는 지켜야 할 범례가 있다. 그런데「오행지」에 재해를 기록할 때는 처음에 원봉元封이라는 연호를 쓰면서 어떤 황제인지 밝히지 않고, 다음에 지절地節이나 하평河平 연호에서는 모두 선제宣帝와 성제成帝라고 적었다.【선제 지절 4년, 성제 하평 2년, 이 같은 방식으로 연호를 기록했다.】

무제武帝 원정元鼎 연간에는 매년 연호를 기재하고,【처음에는 '원정 2년'이라하고 또 이어서 '원정 3년'이라고 했다. '3년'에는 '원정'이란 연호를 빼야 한다고 생각한다.】애제哀帝의 연호인 건평建平의 경우는 같은 해인데도 굳이 기록했다.【처음에 '애제 건평 3년'이라고 했는데, 이어서 다시 '애제 건평 3년'이라고 했다. 같은 해일 경우에는 '이 해(是歲)'라고만 하고, 그 해를 중복해서는 안 된다.】이것이 이른바 "연호를 표시할 때 넣고 생략하는 기준이 없다."라는 것이다.

● 오류의 세 번째 종류(第三科)

釋災多濫者, 其流有八: 一曰商榷前世, 全違故實; 二曰影響不接, 牽引相會; 三曰敷演多端, 準的無主; 四曰輕持善政, 用配妖禍; 五曰但伸解釋, 不顯符應; 六曰考核雖讜, 義理非精; 七曰妖祥可知, 寢默無說; 八曰不循經典, 自任胸懷.

재해를 터무니없이 해석하는 것에는 여덟 가지 경우가 있다. 첫째, 이전 시대를 설명할 때 연고 사실과 전혀 어긋나는 것이다. 둘째, 영향 관계가 확인되지 않는데도 견강부회하는 것이다. 셋째, 여러 단서를 부연하고 있지만 확실한 근거가 없는 것이다. 넷째, 훌륭한 정치를 경솔하게 요사한 재난에 갖다 붙이는 경우이다. 다섯째, 단지 해석만 늘어놓고 상응하는 현상을 보여주지 못하는 것이다. 여섯째, 고찰은 정확하지만 의리가 정밀하지 않은 경우이다. 일곱째, 흉조와 길조를 알 수 있는데도 입을 다물고 설명하지 않는 것이다. 여덟째, 경전을 따르지 않고 마음대로 자신의 의견을 내세우는 것이다.

① 이전 시대를 설명할 때 사실과 어긋난 경우

「志」云: "『史記』周威烈王二十三年, 九鼎震." "是歲, 韓·魏·趙篡晉而分其地, 威烈王命以爲諸侯. 天子不恤同姓, 而爵其賊臣, 天下不附矣." 案周當戰國之世, 微弱尤甚, 故君疑竊斧, 臺名逃債. 正比夫泗上諸侯, 附庸小國者耳. 至如三晉跋扈, 欲爲諸侯, 雖假王命, 實由己出. 譬夫近代莽稱安漢, 匪平帝之至誠; 卓號太師, 豈獻皇之本願. 而作者苟責威烈以妄施爵賞, 坐貽妖孽, 豈得謂'人之情僞盡知之矣'者乎! 此所謂商榷前世, 全違故實也.

「오행지」에 "『사기』주 위열왕周威烈王 23년 구정九鼎이 진동했다." "이해에 한韓·위魏·조趙나라가 진晉나라를 찬탈하여 영토를 나누었는데, 위열왕이 이들을 제후로 명했다. 천자天子가 주나라와 동성인 진나라를 돕지 않고 역적 신하들에게 관작을 주었으니 천하가 지지하지 않았다."라고 했다. 생각건대 주나라가 전국시대를 맞아 더욱 미약해졌기 때문에 임금이 부월斧鉞을 훔쳤다고 의심받았고,[19] 누대樓臺의 이름은 도채逃債가 되었다.[20] 주나라는 실로 사수泗水에 있는 제후[21]의 부용국附庸國 정도 되는 작은 나라였을 뿐이다.

한·위·조 삼진三晉이 발호하여 제후가 되고자 했을 때, 비록 왕명을 가탁했지만 실은 자신들 마음대로 했던 일이다. 비유하자면, 근대에 왕망王莽이 안한공安漢公을 칭했던 것[22]이 평제平帝의 진실한 성의가 아니었고, 동탁董卓이 태사太師가 된 일[23]도 헌제獻帝가 본래 원하던 바가 아니었던 것과 같다. 그런데도 저자가 구차스럽게 위열왕이 망령되이 난신들에게 작상爵賞을 수여했다고 책망하면서 구정이 진동한 요사스런 조짐과 연관 지었으니, 어찌 '사람의 진심이나 거짓을 모두 꿰뚫고 있다'[24]고 평가할 수 있겠는가. 이것이 이른바

---

19 제왕이~의심받았고 : 부월斧鉞은 제왕의 권위를 상징하는 물건인데, 그 부월을 몰래 훔쳐 감춰둔 것으로 의심받았다는 말이니, 주나라 왕이 권위를 잃었다는 뜻이다. 절부지의竊斧之疑는 원래 『열자列子』 「설부說符」에 나오는 고사이다. 어떤 사람이 도끼를 잃어버린 뒤 주위 사람들을 의심의 눈초리로 바라보았는데 이웃집 아이의 태도가 특히 미심쩍게 보였다. 그러나 나중에 산에 놓고 온 도끼를 되찾고 보니, 그 아이가 이전과는 다르게 보였다고 한다.

20 누대의~되었다 : 빚이 갚을 수 없을 만큼 많다는 뜻이다. 『한서』 「제후왕표서諸侯王表序」에, 주나라 마지막 천자인 난왕赧王이 진秦나라를 치면서 부자들에게 경비를 빌렸으나, 정벌에 실패하고 빚을 갚지 못했다. 난왕은 빚쟁이를 피하여 높은 누대에 숨어 지냈는데, 사람들이 그곳을 가리켜 도채대逃債臺 혹은 피채대避債臺라고 불렀다.

21 사수에 있는 제후 : 노나라를 가리킨다.

22 왕망이~것 : 왕망은 평제 때 안한공安漢公으로 봉해졌고 이후 평제를 시해했다. 그리고 유자孺子 영嬰을 세워 섭정하다가 스스로 가황제假皇帝라 칭하고 한나라를 탈취하여 국호를 신新이라 했다. 『한서』 권99 「왕망전王莽傳」에 나온다.

23 동탁이 태사가 된 일 : 동탁은 후한後漢 영제靈帝 때 전장군前將軍에 제수되었는데, 영제가 죽자 소제少帝를 폐위시키고 헌제獻帝를 옹립하여 전권을 잡았다. 그 뒤 원소袁紹 등의 반란이 일어나자 이를 토벌하고 스스로 태사가 되어 흉포한 정치를 하다가 왕윤王允의 계략에 빠져 여포呂布에게 살해되었다. 그의 시체에 불을 붙였더니 며칠 동안 계속 타올랐다고 한다. 『후한서』 권72 「동탁열전董卓列傳」에 나온다.

24 사람의~있다 : 『좌씨전』 희공 28년에, 초 성왕楚成王이 진 문공晉文公을 두고 "세상의 온갖 역경과 어려움을 두루 겪어 사람의 진심과 거짓을 모두 꿰뚫고 있다."라고 말했다. 원문의 인人은 원래 민民인데, 당 태종의 이름 이세민李世民 때문에 피휘했다.

"이전 시대를 설명할 때 연고 사실과 전혀 어긋난다."라는 것이다.

② 영향 관계가 없음에도 견강부회한 경우

「志」云: "昭公十六年九月, 大雩. 先是, 昭母夫人歸氏薨, 昭不戚而大蒐于比蒲." 又曰: "定公十二年九月, 大雩. 先是, 公自侵鄭歸而城中城, 二大夫圍鄆." 案大蒐于比蒲, 昭之十一年; 城中城·圍鄆, 定之六年也. 其二役去雩, 皆非一載. 夫以國家恒事, 而坐延災眚, 歲月旣遙, 而方聞響應. 斯豈非烏有成說, 扣寂爲辭者哉! 此所謂影響不接, 牽引相會也.

「오행지」에 "소공 16년 9월, 큰 기우제祈雨祭를 지냈다. 이에 앞서 소공의 어머니 귀씨歸氏가 훙했는데, 소공은 슬퍼하지 않고 비포比蒲에서 수렵을 했다."라고 했다. 또 "정공定公 12년 9월, 큰 기우제를 지냈다. 이에 앞서 정공이 정나라를 침략하고 돌아오다가 중성中城에 성을 쌓았고, 두 대부가 운鄆을 포위했다."[25]라고 했다. 그러나 소공이 비포에서 수렵을 한 것은 소공 11년의 일이고, 정공이 중성에 성벽을 만들어 운 땅을 포위하게 한 것은 정공 6년의 일이다. 이 두 가지 일은 모두 기우제를 지내기 전년이 아니라, 5년이나 6년 전의 일이었다.

나라의 연중행사를 어떤 재해와 연관 짓거나 세월이 한참 지난 일을 두고 그 영향 때문이라고 한다면, 이것이야말로 전혀 사실이 될 수 없는 일을 가지고 억지로 두드려서 소리를 내는 것이 아니겠는가. 이것이 이른바 "영향 관계가 확인되지 않는데도 견강부회한다."라는 것이다.

---

25 정공이~포위했다 : 중성은 노나라 수도의 내성內城이다. 두 대부는 계손사季孫斯와 중손기仲孫忌이다. 정공 6년, 정공이 두 대부를 시켜 운 땅을 포위하게 했다.

③ 여러 단서를 부연하되 확실한 근거가 없는 경우

「志」云: "嚴公七年秋, 大水. 董仲舒·劉向以爲嚴母姜與兄齊侯淫, 共殺桓公. 嚴釋父仇, 復娶齊女, 未入而先與之淫, 一年再出會, 于道逆亂, 臣下賤之應也." 又云: "十一年秋, 宋大水. 董仲舒以爲時魯·宋比年有乘丘·鄑之戰, 百姓愁怨, 陰氣盛, 故二國俱水."【謂七年魯大水, 今年宋大水也.】案此說有三失焉. 何者? 嚴公十年·十一年, 公敗宋師于乘丘及鄑. 夫以制勝克敵, 策勛命賞, 可以歡榮降福, 而反愁怨貽災邪? 其一失也. 且先是數年, 嚴遭大水,【亦謂七年】校其時月, 殊在戰前. 而云與宋交兵, 故二國大水, 其二失也. 況于七年之內, 已釋水災, 始以齊女爲辭, 終以宋師爲應. 前後靡定, 向背何依? 其失三也. 夫以一災示眚, 而三說競興, 此所謂敷演多端, 準的無主也.

「오행지」는 "장공莊公[26] 7년 가을, 홍수가 났다. 동중서董仲舒와 유향劉向은 '장공의 어머니인 제강齊姜이 오빠인 제후齊侯와 정을 통하고 함께 환공桓公을 독살했다. 장공은 아버지의 원수를 갚았지만, 다시 제나라 여자를 왕비로 맞아 정식 혼례를 치르기도 전에 정을 통했다. 일 년에 두 번이나 나가서 만났으므로 나라가 어지러워졌으니, 신하가 주군의 행위를 경멸했던 결과였다.' 고 했다."라고 적고 있다. 또 "11년 가을, 송나라에 홍수가 났다. 동중서는 '당시 노나라와 송나라는 매년 승구乘丘나 진鄑의 전쟁 등으로 백성들이 근심하고 원망하여 음기가 왕성해졌기 때문에 두 나라에 모두 홍수가 났다.'고 했다."라고 적고 있다.【7년에는 노나라에 홍수가 났고, 올해는 송나라에 홍수가 났다는 말이다.】그러나 이러한 설명에는 세 가지 실수가 있다.

26 장공 : 엄공嚴公은 장공이다.

세 가지 실수란 무엇인가? 장공 10년과 11년에 장공은 송나라 군사를 승구와 진에서 패퇴시켰다. 전쟁에서 적을 이기면 신하의 공훈을 헤아리거나 상을 줌으로써 사람들이 복을 기뻐하게 마련이지, 반대로 근심하고 원망하여 재해를 가져오겠는가? 이것이 첫 번째 잘못이다. 또한 이에 앞서 몇 년 동안 장공은 홍수를 만났는데,【역시 7년을 가리킨다.】 시기를 비교해보면 분명 전쟁 전의 일이다. 그런데도 송나라와 전쟁을 했기 때문에 두 나라에 홍수가 났다고 했으니, 이것이 두 번째 잘못이다. 더구나 장공 7년에 이미 물난리를 해석하면서 처음에는 제나라 여자를 이유로 대고 끝에는 송나라와의 전쟁을 이유로 삼았다. 앞뒤가 일치하지 않으니 어느 쪽을 따라야 올바른 것인가. 이것이 세 번째 잘못이다.

이와 같이 홍수라는 하나의 재해를 설명하려다 세 가지 다른 해석이 한꺼번에 제기되니, 이것이 이른바 "여러 단서를 부연했지만 확실한 근거가 없다."라는 것이다.

④ 훌륭한 정치를 재해에 갖다 붙인 경우

其釋"厥咎舒, 厥罰恒燠", 以爲: "其政弛慢, 失在舒緩, 故罰之以燠, 冬而亡冰." 尋其解『春秋』之無冰也, 皆主內失黎庶, 外失諸侯, 不事誅賞, 不明善惡, 蠻夷猾夏, 天子不能討, 大夫擅權, 邦君不敢制. 若斯而已矣. 次至武帝元狩六年冬, 亡冰, 而云: "先是, 遣衛·霍二將軍窮追單于, 斬首十餘萬級歸, 而大行慶賞. 上又閔悔勤勞, 遣使巡行天下, 存賜鰥寡, 假與乏困, 擧遺逸獨行君子詣行在所. 郡國有以爲便宜者, 上丞相·御史以聞. 于是天下咸喜." 案漢帝其武功文德也如彼, 其先猛後寬也如此, 豈是有懦弱凌遲之失, 而無刑罰戡定之功哉! 何得苟以無冰示災, 便謂與昔人同罪. 矛盾自己, 始末相違, 豈其甚邪? 此所謂輕持善政, 用配妖禍也.

「오행지」에서 "그 허물이 느린 데 있고, 그 벌은 더위가 계속된다."라는 대목을 해석하면서 "정치가 태만해지는 것은 그 잘못이 나태한 데 있으므로 하늘이 뜨거운 날씨로 벌을 내려 겨울인데도 얼음이 얼지 않는다."라고 했다. 「오행지」에서 『춘추』에 나오는 '겨울에 얼음이 얼지 않았다.'는 기사를 해석할 때, 군주가 안으로 백성의 인망을 잃고 밖으로 제후들의 신뢰를 잃어 상벌이 애매하고 선악이 분명하지 않으며, 오랑캐가 중국을 침범해도 천자가 토벌하지 못하고 대부가 전횡을 해도 군주가 제어하지 못한다고 했을 경우가 이에 해당한다.

그런데 한 무제漢武帝 원수元狩 6년 겨울, 얼음이 얼지 않은 것에 대해서는 이렇게 말하고 있다. "이에 앞서 무제는 위청衛青, 곽거병霍去病 두 장군을 보내 흉노의 우두머리 선우單于를 끝까지 추격하여 10만여 명을 참수케 한 뒤, 개선한 두 장군에게 성대한 경축연을 열고 많은 상을 주었다. 무제는 또 전쟁으로 수고로운 것을 불쌍히 여겨 사신을 보내 천하를 순회하게 해서 남편을 잃거나 아내를 잃은 자를 위로하거나 하사품을 주고, 가난해서 곤란에 처한 자에게는 생계를 대주었으며, 세상에 숨어 있는 뛰어난 인물이나 혼자서 자신의 도를 닦고 있는 인물을 천거토록 하여 황제가 있는 행재소에 오도록 했다. 지방에서 정치를 위해 편하고 적합한 것이 있다면 승상이나 어사에게 올려 천자에게 보고하게 했다. 이러한 정치에 천하가 모두 기뻐했다."

그러나 한 무제의 무공武功과 문덕文德이 이와 같고, 용맹을 떨쳐 흉노를 무찌른 뒤 백성에게 이토록 관대했다면, 어찌 나약하여 일을 미루는 잘못이 있고 형벌을 결정하는 공로가 없었겠는가. 어찌 겨울에 얼음이 얼지 않아 재해가 나타났다는 사실을 가지고 바로 옛사람과 같은 죄라고 하겠는가. 이보다 더 자기 스스로 모순되고 시말이 어긋나는 경우가 있을까. 이것이 이른바, "훌륭한 정치를 경솔하게 요사한 재난에 갖다 붙인다."라는 것이다.

⑤ 해석만 늘어놓고 상응하는 현상을 보여주지 못한 경우

「志」云: "孝昭元鳳三年, 太山有大石立. 眭孟以爲: '當有庶人爲天子者.' 京房『易傳』云: '太山之石顚而下, 聖人受命, 人君虜.' 又曰: '石立于山, 同姓爲天下雄.'" 案此當是孝宣皇帝即位之祥也. 宣帝出自閭閻, 坐登宸極, 所謂庶人受命者也. 以曾孫血屬, 上纂皇統, 所謂同姓雄者. 昌邑見廢, 謫君遠方, 所謂人君虜者也. 班『書』載此徵祥, 雖具有剖析, 而求諸後應, 曾不縷陳. 敍事之宜, 豈其若斯? 苟文有所闕, 則何以載言者哉? 此所謂但伸解釋, 不顯符應也.

「오행지」에 "한나라 효소제孝昭帝 원봉元鳳 3년, 태산에서 큰 돌이 일어선 일이 있었는데, 휴홍眭弘은 '장차 평민이 천자가 되는 일이 있을 것이다.'라고 했다.[27] 또한 경방京房의 『역전易傳』에 '태산의 돌이 굴러 떨어지면 성인이 천명을 받아 천자가 되며, 그때까지의 주군은 포로가 된다.'고 했고, 또 '돌이 산 속에서 스스로 일어서면 성姓이 같은 자가 천하의 영웅이 될 것이다.'고 했다."라고 했다. 이 이야기는 선제宣帝가 즉위할 때의 징조와 딱 들어맞는다.

선제가 민간에서 성장하고 얼마 뒤 제위에 올랐으므로 서민으로 천명을 받은 사람이라 할 수 있고, 무제의 증손으로 황통을 이었으므로 동성의 영웅에 해당되며, 창읍왕昌邑王이 폐위되고 먼 지방에 유폐되었으니[28] 군주가 포로

---

27 휴홍은~했다 : 휴홍의 자가 맹孟이다. 태산의 돌이 저절로 일어서는 것을 본 휴홍은 "돌은 음陰으로서 백성의 상징이며, 태산은 왕자가 바뀔 때 그 사실을 알려주는 곳이기 때문에 서민 중에서 천자가 되는 자가 있을 것"이라고 했다. 『한서』 권75 「휴홍열전眭弘列傳」에 나온다.

28 창읍왕이~유폐되었으니 : 소제가 죽은 뒤에 후사가 없었으므로 곽광이 무제의 손자인 창읍왕昌邑王 유하劉賀를 맞이해 황제의 자리에 오르게 했는데, 유하는 몹시 황음무도했다. 이에 창읍왕을 즉위시킨 지 27일 만에 폐위시키고 다시 무제의 증손인 유순劉詢을 맞이해

가 되었다고 할 수 있다. 이렇듯 「오행지」에는 상서로운 징조를 기록하면서 설득력 있게 설명하고 있지만, 뒷날 상응하는 사건이 있었는지에 대해서는 상세히 진술한 적이 없다. 서사의 적절성에 비춰보면 이래서는 안 된다. 문장에 빠진 데가 있다면 어떻게 의미가 완전한 글이라고 할 수 있겠는가. 이것이 이른바, "단지 해석만 늘어놓고 상응하는 현상을 보여주지 못한다."라는 것이다.

⑥ 고찰은 정확하지만 의리가 정밀하지 않은 경우

「志」云: "成帝建始三年, 小女陳持弓年九歲, 走入未央宮." 又云: "綏和二年, 男子王襃入北司馬門, 上前殿." 班『志』雖有證據, 言多疏闊. 今聊演而申之. 案女子九歲者, 九則陽數之極也. 男子王襃者, 王則巨君之姓也. 入北司馬門上前殿者, 王莽始爲大司馬, 至哀帝時就國, 帝崩後, 仍此官, 因以篡位. 夫人入司馬門而上殿, 亦由從大司馬而升極. 災祥示兆, 其事甚明. 忽而不書, 爲略何甚? 此所謂解釋雖讜, 義理非精也.

「오행지」에 "한 성제漢成帝 건시建始 3년, 진지궁陳持弓이라는 아홉 살 난 여자아이가 미앙궁까지 뛰어 들어왔다."라고 했고, 또 "수화綏和 2년, 왕포王襃라는 사내아이가 북사마문으로 들어와 앞의 전각까지 올라갔다."라고 했다. 반고의 「오행지」에는 증거가 있지만 말이 성글어 분명치 않은 데가 있기 때문에 지금 내 생각을 조금 적어보고 싶다.

아홉 살 난 여자아이라고 할 때 아홉은 양수陽數 중에서 맨 위의 숫자이며

즉위시켰는데, 이 사람이 바로 선제宣帝이다. 창읍왕은 도로 창읍으로 돌려보내고 해혼후海昏侯에 봉했다.

천자의 위치에 해당한다. 왕포라고 하는 사내아이의 성인 '왕'은 왕망王莽[29]의 성이다. 북사마문으로 들어와서 앞의 전각까지 올라갔다는 것은, 왕망이 처음 대사마大司馬가 되어 애제哀帝 때 국정을 맡았고 애제 사후에는 그대로 대사마로서 제위를 빼앗았다는 의미이다. 사내아이가 사마문으로 들어와 궁전에 올라간 것은 정확히 대사마에서 황제가 된 사건과 일치한다. 흉한 징조든 상서로운 징조든, 그 사실이 매우 분명하다. 그런데도 이를 소홀히 하고 기록하지 않았으니 지나치게 생략한 것이다. 이것이 이른바 "고찰은 정확하지만 의리가 정밀하지 않다."라는 것이다.

⑦ 흉조와 길조를 알 수 있는데도 설명하지 않은 경우

「志」云: "哀帝建平四年, 山陽女子田無嗇懷妊, 未生二月, 兒啼腹中. 及生, 不擧, 葬之陌上. 三日, 人過聞啼聲. 母掘土收養. 尋本「志」雖述此妖災, 而了無解釋. 案人從胞到育, 含靈受氣, 始末有成數, 前後有定準. 至于在孕甫爾, 遽發啼聲者, 亦由物有基業未彰, 而形象已兆, 即王氏簒國之徵. 生而不擧, 葬而不死者, 亦由物有期運已定, 非誅翦所平, 即王氏受命之應也. 又案班云小女陳持弓者, 陳即莽所出; 如女子田無嗇者, 田故莽之本宗. 事旣同占, 言無一概. 豈非唯知其一, 而不知其二者乎? 此所謂妖祥可知, 寢默無說也.

「오행지」에 "애제哀帝 건평建平 4년, 산양의 전무색田無嗇이라는 여자가 임신을 했는데, 출산하기 2개월 전에 아기가 이미 태내에서 울었다. 이것을 불

길한 징조라고 여기고 아기가 태어나자마자 키우지 않고 밭고랑에 묻어버렸다. 사흘이 지나 어떤 사람이 이곳을 지나가는데 울음소리가 들렸다. 어미가 땅에서 파내 길렀다."라고 했다. 「오행지」에 이 이상한 이야기를 실으면서 아무런 해석도 하지 않았다. 사람이란 회임하고 나서 성장할 때까지 영혼과 기운을 받으며 온전한 한 인간이 되는 데 일정한 기간이 필요한데, 임신해서 태어날 때까지 10개월이 소요되는 것이 그것이다.

태내에서 갑자기 울음소리를 냈던 것 또한 사물이 아직 드러나지는 않았지만 이미 기틀이 갖추어져 그 조짐을 나타낸 형상으로, 왕망이 찬탈할 징조라고 할 수 있다. 태어났는데 버림을 받고, 묻어도 죽지 않았던 것 또한 사물은 시기와 운세가 이미 정해져 있기 때문에 처벌하거나 죽인다고 해서 멈출 수 있는 것이 아니니, 왕망이 천명을 받은 일에 상응한다.

또한 반고가 말하는 '여자아이 진지궁陳持弓'의 경우, 진陳이야말로 왕망 선조의 성이며, '전무색이라는 여자'의 경우, 전田도 왕망 본가의 성이다.[30] 이미 벌어진 사태가 점괘와 똑같은데 개괄적으로도 언급하지 않았으니, 어찌 그 하나도 알지 못할 뿐 아니라 그 둘도 모르는 것이 아니겠는가? 이것이 이른바 "흉조와 길조를 알 수 있는데도 입 다물고 설명하지 않는다."라는 것이다.

⑧ 경전을 따르지 않고 자기 주장만 하는 경우

當春秋之時, 諸國賢俊多矣. 如沙鹿其壞, 梁山云崩, 鴝退蜚于宋者, 龍交鬪于鄭水, 或伯宗·子産, 其述其非妖; 或卜偃·史過, 盛言其必應. 蓋于時

---

30 반고가~성이다 : 왕망의 선조와 본가의 성씨에 대한 서술은 『한서』 권99 「왕망전王莽傳」에 나온다.

有識君子以爲美談. 故左氏書之不刊, 貽厥來裔. 旣而古今路阻, 聞見壞隔,
至漢代儒者董仲舒·劉向之徒, 始別構異聞, 輔申它說. 以玆後學, 陵彼先
賢, 皆今諺所謂'季與厥昆, 爭知嫂諱'者也. 而班『志』尙捨長用短, 捐舊瞀
新, 苟出異同, 自矜魁博, 多見其無識者矣. 此所謂不循經典, 自任胸懷也.

춘추시대에는 각국에 현명하고 빼어난 인물이 많았다. 예를 들어 사록沙鹿
이 허물어지고[31] 양산梁山이 무너졌으며,[32] 물새가 뒷걸음질 치듯 송나라 도읍
을 날고[33] 정나라에 홍수가 나서 용이 서로 싸웠을[34] 때, 백종伯宗과 자산子産
은 그것이 요사한 것은 아니라고 말했고, 복언卜偃과 사과史過는 그에 상응하
는 재해가 있을 것이라고 목소리를 높였다. 일반적으로 당시 식견을 가진 군
자들은 이를 미담이라고 했으므로 좌구명도 이를 빼놓지 않고 후세 사람들이
볼 수 있도록 기록으로 남겼던 것이다.

그 뒤 세월이 흐르고 사람들의 생각도 바뀌어 한대 유학자인 동중서나 유
향이 비로소 완전히 새로운 견해를 가지고 다른 해석을 펼쳤다.[35] 이와 같이

---

31 사록이 허물어지고 : 『좌씨전』 희공 14년에, 사록이 무너지자 진晉나라 복언卜偃은 1년
안에 흉한 일이 일어나 나라가 망하게 될 것이라고 했다.

32 양산이 무너졌으며 : 『좌씨전』 성공 5년에, 양산이 무너져 진 경공晉景公이 백종을 불러들여
그 수습책을 물어보았더니, 백종은 임금이 스스로 삼가며 예를 지키면 된다고 대답했고,
경공도 이를 따랐다고 했다. 그 뒤 그 어떤 흉변도 일어나지 않았다고 했다.

33 물새가~날고 : 『좌씨전』 희공 16년에 나온다. 여섯 마리의 물새가 뒷걸음치듯이 송나라
도읍의 하늘을 날고 있었으므로 송 양공宋襄公이 주나라 내사內史 숙흥叔興을 불러 무슨
징조인가 물었다. 숙흥은 올해 노나라에 큰 상喪이 있을 것이고, 내년에는 제나라에 난리가
있을 것이며, 양공이 제후의 마음을 얻으려고 하지만 그렇게 되지 못할 것이라고 말했다.
숙흥이 위 원문에는 사과史過로 나와 있다.

34 정나라에~싸웠을 : 『좌씨전』 소공 19년에 나온다. 정나라에 홍수가 나서 용이 성문
밖의 유연洧淵에서 싸웠다. 이를 본 정나라 사람들이 제사를 지내려고 했지만, 자산은
용이 우리와 무슨 관계가 있느냐고 되물었다. 이후 아무 일도 일어나지 않았다고 했다.

후세의 학자가 옛 현인을 따르지 않고 다른 설명을 하는 것은 모두 요즘 속담으로 말하면 '막내가 형수의 이름을 빨리 알고 싶어서 자기 형과 다툰다'고 하는 것과 같다. 반고의 「오행지」는 『좌씨전』의 여전히 좋은 견해를 버리고 한나라 유학자의 모자란 견해를 채택함으로써, 옛것을 덜어내고 새로운 것에 익숙해져 일반적인 것과는 다른 견해를 통해 자신이 뛰어나고 박식하다고 자긍심을 가졌지만, 도리어 대부분 그가 식견이 없다는 사실만 보여줬을 뿐이다. 이것이 이른바 "경전을 따르지 않고 마음대로 자신의 의견을 내세운다."라는 것이다.

● **오류의 네 번째 경우**(第四科)

古學不精者, 其流有三: 一曰博引前書, 網羅不盡; 二曰兼采『左氏』, 遺逸甚多; 三曰屢擧舊事, 不知所出.

　고대의 학문에 정통하지 못한 것에는 세 가지 경우가 있다. 첫째, 이전의 서적을 널리 인용했지만 망라하지는 못한 경우이다. 둘째, 『좌씨전』에서 여러 가지 이야기를 가져왔지만 빠뜨린 것이 매우 많은 경우이다. 셋째, 옛 사실을 자주 인용했지만 그 출전이 분명치 않은 경우이다.

---

35 동중서나~펼쳤다 : 사록이 무너지자, 유향은 그것이 신하가 배반하는 형상으로서 제 환공齊桓公의 패도가 끝나는 것이라 했고, 양산이 무너지자 나라가 망할 상이라고 했다. 여섯 마리의 물새가 거꾸로 날아간 것에 대해서 동중서와 유향은 송 양공이 초나라와 싸워 6년 후에 초나라에 붙잡힐 것을 나타낸다고 했으며, 용이 싸운 것에 대해 유향은 정나라가 소국으로 진晉·초楚·오吳와 같은 강국들의 틈에 끼어 있는 상이므로 덕을 쌓지 않으면 위태로운 형편이 나타난다는 것을 의미한다고 했다.

① 이전 역사서를 인용하되, 망라하지 못한 경우

「志」云: "庶徵之恒風, 劉向以爲『春秋』無其應. 劉歆以爲釐十六年, 『左氏傳』釋六鶂退飛是也." 案舊史劉向學『穀梁』, 劉歆學『左氏』. 既祖習各異, 而聞見不同, 信矣. 而周木斯拔, 鄭車僨濟, 風之爲害, 備于『尚書』·『左傳』. 向則略而不信, 歆則知而不博. 又詳言衆怪, 歷敍羣妖. 述雨鶩爲災, 而不尋趙毛生地; 書異鳥相育, 而不載宋雀生鸇. 斯皆見小忘大, 擧輕略重. 蓋學有不同, 識無通鑑故也. 且當炎漢之代, 厥異尤奇. 若景帝承平, 赤風如血; 于公在職, 亢陽爲旱. 惟紀與傳, 各具其該, 在于「志」中, 獨無其說也, 何哉? 此所謂博引前書, 網羅不盡也.

　　「오행지」에 "많은 징후 속에 바람이 일으키는 이변에 대해서 유향劉向은 『춘추』에는 그 사례가 없다고 했고, 유흠劉歆은 희공僖公 16년 『좌씨전』에 보이는 여섯 마리의 물새가 거꾸로 난 일[36]이 그 예라고 했다."라고 했다. 옛 역사서를 보면 유향은 『곡량전』을 배웠고,[37] 유흠은 『좌씨전』을 공부했다.[38] 각각 배운 연원이 다르기 때문에 소견이 같지 않은 것은 당연하다. 그러나 큰 나무가 뽑혔다거나[39] 정공鄭公의 수레가 엎어져 제수濟水에 빠졌다는[40] 것과 같은 바람의 피해는 『서경』과 『좌씨전』에 실려 있다. 그러므로 유향은

---

36 여섯~일 : 앞의 각주 33의 내용 참조. 이釐는 희공이다. 『좌씨전』 희공 16년에 나온다.

37 유향은 『곡량전』을 배웠고 : 조여보에 따르면, 한 선제漢宣帝 오봉五鳳 3년에 유향이 황제로부터 『곡량춘추穀梁春秋』를 받았던 사실이 『향흠부자연보向歆父子年譜』에 나온다고 한다.

38 유흠은 『좌씨전』을 공부했다 : 유흠은 『좌씨전』을 공부한 뒤 무척 기뻐하면서, 이 역사서를 관학官學에 편입하기를 요청했다. 『한서』 권36 「유흠전劉歆傳」에 나온다.

39 큰 나무가 뽑혔다거나 : 『서경』 「금등金縢」에, 가을에 풍년이 들었는데 천둥과 번개를 동반한 태풍이 불어 곡식이 모두 눕고 거목이 뽑혔다고 했다.

40 정공의~빠졌다는 : 『좌씨전』 은공隱公 3년 겨울에 정 장공鄭莊公의 수레가 제수에 빠졌다고 했다.

빼놓고 믿지 않았던 것이고, 유흠은 알고 있었지만 폭넓게 알지는[41] 못했던 것이다.

또 「오행지」에는 괴이하고 요사한 재해에 대해 두루 상세히 기록하고 있다. 흰 소의 털이 비처럼 내린 일을 재해라고 서술했지만[42] 조나라에서 털이 땅에서 났던 일[43]은 살피지 않았으며, 다른 種의 새가 서로 길러준 일은 썼지만[44] 송나라 참새가 새매를 낳은 일[45]은 기재하지 않았다. 이런 사례는 모두 사소한 일은 기록하고 중요한 일은 빠뜨린 경우이다. 이것은 대체로 배움이 모자라고 식견에 통찰력이 없기 때문이다.

더욱이 한나라[46] 시대에는 재이가 매우 기이했다. 경제景帝 승평承平 연간에는 피처럼 붉은 바람이 불었고,[47] 우공于公이 재판관으로 재직할 때는 뜨거운 햇볕에 가뭄이 들었다.[48] 그런데 이런 사실들이 본기나 열전에는 상세히 기록

---

41 폭넓게 알지는 : 원문에는 '전하지 않았다[不傳]'로 되어 있지만, 포기룡의 견해에 따라 전傳을 박博으로 보았다.

42 흰 소의~서술했지만 : 「오행지」 중지상中之上에 천한天漢 3년 8월 하늘에서 흰 털이 내렸다고 했다. 이에 대해 경방京房이 『역전易傳』에서 "앞에는 즐겁고 뒤에는 근심되니, 요사하도다. 하늘이 깃털을 내렸다."라고 했다.

43 조나라에서~일 : 『사기』 권43 「조세가趙世家」에, 조나라 군주가 진秦나라의 이간질에 속아 명장 이목李牧을 죽이고 멸망했는데, 이때 "조나라는 비명을 지르고, 진나라는 웃는다."라는 동요가 불려지고, 땅에서는 털이 났다고 한다.

44 다른~썼지만 : 「오행지」에 성제成帝 수화綏和 2년 3월 제비가 참새를 기른 일을 기록했다.

45 송나라~일 : 가의賈誼의 『신서新書』에, 송 강왕宋康王 때 참새가 매를 낳은 것을 보고 점을 쳤더니 분명히 천하를 제패할 것이라고 하므로, 강왕은 승리를 예감하고 기뻐하며 전쟁을 일으켰지만 오히려 전쟁에 패해서 죽었다.

46 한나라 : 염한炎漢은 한나라가 화덕火德으로 일어난 나라라고 해서 붙여진 이름이다.

47 경제~불었고 : 붉은 바람이 분 때는 경제 승평 연간이 아니라, 무제 건원建元 4년 여름의 일이다. 『사기』 권12 「무제본기武帝本紀」에 나온다.

48 우공이~들었다 : 우공은 우정국于定國의 아버지이다. 『한서』 권71 「우정국전于定國傳」에, 우공이 동해군東海郡의 재판관(결조決曹)을 맡고 있을 때, 그 지역 태수太守가 효부孝婦를

되어 있음에도 불구하고 「오행지」에만 적혀 있지 않으니 어찌된 일인가. 이것이 이른바 "이전의 서적을 널리 인용했지만 망라하지는 못했다."라는 것이다.

② 『좌씨전』을 인용하면서도 매우 많이 빠뜨린 경우

『左傳』云: "宋人逐猘狗, 華臣出奔陳." 又云: "宋公子地有白馬, 景公奪而朱其尾鬣. 地弟辰以肖叛." 班「志」書此二事, 以爲犬馬之禍. 【此二事是班生自釋, 非引諸儒所言】案『左氏』所載, 斯流實繁. 如季氏之逆也, 由鬪雞而傅介; 衛侯之敗也, 因養鶴以乘軒. 曹亡首于獲雁; 鄭弑萌于解黿. 郤至奪而家滅; 華元殺羊而卒奔. 此亦白黑之祥, 羽毛之孽, 何獨捨而不論, 唯徵犬馬而已. 此所謂兼采『左氏』, 遺逸甚多也.

　　『좌씨전』에 "송나라 사람이 미친 개를 쫓았는데, 화신華臣이 진나라로 도망쳤다."[49]라고 했고, 또 "송나라 공자 지地는 백마를 가지고 있었는데, 경공景公이 그 말을 빼앗아 꼬리와 갈기를 붉게 물들였다. 지地의 동생인 진辰은 경공의 처사가 심하다며 모반을 일으켰다."[50]라고 했다. 반고는 「오행지」에서 이 두 사건을 개와 말의 재난이라고 말했다. 【이 두 사건은 반고 자신이 해석

　　억울하게 죽인 사건이 일어났다. 그 뒤 이 고을에 3년간 가뭄이 들었다. 나중에 새로 부임해 온 태수가 우공에게 가뭄이 지속되는 연유를 묻자, 우공이 사정을 일러주고 효부의 묘에 제사를 지내라고 건의했다.

49 송나라~도망쳤다 : 『좌씨전』 양공襄公 17년에 나온다. 송나라 사람이 미친 개를 뒤쫓아 갔는데, 그 개가 화신씨의 집으로 들어갔다. 그 사람이 개를 잡으려고 화신씨 집에 따라 들어가니, 화신씨는 자신을 잡으러 왔다고 생각하여 진나라로 도망쳤다.

50 송나라~일으켰다 : 『좌씨전』 정공定公 10년에 나온다. 공자 지가 백마 네 마리를 가지고 있었는데, 형인 경공이 그 말을 빼앗아 꼬리와 갈기를 붉게 물들여 자신이 총애하고 있는 자에게 주었다.

한 것이지, 다른 학자들의 말을 인용한 것이 아니다.】

그런데 『좌씨전』에는 이러한 이야기가 실로 많다. 예를 들어 계씨季氏의 반역은 닭을 싸우게 하고 날개에 겨자를 발랐던 데서 시작되었다고 했고,[51] 위후衛侯의 패배는 기르던 학을 수레에 태웠기 때문이라고 했다.[52] 조나라가 망한 것은 기러기를 잡았던 데 첫 번째 이유가 있었고,[53] 정나라에서 시해가 일어난 것은 자라를 요리한 데서 싹텄다고 한다.[54] 극지郤至가 헌상한 것을 빼앗겼지만 진 여공晉厲公은 그의 가문을 멸망시켰고,[55] 화원華元이 양을 죽여 부하에게 먹였지만 결국 망명했다.[56] 이들 역시 짐승의 흑백에 따른 징조나

---

51 계씨의~했고 : 『좌씨전』 소공昭公 25년에 나온다. 계평자季平子와 후소백郈昭伯이 자신들이 키우던 닭에게 싸움을 붙였는데, 계씨는 자신의 닭 날개에 겨자를 바르고 후씨는 자신의 닭 며느리발톱에 쇠를 끼워 싸우게 했다. 이 일로 두 사람의 사이가 나빠져, 계씨가 모반을 하는 이유가 되었다고 한다.

52 위후의~했다 : 『좌씨전』 민공閔公 2년에 나온다. 위 의공衛懿公은 학을 너무 사랑한 나머지 자신이 기르던 학에게 대부의 작위를 주고 수레에 태웠다. 북쪽 변방족과 전쟁할 때 군사들은 학을 이용하면 좋을 것이라고 의공을 비웃으며 명령을 듣지 않아, 위나라는 결국 패전하고 멸망했다.

53 조나라가~있었고 : 『좌씨전』 애공哀公 7년에 나온다. 조나라가 송나라에게 망한 것은, 조백양曹伯陽이 비妃인 공손강公孫彊이 흰 기러기를 잡아 바친 것에 기뻐하여 그를 총애하고 정치를 맡긴 것이 원인이라고 했다.

54 정나라에서~한다 : 『좌씨전』 선공宣公 4년에 나온다. 초나라 사람이 정 영공鄭靈公에게 큰 자라를 바쳤다. 공자公子 송宋(자공子公)이 자라 요리가 맛있을 것이라 생각하고 있는데, 영공이 장난삼아 그 요리를 공자 송에게 주지 않았고, 이 때문에 나중에 영공을 시해했다고 한다.

55 극지가~멸망시켰고 : 『좌씨전』 성공成公 17년에 나온다. 진 여공晉厲公 때 극지郤至(계자季子) 가 헌상한 돼지를 환관 맹장孟張이 가로채자, 극지가 그를 죽였다. 이후 극지는 서동胥童 등에게 죽임을 당했다.

56 화원이~망명했다 : 『좌씨전』 선공 2년에 나온다. 정나라 공자 귀생歸生이 송나라를 정벌할 때, 송나라에서는 화원 등이 이에 맞섰다. 화원은 군사들의 사기를 북돋우려고 양을 잡아 부하들에게 먹였는데, 자신의 마부인 양짐羊斟에게는 주지 않았다. 이 때문에 양짐은

새의 깃털에 따른 재앙인데, 어찌하여 이런 사례는 놔둔 채 논의하지 않고 오직 개와 말을 징조로 삼았는가. 이것이 이른바 "『좌씨전』에서 여러 가지 이야기를 가져왔지만 빠뜨린 것이 매우 많다."라는 것이다.

③ 옛 사실을 인용하면서도 출전이 분명치 않은 경우

案『太史公書』自『春秋』以前, 所有國家災眚, 賢哲占侯, 皆出于『左氏』・『國語』者也. 今班『志』所引, 上自周之幽・厲, 下終魯之定・哀, 而不云『國語』, 唯稱史記, 豈非忘本徇末, 逐近棄遠者乎? 此所謂屢擧舊事, 不知所出也.

　『사기』의 춘추시대 이전 국가의 재해나 현인의 점에 관한 이야기는 모두 『좌씨전』과 『국어』에서 나온 것이다. 하지만 『한서』에서 인용한 주나라 유왕幽王・여왕厲王으로부터 노나라 정공定公・애공哀公까지의 이야기는 『사기』에 따른다고만 되어 있으니, 어찌 원래의 전거는 잊고 재인용된 전거만 따르며, 가까운 전거만 의지하고 훨씬 오래된 전거를 버렸는가?[57] 이것이 이른바 "옛

일부러 수레를 정나라 군사 쪽으로 몰고 가 스스로 포로가 되어버렸다. 그런데 이 기사에 따르면 정나라에 망명한 사람은 화원이 아니라 양짐이다.

57 『한서』에서~버렸는가 : 이미 이 편(「오행지착오五行志錯誤」)의 각주 1에서 여러 학자의 견해에 따라 『한서』에 나오는 '사기史記'는 사마천의 '『사기』'가 아니라, 춘추전국시대 '각국 사관의 기록'임을 밝혔다. 그러므로 여기에서도 반고에 대한 유지기의 비판은 타당하지 않다고 본다. 전대흔錢大昕은 『이십이사고이二十二史考異』 권7에서, 『한서』 「오행지」 중지상中之上, "史記成公十六年, 公會諸侯于周"에 대한 안사고顔師古의 주에 "이 지志에서 말하는 '사기'는 모두 사마천의 저술이다.[師古曰 : '此志凡稱史記者, 皆謂司馬遷所撰也']" 라고 했지만, 여기의 사실은 『국어』에 나올 뿐, 태사공의 저술에는 없다고 지적했다. 이처럼 '사기'라고 말한 기사는 모두 『국어』에 실린 기사라고 한다.

사실을 자주 인용했지만 그 출전이 분명치 않다."라는 것이다.

所定多目, 凡二十種. 但其失旣衆, 不可殫論. 故每目之中, 或舉一事. 庶觸類而長, 他皆可知. 又案斯志之作也. 本欲明吉凶, 釋休咎, 懲惡勸善, 以戒將來. 至如春秋已還, 漢代而往, 其間日蝕·地震·石隕·山崩·雨雹·雨魚·大旱·大水·犬豕爲禍, 桃李冬花, 多直敍其災, 而不言其應.【載春秋時日蝕三十六, 而二不言其應. 漢時日蝕五十三, 而四十不言其應. 又惠帝二年·武帝征和二年·宣帝本始四年·元帝永光三年·綏和二年, 皆地震·隕石凡十一, 總不言其應. 又高后二年武都山崩, 成帝河平二年楚國雨雹, 大如斧, 蜚鳥死, 成帝鴻嘉四年雨魚于信都, 孝景之時大旱者二, 昭·成二代大雨水三, 河平元年長安有如人狀, 被甲持兵弩擊之, 皆狗也, 又鴻嘉中狗與豕交, 惠帝五年十月桃李花·棗實, 皆不言其應也.】此乃魯史之『春秋』·『漢書』之帝紀耳, 何用復編之于此志哉?

　이상에서 열거한 세부 항목은 모두 20조항이다. 「오행지」의 오류가 워낙 많아서 일일이 다 논의할 수 없기 때문에 각 항목에 하나의 사례만 들었다. 비슷한 사례를 유추해본다면 다른 경우도 짐작할 수 있다. 원래 「오행지」를 편찬한 이유는 길흉을 밝히고 화복을 해석하여 권선징악을 통해 장래를 경고하자는 것이었다.

　춘추시대 이후, 한나라 이전에 일식, 지진, 운석, 산사태, 우박, 물고기가 하늘에서 떨어진 일, 가뭄, 홍수, 개나 돼지가 재이가 된 일, 복숭아와 오얏의 꽃이 겨울에 핀 일 등 단지 그 사실만 나열하고 무슨 의미였는지 설명하지 않은 데가 많다.【춘추시대에 일식이 36회 있었는데 그중 2회에는 의미를 설명하지 않았다. 한나라 때 일식이 53회 있었는데 40회에 대해서는 의미를 설명하지 않았다. 또

혜제惠帝 2년(B.C.193), 무제武帝 정화征和 2년(B.C.91), 선제宣帝 본시本始 4년(B.C.70), 원제元帝 영광永光 3년(B.C.41)과 수화綏和 2년(B.C.7)에 지진과 운석이 모두 11회 있었는데 전부 그 의미를 설명하지 않았다. 또 고후高后 2년(B.C.186)에 무도산武都山이 붕괴되고, 성제成帝 하평河平 2년(B.C.27) 초나라에 우박이 내렸는데 그 크기가 도끼만 했고 날던 새가 죽었으며, 성제 홍가鴻嘉 4년(B.C.17)에 신도信都에 물고기가 떨어졌고, 효경제孝景帝 때 가뭄이 2회, 소제昭帝와 성제 2대에 홍수가 3회, 하평 원년(B.C.28) 장안에 사람 모양의 괴물체가 나타나 갑옷과 무기로 무장하고 공격했더니 개었다는 사례, 또 홍가 연간에 개와 돼지가 교접했고, 혜제 5년(B.C.190) 10월 복숭아꽃과 오얏꽃이 피고 대추 열매가 열린 일 등은 모두 그 의미를 설명하지 않았다.】이러한 사실은 노나라『춘추』나『한서』의 본기와 같은데, 무엇하러 이「오행지」에 다시 기록했을까.

昔班叔皮云: "司馬遷敍相如則擧其郡縣, 著其字. 蕭·曹·陳平之屬, 仲舒幷時之人, 不記其字, 或縣而不郡, 蓋有所未暇也." 若孟堅此「志」, 錯謬殊多, 豈亦刊削未周者邪? 不然, 何脫略之甚也. 亦有穿鑿成文, 强生異義, 如蟣之惑, 麋之爲迷. 隕五石者, 齊五子之徵; 潰七山者, 漢七國之象. 叔服會葬, 郯伯來奔, 元陽所以成妖; 鄭易許田, 魯謀萊國, 食苗所以爲禍. 諸如此比, 其類弘多. 徒有解釋, 無足觀采. 知音君子, 幸爲詳焉.

옛날에 반표가 말하기를 "사마천이 사마상여司馬相如를 서술할 때는 그의 출신지인 군현까지 적고 자字를 기록했지만, 소하蕭何·조참曹參·진평陳平 같은 사람들, 그리고 동중서와 동시대의 사람들은 자를 기록하지 않았으며 더러 출신지는 현만 적고 군은 기록하지 않기도 했는데, 이는 미처 그것을 조사할 틈이 없었기 때문일 것이다."라고 했다. 반고의「오행지」는 착오나 오류가 한층 많은데, 이 역시 교정이 충분하지 않아서 그럴 것이다. 그렇지 않고서는 그렇게 누락이나 생략이 심할 수 없다.

반면, 이미 기록된 내용을 너무 지나치게 파고들어 무리하게 다른 의견을 내세운 경우도 있다. 예를 들어 나방(蛾)의 의미를 의혹(惑)이라 하고,[58] 사슴 (麋)을 헤맨다(迷)고 풀었다.[59] 다섯 개의 운석이 떨어진 것은 제나라 다섯 공자가 난리를 일으킬 징조라 했고,[60] 일곱 산이 무너진 것은 한나라 7국의 기상이라고 했다.[61] 주나라 대부 숙복叔服이 노 희공魯僖公의 장례에 참석하고 성백郕伯이 노나라에 망명했던 사실 때문에 노 문공魯文公이 의기양양해진 것이 가뭄이 들게 된 이유라고 했고,[62] 정나라가 허읍許邑을 바꾸고 노나라가 내국郲國을 도모함으로써 메뚜기가 재해가 되었다고 했다.[63] 이상과 같은 여

---

58 나방의~하고 : 『한서』 권27하지상下之上 「오행지」에 나온다. 장공莊公 18년 가을, 나방의 애벌레가 들끓었는데, 이 벌레는 남월에서 생겼다고 한다. 월越에서는 남녀가 함께 강에서 목욕하기 때문에 어지러운 기운이 생겨 미혹된다는 의미의 '역蛾'이라고 한다는 유향의 말을 인용했다. 유향은 『춘추』 장공 29년 초나라에서 바퀴벌레(蜚)가 나타난 일도 같은 이유로 설명했다. 『사통 내편』 「서지書志」에 나온다.

59 사슴을 헤맨다고 풀었다 : 『한서』 권27중지상中之上 「오행지」에 나온다. 장공 17년 겨울, 사슴이 많이 출현했는데, 유흠은 사슴이 파란색이며 재이에 가깝고 수컷의 음란함을 나타낸다고 했다.

60 다섯~했고 : 『한서』 권27하지하下之下 「오행지」에, 희공 16년 송나라에 다섯 개의 운석이 떨어진 일은 제나라의 다섯 공자가 난리를 일으킬 징조라는 유향의 말을 인용했다.

61 일곱~했다 : 『한서』 권27하지상下之上 「오행지」에, 한 문제漢文帝 원년 4월 제齊·초楚 땅의 29개 산이 무너지고 홍수가 난 데 대해, 일곱 나라가 장차 난리를 일으킬 징조라는 유향의 말을 인용했다.

62 주나라~했고 : 『한서』 권27중지상中之上 「오행지」에 나온다. 문공 2년 비가 내리지 않았는데, 이를 두고 전년에 주나라 천자가 노 희공의 장례식에 숙복을 참석시킨 일을 연관 지었고, 또 문왕 13년에 비가 오지 않은 일을 성백이 망명해 온 일과 연관 지었다. 이 과정에서 문공이 의기양양해져 민심을 잃고 가뭄이 계속되었다고 했다.

63 정나라가~했다 : 『한서』 권27하지상下之上 「오행지」에, 은공隱公 8년 벼멸구가 생겨 모종의 뿌리를 갉아먹은 것은 정백鄭伯이 태산의 제사를 지내지 않으면서 그 제사 비용에 충당하는 병읍邴邑과 허읍許邑을 바꾸려고 했기 때문이라고 했다. 『한서』 권27중지상中之下

러 사례는 그 종류가 대단히 많다. 해석은 많지만 보고 채택할 만한 것은 없는 편이다. 식견을 갖춘 사람이라면 상세히 살펴야 할 것이다. 📖

「오행지」에, 선공 6년 메뚜기가 출현한 것은 노나라가 내국萊國을 정벌하려는 탐욕 때문이었다는 유향의 말을 인용했다.

夫自二儀旣判垂玄象之文萬
肇化生彰紀事之寶蒼頡沮誦
以前造物代爲敷揚山川曲爲
擔寫何必人抽金匱之藏世檀

「오행지착오五行志錯誤」가 오류에 관한 글이라면, 「오행지잡박五行志雜駁」은 오류이기도 하지만 납득할 수 없는 해석에 대한 반박의 성격까지 띠고 있다.

그렇지만 「오행지착오」처럼 오류를 지적한 것은 마찬가지이므로 같은 성격의 논설로 볼 수 있다. 예컨대 정치 상황과 동떨어진 해석, 재해와 해당 사건의 시기 불일치, 사건의 순서를 착각해서 생긴 오류, 사실 서술과 점占 자체의 오류, 사건이 발생한 시기의 오류, 사실 자체의 오류, 지리적 조건을 고려하지 않아 발생한 오류, 전후 사건이 모두 어긋난 경우, 신권의 실제를 오해한 데서 생긴 오류, 후대의 사건을 선대의 탓으로 돌리는 오류, 연관성이 희박한 사실의 견강부회, 사건 발생의 원인에 대한 오해, 정세나 지리를 고려하지 않은 곡해, 재해에 대한 해석의 수록에 나타난 오류, 나라의 부흥을 모르고 내린 무리한 해석 등 조목조목 사례를 열거하여 비판했다.

外篇
11

「오행지」에 대한
여러 비판
五行志雜駁

五行志雜駁

● 정치 상황과 동떨어진 해석

魯<u>文公</u>二年, 不雨. <u>班氏</u>以爲: "自<u>文</u>即位, 天子使<u>叔服</u>會葬, <u>毛伯</u>賜命, 又會<u>晉</u>侯于戚. 上得天子, 外得諸侯, 沛然自大, 故致亢陽之禍." 案<u>周</u>之東遷, 日以微弱. 故<u>鄭</u>取<u>溫</u>麥, 射王中肩, <u>楚</u>絕苞茅, 觀兵問鼎. 事同列國, 變雅爲風. 如<u>魯</u>者, 方大邦不足, 比小國有餘. 安有暫降衰<u>周</u>使臣, 遽以驕矜自恃, 坐招厥罰, 亢陽爲怪? 求諸人事, 理必不然. 天高聽卑, 豈其若是也.

　노 문공魯文公 2년에 비가 오지 않았다. 반고는 말하기를 "문공이 즉위하고부터 주나라 천자가 희공僖公의 장례식에 숙복叔服을 참석케 하거나 모백毛伯에게 관작을 내렸으며, 또 진晉나라 군주를 척戚 땅에서 만났다. 위로는 천자의 신임을 얻고 밖으로는 제후의 마음을 얻었으니, 문공이 으쓱하여 의기양양해졌기 때문에 가뭄이 계속되는 재해를 초래했다."라고 했다.[1] 생각건대 주나라가 동쪽으로 옮긴 뒤 날로 쇠약해졌기 때문에 정나라가 온현溫縣의 보리를 베어 갔고 왕의 어깨에 활을 쏘았으며,[2] 초나라가 띠(茅)를 헌납하지 않고 병력을 과시하며 솥에 대해 물었다.[3] 이처럼 주나라의 실태는 제후국과

---

1 반고는~했다 : 『한서』 권27중지상中之上 「오행지」에 나온다.

2 정나라가~쏘았으며 : 『좌씨전』 은공隱公 3년, 정나라 제족祭足이 군사를 이끌고 가서 온溫 땅의 보리를 베게 했고 가을에는 벼를 가져갔다. 환공桓公 5년, 정백鄭伯이 주나라 왕이 동원한 제후들의 연합군을 물리쳤고, 축담祝聃이 활을 쏘아 왕의 어깨를 맞추었다.

마찬가지 수준이었고, 시詩는 이미 주나라 고전음악인 아雅가 변하여 각국의 속된 풍風이 되었다.

노나라의 경우는 제齊·초楚·진秦 등의 대국에 비하면 작지만, 소국과 비교하면 여유가 있었으니, 어찌 차츰 쇠퇴하는 주나라가 사신을 보내왔다고 갑자기 교만해져서 자랑하다가 그 벌을 받았겠으며 가뭄이 계속되는 변고가 일어났겠는가. 이렇게 당시 정치 상황을 고려해보면 반드시 그랬을 리는 없을 듯하다. 하늘은 극히 높지만 아무리 낮은 곳의 소리라도 들을 수 있다고 하는데, 어찌 그럴 리가 있겠는가.

● 재해와 해당 사건의 시기 불일치

『春秋』成公元年, 無冰. 班氏以爲: "其時王札子殺召伯·毛伯." 案今『春秋』經, 札子殺毛·召, 事在宣十五年. 而此言成公時, 未達其說. 下去無冰, 凡三載.

『춘추』성공成公 원년, 얼음이 얼지 않았다. 반고는 말하기를 "그때 왕찰王札이 소백召伯과 모백毛伯을 죽였다."라고 했다.[4] 지금 『춘추』 경문을 보면, 왕찰이 모백과 소백을 죽인 것은 선공宣公 15년의 일이다. 이것을 성공 때의 일

---

3 초나라가~물었다 : 희공僖公 4년 초나라가 주나라에 제사용 공물로 계속 바쳐오던 띠(茅)를 헌상하지 않았고, 선공宣公 3년에는 초나라가 군대를 보내 천자에게 이를 과시했으며, 천자인 주나라 정왕定王이 대부 왕손만王孫滿을 보내 위문하자 천자의 상징인 주나라 솥에 대해 질문함으로써 천하를 차지하려는 야심을 드러냈다. 이렇듯 천자국인 주나라를 천자국으로 대우하지 않았다는 뜻이다.

4 반고는~했다 : 『한서』 권27중지하中之下 「오행지」에 나온다. 소백과 모백은 천자의 대부大夫이다.

이라고 말하는 것은 그 이야기를 이해하지 못한 것이며, 아래에서 말한 얼음이 얼지 않았던 해보다 3년 전의 일이다.

● 사건의 순서를 착각해서 생긴 오류

『春秋』昭公九年, 陳火. 董仲舒以爲: "陳夏徵舒弒君, 楚嚴公【嚴卽莊也. 皆依本書不改其字. 下同】托欲爲陳討賊, 陳國辟門而待之, 因滅陳. 陳之臣子毒恨尤甚, 極陰生陽, 故致火災." 案楚嚴王之入陳, 乃宣公十一年事也. 始有蹊田之謗, 取愧叔時; 終有封國之恩, 見賢尼父. 毒恨尤甚, 其理未聞. 又案陳前後爲楚所滅有三, 始宣公十一年爲楚嚴王所滅, 次昭八年爲楚靈王所滅, 後哀十七年爲楚惠王所滅. 今董生誤以陳次亡之役是楚始滅之時, 遂妄有占侯, 虛辨物色. 尋昭之上去于宣, 魯易四公; 嚴之下至于靈, 楚經五代. 雖懸隔頓別, 而混雜無分. 嗟乎! 下帷三年, 誠則勤矣. 差之千里, 何其闊哉?

『춘추』 소공昭公 9년, 진陳나라에 불이 났다. 동중서가 말하기를 "진나라 하징서夏徵舒가 그 군주를 죽이자, 초 엄왕楚嚴王이【엄嚴은 장莊이다. 모두 「오행지」를 따라 글자를 고치지 않는다. 아래도 같다.】하징서에 대한 토벌을 구실 삼아 출병했고, 진나라에서는 국경을 열고 기다리고 있었으므로 결국 초나라에 의해 멸망한 것이다. 진나라 신하들은 이를 매우 원망하며 음陰이 극에 달하여 양陽이 생겼기 때문에 화재를 초래했다."라고 했다.[5]

그러나 초 엄왕이 진나라를 공격한 것은 노 선공魯宣公 11년의 일이다. 초

---

5 동중서가~했다 : 『한서』 권27상 「오행지」에 나온다.

엄왕은 처음에 "소를 끌어다가 다른 사람의 밭을 망친 사람을 죽였지만, 그 밭은 차지했다."라는 비방을 받아 초나라 대부 신숙시申叔時에게 수치를 당했지만,[6] 종국에는 진나라를 다시 봉하는 은혜를 베풀어 공자로부터 훌륭하다는 평가를 들었다.[7] 진나라 신하들이 매우 원망했다는 이야기는 들어보지 못했다.

진나라가 초나라에게 망한 것은 전후 세 번이었는데, 처음은 선공 11년에 초 엄왕에게 망했고, 다음은 소공 8년에 초 영왕楚靈王에게 망했으며, 마지막으로 애공哀公 17년에 초 혜왕楚惠王에게 망했다. 지금 동중서는 두 번째로 망한 전쟁을 첫 번째 망했던 때로 잘못 알았고, 마침내 함부로 점을 내세워 현상을 잘못 판단했다.

소공에서 거슬러 올라가 선공까지 노나라에서는 선공宣公·성공成公·양공襄公·소공昭公의 4대가 바뀌었고, 장왕 이하 영왕까지 초나라에서도 엄왕嚴王·공왕共王·강왕康王·겹왕郟王·영왕靈王의 5대를 거쳤다. 이렇듯 현격하게 떨어져 있는 사건인데 뒤섞여 구분이 없어졌다. 아아, 동중서가 3년 동안 장막을 내리고 공부를 했으니[8] 성실함은 인정할 수 있겠지만, 털끝 같은 차이가 천 리의 차이를 만들었으니 어찌 그리 실정에 어두웠단 말인가.

---

6 처음에~당했지만 : 하징서를 죽인 일에 대해 초 장왕은 모두에게 축하를 받았다. 그러나 신숙시만 축하하지 않았다. 신숙시는 하징서가 다른 사람의 밭을 망친 것은 죄가 될 수 있지만, 그렇다고 그 소를 빼앗은 것은 더 심한 일이라고 장왕을 비판했다.

7 종국에는~들었다 : 『사기』권36「진기세가陳杞世家」에 나온다. 초나라가 진나라를 다시 봉해주었으며, 공자는 이를 훌륭한 행동이라고 칭찬했다. 이보尼父는 공자이다.

8 동중서가~했으니 : 『한서』권56「동중서전董仲舒傳」에, 동중서가 장막을 치고 강독을 했으며 공부하는 3년 동안 정원을 내다보지 않았다고 한다.

● 사실 서술과 점 자체의 오류

『春秋』桓公三年, 日有蝕之, 旣. 京房『易傳』以爲: "後楚嚴始稱王, 兼地千里." 案楚自武王僭號, 鄧盟是懼, 荊尸久傳. 歷文·成·繆三王, 方始于嚴. 是則楚之爲王已四世矣, 何得言嚴始稱之者哉? 又魯桓公薨後, 歷嚴·閔·釐·文·宣, 【釐則僖, 皆依本書不改其字也. 下同】凡五公而嚴楚始作霸, 安有桓三年日蝕而已應之者邪? 非唯敍事有違, 亦自占候失中者矣.

『춘추』 환공桓公 3년, 개기일식이 있었다. 경방京房의 『역전易傳』에 "뒤에 초 엄왕楚嚴王이 비로소 왕이라 칭하고 천 리 땅을 다스렸다."라고 했다.[9] 그러나 초나라는 무왕武王부터 왕이라 참칭했고,[10] 등鄧 땅에서 맺은 맹약에서도 초나라를 두려워했으며,[11] 병법인 형시荊尸가 오래도록 전해졌다.[12] 무왕에서부터 문왕文王·성왕成王·목왕繆王의 세 왕이 있었고 그 다음이 엄왕이다. 초나라에서 왕이라고 칭한 지 이미 4대가 지나갔는데, 어떻게 엄왕 때 처음 왕이라 칭했다고 할 수 있겠는가.

또한 노나라 쪽에서도 환공이 죽은 후 엄공嚴公·민공閔公·이공釐公·문공文公·선공宣公 등【이釐는 희僖이다. 모두 본서에 따라 글자를 고치지 않는다. 아래도 같다.】5대가 지났을 때이며, 엄왕의 초나라가 처음 패업을 이루었으니, 어찌하여 환공 3년에 일어난 일식이 이미 상응했던 징조라고 할 수 있단 말인가. 사실 서술에 잘못이 있을 뿐 아니라, 점占 자체도 역시 맞지 않았다고 하겠다.

---

9 경방의~했다 : 『한서』 권27하지하下之下 「오행지」에 나온다.

10 초나라는~참칭했고 : 『사기』 권40 「초세가楚世家」에 나온다.

11 등 땅에서~두려워했으며 : 환공 2년, 채후蔡侯와 정백鄭伯이 등鄧 땅에 모인 것은 당초 초나라를 두려워했기 때문이라고 했다.

12 병법인~전해졌다 : 형시는 초나라 진법陳法을 말한다. 장공 4년, 초 무왕이 진법을 시행하고 군사들에게 창을 내렸다. 이렇게 초나라가 강대해지자 타국이 두려워했다.

• 사건이 발생한 시기의 오류

『春秋』釐公二十九年秋, 大雨雹. 劉向以爲: "釐公末年公子遂專權自恣, 至于弑君, 陰脅陽之象見. 釐公不悟, 遂後二年殺公子赤, 立宣公." 案遂之立宣·殺子赤也, 此乃文公末代. 輒謂僖公暮年, 世實懸殊, 言何倒錯!

『춘추』 이공釐公 29년 가을, 우박이 매우 많이 내렸다. 유향劉向이 말하기를 "이공 말년, 공자公子 수遂가 제멋대로 전권을 휘두르다가 군주를 시해하기에 이르렀으니, 음이 양을 위협하는 형상이다. 이공이 깨닫지 못한 상태에서 공자 수는 2년 뒤 공자 적赤을 살해하고 선공宣公을 세웠다."라고 했다.[13] 그런데 공자 수가 선공을 세우고 공자 적을 죽인 일은 이때가 아니라 이공 다음인 문공文公 말년의 일이었다. 느닷없이 희공僖公 말년이라고 하면, 세대도 사실상 완전히 다르기 때문에 말이 거꾸로 될 수밖에 없다.

• 사실 자체의 오류

『春秋』釐公十二年, 日有蝕之. 劉向以爲: "是時莒滅杞." 案釐十四年, 諸侯城緣陵. 『公羊傳』曰: "曷爲城杞? 滅之. 孰滅之? 蓋徐·莒也." 如中壘所釋, 當以『公羊』爲本耳. 然則『公羊』所說, 不如『左氏』之該. 『左氏』襄公二十九年, 晉平公時, 杞尚在云.

『춘추』 이공 12년, 일식이 있었다. 유향이 말하기를 "이때 거莒가 기杞를 멸망시켰다."라고 했다.[14] 이공 14년 제후가 기의 도읍인 연릉緣陵에 성을 쌓아

---

13 유향이~했다 : 『한서』 권27중지하中之下 「오행지」에 나온다. 공자 수遂는 장공莊公의 아들 동문양중東門襄仲이고, 공자 적赤은 문공文公의 태자이다.

올렸다.『공양전』에 "왜 성을 쌓았는가? 멸망시키기 위해서이다. 누가 멸망시켰는가? 대개 서徐와 거莒이다."라고 했다. 유향[15]은 당연히『공양전』을 기본으로 해석했을 것이다. 그런데『공양전』의 설명은『좌씨전』만큼 상세하지 않다.『좌씨전』양공襄公 29년, 진 평공晉平公 때 기나라는 아직 남아 있었다고 했다.[16]

● 지리적 조건을 고려하지 않아 발생한 오류

『春秋』文公元年, 日有蝕之. 劉向以爲"後晉滅江." 案本『經』書文四年, 楚人滅江. 今云晉滅, 其說無取. 且江居南裔, 與楚爲鄰; 晉處北方, 去江殊遠. 稱晉所滅, 其理難通.

『춘추』문공文公 원년, 일식이 있었다. 유향이 말하기를 "뒤에 진晉나라가 강江을 멸망시켰다."라고 했다.[17]『춘추』경문에는 문공 4년, 초나라가 강을 멸망시켰다고 했으니, 지금 진나라가 멸망시켰다고 하는 유향의 견해는 채택할 수 없다. 더욱이 강은 남쪽 변방에 위치하여 초나라와 이웃하고, 진나라는 북방에 있어 강과 거리가 매우 멀다. 이런 상황에서 진나라에게 멸망당했다

---

14 유향이~했다 :『한서』권27하지하下之下「오행지」에 나온다. 이는 동중서와 유향이 한 말이다.

15 유향 : 유향은 원제元帝 때 중루교위中壘校尉를 맡고 있었다. 중루中壘는 수도권에 주둔하는 군대이지만, 여기서는 유향을 가리킨다.

16 『좌씨전』~했다 :『좌씨전』양공 29년, 진 평공이 어머니의 나라인 기나라 땅을 노나라에서 기나라로 되돌려주게 했다. 이로 미뤄보건대, 아직 기나라는 멸망하지 않았다.

17 유향이~했다 :『한서』권27하지하下之下「오행지」에 나온다. 이에 대한 안사고顔師古의 주에서 강江을 멸망시킨 것은 진나라가 아니라 초나라 사람들이라고 했으므로, 유지기의 논지도 이 안사고의 주에 따른 것으로 보인다.

고 하면 이치가 통하기 어렵다.

● 전후 사건이 모두 어긋난 경우

『左氏傳』魯襄公時, 宋有生女子赤而毛, 棄之堤下. 宋平公母共姬之御見者而收之, 因名曰棄. 長而美好, 納之平公, 生子曰佐. 後宋臣伊戾譖太子痤而殺之.【事在襄二十六年】先是, 大夫華元出奔晉,【事在成十五年】華合比奔衛.【事在昭六年】劉向以爲: "時則有火災, 赤眚之明應也." 案災祥之作, 將應後來; 事迹之彰, 用符前兆. 如華元奔晉, 在成十五年, 參諸棄堤, 實難符會. 又合比奔衛, 在昭六年, 而與元奔, 俱云'先是'. 惟前與後, 事幷相違者焉.

『좌씨전』노 양공魯襄公 때, 송나라에 여자아이가 태어났는데 몸이 붉고 털이 났으므로 제방 아래 버려졌다. 송 평공宋平公의 어머니 공희共姬의 마부가 보고 데려다 길렀는데, 이런 이유로 그 여자아이의 이름을 기棄라고 했다. 아이가 자라면서 아름다워졌고, 평공平公에게 들여진 뒤 아들 좌佐를 낳았다. 뒤에 송나라 신하 이려伊戾가 태자 좌痤를 참소하여 죽였다.【양공 26년의 일이다.】이에 앞서, 송나라 대부 화원華元이 진나라로 망명했으며,【성공 15년의 일이다.】화합비華合比가 위나라로 망명했다.[18]【소공 6년의 일이다.】이에 대해

---

18 『좌씨전』~망명했다 : 양공 26년, 송나라 대부 예사도芮司徒의 집에서 여자아이가 태어났는데, 몸이 붉고 털이 덥수룩하여 제방 아래 버렸지만, 송 평공의 어머니인 공희의 마부가 그 아이를 주워다 길렀다. 그 여자아이 기가 자라서 평공 사이에서 좌佐를 낳았으니, 훗날 송 원공宋元公이다. 송나라 환관 이려伊戾는 태자 좌痤의 미움을 받고 있었으므로, 원한을 품고 참소하여 태자를 죽게 하고, 좌佐를 태자로 삼았다. 한편 전 시대인 성공 15년, 송 평공의 우사右師였던 화원이 진나라로 도망간 일이 있었으며, 양공 다음 대인

유향이 말하기를 "당시에 화재가 있었으니, 붉은 아이의 명확한 징조이다."
라고 했다.[19]

　재상災祥이 일어날 때는 장차 뒤에 결과가 올 것이고, 사태가 드러날 때는
앞의 징조와 부응하게 마련이다. 화원이 진나라로 망명한 것은 성공 15년이
므로, 붉은 아이를 제방에 버린 일과 실제로 부합하기 어렵다. 또 화합비가
위나라로 망명한 일은 훨씬 후인 소공 6년의 일인데, '이에 앞서'라고 하여
화원이 망명한 사실과 함께 묶어버렸다. 전과 후의 사건이 모두 어긋난 경우
이다.

● 신권의 실제를 오해한 데서 생긴 오류

『春秋』成公五年, 梁山崩. 七年, 鼷鼠食郊牛角. 襄公十五年, 日有蝕之. 董
仲舒·劉向皆以爲: "自此前後, 晉爲雞澤之會, 諸侯盟, 大夫又盟. 後爲溴
梁之會, 諸侯在而大夫獨相與盟, 君若綴旒, 不得擧手." 又襄公十六年五
月, 地震. 劉向以爲: "是歲三月, 大夫盟于溴梁, 而五月地震矣." 又其二十
八年春, 無冰. 班固以爲: "天下異也. 襄公時, 天下諸侯之大夫皆執國權,
君不能制, 漸將日甚."【『穀梁』云: "諸侯始失政, 大夫執國權." 又曰: "諸侯
失政, 大夫盟, 政在大夫, 大夫之不臣也."】案春秋諸國, 臣權可得言者, 如三
桓·六卿·田氏而已. 如雞澤之會·溴梁之盟, 其臣豈有若向之所說者邪? 然
而『穀梁』謂'大夫不臣, 諸侯失政,' 譏其無禮自擅, 在茲一擧而已. 非是如

　소공 6년 송나라 시인인 유柳는 평공의 은총을 믿고 난폭했으므로 태자 좌佐의 미움을
　샀다. 또 화합비가 유를 죽이려고 했으나, 오히려 들켜서 위나라로 도망간 일이 있었다.
19 유향이~했다 : 『한서』 권27상 「오행지」에 나온다. 유지기가 반고를 비판한 것은 이
　대목에 대한 안사고의 주를 기초로 했다.

'政由甯人, 祭則寡人,' 相承世官, 遂移國柄. 若斯之失也, 若董·劉之徒, 不
窺『左氏』, 直憑二傳, 遂廣爲它說, 多肆侈言. 仍云‘君若綴旒’, ‘臣將日甚’,
何其妄也?

　『춘추』 성공成公 5년, 양산梁山이 무너졌다. 7년, 교郊 제사에 쓸 소의 뿔을
쥐가 물어뜯었다. 양공襄公 15년, 일식이 있었다. 동중서와 유향은 말하기를
"이 사건의 전후에 양공 3년 진晉나라 주도로 계택雞澤에서 모였는데, 제후들
이 동맹을 맺었을 뿐 아니라, 대부들도 동맹을 맺었다. 뒤에 양공 16년 추량
湫梁의 모임에서는 제후들이 있었는데도 대부들만 서로 동맹을 맺었다. 제후
인 군주들은 휘날리는 깃발 같은 장식이나 다름없을 뿐 아무런 조치도 취하
지 못했다."라고 했다.[20] 또 양공 16년 5월, 지진이 일어났다. 유향이 말하기
를 "이해 3월, 대부가 패량湏梁에서 동맹을 맺었는데, 5월에 지진이 났다."라
고 했다.[21] 또 양공 28년 봄, 얼음이 얼지 않았다. 반고가 말하기를 "천하의
이변이다. 양공 때는 천하 제후의 대부들이 모두 집권하고 있어서 군주가 제
어할 수 없었으므로 조짐이 날로 심해졌다."라고 했다.[22]【『곡량전』에 "제후가
당초 정치를 잘못하여 대부들이 나라 권력을 잡았다."라고 했다. 또 "제후가 실정하고,
대부가 동맹을 맺었다. 정치가 대부의 손에 달렸으니, 대부가 신하 노릇을 하지 않았
다."라고 했다.】
　그러나 춘추시대 여러 나라에서 신권을 휘두른 자로 언급할 만한 이는 노
나라의 맹손孟孫·숙손叔孫·계손季孫의 삼환三桓과, 진晉나라의 지씨智氏·범씨范

---

20 동중서와~했다 : 『한서』 권27하지하下之下 「오행지」에 나온다. 원래 양공 15년 일식에
　　대한 동중서와 유향의 견해인데, 유지기가 성공 5년 양산이 무너진 일과 성공 7년 쥐가
　　소 뿔을 물은 일을 양공 15년 일식에 대한 논평으로 묶은 것이다.
21 유향이~했다 : 『한서』 권27하지상下之上 「오행지」에 나온다.
22 반고가~했다 : 『한서』 권27중지하中之下 「오행지」에 나온다.

氏·중행씨中行氏·한씨韓氏·위씨衛氏·조씨趙氏의 육경六卿, 제나라를 빼앗은 전씨田氏 정도일 뿐이다. 계택의 모임이나 추량의 동맹에서 활약했던 대부들이 과연 유향이 말한 정도의 권력을 가지고 있었는지 의심스럽다. 무엇보다『곡량전』에서 '대부가 신하 노릇을 하지 않았다,' '제후가 정치를 잘못했다'고 한 것은, 대부들이 무례하게 제멋대로 했던 그 회의와 동맹에 대해서 말했을 뿐이었다. '정치는 영씨甯氏에게 맡기고, 제사는 내가 지낸다'고 할 정도로 대부가 대대로 관직을 맡으면서 국가권력이 대부에게 넘어갔던,[23] 그런 상황은 아니었다.

동중서와 유향은『좌씨전』을 읽지 않고 바로『공양전』과『곡량전』에만 의존했기 때문에, 결국 거기에 나오는 이야기에 따라 근거 없는 말을 많이 하게 되었던 것이다. 그래서 '군주들은 휘날리는 깃발 같은 장식이었다'느니, '신하들의 횡포가 날로 심해졌다'느니 했으니, 어찌 그리 망령된가.

● 후대의 사건을 선대의 탓으로 돌리는 오류

『春秋』昭十七年六月, 日有蝕之. 董仲舒以爲: "時宿在畢, 晉國象也. 晉屬公誅四大夫, 失衆心, 以弑死. 後莫敢復責大夫, 六卿遂相與比周, 專晉國. 晉君還事之." 案晉屬公所尸唯三郤耳, 何得云誅四大夫哉? 又州滿旣死,【今『春秋左氏』本皆作州蒲, 誤也. 當爲州滿. 事具王劭『續書志』.】悼公嗣立, 選六官者, 皆獲其才, 逐七人者, 盡當其罪. 以辱及揚干, 將誅魏絳, 覽書後悟, 引咎授職. 此則生殺在己, 寵辱自由. 故能申五利以和戎, 馳三駕

---

23 정치는~넘어갔던 :『좌씨전』양공 26년에 나온다. 위 헌공衛獻公의 재상인 영희甯喜가 권력을 마음대로 휘둘렀으므로, 위 헌공이 "정치는 영씨에게 맡기고 제사는 내가 지낸다."라고 탄식했다. 결국 영씨는 주군을 죽이고, 대대로 국권을 전횡하여 나라를 찬탈했다.

以挫楚. 威行夷夏, 霸復文·襄. 而云'不復責大夫,' 何厚誣之甚也. 自昭公已降, 晉政多門, 如以君事臣, 居下僭上者, 此乃因昭之失, 漸至陵夷. 匪由懲屬之弒, 自取淪辱也. 豈可輒持彼後事, 用誣先代者乎?

　　『춘추』소공昭公 17년 6월, 일식이 있었다. 동중서가 말하기를 "당시 수宿가 필畢에 있을 때로, 진나라의 형상이다. 진 여공晉厲公이 네 사람의 대부를 죽였으므로 인심을 잃고 자신은 시해를 당했다. 뒤에 아무도 대부를 문책하는 군주가 없었으며, 육경六卿이 서로 손을 잡고 진나라를 마음대로 했다. 진나라 군주가 오히려 그들을 섬겼다."라고 했다.[24] 생각건대 진 여공이 죽인 사람은 극기郤錡·극주郤犨·극지郤至 세 명뿐인데, 어떻게 네 명의 대부를 죽였다고 할 수 있는가.[25] 또 주만州滿이 죽은 뒤,【현재『춘추좌씨전』에는 모두 주포州蒲로 되어 있는데, 이는 오류이다. 주만州滿으로 써야 한다. 이 사실은 왕소의『속서지續書志』[26]에 나와 있다.】도공悼公이 계승하여 육관六官을 선발했던 것은 모두 인재를 얻은 것이고, 일곱 사람을 쫓아냈던 것은 그에 해당하는 적절한 죄를 준 것이다.[27]

　　또한 동생 양간揚干에게 치욕이 미쳤을 때 도공은 위강魏絳을 죽이려고 했지만, 위강의 편지를 보고 난 뒤 잘못을 깨달아 인정하고 그에게 관직을 주었다.[28] 이는 곧 살리고 죽이는 일이 자기에게 달렸고, 총애와 모욕이 자기로

---

24 동중서가~했다 :『한서』권27하지하下之下「오행지」에 나온다.
25 생각건대~있는가 :「오행지」의 안사고 주에서는 극씨 3명과 서동胥童을 합쳐 네 명이라했다.
26 왕소의『속서지』:『속서지』는『독서지讀書志』의 오류이다.『구당서』「경적지」에 나온다.
27 주만이~것이다 : 주만은 여왕厲王의 이름이다. 도공은 14세에 즉위했다.
28 동생~주었다 : 양공 3년, 도공의 동생 양간이 데리고 있는 하인이 위강에게 살해당했을때 도공은 화를 내며 반드시 위강을 죽이라고 명했지만, 위강이 정정당당히 소신을 드러낸

부터 말미암은 것이다. 그러므로 융戎과 화합하면 다섯 가지 이점이 있다고 위강이 의견을 펼 수 있었던 것이고,[29] 세 번 수레를 움직여 초나라를 꺾을 수 있었던 것이다.[30] 당시 진나라의 세력은 중원과 오랑캐에 위세를 떨치고 문공文公·양공襄公의 패업을 회복할 정도였다. 그런데도 '대부를 문책하는 군주가 없었다'고 말하는 것은 무함치고는 너무 심하다.

진 소공晉昭公 이후로 진나라는 신하들에 의해 정치가 좌우되는 등 정치가 문란해지고 군주가 신하를 섬기는 하극상이 일어났지만, 이는 소공의 실정으로 인해 점차 무너져 내렸던 것이지, 여공의 시해를 계기로 겁이 나서 신하들의 전횡을 방치하다가 스스로 치욕을 받은 것이 아니다. 어찌 후대의 사건을 가져다 선대의 탓으로 돌릴 수 있겠는가.

● 연관성이 희박한 사실의 견강부회

哀公十三年十一月, 有星孛于東方. 董仲舒·劉向以爲: "周之十一月, 夏九月, 日在氐. 出東方者, 軫·角·亢也. 或曰: '角·亢, 大國之象, 爲齊·晉也.' 其後田氏篡齊, 六卿分晉." 案星孛之後二年, 『春秋』之經盡矣. 又十一年 『左氏』之傳盡矣. 自傳盡後八十二年, 齊康公爲田和所滅. 又七年, 晉靜公 爲韓·魏·趙所滅. 上云星孛之歲, 皆出百餘年. 辰象所纏, 氣祲所指, 若相感應, 何太疏闊者哉? 且當『春秋』旣終之後, 『左傳』未盡之前, 其間衛弑君, 越滅吳, 魯遜越, 賊臣逆子破家亡國多矣. 此正得東方之象, 大國之徵,

---

29 융과~것이고 : 양공 4년, 융적戎狄과 화해하면 다섯 가지 이점이 있다고 위강이 말했다.

30 세 번~것이다 : 양공 9년, 진 도공은 정나라를 놓고 초나라와 전쟁을 하는 중에도 민생을 잘 살폈다. 진 도공은 세 번의 전쟁 끝에 마침내 초나라의 야망을 꺾을 수 있었다.

何故捨而不述, 遠求他代者乎? 又范與中行, 早從殄滅. 智入戰國, 繼踵云亡. 輒與三晉以名, 總以六卿爲目, 殊爲謬也. 尋斯失所起, 可以意測. 何者? 二傳所引, 事終西狩獲麟.『左氏』所書, 語連趙襄滅智. 漢代學者, 唯讀二傳, 不觀『左氏』. 故事有不周, 言多脫略. 且春秋之後, 戰國之時, 史官闕書, 年祀難記. 而學者遂疑篡齊分晉, 時與魯史相鄰. 故輕引災祥, 用相符會. 白圭之玷, 何其甚歟?

애공哀公 13년 11월, 혜성이 동방에 나타났다. 동중서와 유향이 말하기를 "주나라 11월은 하나라 9월에 해당하며, 태양이 저수氐宿에 있는 때이다. 동쪽에서 나오는 별자리는 진軫·각角·항亢이다.[31] 어떤 사람은 '각·항은 대국의 상징이며 제나라 또는 진나라이다.'라고 한다. 혜성이 나타난 뒤 전씨田氏가 제나라를 찬탈했고, 육경六卿이 진나라를 분할했다."라고 했다.[32] 그러나 혜성이 나타난 2년 뒤에『춘추』의 경문이 끝나고, 또 11년 후에는『좌씨전』의 전문도 끝난다. 전문이 끝나고 나서 82년이 지나서야 제나라가 전화田和에게 멸망당한다. 또 7년 뒤에 진 정공晉靜公이 한韓·위魏·조趙에게 멸망당한다. 그러므로 위에서 말한 혜성이 나타난 해로부터 100년 정도 뒤가 되는 셈이다. 일월성신日月星辰에 관련된 것이나 나쁜 기운을 가리키는 것이 서로 감응한다면, 어떻게 시간적으로 그렇게 멀리 떨어져 있을 수 있는가.

더욱이『춘추』의 경문이 끝난 뒤,『좌씨전』의 전문이 아직 끝나지 않았던 그 사이의 시기에 위나라에서는 군주가 시해되고,[33] 월나라는 오나라를 멸망

---

31 동쪽에서~진·각·항이다 : 각角과 항亢은 춘분날 동쪽 지평선에 뜨는 별자리이고, 진軫은 동짓날 동쪽 지평선에 뜨는 별자리이다.

32 동중서와~했다 :『한서』권27하지하下之下「오행지」에 나온다.

33 위나라에서는 군주가 시해되고 : 애공 17년, 위 장공衛莊公이 석포石圃의 공격을 피해 도망치다가 융戎 사람인 기씨己氏에게 옥을 주고 살려달라 했으나, 기씨는 장공을 살해했다.

시켰으며,[34] 노나라에서는 애공이 쫓겨나 월나라로 도망치는[35] 등, 난신적자들이 가문과 나라를 망하게 한 경우가 많았다. 이런 사례야말로 동쪽 형상이나 대국의 징조에 어울리는 경우인데, 무슨 이유로 이는 놔두고 서술하지 않으면서 굳이 먼 시대에서 감응하는 사건을 찾는단 말인가.

또한 범씨范氏와 중행씨中行氏는 일찍 망했고, 지씨智氏도 전국시대에 들어와 그 뒤를 이어 망했다. 걸핏하면 삼진三晉을 거론하고 싸잡아 육경을 지목하는 것은 정말 오류이다. 그러나 이러한 실수가 생긴 점을 살펴보면 이유가 있다.

이유는 무엇인가? 『공양전』과 『곡량전』에서 인용한 사건은 애공이 서쪽으로 사냥 가서 기린을 잡은 것(獲麟)으로 끝난다. 『좌씨전』의 기록은 조양자趙襄子가 지백智伯을 멸망시키는 데까지 이어진다. 한나라 때 학자들은 『공양전』과 『곡량전』만 읽고 『좌씨전』은 읽지 않았다. 이 때문에 사실이 두루 갖추어지지 못했고 내용도 빠지거나 생략된 부분이 많다. 또한 춘추시대 이후 전국시대 때 사관이 빠뜨린 데가 많고 연대도 확실하지 않다. 그래서 배우는 사람들이 결국 제나라의 찬탈이나 진나라의 분할이 노나라 역사와 가까운 시대라고 생각하게 되었고, 무심코 재상災祥을 인용하여 가져다 맞춘 것이다. 백규白圭의 흠결[36]이라고 하기에는 너무 심하지 않은가.

그 전에 장공은 기씨 아내의 머리카락을 잘라 자신의 부인인 여강呂姜의 가발을 만들어준 적이 있었다.

34 월나라는 오나라를 멸망시켰으며 : 애공 22년의 일이다.

35 노나라에서는~도망치는 : 애공 27년, 삼환三桓(맹손·숙손·계손) 때문에 애공이 쫓겨나 월나라로 도망쳤다.

36 백규의 흠결 : 『논어』 「선진」에 "희고 맑은 옥의 티는 갈아 없앨 수 있으나, 잘못된 말은 고칠 수가 없다.[白圭之玷, 尙可磨也; 斯言之玷, 不可爲也.]"라고 했다.

• 사건 발생의 원인에 대한 오해

『春秋』釐公三十三年十二月, 隕霜不殺草. 成公五年, 梁山崩. 七年, 鼷鼠食郊牛角. 劉向以其後三家逐魯昭公, 卒死于外之象. 案乾侯之出, 事由季氏. 孟·叔二孫, 本所不預. 況昭子以納君不遂, 發憤而卒. 論其義烈, 道貫幽明. 定爲忠臣, 猶且無愧; 編諸逆黨, 何乃厚誣? 夫以罪由一家, 而兼云二族. 以此題目, 何其濫歟?

　　『춘추』이공 33년 12월, 서리가 내렸는데도 풀이 시들지 않았다. 성공成公 5년, 양산이 무너졌다. 7년, 쥐가 제사에 사용할 소의 뿔을 물어뜯었다. 유향은 그것이 "후에 노나라 계손·맹손·숙손의 삼가三家가 소공을 쫓아내고, 소공이 국외에서 사망할 징조였다."라고 했다.[37] 그러나 소공이 건후乾侯로 도망친 일은 계씨 때문이며, 맹손·숙손은 본래 상관없었다. 하물며 소자昭子는 어떻게든 소공을 본국으로 돌려보내려 했으나 뜻을 이루지 못하고, 분노가 극에 달해 자살해버렸던 것이다.[38] 그의 의열義烈에 대해 논하건대 생전과 사후를 통해 태도가 일관되었다고 할 수 있다. 충신이라고 불러도 오히려 손색없을 정도인데, 그를 반역자의 무리에 넣은 것은 너무 심한 무함이 아닌가. 죄는 한 집안에서 나왔는데 나머지 두 집안까지 싸잡아서 언급하고 있으니, 이렇게 지목하는 것은 너무 지나치지 않은가.

• 정세나 지리를 고려하지 않은 곡해

『左氏傳』昭公十九年, 龍斗于鄭石門之外洧淵. 劉向以爲: "近龍孽也. 鄭

37　유향은~했다 : 『한서』 권27중지상中之上 「오행지」에 나온다.
38　소자는~것이다 : 『좌씨전』 소공 25년에 나온다.

小國攝手晉·楚之間·重以強吳, 鄭當其衝, 不能修德, 將鬪三國, 以自危亡.
是時, 子產任政, 內惠于民, 外善辭令, 以交三國, 鄭卒亡患. 此能以德銷災
之道也." 案昭之十九年, 晉·楚連盟, 干戈不作. 吳雖強暴, 未擾諸華. 鄭無
外虞, 非子產之力也. 又吳爲遠國, 僻在江干, 必略中原, 當以楚·宋爲始.
鄭居河·潁, 地匪夷庚, 謂當要衝, 殊爲乖角. 求諸地理, 不其爽歟?

『좌씨전』 소공 19년, 정나라 석문 밖의 유연洧淵에서 용 두 마리가 싸웠
다. 유향이 말하기를 "용을 가까이하는 것은 재앙이다. 정나라는 작은 나라
인데 진나라와 초나라라는 두 대국 사이에 끼여 있고, 게다가 오나라라는 강
한 나라도 버티고 있으므로 군주가 매우 큰 덕을 쌓지 않으면 이 세 나라와
싸우다가 자멸할 수도 있었다. 마침 이때 자산子産이 정치를 맡아서 안으로는
백성들에게 은혜를 베풀고 밖으로는 능숙한 외교로 세 나라와 교섭하여 정나
라에 끝까지 환란이 일어나지 않았다. 이것이 덕으로 재해를 없앤 방도이
다."라고 했다.[39]

그러나 소공 19년 무렵, 진나라와 초나라가 동맹을 맺어 전쟁도 없을 때였
다. 오나라는 난폭한 나라였지만 중원까지 소란스럽게 하지는 않았다. 그러
므로 정나라가 대외적으로 근심이 없었던 것은 자산의 힘이 아니다. 또한 오
나라가 장강 저 편의 먼 나라로 중원을 침략하려면 분명 초나라나 송나라와
먼저 부딪치게 된다. 정나라는 황하와 영수潁水 사이에 있으며, 그 땅은 길도
평탄하지 않으니, 요충지에 해당된다는 말은 전혀 이치에 맞지 않다.[40] 지리
를 살펴보면 잘못을 알 수 있을 것이다.

---

39 유향이~했다 : 『한서』 권27하지하下之下 「오행지」에 나온다.
40 그 땅은~않다 : 이경夷庚은 평탄하고 큰 길을 뜻한다. 괴각乖角은 비꼼, 왜곡, 편벽이라는
　　뜻이다.

● 재해에 대한 해석의 수록에 나타난 오류

『春秋』昭公十五年六月, 日有蝕之. 董仲舒以爲: "時宿在畢, 晉國象也." 又云: "日比再蝕, 其事在『春秋』後, 故不載于經." 案自昭十五年, 迄于獲麟之歲, 其間日蝕復有九焉. 事列本經, 披文立驗, 安得云再蝕而已, 又在『春秋』之後也? 且觀班「志」編此九蝕, 其八皆載董生所占. 復不得言董以事後『春秋』, 故不存編錄. 再思其語, 三覆所由, 斯蓋孟堅之誤, 非仲舒之罪也.

　　『춘추』 소공 15년 6월, 일식이 있었다. 동중서가 말하기를 "당시 수宿가 필畢에 있을 때로, 진나라의 형상이다."라고 했다. 또 말하기를 "재차 일식이 있었는데, 그것은 『춘추』에 수록된 시대보다 뒤에 일어났기 때문에 경문에는 실리지 않았다."라고 했다.[41]

　　그러나 소공 15년부터 기린을 잡았던(獲麟) 해에 이르기까지 일식은 아홉 번 반복되었다. 이 사실은 경문에 분명히 기록되어 있으므로, 조사해보았다면 두 번 일식이 있었다거나『춘추』에 수록된 시대보다 뒤에 일어났다고 어떻게 말할 수 있었겠는가. 또한 반고의 「오행지」에는 이 아홉 번의 일식을 수록하고 있고, 그중 여덟 번에 대해서는 모두 동중서의 해석을 싣고 있다. 따라서 동중서가 『춘추』에서 다룬 시대보다 나중의 일이므로『춘추』에 실리지 않았다고 말할 수는 없는 것이다. 그 말을 거듭 생각해보고, 연유를 곱씹어보면, 이는 반고의 잘못이지 동중서의 죄가 아니다.

---

41 동중서가~했다 :『한서』 권27하지하下之下「오행지」에 나온다.

• 나라의 부흥을 모르고 내린 무리한 해석

『春秋』昭公九年, 陳火. 劉向以爲: "先是陳侯之弟殺太子偃師, 楚因滅陳. 『春秋』不與蠻夷滅中國, 故復書'陳火'也." 案楚縣中國以爲邑者多矣, 如邑有宜見于經者, 豈可不以楚爲名者哉? 蓋當斯時, 陳雖暫亡, 尋復舊國, 故仍取陳號, 不假楚名. 獨不見鄭裨竈之說乎? 裨竈之說斯災也, 曰: "五年, 陳將復封. 封五十二年而遂亡." 此其效也. 自斯而後, 若顓頊之墟, 宛丘之地, 如有應書于國史者, 豈可復謂之陳乎?

『춘추』소공 9년, 진陳나라에 화재가 났다. 유향이 말하기를 "이에 앞서 진나라 군주의 동생이 태자 언사偃師를 죽였고, 이 때문에 초나라가 진나라를 멸망시켰다. 『춘추』에서는 남쪽 오랑캐가 중국을 멸망시켰다는 것을 인정하지 않았으므로 다시 '진나라에 화재가 났다.'고 쓴 것이다."라고 했다.[42]

그러나 남쪽 오랑캐라고 하더라도 초나라의 세력권에는 중화 지역이 많이 속해 있었으며, 그런 지역이 경문에 나와야 했을 경우라면 어찌 초나라라는 이름을 쓰지 않았겠는가. 당시 상황을 말하자면, 진나라가 잠시 멸망했지만 얼마 있다가 다시 일어섰으므로, 그대로 진나라라는 호칭을 취하고 초나라 이름을 빌리지 않았던 것이다. 유향만 홀로 정나라 비조裨竈의 말을 보지 못했다는 것인가. 비조가 말하기를 "5년이면 진나라는 장차 제후국으로 복구되고, 봉해진 지 52년이 지나면 결국 망할 것이다."라고 했는데,[43] 그것이 그

---

42 유향이~했다 : 『한서』 권27상 「오행지」에 나온다.

43 비조가~했는데 : 『좌씨전』 소공 9년 4월에 나온다. 진나라 화재를 두고 비조가 자산子産에게 위와 같이 말했다. 자산이 그 이유를 묻자, 진나라는 수水이고 초나라는 화火인데, 화火가 나타나 진나라에 화재가 난 것이며, 이는 초나라 세력을 몰아내고 진나라가 다시 일어선다는 것을 의미한다고 풀이했다. 유지기가 비조의 말을 논거로 삼았지만, 비조의 말은 사실이 아니라 예언에 불과하다.

증거이다. 진나라가 끝내 망했다면 전욱씨顓頊氏가 옛 도읍이나 완구宛丘 땅 같은 지역을 국사에 기록할 때 어찌 다시 진나라라는 호칭을 붙일 수 있었겠는가.[44] 史通

---

44 전욱씨가~있었겠는가 : 전욱은 고대 오제五帝의 하나인데, 전욱의 유허[顓頊之墟]란 진陳나라를 가리킨다. 『사기』 권36 「진기세가陳杞世家」에 진나라는 순舜의 후손인 호공만胡公滿에게 봉한 나라이며, 순은 전욱의 6세손이라고 했다. 완구는 현재 하남성에 있다. 이곳은 구릉 지역으로, 근처에 진나라의 도읍이 있었다.

『사통 외편』「고금정사」에서부터 「오행지잡박五行志雜駁」에 이르기까지 유지기는 역사서의 수준 차이, 역사서에서 사료 선택과 해석에 나타나는 오류와 착오와 의문 등을 논의했다. 「암혹暗惑」편에서는, 바닥까지 간파하는 식견이 없고 명석한 정신을 가지고 있지 않다면 참과 거짓을 구분하기 어렵고, 옳고 그름을 분별하지 못하기 때문에 문제가 발생한다는 것을 말하고 있다. 말하자면 자칫 역사가들이 속아 넘어갈 수 있는 자료를 예시함으로써 주의를 환기했다.

유지기가 예로 든 것은 『사기』「오제본기」에 순임금이 우물을 빠져나왔다는 기록, 「골계전」에서 우맹이 죽은 손숙오를 흉내 내어 초 장왕을 감동시켰다는 이야기 등이다. 이는 그가 볼 때 상식적으로 납득하기 어려운 기록이다. 이런 기록은 착오 정도가 아니라 독자를 헷갈리게 만든다. 유지기는 이런 실수가 생기는 이유가 저자의 식견이 어리석고 막혀 있기 때문이라며, 국사를 만들 때는 신중해야 한다고 거듭 강조했다.

外篇
12

무지와 미혹의 사이
暗惑

暗惑

夫人識有不燭, 神有不明, 則眞僞莫分, 邪正靡別. 昔人有以髮繞炙誤其國
君者, 有置毒于胙誣其太子者. 夫髮經炎炭, 必致焚灼; 毒味經時, 無復殺
害. 而行之者僞成其事, 受之者信以爲然. 故使見咎一時, 取怨千載. 夫史
傳敍事, 亦多如此. 其有道理難憑, 欺誣可見. 如古來學者, 莫覺其非, 蓋往
往有焉. 今聊擧一二, 加以駁難, 列之于左.

사람에게 바닥까지 간파하는 식견이 없고 명석한 정신이 없다면 참과 거
짓을 구분하기 어렵고 옳고 그름을 분별하지 못한다. 옛날에 고기에 털을 붙
여서 임금을 오해하게 만든 자가 있었고,[1] 제사 고기에 독을 넣어 태자를 무
함한 자도 있었다.[2] 보통 털이 숯불에 닿으면 반드시 타버리게 마련이고, 음

---

1 고기에~있었고 : 『한비자』 「내저설內儲說」에 나온다. 진 문공晉文公 때 요리사가 문공에게
   고기를 구워 바쳤는데, 고기에 털이 붙어 있었다. 문공이 요리사를 불러 꾸짖자, 요리사는
   날카로운 칼로도 털을 제거하지 못한 죄, 송곳으로 뼈를 바르고도 털을 제거하지 못한
   죄, 불에 고기를 굽고도 털을 태우지 못한 죄를 열거하면서, 그것이 자신의 죄가 아님을
   반증했다. 이에 문공이 일을 꾸민 자를 조사하여 죽였다.
2 제사~있었다 : 『좌씨전』 희공 4년에 나온다. 진나라 태자 신생申生이 곡옥曲沃에서 어머니
   제사를 지내고, 그 제사에 사용한 고기를 아버지 헌공獻公에게 바쳤다. 마침 헌공은 사냥을
   나가 없었다. 여희驪姬는 그 고기를 6일 동안 궁중에 보관했다가 헌공이 도착하자 독을
   넣어 바치고, 이를 태자의 짓이라 참소했다. 신생은 무함을 받고 헌공이 여희에 눈이
   멀어 자신의 변명을 들어주지 않을 거라 생각하여 달아나 자결했다. 그러나 태자가 처음부터
   고기에 독을 넣었다면 6일이 지났으므로 그 정도 기간이 지나면 변질되어 사람을 죽일

식에 넣은 독은 시간이 일정 정도 지나면 사람을 죽일 수 없게 된다. 도중에 누군가 조작한 것이 분명하지만, 막상 받아들이는 자는 그대로 믿어버렸다. 이 때문에 평생 허물이 되고 천 년 동안 원한을 샀다.

역사서의 서사에도 이런 사례가 많다. 사리로 보아도 신뢰하기 어렵고, 속임수와 부함이라는 것을 알 수 있다. 그런데도 예부터 학자들이 그 잘못을 눈치 채지 못하는 일이 자주 발생한다. 지금 한두 가지 사례를 들어 다음과 같이 비판하겠다.

● 순임금이 우물을 빠져나왔다는 『사기』 「오제본기」에 대한 비판

『史記』「本紀」曰: "瞽叟使舜穿井, 爲匿空旁出. 瞽叟與象共下土實井. 瞽叟·象喜, 以舜爲已死. 象乃止舜宮." 難曰: 夫杳冥不測, 變化無恒, 兵革所不能傷, 網羅所不能制, 若左慈易質爲羊, 劉根竄形入壁是也. 時無可移, 禍有必至, 雖大聖所不能免, 若姬伯拘于羑里, 孔父阨于陳·蔡是也. 然俗之愚者, 皆謂彼幻化, 是爲聖人. 豈知聖人智周萬物, 才兼百行, 若斯而已, 與夫方內之士, 有何異哉! 如『史記』云'重華入于井中, 匿空而去', 此則其意以舜是左慈·劉根之類, 非姬伯·孔父之徒. 苟識事如斯, 難以語夫聖道矣. 且案太史公云: "黃帝·堯·舜軼事, 時時見于他說. 余擇其言尤雅者, 著爲本紀書首." 若如向之所述, 豈可謂之雅邪?

『사기』「오제본기五帝本紀」에 "순임금의 아버지 고수瞽叟는 순을 죽이려고 우물을 파게 했는데, 순은 구덩이에 몸을 숨기고 옆으로 빠져나왔다. 고수와

수 없다. 그러므로 사리가 분명한 사람이라면 태자가 한 일이 아니라는 것을 알게 된다는 의미이다. 조胙는 제사 고기이다.

그의 동생 상象은 함께 우물을 흙으로 덮어버렸다. 고수와 상은 순이 죽었다고 기뻐했으며, 상은 곧 순의 집에 가서 살았다."라고 했다.

나는 다음과 같이 비판한다. 어둡고 아득하여 짐작할 수 없고 변화가 일정하지 않아서 무기를 가지고도 손상시킬 수 없으며 그물을 가지고도 잡을 수 없는 현상, 그것은 곧 좌자左慈의 형질이 변하여 양이 되었다거나,[3] 유근劉根이 몸을 감추고 벽으로 들어가버렸다는 일이다. 시세는 바꿀 수 없고 재난은 반드시 오게 마련이라 아무리 위대한 성인이라도 어쩔 수가 없으니, 문왕文王이 유리에 갇힌 일이나,[4] 공자가 진陳과 채蔡 사이에서 곤경에 빠졌던 일[5]이 그것이다. 그렇지만 세간의 어리석은 사람들은 뭔가 요술 같은 변화를 일으키면 성인이라고 말한다. 이들이 어찌 성인의 지혜란 세상 만물을 두루 이해하고 모든 행위를 잘할 수 있는 재능일 뿐이며, 일반 사람과 비교할 때 아무 것도 다른 데가 없다는 것을 알겠는가.

『사기』에서 "중화重華가 우물 안으로 들어가, 구덩이에 몸을 숨기고 나왔다."라고 한 말은, 순임금이 좌자나 유근 같은 부류이지 문왕이나 공자의 무리가 아니라는 뜻이다. 사실을 그런 식으로 이해한다면 그 수준으로는 성인의 도를 말하기 어려울 것이다. 또한 태사공이 말하기를 "황제·요·순의 알려지지 않은 사실은 다른 이야기에 자주 나타난다. 나는 그중에서 가장 사리에

---

3 좌자의~되었다거나 : 좌자의 자는 원방元放이다. 그에게는 몸을 변환하여 숨는 재주가 있었다. 조조曹操가 좌자를 죽이려고 했을 때 좌자는 벽 속으로 숨었다. 뒤에 조조가 우연히 좌자를 만나 체포하려고 했는데, 좌자가 양으로 변하여 양떼 속으로 들어가버리는 바람에 찾을 수 없었다고 한다. 『후한서後漢書』 권112하 「방술열전方術列傳 좌좌전左慈傳」에 나온다.

4 문왕이~일이나 : 『사기』 권4 「주본기周本紀」에, 은나라 주왕이 문왕을 유리에 구금했다고 했다. 희백姬伯은 문왕으로, 희姬는 문왕의 성이다.

5 공자가~일 : 『논어』 「위령공衛靈公」에 나온다.

합당한 사실을 선택하여 「오제본기」의 첫머리에 기록하였다.”라고 했다.[6] 하지만 앞의 서술과 같은 사례를 어떻게 사리에 합당하다고 하겠는가.

• 우맹이 죽은 손숙오를 흉내 내어 초 장왕을 감동시켰다는 『사기』 「골계전」에 대한 비판

又『史記』「滑稽傳」: “孫叔敖爲楚相, 楚王以霸. 病死, 居數年, 其子窮困負薪. 優孟即爲孫叔敖衣冠, 抵掌談語, 歲餘, 象孫叔敖, 楚王及左右不能別也. 莊王置酒, 優孟爲壽, 王大驚, 以爲孫叔敖復生, 欲以爲相.” 難曰: 蓋語有之: “人心不同, 有如其面.” 故宏隆異等, 修短殊姿, 皆禀之自然, 得諸造化. 非由仿效, 俾有遷革. 如優孟之象孫叔敖也, 衣冠談說, 容或亂真, 眉目口鼻, 如何取類? 而楚王與其左右曾無疑惑者邪? 昔陳焦旣亡, 累年而活; 秦諜從縊, 六日而蘇. 顧使竹帛顯書, 古今稱怪. 況叔敖之歿, 時日已久, 楚王必謂其復生也, 先當詰其枯骸再肉所由, 闔棺重開所以. 豈有片言不接, 一見無疑, 遽欲加以寵榮, 復其祿位! 此乃類夢中行事, 豈人倫所爲者哉!

또한 『사기』 「골계전滑稽傳」에 “손숙오孫叔敖가 초나라 재상이 되니 초 장왕楚莊王이 그의 도움으로 패업을 이루었다. 손숙오가 병으로 죽고 몇 년이 지나자 그 아들이 곤궁하여 나무를 해다 팔았다. 우맹優孟이 곧 손숙오의 의관을 차려입고, 그의 생전 버릇인 손뼉을 치며 이야기를 하는 동작을 계속한 끝에 일 년여가 지나자 그의 흉내를 낼 수 있었고, 초 장왕이나 좌우 신하들도 구별할 수가 없었다. 장왕의 연회 석상에서 우맹이 헌수했을 때 장왕은

---

6 태사공이~했다 : 『사기』 권1 「오제본기 찬五帝本紀贊」에 나온다.

크게 놀라 손숙오가 다시 살아왔다고 여기고 그를 재상으로 삼으려고 했다."
라고 했다.[7]

나는 다음과 같이 비판한다. 옛말에 이르기를 "인심은 마치 그 얼굴처럼
서로 같지 않다."라고 했다.[8] 그러므로 코가 납작한 사람도 있고 우뚝한 사람
도 있어 얼굴이 다르고, 키가 큰 사람도 있고 작은 사람도 있어 자태가 다른
법이니, 모두 자연히 타고나서 조화를 이룬 것이다. 모방한다고 해서 바뀌는
것이 아니다. 우맹이 손숙오의 흉내를 냈을 때 의관이나 말투는 비슷했겠지
만 어떻게 이목구비까지 닮을 수 있겠는가. 장왕이나 그 좌우에서 한 사람도
의심하지 않았다는 점이 도리어 이상하다.

옛날에 진초陳焦라는 사람이 죽은 뒤 몇 년 지나자 살아났고,[9] 진나라 간첩
을 잡아 목졸라 죽였는데 6일 만에 소생했다.[10] 이런 이야기는 역사서에 실
려 있지만 예부터 괴이한 일이라고 일컬었다. 더구나 손숙오가 죽고 세월이
오래 흘렀는데, 초 장왕이 그가 분명 다시 살아난 것이라고 생각했다면 먼저
썩은 시체가 어떻게 다시 몸을 얻어 살아났는지, 무슨 방법으로 덮여 있는
관 뚜껑을 열었는지 물어야 했다. 어찌 한마디도 물어보지 않은 채 한번 보
고는 의심하지도 않고 느닷없이 총애와 영예를 안기고 거기에 재상의 지위에
복귀시킨다는 말인가. 이런 일이야말로 꿈에서나 있을 법한 이야기이지, 어
찌 보통 사람이라면 할 수 있는 일이겠는가.

---

7 『사기』~했다 : 초 장왕이 우맹을 손숙오로 착각하여 재상으로 삼으려고 하자, 우맹이
　자신은 죽은 뒤 자식이 가난해서 살기 힘들게 된다면 재상이 되지 않겠다고 풍자하니
　장왕이 크게 깨닫고 손숙오의 아들을 우대했다.
8 옛말에~했다 : 『좌씨전』 양공 31년에, 자산子産이 한 말이다.
9 진초라는~살아났고 : 『삼국지 오지』 권48 「삼사주전三嗣主傳」에, 진초라는 사람이 죽어서
　묻었는데 6일 만에 되살아났다고 한다.
10 진나라~소생했다 : 『좌씨전』 선공 8년 전문에 나온다.

• 사람이 살았을 때의 일에 시호를 쓴 『사기』「전경중세가」에 대한 비판

又『史記』「田敬仲世家」曰: "田常成子以大斗出貸, 以小斗收. 齊人歌之曰: '嫗乎采芑, 歸乎田成子.'" 難曰: 夫人旣從物故, 然後加以易名. 田常見存, 而遽呼以諡, 此之不實, 明然可知. 又案『左氏傳』石碏曰: "陳桓公方有寵于王." 『論語』陳司敗問孔子: "昭公知禮乎?" 『史記』家令說太上皇曰: "高祖雖子, 人主也." 諸如此說, 其例皆同. 然而事由過誤, 易爲筆削. 若「田氏世家」之論成子也, 乃結以韻語, 纂成歌詞, 欲加刊正, 無可厘革. 故獨擧其失, 以爲標冠云.

또한 『사기』「전경중세가田敬仲世家」에 "전상성자田常成子는 곡물을 빌려줄 때는 큰 되를 사용하고, 되돌려 받을 때는 작은 되를 사용했다. 제나라 사람들은 '상추를 따는 늙은이까지 전성자田成子를 지지했다.'고 노래했다."라고 했다.

나는 다음과 같이 비판한다. 대개 사람은 죽고 난 뒤에는 바뀐 이름, 즉 시호가 덧붙여진다.[11] 위의 이야기가 나올 당시 전상田常은 살아 있었는데 전성자라는 시호로 불렸으니, 이 일은 분명 사실이 아님을 알 수 있다. 『좌씨전』은공隱公 4년에 석작石碏이 "진 환공陳桓公이 한창 주 환왕周桓王의 총애를 받았다."라고 한 일이나, 『논어』「술이述而」에서 진사패陳司敗가 공자에게 "소공昭公은 예를 알고 있습니까?"라고 한 일, 『사기』「고조본기高祖本紀」에서 가신家臣이 태상황에게 "고조高祖는 어리기는 해도 군주입니다."라고 한 것도 모두 그 말을 할 당시에 사용하던 호칭이 아니다. 사실이 잘못되었다면 고치는 일은 쉽다. 하지만 「전경중세가」에서 성자라고 한 경우는 각운을 밟

---

11 대개~덧붙여진다 : 물고物故는 사망死亡이다. 역명易名이란 죽은 뒤에 시호를 붙이는 일을 말한다.

아 끝맺어 노래 가사를 지은 것이기 때문에 정정하려고 해도 고칠 수가 없다. 그러므로 그 사례만 대표적인 예로 제시했다.

● 유약에 대한 전설을 그대로 수록한 『사기』「중니제자열전」에 대한 비판

又『史記』「仲尼弟子列傳」曰: "孔子旣歿, 有若狀似孔子, 弟子相與共立爲師, 師之如夫子. 他日, 弟子進問曰: '昔夫子當行, 使弟子持雨具, 已而果雨. 商瞿年長無子, 母爲取室. 孔子曰〈瞿年四十後, 當有五丈夫子.〉已而果然. 敢問夫子何以知此?' 有若默然無應. 弟子起曰: '有子避, 此非子之坐也!'" 難曰: 孔子弟子七十二人, 柴愚·參魯, 室言·游學, 師·商可方, 回·賜非類. 此幷聖人品藻, 優劣已該, 門徒商榷, 臧否又定. 如有若者, 名不隸于四科, 譽無偕于十喆. 逮尼父旣歿, 方取爲師. 以不答所問, 始令避坐. 同稱達者, 何見事之晩乎? 且退老西河, 取疑夫子, 猶使喪明致罰, 投杖謝愆. 何肯公然自欺, 詐相策奉? 此乃兒童相戱, 非復長老所爲. 觀孟軒著書, 首陳此說; 馬遷裁史, 仍襲其言. 得自委巷, 曾無先覺, 悲夫!

『사기』「중니제자열전仲尼弟子列傳」에 "공자가 돌아가신 뒤 제자인 유약有若의 모습이 공자를 닮았으므로 제자들이 서로 그를 스승으로 삼아 공자처럼 모시기로 했다. 어느 날 한 제자가 '예전에 선생님께서 외출하실 때 제자에게 비옷을 가지고 가게 했는데 얼마 있다가 과연 비가 내렸다. 상구商瞿가 나이를 먹었는데도 자식이 없자 그의 어머니는 그에게 다른 아내를 맞게 하려고 했다. 공자께서〈상구는 마흔 살이 넘으면 사내아이 다섯을 얻을 것이다.〉라고 했는데, 과연 그대로였다. 선생님께서는 어떻게 이런 사실을 알고 계셨을까?'라고 물었다. 유약은 입을 다문 채 대답하지 못했다. 그 제자는 일어나서, '유자有子는 그곳에서 물러나라. 거기는 그대 자리가 아니다!' 했다."라고 했다.

나는 다음과 같이 비판한다. 공자의 제자 3,000명 중에 뛰어난 사람이 72
명인데, 고시高柴는 어리석은 듯하고 증삼曾參은 둔한 듯했으며,[12] 재아宰我는
말을 잘 했고 자유子游는 학문이 있었으며,[13] 전손사顓孫師와 복상卜商은 대등
한 인물이며,[14] 안회顏回와 단목사端木賜는 탁월한 인물들이었다.[15] 이런 평가
는 모두 공자가 내린 것으로, 우열이 이미 분명했고 제자들도 그것을 잘 알
고 있을 정도로 장단점이 명확했다.

유약의 경우에는 덕행·언어·정치·문학의 네 부문에서 이름이 꼽히지 못하
여 십철十哲에 포함되는 영예를 누리지도 못했다. 공자가 세상을 뜬 뒤 제자
들이 유약을 스승으로 삼았다가 묻는 말에 그가 대답을 못하자 쫓아냈다고
했지만, 그렇게 통달했던 사람이라면 이다지 늦게 행적이 드러날 수 있겠는
가. 자하子夏가 나이 들어서 황하 서쪽으로 은퇴하자 사람들이 그를 공자로
생각했는데, 오히려 그는 아들 상을 당해 눈이 멀었다가 증삼의 꾸중을 듣고
나서 지팡이를 던지고 잘못을 사과했다.[16] 제자들이 이 정도로 스승인 공자를

---

12 고시는~둣했으며 :『논어』「선진先進」에 나온다. 시柴는 고시로, 자는 자고子羔이며 공자보다
　　30세 어렸다. 삼參은 증삼으로, 자는 자여子輿이며 공자보다 46세 어렸다.

13 재아는~있었으며 :『논어』「선진」에, 공자가 네 가지 부문에서 뛰어난 제자를 거론하며,
　　"덕행은 안연顏淵·민자건閔子騫·염백우冉伯牛·중궁仲弓이고, 언어는 재아와 자공이며, 정치는
　　염유冉有와 계로季路이고, 문학은 자유와 자하이다."라고 했다. 재宰는 재아로, 자는 자아子我
　　이다. 유游는 자유로, 이름은 언언言偃이다.

14 전손사와~인물이며 :『논어』「선진」에, 공자가 "사師는 지나치고 상商은 모자란다."라고
　　했다. 그러자 자공이 "사師가 더 나은 것입니까."라고 물으니, 공자는 "지나친 것은 모자란
　　것과 같다."라고 대답했다. 사師는 전손사로, 자는 자장子張이며 공자보다 48세 어렸다.
　　상商은 복상으로, 자는 자하子夏이며 공자보다 40세 어렸다.

15 안회와~인물들이었다 :『논어』「공야장公冶長」에 "회回는 하나를 들으면 열을 알고, 사賜는
　　하나를 들으면 둘을 안다."라고 했다. 회回는 안회로, 자는 연淵이다. 사賜는 단목사로,
　　자는 자공子貢이다.

소중히 여겼는데, 어찌 공연히 스스로 속이고 유약의 모습이 공자와 닮았다는 이유만으로 스승으로 받들었겠는가. 이야말로 아이들 장난이지, 나이든 사람들이 한 행위라고 받아들이기 어렵다. 『맹자』에 이 이야기가 가장 먼저 나왔고,[17] 사마천이 『사기』를 저술하면서 그 말을 그대로 수록했다. 원래 동네 골목의 소문에 지나지 않은 이야기를 일찍이 깨달은 자가 없었다니, 슬픈 일이다.

● 개연성 없는 한 고조와 장량의 대화를 그대로 수록한 『사기』와 『한서』에 대한 비판

又『史記』·『漢書』皆曰: "上在洛陽南宮, 從複道望見諸將往往相與坐沙中語. 上曰: '此何語?' 留侯曰: '陛下所封皆故人親愛, 所誅皆平生仇忌. 此屬畏誅, 故相聚謀反爾.' 上乃憂曰: '爲之奈何?' 留侯曰: '上平生所憎, 誰最甚者?' 上曰: '雍齒.' 留侯曰: '今先封雍齒, 以示羣臣. 羣臣見雍齒封, 則人人自堅矣.' 于是上置酒, 封雍齒爲侯. 難曰: 夫公家之事, 知無不爲, 見無禮于君, 如鷹鸇之逐鳥雀. 案子房之少也, 傾家結客, 爲韓報仇. 此則忠義素彰, 名節甚著. 其事漢也, 何爲屬羣小聚謀, 將犯其君, 遂默然杜口, 俟問

16 자하가~사과했다 : 『사기』 권67 「중니제자열전」에, 공자가 세상을 뜬 뒤 자하가 서하西河에 살면서 제자들을 가르쳤는데, 위 문후魏文侯가 그를 스승으로 삼았다. 그러나 자하는 아들이 죽은 뒤 너무 슬퍼한 나머지 곡을 하다 눈이 멀었다고 했다. 『예기』 「단궁 상檀弓上」에, 증자가 조문하러 와서 말하기를 "사람들이 자네를 공자라고 생각하게 만든 것이 첫째 죄고, … 자식을 잃고 눈이 먼 것이 셋째 죄다."라고 지적하자, 자하가 지팡이를 던지고 사과했다고 한다.

17 『맹자』에~나왔고 : 『맹자』 「등문공 상滕文公上」에, 자하 등이 유약을 스승으로 모시려고 하자, 증자가 "강한江漢의 물에 빨고 가을볕에 말렸으니, 희고 희어 더할 것이 없다."라고 공자를 표현하면서 그 논의에 반대했다고 한다.

方對? 倘若高祖不問, 竟欲無言者邪? 且將而必誅, 罪在不測. 如諸將屯聚, 圖爲禍亂, 密言臺上, 猶懼覺知; 羣議沙中, 何無避忌? 爲國之道, 必不如斯. 然則張良慮反側不安, 雍齒以嫌疑受爵, 蓋當時實有其事也. 如復道之望, 坐沙而語, 是說者敷演, 妄溢其端耳.

『사기』와 『한서』에 모두, "상이 낙양 남궁의 회랑 높은 곳에서 여러 장군들이 자주 모래밭에 앉아 이야기를 나누는 것을 보았다. 상이 '저 사람들이 무슨 이야기를 나누는가?' 하니, 유후留侯(장량)가 말하기를 '폐하께서 봉하신 사람이 모두 폐하와 연고가 있어 친애하는 사람이고, 죽인 사람은 모두 평소 싫어하던 사람들입니다. 저 사람들이 죽임을 당할 것을 두려워하기 때문에 모여서 반란을 꾀하는 것입니다.'라고 했다. 상이 이에 걱정하면서 '어떻게 하면 좋겠는가?' 하니, 유후가 말하기를 '상께서 평소 가장 증오하던 자가 누구입니까?' 하고 물었다. 상이 말하기를 '옹치雍齒이다.'라고 하니, 유후가 '지금 먼저 옹치를 봉封하여 신하들에게 보이십시오. 신하들은 옹치가 봉해지는 것을 보면 누구나 안심할 것입니다.'라고 했다. 이에 상이 술을 차려 잔치를 베풀고 옹치를 후侯에 봉했다."라고 했다.[18]

나는 다음과 같이 비판한다. 일반적으로 조정의 일이란 알면 뭔가 조치를 취해야 하며, 군주의 무례함을 보면 매가 참새를 쫓듯 해야 한다. 자방子房이 젊었을 때는 온 집안 재산을 다 털어 사람들을 끌어모아 한韓나라의 복수를 이루었다. 이는 충의와 명절名節이 밝게 드러난 일이었다. 그런데 한漢나라를 섬길 때는 신하들이 모의를 하여 장차 그 임금을 범하려고 하는데도 어찌 끝까지 묵묵히 입 다물고 있다가 묻기를 기다려서야 대답한단 말인가. 고조가

---

18 『사기』와~했다 : 『사기』 권55 「유후세가留侯世家」 및 『한서』 권40 「장량전張良傳」에 나온다.

묻지 않았다면 끝내 말을 하지 않을 심산이었는가.

또한 반역은 일을 벌이지 않았어도 반드시 죽이는 법이니, 모의했다는 것 그 자체로 죄가 된다.[19] 장수들이 모여서 화란禍亂을 도모했다면, 누각 위에서 밀담을 나누는 것조차 들키지 않을까 두려워했을 텐데, 심지어 모래밭에 모여 앉아 의논하면서 어찌 조심하지 않았단 말인가. 나랏일은 필시 이렇지 않았을 것이다. 그러므로 장량張良이 아군에 배반하는 자가 있지 않을까 불안해하고, 옹치가 의심을 받다가 봉해진 것은 아마 당시에 실제로 그 같은 일이 있을 수도 있었겠지만, 회랑에서 쳐다보았다거나 모래밭에 앉아서 모의했다는 얘기는 이야기하기 좋아하는 사람들이 함부로 지어내어 덧붙인 말에 지나지 않는다.

● 적미적이 버린 무기를 과장한『동관한기』에 대한 비판

又『東觀漢記』曰: "赤眉降後, 積甲與熊耳山齊云云." 難曰: 案盆子旣亡, 棄甲誠衆. 必與山比峻, 則未之有也. 昔「武成」云: "前徒倒戈, 血流漂杵." 孔安國曰: "蓋言之甚也." '如積甲與熊耳山齊'者, 抑亦'血流漂杵'之徒歟?

『동관한기東觀漢記』에 "적미적赤眉賊이 항복한 뒤 쌓인 무기가 웅이산熊耳山과 같았다."라고 했다.[20] 나는 다음과 같이 비판한다. 유분자劉盆子가 망한 뒤

---

19 반역은~된다 :『춘추공양전』장공莊公 32년 전문에 나온다. 장차 반란을 일으키지 않았더라도, 모의하고 마음속으로 생각한 것만으로도 죄가 된다고 했다.

20『동관한기』에~했다 : 현재『동관한기』는 전해지지 않는다. 다만 이 내용은『후한서』권11「유분자전劉盆子傳」에서 확인할 수 있다. 적미赤眉는 왕망王莽의 신나라 말에 일어난 농민반란을 가리키는데, 반란을 일으킨 농민들이 눈썹에 붉은 칠을 했기 때문에 붙여진 이름이다.

버린 무기가 실로 많았겠지만 산과 비교할 만큼 높았다는 말은 지나치다. 『서경』「무성武成」에 "선봉 군대가 창을 거꾸로 들었고, 피가 흘러 절구공이가 떠내려갔다."라고 했는데, 공안국孔安國은 "지나친 말이라고 생각한다."라고 했다. '쌓인 무기가 웅이산과 같았다'는 것은 아마도 '피가 흘러 절구공이가 떠내려갔다'는 말과 마찬가지로 과장일 것이다.[21]

● 신뢰할 수 없는 곽급의 순행 일화를 실은『동관한기』에 대한 비판

又『東觀漢記』曰: "郭伋爲併州牧, 行部到西河美稷, 有童兒數百各騎竹馬, 于道次迎拜. 伋問: '兒曹何自遠來?' 對曰: '聞使君始到, 喜, 故奉迎.' 伋辭謝之. 事訖, 諸兒送至郭外, 問: '使君何日到還?' 伋使別駕計日告之. 旣還, 先期一日, 伋爲違信, 止于野亭, 須期乃入. 難曰: 蓋此事不可信者三焉. 案漢時方伯, 儀比諸侯, 其行也, 前驅竟野, 後乘塞路, 鼓吹沸謂, 旌棨塡咽. 彼草萊稚子, 齠齓童兒, 非唯羞赧不見, 亦自驚惶失據. 安能犯騶駕, 凌襜帷, 首觸威嚴, 自陳襟抱? 其不可信一也. 又方伯案部, 擧州振肅. 至如墨綬長吏, 黃綬羣官, 率彼吏人, 顒然佇候. 兼復掃除逆旅, 行里有程, 嚴備供具, 憩息有所. 如棄而不就, 居止無恒, 必公私闕擬, 客主俱窘. 凡爲良二千石, 固當知人所苦, 安得輕赴數童之期, 坐失百城之望? 其不可信二也. 夫以晉陽無竹, 古今共知, 假有傳檄它方, 蓋亦事同大夏, 訪諸商賈, 不可多得. 況在童孺, 彌復難求, 羣戲而乘, 如何克辦? 其不可信三也. 凡說此事, 總有三科. 推而論之, 了無一實, 異哉!

---

21 쌓인~것이다 : 『서경』 등에서 인용한 말은 모두 비유인데, 이를 두고 유지기가 사실과 다르다고 평가하는 것은 지나친 비평으로 보인다.

『동관한기』에 "곽급郭伋이 병주幷州 장관이 되어 관내를 시찰하면서 서하西河 미직美稷에 이르렀는데, 어린아이 수백 명이 죽마를 타고 길에서 환영했다. 곽급이 묻기를 '아이들이 어떻게 먼 데까지 왔는가?' 하니, 대답하기를 '장관께서 처음 오신다는 말을 듣고 기뻐서 환영을 나왔습니다.'라고 했다. 곽급이 고맙다고 말했다. 일이 끝나고 아이들이 성곽 밖에까지 환송을 나와 묻기를 '장관께서는 언제 돌아오십니까?' 하니, 곽급이 수행원인 별가別駕에게 날짜를 계산해서 일러주게 했다. 돌아올 때에 이르러, 예정보다 하루가 빨라지자 곽급은 아이들과 한 약속을 어길까봐 야외의 정자에서 묵고 기일에 맞춰 들어왔다."라고 했다.[22]

나는 다음과 같이 비판한다. 이 기록에는 세 가지 믿을 수 없는 점이 있다. 한나라 때의 지방관[23]은 의례가 제후와 비견되어, 그 행차를 보면 선봉대가 들판에 앞서 가고 뒤따르는 수레는 도로를 메우며, 악대가 떠들썩하고 의장대가 길을 채운다.[24] 저 시골 아이들이나 이갈이를 할 나이의 아이들은 부끄러워 쳐다보지도 못할 뿐만 아니라 놀라고 두려워 부모 손을 놓칠까 걱정할 것이다.[25] 이런 상황에서 어떻게 장관의 수레 앞에 나와 휘장을 엿보며 위엄 있는 장관에게 고개를 내밀고 품은 생각을 말할 수 있단 말인가. 이것이 믿

---

22 『동관한기』에~했다 : 『태평어람太平御覽』 권256, 권496 및 『후한서』 권31 「곽급전郭伋傳」에 나온다.

23 지방관 : 『예기』 「왕제王制」에 "천 리 밖에는 방백方伯을 둔다."라고 하여 방백은 주州의 장관을 의미하지만, 후대에 가서는 자사刺史나 관찰사觀察使라는 의미로 확대되었다.

24 악대가~채운다 : 고취鼓吹는 타악기인 북과 함께 입으로 불어서 소리를 내는 피리 등으로, 악대를 가리킨다. 훤譁은 훤喧과 같다. 정계旌棨는 깃발과 의장용 창을 말한다. 전인塡咽은 빽빽하다는 뜻이다.

25 시골~것이다 : 초래草萊는 무성한 잡초지만 여기서는 시골이란 뜻이다. 초츤齠齔은 유치가 영구치로 바뀌는 나이의 어린아이를 가리킨다. 실거失據란 기댈 데를 잃는다는 말인데, 부모 손을 놓친다는 뜻으로 해석할 수 있다.

을 수 없는 이유 중의 하나이다.

또한 지방관이 관내를 순시할 때는 온 지방이 떨며 엄숙해진다. 검은 끈을 단 높은 관원이나 노란 끈을 단 낮은 관원들이 모두 부하를 이끌고 삼가 장관이 오기를 기다린다.[26] 아울러 객사客舍[27]를 청소해놓고, 행차는 일정에 맞춰 진행하며, 삼엄한 준비를 갖추고, 쉬는 곳도 정해져 있다. 만일 이런 준비를 무시하고, 가지 않거나 행동거지가 일정하지 않다면 반드시 공사公私 간에 차질이 생기고 맞이하는 사람이나 지방관이 군색해질 것이다. 훌륭한 지방관이 되려면 본디 사람들이 수고하는 점을 알아야 하는데, 어찌 경솔히 몇몇 아이들과 약속한 기일에 맞추기 위해 앉아서 온 성안 사람들의 기대를 저버린단 말인가. 이것이 두 번째로 믿을 수 없는 이유이다.

진양晉陽 지방에 대나무가 나지 않는다는 사실[28]은 예부터 누구나 알고 있는 사실이다. 따라서 다른 지방으로 격문을 전할 때는 대개 대하大夏[29] 지방과 마찬가지로 상인을 찾아가야 하는데, 그것도 많이 구할 수가 없었다. 하물며 아이들은 더욱더 구하기 어려운데, 그 많은 아이가 타는 죽마를 어떻게 마련했단 말인가. 이것이 세 번째로 믿을 수 없는 이유이다.

이 기록에 대해 모두 세 가지를 이야기했는데, 미루어 논해보면 하나도 사실이라고 할 수 없으니, 이상한 일이다.

---

26 검은~기다린다 : 묵불墨紱과 황수黃綬는 모두 관인官印을 다는 끈이다. 저후佇候란 장관이 오기를 기다린다는 뜻이다.
27 객사 : 역려逆旅는 객사 또는 여관을 가리킨다.
28 진양~사실 : 진양은 현재 내몽골과 인접한 산서성山西省 태원太原 지방으로, 지금도 대나무가 나지 않는다.
29 대하 : 아프가니스탄 북부와 연결되는 아무다리아 강 근처의 박트리아 지방을 가리킨다.

• 조조가 최염을 왕좌에 앉혔던 이야기를 사실인 양 수록한『위지』주석에 대한 비판

又『魏志』注『語林』曰: "匈奴遣使人來朝, 太祖領崔琰在座, 而已握刀侍立. 旣而, 使人問匈奴使者曰: '曹公何如?' 對曰: '曹公美則美矣, 而侍立者非人臣之相.' 太祖乃追殺使者云云. 難曰: 昔孟陽臥床, 詐稱齊后; 紀信乘轝, 矯號漢王. 或主遘屯蒙, 或朝罹兵革, 故權以取濟, 事非獲己. 如崔琰本無此急, 何得以臣代君者哉? 且凡稱人君, 皆愼其擧措. 況魏武經綸霸業, 南面受朝, 而使臣居君座, 君處臣位, 將何以使萬國具瞻, 百寮僉矚也! 又漢代之于匈奴, 其爲綏撫勤矣. 雖復略以金帛, 結以親姻, 猶恐虺毒不悛, 狼心易擾. 如輒殺其使, 不顯罪名, 復何以懷四夷于外蕃, 建五利于中國? 且曹公必以所爲過失, 懼招物議, 故誅彼行人, 將以杜滋謗口, 而言同綸綍, 聲遍寰區, 欲蓋而彰, 止益其辱. 雖愚暗之主, 猶所不爲, 況英略之君, 豈其若是? 夫芻蕘鄙說, 閭巷譌言, 凡如此書, 通無擊難. 而裴引『語林』斯事, 編入『魏史』注中, 持彼虛詞, 亂茲實錄. 蓋曹公多詐, 好立詭謀, 流俗相欺, 遂爲此說. 故特申掎摭, 辯其疑誤者焉.

『위지魏志』 주注에『어림語林』을 인용하기를 "흉노가 사신을 보내 조회했을 때, 태조(조조)가 최염崔琰을 왕좌에 앉히고 자신은 칼을 들고 시립했다. 얼마 있다가 사람을 보내 흉노 사신에게 묻기를 '조공曹公이 어떻던가?' 하니, 대답하기를 '조공이 훌륭하기는 하지만, 시립하고 있던 사람이 신하의 관상이 아니었다.'고 했다. 조조가 이를 듣고 사신을 뒤따라가 죽여버렸다."라고 했다.

나는 다음과 같이 비판한다. 옛날 맹양孟陽이 군주의 평상에 누워 제 양공齊襄公으로 가장해 도적을 속였고,[30] 기신紀信은 천자의 수레를 타고 한왕漢王을 사칭했다.[31] 이는 주군이 곤란에 빠졌거나[32] 나라에 전란이 났기 때문에

권도權道로 구제했던 것이며, 사안이 어쩔 수 없었던 것이다. 최염의 경우는 본디 아무런 급한 일이 없었는데 어떻게 신하가 임금을 대신할 수 있겠는가. 또 임금이라는 존재는 모두 그 행동을 신중히 한다. 하물며 위 무제魏武帝는 패업을 이룬 경륜이 있고 천자에 올라 조회를 받았는데, 만일 신하가 임금의 자리에 앉고 임금이 신하의 자리에 있었다면 장차 어떻게 만국萬國으로 하여 금 우러르게 하고 백관百官의 촉망을 받을 수 있겠는가.

또한 한나라 때는 흉노를 안심시키고 위무하는 데 애썼다. 금이나 비단을 뇌물로 보냈을 뿐 아니라 혼인을 맺고서도 그들이 침략을 그치지 않을까, 또 는 야심을 가지고 난리를 일으키지 않을까 걱정했다. 만일 뚜렷한 죄명도 없 이 갑자기 흉노의 사신을 죽였다면 다시 어떻게 변경에 있는 사이四夷를 회 유하여 중국에 다섯 가지 이로움을 가져올 수 있겠는가.[33] 또한 조조가 필시 자신이 저지른 잘못이 물의를 빚을까 두려워했기 때문에 사신을 죽여 장차 비방하는 말이 퍼지는 것을 막고자 했더라도, 천자의 말은 그 자체가 조칙이 고 그 소리가 나라 전체에 퍼져[34] 덮으려고 해도 드러나는 법이어서 치욕만 더할 뿐이다. 아무리 어리석은 군주라도 하지 않을 짓인데, 더구나 영민하고

---

30 맹양이~숨였고 : 『좌씨전』 장공莊公 8년에 나온다. 제 양공이 사냥하러 나갔다가 도적을 만났는데, 맹양이 양공을 대신하여 마루에 누워 있다가 살해당했다.

31 기신은~사칭했다 : 『사기』 권7 「항우본기項羽本紀」에 나온다. 한왕 유방이 형양滎陽에서 초나라 군사들에게 포위되어 위험에 처했을 때, 기신이 황옥거黃屋車를 타고 유방으로 위장하여 대신 잡히고 유방을 탈출하게 했다.

32 곤란에 빠졌거나 : 둔몽屯蒙은 『주역』의 둔괘屯卦(수상진하水上震下 ☵☳)와 몽괘蒙卦(산상수 하山上水下 ☶☵)로, 상황이 험하고 어렵다는 말이다. 둔건屯蹇도 『주역』 둔괘와 건괘蹇卦(수 상산하水上山下 ☵☶)인데, 둔몽과 같은 뜻으로 쓰인다.

33 중국에~있겠는가 : 『좌씨전』 양공 4년에, 융戎과 평화조약을 맺는 과정에서 다섯 가지 이점을 거론했다. 사이四夷는 중국 변방의 오랑캐를 일컫던 말로, 동이東夷, 서융西戎, 남만南蠻, 북적北狄을 통틀어 이르는 말이다.

34 천자의~퍼져 : 윤발綸綍은 황제의 조칙이다. 환구寰區는 천하 또는 나라 전체를 가리킨다.

지략 있는 군주가 그럴 리는 없을 것이다.

대개 풀 베는 아이들이나 나무꾼 사이에 퍼진 이야기, 동네 저잣거리에 퍼진 유언비어에서 이런 말이 나온다면 전혀 탓할 필요가 없지만, 배송지裵松之가 『어림語林』에 실린 이 이야기를 인용하여 『위지』의 주注에 넣었으니, 그런 거짓 내용으로 실록을 어지럽힌 것이다. 원래 조조는 거짓이 많고 여러 술책을 잘 꾸몄기 때문에 이번에는 세상 사람들이 허위를 만들어 마침내 이런 이야기를 유포했을 것이다. 그래서 특별히 이런 사례를 지적하여 그 오류를 바로잡아보았다.

● 문앙의 목소리를 과장한 위나라 잡문에 대한 비판

又魏世諸小書, 皆云: "文鴦侍講, 殿瓦皆飛雲云." 難曰: 案『漢書』云: "項王叱咤, 慴伏千人." 然則呼聲之極大者, 不過使人披靡而已. 尋文鴦武勇, 遠慚項籍, 況侍君側, 固當屛氣徐言, 安能儋瓦皆飛, 有踰武安鳴鼓? 且瓦旣飄隕, 則人心震驚, 而魏帝與其羣臣, 焉得歸然無害也?

위나라 때 여러 잡문雜文에는 하나같이 "문앙文鴦이 어전에서 강의를 할 때 궁전의 기와가 모두 날아갔다."라고 했다.[35] 나는 다음과 같이 비판한다. 『한서』에 "항우項羽가 소리를 지르면 천 명의 사람들이 두려워 엎드렸다."라고 했다.[36] 그러니 가장 크게 소리를 지르는 사람이라 해도 주변 사람들을 쓰러뜨

---

35 위나라~했다 : 소서小書가 무엇을 가리키는지 분명치 않다. 문앙은 위나라 고귀향공高貴鄕公 때의 장군으로, 문흠文欽의 아들 문숙文俶이다. 문앙은 어렸을 때의 이름이라고 한다. 『삼국지 위지』 권28 「관구검전毌丘儉傳」 주에 인용된 『위씨춘추魏氏春秋』에 나온다. 여기에는 기와가 날아갔다는 내용이 보이지 않는다.

리는 데 지나지 않는다. 문앙의 무용은 항우에 한참 떨어지고, 더구나 군주 곁에 있다면 숨소리도 죽이고 말을 천천히 해야 하는데, 어찌 처마의 기와가 모두 날아갔겠으며 그 소리가 무안武安의 북을 울렸던 것[37]보다 컸겠는가. 또 기와가 모두 날아가버렸다면 인심이 놀라 떨었을 텐데, 그 아래에 있던 위나라 황제나 여러 신하는 어찌 버섯이 무사했겠는가.

● 호질의 청렴함에 관한 기록을 면밀히 살피지 않은 『진양추』에 대한 비판

又『晉陽秋』曰: "胡質爲荊州刺史, 子威自京都省之, 見父十餘日, 告歸. 質賜絹一匹, 爲路糧. 威曰: '大人淸高, 不審于何得此絹?' 質曰: '是吾俸祿之餘.'" 難曰: 古今謂'方牧二千石'者, 以其祿有二千石故也. 名以定體, 貴實甚焉. 設使廉如伯夷, 介若黔婁, 苟居此職, 終不患于貧綏者. 如胡威之別其父也, 一縑之財, 猶且發問, 則千石俸, 其費安施? 料以牙籌, 推之食箸, 察其厚薄, 知不然矣. 或曰: "觀諸史所載, 玆流非一.【如張堪爲蜀郡, 乘折轅車; 吳隱之爲廣州, 貨犬侍客, 竝其類也.】必以多爲證, 則足可無疑." 然人自有身安弊縕, 口甘粗糲, 而多藏鏹帛, 無所散用者. 故公孫弘位至三公, 而臥布被, 食脫粟飯, 汲黯所謂齊人多詐者是也. 安知胡質之徒其儉亦皆如此, 而史臣不該厥理, 直謂淸白當然, 謬矣哉!

---

36 『한서』에~했다 : 『사기』 권92 「회음후열전淮陰侯列傳」 및 『한서』 권31 「항적전項籍傳」에 나온다.

37 무안의~것 : 『사기』 권81 「염파열전廉頗列傳」에, 진秦나라가 한韓나라를 공격할 때 진나라 군대가 무안 서쪽에 주둔하면서 북을 쳤더니 무안에 있는 가옥의 기와가 모두 떨렸다고 한다.

『진양추晉陽秋』에 "호질胡質이 형주 자사荊州刺史가 되었을 때, 아들 호위胡威가 서울에서 와서 문안을 드리고 아버지를 만난 지 10여 일이 지나 돌아가겠다고 말씀드렸다. 호질이 비단 한 필을 주어 여행 경비로 삼으라고 했다. 호위가 '아버님은 청렴하게 사셨는데, 이 비단은 어디서 나셨습니까?' 하니, 호질이 '그건 내 녹봉에서 남은 것이다.' 했다."라고 했다.[38]

나는 다음과 같이 비판한다. 예로부터 지방관 2,000석이라고 하는 말은 그 받는 녹봉이 2,000석이기 때문이다. 이름이 지체를 표현한다는 점에서 보면 실로 매우 귀한 신분이었다. 설사 백이伯夷처럼 청렴하고[39] 검루黔婁처럼 절조가 있더라도,[40] 이런 관직에 있으면 끝까지 가난하거나 굶주릴 걱정은 할리가 없다. 호위가 아버지와 이별할 때 한 필의 비단이라는 재물 때문에 어디서 났느냐고 물었는데, 2,000석의 녹봉은 도대체 무엇에 쓰는 비용이란 말인가. 주판으로 따져보고 젓가락으로 점을 쳐보아도, 그 녹봉을 생각하면 그런 질문을 할 리가 없다는 사실을 알 수 있다.

어떤 사람은 "역사서에 실려 있는 내용을 보면 이런 경우가 한둘이 아니다.【장감張堪이 촉군 장관이었을 때 끌채가 부러진 수레를 탔고[41] 오은지吳隱之가 광

---

38 『진양추』에~했다 : 여기서 말하는 『진양추』는 손성孫盛(302~373)의 『진양추』를 가리키는데, 현재는 전하지 않는다. 이 이야기는 『진서晉書』「양사전良史傳」에 실린 호위의 전기에 나온다. 대인大人은 앞에 있는 어른을 가리키는데, 여기서는 아버지 호질이다.

39 백이처럼 청렴하고 : 백이는 무왕이 은나라 주왕을 치는 데 반대하여 수양산에 들어가 굶어 죽었다. 『사기』 권61 「백이열전伯夷列傳」에 나온다. 『맹자』「만장 하萬章下」에 "백이의 풍모를 들었다면, 완악한 사람은 청렴해지고 나약한 사람은 뜻을 세운다."라고 했다.

40 검루처럼 절조가 있더라도 : 검루는 춘추시대 노나라의 은사隱士로, 사망 후 그 시신을 다 덮을 만한 이불도 없었을 정도로 가난했다고 한다. 『열녀전烈女傳』「노검루처魯黔婁妻」에 나온다.

41 장감이~탔고 : 『후한서』 권31 「장감전張堪傳」에 나온다. 장감의 자는 군유君游인데, 촉군 지방관으로 있다가 떠날 때는 끌채가 부러진 수레를 탔고 갔다고 한다.

주廣州의 장관이었을 때 개를 팔아 손님을 접대했다[42]는 이야기가 모두 그런 경우이다.】 많은 증거가 있으니 의심할 것은 없다."라고 말할지도 모른다. 그렇지만 사람 중에는 떨어진 솜옷을 입는 것이 몸에 편하다는 이도 있고 거친 현미를 달게 먹는 이도 있듯이,[43] 돈과 비단을 쌓아놓고도 쓸 데가 없는 사람도 있는 법이다. 그러므로 공손홍公孫弘은 삼공三公의 지위에 올라서도 베이불을 덮고 현미를 먹었으니, 급암汲黯이 제 나라 사람은 남을 잘 속인다고 했던 말이 이것이다.[44] 호질 같은 사람도 이런 식으로 검소했던 경우인지 어찌 알겠는가. 그런데도 사관이 그 실제는 조사하지 않고, 청렴하니까 당연히 그렇게 했다는 식으로 말한다면 오류가 아니겠는가.

---

42 오은이~접대했다 : 『진서』 권90 「양리열전良吏列傳 오은지吳隱之」에, 오은지의 자는 처묵處黙인데, 지방관으로 있으면서 청렴하게 살았기 때문에 아내가 땔나무하러 다녔을 정도였다고 한다. 광주 자사廣州刺史로 있을 때를 가리키는 것으로 보인다. 광주에는 한번 마시면 돈만 알게 된다는 탐천貪泉이라는 샘이 있었는데, 오은지가 자신의 마음을 재삼 굳게 다지면서, 아무리 탐천이라 하더라도 사람의 곧은 마음이야 어떻게 변하게 할 수 있겠느냐며 「탐천」이란 시를 지어 "옛사람이 말하기를 이곳의 샘물은 한번 떠 마시면 천금만을 생각한다네. 하지만 백이·숙제에게 마시게 했더라도 끝내 그 마음을 바꾸지 않았으리.[古人云此水, 一歃懷千金; 試使夷·齊飮, 終當不易心.]"라고 읊었다.

43 떨어진~있듯이 : 『논어』 「자한子罕」에, 자로는 떨어진 솜옷을 입고 가죽옷을 입은 사람과 같이 서 있어도 부끄러워하지 않았다고 했다. 폐敝는 폐敝와 같다. 조려粗糲는 거친 현미이다.

44 공손홍은~이것이다 : 공손홍과 급암은 모두 한 무제漢武帝 때의 현신賢臣이다. 공손홍이 재상의 지위에 있으면서도 베이불을 덮자, 당시 친하게 지내던 급암이 황제 앞에서 "공손홍이 지위가 삼공三公으로 녹봉이 많으면서도 베이불을 덮는 것은 검소함을 거짓으로 꾸며 명예를 낚기 위한 것이다."라고 비판했다. 공손홍은 "급암이 아니면 내 병통을 지적하지 못했을 것이다."라면서 급암의 힐책을 달게 여기니, 무제는 공손홍을 더욱 신임했다. 『한서』 권58 「공손홍전公孫弘傳」에 나온다.

又『新晉書』「阮籍傳」曰: "籍至孝. 母終, 正與人圍棋. 對者求止, 籍留與決. 旣而飮酒二斗, 擧聲一號, 吐血數升. 及葬, 食一蒸独, 飮二斗酒. 然後臨穴, 直言: '窮矣!' 擧聲一號, 因復吐血數斗. 毀瘠骨立, 殆致滅性." 難曰: 夫人才雖下愚, 識雖不肖, 始亡天屬, 必致其哀. 但有苴絰未幾, 悲荒遽輟, 如謂本無戚容, 則未之有也. 況嗣宗當聖善將歿, 閔凶所鍾, 合門惶恐, 擧族悲咤. 居里巷者, 猶停舂相之音; 在鄰伍者, 尙申葡萄之救. 而爲其子者, 方對局求決, 擧杯酣暢. 但當此際, 曾無感惻, 則心同木石, 志如梟獍者, 安有旣臨泉穴, 始知摧慟者乎? 求諸人情, 事必不爾. 又孝子之喪親也, 朝夕孺慕, 鹽酪不嘗, 斯可至于癯瘠矣. 如甘旨在念, 則筋肉內寬; 醉飽自得, 則饑膚外博. 況乎溺情狂酒, 不改平素, 雖復時一嘔慟, 豈能柴毀骨立乎? 蓋彼阮生者, 不修名敎, 居喪過失, 而說者遂言其無禮如彼. 又以其志操本異, 才識甚高, 而談者遂言其至性如此. 惟毀及譽, 皆無取焉.

『신진서新晉書』「완적전阮籍傳」에 "완적阮籍은 지극히 효성스러웠다. 어머니가 임종할 때 마침 다른 사람과 바둑을 두고 있었다. 상대가 그만두자고 했으나, 완적은 그를 잡아두고 결판을 냈다. 그리고 나서 술 두 말을 마시고 큰 소리를 한 번 지르고는 피를 서너 되나 토했다. 장례를 마치고 돼지 한 마리를 잡아먹으면서 술 두 말을 마신 뒤, 무덤에 가서 오직 '끝났구나!'라고 한 번 소리치고 이어서 다시 피를 서너 되나 토했다. 수척하여 뼈만 남았으며 거의 죽을 지경에 이르렀다."라고 했다.[45]

---

45 『신진서』~했다 : 『신진서』는 현존하는 『진서』로, 당 태종 정관貞觀 20년(646)에 방현령房玄齡 등이 감수하고 영호덕분令狐德棻 등이 편찬한 역사서이다. 완적(210~263)은 죽림칠현의 한 사람으로, 자는 사종嗣宗이다. 위의 사실은 『진서』 권49 본전에 나온다.

나는 다음과 같이 비판한다. 사람의 재능이 비록 아주 어리석고 식견이 못났어도 처음 부모를 잃으면 누구나 슬퍼한다. 다만 상복 기간이 오래 걸리지 않고 갑자기 운구가 나가는 경우도 있는데,[46] 이를 두고 본래 슬픈 태도가 없었다고 하는 경우는 없다. 더구나 완적은 어머니가 돌아가셨으니, 부모를 잃은 불행을 맞아[47] 온 가족이 황공하고 일가친척이 슬픔에 빠졌다. 동네에 사는 사람들도 절굿공이 찧는 노래를 멈추고,[48] 이웃 사람들도 힘껏 도와주러 왔을 것이다.[49] 그런데 자식 된 자가 한창 바둑을 두면서 승부를 내려고 했으며 술잔을 들어 나른해졌다. 이렇게 중요한 때에 슬픔을 보이지 않는 것은 마음이 목석과 같고 뜻이 부모를 물어 죽인다는 올빼미[50]와 같은 셈이니, 무덤에 가서 비로소 비탄에 잠겼다는 얘기도 이상한 일이다. 인정으로 보아 사실로 보기 어렵다.

또 효자가 부모를 여의면 아침저녁으로 사모하고 소금이나 우유도 맛보지 않아서 바싹 야위어간다. 맛있는 것을 먹고 싶다는 마음이 생기면 몸도 풀어

---

46 다만~있는데 : 저질苴絰은 삼년상 때 매는 삼베 띠이다. 황荒은 관을 싣는 상여를 장식하는 물건이다.

47 완적은~맞아 : 성선聖善은 어머니의 덕, 또는 어머니를 말한다. 『시경詩經』「패풍邶風 개풍凱風」에 "어머니는 성스럽고 착하시나 우리들이 착한 사람은 없구나.[母氏聖善, 我無令人.]"라고 했다. 민흉閔凶은 부모를 사별하는 슬픔이다. 『좌씨전』 선공宣公 12년에 나오는데, 두예杜預의 주에 민閔은 우憂라고 했다.

48 동네에~멈추고 : 『예기』「곡례 상曲禮上」에 "이웃에 상이 나면 절굿공이 노래를 부르지 않고, 동네에 상이 나면 길에서 노래를 부르지 않는다."라고 했는데, 정현鄭玄의 주에 상相은 절굿공이로 곡식을 찧는 노래라고 했다.

49 이웃~것이다 : 『시경詩經』「패풍邶風 곡풍谷風」에 "백성들이 상을 당하면 힘을 다해 구한다."라고 했다. 포복匍匐은 힘을 다한다는 뜻이다.

50 부모를~올빼미 : 효梟는 올빼미이다. 어미를 물어 죽인다는 나쁜 새로 알려져 있다. 경獍은 파경破鏡이라고도 하며, 아비를 잡아먹는 짐승이라고 한다. 불효와 은혜를 모르는 존재에 비유된다.

지고, 마음껏 술을 마시면 얼굴의 피부에도 윤기가 흐른다. 더구나 돼지고기와 술에 흠뻑 빠져 평소 같이 생활하면, 비록 다시 큰 소리로 울거나 피를 토하더라도 절대 나뭇가지처럼 수척하여 뼈만 남는 일은 없다. 저 완적이라고 하는 사람은 성인의 가르침을 따르지 않고 상중에 잘못을 저질렀으므로, 이야기를 전하는 사람이 마침내 그의 무례함을 그와 같이 이야기했던 것이다. 또 그의 지조가 본래 특이하고 재주와 식견이 매우 높았으므로, 이야기하는 사람이 마침내 그의 성품을 이와 같이 말했을 것이다. 아무튼 「완적전」에서 칭찬하는 내용이든 비난하는 내용이든, 모두 그다지 취할 만한 가치는 없다.

● 왕상의 활동 연대가 맞지 않는 『신진서』 「왕상전」에 대한 비판

又『新晉書』「王祥傳」曰: "祥漢末遭亂, 扶母携弟覽, 避地廬江, 隱居三十餘年, 不應州郡之命. 母終, 徐州刺史呂虔檄爲別駕, 年垂耳順, 覽勸之, 乃應召. 于時, 寇賊充斥, 祥率勵兵士, 頻討破之. 時人歌曰: '海·沂之康, 實賴王祥.' 年八十五, 太始五年薨." 難曰: 祥爲徐州別駕, 寇盜充斥, 固是漢建安中徐州未清時事耳. 有魏受命凡四十五年, 上去徐州寇賊充斥, 下至晉太始五年, 當六十年已上矣. 祥于建安中年垂耳順, 更加六十載, 至晉太始五年薨, 則當年一百二十歲矣. 而史云'年八十五薨'者, 何也? 如必以終時實年八十五, 則爲徐州別駕, 止可年二十五六矣. 又云其未從官已前, 隱居三十餘載者, 但其被檄時, 止年二十五六, 自此而往, 安得復有三十餘年乎? 必謂祥爲別駕在建安後則徐州清晏, 何得云'于時, 寇賊充斥, 祥率勵兵士頻討破之'乎? 求其前後, 無一符會也.

『신진서新晉書』 「왕상전王祥傳」에 "왕상王祥이 한나라 말기에 변란을 만나 어머니를 부축하고 동생인 왕람王覽을 데리고 여강廬江으로 피난을 가서, 30

여 년을 은거하면서 지방관을 맡으라는 명에 응하지 않았다. 어머니가 돌아가신 뒤 서주 자사徐州刺史 여건呂虔이 공문을 보내 왕상을 별가別駕로 삼았을 때 그의 나이 60세에 가까웠으나 왕람이 권하여 결국 받아들였다. 당시 도적이 빈번하게 출몰하자 왕상이 군사를 이끌고 독려하여 여러 번 패퇴시켰다. 당시 사람들이 노래하기를 '해주海州와 기주沂州가 편안한 것은 실로 왕상 덕일세.'라고 했다. 85세 되던 태시太始 5년(269)에 세상을 떴다."라고 했다.[51]

나는 다음과 같이 비판한다. 왕상이 서주 별가가 되었을 무렵 도적이 빈번하게 출몰했다고 하는데, 이는 후한 건안建安 연간(196~220)에 서주가 불안했던 때의 일이다.[52] 위나라가 천하를 제패한 뒤 45년간 유지되었으니, 위로는 서주에 도적들이 출몰했을 때부터 아래로는 진晉나라 태시泰始 5년까지 60년 이상이다. 왕상이 건안 연간에 나이가 60세에 가까웠으므로, 다시 60년을 더해 태시 5년에 죽었을 때는 120세에 해당한다. 그런데 역사서에는 '나이 85세에 세상을 떴다'고 했으니 어찌된 일인가?

필시 85세에 죽었다고 한다면, 서주 별가가 된 나이는 25~26세가 된다. 또 별가가 되기 전 30여 년이나 은거하고 있었다고 했는데, 왕상이 처음 여건의 공문을 받은 것이 단지 25~26세였다면, 그 이전에 다시 30여 년이 있을 수가 없다. 필시 왕상이 별가가 된 때가 건안 연간 이후였다면, 서주는 이미 안정되어 있었으므로 '당시 도적이 빈번하게 출몰하자 왕상이 군사를 이끌고 독려하여 여러 번 패퇴시켰다'고 말할 수 없다. 결국 전후를 따져보면 전혀 맞지 않는다.

---

51 『신진서』~했다 : 『진서』 권33 「왕상전王祥傳」에 나온다.

52 왕상이~일이다 : 건안建安은 후한後漢 헌제獻帝 때의 연호이다. 왕상이 헌제 때의 인물이라는 유지기의 주장과 달리, 『삼국지 위지』 권18 「여건전呂虔傳」에 따르면 왕상이 서주 별가가 된 것은 위 문제魏文帝 때의 일이다. 그러므로 이 비판은 유지기가 착각한 듯하다.

凡所駁難具列如右. 蓋精五經者, 討羣儒之別義; 練三史者, 徵諸子之異聞.
加以探賾索隱, 然後辨其紕繆. 如向之諸史所載則不然, 何者? 其敍事也,
惟記一途, 直論一理, 而矛盾自顯, 表裏相乖. 非復牴牾, 直成狂惑者爾! 尋
茲失所起, 良由作者情多忽略, 識惟愚滯. 或採彼流言, 不加銓擇; 或傳諸
繆說, 即從編次. 用使眞僞混淆, 是非參錯. 蓋語曰: "君子可欺, 不可罔."
至如邪說害正, 虛詞損實, 小人以爲信爾, 君子知其不然. 又語曰: "盡信書,
不如無書." 蓋爲此也. 夫書彼竹帛, 事非容易, 凡爲國史, 可不愼諸!

이상과 같이 비판적으로 살펴야 할 기록을 열거해보았다. 오경五經을 정밀
하게 공부하는 사람은 여러 학자의 서로 다른 학설을 검토하고, 삼사三史를
열심히 연구하는 사람은 여러 역사가의 다른 견문을 검증한다. 그런 다음 그
배경까지 깊이 탐색하고[53] 난 뒤 오류를 판단한다.

앞서 예로 들었던 역사서에 실린 기록은 그렇지 않았다. 이유가 무엇인
가? 사실을 서술할 때 하나의 측면만 기록하고 하나의 이치만 따지다가 자
연히 모순이 드러나고 표리가 어긋난 것이다. 이런 경우는 착오 정도가 아니
라 읽는 사람을 비정상적으로 헷갈리게 만든다. 이런 실수가 나타나는 이유
를 생각해보면, 정말이지 저자의 자세가 소홀하고 빼먹기를 잘하며 식견이
어리석고 막혀 있기 때문이다. 떠도는 말을 채록하면서 더 확인하지 않고 가
져다 쓰거나, 잘못된 이야기를 전하면서 그대로 편차에 포함시킴으로써 진위
가 뒤섞이고 시비가 어긋나는 것이다.

---

53 배경까지 깊이 탐색하고 : 『주역』「계사 상繫辭上」에 "숨겨진 것을 찾고 심원한 것을
끌어내어 천하의 길흉을 정하고 천하의 힘써야 할 일을 성공하는 데는 시초와 거북점보다
중대한 것이 없다.[探賾索隱, 鉤深致遠, 以定天下之吉凶, 成天下之亹亹者, 莫大乎蓍龜.]"라
고 했다.

옛말에 "군자는 속일 수는 있어도 사리를 헷갈리게 할 수는 없다."[54]라고 했다. 사특한 견해나 허튼 내용으로 바른 진실을 해치는 경우, 소인은 그것을 믿겠지만 군자는 그것이 그르다는 사실을 안다. 또 옛말에 "책에 쓰인 것을 모두 믿는다면 책이 없느니만 못한다."[55]라고 했던 이유가 아마 이 때문일 것이다. 역사서를 저술한다는 것은 이만저만 힘든 일이 아니니, 국사를 만들 때는 할 수 있는 한 신중해야 한다. 史通

---

54 군자는~없다 : 『논어』「옹야雍也」에 "군자를 우물까지 가게 할 수는 있어도 우물 속에 빠뜨릴 수는 없으며, 우물 속에 인仁이 있다고 속일 수는 있어도 사리까지 헷갈리게 할 수는 없다."라고 했다.

55 책에~못한다 : 『맹자』「등문공 하滕文公下」에 나온다. 서書를 『서경』으로 보기도 한다.

「오시(忤時)」는 유지기가 『사통』을 저술하게 된 이유를 밝힌 글로, 『사통 내편』「자서(自敍)」와 함께 읽어야 한다. 그의 문제의식은 감수국사 소지충에게 보낸 편지에 고스란히 들어 있다. 그 문제 제기는 실록 편찬이라는 역사적 사건과 밀접히 관련되어 있다. 유지기는 세 번이나 사관이 되었고 두 번이나 동관에 들어갔지만, 국사를 완성하여 후대에 남겨주지는 못했다. 거기에는 다섯 가지 이유가 있었다.

사관이 관료로 임명되다 보니, 관리 자신은 순열이나 원굉이라고 생각하지만 실력이 없기에 막상 무엇을 기록할지 몰라 붓만 빨고 있는 것이 현실이다, 주나 군에 가서 풍속을 찾아보아도 충분히 보고 들을 수 없고 중앙관청에서 제도 변천을 조사해도 관련 기록을 발견하기 어렵다, 편찬 과정에서 자꾸 누설되어 직서가 보장되지 않는다, 감수자들의 의견이나 원칙이 없다, 사관들 사이에 명확한 책임성이 없다 등이 그 이유이다.

이런 문제점은 당 태종 때 처음 당대사 실록이 편찬되면서 나타난 새로운 사학사의 과제였다. 실록은 관료로서의 사관(史官), 관청으로서의 사관(史館)과 함께 동아시아 사학사의 획을 긋는 유기적 구조를 이룬다. 세습이 아닌, 그리고 임명되는 관리인 사관 개인이 아닌 집단으로, 그것도 일정한 시기마다 사초를 꺼내 편찬하면서 생겨난 문제점을 유지기는 위의 다섯 가지로 정리했다. 『사통』은 그 부정적 현실이 주었던 낭패감을 유지기가 어떻게든 줄이려고 했던 노력의 소산이었다.

外篇

13

이대로는 안됩니다
忏時

忓時

孝和皇帝時, 韋·武弄權, 母媼預政. 士有附麗之者, 起家而縟朱紫, 予以無
所傅會, 取擯當時.【一爲中允, 四載不遷】會天子還京師, 朝廷願從者衆.
予求番次在後大駕發日, 因逗留不去, 守司東都. 杜門却掃, 凡經三載. 或
有譖予躬爲史臣, 不書國事而取樂丘園, 私自著述者, 由是驛召至京, 令專
執史筆. 于時小人道長, 綱紀日壞, 仕于其間, 忽忽不樂, 遂與監修國史蕭
至忠等諸官書求退, 曰.

효화 황제 중종中宗 때 위후韋后와 측천무후則天武后가 권력을 잡아 황후와
태후가 정치에 간여했다.[1] 거기에 빌붙어 아첨하는 자는 집안을 일으키고 관
복을 입었지만, 나는 끌어주는 사람이 없어 당시에는 밀려나 있었다.[2]【태자
중윤太子中允을 맡은 적이 한 번 있었지만, 4년 동안 제자리였다.】 마침 중종이 복위
하여 장안長安으로 환도할 때, 조정 신하들 가운데 따라가기를 원하는 자가
많았다. 나는 황제의 행차가 떠난 뒤에 출발하기를 희망했기 때문에 그대로

---

1 효화~간여했다 : 중종은 고종의 일곱째 아들로, 측천무후의 소생이다. 683년 고종이
  세상을 뜨자 즉위했지만, 측천무후가 황후인 위씨를 경계하여 두 달만에 중종을 여릉왕廬陵王
  으로 폐위시켰다. 698년 낙양으로 소환되어 황태자가 되었고, 측천무후가 죽은 뒤 신룡新龍
  원년(705) 다시 즉위했다. 그러나 이번에는 위씨가 정권을 잡아 정치에 간여했다. 결국
  그녀의 동생인 안락공주安樂公主에게 경룡景龍 4년(710) 독살되었다.
2 거기에~있었다 : 려麗는 리離로, 달라붙는다는 뜻이다. 주자朱紫는 각각 5품과 3품 이상
  관원의 복식 색깔이다. 부회傅會는 부려附麗와 같은 뜻이다.

머무른 채 떠나지 않고 낙양洛陽에서 관청을 지켰다.

　문을 닫고 청소만 하면서 그 사이 3년이 지나버렸다. 그런데 누군가가, 내가 사신史臣이면서 나랏일은 기록하지 않고 정원에서 빈둥거리며 저 하고 싶은 저술만 하고 있다고 헐뜯었다. 이 때문에 소환을 당해 역마를 타고 장안에 와서 오로지 사필史筆만 전담하게 되었다. 당시 소인들의 기세가 등등하여 기강이 날로 무너졌으므로, 그런 데서 벼슬한다는 것은 뒤숭숭하고 마음이 즐겁지 않았다. 마침내 감수국사監修國史 소지충蕭至忠 등 관원에게 편지를 보내 사임을 청했다. 내용은 다음과 같다.

僕幼聞『詩』·『禮』, 長涉藝文, 至于史傳之言, 尤所耽悅. 尋夫左史·右史, 是曰『春秋』·『尚書』; 素王·素臣, 斯稱微婉志晦. 兩京·三國, 班·謝·陳·習閱其謨; 中朝·江左, 王·陸·干·孫紀其歷. 劉·石僭號, 方策委于和·張; 宋·齊應籙, 惇史歸于蕭·沈. 亦有汲冢古篆, 禹穴殘篇. 孟堅所亡, 葛洪刊其『雜記』; 休文所缺, 謝綽裁其『拾遺』. 凡此諸家, 其流蓋廣. 莫不瞶彼泉藪, 尋其枝葉, 原始要終, 備知之矣.

　저는 유년 시절부터 『시경』과 『예기』를 배워 예문藝文을 잘했지만, 역사서를 공부하는 것을 더욱 좋아했습니다. 말을 적는 좌사左史와 행적을 적는 우사右史는 『춘추』와 『서경』으로 남았고,[3] 소왕素王인 공자와 소신素臣인 좌구명에 의해 완곡하면서 미묘하고 은미하면서 뜻이 있는 역사서가 만들어졌습니다.[4] 전한과 후한,[5] 삼국시대를 거쳐 반고班固·사승謝承·진수陳壽·습착치習

---

3 말을~남았고 : 『한서』 「예문지藝文志」에 "좌사는 말을 기록하고, 우사는 일을 기록한다."라고 했다. 『춘추』와 『서경』의 성격에 대해서는 『사통 내편』 「육가六家」에서 언급했다.

鑿齒가 각각 독자적인 경지를 펼쳤고, 서진과 동진[6] 시대에는 왕은王隱·육기陸機·간보干寶·손성孫盛 등이 당시의 역사를 기록했습니다. 유연劉淵과 석륵石勒이 천자를 참칭했을 때[7] 화포和苞와 장씨張氏에게 나라의 역사서를 맡겼고,[8] 송나라와 제나라가 예언에 응했을 때는 소자현蕭子顯과 심약沈約에게 돈사惇史를 의뢰했습니다.[9]

그 외에 급총에서 나온 옛날 전서篆書로 된 문서라든지,[10] 우임금의 동굴에서 찾은 기록이 있습니다.[11] 반고가 기록하지 못한 것은 갈홍葛洪이 『서경잡

---

4 소왕인~만들어졌습니다 : 소왕素王은 천자는 아니지만 그 덕을 갖추었다는 뜻이고, 소신素臣은 소왕을 섬기는 신하라는 뜻으로, 각각 공자와 좌구명을 가리킨다. 두예杜預가 『춘추좌씨전 서春秋左氏傳 序』에서 처음 쓴 표현이다. 미완지회微婉志晦는 『좌씨전』 성공成公 14년, 좌구명의 『춘추』에 대한 평에 "은미하면서도 드러내고, 의미를 담고 있으면서도 흐릿하게 감추었다.[微而顯, 志而晦]"라고 한 데서 왔다.

5 전한과 후한 : 양경兩京은 전한의 수도인 장안長安과 후한의 수도인 낙양洛陽을 가리키며, 양한兩漢의 대명사로 쓰인다.

6 서진과 동진 : 중조中朝는 서진西晉(265~316)이고, 강좌江左는 건강建康에 수도를 두었던 동진東晉(317~419)이다. 『진서』 권82 「왕은전王隱傳」에 나온다.

7 유연과~때 : 유劉는 전조前趙(304~329)를 세운 유연劉淵이며, 석石은 후조後趙(319~351)를 세운 석륵石勒이다. 『진서』 권10 「재기 서載記序」에 나온다.

8 화포와~맡겼고 : 화和는 화포로, 『한조기漢趙記』를 저술했다. 장張은 누군인지 알 수 없다. 방책方策은 나라의 역사를 말한다.

9 송나라와~의뢰했습니다 : 송宋은 유송劉宋(420~479)이고, 제齊는 남제南齊(479~502)이다. 록錄은 예언서로, 응록應錄은 그 예언에 부응했다는 뜻이다. 『예기』 「내칙內則」에, 돈사惇史는 덕행이 있는 사람의 행적을 기록한 역사서를 말한다고 했다. 소蕭는 『남제서南齊書』를 편찬한 소자현이고, 심沈은 『송서宋書』를 편찬한 심약이다.

10 급총에서~문서라든지 : 서진 함녕咸寧 연간에 급군汲郡의 옛 무덤에서 발굴된 죽간竹簡 서적을 말한다. 이 사실은 『진서』 권3 「무제기武帝紀」에 나온다.

11 우임금의~있습니다 : 우임금의 동굴, 즉 우혈禹穴은 사마천이 20대에 답사한 회계會稽에 있는 동굴로, 거기에 책이 보관되어 있었다고 한다. 『사기』 권130 「태사공자서太史公自序」에 나온다.

기西京雜記』에 펴냈고,[12] 심약이 빠뜨린 것은 사작謝綽이 『송습유宋拾遺』에서 갈무리했습니다.[13] 이들 역사가들의 저서는 다양하고 광범위합니다. 저는 그 역대의 역사서를 독파하고 그 곁가지 역사서까지 찾아보지 않은 책이 없으며, 시작과 결말을 갖추어 알고 있습니다.

若乃劉峻作傳, 自述長于論才; 范曄爲書, 盛言矜其贊體. 斯又當仁不讓, 庶幾前哲者焉. 然自策名仕伍, 待罪朝列, 三爲史臣, 再入東觀, 竟不能勒成國典, 貽彼後來者. 何哉? 靜言思之, 其不可有五故也. 何者?

유준劉峻은 자서自序를 지어 스스로 논의하는 재능이 있다고 말했고,[14] 범엽范曄은 생질들에게 보내는 편지에서 자신이 논찬論贊 형식에 뛰어나다고 강조했습니다.[15] 저 또한 인仁에 대해서는 양보하지 않는다는 자세[16]로 앞선 훌륭한 학자들을 본받고 싶었습니다. 그렇지만 관원의 반열에 들어가 조정에서 근무하며, 세 번이나 사관史官이 되고 두 번이나 동관東觀에 들어갔음에도 결

---

12 반고가~펴냈고 : 맹견孟堅은 반고의 자이다. 갈홍의 「서경잡기 서西京雜記序」에 '서경잡기'라고 이름을 지은 이유와 반고가 지은 『한서』를 보완했다는 내용이 나온다.

13 심약이~갈무리했습니다 : 휴문休文은 심약의 자이다. 사작이 『송습유宋拾遺』10권을 편찬한 사실은 『수서』「경적지經籍志」에 나온다.

14 유준은~말했고 : 『양서梁書』권50「문학전 하文學傳下」에, 유준의 자는 효표孝標로, 자서에서 자신을 풍경통馮敬通의 재능과 지조에 비교했다. 작전作傳은 이 자서를 말하는 것으로 보인다.

15 범엽은~강조했습니다 : 『송서』권69「범엽전范曄傳」에 「옥중에서 여러 생질들에게 보내는 편지[獄中與諸甥姪書]」가 실려 있는데, 자신의 『후한서』에 대해 언급하면서 찬贊에는 단 한 글자도 헛되이 쓴 글자가 없다고 말했다.

16 인에~자세 : 『논어』「위령공衛靈公」에 "인仁에 대해서는 스승에게도 양보하지 않는다."라고 했다.

국 나라의 역사를 완성하여 후대에 남기지 못했습니다. 왜 그랬겠습니까? 가만히 생각하니, 그럴 수 없는 다섯 가지 이유가 있기 때문입니다. 그에 대해 말씀드리겠습니다.

古之國史, 皆出自一家. 如魯·漢之丘明·子長, 晉·齊之董狐·南史, 咸能立言不朽, 藏諸名山. 未聞藉以衆功, 方云絶筆. 唯後漢東觀, 大集羣儒, 著述無主, 條章靡立. 由是伯度譏其不實; 公理以爲可焚, 張·蔡二子糾之于當代; 傅·范兩家嗤之于後葉. 今者史司取士, 有倍東京. 人自以爲苟·袁, 家自稱爲政·駿. 每欲記一事, 載一言, 皆擱筆相視, 含毫不斷. 故頭白可期, 而汗靑無日. 其不可一也.

옛날 국사는 모두 한 사람의 손에서 완성되었습니다. 노나라 좌구명左丘明이나 한나라의 사마천司馬遷, 진나라의 동호董狐나 제나라의 남사南史 등은 모두 불후의 역사서를 완성하여 명산에 보관했습니다. 이들이 많은 사람의 힘을 빌려 절세의 기록을 남긴 것은 아니었습니다. 오직 후한 때 동관東觀이라는 관청만이 많은 학자를 모아서 『동관한기東觀漢記』를 편찬했지만, 그 책은 저술에 중심이 없었고 체계도 서지 않았습니다. 이 때문에 이법李法은 그 부실함을 기롱했고,[17] 중장통仲長統은 태워버리라고 했으며,[18] 장형張衡이나 채옹

---

17 이법은~기롱했고 : 백도伯度는 이법의 자이다. 후한 환제桓帝 때 여러 차례 표表를 올려, 사관이 사실을 기록할 때 재능도 없이 헛되이 포펌하기 때문에 훗날 웃음거리가 될 것이라고 비판했다. 『화양국지華陽國志』 권10하 「선현사녀총찬 하先賢士女總贊下」에 나온다.

18 중장통은 태워버리라고 했으며 : 공리公理는 중장통의 자이다. 직언을 꺼리지 않았으며 작은 절개에 구애되지 않았기 때문에 당시 사람들이 그를 가리켜 광생狂生이라고 불렀다. 시속을 비판할 때는 매번 발분했다고 한다. 『후한서』 권49 「중장통전仲長統傳」에 나온다.

蔡邕 두 학자는 당대에 이미 이를 비판했고,[19] 부현傅玄이나 범엽范曄 두 역사가는 후대에 이를 비웃었던 것입니다.[20]

그런데 오늘날 역사를 담당하는 관청에서는 후한 시대의 곱절이나 되는 인원을 뽑고 있습니다. 그들은 스스로가 순열荀悅이나 원굉袁宏[21]이라고 생각하고, 자기 집안을 유향劉向이나 유흠劉歆[22] 부자 같다고 자칭합니다. 그렇지만 막상 하나의 사건을 기록하고 한 마디 말을 실어야 할 때는 모두 붓을 놓고 서로 빤히 쳐다보면서 붓을 입에 물고 판단을 내리지 못합니다. 그러므로 머리가 하얗게 세도록 역사서의 완성은 기약할 수가 없습니다. 이것이 첫 번째 불가한 이유입니다.

前漢郡國計書, 先上太史, 副上丞相. 後漢公卿所撰, 始集公府, 乃上蘭臺. 由是史官所修, 載事爲博. 爰自近古, 此道不行. 史官編錄, 唯自詢采, 而左·右二史闕注起居, 衣冠百家, 罕通行狀. 求風俗于州郡, 視聽不該; 討沿革于臺閣, 簿籍難見. 雖使尼父再出, 猶且成于管窺, 況僕限以中才, 安能遂其博物! 其不可二也.

---

19 장형이나~비판했고 : 장張·채蔡는 장형張衡과 채옹蔡邕이다. 『후한서』 권59 「장형전張衡傳」 및 권60하 「채옹전蔡邕傳」에 따르면, 둘 다 『동관한기』의 미비함에 대해 비판적인 태도를 갖고 있었다.

20 부현이나~것입니다 : 부傅·범范은 부현傅玄(217~278)과 범엽范曄으로, 『진서』 권47 「부현전傅玄傳」 및 권69 「범엽전范曄傳」이 있다.

21 순열이나 원굉 : 순荀·원袁은 『한기漢記』를 편찬한 후한의 순열荀悅(148~209)과 동진의 원굉袁宏(328~376)이다.

22 유향이나 유흠 : 정政·준駿은 각각 유향과 유흠을 가리킨다. 유향은 자가 자정子政, 유흠은 자가 자준子駿이다.

전한前漢 시대에는 지방과 각국의 보고서를 태사太史에게 먼저 올리고 부본은 승상丞相에게 올렸습니다.[23] 후한 시대에도 공경公卿의 문서는 처음에 공부公府에 모았다가 나중에 난대蘭臺로 올렸습니다.[24] 이에 따라 사관이 편찬할 때 광범위한 자료를 갖추어 편수할 수 있었습니다.

그런데 근래 들어서는 이런 방식으로 하지 않았습니다. 사관은 스스로 찾아다니며 물어보고 편찬해야 하고, 좌사나 우사도 천자의 기거주起居注를 남기지 않으며, 공경과 백관들도 행장行狀을 거의 만들지 않습니다.[25] 주州나 군郡에 가서 풍속을 찾아보아도 충분히 보고 들을 수 없고, 중앙관청에서 제도 변천을 조사해도 관련 기록을 발견하기 어렵습니다. 이래 가지고는 공자가 다시 태어난다 해도 대롱으로 하늘을 보듯 역사서를 완성해야 할 것이니, 하물며 저처럼 평범한 재능을 가진 사람이 어떻게 광범위한 자료를 찾아 역사 편찬을 완수할 수 있겠습니까. 이것이 두 번째 불가한 이유입니다.

昔董狐之書法也, 以示于朝; 南史之書弒也, 執簡以往. 而近代史局, 皆通籍禁門, 深居九重, 欲人不見. 尋其義者, 蓋由杜彼顏面, 妨諸請謁故也. 然今館中作者, 多士如林, 皆願長喙, 無聞齰舌. 儻有五始初成, 一字加貶, 言未絕口, 而朝野具知; 筆未栖毫, 而搢紳咸誦. 夫孫盛實錄, 取嫉權門; 王劭直書, 見仇貴族, 人之情也, 能無畏乎? 其不可三也.

---

23 전한~올렸습니다 : 『사기』 권130 「태사공자서」 중, 태사공太史公에 대한 집해集解에 나온다. 『사통 외편』 「사관건치史官建置」에서도 설명한 바 있다.

24 후한~올렸습니다 : 『사통 외편』 「사관건치史官建置」 참고. 공부公府는 삼공三公의 관청이다.

25 공경과~않습니다 : 의관衣冠은 공경이나 귀족을 가리킨다. 『문체명변文體明辯』 권52 「행장行狀」에, 한나라 때 호간胡幹이 처음 양원백楊元伯의 행장을 지었고, 후세에 이를 따랐다고 한다. 행장이란 죽은 사람의 세계世系, 이름, 관작, 행적, 나이를 상세히 기록하는 글이다.

옛날 동호가 법도를 기록할 때 당당하게 그것을 조정에 보여주었고,[26] 남사가 시해를 기록할 때는 조정에 그 간책을 가지고 나갔습니다.[27] 그러나 근대의 사국史局은 금문禁門에서 신분증을 보여야 통과할 수 있고, 구중궁궐 깊은 곳에 위치해 있으니, 이는 남들이 보지 못하게 하려는 것입니다. 그 의미는 대체로 다른 사람들과 만나는 일을 막아 부당한 청탁을 막고자 했기 때문일 것입니다.

그렇지만 오늘날 관청에서 편찬하는 사람은 숲처럼 많고, 모두 입이 근질거려 이 일 저 일 참견하려고 입을 다물고 있는 자가 없습니다. 역사 편찬이 처음 시작되어[28] 한 글자라도 폄하하는 말이 있으면, 말이 입에서 떨어지기가 무섭게 조정이나 민간에서 다 알고, 붓을 채 놓기도 전에 조정 관리들이 모두 읊조리고 다닐 정도입니다. 손성은 사실을 기록했다고 하여 권문세가로부터 미움을 받았으며,[29] 왕소王劭는 직서를 했다는 이유로 귀족들에게 보복을

---

26 동호가~보여주었고 : 『춘추좌씨전』 선공 2년 경문에 "진晉나라 조순趙盾이 그 임금 이고夷皐를 시해했다."라고 기록한 일을 가리킨다. 동호는, 조순이 임금을 직접적으로 죽인 것은 아니지만 도망쳐서 임금을 죽인 역적을 토벌하지 않았기 때문에 그렇게 기록했다고 했다.

27 남사가~나갔습니다 : 『춘추좌씨전』 양공 25년에 나온다. 태사太史가 '최저崔杼가 임금을 시해했다.'고 쓴 것을 보고 최저가 태사를 죽였다. 그런데 태사의 동생이 그 일을 똑같이 기록했다. 최저가 동생마저 죽이자, 그의 또 다른 동생이 다시 이 일을 기록했다. 남사는 태사가 최저에게 죽임을 당했다는 소식을 듣고, 최저의 임금 시해 사실을 기록하려고 죽간을 들고 조정에 갔는데, 이미 태사의 동생이 기록했다는 말을 듣고 돌아갔다.

28 역사~시작되어 : 오시五始는 원래 『춘추』 공양학파에서 말하는 원년元年, 춘春, 왕王, 정월正月, 즉위卽位의 다섯 가지이다. 원년의 원은 기운의 처음이고, 춘은 사시四時의 처음이며, 왕은 천명을 받은 처음이고, 정월은 정교政敎를 처음 내리는 때이며, 즉위는 한 나라가 시작된다는 뜻이다. 역사를 편찬하면서 처음 기록하는 내용이다.

29 손성은~받았으며 : 손성(302~373)이 사실을 적었다는 기록은 『진양추晉陽秋』를 가리킨다. 그는 『진양추』로 인해 환온桓溫의 노여움을 샀다. 손성의 『진양추』에 대해서는 『사통 내편』 「직서直書」에 나온다.

당했으니,[30] 사람의 마음에 두려움이 생기지 않을 수 있겠습니까. 이것이 세 번째 불가한 이유입니다.

古者刊定一史, 纂成一家, 體統各殊, 指歸咸別. 夫『尙書』之敎也, 以疏通知遠爲主;『春秋』之義也, 以懲惡勸善爲先.『史記』則退處士而進奸雄,『漢書』則抑忠臣而飾主闕. 斯幷曩時得失之列, 良史是非之準, 作者言之該矣. 頃史官注記, 多取稟監修, 楊令公則云: "必須直詞," 宗尙書則云: "宜多隱惡." 十羊九牧, 其令難行; 一國三公, 适從何在? 其不可四也.

옛날에 역사서 한 권을 간행하면 편찬에서 일가를 이루어, 체계가 각각 달랐고 지향점에도 모두 차이가 있었습니다.[31] 무릇 『서경』의 가르침은 고사故事에 정통하고 과거 사실을 아는 데 중점을 두었고,[32] 『춘추』의 뜻은 나쁜 일을 징계하고 좋은 일을 권장하는 데 우선했습니다. 『사기』는 처사處士를 뒤로 밀어내고 간웅奸雄을 드러냈고,[33] 『한서』는 충신을 억누르고 군주의 결점을 꾸몄습니다.[34] 이들은 모두 과거에 역사서의 장단점을 논의했던 사례로, 훌륭한 역사가가 시비를 가르는 하나의 기준이 되었고, 역사가들은 이에 대

---

30 왕소는~당했으니 : 『사통 내편』「곡필曲筆」에 "왕소의 서법이 잘못을 숨겨주지 않아서 당대 사람들에게 비방을 받았다."라고 했다.

31 체계가~있었습니다 : 체통體統은 편찬 체재體裁를 말하고, 지귀指歸는 편찬 방향 또는 취지를 말한다.

32 『서경』의~두었고 : 『예기』「경해經解」에 나오는 공자의 말이다.

33 『사기』는~드러냈고 : 『한서』 권62 「사마천전 찬司馬遷傳贊」에 나온다.

34 『한서』는~꾸몄습니다 : 반고를 비판하는 부현傅玄의 말이다. 『사통 내편』「서사敍事」에 나온다.

해 상세하게 논의해왔습니다.

　최근 사관의 주기注記는 대부분 감수하는 총재總裁의 의견을 받아들여야 하는데, 양영공楊令公은 "내용을 바르게 기록해야 한다."라고 하며,[35] 종상서宗尙書는 "나쁜 일은 대부분 숨겨야 한다."라고 합니다.[36] 10마리 양에 9명의 목동이 있다면 양 몰기가 제대로 되겠으며, 한 나라에 세 명의 재상이 있다면 누구를 따라야 하겠습니까? 이것이 네 번째 불가한 이유입니다.

竊以史置監修, 雖古無式, 尋其名號, 可得而言. 夫言監者, 蓋總領之義耳. 如創紀編年, 則年有斷限; 草傳敍事, 則事有豐約. 或可略而不略, 或應書而不書, 此刊削之務也. 屬詞比事, 勞逸宜均; 揮鉛奮墨, 勤惰須等. 某袟某篇, 付之此職; 某傳某志, 歸之彼官, 此銓配之理也. 斯幷宜明立科條, 審定區域. 儻人思自勉, 則書可立成. 今監之者旣不指授, 修之者又無遵奉. 用使爭學苟且, 務相推避, 坐變炎凉, 徒延歲月. 其不可五也.

　제 생각에, 사관에 감수자를 두는 것은 옛날에도 그 제도가 없었지만, 그 명칭을 생각해보면 할 말이 있습니다. 감監이란 대개 전체를 통솔한다는 의미입니다. 편년編年을 처음 기록한다면 연도에 한계를 결정해야 하고, 전기傳記를 서술하려면 사실을 어느 정도까지 포함시킬지 정해야 합니다. 생략해야 할 부분을 생략하지 않거나, 당연히 기록해야 할 부분을 기록하지 않는 경우가

---

35 양영공은~하며 : 양영공은 양재사楊再思(?~709)로, 영공令公은 그가 중서령中書令을 지냈기에 부르는 칭호이다. 국사를 감수한 일은 『신당서』 권109 열전에 나온다.

36 종상서는~한다 : 종상서는 종초객宗楚客으로, 측천무후의 인척이다. 시중侍中 기처눌紀處訥과 붕당을 이루었으므로 세간에서는 그를 일러 종기宗紀라고 불렀다.

있는데, 이것이 편찬 과정의 간삭刊削에서 주의를 기울여야 할 대목입니다.

　내용을 선택하고 사실을 서술할 때[37] 사관의 한가함과 수고로움이 균등해야 하고, 붓과 먹으로 문장을 기록할 때 근면과 태만이 같아야 합니다. 어떤 역사서의 어느 편은 이 사람에게 맡기고, 어떤 열전과 어떤 지志는 저 사람에게 맡긴다고 함으로써 일을 분명하게 분장하는 것이 직무 배분의 이치입니다. 이런 경우 모두 규칙을 분명히 세우고 담당 영역을 잘 생각해서 정해야 합니다. 이렇게 해서 사람들마다 각자 열심히 노력하면 역사서는 금방 완성될 것입니다. 그런데 오늘날에는 감수자가 아무런 지침도 내리지 않고, 편수하는 사람들도 따를 기준이 없습니다. 서로 적당히 하는 태도만 배우면서 남에게 미루는 데만 애쓰면, 앉은 자리에서 여름이 가고 겨울이 될 것이니, 결국 헛되어 세월만 보내는 셈입니다. 이것이 다섯 번째 불가한 이유입니다.

凡此不可, 其流實多, 一言以蔽, 三隅自反. 而時談物議, 安得笑僕編次無聞者哉! 比者伏見明公, 每汲汲勸誘, 勤勤于課責, 或云"墳籍事重, 努力用心", 或云"歲序已淹, 何時輟手?" 切以綱維不擧, 而督課徒勤, 雖威以刺骨之刑, 勖以懸金之賞, 終不可得也. 語曰: "陳力就列, 不能者止." 所以比者布懷知己, 歷抵羣公, 屢辭載筆之官, 願罷記言之職者, 正爲此爾.

　이상의 다섯 가지 불가한 이유 외에도 사실은 여러 가지가 더 있지만, 이렇게 정리하면 나머지는 유추할 수 있을 것입니다.[38] 세상 사람들의 논란과

---

37 내용을~때 : 속사비사屬詞比事는 원래 『예기』 「경해經解」에 『춘추』의 편찬 원리로 언급되었으나, 여기서는 편찬 과정에서 기사를 작성하는 정도의 뜻으로 쓰였다.
38 이렇게~것입니다 : 일언이폐一言以蔽는 『논어』 「위정爲政」에서 공자가 "『시』 300편을

비난처럼, 제가 역사 편찬에 아는 바가 없다고 어떻게 비웃겠습니까. 최근에 명공明公께서는 늘 끊임없이 저희들을 격려했고 편찬 책임에도 부지런하셨으며, "역사서를 만드는 일은 중대하므로 열심히 노력하라.", "시간이 많이 지났는데 언제 완성할 수 있겠는가." 하시면서 걱정했습니다.[39]

그러나 기본적인 원칙이 서지 않았는데 과업만 독촉하고 부지런히 하라고만 한다면, 아무리 뼈를 찌르는 가혹한 형벌로 위협하고 황금을 주겠다고 독려해도 결국 되지 않는 것입니다. 『논어』에 "최선을 다해서 직무에 나아가겠지만 불가능하면 사직한다."[40]라고 했습니다. 근래 제가 저의 생각을 친구들에게도 털어놓고 여러 공들께 찾아가 누차 사관을 그만두고 싶다고 사양하면서 파직을 원했던 이유도 바로 그 때문이었습니다.

抑又有所未諭, 聊復一二言之. 比奉高命, 令隸名修史, 而其職非一. 如張尚書·崔·岑二吏部·鄭太常等, 旣迫以吏道, 不可拘之史任. 以僕曹務多閑, 勒令專知下筆. 夫以惟寂惟寞, 乃使記事記言. 苟如其例, 則柳常侍·劉秘監·徐禮部等, 竝門可張羅, 府無堆案, 何事置之度外, 而使各無羈束乎!

그런데 아직 두세 가지 이해하지 못하는 점이 있어서 한두 마디 더하고 싶

한마디로 말하면 '생각에 삿됨이 없다'는 것이다."라고 말한 데서 나왔다. 삼우자반三隅自反은 『논어』「술이述而」에서 공자가 "한 귀퉁이를 들어 보여주었는데, 나머지 다른 세 귀퉁이를 미루어 헤아리지 못한다면 다시 얘기할 것이 없다."라고 한 데서 나왔다.

39 명공께서는~걱정했습니다 : 명공은 소지충蕭至忠을 가리킨다. 분적墳籍은 분사墳史라고도 하며, 성인이 남긴 글이라는 의미에서 역사의 통칭으로도 쓴다. 세서歲序는 계절, 시간이라는 뜻이다.

40 최선을~사직한다 : 『논어』「계씨季氏」에서 공자가 염구冉求에게 한 말 중에 나온다.

습니다. 최근 칙명을 받고 사관에 임명되었지만, 그 직무는 다 같지 않았습니다. 공부 상서工部尚書 장석張錫, 이부 시랑吏部侍郎 최식崔湜과 잠희岑羲, 태상경太常卿 정음鄭愔 등은 관리 본래의 직무에 전념해야 하고 역사 편찬에 구애되어서는 안 된다고 하면서, 제게는 본래 업무가 한가하니 오직 기록을 남기는 일만 맡으라고 강제로 명했습니다.

한가롭고 조용하다는 이유 때문에 사실과 말을 기록하라는 것입니다. 만일 그렇기로 한다면, 산기상시散騎常侍 유충柳沖, 비서감秘書監 유헌劉憲, 예부禮部 서언백徐彦伯 등은 모두 문 앞에 새그물을 쳐도 되는 한가한 자리여서 관청에 가도 쌓아놓은 서류가 있는 것도 아닌데 무슨 일로 치지도외置之度外하고 임무에 묶어두지 않는 것입니까.

必謂諸賢載削非其所長, 以僕鎗鎗鉸鉸, 故推爲首最. 就如斯理, 亦有其說何者? 僕少小從仕, 早躡通班. 當皇上初臨萬邦, 未親庶務, 而以守玆介直, 不附奸回, 遂使官若土牛, 棄同芻狗. 逮鑾輿西幸, 百寮畢從, 自惟官曹務簡, 求以留後. 居臺常謂朝廷不知, 國家于我已矣. 豈謂一旦忽承恩旨, 州司臨門, 使者結轍. 旣而驅駟馬入函關, 排千門謁天子. 引賈生于宣室, 雖歎其才; 召季布于河東, 反增其愧. 明公旣位居端揆, 望重台衡, 飛沈屬其顧盼, 榮辱由其俯仰. 曾不上祈宸極, 申之以寵光; 斂議搢紳, 縻我以好爵. 其相見也, 直云: "史筆闕書, 爲日已久. 石渠掃第, 思子爲勞." 今之仰追, 唯此而已.

그 훌륭한 분들께는 집필에 장점이 있는 것도 아니고 저는 문장에 뛰어나기 때문에 첫 번째로 추천되었다고 굳이 대답할 수도 있습니다. 이런 이유에 대해서도 할 말이 있습니다. 저는 젊어서 벼슬길에 올라 일찍 관직에 임명되었습니다. 황제께서 처음 천하에 즉위하시고 아직은 직접 서무를 처리하시지 않던 무렵, 저는 절개와 정직을 지키며 간신들에게 붙지 않아, 결국 관직은 흙으로 만든 소처럼 지지부진했고 짚으로 만든 개처럼 버려졌습니다.

황제께서 장안長安으로 옮기시면서 백관이 모두 따랐으나, 저는 스스로 관청의 임무가 간략하다고 생각하여 낙양洛陽에 유후留後로 남기를 청했습니다. 관청에 있으면 늘 조정에는 저를 알아주는 이 없었고, 나랏일을 하는 관직은 이제 저에게 끝났다고 생각하고 있었습니다. 하루아침에 홀연히 황제의 명을 받은 지방 관원이 저를 찾아와 데려갈 수레를 준비해 올 줄 생각이나 했겠습니까. 얼마 후 저는 마차를 타고 함곡관函谷關으로 들어가 구중궁궐에서 천자를 알현했습니다. 옛날 한 문제漢文帝가 가의賈誼를 선실宣室에서 인견하고 한층 그의 재능에 감탄했지만,[41] 계포季布를 하동에서 불러 보고 도리어 부끄러움만 더했던 경우와 같습니다.[42]

명공明公께서는 지위가 재상에 올랐고 삼공으로서의 명망도 중하니, 백관

---

41 가의를~감탄했지만 : 『사기』 권84 「가생열전賈生列傳」에 나온다. 가의가 좌천되어 장사왕長沙王 태부太傅로 있다가 1년 남짓 만에 명을 받고 조정으로 돌아오니, 문제文帝가 선실宣室에 있다가 그를 맞았다. 가의가 귀신의 유래와 변화 등을 자세히 이야기하다가 한밤중에 이르렀는데, 문제가 그 이야기에 빠져 자기도 모르게 자리를 앞으로 당겨 가의 가까이로 다가왔다. 여기서 전석前席의 고사가 생겼다. 문제文帝는 그의 자질에 탄복하여 막내아들인 양회왕梁懷王의 태부太傅로 임명했다. 선실은 미앙궁未央宮의 정전正殿이다.

42 계포를~같습니다 : 『사기』 권100 「계포열전季布列傳」에 나온다. 계포가 하동 태수河東太守로 있었는데, 그가 훌륭하다는 어떤 사람의 말을 듣고 한 문제漢文帝는 어사대부御史大夫로 삼고자 조정으로 불러올렸다. 그런데 그 뒤 누가 다시 계포는 술주정이 심하니 가까이 해서는 안 된다고 하자, 계포가 올라온 지 한 달이 넘도록 관소에 머물러 있게 했다가 결국에는 파직시켰다. 계포가 황제에게 나아가, "폐하께서는 한 사람의 칭찬으로 신을 불러올리고, 다시 한 사람의 헐뜯음으로 신을 버리셨습니다. 천하의 식자들이 이 말을 듣고 폐하의 속마음을 엿볼까봐 걱정스럽습니다."라고 했다. 중종이 장안으로 돌아온 뒤 유지기가 조정에서 느꼈던 불안과 함께 희망을 보여주는 대목이다.

의 진퇴가 명공의 보살핌에 달렸고 영욕이 명공의 거조에 좌우됩니다.[43] 명공은 천자에게 바라는 것도 없으면서 영광된 총애를 온몸에 받고 있으며, 조정 관원들과 함께 논의하여 저에게 좋은 관작을 주셨습니다. 명공을 뵈었을 때 곧장, "사관 중에 제대로 글을 쓰는 사람이 없게 된 지 이미 오래되었네. 서고書庫[44]는 깨끗하게 청소를 시켜두었으니 수고스럽겠지만 잘 부탁하겠네."라고 하셨으니, 지금 우러러 존경하는 것은 바로 이 때문입니다.

抑明公足下獨不聞劉炫·蜀王之說乎? 昔劉炫仕隋, 爲蜀王侍讀. 尚書牛弘嘗問之曰: "君王遇子其禮如何?" 曰: "相期高于周·孔, 見待下于奴僕." 弘不悟其言, 請問其議. 炫曰: "吾王每有所疑, 必先見訪, 是相期高于周·孔. 酒食左右皆饜, 而我餘瀝不霑, 是見待下于奴隸也." 僕亦竊不自揆, 輕敢方于鄙宗. 何者? 求史才則千里降追, 語宦途則十年不進. 意者得非相期高于班·馬, 見待下于兵卒乎!

그런데 명공 족하께서는 유독 유현劉炫과 촉왕蜀王의 이야기를 듣지 못하셨는지요? 옛날 유현이 수나라에서 관직에 올라 촉왕의 시독侍讀이 되었습니다.[45] 상서 우홍牛弘[46]이 유현에게 "촉왕이 자네를 어떻게 예우하는가?" 하고

---

43 명공께서는~좌우됩니다 : 단규端揆는 상서성尚書省 장관이다. 소지충은 형부 상서刑部尚書를 지냈다. 태台는 삼공三公이다. 형衡은 북두칠성의 다섯 번째 별로 재상을 말한다.

44 서고 : 석거石渠는 석거각石渠閣으로, 전한의 미앙궁 북쪽에 있던 도서관이다.

45 유현이~되었습니다 : 유현(549~617)은 수나라의 유학자로, 자는 광백光伯이다. 『수서隋書』 권75 「유림전儒林傳」에, 유현이 촉왕 수秀를 섬기라는 칙령을 받들지 않고 미루다가 촉왕의 노여움을 사 차꼬가 채워져 익주로 보내졌다는 이야기가 나온다. 하지만 유현이 촉왕의 시독이 되었다는 위의 유지기의 말은 나오지 않는다.

물었더니, 유현은 "나는 주공周公이나 공자 이상의 기대를 받고 있지만, 대우는 노복보다 아랠세."라고 대답했습니다. 우홍이 그 말을 이해하지 못하고 무슨 의미인지 묻자, 유현은 "우리 왕은 의문이 생기면 반드시 내게 먼저 물어보니, 이는 내가 주공이나 공자 이상의 기대를 받고 있는 것처럼 보이게 한다네. 하지만 술과 음식을 차려놓고 좌우 신하들에게 먹이면서도 막상 나에게는 남은 것조차 떨어지는 것이 없으니, 이것을 두고 대우는 노복보다 아래라고 한 것일세."라고 했습니다.

제가 또 스스로의 실력은 헤아리지 않고 경솔하게도 비루한 종씨宗氏 유현을 끌어와 비교했습니다. 그 이유가 있습니다. 뛰어난 재능을 지닌 역사가를 찾을 때는 천 리도 마다하지 않으면서, 그에게 주는 관직으로 말할 것 같으면 십 년이 지나도 승진을 시켜주지 않습니다. 생각해보면 반고나 사마천 이상의 기대를 받고 있지만, 대우는 병졸보다 아래인 셈이 아니겠습니까.

又人之品藻, 貴識其性. 明公視僕于名利何如哉? 當其坐嘯洛城, 非隱非吏, 惟以守愚自得, 寧以充詘攖心. 但今者黽勉從事, 攣拘就役, 朝廷厚用其才, 竟不薄加其禮. 求諸隗始, 其義安施? 儻使士有澹雅若嚴君平, 清廉如段干木, 與僕易地而處, 亦將彈鋏告勞, 積薪爲恨. 況僕未能免俗, 能不蔕芥于心者乎?

한편 사람을 평가할 때는 무엇보다 그 본성을 아는 것이 중요합니다. 명공께서는 제가 명리名利에 대해 어떤 태도를 가졌다고 생각하십니까? 제가 낙

---

46 우홍 : 우홍(545~610)은 수나라의 예제禮制 정비에 공이 큰 학자였다. 예부 상서禮部尚書를 지냈으며, 『수서』 권49 「우홍전牛弘傳」이 있다.

양에 한가하게 있었을 때 은자도 관리도 아닌 상태로 어리석음을 지키며 만족하고 살았으니, 어찌 부귀를 탐내어 마음을 어지럽혔습니까.[47] 다만 지금은 일하는 데 바쁘고 얽매이다시피 직무를 보고 있는데, 조정에서는 저의 능력만 지나치게 부리고 필시 그 예우에는 박한 것이 아닌지요. 능력 있는 사람을 구하려면 우선 지금 가까이 있는 사람부터 시작하라는 뜻[48]을 펼 기색도 전혀 없습니다.

엄군평嚴君平처럼 담백한 사람[49]이나 단간목段干木처럼 청렴한 사람[50]이라도 저와 처지를 바꾸어놓으면, 칼자루를 두드리며 자신의 수고를 말하거나[51] 장작이 쌓이듯 하는 상황을 한스러워할 것입니다.[52] 하물며 저는 속인에 지나지

---

47 제가~어지럽혔습니까 : 좌소坐嘯는 앉아서 피리를 분다는 말로, 하는 일 없이 한가하다는 뜻이다. 낙성洛城은 낙양이다. 충굴充詘은 좋아서 절도를 잃은 모습이다.

48 능력 있는~뜻 : 『전국책戰國策』「연책燕策」에, 연 소왕燕昭王이 곽외郭隗에게 어떻게 하면 인재를 모을 수 있겠는가를 묻자, 곽외는 "왕께서 천하의 인재를 구하시려거든 이 외隗부터 먼저 예우하십시오."라고 했다.

49 엄군평처럼 담백한 사람 : 담아澹雅는 욕심이 없는 모습이다. 군평君平은 엄준嚴遵의 자로, 한나라 때의 은사隱士이다. 노장 철학에 조예가 깊어 양웅揚雄도 그에게 배웠다. 『한서』 권72「왕공양공포전 서王貢兩襲鮑傳序」에 나온다.

50 단간목처럼 청렴한 사람 : 단간목은 전국시대 위나라의 현자이다. 위 문후魏文侯가 만나 보려 했을 때 단간목은 담장을 넘어 피했는데, 맹자는 그의 행동이 지나치다고 평가했다. 『맹자』「등문공 하滕文公下」에 나온다.

51 칼자루를~말하거나 : 『전국책戰國策』「제책齊策」에, 전국시대 제나라 풍환馮驩이 맹상군孟嘗君의 식객으로 있을 때, 밥상에 고기반찬이 없자 장검의 칼자루[長鋏]를 두드리며 "장검이여 돌아가자. 밥상에 고기가 없으니.[長鋏歸來乎, 食無魚]"라고 노래했다.

52 장작이~것입니다 : 한나라 급암汲黯이 공손홍公孫弘이나 장탕張湯 등 자신의 후배들이 자기보다 높은 지위로 계속 승진하자, 이에 불만을 품고 한 무제漢武帝에게 아뢰기를 "폐하가 신하들을 임용하는 것을 보면 마치 장작더미를 쌓는 것 같아서, 뒤에 온 자들이 맨 윗자리를 차지하고 있습니다.[陛下用群臣如積薪耳, 後來者居上]"라고 했다. 『사기』 권120「급암열전汲黯列傳」에 나온다.

않으니 어찌 마음에 응어리가 없을 수 있겠습니까.

當今朝號得人, 國稱多士. 蓬山之下, 良直差肩; 芸閣之中, 英奇接武. 僕旣
功虧刻鵠, 筆未獲麟, 徒糜太官之膳, 虛索長安之米. 乞已本職, 還其舊居,
多謝簡書, 請避賢路. 唯明公足下哀而許之.

요즘 조정에 뛰어난 인재를 얻었다고 하고, 나라에도 인물이 많다고 합니
다. 봉래산에 비유되는 사관史館에는 훌륭하고 강직한 사람들이 어깨를 나란
히 하고 있고, 비서성秘書省에는 걸출한 인물들이 뒤를 잇고 있습니다. 저는
공적으로 치면 맡은 일에 빼어나지 못했고[53] 사필로 치면『춘추』에 미치지도
못하면서, 그저 태관太官[54]이 주는 반찬이나 없애고 헛되이 장안의 쌀만 축냈
습니다.

바라건대 본직을 그만두고 옛날 살던 곳으로 돌아가고자 하니 붓을 드는
일은 일체 그만두고 저보다 나은 현자를 위해 길을 피할 수 있도록 해주십시
오. 명공 족하께서 딱하게 여기시고 허락해주십시오.

至忠得書大慚, 無以酬答, 又惜其才, 不許解史任. 而宗楚客·崔湜·鄭愔等,
皆惡聞其短, 共仇嫉之. 俄而蕭·宗等相次伏誅, 然後獲免於難.

---

53 저는~못했고 : 후한後漢 때 마원馬援이 자기 조카들을 경계시킨 글에서, 용술龍述은 신중하고
위엄 있는 사람이므로, 그를 본받으면 검속하는 행실을 지닌 학자 정도는 될 수 있다고
했다. 이른바 '고니를 새기다가 그것을 못 이루더라도 집오리처럼은 될 수 있다.[刻鵠不成
尙類鶩]'는 말이다.『후한서』권24「마원열전馬援列傳」에 나온다.
54 태관 : 궁중의 음식과 식사를 관장하는 관청이다.

내가 보낸 편지는 이상과 같다. 소지충은 내 편지를 받고 매우 부끄러웠던지 아무런 답변도 없었다. 그러면서도 내 재주가 아까웠는지 사관 직임을 해직시켜달라는 요청도 허락하지 않았다. 종초객과 최식, 정음 등은 자신들의 단점에 대해 전해 듣고 다 같이 나를 원수처럼 미워했다. 그런데 갑자기 소지충과 종초객 등이 차례로 형벌을 받아 죽고[55] 그 뒤 나도 힘든 사관의 직책에서 벗어날 수 있었다. 🈴

---

[55] 소지충과~죽고 : 소지충은 태평공주太平公主와 음모를 꾸며 우림군羽林軍을 이끌고 반란을 일으키려 했다가 선천先天 2년(713)에 살해되었다. 최식은 서인庶人이 되어 귀양을 갔다가 사사되었다. 종초객은 위후韋后와 결탁했다가 살해되었다. 유지기는 「원서原序」에서 경룡景龍 4년(710) 중춘仲春에 『사통』을 완성했다고 했는데, 보다시피 「오시忤時」에서 말한 소지충 사건은 713년에 일어난 것으로 그 뒤의 일이다. 이로 미뤄 짐작건대, 아마도 유지기가 『사통』을 완성한 뒤에 「오시」를 집필한 듯싶다.

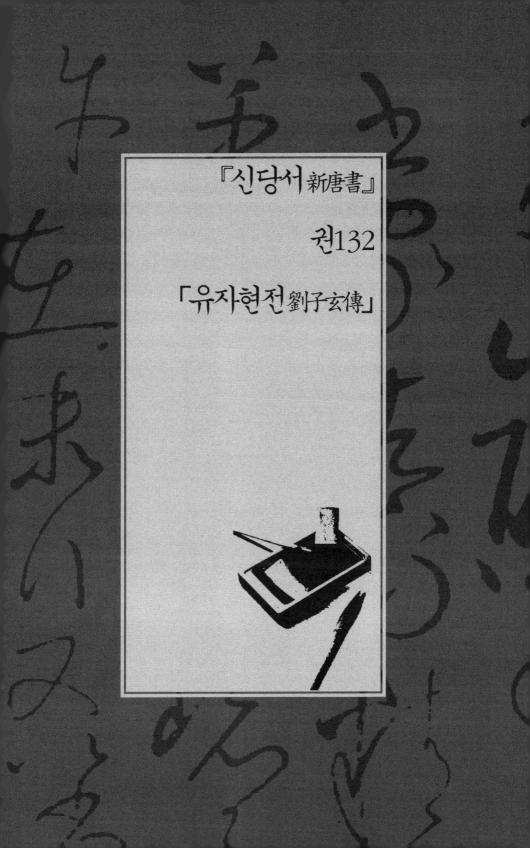

『신당서新唐書』

권132

「유자현전劉子玄傳」

유자현전劉子玄傳

劉子玄名知幾, 以玄宗諱嫌, 故以字行. 年十二, 父藏器爲授『古文尙書』,
業不進, 父怒, 楚督之. 及聞爲諸兄講『春秋左氏』, 冒往聽, 退輒辨析所疑,
歎曰: "書如是, 兒何怠!" 父奇其意, 許授『左氏』. 踰年, 遂通覽羣史. 與兄
知柔俱以善文詞知名. 擢進士第, 調獲嘉主簿.

　유자현劉子玄의 이름은 지기知幾인데, 현종의 휘인 융기隆基의 기基 자가 지
기知幾의 기幾 자와 음이 비슷하기 때문에 자字인 자현을 썼다.[1] 12세에 아버
지 유장기劉藏器[2]가 『고문상서古文尙書』를 가르쳤지만, 자현의 학업에 진전이
없자 아버지가 노하여 회초리를 들었다. 그러나 아버지가 여러 형들에게 『춘
추좌씨전春秋左氏傳』을 가르치는 것을 듣고부터는 일부러 쫓아가서 들었고,
물러나서는 늘 의심나는 곳을 따져보면서 탄식하기를 "책이 이렇게 재미있
으면 내가 왜 게으름을 피우겠는가!"[3]라고 했다. 아버지가 그 뜻을 기특하게
여기고 『좌씨전』을 배우도록 했다. 해가 지나자 마침내 여러 역사서를 두루
읽었다. 형인 지유知柔[4]와 함께 뛰어난 문장으로 이름이 났다. 진사과에 급제

---

1 유자현의~썼다 : 『구당서』「유자현전劉子玄傳」에, 경운景雲 원년(710) 현종玄宗이 동궁에
　있을 때 유지기는 자신의 이름이 동궁과 비슷하다고 해서 자현으로 고쳤다고 했다.
2 유장기 : 『구당서』권190상 「문원전文苑傳」 및 『신당서』권201 「문예전文藝傳」에 열전이
　있다.
3 책이~피우겠는가 : 서書를 『서경』으로 볼 수도 있다. 다만 『사통 내편』「자서自敍」에서
　같은 내용을 서술하면서 서書를 책이라는 일반명사로 사용했다.

하여 획가현獲嘉縣 주부主簿가 되었다.

武后證聖初, 詔九品以上陳得失. 子玄上書, 譏每歲一赦, 或一歲再赦, 小
人之幸, 君子之不幸. 又言: "君不虛授, 臣不虛受. 妄受不爲忠, 妄施不爲
惠. 今羣臣無功, 遭遇輒遷, 至都下有'車載斗量, 杷椎椀脫'之諺." 又謂:
"刺史非三載以上不可徙, 宜課功殿, 明賞罰." 后嘉其直, 不能用也.

측천무후則天武后 증성證聖 원년(695), 9품 이상의 관원에게 당대의 정치에
대한 의견을 말하라고 조칙을 내렸다. 유자현이 상소하기를, 매년 한 번씩 사
면을 내리기도 하고 한 해에 두 번 사면을 내리기도 하니, 이는 소인에게는
다행이지만 군자에게는 불행이라고 비판했다.[5] 또 말하기를 "군주는 이유 없
이 관직을 주지 않으며, 신하는 이유 없이 관직을 받지 않습니다. 망령되이
받는 것은 충성이 될 수 없으며, 망령되이 베푸는 것은 은혜가 될 수 없습니
다. 지금 신하들이 공적도 없으면서 기회만 되면 관직을 옮기기 때문에, 도성
에서는 '수레에 가득 말(斗)로 가득, 써레로 긁어모아 바리에 넘치네.'라는 말
이 떠돌고 있습니다."[6]라고 했다. 또 "자사刺史는 3년 이상이 아니면 바꾸지

---

4 지유 : 『구당서』 권190상 「문원전」 및 『신당서』 권201 「문예전」에 열전이 있다.
5 유자현은~비판했다 : 유지기의 상소는 『당회요唐會要』 권40 「논사유論赦宥」, 권81 「계階」,
   권67 「시급사남관試及斜濫官」, 권68 「자사 상刺史上」 및 『전당문全唐文』 권274 「응제표진사사
   應制表陳四事」에 수록되어 있다.
6 지금~있습니다 : 『당회요』 권67 「시급사남관」에 나온다. 천수天授 2년(691) 2월 옥산휘玉山
   輝 등 수백 명이 습유拾遺와 보궐補闕, 시어사侍御史와 교서랑校書郎에 임명되었다. 그래서
   보궐은 수레에 실을 정도, 습유는 말로 잴 정도, 시어사는 써레로 긁을 정도, 교서랑은
   바리에 넘칠 정도라고 하는 속언이 나왔다.

말고, 치적을 평가하여 상벌을 분명히 해야 합니다.”라고 했다. 측천무후가 유지기의 강직함을 높이 평가했지만, 의견을 채택하지는 않았다.

時吏橫酷, 淫及善人, 公卿被誅死者踵相及. 子玄悼士無良而甘於禍, 作「思愼賦」以刺時. 蘇味道·李嶠見而歎曰: “陸機豪士之流乎, 周身之道盡矣!” 子玄與徐堅·元行沖·吳兢等善, 嘗曰: “海內知我者數子耳.”

　　당시 관리들이 횡포하고 잔혹하여 착한 사람에게 지나친 처벌이 가해졌고, 공경公卿의 심문으로 죄를 받아 죽는 사람이 꼬리를 물었다. 자현은 사람들이 속수무책으로 화를 감수하는 것을 애도하여 「사신부思愼賦」를 지어 시대를 비평했다.[7] 소미도蘇味道와 이교李嶠[8]가 그 글을 보고 탄식하기를 “육기陸機의 「호사부豪士賦」[9] 같구나! 몸을 보전할 길이 다 있구나!”라고 했다. 자현은 서견徐堅·원행충元行沖·오긍吳兢 등과 사이좋게 지냈는데 “천하에 나를 아는 사람은 이 몇 사람뿐이다.”라고 한 적이 있다.

7　자현은~비평했다 : 「사신부」는 『문원영화文苑英華』 권92에 실려 있다. 무량無良은 훌륭하지 못하다는 뜻으로, 『서경』 「태서 하泰誓下」에 나온다. 여기서는 나쁘다는 뜻이 아니라 좋은 방책이 없다, 대책이 없다는 뜻이다.

8　소미도와 이교 : 소미도는 『신당서』 권114에, 이교는 『신당서』 권123에 각각 열전이 있다.

9　육기의 「호사부」 : 육기(261~303)는 서진西晉의 시인으로, 자는 사형士衡이다. 『진서』 권54에 열전이 있다. 호사豪士는 「호사부」로, 『문선文選』 권46에 「호사부 서豪士賦序」가 실려 있다.

累遷鳳閣舍人, 兼脩國史. 中宗時, 擢太子率更令, 介直自守, 累歲不遷. 會天子西還, 子玄自乞留東都. 三年, 或言子玄身史臣而私著述, 驛召至京, 領史事. 遷祕書少監. 時宰相韋巨源·紀處訥·楊再思·宗楚客·蕭至忠皆領監脩, 子玄病長官多, 意尚不一. 而至忠數責論次無功, 又仕偃蹇, 乃奏記求罷去. 因爲至忠言'五不可', 曰: "古之國史, 皆出一家, 未聞藉功于衆. 唯漢東觀集羣儒, 纂述無主, 條章不建. 今史司取士滋多, 人自爲荀·袁, 家自爲政·駿. 每記一事, 載一言, 閣筆相視, 含毫不斷, 頭白可期, 汗青無日. 一不可. 漢郡國計書上太史, 副上丞相; 後漢公卿所撰, 先集公府, 乃上蘭臺, 故史官載事爲廣. 今史臣唯自詢采, 二史不注起居, 百家弗通行狀. 二不可. 史局深籍禁門, 所以杜顏面, 防請謁也. 今作者如林, 儻示褒貶, 曾未絶口, 而朝野咸知. 孫盛取嫉權門, 王劭見讎貴族, 常人之情, 不能無畏? 三不可. 古者史氏各有指歸, 故司馬遷退處士, 進姦雄, 班固抑忠臣, 飾主闕. 今史官注記, 類稟監脩, 或須直辭, 或當隱惡, 十羊九牧, 其令難行. 四不可. 今監者不肯指授, 脩者又不遵奉, 務相推避, 以延歲月. 五不可." 又言: "朝廷厚用其才而薄其禮." 至忠得書, 悵惜不許. 楚客等惡其言詆切, 謂諸史官曰: "是子作書, 欲致吾何地?"

누차 관직을 옮겨 봉각 사인鳳閣舍人이 되어 국사 편찬을 겸했다. 중종 때 태자솔경령太子率更令에 발탁되었고, 절개를 곧게 지켜 몇 해 동안 옮기지 않았다. 천자가 장안으로 귀환할 때 자현은 스스로 낙양에 남기를 원했다. 3년이 지났을 때, 유지기가 사관이면서 사사로운 저술에만 몰두하고 있다는 말이 나와서, 역마로 장안에 불러들여 역사 편찬에 종사하게 했다가 비서소감祕書少監으로 옮겼다. 당시 재상 위거원韋巨源·기처눌紀處訥·양재사楊再思·종초객宗楚客·소지충蕭至忠 등이 모두 국사 편찬을 감수했는데, 자현은 장관들이 많아서 의견이 늘 일치하지 않는 점을 걱정했다. 그런데 소지충이 편찬에 진전이 없고 직무에 태만하다고 자현을 자주 문책하자, 자현은 상소를 올려 파직을 청했다. 이어서 오늘날 후대에 역사를 남길 수 없는 다섯 가지 이유를 소지충에게 이야기했다. 내용은 다음과 같다.

"옛날 국사는 모두 한 사람의 손에서 완성되었습니다. 많은 사람의 힘을 빌려서 절세의 기록을 남긴 것이 아니었습니다. 오직 후한 때 동관東觀이라는 관청만이 많은 학자를 모아서 『동관한기東觀漢記』를 편찬했지만, 그 책은 저술에 중심이 없었고 체계도 서지 않았습니다. 그런데 오늘날에는 역사를 담당하는 관청에서 사람을 뽑으면, 그들 스스로가 순열荀悅이나 원굉袁宏이라고 생각하고, 자기 집안을 유향劉向이나 유흠劉歆 부자 같다고 자칭합니다. 그렇지만 막상 하나의 사건을 기록하고 한 마디 말을 실어야 할 때는 붓을 놓고 서로 빤히 쳐다보면서 붓을 입에 물고 판단을 내리지 못합니다. 그러므로 머리가 하얗게 세도록 역사서의 완성은 기약할 수가 없습니다. 이것이 첫 번째 불가한 이유입니다.

전한 시대에는 지방과 각국의 보고서를 태사太史에게 올렸고 부본은 승상丞相에게 올렸습니다. 후한 시대에도 공경公卿의 문서는 처음에 공부公府에 모았다가 나중에 난대蘭臺로 올렸습니다. 이에 따라 사관이 광범위한 자료를 갖추어 편수할 수 있었습니다. 그런데 오늘날에는 사관이 스스로 찾아다니며 물어보고 편찬해야 하고, 좌사나 우사도 천자의 기거주起居注를 기록하지 않으며, 모든 관원이 행장行狀을 만들지 않습니다. 이것이 두 번째 불가한 이유입니다.

사국史局은 금문禁門에서 신분증을 보여야 통과할 수 있으니, 그 의미는 대체로 다른 사람들과 만나는 일을 막아 부당한 청탁을 막고자 했기 때문일 것입니다. 그런데 오늘날 편찬하는 사람이 포폄을 보이면, 말이 떨어지기가 무섭게 조정이나 민간에서 다 압니다. 손성孫盛은 사실을 기록했다고 하여 권문세가로부터 미움을 받았으며, 왕소王劭는 직서를 했다는 이유로 귀족들에게 보복을 당했으니, 인지상정에 두려움이 생기지 않을 수 있겠습니까. 이것이 세 번째 불가한 이유입니다.

옛날 역사가는 각각 지향이 있었기 때문에 사마천은 처사處士를 뒤로 밀어내고 간웅奸雄을 드러나게 했고, 반고는 충신을 억누르고 군주의 결점을 꾸몄습니다. 그런데 오늘날에는 감수자의 의견을 받아야 하는 사관의 주기注記에 대해, 어떤 사람은 내용을 바르게 기록해야 한다고 하고, 어떤 사람은 나쁜 일을 숨겨야 한다고 하니, 10마리 양에 9명의 목동이 있다면 명령을 따르기 어려운 법입니다. 이것이 네 번째 불가한 이유입니다.

오늘날에는 감수자가 아무런 지침도 내리지 않고, 편수하는 사람들도 따를 기준이 없습니다. 남에게 미루는 데만 애쓰며 세월만 보내고 있습니다. 이것이 다섯 번째 불가한 이유입니다."

또 말하기를 "조정이 사관의 재능은 중히 쓰면서도 그에 대한 예우에는 박합니다."라고 했다.

소지충이 편지를 받았지만, 유지기를 아깝게 여겨 사직을 허락하지 않았다. 종초객 등은 유지기의 비난이 듣기 싫어서 여러 사관에게 말하기를 "우리를 어떻게 만들려고 이 자가 이런 편지를 썼단 말인가!"라고 했다.

始, 子玄脩『武后實錄』, 有所改正, 而武三思等不聽. 自以爲見用於時而志不遂, 乃著『史通』內外四十九篇, 譏評今古. 徐堅讀之, 歎曰: "爲史氏者宜置此坐右也." 又嘗自比揚雄者四: "雄好雕蟲小伎, 老而爲悔; 吾幼喜詩賦而壯不爲, 期以述者自名. 雄準『易』作經, 當時笑之; 吾作『史通』, 俗以爲愚. 雄著書見尤於人, 作「解嘲」; 吾亦作「釋蒙」. 雄少爲范逡·劉歆所器, 及聞作經, 以爲必覆醬瓿; 吾始以文章得譽, 晚談史傳, 由是減價." 其自感慨如此.

처음에 자현이 『무후실록武后實錄』을 편수할 때 개정할 곳이 있었는데, 무삼사武三思 등이 개정을 허락하지 않았다. 자현은 자신이 지금 등용되기는 했지만 뜻을 이룰 수 없다고 생각하고, 마침내 『사통史通』 내편과 외편 49편을 저술하여 고금의 역사서를 비평했다. 서견徐堅이 읽고 찬탄하기를 "역사가라면 마땅히 이 책을 자리 가까운 곳에 두어야 한다."라고 했다.[10]

또 일찍이 자신을 네 가지 점에서 양웅揚雄과 비교했다. "양웅은 곤충이나 새기는 작은 기예를 좋아했다가 늙어서 후회했지만, 나는 젊어서 시와 부를 즐기다가 장년이 되어서는 그만두고 저술로 이름을 내리라고 다짐했다. 양웅은 『주역』을 본떠 경經을 만들었다가 당시에 웃음거리가 되었고, 나는 『사통』을 저술해서 세상 사람들에게 어리석다는 말을 들었다. 양웅은 『법언法言』을 지어 남들에게 비난을 받았기 때문에 「해조解嘲」를 지었고, 나도 「석몽釋蒙」을 지었다. 양웅은 젊어서 범준范逡과 유흠劉歆의 존경을 받았지만, 그들은 양웅이 『태현경太玄經』을 지었다는 말을 듣고 그 책이 분명 장항아리나 덮는 데 쓰일 것이라고 생각했다. 나는 처음에 문장으로 명예를 얻었다가 만년에 이르러 역사서를 평론했더니, 이 때문에 나에 대한 평가가 낮아졌다."[11] 자현 스스로 개탄하기가 이와 같았다.

子玄內負有所未盡, 乃委國史於吳兢, 別撰『劉氏家史』及『譜考』. 上推漢爲陸終苗裔, 非堯後; 彭城叢亭里諸劉, 出楚孝王囂曾孫居巢侯般, 不承元王. 按據明審, 議者高其博. 嘗曰: "吾若得封, 必以居巢紹司徒舊邑." 後果封居巢縣子. 鄉人以其兄弟六人俱有名, 號其鄉曰'高陽', 里曰'居巢'.

---

10 서견이~했다 : 『구당서』 권102 「서견전徐堅傳」에 나온다.
11 양웅은~낮아졌다 : 이 부분은 『사통 내편』 「자서自敍」에 나온다.

자현은 속으로 『사통』에 대해 자부심을 갖고 있었지만 아직 미진한 데가 있었기 때문에,[12] 국사國史를 오긍吳兢에게 맡기고 따로 『유씨가사劉氏家史』와 『보고譜考』를 편찬했다.[13] 위로 한나라는 육종陸終의 후예이지 요임금의 후손이 아니며, 팽성彭城 총정리叢亭里의 유씨 일족도 초 효왕楚孝王 유효劉囂의 증손인 거소후居巢侯 유반劉般에게서 나왔기 때문에 원왕元王 유교劉交의 후예가 아니라고 추론했다.[14] 논거가 분명했기 때문에 당시 학자들이 유지기를 해박하다고 높이 평가했다.

유지기는 "내가 만일 봉작을 받으면 반드시 '거소居巢'라고 해서 사도司徒였던 거소후의 옛 고을 이름을 계승하고 싶다."라고 한 적이 있는데, 후에 과연 거소현자居巢縣子의 작위를 받았다. 고을 사람들은 자현의 여섯 형제들이 모두 유명했기 때문에 그 고을을 '고양高陽'으로, 동네를 '거소居巢'라고 불렀다.

累遷太子左庶子·兼崇文館學士. 皇太子將釋奠國學, 有司具儀, 從臣著衣冠, 乘馬. 子玄議: "古大夫以上皆乘車, 以馬爲騑服. 魏·晉後以牛駕車. 江左尙書郞輒輕乘馬, 則御史劾治. 顔延年罷官, 乘馬出入閭里, 世稱'放誕'. 此則乘馬宜從褻服之明驗. 今陵廟巡謁·王公冊命·士庶親迎, 則盛服冠履, 乘輅車. 他事無車, 故貴賤通乘馬. 比法駕所幸, 侍臣皆馬上朝服. 且冠履

---

12 자현은~때문에 : 니시와키는 내부內負를 '사재史才를 자부했다'고 풀었지만(『사통 외편』, 동해대학출판회, 2002, 1127쪽), 앞에서 『사통』 편찬을 언급했고 이어서 '미진하다'는 말이 나오므로, 여기의 내부內負는 '속으로 『사통』에 대해 자부했다'고 해석했다.
13 국사를~편찬했다 : 『구당서』 「유자현전」에 나온다. 『유씨가사』는 15권, 『보고』는 3권이다.
14 위로~추론했다 : 『당회요』 권36 「씨족氏族」에 나온다. 『사기』 권40 「초세가楚世家」에 고양씨高陽氏의 아들이라고 불리는 자손 중에 육종이 있는데, 그를 초나라의 선조라고 했다.

惟可配車, 故博帶褒衣·革履高冠, 是車中服. 轙而鐙, 跣而鞍, 非唯不師於古, 亦自取驚流俗. 馬逸人顚, 受嗤行路." 太子從之, 因著爲定令.

누차 관직을 옮겨 태자좌서자太子左庶子가 되고 숭문관 학사崇文館學士를 겸했다. 황태자가 국학에서 성인과 스승에게 제사를 지내는 석전제를 지내러 나갈 때 관련 관원들이 의례를 정리했는데, 따르는 신하들에게 의관을 입고 말을 타도록 했다. 자현이 의논하기를 "옛날에 대부 이상은 모두 수레를 탔고, 말로 비마騑馬와 복마服馬[15]를 삼았습니다. 위진魏晉 시대 이후 소로 수레를 끌기 시작했습니다. 그래서 남조南朝에서는 상서랑의 관직에 있는 사람이 경솔하게 말을 타면 어사御史가 탄핵했습니다. 안연년顏延年[16]이 관직에서 물러나 고을에 말을 타고 드나들자, 사람들이 그를 가리켜 방탕하다고 했습니다. 이는 말을 탈 때 의당 평상복을 입어야 한다는 분명한 증거입니다. 이번 능묘陵廟의 알현과 왕공王公의 책명冊命, 사서인士庶人의 친영親迎에는 관이나 신발까지 옷을 제대로 차려입고 노거軺車를 탑니다. 다른 행사에는 수레가 없기 때문에 귀천을 불문하고 모두 말을 탑니다. 근래 천자께서 행행하실 때는 시신侍臣이 모두 말을 타고 조복을 입습니다. 또 관이나 신발을 갖추는 것은 오직 수레를 탈 때 뿐이기 때문에 넓은 띠, 소매가 긴 옷, 가죽신, 높은 관은 수레를 탈 때 입는 복장입니다. 버선을 신고 등자에 오르거나 맨발로 안장에 타는 것[17]은 옛 법도를 본받지 않는 것일 뿐 아니라, 스스로 세속을 놀라게 하는 것입니다. 말이 놀라 달아나면 탄 사람이 거꾸로 떨어질 것이니, 길거리

---

15 비마와 복마 : 수레를 끄는 네 마리 말 중에서 가운데 두 마리에 끌채를 거는데 이를 복마라 하고, 곁마를 비마라고 한다.

16 안연년 : 유송劉宋 사람으로(384~456), 『송서宋書』 권73에 열전이 있다.

17 버선을~것 : 말을 탈 때와 수레를 탈 때 그 상황에 맞는 복장이 필요하다는 의견의 연장선에서 나온 말인데, 구체적으로 어떤 상황을 설명하는 것인지 모르겠다.

에서 비웃음을 사게 됩니다."라고 했다. 황태자가 그 말을 따르고 법령으로 삼았다.

開元初, 遷左散騎常侍. 嘗議『孝經』鄭氏學非康成注, 舉十二條左證其謬, 當以古文爲正.『易』無子夏傳,『老子書』無河上公注, 請存王弼學. 宰相宋璟等不然其論, 奏與諸儒質辯. 博士司馬貞等阿意, 共黜其言, 請二家兼行, 惟子夏『易傳』請罷. 詔可. 會子貺爲太樂令, 抵罪, 子玄請於執政, 玄宗怒, 貶安州別駕. 卒, 年六十一.

개원開元 연간(713~741) 초, 좌산기상시左散騎常侍로 옮겼다. 일찍이『효경孝經』의 정씨학은 정현鄭玄의 주가 아니라는 의견을 제시하고 12조목을 들어 오류를 증명했으며, 고문古文이 옳다고 생각했다.『주역周易』에 자하子夏의 전傳이 없고,『노자서老子書』에 하상공河上公의 주注가 없으니, 왕필王弼의 학문을 보존하자고 요청했다.[18] 재상 송경宋璟 등이 그 의견에 납득하지 못하고 상주하여 여러 유학자에게 의논하도록 했다.

박사 사마정司馬貞 등이 송경의 의견에 아부하여 함께 유지기의 견해를 기각했고, 금문과 고문 두 학파를 모두 겸행하도록 요청했으며, 자하의『역전易傳』만 폐지하자고 요청했다. 황제가 그 요청을 받아들였다. 마침 자현의 아들

---

18 당시~요청했다 : 이 유지기의 주의奏議는『당회요』권77「공거貢擧 논경의論經議」에 수록되어 있다. 당시『효경』에는 공안국孔安國이 주석한 고문古文과 정현鄭玄이 주석한 금문今文이 있었고,『주역』에는 공자의 제자인 자하가 주석했다는『역전易傳』이 있었으며,『노자』에 대한 주석으로는 하상공과 왕필의 것이 있었다. 현종은『효경』과『노자』주석의 장단점,『역전』의 신뢰성을 신하들에게 논의하도록 했다. 위의 의견은 그에 대한 답이다.

황眈이 태악령太樂令이 되어 죄를 지었는데, 자현이 그 일을 맡은 집정관에게 청탁을 넣었다가 현종의 노여움을 사 안주安州 별가別駕로 쫓겨났다. 61세에 죽었다.

子玄領國史且三十年, 官雖徙, 職常如舊. 禮部尚書鄭惟忠嘗問: "自古文士多, 史才少, 何耶?" 對曰: "史有三長: 才·學·識。世罕兼之, 故史者少. 夫有學無才, 猶愚賈操金, 不能殖貨; 有才無學, 猶巧匠無楩柟斧斤, 弗能成室. 善惡必書, 使驕君賊臣知懼, 此爲無可加者." 時以爲篤論. 子玄善持論, 辯據明銳, 視諸儒皆出其下, 朝有論著輒豫. 歿後, 帝詔河南就家寫『史通』, 讀之稱善. 追贈工部尚書, 諡曰文. 六子: 眈·餗·彙·秩·迅·迥.

자현이 국사 편찬에 참여한 세월이 30년으로, 비록 관직은 옮겨 다녔지만 사관의 직무는 전과 같았다. 예부 상서 정유충鄭惟忠이 "옛부터 문사文士는 많았지만 역사가의 재능을 지닌 사람은 적었으니, 왜 그런가?"하고 물었던 적이 있다. 자현이 대답하기를 "역사가가 되는 데는 세 가지 능력이 필요하다. 재능(才), 배움(學), 식견(識)이 그것인데, 이를 겸비한 사람이 드물기 때문에 역사가 적다. 배움이 있지만 재능이 없는 경우는 마치 어리석은 상인이 금을 가지고도 재화를 늘리지 못하는 것과 같다. 재능이 있지만 배움이 없는 경우는 마치 실력 있는 장인이 나무 같은 재료와 도끼와 자귀 같은 연장이 없어 집을 짓지 못하는 것과 같다. 선악을 반드시 기록하여 폭군이나 적신賊臣이 두려움을 알게 한다면, 더할 나위 없는 역사가가 된다."라고 했다.

당시 사람들은 유지기의 이 말을 높이 평가했다. 자현은 논의에 뛰어났으며 논거가 분명하고 예리하여 다른 학자들이 모두 그에 미치지 못했고, 조정에서 의논이나 저술에 관해 말이 나오면 반드시 자현을 거론했다. 자현이 죽은 뒤 황제가 하남河南에 있는 그의 집에서 『사통』을 베껴 오게 하여, 그것을 읽고는 훌륭하다고 평가했다. 공부 상서에 추증되었으며, 시호는 문文이다. 여섯 아들이 있었는데, 황貺·속餗·휘彙·질秩·신迅·형逈이다.

貺字惠卿. 好學, 多所通解. 子玄卒, 有詔訪其後, 擢起居郎. 歷右拾遺內供奉. 獻『續說苑』十篇, 以廣漢劉向所遺, 而刊落怪妄. 貺嘗以『竹書紀年』序諸侯列會皆擧謚, 後人追脩, 非當時正史. 如齊人殲于遂, 鄭棄其師, 皆孔子新意. 『師春』一篇錄卜筮事, 與左氏合, 知按『春秋』經傳而爲也. 因著外傳云. 子滋·渙.

유황劉貺의 자는 혜경惠卿이다. 학문을 좋아하여 많은 책에 통달했다. 자현이 죽자 황제의 명으로 그의 후손을 찾았고, 그때 유황이 기거랑起居郎(종6품상)에 발탁되었다. 우습유右拾遺(종8품상)와 내공봉內供奉을 역임했다. 『속설원續說苑』 10편을 헌상했는데, 한나라 유향劉向이 남긴 저술을 확대하면서 괴이한 이야기나 허망한 내용을 삭제했다. 유황은 『죽서기년』에 대해, 제후들의 회합 기사에 모두 시호를 썼으므로 후대 사람들이 나중에 편수한 것이지 당시의 정사正史가 아니라고 생각했다.[19] 제나라 병사들이 수遂 땅에서 섬멸되었다든지, 정공鄭公이 군대를 버리고 도망쳤다는 기록은 모두 공자의 새로운 필법이라고 했다.[20] 급총서汲塚書의 하나인 『사춘師春』은 복서卜筮에 대한 기록인데, 『좌씨

---

19 유황은~생각했다 : 『죽서기년』에 "이왕釐王 원년 봄에 제 환공齊桓公이 제후들과 북행北杏에서 만났다."라고 했는데, 환공이 시호이기 때문에 이렇게 말한 듯하다.

20 제나라~섬멸되었다든지 : 제나라 일은 『춘추』 장공莊公 17년 경문에 나오고, 정공의 일은 민공閔公 2년에 나온다.

전』기록과 일치하기 때문에 『춘추』 경전을 보고 저술했음을 알 수 있다고 했다. 이어서 『육경외전六經外傳』을 저술했다. 아들로 자滋와 협浹이 있다.

滋字公茂. 通經術, 喜持論. 以陰歷漣水令. 楊綰薦材堪諫官, 累授左補闕. 久之, 去, 養親東都. 河南尹李廙奏補功曹, 母喪解. 服除, 以司勳員外郎判南曹, 勤職奉法, 進至給事中. 興元元年, 以吏部侍郎知南選. 時大盜後, 旱蝗相仍, 吏不能詣京師, 故命滋至洪州調補, 以振職聞. 貞元二年, 擢左散騎常侍·同中書門下平章事. 爲相無所設施, 廉抑畏慎而已. 明年罷. 又明年, 復爲吏部侍郎, 遷尙書. 會御史中丞韋貞伯劾奏: "吏選不實, 澄覆疏舛, 吏因得爲姦." 詔與侍郎杜黃裳奪階. 卒, 贈陝州大都督, 謚曰貞.

유자劉滋(739~784)의 자는 공무公茂이다. 경학에 정통했고 의논을 좋아했다. 음서陰敍를 통해 연수漣水 현령縣令을 지냈다. 양관楊綰[21]이 그를 간관諫官 재목으로 보고 천거했으며, 여러 번 관직을 옮겨 좌보궐左補闕에 이르렀다. 한참 뒤 좌보궐을 그만두고 낙양에서 부모님을 봉양했다. 하남윤 이이李廙가 황제에게 아뢰어 유자를 공조 참군功曹參軍에 임명했지만, 어머니 상 때문에 사직했다. 복상이 끝나고 사훈 원외랑司勳員外郎으로 남조南曹[22]를 맡았는데, 직무에 근면하고 법을 지킨 덕에 관직이 올라 급사중給事中에 이르렀다.

홍원興元 원년(784), 이부 시랑吏部侍郎으로 남선南選[23]을 담당했다. 그때는

---

21 양관 : 자는 공권公權으로, 『구당서』 권119에 열전이 있다.
22 남조 : 이부吏部 소속 관원으로, 관리의 직무와 공적을 담당했다.
23 남선 : 중앙에서 영남의 관리 채용을 맡기기 위해 파견한 관원이었다. 영남은 오관五管과 검중黔中 도독부이다.

안사安史의 난이 일어난 뒤였고, 가뭄과 충해가 잇달아 관리 지원자들이 장안으로 들어올 수 없었다. 그래서 자滋에게 명하여 홍주洪州에 가서 선발을 맡도록 했는데, 직무를 잘 수행하여 명성을 떨쳤다고 평판이 났다.

정원貞元 2년(786), 좌산기상시左散騎常侍와 동중서문하평장사同中書門下平章事로 발탁되었다. 재상이 되어서는 적극적인 정책을 편 것이 없었고 조심하고 신중했을 뿐이었다. 이듬해 파직되었다. 또 이듬해 다시 이부 시랑이 되었다가 상서로 옮겼다. 마침 어사중승御史中丞 위정백韋貞伯이 "관리 채용이 부실하여 깨끗함이 사라지고 원칙에 어긋나서 관리들이 간사해졌습니다."라고 탄핵했다. 황제가 조칙을 내려 시랑 두황상杜黃裳과 함께 재상직을 박탈했다. 죽은 뒤, 섬주陝州 대도독大都督으로 추증되었으며, 시호는 정貞이다.

泚亦有學稱. 生子敦儒, 家東都. 母病狂易, 非笞掠人不能安, 左右皆亡去, 敦儒日侍疾, 體常流血. 母乃能下食, 敦儒怡然不爲痛隱. 留守韋夏卿表其行, 詔標闕于閭. 元和中, 權德輿復薦之, 乃授左龍武軍兵曹參軍, 分司東都. 在母喪, 毀瘠幾死, 時謂'劉孝子'. 後爲起居郎, 達禮好古, 有祖風云.

유협劉泚도 학문으로 이름이 있었다. 아들 돈유敦儒를 낳고 낙양에 집을 정했다. 돈유의 어머니는 광증이 있었는데, 사람을 때리지 않으면 안정하지 못했다. 이 때문에 아무도 어머니의 좌우에 붙어 있으려고 하지 않았으나, 돈유는 날마다 병 수발을 했고, 모친에게 맞아서 몸에 늘 피가 흘렀다. 어머니가 이윽고 음식을 넘길 수 있게 되자, 돈유가 기뻐하며 어머니를 보살피는 것을 고통으로 여기지 않았다. 유수留守 위하경韋夏卿[24]이 그의 행실을 황제에게 알리자, 황제가 명을 내려 마을 입구에 정표旌表를 하도록 했다.

원화元和 연간(806~820)에 권덕여權德輿[25]가 그를 다시 천거해서 좌용무군左

龍武軍 병조 참군兵曹參軍의 관직을 얻어 낙양에서 근무했다. 모친상을 당했을 때 슬픔으로 인해 수척해져서 거의 죽을 지경이었기에, 당시 사람들이 유효자劉孝子라고 불렀다. 뒤에 기거랑起居郎이 되었고, 예禮에 통달하고 옛것을 좋아하는 등 선조의 풍모가 있었다고 한다.

餗字鼎卿. 天寶初, 歷集賢院學士, 兼知史官. 終右補闕. 父子三人更涖史官, 著『史例』, 頗有法.

유속劉餗의 자는 정경鼎卿이다. 천보天寶(742~756) 초, 집현원集賢院 학사를 역임하고, 겸하여 사관을 맡았다. 우보궐右補闕로 관직을 마쳤다. 아버지인 유지기, 형인 유황과 함께 세 사람이 차례로 사관을 지냈다. 『사례史例』를 저술했는데, 상당히 서법을 갖추었다.[26]

彙, 左散騎常侍, 終荊南節度使. 子贊, 以蔭仕爲鄠丞. 杜鴻漸自劍南還, 過鄠, 廚驛豐給. 楊炎薦贊名儒子, 擢浙西觀察判官. 炎入相, 進歙州刺史, 政幹彊濟. 野嫗將爲虎噬, 幼女呼號搏虎, 俱免. 觀察使韓滉表贊治有異行, 加金紫, 徙常州. 滉輔政, 分所統爲三道, 以贊爲宣州刺史·都團練觀察使, 治宣十年. 贊本無學, 弟以剛猛立威, 官吏重足一迹. 宣旣富饒, 卽厚斂, 廣

---

24 위하경 : 자는 운객雲客으로, 『구당서』 권165에 열전이 있다. 돈유의 행실을 황제에게 올릴 때 위하경은 동도東都(낙양) 유수로 있었다.

25 권덕여 : 권덕여(759~818)의 자는 재지載之로, 『구당서』 권148에 열전이 있다.

26 『사례』를~갖추었다 : 『옥해玉海』 「예문문예文門 논사류論史類 당사례唐史例」에 인용된 『중흥관각서목中興館閣書目』에 유속의 『사례』 3권이 나온다.

貢奉以結恩. 又不能訓子, 皆驕傲不度, 素業衰矣. 卒, 贈吏部尚書, 諡曰敬.

유휘劉彙는 좌산기상시左散騎常侍를 지냈고 형남荊南 절도사節度使로 관직을 마쳤다. 아들 찬贊은 음서로 호현鄠縣의 승丞이 되었다. 두홍점杜鴻漸[27]이 검남劍南에서 돌아올 때 호현을 지나갔는데, 유찬이 음식을 넉넉히 대접하고 역말을 잘 관리했다. 양염楊炎이 찬을 유명한 학자의 아들이라고 천거하여,[28] 절서浙西 관찰판관觀察判官으로 발탁되었다. 양염이 조정에 들어가 재상이 되었을 때, 찬은 흡주 자사歙州刺史로 발탁되어 정치를 성실히 수행했다. 한번은 시골 아낙네가 호랑이에게 잡아먹힐 상황일 때 어린 소녀가 호랑이를 잡으라고 소리쳤고, 이에 찬이 구해주었기 때문에 두 사람 모두 무사할 수 있었다.

관찰사 한황韓滉[29]이 찬이 정치에 공적이 많다고 황제에게 아뢰어, 황제가 금자金紫의 관복을 찬에게 내려주었고, 찬은 상주常州로 옮겼다. 한황이 정치를 맡자 통할하는 지역을 삼도三道로 나눠 찬에게 선주 자사宣州刺史 및 도단련관찰사都團練觀察使를 맡겼으며, 찬이 그곳에서 10년 동안 다스렸다.

찬은 본래 학문이 없고 단지 강단과 용맹으로 위엄을 세웠으므로, 관리들은 찬에게 발걸음 한번 하기도 어려워했다. 선주가 풍요로운 지역이다 보니 세금을 무겁게 걷고 공물을 확대하여 그것으로 천자의 마음에 들고자 했다.

---

27 두홍점 : 두홍점은(709~769)는 대종代宗 때의 재상이다. 대종 광덕廣德 2년(764)에 검남에서 최간崔旰이 반란을 일으켰다. 이를 진압하기 위해 두홍점이 성도成都에 파견되었을 무렵의 일로 보인다. 『구당서』 권108에 열전이 있다.

28 양염이~천거하여 : 찬명유자贊名儒子는 원래 휘명유자彙名儒子로 되어 있지만, 『구당서』 권136 「유찬전劉贊傳」에 찬명유자贊名儒子로 나와 그렇게 수정했다. 이 글에서 유찬에 대한 서술이 이어지는 맥락으로 보아, 「유찬전」대로 수정하고 번역했다. 니시와키는 찬명유손贊名儒孫, 즉 '유찬이 명유인 유지기의 손자'로 번역했다(『사통 외편』, 동해대학출판회, 2002, 1147쪽). 양염(727~781)은 덕종 때 재상으로 『구당서』 권118에 열전이 있다.

29 한황 : 한황(722~787)은 대종과 덕종 때의 정치가로, 『구당서』 권129에 열전이 있다.

더구나 자식을 훈도하지 못하여 모두 교만하기 짝이 없었으니, 차츰 가업이 쇠퇴하기 시작했다. 죽은 뒤 이부 상서로 추증되었고, 시호는 경敬이다.

迥以剛直稱, 第進士, 歷殿中侍御史, 佐江淮轉運使. 時新更安史亂, 迥餽運財賦, 力于職. 大曆初, 爲吉州刺史, 治行尤異. 累遷給事中.

유형劉迥[30]은 강직하기로 이름이 났고, 진사에 급제하여 전중시어사殿中侍御史를 거쳐 강회전운사江淮轉運使의 부관을 지냈다. 당시 안사安史의 난(755~763)이 일어난 직후였으므로, 유형은 재화와 공물을 나르는 일에 힘을 쏟았다. 대력大曆 초, 길주 자사吉州刺史가 되었는데, 치적이 매우 뛰어났다. 여러 번 관직을 옮겨 급사중給事中이 되었다.

秩字祚卿. 開元末, 歷左監門衛錄事參軍事, 稍遷憲部員外郎. 坐小累, 下除隴西司馬. 安祿山反, 哥舒翰守潼關, 楊國忠欲奪其兵, 秩上言: "翰兵天下成敗所繫, 不可忽." 房琯見其書, 以比劉更生. 至德初, 遷給事中. 久之, 出爲閬州刺史. 貶撫州長史, 卒. 所著『政典』·『止戈記』·『至德新議』等凡數十篇.

유질劉秩의 자는 조경祚卿이다. 개원開元 연간(713~741) 말, 좌감문위 녹사

---

30 유형 : 유지기의 6남인 유형(? ~780)은 유지기의 아들 중에서 유일한 과거 급제자이다. 양숙梁肅이 지은 「급사중유공묘지명給事中劉公墓誌銘」이 『문원영화文苑英華』 권944에 수록되어 있다.

참군사左監門衛錄事參軍事를 역임하고, 얼마 뒤 헌부 원외랑憲部員外郞으로 옮겼다. 작은 사건에 연루되어 농서사마隴西司馬로 강등되었다. 안녹산安祿山이 반란을 일으킬 때 가서한哥舒翰이 동관潼關을 지키고 있었는데, 양국충楊國忠이 가서한의 군사를 빼앗으려고 했다.[31] 질이 황제에게 "가서한의 군대에 천하의 성패가 달려 있습니다. 가볍게 움직여서는 안 됩니다."라고 글을 올렸다. 방관房琯이 그 상서를 보고 유향劉向에 비유하면서 칭찬했다.[32]

지덕至德 연간(756~758) 초, 급사중으로 옮겼다. 얼마 있다가 외직으로 나가 낭주 자사閬州刺史가 되었다. 무주撫州 장사長史로 좌천되었다가 죽었다. 저술에 『정전政典』・『지과기止戈記』・『지덕신의至德新議』 등 10여 권이 있다.[33]

迅字捷卿. 歷京兆功曹參軍事. 常寢疾, 房琯聞, 憂不寐, 曰: "捷卿有不諱, 天理欺矣!" 陳郡殷寅名知人, 見迅歎曰: "今黃叔度也!" 劉晏每聞其論, 曰: "皇王之道盡矣!" 上元中, 避地安康, 卒. 迅績『詩』・『書』・『春秋』・『禮』・『樂』

---

31 안녹산이~했다 : 안녹산이 반란을 일으켜 낙양을 함락시키고 장안으로 향했다. 낙양과 장안 사이에 동관이 있었는데, 가서한이 20만 대군을 이끌고 그곳을 지킴으로써 전쟁이 교착 상태에 빠졌다. 그러나 양국충이 반대파인 가서한을 실각시키려고 현종에게 가서한으로 하여금 안녹산을 토벌하게 하라고 진언했다. 결국 가서한은 현종의 명을 거절하지 못하고 출병하여 괴멸되었다. 가서한(?~756)은 『구당서』 권104에 열전이 있다.

32 방관이~칭찬했다 : 방관(697~763)은 당시 형부 시랑이었다. 『구당서』 권111에 열전이 있다. 유갱생劉更生은 유향이다. 『한서』 권36 「유향전」에, 유향의 자는 자정子政이고 본명은 갱생更生이라고 했다. 유향이 「존현론尊賢論」, 「박장론薄葬論」 등 정론을 펼쳤기 때문에 방관이 이렇게 비유한 듯하다.

33 저술에~있다 : 『정전政典』은 전해지지 않는다. 『구당서』 권147 「두우전杜佑傳」에 따르면, 두우가 유질의 『정전』을 읽고 『통전通典』을 편찬했다고 한다. 『구당서』 「유자현전」에는, 유질이 『정전』 35권, 『지과기』 7권, 『지덕신의』 12권, 『지요指要』 3권을 편찬했다고 되어 있다.

五說. 書成, 語人曰: "天下滔滔, 知我者希." 終不以示人云.

유신劉迅의 자는 첩경捷卿이다. 경조 공조 참군사京兆功曹參軍事를 지냈다. 항상 병으로 시름시름했는데, 방관房琯이 이를 듣고 걱정하며 잠을 이루지 못하면서 "첩경이 살아나지 못한다면, 하늘의 이치라는 것은 없다."라고 말했다. 진군陳郡의 은인殷寅은 사람을 알아보기로 이름이 났는데, 신迅을 보고 탄식하기를 "요즘 세상의 황헌黃憲[34]이다!"라고 했다. 유안劉晏은 매번 그의 의논을 듣고 "황제가 천하를 다스리는 도를 다 갖추고 있다."라고 했다.

상원上元 연간(760~762)에 전란을 피해 안강安康으로 갔다가 죽었다. 신은 『시경』·『서경』·『춘추』·『예기』·『악기』에 대한 해설서 집필을 잇달아 했다.[35] 책이 완성된 뒤 사람들에게 말하기를 "천하가 광대하건만 나를 알아주는 사람은 드물도다."라고 하고, 끝내 남에게 보여주지 않았다고 한다.

---

34 황헌 : 황숙도黃叔度는 후한의 황헌이다. 청렴하여 여러 차례 천거되었지만, 관직에 나가지 않았다. 『후한서』 권53에 열전이 있다.

35 신은~계속했다 : 『구당서』 「유자현전」에, 유신은 6경의 해설서인 『육설六說』을 구상했지만, 『주역』이 빠져서 실제로 사람들에게 읽혔던 것은 『오설五說』이라고 했다.

부록

부록1
『사통』에 등장하는 주요 역사가

부록2
찾아보기

『사통』에 등장하는 주요 역사가

이름	자/호	생몰년	저서	국적/시대
공구孔丘	중니仲尼 공자孔子	B.C.551~B.C.479	춘추春秋	노魯/춘추
좌구명左丘明	맹좌盲左	B.C.502~B.C.422	좌씨전左氏傳, 국어國語	노魯/춘추
안영晏嬰	평중平仲	?~B.C.500	안자춘추晏子春秋	제齊/춘추
우경虞卿			우씨춘추虞氏春秋	조趙/전국
여불위呂不韋		?~B.C.235	여씨춘추呂氏春秋	진秦/전국
저소손褚少孫			골계열전滑稽列傳, 효무본기孝武本紀	전한前漢
육가陸賈		B.C.240~B.C.170	신어新語, 초한춘추楚漢春秋	전한前漢
동중서董仲舒	계엄자桂嚴子	B.C.176?~B.C.104	춘추번로春秋繁露	전한前漢
사마천司馬遷	자장子長	B.C.145?~B.C.86?	사기史記	전한前漢
유향劉向	자정子政	B.C.77~B.C.6	전국책戰國策	전한前漢
유흠劉歆	자준子駿	?~23	신론新論	후한後漢
환담桓譚	군산君山	23~50	신론新論	후한後漢
반고班固	맹견孟堅	32~92	한서漢書	후한後漢
왕충王充	중임仲任	27~99?	논형論衡	후한後漢
유진劉珍	추손秋孫	100?~126?	동관한기東觀漢記	후한後漢

이름	자/호	생몰년	저서	국적/시대
하휴何休	소공邵公	129~182	좌씨고맹左氏膏肓	후한後漢
채옹蔡邕	백개伯喈	132~192	후한기後漢紀	후한後漢
순열荀悅	중예仲豫	148~209	한기漢紀	후한後漢
장번張璠			후한기後漢紀	위魏/삼국
어환魚豢			전략典略, 위략魏略, 록錄	위魏/삼국
사승謝承	위평偉平		후한서後漢書	오吳/삼국
위소韋昭	홍사弘嗣	204~273	동기洞紀, 오서吳書	오吳/삼국
장발張勃			오록吳錄	서진西晉
황보밀皇甫謐	사안士安 현안玄晏	215~282	역대제왕세기歷代帝王世紀	서진西晉
화교華嶠	숙준叔駿	?~293	한후서漢後書	서진西晉
진수陳壽	승조承祚	233~297	삼국지三國志	서진西晉
육기陸機	사형士衡	260(261?)~303	진서晉書	서진西晉
장보張輔	세위世偉	?~305	반마우열론班馬優劣論	서진西晉
사마표司馬彪	소통紹統	262?~306	구주춘추九州春秋, 속한서續漢書	서진西晉
우예虞預	숙녕叔寧		진서晉書	동진東晉
왕은王隱	처숙處叔		진사晉史	동진東晉
간보干寶	영승令升	?~336	진기晉紀	동진東晉
습착치習鑿齒	언위彦威	?~383	한진춘추漢晉春秋	동진東晉
등찬鄧粲	장진長眞	?~384	원명기元明紀	동진東晉
원산송袁山松		?~401	후한서後漢書	동진東晉
갈홍葛洪	치천稚川 포박자抱朴子	284~343?	포박자抱朴子	동진東晉
공연孔衍	서원舒元	268~320	춘추시국어春秋時國語, 춘추후어春秋後語, 한위상서漢魏尙書	동진東晉
상거常璩	도장道將	291~361	화양국지華陽國志	동진東晉

이름	자/호	생몰년	저서	국적/시대
원굉袁宏	언백彦伯	328~376	후한기後漢紀	동진東晉
손성孫盛	안국安國	302~373	진양추晉陽秋, 위씨춘추魏氏春秋	동진東晉
서광徐廣	야민野民	352~425	진기晉紀	동진東晉
유병劉昞	연명延明	?~440	약기略記	북위北魏/북조
최홍崔鴻	언만彦鸞	478~525	십육국춘추十六國春秋	북위北魏/북조
유반劉璠	보의寶義	510~568	양전梁典	북주北周/북조
요최姚最	사회士會	536~603	양후략梁後略	북주北周/북조
위수魏收	백기伯起	507?~572	위서魏書	북제北齊
하법성何法盛			진중흥서晉中興書	송宋/남조
단도란檀道鸞	만안萬安		속진양추續晉陽秋	송宋/남조
사령운謝靈運		385~433	진서晉書	송宋/남조
범엽范曄	위종蔚宗	398~445	후한서後漢書	송宋/남조
배송지裵松之	세기世期	372~451	진기晉紀	송宋/남조
서원徐爰	장옥長玉	394~475	송사宋史	송宋/남조
장영서臧榮緒	피갈선생被褐先生	414~488	진서晉書	제齊/남조
심약沈約	휴문休文	441~513	송서宋書	양梁/남조
유준劉峻	효표孝標	462~521	자서自序	양梁/남조
오균吳均	숙상叔庠	469~520	제춘추齊春秋	양梁/남조
배자야裵子野	기원幾原	469~530	송략宋略	양梁/남조
도홍경陶弘景	통명通明	456~536	제왕연력帝王年歷	양梁/남조
소자현蕭子顯	경양景陽	487~537	남제서南齊書	양梁/남조
소연蕭衍	숙달叔達	464~549 502~549(재위)	통사通史	양梁/남조
서릉徐陵	효목孝穆	507~583	진서陳書	진陳/남조
왕소王劭	군무君懋		제서齊書, 수서隋書	수隋

이름	자/호	생몰년	저서	국적/시대
하지원何之元		?~593	양전梁典	수隋
우홍牛弘	이인里仁	545~610	주사周史	수隋
위섬魏澹	언심彦深	580~645	위서魏書	수隋
이연수李延壽	하령遐齡		남사南史, 북사北史	당唐
요간姚簡	사렴思廉	?~637	양서梁書, 진서陳書	당唐
위징魏徵	현성玄成	580~643	수서隋書	당唐
이백약李百藥	중규重規	564~647	북제서北齊書	당唐
방현령房玄齡	교喬	578~648	진서晉書	당唐
영호덕분令狐德棻		583~666	주서周書	당唐

찾아보기 Ⅰ : 인명, 지명, 개념어

찾아보기 Ⅱ : 서명, 편명, 작품

※ 서명과 편명의 기호인 『 』, 「 」는 생략했습니다.